函海

□清 李調元 輯

仿萬卷樓原本

人民出版社

第四冊目録

龍龕手鑑

光緒壬午年
鋟於樂道齋

新修龍龕手鑑序

燕臺憫忠寺沙門智光字法炬撰

夫聲明著論乃印度之宏綱觀跡成書實支那之令躅印度則始摽天語厥號梵文載彼貫線之花綴以多羅之葉開之以字緣字界分之以男聲女聲支那則創自軒轅制於沮誦代結繩於既往成進牘以相沿辨之以會意象形審之以指事轉注洎乎史籀變古文爲大篆程邈變大篆爲隸書蔡邕刊定於石經束晳　於竹簡九流競騖若百谷之朝宗七略遐分比衆星之拱極尋源討本備載於埤蒼廣蒼叶律諧鍾咸究於韻英韻譜專門則字統說文開牖則方言國語字學於是乎昭矣矧復釋氏之教演於印度譯布支那轉梵從唐雖匪差於性相披教悟理而必正於名言名言不正則性相之義差性相之義差則修斷之路阻矣故祇園高士探學海洪源準的先儒導引後進揮以寶燭啓以隨函郭迻但顯於人名香嚴唯標於寺號流傳歲久抄寫時訛寡聞則莫曉是非博古則徒懷惋嘆遂不敏達孰爲編修行均上人字廣濟俗姓于氏派衍青齊雲飛燕晉善於音韻閑於字書覩香嚴之不精寓金河而載緝九仞功績五

變炎涼具辨宮商細分喉齒計二萬六千四百三十餘字注一十六萬三千一百七十餘字并注總一十八萬九千六百一十餘字無勞避席坐奉師資詎假擔簦立祛疑滯沙門智光利非切玉分忝斷金辱彼告成見命序引推讓而甯容閣筆俯仰而強爲抽毫矧以新音偏於龍龕猶手持於鸞鏡形容斯鑒妍醜是分故目之曰龍龕手鑑總四卷以平上去入爲次隨部復用四聲列之又撰五音圖式附於後庶力省功倍垂益於無窮者矣時

統和十五年丁酉七月一日癸亥序

龍龕手鑑平聲卷第一之上

釋　行均字廣濟　集

金(居音)第一　人(如鄰)第二　言(語軒)第三　心(息林)第四　山(所間)第五

車(昌遮)第六　長(布遥)第七　門(莫奔)第八　刀(都勞)第九　衣(於希)第十

礻(巨支)第十一　牛(語求)第十二　疒(疾年)第十三　文(武分)第十四　攴(章移)第十五

皮(符羈)第十六　方(甫良)第十七　風(方容)第十八　几(武兵)第十九　土(徒侯)第二十

舟(職流)第二十一　毛(莫袍)第二十二　斤(居忻)第二十三　巾(居銀)第二十四　勹(布交)第二十五

矛(莫浮)第二十六　禾(戶戈)第二十七　隹(職唯)第二十八　弓(居戎)第二十九　田(徒年)第三十

宀(武延)第三十一　羊(与章)第三十二　身(失人)第三十三　尸(式脂)第三十四　魚(語居)第三十五

戈(古禾)第三十六　囗(王非)第三十七　韋(雨非)第三十八　音(於金)第三十九　多(得何)第四十

九　第四十一　光　第四十二　香(許)第四十三　䜌(落官)第四十四　殸(口耕)第四十五

黃　第四十六　辛　第四十七　厶　第四十八　高(勞)第四十九　其(之)第五十

章(諸良)第五十一　生(所庚)第五十二　冫(筆凌)第五十三　彡(所銜)第五十四　來(落哀)第五十五

兒(汝支)第五十六　而(如之)第五十七　臣(食鄰)第五十八　羸(力爲)第五十九　龜(居追)第六十

元(愚袁)第六十一　云(王文)第六十二　雲(王文)第六十三　匚(甫良)第六十四　殳(市朱)第六十五

瓜(古花)第六十六　龍(力鍾)第六十七　番(普官)第六十八　僉(七廉)第六十九　天(他前)第七十

西(先兮)第七十一　无(武扶)第七十二　凡(符嚴)第七十三　名(武并)第七十四　亭(徒丁)第七十五

牙(五加)第七十六　卑(并移)第七十七　甯(奴丁)第七十八　男(奴含)第七十九　孚(芳無)第八十

雁(悕水)第八十一　申(失人)第八十二　虍(荒烏)第八十三　夌(居凌)第八十四　廿(古三)第八十五

么(於堯)第八十六　㕣(苦昆)第八十七　甾(側持)第八十八　甶(以周)第八十九　戹(女夷)第九十

門古熒第九十一　單都寒第九十二　圭古攜第九十三　凶許容第九十四　興虛凌第九十五
丹多干第九十六　第九十七

金部第一

鏒玉篇七南色咸二反鳥口中鐵也又思感反鐵丨鏉魯甘反丨鏒也
鍃鋻二或作鋻正音凶丨惧戰標也又斤斧柄孔也又音恐三反鏵俗鐺或作鏑正側
銶持也反三丨鐀俗鏽正七羊反精也二鐖居依反鈎名鏠俗鋒或作鏠正
鋒今芳容反兵刃端也四鎔音容鑄也鏞鋪音容大鐘也二鏽普胡反丨陳也布也又去鑠
聲鏵鍭戶瓜反丨下又音㝮鎣也宋魏之間謂日丨鍡山名二鍦銷音消丨鑠也散也
鍔鋅鉌莫候反與矛同長丈二建于兵車也三釘音丁鐵丨也又去聲釘拴物也鐫鐫
鑴三正了泉反鑽鏩也又俗戶圭反大鐘也四鋑古交同上又七九反丨刀也盌古
鈎今決勻反均也法也陶也陶法二均平無等差也又五十斤日丨也二鍼今鑯正音針丨線也

剡也又巨炎反人也名二鉗巨淹反丨索之類也鉆巨淹反持鐵尖也鎢鉺鏗口耕反鏘
金石聲也三同鏘七羊反鏗金玉聲也鉉戶萌反金聲也錚鑅上楚耕反下音榮丨丨鍾聲也
鏑呼萌反鏗丨鍾聲與皷聲相雜也鉦古紅反車丨轂口鐵也又音江灯也上鐹鍋古禾
反音也溫釣器也二同又鑱俗鑱正士銜反吳人呼二犁也鈔利息也尖反
也音鋀通鍮正于金也又侯反徒丨石次反初交初教反取也
紫音磨聊金有也孔又炬日也銀又美鎗楚庚反

也鐎柄者又眦焦反炅二音武巾反金言云小矛也鈘二反鑛也延力延
鏻隣健兒也二音鋸武巾反鋭也彝武巾反梳也鐇音頻斧也廣鋧音寬鋤頭也
曲鑯古堯止搖二反也勉也又弩牙也遠也魯刃刀反鉺也刀反鑿於刀溫器也
亦銅音堅見丨剛也又鈔鑼丨上丨音婆下音羅也鐳音雷瓶也壺
盆也鑒音見丨刃也又也鑼丨丨金銅器也

鍰戶關反大雨日丨鋼音剛堅也精也鈂俗鍴正音亡刃端也二鈆或作鉛正音
緣金也丨錫二音鐃女交反小也軍法丨十長似鈴無舌也又鉏士魚反器也又音誅田
也又士呂反不相當也鎞小鉦鍾屬也三鍾音鍊東俗鏅
鋙車轄也又鈚必支娌迷二鑲汝羊息羊女羊三鍒
俗音鑗音詮衡也又鑾斧也横大反銑兵器也鐘鍊鍷
鏠次正音量度也也二鏆鐘音也鍠音横和鐘聲也鍠音
削也音郎又丨鐘丨鑓鏆頭鏑音輪鐵常也車丨也又横鈴於京反也樂也俗鏒丨郎
正女耕反二丨鍏聲也音孤鏁音卜丨鋇色可昆聲也鐵鍉鉄也鐵赤鋽鏳音征也
似丨金聲也鏄又正音純丨矛下于鐲樂器也下丨鏧音牢蹇也鐙音賓
鈴丨鐵出蜀圇鏲音隊矛下鐲作鏈直追反鏈作舁直追也鐘正今作鑯
鐵中最利也錐音旧藏反鏈鍾俗椑直鐗丨也作孤
俗音鑪又丨盧酒盆也鈩作旧舒藏鏵扉俗作戶丨丼也鎡鏌音上

茲丨鋤下音具丨鉥音求鑿鈴俗茲音鉤俗鉤正古侯反鐵丨
也又鋤別名也鉥作屬也也屬二又鋤鍬研合作鈽音斤研木器也也俗音又丨也鍬鏁二也又抽或正七
遥三反也鎕鎔丨上丨音火唐下音兒齊提也鍉音伭兪所茲鬲說文大刀也徒甘反銍器作二上衛
反鏈邊丨奚反也鍈音名提也鐵鐵音普皮反也針玉篇古文也徒長矛反
鏔二徒含反音鉫口也又姓淫尋鍃今鏊古中文木音也念二大鏴新也藏
作鈴音忩鏲俗川音鈚角五也也禾反圓也去鍏鉺與陸鍳盤音加古荷反又殺鋞
尸耕反鏢古又去行聲反鍡正今金音名二陵鋞音子也又音鉐力金救名反又音鐊俗
經音義去芺反謂丨鍊莖郭氏音卷子奚又鑳俗音反鐊修俗鏑
反丨持也在中阿含經第五十五音五端二反鏴記莫經名反也丨
秀滕鉠趑在中阿含經作鎬正今潛也音鍌二反鍶記亦名也丨
三音鉠經音義云宜含經作鏽音潛也又騎鍾上
鎘湖音鋼俗鏐金正音流二美鐮誤鑣馬正街也騎二反鍸鏈模上下音

音謹鉼同鉼玉篇于今反在咒中鑫許今許運二反鈈俗鈈正符悲芳悲二反丨刀戈也二
鈢音床釖音刀鍆禹惡反鉒或作錐今如林反丨濡禽也又如甚反鍉丨也禽音勦鍉音
五甚反二鍆徒刀反丨銚也鏵丁兮反鈂音尤鍼音微懸物釣也鑲音渠丨耳之環也
鶮音鋤鶴丨鳥白露也鋕巨金反持也鍋遇俱反鋦也鏍或作鑛正落戈反鉎丨小一
二金也鍐俗通鋑正音搜耳也二馬鉷正音紅弩牙鏄昨閑反小鑿也鎮誤田
藏作鈎鎖千佛名在賢愚指反力尸反
鍭候候二音爾疋六金族正削羽也釪音于錞丨樂器形如鍾鳴以和鼓也錡音奇釜屬又音蟻
馬頷飾也二鑾落官反丨和鈴也鋮俗音成鑛俗音鎔鋿俗行
交反鉼或作鉼正音形酒器似鍾而長頸二鉶音刑器也祭鎢音烏丨器也錆音溫音育
銙音烏丨鐘又五花反兩刀鍾也鋰音楚洽反鑄古兮反丨堅也鋂音梅大鏝也鍰戶閒

龍龕手鑑卷一 二 日 第十二函

反指丨也鋪俗鋪正賁齊二音利也二鑼其俱反兵器戟屬也鑄音須鎖中丨也鉢音殊
分丨也鐵俗鐵正音俞奈名也二鐼符分反飾也又許運反鐵類也錒音阿丨鉼鉼音
葬也鐙烏加反丨鍜也鍜戶加反鐙丨也鈀音巴兵曹也又普巴反方言云江東之鈚箭也鎈
音又錢鍦誤異名也鉈正此鍦鍦二今失支反短矛又俗視遮反四矛之鍾鋳二俗上音
軍下音持梵語此鉶胡男反名也鋡胡男反鉎也鋡受盛也鍒音柔濡也又音謂反
云雙口澡灌也鍸胡削名也鏦七恭反短矛鑣彼爲反也鑼銘居反鉊
鐵也鈗音求弩牙也鉓音浮大釘丨鋾音宗鏂烏侯反鏂也鈷音窻鍜侯也鐳丨鏑通鑾
南之呼遥鐮反淮也鎥徒釣丨與支反無刃也鐮鋤反鉅音鐙鍜侯也鑱丨鏑通
人正呼音彌鐮也音二州鐼無刃劍也戟音斯木器名鈚音平食陵反别名也又丨犁足錍
迷反丨鍱鑽也又音漂必妙反鞘下二鑩鑼反二鐮鏇刀音又鏇刀也廉
箭也丨亦廉鐣音湯以鐗苦遇反鈇音夫鐺丁含鈖相承反方玉
也二同鏜鐵貫物也鉞也鐟反丁含貧反玉

名鋰良宜反鋣或作鄒正音耶鏌丨劍名鏌音莫二鑯正鑯今音尖鐫鋒二鏨
古音文初鉗音封鐠正鐠今子含反蓋釘也二無鎬鏑鏑俗三鑴正音橋似鼎長
足四鐴音帝器也鉥音休鍪鍪二或作雌資二音正作鉴鏢音漂刀劍鞘下飾也又必妙反
鐺音當銀丨也又音湯鼓聲也又俗楚更反也鏧古文音初錯相居反〔上聲〕鉚古
鍚鍗二俗鐀正古猛反金銀鋼鑛璞也四鏁俗鎖正蘇古反鐵丨也二鑣通鍵
正音件營籥也籥音藥二鈋俗鈲鉹二正玉篇昌氏反釜也又也下又音移方言云甑
鉅音巨澤名也又大也鏑都果反車也轄頭鐵也錡徒果反車轄也又犁鍷也錧音管車具也又
音貫車軸頭鐵也又犁也鈄天口反姓也又香嚴作邪斗二音鋌徒頂反銀丨也金鏨才
反丨鏨屬也又慚作讒二音亦刀鏨義錪多珍他典二反小釜也鏒俗鏟一正初產反平
初木器也又丶反三鋟士敢反咒中字鉑俗音白鏻莫郎反莫古二鉆丨也鈷音古丨鏻

龍龕手鑑卷一上 五 第十二函

也鍊音來郎反鏉苦管反丨縫也鈕女九反印丨也又姓鏋音滿精金也鈑布綰反錫
金也釕音鳥帶頭丨飾鉠也鐃土丁文反也鎬胡老又反切韶温器也古京也錁音果江淮反
云也鎌丁鋠時引反圖鉠也銑蘇典反光澤者金最日丨有也鐐俗古反瓦鍺丁果反車鐗
也丨果反也鉊苦感反連環也鋞胡項長反而似鈃必胃反井之丨板也金
鏼俗丨鏒今七范反首飾也二馬鉛音鋋丨似鍒奴禮反絲也
鋑田落每反鋃丨又鑸鳥賄反不平兒丨錭音引錫也鏾音散弩牙緩也
金物令長也金筋也金鋐胡犬耳反鼎鉚徒口
鑪酒器也或作鐙今鋙語音樂器也鉏丨二鑗體來絲改反日連丨鏞音魯釜屬
反之鍮酉作居委反鐼五感反又去音胡紺反曲二鈎日反頭丨搖也
鋼二音罔鋒步頂反鉷矢音鏁作管反鈃音拚鉫遇尼二主反而鐥音善

鋭七返反引也正作挽鍖丑甚反丨錐也錡音苟𨦍於許反又音烏鏹居兩反錢也又孟康
云丨錢貫繩也鑵七罪反丨錯鱗甲也釥七小反好金又淨也鐨必老反鏲音散
去聲 鐼求位反鑑鑒賈陷反照也明也鏡也察也戒也又音監鑽舊藏作鑑鎧苦蓋
反甲之異名也亦通上聲鐫俗鍜正都貫反打鉄也鎚也小冶也二鈍徒問反頑也不利也
銑新藏作鋌銳羊銳反利也錐刀鋒芒也鋸居去反刀丨也鐻居去反樂器也鈙其禁反持
止也又魚侍反釜也與敲同鏇辭絹反轉軸裁器也又似金反丨圓轆轤也鋌音定錫屬也又
音殿鐙都鄧反鞍丨也又音登又徒口反鎩所利反矛戟屬也又所拜反剪翮也翮下革反銚
徒吊反燒器也又音遙亦溫器又古田器也又他吊反鑄音注鎔丨也又姓鎚直類反好銅半
熟也又直追反鉄丨也又都四反練治玉也鐥古文同上鎒俗鎒正奴豆反鋤丨也或呼尚
反豢同二釤所鑒反大鎌也鐩俗鏠或作鐆正音遂陽丨可取火于日中也三鍑俗

鍑正富福二音釜而大口者也一日丨釜也二鏉正鏊今五到反餅丨也二鍐同上鉋
蒲劾反治木器丨大也又步交反丨刷也鍊音錸丨金也俗鍊音爽鍊從棗音上同鑓徒對反鍊
丨車轄也又息委反又徒果反鐪今鑪通鑹正七亂反鋋矛也二鏊俗鐓二徒對反
矛下銅也二鏤盧侯反錯也彫也䒷也又力誅反屬丨劍名錮音故鑄也又禁也塞也牢也
鐺俗鐼或作求位反擺也正作鑽鍮也二鉤俗式向反正作餉丨餚也鋽他吊反鉒丨也
釩俗音乱鈾古文直救反釖音刃刃也剃錝子宋反金毛也鏆音貫臂鐶鈵悲詠
反堅丨也鏳武豆反重鐶也鎎許既反努戰也鉒之戍中句二反置也又送死人物也鍍音度
以金餉物也又音徒鐬呼外反鈴聲鈦音大鉗丨又音弟以鑠加足也鈉而鋭反丨銳錣
陟衛反針也鏏酢歲反大鼎也鏉所又反鉄鏈丨也又速侯蘇奏二反剢鏤也鐏祖寸反矛
戟下銅也鏸音惠銳也又三隅矛也銴音誓車當結一日銅生五色也又音曳鋇音貝柔鋌

也銳徒外反丨矛也鐱劍儉二音鑢音慮錯也𨯓古文音證鋥除孟反磨丨也鑯義合
作纖音計鐲音剃鉀音硬鐯音樹鎵鑗音夢二同鋸音忌鏤竹恚反釬銲候按
反丨金銀令相著也二同鏉音素鋓音利鑗丑弁反鑿正鑿今昌制直側二反除也利
也二鐗鏢八補反柔銀也二同鈹才夜反鐃丨鑠居陰反鏧或作鏧今苦定反金聲
也二鍄音亮銼麁臥反蜀呼鈋鉦也鑸盧對反平鏤盧候反
鋈鋻玉篇呼釣香嚴音熒治器也二鏳武鄧反王篇鐶也鍘玉篇所諫反鉄廷也
丨也才ノ乚永八丄字驗也鍑俗富福二音正鍑鍑同寚古文
音證鐙鐙鐙鐙四古文證入聲鐸徒各反大鈴也鑿鑿鑿鑿四俗
鑿正音昨鑿也穿木器也五鈼同上吳人云釜曰丨鉽鑯鐵三俗鉞正王伐反王斧也四
鐵鐵二俗鐵鐵二正他結反黑金也四鐷俗鐷今鐷正音菜合鉄丨也三鏖

音熬鳥羽病也又長矛也鋑俗鈸正蒲末反樂器也二鑊胡郭反鼎也鏃鏃二俗鏃
正作木反箭丨也三鎝胡暗反車軸頭鉄也鈒蘇合反丨纏也又所立反鋋也戟也鎰俗鑰
正音藥開丨也二鏕音鹿鉅丨鄉名又於刀反與麀同鑷尼輒反丨子也鋷鋷輒聶二音
子也二同錫先擊反鉛丨也又賜也與也鑠鑠書藥反銷丨也二鋙古鍋今居王反
以鉄縛物也二鐲市玉反溫器也又直角反似鈴也鐲市玉反兵器也又陟玉反鐲丨也又斫也
鋊音欲炭鋊也鋌音霆丨行形拃勁刑以拃扞也銍陟二反刈也又之日反縣名也鑕音質
金蟲𨮑音毒鑁丨舌也頷音决舌也鋈烏毒反白金也鏷音丨丨鏷僕矢也鏷音孤鏄
鏄鏄二正博簿二音似錘而大也三鏄音博鍾磬上橫木也鑞盧盍反錫丨鉛屬也鎙俗音
朔鐝俗鐝正其月反磨丨之兒二鍘俗音割釙正魚反金丨也出玉篇鏍音結
鎌別名也鍥鍥苦結反咸也又斷絕也又同上二鐯張畧反鑊也鋜士角反鏁足也

鍚俗都盍反鎵俗鑈正奴叶反小箱也二鎵或作鈲正玉篇音劈器也二鐅俗普擊反
鏨鏨二或作鏨執薩至三音羊捶丨也亦田器也三鈌古穴乙穴二反破也釨居列反句
子執也鏑俗鏑正鏑今都歷反箭鏃也三鍔五各反劍端也鋑音妾鍤丑輕反綴
衣針又楚洽反綵也鏉鏽初角反丨二同錖俗七昔反鉄古文直質反今作鉄綴丨鏌
音臭丨鄉劒名鄉音耶鍓俗鏶正集妾二音鉄鍱也二鑪五谷反作鉤物也以鉄鉀
音甲鎧屬反古盍反丨鑪鍌火沃反銀也鉥食律反長針也鍉魚乙反鍘胡刮反釟
音八治金也鏊俗鐵或作鏊正音歷玉篇釜也三鑩鍽音歷丨鎗鑃二同鑏子客反
鐝或作鐝正竹角反丨斧也二鎵竹角反擊也與椓同鈧俗釳正許訖反乘輿馬上插翟
尾者二鍊生革蘇谷二反鏟音薩鉿古合反尺鋌也鍩或作鍩正古活反知兒香嚴又苦
音閻二鑿倉歷反夜皺也鐍古穴反守局丨也鏚俗鏚正倉歷反丨斧鉞也二鑿千

龍龕手鑑卷一之二　八

或作鐴今必益反丨土犁耳也二鍐或作鈠令音役矛也二小鎝他合反鍮俗鎊
今普擊反木爲器也二鏤音聿針也鋸居語反金丨也鑞魚列反馬勒語謁二鐵也鍎徒骨
反發丨鈯陁骨反又小刀也鈍也釛音八類也金鐁查鎋反云切草也秦人鎶音刷
玉篇云三十斤爲一斤也又音劣又乀普襪反江鋏古叶反長
丨劍名也鐱於業反丨中器也推鈷音劫帶鐵鉻音格公鉤也鐵音陳壽
金兼音古盍反丨鏥也鑖音莫結反小錐也鏃音疾丨鏉也鐵音戟鏺
或作鏺正普活反刈也又經音義補末反樹名園名上又音廢二鍾俗鍤正鍤今楚
洽反鋈鏑余六反丨溫器也鋈音烏鏎音必丨鑌也
也三

人部第二

條亭聊反教也貫也出也亂也科也小枝也俳步皆反丨優戲咲也優
音憂俳丨樂也倡又偱音巡從也順也善也述也環也僚音聊官丨也優日丨亦姓同僘
八也又倡也

僭僭俗三僭古僁正去乾反也咎也五反過僭俗通僭正都甘反又音談又姓二八名
儔直由反也侶也正傾苦營反丨也也欹也伏也側侖音輸知也曉佗音陁今作透迤同丨
僥古聊反丨又僬同丨過也冀求也丨國名又音堯也儞俗傭正丑凶反直也又音容丨賃也郎
二儲俗儲正音除偫也偫直利反貯也積也二偭居良反丨仆也佂傜俗二偒占
伭通低正伍今都奚反昂垂傡也六丨停俗停正女耕反丨困也也二弱儴儴
作二或傀通傀正女回反佐也美也異也盛也偉也大兒也亦下又口罪反丨傴四俅音求
作戴也仇俗仇正音求也又姓三雠偵正丁年反倒也隕也二丨倡音昌俳優樂也
又音唱引先也導倪五兮反人姓也佬七何素何二反不正也又俗舞音差俉俗倆正
俯今陟流反張幻或欺誑人也二又丨侏音朱人也又張流反侏儒丨短偕音皆俱也
償音常兩反又還報當復也又音尚備也書償也伶郎丁反又丨伶孤樂人独兒也生倉僬

龍龕手鑑卷一上　九

儸上音遮下音羅丨丨等截也佐音賢又亭名狠也仍如升反頻也重也因也就也乃也
佗丑加丑亞二反丨傺失志也又他各反寄也傻香嚴音亡篇亡同反僧醉行反惛也玉
停持丁反水止也僮音童頑也僕也又姓又癡佌音此芳此二醜反兒也離也又符別也鄙也
佚所臻反行兒也亦齊整兒僉七尖反咸也皆也同也倫音輪人也道也等也理也類也也偏
俗僑正渠苗反寄也容也二佬古他正佻今他堯反也佚也三輕佈丨音伴傍
也又分兩反優人丨佯音羊詐也又方漫行也又丨儴
相似又音文妃兩反丨佯音牆弱也又古文彷字也又丨
如羊反丨音文二雨反丨正古音仙止也從山三山僊
伽玉名也丨俗二日丨也正從止今從山子美倸
二俗音勑也俗子俞儫正作俗音經纏也倔兒音也科也僑虛之
正作衞音俗反也傓僰今輕反丨跲也正妙三二儮儮俗三僇
反樂也戲也僩俗僩或作僄
也咲也
或作僊僊遷三也古文今作音仙仙丨六侯俗傒正胡北夷名鷄反也二東僛俗音僛

龍龕手鑑

佡仚許延反輕也二 仸俗音徒 佺音詮偓丨仙人名也 儳俗 儳正士咸反惡也儳丨
也又初鑒也士陷二反轉雜言也二 儖魯甘反丨儳刑皃惡也 侔俗 侔正音牟均平齊等也
二 偳俗音端 儇許緣反智惠了利也亦疾也又舞也 伻普耕反使人也 佂諸盈反行 征
二皃也 伀隻容反志也及于乖也 偟音皇暇也 倐吐刀反絲繩也 縧 侗俗 佪正音迴
下原闕 ヨ七余反拙人也 池俗音也 儕音柴等也 儑俗梅力反
儫俗渠具二音 傐正 傜今音遥丨役也使也又喜 份正筆巾反質備也二 僬俗音魚
原闕 亻 佹才能也二反多 侈遁 份 伒五兮反丨伴不知皃 俾也 僆
伍伍二 俗去王反誑二反 儚俗部田反 催倉回反促也 侻音容華縣名丨 僧音曹又音遭 終也
音敷也 因 僑胡交反痛聲也 倠許維反丨摸搦也 儴 侻 傮 傖吳鋤庚反 八呼
僔音身人姓 伃音余婕丨與好同 形或作 例 正 例今音刑成也二

龍龕手鑑 卷一上 二 第十二函

泰人丨作持 倃音高毀也又渠久反 與舅同亦姓 俠音夷人名也 玉篇 御俗知音 侍俗音 擲
俘俗口反 侉苦瓜反居也丨與夸同痛也 傈力追反二 兒也 儽 丨兼 輕下薄當
侢昌陵反宣揚美事也 足也 佔 佄上丁反 丨反 丨 僥侯
詮舉也 又言也 也 丘也 丨 媥 譽
也一日垂下店音又 儂音農我也 停俗 停正徒丁反息止定也 二 儆 正 徵今音
兒上生水垂兒或 作也 倜音的 二商 侰音 侢二音 苗 倄音由 侍也
眉草蘘垢腐兒二 倨 俑 偱 僧 僑渠追 使
歠丨或車 倯息恭反 怯兒也丨 保俗 傑正可渠容反 儉之丨 咲也丨二 傀
僑反 也 侒音鞅又所也 僂陵加反 也丨 倍俗於廉反 淨也 欿丨音 移兒二 侰音申 佳
仙 佖所 㑋 張 息也 廉 倖反 此是 也九在子廣二 宏字 明經 文 第三 仇
音 遜作又繞二 嫌 音細也反 俗 子 隨 居也 爲反 反 集文 第七
卷反正 丨求 迦 也反 儀 俗 般 音 俺 丨 成 也 也 丁 奚 都
二 傴 俗音 須 又 侁 充 市 移 遥 反 照 也 明 也 居 丨 也 佂 又 禮 二 反 音
偵 恖 主 反 俗 侣 也 又 市 治 反 介 丨 仾 俗 希 僁

龍龕手鑑 卷一上 十二

𠈌士力反也今作 進趨 字 主 侳音隨 音加 名 俗 傷 音 同 朱 儒 人 反 仞 俗 初 音 仯
俗沙音 傻 作或 傻 正音 安 宴 也 二 窗 市 早 連 反 何 也 反 熊 也 又 疾 也 徒 俸 俗 傽 二
牵音 儻 俗 儃 正 音 唐 遜 也 丨 二 侯 俫 見 音 來 也 伉 伉 二 又 音 疾 也 渠 季 二 追 求 反
左右也 徐 似魚反與 徐 同 緩 也 侊 盛 音 光 兒 古 攢 反 丨 餅 小 元 側 或 作 俟 淡 今 二 談
覗 也 音 安 也 静 也 二 倕 音 垂 重 也 巧 時 農 人 名 又 兒 音 聽 也 二 又 神 俐 音 由 所 姓 丁 儦 甫 苗 俗
也 怙 也 倕 爲 於 反 慎 兒 也 又 鳥 未 也 音 丁 俗
反行 仜 音 紅 身 大 也 肥 倭 於 爲 反 東 海 中 女 王 國 名 又 仃 丨 也
兒 俗 音 權 也 也 俗 音 伿 俗 二 正 古 哀 反 丨 奇 俊 也 又 也 開 亥
儶 俗 變 也 音 權 侔 奔 俗 音 佽 俗 佽 二 正 音 旁 丨 非 常 也 二
伾 音 力 也 不 有 倗 步 崩 反 丨 輔 也 也 又 儀 居 云 依 反 丨 精 也 月 令
俾 五 反 昆 戶 昆 二 普 等 反 不 肯 也 奴 也 又 仏 音 歸 僞 蒼 藏 歲 待 也 作 終 也 音
人 賤 也 役 佉 女 子 姓 仪 奴 古 文 字 佞 戮 音 也 傘 音 歸 行 字 丨 正 音 斯 斯
名 邱 迦 反 神 去 儀 來 俗 反 昨 伶 人 渠 名 淹 也 反 偙 作 或 傈 丨 初 地

龍龕手鑑 卷一上 十二 第十二函

名又直反二 侀音吟立也二 僢音無度也丨 僷丨言 僧言音遐 音尤五穀 優 精 如 人 白
離 反 二 風 音 名 玉 篇 煎 剪 二 音 又 也 頤 音 前 又 也 側 隨 函 音
髮 佩 地 音 東 藏 作 偷 在 灌 音 頂 又 俗 神 名 也 光 武 欺 方 也
也 佩 音 兒 也 又 獨 行 姓 作 徒 紅 反 也 俗 經 莫 賢 反 音 又 黃 也
御 俥 兒 音 東 又 獨 姓 佟 人 姓 也 僞 又 音 田 也 說 文 倄
正 通 蘇 凋 反 丨 丨 飛 羽 聲 也 民 原 闕 音 田 作 也 說 文
云 一 傜 又 音 叔 亦 飛 疾 兒 也 二 原 闕 音 田
轅 車 一 傭 僻 音 那 驅 飛 如 俗 音 傒 俗 傢 渠 通 二 音 倌 官 駕 官 貫 二 也 說 音 文 主
原 闕 病 兒 也 也 伽 如 二 音 僥 倨 傢 渠 通 二 音 倌 官 貫 二 說 文
侺 仨 俗 丁 反 亻 亻 徽 美 也 亻 子 章 木 盛 也 文 音 偍 俗 皆 音 偂 二 咸 反 俗 女 也 說 文
儱 俗 年 反 丨 也 丨 倦 騎 蘇 遭 反 假 鳥 回 反 愛 名 國 又 街 皆 烏 光 恒 儀 二 上 邱 下 加 於
龍 兒 也 丨 突 音 也 俗 汝 占 又 國 反 正 也 允 烏 反 光 金 金 二 古 文
䶬 作 或 侼 正 七 閑 尖 作 誦 多 言 又 也 今 音 金 俗 字 音 古 文
僫 士 正 反 見 恶 罵 也 其 也 也 又 二 會 陰 古 字 仝 今 音 仡 俗 交 音
許 尤 反 祥 也 吉 見 也 非 木 反 與 也 二 又 雉 侑 音 旬 同 傳 普 丁 体
也 美 善 慶 息 也 侳 同 丨 短 也 偱 循 喜 也 傳 吟 丨 行 反

七

俗不｜正孤也單又兒作从從音僬推音食倉金三同反又去于聲令做奴音分徒音
上聲 儉巨广反少飢饉也｜偶吾口反合匹對也諸僂僂力主反身曲偃｜脊也二俯
俛仰上音免反舉首也俯也又時仆頭也也鳥下也魚二兩反俯音甫也下俛首｜也僂俗
正於蹇反仰也二也佷胡懇反｜儌古了反抄也
例也息也又姓也戾雛迴也又於堯反
俾并婢反使也佳佳二俆正尺氏遠反也泰倚於因蟻
從也職也二俗也大也遠脊三反
偃住也僻音武歌音武輕也慢同也也大也
依｜豈也｜也餘｜又正倖今分耿也｜又
倀俗大於功之反｜哭曲聲巳與倅非胡而反｜二
㑥四古正恐思審二佇直立反于重也反
傘俗今音字正也於反不申落對反｜
傘子也作微郎胡二也武曲也正郎每去智
音雷｜同俁露體也偃偏企俗企二反第止
龍龕手鑑卷一二 十三 第十二到

也三儱侗上下勒又董直反也下一他日孔長反大｜又｜音入通成大器也僨他反每長
好肥佗徒倱損反胡本反｜佳居影反也或也
大也儼魚又反四囟之一也起也走寤又音競
敬慎細坐撿也敬音古市儆也里賴也聊｜烏
也儳也思｜了也稅也也士巒屬也僂了
反兒甫奴｜反床又姓僕兒巧反迻｜長
腰音也便岡也俟史愚二容倪郭｜又音
巢輔方學反今反二也俗反或作
好作傻僱也兒反也反胡｜徐姊
也也正倣今猛俱矩俗反羊主
俑古｜並遵音也管反俗正作
｜正二子本遽眾也感與同俁搖狂
相｜也又俗也反並也反領頭偅
反俱長反邊存二鍚蘇篇抹名正九
窊篇旱往柱兒儞僑又頭玉動頭
玉二往口僞俗通作于反蔭樂兒儚輦
掌似渠五根傶作又居大風二体
時仟俗蓮反僃僣俗鬼胡每反不媚兒
也偃反也又俗二通正又音虛講反擔｜也
反也劣反名僃僃俗二僑也又講儱｜
傲本內獄
俗藩千反

交音也依也撫离二不正体俗也人也苦降持傁
僾二人儢也反安帝音姓又旱席也傁
僂俗僞一音偵也委僔從｜苦而又俗田
音輕音日呂地房二反反尺從｜旦｜音音藏
仳兒鳥心拒之九僻厚淮也息和二法遵魯作
也音也｜不心情反語俗也丑又拱樂反也歛義叟
又比佻平不也禮音富淮先反兒正遵禮不蘇
音小僆也欲又云偯也二頂｜二也亦曰相走
舞兒尔音為依｜反俗儞反｜同強同｜應反
佼佀也天又苦僩二走直用者二㐅
去聲 巧不反側偓音罪二力同意倿合宍
反巧古俗擐反俗誕僩俗工俗呂俗
倦女反傯僱倢反僩佷音反昌
擗狂字庸俗｜正雙力偖曰丑衣正俏傻
也顚也人傓俔弥生展反俗痴犯領口正俗反夙
上反又徽也正二引子反裂昌也反也禮作于下
也極奴交又鳥反也啇也者二立二反陌敏僎
也巧也於本倸伤儰同也開反也音
傲反又斬反安音武武俗一仉佀數撰
傲又古反隱也弭第枌儰偍掌音伬也具

龍龕手鑑卷一二 十三 第十二函

四僱｜莫講反江二反僝古迴苦頞二僉或僉正阻史
又腩易有｜倵僂不媚也二今作偵于反好兒也頞雨俗作反愚俗反正腩也
溈反也曰乾曰｜｜二今作偵也敫也遑反下俗古上音正
頞也反飛反新生兆｜｜傱音二｜佖俗也｜古乃古上音渠
迫之忍急二也反也音偣佐午也徐姓｜音｜也旱｜同憂反音渠
參羽而善闕原意也脆僝仵音逆也蹊又敬｜同｜反古交典小
人闕闕反飛反新生反生兆儠谷音｜俗｜三雙傾反
偞音彼也也也大散三也佼淺也蹊促從文女反雨｜古交古典反災
耶長伐寬也申也買｜也反儹或作雉儴傢作象｜二反殘侚二又佪儏｜反也｜二｜反
音伐｜雨他作今分象丙他雨二｜｜兩侾反惡也｜凡也僱｜僱
傈作象廣兩他音兩耆豈倖｜力不與｜｜侵下｜倔後從徑｜｜甚名｜
僱｜二管丙雨他朗二｜反侒音淀反俻又｜反｜與反羽｜佞反反
僸或作驀藏也作音分又他｜｜｜火虛反倜又｜力｜｜佉僞後｜反
偭三散｜也｜雨他｜二｜｜倅｜｜倭｜｜儦｜｜僞｜｜偉｜
龍龕手鑑卷一二 十三 第十二函

二俗傲通傲正五到反丨慢也倨也蕩也不敬也四夾尼教反猥丨不靜也伺思恣反候
察也又平聲備皆備防也救也具也慎也皆也咸也副也究也辨也成也又姓佝俗傋古
佝今詞問反遠也疾也以身從物也二傷音易相輕慢也又音鼓假傚二俗徛通傲
正直利反大也又會物也四佞乃定反諂媚僞善也又才悳之稱也侙侙二俗侙正音貸借
也施也假物與八也三仞音刃七尺也說文一尋也倒都告反顛丨也又上聲傂佤俿
三俗皮證皮水二反正作凭凴二字倩七正反借丨也又倉見反利也又好女笑皃傚俗傚
正胡孝反教也與學効三同二係音計連丨也又音元佷也儸俗音罝正作置佁音熊丨儗痴皃
與同僥係胡計反一倰以證反鈍皃也㐵誤仛正玉篇丑訮反嬌逸也又音託二傺
丑例反侘丨也伉苦浪反丨儷敵對匹偶也又姓儷音麗伉丨也⿰亻衘⿰亻御⿰亻鄉三俗魚據反正
作御倴扶用反祿也奉也儐必刃反丨從也相也導也或作擯⿰亻戀⿰亻戀二俗音恋偠奴亂

反丨弱也倀知孟反崩丨失道皃又丑良反僅音近饑也餘也劣也少也又俗丁里反⿰亻戾郎計
反很丨也偒音賜盡也與嘶亦同偋房正蒲經二反隱僻無人處也又側也與庰同儥儥二俗
女利反正作騃佑音右佑也助也儭初近反至也近也便毗面反丨利也又人行不善更之則
安故從人耍聲耍音更㐻俗内納二音正作内字俓古定反直也又五堅反五莖反急也又牛
耕反份俗价正音界俗丨丨也二界助佐申閭政俗音文佷俗音
荒僭或作僣正借今子念反差也擬也三㐰古文音信徳
亻又俗音帶僈俗音慢傓音扇熾盛皃也佛俗佛正多則反丨當不當皃也
二儅浪反不中丨也又倚丨非常也又俗他郎反俹衣嫁反倚丨也⿰亻⿱兼灬俗傔正苦念反
從也二⿰亻既古代反主也僨方問反僵仆也郭氏又俗音奔⿰亻向俗許亮反俊子峻反魁明丨
德也儁或作儶正子峻反智過千人曰丨又羌複姓下又俗音惡二儁俗同上儁俗俊惡二

音偙音帝丨俊也併必正反兼也並也皆也衖俗胡絳反僡俗偊正鋤又反任身
八也二僽七又反僝丨惡罵也⿰亻對音對丨市也僤徒旦反疾也周禮云苟欲無丨也又市遠
反倳側吏反丨力玉篇又置也侳侳三或作侳正則卧反安也有也三傆音願點也
出說文企金二古文音施倛玉篇欺既反丨儗不行也伷直又反系丨也伏新藏作依
音太佴仍吏反次也儴或作儾正奴浪反緩丨也二侌古文音陰字倅俗倅正七
内反副也又子沒反兵也百人爲丨也二偝俗布妹反偭音面又也又音緬背丨也倂俗倂
今音孕丨送行也又音乘二傿於建反引也又爲價玉篇又於蔪反依也倞音競強也玉篇又音
亮信也⿰亻鄉俗當故反俺俗俺正於劍反大也一侸音樹立也⿰亻雕⿰亻雕二俗音凋倜
俗倜正音个偏也又俗故古二音二僾音愛隱也又見不了也⿰亻參色襟反俗佽音次遞也
及也助也代也又利也又丨飛漢官名佉俗音去侑徒臥反侖去例反佰舊藏作陌

在續高僧傳⿰亻弄俗音弄侑音又勸食⿰亻胃音謂胃也偵諸孟反丨廉覘也又丑正反丨問也
儈古外反合市也俏七笑反丨醋好皃⿰亻迷莫計反丨他又丨蹍也僦即就反丨賃也又音
就俔若見反磬也譬也伿支義反陏也佝古候反僐時戰反恣態也⿱人去⿱人允音去
二御胡卧反和也仯初教反抄丨小子也玉篇七小符皃二反僋他紺反丨倸痴皃又郎紺
反丨申皃倸蘇紺反僋丨⿲亻斤亍羊制反合板丨縫也⿰亻能音太能也倰倰二俗倰正魯證反
丨僜又盧登反長皃二僜徒鐙反倰丨不著事也又音登僜丨也倥傯上苦貢反下子弄反
丨丨丨困皃也儆許鑑反覽丨高危皃覽音子鑑反偝蒲昧反丨偭面丨也傖俗伧正音
寺食也二俐音利會龠古文上厚下施字儓或作儓正他愛反丨凝也又音臺待也二
⿰亻凡芳梵反輕也俒胡困反全也⿰亻益胡界反狹臨也⿰亻忍俗音認⿰亻行俗音縣健渠建
反提丨也⿰亻既古伐反主也儗五愛海愛二反儓丨痴皃也又魚紀反借也又魚記反治不前也

傒求孝反丨左右兩覡也欸宜禁反儨音既倉音厚畬䆓叀笶笶二音古文盜
倖音爭【入聲】倏犬走也倏忽丨疾也儵走疾長也也倕俗儵正或作六反青黑
縮也音豢亦丨忽也五僭正僻今普亦反邪丨也誤也二伊俗狎音價價二音俗質
正蒲北反到也又也仆音赴僵仆也佚羊曰反樂也預也喜足也也㑫欠仡許乞反牡
兒又鬭俗奉亦反僫僫二俗烏各烏故二反正作惡字傑俗傑
正渠列反原闕正作痵也又其俊雄丨也音墜僕官名太丨童丨也又附也亦丨也吏也
假音急䥥於心趣於又事也又孔丨入名於許逼反清淨也仂音力勤也不懈也與力亦同僱
烏角反丨佺他括反丨可仙人名又姓也又輕也也倴俗亦音僌借莫結反多詐也丨俠也
速丨東二音也獨蜀二音丨也僁俗口合反丨八姓聚也又俠正侠
僞俫短醜兒也
今胡類反任音恁兒也必房密反二音并丨也僁音古文奴的反
丨也八姓二俗發毗威儀備也休今作溺字

龍龕手鑑 卷一之二 十六 第十二函

俗女乙反近也正俗學角二音倜俗栗玉反丨短小兒也促七玉反迫至近也速也保
俗倐正僑或作先結反之聲驚鳥丨動草聲呻吟也二又傁俗伃正傫先結反
淨也俗侏音末又夷丨樂名俗僷音俗丨正呼叶反二也合古文丨辣
二音兒也又夷丨樂名倬俗丨切音傪古文宿音倡他盍反劣也又丨
音佛俗做正作六反始動也二也厚個音宿也傝倫他盍反劣也又丨
魁也不謹五盍反不著事也倜丨私盍反不謹兒傈俗書約反傍俗各五反音
儽兒俗音俗正音逸列也二丨佸括活反會計也二音侺俗骨反隨音俗佁
㑥列俗音倂舞正音逸列也倚俗與遍反同迫也又儀作俗倉歷反感憂也正儥疾葉反利也射出便俗
侂音記毀也倨彼側反與遍同迫也又儀倉歷反憂也也正
也儑之涉反服也又傑俫音二蹀俗長浪狀陟兒反也佶又乙反閑渠也正音
也胡各反天菜反怠也歷反流丨儳音俗厄兒反俗活反徒信也正
也俗又姓也倜也他歷反又涉流反丨伬俗災丨厄音儤俗活反僉苔音
佝流星名也酌二音构丨伬丨又敕意慎也惕也傾俗結呼結二反下僤兒玉篇音必行

又止也僕蒲木反俗呼叶反佊私列反竹竹音侄音質也牢也堅也僚俗察音
僇正六溜二音痴行兒倜佩上丑六反丨丨下息六反不伸也倘巨聿反無頭也也鬼儫
莫入反丨健兒也倖俗倖正呼入反傺丨也二僕徒没反奴沃反字姓庫丨官虜三
氏俗胡頻反和也偈俗習音侢伃仔仔五俗居列反正作孑單丨又無右臂
也伽
也儆倪儉儆六俗子六反正作急近迴丨也儥陟革反蒲没反強
也儼儥儥倉歷反與感同憂慎也四儥音獵賀也二伐羊制反羊利二反直俗儲
嚚反俗偊俗音燭俉乃叶反弃在七佛神咒經藏作儑古文音億字鐍古文音錫竹
音折傑俗其列反又音列倬音卓大也詩云丨明兒也又礼也倜音玉篇丑角反倨丨死制
〈言部第三〉論與支反贈言也又徒亥反相欺也𧨝音依痛聲也譆俗相正
居私呂二反有況于反大也訧音扶丨詞也誒許其反可忘之詞也訩
才智之稱也三訏

龍龕手鑑 卷一上 十七 第十二函

衆語詢正說今許容反訟也三讙徒迴反譟也詍如盐反多言也又陟流反評亦呼
亦嘆譋古蛙反講也又諫也也譋落干反慢言也又音嘩普胡二反諫也又音怖諫也譋
也諞反逸言又嚘丨二訯原闕譢女佳反言譶步賓反言也諞房連
旱反逸言也又落丨二訯
反巧言也又音諮陟加反語不正兒丨敂女加反不正也又奴故
辯膺接也語
原闕譋也諂音怒也又五開反音天亦詞兒也三詓二同
訏俗訣或作言音歌言又𧨝弄言也詽音上聲諆又設女加反二同
反丨諕俗訣苦回反謿也反訏於音于女戈反丨謬也諶之居
也反二丨詼正許延反詞也又音天亦詞
又化也詮取全反平也澄也衡也誵二同訛五戈反丨也詭也動也
言也也二也敘也明也也音沉怒也又誰市流
丨反仇也議栝依反諫也也誹音析喜也誣音甚信也又
枉也不信也四又加也無誣詞也讒誂二音也誙通誣無正丨音
也枉欺忘也也又加誣音無詞也誘譖古文音誓也先奚反又悲聲散也

𧬊先移息奚二反該古哀反皆悉咸俻義也又軍中約也諧戶皆反和調偶合也訣羊朱反語
也詑通詑正徒何反欺也誑也二訑又土未反止支反欺也多言也玉篇誒詐忘也
諠譁也讙三同音喧又音歡亦喧囂｜也也譁誇｜音花也二諳謿摘交反也與嘲同回譃
誇俗誶正誇今苦瓜反大言也三譊女交反恚呼也爭也詨音交又音哮誇語詨
謏俗二謨正於喬反巧言也三譔楚交反人說也代諲音因敬也訬楚交反健也詶
市流反酧報荅也譸陟流反｜張欺誑也訑音移自得之皃又淺意也又徒哥反避也訏俗
訪正鳥奚反誠也又鳥禮反應聲也二詾訩詾三俗詾正音仍因也就也厚也又人之反四也
諶氏任反誠也詝如林反信也念也誒音侯詅音吟數也｜訬詿俗二訕正所
姦所諫二反謗毀誹也三｜諮音資訪問也｜詢息旬反問咨懇也｜讀俗證正
譚今徒含又徒感二反大也又姓三譫或作諳正烏合反記也憶也記也二諄諄諄章輪反至

龍龕手鑑　卷一二　十六　第十二函

誠｜正也又之閏反告也三丁當也又佐𣪠罪苦也三訰章輪之閏二反言亂之皃也訂他丁徒頂
二反評議也又丁定反逗遛也謜音詮言語和悅也諯士專尺絹二反相讓詞也又音專相責也
譔士眷反專敬也又音詮善言也讒俗讒正以言毀人也士咸反譖也二語五咸反知也又
䜋也諵女咸反詀直也謓昌眞反恚也與瞋亦同怒謼荒孤荒故二反大呼號也謏許縧
反智慧也詹戢廉反省也詖詖詖俗三詖正言不節儉也土力反｜四詢徒刀反詠
｜謳烏侯反歌也也吟謹五加五佳二反謊呼光反夢言也謊呼光反｜謙也識俗古
二咸反王衫訹訹訬三胡同丁反謨暮也莫胡偽反也二謀同也議詥烏回徒臥
二反呼也又戶罪反謟謟謟謟四同耶反星詅郎丁反次也又音｜言詮相訧羽求
反過也又作尤義亦同謌俗烏含反詞訶哥音俗二謝直廉反美也又人名利言譖增音
也加音譻諳烏耕反小聲也｜謍音營也說文｜小｜青蠅聲也諄通諄正女耕反譻｜

也讔或作宅江反正作龐｜二骨也諩音苦江反譆許其反亦上聲痛聲讀經音徒南音篆
反郭䜊俗子都則何二反在兜沙經諃丑林反譫占音詨俗謠正余昭反尔定云途歌
歌謂之｜也二原闕豈具譁譁二音連誺音琳言也善諄音亭調｜誠
音咸和也又音邑亦弄人也䜋也玉篇謻直離反也又音移護音渠詳音詳謔虐音
誼譸子爲反在細作劑刀也二正二反訖音詩謏女加反設女加反語不鮮也緜｜譆
楚尤反｜謏陰私小言也｜謏音初栗反讀通讀正謏陟山反言也他十二反香嚴又丑山二斯
訧音求謀也安也信也詅訟上音分下音云謶云音三請諰謪俗請或作譄正土
禾反退言九二誰俗謳正音繩舉也二稱譻烏兮反言應辭也相詠丑知二丑秋反相問
而不知也又落代反誤也課或作諏今子侯二反謀也二謘稚遲二｜語者音謎楚佳
反典音由言也殖從也諻虎横反語聲也訌戶公反潰也諒宗反｜謀昨樂謫郎力兮反支

龍龕手鑑　卷一二　十七　第十二函

二反弄語也譂符文卿反｜誂惡言也人名又足也諛二音轉相誘語也斯數諫也又掩喻
讙音惟誰就也二詿謬也正夷反誀音而誘也諳音古栽也詵所臻反人言也眾詢
徒反刀（上聲）詎其呂反豈也詞也不定也語詔俗二調譋詔正丑染反｜二誑也僞也
四俊也譂諧詈古三訛訾反罵二今子尔言也兹此也毀｜也子移五三訶詆者｜岡
也詭居委反責也隨惡也｜許反誘音酉道也進也引也教也謁俗偶音謏正謏
通先了反小也誘為善也蘇口所去二反俱訓同又譖譢俗二謇吃居展反難言也正三｜
諭｜許撿反誠也警通口頂反喉中氣｜也欬譏許委反也譖也謗也誣俗二誣通
詆正都禮反又他歷反｜詞呰欺毀也下誘狡猾也四警音景戒也寤也謎或作譫正音
補籍錄也二誄正力水反謚也誐上同謗同詠通診正之忍反候也驗也二視也
訠式引反況也詞也長也誕徒頂反詑詐也詭俗誂正徒了反弄相呼也｜讀俗

讜正多朗反直言也二譑居少反多言也又正召反丨弄也、讁力水反禱也謂禱於神祇也
陷今訨正音止二音丨訐發入惡也二謉謉俗口本反正作懇二該姑犬反誘也
諱音早大言也語其兩競言也諗音審告也謀也諫也又如甚反諶深也音郎明又姓
讞虛偃反丨摶恨佷也詪俗古恨反正胡典反難語評語也二也又謱力主反觀丨安反
𧩓音觀也落戈反諟音是審也諦也理也正也詆俗音底正作詆訣於兩反知也論俗音
母訏他口反丨誘也訆音口相口可先記口側也佷反誃徒可反欺也說兊允二音
諓音踐語也諸俗詗正火迴反知也又休正反明悟了二諙羊首反詑訑音犯二同
訋丁了反挐也挐音女余反詁音古丨訓讞魚蹇反魚列二議獄也譐諸倉本反上下徒
合反丨恚言也丨詨訍二詨俗作詨或正所瓦反也又所化反強事杜也言語四謯雅側
反丨訶了邪反兒又丨詠也訏手俗手二音獸謅音郭氏惱詡況雨反和也普也大也遍

龍龕手鑑 卷一上 三

誇音綺言也妄誶相承俟反於討他老反治罰又務也除去謑今誒正胡禮反恥辱
也又許慊反怒言也二謗俗音西(去聲)謀眉救反丨也許妄也誤讉也反阿責
也怒也問也亦姓誚才笑反責也嬈也戲笑也阿誹謗正非味反下布浪反丨丨也諒
音亮信也佐也知也譽余據反歌稱美、原闕誑居況反古作俇欺也眶今廢感也也諭
音喻告也也譬丨也諌諗俗訪正芳妄反也詢也二譮許介反怨聲也又俗音會譪
詩介反丨也譤今讁正火芥反也又譀丨也二譀許鑑反丨講也詛音義理也宜也
善也古文義字謾莫安莫官莫半三反欺也諷方送反丨又背文曰丨刺也詭居位反言丨也
又恥也漸也䜐古詷今音洞言急過也二謥倉弄反詞言急也丨詷譩於計反丨
諸丁很反語中也也譺諍正也直言也譁訴謝三俗訴今訴丨正乘故反告晃枉也五
詐側嫁反偽也妄不實也詖彼義反佞也又彼偽反論丨也辯論也也反慧也讌烏見反會丨也詛

莊跪反丨令敗也咒詬或作話話正胡卦反胡快反談言也語丨也二又譺宜記反小也又魚嘱
戒反欺也譢雖遂反問諫讓也告謬或作詑正丑嫁反誑也二謎莫計反急言也謏余制
反多言也詢音後罵也詬訊俗信二諂古訊正音信誠言也問也四也認識丨訒
音刃難言也又音忍鈍也二下讛俗讛同正魚祭反屏處語也二與藝識俗讖正初禁反
頑也纖也其義纖也微預側其事也二誌音志記也譬正義反丨諭也識通誡正音戒言
警丨勤也二謁余亮反也讙也讙諺音彥言也俗譟蘇到反譟呼也譗譗俗二譜
正譖禁反讒也又子念反三也毀譫於劍反丨匿也譈丑利反陟里反丨笑也言也又誤音悞
錯訃音赴丨至也就也告喪也讓丑嫁反相誤也詐信俗音詬呼透反又若候反怒也罵
巧言也又譈徒對反思也怒詠茶也音救助也上也訝五嫁反嗟丨也謼胡誤反詁也認
也逗譳上都豆反下奴豆反丨丨不能言也謑或作音謝辭丨也謞呼霸呼卦呼賣反疾

龍龕手鑑 卷一上 三

言譼無拔反也責也訮五貫反諓新藏自切韓借反譏初近反識音志標丨又音
丨式知諜通誇今苦嫁反巧言才也二丨誹方味反言急也諄良刃反註古賣
反誤也又胡卦反碍也詺弥併反丨諦也讆音悟譖二或作譖詈誤譬古文辯字
四訊俗訊正音梵言也二多詘直又反洲丨謏讂古縣許縣反所求也二向言有
訡音弃諠音義謑烏告反語丨也謙直陷反彼誑也諱音号相欺也誒詃乃定反二
誡音界勅也讀音豆証音正丨也諫詖彼義反謬士紺反又俗音謬何也諭侯盧
反丨訢讀古困反順言調弄之兒也譚古困反摩人也丨詃支義反快也誠諴
奇寄反也二同誎誎七賜反數丨也訮所恚反諉正恚二丨累也誒女恚反也又過也又相囑
吐不丨詆也䛧篇咲兒五利反王䛩音忌告也信也誠也又誅也詨矢利反丨志也訏
音字名今作字丨諫音素諳丨諦音弟審諦也讀胡對反悟也覺識呼會反乘辭也

詯呼內反休市反 誇去仲反多言也 丨謳 誣俗二 謳正烏胡反相毀也三 誤回胡詞對
反市丨又言長也下 誶二 誶正雖醉反言也詩云歌以讓之丨止又慈郵反讓也二 譓
音憲智日丨多也謀 罵莫駕反多言也 謅直類反怨言也 下原闕
誶譁作二或 誶誶二今呼嫁反並丨也四 訐居例居列二反丨掩人私也 訃俗
謑正乃故反謑恚惡言二作 詎渠放反詎言也 註之戍中句二反丨也又疏也識也解也射
也記物 謚誤 諡正神至反易名也又音益笑兒也二 譁又由 謯濁也音義作 香嚴竹用反
動在方等 地 誓古文 訓音 誓計字 譖側禁反 譖讒也 子念二 譖毀也 讗於蓋反 讗與譪同
羅尼第二 警五告反 訨音 諱班 傍 入聲 詑許虐反 訨丨也 訹辛聿反 誘戲也 訹詃也
茂樹也 警志遣兒 訐數 譆 戲
丨也也 謐 名必反 安也靜也 謐慎也無聲也 謫 讁知革反 怒也 罰也 說文作 讁責也 訥 二 諦 奴骨反
誘也 誹 之若反 欺也 詆 俗他 詩 蒲沒 蒲昧二反 諾 奴各反 唯 丨 磨
丨反 響 也 又音 詆 歷 反 詩 言亂也

聲 也 謪 俗 訓 正 彼列反 分 丨 也 訣 亦 作 訝 別 皆 得 二 譎 古穴反 詐 也 訣 同 上 譾 讀
二 致 二 俗 質 音 譖 止 涉 反 小 言 也 諭 音 吸 丨 評 語 聲 也 評 呼 甲 反 丨 疾 言 也 諵 詰 去 吉 反 責
讓 問 丨 也 誳 俗 諴 正 紀 力 反 訥 言 也 二 讘 而 涉 反 孤 攝 縣 名 也 丨 也 二 詰 也 又 詟 初 八 反 與
察 同 至 明 審 諮 也 又 姓 謖 徒 合 反 也 言 也 闒 譶 徒 盍 反 譶 多 言 也 丨 謵 吐 盍 反 譶 多 言 也 丨 譫
章 盍 從 盍 二 反 譶 古 盍 反 多 言 也 又 談 徒 結 反 妄 念
多 言 也 又 作 譹 二 諡 盍 成 二 音 靜 也 又 也 又 弋 質 反
譟 謗 徒 容 反 丨 也 警 音 邀 疾 言 也 也 謅 居 六 反 法 用 也 諫 七 玉 反 餔 也 訍 七 玉 反 心 急 丨 反
也 誅 力 玉 反 諫 言 也 諑 作 角 反 詐 也 護 徒 各 反 欺 也 謶 音 洛 狂 言 也 丨 謊 訨 女
反 惠 同 也 訵 或 作 詘 去 勿 居 勿 二 反 志 辭 闕 也 二 譑 丁 活 反 諄 蒲 沒 反 也 亦 言 亂
與 惠 新 藏 誑 私 列 辛 制 二 反 多 言 也 二 訴 亦 子 反 二 訶 莫 八 反 譪 渠 業 反
也 諐 作 說 說 新
詛 正 辛 聿 作 恤 反 譢 私 別 反 誇 江 西 經 音 作 謌 各 在 廣 宏 明 集 五 譂 音 必 諑 誘 初 也

龍龕手鑑 卷一上

反 謟 丨 陰 私 語 也 音 初 尤 反 二 同 詁 叱 涉 反 丨 誶 丨 也 與 讘 同 又 丁 兼 反 轉 語 細 語 也 又 直 陷 反
又 竹 咸 反 丨 謖 所 六 反 起 也 諭 許 訖 反 語 聲 也 詷 五 刮 反 訶 也 諦 千 結
讀 語 聲 也 嚬 也 謴 呼 決 反 怒 訶 也 訴 許 擊 反 私 訟 也 讘 古 麥 反 言 也 嚄 音 獲 嘖 疾 讀 丨 音 責 怒
反 言 正 也 說 諩 華 容 二 音 譁 也 詻 五 陌 反 教 令 嚴 也 諕 虗 伯 反 丨 然 也 二 同 謋 或 作 諦 今 古
也 諩 伯 反 丨 丨 多 言 兒 也 二 詥 音 合 諧 也 亦 作 合 譶 徒 合 反 言 疾 也 又 直 立
所 立 反 譅 或 作 譅 丨 今 側 洽 反 丨 多 言 也 二 誱 疾 葉 反 多 言 也 又 丨 口 丨 也 譶 音 累 約 蕕 美 澀 音 丨 不 止 也 澀
反 也 謌 五 各 反 丨 直 言 也 謎 他 各 反 譬 獲 也 譶 七 入 反 和 也 譃 詐 虐 反 阳 藏 作 詎 部
氏 俗 音 虗 謀 正 諜 今 音 陟 反 問 也 二 譶 烏 合 反 謆 音 識 訂 莫 音

心部第四

悙 部 昆 反 厚 也 大 也 作 也 樸 悝 苦 回 反 病 也 又 大 也 又 音 里 憂 愁
亦 憂 慳 容 閑 反 悋 也 貪 也 惜 也 悕 音 希 慕 也 原 闕 恔 古 堯 反 堯 也 又
也

原闕 慉 渠 昭 反 畏 也 敬 恰 與 之 反 悅 也 和 恬 徒 兼 反 丨 靖 也 憶 音 香 聲
云 恨 也 愵 原 闕 悷 又 闕 苦 泰 反 丨 恨 也 憒 音 紙 惡 慲 音 綿 忘 也
懵 莫 登 反 憛 也 闕 也 憬 俗 必 遙 反 又 惛 音 昏 不 明 忘 也
憯 慘 音 流 悲 恨 也 聊 無 賴 也 又 二 音 恂 息 巡 反 信 也 順 懦 懡 懦 人 朱 奴 乱 奴 卧
三 反 怯 劣 丨 怜 俗 正 音 蓮 哀 矜 愃 渠 營 反 無 兄 弟 曰 丨 亦 獨 也
弱 也 三 同 憐 愛 念 也 二
慺 力 朱 反 悅 也 又 力 侯 反 丨 丨 謹 敬 兒 又 力 主 反 人 姓 也 憕 音 章 懼 也 惶 音 皇 怖 也 惟 悚 懼 也 也
憔 昨 焦 反 丨 悴 也 與 顦 同 恇 去 王 反 怯 也 憕 直 耕 反 又 音 澄 平 也 失 志 兒 悛 音 詮 止 也
亦 敗 也 正 作 慊 音 尋 丨 丨 慎 也 又 怦 普 耕 反 中 直 兒 又 心 急 也 憪 薄 耕 反 丨 闇 好
嗔 呼 萌 反 兒 憪 丨 也 悜 音 呈 悝 憅 也 惛 於 緣 反 憂 惱 也 怔 忪 上 音 征 下 音 鍾 丨 丨 心 動
慎 兒 慆 俗 丨 慆 正 他 刀 反 悅 樂 也 二 慄 或 作 怵 正 音 牟 愛 也 二 愊 烏 侯 反 與 謳 同 吟 也

歎也悅樂也業也又口侯反悅惜也出玉篇 愉音俞丨和也悅也樂也 㤼俗倉何反 忡勅中

反憂也 忡 愌俞愈二音憂也恨也二 怢 恌二或作 愮正音搖憂也又他凋反 愮邪

輕薄兒二 愢蘇來反不合也 意 悖多昆反信也 厚 㤊俗 惏正盧含反貪也與婪同二

恔女交反心乱也 忶戶昆反悶也 怓胡交反快也 反 㤖女朱反心樂也 懰力由反愁也怨

也 㥪俗許其反 懣毋官反忘也 悗毋官反惑也 反 㦞俗摩 音 慩音連泣兒 立 憧

昌容反往來兒也又宅江反丨憸正作憧 俗 㤜音充心動也 怌音丕丨也 心 忳徒昆反悶

也 悔音牟與悖同愛也 慌俗呼光反作慌蒙掩也 正 怟巨支反丨惕丨愛也又是 雅云尔丨

支反 㤵音門民丨亦乱也 丨丨不明香嚴又乱也又力廷反又 音 忣 俗 忤正苦加反怒丨伏態

兒惡交反二 口 慵力中反 㦟 㦟戶佳反怨也 心不平也又音佳二同 又 恮氏林反信也

㦖邱廉反也香嚴又丨倚立意不安咸反 懵俗 懵正音瞢德也 忛正音凡作忛 忚

龍龕手鑑 卷一之二 話 第十二函

或作 恲正呼兮反歎慢之兒也二 㦍蜀容反丨㜕也 㥧火還反慢也又火元反惠了也 忔喜夷

反兒 喜 懮所江反傳云駟氏丨也 左 俺莫廉反也又於劍反丨倚不安意也 恗心也 倚去奇

反 喊險急也 悃音昆乱也 懽呼官反喜也又玩反憂無言也 苦 愪云殞二音也玉篇又悅 憂

也 恂於堯反丨憂也 丨 怡 怊勑霄反悵恨縣細也二同 小 㥦古賢反布名 憢許堯

反丨丨 倰力應反悛也 反 憴食陵反也與讕同 称舉 悾苦紅三反苦貢信也苦江誠也

懸也 愃音宣語快也 人 怲兵反 怦正庚反心悶也 悢音哀 恙 祥音 怭戶萌反 㦬於容反憂

也又上聲 懨呼甘反丨痴 㥯音移不憂事也 丨紙 㤾狂音 忺士廉反又息廉反淹又斜讀也口

也誑彼義反 音 㥳 悔二俗 相輪正作倫信也 反 㥺或作 惛正憂兒也 去宮二反 㦝音争 懆

況兒袁切恨 慃之緣作之瑞二 嫷同憂心也 反 今 憉彭上音 㤜下音亨自強嗔兒

悶也 恂渠縈常愁憂倫悶二反也 悰藏宗反慮 下原闕 慉 㥵

蘇刀反恐也又音草二同也 下原闕 憹奴冬反音憕恅丨也悅又 憶音逢悅也 悻下江反恨也憂哀

忄通 恇丨法也 魚反二 憈音盧 㦨 懂音勤兒二同

惺音星丨懞了惠人也悟也 懞蘇公反惺丨也 慅音奏 㥧音超 懤直由反愁

毒也 兒又息并反 悜俗 㥬或作巨令反錦二 其 忴或作 忓今況于反憂兒也二 悇徒冬反惶

也 懭走冬反丨丨憂也又丑中反 懵藏宗反音曹心亂也謀反也 又 懷烏懷反哀也 㥶

設居言反正作捷丨牛也 悴 悴 悴 悴四俗又魯刀反去聲 懰俗正作懰表反 㥿古文

反渠希 㥓隨音 㥓上同 㤹魚中反 愥渠營反 原闕

上聲 惚俗 惱 惱 惱正奴老反有所恨也 懊烏老反又音懊丨悔 㥂

丨也又於方 恃時止反依也 怙音戶恃也 懵俗作 憒或 懶

反貪愛也 負也賴也 頼也安緩也又丨

正房粉反 恨 㥯通 惔 憺二正徒敢反安静也又徒濫反三

也怒也二

龍龕手鑑 卷一上 三五 第十二函

勸散反 懭他朗反失意兒也 丨 慌 慌呼廣反丨也 怳志也同上 懆俗 慘正倉

隋也 慼反憂 悽苦朗反亦不得志兒 慨丨竭 誠 懦俗音惹 懹通 懍正稔力反

也敬也二 畏 悚息勇反戰也 懥音喜情悅也亂也 又 懝力不董反

也 惞也又音是尔反云 怙 侍反好也 也 憃又可反音 寢 也 悅胡廣反 也 調反

侈音紙丨也又奴可反寢也 惘 尔 云 特 兩反 悞 成 帷 廣

懮也正日丨也又丨丨 悅許丨反 懺也 恢悅 昌 兩 驚兒 也 丨 僵 俗作 他 但丨反 安音

從中也 寬也 明也出 丨 惚也 憕二 懛 通 憽 正也 悽徒朗反 作坦 丨

平也 阿差未經第三卷 懆 俗 㦆 憿 恃 也正作 坦丨 反 放 四 丨

於粉反謀也 議 㥏 思 懔 其錦反 闕作 㥯丨 憪 字 二

也厚也重也 悋 弥兗反 也 慕也 怵 也正作 懆 初踈 簡 簡 悼

二也反全得也 也 意 拱 正 愔 今音 指 怑 俗 惟

尅也亦 憶 也 僂 懼也 也 悄 愔 也 二 怰 恡 悄

二正七小反 憂 兒 懊 音與 玉 懷 音 舉 玉 篇 諱 也 弱 他 點 反 惀

又心無聊也二 懊 音篇安也 懆 篇諱 悐 也 恌 反

盧本反思心求 哵事也又 音 悵 古了反丨 懆惠 㤼 音

輪欲聰知也 眺音他了反 悛 明也又胡教反 憭 了

照察也又音聊丨空皃也㥐名婢反止也倮音果敢也悱芳尾反口丨丨也㤘音周丨然
失意皃也慔武姥二音愛也人心也憮武姥三音失意皃也又音呼大也又音無空也憮音武
慍戶音憎俗憎正私呂反與諝同才智之稱也二愺恅上音草下音老丨丨心亂也
憯七感反痛也憯也又七青忝反丨悽也𢞫惼上於典反下方典反丨丨不順皃懆
音草憂也愷若海反和也樂也康也大也㥒倉宰反恨也㥏他典反青徐謂慙爲丨悓
音現難也忏七典反怒也懁俱水反遠也愀愀俗親小慈糺二反容色變也又在由反
二反忱徒敢他敢二反也又氏任反信也安愖上同㦟㦫上忙果反下郎可反丨丨面慙也
悏俗悏正烏老反皃也或亦丨丨正之二懒音散扇也丨㤻呂慮二音悜胡頂反丨
恨也憫丨眉殞反默也恔武粉反悇音米原闕盧敢反㦒俗音惇古文
厚恑居委反也悔也變懮於柳反愛舒遲兒也又姿容也料古文音草

龍龕手鑑卷一上　美　第十二張

去聲㥬㥬俗蕩也俗也二慠正五告反慢也三也㤼俗㤼恪二正艮丑反丨借貪
鄙也憚徒旦反畏也難也辭也怒也驚也也惡㦉許異反忻也惛惰懍懅俗四
三今憚正徒卧反敬也懈也怠也頓也不也六憒古對反心亂也慨苦愛反慷也歎息也
惰音樣藩慣丨關患反習也悃俗悃正音困倦也二勞㤼俗㦕正其庶反
莫本反也悗畏也怖也心玉篇急也又悹烏貫反又上聲驚歎也宛也懼音具怖畏也驚恐也悍
其居反胡旦反猛愓慢莫晏反倨也易也急也也二懶悗俗幟正昌志反又音試志也二懈
古賣反嬾惰也悴悴俗二悴正情醉反又子對反憔丨恐兒三憂愁也也悷俗悷正郎
計反丨懠丨懠音坦也悢音亮慘悢也恨也愁亮快於亮反情
不足也亦音動不服皃也懘其季反心氣不定也惓俗居倦反音義作悁或作腃
出阿差末也怏於問反怒也憒烏外反烏快二皃也忏音汗又古善
經第五卷慍悖然作色也憒反惡兒也也又古

案反人姓又古安反丨擾也忤音悟逆也觸丨也悼徒到反哀也傷丨也怪或作恠正
恠今古壞反丨異也驚也二懷人向反難也也忨五貫反貪也亦習也㦖㦖正音
戒質也又紀力反急也二愒云例反恐人也息也又苦蓋反貪也又去謁反息也㦉胡紺反積恨也
㤥胡愛反恚也苦也恨也憸於蓋反清謹也愴初亮反悽丨也懥俗音怕也㦆俗㦆
正在計反怒也二愁懟徒對反惡心也又都昆反憸愓上千弄反下徒弄反丨丨不得志皃
也下又音通痛也㥏俗憷正雖遂反思深也三意忓忛二或作㤕正餘制反
明也一日習三惼正怖今普故反惶丨也丨懼正懼今他紺反徐懷憂也二丨怋俗
忬正羊恕反悅也也二安悺古玩反憂也㥉俗角教二音慩音惠愛也恒芳小反又
怒也懊俗懊正音冀力也強二恆音帝悶也慸俗直例反怖蒲悶反丨心也惛胡困
反丨恂正恂俗苦候古候二反辱也慘愚皃愁音茂二怲方萬反丨性兒怪急徒結反㤠

龍龕手鑑卷一上　第十二張

胡計反恨走皃忭音下喜皃慈俗慈正音懸玉篇二怮玉篇俗心動也于救反二惆
同支義反恨也害也㥽懙丨恎通恎正則卧反折丨二怖俗怖正芳故反怒也
上忮二怖沒俗芳吠二反普憐許魏反丨忌也㥻將𢣷反愶也惓渠眷反悶也怜於驗
反意足也忕太大二音又音逝丨習奢也怲悲命反憂心也悷俗悷正音退肆
或作俺也又不進也又他沒忽丨不悵也二憍居僑反諧也懥涉利反恨也懦恐奴計反相
反丨丨丨摩又陸慖古對反恨也㤾呼嫁反也與諕同慥七到反行急也㤽言息箭反憂
也愾許既反大息也苦愛二惸學二俗學二音教懝五愛原闕丙駭也
惶也中正悽音藏作具音具悁俗莫報反帔俗披義反作帔衣丨正怏俗悲命反
正作恫憂心也㦖下原闕入聲悖俗悖正蒲没反逆也亂也或作詩二
懱通懱懱二正莫結反輕也三㤿欠業反弱也惧也正作怯怕音拘安靜也㦛丨㥲

誤恤正須律反憂也撫丨也二愜㥦愜謙叶反當也可也快也心伏也三愘苦各反動
心謙恭也又虛敬也愊愊二俗愊正芳逼反困丨至誠也三惕也的反怵丨憂愛也切切也又
徒郎反不憂也怵音黜慄力乙反戰丨懼慼也懔正懌今音亦悅也樂也攺也二愕俗
愕正五各反驚也二愶虛業反以力相恐也慽清積反扁也悒音邑憂也不安皃也
惻初力反創也忍痛也怢怢二俗直質反丨也正作泆音懾慴之涉反丨伏懼怯也又徒
叶反懾丨也二恰苦甲反用心也忔今忔正許乙反喜也二㣽俗忊正之若反痛丨病
也二懎懎懎俗三懎正音色恨也四悲偓俗於角反正從巾作惚音忽恍失志皃又丨
俗音懝也陟力反疲也憂也恊俗恊正音叶和也合也二愜俗㥛正紀力息性相
背也二怵五律反丨惕也㤕丑律竹律二反心也又俗音縱憂㤐胡甲反喜也忸女六
反丨昵也懼正戄今許縛反驚懼也又曰遽覌也又渠縛反大覌也二㤙㤞徒各反微

也二同㤂許吉反怖也㥉徒各反忖也纆俗音墨正作嘿㥄俗初責反㦑俗胡搭反
正作㤂吹火丨也懆俗音樂慉丑六反驕也又許六反起也亦恨也悀音角愵奴歷反憂
㥀他得反丨丨也㤼却二音悃惻二同昌涉丑輒二反怵也王篇心動也又或作丁兼他叶
二反衣領正合作㤓襹二字怫音佛丨爵也㤯徒結反惡性也慝女力尼乙二反愧也又他
得反憷楚革反丨册也嫧楚革反耿介也㤪音㔹強取㦑俗㦑正邱逆反心勞二忦
古黠反恨也又憂也又音介亦懼也二怽俗音末正作㤥忘也怭毗必反怒也恂居六反
反忆吒音愒俗愒正音革丨丨也二智悏通悏正徒叶反恐懼也二㤸許擊反心
不安也㣧他沒反丨忽不悵也愭舊藏作愭玉篇音若亂也在安般寺意經心惐俗惐
正許聿反怒也二愎符逼反也恨也悛憋普結反丨然瞋也怍音昨慙也㦤思不㦤
呼麦反丨丨辯快也二懽懽舊藏作譆嬉上呼枯反下音悟任增一阿含經㤸力役反弱也少

也鄙也與劣同懫音質止也㤢於六反心動也又音矣念也又俗音墮懪方六反
平聲㥶古愆愆二俗𢟈正去乾反過也失也四𢣁伊閑反丨大甘內心無足也
懕正懕今於鹽反安也二𢚬俗㥩古都奚反今作伍二憨呼甘反癡甚也愳力閑反
和禰二音啉法師云僻字也今作和字𢛛口交反丨㧻伏熊皃原闕
忩俗倉紅反苦也慬懏二音惟𢘓古文音謀𢝊𢜮音尺占反又徒叶反丨惉反丨安
也怤原闕沁也又聖兕強心也𢢑昔余撤也恭思俗思正息
廉反疾利丨也二恁音壬信也音荏念也恖氏壬反諶也信也與忱同也息俗𢙻或作
𢙐古文於求反志也亦丨丨愁也今作憂同三悠衣辰二音念痛聲也𢚭奴刀反𢛣二求音咎
怨丨也𢚷音瓊憂也懲直陵反又苦也又丨盛也心也𢝳古文常字也𢞵𢞵玉篇音离
悅也二𢤂於含反愔通𢙐正古文恩字二戀俗𢢃正音勞心也二共𢝑音酬

悠悠音攸也二同𢟃憂里之反憂愁皃惢姊隨反善也又蘇果反亦心疑也又才撕反疑
㥲音顛顛也𢜠音吕悠通悠今音由遐也遠也也智也思也二懃音勤丨懃悲音可
法也特也𢘑蘇末反題縣名丨恩音通痛也㥾渠陵反懲也也恰念音金懚懚
一俗二音餘𢞃音乞皮可反為索也草名似等𢝶音連玉篇云泣血也𢟁舊藏作慙息音盧𢙽
𢘐惟二字古文𢙨今作姦古顏反𢝃音丘𢥴容庚反𢗯𢗯音人仁二同今作
上聲𢖶古恐今恐正丘隴反用反懼也又丘三𢡘𢣻悲眉反恐也傷也恤也二
愈羊主反賢也勝也也差也益也惹人者反亂也又若詭也詑也反久反音𢞀𢞀𢠔𢟆
𢤩六俗之頌反正作整齊也𢠪可侵反丨則至誠也又莫角反美也𢡌俗同𢣉
音景故也也𢥤古𢟭今莫本莫短二反頃𢞃正𢞃今息拱反驚也二
𢟃音隱謹也丨忿俗好二音𢡦音粉動也𢚭音甚𢚭音隱謹也丨𢥑奴板反慙

而面赤也與赧同又力至反　戁　奴板反悚懼也又人善反　悊　舊藏作恐丨頗在道地經　愳　古文
悔字　悹　管貫二音丨丨憂無所依告也　恖　音愐思也　忝　音忝　忩　芳吻芳問二反怒也　怘　怙固
二音　悳　古文音上　恋　音甚　（去聲）　憙　許記反也悅也　好　悆　羊恕反悅也安也豫也　態
他代反意丨也　戇戅　卓絳反愚丨也上一又呼貢反赤愚也三　憃　通　憊　正蒲拜反病也
二　懟　直類反怨也　惷　俗　惷　正丑用丑龍丑江書容四反皆愚也二　愻　蘇困反順也
懋愗悉　三俗　懋　正莫候反盛也美也勉也與茂同又愚痴皃也四　慰　於胃反安丨也　慍
悬　江西隨函休建反二　音　憲　通　憲　正許建反法也制楚也二　度　慎　時忍反古文今作愼
廉謹也與又音嗔　衛　魚祭反睡語也與寱同又音衛義同　恙　余亮反憂也病也噬也　懘　古文古噬
反今作懈丨怠　怠　音代切韻音待　㤝　俗之忍反　懘　音制病皃也　始孕　懘　尺制丨音反
不和也又占反　懘　尺制尺狂反極也　懘　正　怙音尺占反　懘　大別名也　懘　劣也又音帶　懘　丑芥反

今昌芮反也　玉篇原闕　怒　之芮反丨　懥　或作　𢥞　正玉篇直又反憂也又同
懤　怨毒也　香　𢡆　新藏作懿一冀反　隱　情同　氣　或作　憠
嶽　又平聲二　懿　美也火也又姓　正許既反　息　忍　魚既反怒名也　怣　苦陷反　愊　胡困反悶亂也　慁
也靜也三　俗　愳　正徒旦反難也怒也與憚同二　憖　語靳反缺也　懢　具　憲　先代反心安也　蘇則二一　俗
懟　正　懟　今音契怖也二　忿忿　魚肺反悆皃二同　慧　一音忌教也日謀也　㤄
悉　正音愛惠也又　㦐　或作　慭　正力志反憂皃二　患　古文　𢘅　音瘕悼也
赤駭皃與懝同　憶　直絳反頑也　怒　又好二　狂　于況反誤人又居況反丨望也　忎　忌
音忌二同　愿　音願善也又專謹也　歃　愈　忘　俗二　意　古文念字三　悶　俗音認　懸　懸
二　憩　正去利反俗息也三　意　古文惠字　憲　七侵反雲行也　憲　誤新藏作慮　悳　古文音絹
今作　悲　古文皮冀反　憲　俗音惠　𢞣　古文侯反　㥶　古文音甚　悉㥶　音忌二

懯　烏故反　慗　音隊怨也惡也與譈同　𢣋　正　憩　今音素　慗　所
魚　惗　反悶也傷也且也　恣　今色反　（入聲）　惡　烏各反不善也　慝　上　憨　俗同　懯　正責反驚懼皃也又
反當也可也快也心伏也　懾　俗音攝取也又子括反丨撥也　憲　古　㥾　古　悉　正苦各反敬也謙也　忿　恭　惡
也二讓也　慗　今　𢟡　正蒲沒反乱也二　㦚　荒也　𢛯　古活反　懖　音欲就也逸也好也嗜　愐
女六反慙也　慗　又弁滅反急性皃也　恳　他德反邪惡也　忒　他德反他惡
又宿何反　忿　又普滅反怒也　恳　丨嫿也
也亦也　懖　音擊敬也　悊　先擊反又音擊　意　音食　慗　或作　懖　正　懖
差也　懖　二
今苦角反謹也　誡　懖　二或作　惡　苦叶反心伏也　可　意　於六反玉篇闕
也善也愿也四　惡　二　懖　正奴歷反憂也　惡　悳　音忽丨
也香嚴又　懖　俗　㦐　作　懖　正又心之飢也四　懖　或作
音億安也　悳　古活反道傷也與悼同　懖　或作　懖
覺怒也香嚴又　懖　巨善也　懖　同香嚴又音卓　懖　作
許役蘇管二反　懖　恐　音列　懖　發心　懖　劫力反愴也與惻同　懖
通　懖　正之涉奴叶二反不動皃也三　懖　也二同

烏竹反　𢟡　俗　悉　三　息七反正委也皆也說文從釆也四　哲　陟列反與悊同智也又俗
先擊反　惪　俗　惪　三　悳　古　悳　音德縣名也　五　𢣉　一尼乙反同聽　他德反同德　又

山部第五

崖　五佳反高崖也山險也　岩　古　岩　同玉篇　巖　五銜反峯也險反
也峻也　嵯　二俗　嵯　正昨何反丨峨也二三　峨　俗　峨　正五何反嵯丨山皃
巉也二也
二也　崑　崙　音昆丨崙山也二同　崙　崙　魯昆反丨山名二　嵩　崧　息戎反山高皃也又姓
岐　巨支反山名又州名又姓　嵾　初今反丨差不齊皃也與參同　崎　嶇　上去衣反下去具反
原闕　嶇　正去魚反崎嶇山路也二　巑　岏　上在丸反下邸官反山峻銳皃也　巔
都年反山頂也　崩　崩　天子死日丨也　也又三　岨　七余反山戴土也又莊所反與
同　嶋　正　嶋　俗同上三　嵎　音愚山名　嵞　俗　嵞　正音徒山名也三　嵞　音徒古國名又
縣名　峌　通　峌　正直尼都奚二反山名也二　岙　丨音仙遷也又許延反　遷　入山隱曰輕舉皃

也𡸔音号山名亦姓嵠音溪與嵠亦同岩丨也嶙俗嶙作二或嶙正力珍反丨峋
深崖狀也四峋息倫反嶙丨也崯俗崯正吟岑丨也二岑音岑壬今反山小而高
高也又姓崟音吟高峻兒也嶔丨也嶔俗嶔正去今反二也嶅俗嶅正五高反山多
小石也二宍山土深兒今反入也嶢嶢嶢嶢俗三嶢正五彫反險峻也嵯正四反山
或作崦日所入也正英廉反又於檢反山下有嶁巖同義二泉嵫正嵫今子之反山名
日出所入也二嵊山音鄉丨嶕丨音來下五來嶁山奴力反山名也嶁奴刀反
虞地名山在齊嵊音嵊丨子鄉丨山也小昨焦二高兒反嶚嶚俗嶚正胡刀反他山
丨音嶃三正反名嵊二嶔音嵩丨也也亦端未正大谷也含千嵩嵩俗二或作家
嵩嵩俗嵩今春也七剛刀反山嵖嵖通嵩反正大谷含嶓音波丨山名也嶷
𡶈音二古文嵯俗嵯正反丨五山男口嶁也含二二嵌俗嵌正丨岩口山衘坎反

龍龕手鑑 卷一二 三三 第十二函

傍孔也又去炎反二嵒俗筆市反崖古文封二音嶇音咸力反亦丨谷山名也又紀
岕音前嶰音蘇嶰嶓作二或嵴正疾陵反丨山兒也三嶡嶡嶡作三或嶡山名
正峻今音陵丨山兒五嶠嶠俗二嵑嵑嵑作三或岷正音旻亦州名六山
嵐戶圭反嶬或作嶬丘今反丘追反小山而高峻兒二也又嶇口耕
名在人姓嶌音羊嶍作山名紅反九丨然高峻兒二紅落董二反谷
麗山丨山名嶟丨子嶷嶷下上盧紅資董二反
丨嵛音倫嶡嶡上烏乘反下戶乘不平兒也嶇音郎冬日峻所入山
嵛兒山嶄上音鄉虛也二丨山崖胡官反太山名二也嵋音臨
虞參或作嶡崖虛也二俗嶇正又音恆山名二嶠今渠嬌反山銳而高也二
嶫商利作根古恩反正字二字嶠俗嶠作或嶠丨反今渠嬌反山銳而高也
又山道巖古文嶸俗二嶟正戶交反山名三嶇音隨嶍音看音巖
也三巖音夔嵫俗嵫正尺之反名三丨嶇都回徒外
嶇諸嶇音三二嵩俗嵩正羽盛也二反崥俗坡音崔二反

龍龕手鑑 卷一二

嵔許云反丨嵬高山兒也二嶘崑巨依反山名也嵬山皆反又小住反自高而侮人也嵬
山嵔丨嵬也二嶻作二或嶻正嶻丨今許奇反呼彼之稱也嶓正
嶕正胙焦反山危也二丨嶢作或原闕正五聊反丨嶄危也四峽音流嵩作或丨嶊徒
嵩古文邪字又姓岸作或正音所也二山嶸正五聊二反嶄千銜反丨嶄品兒也
與專反丨字由也反嶬音石也崕二山江音洪山嵩音嵩音連嵩
合作崧嶒丨盛也嶬俗嶸或作弓反作二去嵱元音嵱音嵱或作
鶏奚音二或崒也反嶓音於山於緣曲也反嶗俗嶗或作
二音嶇作二嶬正五江反三名也正五山崤古文宜嵩上音實流下音實父文
嵘也正戶篛反下又音榮義同三丨山嶮兒崛古音古文岬南古文嵩嵩二俗嶇
反崔倉昨回反同反丨人嵬又姓嵬五回反高兒也山嵬古文嵘音民岸數容反草
古嵯今昨山巫四反𡽱俗嵬正五高兒也反丨二嶇作或嵱正音深兒二山
也木盛嵥音許危格二反许岯音丕山名嶇音回嶇作或嶺正音岑兒二

龍龕手鑑 卷一二 三三 第十二函

嶬皇音皇嵴音義經音義云或作嵴音江西隨函毛上音高下音勞
偶二嶁音先嶁音居山名也丨球嶸音嶸音下音勞嵷嶸嵷嶸嵷
同以上六字取山音眉山名嶁山交也鄰音嶇七庚反丨嶇若江反
一面呼之俗嶇音山所璪反嶸嵷山兒丨崝
七耕反丨陰也崛俗嶇丨俱句二音嶽山力朱反頂也嶇若江反又丨
丨嵥抽嵨音同嵨嵨山名古嶇丨今音危二三岑反北登
音空山名丨嶠音嵨嵨山名也丨嶇今山名危二三
亦嶝音嵊嶁許宜反嶇也同嵑山多丨下也反嵥嶸二音麻嶢紀凝
嵅音挽嶓嶓俗市緣反嵤時音之音嵤容古文反府上聲嵤嶇嶟作三或嵮
反嶓音嵮反嵤時音嵤嵤反嶟嵤嶟
今山嶍火反丨嶮魚奄反嶸音險丨嶮也山不嵰丘檢反嶠直
我山兒也四嶮平也又音險嶮也嵰山高也嶠時里
反作也也二又山崒俗嵈作或嵈正上限反丨三嶟俗嶟正魚
崚丨立也二山嵈山兒也三嶙嶟五窊反
形也二丨山嵬嶫嶫嶫形如甑兒也三同嵬山崒上力反下五毋反反

丨丨山高崚皃也三嵬五每反嵔丨也嶵音罪嵬山皃也嵬或作嵲正力水反丨嵲山皃也二
峎俗崀正於鬼反丨崔山高皃又烏賄反丨嶋也二巋力每力追二反崀丨也二同
嵟郎木反崀丨也又郎佳反高皃也𡾊或作嶾正音隱丨嶙山高皃也二崘俗音險峴
胡典反崚嶮也𡶡音土𡹗俗音嶝崺移尔反丨立狀也峛力紙反丨崺嶇二動音種
岠其呂反大山也又至也峔莫補反山名二嵎嵎嵎古文音嵎三同嵣郎反
㞬俗嵃通嶢古文走字三嶜音綺三同嵤反滿口原闕勿反
嵩音勇嵤七感反又音若崛山渠殞反相連也丨嶙嶜崟二音同嶺顉反余頃岑
使丿闕隋正徒果反山高皃三陊也他罪反也又果反嶞山長皃嶇正息
音戶大山曰丨岵正音戶山多也嶹俗鷁通鷁委反
而大曰丨岵草木曰丨岵或作音戶二崮
越丨鄰名下一反又戶三嶋舊藏作齒嶼音序海中洲名崩被音鼓音
圭反獸名似馬一角

龍龕手鑑 卷一上 言 第十二函

岬并拜反山足也峴戶板反山名也巄斯氏反孔子紅二反又作𡿯古文音也㠁加買反谷
名峐居履反女丨山名也𡶇音起無草山也嶶俗音果洗二音正魚且
名弱水所出也嶩音翫
去聲峻嶐嵺俗三今嶮正岑閻反峭也遠也五高反岸正灘反
也水際二也岸五旦反又魚偃反丨嶕丨峭三作或嵉嶂形正七笑反亦好
進也嶠俗子計反丨嵘正時證反山名也二嶜作或嵍山今音務二立
也四嶠俗
丨嵭音貢山名也古文崇徒拜反𡸔俗呼嫁反嵻音一或作嶐嵻音內
崋古文音印崇又𡺨巇郎利反二嵣七利反崾音會嶘拜音供𡵏俗蓋正
作嶬俗音正崇古定反丁宗東嵰反桂利㟵古文音歲㟶巨月反𡼇音俊𡸡
正岱音代太山也岸音路嶐音降都鄧反又作峐小作也嵮徒
万嶋五古文峪音印塞音地古文嶽反醉
嵃崚崚音歲巚又音又

反寂俗崋二正胡化戶花二反西山名亦州名又姓三嵁反其禁崵或作嵣
今徒涱反丨㟪莫涱反丨也嶘古文嵯古文音歲嵯嵳二同上三崣
屼山名二
音卹後音致反嶭入聲嶨嶨正苦角胡角二反大山多火石曰丨二嶜
于名峸許月反山皃嵒若沃反山皃嶨忽嵲反所立三嵕嶷二同土角反
反
嶂新經作濯在明集嵱音業𡸍音栗山名嵼俗烏甲反嶭音壁嶬俗
嵽正疾葉反丨磼山連嵨俗嶱又五結反山中絶皃
二也嵺音渴嵁丨十力反嶺音族嶷音魚力反也嵬高皃也
嶨俗二嶭正今五各反崖丨嶬俗嶺正五各反亦
岛俗二嶆也古文今作呈三嶽音岳山嵈俗士角反義作
嵽徒結反丨嵲五結反丨也屼音兀山皃亦山名也岑音密形如堂山
磼

龍龕手鑑 卷一 二 三 第十二函

宋音木嵲口盍反嵁或作嵑正渠物反山短而高二崛魚勿反山特立也又同上
嵓俗所急反嵐俗正音直嶷山直也屹魚訖反丨崒山皃也嶵昨沒反二丨
同嶗上音力下力反山峻皃嶭俗嶭二正五薛反丨嶭三嵲五結反六殊
反嶮徒合反嶆苦郭反作或嵔正五結反山高皃也二嶧音律嶠正
俗音必山道嶻才葛反丨才結二反薩山名也嶭或作嶭正魚列反僕庶之事臣
邊堂也二謂嵕子也又姓嵐丨王篇之出反嶂一峽丨侯夾反山名巫
又五葛反二嵒丨香嚴音莫丨反
或嵣俗土格反丨客山皃又五格反嵠丨也嶰音摄嶧音赤山名
作嵤音昨丨崿山高皃二同嵤俗丨也嶧
嶂音郭州名也嶼莫音宮反五葛嶺嶺作谷俗音積正鵲二音
崟或谷音峪二音嵒古文嵒古文崒音木嵀古文音若苦字音當嶺若
崧音滅

卷一上終

龍龕手鑑平聲卷第一之中

釋行均字廣濟集

車部第六

輿音余事也多也載也又去聲方丨縣名也 輸式朱反高也尺也叓也丨也

轅音表車丨也 轕音當車丨也 輮轆轅輞正音也三渠車 軒許言反車也又丨一車也

轞俗 輠正音魂車前舉也 輓也又二 輼 輻俗 輬正二音上一音溫下音涼車名姑丨

郎温郎涼也開也 軥二音 軥居反 轌俗 軥作二或 軥二 轟呼宏反正 𨍏苦何反 輠苦我反

苦个反 轂三不遇也 輱貧 轗作 輱正口感反 轗口甘反 輱口咸反 紺六也 三 反

輊盛丨也 轃器也 輇七音全丨也 專反車 下無 輓俗 輓丨輪名也 輚又丨 𨋱坎 轉市專反 厄也 貆二 俗 䡵

轓 也今借亦 官與 反同車三 曲 輊輪車 直尺 容也 反 輪 陌陣 戰也 也 又 贊 或作

車正 聲口 也耕 二反 軠 聲 又口 車耕 堅反 牢車 也 轉二也 輨 車匡 戾狂 也二 音 輣 作或 作或 輤 輣

軯正薄萌反兵車又樓車也二 軯車聲也薄萌反 輄今 𨎌正音光車下横木也二 軠俗

軠正音狂 輹也又具也 轑三丨 軨音令 轔音閭也 輠 名令 丨丨也 轄也 軨二 莫 轠二 雷 音壘

輳也 屬絲也 又 轇俗 輶廠 音 名 丨 俗 二 軸 也 正 反 重 偶 持

不丨絕 轕人車 轚也 也 英 輈 音 禾 車 轎 轕 俗 軸 反 正 由 車

又 丨 丨 丨 軿 三 也 軿 音 屏 心 也 又 輷 古 侯 二 輶 音 猶

又 楚 持 反 三 車 正 步 田 反 四 丨 面 兵 車 也 車 軌 也 古 侯 二 輊 音 修

三 音 輊 二 俗 輷 反 古 侯 反 車 又 丨 巨 倶 反 木 也 車 軌 又 也 二 承 登 也 輚 車

車 也 二 轉 音 周 重 反 丨 音 心 也 輸 巨 倶 反 廉 也 車 輴 音 也 承 輇 修

丨輊也 輈音周 重反 丨音心也 輸巨倶反 廉也 車 輊 音也承 𨎹也 輊 車

袞車轄也 𨍏玉篇音周 車 軨 大夫車 丨車 聲 丨 軵 音俱 俗 輴 車正 聲 所 徵 登 咸 也 反 二

輅音車搖也 轄又云丨 車 大 夫 轎 丨 車 聲 聲 丨 輊 轕 也 鋤 正 聲 反 輊 車 流 輈

輶正二 俗也 刀反 韜 音 田 俗 奇 輊 軋 音 瓶 楚 監 唐 反 丨 二 張 反 車 徙 昆

轃 禾 音 蕪 俗 音 眾 余 袁 反 車 從 軳 音 瓶 正 音 軸 軨 二 丨 容 反

車反也兵 軗車音郎 轄 丨 渠 轓 六 孚 籍 也 車 軶 車 即 跡 容 也 反 軹 丨 遂 所

也兵 輗 軿 車 輈 也 輶 丨 轓 大 袁 也 反 車 從 車 跡 也 轉 丨 渠 遂 所

支輒巨支反 軺俗音容車 輰音羊丨 軖俗他反五 輚 棺藥州底 𨍋工 音 行 容 車 音 車 也 俗 需 反 他

或作岐匙 轞 因 車 載 輠 反 庚 蕶 庚 二 車 也 俗 鮍 正 反 五 前

三音輪也 䡭 丨 車 也 輜 而 庚 反 車 聲 也 音 庚 二 輥 俗 今 則 反 丨

車轅端持也 輀俗 輠 正 音 也 二 軨 車 容 俗 音 轃 正 輟 輊 音 大 還 也 苦 反 他

衡木也二 轓 車 音 二 也 車 軨 俗 二 蓛 呼 轃 輕 苦 反 胡 又 丨 車

質也音 轔 通 車 製 也 音 車 軨 正 人 音 姑 二 大 骨 輾 轄 也 苦 反 車

二 轞 頭 龍 也 宜 蟻 二 音 車 上 也 連 音 又 盤 孤 大 骨 輊 也 苦 反 車 胡

地名又人 轞 二 或 環 蠻 丨 斫 今 貫 柴 車 又 一 一 丨 月 郝 骨 也 車 他 反 追 車

車裂山也 輊 作 二 或 環 蠻 擊 今 音 貫 柴 車 又 一 反 月 郝 骨 也 車 他 反 追 車

也 又 也 輈 作 二 反 或 環 丨 擊 令 音 貫 柴 車 連 也 車 又 反 月 郝 骨 也 車 他 車

名亦姓 轞 也 作 二 反 或 環 丨 擊 令 音 貫 柴 車 連 也 車 又 反 月 郝 骨 也 車 他 車

盛兒山 輸 作 同 櫃 令 堂 也 又 分 七 丨 反 輗 反 二 郝 也 車 云 反 車 車

二同姓 𨐋 七 二 軿 同 櫃 分 輊 扶 又 分 反 一 反 兵 輗 二 也 於 丨 反 反 車

於粉 輊 勃 也 輪 作 二 反 同 載 輓 扶 也 柴 反 又 丨 反 兵 輗 二 也 於 丨 反 反 車

反 輊 經 邱 音 也 女 經 分 郭 兵 房 名 經 文 反 是 比 丨 云 反 古

苦于反 今 名 在 七 申 丨 中 反 悅 車 俗 胡 兵 誤 反 輗 丨 七 又 交 文

看丨硯也 作 輤 音 也 改 致 彰 氏 尺 音 交 丨 也 誤 輤 反 七 又 交

云兵車若 巢 軜 所 交 反 輈 蕃 毛 反 𨌊 戾 形 也 驗 也 疾 詩

以望敵也 輎 兵 車 也 又 車 軒 也 也 軘 音 陁 軒

輞 旧藏 𨎓 音篇 車交 上聲 轑 或作 轑 今 盧感反 二 軟 而兗反 通 柔弱也 輞

作軒車丨 力展反 與 車也 人 丨 通也 二 正 丁 禮 反 也 大 車

音同丨輾 挽車也 又 姓 輾 今 之 輾 反 故 也 二 反 與

也與朝正之 恐反後 横木也 軝 之 從 恐 反 車 也 轉 也

通 也 又 也 亦 車 姓 二 從 之 恐 反 車 丨 跡 也 也 轉 義 也 與

軫 也 反 動 也 知 也 頻 亦 二 丨 也 横 木 反 也 丨 車 見 經 音 義 輔

軗 尼 展 也 反 又 女 頻 反 丨 轉 也 又 姓 輗 無 也 返 反 引 也 與

音 殳 也 輾 又 女 篇 反 丨 轉 也 又 姓 輗 無 音 方 反 車 也 也 輔

也 又 四 也 弼 也 音 箭 隱 水 聲 也 又 俗 女 輔 音 隴 反 推 也 輔

居 男 反 丨 輶 於 綺 於 義 二 同 車 丨 軋 反 居 也 輒 水 反 法 也 作 車

網 也 轁 也 輢 也 車 丨 也 二 二 同 輭 反 軓 久 居 說 反 字 作 跡 輂

九 輣 居 也 輈 男 又 四 丨 車 於 也 義 也 二 同 車 音 反 反 反 車 車

不丨丨淯板正 九輣居也

平轃丨反牘作 轎也男又

也車不下也樂頭安 反四

二行平徒 削中占 輢丨

轞兒亥 軫也反反於也

俗也反至音 車車綺 輊

轗 轀也啟 輠丨於 輚

輪正作旧 轃克胡也義也

也音轉藏也輊又罪 二二

二搥 轗 輴果胡 輒同

輥 正車 輛禍 其車音

又牛 轚 丨隴二二耳反 車

昆隕橈今二反音反 軌久

翠九也奴 輊車車也居反

二車二可名音腦轂說水 輊

音軸 反也紙角頭交反車

也 輇 縣也轉字法或

轃 輶 輆 輮 樣也作

撓音感正 輊 散俗皆車揖

也乃反苦苦上反才從跡 輂

又奴可反 輭正 輭 輴二今眉殯亡盡二反車軟兒下軌也三 叅或作 叅今音飲車丨也
二 軿士限反車名士所乘也 輚士限反垺倉六臥車亦兵車也又載柩車丨也 轑俗 轑
正音老車軸也二 輣音郴載柩車也 轃人久反車輣也 轞車聲 簞胡黑反由田車也二 軓
音犯車轍前也一日車當前丨也 頓俗而朧反正作輧 輨音管車轂端鐵也 轘俗朩引反
去聲 輥正 輗今音兗引也二 輞閂 輮時反正 軔音刃碍車輪木也 輣
俗 輣正魚向反丨輢也二 輢俗 轎正渠庿反斬車也又音徸小車也二 轗俗 轊正許
建反二 纛俗音秘 軟俗 軟正他計反嗞聲也二 東 專 轄祥歲胡桂二反皆車軸鐵
也上又一時釗反望也二 輝土戰反軒輞也 轅俗於亮反 輅今 輅正音路車丨也古天子所
乘之車日丨二 輳倉奏反輻丨也 輩 輩蒲昧反比也又北昧反等丨亦比類也二 軔於教反有
机車也 轅音明丨車彗也今 轚正計輩二音丹車牙序而行苦也二 轥今 轔正力刃反

龍龕手鑑　卷二　三　晉十二函

轢丨也亦轍跡蒙下又力珎反車聲也二 輆或作 轋正音遂暢也二 轒 轒 轒 轒四俗 輊
或作 輂正陟利反車前重也六 軞俗莫報反 輸胡按反 軸羊刃反車名 輵古晏反
軮俗於敬反 輤倉見反載柩車盖也大夫以布士以葦席 轛音對卓箱又陟類反車橫軨也 輊
中句反車丨 軑音大車輨也 輝徒念知念二反 轉古効反 入聲 輒俗 輒正於
格反轅端壓牛木也二 轂音轂車丨也 軸音逐車丨又進也 輻音福車丨也 輎 輅
轍三俗 輯正 輯今秦入反和也諸也玉篇音習訓同五 較古 較今音角也明也昭
也直也又車箱也又古孝不等也 輨胡賠反車丨也與鎋同 較 軗二俗 較正蒲宜反行木
名也二 轢音歷車踐也又音落陵也 輟知劣反止也謂止已惠他彔也又陟挩反小車鈌也 轆
轒音鹿丨輈也下又音獨二 轠 轓 輵三俗音隅 轆音鹿車聲也 軥力反彩也 轝居
反禹所乘直輆車也 轝居玉反車轒縛也贊音在九反 輡俗 輊正音六軸車箱也二 玉丨班

音伏車皮也軛音佳 軛 輹 軼音伏車丨兎上又音福車輻轉也二 輟 輟二俗 轚正苦擊反
同奐三 輡 輡 輧三俗 軒正烏苦反與軒同丨轉也四 輍音欲車前枕也 轝居縛反車
輣也 轞徒臥反車聲也 褭普八反車破聲又盧叶反亦破瓦聲 軑俗胡類反 軾音識車前也
軏俗 軏正月兀二音輗丨車轅端曲木也二 輵正 輵今音苩軫丨戟形也二 轍或作
轍今直列反車丨二 輟直逆反車丨也 轍或作 轍正五苩反車截高也二 乾音訖 軼
徒結反車相過也 轄苦去反車聲也 軸俗直六反正作舳丨艫也艫音盧 輈音納驂馬內轡
也擊子軾前者也

長部第七

長布遥反長兒也又布休反 ⿰镸頁俗 ⿰镸賣今 ⿰镸賣正相俞反⿰镸兆丨也三
鬠 髭二俗 髦今 髭正音資丨鬢也四 ⿰镸桀 ⿰镸殳 鬃 髈四俗 ⿰镸殳通 ⿰镸夔正子紅反
毛亂也六 鬆子紅反丨馬 髦 髦二俗 毳正音毛選也俊也入丨鬣也⿰镸?音艮業反三 髾

龍龕手鑑　卷二　四　符十二函

髾 髾 鬏 鬏 髝 鬉七俗 鬘通 鬘正莫班反花丨也借用字正莫賢反煩烟西眉也九
鬄音而頻上毛多兒又獸多毛也 鬇女耕反摯丨也 鬑 鬑 鬏三俗 鬏正音坤去鬏也四
髏俗 鬟正如羊反鬕丨亂毛也又乃庚反鬣丨亂髮兒也二 鬛正 鬛今蒲庚反丨鬟亂鬟
兒也二 髭云王反丨鬟也 鬐正 鬐今音條小兒髮也二 鬁今 鬎正立高反大兒也
二 鬖步官反丨頭屈髮也又音伴卧髮也 鬞俗 鬗古文丑容長丨直也二反 鬖 鬖二俗
胡加反 鬕子邪反長 鬁蓍母二音 鬉俗直艮知兩二反 鬁俗 鬀今音弥長久也
二 髟音衫屖翼也又長髮兒又必公反 鬈 鬈 鬈作笄冠飾 鬏俗落天反 鬏 鬏一俗
音求 鬐俗 鬙或作 鬙今渠脂反頂上丨也 馬三 鬠俗 鬟正疋昭反髮兒也二 鬈俗鉗
緺二音 鬋俗疋綿反 鬠子邪反也邱山名 音分 鬈 鬈 鬈三俗山交反 鼓江西隨函
音以長反丨舉也郭氏又俗音徒亂反 長 鬉息廉反好髮也二同 鬗 鬀 鬖三俗 鬀正十

耕反丨鬡毛鬖亂皃也四 鬒俗金反十 鬆俗 鬆通 鬆正測瓜反婦人喪冠也三 贈俗音
禮鬖鬌俗二 鬌正薄紅反鬆亂也三丨 鬖 鬖俗二 鬆正私宗反息共丨二也又音 鬑
送髮丨也三 鬆息恭反云長也燕 鬌莫宮反長皃也 髮 鬙曾甘反髮跡皃也 鬑音廉丨鬑
也一日長皃 鬍音煎女髮垂兒又音剪 鬌音凋小兒留髮也又音 鬌尢少髮也一曰多髮
正 髯今而容反髮飾也多亂皃 鬣 正 鬚今女江反髮多也二 鬆 正 鬆
今音王鬣丨二 鬗作或鬆二 又正渠員反髮人胡也 髮好也 鬆音丕散皃也 髮好 鬍
毛垂也二 髮音下音佣丨皃 鬌昨何反髮多也 鬚芳于反髮皃又音部 好 鬍
鬅 鬙 被上髮皃亦髮短皃 又 鬖 鬚 才宗反高大也 鬆 音渠容反 亂髮
音大髻本也也 鬣 毛盧黑驢二長皃 音 鬆 渠支反長也 髮 鬆 鬍 故髮鬛也
音付露髻也 他來反丨也 鬍 皃 名丨長於身丨也 鬍 國 反
鬆七恭反亂也 鬍 婦人僞髮也 髮 上素不沙反 鬆 鬆 丨 領
毛也鬍 俗 鬍 髮正所交反 毛也二 鬉 髻戶閒丨也反 鬆 皃又音 沙 彭 丨 垂髮

龍龕手鑑 卷一中 五 第十二函

皃也 鬚力之反髮也 鬆 鬆音容 曰髮長也 鬆飾丨一二 鬆莫紅反馬 鬆也 鬣紅 莫
反傻也 毛 髮 鬆音恭 丨 鬆 直 直 亮 良 反 反 鬆 亦 鈍 人 也 又 鬆 鬆 車音 休 鬆 龍 也
之离也 鬆音休 朱 染或作 鬆 耳 出 反 馬 鬆 細 毛 息 也 弓 反 鬆 經音 音 毛
二 鬆髮音赤 黑 染 也 鬆 繫 鬆 也 反 俗 鬆 正 都 果 反 小 兒 徒 前 果
義同 鬆虛音 上聲 鬆 髮 奴 禮 反 兒 也 鬆 俗 鬆 髮 爲 丨 也 又 假
髦果二反也二 鬆 俗 鬆 正 烏 果 反 二 丨 鬆 髮 陊 賄 反 也 鬆
他好髮長 鬆 芳 武 反 鬆 俗 鬆 好 髮 髻 也 音 搓 角 也 鬆 髮 音 宗 二 也 鬆 芳 兩
丨 長 髮 皃 鬆 鬆 丨 正 音 也 又 馬 也 丨 音 也 鬆 或 作 鬆
音 也 惟 相 鬆 俗 鬆 正 烏 了 反 不 勁 也 丨 二 鬆 鬆 髮 烏 老 反 長 也 鬆 或 作 鬆
軟 也 鬆 長 正 而 丨 鬆 髮 鬆 或 作 鬆 正 長 也 鬆 二 宗 作 或 鬆 道
反 皃 丨 也 反 鬆 俗 鬆 正 二 鬆 之 忍 反 髮 也 音 鬆 或 作 鬆 正 鬆 今 二 音 愷 髮
似 兒 也 鬆 正 二 反 鬆 多 黑 兒 也 鬆 俗 鬆 鬆 正 鬆 二 今 巨 少
正 奴 了 反 也 鬆 或 作 鬆 俗 鬆 長 正 音 了 也 三 丨 鬆 俗 鬆 正 鬆 反 今 聚 丨
長 皃 鬆 作 或 鬆 莫 三 俗 初 產 鬆 鬆 音 二 俗 市
也 長 三 皃 鬆 反 古 鬆 鬆 鬆 反 止 作 鏟 鬆 鬆 音 市 去聲 鬆 鬆

二 鬆俗 鬆通 鬆正音弟髮也四 鬆俗 鬆古 鬆正音討頭丨三 鬆俗 鬆
正必刃反髮也二 鬆芳未反婦人首飾也又 鬆 鬆丁念反二同 鬆正
上髮也 鬆音弗 婦人首飾也 丨 也 又
鬆今音四陳也列也極也恐也 鬆俗 鬆徒亂反 鬆音葉髻也 鬆俗初
又毫毛也又獸名亦姓二 鬆 路音 鬆 俗 音
克初 絳 二 鬆子計反說文云婦人束髮也 小 鬆 路 俗 鬆 務
反原關 髮也又祭節二音露髻也 音同
鬆多弄反丨鬆毛 鬆舒閏反 鬆云王婦被丨 王篇易
髮亂兒鬆音送 毛兒也 鬆穠 二音同 剪髮也
鬆莫結反 嫁反 婦人 鬆正 鬆今立愧反屈 鬆或作 鬆 今音贊
結髮帶也 髮給髻也二 鬆作 鬆髮光澤
也又姊 鬆音次 羹 鬆今 鬆作 鬆或 鬆正音次 以漆 鬆反補 忍
未反二 鬆髮也 鬆 作 鬆 垒 罽 也 三 救
見 鬆芳救反假髻 鬆 鬆 鬆 鬆 鬆 皆音 變 体 七 鬆 鬆
也 鬆 也 又 疋 力 反 冬 義 同 七 音
子 峻 反 鬆 子 寸 反 入聲 鬆 鬆 俗 二 鬆 丨 正 音 發 頭 鬆 吉 正 音
丨 同 委 髮 也 鬆 鬆 俗 二 鬆 丨 也 三
鬆 俗 古 活 反 結 丨 鬆 鬆 鬆 鬆 鬆 鬆 俗 七 鬆 正 良 涉 反
也 又 俗 音 計 二 鬆 髮 丨 也 八

龍龕手鑑 卷一中 六 第十二函

鬆徒結反 鬆音佛 前髮也 鬆俗 鬆正他歷反 鬆 除髮也二 鬆 音 俗
俗 佛 隋 二 頷 說 文 云 施 隻 二 反 飾
鬆音首飾也 鬆音活以組束髮也 鬆 鬆 鬆 丨 苦 八 反 禿 鬆 俗
髮 也 組 音 祖 也 三 同
鬆正北末反 王篇云大髻也二 鬆音卜 鬆髻也二 鬆 正 鬆 今 居 六 反 亂 髮 也 二 鬆 藏 旧
作
髮

門部第八 門門今莫奔反丨戶也又問也聞也守從兩戶合爲丨也一 閃 闢
正古還反 所以 閞 閞 俗 二 關 正 音 開 通 闊 音 視 遮 反 又
今 橫 持 門 也 二 也 也 二 閞 也 解 也 三 都 闍 丨 又
城 上 重 閣 閣 閣 正 音 因 丨 閞 閞 於 禮 反 丨 氏 姓 也 又 門 俗 烏
門 也 閣 也 二 閞 葛 反 正 也 塞 也
爪 音 昌 丨 閩 謂 之 丨 也 音 章 宮 中 門 閞 俗 閞 小 正 人 視 也 二 反 閞 朱 羊
反 閶 閭 也
反 痲 丨 閟 音 圭 閟 通 閟 正 音 益 朝 門 閛 普 討 反 閒
小 視 也 閟 也 閟 別 名 也 二 扇 聲 也
俗 閹 正 英 廉 反 男 无 勢 精 閉 者 閹 俗 音 閽 音 昏 守
也 又 於 撿 反 閉 門 人 也 二 閹 亭 門 人 也 閽

戶開反闠丨市垣也闠俗胡閒俗音非正作閭旻文
又道也闠市門也甲反扉戶丨也二音
越蚰閭俗音閬俗徒兮呼閭力居反呂也居也閶俗
種也超覓二反又丨閭里也亦姓音
重闇俗音閞俗苦交反閣俗語閤戶萌反巷也又門
南小擊也奇反頭也又門邊小嫩
有僻止扉自閑俗音閑習閭銀根二音和闓堂湯二
閉也又姓也法也也又中正也音盛皃
也闆音閞妄閉布肯反宮門也閱音文丨閱或正
入宮門一日巷門也鄉縣名作閱音
旻亭名又音闍七羊反開閬音郎高門又音浪亦高
民鄉名二門和也門又丨中地名又丨風
崑崙峯閭俗閭通閭正閭今余廉反閻里又閭俗音
名也里中門也又姓四封
閞俗閭正音吾因鑄俗子泉反閭俗田塞閭博
名也二鑽鏨也二音毛
反正作褒丨讃閭俗五閭下文作閭字在中閂舊藏
進揚美也二昆反阿舍第十九卷作門
閭閭新藏作閭音昌丨閭門芳文反閭反賓反丨
扇也郭逡又音溫二同閭閭丨爭亦續紛

兒又反君上聲閞閞閞三閭正昌演反明也閭苦本
反亦閛也俗大也閞也四反門
限閭或閭正閭今于委反閞也又姓閭音愍傷也閭
也作反斜也開門也三痛也又姓
詼今音作閭于彼反開也閭古文音開丨管籥俗
郭逡俗音普耕反門聲也正又平聲今丨作錠門
閭正音限門國閭俗音閞俗年閭烏可反丨砢欲傾
或作痕二紙典反皃又許賈反大咲
也閭或閭今王篇烏可反閭或閭今子究反二開閃失
作俗也門傾也二作閞門利也二冉
反出門皃也又失焰反閭他旱反閞也門榜也閭於小
閭頭也又暫見兒也之柵所以閑扉也反閂
隔所景反丨若海反閞去聲閞俗閭正尺教反
也閭府今作省閭也又平聲猴也不靜
也閭俗閭正五愛反以木欄門閭俗閭正堂練反二
二也說文外閉也二丨國名又音
田罘車閭閂閭三通正博計反扃俗正胡
背也二俗閭閭丨戶也五閭閂旦反
坦也居也閭古文音胡降反門陌也又良
也里也二閭右助也閃閭閉也搆也二同閭乃

反丨鵲烏閭良忍反大也閭良忍反蝨閭胡對反閭
名也又姓又力忍反也蝨音文閭丨也
古濫反魯邑又俗五焰反正許亢反門頭也
妁又口暫反閭作覘侯也閭又天子廊飾也閭
閭二閭正閭今都豆反丨閭都豆反閭俗之閭兵眉
俗競也又姓四亂也刃反反閭
也閭俗呼降反閭俗音閭俗閭正苦浪反丨閭音浪
直覗也澇閑高門也二高門
又丨中閭閭二俗下閭俗音閭俗音閭弁飯二音閭
地名計反宏淚門欂栌也
閭二閭今閭正胡計胡界二閭俗閭正丑禁反從閭
俗閞反門扇也四門出尤也二
首寺閭丨閭閭三閭正如順反門直刃反閭俗音
寺門人也俗散餘也四發也婁脫
也閭俗弁閞閭奴計閭丑任反入聲閭古閭今音兒
二音反直閉也簡閭閭
丨也閭音伐丨閭閭閭閭閭四正初六反更也正
二自序也俗閭從三又如眾字下
從二人是也俗音閭徒盍反門閭閭今便亦反開
餘皆变体云閭立樓上屋也也啟也二

閭俗閭正靜閭許逷反門閭音藥門鍵閭俗閭正苦
也限也三戶丨也穴反
止也終閭俗閭通閭正胡塔反閞閭五結魚列二反
也二丨門扇也三門閒中磑也或
作梟閭他逆反閭許及反戳多閭徒結反閭丨閭胡
門屏閭也又俗音閭鄭城門也結
反丨閭俗呼活反正閭烏甲反開閉閭俗烏結反閭
閞也作癈大開也門也又音甲食塞也
俗呼閭俗音閭俗閭正苦寬反閭閭二閭正苦穴反
目反側寂靜也二俗丨閞光門
戶也閭俗閭今閭正許擊反閭也恨也閭俗音閭烏
三戾也又相怨也三悅銘
反門閭二閭正苦活反逺俗胡閭俗音獲又呼
扇聲閭俗也廣也三閭類反閭伯反破物也
閭俗閭正去月反門覿也鈌也門兩傍閭然為閭呼
道也又去也過也失也不供也亦姓二麦
反丨閭胡沃反閭胡結反丁結反居六反閭芳
門也門聲門聲也閭門閑也閭閑丨也閭逼
反察閭音兀丨閭閭二俗去閭鈌血二音
也枻也月反無門戶也

入刀部第九

俗剺俗麻步反劉巨挑烏剪矛也剺
刀劵同上音交古大羊剎玄也刉苦反
部正剝刏貸劇哀鎌反封反剔音凋姑
第里也杦正古言五也廣丨曲也剘㓨
九之割二俗䝉交反来二足削刴剘俗
刋反劔今也居二日云也剺二音劘
定口刵正貸借又圖反摩劉二出正前正劏
除千俗五劊官音劊劉古深剎音也
劊反冊九也反剪上丨香丨苦剌交而旧音摩二
丨也正劊反三㓢二烏刀嚴釣刲也烏不藏丑剸
剺所也刎髟猰開音也反二元流作脂初又
剺班除俗剭苦物刹同反日剸反佳小
二俗反也剢渠龍侯剜劉虮水丨剮初矛
剺定二正反幽也二裏俗或作到玉又加也
今蕑也丑丨反與反也劉㓨尝穿篇旧二又
力剺剺全去死㐬下又正丨正丨侯也丁藏反初
之也苦判子皮角同音足土判他剔反幺作剤嫁
三反姑屠全也刨頭封衙也凋也剷反剳丨反
玉破反二二刨丨也反二反二尺反琢字剬
剺也剖剝二俗劙削容短也音祟

鉀也二刖之反侯也剜剖借用正丨禾反
屬剘古割容二且又烏刻普破剢子絕二
剅俗其花也刂侯才官剒口也俗小也則
剅音反丁斷二奏反也反析剢反二剃也
丁刀刨劉聊也反反劙判也正與剸可亦
考觧音呼烏反反細劃音音也初鋒剬反斫
反物鉤謙官剢斷丨离禮剡簡亦二官擊也
剅也開也剌俗切二分亦音又反同同反剸
丨二西俗夷刟劐破刀冉時削二旨截茲也
以同剬音正音音也剌反冉也交也損截
刞音崩剐剐娄漏又也削反剐反下反也
疋丨劙剻今取丨丨剻也縣俗細又減
迷削或作古斷丁禾小㓹俗胥利名刎剖音剖
反也劏懷也聊穗穿細音也正丨也端居工
剻今草反二反也也切刀剠武頭上齊綺人
正非也刉以三又也音從皮也粉也又也反曲
剻焦又音削剽劾刻羨無反二度丨刀
今刻反咲功也俗音㓹音离反正剿剮厠也
音剹短也公剝賢頭上丨交或作俗瓦剌
西也刘二刨正祖自也聲剝假劓古古初雨

反傷初物刌剽二鄒也作劐也二也三
皮也已也音研通刵俗亦一相念刂剅
剾反二默也剆而斷剃掠承反劂徒反
吉割刭正割志耳他剎七郎破亂
善也扌刭魚皐反也計髮或作訁計也劂
反倉切二俗器也剌反也剩叩反二丨又
另本又剎反二七盧除二正丨古呼割同斷音
俗馬反割紏剳賜逵劌食長吊也劃也厥
古反細也二出初也反反居也證也反二或也剸
切剝正非向初棘蒿稅割反二劊作又剸
居吃子絕萎也反也丨丨反也剽音音音側也
偃語小也酉四始也也傷疋也史斷麗螺使與
反也反反剘又剠妙又二也割二反傳
丨到去聲俗耐剅俗反輕刉劕丨同
剎俗音常又剆強也俗劕刃二
又戰到劏剉照姓正治取刉劕剝
禮名正斷情段剉反與音也剾正丨郭祭剔
反古首細丨倉丨自部亮菩盧利古刀氏二二諫
剌項也反截卧斫強亦取也權刀對使皆音俗反
制反二分也反也也通也奮反也反利蠢斷之

剡州又逆甚七七也歷刂人削也必也剌也
古又名姓反於亦賜又伭或作刷也自剟剳
跋音刬增前反反玉反剥所也殺伐正也音死
反果旧作也也丨針篇人正割劣清也也初又浴蓟
鎌刈藏制更二穿丨音姓百傷反也急一俗水也
丨也刎劌也也斝角害一剃反音剫
刺音故音罪又普裂反去㔛剁割刺剠
音赦剬伐於刚擊也丨皮剔二俗物二二俗
剻古同山人音也反剖落也他解剁聲剆
俗文上罪日月又剖音剌二歷也正丨剃正
剻剠也丨斷五也普剹反二初柱拂也苦入
正類剠加也刮破口音辱剻鋯也佛斫合也
苦也二樹剌足反也反六也剻也三二也反三
恠又音盧也形剗刑又苦也剝音破剻
反姓入聲逵又剏正也痛得又息刻擊也都一
芋二反丨俗恤剷害急也反剔約丨剷盍曰
剻劇辨賜音今丨也丨也反也徒玉反丨
音名俗也反刕音斷刮鏤二愢刕各也相鉤
計縣劇戾音同蓸截古反剋音思反又著也
草名正奇剌叶力剝也刷丨同上叶也治斫聲

刖五骨反舟危也剌剌或作二剌正力一反細切也三劂居月反丨刀也剞劂劂
良涉反削也擇也二同剹子悅反斷物也丨剭屋握二音丨誅刑名刐涉劣反也劃
胡麥反刀剋也錐剉俗刲刼二正音坂强取也三剤俗都盍反剔他歷他計二反
割也劅竹角反刑丨也剳竹角反也又陟孝反剬木矢反業妾業二音續麻也剒倉各反斫
也剝俗盧骨反剳竹洽反著也劍或作劍正音結角理也二刺劉之石反也劉
削郎活反丨剉正罰今五各反劍丨也二劃俗剖盡二音劃呼麥反破聲劙籒文
劌苦郭反解也裂也二劉士洽反川韻云切聲又玉篇初洽反二同剢丁木反丨力鋤也劉
丁木反力鋤也又烏加反自刎也玉篇又乙雅反丨劉人質反利也又知教反剈音剳則音則
剌剢二音易

〈衣部第十
衣於希反丨裳世本胡專作丨白虎通云丨者隱也裳者障也所以隱形自

龍龕手鑑 卷一中 二

障也薇褫褫襦俗三褫正直知反蓐衣也又门䏍又池爾反易曰以訟受服終朝三丨之三
𧘝也襛襄二俗襄正奴郎反曰丨無底也爲俗棄丨棄也音訖有三底祇渠支反借丨文
尼服也衰音脣聚也又余救反服飾也又音褒衰俗褒正傳毛反丨進揚美也又姓又寬衣
兒也二袠俗袍正薄毛反長襦也二裴蒲田反衣長也又姓袪去魚反去也袖也舉也
襀古褰正去乾反摳衣也二襟衿音金袍襦之袂亦衣帶也二衿音金衣小帶也又其
禁反褒古衮金音平延丨也也去聲又都聊廣也王篇又衣地反死人衣也二祇古衽
今音脂敬也二裝音莊丨束也又側亮衾去丨音反被也裨音卑丨補增助也又與也附也又附
反反副將也又姓襆俗璎音䙈區烏侯小兒烏后二反誕衣也褘許歸反后闕音帛褌
音丹有表而死裏也祴俗衫音裎音征小兒丨裕衣也裕俗裕正音鍾祉丨也亦小褌也
二衷音中善也適也中也正也又褻衣中衣也襠音當兩丨衣也襤魯甘反丨縷也褸俗

褸正褸今音樓衣襟也又力反襤丨衣破弊也三主褕俞搖二音丨狄近身衣也襜襜
二俗襝或作襜正處占反丨薇膝衣也四褕裙音群裾音居衣丨裮音昌衣披不帶襶
俗音雄强也袿音圭婦人上服口丨又長襦也褔俗褓正北爭反束兒衣也與綳同二袾
誅姝二音衣也又俗朱注二音袌俗音凶孝長也襉俗衵正汝蓋反衣綠也二袠夷咈二音
衣名也衧或作袁今音于包衣大袖衣也二即襑音尋衣博大又他感反衭音夫衣前
襟也襦俗通襦正人朱反短衣也二裢粘延二音帑丨牛領上衣也帑音怨襩正褈今尺
容反丨衣也二裕褣音容丨也種褌音昆衣也內褑褻俗二𧞃褻二作或齌
正音資丨緇喪服也五䙦俗音登毛帶也袶薄紅反爾疋云級也褆音啼衣好兒也服裱
俗音表垂衣也褑音鞋補也衣䘻五号丨䘻五禮二反袿衣餙也裗音流丨也䘻衚音胡
丨袚也衯俗衯正音芬衣也二長禨正禨俗禨今音衫襦也三小襛女容

龍龕手鑑 卷一中 三

而容二反丨花兒褵丑知反裳上衣禮祜俗襒通䙺正丁憋丁叶二反衣領也三
䙚通𧞫正古侯反单衣也二袧居勻反戎衣也䘯所交反衣衽袽女余反易曰衣有丨
裪徒刀反丨衣袖也褔襎音煩丨卷帊幞兒襴音草重衣兒又垂也褐凋鳥二音短衣也
𧙣衺二古文邪牙二音襓音饒劍衣褿正褿今昨劳反袦也又衣也又音遭二裀
音因近身衣也褍音端衣長又衣正幅袈女加反衣弊也褮音熒衣門孔也又音索鬼衣也褎
旧藏作齊祖今及在三法度倫襹襹所宜反襹丨毛羽大也二襄俗奴當反裯音紬被也单
上聲褁褁俗二裹正古火反也纏也三苞袲俗袲正烏可反丨多衣兒也二袲
奴可反衮丨衣好兒也祜音戶福也褲衮衮三俗褖衮二作或衮今古本反天子
丨龍服也六綻丈限反縫解也衣袒徒旱反丨衣縫解也丨禓也又音綻禓音先擊反襢上同
又音展衣兒也裸郎果反赤體也又胡瓦反襁褓上居兩反負兒衣也下音保禰也禰音替裒

奴了反驟丨也衫襸二俗禯襆二作或禵正井眇反端丨也五袖襟必小悲反友二
衣袖也王又疋小反蔦祓俗音吕奈名也䙎息拱子冢反单衣也二祓衩上音筱下音了
丨丨行小褲也騰吞旲音啟二同衦古旱反擀衫也䄽二俗音䟢哿褚俗褚正知丹
吕反裝衣也二裏中音丨里䙞襺俗二襺正苦典反衣也三繭䙆孔頭反衣也急
俗音紙正作只䙝音偃也領衣䙌反衣衣縫撿於縁劍也二襺方也又緉小反陋衣也急
或作今音䙐布襫也二弊䙗散音䙏兩音一衫服正之也怒二反䘸反尺劍
俗正音䘹服也二鉤祭裓作或移衣正長尺也氏二反襖袍烏丨老也反䘿俗
今徒可反衼兒也又䘷帶也三他可長長裮苦管反袴䘵也祠力力勇
正䙉舒也三力董直隴盧紅三䘕丨知又吕弊反衣衣䘨陟反是袴丨細也几二董
二反力䙈反皆袒袴異名䘕又吕衣䘨反䘨袴丨也几二
俗祋正都感反被縁也二䄻作旧藏䄻俗音䘳音吕姓也䄲軍丑衣領反

褞於粉反丨袿也䙖音兩殺縣名也丨襱音兒也綺好䘸古正䙓也去遠二反
䄆正袑今上市也少二反䙨今䙒正反二徐兩䘿音袥席稔也卧䙰襧几陜
反無衣也一日䘸衣一同䘳也衷與感反同䙂耳䙉俗衣也他爾二反䘻䄗音
䙜俗公本正作衮反䙟丘頰反去聲䙌製音制裁作衣也也二正同也斷衮
俗衮古䘸正羊句反又道也容也衣物寬也饒也三裔衣裔俗二裔古褎作或褎
今余制反遶也也衣也容也褅也裔上正同六音頞衽音寔也縣黑好衣也衣也又袋
音丨代也緘也袢音判無色也又音䘿當䙡音服也䙏也禈音䘪也二同䙅袖禈或作
物丨也䙷緆也䘸衣也又二䙯布音界反衣幅也也又䘸上丨音下界力佐反也衣也上人婦丨丨衣也袖就囚
䘜胡今音界反補䄻緳也二䙕衣䘸反䙞䘿所拜反音患二反也衣丨也祐后俗
反衣也袂祋衣弥蔽反衣袖也䙋俗䙉正袂縫也二䙋也䘸衣音丨也后俗
䘬二䘳被俗音裂或作䙎裛二今陛皇后衣也扇反三䘸也方廟反又表小料巾

音二

䘫無情䘫二音衣也䙎作或衮正薄報反前襟也二衣䙛才夜反丨也小䙛
薄蓋反被也衽衣衿也䘿初近反身衣也近䙜音送人衣也送死䙕古覓反古
衣䘠倉見反衣兒丨䙖他貫反服也又以皇后大䙪俗䘳正音羆也二䙏
音問䙅古外反帶結也䙊丨古覓反裙䘿音左衣也单䙝音院帶也偶䙝䙞鹿䘲
子外二反遊縫也二同䘶俗音祭名弟正䘿初逆反裙分也初䙏音例後鬼也无
正從衣作䘻小在帶見也反䘹音也今音例殘作䙋帛䙗子汗孕反䘿也䘿魚祭也反䙎
披丨義也反䙞正䙈今音好兒也音䘳衣二也䘵二俗䘵正手他取也計又反䘿丨也裂
三衣丨士䘿裙縁也恋反䘮大他功外以以上䙆送書囟內三衣反也也䘳作旧救藏䙎小音兒㕣
衣也䙨衰余以周救二反今作字服二餚入聲䙔亡足發衣反也䙖文䘭龔
今入䘮反重入也因合也也及二也䘳先擊反袒衣也䙊俗䘷二正古衣前得襟

也三裂丨音列破也分䙆䙫而䘿蜀丨也反䘰音末丨又俗六發肚反也也䘵音丨落小兒櫪
次也衣衿衣侯夾領反也䙐禅俗二䘺正古洽衣反也二䙜古䘿正複音今
福三祭衣䘿音縫亦也丨又䙎俗䙑裏正衣私也列二反襗也徒又各音反亦䙈衣衣
也襦䘿音蜀獨長轎䙚藏也也䙟俗䙎正衣禘領也各二反䙞音単博衣短也袂
也䙤俗二䙥作或衣正音也四䘿䘲重䙕正䙕後今兩苦當盍衣反也丨䘴二前
䙥小音被䙆也横䙌俗音䘿反北末反北末衣反也丨䙕被北末夷䙏䙏
祖人嫗人質女近質身二衣反䙏古穴衣袖反䙏俗䙨䙒作二或䙚正䙚
今冬背縫也五壽反衣䙬俗䙕也正音又篤光新衣篤反聲二䙮二姉入反襟七縁入䙏
胡紺反以物也衣裏音裏也歷䙕䙉俗䙒正直青衣質也二反䙗䙗䙗俗三
䘿䘴或作房也玉反同丨四頭一䘼袪二俗䘿音識䙏也二䙏正䙧反今市玉軫衫

別名也㡑褕俗他盍反褟俗先結子裰音刼衣禧俗
音袴二正作䙤對二反領也音
葛裒俗正於級於刼於輙三二反䙝必益反丨衲
字書囊又丨坌衣香也二反衣也二
音納補褔俗褔正紀力其力三二反積正積今音二積
丨鉄也衣領也亦作襋二反䙝丨又音二祝
尼厦反近身禢陊菜之陊二反褶音習袴丨又音襪
祋與相同襞也衣丨也褶祫也祫音祫
俗褫好正子六見二反祋祋祋都栝丁外二反三丨衻二俗的
衣子褫縣名從衣正反正音正酌
作衻音約䙝側洽反丨署裾渠物反䘸音宂又音長衣鬼衣也衣卒
䘫衣也䙝䙝束見也裾衣短也衣短也
千没反衵角反也結也又戛持二衣音衽也䄪祫古汲反䙝䙝
没二反衣短衣也衣也衣紀力也反䘸祭䄪也反䙝
丁木反衣至祐音訛開衣也衣䙝力反䙝與徒叶反䙝同䙝音
地也三同祐領令大也衣衣領也䙝與䙝同反音習
木部第十一
木巨支反箱考也此字祠音祠祭也祁支渠
與衣示二部相涉
反䘸也又縣名於宜反珎衭今衭正於高反䙝正
又姓又俗音時褘於衭正也二䙝汲
又姓又俗音時衭衤禾兒也

羊反謝也除殃也禖莫盃反郊祆天呼烟反胡䄆或作祧
殃音央亦祭也禖祭名也反郊神官品反也䄆作或祧
上澗反遠裎古褀籀祺今音其三褔禮俗作禧今音
祖廟也也禖衣也祥音也其禧俗作禮祭音
永先也也三又禰禰二或作之延也禛音真以祩音訛注二也
糟棧也三又音禰作祖之延也禛真受福祩音訛也
也祓俗音祓福音仍正作作也禛音受福祩俗音衣也
也祓息也音茲衲福也反正或祓音真不安禐劍俗音衣也
禓俗音禧計其反禖禯反女容而容二去也不安禐衣音饒也
褍端也言也反福禯反丨容華也也二容也衣俗衣也
俗落䙝小俗音也纖也䙝禠毛所宜反䙝藏也二丨衹敬音也脂丨褌反許祭葦
紅反䙝小禠音也䙝毛羽大也二丨衹敬也丨禈反許
服裀俗音因䄂俗乙禎音貞祥也禠音斯移二也祔俗音音䄻
也裀衣也也䄂暜反禎也善也禠音禠移二也祔初俗音
俗音裡之俗力衵俗反音也禠音衣也又也祔俗音禈
兀裡之反衵川韻同也音許反內衣也又也希俗音祖
俗音衵川韻同韉音許反內也衣也禠希俗音祖
音程佩帶也䘸俗真良知禠正許支音正支禠也音祖古
又丑頌反䘸两俗二反良知禠俗禠音福也二二祝俗反古
祗俗音祇俗祇通祗又丨永也三彭祊反廟
祗良俗音祇俗祇正音脂敬也三也祊反祊音

龍龕手鑑

門傍祭也二同祔川俗音禴俗音祴俗音戒禯俗音康俗音禋祭禧古
也二同祔巡俗音禴權俗音祴丨衣禯康俗音禋祭禧文
音柴祭天也丨祭祴居衣反祾魯登反祭也禓一日羊道上祭也
天燔丨祴祥也祾福也靈也禓音羊道神又音
商又俗音禓傷音祾省祾正子心禓二二反禴正由
鍚祖衣也禓傷祾日傍子鴞二反禴酉正二
音丨燎祭也禘音祾禘音純反上聲禔禓禟俗三禱正都老反
天柴也二禘誤禘正作焞祆气也二禱老反
祭也請也祐胡古反旅音呂祭山禠丨益瑛反祉音比以脉
求福也四祐福也旅川名也禠禠也比音
祀司禖也祫作二或祀今日音似年也禑俗音只俗紙只
命也祫作二或祀一日祭丨三禑偶音祇三音翅
音兩祋丨禥音倚好禍俗祠旧二藏作禬二或禄
縣名也禥兒也禍俗禍旧藏作禬祿作禄禋
二正息淺反祝祝俗都感反祱俗吐敢反禚甲小
祭餘肉也四祝被也二感祱毛衣也反禚秒反甲袖
端也正于俗衦正古旱反禂禂俗二衞二正胡果反禞
從衣二衦反二禂禂俗禞禞宍丨也固果反禞
丑呂反祔補二新藏作禟古誤合作祂音稀俗池
人姓祔衲音補作禟猛反作禰繞免音䄋俗池䄋

誤如枕反正祥俗祓或禰正奴禮反祖丨也又姓下
作稔歲丨也祓作禰一反俗古典反丨嚗著衣也
三褪古亥反禡作或禍古亥反禪作或禪正徒感反
䄟音鬼反牲馬祭正侍忍反禪作禪反正祭名
二也禂都老反祭也禡名也二禋古亥字禪作祭名
也禂也又俗音紬禍也丑里反禍居委反毁祰俗
祰正音考苦禱也又祰音所祭神祰音相承禧
祭名又音殼二也祰也二同祰呂音誘反禧
音阻去聲祐神音又福也禘俗禘正音弟大祕重陟稅反祭也禬
音祐神助也禘祭名也二大祕重陟稅祭也禬
古外反祭福禍又作旧救藏禛本俗好音贊見禨佩王也㸚反禘世祭名反
又日除災禍禛作旧救藏禛本好贊見禨佩王也反禘祭羊制反
袂羊制反也俗衿作新䄄俗戒䄄二禬俗音戒正作祖音豆反
被被也俗衿作䄄音正作祫禬禬上衣也䄄也祖豆音
祭丨又音䙳俗佐反衣也禶禶音藝復禱也又女介反
祥緣也又音䙳郎人衣也禶亦市禱也正從衣二反
祓音頻墮禭居旧藏作禮祥子對反月䄢上同䄢詠俗音禬
禭也也禭運反作禮祭名也䄢上同禖詠音禬
音利俗音禫丑救禱作旧拓䄔俗扶䄢利俗直馮英嫁反
奉祁利音禫反禱高作旧祰秘反禪俗反禡祭名又

師旅所祼音貫祭名又禎音類祭祔音附合葬禍俗
止地也俗胡孔反上帝也又祭名
袖今力救反留祇祱褶育又反福禮床嫁反年禊胡
丨又俗音袖二也又丨祱終祭名計
反丨禲音例死禫俗子秏呼到入聲禣奴沃反愛禓
飲也後鬼也閏反反小兒也
古交音禫俗知禧俗皆八反祚俗徂禴礿音藥祭祓
郎社丨草反正作稭末反名二同
俗祓正音拂除灾求福亦祓蒲末禒俗音祏俗音禬
潔也又方吠反二反祿有
俗祜正音活禓禴他舍祏音石宗廜主也祫係甲反
祠也二反二大夫以丨為圭祭名也
祰古浂反祋祋祋都活丁外二反祓笈刼二音衣交
祭贈也丨禰縣名也三領也正從衣
襗音赤重禍俗音蜀績俗子音禖旧藏作螺玉篇禚
祭名也長禷也反襞也直軏反丨螯也
之若反地名五谷[礻孝]呼角
皮也又闕羔亦同反
牛部第十二[牛寽][牛將]二俗郎羊反[牛求]渠幽反牟莫浮
正作將二牛角也反牛

聲又過也陪也進也犄音尋不衍悲反倈牛犪居言
大也又姓今作牟牛也犿聲倈音速反獸
名似獿烏耕犒俗丑居反二木林俗土疰犾
牛也牛也反正作携犾將音丨楊也反
俗通犻牻苦禾反牛兂犻俗音牀俗樓牬二正音四
音收角也二同踣牛行遲兒
三犴俗犍正居乾反又音乾牽牽敵堅反引也犇博
丨牛也又縣名二連也挽也二昆
反驚也又更牛牷音全体完貓犛犛犛犛牦六犛今
走也與奔亦同曰丨也俗
犖正莫苞反說文丨牛也犇俗則郎反犤正狪今鳥
又力之反亦牛也八字瓶羊也閑反
黑色牛犂犂犂犂四犂通犂正郎奚反耕墾之犴普
也二俗具也又結也六耕
反牛色駁犇犇玉篇于吟反在神咒中也又頻俗音
如星也胡紃反又隨文有多釋也二煩
犎音封野犇芳容反犇音泰異犕音容似牛犨或犨
牛也丨牛也牛名也領有肉也作
今赤周反白色犑音魑牟含犛語帚魚貴二反爾疋
牛也又姓二冐反云蜀山有大牛重數

千斤即犍如延犙蘇含山幽二牰音抽求犼昏廵二
夔牛也反反牛三歲也子牛也音牛行
遲犰俗作即反正犦音元獸猿俗猿正音懷丨牛獸
也作戍丨洞也如牛也似牛四角八目
也牄俗七羊反正作搶香𤜢或犅正音剛持丨牞居
二嚴又七剛反牛也作亦特牛也求
反大𤚬俗音犍正牸今息營反牛牥音方牛犘音麻
力也皇馬赤色也二未調也丨牛
重千斤犉或犍俗牸今如勺反黃牛牻莫江反牛犥
出巴山作黑脣也三白黑雜色
良亮二音牻[牛余]音徒黃牛犥數略數洛二反犝音童
牛駁雜色也虎文也牛黃白色也牛無
角犐魚容反獸犆犓二犓正測于反養獶通犪正饒
也名似永也俗牛曰丨也三緩二
音牛馴犈音權牛黑耳也又音脊𤝞音飛獸似牛[牛叚]
伏也二爾疋云牛脚黑日丨也白首一目也
音加牛絕犅音那獸似犧正犧俗許宜反丨牲書犓
有力也牛尾白也云色純日丨也二
古交牂則即反牽音上聲犼口吼二音牴[牛立]二[牛玄]通
方字丨羊也牽牛鳴也俗

牴正丁禮反牝牝二牝正毗忍反雄牡莫厚反雄牯
丨觸也四俗也畜母也三也畜父也
音古丨牟狗音吼夔犄音吼夔牛子也又音旧藏
牛也牛子也喔特牛也又音口犆作緬
猗蒲口反丨犏偏也犯你音犝今烏猛反玉篇云犨音敏
高又牛頭短也音噢牛子聲也二獸如
牛或作今而勇反犆音諱牛犍音產畜丨俗音
也犺作牨水牛也二馴也畜牲也犴丑
犨限遣頡三音牳音母去聲犗俗犗正古侯反丨取
牛限不從兒牛也牛羊乳也二
[牛今]其禁反牛牿今牿正音芥犍[牛侖]俗正音倫牸音字
舌下病也牛也二牛闕也二丨牛
也犞許祭反犻傳蓋反牛二歲也又普蓋[牛辟]於胃反
牛病也反爾疋云牛体長日丨牛黑
兒牣音刃痛也犡俗犡正例賴二音牭音四牛犍玉
也盈也溢也牛白脊也四歲也篇
直利反籀文同犞居衛反腱丨挈之世牲芊脊反犨
上牛四歲也牛展足也反牛件也
音音譬貝今正音目芥也察也司也又
制牬牛也入聲牧牧畜芥之總名也又俗音叨

二犢音獨牛子也犓音笛特牛也𤘽俗犆或作特正徒得反丨牛又獨也亦姓三
𤘍俗丑乙反正作扶犦疋角反牛未劇也劇音縺𤚓音劣牛白舂也犑古覓反牛名㹑
俗音東𤘿俗胡甲反𤘘音昨山牛也𤜼良涉反牛壯又㹡牛名犨俗𤜃正五沃五
角二反白牛足也二犗玉篇同上牿古沃反牛馬牢也犓丑六反犉叱六反𤜺俗色
音墻二孿古文音轄𤛓音壽

爿部第十三

爿疾羊反將即羊反牀士莊反丨棚也戕情羊反殺君也
又他國臣來殺君也又俗音牁牁音哥所以繫舟又牂丨郡名牂則郎反叛羊也臧則郎反善
也厚也亦受財也狀則郎反丨牁也牄七年反說文云鳥獸來倉也牆全良反壁也障阻也
𤖆自羊反字林颿牲也颿音帆梵二音斨玉篇音搶斧也又鍪也

攴部第十四

攴武分反丨武也又美也善也兆也又姓此字與攴攴部俗字相濫

敦都昆反丨迫也又姓又醜人也敦俗宅耕反正從支較俗敷今芳夫反散也施也布也
說文從支二敖通敷正五芳反丨遊戲也又姓二殺或作編正布還反丨斕色不純也
二數斕力間反斒丨也二𢿮如羊反盜也𢽲五交反與聲音羕並同不聽也散敵
文吻二音摩拭也二敳五來反有所理亦八九名也敉胡交反與敘同涸丨啟音同啟俗徒
冬反敱知林反攸音由所也又姓𢿧𢻳二俗音郡𢼊音明丨羊敵俗胡旨反股音旻
和也耴音旻覡皃攽筆巿伯間二反分地也減也孜音茲篤愛又不怠也傲音理豕也𢽗
或作音郰揀擇也𢿤古文陳字列也𢿞俗口交反諔俗市由反𢿩古文苦皆反故俗丁
兼反𢿚俗音盧敵去奇反正作敵𢽈疋夷反同紕緍欲壞也𢼊夫扶二音𢿈郎兮反薑
一蒜為之𢿌俗音韋𢿄七刀反正作𢿂平持也𢼗音殘𢽒音沉𢿣古文音塵𢿝力盐
反香丨鏡丨與歆匳二同寠音虔𢿓古文音憂𢼄音寮敀音宗𢽗古文音敦鮁音魚𢿩

音闕宗丨微也

上聲

斐芳尾反文章皃也敞昌兩反高顯眺望處也𥂰𥂰二俗𥂰正音
尾也又進也才美皃音語柷丨三敤俗汗音反敽正敏今眉殞反疾也又才撒聰達也二
敔器也又止樂或作音庶也放方也都三做初委同學尺政故今又芳古反古也救武安有名反塞也
敞塞也或作音問也庶也𢿌俗作反果試絡也𢽩俗口音也占反擊俗也打音考也安撫
𣀴必禮也音常典也王也敲又𢿖俗擊聲研二音禮也又反戰丨倪也臥
俗必禮丨毀也又音禮必詰二反𢿖俗研禮反戰丨敗苦果苦臥二擊聲也又音倪反研理也
數俗口二反正作數俗力長反敉強音也武哥可俗呼反𢿥音反旧長庾也作又𢿣古音力交小音
敀俗禮丁反𢿙俗長皃反小先丨孔博擊反推也叙音次也庠以音尹大反昌古善
歐俗相凡二承反竹𢿙良舟又姓反收丨啟同口啓禮反敀海音壞反分𢿌又癸
歐作俗鳥丨口擊反也王敔敢音

去聲

𢿙𢿙也音又散上丨聲二傲眯祙

反困也劣也𢽸胡孝反也致學胡教反學也成也𢿈敬音𢿓或作思醉
敗也極也𢽴音魚敢反義音敬二數音致敵或作亂𢿓俗莫
反𢿉果丨獸也無也𢿊俗蘇散也見𢿉丨茲勇句反也反斂音半二𢿓俗反數𢼛𢿙
音炭丨也𢿊俗交反香嚴巨致陳古字交音寺𢿉同音通𢽾徹
文章皃也正也合四記反𢿉古文𢿙俗𢿏
𢿊俗三救二音𢿉況音入聲𢽷音笛丨對主當匹也𢽳正
宋音𢿋反丨救旋敍叫奴也亦叶持反也塞救俗又笛字文也對也敕正正也音誠勑也芳也古文固今也
放沒之反兒也卒二旋𢽾二音光也奴叶反持也寒𢿉俗敕正正也音誠勑也
正也作二救今音擊叫二光音歌亦流克也又𢿉變俗𢿉今作女角字古
下反刮戰獸也音藥二𢾔誤經流音字在四蒙云熱𢿉作穆古字古文
反下𢿙俗必音二亦𢿊格二號字在音經熱而變𢿙古合字穆古文
𢿉擊俗也音卓𢿉卓音𢿊音格擊號二耴涉叶二反丨丨合相着也𢾅他
也音卓𢽳𢿋尼上叶二反丨丨𢽳會下尼輒俗反徒
𢽲鹽力吾反合下輒也𢽲俗反徒𢽳

逵反擊也敹丑角反又音濁救丑六反病丨也屬俗音佛攷敹敹音煞三同敀音拍
大折也又音伯同廹逼也近也

支部第十五

攴音移反丨持丨度說文云無点又此部與攴支三部俗字相濫故出
之耳敦俗宅耕反敲俗正作普胡敲反𢽳古文音陳𢾾音底隱也㪕音魯𢿅音散髮
鼕變三音變𢿂俗芮以反𢿂音蜀尺音燭卓陰刑州也也敀俗叶蘇反丨𣪎古文勑字
𣪊音散𢾺音食𣪁古文音教𢿔古文音施

皮部第十六

皷俗皷正扶支反大鼓長八尺也二皷俗皮𤿎或二
作音皮二𤿤俗陟耕反猛二反𤿫俗音遭𤿰俗音章𤿣七反𤿧俗或作
披今音普皮反丨張開散也三皵俗特反側𤿲俗正音靴二𤿲俗通𤿲音正
軍尺病也又去聲三𤿵或作𤿵皮散裂也倉胡七與二反𩀢胡官反皮病也坡側加

反病皱俗去奇反正作皱不正也𤿢𤿬𤿬四俗去奇反正作皱不正也皱皱
也二俗苦皮皱音成上聲𤿭俗皯正干旱反上黑丨也二坡俗尼坡反坡
或交反破正美反枝折也二𤿟俗皮反𤿭甫音𤿬今古典二反皮起也𤿬俗皷
通音古二皷作鼓𤿬俗兩反昌𤿬通𤿬正之演二反皮起也𤿬俗𤿬正二晚刀
音也二皮睨𤿛音泥理也細𤿭觀者壯莽二音木皮也去聲𤿬𤿬𤿬俗三𤿬𤿬
通二𤿬正生氣自兒丨也反又普教反作𤿬亦通六上𤿬𤿬𤿬𤿬𤿬俗七
𤿬𤿬𤿬丨二今爭皮縮救也十字反面𤿬補過反丨揚也補火二𤿬胡對反𤿬𤿬
音起也豹二皮𤿬音侯石也𤿬密脥也𤿬𤿬楚貴也二反𤿬羊正反𤿬音渾以皮射
丨也臂𤿬通𤿬正古文作教角四反今作爆火裂聲二入聲𤿬俗發反
正作𤿬三字𤿬𤿬俗𤿬正丑悅反起也二皮𤿬桔也仍絕反𤿬音六𤿬女六

反𣪍俗𣪍或作𤿬正𤿬今七皮反七雀七𤿬也四昔二𣪍俗音𤿬𤿬𤿬
上二盧合反下一盡反丨丨皮寬貌都𤿬反徒合𤿬苦角反皮乾也𤿬音獨又弓袋也

方部第十七

旌俗旟通旃正之延反丨云章以白丨細為之也爾雅又
曲柄旗也又姓三旛今表反旗名也旋似泉反又去聲丨還也疾也達也旌旂二誤
又旌俗旌正音精旗彰也表也旄旂音毛牛尾四施旂音流又丨旒脚也旟丨旄
也也珠環古作垂流布貌旅上俗同旗正旍丨俗也音二其旗俗旟正余音旌
曰也丨周年禮音云笋烏二年於宅江扛也扛反音江旗旌旂戶反明提音彡彡音旛之
動音也暉旋旗普宜廢也反旗今作或旗布遙飛揚也反二旌旂音由未垂音者旌旂也
旋作旗舊旌正音記日精龍旗丨旗九周旒天禮子曰之折丨非也為二丨禮
帽音狗毛足丨也鋮丨毛也又音旁步道光也反旄俗毛音旂諸音旄暉音加客疾旄

反上聲旅音呂眾也五百人為師丨也旗類也反旖於綺反從丨
風貌也於支反又旎女綺反旖丨也旌旗旒也或作旎也旃正音旗俗作旃丹色旗也又帛長引
二魄也烏可反又丨猗反施丨旌也旗音乃施八尺全幅旗丨也旗正
反旂於旌之塞反旗也丨旌去聲旌俗旌正音旌上也丨二旌音遂羽繫骨也正旌管多
旗音旌古外反敲也一日未動置石也投旂俗旂正擊旂旗日旌丨反旗也二
旂俗裕音旂音訪
旁音用

風部第十八

颶𩗗俗颯二飄風正疋遙反吹也又疾風也三也颻風俗飄
正音羊風所也又去聲也二飛颸颺俗颻二颸俗二颸正音狂風也六反嵐盧舍州反
名也亦音奇颿通颺大風也二今音扶丨颻颸颺通颻今音颻也二颿颸颸
丨山名颻風四俗五知反颸颸颸俗三颸颸作二或颸通俗颸正颸所俗
颺正作颸字

鳩反丨瑟颮俗颮正勑交反熱風又音叨上又飃俗
風聲也八音女交反下又俗竹育反二飃丨正音橫
颼平音聊風也二颸俗颵正竹音反丨狂風也二颱風大颻俗颭丨颸也
三颸拎崤反拎颸音惟風也香颸呼左反颭大平弘大反
貴二反颸嚴又杜回反颸聲反颭大風也颭丨平弘大反
音寒風颼泉颸反初交宣颸正宣颸二俗宣選颸步反迷颸丨大反
風颼音尋颸古南反颸俗颸正音紅大颸俗颸遙風音
也颼姓也颸風也颸正音紅二大颸俗颸正音
貌又步颸火紅反颸凡梵二音颸古文帆颹火香紅
留反二颸大風也颸馬疾步也颸字二同颹
二反驚颸通颸二颸或颸今音劉風行聲颸或颸二
風也颸颸俗颸作颸也又音楙四颸或颸作
作颸正良亮二音颸布林疋颸呼牙反吐氣颸作
正音皆疾颸凋紬也二音虎州二反又風貌也颸
風也二颸二音颸俗丑拎也颸音颸呼江反上聲颸
音颸音風口海反颸虛鬼反颸蒲口颸風疋呂颸丨音楙
古颸旱颸南風也颸蝮虫也颸反颸反颸丨

風颸風于鬼反大風颸反居倚颸風呼孔反風颸颸上音
兒颸颸兒也二同颸吹小唛颸颸同下
音颸奴罪反颸俗音颸正音究小颸颸拎柳二反風颸
兩颸風動兒颸需俗颸正風也二急颸颸聲也二同颸
音去聲颸音碎也或颸正郎計反颸颸反北妹颸音
雨颸破也作颸雨曰丨也二颸颸反颸派
颸烏故烏入聲颸俗颸丨正蘇合反二颸颸颸颸俗四颸
颸各一反颸暴颸丁筆反也二丨颸風颸颸颸俗四颸
正蒲末反疾颸音列颸大風也颸既俗二今右許颸音
風兒也五颸風也颸小風也又颸颸許二反颸疾風瑟
颸丨颸音減蒲結二丨反聲也亦姓颸颸許勿反上又反郭疾氏風
風聲颸音逼閒也丨颸俗音颸颸風蒲也沒二反同丨颸
俗音颸颸俗颸正王勿反颸血俗音颸颸正角也二反同丨颸
二同颸颸風正聲也二颸颸俗颸風也逼颸高俗二正反角颸普同颸正角
颸風音聿二疾颸風音宿颸聲颸畢颸風音颸也逼颸高俗二正風反角普颸音
颸風也二疾颸惡音颸颸聲音二宿同颸風颸音丨
反紛丨颸俗颸颸兒今音二忽疾颸惡音颸颸聲音二宿同颸風颸音丨
眾多也颸風兒颸上許聿反下許颸音弗疾颸音
大風颸小許劣反颸颸月上許聿反下許颸音弗疾颸音
也颸風兒颸颸月反皆小風也颸風兒颸列

八部第十九 八古文明字 風音夔風也 凬凮 上音火下音大 凨反 八九
凬音救 凮或作方貞反聘曾 瓜古文宿字又俗栢二音 凮或作 凨正音宿晨
凨早也二 反
丄部第二十 丄徒侯反 齊俗 齊正側皆反丨潔也又精明
了西反裝也 齎子西反丨持送付遺也 齏薤也 齋莊也至也 敬
姜蒜
為之 爽俗 爽正音俱日 也二 丨也
二也 稟或作 稟今 音紀 熬俗 音 亨 音夷花名 亮古文 棄 二先 音武
奄音 亶古文 音容 庌音析 疣古文 鳥 寇 博主 毛四 反子 兒 哀音 懷
充今作 廟字
俠也苞 京上同 盔 竈 郎移反丨器也 一名 穆 亥或作 伏也 亦胡 州名 刀反丨 亶
也歸也 竄 上 同 盔 竈 郎移反 丨器也 一 杂 同 稷 亥 或作 伏也 亦 州 名 反 丨 亶
或作 亶 亶 亠 衰也二 正音 亭 亭古文 音容今作 齋 音資 丨 褸 衰
作 亶 亶 衰也二 亭 亭 搏 埏 也 城 也 作 齋 音 資 丨 褸 衰
音亭延丨 高 音高 裔 子 反 西 棄 也 或 作 食 凌 反 登 也 駕 也 服 也 勝
也廣也 裔 也 守 也 又 侵 也 今 作 乘 也
奧龍名 上聲 亹亹亹亹亹 俗五 亹 亹 作二 或 亹 亹 二正 音尾 美兒 王 蔿

又進也 育 俗 亯 正許兩反獻祭丨也 古文今作享 亶
請也九 又芳逼反道滿也又俗音福 二 亭
多旱反誠也信也大也多 亭 亭 皆許兩反與 亯
厚也亦谷也又遮連反 亭 亭 皆同祭也 歆也 奉
也 也 稟 音力 稔 稟 音 古文 猛 亮 正 俗 作 音 父 高 音 受
上 也 稿 受 聚 音 亶 向 反 奕 先 音 亮 正 俗 作 亶 高 音 受
三
麻 同 郎 蒜 果 反 丨 相 承 也 亶 龔 音 去 聲 奧 在 新 藏 六 度 集 作 奧 麋 俗 亶 七 古 亂 文
反丨 二子 正 正 音 亣 卉 二 音 花 度 音 亢 極 若 浪 反 丨 也 早 也 琉 利 俗 反 直 丙 俗
亶 不正 奴 静 教 也 二 反 亶 海 音 亮 逆 音 也 亮 又 朗 姓 也 入 聲 衰 音 衰 歷 也 纏 灰 古 文
字亦 亮 亮 二 古 音 白 亶 丑 初 六 六 反 反 今 直 作 兒 亶 又 亶 古 音 文 則 亶 又 音 釋 驚 視 戚 兒 也
亳 正 亳 今 名 傍 亦 各 州 反 名 二 國 亶 古 與 鏤 郭 反 同 二 遠 也 亶 亶 二 俗 活 反 徒
舟部第二十一 艂 徒 登 反 虛 也 也 奔 也 庋 也 也 馳 艠 徒
反 行 艠 徒 登 反 丨 地 般 占 也 乘 躍 也 上 也 傳 也 又 蒲 登
丨 也 艠 能 興 雲 雨 丨 地 般 占 般 今 北 反 官 反 運 也 又 蒲 官
般 反 樂 也 今 又 音 撰 卜 若

也二𦨴航俗二航通航正戶方舟郎也反四𦪃五ㄧ高接反頭舡水𦨯𦩑反隻又然
單音旦二二𦨭ㄧ音也賢船𦩓𦩗ㄧ芳艇無船薄也胡二二反𦪇𦩀古一侯日反ㄧㄧ
口䑰也雜船𦪇音昨又何亦反小小舸又名又艖音何反又小亦小舸名下也二又同昨
艘正艘今蘇蘇音刀消反反船船揔數名也也二又艒音船凋也子艄船音也凋吳𦫊
音龍安小盂船者也上艭音雙船名解也ㄧ𦪸俗𦪴正舡上下二許薄江江反反ㄧ
ㄧ又船俗兒音下船𦪉俗䑴𦩻二正渠二容三𦨵音船浮也小舤䑻俗二舥
正舟音也几二𦪑艟上莫ㄧ戰紅艖反也下反昌上又容莫弄反下ㄧ反𦪋艫作二或𦪐音正
陵屋也舟ㄧ名艦有三𦨲音ㄧ刀也小艅艎上ㄧ音余莫王弄船反下名音也皇𦩔北𦪜ㄧ萌反舟
具也舟艘俗艛名正也音二樓舟艚俗艚音正曹船𦩐䑬他也𦩚二反䑯音繩
稻畦田也畦隱也也又艕甫舟頻餘反𦪁𦪄船名音其二ㄧ𦩾𦪮力之ㄧ也反𦫍

龍龕手鑑 卷一 口 三三 〈存十二函〉

正士衙反木二也𦨞普巴船反也ㄧ䑧俗艘正子不地行紅又反三ㄧㄧ船國著
合木船疾舟也良反二𦩗耳茸船二音𦪯以音津佳上反香舟名嚴ㄧ二又𦨆莫占二芳反汝
名二𦪏舟也ㄧ艫音盧後也船𦩶音同也ㄧ艆音中大郎船ㄧ也䑸海𦫁正二反
艙音船也命𦪔今側名二鳩反艅羊船朱名反𦪝或作𦨺今有音窓零也二舟䒂音歌艡音當
艥音船卑雅丑林名反𦨻船俗又以行戎也反又音 上聲 艇或作艇正徒反小頂船
也三舸大古我船日反ㄧ楚也以艤或作艬今大船音也禮二江中舟𦩆上下音了鳥
ㄧㄧ下小又呼向船官也反𦪻俗䑸予𦨿之黡板反以𦪊ㄧ䌖以敝矢如船牢四也方䑿音附蟻也幹
岸堅也舟又此舟艪俗𦫄正准音船魯也二所以古舶音古艁今艁正天昨了草船日反
為ㄧ橋又也此舟𦪠吳𦪯典船反𦪶則反古艊音禮 去聲 舫音船放也又並音兩
水湧人也習𦪣𦩆俗二艇正水音載帝船也ㄧ三𦪏艋上通同艄音棹船也舿俗乃

太二五反五骨𦪱音濟𦪵音孕贈益也多也也𦩿蒲後拜ㄧ木反也船艏七輕艮舟反也𦪸
當艒蓋船反也𦩅俗音作又朋正𦪃音舟契名 入聲 舶音大白船海也中艥艥
集接船一也音與𦩱栰𦨴音小集似竹船也𦫃北名末又反大音伐船也𦫍音鹿舟名
同舟ㄧ也二𦪌音杰三𦪍音舟也伏𦪋音大弗舟也玉篇反𦨴五骨船危也反
也䑿俗二艒正艍船也魚乞行反也䑺五頭為歷反ㄧ舟也俗音二
䑳船兒五合動也二反䑩上張格船阻行草小也二魚舟反下也烏ㄧ及舟羊也入𦩸
伐𦨌俗甲音舴艋上音猛ㄧ兩反ㄧ小魚直舟六也反𦪫反魚𦩴及船行列反也
𦩓或作𦪆正槽吐大盍船反也二艭音鳥郭𦫁ㄧ𦪔船艫反𦪶白丑船行也𦫅
作或𦪼今音名船二宿艫或作具也正音作習𦪮篇ㄧ音於唐船艑音白𦪺又芳音遍伏反
艖音行活也舟

毛部第二十二 毛音來又反毛起也 力之𣯵𣯶𣯷𣯸𣯹𣯺

龍龕手鑑 卷一 中 三六 〈存十二函〉

氂氂氂俗十𣯵正力之反毛ㄧ也十一字𣯀音席類又去聲ㄧ也毛𣯁上俗同
𣯼𣯽𣯾𣯿𣰀𣰁𣰂俗七𣰃𣰄古二𣰅正其俱屬之也反ㄧ𣰆他𣰇席𣰈敀反
十字𣰉𣰊𣰋𣰌𣰍𣰎俗六𣰏正𣰐ㄧ也俱七反𣰑以音為求戲毛也丸擊𣰒
𣰓俗二𣰔正章延反扞音古旱反毛二為𣰕大多毛也如玉篇音𣰖俗諸二奴反加人
作二字季𣰗音席扞音不理零也毛結𣰘俗毛正旗指許為衆也反二以旌正
𣯤俗音𣯥或作𣯦正毛衣音也加二ㄧ𣯧音鬓沙𣯨雖俗音𣯩𣯪俗二
毛正也今而作容鞾反三𣯫毛餙𣯬正二𣯭今徒鳥毛聊也反二ㄧ𣯮或作𣯯正凋蘇反
𣯰俗𣯱正蘇長毛兒含二反𣯲𣯳音二俗俗𣯴正毛俗音𣯵俗延音𣯶俗炮音
𣯷俗二章反命常𣯸細俗毛加也終反𣯹正𣯺細今毛芳也非二反𣯻府ㄧ文反
蜀ㄧ也𣯼𣯽ㄧ上蜀音也仙又下輕音毛支兒ㄧ𣯾上毛音焦毛餙兇也𣯿𣰀毛芳落文也反

𣯴音唐蜀也 毦 𣮃子容反蜀屬也 𣰌毛女江反多也 𣰿𣰿二俗徒刀反 𣯬𣯬毛之延
失然二反二 𣰉 𣯵音須二同 𣰋音門餙也 毛 𣭬𣭬𣭬呼高反攪也三 丨 𣭗古侯
古 𣬾𣬾二俗普悲反正 毫胡刀反長毛也 𣭓或作𩰚女羊反正 𩯭丨亂毛
也 上聲 毯正 𣯿俗吐敢反 𣭸出上蕃 二毛 𣰆毛三 𣯽通又 𣯌正 毛𣰣俗 𣰶音婁力
主力米二反 丨 𣭤毛三 𣯦俗 毛 𣭊正北朗反蜀丨通
髭毛布也五 𣯸 𣯜俗 𣭈通 𣯾俗文云織毛日𣯷
邪文曰 𣰤或作 𣭯正而隴反細毛也二 鳥 𣯁昌兩反鳥毛也 鷲 𣰷音毛薄縷扁顯
丨五
反丨𣯔 𣰃音毛領也十 去聲 𣭖 𣮂 𣭻 耄 俗四 耄 正莫告反惛也老 八十九十日丨
五 𣯬 𣭥居例反毛屬也 𣬵 𣱄 𣱄 俗四 𣱃 正七稅昌稅二反鳥獸細茸毛又斷也亦姓五
𣯅 𣯤二俗 𣭌頓反 若 𣭋 散 𣭋 俗音 𣰄 俗 𣰄 正莫報反鳥毛盛也 又而勇反𣱃毛也二 𣰁
莫報 𣰌 莫報反鳥輕毛也 𣰍 𣭲 莫報反邪視也二同 𣭛 俗步報反鳥伏𣮉也 𣭛 毛或作

龍龕手鑑 卷一中 𣯧 第十二函

𣬺 正他卧他外二反鳥易毛也二 𣭦 音豆蜀也 𣭉 𣭉 𣭉 上音貝下音奈 丨丨多毛也 𣯋
郎外力悦二 𣮌 經音義作 𣯿 蒲報反鳥伏𣮉也 入聲
反毛色班也 𣮌 在增一阿含經第四十九卷
𣯴 俗 𣯨 俗 𣰑 通 𣯷 正徒葉反西國毛布也三 𣯗 𣰉 𣯘 俗三 𣯱 正他盍反丨𣭵毛席也四
𣰋 𣰘 𣰘 𣰘 俗五 𣰕 古 𣰕 正渠竹反毛之丸也七 𣭸 𣭸 蒲沒反丨𣬷毛短也 𣭳 毛
𣮆 蘇骨反丨也 𣮀 𣰕 俗二 𣯭 正蒲葛反毛布也三 𣮑 毛同上 𣯕 𣯕 𣱗 音三俗的 𣯑 𣯑
二 或 𣰖 正良涉反丨毛長毛也三 𣭈 莫角反少精兒 目 𣯲 毛俗音拂 𣯣 𣯣 𣬨 𣯮
作 𣰖 或作 𣰜 今音木思兒一日毛溫也又莫角反
𣭢 𣯌 𣯥 𣯥 八俗郎苐反 正 作睫目丨也 毛
好兒 𣯌 蒲木反𣯏 𣯝 俗 𣯏 正音栗丨毦蜀毛也二 𣱅 短毛也 梁勿反鳥
也三 𣯖 丨毛須也
𣰵 徒木反丨旗也

斤部第二十三 𣦕 俗 音亭 斳 几其勤三音 縣名亦草名又姓 所 語斤反二

斤 𣂊 江西隨 所其俱反 𣂔 音斯 上聲 𣃁 俗 斷 正都管反
也 𣂔 函音薪 斷也 所 音斯
管反亦絕也截也又 斧 方武反丨鉞也 斱 勤可反 斱 勒力也 斸 斸 斸 俗三 斷 絕也又徒
都貫反決丨也二
𣂼 正音頂三足兩耳亦鍑屬四 新 今 新 正音謹 土也二 黏 𣂐 古文 徒 去聲
斷 古文 都 所向 𣂑 上音向 下都很反 斷 俗 斷 正 斷 今北芮 楚稅 初錇 三反 斷
也 斲 音 𣂝 入聲 𣃔 俗 斸 正 斸 今陟玉反 鑁也三 研 𣂰 𣂰 𣂰 俗三 斸
三 斲
或 𣂗 正竹角反削也 亦研屬也五 𣃉 正 斮 今側略反 研也又側角反亦斬也二 𣂁 音格
作 𣃊 張略反 或作丑格
擊也 斱 研也 所 反開也

龍龕手鑑 卷一中 三六 第十二函

卷一中終

龍龕手鑑平聲卷第一之下

釋行均字廣濟集

巾部第二十四

幖俗幖正布燒反｜幟也二幢浊江反霸也幡也童也其也

兒童二也帣斉二俗音布帷于悲反圍也在旁曰｜也又幃音帯香囊也又單帳也幡女余

芳袁反｜幟也帆凡梵二音上使風幔也帲𢂐正｜庚反幝正音皁昷也昷音兑絡與又

反巾也幡也𢄈音冠也帀是支反與𢃶同支二𢄐空音衣衣袪也巾也帀音帯同縮與又幔

音帝帱直由反單帳也𢄩音𢃶正通也幩音巾也二芳𢅤盧甘反長也亦作先緣𢅤反疼

帝單帳也𢄩俗音同與羣二帾相居𢄝徂宗反｜名布帛也帪呼光反蒙

𢄩俗音𢄹與羣二帾相居幓｜反布名帛郎布名也帪反行蒙也

掩也音作幘飾音七墻上聲𢄐池也又朋反音奴金也藏帛也幒｜音脛蒞布行也

見胡幔廣也反幌幜同幜三音冈𢂐巾𢅉二音𢄊首子了偙也反凶帅紋於

龍龕手鑑卷一下 一 第十二函

靴又去聲幭｜帕音絹｜鳥霸虎音幰許車上偃反漫覆也爵也也 去聲帊普駕反火霸

音蟆伏也幞帕普駕反嫁｜怕也正作帎昌志反幡也試也幖｜帶山｜方名帶

又當蛇益別反名衣也｜也幙莫半惟也反幕｜帔也披又義音芳反覊衣反｜帒盛音代物深

也｜帢陟三俗帨正帛也毗四祭反帠作隨印函字云合幓遂赤雖色也反

幓陟張盡孟繒反也開帝音帝𢃿經也應音法義師音作帝與蓮同又隨同項經｜大音武名

出沸五經習例也反帊例𢃿音也二例同帛餘帽作俗偏去恐例人反正帨｜ 音梲號

沙五經巾反｜拂也隱書今地｜也質二反帥所偏類巾又所作將律｜二云也反入聲幅

二音也巾帽反莫也二反帓忘音也末帴又莫發或作反云幄於角

音巾也帽絹帨正帙書今地也質二反帓音也末幭反或發作反云幄於大小

邊也福帨又莫姓帷｜帗芳勿反幱也反頊音短也鶯帛音卓帑日亦小｜

帳幪上同幕也音又莫姓帷｜帗也芳勿反音叨頊也帛音卓幕音日亦｜小

帝俗帝或作亦二音帔俗帔正也又北禾反音弗氀一也幅布帙苦冠冶反｜也

帞莫百反頭巾也幩又私列反音雪所例｜綾二反桃花也帛也幘音責也冠幘所甲

反面衣也幍又胡臘反俗吹火於蓋反｜𢄙古文｜同紀力反𢄣陟律反

勹部第二十五

勹布交反曲身皃反包也又｜音也從古文十下音日下也句

匍音蒲匐也｜勺俗匀正羊遵反平也二齊反匐上普萌反｜耕下｜大反呼聲

也又下姓音之弓皃也謙敬匑丘弓反鳥目郎音舟也七巡反也俗退反匃音大下

或作包也今又布交反姓二反也𠣞 匄音占鳥交目深也反匔作或匓正于反惻

今參音患也三又姓匌徒刀反又音也冈｜𠣜居求也反匐音凶上聲

｜音象引音抱音甸也魯去聲匌人正古𠤁太居反人又有乞亡也失求也則從

匄行乞也｜匂二盖音葛匈苦火息反也與敝｜匓居聚也又反馬與今厩同求匌

音電｜入聲匋匑蒲北反蒲木反哀御｜苦也也上二又匒音古復音復文匒

龍龕手鑑卷一下 二 第十二函

音日匊于反厥匌古周市也反匋合反鳥人髻飾花｜也來婦𠣐音甌匊居六反物

在也手匊渠六反曲春也也二𦃃音絶浮反匃于反厥

矛部第二十六

矛莫浮反也二正音俗矛正尺容反二反矛正

矜今居陵反恤也又音豆斤反也憐與矜同也容反二也二俗𥎤正丁也二𥎤正矛音巾二反也同｜獨

矛俗音矜短音郎俗矛｜而也容反二矜𥎤俗音矛荷也容反二反同｜矛

矜徒冬反矛短也稂楚江也三反矛施短音矛施也同二𥍯王

独刺也又音香一嚴反子林反鸝矛短音矛也尺二反稚二准矛音

又音陽賈如反香一巖反七林鸝反錐反也莫反𥍰候上聲䂓反尺准丞音

𥎰｜俗弱也充反𥎦矛居也偃反稂｜宅矛買反也解去聲𥎦俗𥎰反

二正七亂也反又平卒三反𥎲音矜矛苦屬盖反𥎦正俗許既作𥎧反

𥎰｜鋋矛鍬也又平𢍈反三矜音潜矛苦屬盖反也𥎦正俗許既作𥎧二

𥍮二也音香𥎰𥎰亂二反七入聲𥎬一音丈朔入矛尺也日矛｜長𥎠𥎬俗二

䅳瞀二正莫角反目不明也又莫侯反瞀丨也肯抑又莫胡反丨瞀愉于瞀也瞀音徒四穆
普木反稍俗稸正稓今初革士革二反也以乂矛取物也三稚音木與鶩同皀屬玉
蔦又音作同雛鳥名䅵俗䄻正女六反利也䅰矛許擊也反䄷古的反

禾部第二十七

稠直流反多也概也衆也概音旣稽稽稽三俗正䅄
稽今古溪反滯也考也同也當也留也正也又山名亦姓又音啟五稊俗稊正丨地子艸實也反
三稈古文同上秔俗秔正音更稻也或作稉二稭音皆與藍同麻禾之稈古早反也
稴二俗女廉反正作䅖䅾苦剛米皮反也稀音希直利反丨稀也正作䅖香俗正香
宇芳气也稞音料又胡瓦反丨表名也淨也穰汝羊黍穰反餘也禾穃落戈谷積反也稰
於鹽丨苗於禁之美二也反稜魯登反又榮名也廉威穋秘俗二穐或作移正羊交反
零遺也又易轉姓四䄷俗穛稴正嫌稻也咸二又禾音不不黏作二稹正稹今音真概也又

之忍亦聚反緻物也也二穜童重先二種後熟也音丨稑稤俗音貧秾音來之年丨又書廷
呂反音年䄵秊音年熟日丨穀秠俗秠正音丕黍也二黑稃芳無谷皮反穮俗筆
黃音反奔音奔稆古元麥也反稰音香積疾資積禾反也穳音營稰俗俱音䅝音
穭或作穞正禾徒也千二反穘二饒音繞稥音宛穳俗稰正欲秀鄉計也二反禾
積音穡原闕隨文函名云丨是世稱字界秝秝藏二作字科旧稔作旧衿藏
秪遴葉也支反穛音徒也穕音郎名似䅲禾稈也稱稓而丨容也反穠
女容也又反而花容木反厚稓稓下渠脂種也反二麥秦秦又匠禾津名反二國名䅌
𥝙二作或䅌正稷壬穊士三十反䄻音桃稻切也二稵稵俗二稵正禾子生之兒三反
秖俗秖作或秖正和音禾支再穗主也也三又音栞俗䅞正也又渠渠容隴反反稍
二稷也稰私相居呂反反熟落稷也也又稭上同稗普禾宜租反也穆穆穆俗三穆

穆二正布玄丨豆也力反秙音胡作黏正䅭力鹽禾名反稌又署他魚吳反他署魯頭
二反稻也丨穲音離行列也丨稍黍音離稷丨垂也稅及之年反生稻死也稅
宅加也又反開縣名張秕北反萌䅫音封積正八香气反也上聲稟以彼谷縣鄙反
八與也也稿稿稿正居禾表秀三也反秆稈古旱莖也二反同禾稍所少爪也向反盡漸
也所又教反穧俗穧又正稻古不猛熟反也谷二芒也稻稻音道也有秔二也芒谷
稔如也審又反年歲也熟秕音比丨也秕訛䅑直禾黑又反音稻蓈名種丨也穖穖或二
作穙今紫乎鬼整稻扶不畏黏二也三反䅂音狗䅍八又禾九稿正䅗今反丁木果垂
兒又音端二秒今穛穛二作或穓正音芒眇也也四禾䅽魚禾紀盛反兒䅼音酉
稛苦本成熟反也䅘音美䅋正穛今音尾稠味也二二秲音杜穭音呂生白稻也䄽
䅖二音古補文䅓䅘音典黍十反把小也束亦也山玉東篇也云二秬丨其呂黑反黍秠

䅩二俗作音耜似未丨正秭秭俗二杓正音穗鳥垂禾兒三秭也將又几卜反歸干縣億
名秠芳穗尾兒反也穮莫反亥禾莫傷代雨二也穥音與穚方反善秀音酉稳俗
䅕聚正又烏安木丨反也持谷穖音盛幾也禾稀穊二受音

去聲

穢於反丨吠
惡也秏呼也到少反也減穤似蒲稻賣而反別稻也也稼音積嫁也丨稽音穅快也鹿
䅶晚正禾直也利三反穗穟音遂也二同禾秀䆎音成遂兒也禾稷稚直反利晚
也小丨也也秨秨秝耕之二兒音也禾䅛也子又計刈在禾諧數二也反稷秽音步稱
俗弄音穓相敗反承又稧事胡也計慘反也丨稧或作䅬正林多奴也臥二反穬穬
穟穟穟穟穟上古也文又授姓字稕之順束稗也反稄思把累也反又於不穇四
反也積穤是又僞居反企反小強積兒也也穛穛子縮小笑也反又不先皮熟角下反又熟物禾
二也稆秺又丁縣故名反二束同也稀稀稀丨丑也亮三反同齊秿其反季稄穙

魚祭反二同秎卑正疋正二反稯作弄反稵稚致二音𥡝古文季音穄祭音黍丨入
聲穡俗穡上音色丨也二稼穮古稷俗稷正音即五谷之總名也三穫胡郭
反稸丑六反積也聚也又許竹反水英也與蓄同䄶蒲沒反禾成聚向上丨皃神禾秀不也又平
穃容反丨禾重主也䅹阻瑟反丨也䅻正通䅳則闕䅵音列長禾也穞音葛長禾
也䅣或作葛子二音禾二䅢皮逼反也古文蒲䅶俗䅽正音末馬丨也
又俗音䅩莫結反禾也䅛音述谷也䅠黏䅯俗䅰丨正蒲木反穙也二䅱普禾
米二反丨卓也秊古文玉字䄸者一沒反春不破也䅨丨謂又胡米結之堅反穛居六反
生機也䅈或作䅉丨正音六黃名二䄹音六種先熟也丨後䆉俗䆈正蒲
音陟畢種不也䅛或作䅚丨正音六黃䅟音活不潰也二秩音直質反積也次也相也䅙
結反香也禾二䅶俗䅔正音活不潰也二䅵谷秩當也以官相次也也結
古人反丨臬䅷䅯音側密皃也福丨二同禾䅕丨普逼反稯䆅經音篆切居竭反長木也
龍龕手鑑〈卷一下〉江〉第十二函
穦穦正側角反處種篗也二䅸䅗陟栗厂反䅽古文䅏字音郎五谷總名䄸音石說文
云百十斤曰丨二䅼鳥經合白切反䅹苦沃反也又古得反禾熟䅺古沃反也又地名又禾皮
云若五反谷皮也䄪音柏也䆆或作䅬正音歷也二稀䅿音頰䅾音一剃丨䆃
音弋黍蕪皃稷䄻䄼於六反盛皃也二黍稷同䆅䆄二俗䆀二正初立初甲反種也三
䄽之六反䆗音祿
〈隹部第二十八〉
䧢或作雔今市流反丨也侁侁也二丶疋雔市流双鳥也丨
䧿古文音才字今作鵰二雕俗雕通雕正士于反小鳥也與雛同四也亦雖
旧藏作辭德紅反䧺七余反丨鳩又同䧼水皃䍜
大莊嚴經作在鳥名䧽名又許維反丨肝靚
音圭丨新藏作隽子泉反鑽斷也䧸五堅反正也
谷名雟在續高僧傳弟比九卷䧩王篇又音韋
太公子名香耕反雓力芳反䧶烏含反丨鶉與鶴同䧻俗䧾古䧴音籀文難
嚴又容

丨易也丨也三也䩍雑與雞二居名反雞古文畜也芳易反說文曰巽為知時丨䧳音倉維
鳥名亭雔通䧩正音純也二丨離䧹鳥居隨反大如布谷子丨䧪如純反生晚者也鶉鷚
音溜雔垂雔鳥別名二音䧬玉渠篇淹又反古鳥林喙反也䧫音鳴紅丨然鳥肥也大翟
音鶖秋也䧭通䧮正之子別心名反也鴂翟音鴿如也䧲千二音旱䧯音雒從
或作雈人正言音鷄從也南楚二䧰人音姓柔雒芳弓羽弓反反此丨二䧱同也又雒
䧵二離音䧷鳥元也反上聲䧯古雞今直理也又几野反鳩席也也二陳也
雜二古音頭䧳音晃也又音田欲器準古平丨文度准也字均雋通䳄正祖兗反鳥肥
雉古昌耳反姓二氏䧺鳥谷飛反也小雋二俗音背穿隼思又尹反祝鳩也鶻也
去聲雋古雋今雋正丨時貫物咒持反賣去也物三與日䧺兆他新吊獻作反佷漸
也頭聽䧲他吊反䧱古侯雉丨反䧶音帽毛盛也鳥䧲力雉又晚反子也丨䧵音睡
龍龕手鑑〈卷一下〉六〉第十二函
鳥名䧾音務鳴也䧿丨峻鳥信張雖毛三羽音也奮入聲䧺俗音作鶩字木正翟
音笛雉也又姓又名也䧶音洛鳥也又雖鵯姓䧷余反叶䧹土雀文云丨反知說
音宅丨陽縣名也䧵古沃反鳥鶉多似鵲䧻徂合鳥飛反皃䧼伯勞也覓
大歲之所也同字林作鵲
〈弓部第二十九〉
弦俗弦正音賢也又姓二弓丨彌俗音彌又經音義音
䟴在放光般若第一彌二彌正音弥益也長也久也三彊強音有力也又居亮反尻勁
硬許緣反弓皃也䩍普耕反丨丨綠也又弸薄萌反弓弱皃也又弸丨戶萌反開張皃
也弦同上䨒䨓莫二䨓音莫二䨓二弢弢三弢俗正他尺反弓衣也四䩍苦候反弓
丨也弤俗弧正音胡弓也二䨚彈徒干又徒行丸也按二亦丨反紀也射也也二䨝
所交反丨也䨛弓枯烏二音有所向也滿引䨞音枯弓也小弥正今烏元反弓曲
也一日弓上下直二弜音頻生養之皃䨟或作䨠正音遙也又音燒二弓副䨡古文音西今作

瘬斲二字瘷丨亦病也散也㢩佰煦二音弖互戶二音弜巨支反強丨也又其兩反弓有力也
扇音冰琉音流弨尺招反彎古文七羊反張或作弴通弴正都昆反丨盡也天
子丨弓也上一又音民二合市于反兵器也弢音隨彌或作弸正必耕反弓也二扇除泯
反弮丘員反古縣名又音眷曲也又書丨令作卷弶音渠弻音申弱狂強二音弼居言
反弙去魚反彎烏還反丨弓放箭也弱音州弥音弥同【上聲】弭正名婢反弓衣
也又姓弲古文同上弤丁禮反舜之弓名也弛失尔反釋族棄廢也又易丨弩奴古反丨
怒也弓丨也彊音水彊居兩反筋頭彉彍二俗彍或作彍正徂惑反弓紘丨也一曰
弓強也四引弤二俗弘古文引三音弢俗弞古文哂引二音笑不壞顏也二彆音頂
弶弶其上反取獸丨也二弢各斗反號弴二或作彂正音豕釋也張也三弢苦老
反弣芳武反把中也弓彈名姚反弨之忍反弓強也彌古文初巧反今作蝌弛直尔

反弓胡敢胡紺二反弓音里【去聲】弝北嫁反弓丨也與把同彏古候反張弓也弓
或作弓古文音眷个作卷書丨二彼音被丨弓彎彎二俗彎正音詣能射人名說文云從羿
作羿正三者彎音冠弙音仟拒也又縣名弽先夜反彂置是二音青州人呼彈弓也
弳古縣反辭也辭音房亦反彁陟迸反引榜也【入聲】弔音的盾也古文一弻弻弻
彌弻彌六俗弢古弻今平密反輔也垂也俻也天子有四隣謂輔丨疑承也八彌卑結
反弓戻或作哲也弡渠玉反彅居王反彏居縛反弓紘急皃弸音摑赩徒結反
弳弳紀力則劄二反二彍彍虛郭反張也張弓弩也又郭廓二音二彃音必射也弶
彂二或作弶今書陟反射史張弓又童子風之也又呼叶反弓丨又徒叶反亦弽丨三弶弶
弶音弗三同彌音速鼎竇也彌蕭沒反釜溢也弘音節弇虛業反弶皃也弓彎

田部第三十

留今畱正音留滯也止也久也田也任也徐也又姓二甿

野人也田疇直由反誰也等也疋也雍也又田丨又二人為匹四一曰丨畋二俗畋
音田獵也又音殿早也三畍畛音眞忍反田界也又之田間道也二畿渠希反京丨也地方
子里日國丨也疄或作疄正鄰說一田麓也二音畯苦溪反小畜也畖畑二俗音泉畻
畻音乘二𤳂或作𤱧正音恭觭也二畸居宜反耕也畣音西畾或作畾正音雷田
閒也二畀畀碑單二音地名玉篇又田也二同畦戶圭反果丨畭𤰚今音余田三歲
也二畬或作畬今音畬燒臻種田也又音余丨田三歲也二暘失羊反稭也稭音秦昔反𤳝
俗而緣而注二反㽜而緣而究二反城下田也畱古文郎迴反𤲕音流田不耕而火種也
𤱐而由反良田也𤱸昨何反殘歲田也𤰛音披耕也𤱋音來耕外田場也畇詢句二音
反畽田也又羊旬丨原隰也畇古文音旬是也畊畊二古耕字文𤱊𤱊音疏窗也二
𤰇旧藏作畂𤱛時招反町他丁他頂徒頂三反田邸畂也畨番音同二同畱居良反

【上聲】畚畚二俗畚今音本草器也三疃他本反丨怨行無廉隅也畯或作疃正土
管反丨鹿食處成泥曰丨民隨比種稻也二𤲈俗𤱿正化曲反丨疃鹿跡也二畎古犬反田
中渠又引水也甽古大反丨水渠也畤音止五帝所居止祭地也又音侍地名畮古文畂字
音母畆𤲃二音舅𤳹𤳹二音鬼𤱁古朗反鹽澤也【去聲】畟俗畯正音
俊田丨農夫也又掌田之官也上又音側二畤畤音値雠也二同暘丑亮反田不生也暵
音漢耕田也𤳉音偹媢也𤳘音偹怒也又追也畷陟衛陟劣二反并田間道也𤲁旧藏
作畯畍音界𤲷七細反聯鎩皃也【入聲】疊徒叶反重也積也墮也累也明也畐芳逼
反密也多也畐芳逼反道滿也又古文音福畟音側丨陳器狀也又方也又音郎治稼丨丨進
也𤲎音㽻非畦也𤰾𤰗音律二同𤰒俗音汁𤰯音點也𤰧俗音劣甶音弗
鬼頭也𤰫于逼反門外之田也㽎畢昌玉反𤰐音劣𤳓疾甲乎甲二反

宀部第三十一　宀武延反深屋也　寰音還海也天子封千里之丨也　窾
於表反屈也杜也苦也又縣名二　牢音勞堅固也豢也又姓又蒲丨獸名　完胡官反丨全也　宇
音除又直呂反門屏間也　寬古　寘今莫瓶反幽也聘也又莫定反二　寬苦官反也又耎也䙶
裕也　䆿俗　寀正音聊也穿也二　寮俗　賓古　寮正音聊同官丨也與僚同三僑　寮
上通丨同　竆去乾反虧少也一日馬腹也又虛言反飛舉皃又姓　窺俗犬正作反小視也娊窺
寯也且或苗佐反僑寄字也客　宬音容成受也屋　宏俗　弘正反烏屋響萌也戶二萌二
宸宸子音所臣居屋二宇天　宭也音一居日儲帝也室舍　宭正君也羣眾二也音　賨宗才
稅反也戎　寱正　寱不或見作　也莫二矣反　㝥古　宧又今姓魚二奇反　宏反戶萌
寔延音　窬作新踰藏　寠烟古字文　寬皃俗音　㝓言俗反二　壹　壹或二作俗虔音敬乾
二也　㝗瓜俗反馬閼　窣崒音　賓　賓二音夫　宧之俗反與　壹正　壹允今反芳
龍龕手鑑　卷一下　九　第十二函
大也二屋　𡧸康音　宂音俗又田音冗軌有三　宻帝音　宧　賨賓二音　寱反俗正烏作官
跪　穷古文音貧　寡古文音青　宕古文音亭　它音隨　宧音　賨賓二音　寡青音　寒音初
㝑衛音　上聲　寢　寑古二　寢　寖作二或　寖也正幽七也稔五反　臥　宴反其負
实禮也正　㝐古　宄丨正內居水反也一姦　宇正也今尹音文雨丨子云　宙
從宀方上作也下宀日　宔與也　寓又丨姓同二又也反　寓與音宇雨亦棟同丨也　㝕俗
四大也方邊上也下宇丨也野與也又丨　寓　窗俗
正蘇俗作老反字叟二丨也　坙　窀坐二也俗正烏本作稅反字丨同丨　龍丑丨隴反　宦
今俗朗作䆗丨空　宊　宊也正又呼平聲反一卜　宦　窈引亡也返反　宿俗　㝡
音虛也朗又䆗平聲　宺
或作悟也息井　寃　寃通俗　寡正鰥丨古三鰥反　宧二寡音掌　縮反俗細古也大　宷
音寀官也丨也　寀屎音　宦二杳　音要　寫　寫正屋於皃也委二反　宷保音　穴　安二酉音救
二窮同病也　㝕偽居二委反居　弃作俗弃音坑靜也正　竈猛音　窬米知具呂也反盛　㝖

音雨　寋其假反女字也　去聲　害　害俗二　宿正音悟育言也　寤音覺　寢音夢丨不明也
寐寐而中有神遊覺也曰丨　寐米二息也反安睡也也臥　寐俗上同　寘支義反止也置
也廢　寑　寖俗二　寇正　寇今苦侯反也欲也又賊姓四也暴　寱　寱　寢俗三　寱
正也也中今有研語祭也反五睡　宴俗　宴正息一也見靜也反二安也　宥丨音又也俗寛赦
也又觀也俗　宙直又古反宇來今丨日也丨尹文子也　宕徒浪反也通姓也又也　穷
又音二居正也音二界　宺古音古息文　寮他吊深邃也反　宗或作也　窺正初近也玉篇反
又音二居七穿初地二名也反　害新作書藏　害古　害正音二半反句寄通
也親　窴音新遇藏寄作也寓　賽　賽　寇二中反仲三呼　國　寱　寱作三反　或　寱
今夜丨古也侯五反　寱思也贈又反　寱武丨亙反睡覺　寶先報也代反作　塞先反代邊
丨丨也又室蘇也則陽反也滿　寗　寗俗二　寗今名乃又定姓三反邑　窫烏計也反恭也安靜
龍龕手鑑　卷一下　十　第十二函
也　宊　宊莫見合也二反同寘　寂七外塞也反　寯　寯俊中最子反才二人　宔與反照
宧音閹也惑事丨學也也又　家俗皃正反　寘二卑音卓　寚音息　入聲　寔常職反寔
正也也是也　寮所貴取也也反一求　寮二俗同　寞丨音也莫　寂　宗　家正三　寐
今亦通情也四歷反　宋俗上同　宕作藏若又　宿作或　宿正音覺也二忽　睡　寍
安也靜也　宻弥必反明集第八卷　宻正安　寍美筆又反　伏音　義字廣　胡　宙俗律竹反
宻俗音　宻作或　宻今又美筆反州山名　宭二俗音反　窀　　宼　
宊他骨出皃反　窡俗　竀今居六反下也窮也盡二也又　宊古文音粟
速疾葉反亟也　褰音竭　寘　寘側音　賓音賓
门羊部第三十二　羺　羺俗二　羺正奴侯反胡羊也二　䍽　䍽二孤罪誤也音
正作字二　羴音更也丨　羢俗　羭古　羝或作　羦正雄都羊奚也四反　羱俗

羱 羠 羜 羖 羜 羫 䍧 羪 羦 𦍩 羦 羗 羭 羬 羫 羱 羜 羍 羳 羚 羵 羶 䍶 羷 羺

去聲

美 羳 羛 羵 羚 羪

上聲

羴 羝 䍯 羓 羭 羬 䍲 羻 䍸 羪 䍹 羶

入聲

羯 羍 羖 羜 羫

身部第三十三

平聲

身 躬 軀 躭 躺 軃 䠶 躲 躴

去聲

躶 躳 躻 躱

上聲

躲 躺 軀 躰

入聲

射 躹 躿 軁 躷

尸部第三十四

平聲

尸 屍 屖 屘 屌 屓 屛 尼 屋

去聲

屜 屝 屣

上聲

尾 屘 屎 屢 屣 履 屧 屨 屩

入聲

屋 屐 屈 屆 屑 屒 屖 屧

屣通屣今所綺所寄二反不攝跟屣屣也屣知濟反丨舒由直也又審也亦姓屚徐呂反履
屫屖胡禾反青系履又縄履也屡音項展也屖尼展而充二反柔弱也尾古屖正音
尾首丨也二屖古文尾字屖上同屚音水去聲屖古尾屚屖俗三屖今
屖正奴吊反中水也六腹屖初潤反梵語丨提此云忍辱也屆音界至也舍也又何極也屖
去劍反息也與憩同屋屋二俗計反於屨良句反也夜也數屍或作屍今足下弃反氣下
淚也二屚川藏作漏屚音脩屚音捕屎丑利女利二反丨遲多許也屎孔利反䠠㰗㰗
音王縛反屨音句屨也屜或作屜正他計反鞍丨又履中也二屆音一弃身坐一日尻
音漏屋水下也又縣名字合從戶屓虛器反贔丨壯士作力兒屭許器反與屓同贔丨也
入聲屐屐二俗屐正奇逆反屩也屐丨也三屟俗屟屟正蘇叶反屐也三屩
屩屩正居約反鞋別名也三屬俗屬通屬正音燭尺也付也託也官眾也又齊等也又市

玉反附也頊也二屓俗屓正色結反勞也敬也清也傾也又丨丨不安也二屈音忽佛名
屆屆屆俗三屈今渠勿反短毛鳥也四屈九勿反丨產地名出良馬又姓又去勿反曲也
亦姓屋籒文屋今鳥谷反止也具也二舍也局渠玉反曹丨也又分也屬俗
㞓今冬毒反尻丨二屜音歷下也履屠音春局其玉反

魚部第三十五

䲃鰂二俗鰂今音蘇丨忽也舒悅鯀也又死而更生也三鱮
俗二音蘇先鮮鮮息延反生魚也又俗音尠二鱻相然反生魚又曰鳥獸新殺者也鮮
相然反丨潔也善也又姓又上聲少也鱉俗鱉或作鯨通鯨正音擎丨魚王也又雄
曰丨雌曰也四鯢通鯢正五兮反丨鯨也鰠蘇刀反魚名也鱢俗鱢正桑刀反
鯢也四鰱二丨臭鮎奴兼反魚名也鰥鰥俗鰥二正古還反無妻丨曰寡鄭丨元丨五
十無夫曰寡也又魚名三鮫俗鮫正音交魚名也皮有文可以飾刀劍也二鱗音鄰魚龍中也

又姓鯉俗鱺或作鱣正知連反大黃魚也三鯖音青魚名也又諸盤於刑二反魚煎食為
五侯丨也鰲俗鰲正五高反魚名亦人名二魛音刀丨魚也鰟或作魴正音房魚名也
二鰅顒隅二音魚名也鰓蘇來反魚頰也鱏俗鱏正子心反魚名也二針一鰍
音秋魚名鱒正鱒今徐林余林二反口在腹下也二魚鰕戶加反大鯢也鯪音零魚連
音行勤也又魧俗魧正魧今古郎二反魚名三鮍數悲符悲反大鱗魚二鱬
俗鱅正人朱反朱丨名魚身人面二魚鮯士來反魚名鰩音搖文丨魚名鳥翼能飛白首
六喙常遊西海夜飛向北海也鯿卑連反丨魚也鯾卑連反丨魚也鮑鱺鱺俗三鮀正
鮀今徒何反魚魚也五鮻俗熒音魭二音元俗鯏流鮊音也魚鰭渠脂又
反魚脊也二上鮭古嘴反魚名又苦圭反人姓鯷音啼鯷音弟鮎魚別名也鯷魚別名也又
鯫取丘鈎反魚名又音輒丨魚郎青衣魚也徒兮又六冰反淺丨小人不耐事皃又才口反鯑反魚

黑色鯑音蹄魚四足者也亦曰大鯢魚也鮧徒兮反魚肚別名也鯲俗鰱音連魚名鱮
俗鱸正音盧魚名二鯤音昆北溟大魚也鮒鱨甘二俗反鮨火通鮨今側持反鮔
二魚名鮇無俗音無鯈俗作紬音紬字正鯙音純正作醇厚也鯸音侯鮐魚丨鮔
與之反魚鮌鮌二或作鮿今昌玉反脂又音伍二名魚鮨宜俗音鯙亭音魚名
鯹俗鯹正音星臭也二魦魚鯊正今音沙丨小魚是也名二吹鮕俗音孤鮦
鰹上同下音堅云大曰鰹爾雅小曰鮦鯆或作鱄鯆二正名又博孤反胡反丨亦鮩
魚名也又江豚之名天欲風則見也又音市大魚也三鯡芳無反魚名也鱶所臻反長尾魚也鯬
鰲正力脂反魚名二丨鯠音來魚名俗來鮞音而又女六反鰫或作鰫音容魚名鱅音容鱅
二音音魚如名豕也似鯌祖魚名余反鮨莫反登鰻作二鰻或正莫官反丨鯠
牛音如豕魚名三又鱴音樓魚名大鰜音兼魚名比目鮍鮋音由又音紬下丨亦小魚名

二同魩於堯反魚名也鮍正鮍今音披魚名二鰯烏紅反魚名鰸丘居反魚名出遼東
似蝦無足鯵鯵二或作魦今蘇禾反魚名三鰞音烏丨鯽魚名鯽音賊鯎隨函云合
作鱍蘇刀反魚名又俗音叅鯇直深反大魚也魮音毗文丨魚名鳥首魚尾音如磬生珠玉也
鱵鱵音針魚名二同鮂音囚白鰲化為項上有毛也鯩音輪地名鯪郎稜反魚名鱹
音魩鯚或作鰛正繩猛孕乘四音皆魚屬亦魚子也二鮇音夫丨鰥魚名鯕音其魚名
魟呼東反江魚似鱉又音紅白魚也鯖音爭魚名長頭魺音何魚名鯪音陵魚名鮻子紅
子貢二反石首魚名鯁音郎魚脂鱧戶來反鰕雉蟹也鯶薄圭反鯡音非魚名鱂即羊
反盬丨魚名鰪安盍反鯅或連反魚醬也鰬音虔魚名鮹所交反海魚形如鞭鞘也又音消
鮈音俱鯸丨魚名鰐音吾魚名鯸鰲鰲音吾大魚也三鯛都聊反魚魤五末反魚名
鮠五回反魚名似鮎鱅音唐魚名鮥俗音吞魜俗音升鰲川藏作魚鱛音常請云
揚也【上聲】鱓鱔二俗鱓正音善蛇形魚也三䱉玉篇同上郭迻又音蛆古字鱧音禮
俗鰜魚撿反丨鰯魚名也鯙胡尾反魚似鮎也鮩蒲耿反蛤丨也鰝俗鱎正市沼反
白魚别名也又邱兆反亦魚名二鮓側下茄也以鹽釀魚為菹曰丨鮀鯀古本反魚名二同
鮔俗音巨鮾奴每反魚敗也魣或作鱮正徐呂反魚名二鰾今鰾正毗小反魚丨
可作滕也三鮡或作鮡正治小反魚名似鮎而大也二鯁古杏反刺在喉又骨丨謇諤之臣
鰋俗鰋今音偃魚名二鰞或作鮪正于美反魚名二鱫鯉音里魚名二鮵俗徐
姊反鮆鱭徂禮反魚名二同鱺鱧音禮魚名似蛇也二同鰖正鰖今他果反魚子
巳生也又以水反蟹子也二鮏他斗反魚名鱄旨兖反魚名又土兔反鱔士免反魚名也
鯇胡板反魚名又胡本反鯶胡本反魚名魵芳粉房粉二反蝦别名也鱸音魯今魚名鯰
式枕徂感二反大魚也鱳音阜魚名似鯉雞足鰔音感鰔音魚名曰身鰽之九反鰍丨魚名也

䱋音洪鯤魚子也鰝胡老反大鰕也鱺音禮同鱧魚名鱶俗直稔反正作鱶魚名似鰕
鱖苦昏反魚名鮑蒲巧反丨魚又姓鮭胡買反鮦魚也【去聲】鱒才悶反魚也鮜
音后丨魚名也鱠古外反魚細切作丨也䲁音謂魚似蚰四足食也䱒𩵽二俗魪正音
戚魚名三魡多叫反玉篇取魚也䱴或作䱴今古鄧反魚名又平聲二鮒音附魚名鱝音賴
魚名鮉音陷魚名鱦楊故反鯆音貝魚名食之糸人也鮇音未魚名鰲音至魚名鱀
渠記反魚名鯚鮬今音步魚名又苦孤反婢妾魚名二鱟音候魚名形如車文青黑色十二足
似蟹長五六尺子如麻子䲃烏到反魚名也魤音化魚名鰶音祭鱧而用反魚名【入
聲】鱉俗鱉正并列反薇茱也二鰨正鯌通鯌今倉各反魚名也三䱰音錄魚名
也一鱳洛鹿二音魚名也鮇音末魚名也鱴莫結反鮂丨鮂今鯊魚也鰲古魝正
鮤今音列鮂魚也名鱒鮂人薦魚也三鮩眦必反魚名也又蒲杏反鮅音必鱒魚也又眦必反
鰪呼盍反魩丨魚名也鮥盧各五格二反魚名也鱯俗鱯正横麦反魚名二鮥音格
海魚以鰻肥美鮚渠乙反蚌也魻俗音甲鰨俗音謁鱷鰐二正鰐今五各反魚名
三鰿鯽資昔反魚名下又子力反二同鰿二草資昔二反尒疋云紫貝也鮏俗胡谷反正作
斛丨十也鯣正鱅今古厄反丨鰈魚名二鮥俗鰈通鯙正五陌反丨魚名三鯿
鮅音必魚名又新藏作鱓音善亦魚名也魠音托魚名䲜魚名鱳音業魚盛也二魶或作
魶今音納丨似鱸無甲有尾口在股下二鰨他盍反魚名似鮎四足也鱁或作鱁正失竹反
魚名上又俗音由正作鮁鰍丨小魚二鰕誤同上鯜音妾魚名鱖居月居衛二反大口細鱗
有斑文又日婢魚鰼音習魚名鮈居六反魚名有兩乳也鰂鰔昨則反鳴丨魚也一日河
伯也一同鮊音白魚名鰒蒲魚反土葬魚名好食也鮯古台反魚名六足兩尾也鮵徒活反魚
名鯏音叶鰈魼他盍反皆魚別名下又去魚反二同也䱻戶八反魚名鳥望聲如鴛鴦也

鱊聿述二音丨鮮鱍北末反魚鯥音六魚名鱐音宿
魚魚也鮮音步棹尾也反似牛蛇尾魚腊
也魭音訖魚魝俗亂正烏入反魼鮓通鯵正子聿反
遊也丨魚也二鯫鮪別名
也鰑羊亦反鱅傍各反魚似俗鰪正安盍反丨
二丨鱗也一目也二鯛魚名二
音楓婢丨魚鮑於業反鹽鯆子荅反鰐誤冂藏作鰐
郎青衣魚也清魚也魚名五荅反魚名
鰨旧藏作鰨
俗音塌

戈部第三十六

臧俗在郎作郎二栽音灾種戕陵
反正作藏字植也朱
反戈戓口甘反煞戡口甘反勝也克也戜俗戰正音
也也刺也又張甚反巾研也干盾
也古文共俱反戳子廉反丨俗正子
二戣音灾戳丨戟屬也翌𢦔盡也二成戧廉反
刺也銳意也息廉反丨細音析渠追反丨
又持戈也二戴又山韭也王丨戣兵器戟屬戔
七艮反昨干反傷也賤也莫候反戟二音
傷也菚又丨丨束帛也戋也同矛或或三

龍龕手鑑卷一下　十五

戚音上聲臧俗古又余朧反鐵亡范反戭音演長
纖猛也誦也二双也榆又鬹
丨八戟我音戡音也也戟尺尹出也反戓我音去聲戲今又正許正
兀名又諱聲也弄也兵古文也呼施字也三歇也也成傷注反過荷虛三其也君
智反丨平頂下又古文也宇三也大逆也徒也又反也戈也
又姓愛反姓也二下弄也兵文日今丨式下志煞反上也或作臣蕨
戴都也又娃錢錢俗織丨日今丨式下志煞反上也或作
戲大側衙吏也反七賜毛也丨音冝利文戭謝音戠吏古反文反也丨
木反也捍船斬同所徒弄木也船格緻戡亦昌土志皃反戴染才丨伐也反或古二文
聲戠斮斬署也反同繫木戰音也也龔古因文也音及習也今作戠或古二文音織入
或古文國字戚也親慼俗慨也愢病反也憂也德俗反他戮煞音六也刑辱也常也丨也也音
戟戈京丨逆也反酨俗作醎音字捆正戯阻歛正立眾反也丨戜利徒也結也又反國常名也
戚俗戚流正也音二戍水戣戚丨二逆古惡文亂蒲也沒反戠人王吹勿角反也美

口部第三十七

戴直口反大也丸也醎俗惆音戮職古二文同音賊用財物也丨虛戞古楷也入常反
也也丸戫俗戱音職二同用財物也丨虛
也丸醎俗惆音戮識音國音藏戚減二音
囹音合圖也丨圓音廁也青團徒圓也官反圖見大也物失聲也又文
六度也謀計四議丨囯一旧藏剛字作完五也瓦與別反同員制丨落官員也反同音釋徒名與之形也也又
度音雷因音旨四俗字侯反團音誇園烏音酬圓音由同由火二反元規似也泉
圈俗反水去丨員鉶俗鹵正庶音媒同由囮烏反者禾媒反網圔俗垂音俗也于
元反云孔穴也韻川丨俗囷俗廉正也又烏水玄猪反也丨二深囨俗冈音緣市
反倉圚也戶又闠反丨闤囦又去倫反廩也也倉貟日丨三反囩羽市
也為頊也又圚田十音貟丨縣名也陽囸二困音剛殞渠貟倉三日反圈也養馬
二為贊二反也又圓音銀丨也囸二音上聲圂也養馬圈

龍龕手鑑卷一下　十六　第十二函

俗囹古正周時音語獄名囹丨徒損卜廝九也反囗古起文字囯倉朕二敢反初囝乳音
圄古文字園音二統俗囚其反丨囚俗囥囧反三光今也居四承囟
吉反永園補布種菜日二丨音上也園丨去聲圂胡困廁居處也又也圈音僧
反求願欄丨反邑名亦又姓也上圊徒蹢石瀆聲反圊音魚鱉又之囿也又于畜
囹聲入聲圀音音質圊華若角聲反囧合音圀反于廠民圀氏囡囯俗五
反目國也或作正作占或國字六邦國囚作或囯正也又女女甲滅反反手二取物圂乙錯
鳴反也駱駝圊音莫圕俗國過二正音圖囼圞嚴音又押音丨押穴二也香圖
俗益音圛音者亦非圍雲行半有也半一無也曰丨丨丨囚反于二廠

韋部第三十八

鞾音俗韜正陷也他寬刀也反二藏也韍戶顧加跟後反
也帖韜音韒昌占反韞焰反鞍反小屏障也泥又也昌韜韤胡虛被嚴也反韝韝韝苦古侯侯

三反射丨臂捍也亐同 款口云力吻二反 韜他刀反正作韜 上聲 韖人九反車韌韌音刃
⿰韋風于鬼反大風皃 韡于見反華皃也 韞於粉反丨櫝櫝音獨 韅呼典反在背日丨在胷日靷在
腹日鞅在後日絆也 去聲 鞘息妙反刀室也 ⿰韋皮 ⿰韋被 ⿰韋沓 ⿰韋各 ⿰韋侖五俗 韛逝 韛正蒲
拜反丨囊吹火具也七 韢 韇求位反紼常也或作韛二 韔丑亮反弓衣也 韌音刃耒丨也
⿰韋干 ⿰韋旱二俗音泮 韗音運理鼓二也同韗又休願反 ⿰韋卷或作 韏正去願反曲也又革中斷二又
音俗緣韉韡縫也二 ⿰韋宣許願反作鼓工也 ⿰韋必音秘弓紲也紲音泄 入聲 韤無發反足衣也
與襪同 ⿰韋及蘇合先立二反小兒履也與靸同 韣燭獨蜀三音皆弓衣也 韎音未丨韐大帶
也又莫拜反東夷樂也丨 韐古沓反韎丨也 ⿰韋共 ⿰韋菜二或作 ⿰韋求合蘇叶反財具也三 ⿰韋戊俗音
越 韍音弗蔽膝 俗 ⿰韋尃正廷各反車下賁玉篇又布各反二 ⿰韋內奴苔反腝皃 ⿰韋齊音蚌
韇音獨 ⿰韋革音革 韄乙白反佩刀鏥又乙號反 ⿰韋睪音宅丨韈刀鏥也 ⿰韋斤尹格反韈丨也 韠
音必胡服蔽膝也

音部第三十九 ⿰音并或作盧紅反耳丨也 韶視昭反舜樂名也又美也繼紹也
⿰音斤去斤反 ⿰音楚或作⿰音巠今戶耕反樂名二 ⿰音含烏含反聲小也又於林反 ⿰音凡俗 ⿰音夆正簿
紅反聲也二 ⿰音工音紅大聲 ⿰音東音乘 ⿰音共呼紅反丨訌大聲也 ⿰音皇皇橫二音丨樂鍾聲也 韽
古交音吟 ⿰音光古橫反 韺於京反鈴丨高陽氏樂也 ⿰音也正 ⿰音包俗音池黃帝樂名二 ⿰音夆正江
薄紅二反鼓聲 上聲 ⿰音毒音鮒 ⿰音容或作 響正許兩反聲丨也二 去聲 ⿰音蒦音護大丨殷湯
樂也 ⿰音頁徒弄反鍾聲 韵音韻 ⿰音同音同 入聲 ⿰音弗音佛 ⿰音孛普沒反按物聲也
⿰音業音業樂也 韵韓約反 ⿰音莫音莫 ⿰音合呼合反 ⿰音出留號反音聲煩閙也 ⿰音業疋卜反 ⿰音宿
⿰音柬二音速 ⿰音帀音雜斷聲 ⿰音桼音藥 ⿰音念奴叶反聲絕也 ⿰音未七六反 ⿰音蜀音獨龍丨 ⿰音習之涉
反多言也

多部第四十 爹都邪徒可二反羌人呼文也 ⿰多甾或作 ⿰多雍正於容反丨濃多言
也二 ⿰多農女容反⿰多龍丨也 ⿰多辛所臻反多也 ⿱尚多甚加反綏授又脣厚皃 ⿰多孚音浮多也 ⿰多周音周
多也大也 迻俗 ⿰多支正章移支兼二反多也二 ⿰多羊 ⿰多章音羊多也二同 ⿰多冘丁含都感二反多也
⿰冊多 ⿰多冉一或 ⿰多丹今奴何反多也三 ⿰多委烏禾反燕人云多也 ⿰多亥音開多也 ⿰ヨ多音多 ⿰多苗音緢
⿰多句苦候反多也 ⿰多句音句 ⿰多夬俗 ⿰多犬正苦回反多也大也與灰同二 上聲 ⿰多妥烏果反多
也 ⿰多咼 夥胡果反楚人大多也二同 ⿰養多彡養反 ⿰婁多力口反多也 去聲 ⿰多吉音弃 ⿰多生
或作 ⿰多至大石 ⿰多圣音恠大皃也三

尢部第四十一 尢羽求反過也甚也怨也嗟也多也恠說文無點也又姓 ⿺尢菫
尷上古咸反下音界丨丨行不正皃上又兼巖二音下又古八五鎋二反 ⿺尢奚 ⿺尢是音提跛也二同
⿺尢空俗 ⿺尢是正都兮反不能行為人所列也二 ⿺尢詹正 ⿺尢雚兮戶圭反丨尰行皃二 ⿺尢互 尪
億俱反盤旋也二同 上聲 ⿺尢亞俗許鬼二 ⿺尢奄烏感反丨跛蹇也 ⿺尢皮音跛丨行不正也 ⿺尢童
正 尰令時勇反丨病也二 足 ⿺尢危立委反則足也 ⿺尢畏⿺尢爰上烏賄反下他雖反丨丨行病也
⿺尢奇椅綺二音足行皃也 去聲 ⿺尢左則个千賀二反行不正也 ⿺尢盧力臥反脉病也 ⿺尢包⿺尢勹音料睞
牛脛相交也又步交反義二同 ⿺尢皂丑教㧞角二反跛也 就古文就字 入聲 ⿺尢骨音骨骨也
⿺尢立音力腥反 ⿺尢扁⿺尢皇上音未下音活丨丨惡行也 ⿺尢息相承霍旻二音行不正皃

光部第四十二 輝俗 輝正音暉光丨也二 ⿰光盧⿰光空⿱宀光上俗火紅反正
作烘火皃 上聲 ⿰光丙西川隨函音丙光也 ⿰光玄⿰光黃⿰光皇⿰光盧四俗 晄⿰光兆二或作 ⿰耳光晃
二今古廣反光明輝丨也八字 ⿰光畏友甚反 ⿰光昆音混 ⿰光韋于鬼反丨光也 去聲 耀俗
⿰光羊正羊笑反光明也 耀音調 入聲 ⿰光畢⿰光畢畢滭二音二同

香部第四十三 馚或作 馩正符分反丨香氣也 馣音淹香也 馪疋人

反香兼許兼反氣也香香氣也香大香也又於靜云反亦香也又香也又普沒亦香也二反香亦香也馥房六反香氣芬也又馞蒲沒反香也馤烏沒反丨香也馧於含反香也二反小馣火含反香氣也馡芳福反正符逼二反馥蒲結也二香馝必瞭反必蒲結反苾香也又普結反蒲結也馦小香丨蒲也丨蓋反香也馞丨也二香馜音愛二香馚香馛蒲木反香氣也馟王篇反正於蓋反香也又音愛二馢丨香作馤或丨也

𢇁部第四十四

𢇁落官反南丨縣名在鉅鹿郡也䜌小山而銳丨也䜌丨病丨丨皃䜌時曰夕也䜌四同上五古今正俗二正力貟反三反䜌丨綴也人姓又班反也䜌南夷名也

上聲

䜌或作孿古孿今正居願反所患反丨也孿生子也又芳万反丨量也四 孿變俗音亂絕水度又落官反濡也流也也漬也孿俗變又生生子也二反 二丨䜌俗音變也又曰彼眷反丨二丨俗作𦡧也又姓二丨 變五俗音秘馬丨也正作䜌

入聲

䜌變變三俗蘇叶反和也

殸部第四十五

殸口耕反又敵也 磬於淫反和靖也 聲呼形反香之遠 磬音輕不可也 馨二陶部音 聲俗他登反鼓聲也 磬二冬中音 馨大音喬磬項 聲閶音進皃二 磬力冬反 也 磬二陶部音

上聲

磬二俗同通鼓音三古 磬苦項反 磬俗二正苦定反 磬二苦定反

去聲

磬俗磬正苦定反古樂器也周禮云皃氏為丨也二 磬古候反張弓也 磬音塊美也 盡也 聲二 胡谷反 穀二谷音穀 穀呼木反今作殼也

入聲

殸苦角反今作殼二 殸

黃部第四十六

黃扁必連反卑淺二反 黃黃直尼反 黃昌終反黃色也 黃輕音黃黃色也 黃他兼反黃色也 黃今音黃黃色也 黃音欽又音今 黃徒昆反黃色也 黃隨函云合作輝字又俗尺善反 黃黃音搹 黃黃色也 黃許兼反又火炎反黃名黃陟兼反 黃黃也 黃直廉反 黃色亦人名 黃織也 黃也 黃亦黃 黃烏俗黃正 黃今他端反黃色又他門反三 黃輕音

上聲

黃亥音

黃天口反黃前䊪也 黃黃昌善反黃色也 黃口跟反黃色也 黃他口反丨對也 黃通 黃正音老黃色也一曰黃色人二也

去聲

黃榮美反黃色也 黃胡卦反黃色也 黃斗兵奪人物

入聲

黃莫音黃

辛部第四十七

辛音辛 辛孤音辭丨理也 辭詞訟也以辭同上古文辭音詞 辛音丨 辯百耕反 辯所臻反 辯多所多也 辯所臻反也 辛音臻 辯念音 辯符蹇反別也 辯又俗蒲莧反理也 辯相同上 辯罪人辯 辯符蹇反 辯方免反 辯相訟也 辯相訟詞也 辯又音說罪 辯反方丨人 辯交也 辯薄典反 辯從 辯故刀也 辯如刀也 辯小也丨栗 辯或作 辯音孤

上聲

辯苞反 辯方免 丨也 辭作

去聲

辭古文辭字 辯古文辯 辯蒲幻反 辯也 辭古文與辨同 辯力上 辯同上 辯瓜同 辯亦丨上 辯也亦曰 辯白眼覷也 辯小見反小 辯莧反 辯幻反 辯也又 辯正 辯三 辯急也

入聲

辟俗辟正 辟今反法也亦 辟也又芳亦反 辟也三反君也 辟又辟俗辟正丨辟丨郎達反 辟音革 辟音角 辟二音 除也 必亦反

辟北激反 辟壁

厶部第四十八

厶息夷反自營也又古文某字厶也自是也丨擅也音專 參參二年音事 初今反丨差不齊皃也又倉含反丨近也又所今反丨辰也 旡二 㒫古文 厶古文音鱗字 㐬徒字二古文 丩尖二音借 丩古反二 㐁二玄反 㐁香音 㐁古文又俗古 㐁祖兮反 㐁古文祖分反 厶分二同音 厶掃 允容反 㐁庚古文年字 㐁古文星字 㐁古音元 厶古文音穹 厶幽音貫音抒也 厶關織 垒音齊

上聲

厶古文今作徐姑兕 厶力委反丨又力追反丨上為墻 厶二反 厶古文音頂 厶俗 厶王二正音也 厶二貫 厶名獸 厶音矢 厶俗 厶今音 厶作或 厶車丨 三版 厶音本 厶小篚也 厶草器二 厶音果 厶正音 厶音蚩 厶俗 厶郎反 厶音本同 厶音 厶

去聲

厶古文帝二同音 厶古文音素 厶音至 厶古文

入聲

厶音福 厶王文音六 厶音尖 厶音邑 厶音覓 厶音木 厶笑音才 厶反 厶音帝

〈高部第四十九
敲敲殼 俗三 敲 正口交反擊頭也又口教反 囊囊
囊 俗三 奴當反 高 音高 𩫖 或作 刀反 胡 鰝 音高也 亭 音亭 亮 烏高反 高 鷮鷮
二 誤旧 藏作 鬻鬻二字 才心 昨鹽二 上聲 槀 古老反
反 髜 屬也 下又 徐林反 丨鼎 也二 名 鶾
又 丨本 木草 也古 老反 丨本 藥 名 歊 俗 𩫱 或作 正作 苦老反 槁 苦老反 丨反
翗 之本也 槀 也又 俗苦 老反 槀之 貌也 名也 二也 去聲 𩫱 蘇參 𩫓 列反 丨高 也 勞
三也 鬵 俗 鬵 下正 胡老反 又胡 沃反 丨鳥 名也 二也
滂 勞二 音丨 髟參 牛馬 䯧 大頭 苦告反 也 䯧 苦擊 也 嵩 反 臺 音 媢 寴 兼救
高 腳也 又急 貌也 䯧 苦頭 也 䯧 擊 也 臺 音媢 䯧 兼救
也反 飛 入聲 䯧 䯧 二俗 音 蹴 䯧 都反 𡔷 䯧 苦交 二 角反 苦 䯧 邱夬反 石 亭 亭
音郭 度 達也 二

〈其部第五十 基 碁 𣪊 居其反丨年也 三同 棊 居之反 本也 棊
居之 反 經也 也 業也 䫏 俗 䫏 正 音 欺 方相 也 二 䫏 多也 音 欺 䫏 音 欺 頋 也
址 也 始也 設也

䫏 䫏 二 碁 音 其 又姓 三 丨 𣪊 音 其 履 飾 丨 冊 朱 善 之 也 二 同 博 物 志 曰 舜 造 圍 䫏
䫏 䫏 䫏 䫏 五 皆 音 其 䫏 音 其 反 䫏 音 其 丨 䫏 䫏 渠 䫏 起 䫏 記 二 䫏 居 古 文
䫏 勑 䫏 䫏 音 其 䫏 䫏 反 䫏 豆 丨 䫏 反 跟 䫏 䫏 也
音 䫏 䫏

〈章部第五十一 贑 音感 䴑 名 贑 音感 味也 酒 贛 音感 又音紺 水 名 贑
贑 二 或 作 贑 正 苦 紺 反 贑 擊 也 三 贑 古 送 反 賜 也 二 同 贑 火 貢 反 愚 人 也 又 陟 丨 怢
降 反 怢 贑 俗 贑 正 陟 降 反 愚 丨 也 二 贑 反 暗 贑 贑 二 俗 陟 降 反 又 呼 湏 反 又
音 弄 二 贑 反 贑 反
呼 念 𧷏 夾 反 呼 俠
反

〈生部第五十二 甥 音生 外丨也 又姓 牧 牡 甠 三俗 正作 笙 音 生 甠
古 文 䏌 穰 壤 二 音 䏌 皇 花 䏌 同 䏌 也 與 䏌 所 臻 反 又 上 聲 又 張 長 二 音 甠 所 臻 反 衆
人 字 䏌 二 音 䏌 也 與 䏌 同 䏌 俗 甠 正 音 情 雨 夜 晴 見 星 也 二 甠 又 音 青 東 方 色 也 又 千 定 反 羕 同 甠
多 也 䏌 反 所 交 甠 俗
也 甠 反 所 交

又 儶 音 貪 反 蔵 丨 五 月 律 名 也 花 垂 皃 生 占 俗 鹽 反 所 耿 過 也 反 生 斗 音 斗 𨑩 𨑩 鬼 詐
二 反 蠓 反 莫 孔 䍶 雀 嫩 弱 也 奴 困 反 三 正 作 䴘 外 音 䴘 魚 俗 音 䴘 俗 音 䴘
〈冫部第五十三 冫 筆 也 同 丨 凌 反 冰 字 凍 凋 音 刀 又 丨 落 也 傷 也 傷 丨 凞 字
凌 正 刀 冰 反 又 冰 丨 也 二 今 凌 也 凘 音 斯 凌 凛 力 巨 金 反 稔 反 亦 寒 皃 又 丨
也 凄 七 兮 反 樂 也 詩 云 丨 丨 淒 以 風 也 涵 音 含 寒 皃 滄 音 倉 寒 皃 澴 皮 冰 反 水 聲 也 凜 疑 皮 反 寒 丨
反 一 託 也 又 命 反 滅 俗 則 減 郎 善 也 厚 反 正 也 作 二 冰 音 冰 瀏 良 生 反 冶 音 冶 洶
皮 反 一 也 又 命 反 𣶓 減 善 也 厚 也 二 冰 音 瀏 反 生 冶 冶 洶
下 江 反 正 作 兒 也 上 聲 冱 巨 郢 反 寒 禁 也 準 古 文 音 准 平 也 度 也 均 也 洞 古 過
今 作 兒 也 作 寒 也 禁 也 反 準 也 平 也 度 也 冱 古 洞 過
反 滄 寒 也 澳 古 文 衣 檢 反 今 作 奄 忽 匿 也 䏌 反 生 錦 滅 音 慎 去 聲 凝 俗 女 智 反
也 二 䏌 古 文 䏌 於 禁 反 沁 丨 冷 七 禁 反 癸 音 既 決 音 大 入 聲 冽 音 列 寒 也 浹 洓
上 正 胡 甲 反 下 俗 字 凓 音 栗 寒 風 也 丨 列 反 胡 甲
正 作 音 冷 水 凍 相 著 也 正 作

浹 汁 音 食 灦 音 若

〈彡部第五十四 彡 所 衘 反 毛 長 也 彤 以 戎 反 俗 又 丑 林 反 祭 名 也 彪 被 休
反 虎 也 彩 音 浮 彣 音 文 丨 彩 斑 雜 也 䯸 古 彬 今 文 府 巾 反 二 髟 布 遥 反 衘 二
彣 長 髮 皃 又 彰 音 祥 彲 音 丑 知 反 獸 名 彫 台 古 文 字 彫 也 所 衘 反 又 所 䯸 見 儠 反 彬
屋 翼 也 彰 音 䯸 彲
俗 彬 正 音 三 衫 襤 也 丨 也 二 彠 音 津 飾 也 丨 彡 而 音 又 頰 毛 邊 也 手 多 毛 也 彫 丨 音 凋 刻
也 彡 音 終 上 聲 彰 疾 井 反 清 潔 也 彫 古 文 音 馬 影 音 影 去 聲 彯 正 妙 反 丨 盡
彰 俗 䰍 古 文 變 二 彰 音 五 代 反 彰 音 變 入 聲 䆧 俗 𢒗 正 音 日 細 文 也 二 丨

〈來部第五十五 來 丨 相 承 來 悉 二 音 又 西 隨 函 音 竹 皆 反 又 江 䔧 音 來 前 鄉 名 二
又 丨 毛 來 䅘 二 音 來 毛 起 也 去 睞 來 二 俗 䟷 歸 三 或 作 音 䠂 音 賴 正 作 糠 俗 音 康 䅘 昌 盈
牛 䅘 作 俗 音 早 正 䅘 少 床 史 反 不 來 也 䅘 少 俗 了 覔 二 小 反 䅘 扁 反 必 典
反 上 聲 䅘 作 寀 字

去聲覞覞音頼二同入聲欶俗郎骨反正作欶又牛近反|敕音棘勑𣫂𣫂俗二
紀力反今作棘

兒部第五十六䚆兒二䚆正五兮反老人兒於盈俗齯齒落更生三嬰反|
兒䰴尼且反

而部第五十七需俗需正相俞反卦名二䰴而尼反二䰴于而反䰴而緇反
音而䰴俗䰴正如之奴木二反九屬䐁音而䐁音而䐁古推䐁俗女而六反䐁反
音脩䰳音甫

臣部第五十八臣音堅臤音賢臣音臤苦耕又若見反三音堅
上聲臤音返臤之忍反與同明也䀛於往反背也䀛音隨去聲䀛俗所類反
律二䀛音秘䀛音貴入聲䀛俗士革反䀛初栗反䀛蒲木反今作僕侍從人也
龍龕手鑑卷二　　十三

䖵部第五十九䖵力爲反|瘦也劣也疲也三䖵極也䖵落戈
反魚身鳥翼獸也䖵落戈反馬也䖵落戈反名又音連䖵落戈反飛鳥也䖵落戈
反木名可爲箭笴䖵落戈反谷積也䖵落戈反生水中也䖵落戈反草名䖵落戈反蚌屬也又郎
果反蜾|蒲盧也細腰蜂也䖵人姓䖵以成反利也益也一也䖵俗䖵
郭璞云䖵財長也有餘也
正郎果反赤體也二

龜部第六十龜俗通龜正居追反水介蟲也說文曰天地之性廣肩無雄龜鼈之類以它爲雄……
天下平法地又居求反|茲國名也二下龜音郎靈|五色似玉似金上高象
又音邱龜國名龜音元俗龜正作黿龜陀正音
作龜二反龜俗五高反正作|龜龜龜俗誅作龜龜也上音知下音陟矢反龜
䶂俗并列反正作龜

亢部第六十一䶂或作䶂正蒲交反䶂吊二反䶂相交也二䶂䶂俗二

䶂或作𧘂|禮下又許鬼反三呼迴反正作䶂䶂徒迴反正作䶂|音天
䶂䶂䶂䶂俗五䶂而正音元似大也六䶂鳥光反上聲䶂苦禮反二
䶂反市勇䶂音始去聲䶂俗與正作䶂制反入聲䶂音則䶂音寐

云部第六十二䶂䶂音云邑名也二同䶂音云亂也䶂落戈反䶂
音計䶂上聲䶂弥引反|䶂音尾去聲䶂䶂䶂輕利反損䶂
也三䶂音去也䶂昌介反入聲䶂徒沒反水從中出皃也䶂於業反
䶂音辛

雲部第六十三䶂或作䶂正作䶂䶂烏感反䶂於檻二反䶂或作䶂他感反
二反正作䶂虛豈反䶂音愛|䶂黑色也䶂俗雲正音代
䶂雲黑色䶂飛雲皃䶂興盛皃也䶂云反䶂徒雲反|音今䶂於今
狀也䶂或䶂正芳味反䶂|雲布狀也又音弗二䶂徒罪反䶂徒昆反䶂於今
二䶂作䶂布狀也又音弗二䶂雲徒反
龍龕手鑑卷二　　十四
反

匚部第六十四匚甫良反受物器也又𥫱俗𥫱力正
䶂香反|鏡|䶂俗䶂正口懷反水澤名也又䶂豈俱反|
盛物匣也二䶂胡罪反水迴皃也二又䶂正音今
分別也|士䶂芳兒反䶂音竹器名也又䶂俗二䶂正䶂音今
識也|薄䶂音詮薦也䶂䶂俗二
含四䶂去王反|正匡音丹宗廟盛主器也䶂音盃二䶂音遲
也船沒助輔也又姓䶂音丹主器也䶂音盃二夷音
徒聊反|古文則郎反今作䶂似泉反竹器也上聲䶂必典反
田器也䶂亦姓作䶂米竹器䶂漉
陋廣也䶂乃三文音䶂俗䶂正玉篇音彼又徒吊反|
薄也䶂猶乃三文音䶂俗䶂反田器也又平聲二䶂非尾
反非也亦作巨普火反不可䶂烏口反|擊䶂音軏
篚也三同巨也又甚也䶂也與甌同䶂匣也
䶂羊主反䶂音感又音箱類一曰覆頭小杯名去聲䶂古文音
䶂反䶂也又音䶂貢小杯名去聲䶂䶂古文音|又尸
|在棺|疾亮反䶂狂位反匣也也䶂之也入聲匹譬吉反
曰|二匠工|䶂也䶂也慳也匹偶也合

也酛也二也又四丈八抹為丨故從又也匿尼力反藏也隱也微也亡也陰懐也匿女力反虫食病
也医俗遞医正苦叶反函丨也二匵音獨匵也匽俗匱正音弋大鼎也二匼苦合
反丨迊與启同匣古文月字

[入]殳部第六十五

殳市朱反兵器也釋名日丨殊也長三尺無刃有撞挃于車上使
殊離也又姓殺俗殺正陖上二苦哀反下呼來反丨丨哭聲殿時人動喜也口反皃
也毃音加又俗作官剃反又反郭直遙耕殿也乎書胛昌也毆俗作宅耕觳反
殺戶雜亥濁亂反也和鳥正作官剜反又反郭直遙耕又反俗乎書胛昌兩也反
殺注大音同胡反有旧也作亦鼓八五九未名反也所[上聲]設毆也鳥口反皃擊也注
二毆同反更音也改有旧理藏也作五未名反所也[上聲]毀
反正魚果敢既作俗觳以聖芮也反正觳乳乃也后反殼俗秀反磬虛毄息俊反字俗毄作或
龍龕手鑑卷一下　三　第十二函

音救擊於中聲計反也殳殸乳奴也候反毂張古弓候也反牽牛古羊侯乳反也取
殸音殼[入聲]觳胡谷反谷丨殼也反蟆胡蛄谷也反殼投胡水谷聲反毄溷胡酒谷也反
觳動音速物也觳丨殼細音胡水作也精殼殸毀殺三古殺正也下音一煞又發所也拜法
反疾也猛四也嚳俗教二胡反角胡觳俗觳觳木二名正也古三木反毂俗觳
車正丨古也木二反觳古足踘木也反觳土苦壍谷也反觳苦麻丨谷也反三觳苦餅趙谷也反
觳苦燒尾谷也反朱觳俗受胡三角斗苦器之角二也反觳云音功喫苦巧丨也漢淡書也觳
角叉王觳明二也音觳二出赤正皃呼也木三反日觳呼似豹木而反小獸名食觳
獮丁猴木反又丨名速也黃腰又觳許急角束反也觳許歐角吐反也怒觳音也當笛也對
四也背也觳作觳二俗音昨也正觳苦鳥角卵也反觳或作歐作呼木
也主也觳觳作暋俗穿音也

[入]瓜部第六十六

瓜古花反尔疋曰丨也華廣及云龍蹄獸掌等丨也尔州名又丨

部與爪部相濫瓜音則絞反俗觚俗瓜正音胡
盧二觚丨瓢俗瓢古瓢今瓢又消音護瓜丨盧瓢也二也瓜今瓜正音
也也瓢瓜作分布古字文瓜也瓢初眺也三反瓢瓜丨盧也瓢二俗瓢二音穰瓜娘
賣三瓜二字分布瓜古葫漢書也瓜四也瓜名烏瓜在釋反州丨二留地音零今
小瓜也瓜音云破瓜丨方為也圖漢書也瓜音孤也瓜古丨在鳥瓜名斜候反也瓜正部
名也瓜云音破丨為也瓜古溫二瓜也正名音也瓜丨古昆反瓠名也二瓜反部田丨落
侯反丨瓜二丨反瓜正名音也當二瓜俗瓜瓜音也瓜丨古瓜昆反二名字也音[上聲]瓜瓜反
苦瓜丨告也瓜圭二也反瓜正名音也當溫瓜丨徒瓜娘二名也音
名也瓜俗與圭丨也反瓜俗瓜音當也瓜音二反俗正作穰器也瓜空字況兩名也反瓜俗果
也胡反瓜木與不圭也反瓜瓜微弱也羊中主亦病反也作穰器也瓜縣況名也反瓜果
俗果反瓜正傷也罪二反瓜力名點也反瓜中至亦假病也器反作也空瓜郎果
果反瓜傷正瓜奴也罪二反瓜力名也反瓜中至瓜二假也瓜郎果[去聲]瓜耶電
瓜反也瓜丨也瓜直瓜禁名也青[入聲]瓜瓜俗瓜正丨徒也結二反瓜冬反瓜毒
丨丨瓜作或瓜瓜小二瓜今丨蒲也角三反

龍龕手鑑卷一下　三　第十二函

[入]龍部第六十七

龕今正苦甘反龍兒也坎也二也塔
龍音盧紅反耳龍丨落紅反丨龍音落正紅
龍丨無所龔勅紅反廣雅云龕也丨丨崔也龍音與籠同丨頭龍作或龍正音紅丨
聞也禾二病也龍大谷龍音具也龍大二磨含觳也龍如音小籠兒赤鱗食駭同人如一瓜名九蛸尾丨音堅龔
音也龍谷也染七龔音聲也龍龍也九人容反姓食正作或龍名今蛸音也
丨谷也巫龍音龍文也圭二為龍赤音也龍龔新作龍藏龔丨力種也二反邱
警音三音龔也巫龍音龍文也圭二為龍赤音也龍鬜作新藏丨力也種反二
龍龍之徒兒合也反二龍同飛龔多之言陟也反

[入]𤰞部第六十八

𤰞普盤官丨禾反縣丨禺縣名在廣州又音在涼州又乎表反
丨玄𤰞音合頻獮百也𤰞北部潘棠也反𤰞𤰞音二幡古文𤰞𤰞飛音也二幡同覆
也丨俗𤰞正大音潘也二丨觚

[入]僉部第六十九

僉七廉反也皆也咸僉俗僉正七廉反水和鹽二僉

俗音抽　鈴俗音令　餌俗音耳　鍚俗余亮反　鵭俗音驗

天部第七十　笑俗七羊反　契俗音愚　吳古　吞音天人姓也又吐根反呾

也二　上聲　奣烏猛反六合清明也　奊苦礦反丨然舉目也　又忝俗　忝正他点反

辱也二　奀天皎二音眇　去聲　吞古惠反人姓也　歪古文音季　入聲　奔音雜惡也

西部第七十一　覀俗　覃今　覃正徒含反延也及也二　覇覉居宜

必嫁反二　覂古文音居反　覂尸主反又姓也　覆必加反　覈胡革反覈也　覀

烏各反

旡部第七十二　䅲于飯反　䵞無可反　䬣俗　䬣正音跪一足也二側

㒁㒁俗二　㒁正胡果反逆惡　䶣或作　䶣今音亮字統云事　有不善丨也二

蚕音既

龍龕手鑑　卷一下　三九　第十二函

凡部第七十三　凡凡符嚴反常也皆也輕也非二也又姓二　䎎扁元反　䏶

必典反二　䏶接二古文念反　䏶許建反三　䏶呼麦反　䏶古麦反又烏侯反

反二　䏶同凡俗去　䏶上例反

名部第七十四　夜名夜反　䏶名養反　名也名也反皆　名兕中字

亭部第七十五　亭匠反　亭音　作亭夜反　亭梵音　亭單反亭單　亭響

梵字

牙部第七十六　猗去奇反也一　武牙邪　丑耕直耕二反　邱主反齒

病也

甲部第七十七　音頻眉旧藏　作䗒也　步迷反小鼓也亦騎鼓也

比　反見音　移二　甲音　并弭反　容也　俗　分正音彼相解也二

甯池　䏶甲孕反　䏶二音敦

甯部第七十八　䏶甯舌反　䏶甯也反　䏶甯乙反　䏶甯立反　甯毛

乃庚反大多毛也

男部第七十九　䏶俗胡反乃　䏶奴了反丨　懊也王男俗

了奴到二反　男二音舅　俗男正奴了反　鸎篇又丁列反丨戲相了尼几二反撲也擾也二　男奴

古文音脾　䏶奴到反

孚部第八十　孚芳無反信也　䏶芳无反如化也　䏶芳无反毛解也　䏶芳無反

䏶四俗他冬反　䏶俗真氏反　䏶山用三崩也　䏶人主反柔也　䏶俗附反

俗西注二反　䏶俗式熱反　䏶俗古麦反

雁部第八十一　雁鷹籀文字　䏶古　䏶今憶冰反前日下也　䏶處日也

龍龕手鑑　卷一下　四〇　第十二函

音凶二　䏶古文音應亦去聲　䏶俗烏貢反　䏶俗徒頰反

申部第八十二　申失人反丨身也　又辰名太歲在丨　伸也重也容也　白沼灘沼音也

池昇反又　州名亦姓　䏶曰藏作　䏶音俞也　䏶丑亮反又達也　䏶通作或　䏶正羊勺反小鼓在大

鼓上擊之以引樂也二

虍部第八十三　虍荒鳥反　云虎文也　字林　䏶音大皮丨也又美也大也傳也

或作　䏶正音盧　䏶也二　䏶音盧文也　䏶胡歎丨呼二音姓虍昨何反

又才　䏶虎況于反吼也　䏶音名也　䏶音呼鳥也　䏶音盧同與

都反也　䏶其呂反　䏶所以懸鐘橫曰　䏶丨今音掠又音

䏶也二　雁也　䏶縱曰丨反　亦作丨　䏶枸音息巡反曰　䏶其呂反飛于

服　䏶丨天神獸上身也　䏶音彥屬也　䏶音匝兒也虎　䏶名音又伏獸姓　䏶況反

虎丨頭龍身也　䏶扁　䏶

步部第八十四　步居反凌　䏶古口孤反　丨瘁也　䏶在反胡　䏶古文

音徂死也兢其極反欲死也又疑等反梵語河名也妖媄二俗于小反嫫吕兄反丨敗惡
氣也𡡋當故反敗也㛒俗徒典反

甘部第八十五

甘古三反丨苦也又隴右州名山名又姓𤯍許兼反甘香美也
甞音常試味也𤯌或作𤯌今徒含反長味又徒紺反二

幺部第八十六

幺幺於堯反丨麼小也二𢆶音幽鹿鳴也𢆯或作𢆯
今憂幽二音微小也一𢇂於尤反愁皃幻乎辦反詐也惑也詐相欺貽以亂人目也𢇇音絕

巛部第八十七

巛古文坤乾丨𡿧音訓巟俗巟正音荒八名二𡿪古文居其反

甾部第八十八

甾側持反旧不耕曰丨也𤭢音扶小器也𤮘俗音瓶
𤮊音張呂反盛米具又田器也𤮝或作之恕俗也𤮙俗𤮙正楚洽反又七廉反古器也二

龍龕手鑑 卷二 三 第十二張

由部第八十九

𧆳籀文音盧瓦器𤱬俗音扶小器也𤱫俗音瓶𤳉音之虖
反俗也𥁕音西甾音枝

尸部第九十

𡰱正尼今音泥水潦所止爲丨邱郭璞云頂上汙下也二𡰱
音尼受水邱也𡰷音泥𡰮音靈

冂部第九十一

冂川約古熒反遠也空也玉篇音苦瑩反同今冋正古
熒反象遠界也二𠕋音宜冊藏宗反篇孔也䍐玉𦉮二誤旧藏作屈沼反詐也囧
囘囲岡国冈上四下二音古郎反音无兩反𠕏初革反間同上

單部第九十二

𠮛陟留反𡅈丁可反垂下皃今作嚲𠦄之忍丑忍二反
大笑也𤕰車者反奢覓大也

圭部第九十三

𪓕𪓕𪓕四俗𧊜𪓟二今烏衒烏瓜二反蝦蟇之屬

也六𧾷音邦扶或作奎正苦圭反星名二𤤎俗王正革貫反丨盾尚也盾音順二𤖛
反八𧹥音邦

凶部第九十四

兇𦥮𧷸許恭反也咎也恐㒊七感反

興部第九十五

興俗興正虛凌反舉也起也善也盛也歆也又州名山名從
同也𦦦𦦦𦦦𦦦正許靳反罪也又瑕隙也動也遠也古作衅隙音豈逆反釁同上𦦨
俗橫音𦦦俗通音尾𦦧音遥

丹部第九十六

𠁥多干反山丨丨䑋烏郭反丹也𦨇倉紅反赤色彤
徒紅反赤色又姓彤音赤赤色

知部第九十七

𥏠𥏡𥏢云俗音知正𥏠丨癡也三

龍龕手鑑卷第一下終

龍龕手鑑 卷二 三 第十二張

龍龕手鑑上聲卷第二之上

釋　行均字廣濟　集

手書九第一　垂許偽第二　水書軌第三　火呼果第四　土他可第五
草倉老第六　口苦后第七　女尼呂第八　鳥丁了第九　馬莫下第十
阜房九第十一　广魚檢第十二　厂呼旱第十三　戶侯古第十四　米莫禮第十五
雨王矩第十六　酉羊九第十七　齒昌里第十八　耳而止第十九　瓦五寡第二十
犬苦泫第二十一　豕地是第二十二　豸直爾第二十三　虎呼古第二十四　鬼居偉第二十五
走子口第二十六　羽王矩第二十七　皿旻永第二十八　网文兩第二十九　爪側巧第三十
矢式視第三十一　黍書呂第三十二　鹵郎古第三十三　九居有第三十四　几居履第三十五
斗當口第三十六　鼠書呂第三十七　享許兩第三十八　叕　第三十九　止口里第四十

枲息里第四十一　子即里第四十二　鼓　第四十三　示息了第四十四　缶方九第四十五
老盧討第四十六　并子請第四十七　喜虛里第四十八　古　第四十九　夰　第五十
里力止第五十一　尒兒氏第五十二　凵卯犯第五十三　黽莫杏第五十四　酉廿九第五十五
也羊者第五十六　匕卑履第五十七　是常紙第五十八　首書九第五十九　果古火第六十

〇手部第一

揈火橫反丨擊也　掝摭擴摭擴五俗下又一　掁玉篇音叙　扠正勑皆反以拳加物也　𢪃丑佳反以拳加人也亦作𢬵　摅俗　摣正責加反丨手取物也又與戲同　搓搓千多反丨挪合和也二　㧗㧗二俗　㧗正呼毛反除田草曰丨三　撾直瓜反丨捶也　攦攦攦三俗倉九七亂二反作鑽攢二字丨擲也　攦正　攦攦或作攦　攦正居隨反　捭捭丑居反丨蒲戲也二　拏俗　拏拏二正女加反相牽引也又搦　拿也玉篇又乃下反下又都甘反丨任也負也　搮搮也四　擔　也以木荷物也　牽引也三　攻余反亦相牽引也三

他含反丨取也二　摧昨回反阻也挫也折也　捫音門丨摸也以手撫摩也　摹俗　摸正莫胡反以手搭也又平反　攀俗　攀正普班反引也接也　摽正遙反擊也　挑　挑土凋反丨撥也又徒了反丨動也二　擢渠員反丨變也宜也秉也　捋　縛謀反丨抱也　拴　擅　揎三俗　搖正年昭反丨動也作也又姓四　擡平也重也始也稱也又姓也　捦　擒二今　捦正林反及　丨捉也急也二　排步皆反傍攻也　持丨在身傍禦攻也　托俗　撓正呼高反丨攪也下又奴巧反　丨亂也二　挻式延反丨擊也柔也長也耳也和也　掊蒲交反手丨又俗音抨　攙士咸反丨刺也　又楚銜反丨上船也　揗揗二俗　揗正音巡手相安慰也三　搜俗　𢯱或作　接所邱反丨求也聚也三　揰俗音抽丨拔也　搯土刀反丨捾也又俗音苦甲反　捾音烏活反　揗正索也　搊二俗　挒正音抽丨拔也除也　摳苦侯反丨衣　摳又豈俱反訓同又俗音朱戶反　丨也引也三　搯俗　擂揣也去也　𢭏音口皆反摩拭也又苦駭反摸也法也拭也　捐音緣丨弃也　攢在凡反聚也又　去乾反

音讚丨訟也　扗　搔二俗　搔正蘇刀反刮也三　掙宅耕反撞也　觸也與敲同三　振直庚反　鱲反　撜直庚反又俗鄧反正從木　掾音緣名也　擐擐二俗　擐正汝羊反除也　逐也　摍也又揰袂出臂以手御也又而亮反丨也三　撐丑庚反撥也　搘又撑拄也　拮巨淹反持也　摶丨徒官反丨風也　揣　摑摑上三俗同　拕拕音他曳也二　搱　摗俗直尼反正從　土　搕搕搕三俗疾笄反船柱也　捎音所交反蒲丨良馬名也又又也反又樵反搖動也　抔　步侯反手掬物也　捸音俗庄壯二正作裝　抓則交反丨搯也又側巧反亦亂搔搯也　搖俗　揞慈　拱其音　攜今　攜正戶圭反提也提也二　擠俗丑皆楚佳二反正作搋　挪奴何反丨　也　挨乙皆反推也　挨烏皆反倚也又于駭反打也　又背負兒　又于改反亦擊也又俗音也　擡　音臺丨　抄初交初教二反丨掠奪取也與鈔同　挼素回反擊也又奴禾反　舉也　挼丨莎也又摧也　捼奴回反摧也　擄又手摩物也　攎音盧丨斂也　挼俗　挱正素何反丨摩丨也二　挙上同　摠

蘇臺反擡丨也又俗音搃 撈白育反丨輔也又笞也打也 撐或作 捲正 拳今渠貞反力也

勢也屈手也三 挒正 𢱢通音升上舉也又俗音十 拸音移加也又戈紙反 攄丑居反舒張散

布也 揵去乾反丨縮也亦縮也丨 捻音新 攡音离張也 操倉刀反持也七到反志也又 拏

俗 掔正苦閑苦堅二反固也厚也持也二 搴去乾反丨衣也與褰同 挡 扫俗二 搖通

搯正楚尤反手丨也四 摍 揫郎由反聚也細也二 揅五堅反刺也又摩也 破 掏俗 掏

正徒刀反擇也棺出也二 揔子紅反撮也把髮也 捍俗 搒通 摸正莫官反丨覆也三 拈

奴怙反手指取物也 掉多回反撲物也丨 撝許爲反謙也作也又裂也亦指丨也 抨普耕反彈也

也 擎五高反擊兒 擊盤婆二音除也又披散也又婉轉兒 拼伯耕反繩丨也又從也改也

搋俗 撈或作 抛今 拋正普包反丨擲也投也又普教反丨車也四 捬音希持也又俗

音鋪 撣徒干反丨觸也又丨碁石也亦博也又上去二聲 抪玉篇普胡反開張徧布也又卜胡反

龍龕手鑑 卷二上 三 第十二函

展舒也又俗音希 搪音唐丨揬也 攕通 攕或作 攕正作咸反好手兒也又息廉反三

捄九朱反玉篇法也切韻戚上也詩云丨之仍丨從木音求 揪俗音秋正作揪 担則加反揑也又

徐野苔野才野三反皆取也 拫戶根反急引也 搢俗支普斯音西提二音丨也 揰必

迷反作揮正 抬 搭二俗丑之反正作笞 摣俗 擨 攡正或作音靡抄也三 搉苦懷反皆

摩也 掂俗二音招求 撘音韋迭也 擽或作洛堯側交二反聲也二 抌音求綏也亦從木作

机丨擊梅也 据音居拮丨手病也 揓 掀二俗苦回反 捊 揎音宣手捲衣也二同 擽

搽二字郭迻音搽同 搽音爭聚也又琴瑟音 揙房連反不咽也 撊苦回反又音開 擖 抑

二俗五郎反 揉俗耳由人久二反正作揉屈木也 搎音孫捫丨摸摖也 捘七巡子寸二反

推也又人名姓香嚴又六几反 扒俗 挄或作 扒正所瑑反徙擇取物也二 上 搮步皆反

擟音弥 批迊迷反推轉擊示也又房客反 捌舊藏作㴉烏元反深也 扳音班挽也又古字攀

字引也 攞力戈反理也或作標字 擩 擩二俗音靈蕙丨 搽俗宅加反正作搽 揁玉篇

音貞引也郭迻又音丑人反 擬通 擬 擬 擬俗三 樅正七容反丨打也又音窻亦打鐘鼓

也五 攮 攑二正 攑今立言反舉也正丨衣也下又音舉起也 搲音堅縣名又音矢地名 摠

于九反丨屈 撏七古徐林反丨取也 攬魯甘反丨持也 挃舊藏作搖 扛舊藏作虹音紅虫飛

招音名 搭音沓 搖 揔二俗音剛舉也 挎苦乎反空也垮也 揷音而搗也 擾舊藏作擾

擟或作 掄正音彌丨猗山名二 揋烏灰反丨掎又國名 掍戶昆乎本二反手推也 揄音揄

丨揚說言也又動也又徒侯徒口二反引也 擱俗音閻丨作擱屋正 擂音雷研物 掤俗 掤

古 搠今音冰以手覆矢又弓強也又俗音彭二 擧音余共也 擶 拼音將扶丨也二同 扛

音江舉兜也說文云横關對舉也 搮今 摻正音交束也撓也又音流亦絞縛也又姓二 摷

俗音來正作椽木名 撢或作 撢今于針反探也又玉篇音潭丨㩘二 抲音呵搚丨 擇下江反丨

龍龕手鑑 卷二上 四 第十二函

雙帆簩丨音雙 搱女皆反揩丨摩拭也 捿俗音西正作棲鳥丨 扔音仍引也又列也 掄音倫

手轉也又力昆反擇也一日貫也 揎悅 攕正 攕今許鳩反擊也三丨 擄去魚反擊也

控 捽音勞丨閉也二 拷 拷許栟反元丨星名正從木二 捈他胡反臥引也 搫俗廉反丨

摘草木也 掔音消長元又所角反織也又長臂也又所教反木上本也 攏音龍房丨又力董反丨器

又物丨篘也酒律 擒丑知反舒也又俗音离山丨 捆音因就也 揞音旻撫也 擠祖兮反丨

排也 摏書容反撞也 捎口耕反琴聲也 扛古文公文戶 搈音容安也不 掘 掘二俗

音劉正作𣀔木名也 揚音羊舉也漂也明也 捿音西 揖眉俗音 拜音牟 掟俗 掟正似

泉似戀二反揎也轉也二 搒俗啼休二音 揶音耶 搥都回反擿也又直追反捶丨也又丨髮也

揵音乾或作樞扶也 撓俗音跡 撊如緣反說文云按摧爭也 擎多昆反

上聲

撝俗 揣今 揣正初委反量也度也試也動也除也又搽也又音劊度也又俗音搏

三抍拯此字無叠韻取蒸字上聲｜拔也救也上舉也劢也二抆武粉反｜拭也擾俗
擾正而召反｜亂也煩也二拖徒河反引也又音施持物惠人也拕俗同上撩撩俗
掩正于六反｜覆閉藏也又烏敢反三掃俗揘正棗老反｜除也二揄俗擁正于隴反
｜抱也又平聲二孿攣二或作孿正音同上持也五揆葵癸反｜度量也捶之委
反｜擊也打德冷反｜擊也搯也又江外音都挺反扣音口擊也又去聲拒其呂反｜捍也
搯也違也抗也撟居表反｜誑許也也妄又居朝反｜舉也也掜尼氏反掎｜也掎居綺反幸
一腳也又居宜反｜角也批側買反取暑也又于禮反｜煞也又博下反｜持也又側是反拳加人也
又音紫拌也五切在便用之挭音耿｜大暑也掍胡本反｜同一等也又俗古本反抒
神與反除也又徐呂反涂水也拊方武反拍求也除也撫方武反安也持也據也疾也又存恤也
也掉徒了反搖尾也又動也又尼角反正也技渠綺反｜藝能也巧也揗食尹食閏二反
摩｜也搗通擣正都老反築也二抧音紙開也玉篇音則買反擊也挺徒頂反出也直
也投也抹材二俗拝通音捧打也三擧音舉擊也言也察也動也法也擾擾揉上一
烏可反下二奴可反｜木葳茂兒挽音悅引也或作輓同挾搶七兩反下又初兩反頭｜地也
又七牟反二拄都管反促也不長也又俗音豆拱居聳反斂手也拌音伴弃也又和也拞
拡二俗搋通拞抵二正丁禮反拒也觸也五抖擻上當口反下蘇口反｜舉振之兒也
挹俗把正博瓦反持也執也又北嫁反二擥擥二俗擥正攬今盧敢反手｜取物
也四扗或作拇正音母手｜指也二攞勒可反｜裂也指拒二俗掁正音呂師｜也與旅
同三攪古巧反手｜動也抱俗抱正薄老反也持也二挺採方垢反衣上擊也撇
俗撚正奴典反以指｜續緊也二揞昌者反｜裂物坏也玉篇又諸同反擊也揞同上搣
乎感反｜動也揞九展反｜搌醜長兒也又俗音擅專｜也搌知演反束縛也又五免反揞｜也

拗烏絞反｜拉也擺捭北買反｜撥也亦姓二抬古文音指撻所簡反以手核物也接
音亥動也抹蘇感反撼｜搖動也挐俗挐正音拱厄持也二攓奴鳥反摘也扵于許
反打聲也搖俗巨兩反掯或作擴今羊捶反弃也又撞也又他果反器物狹長也三挠抗
二俗撿正音衮動也三揵力展反運物也擔搴攐九輦反也二同取拐俗古買反正作
｜老人杖也撈郎淺反切也攈古挸或作攤正古典反｜振拭面也三抮呼典反引
戾也抵音紙｜掌也說文云側手擊也擤揤二俗烏騃反下又竹列反擊動俗音扨音俗
枒捆苦木反｜取也拂拂直爾反二攤奴但反按也又他丹反｜開也緩也擲俗竹几之
日直力二反攩他朗反｜攂撻打也又胡曠反亦打｜也提俗乎廣反正作提讀書床擶擶
郎淺反｜滅也二撒居影反所以正弓擏居影反｜除捴音粉動也扮俗扮正房
吻反握也又芳粉反二擦俗搽摻二今所斬反執挾也三揞烏感反手覆也抂于往
反搣或作揖正而勇反摧擣兒二擨音我羌也擄音魯搖｜擴正攄今許偃反手約
物也二摬于丙反抽打也撐俗音掌摷子小反菜似贊拳俗拜拲二正居悚反兩
手共持也下一又居王反義同三擧許委反手｜傷也掔音兆扭女几反｜手轉兒又陟有
反｜按也撑俗音唯正作埒射的也又宅耕反撙則損反促也挫趍也撼俗胡感反扲俗音
題揌義合作揔揔俗摠揔今音惣普也皆也合也衆也四担多早反笞也又俗音涅
抌章荏反扶火犬反抰也捵丑展反持｜出也也撽音好掞舒染反動也挂俗旁禮反
正作椌挻勑里反去聲控苦貢反持也引也告也擐音患以身貫甲也又古還反又
去聲掣昌制反曳也也又昌折反制撦撦制二反俗昌扒俗抗正苦朗反｜舉也拒
也遮也桿也二抗俁抗今苦朗反義同上四撞直降反擊也刺也擣也又宅江反｜突也掉
拼二俗搆正古候反擣也擩人主反三挫祖卧反推也折也掠音亮｜取也奪也笞也治

也擅正擅今時戰反專｜也二掾以絹反官名也擯必刃反耒也排也斥也抹拚
拚三俗貢反慮抴捙二俗拽正余制反又羊設反牽引拕｜也三捩郎計力吉二反拗｜
也又瑟也琵撥也摡今擽正古代反既反拭也漑也蓊也又許反蓊音潜二同掂俗烏半反手｜
也正作腕掛俗通挂正古賣反懸｜也止也二挍音叫檢｜又考｜也攄摶二俗皮正皮氷
二反依几也正作凭措倉故反舉｜也投也捕音步｜捉也援于眷反｜衛護助也又于順反
亦姓按烏漢反抑也安也搵烏困烏沒二反以手捺物之兒撩刀吊反治病也又｜擲也又力
烏反扶也又力堯反取物也捍音汗拉｜也扞音汗衛也以手｜也又古旱反｜投物也撓
古文音拜擽古攙擽二或作据今居運反收也拾也取也四抱薄報反烏伏卵也
撲俗撲正于亮反措摸拭｜也二攢俗扑通拚正皮變反擊也三播補過反二布
也揚也放也弃也揀練簡二音｜擇也擐古患反｜帶也揣丁泿反揣｜也把抳俗

龍龕手鑑　卷二　第十二頁

音舊正作柩屍在棺曰｜揩正揩今作紺反手｜物也又子敢反二撅撥二俗擬正陟
利反到也又劫財也又陟里反指也三挏俗音洞撻扶用反切韻勞灼鎚兆也擈木貢反
揌音惠裂也又封也㩉俗謝音撌俗求位反｜檻也又邱位反捂俗音悟捏或作
揌正其記反諱也二擺俗擱正占浪古郎二反擶｜界舉也二拏古文音亂理也擩
通擩正人注反｜莖手進物也又奴豆反擩｜不解也二攔俗力及反正作憐撚所拜反
拵舊藏作拵佚反擶也古攢方昧反川韻云南人呼相僕也掏呼縣反擊也擲徒吊反同
掉攄俗蒲拜反吹火也摡許既反捸俗持計反正作棣擴胡擴反打｜又音郭弓張
也攊并叫反拜說文同拜摵直利反也對也當挃俗拒今之及反也給也二
擊俗呼家反擽俗摖正七計反挑取也又倉葛反二撎乙冀反拜擧手揖也𢪘前智苛寄
士佳三反積也又滅也揆乎計反｜攘也又乎佳反挾也搢音進｜紳之士｜笏而垂紳又插也

抲也㩕于近反｜劑也托都困反㨼｜也揕知甚反擬擊也摯音至持也又國名又姓攢
音癈抉于又反捙余制反伴設二反牽引也托音慎 入聲 撇撆音滅小擊也二擊
音吉搐所六反抽也扒音八破聲又方別反劈也又音拜拔也擾烏古反拔少也揢苦格
反手把著也擭乙陌反手取擳阻色反弗｜也擠俗搨正徒合反指｜也撥北末
反｜除也也治也絕也理也捺奴葛反手按也揭渠謁去謁二反高擧也擔也又音竏揖俗
挕正丁可反打也下又直葉反拈也二擇擇音擇選｜也二攫擢攫三俗攫正居縛反
搏也又俗音音居必反四撓蒲吉反｜戾也拗也轉也推也擿古擲正也炙反｜弃也擲也振
也投也二拙征悅反不二巧也抑于練反｜揤也屈也意也推也按也拭音失指｜刷拭令淨
也摘今擿正車革反也下也二取括古活反檢也結也至也又刮䏲二音擽擽七括
反｜搰又子括反手把也揩手子勿反二撮撮子括反手取物也又七反手｜也又挩｜也二

龍龕手鑑　卷二　人　第十二頁

掫亦同上又子于反擊也又丁直反｜打也擢音濁拔也抽也出也掖音亦｜臂下持也又縣名亦
人姓捔音角犄｜也又士角反捔｜也搠俗搠音握于角反持也把也搦女角反持也又
死白反捉也又止也｜摖蘇各反｜摸也插挿挿三俗揷正插今初洽反刺入也五
扱初洽反引也取也級也奪也掐俗掐正苦甲反捻也爪｜也二掘渠物反穿劚也斷音
直玉反挹伊入反酌也斟也持也又白色烏短氣也揖伊入反｜讓也進也又柏居反取水湏也
掇多括反拾｜也又直力反亦拾取也搮力乙反以手｜物也擢古岳反揚｜大擧也又若岳反
擊也扮俗扴正古八反手指檢｜物也二抓擽二俗擘正悲厄反分｜也以手治物也
㧻音卓擊也推也又俗音椓擿擿擿擿五俗捷正疾葉反尫獲也欣也勝也成也疾
也六挾挾正胡頰反懷藏持護也拹拾二俗拉正郎合反摧折拗｜也三擸或作
又聲竹擸正盧盍反與粒訓同擠與位擸俱同揖｜相知也又摺之直反疊也又音拉敗也

揸才合反攂丨和雜也又私合反搕丨㩧也搕烏合反以手蓋丨也又丨攏㩧也㨁常職反杜
秋也又俗直尼反搏補各𨑹各二反皆擊也擜五剔反擊也又才結反捽捽拴撻
拚五割反伐木餘丨也皆俗正從木作拚丨五拚拆二俗音托摸普本反拂器打聲也擒搰
二搨正搶通都合反手打也又俗音搭撘或作撻正他達反打丨也二拔俗拔
正蒲八反丨擢也盡也又蒲本反通丨也二擑丨口也抉伊丨反出也又挑也二挩他括
反除也誤也遺也又徒活反解丨也揎烏括反取也又胡官反揬亂摩也揳揳先吉反攙丨不
方正也二擟丨罔上撲丨也二攙俗攙正莫吉反丨揳也二搴俗所六反正作縮摍揀
音菜度也又音𢴮搰丨也二搯俗音撈拂方勿反擊也除也拭也擗房益反撫心也擖
古搤扼二今音厄持挩捉握也三拕搩俗知格反裂也張也正作磔二挟徒骨反揬丨也
捊俗捊正捊俗通蒲役反按也三押音甲丨揀也音鴨丨署也又揀楚革反抉丨也

龍龕手鑑　卷二上　九　宥十二函

又所草反丨擇取物也又所去反蓑也捻奴貼反指丨也撲音雹相丨也拹音叶拚擴
二或俗拆正作拓正音托手承物也又姓又之石反四摵摑古麦反挺打也或作敂二撤直力
反除去坏滅也又發丨也扨之六昌六二反丨敲也樂器也摵音戚手拔也摩丨也抹音末丨摋
摩也摋音殺抹丨也揥他力反手挑丨也又丑列反㧗䭲搙女角反搵也又奴豆反杜也搋
音六振也擽渠胡反強暴也掝呼麦反丨誠土也經音義又丑格反開也掝所麦反丨裂也搮
徒吉反揃取也又音第取也又音帶擿也扑普木反打丨也又俗音朴撅居月反撥物也托託頓
二抨或作抨正郎括反手也又摩也取也或作乎下又俗他得徒得二反二捋俗捋正他
衔反擊也又俗音特二捡拴二俗其月反正作拴攦盧葛反撥丨手披物也握二揠俗
揑正年吉反捻也捺也三攥旧藏作𥗠音張業反撥普活反艾丨也擦蒼葛反足動草聲亦
指丨也抶丑栗反丨打也挌音格打也又音格亦擊也又止也正也擊苦擊苦吊二反旁擊

也撽胡狄反符丨說文二尺書也又苦吊反旁擊也挈挈正苦吉反丨提也待也又若計反手
挀也抪抪正普未反推丨也二攮普片反中聲也攇俗攓正姉末反逼也又拼
也二撕俗同上攗攗二俗音必正作𢱢丨鉢羅花樹也撽經音義作蹴了去反指丨也應
是榪字音式六反拾也在阿含經第九卷捸郎没反搋俗掓正掓今式六反拾也三
擮阻立反丨欽也撲音朴擊也又音雹打聲也扫戶骨反牽物動轉也搰音古丨採手病又音
吉義同挃徒吉反擿也又直力反撞也扨音月折也又俗五姑反正作相去樹皮也攋乎吉
反捋取又席吉反㧑蒲北反擊也抋撑音必力也二同摝舊藏作剝在阿育三壞目因緣
經之石反拾也摭也又作拓攦紀遂反持也摒古反撞丁吉直力二反撞也與挃同
掏居玉反持也抐內骨奴困二反丨按物水中也搵搣子六反到也又所責反墳落兒搭
音塔摸丨又音荅打也扢居弋古忽戶育右代四反音摩也擽音畧擊也搰胡骨反掘地也

龍龕手鑑　卷二　一　宥十二函

擂正張畧反置也二搘音雪丨丨也撫俗音亦搣俗捩正千木反玉篇促也二
找與卽反拭也揹俗古麦七八二反搾子雪反手丨斷也攦授二或作似絶反拔也
二捌音列採也扨音木日乘抾去劫反把也扯子列反摘去也擑胡吉席吉二反束縛
也捽俗捽捽或作捽正作没反手丨也四扠俗扚正音的引也二攉俗角㲉二
音正作擢托托他各反玉篇云推也二同攮音托擊丨也又同上抵五角反抨丨擵在藥
反捎丨也抏俗抏正月兀二搖動也二擵音倉括子括二反作攢同手把也今搽五割
蘇朗二反挬呼反角抸音勿

○虫部第二

虫許偉反鱗介總名也又近代音直中反蝸古花反丨牛水螺也蚕
俗蝨蝨二正蚊今音文蟓之屬也四蠹蝱俗二蝱今武成反丨虫也三蜆五泥
反丨似蟬而小螺今洛戈反丨螺丨丨蚌屬也蝀音東蝀丨虹也又上聲蠉許緣反虫行兒蜎于緣

反毒虫也又渠辨反蠉丨井中赤虫子也蚑巨支反虫行兒也蚳同上蚕也蝨俗蝨正音
鬲又音螺瓢瓢也又音禮丨吾鼃名也瓢音乎瓢瓢音扶遙二反蝦蟇上戶加反下麦加反水蟲
蟾蜍之屬也蠽俗蝌正苦和反水虫也二蚪蛙烏瓜反又烏紫反蝦蟇之屬也蠑蠑
二俗蟠正音盤曲也又龍丨也又音燔三蟲直弓反爾雅云有足日丨無足豸又姓蝨蝨
音牟食穀虫也爾疋云食根虫也上又音貓蟊丨虫名二同蝙音邊丨蝠也䖵古蜫今音
昆虫之揔名也二蚯音邱丨蚓虫名蠭或作蜂今蠭正方容反飛之揔名也三蝱
七余反丁虫也蜣蜋上音羌下音郎食土虫也又蜣丨也螳音堂丨蜋也螗同上又蜩丨也
二同螂音郎丨也螗蜩徒聊反大蟬也蚕蚕俗二蠶古蝅通蠶正昨含反吐絲
虫也五蚩二俗蚩正尺之反輕侮也又和悅也又虫名三蠶三俗蠶蟓
二丨正音中蜇虫名蟖音斯丨也螽蚣俗虹正音紅丨蜺又音降青丨丨也二蛟音交丨龍

龍龕手鑑《卷二》 二

也螻蛄音婁姑或云仙姑蟪蛄石最皆螻蛄之異名也蝓俗螭正丑知反无角龍也二
蚍音毗虫名蟣古蚍或作蚍丨今音毗蜉四蜉丨音浮也蝣俗螎通融
正以戎反蝺也又姓三知也蜋蚘俗二螈古蚖今愚袁五官二反丨守宮蜥蜴蝘蜓四
種異名也四蜈蚣音吳公蝍蛆蜈蜙類也能制蝍下又音蝩螽虫也蚰蜒上音由下音延
江南大者蜈蚣小者丨丨也蝣俗蝣正音由蜉丨也朝出暮死虫或作蚘二蠑丨音荣蚖
蜥蜴別名也蝝俗公音蠉俗螝正居追胡對二反蚕蛹也二音蟬蜩也不食之虫
仲夏月始鳴也丨螇音兮丨虫名似蟬也蜱邊奚反牛虱也蠅余承反蒼丨也螟莫經
反丨蛉来虫也毛詩註云食苗心虫蛛音蛛丨也蟘或作徒登徒得二反正作螣或二字食禾
虫也蜪徒刀他刀二反爾疋云蝗子也螯俗螯通螯正五高反蟹屬也三螋俗蝬
正音捜蝬丨也蛍俗蛷正音求蝬虫名也丨蝤作蟷蠨莊子云紫衣朱弋支反音丨也

冠也蝭啼帝二音寒蟬鳴也蛇古虵正人遮反毒虫也又姓又弋支反丨邛地名又音也亦姓
二蟁或作蚉正符文反又彌搖反亦虫名蛸蟰也蠰音双齒乘蝸虫也又傷餉二音蟷當
丨蜋亦蟷蜋也蛸音梢蟰子喜子又音消蟰丨虫即蟷蠨也又長脚蜘蛛又姓蟯音饒人腹中虫
又去消反螵蛸俗螵正符消疋消二反丨蛸虫名也三蟰蘇凋反丨蛸長蚑桑虫也蚘
二俗蛔或作蚘今音回又腹中丨虫也四蝤音由水中虫也又即由疾由二反丨蝉似蟹而
大生海邊蟆或作蛑今音牟蝤丨似蟹而大二蛉音零虫名蚺汝占反大蛇也蚦汝占反黑
丨食檀木虫也蝺音烏蜺丨蠋虫大如指白色蛖莫汪反蟆蛄也蠐螬音齊曹虫名蟦
音王蚑丨蛟音蒲吉反蛢音瓶以翼鳴虫蟾或作蟾正職廉反丨蝶蝦蟇也又視廉反丨光月
彩也二蠩音諸蠩丨一頭數尾長二三尺左右有脚狀如香可食蜍署魚反蟾丨也又音余蜘
蛛也蝦音加木中蛋也蟛蟚音彭丨蜞似蟹而小也二同蝾俗蜥或作蜴今音移爾

龍龕手鑑《卷二》 十三

疋云蝓丨音斯守宮別名三螺蚌也又蟚音其彭丨似蟹而小蚼俗蚳或作蛭正直尼反五
蠑三卵也蚩俗尺之反義勅之反正作嗤咲也香岩寺之反蝯音爰猴也年五百歲化爲玃
烏紅反也蠮音醫丨螉音宣蟷也蠙取私反丨蟷蝎化也丨蠑蟴作二或蠽
正渠容居悚反蟋蟀也三二蛩渠容反巨虛也丨蠊音廉蜚虫名蟫正今徒含反
衣中白魚也二蟡才爲反頭似蛇可涸水精取魚鱉一身兩也蜦于爲反丨蟡也蚵音何蠪
蝑相居反也蜙息恭反蜙蝑虫名丨蠙俗蠙正部田符眞二反丨珠也二蛭音收
蝛音咸海出可食蠃郎禾反果二反蠹或作蠹今音秋次三蜘蛛也丨蜖音巨
蝚音柔虫名蝬渠惟反虫名蜊力脂反蛤丨也蝝一音緣曰蝝蝗子也蟲直容反反蛬
晚生者也又聯容反丨螺虫名蛸俗刀二反戶交蛝音閑狠二虫名蠼所江虫名蟆
音候虫名蝥蛙音京也丨蛑音帝蝐小蟬也丨蚰二俗音煩蟠蝝音豕掘地也蜻

音青丨蜓亦螅蛄别名也又音精丨蛉也蠻力專反虫名蚶呼談反蚌屬也蟉正螺渠遥
幽反丨蚴龍也又音聊丨蚪也二虬渠幽居幽二反无角龍也蛁都聊反蟉茅中小虫蟉音劉分破
也又音札亦刀刿也蠓音梨蛈丨也同蝶蝶同上蝓音俞牛又人朱反蜳丨蝎虷胡安反丨
獬一名蛣名也蚷俗蟲正音渠獸名二蛹俗蚼或作蝺今往紅反鳥虫名蠪或作
蟭今音焦蟭螃頰子也二蚞蠁遥反初生也蠶或作蚕丨也音蛾蚿丨虫也音夷馬
一曰百足蠭音全丨也鳴蚓本集作蛛蛭二字經音義作丨非也蛭音土丨丨孫虫名丨一石蜻
蛚即促纖也蛩或作力脂反蜛音居丨蝫也蟱音无蚤也蝿音風玉篇虫窟也
蛪音沙蟝音泰蜻虫似蟬而小蠜音煩螽虫也龏音龍赤駮如狐九尾虎爪音如小兒食人
一名蛴丨又虫亦獸名也虰丑丁反蠅丨也（上聲）蠢赤尹反出也作蠢也動搖兒又
與僧惷同二蠱盅始五反也蠱音都丨毒蜫或也蠢固反又音野神二蠓莫孔反蚊丨也蠛

龍龕手鑑 卷二上 十三 第十二函

居豈反虱子也蜚非尾反成丨虫也又扶沸反神異經云南方蚊翼下有丨虫生九卵子復生九而俱
去蚊亦不知也明目者見之又古飛字蚤今蚤古音早猶丨也二蚤俗蚪正音斗蚪
丨虫也二螘蟻魚綺反大曰蚍蜉小曰丨子二蚓音引蚯丨也蚌蚌俗二蜂通蚌
正白項反丨蛤也四蠒古典反蚕衣也蠕蠕俗二蠕通蝡正而兗反虫動兒又而允反丨
蠭虫名四蝾蠑蟒蟒四俗蟒正莫朗反大蛇名也最五蛘羊掌反痛丨也與癢痒同又虫
名蚠俗蚡正房粉反丨鼠也與鼢同又平聲二蝜音婦丨螽虫也蟱俗蝘正于典反
丨蠑也二蚸蜍二俗蜓正徒典反守宮異名也又音廷蜻丨也三蜿于遠反丨蜒蜓蚓也蛹
余隴反蚕丨也蠿音札大船名也蠽音札小船補也蚥音甫蹏丨螳螂别名也又音人蟷蜍别名
也蜢俗蜢正音猛蚱丨虫名二蠕或作蜆今音現赤頭黑虫一名縊女善自縊又又音顯
小蛤也二蜎音管下虫名蠰余兩反虫丨蜄俗蜄正蜃今時忍時珍二反海中大

蛤屬也三蝑蝜音暑負名虫也蠡俗音里魚名蝄蜽上音罔下音兩丨虫名也又水之怪
也蜰呼非反土丨毒虫也又俗音迴蛔蜦二俗音險蠵舊藏作墕音雨石似玉也蟢喜
丨于虫也蜾音果丨蠃虫名蠁許兩反虫丨也蟡巨豈反蟬也
（去聲）蟗奴代反䖸虫也小蝃音帝蝀虹也丨蜹蚋而稅反蚊丨也下又而悅反二蠆
今蠚正丑芥反毒虫也二蠆俗蠆古蠹正當古反食木虫也二蟪音惠蛄也丨
蛻他外書芮他卧亦雪四反皆蛻蟬易皮也䖭音卷丨蠋蚕别名也蠣力制反蛤屬也鮮
螆俗蛓正音次虫似蟹蚕也二蚝七志反丨毛虫有毒也蟒良兩反螢火也䗬音射
虫名音愛䗬音造蛀蟗二或作蠹今音注虫名三蟟舊藏作刿反疥丨蝵蘇
舊藏作螔蘇团反丨水蠍舊藏作嗽蘇奏反蠦音何反幺蚕也蛞苦到反丨蝹蝎虫蝹
俗去例反作憩息也正蜡鋤嫁反年終祭名與䄍同蚝或作蠦正蔗隻二音蠊蛗虫名也二丶

龍龕手鑑 卷二上 十四 第十二函

蟃音万螟蛉虫也蟓失亮反蚕虫也桑蟦扶佛反蠐虫也蝟音謂虫名七如針又彭丨
蟦或作螓正音進虫名二蝥蟊音務也二同蟊名蛑同經音義餌蠡蠡郎計反剗
破也又音累二俗蛽俗音貝同蠆蠆丑芥反毒虫也二（入聲）𧑏蝲俗二蠍
或作螫正施隻反又呵各反虫行毒也四蛒蠚二或作蠚正呼各施隻丑略三反虫行毒
也蠶俗蠍正香謁反三人虫也二蝎音曷虫名也又俗同上蟘側反食禾虫也爾特
走云節曰丨食蟊蝨虱蝨蝨俗五蝨丨正音瑟也六蚻上蟟俗蟥正音特食木虫
也二蝠音福丨也蝙蝠俗音蟙蠌上音織下音墨方言云蝙蝠别名也蛱蛱古叶
反丨二同蝶正蝶今徒叶反蛈丨也二蠞俗蛭正音質虫名也二水蝔俗蜴
丨正也音二亦蜥蜥俗蜥蜥作二或蜥丨正蜴先擊也反四蝀丨先擊也反蜆
音覓蛆奴葛反也又知列反蠚蠚蟷俗蟷正音墻虫名也二蝛音六名蝛蛄也蟆丨虫

虳古歷反水虫名也蟱｜蚸音力二｜虫名爾正蠾俗蟽正他達反｜｜也二蜊正
蝲俗郎葛反｜蛙也二蟦音積名也虫瘷或作蝀今音疾蠮也二｜｜蠆虫于蝗立鳥反
獸之｜也蟦他德反名也蟄直立反藏｜也虫蠖木古春雨反磑｜者蠓小也虫蚝
蛣上知各反下木百反虫名也蟢音乙蜂也小蠨俗蠟正盧合三反｜蚱音猛責
虫也蠋直炙反蠋直玉反欲市玉射二蠋反皆虫名又之蜮音或狀如虫名短三爪
四寸有三足含砂射人也又音域蜮音厄似｜名又蝎蠋也大蠣之蜇｜欲又反
人則蜀為害也又小勃反青虫名斑色似蚘如指似蚕也蠶蠋二反蜥竹渠
音蜀蛆也而奴六反虫名斑色似人蛟俗跋正蒲結反蜥蚒虫二反蠐吉
杳也蜣也蟢子｜尺蝬反蜥也蠼上昌反｜石屈反下伸虫鳥郭也蠐反烏吉
反蛄名蝬鳳也音器渠｜也音劣又郎活反正云高珂義同虫蠑音｜
別名腰蠑生暮死虫也蛶音劣又郎活反正云高珂義同虫蟋蟀音卷
蜉蝣細也蟀音萃正也二蟋蟀音藏似蟹生海中蝍音形似鼅鼄石｜蜘得虫
虫名｜蟹｜也

龍龕手鑑　卷二上　十五　第十二

春雨郎生于石上也蟟知力反今作蜇蛪眦必反黑蜂也蠚或作蠚｜正蜥立反似蟬而小蕭
也二蛝音役鼈虫名｜蝍音力蟋蟀也蜻｜蛶音舌蛣名｜蚑也蚰蜒｜部似節二而小蚣音
也蚢正音九蟹屬也蛤蚢俗上同蝁蝁烏各反名二同蛆蚗古穴反蛥蟪蛄名｜
蠹尼質反｜虫也女力反食病也蟘直栗反螻蛄也蛣去吉反蛣蜣虫名｜蟦音迎
蠹俗于列反特也蟘音七｜也虫蟘正蛤今古合反蚌也二蟆蟆音木
小蚊也二同蟛俗方色如緶帶｜最毒也蠨正俗作蟆音器蟳布各反蟳蛝外也｜蜼
二同也蟺音扯蝃音搗蛮也𧊃音
蟘音折蝃音搗蛮也

〇水部第三

淹于炎反｜久也滯也潰也敗也留也
游音瓶澼音普的反｜也淵音
則全反洗也又音箭亦水名潛俗潛正音全沉也深也止也｜沒也藏也二沿沿音緣
｜緣也順流而下曰｜二同湌俗音生深深滐滐俗三涎今次正似延口液也五反

龍龕手鑑　卷二上　十六　第十二

漁俗漁正音于燧人之世天下多水故教以｜又水名二浮泡上伏年反下音抛浮輕也
漂也泛也泡也水土浮漚也沮子于反｜渠覆姓也又則魚反亦姓也又士余反水名又慈台反止也坏也
濕也淳俗漳古淳正常倫反清也材也三溝古候反｜渠水瀆也洲音州水｜渚也
中可居曰｜濡俗濡正人朱反漬也又水名二｜也濺則全反水疾流兒也又音箭｜
水相洒也弓滋子之反蒔也多也蕃也又水名洊洊浡汚音烏水流兒四濨音慈閒水
也泓泓泓烏宏反水染兒三｜瀏俗漂漂今正昭反浮也三濼洛官反水名也
渹音吻水流兒又漫也淪力純反也潰也波渾戶昆反又本元反也平滑食倫反水際也
濱正濵今音水畔也二水湖音胡大陂也江｜曰潮直遙反海之｜也江涯五佳反
反水際邊也潭徒含反又天池深清淨曰｜水名也澄汾扶分反水名涳俗濤正徒
刀反大波曰｜二濃女容反｜厚也淋似水扶也瀸音林兒水出瀾瀾洛干反大

波也二淩力應反又水名亦姓也洋音羊水流盛大兒又音祥水名游俗游正音
由浮也隨水流兒也又姓二滂普郎反滿溢也溠則加反水名溠七何反名又同上水
濠音豪城也又水名｜漳音章水名潢音黃積水｜也又去聲染也溢古文音拱漚烏侯
反浮｜也浸今浸古七林反禁反｜漬也又久雨兒又姦氣遺也二子潱今澥正余
針反雨兒二久涑速侯反亦反洗浣也又水名也溟音冥也又瀴溟濛也｜同海今
滿正古侯反千川曰｜二湍他官反也又急瀨也又音專水名也逝往滑滑滑相居
反落也又露兒也三灘音維水名灘于容反浥浥二俗音泡瀉音宮縣名渦古禾反水
名也又烏禾反國名過｜烏禾迴復反水也澎徒紅反亦水名兒也水滭音唐池也湲音員
反女王｜洮俗洮通洮正他刀反西羌又清水名汝也三出潨音終大小水入水也又在
也澇｜
公反｜潰音門反焚水際也又水名又音羊汝反瀼露濃也潸正潸今所姦反
會水也

羌二反出湍兒也二汪烏鬼反渟水也又深廣大也又姓洸光汪二音水名也沆莫郎反谷
名茫莫郎反滄丨也滄或作滄正錯剛反丨淚也亦州名二沱音陁江別名池音弛
呼丨水名又音馳汧音牽水名也又苦見反泉出不流也泙音平水名也漪于支反水波交
也漣音連丨漪風動水兒也潵王高反水名也湮音因沒沉下落也潵或作灘正他
下反水丨也又渃丨太歲在申也又奴按反水奔也二涒他昆反丨灘太歲在申也沂于衣反水
名也潴音諸水名也泠俗涔正鋤針反丨陽地名又管丨山名亦券魚兒又取魚也又牛馬
蹄跡有水也二漩正漩今似泉似絹二反水回丨也二泜泫二俗泫泜二正音除水名
也下一又音脂亦水名又音帋著止也四湫啾秋二音大水池名也又子小反丨隘也涪音浮水名
淆戶交反混丨濁水也涓古元反水流兒又姓湝音背水流兒也瀤力追力水一反水名洖
音終水名渝音俞變也水名州名又溙音臻水名濛徂紅反水聲也湰于衣反丨丨山狀兒

洢音伊水名滺音由流兒也泱羊水反汗丨澪音零潽濤二俗滴或作淄今則
持反水名州名四淦于今反水名泘滹音呼水池又水名二同泽戶公反水道也洪
音虹潰丨水沸涌也滊旧藏作滊泳音水漧古文乾字洵音荀水名又音旬均也龕龍也又呼縣
反亦水兒洮旧藏作非字澆古堯反與澆同泳旧藏作流淒音妻雲兒沾張廉多念二反
浤戶萌反丨丨汨丨水波勢渹呼萌反水名又水聲亦大也灊昨心徐林二反水名涬博昆
正奔二反王篇云水波也香嚴又烏虔反水不行也潒溽二俗漯今漻正音聊清也四水
澐音云江水大波曰丨瀧呂江反南八名湍也亦州名又音雙水名又音龍丨涷沽清也津音力
湶音泉水名澴音還水名溯溯二或作淜正皮水反說文云无舟渡河也三淦古南
又水入船也又音紺新丨縣名潙音爲水名溈居爲反水名又音爲淇音其水名淼俗潺
正士閑七達二反丨湲水流兒也二溂音交灕力支反埤蒼云水滲入地也溳音云水名淄

俗看延三音瀛音行大海亦州名瀘也余反水名淛俗音交沖直今反和也汀
他丁反水際平沙也灣烏關反水曲流也溶音容水名也又音勇水兒瀸許宜反水名泔
音甘米汁也汓古泅今祥由反人浮水上也又小兒丨水也湟音王水名灃音豐水名
又音禮亦水名亦姓洙音殊水名漨音蓬潘音官反浙米汁也又姓瀿悞瀿或作瀿
今浮袁反米汁也三淹俗淹正徒何反又徒可反滂丨水落水出爲丨也潰丨沙水往來兒二
溢蒲門反水在潯陽一日水滿也又乏問反含水丨也澂省澂正音澄丨凝又待清亦清甚也
與澄同二沱眞江反水名瀰音獼渺丨水兒澎音彭擊水勢又地名漮音康水名涂音徒
水名溤音㬎齊國藪名又小丨水名洴俗音平沆音瓦水名又俗音充滰俗流正音
充水聲也二㵱沶二古文流字滴音商丨河縣名又都力反汲音傷水名涉側加反染
棠木汁也又子外反濊滅射郎反水也二洳音如水名又人恕反泪丨沟音均水名澻音逢

水也涳音空丨濛細雨也湞宅耕反水名出南海又音貞亦水名也浭古行反水名滰
正洶今音凶水勢也下又許拱反丨落水兒二汍乎官反丨瀾泣淚也泭方無反小水砅也
潼音同水名關名又衝通二音河丨也瀟蘇凋反水名淡瀾澗泜瀾瀾淵七俗
渕正烏元反深也又泉水不流兒曰丨又姓入洈音危水名湀濈上音錐下音微丨小雨也
淝音肥水名湄灤音眉水如眉臨目也又水草之交曰丨二瀏音流水清淙才中反水聲
浮俗音浮涏直連反水名洏音而漣丨涕流兒瀸俗瀸正子廉反丨洽漬沒也又
泉水微出兒二滜胡刀反滐而由反鴻音紅洨交交二音水名縣名也潕勒蕪反大
水中絕小水出曰丨又力忝反薄水瀌勒蕪反薄也淭或作渠正音渠丨挈也沇音允水名
淶音來水名漕音曹邑名湛直深反普大也又直咸反安說也又徒咸反灉戶公反沓
沓沓音春三同

上聲

沈音審國名也又姓也又音沈沒也止也與沈同涌音勇滕也灑

所鮮所綺所寄所買四反丨帰也減耕斬反丨少也耗也又行盞反俱通瀉濆潴之署反水
涯也泚也遮也三澡音早丨洽也鹽也洗也灪午口反蓮丨也澪澪徒敢反丨水兒也又
括背也二淡徒敢反涵水藩兒又音琰溝俗音講水流兒港正上同溥音普廣也大也浦
音普丨賓也大水有小口曰丨又姓涵乎感反水入船也又胡南反丨水也洦滔二同上和泥也
又深也混胡本反丨沌陰陽未分判而為一也漨阻史反稷也殿也涗俗滸正浣
通乎管反濯也洗丨也三洮俗洮古文丨莫孔反丨頊知也又莫與濛同二兂潒莫孔反丨潁大
水兒又平聲空丨細雨也潁胡孔反丨水銀滓也又濛丨與鴻同眔俗酒洗二正先禮反滌
浣丨浴也又音姑丨律名也二跳滉胡廣反丨濃水兒泯通泯正彌引彌二反減也
也尺也又水兒二渟乃頁乃定二反泥丨又泥也瀴莫頁反丨滓大水兒也又作滇滓胡頂
反濮丨也又洚孔反汚通汚正彌兗反漢水別名又郡名二湎彌兗反酖丨也淴年與反洪

丨也又音忍水名也洪他典反丨忍惡酒倖濁也洎又少反泡丨也潸俗滯正莫胡反丨沆
通俗又云水廣大兒三沆通沆正沆今胡郎反溝丨也亦丨灉北方之氣也下一又直渫
反沒也止也三泮胡買反渤淌之別名又水兒沰徒本反混丨也潆渠飲渠禁二反身寒丨也
潭徒旦反水中沙丨也又俗他丹反泫元犬反露兒也又丨然流兒也泚俗氿正于禮反
水清丨也二淩疎有反丨魱也又所体反小便也潙安古反水丨也涟旧藏作陛浣俗
汻或作潕正呼古反木岸也又水聲三濆音貝木名也漊力主反雨丨也又汝南人謂飲
酒齊篙丨潤浣音每水流平兒二同潾烏廻反洴丨小木兒洴徂頁反丨潆也玉蕭又口冷反
丨誕涏徒泠反小水兒切韻徒頂反往寒涇音巨井反淋之累反二水合流也兖古交音似淼
名小反大水兒沛子禮反水名與濟同灘或作漁今音武水名在南陽二潳俗音啓涂
俗郎果號二反郎瀰徒可反沙水來兒與施同往瀨胡老反丨水勢遠也漢潙或作漾

正徐兩反丨遠也又徒郎反水大之兒二浃或作沃正古犬反學也伏水也又音犬清丨二泮
俗他口反渰音淹雲雨兒瀠音聚木聲亦去聲渺數洛反丨洋水名又以小反濁胡反
水瀞丨兒漕音管玉篇云水也香嚴作蒲監反棄或作音海潰蘇果反水名洸或作浣
正以轉反濟水別名也二溆徐呂反水浦也浮徐呂反溝水亦徐水汕音產魚汗水上也又所晏
反魚乘水上也瀧正瀧通百買反水名二泱烏郎反滃丨水兒又于良反亦水流兒瀹
烏孔反大水兒瀉悉也反丨水又司夜反吐丨也又者鹹上也涘床史反水峙涯也泥音尾
水流兒又丨海水減處也閭漓音馬水名溢莫便反滄音戶水名灵龜負河圖出處也溢
俗盪古文徒朗反正作盪滌丨二泄直里反洄灑綿婢反水流兒二同瀰音孔水流
兒洋音彌切韵流水兒郭氏又俗羊祥二音滙音產水名沚或作涛正音止水渚也又止
也小可以丨息其上也二淦音父水名㵐音頂丨滿水兒溟奴管反湯也又奴亂反浴餘汁也

瀆俗力稔反寒丨正作澟澠淹二俗滆或作澠正武恐弥交二反丨泌縣名又食陵反亦
水名四淰乃忝反水流兒又音審丨瀾水勳也湳奴感反水名又人好漏蘇老反沥隻忍
反潘昌飲反汁也濦俗澺正音隱水名二潤臭本反丨憂也煩憑洞濯七罪反清
水兒灌七非反水深兒也潤湨上烏猛反下胡猛反丨丨水廻旋也瀷于小反水名瀟
子小反濕酒也濕音六涅丑領反丨泥漣正漣俗居偃反水名洌音井洧柒水反水
名也沉沉俗居水反水涯桔土也二淙音渫
去聲
泣滲滲三占濟濟二正子計
反丨渡也益也定也止也又上聲五泳音永遊也潛行水中也漾余亮反水名瀍余亮反丨
水溢盪兒又余兩反浣丨水兒漑灌上古變反丨亦灌也又水名也又音既澆漬也下音貫丨澆也
清也聚也濺也注也沃也洟鼻丨涕他計反丨淚目汁也或作洟下又上聲二澍俗澍正音
汁時雨晳丨也又音樹二瀆俗瀆正音贊丨水濺也濺音卽見反二汙鳥故鳥岡二反丨柒

也墜也穖也洎居器反肉汁也又渠器反至也及也漲知亮反水大泛也又音張涱俗同上
汜或作泛汎二正芳梵反浮也亦流皃三瀅烏定反小水也潰胡外反亂也溵也漏也
瀑俗瀑正蒲報反急雨也二湩都弄反乳汁也又都勇反濁水也湊倉奏反歸也又反
也會聚濬俗濬正私閏反深丨也二浚私閏反水名也淤于據反水中青泥也泒俗
泒正普賣反水之分流也二漱蘇奏反丨口也又所二反淰淼淼俗三淼通滲正所
禁反丨漏也五濮蘇困反丨水也與縣同瀨音頼湍丨也沸非未反鷐丨也濫或作濫
今盧淡反丨央猥雜也二瀚胡旦反丨海海也又鎮名北濩俗濩正護鑊二音布丨多霤下
兒也又一号反丨澤縣名二沛普蓋反流兒也又水名又音貝郡名又姓浿普蓋反亦水名潑
堂練反丨丨也也亦藍丨丨也澱正淀俗堂練反殿丨泊屬也又淺泉也二濉胡戒乎愛二反泥丨
也澌音賜丨尽也又水也礼注云死之言丨也澮古外反水名也又俗注瀆也泮音判水解

龍龕手鑑〈卷二上〉　三　第十二函

故也汏太達二音丨過多也瀆音豆水丨也與竇同洸蒲勘反丨梵字瀰泝溹浡俗四
泝今浉正音素舟中杼水名丨斗也又逆流而上也六漬箭賜反浸漚潤丨也濞正詣芳備
二反求名也漳正詣反水名淣正詣反水聲也淠正詣反水名濾音慮下也澿浩
二古文音訓瀝濿二俗烏故反汙正作汙新藏汛音信洒也又以棫反荥古文音浄
坑也𤄶𤁽二音沁七鴆反水名浑正偹反丨水灐或作瀅今時制反水名二
潝許氣反水也出玉篇郭遂又音深溷胡困反濁丨也淈經音義云丨瀆也晦退二音香嚴又
音泜盗溢二或作灩正音澡洒貫浄也三涫音貫沸也洊在見反荒曰丨水潆
土亮反雨疾下兒土降反水所衝也又瀵方問反水名又正問反水浸也濫蒲監反深泥也玉篇
又女見反汝見丨也二反泥丨也涅蒲見符見二反深泥也亦泥丨也女溜水力救丨也反
淛上例反水名浟俗淬正七內反犯也寒也二染也汶音問水名汵或作沴正

沵今郎計反妖氣也三澴呼貫反水散也湲同上𣼈澰俗二瀲正力念反水波泛丨也三
涼音亮濿音例以衣渡水曰丨亦履石渡水也渲息絹反小水也沍音護又下各反寒凝沍
澍注樹二音澳音奥深也水名又音郁隈也水內曰丨溘苦蓋反著沙也泝俗
澥或作泮正音判水涯也三涶他卧反灩俗灩正灎音焰水波動兒也激丨
三灒音廿縣名涖音利與蒞同臨丨淺思誤似面反經第一卷在覓澬似面反餘也又
欽敬也漕在到反水運穀淚音類丨也悲淚音類丨也涕泆旧藏作汰音太滮烏卧
反泥著物也又于阮九二反又旧藏或作浣灤郎計反灕也滯音帝丨涕通水名貫反湉
旧藏作漸于靳反濺也澒古送反水名出豫章汭而銳反水名瀞古文浄字瀥于計反丨
清必嫁反也灞水名潞音路州縣名水名澌古且反丨丨兒又音汗亦浩丨水流潦或作澇
正郎到反淹也又水名又音老上雨落水也下水名也二瀉音四畫也澌溏俗使音漬清正

龍龕手鑑〈卷二上〉　四　第十二函

字濡俗音而遇反濃盟音孟平上二聲二卜律河又淦子許反入聲洑
音伏流也洄浪音伏洑洄丨丨流也亦或通作又姓滑患八反丨利也又不淈也涸各何
反蹋也尺也滴俗適今滴滴水二丨正也音四的濼灤俗二灤丨正合音也法
常利也軌也三溺沉的也反丨塈澀澁澀澁澀俗六澁澀今二正色
入反丨滑也九不激古刀反疾疲也又姓渤蒲末反澥海名丨浡同上興作也丨然液
音亦津丨也又姓泊傍谷反止也溼失入反活也濡也澤音宅潤也又恩也又有
瀑瀑俗他谷反失入反水名二又渥于角反厚也丨濡也漬也洽戍合反霑也潤也和也
浹胡夾反丨洽也道也徹也水凍相著也又子叶反丨辰十二月也深丈甲反也又徒叶反丨
又音雪特牛也又姓亦除去也又姓淋俗淑正時六反善也清湛也二漱俗同上汳俗沃
正烏酷反灌也清潤也二濯音濁姓音衢丨也又胡管反泄私列反歇也減也漏也洩二同

溧力乙反水縣名丨泣去急反無聲出涕也瀝音力滴也測初力反丨度也淍俗滌正音笛丨除洗蕩也二汲音急引也取也又姓浞士角反丨足也水㶁通濼正各反正陂丨大池也下又音落水名又藥歷三音二濋俗澾通澾今澾正他達反泥滑也四洫俗洫正許逼反滿丨也淢許逼反疾流也淢音域波勢也浸丨士力反減水勢也浂俗浂正音送丨也二淫漠音莫又施也筏也涉丨也瀓直列反沒丨也水汨音覓丨羅江在豫章又古沒反子筆二反流疾兒也又亂也瀆徒木反溝丨也淴烏沒反出聲也又水俗濈色立反濊呼末反烏外反水聲又呼外反丨汪深廣也又傍海多也又水名也淥音六水也亦刻本也又特計反也又羊至反猪別名獺俗濈正音即酒也二水汜資悉反漬也又音水卽亦出水也溘口合反可也也依也奄也至淖字林女角反又徒力反又奴教反三蒼昌若反泥丨也絜音吉清也靜也又精微也潩音弋聚也水潩音弋水名潑普活反水丨也沛

龍龕手鑑 卷二十二

古文沸普末反今作潑丨水也渠或作湜正常職反水清也二沉正㳥今音血寥空兒又丨二音穴濊音末塗澅呼北反水名淅一音熱一曰丨米也反江名滶作旧藏濆俗汨正莫狄反丨羅水名二或作汔通汔正許乞反涸盡也二水濮音卜水名泐作二或泐正音勒凝合也玉篇又泉聲也二潏余律古穴二反泉流兒又水名渫渫私列反除去又姓持牛亦同二泌俗泌正音密溢也二沕音密塵濁又勿丨穆微也音洌列例二音水清潔也作水士陌反落地也澳丨渃俗洛音涑渫漆溙涂俗五涑俗漆正音七水名又黑丨又姓七津音必去滓也丨潎俗潎正芳滅反也玉篇云丨漂漉水兒二涿俗涿正竹角反郡名二泏竹力反水出兒若沒反漚池也又潡古文音淵飢丨也湇音泣羹汁汋上角反二井一有水一無水也又市若反酌丨渃或作音洛泟泟古文法字淦或作灋亦正音藥水名二煮也潚音宿寒風氣兒丨澱淑音宿𣽂音煞水也

洄古麦反丨水也滀丑六反水聚也湒姊入反雨兒也濇色澁二音不滑玉篇又音留汶俗汐正祥亦反丨潮二涫隨含云作淴音烏沒反玉篇又音忽濕忽下沒古二反泥水出丨泌泉水彼密毗秘二反丨瀄俠流兒又音秘浔音得又丁力反水兒淅古文涉字淅俗淅正先吉反丨米也二潷音必水兒佛瀑音覓水淺也澠丨淠胡甲反泲古麦反水開兒滐哲古反造絜者也漸丨渚火麦反水聲亦水名濄丨潤火麦反水流兒濼正溹濼二今所責反小雨也三浮俗浦沒反涾徒合反濈阻立反和也瀥許級反水兒也浥音邑濕潤也渤所立反潝他盖反

火部第四

灸焱燚古三耿炏燊俗三炛正音光明淨也七炤爐音同旱熱烔音同赤丨熱也一也又熮燔作勞反火燒餘木又炮也焦也二燑炊俗二音灰焗灰俗灰今炙正呼回反死火也三烟俗烟正伊賢反火氣也臭也泉也二熙

龍龕手鑑 卷二上

變体熙正許其反廣也和也長也二煌音王光明兒熿丨炫燿也二又煌音混光也火燉徒昆反大也火盛也又丨煌郡名熊羆上音雄獸名彼眉反似熊而黃色大下六熛布遙反火星飛也熛俗熛熛正古文音漂三㶣俗煾正烏灰反丨火也三熫音唐火也灰譙昨焦反名又姓國燋俗樵正昨焦反柴薪也二烶俗燒三音廷熏或作燻火二正許云反氣盛兒二勳同上丨也功烝俗烝二正煮仍反熱氣也又冬祭也又去聲三熠熠熾俗三熠正尖全二音皆火滅也四㷀今焭正渠營反孤獨也二熒音營又俗同上丨基也燓俗燓音爆俗二炰炮二交正步反合毛炙物也一曰裹物燒也四焚焚俗二燌也與焚同正符文反燒二燔音煩燒炙也又同上煎古文布乎反也竈也今作逋燐燐二或作燐燐二正力珍反又鬼火也四燊鄰炫二音鬼火也烊音羊又丨焇也焇音消丨鑠與銷同烄俗音昊燏熵俗二

忝商適三音炡音征熵也爚熬俗通㸐正五高反煎丨也二熅于云反天地氣也熅丨
烋俗朱音熵失連反火盛兒也失戰二燚古𤏋正爓作二或燖今徐兼反
以湯沃毛令脫也五燂從含反徐兼反火熱也又同上義也熊音焦三丨也人之飫俗饘
籀文𤍽正燋或作一即遥反與焦同也下又音捉火炬也四傷火熿爈俗二灾古烖
正徒哀反丨燥也四煤或作㷄今莫回反灰集屋也二丨熄正焞通焞今他昆反
火色又常輔反也又徒敦反三明烰音孚氣也火烷音哀甚也熱𤏰音聯間脂也腸煁
氏林反丨烓行灶、烓烏攜反口迥反行灶也亦明也又烣俗作烣苦回反大也正烘呼東
反火兒又音紅燎也燧二俗烽或作燹正芳容反丨晝日燧也火夜四炘許斤反熱
兒又火氣盛也𤍠燈俗音爊正爊今烏刀反灰中令熱二埋物熒俗熒音𤎺玉篇
手管反丨麻也又苦穎反丨麻也切韵野死草也㸈俗音𤌘自秋反丨熮烋許交反炰

龍龕手鑑　卷二上　三五　第十二函

丨又許尤反灱俗灱正許交反也又熱也二乾𤇾昌占反丨衣動兒丨烌炗古文二音
炏燍音斯臭又火斯先井反焦𤎖俗勞音熣三俗法反炋炁俗音丕火也二𤑢俗與
中反焟俗皆音煇音灰色也日熸俗正作失遮反𤑯俗之與反𤏗𤒆二哀俗灰
二音熑勒兼反熑廉也燫上勒反丨無反丨下手支反火不絕兒炇千俗音𤍡熨俗二
㷵或作燪正倉紅反熜器也四荧炭俗二尖正字直連徒甘二反林云小熱也三𤒍六官
反烑音遙光也焊扶支反焦也炯俗許于反爆俗爆燱作二或爄正爲會反
丨朧也與同四燊所爭反熾也燎俗徂紅反𤑿俗覆也𤏷聲也𤏶于營反纏繞也丨
𤒗音然陸佐公闘銘云荊酷丨炭也吹許鷄反食兒也丨欲飲音貪者況于欲反爔俗爔
正許其反火也三熇俗熇正去堯反火行也又光色也二𤌨炶炶正甘合二火行兒三
灯音紅火盛兒熡作二或熷今音曾炙又蜀人取魚肉于中又俗𤎩𤍦音三三

𤑲切韵古文吾字熹或作熺正許其反火炙兒二熄音恩嚴又炮炙也烏高反香𤏣爲美
反丨爛也炟義合作烟𤓽或作爥正音焦灼也龜不兆也二焆古元反明也又于決反火光也
煓化端反火盛赫兒炪俗直尼反𤆎作旧元藏煆許加反火氣猛也又許嫁反赫熱也乾
也燾音陶導二覆也焆旧藏作爈音瓜熡作旧藏樓𤏡阼焦反丨悴也焨音回色也光
熿隨函云作焴誤合音回烎莫胡反文氣字氣也又丨息也古烿古何反烋音將烓
徒昆反赤色𤐎丑知反火焱也炵私宗反他反反火色也又亦火盛兒烈烮二俗廬反徐
㷩失連戰二反㬎音王熬音農𤎯徒甘反王𤏛𤈣而兗反柔弱也爍俗燎
俗通𤒉也又炙爕正力小反照也爲明也又去聲四照點丁忝反小黑也臧也盡也汚
熵俗熇通煖正奴管反氣也下濕也又又音暄火三黨多郎反美也累也長也德也輩也又也
五家爲丨朋之友也𤑕灼爑𤎯炅㶳六俗聚黒黑㸌𤐠五古炒熖焦

龍龕手鑑　卷二上　三六　第十二函

三今皆初巧反也火乾物也十四熬丨𤏡俗同上十五字炳音丙煥也明炙俗炙正久
救二音以火加人也二𤎫于鬼反火光威反丨盛兒熀𤒦俗古音𤎖俗炬正其呂反東薪
爲火也二丨烳音普行兒火𤆬俗𤆍正方九反丨瞞也又蒸芳丨武也亦反二𤍠音九
丨菜也煦況雨況句反吹嘘也二熾俗古斯反熀失冉反或作𤏊暫丨見也丨視也也炅
或作㷔丨正古迴反驚也二目營烏猛反清熒也炯俗炯正古迴反也又音古迴光反也亦明
火明兒二焊呼早反火乾兒熯人善反三呼火呼旱反皆丨也呼旦反焨俗爗正待竟反火炬也二反
㷋音古名也人熮今熮正力小反力照反火兒也爛二也又烴俗烴正古項反
焦臭也音今二又焫乃木反丨熱也焰俗否音炰正熄今徐燭餘也也二反熆俗音
猛烄古巧反木燃也交燀昌善反又尺延反燒也爛丨音燗也賄熱也又香嚴又音每音
閃燓俗生分二錦反元熜焜作二或煋煅正許委反火盛也四兒二又日中火也㷐

熨二俗音煮爛或作燹正息淺蘇典二反字統云逆野火又許位反豕同二爦所下所解二反
𤇾俗音羙側下士知二反燒爣二俗苻憐或作荏熟音也燃力展反火然也小
烼人九反屈申木燺若老反火乾也爍賄貨二音焚人云火也燙旧藏作盪滌丨也煦
况雨否句二反温也說文無火炵尺氏反晟也晟音成杰炎音任二同畲力稔反火舒也㷓
郎甬反爤或作爤今盧感反黃焦也三烨音預熾也丨烜况晚反又姓司丨光明氏以也
陽取水火于日月也又旧藏作煖燰音蓋俗于憶反正作
許褻反人名在鷹弭明集第十九
偃仰也又仆也燕奴典反
倒也息也又姓
去聲
燿亦照反明也燿也丨也光炷
之戍反丨也㷡或作㸎今煥正呼貫反光明也二火煉俗煉正音練丨也二燒
燈
烀熻俗二㶳燿二正詳恐反燭餘也四焫爆俗二爆爆爆爆四正布教反布角
步角反普丨也四火烈也落也也灼也六瑩鎣丨志珠并反玉丨使飾也明靜也磨也䊙燶
聲也炛

龍龕手鑑卷二十上　三七　第十二二四

熆熻炎俗五燄通焰省今爛正羊瞻反火光也火氣也下又徐言反八燒失招反放
火也自然為炫胡絹反明也火也燿也㷆熒熒俗三燧正音遂丨火也四反
丨又音少
爌苦謗反大也空明也火也久也遠也又呼郎反開郎也又善光反黝俗音助也焼也熇焔
二燥正乘到反乾丨也三爛俗爛也正郎旦反又燦丨也二燦倉旦反爛光明也丨
俗
爨爨爨俗三爨通爨或作爨今七亂反也又千槓反六㸑丨七亂反出也𤒹灼
文㸈㸈俗二炕通炕炕二正苦浪反乾也五熾昌志反盛也猛火也熩戶俗音
㷠皮秘反丨火乾物也二煬于亮反炙也向暴也又音羊丨金也烷院俗音𤋏或作
炒
醮子妙反祭也二烇俗音定焆許位反火也㸠俗𤎂或作𤌦火光也今他念反又
平甘反三㶿火斬反火氣也二炶直嫁反火聲也炔音桂古頂反人姓俱下又光也二烟
反
正焰今音照也明也二料力吊反火光也烓俗性音熻爐代𤌬音二二㸌俗音

龍龕手鑑卷二上

熛
㷉子峻反燃火也又火燒亦火滅也奮或作奮正力照反以天名也又平聲二祭
㶫正䧓今五旦反火色也二爁力焰反又音濫丨亦火兒延音媚熱也𤐫熇
去衆反火乾物也焫俗平遍反焠七內反又子內反鑒也熭熭位越反乾也二音燿
音許既反烕火也夆士恋反搏食也炊或作炫烕二今苦戒反火盛也三㷠
烽火貫反火也
俗市照反正三煙旧藏作坏㸐誤旧藏作燣音賴毒丨也火之烢呼貫反
入聲
反明也𪸩音見燹許勿反火起兒炑直立反火煨烟出兒丨𤆧正許勿反
忽也火氣也二盛兒黖戶八反丨惠也㷊契俗二熱通爇正而列反爇也四燸書育反
反㷇熨俗二熨正于勿反又于胃反斗火展帛也三㷀音亦火光也熠俗熐
煜二正音育火光也燿也爍書若反灼也之若反又燒也丨樂
下一又為立反火兒三
爚爍爚俗三爚正書藥反丨光兒又音藥熻丨光明兒熻音式六反四炙之石反燎丨也

龍龕手鑑卷二上　三八　第十二四

說文從肉在火上燿俗音霍正作霩燃亦俗音爀俗渤焞二通焞正浦沒反烟起
兒四熀俗㷇古𪸕正為出反火光盛兒三煒丨燁音必火聲也又丨火兒又俗音亦
烞音洛丨也燒雜俗音熡俗熡正呼郭反熱也二烈音力猛丨
㶽音弗火兒也也熱也火炳如悅反燒也熻音吸熱也
也又光丨業也也中丨也力反出道地熇旧藏作歇古
經皮逼反乾宂也𤎯火籀文熇篇出玉燺三同上或熇俗熇正呼
𤏡
木呼各反熱兒也二二反爕俗燮也正熟也蘇協反二和爕蘇叶反和也文字指歸熟也亦
從辛炎也㷟雜呂色也角反駁丨音卜牛㷋音弋又俗音焞火光也熄乙俗音爔俗
㶾正呼格反火色也二焱又呼覓反音焰亦火花也也焯之若反又火氣也焞明燵蒲末
兵火也焆于歇反火光也又中熱也出玉篇爒或作爒正虛業反火氣上也二炘炘
氣也三或作于卓反六反熱也燉火口角苦的二反燥物乾也
烢裂也與坼同燠又于六告反

燁俗爗正爗今音亦火甚見三熠爲立羊入二反｜燿螢火光也爓俗爓正郘
暑反炬火也莊｜去日月出而｜火不息也二煅音役喪家塊灶燩俗音煞臭音赤曰澤也
熓俗烏沒烏古二反焃呼麥反許赤反赤也又｜光也熇或作燭正之欲反燈｜二烷
烏括反火烟出煋俗烜正常葛反火起也二烪俗音疾爆爆爆三俗倉括反正作撮
手取也熐熙熙三俗火覓反正作瞑驚視也燺俗音著爨正熒今音弗火光也
又畢｜鬼火也二熄音息滅也火爕或作熖正焟今音昔乾也三火爍爍二或
作焠今士冷反湯淪菜也三熵音聿光也火爀音即餘也煿補各反迫于火也與
爆亦同出川韻熻俗熻正胡臘反玉篇吹火切韻作熻下又俗音焰二熩胡沃反灼也熄
他歷反望火兒也焅苦沃反熱氣也又音皓旱氣也夷音赤熙紅力反急也趣也疾也又去吏
反數也爆也爆玉篇音捕丑輒反火光也又音聶嬬也爥今燮正于勿反炮氣也二欻
龍龕手鑑卷二上　卅八　第十二函
許勿反今作欻煦居質反
〇土部第五墻俗全羊反正作牆墼烏至于計二反壓也又指言應辭也埃坯
俗坏正普盃反｜未燒通坏五｜也二塠埠坦垍俗埢四通堆正都回反土聚阜
也六垿坑坑三俗坑正容庚反坎也塹壑也四塡塡俗塡二今塡正音田塞也滿
也加也又直回反｜壓也四疆壃居良反界也埵也境也當也二堨堤垧坏埏垾
六俗坛通坧玉篇云小阜也坛正直尼反切韻亦小堀堀俗二堀
正直尼反堦天子丹｜也二又垓古哀反｜下也八極也又都禮反又堤名九與䐔麥古文同埃烏來反塵
｜于元反垣｜牆也堤塘上音唐下音陂陂澤之封限也陂音被又爲反坡普禾
反｜坡也坴通墒正徒禾反碑飛擬也二埏式延反和也器也又擊也打瓦音延登也又墓
也｜道墟去居反崎｜也埼巨希反傍曲岸也坦水七余反也又七魯反塽場境瑜音俞土冢

也堣遇居反｜夷日出處也塡音寅埴也塼音專｜瓦也正作甎壕音豪城｜也壙
壯回反下墜也又若怪反土塊名也坂場音長道｜也場音長垥也亦道｜也又洛谷又音傷｜
耕｜也墉墻墉三俗墉今通疾良反垣也正合作墻四｜壁也也墇音章擁塞也障二音
塢音戈｜名也甘埮埮二俗墵或作墰正徒含反甑屬也音武三垔堙堙正音回塞
也又上山也三墈俗墈正力珍反菜畦也二垑音多經音義見圻魚市反遷界也｜岸又音
其曲岸也垠語市五根二反邊岸｜罢也埊牟毛二音邱隴阜也坒俗坐正疾貧秦方二
反以土增道也又瓦器也二埿古文音泥墩都昆反平地有堆｜也墦音煩冢也｜均
居何反平也又州名型今型正音刑鑄鐵模也二均旧藏作坳塲正坳今烏交反二
均旧藏作均坟古文音梅墟落胡反土黑而踈也垄俗音臺古文音同壺古文音胡
坩音扶又去聲白石英也盖也埊俗堎今土連尺止｜門聚在二反雕陽坩苦甘反｜
龍龕手鑑卷二上　卌　第十二函
甀也甀音武垙音光｜陷也坍俗坍今他甘反打岸｜也二水壅族容反塞也又于隴
反｜堨亦隄也塞也壗良亮二音塚川韻音灰名又丑玉反土也猪｜地塵塵壓三俗壟
壚作二或壚正塵今音呈又｜埃也獸名七圳音酬堥音奚坙坙二古今壁音
因塞也三堯旧藏胡字作墍直尼反蟻卵也涅奴圬奴計二反濁淤泥也墜也玉篇又
女監反泥｜也符監二垚音堯土高兒也塅音梅名上又音目玉篇｜野地二同垍追渠
反下土也蒨聊音垣也燎二墍俗壕也正食陵反稻田畦也隴也二堲果俗反徒
見江西隨函墒音傷也新耕又俗音的土墁通墁正母官反泥｜與墁同二圬音烏泥墁
也墝苦交反｜墩｜也墽口交反又上聲坑壋俗二墳或作墳今墳通
壥正許大反｜虎也釋名亦喧也六樂器壎或作埙正息營反赤土也二墉音容城也垣也
墒音時也埘雞穿垣栖也墍正埴俗巨巾反黏土二垩音經且也又波曰古文胡頂｜

反水脉也垺芳无反土也堤埏都反二玡俗二音遲堤堁烏回反堝烏禾反地
丨窟也埛坰俗坰正古營反郊外曰丨林外曰丨三墫七遵反舞皃垉步交反
壝以追反以水埒也二壿遂夫容反二壇壇坮俗二壇通臺古文臺字丨高
也又姓五堙直連反一曰城市内地也一畝半地也墭茲音埶封音塨恭音璣音析同鐖
王丨也墺或作壞正子紅反二㙓正墹今音眉也埒音力二土要墺交
反地名在聊城垟音羊土精墝二姊心昨滛反地名墺𡒄五高反三堋堋俗二堋
正步崩反普崩反振動皃射丨又三坪音坑埛音岡甕也埸埕埕俗三堽正音隴也四岡
埪音空土丨也鏡鼇也垣都年反變或作又尺支反音斯經緯不同亦粗紬也墒音陶𡓰
古文音夫𡒄良反俗疾坔音齊亩徒哀反埁音新上聲堀俗𡋯埊作二或
坭通坘坭二正奴禮反又俗泥尼二音地名六坸或作垑正尺氏反土地也二坁徒損

反速也又以草裹土築城及填水也墻或作壘正力水反丨也又姓二埻俗埻正音准射
的也或作准二塏塏正苦海反高地明丨也二塢徒古反墭也名也塒誤坾正玉篇直
呂反器也香小土也二壋他果反俗堶誤在三藏作出法度論坙古文坐字垧音丁玉篇坫
壔都老反高土也堃音土埦俗烏管反小盆也壜盧感反坎丨也墄新藏作沮郎反藏
壽俗音打他頂反平也墄城俗苦感反丨坷也二坷音可墄丨壞也埂正今占
猛反吳人云提封也二坱烏郎反塵也埧古典反坂也又胡典反坔泥又大坽俗坽
正丘甚反坎也二垝居木反丨垣毁垣也或作陒同坈城名而勇反二同地坒方尾反
址音止基也辦必反郢壄壄古二墅今以者反郊牧之外曰丨又右預反林丨也三堵
都古反丨又姓垣壿俗奴老反正作腦坦他懶反平也安也寬也明垛垜徒果反射
丨丨也二同埀多果反下下也墮垂種也二埥塚俗塚正知勇反墓也二埳埳俗二埳

坎正苦感反坑也險也陷也四壤人兩反土也壤小童以木爲之作戲墼也又腊節也埋于塞
反擁水也埤音婢玉篇云下也又符支反丨附也埤城上女墻也丨垷研禮反埤丨也垗坐
又去聲坻直小反坁也坻坻二或作坁正多禮反隴坂也又音紙三坻音紙著也延俗
坵頓也坂正音反坡也二坝通坵正徒古反瓶也又口瓦反亦器也二壞徒古反塼
安古反丨也墾墾二正墾耕俗口很反丨也二埽蘇老反除也弃也培音部小阜丨
村丨也或作崞又音裴埋塿洛口反培丨也埕下蒲禮反也圮皮美反毀也覆
也隨也助也益也又與支反塽俗墋正初朕反砂土也二墠俗墠正音善除地
土橋名也墡音善白土也塭胡奄反堅土也垛垛堞俗三堡或作堢正音保小城也五丨丨障丨
堚字音拉塊五在反又在埛音垢埯今之烏敢反坑丨也又墉埔直不反落也二
埢音卷土也塚墒塔上丑勇反下音丨丨勇丨不安也塔俗音墇丨于鬼反丨墠也塪埲

上烏孔反下方孔反丨丨塵起也塑正墭金胡老反土坌也二垼音圍堟他管反塽
初限反墋墋正二堕今徒果反落也壥淨踈兩反顯敞也高塲蘇老
反除也墮俗堕又他果反四埭音早坣音偘去聲塊口内反土
又去聲墅以者反郊外也又石預反村丨也坋正蒲悶反塵也又尺粉反四垥孟
丨墒隨函作坉合坍壙俗三坌今坋正反地也又尺粉反四
也塂作塊壙苦謗反垠也踈也空也遠也墜直類反落
墼墼七豔反坑也二壙人也大也塹也穴也垠音浪
也又古文音地堪墨埊三古文坔音避又毗必反亦相連也相丨次也垐
文音地垐音避相連也
于靳反丨也墁垠音垠塚墢音在埏丨墭于蓋反塵也清也埪苦對
謂之丨也二坡私閒反丨也墟烏侯反聚沙也二壖承正反埤器也坱貝音
苦臥反塵起也二垼亭也古孝反屋也厚字古文垐音類丨壑古文今作殰死也于計反垷
揖丨埓地也地屋也塔正胡貫反堥音漆塸高平地也羊恕反㙫或作壖通埽正叔乳而
或作垸骨丨也三塙正如緣反三

反江河邊沙土也又廣坦也又奴亂反三墟呼嫁反墟地名 㕓音既 墥千計反天陰塵風也 堲
作二或壉上奔古反形像也三 墳俗必反作殯又一殮 正 塈俗 墍通 墍
正許計其冀二反仰泥也又息也三 墍音殿基也 坫多念知林反 反障也屏也又杈安厝也
墭烏戒反險一也 埱音謝 坥其計反堅土也 墿俗 埭正 埭或作音代以土竭水三
坔古文尸圭反今作屏 垪才性反一也二 坑墺直利反 垞丑嫁反革二 垻必嫁
反蜀人謂平為平一 壢力制反 墶音祭 塘醋錯二音 墺俗 塐正音練塘爐名二一
壕莫弄反去殻也 坒音照隄也界也 垣古都反路也 墭尺志反赤土也 圠于計反 王
墓同痤理也二 墿古文壞字 堠俗院音 埢胡降反 坪或作 埊今音病地名二 堅才句
反也 染 堖堖 墭奴到反三 墱都鄧反 埦力數反曰一聯 埏音鄰土 坣二古文地
字 埊古文音啖 埊墬多念反下也又徒地名也二同 堨音岸 埀古文字 堖音計

龍龕手鑑 卷二 三三 第十二頁

墍音聖 堲世音 入聲 壁畢積反墻也 垤田結反蟻封也 堞 堞俗二 堞 垛
二正徒葉反城上垣也卽女墻也四 壞壞同上二俗 坴音六大塊也 壇臯俗二 埴常正
職反黏土也又和也 埏一打瓦器也三 墍岸列反大皁也 埻蒲役反塵起也 坾俗 埣俗二 坪
通 坼正 坪丑格反分也裂也又音岸義同又音尺五 墍又 鏨鐅鑿四 俗鏨正呼
各反溝也谷也 坑一丘墟也五 場音亦壇一也 墼俗二 墍正音惡土也三 白 墼正
墼今 墩 墼二或作經歷反塼坏也四 墆徒吉反止也 貯 堞 撲正普木角二反土 正
塊也二一 坏音末土也 壤 星或作 埕正奴結反塞也二 堨烏葛反壅一也 堁出玉篇
堨三反直葉直立丑立反下入也三 坤音甲一也 坑魚乞反高土兒于乞二 壗苦沒反土
塞 堀苦沒反一堁玉篇又求勿反直勿反詩云蜉蝣一穴也弃也 呈音即又音截高山兒亦山
也 崒 墝 坨于乞魚乞二高土乞一 堰篇福伏二音一地室也玉 埱昌六反于地也氣出切韻

作僦墺于六反一襄 壈去謁反一界也 坺俗 坺正音伐地又玉曰土也又蒲末反又楚洽反
二 坈音穴空深兒 墒丁力反又俗音商射一 墏音莫又木胡反舍莫亦塵地名一 坳
墖奴叶反陷聲二 埃徒骨反灶一 坺蒲伏反填塞 堛芳必反一蘊以土上田又音水又普
本反 埆苦角反一不平 墝 墢音法伐 垡耕一 墼俗 墼正側坊六反堂也二門 墋
扶法反耕土也 域爲偪反居處也國也邦也 正俗土也 墣正角反土塊也 塡正 塡今音覓塗
一也二 埒音劣馬一又 埈也庢也遲也 壉或作 圤正正篇又角反詩卜反七塊也亦同墣王
土也 坏之石反二 墊基址也也 垎胡格反土乾也 埲丑足反土也 壝筠出反 墠 圾魚及反土
也 坱于反 坱 坮郎合反 塙苦各反高也 坦音日 坐音密 壢音六所六 墭反
坦音軸初力反遏也 坳音乙地名 坲音佛也 塵 坭苦六反曲庢也 坋 左圣
苦沒反汝南人云力于地中曰一一致 墠音亦道也 墻或作 墕正徒合反陸也二 堲

龍龕手鑑 卷二上 三四 第十二頁

音部風一又秦力反齊也又資七反 墼墼 埻三俗直格反正作磔張也開也 俗 坹秦正
昔反溝一也二 堊于角反 墻霍呼郭反 垉音色 圳墹音列也二同勝 烏黠反山曲也
墟或作壚 堮二今丑各反坼一也三 圢渠玉反 坄營遏反一灶也

卷二上終

龍龕手鑑上聲卷第二之中

釋　行均字廣濟　集

〇草部第六　䒩音孤草名出川額　蕣花　蒔音時｜蘿子也又音侍種｜也　稜魯登反　葸音烏川額　茪作舊藏　苜胡官反乾苹也　萑音栢木兎烏也　藋音栢蓳也又｜　音官　萪茉音禾音科草名又一同　薇二音暉微　蘍許云反同薰　薰正許云反香草｜署　又姓　莀古文農字　耗呼高反　莔母官反穿孔狀也　无　䓾上士耕反下女耕反｜｜艸名　也　䓖是支反｜母卽知母艸也　薌音香穀氣也　蘚音仙草名出會稽山可爲席也　[illegible]居延　反草名一曰豕首草又音真　菩音言艸名　䕩倉胡反艸履也　蔦音烏｜蘆荻也　蓲憶俱反草　木名也又烏侯反刺榆也又遇反荎也玉篇又呼驅二音　荎直尼反爾疋云｜藸木名今刺榆也　苢苦侯反玉篇云｜英艸也　蔈必遥反香艸也　萶或作　芼今音毛菜也又音老二　蓋音于

菹似韭　苴七余反履中藉也又子魚反苞｜亦姓　茵音因艸名一歲三花也又音由　蓲　二或作　莞今柏梡二音艸名似藺而圓可以爲席又姓二　虋俗　虋正今門尾二音　疋云亦粱粟也三　蕠女余反藉草　薠音煩似蘋而大　萁音其｜也　[illegible]音麦｜又音　麦｜草也　葯作舊藏　蕭蘇彫反草名蒿也又縣名亦姓　䕜俗　蘞正音廉二　蘞　廉歛二音｜藥名也　白　蕕音由水｜草又臭草亦作莜　蘨音由盛皃　[illegible]或作　[illegible]正音　瓊草旋二　葶音亭｜藶也　茾或作葬今居幽反艸之相糾二　蒙新藏作蒙　蕾新藏音留　囙不耕曰｜　菑煮仍反葅也　茞音臣草名　莘所臻反名又姓　蒒地　蒢直尼反又姓　蒒反　音師艸名　荑以脂反也又音演　苽瓜　薋疾資反蒺藜也　莙音君又渠殞反　牛藻菜　蔇俗　苐正音脂蒩也二　葹式支反｜拔心不死　艸名　蒔音移｜草　萎　蕠音如藘艸也｜　茬　或作茌正土之反平縣名二　｜[illegible]宜反　相承敬　蘆誤　藪正芳无反花菜也二　葑音封

茶名　蕟音登金｜艸也　䕋音皆稈也　麻　葴音針漿艸也　酸　蕉　藮俗　蕉正二胙焦反柴｜　也又木名三　藿　藿二作　或　藿今呼官反化也三　莞音光艸名　䔄直由反也又茶名　蘄音斯草生水中其花可食　䔋俗　菜正音柴｜葫藥名又姊隨反二　䓷或作正作音斑錢　事皃也　蒢或作　蒢今以遮反草名二　茄音加荷莖也又求迦反｜子也又姓　蒓相輪反艸　名又姓　菠音波　芇音綿相當也又睹物根亭也　葳音威｜蕤藥名　蔣音將菰｜草又郎兩｜　反國名亦姓　䕡音聘　荃音詮香草名　莨音郎｜毒藥名也　[illegible]音灾　蕭藉上音紬下音　音除｜｜葱別名也　蓒音軒｜芊艸名　廿音郎　芼俗音毛又音老　芟俗　芟正音杉伐草也　二　䓐音菩提二字　莽莫朗反草木冬生不死也又音菩薩二字　茱萸上音朱下音俞｜草　名也　菰俗　菰或作　苽正音孤｜蔣艸名也三　又　蔷俗　薔二或作　蘠正側　捋反田不耕日｜也四　蔞音樓朱反商｜蒿可食也又力｜蒿又其短反｜四　菰音胡多草皃又

俗音孤　苛音何怒也又政也煩也又上聲　菛俗音門　藽俗音親　艼音丁香也｜　莛　音他　蘢渠幽反龍也與虯同去角　艽音求又地名獸蓐　芃音蓬｜｜草盛皃又音馮草名　菘　息弓反｜菜名　蒯古懷反草名　艿如乘反草名　蘡伊盈反｜薁藤也　薁音郁　蒹古添反荻　未秀者也　葭音加｜芦又徒玩反草名　藩甫煩反也又音煩｜籬　菱菱俗二　菱芰或一　作　荽正音雖胡｜香菜也五　蓨俗　䕯正悅吹反秀也又音隋二　莎蘇和反小草可　爲雨衣也又素回反｜｜蕊下垂皃　蘅尸庚反杜｜香草大草曰杜若也　蕪音无荒也　蘼古　蓀今音孫香艸也二　芩巨今反黃｜也　蘄居依反｜艸也　菹七余反藏菜也與葅亦同　蒩七余反苴｜又則吾反茅｜藉封諸侯｜以茅又則古反　菹　䔃側于反和醢也二　蘪音眉　｜蕪香艸即茳蘺也　茳蘺上音江下音離｜｜蘼蕪也　蕗郭逸音他　新藏作葹　藏則郎反｜　萇萇尾艸也　蓈魯當反童｜艸名也　藏昨郎反又則郎反隱也深也收也匿也善也厚也亦｜獲

又徂泿反庫丨也菆側愁反草名又蒪也又初生反鳥窠也苹音平萍別名也蕫音東丨風
草也又俗音練毴毴毴而容反三芊音干艸盛皃蓍今蓍正音尸蒿屬筮者以為策
二茧丑中反草名蒡薄庚反菜也一名葱隱以蘇可為菹藷音諸丨蔗甘蔗也又音除越人
呼署預為甘丨又常恕反丨蕷也蕷音余莞艸又音序姓也又音與藷蕪又音預藷丨也蓫隨函
云合作蕖音渠容反蟋蟀也蕖渠容居悚二反蟋蟀也䕘音樊香木名也蒐音摟茅丨艸又
春獵也蓂莫經反丨莢堯時候月草大月三十日小月二十九日花乃發也蕘如招反蕘丨草
也蒪食倫反牛丨草似蘭青黑色蕇經音義作輿芄音丸蘭艸名芫音元草名有毒
可為藥苀胡郎反東丨艸名又音剛菜似滿蔡生也芭蕉巴焦丨丨菜煮之可以紡績為布也
茶又徒茶也又俗音茶莖胡耕反本也幹也枝主也蘆音盧葦未秀者也又丨菔菜名藜俗
蘐古蘐正殂紅反草木聚生也三茅莫包反草名菅艸也荷音何連茎也又上聲負丨也

萎于為反怨也弱也蔫也丨黃病也芙蓉上音扶下音容荷花之已發者也菡俗葩
正音巴又花也又艸花茂盛皃二莎蘇禾反丨艸也挲同上手挼丨也葽葽上音娑下音婁
丨丨草木之盛皃蒚音古艸名似羊皮可為索也蔓蕳蓉三俗䓍古蕢正登反莫
目不明也又夢雲丨也五茓音疾貧反茅丨也荮俗薅蓐二正呼毛反也去田草也三耘
芹音勤水菜也薨呼弘反臣死曰丨大茹音如忿也相牽引也又姓又音汝乾菜也臭也貪也
雜糅也又人恕反丨菜丨也又嗽牛也筋音斤骨也丨肉之力也又姓蘿音羅女丨松丨又丨菔菜
名也茵音因褥也菫俗薑正居良反辛菜名二萐音差舊藏藤或作藤正藤今徒
登反丨蘿也又丨茪也茪音宏三苔從來反丨蘚石木之衣也蘧俗蘧蘧蘧荑圖玉
蔏皆音提草名也下又音夷莖丨香艸也五蓖蓖必迷反丨麻也二䔀蒿也芘音毗卜藥
荆蕃也又俗作莐二甘音甘丨丨艸藥名又丨蔗也荄皆該二音草根也茺音充丨蔚艸名也

蕃音煩丨茂滋長也又蘺也屏也又芳煩反亦屏也蘘汝羊反荷也又音相艸名也蔫于乾
反萎丨物不鮮也蒸王仍反進也厚也眾也薰也又去聲蕖音渠芙丨也苞音包裹也又豐
茂也藜生也又姓苫失廉反艸覆屋也又姓芸藝音云丨薹菜名也二薹音臺薹丨菜名
也芋音牟草名又大麥也萇直長反丨楚蔓生也蔓菁上母官反丨蕪菁菜名也又音方延也
瓜葛之丨也精菜英曰丨也下音蘡川韻登滕二音丨菁日丨明也又多鄧反蔓丨也不茸而容
反艸生皃也菅古顏反草名也又姓䔍䕼古言反丨蘭香艸名二蓁音臻盛皃草蓁
士臻反木藜生也萄徒刀反蒲丨也蒣音科丨生海也菜歟可為筏也葢葍上符分反下手
云反丨丨香氣盛皃薔俗薔正疾良反丨薇也又音色菜蓼也蘠匠羊反丨薇也與薔同
薇音微丨也蘋俗毘連反或去聲正作蘋蔆蔆力應反芰也二莛徒丁反草莖也
芎去弓反丨藭香艸也根曰丨藭苗上蘪蕪也营或作藭丨也二芎正音穹蘩音煩白蒿

也萱音喧忘憂艸也蒟其俱反葵同也芓蒫俗蕤正如佳反葳丨藥名也又艸木花垂
皃也又丨賓五月律名也二葷許云反臭菜也蘽力追反蔂也萍音平水上浮丨也萍
音平馬帚似蓍也莧俗莧通莧正音莧揀也三蘠莫耕莫登二反爾疋云存存丨
丨在也夢音萌芳可為萼也芀徒聊反葦花也蓨俗莕正徒聊反丨菜也二藍正
藍今魯甘反染艸又姓二萷萷二俗蓿正所交反說文云惡艸也又音消三蘼文悲反蘑
丨藥名也蕫數容反蕪菁苗也蕡符分反艸木多實也萆毋官反相當也蓷同二昌佳他反
艸名又益母也茉苢上音浮下音以車前牛舌也上又音綿停當也莤音由水艸又軒于艸也
蘄其机勤三音縣名亦艸名又姓莀古文音農莬葵音萌渠惟反茈怕己反

上聲

蘊于粉反丨積包藏也荏苒上而審反丨菜也又音染艸盛皃也又丨丨展轉也下葦
于鬼反丨芦丨也蕮俗藕正五口反蓮丨也二䕅古旱反艸莖也堇音謹丨菜也又音芹水菜

也𦼮音謹黄土也菳音謹擴草也藪俗藪今蘇口反澤無水有草田丨又大澤也二
蓊烏孔反大也英也又丨鬱草盛皃蕊草初生也蘂如水反花鬚也又垂皃蕋蘂蘂
三同上五荼俗藻正音早又彩色也二蘯蕩徒朗反做恣也又水名亦姓二菡
胡感反丨萏芙蓉半開皃也䓿萏俗二菡蔄二正徒感反菡丨芙蓉初發者也四藋息委
反丨靡也與靃同又音霍蓏郎果反說文云木實曰果屮實曰丨又有核曰果無核曰丨又陸生曰果丨
水生曰丨藁通藁俗古老反稾禾稈也二正作槀古老反乾屮也芮音內屮名菀于遠
反紫丨藥名也又丨茈木名也亦姓苑于遠反丨圍也韮正音九韭菜也正作韭字菲芳尾反薄
也微也悵惋也又菜名又芳非反芳丨也芧或作苧正直呂反屮名也二葧音又似之草也禾
捕俗蒱或作蒲正音甫連丨堯之瑞屮也三葆音保馬羽飾也茵渠恩反地丨褥也又姓
芉亡爾反與咩同苡音以薏丨蓮實也又云車前亦云當道亦名牛舌也蕣作禮反甘菜也芚

龍龕三鑑 卷二 口 五 第十二張

苨奴禮反薺丨也二同荼或作薾正奴禮反華茂盛也上又奴叶反病劣皃也二同苶音爪
草名蘨韋委反也荣也花蔿俗蔿正韋委反人姓也二荇莕何耿反名二同菜
蒛音謹與巹同似瓢為酒器婚禮用之也蕈慈荏反菌生木上也玉篇又商錦反莾俗莽
今莫朗反丨草又姓二堇十審反丨木丨也又知林反藳音語蘗也萵古今去穎反野死
草也二蘗古文音子蓳音與葶藶子也蘧音遽丨志藥名又韋委反丨屮亦姓蔈音表草名
蕥直几反辛丨辛夷別名又他計反除草也菼他敢反荻也荵音忍草也藥蘆俗蘆
正蘼今倉古反草死也三茈通茈正音紫丨蘠又丨草也二菌古文先旨反今作屎菌
音魯杜衡別名也薿魚矣反草盛皃也魚力二蓰作禮反草盛皃也蓰俗蓰通蓰正斯
氏反草也二蘄慈染反秀皃也莒居許反草名又國名亦姓葰蓤蘇果沙瓦二反丨又
縣名二同蓓蕾上簿亥反下洛猥反丨丨花欲綻皃蕉音隨函音聚蕮蕮二或作子小反荣似

蔳菝作蔵䟦蘠薔蘠蘠下敢反又音占四同葜通蔫正徂兗反蔫丨也二藽
音犯法也常也式也前也藘或作蒩正音止香草也又昌海反二芷茝音齒丨丨藥名又丨丨陽
縣名蔖俗蔖正音止丨草也二蕍或作蕍正徒口反草蓐也二菜隨函云合作臬音
息里反胃無子曰丨也麻有子曰菽音耿莖也芓苟古口反且也亦誠也又姓藜蓼了
辛菜也又音六丨莪也二葴五善反修也蘞新藏古典反作芮音丙著也蕢音買人呼苫
蒙曰丨蘮具呂反苦丨苦丨東呼苦蕒也江藘俗同蒿占藟今力水反葛丨菜似艾也
蘽九水反藤也蘬古典反蚕衣也䓪䓪上音本下音慈本反艸䔢生皃蒠正思子反質𦹗皃
也（去聲）蔽必稅反掩也障也隱也藉情夜反祭丨薦也茷俗茂正莫候反又莫
布反豐也美也盛也滋丨也二衖下降反里也街也與街同小蓺俗蓺正魚祭反丨也種也藝俗
蓺正魚祭反丨能也靜也常也也法也又禮樂射御書數六丨也四也才蔭于禁反丨覆也

龍龕手鑑 卷二 口 六 第十二張

又平聲薅良刀反草名又姓丨蓫初救反丨薺也芓俗芋正芋遇反本草云有毒草也食
之殺人以灰水煑之乃可食食已至老不饑山多出又音予草盛皃二薢䔧上毘計反下力計反
丨香草名又覆上藎徐刃反進也又草名能染作金色著直慮反成也立也明也處也補也又
張畧反所丨也又知呂反任也又直畧反貪丨也蓋音蓋苦屋也葅直據反屮名荃倉郎
反斬草也蔗之夜反甘丨也蔚音畏荒丨草也萃通萃正秦再反集也聚也二莅音利
臨也菡胡紺反苗丨心欲秀也蕝羊稅羊雪二反萌芽初生皃又草木盛皃蕢求位反盛土器
也又苦惟反又名也蓷音帝姓也人蕟莫鄧力鄧二反丨薊居例反草似芥又音計又州縣
名又艾俗艾正五蓋反歷也老也長養也又草名又姓二莬音問新生草也菢音報
反烏伏卵也莚余戰反葽丨也又平聲屮名薦作見反丨席也草也進也又姓也菀舊藏作菀
苯音遂古文蘩音校萎俗芰正渠計反蔆丨生水中有子可食也二藿正藿今胡

戒反蕭菜也二蕳藹上音浪下徒浪反丨丨毒艸名蓎俗音蕩蒜今正音筭葷菜也二也荐在見反仍也數也再也藏于委反蕪也艸也荒丨也蕵正蔻今呼豆反丨荳蘗名二蔕音帝賫果丨草也木綴蘱音類草也一名鼎童如鳥尾可食藹于蓋反覆也又清也徹也又藹於蓋反晻丨樹繁茂也又姓丨蒸胡計反丨也蘺物莊陷反內水中於例反也蘱蒴音賴逹反丨蒿也亦蒿也二下郎茢通蔄正草名二五慣反蘸他徒吊吊二也反藜藹丨莫報反與耄同老蓬明集第二十七卷蒒在廣弘草而不正反也蓍蒨䓯俗三菨或作蒨正倉練反亦艸名五草盛茜倉練反可染絳色草名也剪蕨即電反艸名也蘨三古文荺九遇反又莫矩反丨醬芮而稅反艸生皃又姓藷苦故反酣菹也蕞才外反也又小皃蔦鳥吊反寄生草也二音蕨俗過反補反蔴音步亂反丨擾收亂草又平聲䕸于計反以障也意其二音藇連翹草名蒵即計反紫草也

蕙音惠香草蘭屬蘴作見反音畜食也莧侯閒反蕣名也菜萛草名蘳良兩反艸名薈鳥外反艸也蕆蓥定反丨飾藷常恕反根可食山藥也菸依倨反息草蕷作舊藏羨苄音下蒲菜草又音戶地黃也䔲上或作蓾香嚴又他芥反毒虫也亦虫名今作二藘反夫二蔞作蓄藏夢薞新藏作蒑音胃艸名蕿反亦過反太倉丨候正反月律名也又千木反蚕也蘺蘺音又二同菟他故反絲山名也丨蓟音計名又下州草俗縣名蔂俗蔂也止初患反逆也二奪入聲苾於上毘反亦丨反芇俗下語測州少名有四德故今實之也葟菊同測上于二反菝菝俗二正音豆也三叔丨菽俗荻正徒力反萑也二蘭䕸北反蘆蘭丨也蔮䕜俗二月明也不火明不免也丨蔞今葉正木吉反無也七也蕁子入反七入入反芟也又修補也也又修補也又丨果下蔓俗蘽正於立反也二藥俗蘽柿也又姓二餘又入反芟也又音習蘽俗蔓妖正於立反丨也二蘿

音同與學同上蘗博厄反黃丨藙送谷反菜茹之名草藥名也又姓招疾音藥也蒺葯音急俗二蒴彼別反㴬移蒔反也種蕼今如悅三反丨也藤蔯音察也苦杜丨草名黃蘦又音若笋荷也蓝也蔗音六丨也蔟音笛盛也器也種荳蒻于目下音宿丨上音也名音也又豆葉也艹㚖正草名胡谷反石藙胡谷反水菜可食也古本反丨丨香草蘳呼郭反也又豆葉苗

蔻反勑紕力也草也莽白也也蔎音香草苦名杜丨也三正葉反也桃鬼日羊桃也雅云稗音徒結反也似憶苦也又耳蕾音而稀菊草丨五各反也藕莪藥蒲地生末母也反稗正音作音笮貢也苡作或蒔移二日羊鬼桃也列反丨也二米麴或若英芘音香蓂徒也蒲反地生也莱

作或荓茇初生也正余律反丨可以也除桃二也不祥也作答音福也剪莿音列為䓠帚正音鉢畢也又二蒴倉力反丨也名反少名苪俗蕱萮俗二蓲作或蘵稿正音名也四福蔥正于六反丨也二蘡菞新藏作菨萲作新蔆菝二藏俗二草萊菜新楚藏草作芠萲作芯蕒苘

苴正多葛反丨也二蘘蕽藂音世三同菜蘩俗二擇正音落也三託葉芞乞迄二音香蘜俗藹正反丨五䒷五力也二蒶作或藤正音也二悉牛荼艸名黑音房雨衣也反草戶也又在也蔥也丨音忽䒹通丨正古叶反也又姓丨皂萹古文字蜜烏頭別名雜音雜亂叶反簇也蕴音愉丨胡腦反又黄丨也作或茂也音急又俗及簇二名也蘓音負書蒀也芷白尺立也二虫也音蘇反爪音冬也及六丨苦今或作作古吉藁吉也反水蔌叶蘇箱名草也俗俗蓷今在縣名二各作病反俗兒介羌蘇叔茱萸音六草子悅丨蔦荓子表也二名或作古吉音作藥六也力涑亭子丨音夢反名也又屬又乙山草葉叶新藏病反羊皃羌蒃于亡反東茅反馬尾亦少位名又丑子六也菫音格也許六反菜名丨蒾許宜六反反六二勒亦羅羊蹄草少名名丑丁音丨菫作俗蕃正所洽反也二丨葇郭氏作荂音蘸草名䕌蹄草音也藏一蓮俗音蘿菫蘩正瑞草也又音落藻也又二芀陵音若名芍又音藥的蓮子也崔七反號反川齁觀鷟又皃一䓴藫丨音布塔藕王菫

蕖音集菩丨茀音弗草木盛皃蘼新藏作歷蓽音必織荆門也蕀紀力反遠菝別名也菝
烏酷反同沃茁古文音岳蕙意憶丨苡蓮實也蕀俗音蕀芴音勿瓜也土茁微必
反草身又止律反蔽或音笛莞音華

○口部第七

嚬毘寅反丨眉皃又蹙眉也咲咤摘加反嚻嚻囂囂嚶五俗
嚚正語巾反丨頑也惡也左傳云口不道忠信之言曰丨六嘲直交反丨誂也調也嚳嚛嚛
三嘵嘵三通嚻正許饒反丨諠也動也不安靜也七嗤赤之反丨戲笑也嘶音西
俗鳴也哆五加直加尺氏三反張口也又車者反丨脣下垂皃也又當可反語聲也嗞子之反丨嗟憂
聲也囉力何反嘍丨又小皃語又力沙反嘙嘙二俗音婆在咒中嚩俗音陁在咒中嚕
俗音奢嗃俗音呵嚪俗音函啞㕥二俗凝反其嚓嚓二俗音茶可以為飲也
嚟嚟嚟二俗夷反咖嘐嘷三正胡刀反嘷熊虎聲四咷俗正徒刀反

嗔丨也二嗔昌真反怒也又徒堅反氣盛皃也吅古喧今許袁反丨謹又秋全反二唫
音駈馳邸尒二反咳戶來反小兒笑也嘌俗嘌今嘌正音漂疾吹之皃三嚷嚷
二俗囊二音喝古文唐字嘡俗五郎反唫俗倪反諸嚱危反俗去嗞他俗音嚬嗁
俗二嗁嗁通二嗁正音提泣也又咲死常節也六嚥丨烏奚反聲也吻咭俗
嘂通土佳反正作嚙二嗺俗嗺正五佳反大鬪也二哮呼交反闞也嗷俗嗁或作
三同上嘐許交反駭皃也擾嗃許交反丨謷恚也又呼各反嚴酷皃也二嚙吻二俗吻
正音㕦鹿鳴也三吟俗音誇呪俗長林反嚮嚮嚮嚮明川五俗音窮喎正咼
俗玉篇音苦蝸反皆口淮古花二反切韻口戾不正也二呞音詩牛食口中嚼又俗音寺草也三嗤
俗祥延反正作嘍嘍俗二嘍正今落依反又上聲丨咲烏聲也四嘍嘍嘍俗三
蒸侯力主蘇口所角四反吟俗音今嚨俗音厘嚜他二音蛇啶俗音桓嚀俗耕女反

歔歔音虛歎也二丨起俗喂正是支反烏鳴也又音嗁又呪中音士美反三嗶俗音卑
嗔張二俗音張上又去聲嘐俗喃正女咸反詁音竹咸反二丨語聲噫許之反噫
丨傷嘆也噫於其反痛傷之聲也又依戒反丨氣也又嘑俗呼正甫休伏年二反吹氣也
二喊俗音成喇俗音崖正作嘊喡衙正音嘗嚽二俗卓又皆正作嚛何俗呵何音
嗱俗音蒙嘽他丹反馬喘也又喜樂也嚧俗嘘正音虛丨也二吹啾子由反丨唧聲
也啁張由反鳥鳴也又直交反丨謔也嚘於求反丨也又咽也嘆數嘩俗花音正作譁華二
喉喉嘪三俗呱正音孤聲也四嘀喑嚄或作嗟嚄二今嚄鳥聲也正於容反四丨
嘓呼加三反呼賈大笑也呼可嚌弥俗音咩莫郎俗反唈俗咆正步交反丨虓熊虎
聲嚩二俗知連反叨他刀反也濫也又忝嘲嘲俗嗖二正都多侯反言也三嗖俗烏皆反
唶俗音青嘿俗之許反嗚俗流音嘅俗來昨反嘸俗悲音嘳俗二忙音萇嚶

唉二音焚哰唬三俗音居呀俗咿正音伊也痛念之聲也二哟丨丙悲禾戈
二音丨小兒應言也呹烏交反淫聲也喑烏含反啼泣无聲於金於禁三聲也嗌通嗌正戶
來反笑丨也韻又俗都內反二出川嘍嘍二俗音吟嗎又魚容反眾口上見也喚丨也嗅
嚊俗二吪正五禾反動也吪也與譌訛同三謬也啚音徒與圖同謀計議度也嗇俗嗇式
入勅二轄反二咄俗也隨三誕音嚩嚩二俗反正作漂嗼普門普悶二反丨吐也又吐氣
也吻俗仍音嚶二俗反丨烏号呼号聲也嗡俗輪音嚏丹俗他反咜嗁二音陁俗
唼俗雄音嚶星俗音哇音又支巨支玉篇反音嘩嘩二俗哇正烏佳瓜二於反王
篇小兒啼也切韻嫈聲也三吷吷俗音夫作趺二止嚋音紬直流誰也又反嚋也咯俗音
各唛俗陵音嚜奴論自切流反嚥俗力占反嘿或作映作昌為又去聲嚨正盧紅反喉
也丨嗆俗音孫餐一嗈音啼橫泣小聲兒嚜又鋤慈衘染反丨氣反也小又食丨又奪楚鑒

反試人食嘰居依反口醜玉篇小食也嗅俗呵朋反啾俗唫正玉篇欽琴二音口急也香嚴
又牛捻反口出水也二嗎嗎二俗嗎正許延反笑皃也二嘕去乾反善樂也嗟正嚐
今音瑤嚣樂也二嗜俗嗜正苦下反二嗔唇音真驚也又音震二同嚨莫江反語
雜亂日丨也哨音消口不正也又七笑反壺口黠者名也吵俗音沙呧俗巨支反喇俗巳
披反啵俗波倫二音嚱俗嚱正子廉將焰二反丨取不廉又資息不鼠聲也二嘬了俱
反嘰丨也唉烏開反漫鷹也又於其反屚俗嗝正州咒二音呼鷄聲又音朱二吼咨二俗
於求反小聲也哆俗音移呲俗音眦唻音來呼犬聲又賴皆反唱歌聲又俗生角反唴
俗嘵正許么反丨丨聲也玉篇又女反嘲丨丨也二嗺素回反丨送歌也又作回反口丨頹尺醉
雜反高皃也又俗在雀反嚚火街反小兒唳俗他丹反嘲五閑反也訟詞也嘸音荒嗜音皆
鳥聲又胡戒反嗳音喧懼怒也又音喚亦怒也嗵俗音迦嗃俗嗃正渠遙反不知也二

咍俗昭正音超截人言又喉鳴也二嚝虎橫反鍾鼓聲也㖗音於笑皃也嚣
音零二嚹直流反咉烏郎反鷹聲也嗖音皮呧舊藏作呱音孤啼聲也囃俗奴丹奴
且二反咖俗加迦伽三音唋俗於徒二音嚃俗音遲嘹俗嘹正音聊丨亮聞遠聲
也又力吊反病呼也二吒徒昆反丨不了咺俗古恆反咍呼來反丨丨笑也咦喜夷反笑
皃也噑澆叫二音聲也嘫女閑反語聲嘌正昭反疾次之皃啍徒昆反口氣皃也呆
俗咊或作唎今音和玉篇小皃啼也三嘔俗呼亐反噅嗇二俗噅正許爲反口不正又
俗火雖反三叽俗㕣地名叽音求氣訶也三嗩嗩二俗音須嗷或作嗸正五高反
眾口愁也二嘡俗音堂吪俗音凡嚬俗巨嚴反嚱俗許其反巖牛咸反呻吟也嚯
俗音瞿嘍俗勒登反嗐俗音占啷俗音郎嚶烏耕反烏聲也喻俗音表嘣俗音
胡叽俗於斤反唧俗虛更反哃嚧上音同下音唐丨丨語不中也又大言也嘟俗居郝反

嗂喝嗁嗁四俗嗁正都奚反城名也五呶女交反讙丨也唎俗音知嘮嘮二俗
莫千屮半二反正作謗欺也嗚音烏丨呼也嚏俗口夷反嗺俗音雞唪俗符封反喿
俗力戈反旱俗知牟二音嘟俗音都嘍俗音西唛俗音淩吇或作吁正許俱反
丨數也二哦五何反吟丨也嚾俗音雖嚳俗芳无反正作學嚤俗音摩丨嗞子之反丨
嗟憂聲也嗖俗息由反嚪俗音闆嚂嚛二俗音盤囒通囒正音闌丨哰語不可解二
哰音牢闌丨也嗒俗通啉正盧含反謫也聒也又譙也又酒巡匝日丨二嚛嗥二俗音渠
喓一消反蟲聲也咮音朱多言皃又張留反喈音兒多言兒耶俗以那以佐二反嚹
俗音披噃隨函合作蟠嚚巽古文居其反二噇俗幢童二音又赤勇反嚛俗都更反
嘈音曹喧丨噔俗丑陵徒鐙二反又隨函音正啌許江反丨聽語也叮音丁丨嚀也嚀
音甯丁丨也又俗女耕反嘬俗將須反嚀俗音亭冒古文竹鳩反呼芍郎二音嚉、俗

嘭正彼休反虎文也二嚷俗陛皆反又獄名也呂俗音正莫郎反不知也二吽嘣二俗
呥或作呥正汝鹽反噍皃亦多言皃四嗃俗五高反呢音尼言不了也唲唲于佳反丨
嘔小兒言也二㖸玉篇各何反哅俗許容許拱二反咝俗音私嚿俗音龜喀俗音
客丨死也嘮勅交反丨呶嗙甫邦反喝聲叺呻音申吟也二吧呀上音巴下音牙
丨丨小兒忿爭聲下又呼加反哈上張口兒又丨呷也喧古還反兩鳥和鳴也噚俗身口二音
嚟俗音离巖俗口銜反正作巖丨山也嵒古文音巖嘷音毫嗷俗五高反嗶音毗嫌也
嘪舊藏作男母官反嘶經音義作頭音兜隨函云廚字上聲呼之嘍魯登反磐于元反
呪呼郎反又戢救反〔上〕聲啗啖啗噉啗徒敢反丨食也飲丨也五啗嗾二俗
音同上七啙呰吡將此反丨毀也罵丨與訿訾同三呬許以反又通平去二聲又五智反此
字多沓梵語嘔鳥口反丨叶也又平聲𠰢俗居委反丨許也杳杳二俗㫐明星也

吓 問丨也又音鴉 唘啓 古二 啓啓 二正輕禮反丨開也發也別也剋 另冎 俗二 咼
皆古馬反丨割也下又苦怀反又苦蝸反口戾也三 哩 俗音里 唵 烏敢反進食也又俗烏甘烏囼
二反 喊嚂 呼覽反聲也又俗貪反亦貪丨也二 嚂 俗同上 呫 音吼厚怒聲又吐也 哅
俗 呴吽 二正音吼牛鳴也下一川韻又平音反三 咬 俗五巧反又音交鳥聲也 嘩嘩 俗音
二辨 喏 俗人者嫁二反 奴 喧 又王篇許遠反小兒啼不止又戶鄧反又俗許遠反 哽 今 嚘
正古省鳥省二反嚱也二 吮 俗 吮 又正徐兖絶兖二反嗽也又食及反舐也嗽音胡 嚅 俗 喘
正昌兖反丨息也三 嚊 俗同上 咀 慈呂反食味丨嚼也 咬呡 二俗 吻 正武粉反口丨也三
嘁 俗音底 噂 沓損反丨喈也 吟 烏禮反也尔也 可 嗞 俗鳥下反 咾 俗音老又舊藏作姥
嗒 俗音苦 嗚 俗音寫 喫 俗音爽 嚾嚁 二俗兩反 其 哂 俗莫幸反 呢 俗音你
嚛 吋 俗直呂反正作伫二 吥 俗音否 啨嗙嘳嚆嚆嚖 六俗卽委反正作觜嘴三

字鳥喙也 㖷 俗侍待二音 嚽 俗音紙又石尔反 警嚳 二俗口頁反 噞 魚檢反丨喁魚
口上下見也 𡅯𡅯 二俗居展反正作謇吃也 㕮 甫父二音咀嚼也 嗨 俗音海 咪咩
二 咩 正 哶 今迷芉反羊鳴也又姓王篇莫杏反香嚴又迷罵二音四 嘪 又音買羊聲也又
俗莫貪反 吲 俗 哂 正失忍反笑也下又呼兮反二 嘟嘷 二俗于鬼反 呃 俗普可反 嚎
俗音像 嘈 或作 嗖 俗 嗾 正蘇走反使大聲下一倉奏蘇奏二反義同三 又 㖇 俗蒲角二
音 嚦 俗音利 㖐 俗音免 㖇 俗音勇 啋 俗音綵 咻 俗音兒兩反澳丨病聲也 叹 俗音
以又川韻作又字 噾嗿 二俗音飲 𡃜 俗音善 嗽嗽 二俗奇飲反 噵 俗音道 嗟
俗禮反 𠰽 俗音礼 㕻 俗音否 嘐 音老嘐丨西南夷名 嘈 音草丨鬽死人 呟 俗胡犬胡
絹反 二 嗕 或作 㖃 正胡口反欲吐也二 嗿嘇 相承素感反口唅物上又俗先到反二同 唅
人者反鷹聲也 吼 乃后反食物也丨 啊 俗烏可烏下二反 㕣 音兖山間陷泥地也 嗢嗢

二 呧呸呸 三俗作或 啞 正丁禮反口也又音帝呵也又平聲出王篇六 嘔 俗烏后反 吽
玉篇五口反和也 吽 胡感反丨嘾也 嘾嘾 徒感反丨也二 呼 嗂 俗丑冉反 噏 俗叔塞反
𠼟 俗音袒 嘽 大于吻反大口也 嗛 謙琰苦殿二反猨藏食處也 唊 詳琰反猨藏食處也又古
叱反丨丨多言也 唶 玉篇子也反馬也切韻又子夜反歎聲也 𠯑 俗音走 𡂼 俗于綺反正作
齮齧也 唪 蒲孔反大聲又音奉口高兒也 吵 亡沼反雜聲又俗音沙 㖥 俗 㖥 正渠殞反
吐兒二 嚲 俗徒果反 嗬 俗音綺 叩 音口丨頭 卭 音口名也 卿 哨 俗音省 呀 或作
哯 正胡典反小兒飲乳也又不顧而吐也二 𡃢 俗 𡃢 正音待言不丨也又他來反嗯丨言不止
二 嗯 音意𡃢丨 哏唸 俗相承亡牀反二 听 宜引反口大兒 啡 正愷反山垂雨聲又音敗
吹火具也 噞 俗于檢儼二反 嘆 居郎引反長瘡也 啞 言交亞字丨有三音衣賈烏嫁烏革三反
嗔 音引大笑也又音行 哴 音朗 嗖 蘇口反使猫聲正作嗾 嗿 他感反衆聲 叵 俗巨音

唉 烏改反又于其烏開二反漫應也與欸同 𠯿 俗音李 咎 俗其九反 響 香兩反聲丨也 嚮
音我 唀 俗音又丨詠也 𡁔 亡犯反轉舌呼 噤 渠飲反口閉也 唶 昔止 囉 勒可反 𡃤 毗也
反

【去聲】

咤 古 吒 今 咤吒 二正自嫁反嘆丨吐丨怒也下又竹加反四 喪 成壯
反丨失也亡也 㖁 俗 吝 正良刃反丨惜也慳也一 嗑 古 喝 正厄芥反丨嘶聲也又呼葛反
丨吐也二 𡅐 音秘丨也 馬 𠳋呿呿 音去欠丨聲也又音怯臥聲也三 噎 俗 㗤 古
嚥 今 咽 正烏見反呑也又平聲下又入聲四 喙 許位反口丨也 𠹕 俗 啻 正音施不丨也
多也越本也三 𠮞呌叫 三俗 嗷 正古弔反鳴也遠聲也亦嘆也與叫同四 叫丨 同上 喟
古 嘳 今在恠反丨訊他人也二 喟 苦恠反嘆息也又口貴反 嗷啡 二俗 唄 正蒲芥反梵丨
也三 唎 俗音利 唅唅 胡紺反丨也二同 唾 土臥反說文口液也 唑唑 二俗 噬 正時
制反齧也又食也齧五結反三 嘯嘯 俗二 嘯 正蘇弔反吟也郎長丨也三 嗽 蘇奏反欬丨也

又所角反口翁也翁音吸嗽蘇奏反背丨丨也又音朔呬丨也噍才笑反嚼也又音焦嚼丨聲也嗎音
嘞吸俗音及哺音步乳丨又食在口也嗳嘆二俗嚓正蘇困反三丨水也與撰同三又音
嗅嚊嗇三俗許救反正作齅咧喛二俗嗅正音戾雀鳴曰丨又音綴亦嘍丨鳥聲也三
吃俗音泛哮季俗音唏唏二俗唏正許既反丨啼也三嚷俗如反咳俗嘁
喊二正許戒反怒犬聲也三嚫初近反丨施也咥俗音到又直致反嚪瞻諂音嘅俗
嘅正詳既反丨歎也三嚱俗子瞺反咻咮二俗嚇正呼格反嫁大怒兒也三又笑聲也
咪正嘷今呼嫁反虎聲二唼唼唉嘆俗四嘆正息妙五反欣喜也嗆俗初亮反
正作愴嗦俗音嘆喰喰二俗禁反于唸丁念反丨唐練也二喘俗戾五反音汗正吠
俗音代嗹俗音諫嗷俗正作羊稅反吁嗞呀嗶嗶作昔俗鼾音丨汗睡也正
下一又正丕反嘽聲也五粃嚐俗音富嚧俗于正反响俗許亮反嚖俗他定反咯俗音

龍龕手鑑　卷二中　一五　第十二張

路嚬嘻二俗嚏正嚏或作嚏今音帝噴丨鼻氣也又所甲反五嚦嚬二俗音頻
嗟俗作誕美延二二字音嗃正正作嚏嗃俗音嚾嗖俗三喅或作嚾古喚今呼
貫呼也六叫反正嗜俗欲貪愛也反二丨嗄于芥反聲敗所嫁也二嗙嘈二俗
普悶反水也正作嗪太俗音反應去智法師反又行作喘聲息兒變也也呀介俗音
噴潠水也嘷鳥鳴正蘇到反三反鳴也𠯗正箭宜反又作支反兒也國也二也咥
俗通嗲正弔牛丨也箭三反羣俗音喑又正語斤反丨弔反失號也
俗音唊嗲正弔也三反破俗音囐魚祭反獨丨音上俗音唶
署又音嗁俗側京反直細俗胡命俗音喇制俗昌樹俗也又音嗝漏俗人名快音
姓又嘟例俗反京俗反三計反俗器胡大虛戶器反笑也也反呻也音嚊
啞啞計二反俗丁嘿俗嘿正烏故反二也鳥外俗反呼爭俗音嗤俗音
逬喀夜俗音喳哈二全俗嘗作或嚖聲正呼息惠也二反嘐望俗音哕音俗

嘶俗音嚗俗步報反俗嚘二反嘔嗄箭俗二爾嗎俗霸反木俗夜反避俗音
號嘿卧俗反口嗕俗二喝正胡貢反三反嗳丨音也授口呗反俗正去致作
跛足番坐反俗啄歌通也為命俗嗽音至俗嘯鄧俗反蒲嚩許兒界又多反高氣正也言經
仍口吏吻也反之言夜兒也多嗔去丨吏疑反也無于記其反也閒兒反九鳴也嘹鳥音丨素
義谷音驗隨嚴香音二嗏俗嚌物正在至詣齒反也二嘗吃晓又音鳥名卓二鳥嚹居俗
貴嗯王反噣咮生陟子救能都自豆食二也反鳥口也又音蠋上又烏名
位巨反月唘又火音敗血反亦息息聲氣也也玉篇上又果俗濯反女作反正嚁嚽辭嵗頭也反嚴丨
二反嘬楚快反喫食也一吩俗胡戒反正作嚜眉秘小兒多反丨
噿旦舉盒䜪也二吩音徒弄反大聲歌齒怒也嚶俗正與鳥縣反反皆玉
詐也又音䐈計音嚾也又胡貢反嚶俗篇正於計吼
音寐不學嚶妙俗眈反嚌音直嗿嚕舌去呼聲之轉嚕反於梵音嘐
甘二不學嚶俗眈反嚌嗼音直嚕舌去呼聲之轉
也二

龍龕手鑑　卷二中　一六　第十二張

音梵又蒲感嚹譬俗音嚳俗詰古反咟音篇言弄也玉咔俗呃正弄上鳥音
蒲紅二反嚹俗
鳴也吣正七犬吐也鴆二反咄羊世反玉篇多言羊也鳴也嘊音嘊俗丘
也亮反吣下音亮丨丨也二反嚁又私反俗制反吕力二救反也嚱俗代經音嚕俗賀奴反
小兒啼不止也嗨力尤二救反嗍力尤救反呼反二噮丁許音義作鼻嘖
嘛知戀反奴也帶嚵古音意又方嗌驗舌反呼正摶忸六反鳥嫁嗸音嘖嚱記于
也在吟也反嚎丨俗音嗹正秫不反子人也樂合也五也憂
五卷又聲音經第血嗞禁俗反旁四轉舌正愁恒也不反也蠱
反詞孕俗音入聲嚂嚂嚂嚂嚱俗嚱正愁恒六反也五也嚶丨也
喙音卓丨齒也鳥食也又丁木反丨木鳥食也嘚俗嚩正作歔也下又四樂反直音丨令子合又才故蠱
二反噡嚽嚽嘍昌悅反力反正言不作嚱正呵也呂也嘂細言也又兒而
噣俗咄正都骨反也阿也吆俗吒正呵丨也反丨二反嘖許吉反也
反巨古嚂嚂吒俗三吒通二吃又正居許乙乞反反口下丨二難又言于也乙五反啞又反也

于百反笑聲也又烏雅反啼丨也不言也又于嫁反烏聲也嚯俗許畧反正作諕字噩咢五各
反大歲在酉日作丨下又喧嘩也二噩古咢今五各反言譁也又口中斷也二㗊俗咒
正阻立反衆口皃也二噭呼葛反訶也怒也大聲也噎烏結反食不下或作咽饐同咽上同
嘛咂哂三俗呞正子荅反入口也四嚼正嚼今在藥反噬也咀丨也二咱嚙嚼
嚙俗五吉反正作齧四吸噏許及反丨飲也息也二呼喞二俗喞正資悉反啾丨多聲
也又音即鳳鳴也三喈徒合反噂丨蔌語也與沓同又俗音欶噢于六反丨也伊悲泣也喊于六
反丨喉聲嘓呼麥反大笑皃嗔嗐二俗嗐正丁結直立二反丨出吡呵也三啅音卓衆口
也咥丑栗反笑也又丁結反蕃蛭丨蛭丨氏也喫嚛嚳三俗嚴作戒喫正口吉反嚽也
五㗁俗音卸嗍俗所角反正作嗽嗵俗達音嗼俗音莫啞啞俗音娙二嚜
俗音悉咻俗音述咀常達反相呵也咲俗哭正苦谷反哀丨也二喆音哲知也嘿

莫北反静死言也嚵俗音鹿哾俗音脫吷俗音六嗢烏沒烏八二反咽也又姓啓
俗哲正知列反智也二嘮俗郎活反嗌音益丨喉也痛也咽也咳古文作所甲反今作唼
丨咮鳧雁食也又俗音師啶嚏嚏嗟嚏五俗同上六喔徒角反雞聲也又丨咿強顏皃
昌俗芳偏反哵俗苦葛反噦于月乙力二反逆氣也又呼外反鳥聲也啃咋二俗咋正鋤
陌反天丨多聲也吠音烏交反三啉前歷反丨寞無人聲也嘆俗喋嗓二正文甲反嚏
三丨也嘁陟轄反斤二烏鳴啁丨也叶胡貼反古文今作協和丨合同也嗒
俗嗒今嗒正荅塔二䑙丨也三音㗳俗昔音㕸俗音立嘍俗蘇今反嘞俗音
叔唷于六反吐也哱俗蒲没反嘞俗音勒嘖爭革反怒也也又士革反讓嗯俗音
忽嘀俗音宿嗠音洛轉舌呼之嘝呂角反卓丨有才辯也咇蒲結反詰也又口香也又
毗必反嗄徒各反丨丨言無度也又古音直篵反嚩俗嚩正補各反丨嚩嘿皃也二嚗

姊入反溥丨也㖃俗呼得反嘁哆二俗女六反正作惡吐俗音國哈五合反魚多皃也又
古合呼合二反喇俗盧達反咶下刮反息也味或作呑今下刮反塞口也二噶俗音臘
嗝俗尼力反咭俗奇逆反喧俗音宜嘣俗咈正音弗戾也二咭俗音結噴俗
噴正音質野人之言二噆正囋今才葛反嘈丨鼓聲才旦反訊丨喇也二又嗄俗音復
唰音刷烏理毛也噣音斲託也喇俗音剟吒呼角反怒聲也哦江西隨函音伐噘咯
音洛嚮嘘嘘噱其虐反嗢丨笑不止皃四哈其虐反口上咢又笑皃咱俗音目嗽
俗盧骨反咰音卒飲酒之皃啐子聿反又蘇對反丨反嘩聲也送酒聲嘩音律鳴也亦啐丨也嗃
食幸反尒正也丨事之危也嗑胡臘反噬丨易卦又古盍反多言也啜俗没音咧俗列音嗃
俗啤嚅二正音草口丨又烏雉鳴也三嚛火沃呼各二反食新也一日大飲聲哾啐山力
式芮二反小飲也又嘗也二嘟噭二俗音失郝二音唱先立反忍寒丨丨聲也又俗音習嗢

音育聲音也玉篇又火角反與吒同香嚴又爲正反助力聲也嚓或作嚓今音切小語也二一噁
俗于厥反嚧胡陌反丨嘖大喚也嚓嚓哭哭哭五俗音黄嗶俗音畢嚅嚅二俗
音藥正作龠量器也哳五格反讀曰丨毀唎嗥二俗嗥嗥二或作嚱今才葛反嘈丨
鼓聲也又五格反五呃通呢或作呝今音尼丨喔高聲三唉烏聲又小語也噪祖郭反鳴
丨丨也丨嚁俗音失嚃他各反聲也㖨呧丁叶反多言也又嗅一頰也二同噬私合
反丨食皃嗝或作哂正昌輒昌直二反多言也又初洽反曰丨也二咱嚍胡麥反丨嘖叫也二
同噍五合反衆聲也噈子六反歃丨口相就也歃音烏啾子六反歎也啞而直反多言也
咯苦各反𩐨語云丨血也弶音明弶噚音𢍰又嚼西羌名丨憐皃嘌音力嘍丨言不了也又俗
音咩音逆丨也嚧㗼音業動皃嚅嗃上山洽反下女洽反丨丨小人言薄相也囁而直
反口動皃吝古文六反渠叶音十嚬虛業反卩嚇也嚁舊藏作躍在賢明弭集第三十卷郭

氏又俗音曜嘣音朔嗯俗所立反嗦俗音鉢嗗骨忽二音憂兒㗳俗渠力反嘁俗音
減[illegible]竹滑反口滿食兒啢喘二俗[illegible][illegible]二或作[illegible][illegible]二正[illegible]今音殺人事變
也又所芥反丨嚽聲也七喝啐魚謁反相呵也玉篇又音珊嘞也呼音力鳴也吶俗
[illegible]正奴骨反口丨也二唈烏合反嘤也嗗烏入反飲聲玉篇又古沒于月二反聲下出也[illegible]
呼术反歐聲嚱盧合反嚺俗音臾也嚥昌約反轉舌呼嚗其虐反嘶音刺嘫音赫
喤俗入聲[illegible]音畜
○女部第八嫈俗嬰俗又嫛也遭也嬰正益盈反女曰丨男曰兒三嫌嫶
刑兼反疑也惡也不平于心也嬉許其反樂也一曰遊也又去聲丨姿顏兒也姟古哀反數也十
曰經丨丨也媷音蒿耘也除田草也又姝昌朱反美好也嬴嫛二俗音妖婪郎貪反貪丨也
姦姧古顏反私許也二丨僞姿音資儀容媚態也嬌居喬反女字又媚妬也娩婉

二妉正丁含反樂也愛也三媧音同上過也四孋音厘丨晉公之姿姬俗姬
之正居之反周姓也又與王妻別名也二媰娠音身孕也二又之人同丑反姙也二娙余針反
蕩逸也私孎俗嬮淹正音閹靜也三丨雅娉柴營反好兒也妍五堅反好丨淨也美妍
俗上同娛音愚樂也丨嬪毗人反婦也又姿御曰丨也又娙五耕反長好兒身嬪嬪
二或作嫇今莫耕反嫈丨也莫經反好兒也三又嬙俗嬙正疾良反婦人官名又音邑二
作嫛音奚姦也嫘或作嫘正力追反黃帝妻也二祖嫘嬜許金反貪愛也許談呼含嬛
許緣于緣二反便丨輕麗兒嫫嫫莫胡反醜也丨母黃帝妻兒甚下又莫百反靜也二妐音中
夫之兄也妃芳非反嘉偶曰丨又御女也二孅息廉反細也銳也婗五奚反人始生曰嫛丨也
嫛或作嫛正烏奚反丨婗人始生也二媑俗先華反嫛子余反砦星名也媞音帝美好
皃又音是江注呼母也嬪音頻丨姿嬉赤之反丨妍也㜅呼先反姣胡交反媱也又古丨

巧反妖媚也姁相倫反也又音鄰狂姱骨誇反奢兒嫀或作[illegible]正所臻反丨國名姺
所爭反女字也妤音余婕丨也娋所交反小丨倫也婫玉篇牛昆反女字也一娀音嵩
有丨女簡狄帝嚳次妃吞乙卵生契嫥音專愛也可嫈古文雖同音綏嫈烏耕反嫇新婦兒丨
也又伊進反小心態也媯俗嬀正居為反水名又姓二州名娿烏何反娿丨不快也又烏
可反又姓娿烏含反又于琰反丨嬰不快婦人名嬰古文音要婘巨員反美好也嬽嫺巨貪
反丨丨好兒也二丨同娏莫江反女神名嫽音聊弔反丨相丨戲又嫁又烏含反
也玉篇又音貪亦貪也嫪音含婪也媮他侯反薄也巧黠也又苟且又羊朱反丨縣名也又靡
也姙姙二俗音陳嫊嫊二俗音六嫠若加反姿態也窈丨作窈音丨嫈嫈俗二
嫠正力之反無夫也二奻方還反訟也二妦或作妦正方容反好兒也二姍蘇干反許
也婷阻耕反娿阿哥二音女師以教女字婀阿哥二女字也音娟于緣反舞兒也姢

又嬋丨好姿態兒媥房連反嬋娟美兒姑處占直昌二反丨姿輕薄兒㜢徒聊反細腰兒
又徒了徒弔二反丨往來兒又巴人歌也又音濁直好反丨婓芳非反往來兒一曰䰗丨往娃于佳
反丨娃聲又美女兒又音桂又姓妭音夫貪兒又音憂鼻目開恨也斐俗斐正印反婦人移
好兒也又音此二㛪或作㛪任也二今音孤保媩俗媩正似全反好兒二嫺嫺
俗二媧今六娃古花二反女丨伏羲之妹三嬰嬰二俗嬰或作嬰今與之反悅樂也又許其
反善也亦悅也四嬹許淩反女字也又去聲悅也善也娶音昏嬬或作嬬正人朱反女人名
也三嬃女字相俞反娶相俞七句二反媒嫁也嬣女耕反丨體也倴音蒲本反婁俗音
妻姦經音嫔許其反婦人賤稱也奸音干以淫犯丨不以禮交也亦亂也又古言反嬉音好貪
嬇子緣反娥眉也嬳作嬳舊藉嫄音元姜丨婤都聊反人也又音抽兒也又音周女字也
嬽子眷反娥眉也嫣許延于乾于蹇三反長好兒又人名又于建反嬪俗嫱正莫交莫巧二

反美好皃也 妟古文妍字 㚏或作 妘本音云女字也又姓二 嬚音連女字也 嬩音余
女字 嫈徒刀反與執同最小有柄之鼓 嫈音縁 上聲 娜奴可反美皃二同 妸｜婉
子遠反美也順也好也 嬈泥鳥反苛也擾弄也 姊姿死反女几也 嫐玉篇音惱弄擾｜也又戲
俗女甲七列二反 媸嫋嬑娙四俗 嫍媤作二或 嬾正 嫍｜今音朏相亂也八
嫋奴鳥反長弱皃 嬝奴鳥反摘也二 嬾洛散反惰也與懶同 姥莫補反老｜也 妓其綺反女
樂也 婸徒朗反婸戲皃 嬦正 姘 婧二今疾井反女人貞潔也又㛘立也三 嫣嫣俗二
烏了反正作窈 嬈俗徒了反正作嫋 嫂俗 嫂通 嫚媛或每上烏反下奴｜母｜反好皃
婀烏可反｜娜也 嬐誤 嬐正五感反含怒皃二 嬐嬐作二或 嬐｜今胡感反害惡性
也又五感反三 媽莫補反母也 嬐魚檢反然齊等也｜ 㛘俗 妳通 嬭正 嬭今奴
也買反四乳 㛅俗 㛅 姼二正是匙音美好皃與姼赤同三二 妣卑履反考｜也

又必至反母也 媼烏老反女老稱也又烏沒反玉篇｜小肥也 娣音弟 姒今 姒正音
似娣似長婦日｜婦日娣也又夏姓二 姻 㚈 妞三俗 妞正呼老反又姓也四 婐烏果反｜果
好身弱皃 妮俗 妮通 妮正奴果反婐｜也三五果二 姽居委反好皃于毁又五二
果反 婞俗 婞正 婞今胡頂反很也三 媕衣琰反覽也鷖音烏計反 嬿好皃于典反見二于
婉美也｜ 嬓或作 媄正音美顏色妹好也二 娓許鬼反又尾美反二 美邑音邑 嫛音毁惡也 娃
天口反人名 媎好七感反好皃 要俗 妥正他果反又他回反二安也亦安坐也又一果二 嫩
嫩嫩二宿 了女反三乙 婑俗 婑婑二正音貪也三 奸音戶好 嫖俗 嬛正烏
鮫反細弱也｜ 二 媁于鬼反醜也 敺俗 姛正音直動反二皃頂 嫽人力之主反惡稱女
也 婄普口反蒲口婦人皃二 㛎所景反減也｜ 妠音內 嫐奴了反悉二 嫋俗烏皎反
姖之忍反愼也 娍好也 嫵音武媚也二｜ 嬭彌反小 娌音里正也 娙五駭反喜樂也

娊音現要目細皃 媔俗音 改妀紀似二音字也二同 嬼力九反又婁婦也妖美又俗
平聲 娩芳晚反万反免二音婉｜媚也又音閦生也亦古萬字又音万姓也又 媢音語 嬰子俗
蹇反正作偃一 去聲 姤俗 姤通 妒正當故反害色也上也一又三古侯反封名也又偶也今
媾古候反重婚也 媾 嫢 嫢俗三 妊今 姙正汝禁反身懷孕也四｜ 嫩俗 嫩今
奴困反小弱也三 媿音愧又與愧同｜荀 娒俗 娒正莫侯反女師也反 婚娓
一正 婏也小 尼計反也三 妧五貫反又｜人也好皃 娉正正反婚也要問反也 姅半判
俗二 嫷醜正音傷 媼 頞 嫚正莫晏反侮易也二 嫈俗 嫈正倉旦反云三女曰詩｜
孕二也音 嫪正郎到反｜惜也物也怪也二 嬻作旦反日好皃女徒不謹也又昨
也又美女皃二 嫖俗 嫪必計反妾也卑也 姹或作 姹今當故反也隨經直有嫁多釋二反美女 嬨俗
嬽｜正柔于順計皃反二 孅孅俗二 嬔正芳芳万反遇反兔子日｜又烏伏外出也三 嬔

芳万反｜息也日烏伏作出也 一 婭于嫁反姻｜也 嫭 嫭 嫭俗四 嫭正胡故反美好也又
也五 媙音縣又音苟狂也 㚈俗 妢上或音作 妎正胡計反下害字林云心疾不了卜也又妒也二
三 婟胡故反嫪戀惜也｜ 嫉烏 嫛上｜音無宜下音適也畔 娶許反｜弔疾許列反 嫉喜兒
八音貫反 嫺小好皃又肥也 嫙 媛美音院曰淑｜｜又 姁｜香句反喜兒 嫗乙句反老
也｜ 媚俗音 嬰 婴二或作也衣 皃音 娸音二也 女 婥下晏反 也 婭反豆閉
二又俗音美 媚音女短也 娷竹志反也又女恚反 婺好兒又人姓飢字也 姕好兒 娟二冒音妹
夫婦也 又俗音 晏于見反安也 嫕悅音恚兒 婺音務狗｜也 嬇苦怪反女字也 古又莫候反 媾音遇女子｜遇 婧正
孌今力好皃二倦反 孌音戀順也｜ 嬇胡對反 入聲 嫉音疾賢曰｜害 嫭 姤
男子 娍 娍云承長正皃反二玉篇同 嬄音志｜也
音辱解也 嫊 也音蕩逸也淫 嫡音的長也正君也 嫳普結反輕薄皃 嬠美樂好藥兒二也音

娓于角反好皃娖測角反辨也嫋陟五反謹行也又姓又同上嬻音獨慢也娕嫊

嬫二俗媟或作媟婡二正私列反狎也慢也五妭音弋婦女官也嫞竹角反謹順皃姶

烏合反美好皃妀蘇合反始｜也婗音悅姚｜美好也又他外反亦好皃姞渠乙反姓也一日字

丹格反｜己紂妃也婜音執至也妠奴骨奴列二反肥皃又音納妠｜聚物也婥昌若反｜

約美皃姡音活｜覸也嫆許及反莊嚴也婕桑郎反｜好㜸嫗嬬女力反婦｜也

嬻七亦反｜妹齊謹又音責鮮好又音策健急皃嫭俗婡正勿角反又恭謹皃二裂音列

美也嬬音宿媟兂結反婡逼婡正呼叶反小氣皃又苦叶反得志皃二嬥俗孆

嬳二今王縛反作姿也三妖放悅反媢也鼻目閭輕薄日｜也婚他合反安也嬉胡麦

反好皃姟俗嬉正許六反也好也二媢嫼莫北反怒皃婪音孰後宮官名嬎俗于

堨反嫩嫩嫩舊藏作飀又郭氏音鹿三婈蒲末反鬼婦所居之處天不雨也媎音逐尒雅

龍龕手鑑　卷二中　三十三　第十二到

云感之動也詩云憂心且｜亦｜姪也嫡音失嫁也妡嫡二俗所六反嫇舊藏作餐音鑯

貪食曰｜在咸食論娢舊藏作欲字嬿俗式六反正作儦嬉士洽反｜映戲謔也映五洽反

婢音必母也嫫音卜昌意妻也嬙俗音邑又疾良反妁酌杓二音媒也

○鳥部第九

鳥都了反飛｜也篆文說文及玉篇切韻皆云三點象日中三足鳥也鴉

鵯鴟鵐鶂五俗鶇通鴟正昌之反一云鳶也七鵂鳶鳭鴚鄔鷀六俗

梟正古堯反不孝鳥也食父母七鶯烏耕反春鶯羽文鳥毛有班文鸎鸎二俗鸎正烏耕反

黃｜也三鸚烏畊反｜能言鳥也鵁鶖音秋禿｜鳥也鵷音鴛｜鶵鳳屬也鸑鸑兒央

匹鳥也鵁鶄上音交下音青｜似鴨而羣飛也鶤鵙鷄上二音昆｜｜似崔而大也

鶢鶋上音爰下音居海鳥名鳧音扶野鴨小者也鴻俗鴻古鴻正音紅雁屬也

大曰｜小曰雁三鶃俗鵈正七余反｜不淫鳥也二鳩鶬鶊上音倉下音庚鳥名鴻

俗鴝正其俱反｜鴝鳥也二鶅音啼鷉｜鳥也鵜鶘上音提下音乎洵河鳥也鵜俗｜

鴉正鳥牙反鳥之別名也又汝南有三足｜二鵹俗鷅鷲鸝三正音離黃鳥也四

鸂鶍二俗鳩｜鵓鵰都聊反｜又姓鷚鴸音焦｜似鳳也鵬音鄉｜也鶪鵂

鷀二俗鷺正又音音慈茲｜名俗动鷍正音生似鳥作音鳥｜今也鷖二鶬｜鳥

鳥又名姓盧水｜鳥也鸕鷺音常為鵝｜倫鳥｜鵶俗化作生生音鵲鳥羊｜鵲也白鶴音一羊反足｜音苗鳥鶴｜鶉

也作字鶴云三林鶉｜宇反林鸔鳲鼠雛鳥鸒音休別名｜同鵲也鷁也鶴又字反｜廉鳥也

舞統則天雨｜鶵又音｜雋｜鸔作羊也鶓胡音與小鳥雜別休鸒名同囮三子二作

｜鳥名離音伞鶉鷄通鶉俗三鵃正于手也又反小武林鳥子三天離余鳥薰鵜也

正書容反鶪張音之零兒鶪力莫也于俗救浮又反武小鳥林子也三天鷹二

｜鳥也二鶲音零｜鶪俗鶪作二或鷹文縚正之鶬燃反

龍龕手鑑　卷二中　三十四　第一二四

鷄屬又晨風鳥也又知連反五鵃直交反｜似山鵲而小鶀音其鳥名鵙音欺｜也鴨鴉

音浮｜也鵃也鷂鷂出出鵯非音非二鳥名鶩鳥名龍音鴬鴛春音至立秋去鳥安立

也鵯作或鵯鳥正音卑又音疋｜二鴟鴉音舊藏作無在別譯阿含中俗鶵音宇

夫｜巧也婦鶴鶴音乖常也鵰鵰鷵音唐徒鳥似鳥倉白色名鴿同音余鼠與鳥穴也

鶴雄音皆爾疋云雄鳥名也鵌音與鼠同穴鳴二波音婆作或鳩方正音鵲

房｜鳥楊名人面雄雄也二又日鳥身也鷈俗鵫鶶二鵙或正他鳥名四反鷿

鴉鵲鵲鳥二音藏澤鴯又徒干反鶗作二鵙｜正鳥名四鶪鶪俗鶁鶪鶁

鸛鸛貫音歡加反作作｜人徒也又音提｜加鴛又短尾射之衛矢鴙射

咸二反鳥｜雀也二鵂同音鵂鳥鵂同二或作四鵲二鵲作或鵲成正竹苦鳥射

物曰｜也三啄鳥俠反鷗水鳥也蝸鳥名徒紅反鸜鶴音堅鳥也名鶴俗

鷂小正驕尾長喬走二鳴音也似二雉而鴉惡于聲嬌鳥反也元｜鷹鷹古雁牙也下反

龍龕手鑑卷二中 上聲

又或音駕音加丨鸒余預二音爾雅云丨鷽鳧誤出
可二鵞鳥也雅鳥也腹下白多草也感通
錄高僧傳作鷴或作鷳正音閑白丨下似雉鵫俗鳥名丨鴐
狀丁含反尾長四五尺丨尾也二雄駕鳥名
音如鵁音云鳥鶩音然鷩也與一專名反射丨千尾草鷩通象正鳥音
馬也名也作或尾正長音四五尺似也二雄鷰俗鳥名丨同
也其飛鵁鸒悅全反丨音元二鷮反度官丨𢾀緣名二鳴音丨同
也翔二長一尺名也又音元鳥也鵯來反鶻丨古鳥元名反村鳴
鳥有卵色長文一尺鷸鳥音類狂玄鵅鳩音狂丨鳥言鳥反名鶻
四方五上二音分啼下一音則眾決務丨歇鳥鷹也名也飛許舉言反鳥元名兒鴂
鶗鴂春分鳴秋分鳴丨則音務歇也鷹許舉疾移兒胡官
反名丨鵜正鴟鳥今音二元丨似音禿鵝鳥也反即水移鳥疾也二鴂
鳥之名反俗鳥音鶔鳥名音二元鸇似禿鵝鳥陵俗音鶊反二俗音元鷸也鷍俗鶐戶音
昌鳥同反鶻俗鴗音鶔鳥渠于容水鳥也丨鷗俗正居求反也鵝音二鴨
與鶬丨正鵑音渠浮二鵴鵟俗二鵵也正居聚也反二鶴真鶇
丨鴻鷂正音鴂二浮鵟俗二鶊也丨鶝也聚也又鶓丨䳅仙鳥反鶇
也今音田蚊三鸚或作鶵今音樓野也丨鵝也二鶇丨䳅仙鳥反
正鶇毋鳥也田蚊三鸚作鵝力朱反鷜丨鵝也二又鸞丨非丨仙鳥反
也鵬逼鵬正步崩反鴜巨支反或曰雁也雞也鷉正音容似鶴丨渠
足也鷉彌沉也二音鵂鳥名似鷸鴨鳥名小鷭部迷反水鳥也丨鷊正鳥名似鶴今音雞
二似足翠喙鴉音現則愚大鳥名鷖作或鶂鵁即今巧婦也反工也雀鶙俗鵜鳥音
赤似二翠喙鶡音現則愚大鳥名早鷖作或鵑即今彌巧婦也反二工雀鶬
正奇六音尾自丨鴆鵠名似二鳥三鵫音朱鳥名也似消丨狀如反山鳥
足六奇尾音自丨鳥名反牝牡側持二鳥三鴸音人首鳥也名于消反狀如山鳥
雞足六渠尾推鵂鳥反倒持反東鶆鵬音方遵音名西似鵝鳥名
雞鶼丨渠鶅推鳥反方雜名反東鶏鴣音方遵西名似鳥音盆丨鴞俗作或鳥
鴻今音大鵐二班鶨鴉俗二爱音雞名鴻鳥音交鳥名鶩音松鷒作或丨鴱鳥正音二詩
大今鵐音二班鶏二俗音雞名又鳥音下名文鶩松音鴲作或丨鴲鳥名音二詩
鷀鳥音名移枝鴻鷀黃上鳥陟交也上反下女交反與今同丨鶗正音名辰二
鷸鳥名音移鷬音枝鵁鸛鳥音也兼比又音焦與鶻同丨鶗音風辰
也鵂巨淹反自又渠今反鴺鷄丨鳥兼也比鶡鵃作或之今別余針又鳥名反丨弋鴒
也鴿巨又淹渠反今自反豖鴺鳥音兼比又鶡音作鶚或心今鳥余名針反鶉又弋
鷔反一也二日又渠反今反鶪鵖音比也丨鶻作鶚之心鳥名鶉弋鶉
雀別名一日鵊負鶇反薄二丁鸕水鳥名丨鷢鵬黑色也鸏鷨
音家同二鵊俱反鴨丨二鶹音鈐名鳥集
大鳥也鸊鷉諸俱反鸊鷉也鸊鷉音鴉一名鵗鷟音煩鳥名丨鷌音鳥名集
鳥也鷅鶔諸俱反鷅鶔也鵬音丨鳥名丨鵲鳥名
也同鸕鶿婚鸞也同鶹音

龍龕手鑑卷二中 [page no.]

鵃俗鳧正音鵗丨鶲二鳥鴻鵡音武鸚鵡也下又鴃或作鳥
俗鳧也似鳥赤足二鳥鸛音母義同一府作俗
正都老反海中有鵃鳥近了反水鳥名足鷄音鳥名鵯音部
山日丨又音鳥二鷄鳥尾不能行也鷄鳥名
正鳥或色正力水反飛土鳥名紫赤鵲鳥昌兩反鳥毛也鶩
鷃或作鳥色似蠖蝠而長又音雷二鷲鳥毛也鴰音部
小鳥鶵鵊二俗直尤反鵖鵄鮑鴘俗四鴮鴉偽三保老大今鳥音反
也也鴻鳥正作雉二音可丨鴫鳥扶鵯或作二鷆鳥正名二反
也鶵音戶同鳥音乘可丨鳩柄也鳥鵝江作鵯正名二薄顯鳩吁也也
七或鶵名戶同鳴乘音丨樹上丨鳩也鵝莫項烏也小二鶋鳥正丨薄名題也
鶍今作作音戶二父越音鳥也鶉莫元反以羊小水反雉丨鶹鳴也
鶻奴了作反鳩俗鳥也徐兩反莫元反以鳥水反
鳥名鵂俗鵗鳥也同又音反鷐鳥又以羊小水反鵲鳥音
䳾鳥名音至丨鳥也謂鷹二之鳥名鷐又就羊子黑色名鷺音
去聲鷢鷲屬能執眾鳥者也鷹鸇之鷲多子黑色鷺路音
鷂俗二丨正直禁反鸊作或正音步丨鶬反羊笑鷹
白丨鴻鵂俗二鴶丨正鳥直禁反鵂作或鵂鳥名步二鶬反羊笑
鳥也鵂鶔二俗丨鳥名三反鵰作或鵂鳥名二丨鵑反
丨鶾許運反丨鳨鵙鶏鳥名三反鴿鳩鳥也名二丨渠記反
也鷨聲云惟鳥也噊鸚又鵊鳥澗反丨鳥也二鵖丨渠鶇鳩反

龍龕手鑑卷二中 [page no.]

鵝鳥今之駃音犬鳥名狀如鷞在經自切青搆反鷂翼乙
角鶴也王鷖又于計反鳥似鳧鳳也鷖鸄俗二含蒸拔反正苦侯
反鴝鵒音鷞也鳥又于計反有耳鳥鳧似鷖鸄鶘俗二反正苦子
篇又音鷞也哺三日鷵俗音號反鴉俗鳥正苦旦若葛二反日丨
也生而須哺三日鸛貿俗音號反鳥鵁俗正鵃苦旦鵲鷐二毛反日丨
丨自食日鷌也鵤三日鸛貿音俗鳴正鳥似雞鷐無毛反日丨
夜常鴝丨音鳥也鶅奏二奏音湊搆鷗上之夜反下古胡反
鳴二鴝丨音鳥也鶅奏三奏湊鷗丨之夜反不衛北飛胡也
夜常鳴丨音鳥也飛鶅二奏音湊搆鷗丨上之夜鳥不衡北飛也
鳴音二鵝鳥名星鳥也鷟丨鳥名正鷄今又私鳥反衡飛二也
鵶音志鳥名星音曳鳥也鷟丨鳥音名正鶇今音私筍鳥反衡飛二也鴱
音鵓名星也鸅丨鳥名正鵤音果鷑鳥名反筍鴇鳥入聲鴝藏
鵝鳥名翼鳥也鸕丨同鳥名二課鷄口倉鳥反鴂同入聲蔣藏舊
也鶉木角二丨同鳥似鸚二而鷇口倉鳥反鳩同鵒藏舊
作鶻正長何角各反祥似所俗三正鶻上上俗鴟足俗音鵲
鷹雀俗二鶴正何仙反祥鳥所俗三鷽上一魚二之欲足反丨下
崔俗二鶴知長正何仙各反同似也鴿鸊正鶉鴻上一二欲反下
七雀反之與知大嶽丨祥所鳥三正上一魚之欲反丨下
在巢常日之赤大鵖同嶽丨所鳥鴅正鶉上一魚似欲反下
頭黃背足赤大鶉丨荒鳥役反鶚胡正鴝格反一丨似死也
如鴦六首鳥也大鶉丨荒鳥役反也鵖胡鴿必格至反死也鳺欲音
鴆丨似反舌鳥也鶉丨鳥役也鷊鶹鴒或鳴正胡鳥力二反華
白似反舌鳥也雨鵹木丨又音鶇作或鴎丨正至鳥也力二反
翼班白鳥異鷲務音鳧屬又音鵫作鵖丨正鳥胡也二反華鶘

龍龕手鑑 七九

俗鶂或作鷁正五力反水鳥也博物志雌雄相視而有孕三鷢渠月反丨鳥也白鸖直格
都力二反屬鐨心鳥也鷄鸄經力胡狄二反名似烏倉白色鸊并列反鷉別名鷈俗
鷟正并列并祭二反雉屬而小有冠二鴩徒結反哺鳥也或作鴃鼓鴃音涉鼓鳥也鶺音積
鳥名也鷽于角胡角二反山鵲之屬鶻舊經切胡骨反鳩鶻俗三鶻正戶骨反鷹屬
也又骨滑二音丨鳩也又丨鶻隨陽鳥也四鸑或作鸀正音蜀丨鳥也二鷟俗鷟正七
角反丨鳥名二鸑鷟音括丨鳳屬也鷟鶆音木鳥名鶹俗鴾或作鸐正音丨鴿一郎
名錢母大如燕頸下有錢文也三䳠俗鵅正音格下又音洛鵅鳥名也鵅水鳥鶆音洛
飢鷊黑頸文赤頸鴀音不出玉篇鴮鷗鷗俗音惡丨鳥也二鴗音立水狗小青鳥似翠食
魚丨天狗日鷝音必白而生丨鵖鳥名丹色也鳥鸊或作鷿今扶力反鳥名似梟而足
近尾三鳨音力似梟而小二同鸒音罨鳥也鸐居縛反首鳥也三鶍音習丨鴝鳥名

鵽知滑反也又當括反黃雀鷫或作鸘正音宿西方神鳥也二鵙古覓反伯勞也鴷音列
咏鳥木鵴居六渠六二反鳴鳩今布穀也鴶古吉反丨鵴鴰俗去謁反正作鶡鶷胡瞎
反也鷍軌爲二音丨鷍也鸐音濁山雉長尾鴪俗鴥正音聿快也二飛鷸或作
鷸正余律反鳥名二鶟俗鵽正陁骨反丨鷸鳥名似雉青身白首也二鷝辛聿反小鳥名
鵱或作鷜今音六丨鷜野鵝也二鶌九勿反丨鳩也又鶌去勿反丨鳥名又鴿古叶反鴿
俗音宿鳭音卜雉丨鼠名也鵏音卜鳥丨水鳥似水鳥也鶮嘲沐反鳦音乙丨燕也
鶩木務二音與鶩同亦鳧屬
○馬部第十馬莫下反人乘丨以代勞釋名曰大司馬武也大揔武事也說文云丨字四
點驫駐騅駆驅五駈駈俗駈丘二驅正豈俱反驅也奔也八駰俗駰正音
因白馬黑陰也又于市反騑俗騠正音提駃丨馬也又丨奚反二馳直之反走也奔也騖

音務駝正駞今音陁丨也二驍古堯反丨騎武健良勇也驕俗驕正居喬反馬高
六尺也二驪音釐馬深黑色也又姓騧音昌馬名騎音奇又奇寄反乘也又姓騾盧戈反丨
馬也騏音其丨驥良馬驂倉含反丨駕二馬左右曰丨也說文云馴音旬善也從也擾也駛
俗騱正音奚驒丨野馬名又馬前中白也二騜音王馬名駩音詮白馬黑唇也馬駗力稱
反馬色也驎遴正力珍反白馬黑脊也二騻丨駢部田反三馬也駕騚音前四蹄皆白
也騝音乾騮馬脊黃也騹都年反馬頷白今戴星馬也駽音宣丨頷馬也駹俗駹
正徒刀反四歲也二騊徒刀反丨駼馬獸名似馬駼音徒丨獸也騩烏瑰反丨驪俊馬也
騟音俞紫色馬也騊俗騷正蘇遭反愁也二驞驕二俗傳昆反走也二駉音回馬名
駉五剛反千里駒也騐或作騣正子紅反馬丨也二駸七心反馬行疾也騶俗騶
正騶今側鳩反廐御亦丨騶虞神獸也又姓三駑駘上音奴下音臺劣馬也驄倉紅反馬

色也驕騧二乖今了乖之累二騂古馬反馬小白三騅俗驩正呼官反馬名二騆文籀
騧今音瓜淺黃色馬也一曰黃馬黑喙也二騶浦休反馬走兒又徒台反驟音寒馬名騮音留
驌丨驦良馬駵死二駵俗駠或作騮正音留白腹也四騂直耕反馬壯丨也玉篇騯旁
音防馬行盛兒玉篇又音彭驊戶花反丨騮也驖音咸丨騴縣名亦馬名騵古駹音郎馬尾白也
騰徒登反馬躍也騪俗侯反馬屬騛音非龍馬日行三千里玉篇云丨兔騋音來馬七尺也
驊普胡反馬名騅音佳馬色又姓駓芳悲反桃花馬也驐音夷馬名駼音離子也駙
駒音俱馬一歲也騬池兮反馬名駿相輪反騝戶皆反性和也馬騅戶圭反獸名似
馬一角驂俗殷因二音騵子元反馬也汙駁音文丨王馬名也駪所臻反馬名
騢胡加反馬赤白色雜也驠音烟馬騴白騹丨其俱反馬行也騤俗騤今渠追反
强也盛也又馬行兒三驪黎郎奚反馬屬二同馬騸音煩養之兒生騣丨音煩止驙徒安

反白馬黑脊也又張音章古營反馬駉二駉
連反馬戴重行難也騲馬名駫肥盛也駉俗駉
正古營反駻駐二俗音毛驝俗音駺俗駹正音蒙二駉
駿馬也三正作髦駘子丨也二
駥音戎馬也騅上音松下音顛駊渠支反馬駻胡苦旦好
八尺也駽丨丨鈍馬也勁動也
二反騇俗正他刀反驤音相馬騰躍也又速騬食陵反
姓也駋馬行也二也佀昂也馳駕也
反丨鄒昆反去騑音非丨騯馬也又騣俗作莫還反
約也驐畜勢也騑音菲丨丨傍馬行皃正作鬉
駼徒音騇疾陵反駲俗音駻舊藏作騈二鶱舊藏作騰駒俗
馬名甘甘俗部田反二作騰甫
幽反又音騆音閒馬驡薄江呂江二騅莫江反黑
杉正作彭目白也反玄塞之皃馬白面也驦
或作騻丨良馬也驌作驪駭一歲也駏曲也騂
正音雙騸舊藏音元馬音匡耳正騂
今息營反馬驀騺三騰正徒登反奔丨馳躍也
赤色也二騥俗又乘也虛也度也四驢
俗甫嬌反正騯音羊騥音柔青驒音驒獸名又音騺
作鑣馬銜也馬名驪馬也驒魂丨騄野馬也

龍龕手鑑卷二中　記　第十二面

柒脂反馬頂驒檀陁二音連錢驄一日青驪白交騵
匕丨與鬐同也又丁年反丨騱野馬似馬而小
音原赤馬騵泉音〔上聲〕駭行揩反驚騁俗騁正丑井反
白腹也也起也馳丨也走
也弃也直騃牙揩反愚騀作或騕正烏了反丨褭神騔
驅也二騃也漸也馬日行千里二
烏了反褭丨或作奴丨反腰駬音耳騄蘇走反馬搖
丨騄也也正作褭駬丨也駷銜也又須龍
反挽銜駚于兩反丨驁子朗反駛丨馬容騀音我騂
馬也駚馬皃丨也又音龍野馬也騀丨
騂胡大反馬鰢音馬驔正驔今徒點反驪其後反
一歲也二魚名馬黃脊也二騝牡大也
駘馬音此馬俗所尾反所驅或正布火普火二
名二同鰢言不當也驅作駴反丨駴馬悪行
也駔子朗反會馬市人驕馬都老反牲駉作或騗今馬音
二又祖古反駿馬驕馬祭也反駉作騗今音總保
馬也騲音草牝丨馬延音祖丨駁音尖丨騋俟騋反駏驉
二騲馬日丨騜馬散也駁馬也騋丨擊也駏今
上音巨下音虛〔去聲〕駉徒弄反馬駫駫俗二駫正駫子
丨丨獸名似騾駉去急也駫

龍龕手鑑卷二中　三　第十二面

紺反冠幘騹陟利反丨鷙陟利反馬舊藏作騙徒
近前也四馬牡大馬也重腳曲也騆弄反馬去急
也駮勤鄧反丨騐徒鐙反駥俗工驖丁發反丨駉
馬傷穀也丨驗行欲例駥貫反騣馬怒也丨
騗俗二騗正莫架反三丨駉鶩作二或騧正音例馬騺作或騛
二嚚惡言也丨駉騧也二
正許氣反駎直又反競駙音附丨馬官名副騂五按
馬走也二騁馬也反駙馬也近也疾也也騂反丨
馬行又馬騣音晏馬尾駻胡旦反馬騌他外反奔突
白額至脊白日丨高六尺也駾也詩云昆夷
丨騂名馬騬音步丨馬騠陟扇反馬騇音舍化駽許
突駼習馬也二騠土俗也丨也馬音也駽縣
反青驪馬也玉篇又騂音牛丨騳音四丨馬騳正
古縣反亦鐵驄馬二馬行也駟共一乘也
音梵船使風也又駛正音使水騂俗驃驃二正
音凡步馬疾也二駛流速也二騄驃吡口
反丨騎官名又馬黃白色駁閒反馬羑騗馬
也又卑笑足凸二反三駁稱子也又音岐騗面足
反羅上同誤騴或今驥正音計騏丨駹居位反馭
馬也二騙騂作驥駿馬也三騩馬色也
魚据反鶩騖二鷔正亡遇反驅騶士又反馬駐中句
鵒馬也騖俗二驗馳奔丨也三騶疾奔走也騞反正
馬音注馬左〔入聲〕駃古穴反丨騠良馬生駮馬雜
也异足白也駃七日超母也騠音提駁色也
駮百角反二駝正駝下逼背落託二音丨驢也騾落託二
駁獸名二駞下又知格反丨驃也二馬音丨馳
也字書云駱音洛馬名又駘俗駘正莫百反騂丨騂
力負千斤二姓又俗作駀駟父牛母也二騂
蒲沒蒲角二反丨馬蘇合反馬騄音六野馬也又
獸名似馬一角牛尾駁行疾也騄音錄丨騙駿馬
也騣俗驖正徒結他結二反駃徒結反馬音獨
騣馬赤黑色也二二駃反馬行疾也二騳馬行
兒騳音獨驢丨騼音六丨駃音伏駐音六丨艮騅百
騳野馬也騼騳也丨駃馬也騅健馬也騅角
騞呼麥反行不止也又丨然駉俗駉正
騞莫百反騎也騞忽也又與䮒同出玉篇丨騲音
日驛馬騂音亦丨馭八音八馬駒騧二或騧正音葛馬
也二馬也騂八歲騧作騧走疾也三
騃博末反駉俗音駒或今渠竹反馬跳躍也騾
騃馬怒也騃折騍作騍一日馬曲脊也二騅騅

二俗⿰馬烏或作驖正良涉反也四馽知立反⿰馬見音覓馬多惡也驌音宿｜騻馬名鷫
俗音吉正作驚馬名騽爲立似入二反馬豪骨也驜音業｜｜馬高大也⿰馬遂音逐馬｜獸名駯
音末馬名⿰馬聿或作聿述肄三音驈馬聿述二音黑馬白髀也⿰馬屈⿰屈馬去勿反｜產良馬也二同
駜毗必平密二反馬肥也⿰馬吉去吉反馬色也⿰馬易他合反⿰馬翕｜陟華反馬行不進也⿰馬商｜獸名
也馰音的｜顙馬白額也⿰馬樂或作⿰馬歷正音歷馬色也二馽俗馽正陟立反馬絆也二
⿰馬畐音逼騐｜驆江西臨函音必⿰馬沓徙合反馭｜馬行也

卷二中終

龍龕手鑑上聲卷第二之下

釋行均字廣濟集

○阜部第十一阜阜阜房九反陵｜也釋名云厚也厚土曰阜廣疋云土无石曰
｜又長也服也財厚也三同隆隆隆隆六中反中央高起也豐也大也盛也四陀俗
陁陀二正徒河反陁｜不平皃下又支尔反錢落也陁音普何反三陂彼爲反禮記云澤畜水曰
｜穿地停水曰池陶俗陶正徒刀反正也他也喜也瓦器也又音遙樂｜｜也二階音皆
梯也級也登堂道也又｜陛也隄丁奚反防也⿰阝唐音唐隄也隍音皇池也無水曰｜有水曰池
隚俗音乾陴符支反城上女牆也隤俗隤正徒回反下墜也二陽俗隅正音愚四
角也陬也二陭于支反｜氏縣名陎俗陞正或仍反登也躋也上也造也躋音祖西反二
陛部迷反牢也所以拘罪人也又傍禮反與陛同⿰阝昆俗音昆隨音隨從也行也逐也又姓隋

音誰國名州名又徒果反落也⿰阝豪音毫｜塹也與壕同隑正隑今五來反企立也二⿰阝共音洪
坑也陠博孤普孤二反屋上平也⿰阝⿷匚氐俗阺正音紙小阜名也二陓憶俱反陽居澤名也隯
徐林反小堆阜也陯音輪山阜陷隇⿰阝夷音咸夷險阻也隔宅加反邱名陑通隭
陝上正音而地名又峻嶮也下又乃口反衆輭也三陔古辰反殿階次序也阹去魚反依山谷
爲牛馬圖也⿰阝區云俱反｜隅不安也亦傾側也隝俗隝正許爲反鄭地阪名二⿰阝丁音丁
邱名⿰阝貞音貞正名⿰阝無音无地名隃音俞｜麋古縣名又相俞式朱二反北陵名又傷遇反雁門也
阬俗阮今音坑尔雅云虛也二阺或作⿰阝互今直尼反陵阪也二⿰阝良俗音橋⿰阝周音周
亭名⿰阝頃去營反及也陬于侯反隅也又聚居也又側休反隮俗隮正祖兮祖計二反升
也登也二⿰阝雖俗力脂反⿰阝至陛二俗陘今音形連山中絕也又姓三⿰阝正⿰阝延二俗除延反正
作凝口液也二⿰阝公與專反隳今⿰阝差正許規反毀也二隋或作陪今薄回反｜則也二

陁⿰阝良三俗音哀隈新藏作隅在高僧傳上帙⿰阝帝音歸陎音殊丨陵縣名⿰阝戲許宜反毀也⿰阝風音風地名隀音重地名阬音亢五丨郡又姓又魚遠反亦姓⿰阝敫⿰阝敫二古文陳字隒⿰阝孕二俗隟或作陎今丁戈反丨堆也亦小崖也又上聲四隚音堂丨殿基也陻舊藏作陛音因塞也⿰阝崔音崔丨崩隤也⿰阝定古交丁兮反又人姓也阽余廉反臨危也陲音垂邊也⿰阝婁樓縷二音縣名隂俗陰正陰今音音丨陽又姓三陔音衣天丨縣名⿰阝匡俗去王反⿰阝曼俗音曼陻于眞反

〔上聲〕

險音撿反惡危阻難也陜失冉反古縣今州名⿰阝辛普米反丨塊女牆也與埤陴辭四同又避支反或作俾倪非女牆義也阤施是反壞也又直小反亦山角毀落義或作陀陊二阱疾井反坑丨也隴力勇反塚也又州名亦天水大城也隕于愍反墜也落也隒魚檢反形如重甑也郭迻又檢欽二音隖俗安古反正作鄔⿰阝冀⿰阝冀二俗陛正傍禮反階丨也三⿰阝單昌善反魯邑人名隊持窓反道邊埤也埤音婢⿰阝向死兩反鄉名陏乃玷反亭

名陪烏感反暗也阪音反大陂不平也⿰阝解胡買反山名又險也陘俗⿰阝絫正落猥反丨鄞果實垂又力追反甀都偎反二阮俗陖正音堯高皃二陡阧音斗丨峻也二同隝都老反海丨與鳥同隯都老反丘名又音受隱隱二俗香偃許建二反隐俗陒正居委反阪也又垣毀也二⿰阝晏俗音斬邑名也阯俗兹里子支二反⿰阝縣胡本反大阜也阯音止階也又交丨郡名陮徒罪反丨隈不平狀隢玉篇音遶池名郭迻又俗五交反⿰阝予音序⿰阝舍俗音捨陊池爾反山崩落也又徒可反下坂皃也⿰阝阜正⿰阝阜今房九反盛也二隲房九反馬盛也又同上又莫嫁反增益又巧也陼之與反丘也⿰阝桼俗七感反正作㮌隗五罪反高也又姓隘俗音血陏下犬反坑也⿰阝卷居轉反河東安邑聚名阾古交巨郢艮郢二反阻側呂反陽也憂也又俗才句反染也

〔去聲〕

陋盧豆反小也鄙也醜惡也陷陌二通陌⿰阝否陷正藏鑒反沒也噎也五⿰阝褱隈二或作⿰阝思隈二俗隩正烏對反映丨也又烏回反水曲也五際音聚人衆所丨也又在公反丨衆也古文今作聚隥都鄧反梯丨也隘俗隘正厄賣反險也陜也二隧音遂道也郎延道也陖俗音院⿰阝叚俗大亂下亂二反陖俗陖正陖今息閩反亭名三陞⿰阝召二或作音照隄也界也⿰阝皐呼搆魚乞二反隊徒對反聱丨也隣⿰阝雩二俗⿰阝韋院二或作⿰阝虖正火嫁反裂也今作罅同又地爾反五⿰阝曼俗隱正于建反地名又音偃二陗七笑反山陵也亦作峭⿰阝坔⿰阝坔二古文地字⿰阝必俗音秘⿰阝市俗所頞所律二反⿰阝坐⿰阝坐二古文于蜀反今作痤埋也陚方遇反立名阼昨悟反丨階也隩烏告反西南隅曰丨⿰阝毚⿰阝毚二俗⿰阝毚正士陷反陷也三

〔入聲〕

陟俗張力反各冏鄂⿰阝鬲隔音革隮也隈界也二同隰俗而涉反又新經作隔⿰阝或古文域字隲之日反牡馬也又定也陳俗音陎陽俗音除俗音鄉防音勒地脉阜也陵俗陜陜陜三古胡甲反隘也四隰俗隋蝎或作隰正音習濕也原丨也亦州名又姓三陒今

阬正音厄隈也碍也又危迫也二隔陜普逼反地裂也二同⿰阝菐今⿰阝菐或作音卜彭丨蠻夷國名二⿰阝業俗⿰阝業正音業危皃也二⿰阝告空谷反大阜也陧阢上五結反下五骨反不安也又石山戲土也下又五回反⿰阝及音急階丨⿰阝甲俗烏甲反⿰阝達俗他達反隟隟隟三俗隙正豈逆反穴心也裂也孔也四

〇广部第十二

广魚檢反因岩為屋也厅他丁反千丨⿸广毛川藏作麾音許爲反旃丨也在弭明集第二十八卷中⿸广麻許爲反旃丨也⿸广林玉篇庥今音休庇丨樹陰也二麼俗如佳反盧麻摩二音杯也摩音麻丨牛重千斤出巴西麼音摩丨食也麼音磨丨尼磨音摩俗音偏病勞⿸广甘口舍胡甘二反和也⿸广深音深廞大屋也⿸广戊音還屋壯兀名又音越麃慶上郎侯反下郎奚反也麃正⿸广龠俗音斯丨祁地名二⿸广隹度回反小隧地庠音祥養也綺葱音睢屋養老學宮又麾邪也庚占行反更也償也又甲也亦上聲庬俗奴侯反

正作䶂㷔俗音炎廱于容反和也廱于容反辟丨㢘
兎子熱也又丨奴反天子教宮也
音來㢆古文㡁古文㡊音𢋈俗音庸音容愚也常也
舍也音閻音招堯侯用也動也次也
和易也廛直連反居廉今廉正力尖反清也歛𢋅俗
鄢也也市丨也也儉也又姓二
正伊闇廬今廬正力居反寄也止㢤美爲反𢋋俗
反二也舍也又州名二係絆也
𢋋正美爲反庲俗𢋋今𢋋正美爲反稞𢉱廣二或作
丨粥也二別名也三徒回反
下垂廝音斯役也𢋆七加反屋欲坏也又屖廎音傾
也使也養也下不可坐也又音柴小作
堂庍音𢋓俗𢋓正疾羊反坦丨庖步交反庂俗音底
也斯也與䗪同二廚丨也灰
庛二俗音戈庳古文都迴反丨庵烏舍反小草舍也
正作瓜撲物也今作捭又烏谷反亦低舍
也廞許金反興也亦陳車服也亦丨戲山廊音郎丨
險兒又牛錦許錦二反大喪囊也廡也又
殿下外屋庨音移庋丨戶㡆㢓二俗都丁廓俗音㡽
又步丨也扁也庋音笈他于二反麻

俗音㢜俗音廣音盧殿㢝二俗庾俗音㢠俗音𢈢俗
裝寬廡也音退吳身
廖或廖正音聊人名又姓又𢉸俗磨正音徒丨廡廡
作力校反亦人姓三草庵也二
音鮮丨磨酒元日廳他丁反摩呼交反丨鄨庱丑仍
歆之可除瘟氣丨庌也宮殿形狀也反亭
名在吳與也庌古文庬莫江反厚磨普官反座俗兮烏
孫權射虎處音親也大也時居也兮反
正作𢉫音廆廢二古文𢉣音庯音〔上聲〕庿俗㡯正羊
墅言音文元存王反
食丨㢜𢊛𢊁三腐正音父臭也敗𢋢伊琰反黑丨靡
二俗也爛也朽也四子也正從广
明彼反無也爲也廩廩二廩今力稔反倉𢋼歷二歷
偃也又美色也俗有屋日丨四俗
正莫果反么𢈐俗郎底俗底正都禮反丁也平也廦
丨細小也二罪反又止也說文無盡二
鍋廡今音武容舍也又堂庀徒損反庲俗音廪俗𢈈
文下周屋亦大屋也樓牆也庲
正音魯庵庌牙賈反庋庋居委反丨懸玉廌宅買反
舍也二廳也篇又祭山也二解丨仁

獸也似牛一角與庴鳥解反坐倚廈音夏丨屋也府
綈豸同又作見反皃又作鯀字又所下反
孔穎反庈𢈈芳勇反丨覆也要也玉店俗音庹之氏
明貌篇又芳之房法二反古反
廆川藏作搌于𢋿呂兩反屋康俗知演烏庢俗庀正
武及不伸也也又音昌續二反吉
止二音平也致也𢉥尺氏反庀正婢反几𢋞俗𢈯正
定也又丁禮反二廣也二反具也作
孔倉紅二反㢛作孔反𢋈于郢反安也㡴直里反廡
屋中会也二衆立也又丨陶縣名儲也
音𢉍俗息㢄音限門閭庋居綺反廼酉由二音𢉁音
府井反也與闔同食閭也久屋木也後
庶俗止底扂音〔去聲〕廁初志反襍也次𢋽方吠反止
二音啓也閭也閡也也休也停
也搘庇必志反𢌇俗𢋼正于禁反𢋈庡二或作烏對
也丨膝也庇丨也二反隱處也與
庋同庳音備蓬丨舟上屋廐俗𢊛今廢正音救養馬
一也又音婢下也舍也又聚也
三虒音帝丨柜也又來李日丨也又尼店都念反丨
轍反職丨也或作捷柜音同上舍也又丨

置摩俗昌制反廠音線庛音次長也廱古𢊻今於證
也正作瘵廡也反尺二反反以言
對也鴈䳗五晏反禮云孟春之𢋳五晏反庯七賜反
二月鴻丨來賓二同偽物丨相依
丨庵誤新藏作𡍮𢉗誤音庋芳萬反𢈙𢋈二庍正防
於蜀反埋也扇番丨俗正蒲
徑三反隱辟無人𢊍古外反葯𢉽音遇𢈴扶木反隱
處也又廁也三蒿藏也屋也也隨也
廬盧二或作廇廇二廇正力救反屋𢈸俗七廛莫臥
音側俗粱桑也三亂反反塵
也𢋎古文庑音𢉞音庾音〔入聲〕盧盧二虛正烏合反
音衆歲字庶俗丨山傍穴
也玉篇云庠俗庠古庠正音尺逐虐魚路𢋤於菜於
舍倒也三也遠也三反叶二反
面上摩同上藏𢋉同上女𢋹同上丨魘於菜反惡夢
丨字丨也字也伏也四丨七又於琰
反廓今廓正苦廓反虛也又𢋹烏甲反鎖丨𢉥口合
張小便大也二也從广者正反丨
迎廙戈異二音𢉥或康正盧葛反庵也亦獄室也𢈻
也恭也敬也作又七賜反亦偏丨舍也二

玉篇音莫空也庂俗祖力反庣口約反治病也庮胡甲反虎習兒廮胡郭反廣也庘烏甲
反屋壞也庢陟栗反縣名⿸广曷烏葛反屋追⿸广犮蒲末反舍也⿸广炙音炙廦北擊反室屋也
廘音束倉也⿸广褻私列反鄙陋也𢋴𢋴蹷俗其月反正作倒也跳也三𢌙俗音惡𢊍
俗徒叶反㢑哲俗音庀託音𢇰則音
○厂部第十三 厂呼旱呼旦二反說文云山之崖巖也一曰舍也 厘𠪚二俗音纏
居也正作广 厓五佳反山邊也或作涯字 厜姊宜反丨㕒出顯狀 㕒音危厜古篇又音儀 ⿸厂今
⿸厂金音琴石地也二同 厖莫江反厚也大也正作庬也 厧都年反塚也 㕇苦咸邱凡二反出厓
空火處也又來丗反 厮音斯役也使也養也正作廝 𠪋若回反丨器丐皿屬 𠩺古文音奴正作
拏 𠩻音敷門也石 雁玉篇音堆都回反香嚴作雁杜同反小墜也 厄音支酒丨 𠪊古文
音古文存 𠩊音憂 居音堯 上聲 𠪷伊染反黑丨子也 𠩵音軌丨泉又盡也或作瀩 居

龍龕手鑑 卷二下 六 第十二圅

都石二音美不也玉篇古也 ⿸厂予俗音羽正作宇廊也 𠪫朱史反繩履 厎厎之是反致也至
也均也平也人聲也二 厏側下反丨不相着也二 厊丨王下反不合 厭苦盛反枕
岸也又吐敢魚音二反峪丨山崖狀 𠩴食丑反正作盾字十丨 𠫆古文音典 𠪙古文音庶 㕗
音俟 厚 厚音於黠反倉山桑也 去聲 𠩈音拔也與厲同 鴈 鴈鳥舍二俗五諫 反正從厂也
作 厝倉故反倉各反罨也又礪石也 𠩑水分流也或作疋賣反 厲力制反亦嚴整也惡也 列
也猛也又姓 厎改於豈二反烏對反隱翳也又於亦藏也 𠩆到也音界 厲正或作作蠣音側蛘
蛉浮沸反隱也屬陋也正作庯也 𠪘居例反類與庭同氈 厦广音夏也 厦古文亂反 𠪰徒
正 𠩥今五旦反火色也二 𠫦古文音願 入聲 鷹鳥名 磿石聲 𠪨瓦器也 厤理也 曆
郎的反丁奚反腿強脂 歷音曆近相經丨也也轉也次也行也數也過也也 壓鳥甲反鎮
也也也笮也進音迮壞 𠪂俗於業反 厈厈俗二 斥今通音尺丨逐也正作斥也三 厨 㕑 厩

厫 厩俗五正居月反亦知也又姓其六也 厞或作 𠩘正音西方也二側日在 仄口合反音側
丨陋也又疾於側反音也 𠪚 𠩿口合反閉戶同 𠩌或作 𠪃正口山左右有反
也岸也 崖音合苦夫反崩損也 㕡弋里二田器也又星里 𠪔盧合反崩墜落也石
三 𡰪之石反疾也 厌侯夾反辟也 𢈗音必手詩 覓俗 覓正五歷反石地惡也
辟也 尼厚丨陟二革同反 張 屋俗陟栗反 屋古文音國 麻音歷 㡯俗合口反
二
正作左右岸也 𠩷山音亦 㢔魚厥反
○戶部第十四 扆音或作於豈反丨扆五涼明又丨式 扁芳連反小舟也
又方典反丨丨署門戶 扇式戰反聊音 扃古營反戶 扉音非 戹篇玉
又符典反丨丨鷂也 扈古穴戶 扆於豈反 屝又玉篇音 扆戶又莫 㕷篇
音移戶外也 𢩗音古 上聲 戺飽反又方 扆姓也
又古文居字 𢨥音靈 戹以之曰天子施丨於戶牖也 戹音仕 扈音蝍也
戶音護也 扆丨於豈反屏風也以玉飾之曰
龍龕手鑑 卷二下 七 第十二圅
閲也二同 居徒黠反戶也 扆音戾中水器丨斗也 扁舟 扃康禮反又明星也 戹戶音 扆 扆
以舟反移也 戶戶壯也 去聲 戾俗 戾正郎計反曲也乖也 很也
丨翏戶也 戾他計反輜也 戾立也 戾五直闕注丨反 戾音涙
末也二 屚音漏也屋七陷反丨 入聲 扇所甲反 扅戶 居戶音
泄丨也上 戹音戹 屐苦合反 扊音及 扈或作 扈正口合反
音盍反皆閉戶聲也又姓人 庑疾也 扊鍵也 㞋音古
○米部第十五 粮糧音良食也二 粳俗音更正作秔 糠 粇 同上 糟
作勞反酒滓也 粘俗三作黏 元廉反 糠苦剛反米皮也 粦
糟 秈 粇 粹俗二正 粓 糊 粱 糇
粜 粶 粃 俗二正 粢 粿音資祭也三 粱 粗 音還粮也 餈 蕻
麥 或作 䊩 異反 粲 粳 黏 粒 穄 稃 粗
艮 琭 糬 或作 糏 今合流 糈 丨 饋 糅 或作 粰 稃 今音浮 糬 或
反 作 糖 也 徹音敬二 丨 作 丨 糠 也二

音熲米汴也糉糊上音交下音周丨丨米粉餅也糰通糰正之延之演二反棊也二糙
或作之延泛今作鑪粁籾二俗粠或作料今音聊丨埋也又力弔反丨量計度四番音盤
丨未又名又音潘丨縣名縣音翻反丨也禹糀誤新藏作精糯糛二俗糖止糧通音
唐餡也粆丨也丨餡音與之反四粿昆北二音粃巨支反赤粟也糎蚩盈反粅於交反粠
或作杠正音紅陳赤米也二粡音弓粩班黐二音穖玉篇音新小食也糆䊶䊶三俗
廿知反正作黐［上聲］粈人久反粽丨也丨粗俗粗正咋古也麁也反二署糗去久
反乾餖也粔音巨丨白團也敉粲正粄今音女秬丨也又人暑反二糉糉䊗三俗
糍或作糂正蓺感反羹丨也五糅蘇感反蜜也藏木瓜米也糌蘇感反丨糨粹也糙糏二俗
精精二正私日反說六云梁米也玉篇又洞神米也又音所四䊪七罪反物粗也粿音果淨米
也粉俗粉正方吻反鈂成也二膮糭粹二俗粹粄二今卜管反屑米餅也四梟
龍龕手鑑卷二　八　第十二張
其久反糗米糯正糧今徒感反疹丨滓也二糊俗王曰反正作耦耕也糅粽二或
作糨正去院反粉也三械下斬反丨塗也糪俗粲正胡黠反撣丨也又去聲揮音徒黏
反二粲或作下斬反亦去聲糗豕豉提三音黏皃又赤米也籽俗音子糲糗二俗音矢
正作戾丨屎也困古文補字糠古猛反正作糛穀芒也稾彼錦反與也又供穀也［去聲］
華蕖糞糞方問反丨掃也四糅女救反雜也糦苦外古外二反糠也粹粹二俗音
粹正雜辭反純也精徽也三糠女亮反雜米也糆俗糢正音西屑米也二粳俗音豆
粲俗粲今糉正倉旦反鮮好皃也又優祭明盛也又姓三槃槃二俗許號反正作餽
飾也精音備也丨糘音患糭作弄反蘆粽粢米也作秘築或作糟氣下洩也
下又糢味丨米芳二粸糅音秘丨惡來也二同柴音秘丨惡米也亦她名糲俗征餇反正作
狺狂也音敗玉篇犬也糨云糈米也㯻郎長反糲米也糲徒到反黏也糙七到反作穀雜也米

粫音飩粉丨粡式亮反與餉同粬子又反玉篇云亦作糟字糏音弟糒粺音步餔丨與餔
同二糐音附糙昌救反又同糗去久反乾飰屑也又俗昌了反粃音氣粄西川經音云別本是
麩字香嚴音於何反特音值糯俗奴臥反丨正作糯稬［入聲］粒音立米粟丨也粖莫結
反又糜音也末粊俗眦結反糈麥先碎結破反也米糒俗糲正麁盧丨達也反二也糩末音
米也和糳俗正音作非鰲精糙方反得二弄作或弄正物居也今六作反兩手二盛
糵博厄反半生皃飰糈玉篇音曷白米也香嚴又火九反也糒知革反黏丨糄音囯糕
私列反粲丨也粲音蓙放也說文云迸散也粲俗同上粭或作粲俗粲正音作米精細
也三粕正久反
〇雨部第十六霏或作霏今芳非反雱皃也霾靇二俗霾正音埋風而雨
土日丨又悔也三霫通霫正士吟反雨聲也二雩雩音于請雨祭名也又况于反丨婁縣
龍龕手鑑卷二　九　第十二張
名上又俗音庭二同霂俗音川霬音提雲也霽霋音妻止也雨霞产加反日氣亦黃雲
也又姓霓五今反雌虹也五結五擊二反又霑俗霑正陟廉反丨濡也小濕也漬也溺也
二霖音林丨霪而也霪與針反久雨也䨐霔二俗烏瓜反也正從穴二霐霐二俗
音星正作醒霦俗霶正音郎反丨霈大雨也二䨪䨴二俗霆今霆正音庭雷丨也
又徒頂反疾雷也四亦雱蒙謀二音天氣下降地不應也又莫用反下應也又地氣上天也霿
音蒙闇也霥音蒙小雨也丨霝郎丁反落也墮也形字或作零又姓也象靈音零丨善也也
霹古靈玉名霝音零器名又人名三霙或作霙正所江反雨皃也今作雙同也二霧
俗雰正芳文反西務也又氛亦同不祥氣二霰素官反小雨也霄靁靁三俗音盧䨶
通霃正音沉陰也二天霹靂二正作俗居宜反羈寄也霰俗音屑正作微霞戶乎加反孔
丨也霽俗音晴霂音禾霨音周霁音迸風霻音雖小雨皃也霡府巾反鄰丨玉光色

龍龕手鑑 卷二下 十一 第十二函

皃雩丑庚反雨皃下𩄲北朋反大雨皃𩆉音廉久雨也又音炎霏或作芳非芳尾二反雲雨
皃也霙或作雯䨨二正尖彡二音小雨皃三𩃏俗𩃜正音崖雨聲又吟雨不止也二音
雺音浮雨之皃也雪霂所感反徵雨也需相俞反卦名也霤正霝靁二今音俗久雨
也三靧霽子斯反雨聲也又疾資反洿丨久雨也二同𩃂音炎雨又霑也又縣名霆音追
雷也震奴冬女容二反露重皃也霙霙二誤霙正於京反雪雜也三雨𩃹音羊霪霏
上音蓬下音玉篇云雨聲龔雹徒昆反大雨也霙正雯俗力丁反女字二反霶霶霶
音零三同霙霙反玉二篇他同林雷音夫雨也霚音終小雨也霓苦顏反也又許雨爾反霅
孚汀西衍子隨二函音霓俗音窺霓俗窺音雰音嗜雲皃又覆姓霝同音雷上
聲霍息委反又音丨靡草木柔弱皃也地名也霍音掩陰雲狀也霧俗烏正作霚烏迥反霽俗正作𩆍齊人又反
音雹俗亭正作宂了反霄雲狀也霄霄俗二霄正胃于雷偽敛丨反也三

霮徒感反雨雲皃也霮對雲皃霽霏俗雨下皃也霝許鬼反震雷也𩂶俗奴寳二反寳音俗
寳霠古文雨字霏俗霏正露丨芳否反二霙而瑳反濡也霝主俗反羊霧音曾
去聲霆丨音注也霖霄霄俗二霄正子計反雨止也三晴霸俗霸正百
同虜反把也把持諸侯之權也霈丨普大雨也霳霰霰霿
嫁反長也又月始生魄也二霱正雨普蓋大反也三陰陽上亂
又四霿也正徒對反雲狀雱俗霚正亡遇反也又地氣
俗霧也𩆤者徒感反丨五雲狀霧俗為正丨也又益地氣上亂
天不應曰霚莫弄反天氣下也霿或作霧霚正於雲狀也益二反霧
也又昌也二丨霚地不應曰丨氣也霿或作霧亦霧俗霰雲正雨正蘇見反
俗在孝反晉霌古文亂反七霰俗霓小或作雪上霞俗霸雨正雪雜力救
性反丨也霅又蘇音見斯反小訓雨同也上霻正力中丨也
又丨墨也水雲三相霹又蘇音見斯反小訓雨同也霅正作霤反正二中丨
博如星雨散也霈俗音侯霱婚俗呼頓反也霅志正作霿霫音二悟俗
神名對反苦霄正作帝霧婚俗呼頓反平聲志也霿霫音二悟俗
也二霟俗徒浪反正作霄霧苦海亦霄通霳大正雨古也侯二反霤
霜正作霄作宕洞屋皃霄音𩅆也霄海霄通霳大正雨古也侯二反霤

龍龕手鑑 卷二下 十二 第十二函

音印氣霤古外反大雨也反霢誤霣正直刃反霢乃鑒反霏念都
行皃霜寒又丁陟立反霧止遇雲丨也名行二反霃泥丨也霏
反早霜又丁陟立反也丨一反雨抒二反霴俗去仲反霧
小濕也又丁陟立反霧正遇雲丨也名雨抒音豆霳正作佃反霧
莫鳳霾丨蒲近聲反雷也霽丨止大證反也丨音豆水霧二副音伏霓
反霾丨苦見聲也雷皮大聲日也丨也力救也入聲霓霓霤
或作許器反爾雨而止息日雲丨電反力
玉篇又虛丨反苦顏雨二反雨雪皃丨上普擊反下音歷
三霮古三爾反霰正雨蒲角七反雨雲丨上者陽氣動作大雷丨
俗霮音正雹冰也霮霍二雲霹霳音革各反雨也又川韻也大雷丨
震霝歷反古音丨霩霩消今音也二霍雲霶丨正各反雨雲濡也霝音鹿
也霝俗霩反作洽古音名言聲又合交田反雨丨陽霝也丨營大雨
侯口作音丨洛大雲名亦匣水衆名又蘇胡郭反反雨丨陽也縣霄也霤正丨
文今音雨丨洛也大霆霆俗二霆丨正又大雨也反二霰丨俗霧反正營霤二霓隻霙
也霽相絕丨反也今作霰霰霰丨三雨通實戶苗四反作霣霤俗二
二雪音雨阻丨也也士立林邑三同反也韻玉篇同上切
音雪念丨下也士立林邑三同反也韻士篇同上丨
虐雷也霰雨下也玉篇林與霰同反也韻士立反

雨丨暴雨皃大霿俗霚下正音二色雨霿俗音霡或作霡大正莫百二反霾
音濁也霿下私盍反也雨霄俗霝進音霡士甲反也霉正立以入私
雨皃北夷名又溪皃也小山雨洽反也霎小雨立反也霡通霤正丨丑二反
虛東丨雨夷皃名又奚皃也雨洽反也霎音小雨霝聲反也通
丨東北雨皃又大雨也霡大雨各反霰音丨木霋也正各反與樂同陂丨丨雯輒
小雨大雨也霡大正各雨也霖霂丨霋也正各與樂同陂丨雯輒
也二雩丑入反霣大雨也反霖霂丨霋也与樂同陂丨
○酉部第十七醫於其病也又反官丨名療醻以音酬財貨丨報也周丨也
酢音咸不淡也丨苦酸丨蘇官反也又醋昨何反二酒也白醅古丨胡酒也反丨也
也又賣醯醯俗二也醢正呼奚反也醍醐上音提下音胡丨也醋也
又音醲女容反酒厚也醵丁含反丁樂也醍蘇丁反醒所出也丨酒先頂反醩
俗音醴女容反也酖通也正亦丁含反樂也二丨蘇申出也丨先頂反醩
精丨醇除厚陟倫反常倫也直倫也三反醑或作醞正音純也醇二醕
並醉也皆純也厚也美也醡作醅正甘胡反也飲
酒丨也皆純也厚也也美也醩醡作醅正甘胡反醅
直倫反醕正俗音針醪通醪酒正音勞二濁醋也醅
美酒也純醇正作醇通醪正音勞二濁醋飲也洽反也丨

龍龕手鑑

八七

中酒也醫或醫正音征醋醋音都醆醯醯于吁二音
又樂也作煮魚也二丨也宴也又億
倶反能者飲不醻音傷酒酺音蒲飲酒醭其囘反醋
能者止也二同器也、作樂也別名也
醃莫廉反鹽酥或醅今芳杯反酒醧烏侯反醾息郎
丨又殖作未漉者二酒甘也反乳
酒酓字由反酤俗徒醂音迷醭丨醬上白也醭音醉
長也兼反普木反郭逡又潘㫚二音
旧藏醙俗酸正音搜白酇俗徂䣛誤醃正音移飲酒
作粹通酒也二丸反也下又音遮
二醬初九反酒醉普萌上聲醆音盞丨酒醴音禮丨
丨與管同反濁清微也酒亦丨
泉縣醜昌九反丨惡也具也如醽彌充反飲醓醽二
名也物臭穢也又類也穀也酒失度也俗
酼或醘正音海宍醷俗酳正酳今私呂反醰他典反
作醬也四美酒也三與腆同
厚醍醋醋三俗他典反也醹俗醹正音乳厚醂俗奴
也作醍面慙也酒也二感反
正作腩醑俗醭正也酉酕胡朗反鹽澤醇醇二醇正
煮宍也丨酒二也與酕同俗反

美反覆也或作鼫香嚴釃所綺反醾俗醾正初錦所
又詐容反酒色也三分也斬二反醋
味甚醈疋感酩酊上莫頂反音頂去聲醘於問反醸
也二反丨丨酒過多也或丨釀類
女亮反酵古孝反醱俗音祭醉俗醉作醉正將慻反
醞酒也酒丨也丨祀也酒通蒲丨
也酘音豆酒醘鳥浪反醱魚欠反酒醾通醾今酒報
三丨也酒丨也甜味厚也反爲多
也醰或醰今徒紺反酒味不酭音友酥正嘗今丨命
二作長也又上聲二報也反酪
酒也酌醲二或酗今香匈反䤑鳥曠反醆醱陟衛陟
二作醉怒也三丨酒也劣二反
丨連見反醑羊刃反酒醢盧暫反丨醑子笑反
祭也醼於丨也敲口也醲嗜酒也飲酒晝
也飲反酥郎外反以醛側嫁反壓醬於念反酡
醮子笑也酒淺地也酒具也苦味也
玉奈丨反醋音制魚酎直又反三醽旧藏作麴疋
面篇乎孝子醬也醲酒也皃反面上生
氣上瘡也俗古麦反正酢在落反酬丨也酪音落乳
丨入聲醆作醆截耳也又醋錯二音丨也

酌音若反丨酒也又行也醘通醘正苦盍反酒器也
益也取也霑也挹也與榼同又俗音海
二醭俗醭正普末反錯醾許角反醸音末丨醵或醵
生白丨也二醋味也醋醬也作
今具虐其據二酥俗醋正普末反醳醳二今音亦
反合錢飲酒二酒氣也二正醳苦酒也
三醯音歷丨醲酪淬也醢俗醍正音覓酪淬香嚴又
香嚴又力底反於金於南二反醉聲
也醶俗子咎所酷苦沃反丨急醞俗居
二甲二反也甚也虐也碧反

〇齒部第十八

齗齦語巾反齒根肉也下又康狠齦
反齧也又起限反齒聲也二
五佳反齒丨齸齜齜士佳反丨齸齒齮齾二齇或齷
齒不正兒不正也三同今作
正側加錫加二反齖音牙齬齷五鞋反齒齮七何昨
丨齗齒不正也圖丨也不正也何二反
齒丨齹齹非何反齒齵俗齺或齝正詩痲二音丨齭
跋也本二作噍牛吐食也三
齸二齭正章皆反齡音令丨齬音魚齒不齊相值也
俗齧也三年也又音語齧不相當也

齠今齠正音條小齇俗羌齺音喻齒齙俗齛正音池
、兒髮也二魚反不正也齒齒也
二齸五咸反齩齩二俗齰或齹正陟加反噍聲齣苦
齒差兒音酸作噍音才笑反二加
反大齵音愚齒落重生也通正側求反丨或
齒也又五婁反齱丨齱齱齲齒偏也二齝作
齻正丁年反齻其欺二齆渠員反齺音速齸古哀反
齒未也二音齒也齒曲也齒露牙也
齮俗音齙齡二俗徂齙音包露齬俗齻正七羊反齰
居號反齒也齒也二
隨函齸俗音牙從上聲齩五巧反齸同上又齲或齲
音縮牙者正齧也下巧反作
正邪圭反齧也齟士呂反丨齴齮魚錡反齗俗齼正
齒病朽鈇也二也又才呂反齧也初
呂反齒齳齫魚粉反丨齾齗上七板反下五板齔俗
丨二齒也二反丨丨齒不正也
齾正魚蹇反齟其呂反齵俗于齶俗人齭音所傷齣
齒露也二齗腫也彼反勇反醋也
齣魚蹇魚偃二反張口二俗神齴俗初或
見齒也與齴亦同二齹齹爾反產反齹作齹

正宜引反齒齊也二齝其九反齒丨肯老人齒如白也齵俗與少反䶢俗初礦俗反三反齭音餅大齒
也䶢齒音蟻也齩巧俗反五齡胡或反五皆八切五齒結怒三也齏反在丨諸
齝也又丨齧沒齒反齸音詣齵齾齾俗三齤作或齓今作齔
齺也又俗陟皆反齻二俗猪齺俗力制反齻隨函云合作
正初斬初謹二齻廁反齺俗力制反䶩在諸反
反毀齒也六齸下又五齡禁反舌齰丁陷反
齺兼魚欠反好齒兒二同又下病也齺剔齒也
齺咸反亦齒差兒
入聲
齾齾齾齰齧齧六俗齾也正五結反噬也七齸俗二齾正錯
各反口中錯齰二音齧齒又古軋反齰或作齚正鋤陌二反齰於角
上丨也三齰聲也又古軋反
反丨齰初六反廉謹狀也又齪測角反開齺丨補各反
齰也齰測角反齒相近聲齪孔具也齺嗘也
與嗕同嘆初八反齒俗齺正盧盍反齺盧葛齧也
音精入反齸利聲也齺齧聲也齺聲也
齬俗齵齒骨胡刮反齧俗昌折昌制二齕俗其五歇反
齒骨聲反正作掣牽也齰略反齸五易

食之餘曰丨也又齕俗齕通齕正胡結胡沒齸俗齺
五錯反器缺也二反齧齒也三齸
正士角反齒齰告洽反齧咋兒又吉洽反齺俗于齰
相近兒也二齰喉聲又俗加咸反汗色也齺六反丨
作沒初栗二齰陟栗反齺齺二俗胡骨齡齧侯閤反
反齧丨也齧齧聲齰反齧也齡齧聲也又
他谷反齰胡谷反齒聲又十齩齺二俗音盱
食也齰夭反洽象牙也齩正作鑿齸音益爾足
云麋鹿齢之異名也又齰直栗徒結二齸同上齲
音逸麋鹿受食處也反齧堅聲齸結千
反丨齒齥私列反爾足云羊齰初革反齒丨丁立反
也二同曰丨又羊世反齰相值也齺丨齒也
齰俗齰音立齒聲齰俗齸正五轄反山中絕兒
齰二音又俗音拉齲也又五結反峊丨山
危兒
二
〇耳部第十九聰聡二俗聰聡二正音忩聽聦聦二俗
閭明察也四聦他丁
反又去聲耽通耽正丁含反聸通聸正都甘反聵側
正作聽字耽丨耳也二聸丨耳也二聵交

反耳中鳴聲也聲音令聽也聰聽聱五高五交二反
聥耳郎由反聆音令聽也聱聱五同不聽也二反與聯
聯聯聯俗四聯正音連丨綿不絕也聃俗聃正他甘反耳漫
聯丨綿不絕也丨緣也又聃作或聃反
無輪老子名聣俗五兮反聯俗兹音聰聡俗上下七容反
也又姓三聣俗五兮反耳聬或作耽正他乃反聯
也又姓聘俗女加反聘出徒丁反耳也聰正他耳作明也聬聡二反乃頂反
正聘俗加反聘徒丁反耳也聰正他乃反也二反聤乃頂反
丨聆曹樵二音耳中鳴也聊耳鳴也聰焦反聲俗音又音琴也
聹耳鳴也聵耳中音聊耳在焦反耳也聯耳中聲也
又巨廉名耳音工又去奇反側耳也聵云耳
反地名聞鬼也聯也又一反隻也聰音戶萌反耳
語隨函而容反毛飾也郭聰中聲江反聴音精兒也
也聸逐俗姑非千芮二反聰女江反聰二俗耶音耶
聹聳聞二古文聲小丁兼反耳聰俱二俗強聴
新藏聳息勇反垂也聧聰正都禮反耳聴蘇走反
作聊聳高也聧俗聰患丁果反聰蘇聰
惣名聳毛堅也聰通丁果反聰俗音
也聰卷俗音聲聳聳聳俗四聾耳丨也五反聰俗音髓
上聲

俗音耵耳音頂丨聸耳之善反聤俱兩反聬俗夫典
耳音垢也半聸耳之門也聣耳有聞反張聧俗正作
鮌作海反地名瓦反聥俗聙作或聬告正之忍反耶
聥聾兒也聣戶反聢俗聙告也三反
聍音二好俗聎正丑里反惡心作聳聸聯二上俗去聲聾聯聲三俗聵
正五佐反聡也或作居位聣毛飾也二反羽聘也聘俗妨
惉聲也四反聰或作聧
正正反丨聰俗所寄反聧子貢二反或作聝仍吏反聽曰以聽也丨牲告神
問也二反丨聽聲所寄反聧子貢反或作欲聽也丨也告神
聕仍吏反聽音聑截耳也又聳仍吏反聡作誤莫侯反易也正聧丨音沽類聳
米敢言反也聽音聑截仍耳也聳作智丨易也聧丨音沽類聳
聳二或聳聳也二與今音聳同細四女夫聧反盧對聧飄緲足妙反間也聽聯
作聳也聳與壻音細四女聧聧盧聵對聧纔間也反聽聯
七計反聬俗聸一正曰音聞也制入二意也聦音聵他寒耳見反聴聰
耳聽也反聬俗嫁反聸一日聞制入意也聰患他寒耳見反
才喻耳所嫁反入聲聎魚乙反言丨丨魚鳥狀五轄
反二耳又姓聎也又音輒丨耳國名聸反丨
額無所聞也反五刮反聎也又音輒丨耳國名聸反丨
額音五佐反明呵也聎耳丁垂叶兒反聵丨七纘入反反聯反女與六

恧同面慚也又音而毛多也聝音摑截耳也䝤音祿丨聽蟲名似蜥蜴聊俗都叶反聮
夫入反耳鳴也聅丑列反小罪皃聉丁骨反無所聞也又五滑反無知之意也又魚乞反聏音服
聑俗音輒聯五滑反無耳口矢楚語也耷都合反大耳也聒古活反聲擾也聑而涉陟業
二反使也聽戸骨反耳聲也聏苦洽反

○瓦部第二十 殑俗

瓶正並丁二反汲水器甄音眞器也又姓又居延反免也
識也祭也亦姓甎音專丨瓦也瓺瓶瓶三俗甏正音西凡物器破聲四甖俗甇
或作甖今烏耕反瓦器三甗音彥無底甑也瓷音慈瓦器也瓵與之反爾正云甌甑也
瓬甌或作甄正甌今古郎反大甕也四甑甋音潘胡大甑也甎俗音尊酒器也㼟
俗音坏瓴音零丨甒甎也一日似罌有耳甌烏侯反瓦器也亦閻丨又姓閻音因甗瓮音容
甖也二同瓢符消反甈部迷反瓦器甂音邊小瓮也甎音瓶丨甎也瓴俗瓮

通琀正胡南反似瓶有耳也二甇通甇正士江反瞿也二甋音俞瓶也甀音朱小瞿
也瓺音長瓶也丈二甔都含都濫二反大瞿可受食也甋梯弟二小甀也甀音登瓦器
也瓻丑脂反之酒器古瓶俗甗丨正苦郎反瓬若也二反甏丨郎奚小瓶反也砥甂瓴
音瓦二同同丨甑甓音童也井瓮蒲魂反也與盆同瓦器甋或作瓴甌正苦合反瓦器
也三甎作罌藏甗音盧酒器甈二恢灰音甌烏侯反又音同甋音當丨也題反甌正唐
瓮也瓶瓬而音長荆頸酒二器同似鐘甌甗俗二甗下正孔音也圭三甗甀正
今似都甑昆二反器甈音衕屋乾也甎器音也皆又甀莫瓦一日八反音瓬音亭瓬也甗
音雷棟瓦屋也甗築落土虹丨反瓦字書云甑瓦音盌隨瓶胡俗音〔上聲〕甑甗
上蒲口反下郎口丨丨甖屬也旊甫兩反瓦也又音甫甓俗甄正疎兩反半瓦也又初兩
反瓢石丨洗物也二甒音武甌盆名也甄俗瓶今音幸有耳瓶也丨二甑甗

所景反執丨也瓫音拱瓬也甁胡瓦反大口也甈徒卑反甌也甄音敍瓬音扳丨瓦又俗
北官反〔去聲〕甕或作甕瓮二正烏貢反瓦之大者也三瓶江甃甕二俗烏涙反正
作益盆也嘗丁浪反大甕一日井甃又大盆亦姓瓨俗甃正側救反井丨也二反甐楚鑒反瞿
屬也甀俗瓿正去側反爾正云瓶也二甋音帝丨大瓮也嘗甃魚記反大瞿也甎正直
也反瞿甑古縣反底孔也盆甓胡懺反大盆也甋俗甑正士戰反器緣也二瓪本白
作妃古文夜字甃力救反穩也〔入聲〕甓苦結反受一斗也丨瓶甋音的丨甋也瓴歷
音歷瓦器也甄瓿俗二甄正涙反踏瓦聲也盧叶二三甕正甕今普八車破聲又瓦
或同上二甌甌藏二新甌藏旧甌江西隨函川隨函合作古獲反瓦器也西罌烏耕反亦瓦
器也在道地經四甋音百井甃也甑丨甌正甌今郎的反脚鼎也二甓有擊俗正音
作擊二丨甓俗苦結反作挈瓶也正甑或作甑正辛律反能行也二不瓬瓬許勿反二

甓俗瓿正女刮反瓿也亦刻出瓦也二瓶郎萊反半瓦日丨也𤭒音卒甑音皐甓扶亦
反瓴丨甋搏也

○犬部第二十一

猒俗猒正于閻反丨飽也犬甘肉心無丨足也又去聲二
猜倉來反疑也恨也猗于奇反加也倚也長也施也歎也美也又上聲丨㧑狌或作猩正音
生丨丨能言似猿聲形如小兒二猿俗猿猨二正音袁大也獼猴之屬三猨作猨旧藏
獼猴音彌侯猱之類猱奴刀反猴屬獿俗同上猴俗猺正音吾猿屬也三
獑猢上士咸士銜二反下音胡丨似猿而白狻猊上蘇官反下五兮反丨丨食虎豹郎獅子
也犴犾王篇音語斤反犬爭也又俗音狄二狺同上狐音乎狢也又姓猫俗麦包反正作
貓猳俗猳正音加丨丨家子路佩丨丨二猲或作猗王篇力丨覆也又音哥二也狚于耕
反獸名狩或作狩正音胡丨猗小犬丨也二猷音由從也若謀圖道也犵徒昆反小豬也

狸力之反野猫也 猊俗音砒正作貔 獽汝羊反戎屬也 狉猫二俗作迂悲反狸子也今作狌
獒通 獒正五高反犬高四尺曰丨二 猖音昌狂也 㺎音容丨獸名 猽莫經反小
狏也 獑充山反噬也 猋意疑犬怒也又音拳縣名 獅音師猛獸也又犬生二子也 猤俗丁伏魚
訛二反 獳通 獳正音儒朱丨獸名似狐而魚翼出則國有恐也又女溝反犬怒也二 獀古文
音搜春獵也 獋獋正音毫熊虎聲二 狭音夷丨也 狨音戎細布也 獹音盧韓丨
犬名 狴必兮反丨犴獸也又牢獄也 犴五干五旦二反與豻同地狗似狐而小又音寒 胡 猢
俗丑知反 𤢖俗遭曹二音 獖俗丁年反 獙音煩丨犬鬪也 獋音魂似犬人面也 犲音柴
狵莫江反多毛亦作尨 犹音尤犬吠聲 狙士余反猨子也又士慮反犬齧足也 獿俗 獿
正奴刀反獸名又奴巧反犬驚也二 獿俗 獶通 獿正奴刀女交二反長毛犬二 𤢞音丰丨獨獸如
猨逢人則叩頭小打便死得風還活也 猭音元丨獵兔走皃又丑戀反草中走也 𤢂音連丨猭

犬走皃也又日人反義同 𤣃狑音零犬也二同 㹻俗音毛 犾或作獄正音思辨獄相察也
又息利反二 獠音聊夜獵也又張絞皓二反西南夷別名 盧 獯許云反北方胡名丨鬻也 猵
音邊獺屬 猋必遙反犬走也 羣 猎乙咸乙陷 𤠣或作 𤟈丨今徒丁反猿也二 獡窮獸
似虎食人 𤡴五閑反犬鬬聲 狍薄交反獸名目在腋下也 𤞑俗 獌正莫還反狼屬也二 獖
音黃犬名 犿 獾呼官反野豚也二同 猫俗都聊反 獢俗 獢正許憍反短喙犬二 獨 獵
俗音誰正作熊獸名 狼或作音郎丨毒藥名 猑古渾反禽獸名也 𤝋𤝋音柴狼屬丨也二同
𤞤于良反 猱奴刀反山名也 𤢄留柳二音似鼠而大食竹根 上聲 猥烏每反穢雜也
不正而濫曰丨也說文衆犬吠也二 狔狔尼蟻反丨也二 猗 𤝞俗 狡正古巧反疾也健也
猸也二 狂 𤟀保課音 獵刀水反丨獸也 飛 獎卽兩反狗也 㹾俗犬 獖音蒲本
反扶交反羊名 大也又 玁或作獫正虛檢丨狁玉篇云北狄也下又廉欽二音犬長牙喙也

二 狁音尹 獮息淺反秋獵日丨丨殺也 猻或作 獿正所搵反丨犬吠聲二 獵下斬反犬
齧齧聲一日惡犬吠不止也 猫狗古口反犬也二同 獬胡買反亦丨豸獸名 𤞝莫口反猵丨獸
名 玀𤞢經音義作阿婆二字上烏可反下蒲我反讀傻耍而行也在樹提伽經中 狋或作狏
正神紙反獸名似狐出則有兵也上又豕紙反 狶虛豈反楚人呼猪也又音希 𤞣狳狳俗三
羊苦常預二反正作豎 㹭通 獿正奴巧反擾亂也又下巧反事露也二 又 獷古猛反犬不可
近也又居住反丨平縣名 㺜直爾直買二反玉篇云似鹿一角 𤡫側絞反正作狐 狟獹二俗
音巨虛 去聲 狃女又反習也就也又狸也又女九反相狎也 獈虛器反夏后氏有澆丨寒
涅子名涅音觸 狣狣俗二 犴正五晏五見二反逐虎犬也三 𤡵尺制反狂犬別名
狁三俗博教反 狷古縣反偏急也二 狾猘居例尺制正例三反狂犬別名二同 獁
莫嫁反獸名 獆俗徒到反 犽五嫁反獸名 狠或作音岸作犴獸名 今 狧或作 獪正古

外反狡小兒戲也又古邁反二 獩余又反黑猿也 獧古縣反躍也疾跳也 狽俗音貝 㺀呼貫
反文彩明皃又姓 獟五弔反狂犬也 狚俗 狚正音旦丨獦獸也音葛二 似 猊獚獖
猊四俗音兒儀同也 猊俗 犺犺二正 狖今余救反名似猨四 獸 狖俗余救反 猷
音備切韻云車軾也 犺或作 犺今苦浪反丨不順也二 狩書救反冬獵也 入聲 狂 狛
上知格反下莫百反丨丨駱父牛母也 獸俗鐸二音亦 獸俗鳥各反 㹚俗女律反 猎七雀
反王篇獸名又才藥反 狢穀欲二音獸如赤豹五色丨 獝俗音適 猑土藥反宋國良犬也
㹞初洽反犬食也 獥古歷反文 他 犳之若反獸名 猎𤢂俗二 猹𤢂二今吐合反
二反犬食也四 猾音滑丨也 狡 猲猲葛反二俗 祖 猝俗 獬 猰二今古鎋反雜也又
鳥點反又丨貐獸名龍首食人又苦結反丨丨抓不仁也貐音于 獥或作 猲正許竭反丨獢短喙犬也
又許葛反二 獀俗 猳正音卽犬生三子也二 狘許月反獸名又走也 𤠔旧藏作獵 犴

猝二俗 猝正音戟|獸 狎胡甲反習也近也 猝俗 猝正村沒反|暴疾也食|也二
獵良涉反補|也四時之田春曰狩夏曰苗秋曰獮冬曰| 獦俗 獦正音葛|狸似狼文質也
又俗音良涉反狚音旦二 狭侯夾反臨也臨厄介反 狄音笛北|也又姓 狢胡各反狐|也
玃俗 玃正居縛反大猿屬也三 獥 猲作二或 猲今書藥反犬驚皃三 獺他達反水
狗也 猼音博|犯獸名似牛九尾四耳目在耳後也 犾犾二俗 犾正勒役反|篇肘也三
狊呼覓反大目視又古覓反亦獸名猿屬
○豕部第二十二 豕施是反猪別名 豬音猪 豘徒昆反豕子也 豩上同 豭
音加雄猪也與猳同 豯音兮豕生三月也 ⿰豕悅吹反豶名也 豶音墳野猪也又音煩 豲音元
豕屬 豧芳无芳遇正侯三反豕聲也又豕息肉也 ⿰豕𢀖俗 豥正古來戶來二反豕四足白二 ⿰豕冥
莫經反小豕也 豜俗 豣作或 豜正音肩豕三歲曰|三 豨許衣許豈二反猪也 豵俗

豵正子紅反豕生三子也二 ⿰豕侖刀屯反獸名 貒他端反似豕而肥又去聲 ⿰豕夢音蒙似豕也
豝音巴豕也 ⿰豕同音同獸似豕 ⿰豕文古文貧反 百 ⿰豕便吡連反猪也 ⿰豕玄音雄豕獸名 ⿰豕盈
音溫短頭豕名 ⿰豕冊蘇千反豕也 ⿰豕且或作 ⿰豕助正去魚反豕屬二 豪胡刀反|也亦州名 傑
⿰豕古奴刀反山名 上聲 燹蘇典許位二反野火也 ⿰豕有 ⿰豕責俗二 ⿰豕隋正羊捶羊委二反猪
也又徒卧反猪別名二 ⿰豕艮康很反豕食皃又去演反豕齧也 ⿰豕母音母獸名 ⿰豕婁方主反豕子也
⿰豕聚 ⿰豕取切韻雖主反玉篇羽反小母猪也二同 去聲 ⿰豕叟五盍反|豭豕也 ⿰豕軍居運反小
野豕名 ⿰豕豩居運渠勿反豕求食也又豕|地也 ⿰豕有徒卧反小豶也 ⿰豕氣許既反豕息也 ⿰豕宗
子宋反雄猪也 豙或作去願反正作劵數也 ⿰豕壹許位于計二反豕息也 ⿰豕句呼豆反豕聲也 ⿰豕亶
音位豕屬 豢豢二俗 豢正音患穀養畜也又犬豕曰|三 入聲 ⿰豕茲 ⿰豕戹二或作 ⿰豕元
正于革反豕高五尺曰|三 豰貓交 豰今音沒猪別名也二 ⿰豕覓 ⿰豕覓音覓白豕黑頭也二同

獵良涉反豕也 ⿰豕雚所甲反豕母也 ⿰豕彌之涉反梁之里豕也
○豸部第二十三 豸俗 豸正直爾反蟲|爾疋云有足曰蟲無足曰|也又宅
買反貀|仁獸也或作貓鷹二字皆得二 貓麥交反捕鼠|也又江外音苗也 豺音柴狼屬似狗而小
貍力之反野猫也 貔正 ⿰豸比或音毗獸名二 ⿰豸不音不貍也 貙勑俱反獸名似貍能化人也
豬俗音猪 ⿰豸責俗居文反 豻胡安五干二反胡地狗似狐而小又音岸 貂正 貂今都聊反
|鼠屬出北夷地二 ⿰豸肖音消出史記 ⿰豸逢薄紅反獸名 ⿰豸休音休|豹屬 ⿰豸需俗奴交反 ⿰豸皮
俗音波 ⿰豸婁力朱反貐|也 ⿰豸离正 ⿰豸耑今他端通貫二反豚似豕而肥也二 ⿰豸同音同獸似
豕也 ⿰豸巴音巴同豝豕也 ⿰豸衆音中如豹 ⿰豸雍于容反獸似猨 ⿰豸冬音冬豹有角獸似 ⿰豸發 ⿰豸兒
上蘇官反下五反|獅子也 ⿰豸幵今 ⿰豸幵俗 ⿰豸幵今音堅大豕也一日豕三歲也二 ⿰豸單田塤二音
獸名 ⿰豸庸音容獸名也 ⿰豸亘貉屬 ⿰豸雚呼官反狼名二 ⿰豸壯 ⿰豸來音釐貍別名也 貏猈反彌 上

聲 貐羊圭反猰|獸名龍首食人 ⿰豸契音軋 ⿰豸柬旧藏作漳都勇反 ⿰豸柔而泊交救二反爾走
云猨屬而紫黑色人畜之健捕鼠 ⿰豸虎平表反善睡也 豕 ⿰豸蜀 ⿰豸寮陟絞落好二反西南夷名也二
⿰豸䍃音惱貉也雌 狐音爪|貘 ⿰豸周之九反猛獸也 去聲 豹俗 豹正包教反|似虎員
文花黑而小于虎上又呼横反二 ⿰豸良 ⿰豸良俗二 貌古 ⿰豸頁 ⿰豸皇二正音五皃儀容也 ⿰豸亢|余
反獸名似猨 ⿰豸殳俗 ⿰豸攵通魚旣反果決也 ⿰豸隶音四狸于 ⿰豸夬 ⿰豸夬疎史反也二同 貉 ⿰豸叟
莫半反狼屬 ⿰豸重竹用反乳也 ⿰豸辟正 ⿰豸卑今皮寄反二 ⿰豸虎旧藏作舜在䟶正論 ⿰豸滿音萬
獸名似狸 ⿰豸會俗古快反 入聲 ⿰豸骨 ⿰豸合俗二 ⿰豸罷 ⿰豸豦作二或 ⿰豸月今 ⿰豸冊出說文 ⿰豸亢
出孝聲胡各反貉屬七 ⿰豸百音百蠻|之邦 ⿰豸莫音陌食鐵獸也似熊黃黑色出蜀中 ⿰豸出或作 ⿰豸内
今女滑反獸名似狸二 ⿰豸矍居伏反犬發也 ⿰豸力音力遂東犬名 ⿰豸谷音陌北方獸名又胡各反 ⿰豸賴
地達反水狗與獺同

○虍部第二十四號胡刀反大呼也笑也痛也號呼交反｜吽也又音豪｜兆也

䖘今䖘正胡廿反白虎也二䖘直離反又竹爐名虎聲𧇾𧇾音銀爭聲二兩虎虤

俗虩正五閑反胡大二虎怒兒二鵬虓音烏虎曰｜徒｜也楚人呼虪或作音池虒

胡交反虪音同黑虎上聲虪𧇢作二或𧆸今胡大反獸名似犬多力一曰對爭出西

海三𧆹𧆹俗二𧆹或作虎三去聲虣虣薄報反杖手搏也｜虎二同無虩虩或二

作虒今悆既反虎息也三虥虥士諫普患反虎毛淺也二同入聲虩虩甲反虎

習兒二虩音覓說文云白虎｜也虩音索虩所責反又詐逆反虩音革虎驚聲也

○鬼部第二十五魅俗魁正苦回反帥也王也首也大也又北斗星名二魔

音摩鬼屬魅魅魑魑魑魍六俗魑正丑知反精｜惟也或作萬魅謂老物螭同七魋

徒回反獸似熊而小又姓魃俗魃正音奇小兒鬼也又渠寄反鬼服也二鬼魖俗魖正音

虛｜耗鬼也又罔象不石之恠也二魅朱反俗魅猪音俗𩲂縮三音俗多𩳕兜音俗

魅魅二俗音蘇魁音申要山｜也說文云｜神也又古文神字圣同魖魖荒胡反鬼兒二

同魕音縮頫二音說文云鬼兒也靈醜音零身一曰龍名人面獸二同靈鬼音零古為龍字

魑初交反疾兒𩴱音鄉鬼驚聲人值醜或作魏正市田反惡也𩴳吕几反棄也二鬾音必遥

反魅於畏反魌音欺醜兒上聲魌𩲡魍俗二𩳅正音罔魍魎也二｜𩴫魎音兩

魌｜也狀如三歲小兒黑赤色也二魅俗古音𩲅俗昌氏反魊俗古斬反𩴵俗𩴶正奢昌

者反醜｜也人恐二魅魕許鬼反二𩳔吻幼二音𩴰昌反九𩴴𩴠都罪反服交腫也｜

服音明二去聲魊𩲒魅魃魃𩴯魁𩳨𩴿𩵄九俗魍古彪魅二正眉秘

反魑｜老物之精也亦鬼神怪也人身黑首也十二鱧俗古外反魅俗虛耗｜也魊俗音膩

魍余亮反𩲨俗正莫報反作耄魍俗所救所六二反𩵈俗志昌反鱇俗據音鱁

魚記反恐也愧音化鬼變也𩴄𩳧二或作詭正居位反言｜也三聳或作聰正俱

位反見交也二䰟俗䰟正音愧馬色也二入聲䰡鬼音亦使也｜病魿或作𩴱

正音察羅｜鬼也二魃俗魃正蒲宋反旱｜也二魅音竹鱷俗章欲反魊音域小鬼兒也

𩴢𩴢音或鬼｜旋風也二魈魈二俗音促

○走部第二十六趨音俞傷遇反越也遏也馬｜前也又趍通趨正七遇反

走也疾行也二趬音布走兒｜也趨居依反走兒也趯丁年反走兒也趯許緣反走兒也趬

俗音趲正昭反行疾兒趲直離反薄兒也輕趧音啼四夷樂名｜䞢或作趲今取

羊私反倉卒也二趧謨新藏作趆七余反趆七余反｜也趌俗趙正取私反超不進也二

趨通趨正毋官反遲兒也二行趕彼為反趙許其記二反趍音由趨音余｜｜

｜安行兒趨戶來反留意也趯渠貢反曲脚也趌音馬夷舞東趌趨趨上倉含二反下

一徒含反｜走兒也｜趨音渠走也趙音黃張設兒｜｜舞貌又音光又趫趁上博孤反

下他胡反地兒下｜又俗｜｜音徒伏趌俗趌正去囂反又音堯亦反行起兒輕二兒又趄音巨善遙反又趯音紡

一王日篇名云也走也趨音湯他邱反走跳兒也兒又趫俗趫正二去遙反善走又

緣水也二趨趨俗趙正竹音上如一孟陟二交反竹｜教｜二跳反下二躍也二趑音二歧綺

王篇云｜日｜行也趁七廉反趁俗趁正上又渠營反俗五高反獨行兒二趯音

走兒一日｜同連行反移也趨直連反同行難也二又張趑或作趑正音賢疾蘇｜禾

通趨正連反同音行也趨二同音勈走顧之兒趑倉來反說疑也趨七羊反趑七走也反

也疾趯趯下二又音憮健也二同渠委反與跪趑虛斗反俗牛頭疾行也趦

上聲趑趑音二俗趍同張｜也趗土彌反牛步也舉一足安古反輕兒

趑歷隱反跛行兒趌日｜再舉日步與跬同趨走輕兒反趙正

趰今余拱反行兒一趰則散則且二趄居許反行兒趑音俗

趰日頓走踏地也二趲反散走也趄行兒趑音

了赳音糾式也赴徒二俗奄反知趡千水反走也趭子小反急也又子笑才笑二反
走皃也又同上趂音忍去忍二反行皃趃音此淺渡也趻尼展反踐也去聲趮則到
反動也擾也又疾也趕芳遇反疾行皃也趩趚二或作北諍反散也正作迸字趆千夜反丨
腳立也趠俗趠正勅教反行皃也又勅角反速也二趚俗音教趌俗音去趒他弔
反越也又他洞反雀行也趦趦俗二趥趙趚作三或趣今芳遇此三反丨僵也正侯蒲
六趓俗趓正他侯反自投下也二趯俗撫鳳反正作趯䞐杳神反普丨趙徒用
反趄都計反走皃也趑渠院反趆俗趆正趆今丁計反走也一日窮也三
趞趔二或作趔今丑側反也踰也二跳趑趁趄三俗趣正七句反向也又蒼狗反丨
反丨馬掌馬宮名也又七足七俱二反四趑音趆踰也趍俗音翅趨俗丑戀反作豫犬走草正
中也趧許縣反走皃又居幸反亦走急也趞俗音告趦趦二俗力庶反趏俗音到

龍龕手鑑 卷二下 三四 第十二

趉俗薄半反正作扳趟千仲反行皃趢疾亮反行皃也趗丑刃反遂也趙音又行皃
趐音敹趨迅音 入聲 趉俗越正千伐反超也也揚也又姓二逾趯書藥反趯走也
又音丨勤也丨趗音鹿丨丨起局小也又音錄丨丨趚小皃行也趚小丑玉反小皃行皃趄丨千不
反趚丨也又丨王玉反越俗越正丑律反走也二越越二俗倪反趬虛羊進郎趣反皃
也趌通趌正其訖反行皃也二赶其月反舉尾走也又音軏趙音陌今作驀越也趚
蒲末反同趚俗魃旱丨也趚正蒲水反行皃也又趚取私反倉九十也二趚去吉反走皃也趚
音迹趠俗徒丨丨反趚也趚正所戟反僵仆皃趚士洽反行疾皃趚或作趚正丑格反
半步趯音必丨玉爲原行皃趯俗趯丨正他歷反跳皃二趯俗渠役反
也二切韻丨行池也趯巨乙反直行也又趯堅列反丨趚蹤皃趚正趚今古
趌音告丨趨走皃又居謁反走皃
宂反烏疾趚居月反跳丨也趯音勅聲也行趚或作趚今音佛走皃又普末反二
行也二

〇羽部第二十七

趧其月反行越也趉九勿反辛走皃趜渠竹反丨超體不伸也趫俗通趫正所六反趙丨
二趡俗趱正才結反傍出前也又音古走意也二趦知劣紀劣二反小跳又走丨丨趏
俗才恤反作趶擢丨正趫居聿反走急也正趣今音歷丨越行皃也二趚或作趚
今趚正七迹反遷丨也三趞正趞今七雀反行皃二趯之欲反小皃行皃也趯作音結
走皃赽音疫
〇羽部第二十七翌音黃羽舞名又音王翴音連丨翩飛相及也翃或二
作翁正音紅蟲飛皃也三翛蘇彫反翼斷也羽翪丨芳紅反紺毛也取翪子紅反聳翅上
皃翁芳文反丨飛皃䎃許么反削也翏正䎎今音聊高飛皃也二翁鳥紅反老
稱也亦鳥頭也又姓翾正賓反飛皃也翷翁呼萌反弄翅也二翬鳥二同翃戶萌反蟲飛也
所臻反羽多也鶵翑其俱反鳥羽也二同翑其俱反馬左足白也翹俗翹今巨嬌反丨飛

龍龕手鑑 卷二下 三五 第十二

皃二翺俗高二音亦翹渠姚反舉也懸也危也遠皃也翱翔上五高反下音祥丨遨遊
迴自在皃也翩翻上音下音也又翻覆也鄙翔丨飛也翻俗翻通翻正力分羽
也翾許緣反飛蟲也小翢他刀徒刀二反羽葆幢也翎俗翎正音零羽也二鳥翍
普碑反張之皃丨翃胡郎反翃丨也翻通翾今許延反飛皃也二翍渠支反丨飛皃也
翅是支反羣飛也翬音暉雉五色備飛皃又翲去聲也二又翲鳥反飛昭皃翧音喧來也
胡人名也翭俗翭正音侯月初生又飛去聲也二又翌音于皃二同飛翾今
其俱反鳥羽也三兩反由羽也三同又俱 上聲 翶音保羽也彩翦正截今音剪
二 去聲 翳翳翳三俗翳正於計反隱也也奄也又平聲四翡翠
未反赤羽雀也下七醉反青羽雀也雄日翡雌日翠翍翍古二翻翍俗三翍通翅
正音施鳥之恕反兩羽也七翦也舉也飛翽鳥飛呼會反也翼翼作二或翼

射人名說文從羽也三翪狣作二或𤡌正羊制反鳥飛也三𤢯作或𤢺正音惠六翩之
末又騶舟作二或翿正徒到反者所執三舞獊於劍反劍丨【入聲】𦒉作或𤠗
今盧合反丨飛初起皃二翜徒合反鸐丨𤞴俗𤠣今許聿反飛皃二㺧俗猺
正足名步各二反飛去也二𦑛奴勤反蟲名𦐇音塔盛皃飛䎏音押翕䎘翖音六
與戮同三𤣚許用反飛皃𤣟翼羊郎反輔也翅也助也美也恭也又州名又姓二也𤠏俗
翌正羊郎反明日也二𦑇俗𦑓或作𦐿正羊革反鳥羽本也三䎁許逼反羽聲也猇
音域飛聲翕許及反火炙也一日起也又動也斂合聚盛也翖許及反人姓名也獴音祿水上
飛也翓胡結反丨飛上下也翜所甲反捷也又色立反疾飛也翣所甲山洽二反棺去也形
如扇以木為巨翯呼角反鳥肥也翇甫物反舞者所執也𤠊翅許考反小鳥飛也二同毣
音尤思皃一曰溫毛也又莫角反好皃𦒃𦑶上盧合反下他合反丨丨䎇飛皃也𦑢羊卽反丨

丨蟲行皃𦑯虎伯反飛疾皃𦒖誤徒合反鳥毛也
○皿部第二十八皿旻水器丨也又盆丨也盟音明誓約也又音孟丨津河也
盂今盍正音于盤升器也二丨盔苦迴反丨器盂屬也盭鏧鏊俗三盨盩二
切頡盩王篇張流反水曲日丨又丨屋盩名屋音窒六盅盅五中直中二反器虛也二盄音盄
仁丨諸比類也罍音雷器也盉俗盄正音昭器也二盨盥奴冬反二盉郎奚反以瓢為
飲器也盍俗盁正五堅反饕也二盉和伽二音調五味器也盗盞上音安下音戔
丨丨大器盂九盪音羊杯也盧古文布胡反今作鋪晚食也【上聲】盪徒朗反滌丨搖動皃
又吐郎反丨突也盇盍有方二音水器二同盙俗簠正甫夫二音丨簋祭器二盢
俗簋正音軌簋丨祭器受斗二升內員外方也二盌古烏管反小盂也也今作椀盝音林
器也盌音猛盨相主反丨負物凡也又音所載醋也盫其短反丨負載器也盨盬俗盬

今音古鹽也呩也又不固也二𥂐或作𥁃今音古器也二𥁟俗盂今音雅酒器也二盞
古巧反器也𥃛古巧下巧二反溫器也又丨濁也𥁿籀文盬俗𥁮𥂥二或作音海肉
𥂻也四【去聲】盜盥音貫丨澡手洒面洗足也又上聲二盎烏浪反也又姓盎盪或作
盭正郎計反綟色也二𥂆𥂘方問反丨迅也正作奮二盍音流盆他弔反洗器也又徒弔反
谿也音本谿𥂩𥂫俗二𥂷或作𥂸𥁳二今方欠反杯也五𥂍去旣許旣二反丨居獸似
蜎毛赤也【入聲】盋或作盝正音鹿漉也也去水也二竭盇𥁋𥂭俗三盇正音缽丨
孟器也凹盦烏盍反覆蓋也盗弥必反拭器也𥂪或作盍正胡臘反何不也二𥃨俗𥃩
正許力反傷痛其食也二𥃜俗𥃝正田洽反五味調和宍菜也二
○冂部第二十九冂俗罔正文兩反無丨也此字與四部相濫放從省者也二
𦋽䩭俗二羈正居奇反馬絆也三羇居奇反寄也傍也罹音離心憂皃也羅𦋱二古

罝今子邪反遮也兔罟網也三罝罛俗二罛正音孤船上魚網也三罘俗罘正音
浮兔罟也二罦芳無反捕鳥網也罾音增魚網也𦊬罠二或作罠今音旻網也三
罞蒙旻第三音麋罟也罝古文音兜罡俗音𦊓𦊗俗尤蒙二音蒙莫紅反罬也與家同
罿衝童二音車上網也𦋃郭氏音羇香嚴音匱䍛魯官反家網也羅音籠【上聲】𦌷罥
王大反丨挂也二罕罕呼散反希也又網也又姓二罛罡二古文音罔冕音免冠丨
也謂大夫以上冠也黃帝所作署俗罟正音古網丨也二𦋞思究所晏二反丨罟取魚網也
𦊐音武雉網𦋟子禮反以手搦酒也罶𦋃𦊲音柳魚梁也三同𦉾同上𦋑俗羊主反
正作罧罩俗冈二音草罝其呂反罟也【去聲】𦋺奴案反丨網也罹𦌗二古罩
今卓教反取魚竹器也三罣今罣正胡卦反礙也又古賣反丨旱也二罵詈上莫駡反下反
惡言毀辱也罷俗罽正居例反氈類毛為之二𦋐古文同上罜音注小罟也羉古縣

反烏羅也 罰俗音俞面衣也 罽煩得二音 罟音慮同ㄧ也 罻於貴反ㄧ網也 罠初教反小
冈也 罶閻上音珞下音匿ㄧㄧ取魚具也 入聲 罰音伐小罪也加罪於人曰ㄧ 𦋐音鹿
罜ㄧ也 罨烏合口合衣檢三反烏網也 罯或作同上 罯烏合反覆蓋也又烏感反魚網也
羃音覓覆食巾又ㄧ羅婦人所戴離音離 罬陟劣反踊鳥覆車反一名孚也又紀劣反 罭爲逼
反魚網也 罼音畢兎罟也
○爪部第三十 爪側絞反指ㄧ也又古云文木字又ㄧ部與瓜部相濫瓜音古花反
爬蒲巴反搔也或作把字 𤔁女加反爬ㄧ以衣除也 𤬫經音義作分布二字呼 瓠音胡
瓠音胡ㄧ瓠瓢又音護器也又音雹瓜ㄧ也 匏 𤬉或作 𤭯正 瓢今眺殉反ㄧ瓠也方言云
杓也正从瓜作三 𤮊穰孃二音瓜實也 𤬲 𤮃上音鉤下音樓苦ㄧㄧ也 𤭃𤬛上牛昆反
下徒盈反ㄧ瓜名上又音溫亦瓜名 𤬹烏瓜反ㄧ留地名 𤮦音當ㄧ瓜瓤也 𤬠音孤瓜也 瓟

俗都奚反正作栕 𤮝音神 𤬗苦圭反 𤭁𤬹部田反黃ㄧ瓜名二 𤭛古文枯易二音 𤬞
蒲交反又音把 𤭗同上 𤬾音伍 𤮑𤬣蒲交反似瓠可爲器也又音雹瓜ㄧ也 上聲 𤬞
羊主反病也又微弱也 𤭉𤬳奴每反傷瓜也二 𤮸力黍反瓜名也 𤬿平表反物落皃 𤮭
魚偃反瓢也 𤬺音沮 𤮕音禮 𤬋俗音始 𤬐疏瓦初瓦二反 𤭛古文禮字 去聲 𤬬
音訓 𤭷𤮀二古文音愛 𤭥俗音練正作ㄧ瓜ㄧ正 𤬿於斬反所依據也 𤬺於刃反今作印
同 入聲 𤭢𤭈二俗居碧居縛二反正合作攫字 𤬿𤬻蒲角反ㄧㄧ也二 爪 𤬯𤬵
徒結反爪ㄧ從瓜正二 𤭟音弗香嚴又由結反小爪也 𤬥音劣撮取也 𤭋𤭉福二音
𤭮陟栗反俗ㄧ俗音陟甲反 𦥑俗 𦥑正莫必反不見皃又負字從此也二
○矢部第三十一 矢式視反弓ㄧ又正也直也施也陳也誓也 𥎦同上 𥏙𥏚
藏禾反ㄧㄧ痤也二 矰音增弋射矢也 𥎿俗丑知反 𥏛𥏞上必兮反下祖兮反ㄧㄧ短皃 𥏌

𥏌失羊七羊二反傷也二同 𥎸於盈反 𥏧呼官反 𥏀俗音胡 上聲 矯居夭反妄
也詐也從手者正 𥎪𥎫𥏃三俗音短 𥎯俗 𥐉或作 𥏂古 𥎳正 矧今失忍反
詞也況也長也五 𥏘𥏙刑項反小皃也二 𥏊於巳反短皃也 矲䂬上薄賈反下苦駭反
ㄧㄧ短皃也 去聲 𥎰音智 𥐁𥏷上兵吠反下牛吠反ㄧㄧ短小皃也 𥏋俗音患 入
聲 𥎿竹律反短皃也又知劣反 𥐌王縛反
○黍部第三十二 黍今 黍正舒呂反說文云孔子曰ㄧ可以爲酒故從禾入水
也二 𪏭正 黐今丑知反黏也所以捕鳥也二 黏正 𥟖今女廉反相著固合也二 黏古文
音胡今作麪也 𪏰音誅黏皃 𪏱或作 𪏲正郎奚反衆也又姓又力脂反二 𪏘音香 上
聲 𪏴井彌白賣二反黍屬也 䵑正 𪏻今音汝ㄧ黏也二 𪏿音謹黏黍皃 𪐀去阮
反黏皃 𪐄今 𪐅正苦典苦見二反稔別名也二 穠𪐉上奴董反下力延反ㄧㄧ菓子多也

去聲 䵘所賣反不黏皃 入聲 䵑俗 䵒正尼質反膠黏也二 𪐍正 𪐎今蒲北反
黍豆漬葉也又符逼反二 𪐏俗 𪐐正竹益反黏也二 𪏸蒲結反正作馝大香也
○鹵部第三十三 鹵郎古反ㄧ薄也鹹ㄧ也 鹹音咸苦也不淡也 𪉧古文
同上 𪉹古 鹺今才何反鹽曰鹹ㄧ二 𪉩竹咸反鹹味 鹼七廉反水和鹽又古斬反鹵也
𪊅音壤戎狄鹽也 𪊁乙懷反鹽也亦作𪊅字 𪊄音溫戎狄云鹽也 𪊈音消煎鹽 𪊃音矜
苦也 上聲 鹻古斬反也鹵也 𪉶各郎反鹽澤也 𪊆ㄧ犬反蜀人呼鹽也 去聲 𪊍
在西反鹹也同𪊍 𪊂倉奏反南夷名鹽也 入聲 𪊔音尺狩也又或音魯 𪉢音接
○九部第三十四 𡯷俗 𡯳正許交反虎聲也二 𡯶𡯷音求地名下又八久
反獸跡足蹂地之處也二 𡰋音兼 𡰃音求 尪俗烏光反正作尫 𡰄郎求二音迫也 𡰐俗
𡯾正九而二九屬也二 音 𡰡渠追反鍾ㄧ㛅惡也 尪俗 𡰡正渠追反道也二 𡯹音千

腵也 尪烏光反香嚴又音注 上聲 𡰪俗口頹反正作𦿙野死草也 尰俗時勇反足ㄧ病也
正作ㄧ字 尮俗布火反 尳音毀鳥吐毛如丸也又音委亦鷲鳥吐毛也說文從九 尫俗博管布
縮二反正作尯兆兀也 去聲 尦古文古泿反又音軌 參俗竹嫁反 竟魚救反飛也 鷇
古文音拔 入聲 旭許玉反朝旦日初出皃 杳俗同上又求九反 尬古聸反 尲古文
音掘 尥羊郎反 尷音接又子厭反

○几部第三十五 几居履反案屬也又烏先反曲脛也此字兩處收之耳 凥 凥
烏光反弱也蠡也二 𠘯 𠘯鄰怜二音水在石間也或作磷劙二字 凫從冠二音 冦音死 䍃
皃鳥耕反二 䛂 凮 凧 𠘽古文从四音 冗音申又人勇反不定也散也 𠙊古文音符
上聲 處音杵居也止也制也息也又定也留也又去聲 𠙆或作 凱正苦海反樂也人也 𠙉同
康也和也二 允兩勇反 兵音走 𠙙音長 凡音始 𠘬音軌 去聲 凭正 凭今皮

證皮冰反依也或作憑 ㄧ 兕徐死反說文作兕牛狀如牛蒼黑色一角重千斤 兗兗二古文音夜
凳音鐙牀ㄧ 宂蘇个反 㓗音夜 覍 𠑽正作𠑲 入聲 㔉計勿反
冗補投反

○斗部第三十六 斟 𩰫
音俱升也古文音升 𣁬 酌也舒也 𣁮也今作陞 登 㵄 斜
郎反 斞 音針ㄧ 斡 古國 𣂀 音戈
量名也 斝 也 𣂁 音等
上聲 斚 斝 古惟反王爵也二同 斠 俗 斗
兵奪人物也 去聲 斣 或作 𩰲 今都走反亂也又物之俱等也 角力 入
聲 斛 俗 斛 正音角量也又水斛也二 𣂈 音的量也 斜 苦洽反ㄧ斫

○鼠部第三十七 鼠 舒古反善爲雀ㄧ切 日良爲ㄧ也 𪕭 小獸名 鼶 正

𪕃 今音離小鼠 相衒行也二 𪕎 音中文鼠也 豹 𪕰 正 𪕱 今音山中鼠所食之物 又
至盡不 痛也二 𪕊 音唐 月三易 鼷 鼠二 陽也 𪕤 音煩 ㄧ鼠 𪕸 音錐 名 鼩 上音精 下音勈
ㄧㄧ小 𪕉 音亭 鼠豹文 ㄧ 似 𪕢 音斯 ㄧ鼠 鼢 通 鼢 今胡元 南反耳也 似 鼯
鼠也 𪕮 今 房粉 反 地中行鼠也 二 𪕓 音偃 似鼠 小 鼠
音吾似鼠 上聲 鼢 正 𪕏 今扶文 反 又 侯門二反 鼴 鼠
似鼠 形大如ㄧ好 偃 𪕋 音耳 鼠耳 𪕐 小而勇 鼠也 反 鼬 音柳 鼠而 大似 去聲 𪕧
河而飲水也 𪕪 正 子峻 反 石鼠出 蜀中毛可爲筆 三 鼪 祭 名 救 似 鼠 反 𪕜 余 鼠 改 屬 反 鼸 音 問
鼵 俗二 𪕌 入聲 𪕾 正 𪕹 今音 鼷 博也 二 ㄧ 𪖃 音名 各 也 鼠 𪕻 隨 鼠 骨 同 反 穴 其 鳥
名鼠 鳥日 鵌 其鼠 日ㄧ ㄧ 如鼠 鼫 音石鼠 蝼蛄也 鼩 的 名 酌 又 二 音 才 鼠 藥 反
而短尾也 鵌 余 徒 二 音
鼠似兔 胡 狄 反 鼠名也 𪖀 鼠 益 厄 二 音
而小也 鼱 鼠屬也

⊙亯部第三十八 亯 亨 許兩反獻也祭也臨也向也 上歆也又奉上也二同 𦏧

章倫常倫二反 𦎫 𦎫 俗二 敦 通 敦 正都昆反追也又姓四 孰 俗 𤭁 正都昆反瓦器
似颩舊藏作鶉常倫反二 𦎧 孰 都甘都敢二反 䡅 丁可反下垂皃ㄧ也 孰 孰 殊六反誰
也二 𦏨 𦏨 殊六反二 𦏸 音史鉃也

○此部第三十九 𠀍 息邪反少也與些同 𪉚 柴騎積也 漬三音又減也 𩈴 俗
雌 正此移反ㄧ雄二 𦊅 俗 𪗩 正即移即此才智三反歐也 𧤞 𧤞 𪗡 𩈴 四俗 音崖
呰 音茲 𠳍 音祥 𠷭 疾移反人子腸名又昨賜反骨有宊也 上聲 紫 俗 𡉑 通 𡉑
正即委反鳥喙也音許衛反三 咜 呰 𠶏 音紫毀也三口 𠶠 音此直大 𦊅 呰 有紫疵也
又祖兮反弱也音羊主反二同 疵 去聲 𠯂 音細何也可也此也辝也又楚音蘇个反 𩈴 在詣
昨賜二反 𢁉 俗側義反正作䇫ㄧ鼓皮不展也
目際也

○止部第四十 𣥂 古 歧 今巨支反ㄧ路也二 𦓡 音處 荒 音 𣥡 池除二音

玉篇蹲也壺音剛頊俗與之反正作順養也頌也㐌音延𡕒徒含反炊音諸甫岦
二音前上聲跫跫整整俗四整正也通之領反正作整五齊也𨒪之勇反繼也追
趾也與踵同峙直里反基也止也住也齒古文音齒𪘏音丙大反毀𠀤音箭竝
如水反芹荒芇三音近蒴蒴音剪蟲名細如針觸則尾如翦刀丨人也二毛去聲
反眷眷眷三俗今以芮反明也智也通于聖也微也深也四𡳿新藏作勾在𡳿辨正論中
𢍬𢍬二古文戰字走音步𦾔𦾔二俗正作雞醉反𦁉𦁉丨反祓宜利反𡗝𡗝蘇浪
反七也二入聲𨇾𨇾正所立反不滑也從四止與澀同二𨇾必亦反也與躄同跛所立
反

〇枲部第四十一枲息里反麻有子曰丨無子曰苴也鍬俗鰻正子侯反
麻幹也二䫜昌眞之忍二反纏也䴛郎由反聚也又東枲也𥻨郎到反麻莖大也𥹍渠眷

反緣縫也鞣隸音代鉄直質反帆索也
〇子部第四十二孳子之反丨息也孖子之反雙也孡古文他哀反今作胎
孜音茲厚也亦篤愛也孥音奴妻丨也孯孯二俗苦閑反正作掔同也𡦹從乳音
從乳於盈反孾二音孩兒也上聲挽免晚二音相解子母丨身也𡥧𡥧作二或𡥝
正擬耀二音多盛兒三孖古文音好𡤾玉篇音體保小兒也學古文音子孖敘順二音𡥂
音子去聲孺俗孺正𡦕今而遇反少小幼稚也又生也又姓三字古文音李𡤷
竹用反𡥸俗蒼案反正作嫈美女兒𡤾俗許既反正作愾息也孛音寺孨士繼反謹也又
尼立反兒戢阻立反㝅丨聚孖同上郭氏又音秋𡥧音制子也𡥃音既孫玉篇丑證
反以也香嚴音孔𡥖音字入聲孛俗學通學正蒲沒反丨星也浦昧二孛
俗博厄反正作擘分丨也

〇鼓部第四十三鼓正鼓今鼓正公戶反鐘丨也字從支音切從皮者非
三𪔂於巾反鼓聲也鼘正鼘今音同鼓聲也二鼘或作鼝正烏元反鼓聲也二𪔇
同上鼜鼜俗二鼕通鼕今徒冬反鼓聲也四鼞今鼞正音湯鼓聲二鼛正鼛
今丑良反鼓聲也二鼛音高役事軍鼓一日大鼓長丈二尺䶄䶄俗二或作𪔳今力反鼓聲
也三鼟他登反丨鼓聲鼙步迷反騎上鼓也鄔戰鼓也鼖或二鼖今符文反
大鼓也三鼛音高周鼛大鼓也二同䶈鼓俗三𪔶正徒刀反着柄有耳最小鼓也
四𪔻舊藏作鼓在阿閦佛經下卷𪔻正𪔻今音帖無聲也二鼓聲也𪔺正𪔺今玉篇他
合反鼓也二𪔿俗𪕃正𪕃二今倉歷反鼓聲又守夜鼓也四鼕正鼕
覔也二二今若盍他盍二𪔩鼓倉盍反聲𪔪俗𪔪正𪔫今七入反去聲又陟立反鼓
二二反鼓聲也
反

〇小部第四十四𡮢俗古文邦字正作𡭢㞷古文當字𡭦二俗音香嚴
又音單𡭊古文妻字尛尛尛三俗莫可反正作麽丨細小也尐俗𡮘鬼反乃
反今作𡮃小兒尗古文米字尖蒲買反省俗音首尐俗音劣𡭛俗音𡯁正逆反
西方小兒二尗通尗正失六反小豆也二尔俗音覓

〇缶部第四十五缶缶二通缶正方久反瓦器盎也詩云丨者所以盛酒漿
秦人鼓之以節歌云缾音平汲水器也罌俗罃或作罌今高耕反瓶也三𦈢瓦盛徒含
反瓦瞿屬也與瞿同缸下江反瓦瓮也同上罏古罏今音盧瓦器也二䍄音浮小缶
也罍音雷酒器也罇音尊酒器也𦉢音零似瓶有耳罐音崔玉篇器名
反缾俗缾正音刑酒器也其形似酒鍾而高也疏音疏於容反甕汲器也𦉜音盧瓦器也
𨍯革鞋反缶古缶今音由瓦器也二𦈮疾資反瓦器也與瓷同上聲缶或作

張呂反盛米器也 瑀之酉反器也 瑅徒啓反器也香嚴音提 弣今芳武反弓把中也 釗
玉篇子乳反香嚴同上 去聲 罐音貫汲水器 錿鏬二俗 罅正呼嫁反孔丨破裂也三
鐔時戰反器緣也 鍸呼貢反孔丨也 鉆都念反 鏧音聖 入聲 鈌苦悅反少也虧也破
也 鼓古的反吹丨也
○老部第四十六 𦒸呼昆反耄也 耆音老 耆 耆二俗 耆正音黠老人面
上黑子三 耇古口反黃丨老也 𦒽孝二俗 耄正莫報反老丨也三 耉俗 𦓆正常句反
老人行見二 壽俗章怨反正作𦒵 𦓇香仲而仲二反 耋徒結反老也年八十也 𦓊俗音
結
○井部第四十七 井子請反去也深也又都感反人姓玉篇又得林反 丼丼
二古文音登今作𤭯瓦器也二 形荆二俗音形 瓶音祥 荊俗 蔚古 𦵏今古侯反數名

十秭曰丨秭音姊三 鉼或作 缾俗音形酒器與鉼同二 葈古 穽阱二今靜淨二音陷丨
也三 洴口冷徂醒二反丨涎 霋俗 𢍜正鳥冋反又音營二 掓古文初同反初也始也懲也
辟必亦反理也 𦵏古侯數也
○喜部第四十八 囏𩏽囏嘻皆古文古閑反丨難今作艱四 囏古文奴千
奴案二反今作難丨易艱丨 嚭俗疋鄙反正作嚭大也 懿俗乙冀反正作懿溫柔美大也
○古部第四十九 辜俗 辜正音孤罪也負也二 辜古文同上 喆俗居陵反
𦎫古文音敦 嘏古雅反大也福也遠也 瑚瑚隨函云誤今作崩方蹬反束棺之下二 京
𠧝二古文音克勝也能也
○乃部第五十 㩗通持也提也反 攜攜二俗戶圭許圭二反正作觿角錐也
攜俗子泉反又戶圭反 朶俗 朶正丁果反木垂皃二 㣞音古多倩利也 孚卒二俗 卒

古 孕今王鄧反懷丨也四 孕孕章刃反二 鼐耐乃二音鼎大者曰丨 𢼪俗音劈𠞊
俗音擊反正作劈剖裂也 劓音刀 𠢕俗音卓
○里部第五十一 釐俗 釐正里之反福也又理也二 𪓈于求反疣黖同結病
也 黟黟二俗烏兮反作丨水黑也 正 黳俗音擎正作黳 黫俗烏閑反正作黳黑色也 𪓕
音巳 黚俗巨炎反正作丨淺黑色 黕音黕 𪐦俚里二音 黳俗烏奚反美石黑色也 黝俗於
紏反 黲俗七感反正作黲 黕俗都感反作黕垢黑 正 黭黭俗烏感反正作黭丨黤二 𪑾
力巳反 𪓗時證反 𪑲音悤 䵍䵍二音再
○介部第五十二 𩦺俗 𩦺正許規反毀也二 黎黎音胡二 𪓤所斤
反 𪑭皮逼反 𪐺俗井列反急性也正作憋 𪓖盧葛反 𪒷俗七亂反
○口部第五十三 口邱犯反張口皃 𠚊俗 函通 函正音咸丨谷關名也

又姓又音含禮云席間丨丈也三 𠚕正 𠚘通筆巾反地名又姓古文今作邠二 𠚸古文圖字
音徒丨度也 𠚍音亳 函音通 卤切韻 𡆵𡆵二玉篇於云反丨切韻鬱也經音玉篇壺也又
因惲音三 二 𠚕音乘 囟他爾反 𡆸音齒 囟音信丨門也古文今作顯 𠙽音轉 由𠚓
二或作 凷古文苦對反土丨也又蘇對反凷三 𠚒正 𠚓俗楚洽反舂去米皮也與臿同二
𠚆音里 𠚉音由
○黽部第五十四 黽音猛蝗屬 鼃烏街烏瓜二反蝦蟇屬也與蛙同 鼅音知
鼄今作蜘蛛 鼄音朱丨也 鼊或作 鼊正音迷丨鼊似鼉不堪食足鬲二 𪛉音麻鼉丨
似鼂鼊鼊也 鼅其俱反鼊屬二同 鼉音隨水蟲鼉丨也 黿俗 黿正音元似鼈而
大二 鼇鼇二俗 鼇正五高反海中大鼈也二 鼆音猛魯邑名也 鼆音猛 鼈俗 鼈正年
列反魚丨水蟲也二 鼊音必鼊丨似龜而無脂爪其甲有黑珠文如瑇瑁可飾物也

○臼部第五十五 臼其九反杵丨世本云雍父作丨又姓又居六反兩手捧物也象形 舂書容反丨擣也本雍父作丨 舀余出二音日本也又坎陷二音坑穽也 [illegible]音迷丨魔似龜不中食魔音麻 [illegible]子奚反 舁音余對舉也 舀[illegible]羊小反抒水也二 攣也 舅渠久

反母之兄弟也亦夫之父也又姓 [illegible]徒明反舂也待米精也 [illegible]持爾反 [illegible]居許反共輿兒

也 [illegible]之睡反杵擊也 [illegible]之睡反杵白也 [illegible]手二俗 [illegible]正音伐舂米又芳廢反晹也三 [illegible]

[illegible]音昨穿丨也二同 [illegible]正各反舂也玉篇又音插 舄音昔履也又古文鵲字亦人姓

○也部第五十六 虵音蛇又蔩葛反 [illegible]音馳續高僧傳又舊藏作馳在第七卷

[illegible]弋支羊氏二反 [illegible]卑也 地丁也反 [illegible]尼也反 [illegible]并也反 [illegible]俗音祗 [illegible]

訑成二反二

○比部第五十七 [illegible]音毗小籠屬也二同 [illegible]勞音勞二同 毗音毗 [illegible]丨臍名 [illegible]音比卑

龍龕手鑑 卷二下 終 奚 第十二函

○是部第五十八 [illegible]相承歸燥二音 尟息淺反丨少也 尟正 [illegible]俗是支反丨筋也二 [illegible]是支反飛兒也 [illegible]于鬼反是也 [illegible]俗 [illegible]正他禮反首杖橫二 題

音第小盆也 趣音取 [illegible]徒了反 [illegible][illegible]之日反二

○首部第五十九 [illegible]與之反頤丨也又頷也同 [illegible]音專丨首也 [illegible]俗 [illegible]

正音首人初產子也二 夔渠追反丨龍又州名亦獸名似牛一足無角如雷皮可為鼓 [illegible]

俗二 [illegible]古文苦禮反今作稽位也首至地也三 [illegible]俗 馘正音摑截耳也又首獲也或作聝二

[illegible]俗音甫正作黼

○果部第六十 [illegible][illegible]郎果二反三 夥胡果反楚人云多又五果反

[illegible][illegible]五果反同上二 又[illegible]初瓦反所瓦反二 又[illegible]側巧反

卷二下終

龍龕手鑑去聲卷第三

釋 行均 字廣濟 集

見古電第一 面彌箭第二 又子救第三 貝博蓋第四 欠去劒第五
大徒蓋第六 壴中句第七 豆徒候第八 四息利第九 片普面第十
示神至第十一 鼻毗至第十二 自疾第十三 耒盧對第十四 歲第十五
更古杏第十六 夜羊謝第十七 去卯據第十八 二第十九 寸第二十
令力政第二十一 處昌據第二十二 亘居利第二十三 氣去既第二十四 歃第二十
豸九遇第二十六

見部第一 [illegible][illegible][illegible]三 俗 規正居隨反識用必合

[illegible]音啼視也 [illegible]丑廉反闚視也又丑焰反伺候也 覦音俞覬丨欲有所得也

龍龕手鑑 卷三 一 第十二函

[illegible]也 [illegible]俗 觀正音官視也又音雚 覸音慳人名 [illegible]俗若千月

二反 [illegible]俗二 覼正落戈反續委曲也三丨也 [illegible]於爲

反好視也又烏戈反 [illegible]俗音曾 [illegible]丁舍充二反視也又徒感反亦徐丙視也 [illegible] [illegible] [illegible]

三或作 [illegible]今音廉察也四 [illegible]取私反次視也玉篇又音賴 [illegible]古元反遠視皀 [illegible][illegible]音親

二同 覺音營感也與瞥同 [illegible]音絁覡丨面柔也覡音倉歷反 [illegible]音絁邪語也 [illegible]式支反誘

丨也 覭音迷病人視皀也 [illegible]或作[illegible]正渠追居位二反媱視皀二 覾[illegible]上音賓下音煩

丨暫見之皀 [illegible] 覠云運二音眾視也下又牛昆反二同 [illegible][illegible]丑林丑禁二反私出頭視也二

同 [illegible]俗音廉 上聲 覽俗音曉 [illegible]俗音迥 [illegible]直里反 [illegible]俗 靦正他典反

面憋也二 [illegible]俗 [illegible]正 [illegible]今五駭反笑視皀乙丨 [illegible]正 [illegible]今帀沼反現也二 [illegible]

方小反月有所察也 覹通 [illegible]正音尾身隨也二 [illegible][illegible]二或作 [illegible]今音現小皃欽乳也

又不願也三覞俗所觀音審見覞音有覾太胡視管也反覞視之忍反
吐也三覞杳反所觀皃也覞音胡管反覞之忍反
覰所景反覭香嚴音審深反視去聲䙺俗覞正他弔反
覞周禮云大
夫衆來日覬音希望也一覬音一覵古候反覷同士慮反
也二覬俗覞正洛代反
覞童子視也三内目䚄正覞今音詣旁視也覿
疾正反望也又裝飾朝請作比字毦覞莫報二反邪䙴通䙴今郎計反求視
也又師蟻反覞釋戈笑反普觀皃覞又音覹視誤笑也反或作覣
又音利二䚇子危疾陷二反一做高䚉名於劒反一富在春江口上壚
正見音也契二子鑑皃也新藏做音計覎宅孟反鑑反覞規音次入聲覞
也覸音亂委好曲皃覧作覽人音省或作䙹又正之音笛反見亦也上
胡的反巫事鬼神師巫之類也男日覡女日巫或作覞又之音日反亦覞
日一事鬼神師巫之類也覡
也覞莫笛反覞莫結反不相見皃也覞俗覞覓正二莫狄反求也三覞尼音
二覞小見也

覞規也一日不見也一覽芳滅反皃覞音錄眼曲一覞倉歷反一覞
不見也覞火結反覞親也又音鹿覞面柔也覞音
絶覓見也覞他歷前歷二覞或作脈音麥正覓音墨
也覞得取也覞目赤也覞作斜視也覓突前
覞與音尋同二

面部第二

面部第二醷瞿面音氍毹二俗面毛之然反夫二然反䩄都回面反酖面醜也面火含
反面也酟竹上咸反下咸反下出反頭皃面焦二音燋面
紅也酟又上舍反下咸反下又火甘反枯黑也
也暫作三及長面皃䩆俗音䩆俗音面二俗音䩆上聲
王篇又音憖䩆疑音䩆慈俗音䩆二音䩆
摩麻羅勒上二莫可反下可反面皃一動音免一目強也一面干上俗吉早黑反也正面作
面䩑俗䩑正音又與顚同類骨也三䩄多旱反誠也信也又䩄
點面覞
䩄三俗覞正他典反面慙也四䩄二俗二正俗作䩄多也厚也又穀也䩄
俗面又烏感反面又下力小反一面白也酢上側板反下奴板面
醧上烏感反下赤感反面一面白也一面赤也
七感反面一面

面部面三俗面通酉今彌兗反一四去聲醃酏俗音作䤀酢俗
面上瘡也一皮汗面血奴代反酹鳥塔三反面五介鳥爪面或作
又俗蒲容反一面他弔反面皺也音面訹音入聲䩍永音面俗
䩍又正呼對反二面一面皺也二面一訹面女六反俗
洗面也二酺他弔反音面面烏活反目開皃面又二反面女六反俗
䩍正女六反面烏活反日開之面也一日惡面也面二反面
䩍慙也九二反面也

六反
齊也

又部第三

又部第三叉胡交反易卦六一也肴胡交反非穀而食皆日一也叺也凡叒
古宏反今肱正作肱臂也刃反刀今音反穿肘也于反歠歠若干反豎也二叔穿也反于徒
俗叜正大頭也名也一稻音又腰鼓反豎也二叟多音叜音稀又二音同
俗叜老也正古音孝二反古叜俗更二叜古行反又改償也

陷古覽反今作敢也又勇也五字又古文叔禮古文叔口俎側呂反叒平表反物
也叙把也叉五古字文叡禮古文叟反叒平表
落作藏有菴蒭字去聲叡叡深也明也以芮反智也通也聖也於微也二
也奢舊有字去聲叡體變正以明
古名邁反叔俗叔一或作之叔今作苪叔又楚人謂一問日叔反才姐
也叡作反叡叉香嚴音叡二
叚音快心也叒又郎計反止也䚇也叡亂音叡廢賊
叚也之皃叒又陟劣反連也系也叡廢敵也叒
反物情也叚古代反一深叇叒二同入聲叒音若木也䚇桑
也恨也叚堅意又愚也
叟卑亦反法也叕其虐反叒若古文叟取音劣也撮叔所劣反也拭也刮也冈
子結反一理也叔式六反

貝部第四

貝部第四賓式羊反一賈也通四方之貨日一行賣也賣二俗賣正反一持也子奚
付也遺也送也一裝也一也二䝵䝵俗二䝵正音鳥莖反瓦器也又於盈反四䝵一䝵於盈反又
於敬反䝵郎移反貨也賍貝行一也或與賓同賄賄郎反納受則日賄一也或作贓䝵音求
一䝵也也䝵䝵枉法

交財日丨賒俗賖正音奢不交也二賷俗音帷正作遺賙賝正丑林反讃也或作深寶
也二賁符非反姓也又符分三正龜丨也又布昆反男反勇也又彼義反封名鋪也微也又姓也
賥俗落戈反賿俗蒙音賖俗胡南反音義作貯賙音周急也救也贍也䝿經音義作欺音
都含反樂也賢古文音賢良也能也䑐俗他甘反正作眣老子名賝音居貯丨䞉俗音財
賬賭俗三貽正與之反也況也四遺賦作二或貶正直況反有之黄價白貝
黙者也三賧俗賧今賧止布遥反貝居陸也三賨於倫反美好也䝗音熒兵車貨也
䝯音旻貼俗昌消反賒俗徒兼反賈俗胡加反䞈俗音包賆部四反益也賅核亥
音奇非常二又贍也䞇音良武也賨自宗反戒稅也賷賷二音貴（上聲）䝮俗都
䝼感反正作虎視也䝳直里反䞋於兩反無財也賄賄呼每反財二丨又贈送也䝳俗丨
貯正知呂反丨音也居也積也二貶悲檢反損減退黜也䝹烏管反小有賄又於阮及丨晚也

䝿俗音手䞈俗音我䞐徙感徒組二反買物先入直也䞆或作賭今音覘戲丨也二
貼俗音古賋新藏作皎丨然在廣宍明集第十二卷實誤舊藏作寡古瓦反賍俗䝭
正私呂反賣財問十也二賱於蹇反相當也䝽䞍而兖奴鈍二二反小有財也二䞊猪几反當
也䝱胡管反䝧小有財也賱賰上於粉反下失九反丨丨富有也（去聲）䞔俗
䝟率正睢醉反貨也二贛俗音作贛賜也貢正賢弋季反挈也賢以睡反婉也婉音丨
掩贊贊二俗晚祭反正作弊困惡也䝲賙二俗賦正音付丨頌也又歛也量也班也稅
也三贅隹芮反聚也目結疾也貿貿貿負四俗貿今貿正莫候反交易也市賣也
又姍六贍贍二贍正常染反俗贍丨也三費芳未反耗也損也散也又房未反姓也賣
音賣出物交易也䝧古文音縣與銜同賸誤承證反正作賸也販方万反買賤賣貴也贈
昨鐙反送也物相遺送也以賑章刃反贍也濟救惠振也又之忍反隱也䝩同上賊賦賊

文利反肥皆俗正作臓三賚賚賀俗四賚正勒代反與也賜也五購賷䝿俗三
購正古候反讀也四䝭古候反稟給也賮徐刃疾刃二反深丨也又財貨也會禮也賮音賮
任助導出也賖俗賂正音路遺丨也二反賃乃禁反傭丨也借也貺許誑反賜也與也
贔音備丨負壯士作力息也屓虛器反贔丨也䞋初耵反丨施也䝾俗呼亇反䞃俗郎亇反
䞍俗羊睡辭二反徐賁正貰今舒制時夜二反賒也貸也二二䝱俗或作䝱正居
僞反賭丨也又居委反二賀俗䞄正陟利反二賑亦貝也賻音附贈死也一日送死人助
車馬也贗五晏反僞物也賀賀方扁反與褊亦同丨散賛音至丨也贚力用反貪丨
䝮五貫反弄具也丨䝼力驗反市先入直也䝦呼濫反玉篇又他戲物也濫反賚求位反二
籠也贛新藏作贛贛或作贛今一音縣歛名似犬多力出西海一日對爭又胡犬反二賀居胃
反與貴同貫新藏作置在高俗傳上帙中賧他濫反夷人以財贖罪也賵正芳貢反賻也贈也

䝷舊藏作賭特計反覘也賓俗賸正反正作賓遠也賾音例丨貨也䝯彼義反益也
䞀䞓上音候下音扁丨貪財之皃也䝺音万贈貨也又音賓䞅所敬反財富也賸俗古
會反賺俗賺正直陷反垂賣也二䝽私閏反丨盜也賂䞃良刃反貪食也二同賉至羊
神至第二也反物次童賑神至反呈也敗敗二俗音敗（入聲）贖俗作六反賓俗
質正之日反也又音致之丨也二村謹正信財音得賭俗女乙反䝭俗音豚賊俗呼括反
正作䝼視也賦俗貪正香業反兩傍也二肚賽音責求也問罪也今作責贖神燭反
賊賊胙則反戔丨虛用財物也二賉俗賉正賉今辛律反賑也三

欠部第五

欒魯官反迷或不明也歖尺之反戲笑皃也欷音希歔悲啼皃又丨
上去二聲歔俗歔正音虛丨欷又呼丨又呼也歕普門普悶二反丨氣吹吐也歆許金
反神食氣也攲去奇反丨傾也又於支反歎詞也欲火含反含笑皃也歖許其反卒喜也

㰶音憂逆氣𣢏許于反丨樂也欨況于反篇吐也欨相倫反氣逆又信也𣣺或作歶今郎
移反歐也二𣤃古蛙古花二反丨佊也㰟俗𣢯正五爪反歐丨猶歐娩也二扶於佳
古攜二反邪皃𣣀火佳反欶丨氣逆病也款呼狹反歛呼談反欲也𣤧音康穀不外謂之丨𣤞
俗𣤶正音呼溫吹氣息皃也二㰱音占欦許兼反笑也又貪欲火南火感二反𣢻許感
火陷二反笑也𣣤俗𣢶正音昏不可知也二𣣁或作𣤓正音遲二氣出皃也二𣤼丹音歎
𣤸音余數也軟音串欯丨𣣖尸甘反言也巖又呼甘反香𣤔川韻呼甘反沅湘人言也歍
𣤍上出新藏下出舊藏皆誤正作歌二𣣜或作𣤊今市緣反口引氣也又姓又俗音弗二𣤐
俗歊正許喬反氣丨丨出也二上聲歐烏口反土也又平聲又姓歁口感反食未飽也又
口合反丨歎痴皃也歎音呼甘反𣣝𣤑俗二款水名款二或作款古二款
正若反至誠也又憂也入重𣢳虛我反苦嫁二𣣷俗𣤣二正紀反初
叩也又憂也入𣢳反大笑也𣤥𣤦紀反齧

龍龕手鑑　卷三　六　第十二張

也三欮俗𣢶正音引笑不壞顏又古文哂字二厥時忍反而笑也𣣊胡感反欲得也
歉若點反食不飽也二𣢪玉篇音欲也欭欮正二俗作𣢠晒析欣二音𣤄平表
反歐吐也𣤪於界反起去聲𣢗蘇奏反上氣也又所吸音𣤨一二音苦愛反瘷氣逆
也又氣也𣢶音去欠去也許戒反又烏怒聲與元反𣣪俗𣤅大
通反丨又歎正於冀反暗三丨欱丁練反嗗呻也也又於建反用𣤩呼於建力反也
歐丨衣嫁反吹也欶子笑反音𣤫吊瘧反小歠也蘇與嘯同吟入聲
𣤭烏丨驢啼反氣也子六反𣣺作或𣢺正於六
獻息不利也𣣿高苦角也反𣤜悲子皀也𣢹作或幼反正愁於皀六
下挪反又於二𣤏呼甲反鼻息皀𣣸於自𣣷居月反發也𣢲大正呼教也盍反
俗𣤟二今交洽山洽山洽反鰕三山𣤰轍反欲𣤆通𣤇居正
乙反口丨𣤙許竭反木也𣤢俗𣤤正音帖也二色小𣤱許及縣名又反
又音趆二丨息亭止也

龍龕手鑑　卷三　七　第十二張

姓又書反䵣名𣢓反丑律反詞也許吉二反詞也又去吉欱呼合反大
丨也又州呼也𣤋俗𣣳或作歠也又呼悅反來出氣也𣣸反呼各反草
𣢊也又呼也𣤢大正昌欲也三反氣呼治也反俗𣤮正字音違
肥死反宮頌呼也正作欣或作說欱今丨虛業氣逆反也𣤳
皃丨𣢛又北作反特嘽反聲川𣤜歞作音丨𣤟也丨𣤠角二五𣢁
答反也二丨歎歗不合滿反也丨反𣣹作呂丨獸亦也正𣤶怒氣也許反又也
聲也二丹𣢾歃不合滿反也丨反𣤣作昌丨歡王反反昌蒲
辭也二丹反歷霸丑也力𣣽許笑也也吉反𣤛𣢰𣤸感王反反昌蒲水也
大部第六奎苦長許大公皀反也大音皀開𣤺於力又於木勢反泉也水
塗奞俗奤正王才篇又邪音反邪大今二口奆也俗潛俗反音音走也門也
反勝也也俗尖郎鋭利也滑反夸今奔正奢正音也也音也又煩也
也張陟也門加也陟又嫁利二也反夸反張令奔正奢正音
名昱也夌也又陟嫁尺二氏反大反張𡚶正俗作音二誇𡘋音也走又趙子
作祖𡘊二反今也都聊反多也奝音𡚷𡚸𡛂反俗三千奴日侯姓龍反
也多奝俗奦也𣦎益盤俗丨反𡚿奢𡚹音俗

龍龕手鑑　卷三　七　第十二張

奇俗徂孤反口㚏音孤大𡗷二或𡘟今音大伍也三帝二
奆俗二𡘍今大也音𡘏俗音來厄𡘍紀反目末作呼邪許力視也正𡘎古也
今音𡘈君音加聲上𡘑芳大也尼反𡘎作俗反也朗反寃也正𡘐兆也衣大反
寬忽也也取也正也藏又姓也巨𡘊音奭所錦怖恐也大車也者與反鐸寬同也於屈音本又奔古草
反久也也反今又作本晻也𡘞俗反反恐𡘆𡘐俗三𡘕反𥂨正音也也又本魚𡘉
也古朗澤反也又音烏本也𡘎反反胡放也老也餘俗三鐸寬同
奇反𡘔俗本古反坐也本𡘓也放也𡘕長他俗三也老器反
朗四本俗古反𡘋也𡘊二胡放也老大疾也也莊長他也老
也四𡘏大音此也直反𡘔也祖多朗也力祖也涙健二也反大疾也也
以柒染二反上大也𡘍下力祖也涙健二也反大疾也也也去聲奞音峻蕃信音也丨雄鳥三
小也柒郭𡘞大上反加反三音肥大計反也也去聲
張羽也𡘐俗奆大皆三音𡘇呼計大反也老奔芳方反也音峻蕃俗也音伞反魚大
毛也奆𡘏奆大奆音肥呼計大反也酒芳方問也奞音丨嚞信音也丨雄鳥
也𡙇𡙈音二俗具備奱𡙉俗三𡙊正振也方起也又進武也皃動也也

又鳥將欲飛先丨也四奧鳥告反深也藏也內也主也又於六反㮣直利反奔走皃反起
醸也夯俗夯止音界二奘奞音受二【入聲】奚奕音亦大也又二也又輕麗皃二行
奯呼括反大開目也奪俗奪奪二正徒活反失也三奔正奔今尼櫛反大聲下又
音幸二奎他達反羊未反也亦作伞𡘋俗音吸二鈘正直日反大也奔今方結反大也
音域大也二力奱居縛反健皃也縛具縛也二奞古文作頞音古文㚖大口反今大都耳也奮耳奔也反
黿虵七六反之屬充俗之石反
【入】壴部第七 壴中句反說文云陳器也玊篇又時注反鼓良戓反作丑鼓資音
鼙鼙二步迷反俗鼜俗音揃蘇浪反鼓䵄或作正部鼓亞大正都反也二
鼓支或作音古汾鼓於冀反芺也衰痛聲大也也也温柔聖二堯鼓乙意
貪二音陟立反又音鼓也下又又聲大也也又也姑二鼓乙
也鼛鼓無聲也鼜角反謹也善也鼜歷反倉訝舊藏作慇苦也俗
龍龕手鑑 卷三 八 第十二函
【入】豆部第八 豎俗 豌丨正鳥官反豆也二 豍豆必迷反 豋通 豆名也 䝰小
正音豆也二 野也 䁳丨郎侯反 豆也 㝮 俗 音 豆也二 𧯷 丁侯反 𧯛 丁侯反 裂皃也 䜺正 今於反 䝭
音頭汪戶大專反皃 到 穿兜 豆也 妻二 音小 豆也 音色 俞 豆也變 俗 䜺 今正 反 於
豉汪音豆也名又二於 淫 豉生七也 或作 蚚豆 音 江豆 丨 也 豆音也流 丨 䜹
反亦豆也名又二於 豉豆林也 反作 豇 豆 音 也 反 彡 手 豆音也流 丨 䝭
䝀上音降下音雙 䜵 丨音其也 豆 䝁 俗 嬙 豆 二 尼 反 彡 【上聲】 豎 俗
𧯿 丨 胡 豆 也 又 姓 又 二 僮 僕 二 俗 音 短 斷 䜭 下 斬 生 也 反 豆 䜭 呼 每
豎 正 音 未 冠 者 也 立 也 又 姓 反 䜷 豆 俗 二 音 短 斷 豏 正 半 下 斬 生 也 反 豆 䜬 呼 每 音
豆碎也 䜱 正俗 若 海 反 【去聲】 豉 俗 豉 通 豉 正 鹽 丨 是 也 義 三 反 豉 俗 侯 呼
其 豆 碎 也 䜱 俗 作 若 海 反 【去聲】 䝊 俗 豉 通 豉 正 鹽 丨 是 也 義 三 反 欸 侯 呼
反數也作丨 又 音 透 嗾 丨 豆 項 音 丨 豆 㛂 眷 黃 豆 門 也 二 音 豆 毛 蜀 音 也 豆 戭
也 或 作 丨 又 音 漏 音 中 句 反 今 丨 作 豆 音 【入聲】 豉 俗 麥 於 六 反 呼 戭
音 䜷 俗 音 數 陳 古 文 也 中 又 注 樹 二 作 音 豆 【入聲】 䜫 麥 俗 二 於 反 正 呼
分 務 壹 陳 豆 器 也 又 注 樹 二 作 音 豆 䜰 俗 同 上 六 正
字 作 破 初 六 反 䵊 磨 又 白 反 於 月 反 䝅 烏 官 反 文
䝁 小 豆 也 䵊 又 豆 也 鐙 豆 也 也 反 䝅 俗 同 上 反 上 文

【入】四部第九 罵 罵 音 䍉 羅 罵 馬 絆 羈 居 宜 反 寄 也 四 反 羅 音 離 心 也 俗 羅
音 離 帽 也 接 丨 罠 俗 䍃 音 無 反 芳 羃 古 居 文 其 反 罣 俗 作 或 罼 今 渠 古 文
白 反 驚 也 罣 古 文 言 字 又 俗 呼 早 古 文 作 俗 五 高 反 正 也 力 盌 罟
罯 反 也 罩 正 作 罕 希 丨 也 罤 作 藏 翔 作 丨 翔 反 也 力 盌 【上】
覩 也 俗 丨 音 昆 作 人 謂 兄 也 日 罞 舊 字 藏 作 翔 也 罰 反 力 盌 【上】
音 幸 罕 丨 又 古 文 周 作 弟 同 兄 二 日 罟 罟 作 也 罰 反 力 止 歸
單 罠 丨 又 古 文 作 弟 同 二 罟 罟 字 同 罵 薄 也 罷 反 止 歸
署 鳥 鹹 反 屎 於 蹇 反 也 罷 力 粱 也 几 二 反 魚 同 罷 也 薄 買 休 丨 反 也 力 罷
魚 網 也 罡 屎 大 於 皃 蹇 也 反 罷 力 粱 也 几 二 反 魚 同 罷 薄 休 反 也 力 罷
也 又 音 罡 反 灠 忍 罕 呼 旱 反 【去聲】 罵 莫 俗 智 反 莫 作 合 鴑 從 反 也 側 丨 力
皮 倦 也 罡 反 灦 罕 反 呼 旱 【去聲】 罵 俗 智 反 合 從 反 側 丨 力 也 反
罽 居 例 反 爲 之 六 氍 罽 罽 居 緇 反 也 側 例 二 反 魚 罷 罷
罹 罹 俗 四 古 正 類 毛 居 例 反 爲 之 六 氍 罽 罽 居 反 也 側 二 反 魚 路 圍
上 音 路 下 音 因 罥 音 還 頭 也 亦 罫 音 卦 罣 古 卦 也 惠 反 羅 網 奴 也 索 反
丨 取 魚 具 也 【入聲】 罥 正 還 頭 也 亦 發 反 罫 音 卦 罣 古 也 惠 反 羅 網 奴 也 索 反
罛 音 注 小 罰 罪 丨 房 也 發 反 罰 俗 罰 通 也 許 玉 二 反 罛 徒 合
也 反 目 相 見 罨 音 亦 引 繒 也 尼 輒 反 同 覗 勉 也 許 二 反 罛 合
也 又 音 還 罨 皃 或 下 同 罨 也 又 上 同 罥 作 他 恚 反 正 飛 皃
龍龕手鑑 卷三 九 第十二函
䍐 陟 劣 反 補 鳥 覆 也 三 鳥 合 口 反 鳥 網 也 衣 檢 罗 蜀 俗 音
平 網 一 日 罩 也 罨 三 反 鳥 網 也 罗 俗 音
【入】片部第十 片 普 麵 反 半 也 判 片 半 音 步 皆 反 片 薄 又 片 正 音 判
也 開 偶 也 光 倂 也 判 牌 步 佳 反 郭 逐 丨 或 傍 也 正 音 判
丨 合 夫 婦 也 又 得 同 亦 橫 光 又 黃 音 二 古 𤗓 音 郭 佳 反 逐 丨 作 或 牕 通 窻 牖 音
而 合 也 與 胖 也 亦 同 橫 又 音 黃 二 古 𤗓 音 郭 佳 反 逐 丨 作 亭 牕 通 窻 牖 音
也 牓 音 當 牯 枯 音 牘 牒 徒 素 回 反 反 牘 龍 音 牌 牌 同 亭 作 牕 片 命 音 命
二 牓 當 音 牯 枯 音 牘 牒 徒 素 回 反 牘 龍 音 牌 牌 同 二 音 片 向 頭 音 命
正 則 干 反 力 朱 下 上 丨 以 築 反 水 也 短 牖 牌 二 音 朱 反 同 牕 片 命 音
丨 表 也 二 反 牘 板 也 百 反 所 以 築 垣 也 短 牐 爲 丨 朱 二 反 同 牕 二 頭
築 垣 短 牖 牕 土 音 板 邊 也 板 音 所 以 築 垣 也 短 牖 丨 西 也 窻 也 向 二 頭
版 也 爲 牖 木 縮 土 板 邊 也 牀 板 也 禾 以 遏 水 垣 短 牖 西 也 窻 也 向 也
以 爲 也 反 牑 布 也 反 板 平 也 衣 板 也 檢 棺 遏 【上聲】 牖 道 音 腰 帀 丨 朱 也 窻 明 向 也
慫 也 丨 版 閣 木 縮 也 反 平 也 衣 也 檢 日 反 戶 屋 丨 孔 懷 雀 【去聲】 牖 俗 牖 穿 壁
備 也 二 牖 二 臨 丨 牑 俗 二 智 反 丨 或 與 作 鏵 呼 同 嫁 二 反 孔 俗 丨 牖 解 理 也 練 音 也 正 音
也 二 牖 俗 牖 二 智 反 丨 或 與 作 鏵 呼 同 嫁 二 反 孔 俗 丨 牖 解 理 也 練 音 也 大 正
牖 同 牖 反 許 二 充 牖 俗 二 智 反 【入聲】 版 丑 格 反 音 七 反 牖 句 皴 丨 牖 方 也 迊 二 大
同 牖 反 許 二 充 牖 施 也 智 反 【入聲】 版 丑 格 反 音 七 反 牖 句 皴 丨 牖 方 也 迊 也
牘 方 音 版 獨 也 俑 丨 牖 徒 叶 也 反 牖 閂 丑 也 格 反 牖 問 上 城 洽 門 反 也 下 丨 牒
牘 方 音 版 獨 也 俑 丨 牖 丨 徒 叶 也 反 牖 閂 丑 也 格 反 牖 問 上 城 洽 門 反 也 下 丨 牒

函海

一〇四

通牒丨今從叮反又姓二牋俗牉正七玉反也二牒音業也又築垣版筍䈥上版
懸鐘磬版也䈥音巨牓蘇叶反丨契也牗音革所先擊反牕普覓反

〈示部第十一 䄆古文乾去反 䄜音補門傍祭也廟 柴音柴天燔丨祭 𥛟
古文禀音頭彼錦殺與反以人也禦音語也應止也禁也祠也祀也當也禜反才敢祘音筭
明示也以丨之也祟誤祟正雖醉反二也祟俗楚俗反正作毛也導道音禁
或作蒲北反又音過

〈鼻部第十二 𪖐俗𪖌正士咸反高皃也 𪖙俗𪖗正子心反高鼻
也𪖚呼侯反丨鼻息也𪖑火迴火慳二𪖜俗火迴反𪖓作二或鼻丸
二也鼻聲丨𪖝也說𪖐𪖒丨反猪食也鼻俗灰内上聲𪖒希豈虛
正音求丨病也𪖔側加反鼻赤也𪖛凡二俗音
文云寒病也三𪖕鼻丨俗上布典反下土去聲
與倚二反丨鼻𪖏弟反正作匾匾薄皃䦌𪖐俗
去弟也二同

𪖙正許救反以氣也二𪖈包防孝反云面瘡也玉篇𪖊或作𪖋𪖌二正烏頁反鼻塞病
鼻取氣也𪖉鼻器許戒反鼻息也二𪖎鼻聲烏外又火鳥決二反喘息𪖍鼻玉篇都計反
二也𪖝表許反鼻息也二𪖜乚五吊反鼻反折也又牛反丨臥聲𪖞鼻奴弄反多
噴氣鼻𪖠𪖡都丨厝反也鼻救反鼻丨仰鼻也鼻疾也
也𪖢指鼻噴丨也鼻丨也𪖣鼻眠中有丨聲也𪖤反卯救入聲𪖥許六反川云顛鼻也顛
𪖦皮反𪖧正干音汗六鼻𪖨正呼浴反鼻息也二丨𪖩𪖪二作或
六音反子𪖫俗掘音𪖬尼反鼻丑俗𪖭正𪖮鼻𪖯
𪖰今音九仰鼻也下三一𪖱鳥葛反鼻丨破也
又音灰豕掘地也

〈自部第十三 𦤎音高澤也又九皋也高也局也 𦤏或作𦤐正音遠皃又小綿視
見皃也二 䁈俗𦤑正作音匡 𦤒公俗𦤓音名 𦤔二俗音皃反端自 𦤕舊作 𦤖𦤗音高古文 𦤘 蕎反古文𦤙反聚 臭陟
二古文 臭俗得反 𦤚俗𦤛古文古字罪 𦤜音罪 皋其所及也 皇 臭音義 𦤝
𦤞二終字 𦤟相承大罪也 外姻也 二 𦤠 𦤡 丨昌救反 香 臭音息 𦤢於榮反
反也丨𦤣反 也二二

𤖸亦音視

〈禾部第十四 𥝌正盧對反丨耜田器也神農作丨又力軌反義同又力悅反不麥知
多少也 𥞊俗𥞋正𥞌今音樓種具也三𥞍𥞎二古𥞏今音云鋤除草也三也
𥞐同上𥞑同筆苗反除田穢也 𥞒音憂種也𥞓覆𥞔音皆時二音麥下種也 𥞕通𥞖俗二
同上𥞗定宜反耕也 𥞘音窓丨種也 𥞙種 𥞚士魚反又士據反助也又與鋤同 𥞛姓音圭
田器 𥞜側持反耕也 上聲 𥞝吾反耕也又姓 𥞞步頁反丨鑼音薄買反 𥞟器 𥞠
音子擁苗器也 𥞡𥞢音似器也二同 丨耒由 𥞣通 𥞤又地名 評丨種二 𥞥所冷
反麥 去聲 𥞦呼到反減也 少 𥞧俗 𥞨正奴豆反又奴沃反鋤也除草二
也 𥞩呼旦反耕又冬丨 反不田也 𥞪丨所教所交反 𥞫他計反
𥞬 也 丨稷 𥞭耬田器也二音 𥞮士革反
而種也不耕 入聲 𥞯渠玉反耕也 𥞰或作 𥞱正示釋 耕皃也 積 反撥

也又土鋯 𥞲直列反發丨也 𥞳吕力二反耕也 稷羊力反俗 𥞴或作 𥞵正音測耕
反農具也 又耕 𥞶於扱反耕去聲 𥞷徒骨反耕 𥞸勒
也又俗 𥞹音昔田也丨 𥞺也又 種 耒間也 奴
音部三 𥞻或作 𥞼今音合耕也二 𥞽奏音反丨由丨
反穀 𥞾 𥞿借也又古官名
丨

〈歲部第十五 𣦻音印 𣦼音誨 𣦽呼會反鳥飛也 𣦾居衛反割也 傷 𣦿
許穢反 𣧀於月反 𣧁𣧂於月反二
類也

〈更部第十六 甦音蘇 𤯠安 𤯡 𤯢又 音添 益也四 𤯣 𤯤 相承與子土兼
二反

〈夜部第十七 𡖍丁夜反 𡖎亭夜反 𡖏丁夜反二 𡖐名夜反 𡖑夜音謝
〈去部第十八 𠫭俗二 𠫮正布官反丨運也三 𠫯丘言反音
𠫰俗音去字 𠫱音端 𠫲音舉又去 舉 𠫳俗七感反正作慘 𠫴 𠫵音弃二同
𠫶反藏物也 又 部黨 累也

美俗音結正作㜸竭去謁反 圾音急 㲋于音反

〈二部第十九〉亓行二古文其字 幵音井 戸音成 褱音懷俠也

亝古文音齊 𠆩音結 三古文四字 𠕒戸音伯二同 亳傍谷反名亦州名 亍丑玉反彳亍

丨行兒也 祈音斯

〈寸部第二十〉耐音耐 尉舊藏作京 尋古文二尋字 尋緣二音 尉

所姦反正作刪定也 對音堅 導徒到反丨引也 導方檢反 尉古文徒老反 㓃俗 耐

正奴愛反忍也能也或作耐二 寺音弄 射音射 尃音票擊也 尌音廷妙反 尌音樹立也 尌又音住 對

酎酎音郎罣反正爵丨酥也三 寽音律將取也又力悅反 尋音德取也

〈令部第二十一〉𠆩令𠆩令𠆩令𠆩令音四皆音仙 齡許堅反 軨零令二音 聆

作音字 鈴楚行反金聲也 嬰古文七仙反

〈虍部第二十二〉𧆛俗 𧆛正古胡反丨息也又音古二 𧇎俗音 𧇊

䖋二俗 䖋正昌與昌據二反居也止也 𧇒俗具

䖋俗 䖋通 䖑制也息也留也定也又姓四 𧇒𧇎俗祚二

音㩸渠竹二 𧇎反

〈彐部第二十三〉彐居側反丨頭也 彘今作䤈素候素候二反丨鏤也 弛弛

絕隨二音在況 彝彝彝作二或 彝今以脂反常也法也又酒樽也四 𢑱俗袁孚反

正作 㚘古文旁字又音六 龍𢑽音非二同 彙古文直由反又竹鳩反丑二反香嚴

粡二 彙古文郎反 奴丁 𧦝俗千音 𢑚測于反 𢑡音多二同 𢑢音𢑣

〈上聲〉彐 𢑎古二 𢑐三音五 𢑜武音 𢑞箕之丨久也反 〈去聲〉彔俗 彔正直

側反豕也又二姓二 𢑟 𢑠俗二 𢑤或作側救反正丨不中也三 彙彙俗二 彙今音謂類

也 彖通貫反 彗祥歲反妖星名除舊布新之象也又音遂 〈入聲〉𢑨俗息一反 𢑩

三 彖象也

彔二或作 彔正古文音六今作戮丨力也三 彔彔二同 上

〈氣部第二十四〉氤氳上音因下於君反丨丨也如雲非雲似烟不烟祥瑞

氣 氛音焚元氣也又音芬 氛符分反丨氣也 氣祥氣也 氳俗音霄正作消

〈𠃔部第二十五〉𠃔正 𠃔今古按反明也 𠃔又日光出也二 𠃔音寒井垣亦國

名又姓亦 𩿨音寒丨大雞五色也 𩿨寒翰二音駿丨蕃大馬

作韓同 𩿨羽有五色也 𩿨又長毛也駿音蒲末反

𠃔古按反丨 𩿨古按反 𩿨侯按反鳥毛也高飛也

赤色也 𠃔丨又姓 𩿨長也亦詞丨又姓又音

寒丨天鷄羽 𩿨音翰丨 𩿨古岸反楨丨築丨魚 𩿨清

有五色也 𩿨鷂也 𩿨垣板也又上聲 𩿨名 𩿨酒

𩿨長毛 𩿨侯按反丨天鷄有尔尺去小 𩿨俗 𩿨正烏

𩿨也 𩿨垂亦身黑頭一名沙鷗也四 𩿨括反

丨轉 𩿨古文音朝 𩿨俗古岸反 𩿨古文陟

也二 𩿨辰且也 𩿨又上聲 𩿨遙反

〈句部第二十六〉䀏俗 朐正其俱反脯也二 𩿨俗劬扶二音 耇古

反黃丨老也

龍龕手鑑去聲卷第三

龍龕手鑑入聲卷第四之上

釋行均字廣濟集

木莫卜第一　竹張六第二　糸莫狄第三　肉如六第四　目莫六第五
日人質第六　白傍陌第七　玉魚欲第八　石常隻第九　革古核第十
邑於汲第十一　足即玉第十二　尸尼厄第十三　骨古忽第十四　頁胡結第十五
乇丑略第十六　彳丑亦第十七　食乘力第十八　麥莫獲第十九　穴胡決第二十
角古岳第二十一　歹五割第二十二　力良直第二十三　立力入第二十四　鹿盧谷第二十五
兀五忽第二十六　色所力第二十七　赤昌石第二十八　一於悉第二十九　谷古鹿第三十
弋羊職第三十一　廾人執第三十二　入人執第三十三　攴普木第三十四　黑呼北第三十五
舌食列第三十六　鬲郎擊第三十七　鬲郎擊第三十八　學胡角第三十九　冖莫狄第四十
出尺律第四十一　入時入第四十二　卩子結第四十三　血呼決第四十四　卜博木第四十五
癶北末第四十六　卓竹角第四十七　弗分勿第四十八　巿分勿第四十九　屮丑列第五十　吉警吉第五十
益伊昔第五十一　壹於悉第五十二　乙於筆第五十三　甲古押第五十四　聿余律第五十五
束書玉第五十六　必并吉第五十七　朩分勿第五十八　雜徂合第五十九

木部第一

檛陟瓜反棰也　柅柅俗二　栴今　梅正之延反丨檀香木也四　檀
俗檀正徒干反栴丨也二　樝樝樝俗三　檣五音檣柱也四　船　梶音毗木也丨榧又力
孚反　楣音眉　桴音敷屋也又縛謀反擊也　枹古文同上鼓槌也二　檆七銜反木別名也　槧
七造反削皮也又才敢反亦削板櫝也又　椎直追反
七冶反長也漸也帀也以板爲書記也　棒丨也
模莫胡反法也形也規也　林俗　株正音誅殺樹根也二　栖俗　棲正音西息也又
鳥丨　本音酉丨也二　楢馬丨　棫遐逼反丨也　梯土西反階也蹬也　木䜌落官反名似木丨

龍龕手鑑　卷四上　一　第十二函

也　機居依反會也發動也又弩牙也　樞昌朱反戶丨也又扇也又丨機發動也又門　枅古奚反承
衡木　槔俗　槔正音孤木名也二　標必遙反舉也丨式也　棖直庚反門兩傍木也又丑庚反鄭耕
反　楔音先結反法也　橙直庚反橘屬也又宅耕反鄧二反　几菓丨名也　柚以周反菓名似
㮰而髓反似榴而大也又余救反　欄落干反木丨也　櫞音緣菓名也　樽丑庚反又柱也　撥　樽
宅耕反撞也觸也　棠音唐亭山梨木名也又姓丨梨　樘音得車丨也又丑庚反又宅
反又去聲　橋俗　橋正巨嬌反梁也今三　柂徒可反他丨車丨也又力知二反俗　檜
巨今反丨也　標俗上縱音同也　梣鉏今反皮木名也　青　椹陟林反鍖也　枯
林丨　時任反也　桑森所今反木高皃也　槮長皃多上縱也　梢所交反枝丨也　檻
丨也二　樽　樛　木　槮木名也　掄音倫木名也　梃木長也丑延反　柊終音
柱上木也又　樽音搏也　棇　榆音輪名也
名也　梂　栜　名二木　柂音夷水器一名三　檬音蒙似槐葉黃　榕木烏紅子反
木丨　名　柂　牙斗牙音虎　

龍龕手鑑　卷四上　二　第十二函

果名　椰　柜　樃渠容反　樅七恭反松葉柏身出北二也　楷音皆
也　杺　栝　四反　樿音　檟　
木名又古八反　杭音亢木名出須草煎　欓音尊酒器　橨音鳖　
反祭大席也　杭其汁藏果及卵不壞也　橨　櫍　
楷音支丨杜也　杜屋之歎也　上　檝子正音亷反　杉丨松　王篇伐木也二丨　又　橨木而名似反
穕音鄧交反鳥穴　𣏌也又繩也　杓音漂二標　北斗　市若反杯丨柄　屋　棚音前器也　永盛
又薄登薄庚二反　栤木疾移反一名檽　檕音擊以丨子疊名　所疑反正弓也又
反棧也闍也　桃　梂　
櫻烏耕反丨桃　杭胡郎反州名　棱音綾　鈭　杉音衫木名松似理之不朽　枇音毗
丨杷果木冬花夏實　桄音光梯丨也　橫音光安門　長　欖反亷　欒　桜　和反　鱗具也
榧音斯山桃也　梔音支可染丨子黃　杍木　打宅耕反又耕二反代反　木聲也又徒頂　𢵝
俗音　榼　棤二　俗布　榽　楼木市緣反　欄音頻木名　楖俗作丨也　音賢　正名　櫜
愁廻反俗　榀木名　
如居幽反　當　机木名也　高　梥　梥俗音浮正作　框去王反柧丨也　楋俗
反　　棫　罩也　　　　　　　　　　　　　　　　　　　　　　　　　　　　　楋

正音劉大也二棰川韻音鍾木垂也橇起囂反路橋行又禹所乘也椳烏迴反戶樞也㯓音其博物志曰造圍丨丹朱善也機檅音灾與栽同種也二棲奴回如佳二反杔勑加反亦他音栞古文音干槍七羊反柜也兵仗也又花庚反欃丨祆星也檽音寄窓丨也㮬俗柃橀二正音盡丨檀階際欄楯也三椽直軍反榯也棖也榱所追反屋椽也桷也杯布回反與盃同又醜也醜音感杇正杅今音于地名也又盃也又音烏二椲椑音卑木名似柹也又俗音牌二椑符支反木板而也又音皮木下交皂又并奚反丨榹丨樹也桸音希水汁可食也又許宜反杓丨也棔音昏合丨樹名朝舒暮斂也椌音空器物朴也栭音而木名似栗而小檽俗檽正音而木耳別名三樟音章豫丨大木也作船必與龍鬪也楓音風香木名也㭲俗丑之反也正作笞檕樑七仙反榕丨反名也桾音君丨禝樵音雜柴丨也檇上同山丨也栘成𧃒反棠丨木也又羊支反扶丨木名移也又余氏棠梨也楞勑曾反四方木也

棱同上又成丨也又抓丨木也柧音孤丨棱大也柢是支反䉀丨也櫳落紅反丨檻養獸所也槹槹二俗樝今樗正丑居反惡木名也四柈俗音盤楣音眉門丨也權音藿楇鍾也又草名也枎音扶丨疏茂盛皃也榥俗梘正枯隨反木名堪作弓材也二橈音饒楫也又奴教反曲木也椰音耶丨子木名出交州根檔上音郎下音當木名也櫻子紅反丨攏名又蒲癸也樹楕柤居反木名也櫚力居反栟丨木名有菜無枝也栟音并丨櫚木名桵汝佳反丨子木果名小樹蕤生也橤蘂二或作榛正直臻丨子丨果也下又士臻反木生也蔌三榛土臻反木蘂生曰丨與蓁榛三同柤則加反煎藥餘也又茶御也樝側加反似梨而酢也或作祖椸音移衣架也棣俗通樛正居幽反木枝下垂者也枚莫回反杦也亦姓桅五回反船丨丨等也又居委反短槹音高丨也檶余廉反木名櫩余廉反步丨長廊也榄莫耕反屋棟也與甍同棼扶文反屋棟也枌扶文反丨榆木名也榆

俗楠柟二正音南木名也二枏汝鹽反梅也子如杏而醋楢俗榗正土刀反木名郎令山楸是也二杈音叉丨杷田器也楨音貞木名也又丨幹亦女丨也楖音跡櫛丨也節音阻瑟反棆杶論反木名也柯音哥斧丨也又姓槇莫經反丨榠梨屬醋而且香也橿居良反鋤丨又紫丨木名也樰俗音因正作禋祭也檮直由反丨木也槐音回木名又姓又音懷櫰俗櫰正音懷木名爾疋云小而青曰槐葉大而黑曰丨也二楩步連反木名樓公回反木名如棠而圓實如木爪食之多力也又音懷彬筆旻反文皃椒正樵今音焦木名又樵二楸音秋木名楒音思相丨木名梫子林反木名梋火元反楥屬也玉篇音古元反楥謂之丨欀音箱丨木皮中有丨白米揚之可爲麵也又俗音讓楇玉篇過媧二音木名又車釭盛器也枰音平丨仲木名又博局又或音彭枋音方木名也朷音刀木心也樬郎負反屈木篤丨樁書容反撞也又陟江反摐也橑音聊蓋骨也又音老屋丨簾前木也亦曰櫓橦音童

木名花可爲布又鍾橦二音木名也構傭萊二或作榕今通切韻音松又玉篇音容木名也二宋古文松字樓俗櫭正音胡桑名下小大上大也三樬或作檧二正忩謡二音尖頭擔也二杠音江旌旗飾也一曰床前橫椏音鴉木名檥或作許宜反正作檥杓丨也械音戒木名查槎二或作楂正鋤加反水中浮木也又姓土一又醋也三楹音盈柱也孔子曰夢奠兩丨是也檉丑貞反木名説文云陽丨河柳也桱或作椘正楚几反木不平也二柂檫音茶春藏草葉可以爲飲曰丨權非回反木名堪作杖也橾蘇遭反艘名枆或作檝正音毛冬桃也𣏵通桃正徒刀反果名又姓二樆龍奚反丨榆堪作車轂爾疋云白桑梡胡官反木名出蒼梧子可食玉篇又音完義同又苦管反器名也樿或作檀正徒含反木名床可染也又徒點反屋柅名也柅音尼二欐所宜郎計二反梁棟别名也又音礼小船也枵許憍反玄丨星名樘直庚反説文云柱也亦丨觸也柁音隨又徒可反棊正音其同棋圍丨也榻五良

反飛丨斜俐也栝音丕聚音紳妙也亦上聲橐音高輪也一曰車上囊楄步田反木名也
桁胡郎反丨椸也 【上聲】 柂徒可反正船木也又音移木居枕章荏反又之荏反丨㭘也柾
於枉反丨屈也濫也梗音耿直也又藥名也椅於蟻反丨抳也又於離反木名也柅女蟻反椅
丨也又尼你二音亦木名也棍胡木反本名也音義云古木反開繰提子也棒步項反大杖也
又音浮又俗蒲殳反棒步項反打也杻音丑丨械也枳音紙木名又居紙反木名似橋也
槁音考木枯乾也或作蒿殭二同栲音考木名也栳音老栲丨柳器也柳古文音柳小陽
也杇休九反腐也㱙也枸俱雨反木名子可食江南謂之木蜜能薄酒味⿰木阿橠上烏可反
下奴可反丨丨木四枝垂盛皃也欀力陰反舍莖也机居履反木丨小案之屬也梱苦本反門
限也又俗戶昆反棋居恐反斗丨也板布綰反平判木也樐櫓正音魯望樓別名也又木
名二梐傍禮反丨枑行馬也又方奚反榜北郎反木片也俗白音反笛也又宋朶条梁

呆五俗朶朶二正丁果反木上垂皃七杪彌小反梢也木末也欅木名柜音舉柳也二
柿音上果亦椑丨也梓音子木名楸屬梠音呂桷端木也亦名連錦亦名雀丨屋丨屋檐昔方
言異也杞音起丨梓木名又苟丨也亦姓杼神呂反橡也又直呂反織丨也又除也取也挹也後
也也出櫾今欚正音禮大舩名二梡烏管反器物也槃或作槃正槃今輕禮反
兵櫃也三棧士產反丨閣也亦木道也又姓桶他孔徒孔二反木丨器也栐音禾木可爲笏也
槷江西隨函音牛紀五代二反椂若械反不安也屎苦藏反臘也一曰小戶櫓布莽反教
也晃郭逡音棞胡本戶昆二反木末破也樀他果徒果二反木器名也柺古買反老人桂杖也
楺人九而由二反屈木也櫺而究反丨棗也又紅藍也梬以勅正丑郢二反丨棗似柿也呆
古瓦反老人柱杖也楛音戶木名堪作矢幹橽隨函音宛於遠反爲衣入裏也楮觀裙二音丨木
名也椲于鬼反木名可屈爲盃杍音了工木匠或作梓𣚃𣝗卯兩反屬二同槭柭欸

枓正音斗柱上方木也二⿰木烏音烏欓多朗反木名棗俗棗正音早與棗同二椇
俱雨反枳丨木也梩舊藏作理在婆須蜜論李音本玉篇根本也⿰木瓦音瓦梛檄竹几
反二柿子了反本忽高也桓但涅二音檻胡黯反闌丨也梁梁二俗桗正徒果反射丨
也二檥音蟻幹也附也整舟向岸也與檥同又俗言鷁反㭫兒兩反作木亦曲名槱音酉積木
燎以祭天也⿱彔木音惱 【去聲】 構古候反丨合也架也成也亂也蓋也槌直類反丞丨也又直
危反打也橈如教反木曲也又如昭反械胡介反器又杻丨也楯食閏反兵器也亦鉤丨也楱
倉奏反捕也棅柄彼命反權也柯也本也二桓柢都計反木根也下又都奚反訓同二植
通梭正許鑒反龍筱候丨也又法也二⿱喿木蘇到反羣鳥聲丨也槩古愛反平斗木也又量也
槪玉篇音同上梪音豆籩丨也又古食肉器也又俗音短榭祥夜反臺丨又臺又起屋曰丨
櫲音豫丨木名也悼橐俗櫜省櫜今蒲拜反常囊吹火具也三杆古旦反檀木也

欒俗七亂反正作欑棟多貢反屋丨也穩也捋也檼於靳反棟也脊也櫬初近反空棺也
楝音練木名也柘之夜反木名亦姓又俗音託櫃求位反丨篋也楴他計反丨杖整髮釵
也橘俗棆正音倫木名其穗可食也二樣俗檖正音遂陽丨木名也樺通櫶
俗檴正胡化反木名也下一又胡郭反丨落亦木名也三柹芳廢反斫木斤零丨也又方未反蕆
踈也槼音照椑俗槵正音患無丨木名也二棹直教反舡中撥水木也柩俗樞
正渠救反尸丨禮記云在床曰戶在棺曰丨丨之言久也二⿰木窄俗榨正側嫁反打油具也二
檟音價木名枊五浪反繫馬柱也又平聲楙莫候反爾疋云一名木瓜實如小瓜味酢可食樫
櫎二俗古浪古郎二反正從手作欄昇也⿰木強俗其亮反正作强棣音弟李子似櫻桃可食又
姓栝他念反火杴也栟音并丨櫚古縣名也棵盧卧胡管二反木名⿰木疑五代反門下木也
槥歲倫彗三音小棺也枻或作栧正余制反檝棹二樻求位丘愧二反丨梧木名又腫節可

為杖也椂都臥反大木也柴音秘郊地名也會東郲門徒念反丨檂丨之夜反木又
之反石榦古汗反桊音眷拘也午櫟或作櫟櫟二名正郎計反平為蹄三反木杕
俗愛占反欒羊絮反者或作鑿食宋七賜反芒今作束木櫨正居運反從手杒音刃木名
櫝方味反木名桎則卧反杌苦浪反二湏胡反極樕二救反渠采音孟桃魚反祭樹
相聲摩也櫼音計杷也构杕徒計反盛皃也木入聲植常職反立志也種也置也柲
蒲結反扨也戾也手丨物也又叱必偶反也與搃同扨音厄絞反柮俗杌正音兀無枝也二樹
杕羊郎反菓名似梨也火槳也又栰俗橃正音伐之渡水也木二丨乘樴杙之職也栩
音朔名也木槊丨音朔也力桎梏上音質下古沃反杻械別名也紂時所作丨丨構音草
車丨也椅丨音角也椓橛其月反物之丨也釘也橜同上棧也馬勒也又居月反又銜丨丨轎
俗鬱鬱正於勿反草也氣也幽也長也茂也盛也腐臭也滯也又三香草橐音託無底囊韝袋也

樸俗樸朴音丨二正疋角反木素也又質丨也中又械蔌木也下又厚丨藥名也三析析
正先擊反破木也二分桙栓二正柟今五割反伐木餘丨也又丨栰也三讞櫱莪二
反頭皃二戕檣上俗同析析俗二梓擊正音託丨三桔梗音結也丨檜通榻
丨也二正音蹐床木也木名椑先結反八反楔桃也二木丨也下又古扶直質反門
限也又千結反門閾也閾許逼反尒疋核下革反中實也菓楪渠列反木也雞栖梨
桼俗二桀正渠列反名也又菓名三夏王臬五結反門橜也榲烏沒反菓也丨桲蒲沒
反榅丨似楗斛胡谷反木名也橘居聿反菓名也檠正檄今胡狄反三尺書也二符丨
楫通楫正子葉反舟丨也二櫼接舟丨集也二音櫂音宅木之方言云為丨丨小竹子也又
濁棹三槵穗作二或桿正陟又音德草反木名也蚕檹也三梲之二反六昌尒六疋
音云丨州名也棱丨郎續葉反木裁也稸正俗作音畜樒檽榓音審香樹名木也丨二檽

櫖音廒也丨㮵屋的梠笛也二音㮱音沒結水丨貝棹也也㮵俗音亦正作㮵一抦杬括也
反丨桒也音皃菜也薄栅初竪草木反編村以丨為也之又櫝音又獨日小函棺也櫂
音今角呼以客木的渡是水也栓古入文土其也月今反作木檝樾三樹伐陰反也櫛阻反巾瑟
丨也榑補各反丨櫨析也也又平丨戟枉反上楔苦結減反斷絕也丨櫍用音斧質丨行也刑榻
渠列所表反有柢音小軛業木也椖或作檄正丨音木速也二榭樕又音木宿木皃名
杓訬杓正市木若丨反也二楛甲音錯皆也皮櫟音音樂曆丨木陽名縣柞名屬又櫪
音馬丨鼯板其上輙負反板檽也複音卷伏縛織者丨楮張也畧又反音擊筯桎柞作昨
二音禾名二同梓通梓正以昨柄没內反孔丨也机二樸俗樸正音名郎似木松二
械又子所六所反六木反可到作也車椨所馬六櫪反也棟又千木音反速短亦椕丨木木名名
又所亦木名責反榮俗榮或作蘖古蘗今林音屬廒於山山足日丨穀也梁冈云榴

音習又俗竪木盧名合反樜木名盧達反胡音鞍丨月丨檜外古二活反古葉木松名身栢栝
古又活古反刷杉反丨亦人木也名楪與牘涉也反薄丨也楡今縣作名楰又字檸音畢樸藏舊
作反陳孔邱丨戟也丨樞俗心烏也八或反作拔搌艸槃或谷作木音名朾了炊懋第丁也二音
樣俗榼正酒苦器盍也反二梛梛丨音二郭同棺椁又音棺郭丨木也名樸反蒲不木
疋丨云心栊柆反俗正盧作舍柆反棳俗作多掇括拾反丨正札又側木入名反也木署丨
也丨櫛也簡又丨書也誤桎經反音丨義丨作士掘也渠在物枝悲経楇柳音葉蜀大木也似杜
子丨悉摘反杔壑知酒格器反也丨爐榕榼俗二榃桂正上徒丨合頭他木合也二三反
栵栵音栭列栗細楚栗呼也為又茅江栗東也為三㮚𣠑𣡗三栗古木文名音檴古
古二誦反椺音理甲亂木也撤丑列反㮚音刀溯丨同也槩枱音朝合舒丨暮桮飲
木也居槁玉今反人山云行盬乘子之也棫子木逼㯑反也椶音日㯼渠反竹

竹部第二　筋音斤肉之力也｜肯又姓又直據反　箱息羊反竹器也　箜篌
上音空下音侯樂器也釋名云師延所作　籌籌音紬也二　筭初尤反酒｜也　篙正篙
今｜市緣二反倉　簾力鹽反箔｜也　簞都干反笥｜篋也　篘音斤竹名出日南九眞可爲弓
絃也　藤籐徒能反蔓生似竹也　二　籮音羅｜也　篩篩音師又｜竹也　籭反籠何
屬也　笞音癡擊也　捶歛也力鹽反與險同香｜　簽應法占反｜師鼓作也歡力　篚篋
二俗　筵止居其反以取蠍也三｜可　筞昌朱反｜策也　笙音生樂器也　箾俗箾音正
同竹也二｜　簡力居反竹名也　笑去魚反飾器也　箐相居反竹名也　箊渠容反竹名可反
爲杖也　箕而容反竹頭有文也　簫蘇凋反樂器編管爲之以象鳳翼也　笄時作　箴苦胡反｜箭回
竹名也　篥陟瓜反策名也　籅汝羊反器也　籅｜盝米竹音鹿盝　頷音簾又｜竹
名也　篾音胡程也又音孤方也　蓏名也竹　箕音基｜箒也亦作簸也　詹音盬與檐

同｜盬也　箕莫拼反竹筍也　簰音牌大桴郎筏也　笥他刀反牛篋也　般薄官反又北官　篗
反捕魚笥也　笭籌上音零下音精｜小籠也　簵名也　笄音零竹｜也　筭竹｜也薄經反　箐
音尸｜籌也　篦武巾反竹膚也　笳力之反竹名也　篛烏紅反盛貝也　竹　笎俗遂二音正
作茫　筏或　茄正音加蘆葉吹之｜也　籥二卷　箴音成織具也｜　篂　筳音呈延也　筵音延
也席　篦并迷反梳｜也　篛音聊方竹宗器廟盛也　篠音聊竹名　篱音盧出會稽｜一西日竹
竹名　蔡｜亦　調正音　筠或作竽正音干笙也二　範竹名扶非反　笛竹音名甘
鄰竹名音都　篔音眞筍也　竹　無音無黑皮竹也　笞音員以鼓敔也　笣許交反竹
名又音包　篡於良反　簷節音鍾竹長也　簃音秋說文云吹簫也　笁音芒草｜正作管
音言大簫　鐵竹刺也　箷應反音於竹名也　篨箋五居反名也竹　箼通　箺正反薄紅車輦
也奉音　笒竹名　音冬　籭所宜反也盬音祿　筲｜所交反竹器也斗　篰作舊　籦鉼二笭

俗丑中反作黄草名　籃正籃魯甘反盛物竹器也　篔簹上音云下音當｜竹名也　策音策又
筕篖上戶郎反音唐｜戶庚二反竹笪也下　篢音郎車盬竹名也　笑一名笑音替｜又
簥居喬反大管也又音橋田器也　篿音專又音圓折竹爲｜器也　箟音匙竹名也王篇
箯卑連反房連竹與也二　笓通　簰今承祭於水也　音前二籠也　籛音前細竹也　箝
俗箱三渠又姓與鉗同二鏁頭也　箴箴二作或箴　箴通二今音微竹眉
名　篆徒勝五｜渾反　箋音思傷人竹名郎死有毒也　篃竹音名端　篆子表前也與反籤｜
同　笐通　筦之正古有茲郎反又樂胡器泥以反二竹爲　篌作或篓竹今胡交也反二
筊奴盛鳥籠也二音　笄古五弓而反｜女年也　篡三徒反哀竹徒齒乃｜二笥名里也　竽
芳絲無若反也　織　篘音登長　篙音船干高進也　箴音又釺姓規亦｜竹也名謀也　篢
音笠工也　箷音架移也　衣箷俗　箷正馬當箷侯也反二　飼　篙耕側曰持｜反與田留不

筠爲美贊質反也　竹皮之　篙箎　篪作三或　篪正音池爲樂之器長以尺竹四寸小
者尺有二七寸孔四　笵俗　笓正音池竹名二　箸俗　簪反正側今所作以含定二符
也二　斳俗　箷正所宜羅物所竹器綺也二　反　竹古文　箟俗作邊笓梳乃｜反正也
覓俗正當作侯箕　反　箄音卑似木柿名也　笄音箕　籆音雙帆也　[上]聲　範音法犯也
常也式則也　模也或作範同也　笱音苟器也又縣名　取魚｜　笋　遍　筍正思竹尹｜反二也
篙俗　篙正之久反少康作本作帚二也　箕｜　笑申亘反云黃帝臣夷年作世本箭也　算管桑
反選也又物之敬也　簍力主反又音樓小筐籠也　篆其呂居呂二反牛筐名也　箱亢篆
書也反｜　箴都感反竹器也二　同籠　篚俗　籌正音染竹之皂也二　弱　笔徒反損遷
也　箪正　箪今徒竹席也二　篢反　簟音譚竹也　｜　籔四主反足跡几也　蔞　｜　笨蒲本
布忖二反　笄音飯竹器也　筥居呂反筐｜也　籧今居呂反器也玉篇同養蠶竹管二

箕笇俗二簨簨二正音笋丨籚也下一又思究反四簴俗簴丨正其呂反筭丨釋名云所
以懸鍾鼓也横曰簨縱曰丨與簨虡二字同二笴俗笴簳二正古旱反箭丨也三篍蘇旱
反篙丨桃花竹名篙音篙鮮息淺反丨也簡或作簡正去演反戶籍也二丨也二篡篹簖
竹名篙音篙又姓又則餐
徒果反竹名三同箋郎淺反竹名又姓又則反錢異名亦古人名篷竹名郎淺反篙湯
徒朗反大竹也簜徒朗反竹箭反竹器也他朗反竹器也篚方尾反竹器也方曰筐圓曰丨箐即淺反丨淺
鮮也箴音呂器也筲籫音咸竹名簃亡沼反笙管也築息里反籓俗籓正郎兩反郎
剖竹未去節也又秦伏反二贊作管反竹器也篋或作簡正眉殞反竹名二箥布火反
筧俗筧正古滿反樂器也當也又姓與管同二筱篠先鳥反細竹也二同簋音執篕丨
祭器受斗二升内圓外方簠甫赴夫三音丨簋也籞音語禁苑也又編竹於水養魚也
箠之累反策也箁古我反笴丨

去聲

箭音箭矢也簉初救反齊也筓胡故反丨

所以收綵也籟勒大反簫屬說文云三孔籥也籌祥歲反掃丨獨丨也筍想志篋也反箸
陟據反成也立也明也補也又直據反篹初患反逆奪取也箄必計反又音畢取魚竹器也甑丨也
器也又并租反亦竹器也簄音扇丨也竹篸俗篸正作紺反針丨物也二箮以千反科夜
逆也篘俗篘正知教反魚籠也二取篙竹名也渠記反簸簸方犬反籧篨之屬丨
二同笑笑他計反二籆音度蚕也暮音暮笞也竹簝音愛隱丨也障蔽簡貝刃反損
也簬簵音路美竹名竹器名二同又筧舊藏作蒐匣反菉名也筶俗故古二音正作圖
署二字取笵通笵正羊笑反屋上薄香嚴音遥二簇音怒翁二笙也筅胡泿
魚具也筘音句持留簩俗簩正良刃反竹名其中堅可爲席也二簣土若怔反籠也
竹名籀反其隧音遂籧位反條也

入聲

篋篋正譙箱丨也二箺苦音闊又音括箭丨也
筏音伐小曰桴大曰筏丨乘之渡水也其切初洽二反盛書箱篋也書箔傍各反簾丨也

筑筕俗二筑正音竹似箏十三絃又音逐水名三籆古篥今音竹丨也二三籥音藥
樂器似笛也笙俗笮今音責屋丨又矢服也又音昨竹索也又音詐酒器也二箣被別反分
丨亦作別策俗策今楚革反丨杖也二又籌謀計丨也二筴音郁可以濾水也籭古籓
正楚革反簡丨也二篆古簏今音鹿箓也二籙音鹿箭室也筎丨笮音昨竹絞索也
簙音博大丨綦類也篳篥上音必正作觱下音栗胡樂也二落或作答今音洛籠丨也
二篁篠奴結反疲役也二丨然答都合反當也筣俗音列正作剢籍祥亦反薄丨又
秦昔反簀音責丨也沫簋俗笪正當葛反竹又音且昔也二篘也篙音葛丨簸
笏音忽丨一名手板也笰音弗與後丨也箙音服盛弓弩器也篤冬毒反厚也竺俗
篤古竺今竹篤二音天丨國名亦厚也竹也又姓三笴音函江西隨音昔籗俗籗正若
郭反捕魚器也二籖昨結反齊丨也簶丨玉反圖籰玉縛反收絲具也簊音盍籧篨

也簇俗簇正千木反小竹也二籜他各反竹籜音拖筍也筬俗筬皮
滅竹二

系部第三

系莫辟反細絲也微也又月計反緒也又姓速紛佛文反亂也大也盛
也衆紜音云紛丨也縺纏今二纏正直連反束也約也丨縛繩繩俗二繩
也正食仍反直索也四織俗織正織今息失反細小也三微縱俗縱正即容反
丨横也南北爲丨東西曰横又子用反二絫古纍縲二今力追獄之異名也又
上去二聲索也縲力追反滕也係也二網絡也縝余縝正足寘反多乱兒也丨絲衆
繁音頻槪也又音提丨赤黃色帛此緑反丨一音婆人姓也又緹也又他禮反纁也縓染紅也又此
絹反色也縎誤縉縉俗二紂紌緇側持反黑色繒也六編布亥反次也織也又
方典反訓同緗音相淺黃色也緪正緪今古恒反大索也二下又音九縈也二綸音輪丨絡

絲也續也又古頑反纔俗纔正纔今音才暫也近也僅也能也又音衫帛青色也三緘
古咸反丨封也緘古咸反閉口不言也玉篇又公斬吻斷二反又慳也縫房容反衣也又扶紩
用反丨也綢音紬丨繆也又纏束也繆通繆正美幽反綢丨丨也又音謬紕丨丨也又
音目二緟俗繮正居良反馬丨也二紝紝如林女林二反織機縷也二紝女林反細林
絲也又齊也綝丑林反縛也䌊疾仍反又姓帛紉女珎反單繩也縺音連絳惡絮丨
也紽音駝絲縷也又素絲五色也絣音耕反絣墨也振紘正紭今戶三反經綱也二
紘戶轟反維也又丨也又紂卷也八綅烏灰反五色絲飾也絺王居反細葛也紫俗
紗正音紗丨屬也二綺音戈綬名也又蛙反青丨赤綬也縞俗嬉僖二字笑也正作
縈或之反似布也䌮音相馬腹帶也綦綨二古文音其色又去聲白食
縗倉迴反喪服綷側排反綷縩丨也紃俗紃正辰旬反圜綵縧也二綎音亭或綖作正音

亭綬里也二經文也力之反縛音尊衣名也布縜音旬縫也縜正作縜也䌑古侯反丨氏縣名也
緦音思麻也丨絨布也音戎細紋音文綾也丨紙或作緍正武巾反貫也又絲緒錢
釣魚綸也緅或作緧正字由似由二反又俗音秋亦牛馬丨二絑音朱赤色也
緄正古綱也今又郎繹也二反丨紀紳音申大帶也絪音因麻枲也丨絪縕於云於粉
二反丨亂麻又丨袍也緅子侯側求于句三反青赤色也再染曰丨三入成纁纁許云反三染絳
音温丨也纕奴郎反綸今綸正綸頭綸音二紫赤色也二繙孚袁反旗兒又音煩丨風吹
亂兒絣音博傷反衣於表反治鞋履也䌏䌏䌏又二正音支尺反亦經緯不同也粗細
三縣正縣今音遥二䌊或作縲正音云我歌且丨也摇於由也下也喜也許又音由
猶也紘相承二紣舊經作紂音側持反又俗音在續也子廉反田端也高僧傳
上帙中縵弄子紅反小反魚罟也作縺增益也紬直容反或作紕反正尺夷縮欲

壞也鄉音鄉郤也絁奢他二三音施綖音延冠上也又音綫覆絹音丨消生絲也又素也
綃綃縧二俗也刀反丨也正作二縓俗迦反繅正作縓繅迦迦俗音繡縷也音盧布
緦都侯反應師作兜在兜中縛摩俗音緊烏奚反是也又赤黑繒也詞也亦語助紆衣紆
紆意俱反勞也又姓縈丨也二曲緰比萌反小兒衣也東紋音支舟繩也牽挽綝音來又
毛衣兒也絖胡官反素也絺俗綺俗䋞正去喬反渠喬反玉篇所禹反紗也葉也三又
縑音焦玉篇麻也同二緒生俗戶皆反同大緄也音古郭本反綮古哀反縗綈也又
胡堦反大絲也絓苦佳胡卦二反惡絲結也絹俗䌔音綈文古括反云丨絲繒也縷說也
七弓反又七禮反丨斐文章也相錯也紆俗孫音縛或作紅今常倫反孝篤至美反
也又好也丈也縛音尋續也綏而隹反冠纓也䋠切音揖丨韻厚亦繒黃色綠色
大也又三
而染也紌絿音求急引也二同縍音蹄弟結也二縃音旬縫緩也音雖又州安

名䌕綵二通繆繰二又所銜反今蘇刀反旗垂兒又絳帛也四絡曁取絲也又色紺也
縫俗直容反直也綯徒刀反紋也草繩也似帳文 上聲 糾紖直引反經也紖丨丨也絹三合也
二同統於遠衣也反綗音罔丨苦也綢舊經作綱紐女久反結也緒徐與反緒習徐與也業
也又由縷力主反又姓絲丨也簒作管反緊也集緬彌演反丨也又微徙遠也思也絲二
繖作散繖舊藏正繖今音散又去聲二蓋也繕音善又去聲補也態也繁縷綖
二俗纚丨也音果縒結所綺反縭所綺反長兒也䋛音蘇合反鬆髮者又丨緩管胡
反舒也寬紡夫罔反絲紡令緊丨也績也繚音了又力小反繞纏丨也訓同緄古典
丨慢也紵直呂反細布也紓神與反緩也又與紓同音繆紹二俗紹正
又反古紵
紿今時遠反絡也也四絣絞古巧反又姓紖直引反丨牛也縍芳武反綿也線
星里反與枲同又須陵反縲絁作直引二反今紞紞綆音耿三同綯音果索縞古

二音緫繼也 纘作管反衣繼也 紤俗 紾正之忍反單衣也或作縝又知演反轉繩也二 縝之忍反結也單衣也與珍亦同又丑珎反 緥音保小兒衣也 縿竹貫反和著兒也 緊 綬音受 紼亦丨又繫也亦帶也 組音祖丨綬也東海中草也 綸 緂他敢反青黃色也說文作繝 紞他敢 反琵衣也雜帛色也 又 絮奴雅反又二荏字 繕音隱相者也縫衣 縒正今蘇可反解潔 兒又音錯綜亂也三 綃烏板反烏患反鉤丨 繫也繫也又 緊二或作 緊正康禮反戟反 一曰絨衣三 縫居兩反有類也 繾去演去戰二反不相離兒又紿也丨 綣 紂除柳反殷 主號也紱曰丨 又 緉兩兒二音履屐屨也 縹纈疋小反又疋妙反青黃色二同也 玉 緄古本反帶也 緝音耳盛兒丨繒丨音秘 纈余忍反武王名也 齊紆古旱反絲也 綄作孔 反聚束又倉紅反青黃也又細絹也 色 繢俗 緒卻吕反丨反也正作 紿言徒海反詐欺見也 又綵勞也 綵正 綵今丁果反冠前垂也二丨結 縋子丁果反續也丨 緯俗 緯音正

龍龕手鑑 卷四上 二五 第十二函

宰載也又作 縡伐反事也二 鶴俗 紉或作了丨也二 音鳥今作纏 綿二舊藏作 緬下又俗 音回在不拜王表 綀隨函云合作毯字 綷俗丁果反今作 絲同丨結也 緶方典反 賽常也 纑相承音偃 紌 紞都敢反垂也二同 冕前 去聲 絪先計反小也從向音信 微 綫 綫線文丨也三先箭反 縒俗 縒 通 綴正 密丨也三直利反 縪直利反針丨縫也 刺 紺古音反而赤色也 綴陟衛反連丨也知劣反合著也 又 絮息去反抽據反 綿丨也和調 食也又尼反人姓也 恕 累力僞反古作絫同 丨帶連反 紊音問 孔也 纜盧暫反維舩丨 也 縵俗 縵正莫半反無文繒也又紕丨又音慢二 續相對反畫丨也 繪音會五采也丨 或作 綜了宋反機縷持絲交者曰綜 綻丈辨反縫鮮也 衣 組音同上補縫也 緩俗 綟 正郎計反黃色衣也 又 紛與至反重多也 玉篇又移 綀結反絲麻丨也二 異二音麻也郭逸又武悲 反 絆 繫音計縛也又音 縕音歲布細 而 總音惠帳也 縗蘇對 也 系易之丨辟也 跡者比吕

龍龕手鑑 卷四二 二六 第十二函

反織丨也 紘或作纊丨正苦謗反又絮也二 細綿 絢許縣反絲兒也文 絆音絆丨也馬 繢求位反織絛也 劌居例反氈類也 絭去願反駑也又居玉反束腰繩也 繯臂繩也又音脊連 縫玉音遂丨也佩 繼俗 繼正音計續也二 縋直僞反繩懸也 結俗用而 緝音謂 丨 縮音謂又姓 丨 繡息救反五色也又姓 綫四俗余反 綷俗 繀正 紽郭逸子對反又胡卦反三 會五色也上一 繣胡卦反中絶也 絓 纑丨胡微卦乖反 遣也 綪倉見反青赤色又側拼反禮云齊則丨結佩也 繒隨函云誤今作借 念反在宏明集第一子 卷也 統徒外反細紬也 絳古巷反又州名亦姓 絳或作 絳中今則救反衣也亦數子 不 二 綉音秀 總音思 綢 古莧反 今作 𦅗 結 繼 胡卦同結字 絳 縩音進淺縫 色 縛 舊藏作 瑀 而過反 緩 又音忠 紇也 纑 又 紉 在經音義 縊 俗 縊 烏正 計反自系同胡計 反 紒 戶計反 不了也 心 綵 俗 尼 救反 入聲 蔡 普結反 叡 丨也二

右回也又方 紑 結反乾也 繲 俗上音寄下音資皆 總 音忽 纈 字兒舊經音 微也 纈 纈 二 盧達 縔 正音丨丨不疋云裳削幅也 所角反 緅 新藏作 反馮丨 緘 續子六反 丨朝祭之服也 纔 音 縔 新 羊 職 鄧名 丨 綀 音叶衣丨 色音藥也 絲 縪 音必 冠 縳 音骨 結 緙 音 絀 也 竹律反 縫 繹 丨 羊 律 反 縉 余 律 縎 縎 二同丨 縎 音 緟 縫也又音黯 ... 居聿 縬 反 子括反 丨也 俗 緊 正 居玉反 軝 丨 綠 去 戟 級 縬也 二 反 縫 古 結 丨 也 絳 子 七 也 結 連 者 三 縴 去 反 絺 丨 也 縫 音 逆 緟 七 葛 反 屬 也 纖 莫 結 反 二 同 細 縫 去 人 貝 反 衣 衣 也 又 九 勿 反 續 也 緭 七 紫 反 連 丨 也 或 七 反 崔 衣 也 緝 七 入 反 續 也 縗 大 反 玉 篇 又 之 蒸 反 俱 通 絜 俗 絜 正 音 結 清 也 縶 陟 立 反 繫 也 三 絜 端 爲 也 二 丨 麻 絜 音 靜 也 絆 也 拘 也 縁 俗 索 正 桑 各 反 繩 也 二 紩 直 日 反 績 音 積 紡 丨 也 縗 散 也 盡 也 下 又 經 也 繼 續 也 續 也 紲 絏 私 列 反 繫 也 一 又 徒 六 反 退 絏 續 叶 反 西 國 布 丨 也 四 縮 所 六 反 短 丨 也 絡 俗 絡 歛

正音落繹也二絡丨繹今繹正音亦大也理也長也陳也卷舒也二終也紁音急丨也等
給音急也又姓㑗丨縲俗纆正莫北反繩索也二纈胡結反染爲花也帛繡𦆱之欲
反帶域恤也二絨衣縫也二音緎俗紡作或紱正失勿反緌丨也三紼繡作二或
綍通綍正夫勿反大索引棺車也又乱麻也四纆綠色皃也笛道二音絰徒結反喪冠也
又纕也紇俗紇正胡没反又胡結反名也又孔子父繳之若反下革反衣領也又丨丨
中骨也又音皎與徹同繒音曾綽昌若反寬也亦緩也與古文綽同緊眦葉反略字轉舌又
呼綾即葉反丨續也緝音碧相承紲音泄縒俗音錯正作縒二形丨綜乱也縒
（入）肉部第四
肉如六反書變作月故與月部相濫骨丨也或俗作宍亦通耳隸䐈
俗臍䏠正齊俗音齊丨也四膐俗膂胸今二膂正許容反膺丨也四胸
臙胭音煙丨喉又去聲三也脯丑凶反直也均也體膟俗二胖古膧正膖

今普邦反丨脹腹滿也五膿奴紅反潰腫血也肝音干肺也丨髀脾婢弥反丨也二心
脃俗胞正布交反胞丨也二脬疋交反水府尿丨也腹中肪音方肪也丨膱腳
腡胼俗四䏰今蘇干反脂肪也五膸膠俗昌支反凝也二正从目作胵汁胵脚
胝俗四脛脛二正丁尼反皮厚也六反腥胜音星大豕肉白死也二膆俗䐢正蘇
刀反臭也豕膏臭也二大肌居夷反丨膚也䐇舊藏作髖音寬髖苦官反正从骨膝膠同二
音交丨漆亦大學也又皮丨煎皮成之肤音夫皮丨也又美也傳也蚀俗胆正七余反虫也
二䏶徒昆反尻苦刀反尻也䕮奴兮反三人兮雜骨醬也奴何胲古來反下肉毛也足指
肥父非反丨肉多也肌胚俗胚正芳盃反一丨謂之懷胎丨二胎腸俗腸音胎土來反胞
丨也臚正臚今音臚丨又鴻丨寺也二腹前曰腴誤作腴舊藏腴羊朱反腹下肥
二也脯俗臑正音而宍也二煮丨臑音儒而究反嫩軟皃又脚疾也肬音尤丨贅也腫也病

也與疝同脸俗肣正胡南反囊裲也二䐈音鳥含反脂煮宍也丨䐳俗䐳正作念反
脸丨外善也二脈音夷猪丨也膝新藏作豚豚正肫今云豕徒昆反子也三方言㬮
脊脊骼俗五作脊丨聳交反饍也正膭公回胡對二反肥大皃又以腓反肉疾也腊
音猪同豕也與猪胸其俱反丨也又姓脯腧俗膏正音高凝者脂也口脂也三丨胀俗音
侯臆邊俗音腈俗消音膝俗荼音膛俗堂音肱古宏反臂也膝膝膝
滕四俗登反徒騰徒登反蝇又日食德二反禾虫也丨騰徒登反倉身赤尾魚也名胠徒登
反囊可帶者也賸徒登反目名也䐪徒美書丨上也移丨滕徒登反行丨也䐪音加腹病
也股俗膯正音丨鵩也二腏腑伍帝二反胜胱腹也二音丨䏿音奚丨也䐈戶
反䏝也宍食肉也脈音兩脈膣正昌脂反鳥藏也二胝胒俗音胒丁奚反丨強脂也膌
膫古㬿今音聊問脂也二腸腓音肥又扶來反脚腨腸也病也𦢈俗戶乖反胴俗何苦反

反正作䏡肢俗胑古肢今音支丨也一四䏝臘俗二臉臛正土廉反也又刀斬丨
反羑屬也三䐵俗蘇來反正作頤膶徐羊反也兼與燖同丨剝猪䐗古哀反皃又公回反肥
胎反畜䐉丑延反宍醬式連二反又魚醢也生胼部田反丨皮上堅也胵膟俗梁音䐍
俗䐈正居言居偃二反飭也一曰筋頭二䐈作于祖旦二反禽獸食餘出䐩音居脂也丨
朏䑋音批牛百反棐也二同䐂丑脂反香巖又䏪丨牛馬子腹反腎腫起也腂俗䏮或作
䐑正梅味二反側之餘也音三脊胂音申腨也丨胠去魚反篇名又音去腋下肚也又䏸子也
也䐝力懷反又俗丨力果膍形皃胡㔸二反䐶上懷反形皃惡也丨䐹力朱二反
入月嘗新日月猜也二䐱目䐪也音膀胱上丨音傍脬也水府下音光也丨朧俗
祭丨今音肥龍皃三䐰䑊二䑊作俗䐰許宜反目光也正䏵莫江反篇去狀也玉䏩俗䐞
䐋盧二膃俗丨奴紅反血也胗脸俗音腆羊脂反肉也失䏲䐗二俗二音胞

膻他卄朧正臐今許云反羊曰丨豕膮許堯許了膴
反曰曉皆香美之名二二反豕羹
無呼二音旡骨腨也又音䐨俗似延反丨遵為反膨上
武土地腴美丨丨然也音䐡丨膗也脝音
彭下音亨丨膑音寅春膸竹垂反腊音昔膯食陵反
丨脹皃也宊也蕤脛也搜也稻田畦
也畦膾俗丑知反膢俗膺正莫登反臛三俗於
也正作鱠昏沉也二䑾鷄容反正
作癰丨腄音尤肦音班大首也肛丨許江反胴音同
癰也縣名又方忿反膆上丨脹也腸也
膶俗音閑正作膁烏侯反膞反上丨昭反下許么
膶人目多白膁久脂反丨疋丨腫欲潰也䏿
葵逵二音䏙戶郎反脛也又戶膜戶庚反腔苦江反
丨腰名也庚反牛勢丨也又䐭熱肉也羊丨反
骨俗肯胥相二今相居反䐂俗士䐗音誰坐處也亦分
也罪反䏿正音然大䐛銜反目慮所坐也又
胎脅也胅宊也二䐠俗音䑋俗知稚䐺俗堅
音胔江俗陟或作徒䏥俗音腭祁二音䐾汝羊
脊江反䏳兼反䏭由䐛俎个也二音䑃反䐹

俗音肒音求乾宊聲豚音求形之脊䐓俗音
由又熟宊也也又音休䏻蕭二䐯俗都
音膷俗音連正作腳音香牛䐜目昌反宊䐦古蛙反
聯丨綿也美也脹起也手又理又
音螺亦手䐐皃癡䏲之仍反二䐣音孤腎子子回也反赤胍䏩
中文也熟也也二䐤脯也䐃子陰也反
上音孤下音都丨䏙人名音盈䏸音平牛胶胡交反
丨大腹也又皆去聲脂羊也丨也聲也䑊
音尋人䑋或作側加反令膵俗音䏬通䑌正醋禾反
姓名也作䑛拖鼻也牵音胎也二
膰音煩祭餘䐃䑍二俗䑎音明今膚南無上聲䐧䐩
熟宊也音歡作明反
紅丙反胜俗䏸米反胵俗䏸止經郢反胴也前曰
腸也二同正从骨作後曰項又胡定反
也鄭二丨䏽張栁反臂節也䐏苔敢反腌舊藏䐚䐷䑄
二肘古作扨肕二字肝丨也作䐪
䐖腦七䏆古䐉今䐉正奴好反丨䐳誤䐰正奴項
胸俗頭中髓也十反耳中
垢二䏹䏸二䏆正時忍反腫之勇反癰䐊時兗反䐻
也垢俗二䏸肝丨也三腫也瘡也切宊也

䑌䏹三俗音髓骨丨䐢眠忍反腳䏔古䏫今音古腿
俗也正從骨作膜音瞮蓋骨也䏥髀也二
也每反脛腰上烏每反下他每反丨丨肥腰䐳
正作骰皃也下又奴罪反魚敗也
奴管反溫丨丨也下又肚徒古當古二䏨引反赤瘢
奴困反宊丨也二反腹丨也丨日也又羊忍
羊忍二反䏓正之忍反瘖丨度外小起也䑇䑊
當脊肉也䏰亦脣瘡也又居忍反二
胸項反脯俗音脯丨音甫乾膈䐎俗上博顯反下吐
也二䏰乳也䐃奚反正作匾遞也
䑉音府脯䑏初限反䐟音兩膎胒或䏙正他了反日
丨也䑏皮丨也作行疾出西方
也肚俗竹䐪初斬反臉丨也又七䐧尺准反䏾俗於
二月圭反䐈廉反丨臁也與臉同肥也舉反
胜俗䏼二正普乃反月未盛明也又芳尾反丨月
䐤三日明生之名又普對反向曙色也二
腌居兩反䐃瑾琰反䏚都罪反丨䏿呼罪反䏦俗音
䐃頭也䐃腹丨也服大腫皃丨䐖水
䐠音女九反食宊䐣移尔反引腸又䐑苦忝反腰
里音也又古音肘裂也又勅紙反䐂左古宊處
也䐺音現宊急也䏯音汝䐁今玉篇音累皮起也郭
又俗時忍反魚敗也氏又俗力果胡瓦二反
䐢或作奴罪反與腇同䐡蘇本反切熟䏿俗䐟正他
魚敗也又於偽反肉更煮也典反
厚也善也忌䏛正肯今苦等反䐁音䐁或䏶正于兖
也至也二可也二皓作䐠反䐟少
汁也䐜浮賁反臞多汁也又脘音胃肖府也又俗䐡
二房吻反切宊熟也胡板反正作䏿
音呂脊䐃舊藏作䐩奴感反䐡俗於井反正䐫俗音
丨也同上煮宊也作㿿瘤也養
腕音胃丨䏭或䐁今武粉反說文云䐙音紂腿後也
肥丨作䐆䐏頭也筋音斤二又小腹脇也䐾
舊藏作丨方䐋玉篇虛講反肥也䏪二俗音玉正
宛反礙皃也䐤隨函又音古侯反䐏作䐿明也
肥古文落䐋魚口反肩前膘抰了房小二䏁時忍反
骨反也與䐋亦同反牛脅也䐂丨也
胵音䐑音䐍烏朗去聲䐡䐢辟里義反掌後䐂古腕
不口反肘前曰丨三䐣
今烏貫反寸口䐆張亮反胇正芳廢反
前掌後曰丨二䐥丨也胇䏝俗三䐖肝丨也閃䐃

直僞反重丨病也膾古外反割也細切肉也與膾同膳時戰反食也臓脆二俗膩正女
至反肥也二脃或作膬古脆正七歲反危也宍之肥也上二又七絶反膬膬之易破也三
胘音縣自媒也行賣也自矜也賸神證反增益曰丨又贈也送也又音孕訓同媵上同送女
從嫁也腮俗音息膌俗膌俗通胃正音謂丨也三腸本俗脺胯北苦化苦
故二反兩股開也二臛俗音輩背蒲昧反弃丨也又姓又北昧反脊丨也肑俗莫見反正作
肑胅俗勃伐反正作脥𦢊俗郎旦反正作爛胖普半反半也得偶而合也又牲之半體也
䐗臊音倏狀大皃又定倏反盛肥也二脺俗胴古脺今音四腦惢也又古文音信今
作顋亦腦也三胆俗膻或作音但正作袒字二脊俗音脊脘胡貫反脘丨也膆
倉奏反丨也古胵古膣胸三膈正側救反脰音豆項丨也五腬女救反嘉
腨也又耳由反俗苦嫁反正胳作骼丨也腴許靳反丨腰俗盧个反
反肥由也𦢆作骼膢丨也脥瘡痛也腏

陟衛反餽奈也又丨著也又陟劣反骨開髓也又多活反挑取骨間宍也餽音渠愧反脝新藏作脝
音詣恨脿陟嫁反丨陟相黏也腅女亞反食證反
胬也又陟加反不容也腇也腖
腯音奇宍杻也肌丁定反又音丨貯食腧傷遇反藏丨也腒丨憶胷音刃
也胵腟上爲嫁反下陟嫁反丨丨肥皃也脘評放反山名睒徒濫反相飲玉篇又餅
丨胎胡細反食肉不猒也腯俗徒困反正作遯腎古對反忽痛也腰膶誤勞貢反正作
贈膊脊俗常利反腅二例膜胡討反膜胡結反膜丨二腠俗左泪反
也脖胮二俗於許反正陰風也膣俗烏對反胅俗於敬反正作映腭七醉反
臢脘音蹠膿俗作膜許反正胅音附肺俗半體也腢俗于句反朏所俗
反烏尾反膭先臥反骨膏也胕丨脅也脘普見反趣俗人遇腈舊藏作膭以醉反肉疾皃
上宍也膎倉代反俗音眷正作瞘人遇腈
謙脎倉代反腱大腹也腃俗音眷正作膼遯願也腨反
反胅大腹也臔晚遷願也
胙音祖祭餘肉也瞜俗瞿正音具瘦也又音翟二

入聲

腹俗音隻腏俗音寐

膌俗育正余六反長養覆丨也二脈音託丨膌也胸俗渠云反三
膝俗書若反正脉音滴也澆也脷俗逼
作膝美目也臌俗音徹腩音若脆也膘音即膏也䏶音立
半生半熟又膕古表反腳脛一蒲末反經無毛也又丨曰股上小毛也𦡆蒲旨𦡆莫
直轅反愉也膕典皃也腑音即膏也腙反宍
反脛上骨節也臆音億肾也腋音盈益反支亦反丨在肘後也膝相邀
也腑宍也腏其虐反丨大笑也脉俗莫厄反血丨也幕也以
反脛上音億胷骨也脈俗今莫厄反血理之分行于𦙫
骨節也臆音億胷骨也腏俗今餐丨血理之分行于𦙫
中曰丨正脊精亦反背丨也二膋俗肋正音勒者擽勒五藏也二
作膝緬二脊丨也二膱俗肋者擽勒脅丨也丨
膜音莫宍丨也又莫玉篇子六反腳脛二丨
胡反梵語曩丨也臌瘦也臐丨膏澤二腰俗
三各反正膌俗膌正膂今虐業反腹音福心腹也肚也脣秦亦反腸
作髆也三膗俗臛正詞各反膟俗腨正音草脅蒲没反胅齊也胅
也膗俗臛美丨也膟丨也二
徂結反膃烏没反丨丨也又女
骨丨也膃肭肥皃也胸俗肭正奴骨反膃丨也又女六反月朔見東方也

二膔音息丨肉也膝二或作膝今直葉反細切宍也三膭俗章於反亦作腥角
反厚膆俗蘇各反脂也膌音各肘下也腋後腷俗音哲皵音昔宍也腊音昔乾腊徒各反肥
皃也脺俗音腸音歷丨強脂也脲肌音憶氣滿也脆脂二或作腈正先結反
臆中脂也三胛音甲背丨也胅俗伏聿二音正作欣辭也腹音烏郭反又憂縛反美大也肉也
善也腑音跡也膘電剝二音破散起也皮腒俗音鹿正作䐗丨眼眩也朳普八反吹宍也
也䐅俗
肷俗脗正音疋肚丨也肬丑一反肥滑皃也脈俗脇正玉篇乾也香嚴音泣呼及反
二腷符逼反丨臆意不泄也郭氏俗音福䐠俗音角腓房密反丨脖大皃也又音胇臘
俗膦正其虐反與酸錢飲酒也二同胺烏葛反宍敗具也膪俗二腩或作臘
今徒没反丨肥也四膗而涉反動丨也脅許乙魚訖二反響結俗音腑
肸許作不安也膅
俗呼昊反腝丨胸音的下宍也膔直之食反腸長二寸
麦反膈膏又俗音獨胸曰丨又音直肥腸

也職之力反㳬丨也肑魯也臒溥宊莫各反也二剳翋音朔
〈目部第五〉眵赤支反與二反眭俗二眵正託支反汁凝也三睛音精
眼丨也睢許規反丨盱仰目也眩都奚反視也瞿其俱反姓丨曇瞖正莫賢反丨臥
也闇未明也下又音昕二瞀睹巨脂反見視也二眘或作着正渠脂反長也强也至也二
睺音侯半也又去聲瞜俗瞜正音蒙丨瞍瞽也二瞍通睃正蘇彫反無目也又音叟
瞽丨瞻職廉反也二丨視也瞋昌真反怒也盲莫更反瞽無目也睎音希望也視也卿
俗音盱許于反知也又仰目也眭許規反丨盱健皃也又息爲反人姓也眈俗眈
正丁含徒含二反視近而志遠也二瞳音同目丨瞜音婁視也睇子也瞜丨䁖也又
所綺反視也睼音啼遠視也又坐見也䀮音忙丨遠也又音亡忌也又音孟丨侲失道皃也侲
音知孟反瞪瞢瞪瞜瞘六俗莫登反目不明也又音夢雲丨懜也正作瞢字

直耕直陵二反直視皃瞪俗瞷正如自反目動也二瞵通瞵正力珍力忍二反視
下眄皃也二瞷瞷二瞷俗瞷正莫耕反丨視皃也又音猛三盯直庚知猛二反瞯丨視皃
也䀸正音征獨視皃也眸音牟目童子也瞞莫官反明也又姓目不䀮䀮䀯俗四
䀮正荒忙二音明也又狠丨也目不䁆徒含反五䁆審籀視也又括也又下視也又音䀚經江音西
含視二音新藏作䀹音義作䀿音香嚴音呼含反䁥音䁥丑庚反直視也舍睎瞠上同瞷音閉
人目多皃也又姓瞏瞶上烏耕反下莫晧反眼小目也䁌苦圭反目少精
也又乖也異也外也䁍眉微二音瞷何視也䀿音暱匿二音目小作眱音夷
熟視不言也又大兮也古堯反縣首也倒県
音希正作睎陽露滴也二眲俗䀟正于兼反目垂皃二䁐俗眐正音倶左視皃二瞷睃俗二安䁥
章倫反又昏眼也昊民二音瞎佐日視也二眭音全目䀹古文音周眇視皃䀹又䁉丨毛二

睳呼圭反玉篇云音也眓俗倉胡反瞶正莫佳反視也瞷乾健二音香嚴隨函䀢音中
鳥獸驚皃也又時刃反張目視也煦況于反丨腰夾皃瞜音啼視困皃瞋莫經反合眼丨
丨也又莫見反眠丨也又莫賢反闇未明也盲音賓眩古文音融䁦古文音陽瞎俗
正疾益恩暫二反閉目內思也二旻或作今音旻視暋皃也二瞷音聯玉篇眇目皃也
二瞟普沼反丨瞭明察也又撫視也瞦許其反童子也目瞷與之反瞗玄
二音目瞣武延反童子黑也童子也瞷武延反丨睒遠視也瞷古元反瞚視皃
覰火玄反亦皃視也二𥆨與之反丑吏反又眄丨縣名視皃瞏今作瞏見隨函瞷
俗布䁥音䁥作眱迭反眏音俞䀱丨丨䁥俗音欣瞀或作丁反二力䀿音延頑視也相瞷
似泉反好皃也瞔音賓丨丨嬰暫見也又恨視皃眱當侯反丨眏目汁眱正作瞴字鳥耕反
睜呼交反丨瞎也聱音煩〔上聲〕瞽瞽俗二瞽正音古丨也三瞷音瞷

暫見也失再反瞚瞚食尹反又徒損反人名也二丨即矛丨也睘俗眪正音丙明也二
睆於沆反目病也又音睕大目皃又烏括反小無媚也䀸直引反瞋怒目皃瞃同旨童子
也又吉凶刑兆目兆丨也二䀹薄故反俗䁐近俗䀡明也眕之忍反目有所恨而止又厚重
也二眇弥小反二目少又視不正也睜疾井反昭丨眫俗半眯正音米物入目中也
二瞼音撿眼丨也睹音觀看也見也睆正戶板反大目也又笑二䁥俗瞷正胡
木五閫二反困視皃也二瞷斬俗音䁠音現目皃也矘小黨他朗反丨瞵目無精也又失忘皃
䁃莫朗反丨也䀼布綰普綰蒲綰三反目中多白皃又天也瞑俗奴頂反昭丨莫頂反瞤目
細俗皃瞧瞴無正音武微二䁙視也二䀹映俗烏朗反䀹俗他典反正作䁘面慙反瞖莫板反視
皃䁱二俗音視妒瞎俗昌於䀜俗矩反䁏都反䁛俗苦改反瞑苦反丨
然舉目又好皃也瞏方免反又敝皃玉篇又香兖方兖反迴視也郭迻又胡慣反瞷敝皃也䀏

音阮目䁝古了魚鼎音鼎三足兩賢音賢又䀯古了
自皃也䁝列二反耳鐺屬也多也反
取丨目皃烏板反首音首古文旨瞦同侯二古文䁈可畏視也音限䁱丨省首音
去聲眴旬瞚許縣反目動也下又音舜又瞚瞬音舜目動
如旬反又相輪反眩丨也三
也眩玄縝反丨惑也視不䁡於許反目中瞯音下閑
三明也自無常主也丨也奄覆也也安也
又目中眄眄俗眄通眄正莫見反䏶正眺今他吊反
白也斜視也四遠視也又
目不正睞勒代反傍視睇音弟邪脹音悵失眊莫報
也二童子不正也視也志皃也眊莫角
二反目䁗音眷遡䀷眂音視看丨也下又䀼音孟丨
少晴也願也音是亦視皃也二盯瞑目
貞也瞀苦侯反瞀丨也又莫角䁇睚五賣反
也丨瞀也瞀莫候反目不明也又莫胡反裂也丨
䁐怒目皃又䁋俗䀽通眥正士賣反睚丨三眥通眥正
五隹反二同也又五隹反
諸反視也又目際也又䁍睨上疋詣反下五計丨眫
才賜反亦目丨也二反丨視人皃也

龍龕手鑑 卷四上 三五 第十二函

俗烏半反正䀡丑熖反視也瞐莫報反佐眆音詣系二
作睌手丨也又式熖反目細視也音恨視
也盼正盼通疋辨反瞯徒弄反瞋目顧眘俗眘正時
美目也二視皃亦轉目也刃反
古文又睿俗睿正丑繹反瞰苦濫反學覺䁅古文
姓二直視也二視也音照
四晳征例反目光也又丑例反䁤俗羊至反正作矐
蔽目也又百熱反目明也䁣重物次第
音貫舊藏作昄眐眐二俗䁯居僞反正䁩音貫
張目䁃莫見反音覓作䁯丨睹極視
又俗五惟反睃瞍瞍呼貫反國名䀕音刃䀕俗之刃反
反正作瞶在流沙三眩丨賑正作賑
䀏論文作經音義作丨䁦䁪俗香䁖通䁖正雖醉
陷丨沒也在智度論靳反反正視
皃潤澤也又子䁧於孟反䁣于況反入聲䁐䁡䁦
對反際也三丨隱也黃光也
四䁘䁠二䁑正音接目丨也䁊䀩俗尼乙反又音䀲
俗䁘今目傍毛也七日正从日二
目䀸音目親也敬也䁃或䁁正許䤋反一䁪䁱丨欲
病䀸和也又姓一作䁁目盲也二反視

也覛䁤俗䁤或䁤正書藥反䁒音鹿覛䁥音歷丨䁥
也二作䁤美目皃也皃也視明皃也
䁸初八反丨䀸徒結反䁧丑栗反目不明䁭莫結反
視皃也目出也也又俗同上目赤又
䁐胡結反䁧丁結反䀣音血䀸丨䁁荒弥二音
也䁐丨自亦也䀸丨胐也䀣惡皃也汗面皃也
䀹郎達反目䀧音末目䀞音永不正視也又莫䁐音
不正也不正也拜反丨丨張久視也丨
莫䁤俗丑䁦今䁦正音藥䁦丨䀖俗䀖正側合反
也列反視皃也二丨眼也二
䁤呼各反重月又天明䁦䁟二或䁯正呼桊反閇一
䁤也又戶各反望也作目也又音疊三
䁤音懾目䁤音釋䁤丨䁭於決反目䁤䁤二或䁤正
䁤動之皃急視也深皃也作許
縛反大䁤居縛反視遠說䁤阻立反䁤古穴反䁤莫
視皃也又云欲走也淚出皃目患也入
反視䁤玉篇呼沒䁤沒䁤莫入反惡視又音䁤之列
丨也二反急視皃也秘亦直視皃也反目
明䁤舊藏作䁤許呼八反䁤俗䁤正疋減反䁤女
皃乙反丨響也䁤視丨目翳也二洽

龍龕手鑑 卷四上 三六 第十二函

反又舊藏作䁤莫角反䁤俗䁤正於禁反䁤音劫目䁤苦
藏作䁤美皃也䁤閇目也二丨視皃䁤俗
反目丨也䁤鈐涉反目䁤呼覓反䁤呼覓反眼䁤通
又戶陌也不記也驚視也又音役
䁤正五洽反䁤丨䁤䁤音育望也䁤古洽反䁤或
皃也音士揷反二又目明皃眼細視作
䁤正音麦邪䁤音釋䁤五甲反䁤呼末反視䁤音
視也二視皃視皃高皃也食䁤
音鹿䁤䁤側略
十也反

日部第六

曦許宜反日光也又光明盛皃 晞俗晞正音希日氣乾也 嘻二
也 量音良度也稱丨也又去聲 昕音忻日欲出也 昦古 昆今古渾反兄也後也同也又姓
三 晡布孤反申時也 晉晉昏昏俗四 晴正音昔闇也五 暒或晴正音情天丨雨
二 止也或 暝俗莫丁莫定二反 暲音章日明也 曼或曼二 作
作睡二 瞑正作暝宜二字
正莫官反路遠也 瞠俗丑庚反正 晟俗 晟正音成食
又音万長也二 作瞠直視也 器也又承

正反明也也亦器也二藏瞭音聊明也䣈音郎䣈郎反芳無时古助時俗音肻古文
同上旹旹王篇古文上音春下音時㫜七余反暆音移｜縣名東昂五剛反舉也曙
音貪䐆俗䁊古昨勞反｜輩也我也衆也又明也今與曹同又呼鳥反二䀄俗明孟音二音正
作盟䗬俗䗬正陟遙反虫名二曉居陵反䁈巨容反瞷俗音閑正作瞷人日多白
䁓音溫仁｜諸比昷類也與昷同旻天｜旼武中反和也二䁏烏甘反曟音晨
義同䁝音單去聲又䁝古營反香兩反明也二䀩古來反明也瞦許云反又黃昏時曰入
也䁉俗丑來反正作䁉雪白皃矓盧紅反欲出皃日晱呼光反早熱也䁄似泉反同嫙好
皃䁝他昆反日初出皃晶音精光也曑俗正作參所今反䁌俗音層目小作正作熊
也旴況于反日始出也眭苦圭反｜別也睨五兮反䁌他郎反晉俗晉正
潛古於｜反或作晃正直涌反縣名二晃又姓二瞽俗音潛正作瞽日內思也暎呼
龍龕手鑑 卷四之二 䔥十二函

交反正作䁗倉米反壘古文壘音星上同䐆俗於容反癰也晉音煩晉音見尤音膂
音遷吞其音［上聲］䁜烏孔反盛皃也氣晃胡廣反明也胱光日光也二暉
昊胡老反｜天也昦同上晧胡老反明也日出也暤胡老反明也光也曤又姓亦旴也
太｜也䁀俗蘇口反曚莫孔反明也又俗音蒙䁟｜日未曶古老反白也昕音五明也
暐于鬼反日光盛皃也曤｜昞俗昺正音丙光明也二晒曬二暖正奴管反溫｜
也與暖同暖䁋古昴正音卯星名也二西方昉方明也同二反䁵式兩式亮二反
三同二
少昳也亦反也又昺俗古厄反昦正作冏也又昄奴板反溫濕䁝音
許兩許亮二反暱反｜諫反晙音曉
晃音今｜日玉篇立同睹音覩欲明也朝｜曉於阮反晚也邑舊作藏
曧頂昑錦反明也二同欲明也旿音戶明也又文紑伏也䁹俗之忍反正作皂
䀹五果反眼新藏作睩蘇老反
䀹眼也眼眼字
盳古迥反光也又姓昰古文音是晚先迷反䁖丑兩反遍也䀂明也舒也昄
音桂又音

龍龕手鑑 卷四之二 䔥十二函

方滿薄板二切大也䁆俱永反明曲見䁢反也又許永反䁢且占限反日明也䁝反柠
瞡音九究二音䁆烏感反｜｜目無光也｜讀暗也寘也又衣檢反眖現題
二音日光皃也又奴見反義同昝子感反人姓䁤俗䁤正莫朗反無光也二晚曰令
晥正胡管反明也又縣名二旧田其九反二䁘失冉反䁚古了反清也明晃俗音
皃正作冕冠｜也䁤居水反影䁛音祖䀀古文䁫音鬼䁬俗七罪反正作䁬霜雪狀
也䁢許曉反目氣［去聲］睱音下在閑也白䁙於敬反影也映上音同又
於娘反暗也䁤俗古鄧反所賣反日暮乾曠又告誘反光明也又久遠也大也
也又䁉他計反滅也代也䁥也䁞莫報反莫比反覆也十也又曀於計反陰風也亦翳
姓也又暒日又䁸通正烏周反安也天清也二曜充戈笑反目䁧日音運日月
也䁦反晏晏
傍氣旱古恨反今作䁨於蓋反日色也曖音愛日暗皃也嚳學學
龍龕手鑑 卷四之二 䔥十二函

䁭古文音昺丑晏反亦色也晙子閏私閏二反早也明也敬也䁤奴代反無光也䁦
䀂照五
新藏作䁰雖遂反視也又子對周年反周年也䁦舊藏作曩音䁤謂｜類也晦荒內反宜也
皃又子對反
晬正子對反周年也二䁥音值䀸佳何反䁥奴按反溫也䁥俗䁥安
正香句反日光也二晤音悟明也朗也暰奴見反日光也䁝芳味反又乾物也日光䀺音俗
氣正俗時刃反又姓正䁝俗其遇反作䁴䁖正作瞟通正置風日內反䁅正
作䁦作春作春䁡或作䁗今古案反玉篇云半乾皃二晏日曉也䁜
二含乾䀂俗音愧大視也正䀜音皆照三䁤古鄧反䁥音竟明也曙常恕
䁦二今于況反美光也三䁥䁤正呼恵反｜星也䁥反䁥祭音漢氣也曝蒲木反日
反日欲俗欲他吊反䁤俗䁤視也
曉也
暈音運同暈昆丑鑒反䁤息醉反［入聲］暴㬥䁊俗三暴正蒲報二反
乾也昵俗䁥正尼乙反近也又音日三親䁛䁛正列反遍也明昱羊六

反日晢晰章然反光也明也上晳先擊反白色也晳俗𣅀徒合反丨也
光也又支逝反星光也二
又姓又曅曄二俗燁或作爗正為皣反又為立反皣丨白光也暐丨也四光盛皃瞱
子感反又曅俗
俗暍正於歇許葛二反皆傷熱也二𣅀俗勖正許玉反
暍皃也又胡葛反呼也二勉也二智
今督正冬毒反勸也正也昳田結反日昃也昃俗昗通昦正音
察也理也又姓二
側日丨也又旁也昒召音忽二古文曫曫二俗音葉或
傾也不正也三正作曫晙作
暱正去反反昆正玉篇莫勃反說文突前二晫竹角反
欲燥也二郭迻又格蒙自三音二晫明也
晗俗古沿反映俗古穴反正瞓香嚴音謁舊𣈶五葛
正作晗作映日患藏作則字反
鄠苦郭反又古文音昔㬎女乙昳音逸聿二晳私列奴叶
反又地名反辭也二反晦宜
也又晹音羊日出丨也又暀之日反昙余六曎尼輒
待也又晹音釋日無光也大也反日
燠曐徒叶反重也㬥也明也累也積也昀音的昷或作㬵
也正體今作疊又州名二

今普沒反旦曙在爵反今作曙晉俗晋正楚革反㬎
日出皃也二曙白色也痡也告也二正艮陟反晴
五合反日中視絲昋俗昋正音窨二曚俗曚正艮陟反
也又音顯義同也又黃昏也
二音䎱音昌甲晉音曶勿晉楚革反告也
白部第七皃俗音完丨全也皛或作皤正音波頭白也兒也
又音波人老面白也白也
二兒也皖皛皛三俗得侯皚五采反霜皃古泉正音垒水
正作皔垒白皃
又錢別二皅俗普巴反畠畠曐三古文曐古文星字皇音皇暉音暉朗
上聲皓胡老反素也白也皦古了反明也皎也的古了
音男反白反也又皎古了反日光也皂鳥了反合也又彼急立二畠
胡子反明也又普伯反又莫百反曉呼鳥反皉此干禮反皉此禮反補米反
反又亦打丨又莫百反曉白丨也皛白色也皉明皃也
皚士每反霜皞音旱白皏正皏今普幸反丨皁皂音造
皚雲白狀也皞皃也皏皛薄皃二

黑緇也反丨皜皞胡老反白皃也二白鴿丨為委反花皠他朗反
隸槽屬二丨與鴿同白丨
臭古老反白澤大也或作昊皐皋二同去聲晢制折二音星光也旄俗莫報反
正作耄老丨也皫音妙白也皢音愛淨也入聲皪音曆白狀也的丨皎音自近邊急附
也又音拍大折也帛古文皬呼葛反白色也皘胡谷反皓音洛大白雉也二同皃
皦芹滅反皚楚革反淨也皍古文骨目皛音絡皣音鹿獸也自瞫作新皭
俗皭今在雀反靖也又白皣俗皣正為輒反草本白華也
皭色也又子肖反三
玉部第八瓓璑二珊正素安反丨瑚寶樹也三珏俗瑚正音胡珊丨也
二瓓俗瓚正音還旋丨璣音機未圓珠玟丨莫回反瑰音回
玫丨也石之美好曰玫瑀古瓔正瓔今渠營反王樹
圓好曰丨大珠也瑀也說文云亦王
也三瑰琍瓌瑁瓚俗五瓌古瓌今古回反丨琦也丨琦者偉大之皃也與傀偶亦同

七瑕戶加反玉病也又姓瑿古瑳今倉何倉可二反玉色鮮皃也二璫音當耳丨也
瑽璁音忩石似玉也又音碌碌丨也二下俗堅璧俗璧二正鳥兮反玉也三瑗今
璩正音渠玉名也二瓃或作瑑正丹環也二渠耳瓔丨於盈反瑢音奇名也玉
瓊俗口耕反瑲七羊反玉聲也琤楚耕反玉聲也玼正玼今疾移反玉色也又部田反斑瑕
珠也又音此玭部田反珠也珄音生金色也璋音章丨日也半珪玢府巾反
玉色鮮也二
反文彩瑪府巾反璘丨瑛於京反玉光也又石丨水琮在紅反瑞玉
皃也玉光色皃也精也又玉光也
大八十似瓔或作瑠正力追力遂二反玉器也二瑯琊俗二璘正丨力珎瑠
車釭也
文皃也二玫瑰香嚴俗上音祗下音夜琪音昆琨玉也丨璂音其弁飾
也經音義作枝夜二字
也琪音其玉名也璠璵丨上音煩下音余丨琨珸音昆玉也丨瑨璡
魯之寶玉也
津進二音美石琟廉音瑐音含玒工江二音玉珩戶庚反珮琪
次玉也二同玒合音玉上玉也

恭拱二音辟也瓹俗音鉼瑅音啼玉名玼俗人反珠也璪舊藏作螺璕昌專反瓀
烏埜反玉器也瓕俗音摩珜音羊丨蠻縣名珃俗音由瓟瓝音庖二璆求虬二音
美玉名也鐢或作球今音求玉名二環音還美玉玗玕音于玉名二同琊音郎瑯琊郡名丨
琅音郎玉名也丨玕玶琕俗二玕正音干石次玉也三丨美璸瓆瓆瑨璸
皆田佃二音五瓛胡官反圭名無楚反玉名又瑮或作璪正丨瓚也二二衣反瑱徒年陁靁
二反玉名璐璐似泉反二同玉琁璿俗二璇琁作二或琁正似泉反美石次玉
也五瑧音臻玉名瑄瑄與之反名二同玉玲瓏上音零下音籠丨丨玉聲也琂音言
石似玉也琍瓈二俗瑽瑢上七恭反下音容丨丨佩玉行皃也瑒音羊又徒杏反玉名
氏宗廟圭名長一尺一寸璜音黃璧也周禮以丨丨元禮北方也瑭音唐玉名瑚音湖瑚琺也丨反
珙石次玉也音夫珷丨美璙音聊小反玉名又力好皃也鐢球音求也二同璗玉琳

音林玉名琝珉二瑉或作珉正武巾反石次玉也四瑜丨瑦息倫反珽俗珽延音
瑜羊朱反玉名瑎瑎二俗瑤正余昭反美名也三珧音遥甲也玉丨蜃音慎瓥俗音
倫瑰俗博毛反璈音勞玉名璑音無彩玉也二琈音浮玉名珸音吾美石次玉也琭
地胡反美玉也瑎户皆反黑石瓐二正瓐今音盧玉也二碧琟音唯似玉也石玉璩名
璃他胡反瑈玉名二丨瑣古文瑂今音眉似玉也二石瑹音書又美玉名瑒也瑁音冒耳璫
也珈音加首飾也婦人瑨俗瑨正側今反似玉也二石琵琶上音毗下音把釋名
日推手日琵引手日琶取其鼓時以爲名也琁琁二俗全旋二丨石似玉也音肆子辛反
璗音流美金瑠俗瑠正他刀反玉名二現俗玉玎音丁反玎玉聲瑜瑸二俗詩照
反瑝户音玉聲反琅瑝正艮銀二音石次玉也二玪瑊古咸反下又音針皆美石次玉
也二同瑪俗莫班反琚音居玉名璊音門赤色玉也玧音玧上聲瑣瑣瓆俗二

瓅逦瑣瑣瓅三正瑣今蘇果反丨骨丨也又青瑪俗音馬丨瑪正從石作碼璣音盞
玉丨也小杯也琰羊染反玉名也玷多忝反瑕缺也玉瑤瑤瑤二正珍俗今作音寶
四璽舊藏作璽璽斯紫反子玉印也二信也天瑑直兖反上文也璧他典反玉名也瑱
瑀安古反玉也又音烏石似瓙郎玉丨也瑔丁果反玉也瑬徒朗玉名也反玻普火
反瓔力主反瓚音才旱瓚反圭丨宗廟之禮器也瑚渠殞反玉名也瑕俗敢反徒
瑕古文他典反玉名珋今音柳石之有光璱也又音留二瑎作新瑎玷久女
丨反印璬正玉也二瓊俗音皎珮璪瑹也二同音早玉色瓗音蟻瑋邊孔反偏
力也飾珽正珽今他頂反玉名大圭長三尺又徒頂反二寸二玤步項而玉色也反珠
璉丨力展反瑚又平聲瑳七罪反玉名瑻於丙反玉光彩也俱永二瑀音宇似石玉名珷
音武珷石次玉也玘音起玉也佩玩余准反耳玉也瓊俗古環反下瑙而瓔反丨兖

石次玉也又相俞反二同珣玽音狗玉也二同石似瑁正珛今胡大反玉兒也二琥琥
音虎文又丨珀二發兵符有虎文又丨珀二瑾或作琲正蒲罪反珠五百枚也二珇音祖又起火美上
好兒瑋于鬼反玉名也去聲玑玉篇音釧玉也邪氏音川丨琬烏貫反又於阮反玉名也
珥俗珥正仍志反耳飾璫也二瑱堂見他見二反玉名也玩五貫反丨弄也璨璨
二璨正倉旦反美玉也二瑮俗玠正音界大圭長一尺二寸也二瑇代玳瑁也二音
作蝳蝐二同玥音妹丨也瑁珮俗珮正蒲昧反玉丨也亦負也君子必丨玉似出德也二
璭俗烏計反瑩音問裂也破瓊音愛美玉也珠玖古孝反杯丨若以玉爲之古璭珉
古困反丨出光也下又音管玉名又姓二玟瑟二音記珈音幼瑛俗音瑰瑰偶側俗
吏盧誕反二二瑰俗莫豹反瑤瑤音搖二俗璹琫音弄二同璱音素瑹音步丨瑤
美玉瑮瑮瑮徒卧反名也三玉瓏直例反劍鼻玉飾也于芮二反玹音縣玉名瓘音貫

玉斗一玏力智郎計二瑷于眷于願二琇音秀琥通
曰玉升玏反刀飾也瑷反玉名也琇玉名琥
琥正音号石玏外音瑾音瑰半制反石之瓊呼貴反交
琥似玉也二玏外瑾逅瑰亥玉丨也瓊彩也朗也
玅俗音琖俗音璶徐刃反璺璺二古文璺烏貫反石
步琖既石似玉音璺似玉又音
怨瑱音【入聲】瓅俗瓅瓅二正音歷璧卑亦反丨者外
貝玉名三歷外圓象天內方
象地瑞璞疋角反玉丨朱剖玓瓅上音的下音歷說
玉也玉極又真也文云丨丨明珠色
也玦珞琭璌玭璺璺
同瑋俗于涉反正琍之列玫音殁瑱許玉反顓丨又
俗煒煒丨也琍反玉瑱謹敬皃顓音專
瑀居渴瓌舊藏瑋俗音璃俗音偏瑠俗桀勿反瑯玏
反瓌作碧瑋莘璃障也瑠山短而高反
音勃美石亥璹常六反人名瑿瑿苦結瓈俗力瓈的音
玉也二同璹又玉名也反二瓈合反
珏音角二瑔蘇叶反石琗或瑟正音瑟玉鮮瑹璱音必
珏合玉也瑔似玉也琗作瑟絜皃也二

刀上飾瑋音筆青白玉管瓓俗音瓛俗烏叶烏元二
也二同瑋大之所授也瓓瓓反圓上黑小子
也璲通琙正昌六子六二反瑑俗瑑正音卓工瑑舊
璲琙璋大八寸曰丨二瑑玉也二瑑藏
作璺音瑀渠玉
琢吉瑀反

卷四上終

龍龕手鑑八聲卷第四之中

釋行均字廣濟集

○石部第九磌音真柱下石也礭俱动二音礛石也音礙矺古砿今
廉反以石刺病也又磅普郎普庚二磚俗徒禾征磬
方驗反亦石針也二反小石落聲二緣二反
於奚反假石礥下珍反鞭也又音礓音真岩也磴子
也出玉反篇賢類嶮小剛強也出川韻也丨田
反出磪上音丨芒下音磍音皆磂或硫今音智二石
玉篇硝消丨丨藥也石也作黃藥名
二俗云礵二俗䃗戶冬反丨隆石石落礐力
礮礮衛反礵音鍾宮玉篇又玫洪二音石冬
反礴虎冬硐音同磨也砌二音拋砧通磋正陟林反
力中反丨砲反虎也磨也碱二音礁擣衣石也
又踏也又䡅俗碓正磔上二音車下一音渠七何
鐵丨等二又丨川美石欠於玉也磋七个
二反磨丨丨治象磽口交反丨丨礓居良反研俗研正五
牙也又切丨磽确石地也礓丨石也研堅反

丨摩磕五堅反磓都回反磁音慈石硂音詮
也二硇孝也磓落也磁以引鐵也石硂量丨度
也丨又衡也磻蒲官反磎公音溪磁太丨也彭俗碰或作研音了
亦丨又磕也磻官反磎垂釣磁古交反也碉俗研作研丨音
耕反丨磕三如磐今步官反確俗磁音今磙霜步迷石藥名
雷聲也或作磐大石也確耕反也磁虛俗音反碉盈俗心俗反子藥
礌磚或作石音盤丨碧石口堅也礷俗磁音盈俗磃心反
宜䂳反大石也碧耕反也礷俗虛音反盈
山石狀反丨也磳音增仕又丨音敬砮音奴可為矢也又二音弩
也丨硊又㼿䂳反丨也䃜音監下石音可諸礪鏃也碉
磫即容反丨也碣徒禾反磕磰上音青礪也音諸碉彩或作碉容正
石路反碣徒禾磕丨丨音下也碼音碐作
庚切韻又坑同聲塹坎二磬硫客庚碩苦石聲也二反碨郎石聲丨
陷反玉篇又石塹坎二磬丨硊碩聲浪也音磓硞
也碑都奚反染緡黑石出耶丨也砏音零石丨丨研石音丹
碑耶又漢反書云金日丨也砏音芬水石也研石也白反碉舟
石也又舊藏作碆胡交反石名也砏音石丨也碑五堅反碑音
拋在佛本行經硋石名也碒水音芬人名碑音
五堅反莫郎反碊俗正音廉碚亦石也砡空青色也丨碭
塹破也矻碭山名碊磏礪也二碚青音色也碭碭

音唐丨砏山名又徒浪反石也亦山名縣名二碞五咸反巖也又山高嶔皃又音吟嶮岑矼音江
石丨石稿磏力延反鉛鑛也硃音先石㳄玉也碎音紅石聲碕渠希反曲岸也磯音機以石
激水也砠子魚反山戴土也又七魚反與岨同碬戶加反礪石也碤音㳄玉下馬色美音石斯
丨磨碝息移反館名碊口㳄反丨戍名礉〔上聲〕碼硜丨上音禡勝石
㳄於王也磁似俗碗或作縱二音二例碟今磊正勒每反砢衆石皃也碟古老反女
丨五石也礹俗礫正魚也下石蘇朗反也二反柱硡大音甫石也礈音聲也丨隱又碾也
毎盧對反丨峯路也魚險檢也反礀峻也丨與也巖又同五二衙反礨礧山力水皃也反又碾也甫丨礈
皃反二丨同磊反石丨碤疏大物石重也又碾屋展女箭也又二反礚或作也碾碇又每烏盧
礎大音石楚也柱下礎丨音礎感石如藥兩也反礝石古聲本也反礤丨音烏了

龍龕手鑑 卷四 二 第十二函

藁草也硅俗礎通𥒐二俗又瓦果反好碎石雌黃三又礩蘇反小果石倉也果二
礒音我高皃破動丨山也礦之衙碙碌作力名也大石反也水初洗雨物反也瓦礦丨怱染火又反
土反碨二丨或山作也罪反石反居碾上石烏皃火也反上下又如苦罪反
砱同礳之丨忍反碏作或啓今同康開禮也反二與碾音聲也石磱音與善墖
礸反白也反豗五石罪皃反虛檢硶俗礚或作正丨都藥名敢三反石磧
土同也反礠初石兩礅反蘇走礣丨來石可皃反也磊碡丨金礤古二磣今朕
石干落敢也反也反礦俗硃古磺正古鈌璞也猛三反砥俗二碬正音
丨石毒食也又砂三也丨也均亦直洞也早音脂也礦也散𥗁礪反邱石兩〔去聲〕磈
土呭食也又砂三礦也紙與上丨亦直也碴又音碤俗
也皆三丨碿磨也二也又正莫臥反礢三丨碎也蘇對反細破也散壞俗碇礥俗三石丁
石正丁也淀四反刌磔硫俗三砌階正丨七細四反礬礐音礙硋古愛反

止也限也距也又外問也與閡亦同二磷力刃反薄石又力你反石在澗間也礪力制反砥石丨下磨
石也磑五對反丨磨也磁俗硶正徒對反搥也二礒上念先反徒念反丨下
雷也二光硃石音列度河也礙水碾除磨丨更與反經塞同也又碨丨七磨內反礒古丨
也硾今直偽反鎮也重也春丨之以石也二磵古云水旻石反丨玉篇也丨羊石如藥反
名蠶食之死也肥之也研五嫁反碾石作篇碑也音詐王碳俗也磤正反丨口石教磽
又口交反丨碠五苦教反石地丨又也二步江項反䂓碡通古正
破成名也二又罰碡丨都鄧反也碎碓或作今石似古王懷三反
丨侯又反力侯反二磴丨都礙也碎碓碓作或作今石五王夜之
礕礔礚三俗當故作正俗碠碠碠碠碒俗三碒碿二或作呼五嫁碡舛
反磕反烏戒礿音附玉篇云白石也碊皃二反音臼也對
〔入聲〕碄俗磟丨今六音二碕俗砎磅小二石正也覓又音二戒硬丨也礒

龍龕手鑑 卷四中 三 第十二函

三確俗口角反于磀音足覆正作蹠碆五列反也磭俗作硨姊未反
逼也又達反碏若音礐俗礫音也小砂石碎音舊并藏亦作辟反磔
張格反張開也也反碉俗礄正胡角反石地也二反碻也固作也碻苦角反鞭
也碟三俗碩音擊也反礰正礰俗音丨歷碑正丨入也反碌礑音渠鹿反丨又
音絲色也丨石礁鹿俗音礡田器也碌丨也礙研莫丨碟五上才台反丨石列反山下
名也砆徒結反石砲又音足雹卯反鉄石也皃也礫又云五合反石角反丨丨
山高也碆丨呼覓反然皮骨相離聲也又虎伯反碞俗二確呂石角相扣丨
皃也碚丨然物雜聲也又虎伯反碆𥕢二俗確呂石角相扣丨
聲也碁碌上勒不沒反穩皃下五忽反磕石苦蓋反也碡磋俗胡洛正音磊
丨也磁奴結反石也碨石別名也碡丨音薄也盤磋俗二碚俗胡石谷反音辟
三也磁丨奴石也碨石奴結反名也碡丨也盤碎科谷俗音胡碞
利也又磧也砂丨矸作或碲上正又音的俗丨丨音約碶二也礦俗速音碊草陌
人名也

反殑也又都合反揤也又竹亜反砰音甲山側硤侯夾反丨石縣名亦州名砵俗五合反又音合
砕碌竹角反擊也砳力麦反石聲也矻苦沒反用心丨丨也玉篇又音乞䂭俗磐
正都毒反丨砫也二碡俗音碄俗昌六反磟歷俗音礐學斛二音石聲又口角反山名
大石日丨又力厄反水石聲磬倉歷反川韻云守夜鼓也與鼓金同碣或作礍今音昔村下石
二也碏七雀反敬也亦人名又張磬反硏也磧之日反下石也杜碼音石鳥名磬呼麦反鞭
聲又苦格反堅也䃚子木反丨石皃磔硌徒合反丨春也或作磍張畧反與磍同硏約魚
反丨磑礈所戟反墜地聲也碎石破五合反丨砐砬或作硈今苦八反石狀也二砅八
昔八反石破聲砬音立石藥磍盧合反礫或作䃂今五苦反丨丨動也硑先擊反
碕川韻虎伯反同硅硅虎伯反丨破
（一）革部第十鞭必綿反鞭也鞭馬杖摘瓜反䩉俗䩞正莫官反鞋也丨補也

履也鞮俗鞥正音卑牛丨又部迷反與鞞同二韉音因車重席也韉鞜鞋
二鞋鞵正戶佳反二屬履之屬也四韃今鞍正音安二也鞍或作韀今則勒有於教勒
俗鞵正戶皆反履屬四韃今鞍正音安也鞍二或作鞍今勒靴有於教勒
王反與鞦同丨二鞦音秋車馬也與緧同二丨靴通鞾正履也音勒五剛反又履
二反韁俗韁正居良反馬丨也二韇莫鞋反履也鞃俗鞍都奚反頭五也又五鼓
孟反同與鞍俗鞍鞍鞉鞀鞀四作或鞉通徒刀反小鼓柄者正作鞉也音六
鞣俗承音鞫眉俗音鞫鞠俗二鞿正巨支反也三鞗俗胃音鞮係二音
也皮履鞻音樓鞮丨氏掌四夷之樂也鞶音蹙切韻堅破聲也音義作蹙同鞡俗鞡二
鞲正而容反飾也三鞜或作鞿也丌居依反繫馬也二鞑檢反鞑應鞑俗二鞜俗刀反通正他
作鞱藏也三鞍弓叙箭又室也二音䩨䩰丁奚反作佐在究中師鞯或作鞬正䪁俗
今居言反也三盛鞼俗鞼又正借官反在官反曲輳也與轒同車縛靴也二鞞音俗
弓器也三

鞛俗偏又胡茅反鞛丨王篇音苦安反一曰乾革也鞞俗古茅反力鞖都昆反丨胡人
鞀俗猪音鞆苦袋也一曰乾革也弓鞔於元反量物具也二䩽戶恩反車也人
前鞀丁頂反補履也二音鞀汾俗音鞣也耳由反又人反熱皮反丨䩪素回反
鞯俗鞕正符容反鼓聲二反鞈今巨今反丨四夷樂也鞾俗容於反居丨鞠俗丨鞙
韀俗音韀俗作韀奴侯反正胡羊反也鞯俗音鞃元俗元起音作輻行也反二平作鞄隨音
鞁鞏也蔽音鞜胡他反鞭今音垂彩皃三鞍或作權踏作起輻行也反二平作鞄隨音
戶加反履也鞲俗鞢通鞢今音垂皃三鞍鞈鞀音和也鞀丨鞀音勞人盛
負於元反丨履下也亦鞮於遠反丨也鞺俗何反素反鞸丨音頭籠也鞸往萃絲也反鞸
江西隨所用在道古田反宩丨鞺也鞋烏公反胡人丨鞹音鞀新鞍蒼而藏作作鞜
人所用在道地經鞹翰呼訛勒反曰鞹也丁他同反鞹作舊書作郭
反鞦鞍皮速侯反同鞦鞮鞬丨他也丁反同反帯鞍作書郭

氏俗音絙絙在道地丨經也鞍鞃古弘反中靶也軾鞀俗鞃正音弘軾中靶也鞀
音沙履也鞀丁正上或作鞀上又音作吁十二反鞶音丨車環也二鞶也薄官反鞶也
鞀古今作丁奚反鞀上聲鞀二鞅俗二鞅正于兩反也頸組也強音古折也三荷也
也芋鞴俗鞍今正反所履屬縞也所寄二鞴所綺反舞也鞭古正直引反先鞭俗
鞬俗鞬正反今履屬也二鞴俗鞴也鞮果二反俗鞻先鞭
半反又在軸也二之鞍鞍古鞍鞍音四俗鼓音爾反鞸二勸鞅勒
普正反於引遠拜物同之二鞈今正名也充背日二反鞊鞗在日丨絆也五日車鞍音管
鞍丨正與鞍亦同二鞈正鞎音在腹在背日丨在日丨五日車五正具管
也二鞻俗鞻鞍正二二鞢胡大反刀鞴同也車胡丨犬反鞢
二鞽俗鞍其又參音鞘鞅胡大素反刀鞘同也丨犬反鞢
丑善反驂其又參音鞠鞍鞍鞠俗居反音素反丨紂也驂二鞧同俗鞋車胡丨犬反鞹
丑并反驂女久反鞦俗反居音鞦丨也鞋鞋俗正他禮反
俗音鞎正作紐久反鞧兩反居丨鞦也鞾俗鞋正他禮反
捧音鞎他禮反鞴禮反鞆居委反鞋鞍徒旱反也鞋反居以陳
二軟皃鞮丨他禮反鞴鞨紩鞶禮反鞚居委鞍鞋徒帯也鞍鞎居陳丨鞮

皮束物也又縣名亦姓也䩷徒了反鞋徒古反敢別名鞴〔去聲〕鞕五更反又渠敬反堅
牢也與硬同䩬俗鞘上息妙反又所交反鞭｜也力｜也二又𩍉於教反䩿｜也韡鞚
苦貢反馬勒也｜鞴蒲拜反吹火具也與韛同又音步｜𩋡箭室也靰靰靰三俗苦胡反苦耕
二反䩹俗鞄正蒲角反又皮教反持也攻也亦皮也二䩺平義反束馬也裝鞴平秘反｜
馬也韇韇求位反又求繼反弦也草也二䩾馬求位反轡也䩸通音半羈｜也䪑韊俗音富上
下音䪊䪂四俗側救反面｜也正作鞀韗音運工記云｜人治鼓二也又音近皐考
陶皐木鼓也䪊音豆名鼓具鞊正俗作書救反鞫告俗音韅正俗作音觀
鞆䩳二俗馬步反鞅羊以制反馬較也人瞻亡｜音白一號二刀飾也又反乙
靴徒外反補也或作鞎五亮反衣也正作䩭弓韉或作韂今昌焰反障泥也二
音至扛江二縣名扛音同靶必嫁反轡草也〔入聲〕韈亡發反足衣也韎音昧人名又

俗亡發反䩰俗䪁正胡葛反鞨二｜蕃人名又音竭䪇郎力反皮也䩮蘇合反小也
或作䩙也鞔鞠二俗鞠正居六反養也又去竹反推窮也又姓也又告盈反又菜也
六反今之三氣毬也䩨俗正音色䪅也二車馬䪏居也夫反告鞨俗音昔履也
䪘音蜀箭也䩶蘇各反胡䪍履也䪉徒｜各反也䩦也又必兵反車帶媚反革
鞟音博下車索也䩢音落革也生䪌莫俗音䪐曲音木轅束也䩷甲俗胡甲反䩩古合
反防捍五兵器也䪑篇䩠五頭也革二反同履鞅今鞅正古根反也二治｜反䪎鳥
俗五｜鳥反䩇作正鞮𩋻也鞀音熟反皮熟皮飾反也鐙䩓俗乾正急音也擷忽
撷音結二呼反急呼結反繫也䪅或作䩭正當柔皮也革二反䩶䩶䩶䪐他四達俗
反正作䩭急也䩸或作䪅作去止芳毛郭也二反皮䩒俗䩺正音絡牛頭｜
䩺打也又䩶永俗脈作䩨或作䩽二皮䩠俗䩺
䩬繩也又封䪓或作䩕今音帖｜也二鞍鞢俗䩶正馬私列轡也二反䩵念
曲反二䩐叶奴

反鞍｜䪆蘇叶反䩥也䪇俗音鞳他合反革履也䩕音甲胡履也｜䩚
䪍薄也薄各反鞍也䩶音伏車具也鞋俗音玉｜䩋音伏箭䩲也靮音的馬䩳所貢
䪋反硬也堅䩼雨也䩧音革首也二䩨吐盍反又他合反鍾䩤鞿良涉反馬鞴也䩴
古反對也䩤烏合反鞍於業二反車且也又小䪔烏合反裹角也反皮
華｜也䩵兒履名｜䩞也音側加反

○邑部第十一
邶筆又吴反邶｜也名鄙古音今寒縣名又｜
邗
姓古鄲今音丹縣名也二邯鄲｜䣝汝羊反縣名也䣝通鄰正力珍反親也之反
二耆誤字正作䣝䣝䣞三俗䣞或作邦邦二邦正博江反國也又人姓
邮音山地名也䣃俗䣃正丑脂反又姓又音郤二䣂邑名也䢷音云邑名也䢻音方
什｜縣名也鄜亦昨何反縣名又縣名又音下亭名二音贊邢音韋地名邢音刑地名
亦邁名邛俗邛正渠容反亦｜𨚕也又勞也病二鄍正鄍今邑二晉鄍音興

地名亦延郡音延地名烞古文式反國名任邮音瓶在東莞｜也城鄫音國也繒郗
戶交反云地名川䣕縣失朱反名邽音圭縣名郈即移反又焦晉二城音名也郭鄒
韻音朱國名亡郎莫反又音北亡縣｜名山鄭古落國侯也反郱舊遂俗藏丁作禮邢反郭鄗
名二音國名又市兗郝反地鄰名邑鄗鄗郈俗三鄺音正歷音離縣名｜亦姓戎國四名鄏
音周後所黃帝封國鄡音皇縣名古郇去奇反也反砲𨛩多雷反二鄈｜符部支音反
邑又姓又縣名又䣃通鄈正國名所鳩也二反䣃古邱正音名也二邸地俗
音正皮名邑名恭亭二鄖縣音眉名邳符悲反縣名又姓下｜邘音寒｜名又音于溝越水
䢵名鄭音牛地名鄆音邢縣名䣇音貞地名呈二䣍音憂邑名郔或作䢺今音于地反
別名也芳容反地名郍音如地名郯音詩地名郴丑林反又姓縣䣜芳戎反姬姓
二鄷名邑巴名䢹邑名䣆音迴反郟古哀反鄉名鄞音銀縣名鄱音婆縣名䢷音年縣名郯音談
音基鄙地名

國名又姓鄧或作鄙俗通鄙今音音縣名三鄙音音古縣名鄧音堂地名鄤野外也
鄽直連反市丨也鄖俗鄖正鄖今音云國名三鄖七西取私二反縣名郈音同鄉名
邳俗音又鄱鄱二或作鄰今音零縣名三鄰鄰鬱音零地名三同鞀古文都字
鄡苦么反丨陽縣名又姓鄡苦么反縣名郋去王反邑名鄘音容國名鄘苦郎反地
名鄒士衡反小地名鄒郕二正鄍今步光反亭名二鄯音山地名郟巨支反邑名
鬱音煩鄉名鬱俗鬱正郋奚反亭名二鄂音毫鄉名鄛音巢鄉名鄗音鎬名又
受水名地名郇音台地名鄠戶圭反丨名水名鄰音邑名酇音歡邑名鬱音裴鄉名鄮音侯地名
郲音來地名郲渠惟反邱地名丨鄫昨含反亭名郃徒昆反地名郙許斤反地名
郱音回鄉名郱五分反丨城在海東鄃他胡反聚名地名也鄠苦孤反地名郙音夫古縣
名鄣或作鄣今徙合反丨城縣名二丨鄰舊蘇反除作剛所鄟丨芳郭無反鄟

龍龕手鑑 卷四 八 第十二函

徐林反地名鄩鄩俗二鄩通聊或作鄭今郷鄒名二又正姓僻下搜二反又縣
音七聚上聲䣙苦奚反陋也恥也邊也竟也界上色也下悲之人稱夫也鄔安古反郡名又
姓鄄音里陽亭名南邸邸郅俗三也正又丁姓禮四反舍鄯音善國名州鄯
音甫亭名邢音井又俗邢丨邢刑二地音名郢以整又楚反地名巧匠鄴胡老光武立反
邑名光也武下改又為呼高邑各二反縣郲音雨亭名鄂音戶縣名郘音呂亭名鄵音火
地名女久反郰音舉亭名郚方久反郕音丙名又姓邴音旨地名郘起忌
二音名馬縣馬音縣二名鄗或作鄛今多上丨朗二反地郟子魯小地反邱音口
丨鄉名頭又也俗鄉語二御音鄗古文部字鄱俗音酒器謹也正作鄬音楚偃地名鄭
鄺音縣名鄺力展地名反郗郜三郟俗正名胡又姓口四反鄉鄥韋委反地
名鬱正鄦今音許又音無地二名鄶衣厂國名反鄃居委垣毀也反丨郲郚

丁禮反與郄同二去聲鄭俗鄭正莫侯反縣名又姓王篇又音牟二騶聰才二占
才人兩二所居反丨今也作二聚鄶古鄶今古名在外榮陽反二國鄘音古御文鄸音計
也燕都郜音郭告逐又國名音浩又姓郝俗郝下俗音司夜尤反二解丨郿郿二占
文印音郇音邑句名郤邑側名戒反鄆正俗音鄆反初俗亮二解邵正邵照今反市
人二姓鄚音有丨萬鄉蜀郤俗邡邑正名苦二浪反鄗俗作鄭俗鄭魚器割鼻反也正鄰
苦鄉名莊反郖音地名豆鄯俗昝反去入聲郁於香氣六盛反兒丨也過鄰俗鄰二
郵賑正丨息三乖反郝音呼赤各二鄉名又俱反名人姓施隻郊日亦毗必地名又反美也又秘音兒井
義同祭必二也反郤作俗音郤耶鄭丨音息二反縣新名郅之又正古日郅逆反縣名郁又丨名姓也鄨列反
縣名音業縣姓鄉古地名及反郤都俗二都又正姓三郵叮郯南丨地古名盍音告
鄴名又姓鄴又丨城縣丨又姓鄘地名蜀在反丨郡南丨部

龍龕手鑑 卷四中 九 第十二函

丨城山反名鄉鄫音弗人名姓鄀音若地名鄂五各反名又姓國鄢音古郭亦鄑
鄚音莫縣名鄚音葛鄉名鄂五各反國名鄀許晉邑六反名陽姓鄘音鹿地名
又州芳無反名也郿苗由名亭二名鄰音七地名郃音合縣名丨又姓陽

〇足部第十二

踧跃俗二跗也正又甫無符遇反足三上丨跟足剛恩後七何日反
丨蹤丨足迹也容反踰俗踰正與朱越也二反度徑音令也反跬
跌也跳反音跡作跱越也古跳正徒遇也上聊反也跟去聲也五反也丨
徒結反跪跎俗二䟶上䟶音紬下音除也遙俗羌反又躍去聲跟五也
蹣蹣二反又俗音丑凶容躊躇丨丨猶豫正躡今音除也遙俗
正音存二也踞音池也丨躅正作或躅丨行今不進負中兔卿也丨三猶豫
生音長也膝著地跪拜也跦音田反丨也蹓丑庚行不負中楚也三
蹑也著地也跰跂部足病也跸皆跉丨勑行不正也三又反
又細長兒跉呂貞反亦行不正又兒跉令俗反土躊也去奇居反綺郵又

蹓俗音留 踡巨員反｜蹋不伸也 躟汝羊汝兩二反｜｜疾行也 蹎蹎二或作 蹎
正丁年反頓仆也三 蹗 蹡 踼 俗音唐又｜獸正作頓伏踼兒也失也 踻 俗上同 蹩
或作 蹡 今七羊反行兒也又 集也宜止也動也二 敝也 踾 俗音鉦也 蹸 俗力反育 蹴 五俗
高反 蹣 蒲官毋官二反｜跚行兒也 蹴 蹴 跚 三 蹦 正 跚 ｜今行蘇干反兒也 五蹣
跔 俱劬二音手足寒也 蹞 俗音 蹎 苦田反地聲也 踏 俗交 趵 二布門反 踏 仙四皆俗 音
蹁 布元反部田反 蹾 俗音 不｜蹮正舞兒 又 蹮 蹮 二或作 蹮 徒彫反舞兒 音 跓 烏俗 正
加反 踜 俗陵音 踋 俗劉音 躂 俗連音二 聯 蹖 俗加二徒 反彫 踵 今作或 踵 正
躔 今音又纏日月所行也 踐 處也三也 蹪 音俗寶二 蹟 正 蹪 今回反柱 踚 式陸音
｜蹉 蹟 俗橫音 跊 俗科音 蹖 俗騰音 踕 俗呼反二 踜 俗星音 捏 踚 俗車反音
正作 蹸 俗除良反 蹐 書容反｜踏也 蹠 蹬 二上音龍下音小兒行兒備 鐘 蹸 邊音

不正 足趾 踏 俗丑加反跛也 踔 俗述反 踭 七羊反鳴也 和 蹅 俗 踸 正尺六反｜踦行｜難
兒丑反 跩 胡明反與 踲 迹 蹄 二 踶 通也 俗 古 蹄 今音｜啼也 五
加反 蹟 胡與同 跣 俗 踀 跳 二 蹪 子今 踦 子計反足也二 也
跔 俗音旬 踽 俗 蹻 起正 舉足高也 其略二 蹺 反子 升 今 也登 足也 二 踸 正 踸
二俗居之反 作基本也 跂 苦交反 細近足 經也 處也 脛骨 跣 或作 跣 樂 今 音名 二 亳 踚 音倫 行也
正 跐 俗音 踩 踩 二俗 音良 踰 音 蹱 俗 章音 跉 俗 蹂 正 耳 正反 ｜ 田 踐 人 也 二 八 二 蹣
舊作 藏 躝 音 閑 也 二 蹘 蘇周 反 踏 俗 蹭 正 昨 也 二 舍 反 跆 徒哀反 踏
｜連手 歌 也 踊 皮 胡 反 薄 胡 反 跌 迹 踀 俗 昆 音 跭 俗 由 張 反 下 徒 也 蹢 音 育 煩 文 也 足
唱 言 俗 邱 反 音 也 又 踕 俗 二 音 蹄 上 五 禾 反 大 跛 也 ｜ 也 徒 禾 苦 也 踳 江
踺 俗 言 反 踛 徒 音 踏 蹊 冥 俗 二 音 跳 上 渠 蹤 反 上 ｜ 下 尼 音 行 ｜ 也 ｜ 鄭 經 作 音
反 踏 蹠 匡 音 也 ｜ 蹯 躩 踉 梁 上 渠 近 反 日 下 行 蹟 兒 也 ｜ 蹲 羛 渠 作
地 登 踏 蹬 也 三 音 失 臥 也 極 也 拱 開 一 反 日 行 蹟 兒 也 ｜
登 登 蹬 三 音 失 臥 也 極 也 在 跅 吒 音 跧 伏 莊 居 員 蹴 反 也 ｜ 跻 追
別 譯 阿 合 經 第 二 十 九 卷 跅 吒 音 跧 伏 居 蹴 也 跻 追

曲反 也 跌 胡加反腳下也 踰 或作 跡 今音方 跡也 又音 蹽 音傍 跟｜傍
也 踄 通 踄 正五五堅反 骨獸也跡二又 跎 音 踏 音 隨 掌也 熊 踆 七巡
反 踉 音郎 又音良｜蹌 行兒也 蹟 蹟 俗 二 蹠 或作 蹟 正 昨 踏 也 四何 反 踸 行
也 退 踀 正側鳩二反 跡也 跪 通 跪 正 伸脛也 二肆 蹼 巨員反 曲曲 脊 曲 日 一 也
或作 踿 正 跡 跡 也 二 跡 二
上聲 ｜足 也 跙 不徐呂反 進兒也 行 跟 踶 他典反 亦行兒 二跡 同也 蹤 於遠反 體屈 也
跣 蘇典反 以足 擲地也 ｜足 蹑 俗徒反 也 又 蹛 俗 躂 或作 力 蹻 二 稔 反 跣 俗 凡 音
踐 或作 跬 正 窺 邱 弭 反 舉 步 也 二 也 蹉 邱 弭 反 開 兒 足 也 ｜ 蹢 踽 丘 雨 反 獨
行 俗 蹹 子 俗 反 魚 檢 反 踦 踦 二 俗 音 底 距 其 呂 反 雞 ｜ 也 蹢 踐 典 正 徒 奴
兒 尹 反 跱 二 反 踏 ｜ 又 蹍 女 展 反 履 也 跓 直 主 反 勇 足 也 跰 女 兩 反 破 也 又 同 腳
典 二 反 止 也 二 展 也 板
女 展 反 他 矩 反 也 蹻 蹀 俗 烏 二 二 蹟 蹯 音 二 擾 俗 蹼 又 俗 音 初 瓦 反 踐 侯
一 跈 蹣 行 速 也 反

俗 余 兩 反 踐 果 俗 他 反 跽 俗 酒 反 在 踐 以 冉 反 疾 行 兒 反 蹻 尺 准 反 相 乖 音 舛 也 ｜ 駿 踓 千 水 智
反 蹴 水 反 走 也 又 以 踐 子 禮 反 也 走 反 走 俗 音 蹎 俗 音 二 邱 也 弭 去 反 ｜ 蹓
與 跂 同 跓 俗 張 主 反 蹝 俗 二 跽 俗 二 正 渠 張 反 几 反 ｜ 也 三 拜 跃 音 氏 聚 也 積 正 踊
踻 俗 苦 本 反 也 二 踋 音 偶 山 冊 名 ｜ 跁 ｜ 傍 下 白 嫁 反 短 人 也 二 反 跐 通 跐 音 正
比 蹈 也 履 也 又 又 側 氏 阻 買 二 反 首 紫 二 行 踏 人 善 典 反 二 踐 也 續 也 執 也 行 兒 ｜ 又 蹚
兒 吕 兩 反 又 音 尚 踞 ｜ 口 下 行 兒 反 也 跐 跺 俗 徒 禮 反 跙 火 二 反 俗 踸 普 丑 甚 反 ｜
蹱 行 無 胡 瓦 反 在 足 也 踝 兩 側 高 骨 也 蹲 跦 舡 腸 反 也 二 ｜ 蹋 踴 ｜ 谷 上 腫 也 反
常 兒 也 踝 蹠 ｜ 又 俗 音 躚 俗 蹇 正 九 輦 反 又 姓 又 居 偃 反 跛 也
跳 躍 二 慈 善 反 進 也 又 俗 音 躞 蹇 又 九 輦 居 反 跛 也 反
也 二 蹔 慈 濫 反 正 作 暫 也 俗 音 蹎 俗 二 蹷 正 音 武 又 姓 又 反 偃 反
丹 二 名 跛 我 俗 音 跛 布 火 反 ｜ 足 也 躂 蹵 俗 二 踀 正 履 也 三 踐 前 剪 反 循
也 履 跴 誤 趾 足 正 音 止 也 二 踨 俗 蹤 蹤 二 徐 正 行 所 兒 又 綺 所 寄 舞 履 二 也 反 三
也

跊跂二俗 跂正，邱弭去智二反，垂足也，玉篇又舉一足也，又去奇反，丨器也，二。跪渠委去委

二反，張丨亦作趍，丨拜也。跱跱俗二 跱正，直里反，行難進也，三。

去聲

跮刑定反，脚丨也。

蹬音鄧，蹭丨也，又音鐙，丨履也，階級也，道也。蹈音盜，踐也，行也，履也。蹤俗 躁正，誦告反，動也，

急也，或作趯，亦通，疾也，二。跢丁佐反，小兒行也，又當蓋反，例也。蹴蹟蹜俗二 蹟正，阝利反，

蹋也，玉篇音智，丨頓，四。蹤蹤俗，音蓬，深也，二。踞居御反，倨物，垂足實坐也。[illegible][illegible]俗二 跨

今 跨丨正，苦他反，越也，兩股間也，又苦瓦反，張丨也，又平聲，吳人云坐，又音挎踞也，四。[illegible]俗 [illegible]

通 距正，音帝，蹋也，又俗胡故反，三。蹩隨函音帝，須丨天名。段音遠素，鉅也，鉅音若候反。蹠

俗 䠊正，扶跳反，刖足也，二。趴芳付反，行急，又仆也。踔知教反，猿跳也，又勑教勑角二反，踔行也。

跍蹦俗二 跽丨或作胡故反，或上聲，丨跪雙膝著地，三。跦俗 跸正基應二師，音平患反江

准間謂丨跽坐，䠊開膝坐也，玉篇音盤，丨足也，二。跧俗，去智反，正作跂。䠉奐俗，音 跱俗，音

跱 蹩音務，長跪，又拜也。踣俗 蹭正，昌焰反，急皃也，二。馬 趴俗，音計。[illegible]俗，言句反。

跢胡愛反，行皃也。踶玉篇匹詣反，行也。躖居衛反，洩苦棄也。丨䟺音貝，又蒲蓋反，步行皃，頼反

丨行不正也。踒烏臥反，跳丨也。踤古 蹼正，息絹反，踏也，又同也，足也，二。蹸慈夜反，踐也。

蹢俗，徒困反。跒俗，苦嫁反，作髂腰丨。正 刖 跀巨幼反，行之皃，二同。丨蹳醜 蹲反，丨謬。

蹐路行皃也，又仲反，跳走也。蹩香 音夢，皃也，丨趨香仲反，疾行。蹩苦定反，足跳行也。一蹦蹸

二正 蹦蹸丨二，今踉力反，踐轢也，四。跧羅俗郎佐反。跑俗療。音 蹕胡困，問二反，于跋

音次 蹊踱蹝蹝正丑例反，丑世也，又音曳，丨踰四同跳躍。蹛音帶，踶也。踶音弟，蹄也。踬刀之

反動也 跹俗，苦故反。踤丑世反，躍皃也。蹁 或 蹂二，輕正妙皃也，妙也，二反。行蹉

俗塞 音 入聲 跡行蒲末反，皃也。踍音劣，跳跟也，作蹊。跶正他達，足跌也，二反。踐

也子 徽反行皃 躐良涉反 踙通 跰不正，相足過也，輙反，二足。蹕俗 蹕

正他骨反，蹊丨前，不進也，又丨踢，二。踩勒沒反，丨肆也。踖女白反，踏也。跛音弟，足交。躋音賒

小走聲 趵白角反，足擊也。踞普逼反，塌地聲。踏都合反，跛行也。踏都合反，行也。他跛 趣行又賒合

反反 跛蘇合反，進足也。踖舊音藏，蹀作丨。躨蒲結反，行皃。卜 趦脂也，着足也。蹜音鳥縮

胡甲二音，却丨行也。趹古穴反，痛足也。蹼音間，相業也。蹕音接，却也。趺各二，俗徒鵲

飛其掌又音笈，丨下。踵私盍反，行皃也。丨踚古反，跳音，業也。跿 趺俗反，音丨

在腹下 蹠紀力反，丨正也，三。六翹也 跻俗麥，居困罯 蹇反六 踏俗叶 踶七絆 玉足 音也反 踢末俗許月

跳足 蹈 蹵正直列反，二丑。跔音刺，古見。踰丨 蹳二俗叶。奴陟反 蹶疾俗 反 跋俗音帖

皃跳 蹂倉末反 走 俗 蹽結 蹐二俗倉反 巨苦見 踞音古見 也 跐

反 跰俗徒音反 跍合 踑俗，苦反 蹐蒲北反 皃也 跂二結 反俗 蒲也劣 跕女登也，輙丨履反

過皃 蹑瑟俗音反 蹦蹌音二俗伏也仆也 跂

又丁 嚬落也叶反 也

也蹈也，也 踤慈衛反，蹋也，又權丨也，駭也。蹋同上，又音積，丨地

急也，踌也，詩云：丨也，不直。王二反也 蹻也 躑呈不進反，丨蹢同上

的踦也，昔，丨反 跌 也 鄭 行進也，迅也，止也，跳也 踏足三同 跱積俗知

有豕白也，資修道也，子六反 跌俗二三反 躍音蒸。蒲末反，也又猶丨也，蘸也，三足

小步 蹟俗 蹴又正徒的六反，丨踖 行皃而道周，謹也，也，上 俗 躄 正 蹀 跕俗反 知

也 跶 蹴正子六反，丨 迫入也，不近也，二 蹔俗 也 倒 也 薄 跢又擊 俗反

反革 蹴 蹴七 急也 正 反 也 跢俗二 走足 正 履也 音 踐 也 也 雙 俗 反 蹴

普 蹴 蹴 蹴俗 壁 正 跖 居 踫 足二 俗 跪 正 速 反 衝 也

反二 擊 必 俗普 亦 房 也 亦 二 不 正 反 月 又 僵 反 仆 失 也 也 又 走 足 履 正 也

三 踂 踫 躄 俗 五 房 通 踩 嘉 正 也 居 謨 又 月 蹤 僵 反 仆 失 也 也 又 走 也 居 也 格 張 反 反

丨 濼 苦 蹊 蹀 又 俗 北 反 匹 也 到 也 正 踩 也 謨 跺 今 蹝 徒 叶 正 二 作 俗 又 也 陟 居 開 格 張

柔 也 七 踣 蒲 又 作 仆 又 蹩 也 到 侯 反 踩 正 跡 行 不 徒 正 也 也 反 作 俗 丨 碑 陟 開

三 抱 入 俗 跡 丨 音 也 積 足 蹀 匹 通 蹀 正 跡 行 不 穩 叶 正 也 反 丨 蹴

三 蹻 入 反 於 踣 正 蹊 也 今 又 音 積 席 蹴 蹊 丨 也 二 皃 蹩 俗 蹤 丨 蹌 七 也 六 反 蹴

蹘 丨 也 蹭 也 又 音 蹇 叶 也 反 蹭 正 踏 也 今 又 音 積 席 蹴 踐 丨 也 散 二 皃 蹩 俗 蹤 丨 踏 七 也 六 反

趃丑律反獸跡也又丨踼獸名左右有首也踢他歷反跡也又音唐揥丨跌頓伏良也蹅合反跳踲蹅
三俗蹌烏合反口合二也敢丨也蹄跳音揥也蹊舊藏作鐸音伏良也踱足徒也地也
音挨咢反與疋同也正踌音渠蹽王反徒也蹬俗也二也足踶又蹴丑栗
又丑作前亡腳也蹄也正跼曲俗也從玉反也蹢丨也踡又
咥丨咢反與疋丑也同也歷速跡也又音也俛蹬除二也疋申音行
反丨丨念也又丑蹋洛音人名輔丨也也音蹴列俗反反蹕音皃必也
利反戾也又蹝樂音俗夢蒲反發俗音足疾菜也反也跋音
也蹂俗女反蹤族俗反倉蹤俗蹼俗反蹉遂俗躂音疾蹐俗八許二六丑
又行也蹞蹼俗反羊俗反跑俗迫正也七二玉蹙秦二跋許月義八許二反皃
止也俗歷拙未反跑俗言正蹴音也二也去約五高反步丨反走厥也
踋腳俗音歷跳俗踶俗蹠跑或作云也今上又音犇不行蹠二丨馬反皃俗跎
躚䴪俗音蹉蹙姊行音月皃反丨俗蹠作云也篇刑王足踬俗蹈錄丨音
正音兀丨踇丨音行斷足玉刑也渠勿反足刃正蒲各反蹐亦
踇也二兀丨踇音斷足王篇云也渠勿反足刃跩丨蹈蹂鹿行
兒下又音錄蹈俗踬也正玉篇弶也二跩丨蹈反蹐鹿二音
恭丨也二音錄蹈俗踬也玉篇弶也二蹐亦祷

反丨躩居縛反縛邛三反切踏踧蹹舊藏作蹹在徒
踐丨他頡盤避兒玉篇屈足也蹹合反嚭丨蹹也
六三反他合反也蹋俗踏正他合反丨也徒合又反
集反行甚也蹋俗踏着地也二反蹹也徒蹹反也
履也式六長也踏合俗徒反跌反徒結
二也蹉疾也長反走踏合反俗反徒也
〇疒部第十三疒女厄反亦疾病也又疲音皮勞也極也也𤺊
疒士莊反疾病也又疲倦也極也也𤸱
癃力中反病也三固疾也通也殘丁年反病也二丨癲音閑病也二瘨
丨病也三俱疾通也殘狂病也二丨癘音病音閑病也二瘨𤻲
俗瘕正疒上下戶恩反官瘕反瘡丨也俗疺七瘡正音也二尤瘥
二音肥風又丨病也恩下反丨又扶沸也痲俗瘥疺瘡正音二尤也庇
反熱瘡也正音蒲罪也反丨又瘡疾移病也瘥疺瘢七余丨反也瘁
二疒痼也正音抽病差丨瘤瘡疾病也瘥崖俗音疽疺雍今反也瘑
俗瘵通瘳也愈也四病差丨瘷黑疾病也瘥俗瘡瘢七余反也𤹪
正楚莊反丨痍也或作丨創刑黑病也反也瘥瘍於今反也
刃傷也古今作餞今作丨二瘥也痞反瘡也今反瘤瘤
音賢丨古文陟足反今丨二瘼瘤也瘤瘤俗二瘤
癖病也疥作肢皮厚也反凝愚也云之反瘤瘤俗二瘤流又
瘕作肢皮厚也凝愚云之反瘤瘤俗瘤正音

去聲丨腫瘀瘁二瘦丨正呂團反病此緣反丨痳音林
起也三瘀俗瘀丨病也二反痊病差也反丨音歷
病丨音夷瘀瘻俗瘀二正音戈瘡也下又瘔音消瘦
也丨也夷瘀瘵俗瘀苦禾反禿瘡也三反瘔丨瘦
病丨徒冬反又丨動病也亦反音同上也瘯瘵徒登反下又丨瘦
也瘁丨痛也又丨俗文中反瘊丨痛也上瘯瘵痛也登下反又
俗音俗音也瘧狂俗音瘵原俗疹音瘵俗二瘂古瘵正布丨遙
疼也瘠俗音瘧瘵原俗疹丨瘵俗二瘂古瘵反正布瘟
病名也亦瘧俗瘋瘵俗或瘧正西斯二音瘦丨瘁俗
疋遙反西瘧俗瘵二或瘧瘵正痛也又病也丨瘂
疫丨正蘇官反丨二反瘵羊朱羊主二反瘠於支反身急也也又
瘦於爲瘑也丨二黃瘵爾雅云勞病也瘠於盤反肆丨也也管
痿瘺濕病也黃瘻病音二瘕腹家賈嫁三音瘠節於交反呼也
瘵俗丁反瘑音也也加瘻瘡二俗丁俗他反五瘁瘁俗音反
瘥回反瘑丨瘑加瘡正瘍音西俗瘻丁反他瘞奚俗瘍俗音
瘀瘵俗瘵三俗呼甘反正瘍音羊傷頭瘡也瘑又反瘟遭音
瘀瘵作憨癡甚也正瘍音亦病相染也瘑丨也瘟遭俗
瘀俗瘀通瘀又俗丁禮反病三也瘦疾也音支瘨傷也音支毀瘑瘵
瘀瘀俗瘀巨支反病也瘦疾也瘨音支也瘵瘵

上丑之反下直魚直據丑據三反丨丨瘵俗瘵通瘵
者不進不達之兒玉篇又病行兒也丨瘵俗瘵通瘵
正士佳反瘦也反瘵瘵俗二又病正宅丨加陟加二反瘑千況
士賁反疾也三瘵瘵俗二又瘵瘡瘢痕也三反瘑千
反病瘠也瘵也二音病瘵音由玉篇丨瘡瘢痕也丨小兒
也病也也又小也病瘑云似瘁正音病病又丹火丨風在
手足病也又丁瘑反佐風反勞病云似瘁正音由病病又丹音壇或作
又郭遂俗他丹反風病也瘑又正臭惡丙也也瘑俗作
瘥丙正氏王反也三腹瘑俗瘵作俗瘑臭婆反惡也瘵瘑蒙俗音俗
摩正作故病也三瘑占俗反力瘥俗瘑作麼丨婆尼正瘵蒙反俗瘑音
歷塵也作病也泉元瘥在隨反函云今作丨壓姊危反他嶺皃反許瘑
瘕病介廉也二反音霞瘑在音俗伽羅剎經又俗俗他反偎反瘑
瘑病也二反瘑正俗音瘑音在喉中丨也瘡物又俗胡交反反俗
正作厥興瘑俗音作瘢瘑音瘑正也瘡奴瘡瘦反胡瘑俗分反許
也陳也與瘑俗音瘑師俗瘑音青瘑病也禾反瘑瘵俗瘑俗反
瘑斗傍瘑音瘑病也瘑音瘑瘑也俗瘑正也作瘑
耳也瘑丁俗瘑音也瘑俗瘑音俗瘑俗也
愛正作瘑瘑俗相承戶反也瘑俗瘑音京瘑部音公病也瘑正瘑
丨鹿遊也瘑丨瘑呈二反瘑正作瘑部音公瘑也瘑正瘑

俗側皆反瘖呼來反病也疨呼加反丨病也痝莫江反酒病也瘏音徒病也㾕所臻反寒
病也疝音山丨疝病也痀舉朱反曲脊也𤻝音雷類也癰𤻚𤺌俗上音郎下音武上正作廊下正作廡
字二𤸷俗七遶反瘄郭洛俗音皆正作牽切韻音其久反正作疾香嚴芳無普𤺥胡二反
病也痾俗痾正音阿病也又告嫁反小兒驚也二𤼶音勤近二病也𤹦音徒與瘖同病也
也瘬三俗𤻣正𤼊今杜回反陰病也五瘅都回反病名也𤺗音侯瘖瘻也𤻡音俗
𤺄𤹤身𤻒俗音冤屈也疒俗疣正居幽反急病也二腹疛音疛病也二𤸣音具瘤
也疒俗㾌文𤸃今㾞反皮剝也三蘆占淡二𤼙音農痛也㾮音皆兩日一發瘧疾
也𤻯少其俱反肉也𤺋俗音干又上聲𤼄俗𤻇正音羣痺也二瘧五還反痺也玉篇丨
又音同上𤸿俗耕奴反瘒俗奴侯反正作𩞄兒子也瘁丮江反腹病也㽀二池千吐反何力極
也又馬病也又𤺃昨何反病丨丨又𤸊也疒丮相承所逆反病也此二字
丁佐反病也瘥初懈反病丨丨也𤻯𤺓病也此二字

切不𤻲俗𤸬正音休丨息不病也二𤻲俗安反才𤻲作舊藏甘反烏今痿
和𤺙音禿或作痻普杯反瘒音曇瘓徒甘反兒脂𤻨俗瘫於正
二𤺟也容反丨癕二【上聲】𤷏俗𤸴正息淺反丨也二痄𤸵俗二瘠正真里反下部
腫也三病也疗子俗音𤹴勒罪反皮外小起也𤺝俗𤺞𤼀不言也二通烏雅反
𤹃榮美反傷丨也痞𤺏古𤸃今時勇反丨病也二𤹃足𤼮俗𤸯正於井反頸腫病也
古作朋𤸃俗𤹞正所耿反瘦丨也二癢羊掌反又似羊反皮膚丨病也也二同下
肉二𤹉俗𤹊正力稔反體也二𤻆𤺋二音苦俗𤸰狗反俗烏𤻫𤻥𤼽𤻪𤻩
𤼂俗𤻀正郎果反丨三𤼊通𤻦正音隱小起也二丨㾋皮𤺵或作𤼫今陟
𤼪七俗伊瑩反正作𢊍黑𪑳二字𤻜𤹦病筋結也三丨歷𤸍正俗於矩反作傴反𤻣
里反腸病也二𤸷俗𤻆二音郭璞云賢人失志𤻜正音𤻝丨今病也
或作𤺟正管貫二音郭璞云勞病也二病也
作𤸴懷憂病也說文云勞病也二

二𤸷𤺟二俗音度俗瘖息俗音𤸢俗正作厦音夏𤼲他猥直僞二反丨足腫病也瘋
俗𤺈正以主反丨病也𤻎俗作痦音呂正人名𤻘俗旨音𤹵乃病切韻音小音痿也
又如亥反又𤼀二丨擬也𤸃疾五駭反瘡又房物反病出也也𤺓或作𤻂小痒
嫁二音欲也莫可反丨也𤸃正𤻬音底響𤼓二𤻢俗𤻥父朽也音
也𤻩𤼯二俗作麼幺丨也𤸃音梵𤺽音郎猥𤻍俗𤹢正側丨下瘡
三𤺳音陟柳反病也𤺤音朽也𤻮反都老俗𤸃卑𤸿正反足屦丨𤸃娉秃
不合𤻕正通云委反口喝也𤻬反都俗𤸃足都三反足
也二𤻕𤻬符鄙方美反腹内結病也二反𤼐𤻶𤻴𤻳𤻱音七惱俗
瘡也亦用也𤻤丨𤻠俗𤼓或作𤻣正𤻿今他𤼊丨也他𤺴四反𤻧通瘴多正
上用也他典反病也𤻩羊捶祖究二三𤻋其郢反病也風𤸃
𤻤他典反病病也二俗作𤻥正𤸃病也二𤼙强病也二𤺓所
星反二俗作𤻦正𤺽病也𤼂今恐熱病也
也二病也𤼂俗𤸃正阻史反𤸃正𤸃今恐熱病也二𤼯錦
音水丨𤺓俗𤸃正阻史反𤼂正𤸃今恐熱𤸃病也
病也也二𤼂反

反𤼐俗息拱反𤸃音里病也𤼡二俗𤸃正於御反血也𤸃古文之忍反𤹏疒舊藏作𤻗
兒寒𤼡俗病正積也二俗𤻘音毀俗𤼲𤸃反昬瘡也𤸃作舊藏
比郎反丨也去聲𤸃𤻻俗𤸃正知亮反丨又音例疫丨也代反𤸃
毛力代反惡𤼡𤸃滿也二俗作脹也𤻬丨又俗力代反𤸃
𤺳疾也二反𤸃𤻾二𤹾通𤻇𤻄正收所救反藉丨𤸃十四字𤻢𤻡𤻠𤻤𤻥𤻦
𤺩𤻹𤻶俗十二𤺢𤻯通𤻃𤺷正借反藉丨𤻂也肉𤸃𤸃二正俗二
𤼯𤸁二正於禁反心中病也四𤸃俗𤸃或作𤻁音方病吠也𤸃也𤻐𤼮三𤻮正
𤹪丨今音戒也五瘡病也𤼑正𤻔或作𤻝𤼪今音三漏病也反𤻆蘇奏反欶苦
反𤸃俗具病𤸃音𤸃正作古愛反𤻨瘡今病尺制二反𤺷𤹉喉也反欶氣
𤹃久也病𤸃音口瘡也小兒勃𤸃俗𤼎正𤻡今必至反病其季二音也
𤹥正眦至反脚瘡也二當蓋反赤白丨下病也𤸃又音帝竹冷至反病脚中悆
𤻡丨正病也二𤼑俗𤻜例反丨病也又音𤻒古𤻬力正俗也
照反丨治病賁反傷丨也𤻝蘇到反皮上起小
也亦作丨瘵二𤻪又俗病也𤻝痒瘡也今作瘙同

瘷同上丨也疥　癖音器　瘵許箴反困極也詩云昆夷丨矣　瘶瘢二俗烏臥反正作涴字
疚音又病也又顫丨也顫音戰　瘛疹二俗　疹疢二通作或　疾正　疥今丑刃反丨病
也又勑忍反亦病也六　瘠瘥瘥瘻痤五俗　瘞通　瘗正於例反埋也蔵也玉篇又於
計反七　癆郎到反丨瘌惡人也　瘯瘰二俗外反　古　瘤瘌二俗明笑反正作嘲　瘌俗音
厠　痓音注病也丨　瘁或作　瘁正疾醉反病也二　痴尼慮反病也出川顛丨　疟當故
反乳病也又竹嫁反　痗誨妹二音老病也　疲芳万反吐丨也　癰音貫病也　瘵俗　疢正音
救病也二　痤玉篇音瀐惡病也郭逡俗竹乙反　瘼疋備反玉篇云氣滿也　瘴音步瘡也　瘯
音路痛丨疾病也　瘑俗烏臥反膾二於　瘁俗音病　瘠俗作倉故暦置也反　𤹪正音吊
丨星狂病也　瘍失亮反憂也　瘍瘠瘝三正側救反　瘛方味反熱生小瘡也
瘵病正側也二界反　瘰苦臥反禿丨　瘍莫嫁莫晏二反牛馬病也　癰二郎計反瘦黑

龍龕手鑑　卷四　口　六　第十二函

也　瘼或作　瘼正疋備反玉篇云氣滿也三　痘俗　疸今音旦也又上聲　癀二病　瘇俗
瘥二正斯義反所寄反病也二　𤸹或作　疛正直又反心腸病也音例二　癘音遇也　疵三俗　瘸音俗
憊也丨　痓二俗巨禁反　矜作矜牛舌病也　瘢正俗蘇豆反　瘦　瘦　瘦三俗正作痩烏對反
丨瘽也　瘨音蓮病也　瘨又上聲也　瘵胡計反又尺制反小兒病　瘈曳薛二音瘛病也二　瘢
也烏懈反痛也　痺尺舍反泄也　疨香靳反瘡中冷也二同　瘧音志子也黑　痾
病痛例　痢音利病也　瘴俗音傷也　痹俗　瘠通　痛同正蒲拜反疲極也又與憊病
二音也　人聲　疫營隻反人皆病也丨　瘯俗落音　疽又音俗同七余反病也　癤今古
三也丨　正音節　瘡　瘢古文　瘥女點反上同　瘡痛也　瘴音障熱也　病丨也毒　瘼俗
丨正也二　今情亦反瘦也三病也　瘵作俗先吐反　正病也　瘠相承人二先入
瘠從脊音貸亦反三　癮作燮和也　瘠祥人魚碧二反三
音痛丨丨也　瘜息音也　痾何谷反　瘖俗　瘞今　瘏丨正魚碧反病也三
音義作習　瘜惡肉也　瘱反俗　瘦今　瘴丨病也

瘌俗即音　瘌盧達反痛也又云脹滿悶而丨不調也　疙魚乙反痴皃也　瘢俗
皮裂也二　瘍或作　瘍正疋滅反正作井滅二　瘝或作　瘝正音莫　瘸正井減
瘥正今古　瘥足　痎　瘥嗜今古洽反丨足病也二　瘴於劫反病也　瘍音渴郭逡又俗音　瘀宍熱病也　瘀諸與
俗食律反正作秫　疹疥二俗正作疼　音尺　疢俗阻力反正作阻力反　瘼或作瘼　瘼正俗　力音反
丨痒也丨淫也二　癀胡郭反瘦也　瘵奴葛反痛也　瘑俗苦八反正作劼用力也　瘼三俗正音
作瘢爽去切反　疰病去劣也　瘖俗角音　疚去劫反欠氣也　瘂俗邑音　疤甲俗鳥反　疤
俗為甲反正屋壞也　瘦音伏重發也　癃俗極音　瘓呼麥反頭瘡也　瘑許逼二　瘯正
作瘢今居月反逆病也二　瘚氣　瘹俗　瘚正音血古穴反二　瘥或作　瘥正陟五反
寒瘡二也　癯音藥丨病也　瘶或作　瘶今夫涉反少氣也土香嚴二又　瘶苦叶呼睞二反病息也二
瘶丨所責反寒皃　瘮瘵于木反皮膚病也　瘵丨　瘶又音忽許聿狂反病　瘶台居二立二反呼

龍龕手鑑　卷四　中　九　第十二函

病劣　瘵　瘵　瘵於柔反二　瘶徒活反馬脛傷也又丑劣反　瘢私列反玉篇病也　瘍
俗阻六反正作塑　瘥俗虐音　瘳丨正瘳反病也　瘵音歷丨也　瘯三俗
瘟正烏合反短氣也　瘟
〇骨部第十四
髏音樓頭骨也　髖二俗　髖二正苦官反髀上也尻音尻
骿苦高反　骿俗骸二正戶皆反骨也三　骬苦何反膝骨也又苦訝反骬骨骿上尻即骹
也　骯俗　骯正五九反骯丨也三　髀俗　髀正作髀徒昆反　䯒俗　䯒正五高反䯒大腳也
二　骹苦交反脛骨近足細處也與跤同　骺俗鳥花反　髕俗許君反　骿部田反骿助也　骿
音摩病偏病　髗音盧頭骨也　髐呼交反髐骨同丨箭也玉篇與　骲俗五兮反　骸
水病　髎郎反今　髏或作力遙反骨丨骨名也二　髓上宅江反丨下苦江反丨尻骨
俗步即反正作膀　骯音方正作肪脂也　髕二俗於鹽於焰二反正作厭食飽也　髏俗
也　骸俗音　骯二俗　髓力

知髇許交反丨箭也骻骬音于也二同髃苦爪反上骨也髂骲或作骬牙正音骼
也二骺音傷骨丨骰音頭丨子也又音古骫䯇上苦光反下音即骨聲也骬音形骨也骴
苦圭反肩骨也骯苦商反丨骨也髓俗骫丨正五瓜反骼骨也髃骱失軍反骨也髃
齊愚骨在髆前也又魚口反肩前丨骨上聲髀髀髀毗未反也三同股髓髓髓
三髓省髓正息委反俗骨中脂也五髕毗忍反蓋骨也髒膝正髈苦二髁今瓦
要月骨也下又口化口外二反髑骨也髑音徒昆反三骽他每反股髀也丨髁俗鎖音髗
舊藏作髗𩩖俗之勇反正作踵䯝體音體二古文骫俗骫正音委也又姓二骨曲
骼骼二俗胡感反正作頷髁骸古本反名也二同髃吾反肩前丨骨也骾古猛
反髆或作髈今以沼反肩骨二骳文彼反屈曲也骯俗骯正胡郎反丨郎髆舌痕身
二盤也骲少息淺反少也髇於許反肩骨骬小巨綺反骨也骨尹苦本反骱俗以沼反

肩骨髒俗髒正莫朗反蟠身也二丨骴丁呂反去聲骭骭或作古岸反肋
也𩨶骨也今作幹字二骼苦嫁反也又俗音格要月骨䯢口誅反與胆同骶骶音帝也二背
骭下晏反也又音肝脛骨䯛䯘胡亂反丨也二同漆骽正骰今邱柱地也魄二反膝
髖古外反也又骨也又詩云會丨弁如星括二音䯫俗正作膸音奧䯨俗骯正反資丨智枯
骨二𩪒資智鼠之骨反也烏骹苦丨浪髀反也䰎口外反骲云必刃嫁丨反也川韻䯧
徒對反丨愚人也髖髀丨則浪子朗二反骶體盤也䯬俗睡音入聲髆補各反骨丨肩
脾也骱苦没勤也口八力作二也反骩烏没息不反咽利也中髐古歷汗也反又髎音問昔
也骲步角反箭頭也又普木反骨鏃名也骸其月反尾本也骼音格丨也骨䯢俗角反士骨甲
俗音骰陟劣反骨也骨失俗徒結反骨䯪俗骹丨或作郎許顱王反骨髗也正二作顱
甲一骰續骨也骨頭兒葛反三反髂俗骺正古活反骨端也又音刮二䯜
骶正骱通骱今堅骨兒三反髂俗骺王篇又音刮二骼

胡葛反丨骸音跋扇骨又俗音陽䯉戶八反骨聲也𩪘莫八反骼小骨也丨䯌
當没反丨䯝胡郭反骿房亦反弓弭䯋音骨丨骭出没反䯿小昨骨也
驕獸名也骸反骭弓弭獸出北海小昔也
髖俗髖正北角反骼也二䯊䯊正二俗作膸音憶髒舊藏作勒䯊矢箭角反也
○頁部第十五頭頤頞頫順俗五頋頣二正以之反也養也頷車骨
也七頞談頩俗頩正杜回反也又無髮暴風也三頦五開反也愚也頠頭昨焦反丨
額也或作顱丨音盧頭也顛丁年反也隕于敏反墜也隕顀直追反項丨也顀或作
作憔同顱音夓正頙都回反冠名也或作毋丨夏追頯許緣反又音雨丨妍孔子美頭也顝俗也
苦骨反火頭兒也二同頨於支反容兒也美顯丨愚凶反然仰也君之德也又丨頞俗
反頭正五高反也二顧俗頍正戶來反頤下也二頏丨音項也又顯
頮蘇來反高頭也又古來反頰也頏俗相俞反
丨頷也顬前人宂朱反動也顳耳顴正俗作平空反硜鬢鐍正俗作

音須頁口咸反頷面黃也頗頤上音侯下音遐丨頫音斯好也頞俗
待也頷頤丨言語無度也頞
顙正呼弘反惛迷也二頟烏紅反尾名也頊頨或作頲正音婆勇舞兒也二丨頜甘口
反醜頤上苦昆反下五昆反丨丨禿無髮也頞頔上
皃反顱上又上亦五昆反下又戶昆反䫂頓或作顝
交反下於父反凹不媚也顪顥上音刀下音豪大面兒也頲俗俞反頣作或顝
丨頭凹不媚也二頵音求丨丨大面兒也方顲頷之延反寶音
今音悶頭名䫄丨頨音求戴也頢相也音欺方顲之延也
又無所知也二頨音求戴也䫀相也欺方
一頭憤滿也頯音求頰也䫂武延反雙生也顅音堅少兒也頭髮䫈二作或
一曰頭骨頯音求頰也䫂雙生也䫉少兒也頭髮䫈頼二作或
擷正居隨反小頭兒三丨顤音堯高長兒頭頎音祈長兒也頭䫎音瘦也季頗俗崖音
類通音煩也二王篇頟音俄我側升齊頭也又大也音頢都甘反頎移也反䫑俗登徒
顓音專丨姓頡胡下垂牛音頭額頸音面也丕大䫏居於倫反亦大頭也又
頫俗五反顏去消許幺大頷也二頰音相斯也方頦音成頸也䫌音攉骨也頰
𩕳郎反頞反大頷也二頰音相斯也方頦音成頸也䫌音攉骨也頰

傾誤音傾側也在西域記第六卷𩕦音規在百緣經上聲䫌俗顙正蘇叨反頟也叩頭
也再拜也頟五格反二頸居井反項也前日後日項也又平聲｜頣失忍反眉視人也頤
顧又聲手頷手感反｜手也三同項乎講反胭也䫴丁可反醜皃也䪴乃頭反項｜也
額俗䫜正尼米反頭也二頻疾共反好也顛莫頂反眉目閒也頻余須反水名州反
名又姓又巨傾反頲余禾也頌又巨穗頌也二二反𩔤俗頑頏二正胡郎反｜也不又反
都感反都紺反｜也二䫭靈感反力稔反｜面黃醜也顑也又顢作正音戡柏
反顩父頬骨｜也二頮苦果反又數也小頭｜頦俗雅音䫃色皃也省也二正息吏反前兩反
也二也二顑呼感反不飽也食頗｜正疾苦感反也顩魚委反習容正反閑也䫇俗顡
正暝古文去類反今作頊口也敏也三頫今作頫反頡桒感反搖頭皃鏁頭藏作新誤
字義合作頺音雨子孔｜頭俗頊主音顯俗䫊音䫡｜丑甚無反
也在梁宏明集第一卷
龍龕手鑑卷四中　三十五　第十二張
兒𩔰渠飲反切頗｜欽錦反頗｜上錦反顉面也音尹
劣也䫫渠齒怒｜也顣｜醜兒顏也苦老上｜反敍下也尹大頭王
頣反盧我許何二䫀又疏兩初丈反醜兒頷頻老反｜｜反大頭
反傾頭兒也二䫆俗鋭正長之往也二反頭頼不靈正彊反皃頭
也顫反疋沿髮甘白少兒二也二䫉俗頗不同正頤䫏忍二反俗之䫎或作正兒反今
䫎魁也口又猥五音罪欺二大反頭也二䫌音善反也俗顆今作弁邱兒昞
䫍正力忍反刃兒又頡色二彡｜反也頭三少䫏音偌善視也也反頰俗頞反今弁邱兒昞
又舉兒也頭二䫙不音遠正面也也䫛魚豈樂反也也頵｜今他頂反也二反頣
皃也二俗渠九反頻二同古迴反光也𩓸也下也頂又長也𩕎五俗
䫌上又音信頻又玉篇談鹽二音面長也頏頭
巧反顯巧䪰二音顨二音古後也反頰章游反頭也骨也顧且上
顯巧頭反䫋魚檢反頯頭顴也｜後也面朝本反頭
檢反下魚檢反不平皃鑽魚鋭顴也亦｜｜也䫎面形圓也頚
｜｜不平皃頮音撫又舊藏作顛又胡老反夫也
昌旨反玉篇頬規在百緣經顚又天邊反氣也
云面大也 去聲
頩俗頩正荒內反洗面也二䪛徒亂反面圓也定頲丁定反題也下也䫌音縣顯也䫆
䀎志反首也頨或作音今白首人也䫛莫內反味前也䫏俗䫗正魚今五悔反二
反頭䬃｜也又不聽二反顧音岸無髮也頭䫏俗䪾䫓二正音喻和也呼也
明也䫹音苦懅反二顒二古文同頗二音杭頗｜日陷古陷二反面長皃也
三䫺顥二同䫱屭字二同頃二音
又苦斬反咸三反義同二顑五陷反面長兒也｜顇俗顇通顇正泰秀反疲惡
咸三反五顑｜也｜顝俗顝正音故視也二眷｜頭都困反縱擊｜也䫜鏆䫊家頟二頭俗顀三䫻
兒也屭俗頊也｜種也正音跌也也頇正羊去反先也安也伏頗
三正音㞗笋｜種也也四正音信腦會也也䪵音戰四頓今頏正音又
又善也法也四頊俗頊也正支動也也頓
正音也䫋頗俗三頓今呼｜門也四䫊音皮媚反正也䫐或作頏正他弔也也
䫐頫二作頮盧對反也䫎俗作皮｜眉也䫐頫反佐頭
疾也或作䫌盧對反難曉也䫌作䫌
疚亦得二作頮盧對反
聽也川龍又音府頪正俗作盧對反頛陷俗音䫳喻音入聲頛
佐頭｜首也二頪作頪
龍龕手鑑卷四　三十六　第十三張
兼莱反｜輔也䫄俗頷｜正牙格反也二䫄鼻烏葛反｜也頡俗頡
目下耳前日｜也頯鼻｜也
正苦骨反頭烏淡莫骨二反頡胡結反｜飛上下皃也頭音笛
禿無毛也二頭內頭水中也頡古合反方言頊作或頊苦正
好兒頊丑格反反｜䪼也也又頜云｜頜也頊反｜頸止悅
也頭各反腦蕃也頶正蒲結反｜二而陟反頭
結反顛｜二頖俗䫁䫁正髻䫀頸短兒也也二顤而陟反
短人也䫋俗頮二六反將也䫆也骨也反頊
短之悅反面䫊俗頮二六反顰頺俗䫃大正尼各二反面䫃
兒秀骨也面頭烏葛反與頞頞舊正藏作在績頟五陌反高僧傳頟
江音指經反鼻｜也鄙正在績額五陌反高僧傳
自切五狹反䫣音岳說文云面前也頭五各反嚴頞俗
古活反小䫊｜玉篇云鼻高也頭敬日｜反
頭皃也二頡音丑車頟骨也｜頡俗同
正五各反二䫜古盍反｜頡上
面高皃二反頡車頟骨也
〇走部第十六　走丑略反說文云乍行乍止也從彳從止上聲凡走之屬皆從｜也
俗邀正音澆又於消二反要也求也二透迤上於為反下徙何反行皃也下又音移　邀
遲

遲二俗遲遲二正直尼反晚也徐也久也緩也又姓四逌音俞過也越也遑音皇急也逑
音求匹也聚歛對合也暹音纖日光進也逡七巡反丨巡退也逼古逋或作逋正博
孤反懸也又平也三遷遷遷三俗遷遷二古遷今遷正七仙反從也變也移也昇也
與褸亦同七遷同上字林云登也遷七仙反箬丨竹名迁七仙反葬撣也又標記也迗
迂音于遠也由也又憶俱反曲也也又於武反曲迴皃也二同逶俗逵正渠追反隱也又交道九
達也二遽音渠丨麦也遺音唯亡也失也又加也贈也又有餘也又姓遐戶加反丨遠
逌遾邏三俗杜回反正作隤也逢竹丨也逢逢二俗逢今逢正徒丁反草莖
也五邁音科軸也又陸瓜反捶也遷遷二俗音庭正遷作遷二字適郎由目由二反晝也遒
郎由反從也迫也又縣名遙由遙二音行也遡音由王也貴遡音由視也深遁遒俗二
逌古逌迺逌今遙正音由遠也又氣行亦行皃也又與面同中形樽也六逌遨

二俗迂古遊通遊正音由丨循歷也五遨遼俗音蒙迺俗延正音征與征同
行皃也又俗音延二遨通遨正五高反丨遊也二遡俗音親遉俗戶官反逾俗逹
古途今音徒丨也三道遡俗音消還還二俗還正戶閉反反也退也親也復也三
遒俗息由反远迻三俗丨尤二音遁郭逡音巡迸俗音恭遡俗升斗二音迗遡
上反下徙本反王篇云丨丨逢天下也進俗祖迴反邅音追雷也遠舊藏作猜逾俗清
占清漸二反逛棚承堆惟裴匪四音辿辿丑連反禐步也二同遱遱樓稜二音二同逨
舊藏作迷又郭氏俗呼角反在廣宏明集第二十四卷中迢徒聊反丨遄也迯音交會也適適
遾三俗音廉正作匳盛香器也又鏡丨也邊邊逞逞四俗音邊遾俗遾正音聊遠
也又水名二迡王篇音遷遭通遭正陟連反逸丨又移也又直連直戰二反二二迪正
迣今呿儉反丨遰也二速來賁二音至也就也遠遣二俗遣今布緣反也疾也三速遛

邊遷遶遶遶遶七俗遙今余昭反遶也行也八遜俗音緣遊迎二俗音延
還古文音憂追音毫遠音違遂新藏作灾遣舊藏作違在續高僧傳第六卷遮舊藏作遮
退誤七余反正作趄迪音申邐邐二俗邐或作音懷胡罪交反正作匯澤名也二邐
伯萌反與辨同振繩墨也一日無文綺也逕古行反皃徑也远古郎胡郎二反皃獸之迹也邈
俗遜今郎奚反徐行皃二迦音加不得進也遡遡遡今烏元反行皃也三逐音移遷丨
也遳音由疾行也遽土今反同匯遍丨薄皃也遳音之遡市緣反速也疾也遷誤特
下反正作雲在續高僧傳邁音科草名又寬大皃也道音之迣音看途力兼反迡迡
二音希遡遷遡三音由上聲迺迺二古文音乃遞遞遞三俗遂古
遒遮二通通遮正音帝更代年相也又去聲七字適俗隨函音弟又音提遈俗音甚逞
丑領反決也疾也通也極也盡也選思兗思管思絹三反揀擇也迨徒乃反及也遺遺

二俗力展反正作華逷音武過胡果反語過也道古文音道遹俗迒或作邇今音尒迩
也三巡遷上移爾反下力爾反丨丨接連也遜俗子禮反逃音此異也遡俗音舞遒
俗邁正戶並反草名也二迺音乃迟遲二同音起去聲迥峻縣二音出表辞也遨
音赴迋俗迋正子放反往也勞也二遷遷二俗遞正徒計反迢丨又底粽反去也三
遂俗音淡遁遯二俗遯或作遁正音舒逃去隱避也四遺遺遺三俗求位反正
作匱逝時制反丨往也行也遾時制反逮也逗音豆往也止也又卜遛也迓依嫁反次弟行
也迥古遡俗退正音退日行遲也三遘遘二或作遘今古候反遇也三遘
俗徒對反逅俗逅正胡搆反邂丨也二邂胡界反丨逅不期之意也亦參差也遷或作逭
正胡貫反逃也步也行也周也搏也迭也二迸俗音競遡或作遡正音素行也讚也二遡
蔡正反遲陟利反蹵辱也逜音悟丨也于道以見反相顧視而行也逌俗逜正五

嫁反迎也二迻俗迱正去智反避也二遃音彥行也遰音制迴也度也遙似面反遮
也又羊線反移也又音延行皃也遭或作迴今徒弄反過也亦遒達也二遶遶二俗遶
遴今良刃反行也又姓難四遻中句反不行也遨音救恭謹行也遾遾音會元也二同遠
迺俗盧侯反滄遺二俗他侯反正作頭起二字自投下也迕音悟遇也迡俗迡正下
計反不進也二邋邋埋拜反往也老也起也達行也二也遴之夜反甘丨也遝遲遂三俗
逮正徒愛反及也與也行及前也又徒帝反四迅俗迳迅二正私閏反疾也又音信三
遜蘇困反恭也遁也順也遁也從也便也邐邱佑反遊兵也遭丨義反迴也去也邃遂雖
反深也逴也遽遁遽正其據反息也疾也戰慄也又竟也務也平也二遯俗遽古交
苦告反相達也二逬百諍反散也逕古定反路也或作徑逭音彥迴也王篇又之石魚則二
反然也香嚴申隻反郭逡音遞遷俗音愛正作䜌遉丑正反邏候也遍古候反退音敗入

龍龕手鑑 卷四中 美 第十二函

𨗴迭俗迭正徒結反道也遞相更易也二迄俗迄正許乞反極屆至也二邀邀
二俗音逸迹資昔反足丨也迯俗迪正音笛道也進也正也蹈也二遭音笛雷也遝遝
速三俗疾菜反正作健遭徒俗 以下缺

龍龕手鑑 卷四中 非 第十二函

之勇反相跡也又後音踐跡也衜音踐街也衜衜二古
古文動字亦踵字又行皃衜又踏也衜古
文道字衜也假古雅反目也𢕼通𢕼正女久反徎他
丨路也二假借也又姓𢕼習也二徎頂
文并二反徎古文彸𢓸隨函音引可以丨塗炭𢔮新
兩後從也往字𢓸也上又俗失忍反二𢔮藏
作滿明感反衜衜衜衜四御今魚據反衜丨又
氺入舡也去聲衜衜俗御理也追也享也目
也又𢕍扎教反丨行普旦反樂衜良用反行衜俗衜
姓五𢕍直吏官也衜也定也衜不正也衜
正於鮒反衜陟志反衜日衜名衜詞閏反求也從也
行皃也二衜施也衜行也衜又私閏反偏也二
行古定反道也路也衜行音𢖍目媟也行賣衜俗五
徑又邪小道路也衜衜也又目矜也二𢕟到反

龍龕手鑑 卷四中 十二 四

㥿也倨也正作微也徧音遍周也盡也衜今衜正胡降反衜也與巷同又姓二衜也循音巨
入聲 得音得丨與辱罟射四同失也獲也衜有徹正徹今直列反通也明也又丑
列三反衜食裴反伎丨法也又道藝也又姓也衜音急遽也所追也丨衜芳勿反
丨也僕蒲木反侍之若反横水也衜丨音似有所也又丨行皃也衜所律反
也衜從人也衜或作衜正巨略反衜初戢音阻立反衜循
也俗音格至也衜俗衜作衜切正頡作鄐反俗五也衜音俗行
似足反風同衜得合反衜蘇合反也衜徒歷反衜不住也
丨與俗同行皃衜行皃也衜行皃衜倉歷反衜
古文
音訓

○食部第十八 𩛥 𩚁 𩟼 𩟽 𩚽 𩝐六 𩟼 𩟽二正他刀反貪財日小人
饑居反穀不熟也飣俗飢古飢正居脂反丨餓也又姓三 饑 餧 餀 餲 俗二 餂
或作𩚧今音胡寄反食也又𩛶也五 𩚉 飥 𩚾 䬣俗四 𩚍正 飯今音提寄反也又都奚反

龍龕手鑑 卷四中 十二 四

又丨𩛷 餴音同上也 𩛺音修味爲丨致滋 餳徐盈反俗 𩛎 俗 𩟀古
也六 丨正以之反 𩜟胡交反𩙶也又凡非穀 錫俗也 鎚 𩜇 館俗三 餛
飴正錫也三 餚音而食日丨與肴同 饞士咸反不廉也 鹹俗音 餻俗徒 餉
丨正都回反 𩜹音侯 乾食也 鹹 咸俗 餲端反 俗
鉤子也 𩜸里疑里證二反馬 𩞥 二俗側皆 𩟄 𩟁 𩠆 四
餕食穀氣流下也 𩞥 𩟼 反正作齊
𩝹或作 餐正音修丨也六 餗俗 𩛱或作 饋丨正蒲文反 餐 鎢姑反
饈音羞 麋也 餅作 饑 丨正戶昆反 飥徒昆反 饛音蒙盛食
滿皃 餦音張丨餭也 餭音皇 餱 饃 飰 丨正所鳩反 饋俗羊
也 餱丨 餖 俗 餕 飰丨也 上 餐俗
正作勾 餹俗 音 喰 滄 𩛖 音孫以飲澆飰也二
齊遇也 飵食安反 又俗食安反二
滄丨二正食也三 饡奴冬反 鑰卜強食 又 鎬女耕反丨
䬭 𩚉 藏 餦 飴音丨𦨒 餘 饞 鐋 巧反 亦強食也 餑 音 䶂 餅 餤 徒甘反 云甘之進也
餌作 餡 丨 饞貪食也 𩞯音 餅 飪 之反 爾正 也

又稍進也饘饘之延反厚粥也二同餰俗飦或作鍵正居言反粥也三餌俗餂
或作甜二音鏻俗呂珎反鈴音零餅也餥籀文饔正饔今於容反熟食也三饙或作
餡餈二今欬資反餅也餻也三餅餋一非匪二音日相請食也餘也也餂奴兼反謁而饕也祖餅
又女廉反南楚呼食麥粥也飢音亢又丑桓反丨餌也饋或作饋正音唐黍膏也二丨
餚俗音餸飾音希二同鈴音鍩上聲餒奴每反餓也鑑俗敢反俗膚反鈔俗音西
𩟔饊正俗音敢作亦鏩俗饕丨正子敢反无味也二敢也二餳餘書兩反食也二反日同西
餌音姐食禾也無饉餯餙饈三俗反正作蘇感粗饊饊俗二饋或作饋正急反鑣俗委音餚
方言云餅也四餞疾演才箭二反以酒食送八也餭黏也饘麵去演反餅也乾也二餔勇俗音
餾可反來鉤也餁餘音稔熟食也二同餅博管反米餅也餒於壺聲罕反餛
音尾徵也餓良冉反又廉也又邱檢反小食也食不飽也饗子冉反薄味也餘良冉反食川韻

龍龕手鑑 卷四中 三十 第十二函

反食無味也饊音散丨飪鏌或作饒正音影飽也云餕或作餄正音拾飯也二饠
俗餖正奴管反女嫁二日送日丨女也二饍音視食也貪飪餉天口反餅也二同餂丨
餑俗奴罪反去聲館古玩反丨舍也丨驛之舍有作館亦同饉俗饉正音近無穀日
飢無菜也日丨饍時戰反食也鋪音步也餔音唐丨餩丨於偽反飲也飣俗釟今
飼正音寺食丨畜也三與饌士戀反具食也饋或作饋丨正求位反餉也二餄俗食丶
餌正加忘食也二反餚俗飵正昨悟反謁食也二丶相饕俗餼正許餉也又既小反
牲日丨也玉篇又許乞反飽也二餉俗饢或作餉正失向反饋也三饞俗古外反餅
鐵二俗饐丨正余亮反餇也饕俗饕正饕今於焰反飫也又於廉反饜也三丨養
飯二俗饃餙二通飫今依據反飽也飫厭也又賜也六餇俗飽正女救反雜飯也二
餾俗力救反饎或作饎今昌志反爾云酒食也方言云熟食也二饋俗餶正與縣反饜飽

也二飣丁定反貯食也饅俗餕正子峻反食餘也二鎔俗備音鎬苦到反餉車也鐩
餧二俗音遂饖俗䬽稍昧蒲昧二反餪新藏作仍吏反餌餟陟衛反陟劣反休祭祭酹也又
酹音禾餞音税郎外反小餟也門祭也又饌以芮反小餟也書芮二饍子焰反疾也饍
音焰食也美饍市焰反足也饒之恕反又豕食也大麋飲於亮反飽也餗俗饋
正音和飯也贊羹也二饌音咀會也饐於廢反飯臭也養俗饕正子耐反裝飾也二餖都豆
反丨飣也饐烏恨反烏困反饐飽也相食也又餘許穢反飯具也饐饐五恨反飽也下又食
乙冀反食傷熱也噎氣不能食也二又飫通餅飯二正丨食也符万反三入聲餯
音亦出西川篇餀俗之六反饘饕鑃三俗呼各反作腥羹丨餄古洽反丨餅鎑鞭銆
反餉田也餗音速鼎實餦俗音腹餇俗音酌饊音截食也丨鑠舊藏作音式若反鑠
丨餡通饞正音厄兒也二飢飢音厄飽聲餐女厄反炙餅餌名丨餉居六反饘也

龍龕手鑑 卷四中 三十一 第十二函

饅烏郭反味薄也飵音邑食飽饐許訖反飽也飴與叔反養也餘於業反饁也饀
芳逼反飽兒餯俗饕正於物反又於月反飴和豆也義同二餲烏葛胡葛於芥於罽四反
飯傷臭穢氣也餑餑餑餜餔餑俗六餑正外織反華麗也裝也清潔也七刷也也餘
飭俗二餘餮饕三古饕饕二貪食正他結反曰丨七餑蒲沒反茗丨也餽音息食丨
也餇奴搭反也郭逐食兒也又俗音奴罪反又餇丨餲都搭反丨餇也餘二毗必反蒲結食之
香者也餺餁上音博下音託丨丨也鋏俗餗正音甲餅丨餲屬也餘音末馬食
穀也蝕音食日月丨也

龍龕手鑑卷四之中終

龍龕手鑑入聲卷第四下

釋　行均字廣濟　集

麥部第十九　麥正音脈白虎通云金王而生火王而死亦姓也　麰麰

二俗素和反正作莎麱麧俗二䴬或作麧音麥也四麰麰麰麵俗四麰

麵二或作麩正芳無反皮也七麩音胡黏也麩或作麩正音來大麥也二

麩俗麩正音才麩也麩撒容反者麥也麴俗古元反作稍麥也麯正麩浮支反餅也

麷正䴬今昨何反淨也一曰春麥麱俗麩正莫紅反生衣兒二麩戶昆反不

破麥麨音麥麩麩同上聲二正從䴬麱音怜䴬餅也麩麩俗二䴬或作五高

反正作麩三麩麩汝住反二麩丑知反麩麫上符支反麥餅也下力脂

䴵或作音陵山峭山兒　上聲　麩麩麩俗三麩通麩正尺少反乾糗也糗音去久反

久反麩或作麰正古猛反麥也二麩俗麫正莫口反麩餅也二麩俗麫

正他口反麩也二麫音果食也餅麩俗麩正蘇果反小麥屑之覈也麩郎斗反麩也

麩音了麩去月反又音去麩音餅井也　去聲　麩俗麩通麪正莫

見反破麥也三麩麩俗二正作糒平秘反糗也麩初兒女反麥糓也麩所晏反麩餅也

入聲　麩麩麩麩麩俗五正去剩反又姓六麪音笛麩也麩誤舊作藏

趄且月反走也又居言反麩擧尾反麵也麩俗麩或作麩今麥屑也二麩蘇骨反下沒

反一懈也麩戶八反麩名麩音木麵也麩舊藏作麵字在僧護經麩音搭

正作杭麩舊藏郭氏又俗音五力反

碎麥麩舊藏作麴麩音責麩蘇叶反麩麩俗二麩正羊郎反麥也

穴部第二十　窺舊藏作窺在破邪論窺窺大規反且也小視也宊窯

馬瓜反水名二同窊四也深家俗穿今穿正音川孔也通也三穴也邃俗

窴今窴正苦禾反窠也或作菒同三窠俗窼正音勞堅固也二窴音田

塞也又堂練反感名窸窸窸俗三窯窰二正音搖陶窯也五窐音圭攜下二

孔也又俗音窯窗窻古二窓窓也二又正音惣聰也四窗窻窻窻俗三窺正音聊

也穿也亦小空也四窂窌音聊空也亦窌窌俗窌正今音窌一也

小空也四又門邊小竇也又音頭今作竇字三窬音高也去宮反窿力中反穹窿天勢也

也又音豆古文今作竇字二窨宅耕反窨也窅窅烏萌反

窴音要窘窘二俗星醒悟也窨音古文窨字二窨

二反窨音零窨中華反大兒也窨宏窨居道反龍出川窨烏交反

一也窯上魯甘反下他甘反大也窯窯二俗音巖窯音成窯正作窯窯戶反

窯反一薄一大也窯音巖窯也

星字天所居窴正俗七余反窯正作岫字音千虫反篇穴也窮二功音穿窯窯二茹反俗正戶

作宏大也窄小宅耕反小窄也窴音寅窵俗音情窴俗音挾窺正丑身反視兒窯宅加

反窯深兒也一窯二扶浮音窯俗作糊毳飾也窯俗正作於元反窯屈也窴正俗

窴正音寧天也二窩俗阿音窯窯音宽窯音窯延窯俗窯反窯正窯與

之窴反室東隅也二窯俗窯正所到反渠窯也二窯上昇陟倫反下亦反一下

批又也窯穸也夜窯亦上音隙窯音二窯窯衡二音招上聲窶

又徒昆反火現穴中也窯音隙窯窯二窯音窯招　上聲　窶

正窶俗其矩反無禮也二貧窈烏了反窈窕深遠也窱徒了反又他一

吊反深邃也窕徒了反窈窕美也又好也宜也窵烏了反深遠也

亦深邃貝窈也窕窕正羊主反器中空也窯鹿名也窨急

目深兒窪窯或作窯亦病也又嫡也二窯窯景軍反也

反深窪窯也又窯窯中空也

也二窯字卑烏本反也窯反也窯子朕反濕也二窯俗烏五反窯

窴作二窯或窯今窯感反坎傍入窯俗音也窯俗音窯雲起轉也

又窯音窯窯窯鄭反窯俗七音窯二窯杳音窯宋音窯窯字　去聲　窨

於禁反地屋也窌正窌今正兒反起醲也又力救反𥦗也又縣名釀音女亮反二亦𡫏之方驗
方鄧二反下棺也窱窱二俗窱正魚祭反睡語也𥦗釋類反深也窒古文定丨盡
也窨音又寬也正作窨宧音忠土丨窖今窖正音教丨也二倉穽淨靜二音坑也
也陷丨也窞俗竇正音豆木丨空也穴也決也又姓二也竅竅竅三俗正苦吊反穴也古竊正
孔也四𥧌𥧏俗二𥧌古究今音救深也丨窮也謀也盡也竄俗穽古竊
竄今倉亂反逃也隱匿藏也四竄𥨊𥧟俗音夢從宀作三正寤俗寤正音悟名也二寤
竊舊藏作寐寐寐寐三俗莫庇反正作寐寢也𥨊猪孟反縮也與開張𥧓同盡崩鐙方
反束棺下之也窆古文芮反以究直禁反深也𥦗或作力救反窖也穿俗苦會反窼
𥨊𥨊皆香仲反老弱也三𥧻𥧻二俗正作之夜反柘字𥨣惠俗音容俗徒浪反正作
岩過也𥨻寇二俗苦候反正作寇鈔也暴也窀七稅初稅二反穿地施土名也大窾俗鏽

二反入聲窣窣俗二窣正蘇骨反穴中出也三勃丨窟舊藏作窟窟苦沒反丨穴也
二窒丁結反又陟栗反丨塞也竊竊俗二竊正今千結反盜也私取也又淺也四
𥧒𥨍𥦗𥦗四俗音穽正從穴作窨音責丨狹也又姓容口合反相合當也丨盆或作
窗正音血兒也二穿窒窒二俗常力反作寔實也是也也正窳俗霍音寘寘二音莫
窖烏甲反脉刺穴也人神丨窾古文六反居突徒結反不平也窗陟格反屈也反窒俗音
塞窒窒二縮音突俗突正陁骨反文大從犬穴中出也觸也欺也二說窴音伏地室
也窾或作突今苦穴反無門戶也又於映穿兒二窆烏八反手丨為穴也空也又窒俗音
窒窖蒲角反土室也竅竹滑反口食滿兒也窋竹律反穴兒物出在又丁骨反窒音虐

角部第二十一

觕觕二俗音斤觚音孤器角也酒爵也禮觥俗觥
觵二正古橫反角七升為酒器可受有過者一舉而盡也三觿蘇來反中骨也角觽市嬌反馬

衛也與鵃同觽徒和反牛無角與鮍同觩俗音炎䚃音巾觴音傷酒器也觶必迷
反橫牛名角觠渠員反曲角也觻觻觻三俗正作古還反鐶字觭去奇二反去綺角一
俯仰也一觩俗觿正音宣角也二揮觼烏厌反角中也曲觓或作觩今渠幽反厄曲
兒二觓渠幽反角兒觲或作觲正息營反赤角弓二觥俗觵正音江角也二舉觹
正觽今音端如豕角角善丨為弓二獸名狀觰陟加反上廣也角觻俗方八反觻觟
二觽觽正許規反佩之又戶圭二反錐角童子銳端可以解結也四觲俗古行反觵古觵俗交五反
俗觰觽二俗陟庚反作衛角長兒正觬一宣義二音俯仰也牛角觰字由觩角也收反
觱音音疑丨丨獸角角兒又觬伭嗁二音正觺正觿丨通音流角白二觩
觓又音觼猋音上聲觾觾觟觝四俗觝觝通二觗正丁禮反角單也七犀
余隴反踊也猛觩貪貪反獸也與觻丨仁同船或作觛正音巨矩同鷄丨與上又音梧

二觓胡本角圓兒與觬同觵阻限反小杯也觩通觺今他端不正也爾反又角
羊二紙觤俗觤正居委反角不齊也獸也二觻觽觲二或作古本反今作字禹又名也
二觟胡瓦反又丨楚冠牝羊名也牂角觽俗觿正市沼反角長也二去聲觻音廢
弋射又川收繳具也韻蒲末反觚丨川也韻百嫁反與霸同刀觚觚俗二觶正支義反爵受
四升也音支三又觿觿觿俗三觹正時制反角堅也四牛觛得按反小多早解也二
觡俗音介他口反又觘初案反上涙也角入聲觱音佛丨理觸俗觞觥或二
作犀觸二反突也正尺玉五觥或俗觡正胡谷反也又姓二斗觓胡谷反舊藏作斛
觚觛俗觡二觶觵丨二正亦調女弓角反也五星觼鳥蒲具末也反弋觚俗觜
正音角之學治工二觽正觹今古穴反環有舌也二觼其月反角以發物也觳觳俗二
觱觱俗二觱丨今音必羌人吹角以驚與也今作篳樂器也下又音佛丨理也五觱觸

㱟立反角多皃二同䚍五縛反收絲者也又古莧反觻音歷角鋒觪俗觪正非沒反角始
生也二觡音格鹿角觷古岳胡歷二反以角骨飾杖策頭也䚩正觫今丑列反丨觫二
觖已穴反丨望怨望也又蘢瑞反觳紀劣角觸反觿女白反以鷄距又音歷角鋒也與觻同
觱正勿反美人吹角也

歺部第二十二

歺五割反殘丨也⿰歹羊音祥女鬼⿰歹古苦胡反丨瘴瘦惡也⿰歹凶
古文音凶禍也殙音昏病也又未立名而死殫音丹盡也殅音情雨夜丨見星也殂在胡反死
也殲音尖滅也盡也殃於良反丨咎凶敗也⿰歹月⿰歹肉昨于征日二反禽獸食餘也上又古文肉
字二同⿰歹盧俗力居反皮丨⿰歹差在何反小疾病也⿰歹甫或作殍正芳無平表二反餓死也又符
鄙反草木苦落也二殭居良反死不朽也⿰歹彭音彭丨⿰歹卒死人膖也⿰歹曹作曹反終也殏音求
終也⿰歹奇居宜去奇二反死也弃也⿰歹先仙疑反⿰歹先丨⿰歹委於爲反枯死也⿰歹食音孫歆澆飯也⿰歹句

舊藏作弘殤音傷反丨末減人人死也⿰歹冉或作⿰歹冊今所奸反單干別名也二⿰歹烏郭氏俗音昌脂
古堯二反又川韻音刀⿰歹車⿰歹東二俗音俞正作膔肥丨⿰歹亭俗⿰歹亭正音亭⿰歹亭丨枯死也二
⿰歹冬音終沒也⿰歹了音州【上聲】⿰歹千⿰歹刃⿰歹井三俗⿰歹斤正昌究反殘也盡也又對臥也四⿰歹尔
俗⿰歹力古殄正徒典反絕也盡也三殞俗殞正於敏反也終也二⿰歹皮殁俗殀
正於小反殀也少死也短折也二⿰歹善俗善音⿰歹丂音朽枯也⿰歹咼胡果反古禍字⿰歹耳舊藏作⿰歹耳
殆徒乃反危也近也⿰歹鬼胡罪反不平也⿰歹支音孝丨打⿰歹皮足美敷鬌二反枝折也又音彼⿰歹畏
⿰歹委上烏賄反下他每反丨卜知人也⿰歹咅芳武反食上生白毛也又在負二音亦物敗也⿰歹匋⿰歹旬
隨函云誤合作⿰歹丂音朽枯也又俗鉤苟二音二⿰歹隹俗雅推二音⿰歹奉芳勇反⿰歹空俗巨北反⿰歹晉
俗祚感反正作蒨弓弦也⿰歹粲俗子了反丨絕⿰歹炎舊藏作琰殑其極反欲死也又凝等反梵語河名
也⿰歹火音殿【去聲】殠昌呪反丨敗惡氣也殨胡對反由爛也殯必刃反丨⿰歹念也殮力驗

反殯丨也⿰歹斯音賜盡也死之言丨也殪於計反死也謂一發而死⿰歹央音挂丨罜極婏也死兒也
⿰歹欠俗⿰歹次正恣次二音丨死而復生也二⿰歹土俗⿰歹犬正他計反⿰歹央也二⿰歹癸俗下戒反殰
方問反殯也⿰歹毛當故反死敗也⿰歹列音例死也殣音近埋丨也⿰歹責才賜反骨宊也⿰歹羸郎外
反疫病也又力臥反亦病疲也⿰歹术先外反瘦病也⿰歹帶他計反極困也⿰歹益於蓋反死也⿰歹手俗音
拜⿰歹占⿰歹卯二俗音皃⿰歹焉舊藏作而遇反傳⿰歹彖許微反極困也⿰歹句迢問反丨以人送死生埋
曰丨從晉文公時有也【入聲】殖時力反種也埋也生也歾俗殁正音沒死也終也盡
也二殟烏沒反心悶也又烏昆反⿰歹祭俗音六正作戮也⿰歹就七六子六疾又三反丨終也⿰歹辟
⿰歹斤上扶歷反下擊昔二音丨丨欲死之皃也⿰歹酉俗殛正紀力反急性也又誅也二殰音獨
⿰歹易胎也又內敗曰丨也⿰歹各音洛殂也⿰歹卒子律反死也終也⿰歹立古文宜汲反今作岌危也⿰歹出
巨勿反殟也⿰歹葉或作⿰歹葉正音葉病羊眠起也二⿰歹熏或作殗正於葉於葉二反丨殜病也二

殜直葉反殗丨病死俗⿰歹戔正許劣反盡也二⿰歹丙奴沒反殟丨心亂也⿰歹舌五角反卒死也
⿰歹角⿰歹束上音殺下音速丨丨死皃⿰歹血呼狊反鳥卵破也⿰歹莫音莫死也⿰歹至俗徒結脂利二反
⿱桀歹舊藏作⿰歹桀渠列反⿰歹盍卩合反丨死也⿰歹参魚乙反水流皃⿱辟歹⿱辟歹二或作上扶歷反下先擊
反丨新死之皃也今作⿰歹辛⿰歹斤一字

力部第二十三

⿱夌力力氷反侮也犯也欺也與夌款同劬其于反丨勞也用力
者勞也勍音擎武也強也力也勷汝羊反勸逼迫皃也劻音匡丨勸也勦主父反輕捷也
又子小勞也勑音牟勉也務音毫後健也⿰金力正⿰扌力今甫音反大也二⿰市力動上客
庚反下苦淮反丨丨人有力也勇芳夫反⿰加力古文從字又烏八反⿰官力古文音熱放丨堯字勸
居員反玉篇勞也⿰雚力音羊勸也⿰九也正⿰几也俗口庚反信也二⿰貝力音郎有力也⿰男力古文
音兵勞音從召音經【上聲】勉音免勗丨勤強也勸丨也⿰亡力其杏反勇丨也又嚴也亦害也

函 海

惡也與劫同猛義同吃喝也堰反勯𠢽二或作𠢽正其兩反迫也勉也力也三勨俗

勨正羊兩反二徐兩反勉也二勨音兩力拒也丨勞𠢽烏孔反丨九屈反弱兒勸余兩反勉也

桊音惓[去聲]勵音例勉也勸也勁俗勁正結正二反健也二強兒劾苦戒反勤力作又

也劭劭二俗常照反正作劭字𠡳俗券正去願反約也契也大曰券小曰契也二

勱勱余制反勞也二勵俗勮正其據反又疾也懼也二勤務也勱莫芥反勉也強

也勸勸勵勵四俗勵或作勵通勴正音慮助也又音盧七也道劤音斯

多力兒勬音眷勸也又居負反亦強健也勵盧對反推也劦音例勡胡足也妙反勡

扶沸反壯勇之兒也奨音末[入聲]劣力別反弱也鄙也少也勃俗勃正蒲沒反卒也

惡逆也二勁上俗同劦音叶同力也香嚴又音麗勰音叶思也今作丨勠俗勠正音

六力也併力也又音流勗勗二俗許玉反正作勗勣音積累德也丨功𠡳俗𠡳正音

逸豫也弄也二劼苦八反用力也又勤也固也吝也勮居月反強力也劜乙鎋反劜丨𠢭

音力遼東大名也勊苦勒反自強也𠢍子悅反斷物也丨劫劫盧業反二勔勔尼六

一反𠡌方結反力之兒大劫力竹反列音列

[入]立部第二十四竛竮上郎丁反下普丁反行不正也或作竛俜竜竸𥪖

龔五古文龍字竳俗竳或作竳𥪒正音須待也三竱音端齊等也又上聲又音傳

竴七遯反喜也竵竵二或作竵竵正口乖反不正兒也物三竣俗竣正七遯反改也

正也二竑或作竑今戶萌反量度也二竸俗音坑塡俗音田塞也竱俗音端竲

俗竲正增繒二音單高兒二竒古文言字龍音龍[上聲]竪俗竪今音樹丘也又

童僕之未冠者也又姓二靖疾井反立也思也理也審也亦作靜字竫疾井反停安也與上亦逕

竕竢二古文牀史反玉篇同俟待也竦息拱反敬也執也上也不善也抑惡也跳也𥫉居委反恌

一四二

也又居僞反載物也竘俗竘正音口健也又立主反巧也二竤該改反丨神人也竪立主

反也竨都罪反實垂兒𥩟蒲下反人立也短竵音八立也竢他點反竝音並

竢俗知兩反竚俗竚正直呂反久立也與佇同二𥫎音立[去聲]竟俗竸古

競正擎敬反逐也高也爭也遽也強也三站𥪥知陷反立也二丨埼音直竨徒弔丁立

知角反二𥪑音義正也𥪔音忌三音竪䇫胡計反禮二𥫄音智䇫俗音江西隨竹函

反𥪰俗音類利也䇖音臨三竩音性香嚴俗又音主[入聲]竭其謁反盡也盡

忠不愛其身也䇘羊郎反輔也又郡名也丨竝羊郎反竣竦鹿二鬼兒也三音見同設

俗竨正初六反齊等也與竵同二𥪕尺涉反贏也踖七雀反驚也竧王伐反竮立也

[入]鹿部第二十五麁麤倉胡反疎也大也不精也又不善也二物麋俗麋

正武悲反鹿屬也二麤倉胡反浙韻云行路遠也又驚防也鹿之性相背而食慮人獸之害也麒

麟上音其下音隣瑞獸也君王仁至出見也麐古文麟俗二𪊍正儒須二音鹿子也

三麞音章獸名鹿屬也麈音主獸名大如兔也麃麃麃俗三麛正音迷兒也四

麑五兮反麑子也𪋆音圭鹿屬也麤籀文倉胡反作鹿又音麤今麝俗音香麎音辰

牝麋又𪊨俗音麤古文䴥俗麢正郎丁反羊獸名三丨䴪胡官反鹿

音滄一歲麙五咸反絕有力麊於爲反鹿肉也麐音銀獸名似鹿而絡入目麃通麜

也一歲麚雄麍俗麀麀二正音憂遊也又雌鹿也丨丨三麕正麕居筠反今

正音加鹿屬也二麗或作麘麘二正力室反也又苦定反三有麢俗麢或作麢大麖音正

鹿屬也二京獸名一角似麐三麑音樸鹿二歲也[上聲]麈音主似鹿而大尾可爲拂也麃三歲一歲

愚雨反牝鹿也又䴠俗麂正音九黃麂日麐二麃三歲一歲日

丨丨孕平表其九二麌俗麌正烏兆反鹿子也玉篇二又麃房表反牝鹿也房表

普保三反皆鳥毛變色也又獸似鹿也 麁 眦忍也 【去聲】廣 羊恕反大鹿也 麖麜 在見

二反 麆 正 麢 或作音助麤子名又音祚大也二 麐 良刀反壯麒 麝 今 麞 正神夜反

似麞而香有香也 【入聲】麜 音栗麞牝｜也 麔 俗 麤 正音速鹿迹也三

〈入〉兀部第二十六 兀 五忽反高危皃此部與兀部相涉 尩 憶俱反盤旋 𡯂

古 尪 今烏光反｜羸也二 尫 尫 音灰擊也二 ｜ 尵 呼回呼懷二反馬病也又許鬼｜

｜反 也蚰 尵 往懷徒回二反｜馬病也二 尳 同上 尳 榮昭武二反日 尥 尥 交二力俗吊蒲

二反 尳 俗 尷 正徒芳二反跛行皃 尬 上音緘不正也一下音界日物不中｜也行 尲

丁泥反能行也 不 尶 或作 尶 今戶圭反行惡二反 ｜ 尷 正 尶 今丁二反不兮能徒行兮

爲二人所 尦 音竿殹也 【上聲】 尯 布火反不正皃 行 尰 時勇反｜病也足 尥 音板

列 ｜尥又北官反 俗 尩 尩 上力上辛苦反下胡行不得也 尰 力口反高皃 尰 尰

龍龕手鑑 卷四下 九 第十二函

上烏賄反下他猥反｜｜行病也 尯 烏感反跛足也 ｜ 尯 丘彼居綺二反一足行皃也 【去】

𡴀 尯 上烏內反下他內反｜｜廢風苦熱也 尯 則個反不正也 行 尯 尯 二音同界

尯 或作 尯 今盧臥反病也二 尯 步侯反臥二步 尯 下臥反 尯 即臥反不正也 行 尯

丘愧反又跛也 則 足 尯 尯 上邱召反下牛召反切韻玉篇上牛召反下高不平皃又立召反舉

頭｜｜不安也 【入聲】尳 音骨反｜骭骨也露也亦 尳又 也骨 尳 五骨反不安皃也 尳 ｜

尯 許勿反 甑 辛律反能行也 不 尯 音逆反倦｜也 尯 目曜二音丑角反也與蹾同跛

也 音兀同則

〈入〉色部第二十七 𠨋 正丁反繆色也 𠨋 呼雞反痛聲也 𠨋 俗頓音 𠨋 七俗

𩈉 反正作｜裂也 𩈉 俗名音 𩈉 俗 𩈉 正呼奚反黃病色也 香嚴又戶雞反二 【上聲】

𩈉 於大反氣流皃 𩈉 正 𩈉 今 𩈉 俗 𩈉 正上朗反下二朗反｜｜無色狀也二莫

【去聲】𧹞 音焰美色也 𧹞 俗定皃反 𧹞 音養 𧹞 𧹞 二俗作 𧹞 二字步教反正 𧹞

𧹞 上莫定反下千定反｜｜青黑色也 𧹞 俗音眷 【入聲】𧹞 蒲沒反然不悅也｜ 𧹞 音昔

𧹞 俗音散正作 𧹞 色 俗音 𧹞 二音拍白 𧹞 普活反無色｜ 𧹞 音末 𧹞 色不深也｜

〈入〉赤部第二十八 赨 赨 今人朱反羊朱反色落也二火色也又 赨 徒冬反色

赤 也 赨 音雄赤名 赧 胡加反赤色也日 赬 赬 二俗 赬 赬 二作或 赬 俗 赬

正 丑貞反赤也六 【上聲】赧 古 赧 正 赧 今尼板反面慚也面赤也三 赧 奴板

反 溫也 又女誅反 赭 音者赤上也 赭 赭 二正 赭 今音尼名也三 入 【去聲】 赩 音熾

【入聲】赫 亨格反大也赤也發也又覆明也姓連氏也 盛 赩 許逼反赤色也 赩 許力反大

赤也 赦 許擊反笑聲也 赫 許六反火或赤也絳也又

〈入〉一部第二十九 生 居言反 𡘞 古文音人 𠕒 音初 𠕒 二反口懷名胡罪

龍龕手鑑 卷四下 十 第十二函

𠕒 火反 尖 音之 𡭑 無音 蒜爲之 祖芳反 薑 丌 居宜反 厶 古宏反 巫 音無

｜覡也 巫女 今之師｜ 日覡 ｜音形 的反 男日 丘 北 古文三 比 音丘 爪 古文 爪 二音 大

鳥 音古 烏 文 𠕒 音天 古文 天 亓 音天 亓 古文 上同 𡆠 𡆠 二 初 音 廿 廿 二 丘 音 【上聲】

囟 他念反 二 甄 音國 音軌 國 古文 乑 古五字 瓦 音瓦 韭 音九 名也 菜 句 二 俗

氐 或作 二 亙 古文 二反 丁禮 星名也 丁奚 五 取 音 音取 又 【去聲】 亙 俗 亙

正古遜也竟也反二 遁也 互 古文都奚反 音｜ 平羌又 丐 莫報反 亟 新｜次 藏也作就 亞

也又莫俗可二乙反 加 昆 音正 夜 乖 音鬲 俗七亂反 亙 居反側 【入聲】 亟 俗 亟

正記力反急也疾也也遽也也二 不 五割反無頭也 木 區 五反 各 歹 丁結

又去吏反數也遽也二

反

〈入〉谷部第三十 谿 苦奚反水注谷日｜作溪亦通 谸 音千聲類云里說文云｜三 峑

函海

山谷間毒也 谼 於驚反谼谷也 谾 許江反呼東反空谷也孔空也 又 䆗 俗 䆗 正呼勞反
丨谸深宲也二 谷谸 丨也 二音 谬 音聊空谷也 䆽 音龍谷也 大 谹 戶萌反谷中響
一日谷名 谼 符分反谷名 谺 谼 音侯谷名高二同 在 谼 戶公反壑丨谷寺 大 谽 谺
上丨入舍反下許加反丨谷中大空皃 谷 䜮 上音護下音 名丨亭 谾 呼檻反開險皃 容
松閏 谾 普患反谷名 䜪 良涉反谷名 讀 音讀谷名 谿 溪 渠竹反谷名

〈入〉弋部第三十一
弋 俗 弋 羊職反丨射又橜也亦姓也二 式 弌 俗 二 戒
今音歌三 妋 音娀 栽 俗 栽 正音灾天火也二 戭 俗其具反 戭 七羊反 或 莫侯
忒 忒 音脂二 〈上聲〉 䤲 音勇 式 音早 〈去聲〉 試 試式二音 貳 徒弄反正作貳 誠
俗 㦸 戴 二正侧吏反大也或從戈作鸞 戴 三 㦸 戮 也二或作式 巨志反虐其君曰丨亦 大逆
作煞字 〈入聲〉 弌 弍 弎 上一次 二 下三 試 音識 戳 音習 戳 莊界反 戳 古文

龍龕手鑑 卷四 二 第十二函

莫結反 戜 音弋 戜 骨也 䰈 音弋骨也二 戜 戜 音弋 䰈 盆 戜 音弋 皂丨 秋 音弋 禾丨 戓 戓
二差 貳 他德反從人求借物也三 武 音特 食禾虫也 正云食葉虫也 爾 式 傷食反 法也 敬
也度也 戜 俗 戜 正與力反 取也又 繳射也或作弋 繳之若反二 武 武 武 音越 三
用也
戜 徒結反利也 又國名

〈入〉廾部第三十二
廾 人執反說文云二十也今為二十字 异 與之反已也又音異
戟 成數也 舉也 攣 弊 二音 弊 古還反見川韻 舁 羊諸反對舉也 舉 古文 音言 〈上聲〉
弇 古 弇 或作 弇 今於斂反盍也 蓋也三 弊 即兩反勸丨也助也 厲也 去也 譽也 〈去聲〉 弊
覜 袂反惡也 也 挈 苦計反丨約也 又 弆 音 困也又姓 苦結反丨濶也 忌 弃 弃 弃 三 弄
羿 音詣 能射人名 說文從羽也 彝 古文 拜字 𢍏 苦結二反 苦詀 〈入聲〉 弆 古文 音掬 弁
𢍏 或 四 音 莫 俗 正 作 二 異 莫 二 𢍏 余六反 手捧物也 兩 弃 弃 二 俗 弈 正音亦 美 皃 又博丨

〈入〉入部第三十三
也 三
𠓗 音欽 㑒 古文 𠋤 則二 𠓗 音 式車 反 𠓗 古文 音當
企 丘弭去智二反 望也從人作正 侖 力稔反 面同火舒也 𠓗 弁 古文 尺 北 反 箭也 二 𠓗
𠓗 𠓗 𠓗 四 古文時正 反車丨也 𠓗 𠓗 古文羊 恕反二 𠓗 俗當 蓋反 𠓗 入 姊入 秦入
二反三 谷也 宅甲 𠓗 反 俗 如甲 丁 𠓗 古文 𠓗 俗 𠓗 通
從一入聲二 尖 俗 𡭊 二反 音聶
音笛 市買 米粟也二

〈入〉攴部第三十四
攴 普木反 擊也此字 與支文三字相涉 𣀓 古 𣀓 正音 魚捕
魚也 二 歧 巨支反 丨路也 𣀓 𣀓 宅耕反 觸也二 撞 𣀓 去奇反 不正也 𣀓 力鹽反 丨鼓謂
以杖丨擊 𣀓 古音羊 也與𣀓同 今作 𣀓 音奇 別名也 米之 𣀓 古 𣀓 今去奇反 宗廟宥坐
之器也又居宜反 節取 物 𣀓 普胡反 丨屋壞也 𣀓 𣀓 疋夷反 丨𣀓也 𣀓
也又傾也亦作𣀓字三

龍龕手鑑 卷四 十三 第十二函

徒冬反 擊 空聲也 𣀓 音由所 也又姓 𣀓 俗 筆巾 開二反 伯 𣀓 音聊 擇也 揀 𣀓 𣀓 音 葦
多侵 𣀓 口交反 擊頭也 攻 音 工 𣀓 市由反 懸擊也 𣀓 丁兼反 也丨 掇 音都 丨掇稱 量 括反
𣀓 音盧 𣀓 也 𣀓 疋皮反 同 紕 繒欲壞也 𣀓 音常 戾丨 𣀓 巨支反 硬皃也 弓 𣀓 巨支 反說
文云擊 𣀓 俗 𣀓 正側加反 也指取也二 以 𣀓 五來反 今作 鼓 有所理也 𣀓 古咸 反取
水也
也 𣀓 陟陵反 今作 後召也 𣀓 音羊 𣀓 疋交反 擊也 𣀓 宅耕 反 𣀓 音 扶 同 𣀓
五交反 打也 𣀓 武恒反 𣀓 古安 進也 反 𣀓 羊 二音 攘 𣀓 古行反 改 償 丨 代 也
又苦交反
又古 𣀓 𣀓 音 始加 二 同 〈上聲〉 𣀓 烏口反 擊也 𣀓 音度 也 塞 𣀓 都果 初委
孟反
尺究 三 𣀓 古口反 丨 𣀓 音 貂 盾也 𣀓 音與主 也常也 戰 必禮反 丨 敗也 又普
反試也 𣀓 抑打也
禮必 𣀓 研禮反 諸 戰丨 擊 聲也 又音倪 𣀓 苦果 苦臥二 反 研理也 𣀓 呼可反 擊也
二反
𣀓 丁禮 反 隱也 𣀓 上 同 𣀓 先孔反 丨 推 博擊也 𣀓 昌丑反 亂也 𣀓 音以 大 也 𣀓

一四四

毀許委反正作毀壞也皱俗戶音敹力小反長皃敀音敏敤徒可反敔音語祝丨

樂器也敨音扻打也敉武婢反撫也愛也安也敞昌兩反敘音序敾音靚伴也鼓

音古敪又音禮音離布也敹又倉刀反古文與平持也操同敵音曾（去聲）敝俗眦訣反

囙劣敗也正作敗敽俗音致陟利反至也敡音汗禦也止也敹俗數正音

惟二致也敿音亂也敹莫半反丨兒彩也敹側救反敵苦怪反同敝汝去智反

敹蘇見反言散也效或作胡教反學也孝也放也效音或作頊敹支義反多也敵敵

音散分離也又上聲二布丨敯或作他旦反斲無文章皃丨敫布臥反今作播敹余刈反擣

也效古文數字敹籒文音敗敹音處（入聲）敲音當也笛匹也對也輩也主也

敘俗敘正音同敢音潤又音打也格擊也二與掴戰音必盡也敢而陟反使也敘毬

徒活反取也二敹丑角反強授也刺也又音濁策也敊丑六反痴丨皃敹音燭陰州也又音卓

刑也敹又丨取也薾叶反使也敕古文勑字敀音伯或作同迫柏大析也逼也近也又敲

音弗斅或作亦猷也音弢女角反敹斀二同他達反徹古文直列反敹斀於上

丨葉反丨丨今相著也下尼葉反敝所步反破也敹音佛敎蒲沒反敹音佛拂二治也敵

敲古文字二拂敌下刮反盡文也敍音檢故也敆古合反敐力訥反

（入）黑部第三十五黟音傷赤黑也黖九反黖音尤結病也同疣黬

黬音針緘二二同黕烏開反為入二反黚音上來二反丨下徒來丨大黑兒也黳烏奚丁來

反美石黑色也黔黥音擎在面也二黖他昆反黑色也黃黸音同黑兒黰之忍烏開

二反染黑也黯烏開反丨黖莫江反私事也陰黬五咸反古咸釜底黑也二黬

音黟俗黝正烏奚反相承音二鰲步官反下色也黖五官反黔俗黚今淹正巨反

黤黑黃色黚巨淹反淺黑色也又丨陽縣名黟於奚反水黑也又音伊黸黱

也二

黸黛黧黳俗五黥正力奚反黑而復黃也班也六黝又於九反於脂反果也縣名也黟烏俗

奚反（上聲）黟烏禮反黈知主反黈也黶黔於琰反二黯乙減反然傷別皃丨

又音黑色也黖於檻反黑丨也黤俗黭正於檻反又烏感反青黑色也義同二黲通

黲正倉敢反青色也二黲烏感反丨黖也黚黮徒感反雲黑也黮他藏反不明淨又暗

黰吉旱反面色黖上黑丨也黖都感反黑色也黵大染汙垢也黕都敢反章二反黑也

（去聲）黱音黷府丨也黷俗黴正以證反上黑子也二黛音代黱肩直證

反米黑黟直證反雲也黵烏會反淺黑色也黷音速（入聲）黷音獨塵丨

也垢黑黖屋握二音辱黷音辱魚垢點胡入反也利也黠丑律反放也退

也黟象也黖黑別名也黖音黯正音皃丨黚四黷倉歷反黖色敗名丨黖初力

也黖黠二黲俗黗通黗正青色也四黫黷色也

反黜俗黜正當割反丨縣名也二黷莫八反黑丨黖黑也音七黖祿音黖他合

反人姓嘿許力反赤黑皃也黢正黖二今徒葉竹盧業黑皃也三二反默

名也黖莫北反靜也

（入）舌部第三十六舐音天丨語不正皃䑛䑛䑜䑙䑚胡五俗䑚或作

甜正徒兼反甘也美也七辞俗音詞正作辤䑛俗二䑛音詞二音䑜䑜二俗音沽䑜

俗音朱殊二音䑙音添舌出自也䑛他酣反吐舌也䑝汝鹽反丨長舌也䑞音舟音甜他故

反䑠俗音田䑠也䑡俗甜同（上聲）䑢舐俗三䑣通䑤俗䑥三古䑦

正神紙反以舌取物也八䑧俗䑨古文音䑩話二（去聲）䑪俗舐正其禁反舌下病也

䑫二䑬俗正去例反䑭息也三䑮䑯二䑰正他念反吐舌自也三䑱俗音䑲

䑳俗直錦反正作䑴䑵吐濫反丨占自也（入聲）䑶俗䑷正他葉反舌曰丨二小

䑸通䑹或作䑺正他合反大食也三䑻胡葛反䑼呼末反歠水也又烏末烏入二反取

物也歐音一敵反

〔入〕鬲部第三十七

鬲郎擊反｜隔也爾疋云鼎款足謂之｜又古核反縣名又姓 鬴或作音而煮宍也 䰙古文音袁今作垣｜壔也又姓 鬻許橋反炊氣皃 鬻諸延反粥也與

鬻同 鬵居隨反三足釜有柄者也 鬺音傷烹也 鬻古文音羹｜膗也 鬻鬻俗二今鬻才

心似鹽食心三反皆甑屬又徐林反 鬵｜上大下小釜也一〔上聲〕鬻古文音煮 鬻

正 鬵今初巧反｜乾也二 䰒或作 䰗正作孔反 䰈｜一名素華又子紅反釜屬又姓二〔去〕

鬻子孕反炊器也 鬻 鬻方味反陽 鬻今作鬷二同｜二同 鬻仍吏反〔入聲〕

鬻俗 鬻古 鬻今余六反糜也又 鬻余六反說文 鬻賣也又音祝三云稀食也 䰞音歷

去浡 鬻俗 鬻或作音辱 鬻音藥內宍湯沸沒反 鬻大鼎也二 鬻中薄出之反 鬻釜溢也 鬻

音速鼎實與餗同

〔入〕鬲部第三十八

鬲郎擊反｜隔也爾疋云鼎款足謂之｜又古核反縣名又姓 鬲籀文音而煮宍也 䰛戶圭反下孔也 鬳 鬻 鬻二籀文音尋大釜也 鬳 鬲二古音弋

與隔亦同巨三足器也 正甘｜也今作坶字 鬹或作 鬹古文音羹｜膗也二 鬷俗 鬷正作孔反 鬷

上名素華又子紅反釜屬又姓二 鬷釜也 鬴音蠓 鬴音俗河名 九鬻音辱鼎也 大鬴初巧

反｜乾也

〔入〕學部第三十九

鷽音學也 覺扶味反 鷽二反獸名 覺 鷽俗二

七亂反 鷽音學澗泉玉篇云大浪正作鷽 鷽也又下巧反動聲也 礐苦沃反暴急也 礐苦角

胡角二反山多大石也 礐｜聲也 鷽烏角古岳二反 鷽反馬腹鳴也 鷽胡角反器之工

也又谷五 鷽音角｜明也 鷽胡角反｜散也 散音鵠 鷽屋沃二音｜膏肥皃 鷽俗胡

反九 鷽音沃魚名 鷽胡天反小羊 礐苦角反鵲殼二音山多大石也又石｜聲也

〔入〕宀部第四十一

宀莫狄反興口聲也又文字音義去以中覆從一下垂也 牢音俗 宇 䆁正莫瓶莫定二反｜幽暗｜昧也二 宋音彌入也周行也 宊昌天字 宊古文 完

俗烏交反日深也 家知勇反大也 宂而隴反散也又｜由｜豫不定也 宂音 宂 宂 宂

宭五俗音猛正作罟蛙屬也 宥俗苦等反 宲知勇反 宲俗作罟音罔 宲古正 宾俗苦浪反

正作 宷籀文七亂反炊｜也 寂才句子外二反積也 寇當故反祭奠酒也 知嫁二反 寍

音覓 寐音釋餅 寐｜莙也 寉俗胡沃反正作寉高至也 寉香嚴又空卓反

堅也

〔入〕出部第四十一

出 䵿子余側急四反 䵿子預四反二 出 䫻 出敷尾反｜三日明生月

之始 䵿 胡普乃反月未盛明也又同上 䵿 䵿二俗通作 䵿 俗 崇正作 蝴俗 䵿

也 䵿正音賣出物也 䵿 䵿 䵿二俗音 䵿｜米也 䵿 䵿 䵿音 綴 䵿短 皃二

辭二反 䵿 䵿 䵿｜䵿也二正 䵿作 䵿

二 䵿丘愧反地名 䵿徒合反 䵿居月反 䵿女利反刻出也又俗音 䵿出 䵿五結

反不 䵿苦骨反同 䵿五滑反 䵿屈也 䵿五滑反無知之意也

安也 䵿窟｜穴也

〔入〕十部第四十二

卑 卑俗二 非正北官反弃糞器名 午也又姓下反音畢三

卑 卒三古文音卑作或 卒正音集詞云會聚也 卄吕十反字統 卆

保相次也 卆之集也二

俗 卒今 卒正倉沒反｜急也遽也又子 卉 卉計貴反｜衆也

卒律反終也盡也既也自也三

草之總名 卄三同 卄 卄 卄音世 卄音亂 卄都回反

又上聲二

〔入〕卩部第四十三

卩子結反與卪同瑞信也或作卩亦同 卯 卯正落管反凡無

乳者曰｜ 郵｜音尤境上舍也亦 督 卸司夜反解｜ 卸

生也二 ｜古宮号也又姓 也又俗音尤 卸

相逸反 膝｜音却退也 卻 名音髮

上骨節也

〔入〕血部第四十四

盇馬合反 㿽正 㿽今音高生 盞音殘

也又姓二 盞作 盞

器也 盇俗 盇今音荒血也二 盧或作布胡反 衊居依反血祭也 血音亭定 衃不

息也

芳林反玉篇又音孚血疑也　𧖴音忌　衅許近反器也料血也牲羊祭脊反　鮥鯌反疑甜

血也二同　䘒徒紺反又玉篇空紺反羊血凝也　衈仍吏反禮注云割牲耳血及毛煞鷄祭也又周

以祭也　衇䘑脈三正莫厄反血理之分行於身中日丨也白虎通云以　𧗂俗養丨四駭

𧗝衄俗二衂正女六反音肉鼻出血也折挫也三又　𧖵音蜜　𧗿許力反痛傷其実也　𧗢

音鉢　盍盇二或作胡臘反不也正從血作何

卜部第四十五　虍虍音虎在隨羅中尼二　南𧆛𧆞𧆝𧆞𧆠音衡

六字　鹵鹵𠧪鹵鹵五音西　卣音貞　身𠂤二俗音夫　肉峉二音因古文　𠙽

音胡𪉢籀文　卤今徒聊反草木實丨丨熟也二　𠧪音前　卣俗　卣正音酉中形鑄也又音由

二庐庐近二音　𠀩俗吕吕反　𠧪音梁　卣音記　亶音致　序音會　容音峻　虖音呼

卤音器　𠧪𡩡古文二音　𠧪𠧪𠧪𠧢俗四　卤正先結反字林云鹵名又鹽鹹也五六

虖音伏獸兒又姓　𠧪古文音栗　𠧪同上　㮚音乘　𠙽音虛

𣍃部第四十六　𣍃北末反丨剌也　足癶音登升丨也　䇂胡戒反蕊丨

發俗　𤼲正音廢賦斂也二　癹倉案反爲丨美女三女兒　癸或作癸今蒲末反除草也又

普未反二　癹音發　拳九六反兩手丨丨　登初八反丨丨細言也又同祭諦也知也至也豎丨也又

姓

卓部第四十七　𠦝俗　乾正音丨本音虔今借音耳二丨濕也字樣云　[illegible]

正兒反　𩏚古　𩏚正吕約反寬也二　𩏚俗　𩏚正吕君反美皃也二　斡斡俗二　𩏚

正烏括反丨轉也三

弗部第四十八　𣌭𣌭二音　𢐕方武反　弗古文皮　彤方味

反　𥔶𥖶或作芳味反布狀也又音佛二　𩿫丨雲　𪊼扶味反獸名　𦏁古文音義　𣂍𣂍

䒈莫五或作　䩉今音佛大也六　𩖎芳勿反沒反丨然不悅也又蒲　孛古文字房密　𧿒反

巾部第四十九　巾五列反草初生皃　芔許貴反丨衆也草之惣名也又上聲

𣎆　𦬇　𥀫許勿反疾也

疋部第五十　𤴔俗七羊反正作𤴔趑走也　𤴕又征列反經音義音帝古人姓　疐

俗陟利反　躛正覓反　𤴛音智

益部第五十一　𧕰虫名　蠲古玄反絜也明也除也二　𨜹子念反與他二　盬

徐斉反　𣥿古隘也丨陝　鵠鳥鷊反人物也三丨記　䚮昌反正　䚮或作隘於正

草反鼠　䶂五歷反屬二舟頭爲鷁鳥也舟丨丨　鄗名地　膉肥也　鹼音益麋爾鹿疋日云丨牛

羊日齸並吞芻而反出

嚼之也齸丑知反三

壹部第五十二　懿俗鄙正反　𡔲或作蘇朗反鼓匡木也　壼乙冀反貪食魚

鳥之名也別　懿或作懿乙冀反美也大也溫柔聖克也又姓

乙部第五十三　乱徒聊反　𠃸力珎反水在石間也　丮居幽反目繚也　𠃊

古文音奔　乩乱二古文字初也始　孔音長　乳音次　亂音冦也亂理也不齊也兵　乱音決

亟音間　𠃨乢二音益

甲部第五十四　𤰬俗音　𤰵疇　晍或作代下音上音　翮音匣上短毛

也　𥈊𥈊睥三俗　𤰵正音匣丨䩖音文甲反四䏣也　睞俗　睞通　睞正音匣孝聲云

水溝相著也三　𠛬苦洽反　𤰺音授存

聿部第五十五　聿余律反述也循也遂也　肇通　肇正直小反始也初也

正也敏也　𦘒同上開也又姓　𦘔或作音四鼠

長也二

東部第五十六 䡓今士交反蒜東也二 乾音隨丨貿 棘音韋東也
轙齊貴二音 𧆞俗普胡反 上聲 棗音草菓名木 𣗥俗音侯正作猴 䡓 𣗥 𣗥 蘽
四俗棗棗二今古典反小東也六 去聲 棘代束二音 輒亦振反 𧆞俗羊制反正作
斎 入聲 𣗥郎萬反辛丨也 棘記逆反桑木也 酸 𨐋私七反經音義作滕經文作丨非也
勑俗 敕通 敕正音勑誡也勞也固也中又古文速字三 𢻿 𢻿或作𢻿今丨蒲北反丨道
縣名又丁壯之皃又音逼三 𢾊亦 𧀮古德反丨釋草生也釋奴得反 𢽴記力反力也 𣗥
𩐗音速今作𣪠丨動物也二 𣪠 軑俗𠜂役反正作軟 𨋍音得弱也
必部第五十七 𡙟音雙 毖音秘慎也告也一日丨蟦遠也又䀣密反排丨 蜆
必刃反見皃皃二同 不 𡊯俗 毖正丑亮反又香草也二七丨 𢘻音蒲北反誤新藏作𢘻 毖
𤦀音瑟音蝨樂器也 𡊯或作 𡊯正音密山形如堂二

龍龕手鑑 卷四下 十九

不部第五十八 丕丕疋悲反大也又姓二同 𣏔 𣏔 丕休二音 丕俗音
多𡚶 𠀧俗烏侯口二反 𠀫俗蓬音 𢒽 㔻 𠀭三俗乖反若 𥑘俗 𥒉通
𠀪正 坏今普杯反燒瓦器也四 𠀭俗音 𡚷彼為反云丨易卦也 𦾔 𢒽俗二
烏解反作矮短皃正 𠀾音奔 𠁀反烏鉗 𠀭 𠀾音二媚俗 尜賣俗音 𡚶烏催反 丕
俗於俗二反 女 𠁁俗奴叶反作齘聲絕也正 𠀝古文音不
雜部第五十九 雜 雜俎合反集也也倅也穿也二 市 𠀤 𠀤 𠀤三古文音
初 𦸗音滋 𩒔音衡二音 拽 𩁹音調 羑于元反為也也行也哀也引也於也 曰 給 又
辛合反 𢧢俗 𢧢正去為反也傷也壞毀也政少也落二 𪓰俗作胡刀反號大呼也丨叨也 又
𠁣少也息邪反 凹烏瓜烏洽二三反象形古字今作窪 𦎧滋味者也相由反熟食又進有
𠢭也古文顛年反丁 乎 乎 乎字二古文 屯也陟倫厚也反 難 囪楚江反孔也古文通

今音窓象形字 𡆶正 𪚇今奴侯反𢁡子也二 嚊古文音螺今作戈鍋三足釜鑼二字也又
毛徒渾反也又姓聚 𩉡蒲交反樂器瓠又 䥶音胡也又 𣏅俗五高反正作嗸 𩕄正變體作體
𩕄 𩕄變體作𩕄正 𩕄變體作𩕄正 𩕄變體正作𩕄士高五反 𢬿俗音 兹古文
音兹此也又姓又黑也 音元亦古文 𡆴舊藏作盒早含反 𢃥音中二古文 壹 壹於云
反切也又因悼 也𠤢經音二玉篇同 𡔻俗 壺今 壺正音胡酒器也象形字三 𡗻
壺也 古文他刀反作筒牛蔘也 今 𩡳音初 𩡳法也或作以脂反常也 亦酒樽也 縣音當 兜侯
作丨 反丨鐙也 𣪠新藏作音希 𧾷古文官名也 於其反 巫咸 療病 初為丨也 亦 𩡳 古文 臣字
音古文 垂年字 𧥢成 篇文字 𦡀 肉音 也煩祭 𠒌 虛音 死俗 𣦸 音正天古二文 𧆞 肥音
一鳥名如泉人面又平利反 𧀮 如作 𨤲 古幽反 𣪠 俗交反日 𢇍 音古文餞
音陽 𢼸古文音韻 𧀮二俗音 褱 娘 𨆉 也居境也 良反 當界也 也垂 𦡀 木足花為懸反也草

龍龕手鑑 卷四下 二十 第十二頁

又古文手字也 𡎺 𡎺 二俗 尼反 直 𣆶 古文音新 𩫖 𡔷 音高 鼓也二同 鼕 大 𡔲 古文
為字 𣂁 俗 𣂁 正力在石 琢間反也 水 三 𠫢 至 至 俗二 亟 今 音經 也又 古文 直皮 胡 頂日反 丨
水三脈也 𢍶 音君 𡖗 止人 蚳呼 反父 吳 二 𢏚 或作 𢍶 日正 綠居 也幽 反 𢑲 音 多 𢑳 俗
𠧩 今籀文 𠧩 反 柔人 朱皮 也 粲轉 三 二 𨠬 余新 反 藏 藏作 菜 蓮 也七 𡗝 音 文 尋 義字 云 古
𧷥 徒回反 暴風也 𠀡 音從 吟三 衆人 立也 皃 𤩟 作 舊 塲 藏 𧷺 反 居 隨 光 余 玉 篇 斜 行 反
皃 又 氏 任 亦 行 也 刅 古 文 容 三 疾 文 反 今 容 作 七 從 恭 即 䪣 古 文 垣 墻 也 音 又 袁 姓 今 二 作
𨣻 經 音 義 字 作 在 偲 化 古 文 真 隨 音 羅 所 仙 問 經 𣕷 博 治 代 鞋 反 履 也 衣 梨 俗 黎 今 奚 郎 反
衆也又姓 又力 脂反 厺 戶 反 萌 夂 息 丨 遺 行 遲 楚 皃 危 也 二 反 𡗝 許 新 其 藏 反 作 和 也 熙 音
𠂤 丁回 反 云 小 塊 也 玉 篇 𢍳 正 𠂤 又 今 音 堅 所 奉 平 二 正 音 兒 羌 二 名 𠃹 古 由 文 反 直 香
嚴 又 竹 鴆 是 由 二 反 毛 毛 上 音 宅 碑 下 音 皆 也 草 菜 𣪠 𣪠 二 音 緇 𢇍 也 引 𢇍 反 力 脂 微

盡也二䰄同鬆上車飾也古伏龍甿音忙遽也孟丨偎失道皃又音亡忘也假音知孟反又音
饕作一五高反字正高苦營反肴俗胡交反銑所臻反進丨也狀音扶震音辰而
於言反凧音皇电音申朩音流芏古文牛反去夵呂支反參差也㳄必搖古反一
一文作焱必堯反飛火也今三新藏作三音乾周易卦名坤二字二占音和䟽䟽
古文作經音无誇也今亐音身豐古文音神𠙹音元罕古音言文辩䢋古文補拼反今
作作綁繩振也二同憂俗通渠追名國名歠名反丨龍又州正作爕菡菡二陀戳音厮
危也又古哀反䛿嘐二俗呼交反今作哮鬪也戔去反立古文音水㞐或作㞐正音
萠田民也又野人也二饒俗鐃音猸俗者四反駿俗家取二反奴回奴毛三音雪音
拳俗音址也羞甗俗要音事音爭去聲亦厄仇二俗危正酒丨音三支穛音翁水
二音鄉名在扶風又丨牛觽俗觿今許規戶圭二反佩之又鋭端可以解角錐結童子也二魏
龍龕手鑑 卷四下 十二 第十二張
俗魚攜俗戶圭反竸居陵反丨戒慎也䶜音邦二𪏛莫交反䛐籀文䛐
古文音眉丨毛也䫜古䫜今古閑反丨難二夅下江反丨服也二夆符容反制
反又敷丰芳容反丨美好也又伏鳳反𡉚音生亶音真䰙同音羊暢亐古文音紅
容反今作䙜䝗音君羣也涼也二𩏐俗戶來反𠙶音明𪏛市昭反擊也申音𠀤神
虹二古文音升丨登也今作陞𦥑俗丨囟音𤡍居音梨𢧁居休反血祭也㐬古文天字㞸
音高生𡲬溪奚二音禺遇俱反丨又姓禺縣同上𪋾𪋾架反與𪋾同酌也𦔻音兹
𪛁音鹹鵋鳥反苦侯𩓃反奴郎反也音盧弓黑也𠐌士咸反兕也𪋾
音孫凧音无䶌音疇𤸪於交反𢆉力居反𥻃音流𪊬音詮𩑶音都兮反䨙𪉓
二音臣𢆉音星𡐄音延㢸初二音𩓏二音君𩋎音旻𩚫音神𩔯音焉
上聲 𠯈俗𠯈正古文起音二𩽅今𩽅二或作𩽅𩽅也二又初音𥾅反磨

粟也四竹巜古犬反廣尺日丨小水深也二哿古我反嘉也了售藏作一外昌兖反對臥
也𩐳籀文作音觀𢤿垣丨今𥿜桑食丨杭反也目古文以字疋古文雅字正也待也又音
踈足也丨丏彌兖反不見皃豖取苽字上聲又名食陵反佐也呼晉譙王也翢也翬廷音擬禅古文
在字偽余反兩竈俗烏街反蝦蟇烏爪之二竄也學䂪居語反二同擋俗苦本反正作
開門閃古文凡反兵伯卣若藏反穿也二小比音上觛音祖一音臣水音沃
㸲奴可反擾也藹羍音敢二同犝音轉䍃古文肦字䝷古文音诞䝷力小反炙也
緇香兩反聲丨也聚慈兩反欽也衆也會也共丌俗丌正音護丨也更二㪗息淺
反寡秉音丙手執物也又集訓云袍末市也三之蜀也䊾整俗二整正章領反齊也正也
理也三𥚃俗甜音嶌俗㒭古兒正徐死反碁黑色郭璞山海經云似牛重千斤
也今作兕設文三云象形字㐆其九反傲惡灾病也從又丨也臾反老蒸麦各聲人各相違成過
龍龕手鑑 卷四下 十三 第十二張
丨也正作㝐𧃜音阻豆也丨𧃭蘇明反鼓丨也與𧃭亦同𧄳蕭二𧄳正音府俗白黑文
也三𢎗初限反丨也㞑靈𡖅正𡖅今亡把反盜也又䏜䐢反𡖅苦本反居也廣也又宫中
道也二同𠂇古文𠦫字匕音比丨首丨是又丨匆也厲也𠃑音鳥見也懸𪋷𨊠感反芃音也䍿
霝音早𠦅武粉反今作刎𩰾𩰾二音好古文𪋾古文音都善王也䕃張呂反說文云
盛米具也又田器也𢆉俗昌兖反正作𪜀敢音聚𢦏作老反丨作日也賦𠄌古文上字丅
古文𩫏之忍反類也慎之事也𪑬丑小反意氣息也𢁒俗音𠂇音有𡘇音幸
扶音件𢁇音勿𡖅俗𡖅正阻史反止也又兹里反又音弗二𠰥音后𦮷古文音我𩔨
音馬𦊰𦊰徒對反丨二同門𪏛俗𪏛今𧸘正五几反蚕䖏寬三移𠂇蒲可反楚
人呼父也𦙶俗勒可反正作𦙶𦙶二同𩇓音紙丨尺也八寸曰丨也𠨬音爾𦊰音我𡉚音在
旧田其九反二𥩝音𥩝黍言俗音𩑶古文音項𩽿烏敢反與𩽿同𧄏音早同黍𩽅

鏄 鏄轉三音 鹹 滅咸二音 䳋 講備二音 鬲 鬲調則右反二 爾 音尒 【去聲】 鈹 音報

告也嫖日丨下也 奠 俗奠正音寄北方州名也 望也註也二 也 隸 或作繇 正郎計僕丨又反賤

也役也二也奴也 叕 或作計反郎 出 丙 瓦 三俗身有吉音祥万文是也如来 豎 渠反冀及

也正也也詞也 與 豔 音格邑也 美 𩯭 眦頡祭作反 死上也也 𡟮 呼明貫皃人姓文反 故 鑰 烏反 計 彩

俗多音東正貢作反 辣又 饞 俗正作芳作 遇反 字 乖 古文万字 悟 五反

古文音峻 周 音害 白 古文鑑反 尸 囪 古文四二音信 冀 音帝 䙳 俗隣香二斬反 食

蒲反慢 㛦 胡俗貫反 㾛 葖 瘢 三作俗㾛直彖例也反亦正姓 禺 扶名佛山海反 經斷

云丨如人黑邑 【无聲】 疾反念 㒼 俗 㒼 今音埋也亂二於所依斬據反

毛長而於披髮俗音 㝱 或作老人常行句皃反也 𪉩 古文貫反都 灉 方反味 䰄

也又反於 諎 酮 秘 俗音 蕢 弟音 乇 古音文弟 冢 音意也逐從 市 藏音作币布又 舊

古文反行 㪿 俗音 𤯍 音古 冢 音也 芇 音作布

隸 胡卦反 靠 苦到反相違也 計 息音 申 曳 羊制二同反 𥩭 糞 問反二或作丨方掃

再 正 再 俗 㒳 古文作兩也代反也三 鈔 古文妙字 盤 音水也飲泉 受 人音到姓

𥳑 正 㒳 今是照反也鉤 智 俗正作舌契計反 鑿 俗報反莫 𩿄 霸音 林 去音 朿

俗賜七反 卡 卡 卡 三古靈貢文反 䟽 或作 𧦝 正兆直辞又也反二 卦 𣩏 徒外亂壞反也

𤔡 𤔡 古文愛二音同 及 他竹犮亙二反 嗣 舊嗣音藏作寺音 弓 古文卷書丨音 霌 音女禹屬

也 厂 羊制又曲反身施皃也也 丿 羊反制左反拔至也他又又陰普也 蔵 乀 曳音拂右二拔

也又天反過右也乀玉爲篇陽又也 普 乇 或作 事 正側 隶 羊及制也反又本音也代

丽 都又計鹿反反本也也 瞖 古文讀字 瞖 古文謂字 甌 同音諠義 毆 或快作反 楚 㸚

才喻 隸 又音羊四吏鼠反也 縴 犮勢也 反 靛 俗徒練反 緵 俗 徽 徽 音二今衛

反又羊吏反 縴 家屬

也家屬 丂 丏 俗二 丏 丏 今音乞也四 蓋 鹽 古文 䗇 反 烏 雹 陟利反 又填丨也 不行

䩗 去脊反祭祀也 顛 籀文雖醉反 䰟 俗 䰟 正音虫二 内 奴教反同而人 丙 一計反

糴 他吊反賣米粟也 糴 音耀 雩 古文遠也今作偭詞問反 䩗 古文作載音染丨也今 爪

古文姓字 𥱭 古文音祭侯 𩌏 音誠 𩎟 古文音諫 䦰 字音閔 䰠 二音用 𠈌 古文音事

古音會 䋺 古反 𠪚 音蓋 𩐺 丨都竟豆反也 剥 俗又 䩥 音或熬志反 炎 古文音諡 壹 作志正

古文音樹 右 艮㲉 刃也 㱿 反 䦰 例俗 京反 劲 俗正居反 㩰 俗音作正黍 冢 或作願反 㚟 正

作数也 㓗 俗向初反 㱿 強音擊救 舌 古聲又文俗正方字久又平反 負 音隸遠也正反

蘇同浪瓷反 輵 會音 䰭 同尼貢教 反 宗 古分拜流也反 正 音正 㲉 禍音謂 㶣

音謙 㰝 殺音 郞 變音 㶣 㥝 二音 䉉 音至反古 患 卄 古 串 今反穿古也患

亦習也二 【入聲】 㓨 俗 肅 正音進也宿疾恭也嚴也敬也二也 囊 他各二各 徒反 西 田結

反象高形起字也 㽞 㽞 反二俗正居合碧作居攫縛字二 贖 也二幽草也反深 贖 古文

同上 册 俗 冊 正文楚箇革丨也反二古 谽 谾 乎括空也大反也丨二逐也 㞢 徒於反六

出象自形也字 𧫴 古文 𧫴 正徒来又問没也反二耕 㦻 減俗二 減 或 二 反正文章 良六

也四 粤 于伐語反發之端辭也也 又 䲝 䲝 羊六也亦與反長也育正同也二養 䕭 音壽導集訓二

云在尾丨形牛如尾筆爲以文 羽 畜 𠷎 𡉏 俗三正 𡉏 今音又積邑也愛息

或牧又天日夫五 謂 羅 音米粟六也市買 𦳊 俗 𦳊 正 蒲丨丨分也勿二反 蘇 文 怛

貪也丨也也五 齊 初六也也直五皃二也 反 𧀩 音吹水藥皃丨也丨風 也 知古列文

反之鞭胡甲丨反也齊 或作直五六 俗 蕭 正廉捷反 洽古器反也又 二七 嘉

哲反令智也作也 喆 上同反 喆 𠼩 葛或反作 舊 藏泄作 鵦 王不結古反器 也丨 千 俗

于 正行丨丑二玉反 䳈 與居蹐縛反同 垂 胡得罪胡人繫二也反皃也 餀 古文

音厥 䕶 莫音 䑕 作誤 劈 普擊裂也反 正 刻 拚 窮 罪 人 也 二 反 皃 也 㸚 鉢音 丹 古文

力字 賜音 丙 五音 竿 俗 𦬖 古 竿 今音器也三 弃 二 刦 音接 畣 古反合

磧楚革反正也䶌古文音色囙音勿㔯古文音亦鼜誤阼俗音昨二䋷音若與弱

同帀古文音亦小鼎日丨由音弗鬼頭鬲誤先結反丞名又般反字林云祖也弓音節瑞信

也又口瓦市朱二反𣪊胡䏶苦骨二反突出䜯苦沒反突又胡䏶反丨䡔或作作䚙文籀甶

今初洽反去皮也三春𣪘舌穴反城闕斯南鈌也古者丨名也𣪚舊藏作亦音歃也𨒪音日

封古文也𠙴日字䫸舊藏作函今作𣪘呼術反殺音契日出赤刻也鳧又在道地經隨也引或作

㱄正九勿反無九月左二鬍也二一減二或作反頭呼麦痛許也遹䟽正一遽也鐃又反胡麦

反度也二𥢑績戟嫌反恨也䁮俗音六𨕠音百䬔古文䬕疾風貟音忽䬞俗音

䭱烏甲反𥞥俗音畧夾古洽反冉反持盜也又竊壞物也失𣬛音割欻音立𢩒玉篇

之出反草丨反丨香𠂇古文音木𡖋古文音不㪺古文音壹斥音也俗正作丨庴逐

𩈵音莫丨反武越音𪃸苦鳥角卵反也𪇋俗陌反鋤𪈂音鈌決也𪉢俗悅苦也䓝俗結徒反䶗音斛

龍龕三鑑　卷四下　三　第十二函

𩃹音虐門反烏田七誤正羊作戈職字反䏭俗惡於夢也又反上聲正作䮸丁結

反䑙音易毛音薄𪛉音畧𡆠古文音月䬑音采𢺒音織

[二萬六千四百三十三字

一十六萬三千一百七十七注]

卷四下終

雪履齋筆記

光緒七年五
重鋟于廣漢

雪履齋筆記序

余家藏有曹溶學海類編寫本中載元郭翼雪履齋筆記而有近時袁了凡數語考袁黃萬歷時人何由得見殆明人竄亂非其舊本也考翼字義仲崑山人自號東郭生因以東郭先生故事名其齋曰雪履嘗獻策張士誠不用歸耕婁上老得訓導偃蹇而終蘇州知府盧熊題其墓曰遷善先生又爲撰墓志載翼卒于至正二十四年其文載朱珪名蹟錄中距順帝北行尚前三載何以有明袁了凡之語也是書乃江行舟中隨手襍錄而議論多有可采如解商書兼弱攻昧二句取張九成說解論語犬馬有養二句取何晏集解說皆爲有見故梓而行之以爲士林學經者之一助羅江李調元雨村撰

雪履齋筆記

元　郭　翼義中　著　綿州　李調元　校定

宋制屠牛之禁甚嚴劉後村棠有斷劉翼勘語云棠忝預鄉書顧以屠殺爲業每有屠牛之訟常是掛名在法曾得解人止免公罪杖而殺牛乃是私罪徒人殺牛馬三頭者雖曾赦猶配隣州計劉棠平日所殺何啻累千百頭罪至徒流恐又非解元之所能免本合時劉棠送獄提勘前後過犯解府從條施行屬當盛暑刑獄使者方且奉詔慮囚不欲淹延支蔓劉棠勘杖一百牒尉司差人監下都保劉棠酒坊肉店日下折除按劉棠以得解人而奏刀市井躬放屠坦之業殊爲怪事乃後村據罪論斷曾不假貸可見當時有司之剛執今私宰載道或有倚庶宗爲坊店者城旦之律豈竟或虛設耶

張曲江因千秋節上事鑒十章號千秋金鑑錄以伸諷論新唐書所載如是劉煦舊史則云進金鏡錄五卷言前古興亡之道上賞異之今韶州所刻金鑑錄其第三章報國復興錄云唐世建業三遭女禍五遇佞臣已見三禍矣今主上又喜張守珪進營州雜胡阿犖山母再適安氏故冒其姓部落破散燕嫣之屬逃來狡黠面生逆毛後定敗國又有蜀州司戶玄琰女爲上子壽王妃十年後女官今上寵之賜名揚貴妃舉進入宮後曰女禍又始三事定然安祿山者野猪之精也腹垂過膝史思明者鷂鳥之精脇生兩羽楊貴妃者白鵰之精指爪純赤此三人者成國事少敗國事多復有木子雙木木易行金二八入相佞進國虛至天寶中安有疎狀之距范陽千里烟塵引進契丹大燕安僭妃縊馬嵬哭事承肅宗之人此時佞爲石兮齡方見王隱石塵離而復合也噫主上灑淚巴山艱行蜀道家亡國破恩已變仇方慕愚直臣慮主上有大難齡有異僧一員內載般若茶具緇衣其至蜀中難逼於梵宇開之難可釋也齡不避鐵鉞隱諱五百年發千年後數興廢見之此章按自古讖緯諸書類多謎語未有直指如此章者詞句鄙俚尤不似曲江大手筆且天寶年號既已名白載入玄宗何人定用此號改元耶種種可笑本無足辨而學士大夫訪求金鑑錄不可得遂有以贋鼎爲眞物而形之歌詠者良可謂無目之甚矣

謝師直謂劉貢父曰王介甫之知人也能知中人以

上者自中人以下或不能知由其性韻獨高而然貢父曰予好奕棋請以奕爲喻李重恩天下之善奕者也與重恩敵者知之下於重恩或倍蓰或什百重恩有不知者乎按貢父固是正論然師直之語未爲無見長於知君子短於覘小人張德遠已蹈此弊但未可與介甫同日而論耳陳了翁說一人碁甚高或邀之入京參國手日久在側並無所教但使之隨行攜碁局而已或人詰其故國手曰彼碁已精其高着已盡識之矣但淺着未曾識教之隨行亦要都經歷一過然則下於重恩者政未

必重恩之了了也

陸務觀云忠州最號窮陋白樂天詩乃有今夜酒醺羅綺暖被君融盡玉壺氷之句忠州豈有此景當時不堪司馬閒冷驟易刺史故亦見其樂爾可憐哉又鄧栟櫚云王涯譏樂天出爲江州司馬及甘露之禍朝士殆無遺者而樂天方在洛中遊香山寺然則涯果能陷樂天否乎小人無知欲以人勝天類皆如此但可憐耳兩君一憐樂天一憐王涯輩然樂天江州數載徙倚匡廬瀑布之間仰觀山俯聽泉傍睨竹樹雲石至欲引妻子抱琴書以終

老豈肯受人之憐若王涯輩者乃當如栟櫚之言耳

風雨積五六日江上初霽遙望天際作月白色間作淡黃色所謂卵色天也世人仰觀但見蒼蒼而已豈知蒼蒼者之變幻如許哉

阻風京口三日同泊千餘舟忽東風呼號耶許之聲如雷瞬息過郭璞墓迴覘波間突兀眞所謂金山一點大如拳也前後帆影層疊懸掛遮却半江非茲地不能得此壯觀非滯石尤累日不能得買船客船如許之盛乃知世間失意處反成就了無限

快事要須耐煩等耳

山兀然不動而已能使之斷續隱顯又能使之多少者雲爲之也觀雲可以慨悟身世

古來繪風手莫如宋玉雖雄之論荀卿雲賦造語奇矣寄托未爲深妙陸務觀跋吳夢予詩云山澤之氣爲雲降而爲雨勾者伸秀者實此雲之見於用者也予嘗見旱歲之雲嵯峨突兀起爲奇峯足以悅人之目而不見於用此雲之不幸也從風賦脫胎雖因襲而饒意味

辰州西四十里有鬼葬山不知何處得鬼骸骨武夷

又有石壁高數百丈當巖端陡絶處列朱漆棺十餘口隱然可望問之山人曰此歷代神仙髑髏也李長吉爲神仙作輓歌應非浪語

東坡云湖州江山風物不類人間加以事少睡足眞拙者之慶又云一入荆溪便覺意思豁然此老生平快心只此兩處

峨眉縣所產穀品甚繁他處罕聞其名偶錄於此穀凡二十五種靑稈粘紫稈粘廣安粘益草粘柳條粘黃泥粘泡頭粘老鴉穀毛香穀白蓮穀荷包穀魚眉穀冷水穀還了債彎刀穀紅糯救公饑白糯

老來紅尖刀糯芝蔴糯豬脂糯花谷糯虎皮糯鴨子糯

凡鍊句之法短則欲掉如歐文忠環滁皆山也一句省去許多字面而意自盡者是也長則欲逸如韓昌黎若駟馬駕輕車就熟路而王良造父爲之先後也一句字雖多而風致則飄然動人

屈原作九歌篇名九而實十有一章朱子亦以爲不可曉或謂九爲陽數或謂有虞夏九歌之遺聲俱恐未然吳草廬云前之九歌屈託以伸己意後之二篇無所託意止爲巫者禮神之詞而已蓋與九篇不同時後人從其類而附焉耳

韓蘄王夫人京口娼也封兩國夫人蘄王嘗邀兀朮於黃天蕩幾成擒二夕鑿河遁去夫人奏言世忠失機縱敵乞加罪責舉朝爲之動色羅景綸備述其事張俊有愛妾乃錢塘妓張穠也頗涉詩書俊文字穠皆與之拓皐之役俊發書囑穠照管家事穠報俊引霍去病趙雲事以堅其心且言今日之事惟在宣撫不當以家爲念勉思報國俊具書繳奏上大喜親書獎諭以賜穠仍加封雍國夫人張韓皆中興名將皆有奇女子爲內助皆出微賤而

張穠由妾受封且蒙手諭褒獎又過於蘄王夫人之遭遇矣

張横浦先生論詩絶句大似妙喜偈頌固知其別有淵源至書傳統論語簡意超尤多先儒所未發其論仲虺之誥云說者謂弱則兼昧則攻亂則取亡則侮此大不然聖人之心豈以人之弱而反兼之亡而反侮之乎仲虺此言所以戒湯非稱湯也仲虺既歷陳桀之罪如此湯之德如此則伐桀之舉乃當然爾何慙之有凡此者所以慰安成湯之心也然又恐成湯聞仲虺之言意謂兵之不可不用

而例用之則將有不戢自焚之禍故又戒之曰兼人者必自弱攻人者必自昧取人者必自亂侮人者必自亡在湯亦不可不戒也後世如秦之并吞六國可謂兼之攻之取之侮之矣然既得天下不旋踵而復失豈非兼人者反弱攻人者反昧取人者反亂侮人者反亡與如此可以知仲虺之意

孔子贊殷有三仁虛齊蔡氏乃曰使以湯武或孔子處比干箕子之位必不終於囚死當廢紂而立微子虛齋葢本孟子貴戚之卿反覆之而不聽則易位立論不知廢興存亡關於天命豈人謀之所能

及況紂又才智過人威權自攬實有難於措手者與霍光之行於昌邑者時勢異矣朱子所謂委任權力之不同者是也虛齋殊欠審度

孟子至梁時梁尚未稱王列國稱王者亦尚少至徐州之會而後稱王者衆耳篇首孟子見梁惠王之王字與王必曰利等王字皆記者改稱之詞夫禮莫大於分分莫大於名縱使諸侯已稱王孟子猶不予其僭豈有君不自王而孟子以王稱之哉其爲大賢之累甚矣

人臣事君扶顛持危者有死無二天之制也若坐視宗社之危亡緘默而去豈人臣之善哉孟子於百里奚之不諫去虞入秦之事而賢智之是爲人臣懷二心者立赤幟也其意何居嘗考之春秋矣僖公六年春書晉人執虞公胡氏曰晉人執之者猶衆執獨夫耳書滅夏陽於前紀執虞公於後以見棄義趨利黷貨無厭之能亡國敗家審矣胡氏發明春秋書法如此孟子願學孔子也春秋既絕其君孟子安得不恕其臣均一獨夫也湯武之放伐尚得爲應天順人百里奚之不諫將不得爲賢智乎聖賢垂世之旨政未可草草窺測

子所雅言詩書執禮陳亢既在聖門何待伯魚告之而後得聞耶葢亢實子貢弟子何以知之觀其問子貢曰子爲恭也仲尼豈賢於子乎則爲子貢門人無疑家語列於弟子中而史却無史公必自有據

太史公言宰我爲臨淄大夫與田恒作亂夷其族孔子恥之蘇子由力辨其誣以爲田恒之亂本與闞止爭政闞止亦子我也田恒既殺闞止而宰我適與其字相符又不幸平居有晝寢短喪之過遂蒙惡名於千載而儒者信之不疑耳然更有大可笑

者政和間有舉子治周禮堂試以禁宵行爲題此生答義引宰予晝寢得罪夫子爲言主者乃問之答曰晝非寢時也今宰予正寢而熟寢其意必待夜間出來胡行亂走耳因語友人言宰我固在十哲之科只因白日一覺華胥致使後世信爲叛逆疑爲奸盜睡魔之害事如此

予家有劉原父七經小傳解晝寢云學者多疑宰我之過輕而仲尼貶之重此勿深考之蔽也古者君子不晝居於內晝居於內則問其疾所以異男女之節厲人倫也如使宰予廢法縱欲晝居於內所

謂亂男女之節俾晝作夜大雅之刺幽厲是也仲尼安得不深貶之然則寢當讀內寢之寢而說者誤爲眠寢之寢竊意朽木糞土之詞正因其怠惰而致責若以爲非眠寢之寢則引類爲不倫矣宰我此一端既已致胡行亂走之疑又復來縱淫之誣不意擅言語者而忽招口業如許予又安可少子由之辨

曾子三省皆指施於人者而言傳亦我傳乎人傳而不習則是以未曾躬試之事而誤後學其害尤甚于不忠不信也

至於犬馬皆能有養漢疏云犬司夜馬服勞皆能養人而不能起敬人子不敬則何以別於犬馬近代袁　云古者養親有六珍之禮下三珍犬豕雞以犬爲重上三珍馬牛羊以馬爲重犬馬皆所以養親也二說俱較集註爲優而漢疏於語氣尤愜

諒陰二字朱子曰未詳按諒信也陰默也信任冢宰默而不言古註之說如此

先進章如用之卽所謂如有用我者蓋夫子得時行道必以先進化導天下不忘移風易俗之懷也註中乃云用禮樂似當詳審

子不語怪力亂神漢疏云力不由理斯怪力也神不由正斯亂神也又云力之怪者異類也神之亂者邪魅也所以不語

莊暴見語好樂未有以對而問于孟子蓋所語者既非近世攻伐之事又非三代仁義之事遂不敢以率易而妄置可否耳暴在戰國未嘗著名而事君不苟於以此益歎古人之難及

孟子論貴戚異姓之卿亦只言大概而已微子去之伊尹放太甲於桐皆不論貴戚異姓也

記稱孟子長於詩書其讀詩也不以文害辭不以辭

害志其讀書也盡信書則不如無書此其所以長也

漢末之文惟出師二表忠義憤盈洵足以繼伊尹訓說命此外如魏武自敘雖云言不由衷然筆勢自是倜儻高柔取鹿疏簡勁滑稽尤不易得若邯鄲淳作孫叔敖碑以兩頭蛇爲枝首虵又遺武餘典恨不與羲皇帝代同世等句蹇澁都不成語只優孟一歌較史記似勝

人未有不畏炎者畏也而反趨之與赴燈之蛾何異閉庭僻徑爽日清宵有何不可寧耐政不知炎涼

二種畢竟受用安在陳簡齋詩云一涼恩到骨誦其語頓使兩腋風生

齊家治國只是耐煩成佛作仙只是忍辱高明人不能實証此地自不免客氣奔騰

作詩如作字橫眉竪鼻所差幾何而清俗相去遠甚然亦有姣好而俗者有醜怪而清者要不在皮相之媸妍也

裴行儉爲行軍總管大軍次軍於此暮立營已畢行儉更命徙高岡吏白士皆安堵不可動不聽促徙此夜風雨暴至前營所水深丈餘衆歎服因問何以知之行儉曰自今第如我節制毋問我所以知也此事實出偶中行儉但知窪池之不可立營未必遽料是夜之風雨也既偶中矣遂因而神之若眞有不可窺測者觸類而長孫吳不過此法

疾病有非人力可爲者宋顯仁后韋氏兩目失明募醫療者莫能奏効有道士應募金針一撥左翳脫然復明后喜請治其右報當不貲道士曰后以一目視足矣彼一目存誓可也后惕然起拜蓋后自虜中回嘗與欽宗誓曰吾先歸苟不迎君者瞽吾目也道士固欲治之無益遂不治耳龐安常愈人

之病如神自患聾疾終身不能愈彼又豈少治聾之方哉醫家有祝由一科雖涉荒唐然鬼神之理自不可廢

顧愷之嘗以一廚畫平日所珍惜者糊題其前寄桓元桓發其廚後竊取而緘如舊還之紿云未開愷之見失畫直云妙畫通靈變化而去亦猶人之登仙馮元咸曰世以長康爲癡不知此正是海鷗貴勢戲弄桓元處長康本懷竟不能瞞元咸于千載也曹操云本欲辱衡衡反辱孤此等處豈可莊語相向

神仙傳每稱心影不偏者可以成道非平昔正心之力安能使其不偏有志於長生冲舉者患其欹邪須有那移安置之法子輿氏之所謂集義是也

昌黎與大顛三書眞僞之辨紛紜然道無凝滯行無繫縛苟無所戀着則山林閒寂與城隍無異等語似非他人贗鼎蘇子瞻與佛印東僕不知大顛何如人若果出世間豈一退之能輕重哉眞僞直可置而不論

張祜孫魴皆以金山五言而傳然魴詩不及祜業已著之前人此後竟無嗣響者王平甫檻外風吹前

渡語江邊影落萬山燈大有俊鶻摩空之概郭祥正鳥飛不盡暮天碧未失豪壯本色而子瞻直許其三分應是未見廊下墨痕耳

金山一名浮玉山又名獲符山又名伏牛山又名龍遊山又名互父山又名澤心山一山而其名七金華楊氏洞天記曰中國洞天不載於名籍者尚有金山其一也

峩眉山自趾徂頂爲七十里過于岱宗三十里孤絕高寒已逼西方佛界震旦第一山也其巓一名勝峰普賢大士所居

范蔚宗嘗言以文傳意以手送文以文傳意自不須註脚以手送文非工巧都志直濟自然之境者未能遽解譬之颶起而雲飛揚潮來而海震蕩作於不自知動於不容已何關人力思索

有治有亂有盛有衰有得有失有憂有喜有毀有譽删除一件不得若欲占住這邊推去那邊此天地鬼神之所不能也其間分數之多寡或有偏在一邊者亦但就百年以內評量耳試從歷刼曠觀定無銖兩畸重

孔子論中庸之聖只遯世不見知而不悔他日贊乾

初九乃折爲二語曰遯世無悶不見是而無悶遯世自我而言不見是自人而言遯世上有獨寤寐言永矢勿諼之樂至於不見是則所謂一國非之天下非之幾于俯仰跼蹐到此而能無悶直是不見一物洗心退藏之學何以復加此等人出而用世則聖而不可知之謂神也又安有亢龍之悔哉

大風浹旬檣櫼七晝夜長年苦于守候今日遂衝浪側帆而去念此七尺幾危于蛟宫鼉窟歷可指數徒以一飽無時遂成往來熟路東坡云我謝江神豈得已有田不歸如江水石湖云若使一廛供閉

戶肯將靑雀易柴扉有道人自不作欺誑語也

晉方技有常虛者父母使守稻牛食之虛見而不驅牛去乃理其殘亂者父母怒之虛曰物各欲食牛方食奈何驅之父母愈怒曰即如此何用理亂者爲虛曰此稻又欲得生楊慈湖先生偶因盜園蔬者詢守僕何道以防之守僕余姓者曰須捹少分與盜乃可先生遂釋然曰吾師也常是體物之仁余是處物之智因時而施更有何事窘我

註疏射不主皮言古者之射兼取禮樂容節不但以中皮爲善周衰禮廢射者無復禮容故孔子抑之

云古之射者不主皮也爲力不同科言古者爲力役之事亦有上中下設三科焉周衰政失力役之事貧富兼并强弱無別而同爲一科故孔子非之云古之爲力役不如今同科也古之道也者結上二事皆前古所行之道也此說甚異此下原本闕

又云取蝙蝠倒掛曬乾和官桂薰陸香燒之辟蚊

除家塾事親曰巳丑卯辰日祀竈以猪首吉五月朔日不宜出錢財夏至淘井可去瘟疫五日取蝦蟆曬乾癧發早男左女右臂上挂帶勿令知之立愈此條又云上疑有闕文原本另作一頁今附刻於此

禮儀志曰夏至浚井能改水朱索縛柳杞桃結印爲門戶飾可止

雪履齋筆記畢

日聞錄

光緒七年辛巳
重鋟于廣漢

元李翀日聞錄一卷雜紀聞見多所正定其書不專一時一事而言蓋亦隨筆紀載者故曰日聞也第其名不見於誌目錄書中豈以卷帙之少而遺之與余於書肆中購得明人寫本因爲校栞之期不沒前人之用心焉爾中齋李調元序

日聞錄序

李翀元遺老也覩所撰日聞錄紀至正甲辰丙午間事距洪武僅一二載而書中皆稱元國朝則其人之抱節不仕明可知矣千頃堂書目作凌翀者誤也書多及歷代故事略如蔡邕獨斷崔豹古今註之體而辨論詳核多有可采亦間及元人軼事足與史志相參數典者所宜取也惟書中謂唐以後有司給門旗二龍虎旗一之類乃變節為旗不知周禮司常諸侯建旗孤卿建旜大夫士建物師都建旗州里建旟縣鄙建旐已各以旗常為表識不得云自唐以後始變節為旗為考證略疎云羅江李調元撰

日聞錄

元　李翀　撰　綿州　李調元　雨村　校

周禮掌節門關用符節貨賄用璽節道路用旌節鄭氏曰旌節今使者所擁節是也按旌與節非一物符節以合符為信璽節以印封為信則旌節以旌旗為信又非瑞節之謂也旌節旗類孑孑干旄招虞人以旌為其有柄可揭有斿可垂故能建之於城來者可指以為望也若夫節者漢之銅虎竹使符唐之銅獸龜魚皆一類而異名也考其意制一物中分而兩之授者受者各執其半以待參驗則符瑞圭璋亦其物

也禮有異數故立為差等上公以九為節其宮室車旗衣服皆以九侯伯以七子男以五皆是禮也守邦國者以玉為節守都鄙者以角為節亦其一器而中分者也中分為二一留王所一付守臣為守土之信矣是皆兩判可合無柄無斿非旌旗之比也後世但見周官旌與節同出而聯文遂以旗為節誤矣且三節之出皆輔以英蕩英蕩者斷大竹兩節間以為函也漢世之節則可仗可執其制全非符節之比矣蘇武仗節牧羊節旄盡落漢節本垂赤旄因戾太子之變而加黃旄則此節正與旌類不復古制矣宣和鹵

𠌂圖曰節者黑漆竿上施圓盤周綴紅絲拂盤八層
碧油籠之執人騎從也又曰漢官儀節以爲之柄長
八尺以旄牛尾爲其毦三重崔豹以爲秦制也今王
公通用之則夫以旌爲節秦世亦然漢特因之耳唐
命節度使有給門旗二龍虎旗一節一麾槍二豹尾
二則是節變爲旗異於古矣若夫漢世節柄必用竹
不用木者正是附以英簜之義以求近古也簜者竹
之大者也禹貢篠簜之簜是也竹身大而節間長其
中可以藏節故周人用竹而名之爲節漢人疑其爲
竹而遂用竹爲柄非也英者精英之義謂爲畫函未

必不是加畫于竹以嚴其制也漢武天漢二年遣使
者暴勝之等衣繡衣持節虎符發兵逐捕盜賊以軍
法從事得斬二千石以下後凡銜帶使持節者得擅
斬殺蓋自漢始也自漢以下又有所謂建麾崔豹曰
麾所以指麾乘輿以黃諸公以朱刺史二千石以纁
是則自人主以至二千石皆可建以麾也
古者使有節傳節操也瑞信也謂持節者必盡人臣
之節操長一尺二寸秦漢以下改爲旌幢之形漸長
數尺傳則馳傳也謂奉之而疾行也傳以木爲之長
尺五寸書符於上又以一板皆封以御史印章所以

爲信也魏武奏事有急則以雞羽插木檄謂之羽檄
說文云檄以木簡爲之長尺二寸若戰克乃書帛於
漆竿之上以明告中外名曰露布漢李雲露布上書
移副三府時劾宦官用事欲衆聞知亦爲露布
古人拜稽首揖各有差等哀公十七年公會齊侯盟
于蒙孟武伯相齊侯稽首公則拜齊人怒武伯曰非
天子寡君無所稽首言魯據周禮不肯答齊稽首也
盍平衡曰拜下衡曰稽首至地曰稽顙平衡謂磬折
頭與腰如衡之平也公羊僖二年荀息進獻公揖而
進之注以手通指曰揖文六年趙盾北面再拜稽首

注以頭至地曰稽首頭至手曰拜手拜手即今叉手
謂身屈首不至地白屋者庶人屋也春秋丹桓宮楹
非禮也在禮楹天子丹諸侯黝堊大夫蒼士黈黃色
也案此則屋楹循等級用采庶人則不許是以謂之
白屋也後世諸王皆朱其邸及官寺皆施朱非古矣
南史有一隱士多遊王門或譏之答曰諸君以爲朱
門貧道如遊蓬戶又主父偃曰士或起白屋而致三
公顏注云以白茅覆屋非也古者宮室有度官不及
數則屋室皆露本木不容僭施采畫是爲白屋也是
故山節藻棁丹楹刻桷以諸侯大夫而越等用之猶

見識謂則庶人之家其屋當白屋也白茅覆屋古今無傳後世諸侯王及達官所居之室旣飾以朱故曰朱門又曰朱邸以別於白屋也故凡庶人所居皆曰白屋矣

誅責也曲禮曰以足蹙路馬芻有誅孔子曰於予與何誅其在國法雖小罰皆可名爲誅也漢法不下殿門罰金四兩蹙路馬之芻以爲不敬有罰他馬有與路馬同道不自歛退乃與路馬齊行是謂之齒有罰故曰齒路馬有誅愼子有虞之誅以幪巾當墨以草纓當劓以菲履當刖以艾韠當宮布衣無領當大辟

此有虞之誅也斬人支體鑿其肌膚謂之刑畫衣冠異章服謂之戮上世用戮而民不犯當世用刑而民不從通俗文曰門首飾謂之鋪首風俗通曰門戶鋪首揚雄甘泉賦曰排玉戶而揚金鋪兮發蘭蕙與芎藭是也說文曰門扇鐶謂之鋪首李尤平樂觀賦曰過洞房之轉闥歷金鐶之華鋪是也風俗通又引百家書曰輸般見水土蠡謂之曰開汝頭見汝形蠡適出頭般以足畫圖之蠡引閉其戶終不可開設之門戶欲使閉藏如此固密也義訓曰門飾金謂之鋪鋪謂之鏂鏂音謳今俗謂浮漚丁者也劉孝威詩金鋪玉瑣琉璃扇花鈿寶鏡織成衣江總詩菟影脉脉照金鋪虬水滴滴瀉玉壺沈佺期詩粧樓翠幌教春住舞閣金鋪借日懸

古者印綬必自佩之天子視朝璽亦自佩也漢元后傳高祖卽位卽服秦傳國璽王莽時孺子嬰未立璽藏長樂宮故昌邑王傳所謂而聽人脫其璽綬乎按此天子之璽每朝必自佩之也

魚袋本唐制也蓋所以明貴賤應宣召左二右一其飾有玉金銀三等其符題云某位某姓某名書已乃析而二之右付其人所謂右一者也左則藏之于內

或有宣召卽內出左契以與右合而參驗之也漢太守之官必得左符以出至郡用以爲驗蓋右符先已留州故令以左合右也唐刺史亦執左魚至州與右魚合契亦其制也左魚之外又有勑牒將之故兼名魚書武后改魚爲龜宋襲唐制案官品而授之使得佩帶而爲顯榮則合符之制不復舉用也

唐制五品以上皆金帶至三品則兼金玉開元初勑百官所服帶三品以上聽飾以玉至宋玉帶則出特賜須得閤門關子許服方敢用以朝謁則體益以重後親王皆服玉帶元豐中刱造玉魚賜嘉岐二王易

金魚不用自此遂爲親王故事
唐天寶元載勅麵以三斤四兩爲一斗開元九年勅度以十寸爲尺尺二寸爲大尺量以十升爲斗斗三升爲大斗皆以秬黍爲定又通典敘六朝賦稅謂王制曰古者百兩當今一升秤以三兩當今一兩尺以一尺二寸當今一尺註云今謂即時蓋指杜佑之時也唐時一尺皆六朝制一尺二寸也
宋二相以下階銜分左右有出身人冠左無出身人冠右則因坐位而致悞也古人得罪下遷者皆名曰左遷漢法仕於諸侯者亦名爲左官則以左爲卑其

來久矣
瓊說文赤玉也左傳楚子玉瓊弁玉纓玉與瓊皆對別言之若等是玉不分言也今人以瓊比雪梅誤矣
詩曰釆葑釆菲無以下體玉篇葑蕪菁也菲菜也古者祭之用牲以上體爲貴羊首牛首肩臑心肺皆上體也至於臀腸臋足之類皆不用以其在下而污穢也蕪菁之葉可食而不如其根之美故不棄下體也
古者人有十等王臣公公臣卿卿臣大夫大夫臣士士臣皁皁臣輿輿臣隸隸臣僚僚臣僕僕臣臺又有所謂厮養者厮析薪者養養馬者今人稱從人爲皁隸稱奴僕爲重臺又古者諸侯之臣自稱於天子曰陪臣陪重也
皇元累朝即位之初必降詔天下惟西番一詔用青紵絲書粉詔文繡以白絨穿珍珠綱於其上寶用珊瑚珠蓋之如此齎至其國張于帝師所居殿中可謂盛哉
古無紙專用簡牘簡以竹爲之牘以木爲之鄭康成釋詩別爲注文以附毛公本文之下以片竹書之故特名之爲箋其字亦從竹
國朝故事以蒙古色目不諳政事必以漢人佐之官

府色目居長次設判署正官謂其識治體練時務也近年以來正官多不識字至正年間淮東有一路總管在任省劄行下辯驗收差課程錢穀喚該吏怒曰省劄云便檢錢許多鈔在庫如何不便檢錯以辯驗爲便檢也又一縣令修理譙樓讀譙爲醮又讀覇官爲覇昏又以首領官只管祗候至今以爲笑談唐蕭炅爲戶部侍郎素不學一日在中書讀伏臘爲伏獵嚴挺之譏之曰中書豈容伏獵侍郎耶
月者太陰之精其行之道斜帶黃道有遲有疾十三日有奇在黃道表十三日有奇在黃道裏表裏極遠

者去黃道六度日光照之則見其明日光所不照則謂之魄鄭夾漈云月望之日月相望人居其間盡覩其明故形圓也二弦之日日照其側人觀其旁故半魄也晦朔之日日照其表人在其裏故不見也揚子雲曰月未望則載魄於西既望則終魄於東其遡於日乎理固該盡而不如沈括之言能發越其狀也沈括曰月如銀圓圓本無耀之乃有光矣用其說思之則其魄是銀圓之背日而暗者也其明是銀圓得日而光彩溢者也月十五日兩曜相當銀圓通身皆受日景故全輪皆白而人以爲滿也此所謂人在其間

而盡覩其明也過望則月輪轉與日遠其圓但偏側受照而光彩不全故其暗處遂名爲魄此所謂人觀其旁而不能盡覩也究其實致則是日光所及有全有不全而月質本無圓缺也鄭氏揚子之說既得其理沈氏耀圓之說又能盡發其狀矣張衡曰日光不照謂之闇虛闇虛逢日則日蝕值星則星亡朱子曰日月皆右行於天一晝一夜則日行一度月行十三度十九分度之七故日一歲一週天月則二十九日有奇而行一週天又逐及日而與之會以成陰陽寒暑之節一歲凡十二會方會則月光都盡而爲晦已

會則月光復蘇而爲朔朔後晦前各十五日日月相對則月光正滿而爲望晦朔而日月之各東西同度南北同道則月揜日而日爲之蝕望而日月之對同度同道則月亢日而月爲之蝕是皆有常矣傳曰天有十二次日月右行每晦日共會於一次之中名之會朔次者位也日月所會謂之辰即十二辰之次也蓋以九州之地十二國之分野繫焉正月會于亥娵訾之次衛國分野二月會于戌降婁之次魯之分野三月會于酉大梁之次趙之分野四月會于申實沈之次晉之分野五月會于未鶉首之次秦之分野六月會于午鶉火之次周之分野七月會于巳鶉尾之次楚之分野八月會于辰壽星之次鄭之分野九月會于卯大火之次宋之分野十月會于寅析木之次燕之分野十一月會于丑星紀之次吳越分野十二

月會于子元枵之次齊國分野

凡官寺吏卒率以晨餔兩時致禮俗呼衙府說文云吏以餔時聽事申旦政也則凡官府日再聽事吏卒因之亦兩致其敬當用衙餔字府餔聲之訛也

背嵬者大將帳前驍勇人也章氏稿簡贅筆云背嵬即圜牌也以皮爲之朱漆金光煥耀向日即今軍旅

所用者至正壬辰平江郡守六十差民夫築城傳言於舊城址下得一石上鐫云三十八十八子寅卯年至辰巳合收張翼同爲列國不在常不在祥切須款款細思量旦卜水暮愁米浮圖倒地莫扶起修石岸重開河軍民拍手笑呵呵日出屋東頭鯉魚山上遊星從月裏過會在午年頭訪問不得其實予後於松江偶見前人一日錄亦載此語乃知此語不特見於平江蓋已讖於前矣

至正甲辰秋七月十七日夜雷電大作餘杭武康山中一時洪水泛漲山石崩裂數十餘處大風拔樹漂

流民居山路化爲溪澗溪澗反塞爲平路死傷者衆後二年有兵興之變

國朝通例婦人犯鹽罪坐夫男至正丁亥李堂卿爲兩浙運司海甯州一婦人犯私鹽上有翁在李改一檢云舍翁論婦於理未然舍婦論翁於法未當合下仰照驗施行遂兩釋之可謂權宜矣

至元年間徐子方爲陝西省郎中有屬路申解內漏落頭行一聖字吏欲問罪以爲不敬徐公改檢云照得來解第一行脫漏第三字今將元文隨此發去仰重別具解申來亦可以爲吹毛求疵之戒

晉魏之後官至貴品者其門得施行馬行馬者卽今官府前乂子是也周禮謂之梐枑木也互其木遮闌于門

西都賦後宮蘭掖椒房乃后妃之室呂向曰掖庭在于左右如肘腋也

古者師出無常處所在張幕居之以將帥得稱府故曰幕府

古人斬人必加鑕上而斫之故曰伏鐵質質者鑕也

扁題字數奇而不偶者古今往往皆增一之字如大成殿則曰大成之殿不知起于何時

羅國器杭州人後至元丙子爲行金玉府總管有一匠慢工案具而怒之同僚問其故羅曰吾聞其新娶若撻之其舅姑必以婦爲不利口舌之餘則有不測之事存焉余按宋曹彬知徐州有吏犯罪既具逾年而杖之人莫知故彬曰吾聞此人新娶婦必以爲不利而朝夕詬詈之使不能自存故緩其事然法未嘗屈焉二事相符仁人之同心也

國朝杭城每歲三月初八日迎佛會有一士人建言欲援例迎夫子事上有司申省省送江浙儒司定議省與傳景文作詞云省府相度當爲不爲與不當爲

皆非聖人之道孔子之教垂憲萬世今杭州路申前件事仰速送江浙儒司攷覆典故稽諸經史可以施之于今行之于後無愧于古保結連呈

托歡（舊作脫懽今改正）爲浙江相日忽御賜龍衣一襲纔服於身偶一宣使在傍研墨失手誤濺其衣宣使大懼叩頭請罪丞相徐徐笑曰汝非故也何以懼爲又一日有一省典僞省文倣丞相押字事發屬司欲送理問案治丞相取其文觀之手裂其紙乃曰此押字正是我的如何是僞置之不理其大度皆此類

阿掄特穆爾（舊作阿憐帖木兒今改正）北庭王一日訪西鎮國吉

哩什廸（舊作吉剌的今改正）失長老長老迎之最喜留坐囑侍者取牀後好酒一尊爲禮長老執杯王盡飲之長老曰尊客遠來當進兩杯王復飲之迴盞及唇長老大驚乃醯醋也卽欲捶侍者王曰酒醋皆米爲我不厭之何怒耶長老怒不能釋王曰汝留我坐須勿怒我有佳醞取來盡歡而罷

至元年間有一御史分巡民以爭田事告之曰此連年不絕官事以爲務停御史乃曰傳我言語開了務務者又至正年間松江一推官提牢見重囚問之曰汝是正身替頭獄卒聞之掩口又一知府到任村民告里正把持知府怒曰三十七打罷這廝昔宋仁宗朝張觀知開封府民犯夜禁問之曰見有人否一言之失書之史冊百世之恥可不愼歟

俗言三世仕宦方會著衣喫飯愚謂三世仕宦子孫必是奢侈享用之極衣不肯著浣濯補綴必欲鮮華食不肯飡蔬糲菲薄必欲精鑿此所謂著衣喫飯也殊不知富貴者貧賤之基奢侈者寥落之由豐腆者困苦之自蓋子孫不學而顓蒙窮奢極欲而無德以將之其衰必矣

白玉蟾降筆跋其像云這先生神氣淸玉之英蟾之

精三光之明萬物之靈大道無名元亨利貞

趙子昂令陳鑑如寫神援筆至唇乃曰何以謂之人中今乃若以一身之中言之當在臍腹間指此謂之中何也蓋自此而上眼耳鼻皆雙竅此以下口及二便皆單竅成一泰卦耳故因此名中也滿坐嘆服

眞西山題一三教圖佛道同坐夫子拜下題云老子喜說虛無釋迦只談舍利夫子聞之笑倒在地又一三教圖題云子曰佛說道言所喻無非至理三人必有我師一以貫之曰唯

江行錄云禽鳥翻飛天色昏淡雲行急頭顋熱日月

昏暈星宿動搖燈火焰明作聲皆有大風之兆當預防不測又云酉毛招風乙酉丁酉日燒三歲雄雞羽揚灰風立止

楊州路儒學書閣魁星贊曰杓攜龍角魁枕參首神哉變化蹴踏星斗弭風駕雲來遊帝旁斡旋樞極霖雨八方

三代後惟佛爲盛爲佛者曰佛能爲福田利益也非者曰事佛求福反更得禍佛不足信也爲佛者曰福祚皆佛報應也非佛者曰人生如樹花同發隨風而散所墜之地不同故貴賤各有殊途天下本無佛也

以愚考之佛豈爲禍福者哉禍福自各以其類至爾豈佛之所能爲哉佛本自謂西域國王之子正以厭苦人間事捨俗出家而稱佛佛之言覺也覺人世之事皆非也爲佛而惟求寂滅死即已矣無復餘事也安得既死之後尚爲禍福如今人所云者假如今之說能爲人禍福也爲禍福於昭昭使人皆期頤也世豈有人皆期頤者乎免貧賤使盡富貴除災阨使盡安樂也世豈有盡富貴盡安樂者乎爲禍福於冥冥使有罪者出之地獄置之天堂也死者或萬人求佛牒而出之者日亦萬人是天下之造惡者皆得生天閻羅王之司存遂可廢罷而佛爲幽冥中受囑行私不顧是非曲直强霸公事之渠魁也有此理否乎佛其肯爲之乎閻羅王其肯徇之乎然則何爲而有禍福之說也嗚乎是可知矣世俗傳訛覿面不同字經三寫烏焉成馬況隔萬里之遠又經重譯而來其有雜僞孰從而辨故凡禍福之說特冒佛之名皆吾中國之人依倣而托之者也佛書之初入中國也僅四十二章本不言禍福其說知足本於老子其書分章本於孝經蓋中國之譯之然也言天堂則宋玉天門九關之說言地獄則宋玉幽都土伯之說言輪回則

漢書載鬼之說因列子寓言西極化人遂生西方極樂因離騷寓言女岐九子遂生九子母因鄒衍以禹九州演爲九九復演爲九之又九遂增辰爲十萬億國土因道家謂崑崙山高二千五百里日月常相隱避以爲光明遂推廣而爲日月循環須彌山照臨四世界因孟子道性善人皆可以爲堯舜於是謂一切眾生皆有佛性汝等來世皆當作佛因墨子言兼愛視其鄰之子猶其兄之子於是謂一切男皆我父一切女子皆我母因老子言爲吾大患者以吾有身於是謂肉身爲血肉皮耳目口鼻身意爲六根因老子

言可道非道可名非名於是謂一切有相皆爲非相因莊子言死灰其心稿木其形於是謂禪寂入定坐脱立亡凡爾皆吾中國之人譯之然也佛書之稱自西域來者不出此數端而已皆譯者偷獵中國之書而爲之其後雖稱唐僧取域經律論輳成二萬五千四十八卷其事通鑑所不載唐僧法明欲諂武后爲彌勒下生譔大雲經四卷上之朱文公謂楞嚴經本口呪語中間道理皆房融添入李伯紀之子謂維摩經是南北朝時一貴人所譔黃山谷亦謂普通中事本不從葱嶺來司馬公又謂佛書獨般若經最多至

六百卷後人撮其要爲心經而圓覺經裴休所爲蓋皆文人綺語豔而眩人世俗悦於其文因反指爲佛之精語耳漢末甘忠可造包元太平經北魏董謐獻服餌仙經宋妖賊亦皆爲五龍滴淚經占候則有地母經讖語則有博文經況譯經有使潤文有官其制近宋尚存太平興國中置譯經院延梵學僧翻新經每歲誕節必進新經佛滅度已幾年而經乃有新經唐三藏後取經者何人而經乃有歲進其曰經云者漢人名孔子之書爲經故亦例名其書爲經不知經之言常也孔子之道萬世常行其書可以名經佛說無常正與經相反不可以經名也其寺云者蓋因漢世處天竺僧與鴻臚寺故亦就名其屋爲寺不知寺之言侍也鴻臚官舍近聯禁署所以名寺佛說不許親近國王大臣正與侍相反不可以寺名也其曰齋云者因三代齋戒以事鬼神爲齋故亦飾名其歛滕就食爲齋不知齋之言齊也端居靜念其心齊一可以名齊飲食人之大欲佛法節其所欲日僅一得食及其僅而得食飢渴已廹貪饞乘之其心紛亂正與齋相反不可以齋名也古者祖有功宗有德皆以聖帝明王大濟生民爲功德今乃梵唄歌聲花鼓優戲

亦名功德老子以慈儉不敢爲天下先名三寶所指者德也今乃自貴其身與佛與法亦名三寶古人席地而坐講說者中晉三席空地以備指畫席各三尺三寸三分合而成丈因名方丈所指者地也今說法已別有堂復崇大其寢室與佛殿相崢嶸亦名方丈衆生之字本出祭洪供養二字本出左傳布施之字本出鴻烈於意云何本後語何以故本晉人語精舍本曹操語庵本王充語門徒本漢人從學之稱寮本古人同官之稱前資本唐人仕宦者已去官之稱今佛氏皆襲用之攷其字義則何往而非此猶襲取吾

書之語也至於自爲門戶尤更紛紛佛一也而分爲
三曰律曰教曰禪律一也又分爲二曰資待律曰南
山律教一也亦分爲三曰天台教曰賢首教曰華嚴
教禪一也復分爲五曰雲門宗曰法聰宗曰潙仰宗
曰曹洞宗曰臨濟宗凡此紛紛皆出近世又孰爲佛
之眞耶因嘗論佛與道類也道之説出中國書同文
不經譯難於爲欺者也猶且無所不用其欺黄帝所
葬橋山而云乘龍上天老子死於中國而云乘青牛
出函關老子亦人也而云部母左腋而生生而髮已
白甚至劉安以謀逆族誅而反誇雞犬亦仙葉靜能

以逆黨梟首而尚侈天師靈迹難於爲欺者其欺猶
至此甚佛之説出遠夷書不同文屢經翻譯易於爲
欺莫此爲甚其欺又將何所不至乎佛書言十萬億
國之西有極樂世界猶道之言海上有三神山也佛
書言極樂世界有無量壽佛猶道之言三神山有長
生不死之仙也彼皆知人情貪生而惡死樂富貴而
悲貧賤故特鋪張華侈窮極人欲指空畫無切中其
心體以深入之佛書則高於道家之説而其説彌巧
道言三神山近在海上求長生藥不得方士往往腰
斬伏辜佛書推遠於十萬億國土之外無可究詰者

矣道言安期生等庶幾可遇而無其驗佛書謂托生
西方在此身死滅之後一切推墮於茫昧而不問矣
夫佛亦人耳亦稟天地之陰陽亦受父母之血氣亦
衣食以治生亦老病而死惟其棄王公太子而出家
辭宮居服食而行丐絶類離羣獨潔其身前乎此時
未有此人故見以爲異聞者益以爲異四海之廣千
載之遠傳而聞之者愈益以爲異增飾誇大漸至於
誕而好事者因附借之爲僞書耳以生日而九龍吐
水幼時出遊四門是生卽爲佛矣何爲娶妻生子方
稱出家修道又曰天龍八部國王大臣皆來座下以

聽説法已受人天供養矣何爲跣足持鉢自出乞食
行道又曰眉間放白毫光照見東方十萬億國土皆
在座下以聽説法是天竺以東無一國不在其法會
矣何天竺在月氏去洛陽萬六千三百七十里所隔
不過拘彌可寘西夜德若條枝案息大康數國自洛
陽東至大海僅踰千里卽與大海中日本國爲界日
本以東有去無返人舟不可復回方言謂之瀉書傳
謂之尾閭殆卽天地極處是天竺以東纔十餘國而
大言十萬億國可乎若天竺以西則班超嘗分使至
西海極處自中國而往行四萬里又安得大言天竺

之西過十萬億國更有極樂世界無窮無盡者乎蓋嘗訝其欺誕之太甚戲問佞佛父母所生血肉之軀也何爲而有丈六金身曰既成佛而變也余曰血肉柔者也尚變而爲金之剛齒與骨剛者也何反不併變爲金乃以常人之齒骨來中國爲羚羊角一叩而碎其人無以對又問之曰佛中年出家晚年成道僅年七十餘而終不知於何時說法而經至有八萬四千卷之多曰佛能縮無量刼爲刹那頃人見其住世甚短而不知其說法之時甚長也余曰佛若自曠刼以來即便說法則縮長爲短無由可知今明云生周

昭王之二十四年沒於周穆王之五十二年歲月有定於何而縮亦無以對又問之曰佛以人間爲苦海人事爲火宅唯恐去之不速幸而一旦得死是脫苦海離火宅得返安樂清涼之界也宜何如其善今乃十大弟子噫嚶涕泣無異世俗兒女子悲戀之情是以生爲苦耶死爲苦耶人世爲樂耶佛國爲樂耶又驚怛不知所對凡若此者何也譔佛之書務佛之神故肆其誣誕務以驚動愚俗而不暇計其理之所無說之易窮也此其爲書以誇佛者其欺已如此若其假佛以說者其欺又豈爲少哉佛書莫重於金剛般

若其說主於蕩空若曰如來說佛即非是佛是名是佛大要不出此一語而止乃復從而遍引事物曰即非某是非某以至涉爲千百無非此一語而佛亦何若是之不憚煩因其一語演爲一卷歐陽公謂佛書數十萬言數談可盡正指此類今乃謂金剛經未入中國尚千卷一語已演一卷更演千卷乎又莫重於法華其書號爲大乘乃高自稱譽謂若持此經當獲其福若此書正非此經而特出於他人之贊揚者不知法華正經其果何在其言天堂謂三十三天其上一半半身皆有光明至山腹下始仗日月之光大抵

光明在上其下無有不燭若其上一半合十五天諸天之光豈不能下照而待日月以補缺諸天光明豈流螢自照者耶其言地獄謂最下爲無間地獄無數罪人亦滿是罪人之在地獄如雞子黃充實雞子殼無復更有餘地則刀山劍樹於何地而設凶險牛頭獄卒於何處而施拷掠又謂地獄火燒日夜之間萬億成壞是罪人哀慟其中亂起亂滅細於微塵速於瞬息豈復知有苦惱而司地獄者亦何時而定其罪成其獄耶他如既說無常又言常住既言一塵不染又言萬法俱攝既說不許親近國王大臣又言佛法

付托國王大臣既說不可以色求我以聲音求我又言黃金布地音樂自然既說佛以多刼修來方得成佛又言衆生隨念即得往生既說大阿羅漢屢刼修行未得成佛又言阿闍世王弑君弑父當入無間地獄一求事佛即得生天言語反覆如此果何者爲佛之眞耶甚至如如居士語錄稱捨田一畝入寺生某天出某經入寺費湯一勺壞爛其身出某經佛於桑下不敢三宿於何有寺而令人捨田佛既不曾有寺於何設浴而禁人費湯此等之經果出於佛否耶或出於佛則捨田之賞何如此之大濫費湯之罰何如

此之大慘佛號以利益一切爲心乃不量本情不問輕重貪忍自私一至此極乎佛書之多欺僞至此益彰彰明甚而僞爲佛書者之謀衣食窮迫一至於此亦可哀矣奈何浸淫之久尊信之篤無一覺其爲僞然有一說可証其僞日月東出而沒有目者所共覩今乃云日月無出沒乃從須彌山循環而轉若果其然當以循環之漸次爲昏明何爲天下之廣皆卯而旦酉而昏亦當以東西之相望爲均平何爲一歲之間冬夏有長短朔望有交蝕是其言日月者既妄矣周天三百六十五度四分度之一日月所經行不過

一百七萬四千里明歷者所共知今乃云須彌山外先以七重寶山山各四萬二千由旬七重由外維以二十三重之林林之間各有池亦數百由旬者華言四十里不知合而計之當幾億萬里若果其然則日南之邑北景陰山之地夏雪何爲天地之間南北相去無幾四夷之外皆海四海之外皆冥漠何爲周匝皆水不見高山巨林次第層地而登天是其言天地者又妄矣天地日月人所共見者其說且妄況其言天地日月之外人所不知不見者乎考論至此是灼然無須彌山無須彌山則無東西方十萬億國無東

西方十萬億國則亦無此世界外三千大千世界彼愚不肖者眞以爲有而惑之則大可憐爾

日聞錄畢

鳴鶴餘音

光緒七年立
重鐫于廣漢

鳴鶴餘音序

全真馮尊師本燕趙書生游汴遇異人得仙學所賦歌曲高潔雄暢最傳者蘇武慢二十篇前十篇道遺世之樂後十篇論修仙之事會稽費無隱獨善歌之聞者有凌雲之思無復流連光景者矣余山居每登高望遠則與無隱歌而和之無隱曰公當爲我更作十篇居兩年得兩篇半殊未快意也昭陽協洽之年嘉平之月長兒之官羅浮余與客清江趙伯友臨川黃觀我陳可立游東叔吳文明平陽李平幼子翁歸泛舟送之水涸轉鄱陽湖上遂章遇風雪十五六日不能達三百里清夜秉燭危坐高唱二三夕間得七篇半每一篇成無隱即歌之馮尊師天外有聞能乘風爲我一來聽耶明春舟中又得二篇併無俗念一首後三年仙游山鼓致中取而刻之與瓢翁高明共一笑之樂也道園道人虞集伯生序

鳴鶴餘音

元　虞　集　撰

蘇武慢

自笑微生凡情不斷輕棄舊磯垂釣走馬長安聽鶯
上苑空負洛陽年少玉殿傳宣金鑾陪宴屢草九重
丹詔是何年夢斷槐根依舊一蓑江表　天賜我萬
疊雲屏五湖烟浪無限野猿沙鳥半明紫閣日宴元
洲睎髮太霞林杪蒼龍騰海白鶴銜霄顛倒一時俱
了望清都獨步高秋風露洞天初曉

掃盡風雲綿開塵土落得半邱藏拙青松爲蓋白石

爲牀一切物情休歇幾度蓬萊布袍長劍閒對海波
澄澈是誰家酒熟仙瓢邀我共看明月　歸去也玉
宇寥寥銀河耿耿鐵笛一聲山裂三花高擁九烝彌
羅縹緲泰清瑤闕手把芙蓉凌空飛步今夜幾人朝
謁便翻身北斗爲杓偏散紫甌香雪

山月來時海風不動平地玉樓瑤宇桂子飄香露華
如水自按洞簫如縷杳杳冥冥冷冷歷歷青鳥頻傳
芳語太微中鸞鶴相求盡是舊時真侶　君聽取列
豹重關鼓雷千吏天界吏多官府石女簪花木人勸
酒爲我此間聊住高唱微吟揮毫萬丈塵世等閒今
古看空山一色青青何意斷雲殘雨

浩月清霜釣舟如葉閒渡小溪澄碧銀漢無聲玉輕
橫野斗柄正垂天北半幅烏紗樓根華髮一綱野鳧
飛舄問回仙城南老樹能見幾何今昔　西華頂十
丈高花九天秋露結就翠房瑤室脫屣非難凌空何
遠三咽雪融冰液辟穀神方飡霞真訣一去更無消
息笑人間長住虛空誰似一輪紅日

放櫂滄浪落霞殘照聊倚岸回山轉乘雁雙鳧斷蘆
漂葦身在畫圖秋晚雨送灘聲風搖燭影深夜尚披
吟卷笄離情何必天涯咫尺路遙人遠　空自笑洛

下書生襄陽耆舊夢底幾時曾見老矣浮邱賦詩明
月千仞碧天長劍雪霽瑤樓春生瑤席容我故山高
燕待鷄鳴日出羅浮飛渡海波清淺

對酒當歌無愁可解是个道人標格好風過耳皓月
盈懷清淨水聲山色世上千年山中七日隨處慣曾
爲客盡虛空北斗南辰此事有誰消得　曾聽得碧
眼胡僧布袍滄海直下釣絲千尺掣取鯨魚風雷變
化不是等閒奇特寒暑相推乾坤不用歷劫不爲陳
迹可憐生忘却高年長件小兒嬉劇

憶昔坡公夜遊赤壁孤鶴掠舟西過英雄消盡身世

茫然月小水寒星大何似漁翁不知今古醉傍蓼花燃火夢相逢羽服翩翻未必此時非我　誰解道歲晚江空風帆目力橫槊賦詩江左淸露衣裳晚風洲渚多少短歌長些玉宇高寒故人何處渺渺予懷無那歎乘桴浮海飄然從者未知誰可

十載燕山十年江上慣見半生風雪對雪無舟泛舟無雪不遇並時高潔斷港殘沙今茲何夕一似剡溪歸越但撫蓬數尺梅花人迹鳥飛俱絕　君不見五老峯巔浮邱絕頂笑我早生華髮返老還童易麗為妙定有九還丹訣霽景浮空天光眩海一體本無分

別便堪稱六一仙公千古太虛明月

歸去來兮昨非今是惆悵獨悲奚語迷途未遠晨景熹微乃命導夫先路風颺舟輕候門童稚此日載瞻衡宇酒盈樽三徑雖荒松菊宛然如故　聊寄傲與世相違舊交俱息更復駕言焉取琴書情話每盤經邱倦鳥岫雲容與農人告我有事西疇孤櫂賦詩春雨但樂夫天命何疑乘化任渠留去

六十歸來今過七十感謝聖恩嘉惠早眠晏起渴飲饑餐自已了無星事數卷殘書半枚破硯聊表秀才而已道先生快寫能吟直是去之遠矣　沒奈思拄个青藜靸雙芒屨走去渡頭觀水逝者滔滔來之袞袞不覺日斜風細有一漁翁驀然相喚你在看他甚底便扶攜穿起鮮魚博得一樽同醉

一徑通幽畫屏橫翠行到白雲深處世外蟠桃井邊佳橘別有種萱瑤圃檀板輕敲素琴閑弄奉獻鳳膏麟脯舞翩翩鶴髮飄飄仍似舊時仙毋　君看取華屋神仙滿堂金玉此是蟪蛄朝暮五色蓬萊九秋鵰鶚別有出身之路酒熟麻姑雲生巫峽稽首洞天歸去任海波淸淺無時何處綠窗雲戶

雲淡風輕傍花隨柳將謂少年行樂高閣林間小車

城裏千古太平西洛瞻彼泱泱言思君子流水儼然如昨但淸遊天際輕陰未便暮愁離索　長記得童冠相隨浴沂歸去吟詠鳶飛魚躍逝者如斯吾衰甚矣調理自存斟酌淸廟朱絲舊堂金石隱几似聞吏作農人二令告我有事西疇窈窕挂書牛角

十年窗下見古今成敗幾多豪傑誰會誰能誰不濟故紙數行明滅亂葉西風遊絲春夢轉轉無休歇為他憔悴不知有甚干涉　寥寥無往閑身盡虛空界一片中霄月雲去雲來無定相月亦本無圓缺非色非空非心非佛教我如何說不妨跬步蟾蜍飛上銀

闕末附無俗念一首

附錄馮尊師二十首

蘇武慢

飯了從容消閑策杖野望有何憑仗帆歸遠浦鷺立汀洲千樹好花微放芳草池塘錦江樓閣隱隱雲堆靑嶂向東郊極目天涯不見故人惆悵　歸去也翠麓崎嶇林巒掩映消遣晚來情況幽禽巧語弱柳搖金綠影小橋淸響揮掃龍蛇領畧風光陶寫丹靑吟唱這雲山好景物外烟霞幾人能訪

原本此後有其二其三等字

返照迴光終焉活計何處可爲依託凋零鄭圃竹塢松溪林下勝遊行樂霞友雲朋水色山光幽影煙羅巖壑更堂堂氣概摩天一點浩然寥廓　堪愛處蝶戲花梢苔生石徑風細日高簾幙淸虛器量咀嚼乾坤高邁市朝歡約疎葛寬裁搜玉橫拖嘯傲東籬吟酌把眞情欲寫奈何塵世故人蕭索識破塵寰樊籠跳出飄蕩幸無拘束萍踪自在雅操孤高還若野雲麋鹿過坎乘流混俗和光知止有何榮辱恣陶陶海上人間不管歲華催促　從此後筆硯生塵蠅蛙絕念安分翠微雲屋般般放下事事都休靜對小軒梅竹一味疎慵萬古淸風便是眞常淸福任羣情晝夜世俗奔波競爭蠻觸夢斷槐宮倚天長嘯勘破物情今古擔簦映雪射虎誅龍曾把少年身悞金谷繁華漢苑秦宮空有落花飛絮嘆浮生終日忙忙誰肯死前回顧　爭似我玉塵淸談金徽雅弄高臥洞天門戶逍遙畎畝肆任情懷閑伴蓼汀鷗鷺收拾生涯紫蟹黃柑江上一簑烟雨醉歸來依舊蘆花深處月明幽浦試問禪關參求無數往往到頭虛老磨磚作鏡積雪爲糧迷了幾多年少毛吞大海芥納須彌金色

頭陀微笑悟時超十地三乘凝滯四生六道　誰聽得絕相巖前無陰樹下杜宇一聲春曉曹溪路險鷲嶺雲深此處故人音沓千丈水崖五葉蓮開古殿垂簾香裊免葛藤叢裡老婆遊子夢魂顛倒出世登眞須憑剛志決要頓開靈慧消塵正念絕愛忌憂恬淡自然知味雷震一聲火發三田半夜烏飛千里透簾幃鉛鼎溫溫恣飲玉壺香膩　堪下手策鳳攀鸞烹金閒木遊賞洞房佳瑞傾光吐秀塞海衝山眞氣遍充天地乘履風雲摘騎日明不比尋常兒戲把元珠收取大羅歸去聖賢同域

大道幽深如何消息説破鬼神驚駭挾藏宇宙剖判元元真樂世間無賽靈鷲峯前寶珠拈出明顯五般光彩照乾坤上下羣生知者壽同山海　最至極翠靄輕分瓊花亂墜空裏結成雯蕊金身玉骨月帔星冠荷合水晶天籟清靜門庭聖賢矩範千古儼然常在願學人達此希夷微理共遊方外避世安時同塵處順淵然至人誰識鶉居鷇食蘇逕蘿龕深窩養廉甯極浮定有　出入無方逆順神機難測樂簞瓢笑傲林泉未肯折腰形役　當此際棐几松軒脣歌舌彈渴飲玉壺春色一懷皓

月兩袖清風真箇箇中消息方外生涯靜中意味不許等閒扳摘待迷雲吹散玉繩高潔自知端的堪歎羣情迷津宛轉飄蕩甚時休歇爭頭競角抵死漫生一向戀家貪業利鎖名韁慾浪恩山酒市花衢顛壓騁僂儸似蟻循環不念鬢華如雪　誰肯向大朴林中無爲鄉裏閑伴老明莊列珠求罔象夢斷華胥高枕洞天日月三界廓然八表冲虚湛湛靈光通徹逍遙趿外妙哉真樂世間難説過隙年光如毛塵事暗把物情移換浮浮擾擾背覺隨塵酒色利名縈絆憑君看取歷代英雄楚越

周秦唐漢漫遺留壞塚頹碑千古是非不斷　鬧早悟碧玉壺中白雲堆裏別有翠霞宮殿三天雅會五彩光攢朝赴紫微瓊宴閬苑瑤池絳闕清都信任逍遥游翫笑愚頑苦海販骨無休往來流轉悟入曹溪鶴冲霄漢雲水道人活計臨川舉織對境擲鈎澇漉錦鱗紅鯉風送漁舟透入雙峯影裡駭然明霽見煙霞極目金丹一粒貴珍難比　元妙處太一含真元元成象昇降箇中無滯堅持九載志錬三千精進五華瓊液都在靈源洞澈神光真境了然超彼這長生久是天機深奥上仙真理

創建靈壇初修丹竈保養太和真命風生虎嘯火起龍騰變理要依時令金木交并斗幹天關旋繞滌除心徑觀元珠一粒流霞閃爍送歸金鼎　壺內景造化希夷元機要妙點製魄仙魂聖元中體用旨裏明真悟得本來真性還返無窮漸入青陽仙境照盈虛靜這一輪明月百年蒙蔽豁然開瑩運烝天霞乘風飲露須列五行爲則南山赤鳳北海烏龜堅志用心求得鉛汞相迎造化爐中烹就一丸端的這陰陽神用虛無長養浩然真息　元關悟到此方知育聾耳目得過至人開剔用符妙

道默運元機瓊液轉流增益雲水清閑太虛空寂
寥廓本無蹤跡這金丹一訣平生疑難渙然冰釋
日月高奔金波滿汎七返九還延祚真精應物大
道潛身恍惚妙通元路直待陽生造化神丹龍虎
紫霄天府這瑤函寶篆天機須仗至人開悟　長
生道固蒂深根仙家活計烹鍊永銘為務鑪輝五
彩鼎耀三光識取本來宗祖明月樓前觀箇金蟬
飛舞翠峯明字把凌雲一志精誠精進上仙科舉
元氣　衲麻衣遮體萬事轉頭何濟黃芽白雪黑
水紅雲軒帝注傳名世深謝名師說破希夷妙理

本來精輝抱仙胎養就雲鏃繚繞萬神咸備　持
造化箇箇圓成人人具足一炁返還資質周游八
景徧賞三山不離目前親詣堪笑迷途豈識陰陽
宗祖任教邪魅煉金丹志是乾坤英秀間生豪氣
絕粒停廚飧霞飲露返照自然相制鉛生五彩永
發三光方顯大丹苗裔開啟朱扉躍出金烏飛入
玉蟾宮裏把陰陽交會神鍾烹就浩然真體　虛
元內紫炁盤旋元珠閃爍射透混成宗睿忘機修
道隱跡求仙常默心無凋弊貪戀榮華悞了赫赫
神丹恣情拋棄有人人識道專精謹守決然超彼

洞曉元機深明丹奧賴與祖宗符契能耕虎種玉
液金芝好箇道家活計丹竈容光覩箇嬰兒旋繞
驚天駭地馭紫雲翠鳳相迎真的上仙苗裔　三
陽首玉蘂天香琪花寶樹掩映瑞雲佳麗天光瀲
灧桂影扶疏鯤化大鵬相繼休謂狂言性理分明
消息至人才藝任英豪決列精誠果敢性情高志
志氣凌雲精神英秀得脫遍求真理虛空爐火自
已天真遭遇便能修製師不高明咫尺如隔千里
安分真修這黃芽赤髓時人皆有奈何愚昧　真
烈士幹運機關鑿開混沌奪得夜光如意渾輝寶

蓋赫赫靈光影隱大淵無滯無縱心猿盜了金鼎
還丹漫勞虛費起三陽真火時時烹鍊九還逃避
冒雪衝霜迎風沐雨得遇至人開悟通微入妙起
死回生可謂鍊丹規矩離坎相交反覆陰陽須籍
木龍金虎把乾坤鼎器五行羅列真圭真土　元
妙處種就黃芽燒成丹藥此理向誰分訴玻瓈鳳
　碧玉龍珠飛出瑞雲深處擊雷搖空諕得三尸
奔走六賊逃　顯仙胎飛舞五雲繚繞樂聲齊舉
靜室修心雲山養道幾個遇人傳訣鑪攢八卦鼎
備三才修建道家基業陰與陽并斡轉樞機旋走

虎龍盤結這天機逆順學流不曉豈能分別希夷理瑞氣騰騰祥雲靄靄紫霧罩籠金闕千神咸備萬化全成方應大丹熱也琪樹瑤花遍滿虛無真景翠紅相列觀心澄曉月清風滿目洞天清澈

鳴鶴餘音畢

吳中舊事

光緒七年辛
重鐫于廣漢

序

吳中舊事一卷元陸友仁撰友仁字輔之吳郡人此
書蓋紀其鄉之軼聞舊迹以補地志之闕者其體例
則小說家流也其中如辨吳會吳下之名及陸贄墓
張籍宅和令坊高彪碑之類皆足以資考證又如紀
陳長方潘兌事紀朱勔事亦足以資法戒其他如范
純佑慕容嵓卿事頗爲不經李璋事亦頗猥瑣然古
人雜記之書類多如是不足爲友仁訾也惟所載鹿
苑臺銘記云永和七年陸瓌建碑王羲之書則二人
時代邈不相及殊失之于不考耳友仁嘗著研北雜

志一書久行于世惟此書傳本絕稀自序稱參記舊
聞一百餘事今所存祇九十三條且字句時有譌脫
謹于其可考者各校正之存備說部之一種固愈于
他小說之荒唐悠謬不軌于理者焉綿州童山李調
元雨村識

吳中舊事序畢

吳中舊事卷一

元　陸友仁　著　綿州　李調元雨村　撰

按吳中山水清嘉衣冠所聚今其子孫往往淪落而無聞其遺風餘俗邈不可考故因暇日參記舊聞凡一百餘事庶資郡乘之萬一云爾

李肯字仲蒙吳人馮當世榜第四人登第能爲詩性高簡故官不甚顯亦少知之者與大父晁公善（按大父上疑有脫字）尤愛其詩先君嘗得其親書飛騎橋一篇于晁公字蠹亦漶靡以爲珍玩詩云魏人野戰如鷹揚吳人水戰如龍驤氣吞魏王惟吳王建旗敢到新城傍

霸主心當萬夫敵麾下蒼皇無羽翐塗窮事變後短兵生死之間不容息馬奔津橋橋半徹洶洶有聲如地裂蛟怒橫飛秋水空鷚鶖徑度秋雲缺奮迅金羈汗沾臆濟主艱難天借力艱難始是扶主時平日主君須愛惜

蔣侍郎堂家藏楊文公與王魏公一帖用半幅紙有折痕記其略云昨夜有進士蔣堂攜所作文來極可喜不敢不布聞謹封拜呈後有蘇子瞻跋云夜得一士旦而告人察其情若喜而不寐者蔣不知何從得之在其孫彝處

程光祿師孟吳下人樂易純質善爲詩效白樂天而尤簡直至老不改吳語與王荊公有場屋之舊荊公頗喜之晚相遇猶如布衣時自江州致仕歸吳（按宋史師孟致仕在知青州之後此云江州恐誤）適荊公在蔣山留數日時已年七十餘荊公戲之曰公尚欲仕乎曰猶可更作一郡荊公大笑知其無隱情也

蘇子美云吳中渚茶野醖足以銷憂蓴鱸稻蟹足以適口又多高僧隱君子佛廟勝絕家有園林珍花奇石曲池高臺魚鳥留連不覺日暮遂終此不去

諸詢字永叔隱君子也鄉人罕識之章丞相程光祿

尤與之厚善

林德祖處云余家自伯父皇考洎諸父奉王大母大母來居于蘇著籍此州者五十年矣今帶城橋儒學坊爲吾家榜也橫山之寶華華山之博士塢吾家三世之所葬也華山有智顯寺宋紹聖四年知樞密院事林希請爲功德寺遂加慈顏之額林氏墓在寺後

穹窿寺有米元章題草書壁高宗嘗欲取去有狀元不曾移徙（按盧熊蘇州府志云寺舊有米芾大書詩兩壁今毀不存矣又吳郡志載吳中識語曰穹窿石移狀元來歸淳熙初山中大石一夕自東徙西吳縣黃由遂狀元及第云云此段文不連屬疑有脫誤）

林樞密家在寶華山下故書手澤多爲人所得余家藏其手書左傳訓練二帙末有題字云姑蘇林子中借錄于家藏辛卯仲秋中澣歲大水霖雨不止（按此下疑有脫文）

紹興中有于古冢得故外黃令高君碑隸書殘缺乃東漢高彪漢書傳云彪吳郡無錫人後遷內黃令帝敕同寮臨送祖于上東門彪到官有德政上書薦縣人申屠蟠等卒于官史以外黃爲內黃誤矣當以墓碑爲正稿簡贅筆（按宋詩紀事章淵作稿簡贅筆原本譌稿簡爲橋蘭今改正）隸釋云紹興中吳郡取土于郭外而得之今碑在郡齋

章伯深淵言吳中風俗上元夜鐃鼓歌吹喧街市謂之旱划船

龍溪曾昄彥和會稽賀鑄方回二家書最多其子獻之朝各命以官皆經彥和方回手校二家並居郡中今西山羊腸嶺有彥和之父墓碑

范文正公長子監簿純佑自幼警悟明敏過人公所料事必先知之善能出神公在西邊凡虜情機事皆豫遥知葢出神至虜廷而得之故公每制勝料敵如神者監簿之力也一日因出神爲人所驚自此神觀不足未幾而亡時甚少也張子賢閎之公之族子閎彥和云

平江自朱勔用事花木之奇異者盡移供禁籞下至墟墓間珍木亦遭發鑿山林所餘惟合抱成圍或擁腫樛散者乃保天年建炎己酉冬至庚戌春宣撫使周望留姑蘇諸將之兵斧斤日往樵斫俱盡棟梁之材析而爲薪莫敢如何諸山皆童矣亦草木一時之厄耶

宣和間朱勔應奉進爲節度使子汝賢慶陽軍承宣使汝功靜江軍承宣使汝文閤門宣贊舍人弟勳閤門宣贊舍人汝翼朝奉大夫直龍圖閣汝舟明州觀

察使汝明榮州刺史孫綈繹約絢緯綬（按原本綬作緩今改正）並閤門宣贊舍人綍紳並閤門祗候一時軒裳之盛未之有也靖康初籍其家悉追奪竄嶺表

宣和癸巳春勔採石太湖黿山得一石長四丈有奇廣得其半玲瓏嵌空竅穴千百非雕刻所能成也弁郡宅後池光亭臺上有白公檜世傳白樂天手植也創造二大舟費八千緡以獻時常潤間河渠淺淤重載不前乃先繪圖以聞宸翰賜石名神運昭功敷慶萬年之峰是秋方至京師詔置于艮嶽

建炎庚戌二月二十五日金兵陷平江府兩浙宣撫

使周望移兵退保崑山縣泊舟馬鞍山下湖邊吏方用印忽有風旋轉入舟印與文移盡捲入水相視駭愕使水工探之不獲望懼北兵之來襲也欲急走屯通惠鎮爲失印所撓留吏求之吏禱于馬鞍山神曰靜濟侯者曰苟不獲將得罪必焚廟而行縣宰亦懼乃作堰捍水以竭車涸之舂插如雲鑿數尺始得之已淪亡泥中矣 墨莊漫錄

新唐書載張籍和州烏江人而張洎作張司業詩序云籍蘇州吳郡人二者無可考證今烏江縣有張司業宅則疑傳載爲是余因以詩集攷之有贈陸暢詩

云共踏長安街裏塵吳州獨作未歸身胥門舊宅今誰住 按原本吳州作吳門誰住作誰在今從本集改正 君過西塘與問人由是可知籍吳人無疑矣抑亦嘗寓烏江耶

府署之南名吳會 黃外反 坊按後漢蔡邕傳亡命江海遠跡吳會 音與會計之會同 注引會稽高遷亭竹椽爲笛事又諸葛孔明說荊州形勢曰東連吳會王羲之爲會稽內史時朝廷賦役繁重吳會尤甚石崇論伐吳之功曰吳會僭逆指言孫氏則吳會當是吳郡與會稽猶言吳越也蓋不獨謂姑蘇今坊名吳會未知何據而然前漢吳王濞傳上患吳會輕悍師吳郡會稽也

吳郡多謂人爲獃子唐韻云獃小犬癡不解事者

慶歷間安定胡先生在吳學蘇子美被謫退居滄浪亭太常博士陳虞卿壯歲致仕而歸吳人稱三賢人胡先生以教子美以文虞卿以行名動天下

程若筠吳中道士善畫嘗名至京師

秀峯寺西二十里至三洋有福林寺寺門石幢刻唐咸通年又云上當慶忌尼寺益寺舊名云字已漫滅

吳農忌五月甲申乙酉雨則大小麥不收諺云甲申猶自可乙酉怕殺人

范致能有會散夜步詩云忘卻下樓扶我誰接䍦顛

倒酒沾衣貪看雪樣滿街月不上籃輿步砌歸步砌吳語也雕簷綺戶倚晴空如畫曾是吳王舊臺榭自浣紗人去後落日平蕪行雲斷幾見花開花謝淒涼闌干外一簇江山多少圖王共爭霸莫閑愁金杯激灩對酒當歌歡娛地夢中興亡休話漸倚遍西風晚潮生明月裏鷺鷥背人飛下余每登姑蘇臺讀潘庭堅桂閒洞仙歌輒徘徊不忍去元統三年冬郡守濟南張侯新修北臺易去舊材遂不復存庭堅淳祐中嘗爲浙西茶鹽司幕幹官鄧道樞字應叔綿州人端平甲午隨魏文靖公舟下瞿塘峽越五年抵吳下 案此疑

有脫文

僧妙應者俗姓童鄉人呼爲童和尚妙于刻石居隆興寺嘗模盧山王翰須菩提像刻寺中其碑陰作天台五百尊者筆法奇古又于虎邱作石觀音像亦佳淳熙中人

五柳堂者胡公稷言所作也其宅乃陸魯望故址所謂臨頓里是也

楊懿儒按吳郡志儒作羲字彝父其先浦城人與方子通同時號吳中二老

楊友夔字舜部有文行許彥周云舜部長僕十餘歲

向同在姑蘇時盜發孫堅墓楊作詩云闔閭城南荒古坵昔誰葬者孫豫州久無行客爲下馬時有牧童來放牛鳴呼舜部今亡矣他詩皆工必可傳世也

孫實字若虛郡人少負俊聲特好滑稽談笑有味壯游鄉校同舍多出田里富家以孫之貧不甚加禮而一牛姓者尤所侮玩因作牛秀才賦嘲之中有云腰帶頭垂尚有田單之火幞頭角上猶聞甯戚之歌賦成聞者絕倒是時樂圃先生朱長文爲州學教授命其父訓飭之遂發憤適京師入太學登第而歸仕至朝奉大夫知光州卒

丁晉公自光州歸葬華山所居在大郎橋堂宇甚古有層閣數間臨其後諸孫德隅善篆亦工于四六

鄭宣徽戩字天休居皋橋葬橫山

林槩字叔平本長樂人徙居吳中有子六人曰希字子中旦字次中邵字才中頴字傳中相繼俱登科級二蚤卒希爲知樞密院事謚文節旦爲殿中侍御史邵爲顯謨閣學士謚正肅頴爲光祿卿希之子虚中詞科旦之子慮亦登第有文行邵之子攄賜出身爲中書侍郎近世儒門之盛必推林氏云

王仲言聞之陳齋之云林叔平仁宗朝老儒也其子

希旦邵頴俱擅克家之業叔平沒時有二子尚在襁褓未名既長兩兄乃析其名示不忘父訓曰希曰旦曰邵曰頴後皆爲聞人號衣冠名族

葉少蘊云今言平江府爲吳下灌嬰傳云渡江破吳郡下吳郡葢平江也下槪言之猶稷言稷下敖倉言敖下云爾

潘勺字叔治登第爲吳興都椽後絕意祿仕遍遊天下佳山水有雁蕩百詠自號癸甲先生或問其故曰終始之義也後果以癸日卒甲日殮

葉少蘊又云吾鄉有老儒方惟深者字子通能詩嘗

爲王荆公所知用意精苦所居陋巷終日閉門遇有詩思輒又閉其室步行其中引手瞑目若與人語或空中搏拏跳躍故里人戲之爲方捉鬼子通嘗徑造一園亭不遇主人自盤礴終日因題詩壁間云何年兀突亭前石昔日何人種松柏乘興閑來就榻眠一枕淸風君莫惜城西今古陽山色地中誰有千年宅來往何必見主人主人自是亭中客其灑落如此釋仲殊一日訪子通留詩云多年不見玉川翁今日相逢小樹東依舊淸源無長物只餘松檜養秋風可見其淸簡矣

陳長方字齊之其先長樂人父侁字復之娶林大卿旦之女大雲翁慮之妹與陳瑩中交甚契瑩中謫廉州侁以書賀之至千餘言由此得罪又嘗從游定夫深得治氣養心行已接物之要故其子亦爲學道之士齊之因外家居于步里終日閉戶研究經史號唯室先生有步里客談漢唐論行于世其弟少方字同之亦端慧不羣號二陳章氏本建安人郇公之裔後徙居于吳者有二族子厚丞相家州南質夫樞密家州北兩第屹然輪奐相望爲一州之甲吳人號南北章以別之

吳郡城北五六里有一大冢在官塘之西相傳爲唐陸宣公墓故其地名陸墓水名陸塘淳熙間有于墓傍得遺刻與所傳合郡人周虎張震發皆紀其事或者謂公雖郡人生于嘉興自貶忠州別駕薨于忠州其喪不曾還吳嘉興寶華寺乃公故宅按忠州圖經陸宣公墓在玉虛觀南三十步豈嘗稾葬于此又謂公已歸葬而忠州特設虛冢爾

郡治之東有和令坊今名槐樹巷或以爲楊和王存中所居而然非也按圖經在唐季已有此名紹興初楊始籍爲圃垂三十年楊方進封和國雖事偶合亦

先兆也史發運宅在帶城橋淳熙初宅成計其費一百五十萬緡僅一傳不能保僦直十萬緡人不售後爲丁季卿以一萬五千緡得之絡定末丁又不能保趙汝標來爲浙西提刑官占爲百萬倉和糴場故老說發運初歸時舳艫相銜凡舟自葑門直接至其宅前用發運司按紙黏窗煮黏麵六七石自後僅易目前耳按此句語意未明似有脫文萬卷堂環列書四十二廚寫本居多始則論斤買爲故紙其後勢家每廚止得一十千席卷而去

范雩字伯達在太學嘗試禹稷顔回同道論學官見

之以爲奇作置之魁選遂馳譽京師學者至今以爲横範入館除秘書郎成象成大卿其子也

郭氏本郡中小民所謂林酒仙者每至其家必解衣以醉之酒仙遷化前數日語郭氏曰疇昔荷相接之勤以藥一杯爲報郭氏以味惡頗難之力强之飲三呷而止酒仙自舉而盡遂授以硃砂圓方曰惜乎富及三世爾郭氏竟售此藥四方爭求買之自此家大富三世之後絶無有欲之者

張震發字元龍郡人嘉定七年袁省按盧熊蘇州府志作袁甫榜進士按此條疑有脱文

孫仲益守郡日户口已四十三萬按仲益孫覿之字考吴郡志引覿普明寺記云宣和間户至四十三萬中更蕩離幾于十室九空則此條追述之語非即覿守郡日實數也此條殊爲舛謬且其語未畢亦似有脱文

徐稚山侍郎有妹能詩大不類婦人女子所爲其詩冲澹蕭然出俗自成一家

姚濟字子齊郡人淳熙二年進士　張季安　陳少阜字舜卿按此條疑有脱文

朱冲微時以常賣爲業後其家稍温易爲藥肆生理日益進以行不檢兩受徒刑既擁多資遂交結權要然亦能以濟人爲心每春夏之交即出錢米藥物募醫官數人巡門問貧者之疾從而賙之又多買襖衣撑市嫗之善縫紉者製衲衣數百當大寒雪盡以給凍者其子勔因賂中貴人以花石得幸時時進奉不絶謂之花石綱凡林園亭館以至墳墓間所有一花一本之奇怪者悉用黄紙封識不問其家徑取之浙人畏之如虎花石綱經從之地巡尉護送遇橋梁則徹以過舟雖以數千緡爲之者亦毁之不恤初江淮發運司於真揚楚泗有轉搬倉綱運兵各處地方不相交越勔既進花石遂撥新裝運船充御前綱以載之而以舊者載糧運直達京師轉搬倉遂廢糧運由

此不繼禁衛至于乏食朝廷亦不之問也勔之寵日盛父子俱建節鉞即居第創雙節堂又畫徽宗御容置之一殿中監司郡守必就此朝朔望勔嘗豫内宴徽宗親握其臂與語勔遂以黄帛纏之與人揖不舉此臂弟姪數人皆結姻帝族夤緣得至顯官者甚衆動有園極廣植牡丹數千本花時以繒綵爲幙帟覆其上每花飾金爲牌樓其名如是者里許園夫畦子藝精種植及能壘石爲山者朝釋負擔而暮紆金紫如是者不可數計園中有水閣作九曲路以入春時縱婦女游賞有迷其道者冲設酒食邀之或遺以簪

珥之屬人皆惡其醜行一日勔敗檢估其家按原本家誤作官今改正資有黃發勾者素與勔不協旣被旨黎明造其室家人婦女盡驅之出雖閭巷小民之家無敢容納不數日已墟其園所謂牡丹者皆折以爲薪每一花牌估直三錢勔誅又竄其家於海島前日之受誥身者盡褫之當時有謔詞譏之

朱勔之葬其父盛飾一女奴一僮以殉之僮奴不知其死也忻忻然從而入壙靖康末大飢郡人怨毒入骨刼其壙而碎其骨初入壙門見骸骨二具猶志之曰此僮奴也

秦檜妻之弟王喚字顯道紹興初知府事峻於聚斂酷於用刑然其規爲亦有可取者兵火之餘故墟瓦礫山積乃錄八城小舟按原本作錄八小城誤今從盧志改正出必載瓦礫以培塘人以爲便石之破碎者積而焚之以泥官舍不賦于民而用有餘覺報寺其私家祠也黃堂前鎔錢鑄大士像而人不敢言每刺麂血熱酒中飲之以求補益未幾疽發于脅而死

葉少蘊言吳人俚語若等人易得久瞋人易得醜雖鄙亦甚有理

徐敦立言往歲吳中多詩僧其名往往見於前輩文集中余渡江之初猶見有規者頗以詩知名其爲人性坦率其徒謂之規方外時年七十餘矣談論蕭散可喜臨終前數日有詩曰讀書已覺眉稜重就枕方欣骨節和睡去不知天早晚西窗殘日已無多葉左丞大愛之

潘兌字說之吳人事徽宗爲侍從宣和初奉祠居里中時郡民朱勔以倖進寵眷無比父冲殂勔護喪歸葬鄉閭傾城出迓而潘獨不往潘之先塋適有山林形勢近冲新阡勔欲得之乃修敬于潘潘杜門不納勔恃恩自恣遣人調之且席以薰天之勢潘一切拒

之勔歸京師果愬于上御筆奪之已而又詠御史誣之以罪而褫潘之職雖抑之于一時而吳人至今稱之

龔敦頤字養正和州人兵部侍郎原之曾孫居於郡中有史學念元祐諸臣以及建中靖國上書等人多表表立名節經崇甯禁錮靖康流離子孫不能盡存平生施爲漫不可攷慨然屬意求訪遺闕遂成列傳譜述一百卷凡名在兩籍三百九人按原本人誤作十今改正而書于編者三百五人其不可詳者四人而已淳熙七年周益公必大修國史薦之得旨給札繕寫以進後

七年洪景盧以翰林學士領史事復薦之得上州文學

郟僑字喬年元豐中人幼學警悟按此下疑有脫文

章季思其先池州人中徙浦城後因高祖葬吳遂爲郡人焉祖父皆隱約不仕季思嘗問學于朱文公隱居白屋出入徒步人稱之曰聘君貴之也平生足跡未嘗越州境而四方之人無不知有章季思士大夫過吳以不見爲歉其爲人慕尚如此作詩至多遇紙即書書成人人取去以此爲樂終身不厭年七十八以疾終于家將卒時其正寢梁折壞有聲人皆異之

郡人胡湉從季思學歲時致醪醴薪米其卒也又代二子書世出內壙中湉字以初

姑蘇李璋敏于戲謔偶赴隣人小集主人者雖富而素鄙會炙適李坐其傍既進食璋覩主人之前煎鮭魚特大于衆客璋即請主人曰璋與主人俱蘇人也每見人書蘇字不同其魚不知合在右邊是合在左邊是主人曰古人作字不拘一體移易從便也璋即引手取主人之魚示衆曰領主人指揮今日左邊之魚亦合從便權移過右邊如何一坐輟飯而笑有一故相遠派在姑蘇嘗題游處壁曰大丞相再從姪某嘗游璋題其傍曰混元皇帝三十七代孫李璋繼至

吳俗好花與洛中不異其地土亦宜花古稱長洲茂苑以苑目之葢有由矣吳中花木不可殫述而獨牡丹芍藥爲好尚之最而牡丹尤貴重焉舊寓居諸王皆種花往往零替花亦如之盛者唯藍叔成提刑家最好事有花三千株號萬花堂嘗移得洛中名品數種如玉盌白景雲紅瑞雲紅勝雲紅玉間金之類多以游宦不能愛護輒死今惟勝雲紅在其家林得之知府家有花千株胡長文給事成居仁太尉吳謙之待制家種花亦不下林氏史志道發運家亦有五百

株如畢推官希文韋承務俊心之屬多則數百株少亦不下一二百株習以成風矣至穀雨爲花開之候置酒招賓就壇多以小青葢或靑幕覆之以障風日父老猶能言者不問親疎謂之看花局今之風俗不如舊然大概賞花則爲賓客之集矣方臘之起郡中令保甲巡護雖上流亦不免范無外率府學諸生冠帶夜行用大燈籠書一絕句于上曰自古輕儒孰若秦山河社稷付他人而今重士如周室忍使書生作夜巡太守聞之亟爲罷去盛章作守頗嫚士范因元夕府會作寶鼎現詞投之極蒙嘉奬遺以酒五百尊

其詞至今傳播
袁鰲字可久崑山人紹興十二年進士有文齋雅記
子宗仁中詞科
甫里白蓮花寺乃陸魯望故宅之所後有祠堂貌像蓋當時物歲湣間有盛氏醉遊寺中因仆其像于水中則滿腹皆其平生詩文親藁也寺僧訟于郡時郡守倪普深怒之遂徙坐而更塑其像雖足少雪天隨之辱而無復昔時之腹稿矣
黃子由尚書夫人胡元功尚書之女也後敏強記經史諸書略能成誦善筆札時作詩文亦可觀于琴奕寫竹等藝尤精自號惠齋居士時人比之李易安云
范文穆公成大晚歲卜築于郡之盤門外十里蓋因闔廬所築越來溪之故基隨地勢高下而為亭榭所植多名花而梅尤盛則築農圃堂對楞伽山臨石湖所謂姑蘇前後臺相距亦止半里耳孝宗嘗御書石湖二大字以賜之公作上梁文所謂吳波萬頃偶維風雨之舟越戍千年按原本戍誤作戊千誤作午今改正因作湖山之觀者是也又有北山堂千巖觀天鏡閣壽櫟堂他亭宇尚多一時勝士賦詠無不極鋪張之美乾道壬辰三月上巳周益公必大以春官去國過公招飲圃中

夜分留題壁間云吳臺越壘距盤門才十里而陸沉荒煙野草者千七百年紫薇舍人始創別墅登臨之勝甲于東南豈鴟夷子成功于此扁舟去之天閟絕景須苗裔之賢者然後享其樂耶公為之擊節而前後所題盡廢焉
黃端冕家有白鹿岩梅溪鹿苑臺銘記云維定武按歷代帝王紀元無定武年號惟吳大帝建元黃武定字或是黃字之譌六年八月日銘大晉永和七年歲在辛亥三月十九日平原內史陸機再建立按陸機乃西晉人不及永和此係蓋出偽記華陽真逸書字畫益王逸少書端冕以為覩此刻則瘞鶴銘為右軍書無疑矣端冕名綬其先建安人居光福山中父榮直秘閣端冕宣和末屢上書言事李丞相綱為行營使嘗居幙府遭亂還鄉紹興初有文名其後有名僴字元易者博學強記善談吐能為詩樂府所著有東浦集雲壑談雋端冕之弟黃司理緯字師文善鑒有奇中喻子才其妹之夫也
晁補之云近見蘇子美墨蹟一卷皆自書其所作詩行草爛然龍蛇飛動其中有獨酌詩云一酌澆腸俗慮奔鵾微鵬大豈堪論楚靈當日能知此肯入滄江作旅魂卷尾題云慶歷乙酉十月書于姑蘇驛今攷

其詩蓋是被罪之明年居滄浪亭時所書其詩語放曠如此或謂流落幽憂以終非也

清源莊季裕云建炎三年寓長洲縣彭華鄉高景山北白馬澗張氏舍時山上設烽火日舉以報平安留月餘即過浙東臨行書一絕于壁間云昔年領牒佐邊候愁望長安向戍樓今日衰顔來澤國又看烽火照長洲是冬金人犯杭越明年春由平江以歸白馬澗去城十八里有宅百餘區盡被焚毁獨留余所居于壁邊題耿先生到此不燒七字

畢良史字少董一字伯瑞東平人丞相文簡公五世

孫風度凝遠少游京師四舉禮部不中出入貴人之間遭亂南渡僑寓興國軍江西漕蔣璨喜其鑒辨博洽資給令赴行在遂以博古說動諸內侍內侍皆喜之上方搜古器書畫之屬恨未有能辨其眞僞者得良史甚悦月給餐錢五十千仍令內侍延請爲門客又得東脩百餘千而食客滿門隨有輒盡用族人恩澤補上州文學紹興中爲東京留守屬官推知東明縣東京再陷即罷從事留北境三年著春秋正辭論語探古有宋城哲夫李師微願良執經師之宋執一卷書背立且讀且止李執一卷書向其師若有問者而良史坐一榻上後有二女奴各有所執而阿冬者坐其間良史之季子也女奴之髽者曰孫壽冠者曰馬惠眞好事者寫爲繙經圖陷北境時嘗褐衣走間道即以蠟書上之泗上繼好勅隨蕭誼以歸歸日進所著書改秩陞朝後以直敷文閣知盱眙軍以卒子希文希旦至今子孫多居吳中云

潘夢旂字天錫郡人慶元二年鄒應龍榜進士及第所著有漢兵編

程泳之沂伊川先生之孫知崑山縣秩滿其弟鉅爲府監倉乃攜其家就居焉

王陟字希武參知政事綯之子有第宅在崑山

紹興三年癸丑八月五日長洲縣地震自西北方來樹林皆搖蕩父老云元祐九年九月二十一日嘗如此又紹興十三年癸亥三月十五日清明大雪盈尺

郡人潘擇可崇甯五年以舍法貢入京未至夜夢衣褐挽車三十兩其弟端夫衣緑隨其後政和三年擇可以上舍釋褐後三十年端夫始就恩科乃悟挽車三十者三十載也

孫价字元善居郡中其子紹遠字稽仲提舉福建常平紹祖字文仲

錢俁字維大郡人趙達榜進士及第嘗任著作郎將
作少監
李益字彥中郡人嘉王按宋史徽宗重和元年策進士有司以嘉王楷第一帝不欲楷先多士遂以王昂爲榜首則此應作王昂榜上舍出身
魏志字幾道郡人紹興四年進士盧彥仁龍圖閣直
學士秉之孫
姑蘇雍熙寺每月夜向半常有婦人往來廊廡間歌
小詞且笑且歎聞者就之輒不見其詞云滿目江山
憶舊游汀州花草弄春柔長亭艤住木蘭舟好夢易
隨流水去芳心空逐曉雲愁行人莫上望京樓好事

者錄藏之士子慕容嵓卿見之驚曰此余亡妻所爲
外人無知者君何得之客告之故嵓卿悲歎曰此寺
蓋其旅櫬所在也竹坡詩話
魏鑄紹興間人善書學虞世南孔廟記太和宮碑是
其跡
麋師旦字周卿吳人紹興戊辰登科紹熙庚戌爲江
東轉運主管官蜀相士楊生謂于相法當有肉峯生
頂上愈壯則愈顯後果有肉隆然癸丑歲爲嘉禾守
楊復訪之則峯益高麋嘗歷御史主簿秘書郎春秋
幾七十年矣然纔至左司郎中卒于乙卯夷堅志

吳仁傑字斗南其先洛陽人居吳中父信舉進士官
至國子學祿弟仁輔子樗
陸知微吳人靖康中爲開封尉氏丞
林璞字伯振玹字玉珪乾道五年同登進士第玹喜
篆王曉字浚明何蓑衣戯道僧二事見夷堅辛志按此條疑有脫誤
湻熙己未歲夏秋之交天久不雨所在苦旱吳郡醮
祭踰月不效通判趙師瑀怒見于色適有寓客林通
判光祖自少奉道得法于路眞官有起龍致雨符其
應如響趙具詞懇于林林爲飛牘奏三境上言檄

告水府令其子承壽偕趙客陳擇齋往林屋洞投之
洞蓋太湖龍窟土民云欲雨時則洞口出雲如饋餾
兩人涉巨浸抵靈佑觀集道流具香几詣洞焚檄竟
褰裳以入其前嘉木一本童童若幢云
郡城北數里有古石幢唐徐浩書太守陳師錫徙置
府第鄉人夜過河上者多見鬼物乃相與請于州復
置舊處其怪遂絕
至和中樂安公守姑蘇日虎邱厓下水浦出竹簡數
十小片皆朱書有孝建年號蓋宋武時紀年也蔣頴
叔自記于手藁其孫世昌錄收之

和靖尹先生去經筵寓虎邱之西庵榜曰三畏齋嘉定初丁焴晦父通守吳郡乃建祠堂于其後

范文正公典鄉郡首建學聘安定胡先生條立學規講堂照壁猶是當時故物元統二年劉漢臣者爲教授乃折以造其女奩具未幾失火獨焚其廬而文正公之祠巋然無恙

樂備字功成本淮海人寓居崑山以文學名于時登紹興二十四年進士第仕至軍器監簿

顔度字魯子兗國公五十三世孫由唐魯公之兄子按萬姓統譜顔魯公兄子顥爲常熟令原本作魯公之子誤今改正仕常熟遂爲吳

人舉進士以文章政事名一時仕至工部侍郎孝宗嘗謂度每出一言不動如山弟㥁字叔修子叔平字景晏從子叔玠字景珪叔瑜字粹中叔剛字某皆居高第叔并字景容叔璵字器之特奏名其子孫皆居在眞慶坊

顔直之字方叔世爲郡之長洲人生而端厚穎悟異常好讀書靡不涉獵以弓矢應格差監省倉郎丙祠養親主管建昌軍仙都觀自號樂閑居士作退靜齋槃婆其間幅巾危坐焚香撫琴意泊如也平生好施與尤樂以藥石濟疾苦賴以全活者甚衆備物致用卒以智創軏出人意表工小篆得詛楚文筆意嘗與參政樓公鑰書攻媿齋榜媿字采之齊侯鎛樓公意以爲與已合賦詩美之所著有集古篆韻二十卷瘍醫方論外科會海瘍醫本草等書公氣豐碩善攝生不邇聲色而年止五十一以嘉定十五年五月甲寅卒墓在吳縣至德鄉雅宜山子汝霖汝礪汝勛女勱字元老有清行少傅趙師貢以郊恩奏得官主溫州永嘉簿江陰軍錄參兩浙轉運司帳管改官主管文字知和州含山縣監左藏西庫辟淮東安撫司機宜文字通判滁常三州慶元府俱不赴奉祠雲臺觀官

至朝散大夫至元二十八年八月四日卒年八十七

吳中舊事卷一畢

詩音辯

光緒乙未年
鋟於樂道齋

刻詩音辯略敘

吾師孟公先生蚤歲績學書靡不窺而揚扢之餘旁及聲韻心侍之也久每見其觸耳會心若明鏡在懸物過呈影也鳥語兒言時藉指點陰陽清濁四聲七音之旨隨在精別而暢演之于時了了耳中意已乞得牙後慧而轉一舉似大率懵如甯獨愚蒙政索解人不易耳猶憶於友人王于凡閣中遇普門和尚和尚故韻主所啓示諸學人具有成書先生偶拈謂曰是筏終不可捨耶和尚異其言遽問爾能捨是否先生曰本末之取復何云捨和尚隨率意吐兩字先生輒承響酬一音凡數十往還卽叩洪鐘不翅和尚黙然心桉頁久曰夙因也吾莫能窺其際心乃悟和尚言然藉非夙因何以絕無師承不由徑路而自通徹乃爾所著示兒字略蓋不欲居於述作直以庭授長公爲名摘抉脊微鍼砭痼疾眞快絕今古而愈引愈伸殺青難竟計須絕筆始獲成編然就中固有數種可以獨行者而三百篇叶音於末學尤關切竊從披繙錄出且付剞劂以傳夫古人於書云讀而於詩云誦明乎可歌可詠要之理性情而聲調未諧意味何有深笑世人以今韻讀古詩而一二述作名流猶餘

盡善者以待今日今日其或有興乎刻成問敘於先生先生不覺嗟異此册之先獨行也若有機爲向諸草本已茲受知湯司成乃亦如予意姑錄存此於記室後李本甯師一見即欲爲之序焦太史又亟向張康叔擊節趣使梓行余胥未有以應也而今竟成自子成事不說矣無以則亦拾曩者題辭弁其端令觀者知爲學究家風無與千秋事可矣心唯唯

萬歷已未仲春既望門人淩一心頓首撰

示兒字略題辭

閩南市人楊貞一

善哉乎劉會孟昌言之也曰今天下車同軌行同倫而書未同文夫彼藝祖自未考文同於何有一時愚而不能作者附於賤而不敢作唐人篇籍具在幸其有徵相與尸而祝之迨其後有識者起而擯詈其間不脅不信矣揆厥所由無足怪者若我

高皇帝應運而興聖人在天子之位創業垂統爲萬世規正韻蓋日星炳已而其行於天下何如也試進今之簪筆授簡頳脫經生囊者詰以某字某字於正韻之書維何名維何則十不得五矣詰矣考正揚扢異同得失之故於古云何今云何則十不得一矣又安望夫荒僻之裔章句之徒株守家塾之成訓有不童而習之而白首紛如乎哉於此有人焉慨然興會亟之歎其何說之辭吾鄉俚語方言是不必論至詩書之誦讀宜無有或殊者乃學究師承襲盲導聾誤以重誤視爲固然不佞齠齔而受尙書即以赤貧不足資修脯無從問字蓋甚苦之因爲自矢一念期得之載籍中于凡釋文譯音之旨輒展轉圖維彼此翻披弗厭其煩間有旁通沾沾自喜計謂管中窺豹已

見一班操斤吾鄉故自可耳有時拈出示人頗為朋儕所笑用是輟不復事弱冠以來雖舌耕之地多彬彬文學之英殊未嘗以此技發端者亦重懲於得笑不欲以溷於有成字之衷也今年承乏童子師爰有授書之責諸所訓騃旋自錄存蓋期彙以示吾朗兒屬朗兒已七齡且就外傅矣童烏之許所未敢言欲稱識字於同文之世實託始於此毋令異日衷有成字復從而笑若翁也不然將吾亦太早計吾長見笑於大方之家

近見茅平仲所輯韻譜本義其敘有云國初高皇帝命翰林諸臣集撰洪武正韻用昭同文之化後得黄氏韻會遂欲廢格其書不知此說何從得來夫正韻蓋全據韻會而正定之者第芟繁就簡未若彼之備極大觀耳韻會目次雖仍唐韻而中間已具合離以視正韻正如一謀一斷相與有成矣為見彼而轉欲廢此也且凡例業有明言亦漫不加省而以疑網誤人乎因授刻題辭為附識此書中未或牵拘正韻非事解嘲也

詩音辯略卷上

新都楊貞一孟公著
羅江李調元秋塘校

今世所行詩經集傳其叶音之隷於韻補者十之八而其顯然當遵無容思議者十之七其溢於韻補者十或二三而其卓然可從不煩推敲者百無二三余課兒詩第從正文口授而朋儕中輒有摘註以難者乃為徵印前聞詮釋蒙惑凡若干則存正大方

國風一

周南

關雎

采叶此禮反似當作蒼耳反後竝倣此余案精清從心邪諸母字如茲雌茨私詞則宜屬支韻如齎妻齊西（邪迷切）則宜屬齊韻如嗺催摧綏隨則宜屬灰韻音雖有尖細圓滿之不同其於合韻一也舊韻業已併脂之於支正韻又已併微於支古韻則齊灰與支亦復通押惟彼閩人之呼茲雌茨私詞竟如魚韻之苴徂葅胥徐則與支韻相隔讀之不諧矣吳才老極力為之辯正終不能家置一喙而人易一舌也其筆底所疏殊恨未得洒然故一則曰聲當近某再則曰與某

聲相近皆於萬不獲已中揭其近似者示人耳凡本屬支韻字與夫轉音入支韻字往往逗入齊韻蓋有由矣今之詩註所引一槩承譌背是趨非不可勝詰故因此悉字一叶姑就平聲發其大端令後有斯誤未盡標者舉得以意求焉○徐蔵云友之爲云九切其見於詩者凡十有一皆當作羽軌切而無與云九叶者又云有爲云九切而賄痏洧鮪皆以有得聲則當爲羽軌切矣案羽軌切正讀如溱洧之洧故諸字諧聲以之若作羽已切是讀如所以之以也似猶隔一塵耳然云九之轉音於羽已差近故余於有之有

本證者從韻補之羽軌切而於友之未有本證者姑從集傳之羽已切○樂讀如樂水樂山之樂五教切與芼本音叶大雅韓奕篇以樂叶到宋玉九辯以樂叶教東方朔七諫以樂叶到馮衍顯志賦以樂叶操潘岳西征賦以樂叶效陶潛祭妹文以樂叶孝皆此義此音也

葛覃

綌字古原無卻音此亦正不必用韻若從上章例則綌與莫濩叶若從下章例則綌斁自爲韻足矣○否補美切毋滿彼切爲是蓋毋之爲莫後反也古來總無此呼而見於詩者益無此讀

螽斯

揖揖會聚也釋文字入測立二反固與揖讓字異音蟄蟄和集也諸韻書皆尺入反亦與蟄蟲字異音此云揖側立反未詳何據蟄直立反則徐邈又作此讀耳

桃夭

華古皆讀如敷家古皆讀如姑歷考詩騷古繇歌謠蓋於從模韻押而未有從麻韻押者此亦自當用其例也檜之隰有萇楚倣此若作今音讀則衞之相鼠

首章小雅四月七章更當作今音讀矣

兎罝

逵與馗同亦有渠尤切音王粲從軍詩以馗叶疇休等字李善註正引韓詩肅肅兎罝施於中馗

漢廣

息依韓詩作思爲是蓋以休求爲韻也○廣泳永方諸字吳才老俱從漾韻讀之然泳于放切一音稍屬牽強便覺難諧矣篇凡三章章自爲韻各結尾處同於韻外詠歎數語足之不亦可乎

汝墳

枚媒等字因有本然之雅音以合支韻無不諧者自唐韻妄併入咍一時任興通押誦其詩者乃姑展轉遷就曲以合之幾令面目盡改耳方幸一二古詠可啓末俗之迷而顧以依稀本音標之爲叶毋乃倒授之柄乎夫以莫悲反爲轉音是以莫才反爲正音也是後篇標有梅之梅不下叶音者可讀莫才反也甚至押鋂之偲則直音七才反押回之歸則更叶古回反與夫押悲之回亦稱叶乎爲反參錯交加隨風倒柁非惟迷其盲路抑亦鼓其洪波余謂不若省事之爲愈矣

麟之趾

以子本音與趾叶正自穿不必讀獎里反韻補蓋爲讀入語韻者慮乃轉下此音耳後竝倣此○楊用修云詩有屢章而尾句同者多不叶如黍離桑中椒聊文王烝哉之類也麟之趾三章趾與子定與姓角與族爲韻騶虞二章葭與豝蓬與豵爲韻其例同也焦弱侯亦云殷其靁北門章末語不入韻皆此例也余案此類甚多總之不入上韻而就中亦各不同有一句而不用韻者如君子陽陽褰裳有駜諸篇則與文王烝哉一例有兩句而不用韻者如有杕之杜篇則與殷其靁一例有三四句而不用韻者如漢廣篇則與桑中北門一例有兩句自爲韻者如北風柏舟木瓜晨風諸篇則與椒聊一例有數句自爲韻者則如采苓杕杜園有桃緜蠻諸篇一例有數句自爲韻而更轉韻者如溱洧黃鳥諸篇則與黍離一例至於起語之與中間其一句相同自不入韻不必言矣乃如洞酌彼行潦挹彼注茲可以云云鳳凰于飛翽翽其羽亦集云云亦既見止亦既覯止我心云云樂彼之園園有樹檀其下云云文勢俱三句直下始得入韻卽謂有兩句同而不用韻者可也是皆動於天機而符於節奏出之卽是不待安排

召南

甘棠

伐茇於今音不可讀合依韻補轉聲入月或轉聲入賓

行露

均此家字也非有兩義也一篇之中或讀爲谷或讀爲公恐無此理夫獄與屋叶訟與墉叶琅琅成誦極爲和諧卽角牙二叶可廢其況家乎騶虞二虞字不必合韻蓋亦猶此小雅巷伯二謀字賓之初筵二又

字則吾所未解是當闕疑○訟詳容反依切響例推之艮是然漢高后紀未敢訟言誅之讀若公黄直翁韻會引之又尚書嚚訟可乎馬融本作庸楊用修古音引之是猶有此二音可備一種註疏也

小星

楊用修云吳才老以昴音留無義不若徐邈音旄有據也史記天官書昴爲旄頭軍中旄頭象之裯當音條北人呼褥子爲條子正此裯字舊註裯襌被也衾亦被也既抱衾又抱裯則是重被而無茵褥也於義亦礙猶音搖則檀弓有此音矣余案昴亦謂之留故

毛傳云昴留也春秋元命苞云昴之爲言留言物成就繫留是也史記律書竟云北至於留留者言陽氣之稽留也註留卽卯也卯當是昴之省文或傳寫脫略耳然則昴雖不可謂别有留音而留實亦昴之别名此昴讀之爲留義通而韻正叶較之據昴曰髦頭一語而讀昴爲髦亦未必多讓也

野有死麕

脫與娧通音吐會切

何彼襛矣

華芳無反車斤於反爲是尺奢反之叶胡瓜反必如吳俗讀奢作由麻反乃可耳恐古雅音無是也韋昭竟謂自漢以來始有居音豈未覩詩騷之與胥疏爲韻者耶亦大瞶瞶矣劉熙釋名近之○孫韻補作蘇昆切此今古通音也與緡爲韻未始不諧正不必轉讀爲荀餘倣此

騶虞

騶虞一詩既以虞叶爲牙而合豝韻又以虞叶爲五紅切而强合蓬韻夫詩之作也出自一人之手韻自合用一方之音而二章之內遽分兩韻是非古音也百舌之音也楊用修不惜詳辯而爲吳才老尤也如

此余案徐蕆詩補音序云云則才老增損定本當時已亡今殆未可盡泥而一切古音載在韻補亦已大備學者舍是將奚之焉其東韻內固未嘗收虞字也麻韻且轉聲通歌又何得有牙音朱子自謂協韻乃吳才老所作某續添之噫二音是續添與否無敢置喙也正恐後人復有因是添入韻補者耳

鄘

柏舟

摽仍當如摽有梅作婢小反一曰皁小反

緑衣

風叶爲愔反爲字是孚字之誤

終風

笑如字讀霾來合思韻讀

凱風

夭勞如音叶楊用修謂吳才老詩中所叶如楊且之顏爲魚堅切鶉之奔奔爲逋珉切凡百餘字皆改古音以趁沈韻之過也特舉此及我思肥泉茲之永歎出自北門憂心殷殷四牡有驕朱幩鑣鑣四條以例其餘蓋以如字讀自可叶正不必更多事耳有識者果不異人意

雄雉

來陵之反與思本音爲韻新齋反蓋西音也亦泥韻補之過耳不必强從後竝倣此

谷風

死想止反今古同音不必更標作叶起人疑誤蓋疑於叶而過求其音則將誤讀如洗矣○薺在禮反爲是

旄丘

節讀如卽以與日叶易象楚辭比比然矣楊用修謂日亦音熱則卽作此讀以與節叶可也伯字古雖亦有遍音而以三章四章例之自非用韻語耳次章相對成文正合各韻別是一體不得以槪首章

簡兮

赭如字不用韻韻補亦無陟略切音楊用修云赭之音著蓋以第三聲轉爲第四聲也其語益誤

泉水

姊音與振振公子之子同○牽讀胡計切邁讀力制切害讀暇憩切蓋遄征于衛亦復入韻耳車牽篇之牽蟋蟀篇之邁二子乘舟篇之害皆與逝爲韻其音正同

北門

遺讀本音之平聲於韻卽已合矣

靜女

第轉貽音叶異足矣荑字可不入韻

新臺

韻補鮮訓潔也讀小禮切蓋卽從如字轉韻耳朱子乃以少訓鮮則從上聲轉韻而想止反固未若小禮切之爲安韻補殄訓善也讀他典切蓋正據鄭箋殄當作腆之文耳朱子旣從毛傳以絶訓殄則自有徒典切之本音在

二子乘舟

韻補景影各出蓋光景之景轉舉兩切陰影之影轉倚兩切也既云景古影字可得不從古影音乎

鄘

君子偕老

翟叶去聲當是讀如髢也晳叶征例反殊爲可疑豈謂亦本於韻補耶韻補當是晢字或傳寫誤作晳耳案說文晳在白部解云人色白也从白析聲晢在日部解云昭晢明也从日折聲晢或省作晣而其爲木旁之析自如晳或亦作晰而其爲手旁之折自如兩

字意義形聲幷爲敻絕矣晳又作晰其字故應有制音易明辯晳也詩明星晢晢庭燎晣晣張衡思元賦雖司命其不晰是皆與晳了不相關者也晳或如上翟字例以意叶去聲讀如細猶爲近似

桑中

中宮上諸叶信是古音然均此數語在首章則與上合韻在後二章則獨自爲韻殊覺不倫故弗若楊用修之說爲得也權與亦復如是乃其一偶合耳章首語不用韻而其一偶合則有遵大路菁莪諸篇章內語不用韻而其一偶合則有碩鼠鴇羽諸篇至於四牡篇中如四牡騑騑豈不懷歸王事靡盬皆非用韻語而彼離此合此離彼合處正自參錯整齊○麥叶訖力反其音蓋出於吳才老余案程可久有言才老之說雖多不過四聲互用切響通用而已若麥字此音於是兩者何居焉才老定自有據朱子亦復仍之蒙所未詳姑存以俟博雅

蝃蝀

人與姻爲韻信與命爲韻即如今音讀亦自得

干旄

沈韻分析過嚴唐人任意合併數部一時文人墨士

盡囿其中民可使由不可使知於同文亦得矣然經典具存聲律未泯古今諧否識者自明而況觸類引伸又有不容盡泥者如彼陽韻之併唐也尤韻之併侯幽也亦謂可以通押無俟轉音也故郎字則或押將疆等字矣襄字則或押堂茫等字矣固即讀爲郎爲襄矣由此推之勞字不可以押焦喬等字耶簫字不可以押綢毛等字耶獨不可即讀爲勞爲簫耶溝字則或押由周等字矣會字則或押兜裒等字矣固即讀爲溝爲會矣由此推之高字不可以押遙昭等字耶樵字不可以押刀炮等字耶獨不可即讀爲高

爲樵耶楊用修嘗慨世儒尊今卑古謂春秋三傳之祖也反以三傳疑春秋孟子班爵祿章王制之祖也反以漢人王制劉歆周禮而疑之詩楚辭音韻之祖也反以沈約韻而改古音以合之余尚未敢以古證今而姑即以唐韻律唐韻亦足知此詩之旄自讀旄郊自讀郊不必轉音叶韻而於韻未嘗不叶矣○紕符至反所謂纇隔也正當作毗意反耳白華之滮緜之馮卷阿之販之馮亦復如是

載馳

驅與思茲如字讀

衛　淇奧

咺諼二字竝讀喧之上聲猗重較兮之猗既訓助辭仍當讀於宜反

碩人

前三章諸字俱就本音讀衣於既反驕起橋反朝直遙反皆此義本音也末章活字案說文以昏得聲亦正訓此義是當讀作古劣切矣戶劣反誤字或从聒作[氵聒]亦作涽

氓

首章絲媒五章朝笑竝從本音讀於韻自叶六章本音讀於韻亦無不叶末句哉讀如資與思本音叶後皆倣此

竹竿

文爲遠兄弟父母耶則母當讀滿彼反以與羽軌反之右叶文爲遠父母兄弟也則弟正讀上聲耳何亦云叶滿彼反耶余家有毛詩鄭箋善本是遠兄弟父母

芄蘭

案觿韘等字今皆如正韻讀弦雞切無有如舊韻讀

戶規切者於許規反益懸矣

河廣

望信之有平去聲也亦猶看聽之有平去聲也兩音通用今古皆然以叶爲名將無轉令結舌

伯兮

痗有二音上聲蒙賄切去聲莫佩切此讀其去聲十月之交篇讀其上聲

王

君子于役

哉佸即不用韻亦自可耳如用韻則哉讀資佸讀厥

將黎戶劣二反竝非

葛藟

昆聞二叶俱自多事

采葛

艾讀如自怨自艾之艾以與歲叶小雅庭燎鸑鶖皆此音也獨於歲字下著本與艾叶四字正不可曉

丘中有麻

遮者麃之叶麻馬馮乃齊梁以後語也古蓋無之此詩正當依韻補諸音讀耳麻眉波切朱子於東門之枌東門之池亦自轉音以叶娑歌矣又潘岳河陽詩

可證也嗟遭哥切則易離卦爻辭王褒九懷阮籍詠懷詩可證施詩戈切則屈原天問漢高祖楚歌嚴忌哀時命可證

鄭

緇衣

宜爲不著叶音蓋以今音自可讀耳館今雖多讀上聲造今雖多讀去聲然其在翰韻皓韻者無恙也弟云古玩反在早反足矣不必云叶

將仲子

兄叶虛陽反陽仍當易以王

大叔于田

藪叶素苦反古韻信有此音然首章既必如此讀則下二章又必作何音讀乎與澤陂鹿鳴同一可笑○韻補語韻收有狃字音碾與切此狃亦合作此音讀耳女古反乃不成聲○射不應從沈韻作吳音讀爲食詐反則御正不必叶魚駕反也小雅車舝式燕且譽好爾無射周頌振鷺在彼無惡在此無斁中庸引作射皆合韻音都故反是射固有此一音厭射之射可轉讀射御之射亦可轉讀耳○慢叶黃半反黃字誤當是莫字罕乃音黃半反耳枹罕縣名屬金城郡

楊用修讀

清人

彭叶普郎反無謂此字本有逋光切音又釋名彭旁也韻補引作蒲光切皆自可讀○楊用修云皐陶古作咎繇是陶與繇通自繇轉入去聲而得其讀然則又音也近陳季立竟讀如由謂與軸平聲爲韻夫軸之平聲正不知爲何音而可與由爲韻也詳其語意當是讀如儔耳卽使二音可讀獨不爲下文地乎季立名第閩人所著毛詩古音考謂詩之有韻皆是古音其議確矣但必欲苦諱叶字强以韻字代之殊爲

未達而音取近似清濁未明兼以囿於方言譌謬更自不少

女曰雞鳴

加居何反宜魚何反爲是贈之讀則別無可據陳季立謂爲貽字之誤讀貽則與陵之反之來音諧也是或一道

溱洧

渙叶于元反殊可疑將無許元反之誤耶韻補亦未收此

齊

南山

章末兩語首章承歸字次章承庸字第四章承得字皆與上合韻第三章承告字則與上不合韻矣蓋各從上文句中抽出一字獨自爲韻也音節殊妙

盧令

古未有讀海爲莫才反者梅之與七才反固不叶也案說文偲以思得聲正引此詩爲訓是卽讀如切切偲偲之偲耳灰古通支鋂偲恰自成韻又偲本訓强力也廣韻云多才能也毛傳亦云才也於義猶勝據註引春秋傳文作多鬚解則在今字爲鬈鬚之鬚思鬈二字盡皆音桑茲反卽或有桑才反音而益無七才反音矣

敝笱

鰥象呂切今古同音以之讀詩無不叶者才呂反欠分曉釆綠篇更叶音渭益非

猗嗟

甥貫亂竝如字變婉反竝去聲於韻合矣非必盡如所叶也許願反更誤○三章章六句以句各四字也語語俱入韻語語俱用兮字而終日射侯乃獨不然何居余謂此處止可爲讀不可爲句合下不出正兮

語意始備恰與射則臧兮射則貫兮一例耳如七月之五章章首六句文義不殊而或句六字或句四字或句八字未嘗以八字故分爲兩句也然彼章十一句之數則已合矣於此特下句心以合句數亦自無妨而善誦詩者抑揚諷詠之間固當別有理會

魏

葛屨

刺如本音讀後倣此

陟岵

子季弟皆韻也當爲句

唐

綢繆

芻叶側九反側字當作測

杕杜

佽當作七四反七利反音近砌矣

葛生

夜與居叶日與室叶足矣末章之後更叶音戶是何言與戶必如今讀去聲始與羊茹反之夜叶不知上章後字更讀戶之某聲始與日叶也稍有知識亦應胡盧

秦

小戎

驅叶俱懼反非轂叶又去聲是爲何語楊用修云收輈爲一韻驅續爲一韻屋曲爲一韻驅音去續音緒馵音注玉音裕案續之音緒正當如今呼作去聲玉之音魚據切卽今方言往往而是然微之於古未見有押御遇韻者郭忠恕謂玉有欣救魚錄息足相逐四切亦不云音裕也余以下章音節推之覺是收輈爲一韻驅丘懼切續辭慮切爲一韻轂馵玉爲一韻屋曲爲一韻又驅袪尤切與收輈爲韻續轂馵爲韻末四句乃承此爲韻皆無不可讀耳

陳

宛丘

他浪反亮武放諸音爲是夏叶與下同蓋讀後五反也正不知亦可與缶道翿叶不耳

衡門

樂本作𤻲音力召切鄭箋是也今從毛傳作樂道忘飢之樂遂令經文都不成語案說文𤻲治也从疒樂聲或从尞作療𤻲飢雅言迄今未泯

墓門

訊之唐本作誶止於文辭似順

月出

懆音七到反正

澤陂

陂訓澤障正音班麋切耳下二章既末始與蕑萏叶首章又奚必轉音波以與荷叶耶

曹

蜉蝣

楚讀創舉反誠是然語麌姥韻從來通押必欲轉音正恐不勝舉耳

候人

芾芳勿薾昧二反薾昧仍當作方味

豳

七月

無衣無褐自不用韻可如今音讀耳或曰發烈褐皆如字而歲讀爲雪則非也旣轉讀歲爲雪卽當轉讀發爲方月切矣○五章之嗟我婦子與七章嗟我農夫同並不用韻文勢皆三句直下○六章棗稻爲韻酒壽爲韻

鴟鴞

子室兩音未詳何據卽令成誦終屬可疑似此模糊不入不若闕之以俟識者假樂君子正叶音則吾亦疑之

東山

首二句不用韻非特此也小雅之瞻彼洛矣大雅之蕩亦有然者轉下兩語承用兩韻合成四句皆以冠之章首體裁甚奇又我東曰歸四語四韻聯絡直下蜎蜎者蠋四語四韻經緯中分町畽鹿場四語各兩韻相承遞用之有敦瓜苦四語共兩韻隔句一用之鸛鳴于垤云云親結其縭云云則與我東曰歸一例果臝之實云云倉庚于飛云云則與蜎蜎者蠋一例是皆錯落自然不煩擬議者也余又謂親結其縭亦可與町畽鹿場一例蓋縭之讀羅未有他證卽與儀以今音叶而嘉讀居何反與何之今音叶未爲不可耳至嘉之居宜反何之音奚則有所未安矣

破斧

錡叶巨何反依本義之聲轉韻也吳才老讀於何切較暢

詩音辯 卷上終

詩音辯略卷下

新都楊貞一孟 公著
羅江李調元秔塘校

小雅

鹿鳴之什

鹿鳴

章首語如鴻鴈鶴鳴白駒黃鳥例不用韻首章苹笙本音爲韻行寒剛切與簧將爲韻次章倣讀何交切三章湛讀持林切餘並如本音讀

皇皇者華

合下三驅惟是一音甯得亦分二反以希步上下韻

常棣

楊用修云艸木下房曰不一作柎篆文不字卽象柎形鄂花蒂也不花帶也今註以爲不然之不誤矣案說文柎鄂足也鄭康成原作此解所當從之讀風無切○三章難去聲歎如字爲韻或並讀平聲○務爾雅曰侮也春秋傳引作侮正與引敷政優優爲布政優優一例卽太史公帝王紀之引尚書亦不惟其字惟其義耳朱子驅經從傳遂音戎作而主反以叶之乃觀常武詩戎復與父祖爲韻則古或亦有此音矣丹鉛錄及筆乘辯朋當在東押而并取證及此謂朋與戎叶夫明與戎叶可也顧竟不爲上文地乎近陳季立又欲以武易戎將無更是獨知之契○朱子於楚辭讀理爲賴云孟子不理於口漢書無俚之至皆訓爲賴則理固有賴音矣於此讀戎爲汝亦云戎汝也戎汝二字古人通用是叶音汝也若然將趣務事務之務靡不可讀爲侮而又何疑於外禦其侮乎要之此必不然之理必不可推之說也就令其字亦有此訓亦有此音自是偶然於義固無當耳白虎通釋名諸書依聲寓義六書之轉注轉音注義皆與此意

毫釐千里○楊用修又云吳才老音務作蒙以古尚書雨霽蒙之蒙作霧其下从務也朱文公不取其說然吳音亦有據未可廢也余案六書正譌謂務本以矛得聲借爲亡遇切而左傳務婁陸德明亦音謀湯舉務光荀子正作牟光則務固自有矛音矣切響所通蒙音果未可廢○生如今音讀正自叶不必更轉讀如星後皆倣此

出車

韻補賓韻載字音子計切質韻載字音子悉切正與采此禮切一例殊未恰然據引周官註載之言事也

引詩註載之言則也故當作子四切子德切耳此詩及正月大東緜諸篇合讀子德切彤弓緜蠻諸篇合讀子四切○瘁似醉反意讀似如自耳雨無正篇徂醉反爲是○彭音辯見淸人嚴氏曰詩中彭彭字皆無音竝如字俗讀如邦誤案詩中彭字惟合陽韻無合庚韻者如字讀不成聲調矣朱子更叶鋪郎切毋亦以曲避邦音而遷就其閒耶則執若一遵韻補也北山大明烝民韓奕駉皆倣此

白華之什

南有嘉魚

六直夷昔猶爲近似或如字固可以叶陵之耶

南山有臺

栲當依許愼讀如槀山有樞之去九反是也壽仍當作殖酉反與七月同讀

蓼蕭

一本於燕豈下有開改反三字弟字下有音悌叶徒禮反六字而壽豈下無開改反三字據例自當如此

湛露

草考離儀今音固自可讀亦不若倒讀古音

彤弓之什

采芑

首章三句一韻十二句各兩韻次章三句一韻十二句共四韻三章前半段亦三句始下一韻六句凡兩韻後半段則三句中自爲韻六句各兩韻末章前半段二句一韻六句有三韻後半段三句一韻六句惟兩韻就中田千天千隔句亦成韻奭服衡皇析讀亦成韻總之隨方合節不可以一律拘也千與田天闐與淵今音古音皆協

車攻

苗如字囂亦音許驕切○楊用修云佽柴爲韻於首

尾調同爲韻於中閒又一體例也○猗破各舉兩音而馳獨舉一音何也豈於箇普過較安耶駕不更音居賀反意謂首句不用韻與四章同耳郎井第三句不用韻與末章同亦自省事

祈父之什

白駒

第三章諸叶音穿鑿特甚殊不可曉來當讀陵之切餘竝如本音讀乃爲自然至韻

斯干

吳才老以寢千尋切與興爲韻細玩本文語氣似簟

與寑爲韻而與與夢爲韻也然䈥徒錦反寑千檢反
別無可據又覺未安固不若讀寑平聲與夢爲韻耳
蛇自與何爲韻正宜讀土何反罷未見有押歌韻者
卽如彼宜反讀可也案說文它或从虫作蛇爾雅翼
云今字旁加虫而變其音古但作它音拖上古草居
患它故相問無它乎又陸佃云魚屬連行蛇屬紆行
詩曰委蛇蓋取諸此然則羔羊亦可同此讀矣○男
子之祥女子之祥本字自相爲叶與車舝三章式飲
庶幾式食庶幾同一體裁○末章通用一韻良是瓦
從莊子纍瓦結繩之音轉作去聲儀罹從擧世通行

之音轉作去聲皆義例之無乖者然詳韻補儀罹二
字寘韻未收而瓦魚位切更無旁證則陳季立之欲
以是句另起與上異韻亦有由也是句另起於語氣
頗不倫而地裼爲韻儀罹爲韻爲通俗計則得矣

無羊

爾牧來思三句其韻維何可置不論耶具叶居律反
想當然耳然淸濁亦相戾矣陳季立詔讀如舊與餱
之去聲叶引馬融頌張衡賦作證是也不知餱亦有
讀去聲者否當再詳之○雄如正月作胡陵切爲是

節南山

觀吉甫作誦未始入韻卽家父作誦亦不入韻可也
入韻則當讀祥容切耳疾容反與韻補牆容切俱欠
分曉

正月

旣載爾載之載與下章同義者自宜與下章同音○
魚在于沼句不必用韻合如音讀大雅靈臺亦然

十月之交

爗于輒反于多誤作丁令叶盧經反盧多誤作虛矣
讀平聲合韻當作于姬反不當作於姬反采菽亦是
戾矣以之矣爲語詞故未可同此讀也又案戕一音

昨千切自可與然本音爲韻一音疾盈切自可與然
而鄰切爲韻矣仍似是語詞

小旻之什

小旻

猶叶于救反固未經見陳季立欲以讐音讀集則更
自難從矣○五章否與止叶敗與艾叶三句一韻後
二句一韻於氣脉爲順也季立此說較優

小弁

在當讀才爾反淠當作匹世反杝一音徒河反斯梓
雖竝如本音讀

巷伯

翩字信有韻音然此自可不入韻也幡字即入韻亦不必轉音至者字轉音更嫌多事

蓼莪

瘁音同兩無正○發讀方月切曷讀胡結切與烈爲韻

小東

李肩吾云東字兩韻叶陽字韻各叶亦通○我思肥泉茲之永歎泉與歎爲韻於此復然

四月

腓芳菲反疑傳寫誤也當是符非反耳○三章音同蓼莪○殊玉反當作廚玉反揚用修云濁古音獨俗謂不明曰糊濁即此字或作鶻突或作糊塗並非也亦是一說

北山之什

北山

傍音亦如清人之旁

小明

戚當讀千六反

鼓鍾

鼛當讀居侯反僭從子念轉聲亦當讀子林反

楚茨

以妥以侑句不必用韻當如音讀孝孫祖位亦然○祊吳才老音蒲光切案說文云門內祭先祖所以彷徨鄭康成云於廟門之旁因名焉由二說推之故當以才老爲得○奏之音族以族亦音奏也欲與祿叶正自不得不爾至其音祖者三則并似可省矣

信南山

甸韓詩作敶周官註亦云四丘爲甸讀與維禹敶之之敶同則音池鄰切爲是也○霢音莫白切考並讀如

膟膋說文作膫从肉尞聲或作膋从勞省聲兩音皆叶

大田

首三句文勢直下爲一韻○皁叶子苟反與韻補此苟切一呼一吸俱未分明據說文字本作草則此苟較勝耳然依聲轉韻正當作才苟反○穉毋亦如雉字有上聲一音乎否則無害我田穉不成韻矣穉或作稚本一字也穉音稚是爲何語

桑扈之什

桑扈

兩胥一音竝不入韻當如字讀○翰憲之散見於詩
者大率從平聲押此固未必是去聲也此既讀去聲
則天之方難無然憲憲亦當讀去聲矣

鴛鴦

摧竝讀徂回切秣竝讀莫佩切

車舝

胡瞎下介二反何以得與石列石例二反叶也據韻
補鍇古轉聲通月卦古轉聲通寘二韻既須轉聲即
當云叶胡結下計二反耳匪饑匪渴兩語今韻古韻
皆叶薪叶音褻則韻補所未收

賓之初筵

韻補抗音丘岡切案說文抗以亢得聲亢本有居郎
丘岡苦浪諸音此亦似竝通也其的音子藥切則疑
誤耳據說文的以勺得聲則楊用修之音灼較勝○
仇之音其近有足徵又之音怡亦無別據然姑讀入
此韻尚省時字一轉音耳那更堪下章又字復出夷
豉一反耶

魚藻

此詩亦如兔罝魚麗諸篇隔句用韻

采菽

紓字平上兩聲於此俱可讀

角弓

遠當即讀如圓裕瘉當從去聲讀○後字本有上去
二聲轉音故可亦有上去二聲然博考詩騷皆無此
讀則猶不若仍讀侯古切與取本音為韻或讀胡茍
切與取此茍切為韻耳駒或讀去聲與傴為韻或讀
平聲不與傴為韻靡所不可○附屬之屬本有註音
不必更叶殊遇反○髦與髳同則亦有迷浮切一音
耳若謂叶韻固所不必

菀柳

愒讀如甈歲愒日之愒則亦與今音叶矣

都人士之什

都人士

撮以最得聲本有祖會宗括二音故轉讀祖悅切○
厲固自有賴音然此亦可如字讀也許慎讀蠆如厲
厲邁皆以此得聲

采綠

襜詹如音讀狩舒救反尺救反誤

隰桑

道藏歌以幽叶雕急就章以膠叶流幽膠蓋可五轉

爲韻
緜蠻
載與食誨爲韻
漸漸之石
朝如字卒沒依陳季立讀卒昧亦得
大雅三
文王之什
文王
尋音與謳同況甫反音如虎矣韓奕之訏亦然字芳
尤切吳才老讀

大明
大任有身句不必用韻當如音讀集當讀昨荅反野
亦當讀上與反
緜
瓞亦如垤耋諸子轉音徒吉切於韻乃暢
棫樸
楫有秦入即入即協三音緝葉兩韻通押
旱麓
以干祿豈弟押榛楛濟濟合之載驅以齊子豈弟押
垂轡瀰瀰蔘蕭以令德壽豈押孔燕豈弟魚藻以飲

酒樂豈押有萃其尾固知古者豈樂弟易之義亦即
用豈非兄弟之音也讀詩者當并從去禮待禮二切
思齊
母之見於諸詩者皆讀滿彼切乃與古音合其見於
蝃蝀者讀滿補切則與今音同固未有讀莫後切者
惟婦亦然天問與子叶易林與喜叶參同契與紀叶
西京賦與鄙叶吳才老以入紙韻音房詭切是也白
虎通婦者服也以禮屈服也喪服記諺曰莫作孔明
擇婦正得阿承醜女唐王生爲張嶦解夢云臼中炊
無釜也蓋正呼婦如釜即今方言猶有未盡泯者至

於舉世通行雅語則更轉入去聲然陳琳飲馬長城
窟行業以叶住白居易琵琶行業以叶故其來亦云
遠矣母婦之隸有厚韻也於古既乖於今亦戾一時
近體相與宗之可耳非可以讀古詩也又案易林陰
積不已雲作淫雨又振急絕理恒陽不雨兩合韻音
羽軌切則蝃蝀一章亦未必是今音終三百篇并宜
從紙韻讀○廟如字保去聲爲韻鮑音非
皇矣
兄音與前篇不合當以前篇爲正因心則友是叶何
語同爾兄弟以爾鉤援韻亦未詳○是類是禡禡旣

叶韻是伐是肆肆亦合叶韻叶韻則讀如周禮大司
徒羞其肆之肆音他歷切

靈臺

臺叶曰飴反何爲躍自與上濯翯叶

文王有聲

欲依禮記作猶讀于救切與孝許救切爲韻亦得小
旻詩以猶叶就閔予小子詩以孝叶疚是也依此作
欲讀俞戍切與孝吁句切爲韻亦得揚雄羽獵賦以
欲叶趣班固西都賦以孝叶署是也韻補引此署入
篠韻音聲鳥切以與孝叶固謬又引此署入嘯韻音

馨呼切以與孝叶亦似未安

生民之什

生民

他未字迨及音曷總不成韻達當讀他悅切副當讀
普別切害當讀胡結切○翼叶音異當是與上字字
叶也平林兩語毋亦於中自爲叶乎下四句即如車
攻之五章例以去路爲韻於首尾呱訏爲韻於中開
固自諧暢耳鄭氏箋云訏謂張口鳴呼也孔氏正義
音呼而呱字諸韻書但音攻乎烏瓜二切即韻補亦
未收入暮韻○秀叶忽久反忽字當是息字之誤耳
乃余謂褎秀好三字並從去聲讀差爲省事不則秀
字固可自安其常○負薄猥切吳才老讀前於小宛
篇中正自叶蒲美反此故不容更自異也較烈轉音
叶歲

行葦

席薦二叶音似俱不必韻補藥韻內亦無薦字○主
與醹爲韻斗與耇爲韻福轉音讀與翼爲韻諧矣首
四句必欲共爲一韻則果五較猶近是

鳧鷖

熏芬並如音叶

卷阿

厚下主反仍不若巧言之胡五反親切

民勞

篇五章章十句十句五韻隔一句一用通不出此部
內蓋體裁之明整者綣反諫與上安殘共韻並當讀
平聲

板

四五章俱如音讀懠一音疾之切亦訓怒也其音牋
西切者訓疑廣韻作懠殿陸氏音都練反○罪可作
去聲用耶胡罪何以叶紆會也據武王飫歌壞與支

爲韻孔子泰山之歌壞與頽萎爲韻而畏威古原通用則自合讀平聲

蕩之什

蕩

諶如本音讀鮮息淺反○爾德不明二句自爲韻今音古音皆協○式既叶式吏反晦安得更叶呼洧反故陳器之亦云洧當作謂然晦呼洧反與事上止反在詩中者盡如此押而式凡三見自押則外固押晦與事也則式叶式吏反與晦事之今音爲韻恐未必然或當與采芑之試同一轉音耳○楊用修云俾晝

作夜作讀如冲虛經以晝足夜之足謂夜不足以晝補之也此說似亦可補傳箋之不足周湛冲虛經注足讀益也音卽具反○陳器之又云害入聲叶許曷當爲胡謁其說良然然不若去聲諸音讀之差暢

抑

其在于今一章楊用修云詳此詩與尚書命詞同不必強叶○逝韻補音食列切折亦本有是音疑此正相同也報韻補音敷救切與此潚救反并所未安疑當讀補救切耳○又案本字自相爲押詩中蓋多有之如哲婦傾城與哲夫成城爲韻不顯亦世與本支百世爲韻遡其過澗與夾其皇澗爲韻日蹙國百里與日辟國百里爲韻而飮之食之君之宗之朱子亦謂就用之字爲韻至於語詞之入韻者則如載馳小戎之之漆洧常棣之乎綢繆采綠之者終南黍苗之哉東門之且采芑之焉以至墓門之矣皆是也計此無易由言四語或亦就用矣字爲韻耳○行與言叶則言當讀魚斤切矣余謂僭與行叶文氣乃順僭詛同其在桑柔者是也亦依彼子林反爲是又案行之在詩中固未有可如今音讀者卽此猶屬可疑○藐侶教切虐宜照切吳才老讀據此則樂當讀五教切

餘竝如字

桑柔

塡依舊說讀[illegible]卬召旻同○燼吳才老讀詞辛切依聲轉韻良然然說文本作㶳从火聿聲徐曰聿非聲疑从聿省而津字亦以聿得聲則咨辛反固又未始無據○競亦作倞開元五經文字讀彊去聲周禮招梗之梗鄭大夫與音亢吳才老據此爲讀并以收入漾韻覩其兩古黨二音差有憑矣然章各入句句各有韻韻各兩種隔句交加五章以上似一體例也或者將往亦讀去聲乎○韻補引天收其聲地藏其熱

音爇為質入切楊用修云日與爇互音日亦音爇爇亦音日又云淑自有寂音管子書寂寥作淑湫是也依兩家之說以讀此詩皆合○六章前半段七章後半段猶是隔句用韻六章後半段兩語兩韻轉兩語又兩韻七章前半段及八章則皆兩句始下一韻矣譖既叶子林反則言亦當讀魚斤反○九章十章仍仍為隔句用韻十一章以往則民之貪亂句已出韻矣十二章十四章六句三韻十三章十五章六句五韻末章殊不入韻陳季立欲乙其首二句以讀之然章尾兩句正復不諧即讀歌為賓終不諧也季立又

云毛詩之韻不可一律齊蓋觸物以攄思本情以敷辭從容音節之中宛轉宮商之外如清漢浮雲隨風聚散峯山流水依坎推移斯言則得之矣是以五章以上雖云同一體例而猶有未盡然者如倬彼昊天是也東之讀丁別無可據不若第安其常而𦐊與爇淑諸音或亦不須多事

雲漢

牲遺焚聞並如字遯平聲宰讀早此切

崧高

於王命召伯叶通莫反於王錫申伯叶通各反總一音耳古音本是如此通篇並宜作如此讀不必句尾也其詩孔碩自與以贈申伯為韻碩當讀時若反

烝民

圖依韻補動五切為是然此句似可不用韻耳不侮矜寡亦然

韓奕

維禹甸之與信南山同共當從鄭箋讀作恭貊莫各切伯卜各切籍秦侖切為韻

江漢

毛傳云文人文德之人也鄭箋云王賜召虎鬯酒使

祭宗廟告其先祖諸有德美見記者又云自用也王欲尊顯召虎故如岐周使虎受山川土田之錫命用其祖召康公受封之禮也此較時說為長而首二句文勢直下亦可無無韻之疑矣○年叶彌因反彌當是禰之誤

常武

士如字翰河干切漢呼干切或讀如沼漢之漢他干切苞逋侯切

瞻卬

瘵音與無自瘵焉同疾音與亦職惟疾同陳季立云

瞻卬之次章以女覆奪之而起女覆說之也奪說相呼合八句而二韻

頌四

周頌

案朱子嘗言周頌多不叶韻疑自有和底篇相叶清廟之瑟朱絃而疏越一唱而三歎歎卽和聲也此直云未詳其說蓋亦闕疑意耳然由前所稱本字可自爲韻則謂歎卽和聲也亘是無疑

我將

右之讀由未有別見此亦不必强叶思文之界噫嘻

之耦未能充類恐當存疑

顒

考仍當作去九反

有客

馬同上是叶何語將四句始下一韻乎下文乃四句四韻亦大參差矣

閔予小子

造叶徂候反於義例無乖考叶祛候反則又多事矣

小毖

拚與翻同

載芟

士與以各三句爲韻濟讀子計反積讀子賜反二句自爲韻末句獨收無韻自可

良耜

畝叶滿委反作蒲委反誤○生民之卒章可云畝下與今叶今上與畝叶則續古之人亦可云與上盈甯叶矣

絲衣

鼒本音茲且此句與自堂徂基不與不敖俱非用韻語柰何標作叶也或基鼒並叶紑韻旣所不必或紑

俅牛觩柔休並叶基韻其說益支

酌

如今之俚語讀晦似可以就怪韻然古無是也必欲叶韻則介讀居吏切耳

魯頌

泮水

茷噦以雅音呼之自當讀邁爲力制切矣或并讀大爲徒計切如第三章四句皆韻例或大邁並以今音讀如第二章四句各兩韻例俱可然第二章昭讀上聲猶屬可疑不若昭教並讀平聲四句而兩韻亦不

為不暢也

閟宮

枚回依遲本音自叶○建爾元子句不必入韻合如音讀克咸厥功句自宜入韻然叶居古反在古似無此音也陳季立至欲以克咸厥功敦商之旅借讀之於義又覺未安總之章十七句本屬奇數自應孤立一句如前章自閟宮至不遲凡七句四韻皆兩句而下一韻上帝是依一句則於中獨下一韻此章自致天至叔父亦七句四韻皆兩句而下一韻敦商之旅一句則於中獨下一韻其音節正相同耳第三章享以騂犧三句連下三韻第五章公車千乘三句連下三韻皆奇數之所必然者第四章句句皆韻且是偶數故當槪爲整齊○犧尊之犧本桑何反上章亦讀此音與宜之牛何反多之當何反爲韻足矣別出虛何反多事緩說文本以侵得聲正引此詩爲訓讀如侵卽於韻叶矣別出息稜反亦多事○繹宅貊諾若爲韻邦仍如上章讀與從爲韻其文聯屬而繽紛

商頌

那

那囊何切○起四句鼓祖爲韻結二句嘗將爲韻中閔湯孫八句成聲平孫爲韻淵轉音合韻肅鼓八句依古轉音語語皆韻朱子於此不下叶音蓋並欲以今音讀之章分五節節自爲韻耳

烈祖

成平爭之散見於詩者多如今音讀於此一概轉音亦屬可疑當更詳之○酤固自有侯古一音乃標作叶則何也豈欲以叶上文耶既載靑酤而可以叶上文也黃耇無疆亦可以叶下文而成平爭並可如今音讀矣

玄鳥

四海來格三句一韻

長發

達叶他悅反他當作陀下章放此○共鄭音拱龍鄭作寵則厖自宜讀莫孔反矣又通章用一泒韻亦與上章合也吳才老因荀子引厖作蒙遂欲於上三句以平聲讀之故當遜此○動靜之動本屬上聲濁音不必更叶德總反

殷武

適與北門之謫同讀

右所云云俱就原本集傳反叶詳明者下辯駁耳時

刻改音譌謬已甚不堪覆瓿甯足多稽

詩音辨　卷一　三　第十三到

厄詞

光緒壬午年
鐫於樂道齋

厄辭序

至正戊戌之歲自秋徂冬予挈家避兵縣南往來鳳林香溪之間朋友離散又絕無書可觀心抑鬱不自聊閒因追憶疇昔所聞見者志之於簡以其爲言乃夫人所同好故名曰厄辭用以質諸同志者焉王禕序

卮辭卷一

明　王　禕　撰

聖人之治天下也仁義禮樂而已矣仁義充其所固有所以治其內也禮樂修其所當爲所以治其外也是故內外交治而天下化矣

五伯假仁義仁義不待假也根於人心之固有者夫人有之奚獨五伯而假之也謂之假者自其行事而言之比之堯舜湯武固爲有間巳

五帝異禮三王不同樂此言禮樂之文耳聖人建天地之中以爲禮導天地之和以爲樂故大禮與天地

同流大樂與天地同和此萬世之所同也五帝三王豈得有所損益也哉

至誠之道通天人貫古今萬聖之原百行之根其存不易其運不息不易故有常不息故無疆

道德君子之寶也德其本也道其用也修行所以蓄德也立言所以載道也德成矣行不期修而自修道至矣言不期立而自立

千古在前千古在後吾身處其間百年頃刻耳奈何前承千古後垂千古乎亦曰自致於不朽焉耳矣不朽之道柰何曰太上立德其次立功其次立言

人身甚微細也而至廣且大者心也範圍天地經緯古今綜理人理醻酢事變何莫非心思之所致也於是聖賢有心學焉先之以求放心次之以養心終之以盡心是故心學廢人之有心者猶無心矣無心則無以宰其身倀倀焉身猶一物耳何名爲人哉

人心之靈思而已矣書曰思曰睿睿作聖管子曰思之思之又重思之思之而不通鬼神將通之非鬼神之力也精誠之極也揚子曰神心恍惚經緯萬方孔叢子曰心之精神是爲聖大學致知格物之功其有出於思之外者乎或曰易言何思何慮何也曰始於

思終於無思非無思也不待思也庖丁之解牛輪扁之斲輪復何待於思哉

惟至靜足以制天下之物惟至虛足以容天下之物靜者道之體虛者道之具不能靜未有能乘動者也不能虛未有能致實者也不能乘動道無由而用不能致實道無自而立

聖人操天下之利器故能爲天下宰紱冕以旌功斧鉞以誅罪天下曷有不令者乎失其所操則無能以自致矣羿逢蒙不能枉矢弱弓射遠中微造父王良不能以弊車不作之馬任重而致遠

聖人法天而立道春者天之所以生也仁者君之所以愛也夏者天之所以長也德者君之所以養也秋冬者天之所以殺也刑者君之所以罰也此天人之義古今之道也

道之大原出於天萬世亡弊弊者道之失也惟其弊也故有偏而不起之處而政有眊而不行先王舉其偏而正之益補其弊而已矣

天非人無以爲靈人非天無以爲生天人其一氣乎君非民不能自立民非君不能自一君民其一職乎

天人之際至親且密也人事感於下則天變應於上

和氣致祥乖氣致異致祥則休徵而五福至致異則咎徵而六極生感應之機間不容髮是故善言天者必有徵於人

因能任官則分職治去無用之言則事情得不作無用之器則賦斂省不奪農時不妨民力則百姓富有德者進無德者退則朝廷尊有功者上無功者下則羣臣敘罰當罪則姦邪止賞當賢則臣下勸此八者爲治之本也

聖人不忽細微不侮鰥寡參言無驗不必用質言當理不必違遜於志者不必然逆於志者不必否異於人者不必是同於衆者不必非辭拙而効迂者不必愚言甘而利重者不必智考之以實惟善所在可以盡天下之心矣

人君欲天下之氣之和也在遂羣生之性而納之於仁壽欲人之仁壽在乎立制度修教化制度立則財用省財用省則賦稅輕賦斂輕則人富矣教化修則爭競息爭競息則刑罰清刑罰清則人安矣既富且安則仁讓興焉壽考至焉而天地和平之氣應矣所以菑害不作休祥荐臻四方底甯萬物咸遂也

民有七亡陰陽不和水旱爲災一亡也縣官重責更

賦租稅二亡也貪吏欺公受取不已三亡也豪強大姓蠶食無厭四亡也徭役苛煩失農桑時五亡也部落團結男女遮迣六亡也盜賊刼掠取民財物七亡也七亡猶可也又有七死焉酷吏毆殺一死也治獄深刻二死也寃濫無辜三死也盜賊橫發四死也怨讎相殘五死也歲惡飢餓六死也時氣疾疫七死也有七亡而無一得有七死而無一生欲望國安而刑措誠難也矣　評　選用良吏將安全之顧死亡之卿讀此可慨

明主者有三懼一曰處尊位而恐不聞其過二曰得意而恐驕三曰聞天下之至言而恐不能行

王者能富萬民而不能富一夫能安四海而不能安一戶豈其智弗及而力弗逮哉無私故也

取民其猶漁乎網罟之目四寸則所獲皆盈尺之魚矣其弗獲者固得以遂其生也竭澤而求之纖鱗瑣鬐無弗獲也而其遺類之存者幾希矣

聖人不得已而用刑輔治之具匪刑不徵刑書刑鼎特以示世之章程是故簡易者制刑之本矜恤者用刑之情

聖王之制兵用以康不若匡不又而已是故有義兵而無忿兵有應兵而無貪兵

書曰事不師古匪說攸聞帝王爲政未有不因乎古者是故春秋大復古重變古書初獻六羽大復古也書初稅畝重變古也非古是今秦之所以亡歟

爲天下者必先有天下之才而又有天下之器乃足以成天下之功矣才以施之器以容之施之欲無弊容之欲無遺施之周故其業可大容之廣故其德可久

才各有所用當其用則其才乃見伊尹周公設不用爲相而使爲百工特百工之一耳何以見其相才乎干將莫邪以之水斬蛟龍陸剸犀革其芒刃有餘利用以割雞屠狗猶夫刀也騏驥要褭一日千里不竭蹶而可至顧使局促立仗下其與駑駘奚異哉

董仲舒之言曰人君正心以正朝廷正朝廷以正百官正百官以正萬民正萬民以正四方四方正遠近莫不一於正公宏之言曰人主和德於上百姓和合於下故心和則氣和氣和則形和形和則聲和聲和則天地之和應矣哉乎皆可謂有德者之言矣其人固不可同年而語也然惟君子不以人廢言

天理人欲勢必相反故循天理則絕人欲徇人欲則滅天理然世固有徇人欲而合天理者有絕人欲而反天理者齊桓晉文之霸也九合諸侯一匡天下號令列國幾於改物無非徇人欲也然其尊王室安中國攘夷狄則循天理矣楊朱墨翟老佛之徒以爲我兼愛清淨寂滅爲教無非絕人欲也至於無父無君殄人類爲禽獸之歸則滅天理矣循天理絕人欲惟聖人能之徇人欲滅天理則小人矣霸者異端處二者之間其將盜名而陷於一偏者乎

君子喜聞已之過而惡言人之過聞已之過則其過可得而遂改言人之過乃所以益已之過而已

君子有五恥而不能富貴不與焉行不擇義君子恥

之言不成文君子恥之學不聞道君子恥之仕不得君君子恥之澤不及民君子恥之

惟大人爲能格君心之非君心之非非一端也莫難强如忿心莫難制如慾心莫難降如驕心莫難平如怒心莫難抑如忌心莫難開如惑心莫難解如疑心莫難正如偏心故必隨其非而格之格之之道攻之以言難爲從感之以德易爲化故非大人莫之能古之大人伊尹周公是已

一國之木支大厦之傾覆五寸之鍵制重門之闔闢孰謂傾危之朝一人之力不能以維持之哉

君子之於世仕隱二端而已食人之祿死人之事以身徇國固爲難矣若夫依約玩世懷其道而不輕售於人以完其身以樂其真斯尤難也故忘己以爲人與獨善其身其操雖殊其志於仁則一而已

毋以智術殺身毋以政術殺人毋以業術殺子孫毋以學術殺天下後世天道遠人道邇故君子貴於盡人道人心昧天心顯故君子慚於合天心人可欺也天不可欺也心不可欺也評甚哉多術之爲害也吾誰欺欺天乎欺心乎此段最爲名言

人有三不祥曰盈曰矜曰爭盈則傾矜則凌爭則刑惟盈故矜惟矜故爭

財者陷身之穽色者戕身之斧酒者毒腸之藥人能於斯三者致戒焉災禍其或寡矣

利者害之基福者禍之媒乘除倚伏灼如蓍龜夫惟明炳幾先乃能洞其幽燭其微世之饕利溺福入而不出者有不蹈災而襲危哉

禍患之臻言行之失召之也故君子則謹言慎行也視其足嘗若刖視其舌嘗若結

山高矣鷹鷲猶以爲卑而增巢其上淵深矣鼉鼈猶以爲淺而穿穴其下然而卒不免羅於畢弋者何也

有身則有害也惟君子藏其器若虛爵祿莫敢爲之拘體其道若遇功名莫能爲之驅爵祿者災之隅功名者禍之輿評吾有大患爲吾有身此說本此

君子觀於水亦可以喻道矣其流而不息似道遍予而無私似德所及者生似仁其流卑下句倨皆循其理似義淺者流行深者不測似智其赴百仞之谷不疑似勇緜弱而微達似察受惡不讓似包蒙清泠以入鮮潔以出似廉至量必平似正盈不求槩似度其萬折必東似信

玉有六美君子貴之望之温潤君子比德焉近之栗

理君子比智焉聲近徐而聞達君子比義焉折而不橈闕而不荏君子比勇焉廉而不劌君子比仁焉有瑕必見之於外君子比禮焉

不才之人必自多矣不肖之人必自大矣自多則謂天下舉莫如巳矣自大則謂巳有以勝天下之人矣是以謂自暴自棄雖聖人教之終不可與入堯舜之道矣

賢不賢才也遇不遇時也用不用命也有其才而無其時雖以孔子之聖周流天下卒不少遇而獲試焉有其時無其命故以唐虞之世而有許由非由之不

見用也其受於天者非所當用也

君子平居若無所事也及涉於患難則智愈明氣愈平志愈增德愈成道愈凝故曰不遇盤根錯節無足以別利器

有心於避禍不若無心而順命爲此言者固云達矣然必自反無愧自盡無憾乃可安之於命故曰知命者必盡人事然後理足而無慊也人之有生必有死國之有興必有亡猶物之有成則有壞理之必至者也君子雖知其然至於養身也凡可以久生而緩死者無不用於治國也凡可以存存而救亡者無不爲至於無可柰何而後巳此之謂知命

易曰困亨貞大人吉无咎夫處困而能亨非大人不能也湯困於呂文王困於羑里秦穆公困於殽齊桓公困於長勺越勾踐困於會稽晉文公困於驪氏孔子困於陳蔡之間皆困而終亨者也困之爲道猶寒之及暖暖之及寒惟聖賢知之而難言之故曰有信不信

韓愈氏曰爲史者不有人禍必有天殃齊太史氏兄弟幾盡左邱明失明司馬遷刑誅班固庾死陳壽起而又廢王隱謗退習鑿齒無一足崔浩范煜亦誅魏

收天絕宋孝王誅死吳兢亦不能自貴而後有聞此殆有激而言非至論也爲史而遇禍偶此數人耳古今爲史者甯止是乎至謂孔子作春秋辱於魯衛陳宋齊楚卒不遇而死此尤不然孔子之不遇非以作春秋故也況春秋之作在于歷聘列國之後乎

文本於才才命於氣氣帥於志志立於學學以基之志以成之文不期工而自工矣苟徒驅之以才駕之以氣則才有時而盡氣有時而衰文能久而不蹟乎

見其禮而知其政聞其樂而知其德豈惟禮樂然哉氣運之盛衰俗尚之美惡君子於文章可以驗之矣

雲漢昭回景緯宣著其天之文乎山川流峙草木繁滋其地之文乎經緯天地黼黻萬化其聖人之文乎朝廷之文閎而穆郊廟之文肅而簡都邑之文麗而壯學校之文博而辨仙釋之文竒而邃山林之文逸而峻邱陵之文婉而章

學必有師尊信其師說故易爲道師道廢學者始鶩其私說而道術乖矣斷木爲棋刓革爲鞠猶必有師焉況於學道乎

道不可以言傳也契之於身悟之於心道之全在我矣身者道之符心者道之備彼以口舌爲者穪道之

華棄道之真者也

學在力力則無不至性質之駑駘不與焉騏驥千里跛鼈亦千里

學亦多術矣儒墨名法道雜從横權謀之屬均之爲學而用心異矣是以君子爲學貴慎於擇術

天不可知也可知者理命不可必也可必者義明於理則合天安於義則盡命

道成而不獲於天者命也時至而不用於人者性也命在天性在人在天者不可强而致在人者不可苟而從

人之欲爲善也由乎一念之烈而已反而求之克而致之盜跖有不可爲堯舜者乎

君子所持者善而已善者福之萃也善由於已福由於天由於天者不可以必得由於已者固可以必爲吾知爲吾所可爲者而已所不可必得者吾安敢以取必哉爲吾所可爲此吾之所爲恃也

善惡之致禍福如影響之應形聲也積善在身猶長日加益而人不知積惡在身如烈火銷膏而人不見君子觀夫禍福之重輕可以驗乎善惡之深淺矣是故善無隱而不彰惡無微而不著

福善禍淫天之道也易曰積善之家必有餘慶積不善之家必有餘殃世亦有爲善而蒙禍作惡而受福者矣古語有之猖蹶而活先人餘烈貞良而亡先人餘殃

君子之交際莫慎於取予非所當取而取之傷廉非所當予而予之傷惠取予之當否視義之何如義利之分其間不能以髮

與善人居如入芝蘭之室久而不聞其香則與之化矣與惡人居如入鮑魚之肆久而不聞其臭亦與之化矣君子其慎取友哉

冰蠶不知寒火鼠不知熱蓼虫不知苦糞蛆不知臭與生俱化故也人生而性善者也溺於利欲與之俱化而不自知悲矣

交友之道褻則慢慢則欺嚴則憚憚則離惟敬是主則情真而愈宜好久而不衰

衆君子之中一小人容焉鮮有不敗其成者蠹蟻仆柱梁蛟蟁走牛羊小人雖寡為害甚鉅也故國家之務去小人也如農夫之除稂莠稂莠雖微不得不除者也

鵬鷃之大小各安其分也猿狙之靜躁各遂其性也物之不齊者物之情故惟聖人能使物各安其分遂

其性而無不得其所

名之爲物與福相爲乘除與禍相爲倚伏名之重者福必減名之顯者禍必增故造物之所忌者名君子欲逃焉而不可得者也

古今有亂臣無亂民夫民未有不厭亂而思治者也思治者亂之極厭亂者治之復故易否終必泰十三國風終以豳風之詩

春秋於災異雖微必書二百四十二年之間書日食三十六地震五山崩一彗星三夜常星不見夜中星隕如雨一火災十四石隕六鷁退飛多麋有蜮蜚鸜鵒來巢皆一晝冥晦雨木冰李梅冬實七月霜降草木不死八月殺菽大雨雹雨雪雷電不雨水旱饑蟻螽螟之類皆悉書之以見天心之仁愛人君甚至也事變失於下則象變見於上故災異者天之所以譴告人君使之警懼人君能應之以德則異皆消亡不能應之禍敗至矣自非大亡道之世天未嘗不欲扶持而安全之也

祥瑞非聖人之所上景星慶雲甘露醴泉華平連理元秬黃麥麟鳳龜龍素雉朱烏之類史牒所載不皆

出於盛明之世而往往見於衰亂之時魯以麟弱漢以白雉亡莽以黃星敗唐以甘露亂惡取其爲祥也是故休符不於其祥於其仁帝王以不仁而喪亡者有矣烏有無祥瑞而不昌盛者哉

地有是物則天有是象物之至大且多者莫如金木水火土其在天爲五星曰歲星曰熒惑曰太白曰鎮星曰辰星五星之所犯各以金木水火土爲占其占云歲星所在年穀豐穰其對爲衝歲乃有殃餘星之殃各有指焉蓋五星在天爲緯星其象爲主著故災祥所繫爲最重欃槍彗孛句始枉矢蚩尤之旗皆其

盈縮之所生也春秋冬夏伏見有時躔舍分度進退有常失其常離其時則爲變異得其時居其常是爲吉祥易曰天垂象見吉凶聖人則之五星之謂也

災異之學漢儒所尚自董仲舒劉向歆父子並推春秋洪範以驗陰陽禍福雖各有所據依而牽合傅會後儒談之夫政失於此則變見於彼驗災異之變卽知政事之失矣而必曰某災某異爲某事之失之所致則旣失之拘又失之妄宜其學之不終傳也

兩漢之士西京尚經術東都尚名節經術之弊流而窒窒則僻僻則迂迂則不可行名節之弊流而激激

則矯矯則折折則不可立

江左之習崇尚老莊虛無以爲宗曠達以爲務脫畧名檢表飭風致以清談相誇詡當世莫不譏其廢事也然淝水之役謝安以笑談郤苻堅百萬之衆清談其果廢事乎

朋黨之名何自而起歟豈夫人實爲之抑其人自致之耳漢之朋黨其人以德勝唐之朋黨其人以才勝以德勝者羣而不黨之君子也以才勝者同而不和之小人也及宋之朋黨則又君子小人迭爲勝負矣嗚呼朋黨之名起國家未有不遂至於危亡者也

世代迭更士習各異先漢之經術後漢之名節吾宋之清談唐之辭章宋之道學一代有一代之所尚政治之美惡運祚之脩促於是焉係豈偶然哉

天下之勢匪强則弱而皆至於亡國周以弱亡秦以强亡勢之所趨如水就下雖聖人莫能遏之而預爲之也周公之封於魯也尊尊而親親後世遂以弱亡太公之封於齊也舉賢而尚功後世遂以强亡周公太公豈智不知其勢之必弊哉力弗及也雖然及其弊也使聖人而復出焉則一弛一張所以消息調護之者固必有其道矣

總評

公如人椾功業必有足覩即其言可知其品宜于死生之際從容就之矣

卮辭卷一畢

大學古本旁註

光緒乙亥夏
鋟於樂道齋

序

大學之要誠意而已矣誠意之功格物而已矣誠意之極止至善而已正心復其體也修身著其用也以言乎已謂之明德以言乎人謂之新民以言乎天地之間則備矣是故至善也者心之本體也動而後有不善意者其動也物者其事也格物以誠意復其不善之動而已矣不善復而體正體正而無不善之動矣是之謂止至善聖人懼人之求之於外也而反覆其辭舊本析而聖人之意亡矣是故不本於誠意而徒以格物者謂之支不事於格物而徒以誠意者謂之虛支與虛其於至善也遠矣合之以敬而益綴補之以傳而益離吾懼學之日遠於至善也去分章而復舊本旁為之釋以引其義庶幾復見聖人之心而求之者有其要噫罪我者其亦以是夫守仁序

序

大學古本一卷獻王后蒼所傳在戴聖禮記中宋仁宗取以賜及第王拱辰即此本也然傳者絕少今所行者朱子訂本此外諸家所傳改本率多僞雜無足取而古本之完善者唯王文成旁註尙存朱竹垞經義考盛稱之今以鋟板亦復古者所有事也綿州童山李調元贊菴序

大學古本旁註附錄

錢德洪曰先生在龍場時疑朱子大學章句非聖門本旨手錄古本伏讀精思始信聖人之學本簡易明白其書止爲一篇原無經傳之分格致本於誠意原無闕傳可補以誠意爲主而爲致知格物之功故不必增一敬字以良知指示至善之本體故不必假於見聞書成旁爲之釋而引以序

鄭曉曰大學一篇程子更定朱子爲之章句今傳習者是也漢大司農鄭康成所注唐國子祭酒孔穎達所疏皆古本也宋四明黃氏震元金華王氏柏臨川吳氏澄國朝正學方氏孝孺山陰景氏星

温陵蔡氏淸莆田鄭氏瑗新安潘氏潢各有說惟餘姚王氏守仁尊信古本

羅汝芳曰大學原只是一章書無所謂經無所謂傳也亦無所闕無所用補也

宋犖曰伯安具文武才人鮮能及乃以講學故毁譽迭見於當時是非幾混於後世蓋其無善無惡之論朱子晚年之編學者無所用其回護至謂其縱士鹵十得甯邸金寶初通宸濠策其不勝而背之且擅離職守處置田州事宜失當用兵機詐此

謗毀之餘唾不足拾取也
經義考大學在小戴記中原止一篇朱子分爲經
傳出於獨見自章句盛行而永樂中纂修禮記大
全并中庸大學文刪去之於是誦習章句者不復
知有戴記之舊陽明王氏不過取鄭註孔義本而
旁釋之爾近見無錫張夏輯雒閩源流錄於陽明
傳謂其叙古本大學則倒置經文反以是爲陽明
罪果足以服天下後世之心乎世人少見而多怪
大都不信古之過也曷取是篇而再四紬繹之童
山李調元雨村識

大學古本旁註

漢　戴　聖　撰

明　王守仁　註

大學之道在明明德在親民在止於至善知止而后　親愛也明明德親民
德之修己安人皆至善者心之本體無不善心之本體謂之止至善
有定定而后能靜靜而后能安安而后能慮慮而后
知至善惟在吾心則求之有定向
能得物有本末事有終始知所先後則近道矣古之
欲明明德於天下者先治其國欲治其國者先齊其
家欲齊其家者先修其身欲修其身者先正其心欲
正其心者先誠其意欲誠其意者先致其知致知在
致知致吾心之良知也格物格此事物也心者身之主意者心之發知者意之體物者
格物物格而后知至知至而后意誠意誠而后心正

意之用如意之用于事親即事親之爲物格之必盡夫天理則吾心事親之良知無私欲之閒而得以致其知矣知至則意無所欺而可誠矣意誠則心無所放而正矣
心正而后身修身修而后家齊家齊而后國治國治
而后天下平自天子以至於庶人壹是皆以修身爲
本其本亂而末治者否矣其所厚者薄而其所薄者
厚未之有也此謂知本此謂知之至也所謂誠其意　知修身爲本斯謂知本斯謂
知至非實能修身未可謂之知修身
者毋自欺也如惡惡臭如好好色此之謂自謙故君
子必慎其獨也小人閒居爲不善無所不至見君子　修身惟在於誠意故特揭誠意以示人修身之要誠意只在慎獨上夫
只在格物上用猶中庸之戒懼也
而后厭然揜其不善而著其善人之視己如見其肺
肝然則何益矣此謂誠於中形於外故君子必慎其　猶中庸之莫見莫顯
也
獨也曾子曰十目所視十手所指其嚴乎富潤屋德
潤身心廣體胖故君子必誠其意詩云瞻彼淇澳菉

竹猗猗有斐君子如切如磋如琢如磨瑟兮僩兮赫兮喧兮有斐君子終不可諠兮如切如磋者道學也如琢如磨者自修也瑟兮僩兮者恂慄也赫兮喧兮者威儀也有斐君子終不可諠兮者道盛德至善民之不能忘也（誠意工夫實下手處惟在格物引詩言格物之事）詩云於戲前王不忘君子賢其賢而親其親小人樂其樂而利其利此以沒世不忘也（親民之功至於如此亦不過自明其明德而已）康誥曰克明德太甲曰顧諟天之明命帝典曰克明峻德皆自明也（自明不已即所以親民）湯之盤銘曰苟日新日日新又日新康誥曰作新民詩曰周雖舊邦其命維新是故君子無所不用其極（君子之明明德親民豈有他哉亦不過止于至善而已）詩云邦畿千里惟民所止詩云緡蠻黃鳥止于丘隅子曰於止知其所止可以人而不如鳥乎（止于至善豈有他哉惟求之吾身而已）詩云穆穆文王於緝熙敬止爲人君止於仁爲人臣止於敬爲人子止於孝爲人父止於慈與國人交止於信子曰聽訟吾猶人也必也使無訟乎無情者不得盡其辭大畏民志此謂知本（又因親民中聽訟一事要在其極亦必本于明德則信乎以修身爲本矣）所謂脩身在正其心者身有所忿懥則不得其正有所恐懼則不得其正有所好樂則不得其正有所憂患則不得其正心不在焉視而不見聽而不聞食而不知其味此謂脩身在正其心（修身工夫只是誠意就誠意中體當自己心體常令廓然大公便是正心正心之功既不可滯於有亦不可墮于無猶中庸未發之中）所謂齊其家在脩其身者人之其所親愛而辟焉之其所賤惡而辟焉之其所畏敬而辟焉之

其所哀矜而辟焉之其所敖惰而辟焉故好而知其惡惡而知其美者天下鮮矣故諺有之曰人莫知其子之惡莫知其苗之碩此謂身不脩不可以齊其家（人之心體不能廓然大公只是隨其情之所向而辟親愛五者即是猶中庸已發之和也）所謂治國必先齊其家者其家不可教而能教人者無之故君子不出家而成教於國孝者所以事君也弟者所以事長也慈者所以使眾也康誥曰如保赤子心誠求之雖不中不遠矣未有學養子而后嫁者也一家仁一國興仁一家讓一國興讓一人貪戾一國作亂其機如此此謂一言僨事一人定國堯舜帥天下以仁而民從之桀紂帥天下以暴而民從之其所令反其所好而民不從是故君子有諸己而後求諸人無諸己而后非諸人所藏乎身不恕而能喻諸人者未之有也故治國在齊其家詩云桃之夭夭其葉蓁蓁之子于歸宜其家人宜其家人而后可以教國人詩云宜兄宜弟宜兄宜弟而后可以教國人詩云其儀不忒正是四國其爲父子兄弟足法而后民法之也此謂治國在齊其家（以是修身只是誠意章）所謂平天下在治其國者上老老而民興孝上長長而民興弟上恤孤而民不倍是以君子有絜矩之道也所惡於上毋以使下所惡於下毋以事上所惡於前毋以先後所惡於後

毋以從前所惡於右毋以交於左所惡於左毋以交於右此之謂絜矩之道詩云樂只君子民之父母民之所好好之民之所惡惡之此之謂民之父母詩云節彼南山維石巖巖赫赫師尹民具爾瞻有國者不可以不愼辟則爲天下僇矣詩云殷之未喪師克配上帝宜監于殷峻命不易道得衆則得國失衆則失國是故君子先愼乎德有德此有人有人此有土有土此有財有財此有用德者本也財者末也外本內末爭民施奪是故財聚則民散財散則民聚是故言悖而出者亦悖而入貨悖而入者亦悖而出康誥曰惟命不于常道善則得之不善則失之矣楚書曰楚國無以爲寶惟善以爲寶舅犯曰亡人無以爲寶仁親以爲寶秦誓曰若有一个臣斷斷兮無他技其心休休焉其如有容焉人之有技若己有之人之彥聖其心好之不啻若自其口出寔能容之以能保我子孫黎民尙亦有利哉人之有技媢嫉以惡之人之彥聖而違之俾不通寔不能容以不能保我子孫黎民亦曰殆哉唯仁人放流之迸諸四夷不與同中國此謂唯仁人爲能愛人能惡人見賢而不能舉舉而不能先命也見不善而不能退退而不能遠過也好人

之所惡惡人之所好是謂拂人之性菑必逮夫身是故君子有大道必忠信以得之驕泰以失之生財有大道生之者衆食之者寡爲之者疾用之者舒則財恒足矣仁者以財發身不仁者以身發財未有上好仁而下不好義者也未有好義其事不終者也未有府庫財非其財者也孟獻子曰畜馬乘不察於雞豚伐冰之家不畜牛羊百乘之家不畜聚斂之臣與其有聚斂之臣寧有盜臣此謂國不以利爲利以義爲利也長國家而務財用者必自小人矣彼爲善之小人之使爲國家菑害竝至雖有善者亦無如之何矣此謂國不以利爲利以義爲利也

又說到修身上工夫只是誠意

中麓畫品

光緒壬午冬鋟於樂道齋

中麓畫品序

物無巨細各具妙理是皆出乎元化之自然而非矯揉造作焉者萬物之多一物一理耳惟夫繪事以一物而萬理具焉非筆端有造化而胷中備萬物者莫之擅場名家也

國朝名畫比之宋元極少賞識立論者亦難其人豈非理妙義殊未可以一言蔽之耶予於斯藝究心致力爲日已久非敢謂充然有得也常山葉子則云流觀當代未見上於予者且請譔次品格爲藝林補鈌焉於是乃作畫品五篇其一篇論諸家梗概二篇設

六要括諸家所長分四病指摘所短三篇捜羅尺寸之長俾令無遺四篇類次其比肩鴈行無甚高下渾爲一途可也五篇述各家所從來之原此據其所見者如此其間遺逸者借曰有之亦不多矣

嘉靖辛丑十一月中麓山人李開先撰

中麓畫品

明　章邱李開先　撰　綿州　李調元　校

畫品一

戴文進之畫如玉斗精理佳妙復爲巨器

吳小仙如楚人之戰鉅鹿猛器橫發加乎一時

陶雲湖如富春先生雲白山青悠然野逸

杜古狂如羅浮早梅巫山朝雲偃姿靚潔不比凡品

莊麟如山色早秋微雨初歇娛逸人之心來詞客之興

倪雲林如几上石蒲其物雖微以玉盤盛之可也

呂紀如五色琉璃或者則以爲和氏之璧不知何以取之過也

夏仲昭如富寺之僧面壁而坐欲冀得仙

周臣如珷玏望之如玉就之石也原無寶色故耳

蔣子成如天竺之僧一身服飾皆是珍貴之物但有腥膻之氣

金潤夫大似子成而腥氣較少

唐寅如賈浪仙身則詩人猶有僧骨宛在黃葉長廊之下

胡大年如待兔之翁不復知變

李在如白首窮經不偶於世之士蹇滯寒陋進退皆拙

沈石田如山林之僧枯淡之外別無所有

林良如樵背荆薪澗底枯木匠氏不顧

邊景昭如糞土之墻汙以粉墨麻查剝落畧無光瑩堅實之處

王若水如長蒲高葦豈不勝於菜蕪終亦委靡

王舜耕如十丈之柳百圍之樫氣魄不小然體質疎弱殊非明堂之材

謝廷詢如千人之石碓磑之材則是珪璋之璞則非

丁玉川如十金之家門扉器物不得精好

郭清狂如儒翁學稼勉力既劣於同儕稂莠必多於嘉穀

商喜如神廟塑像四體矩度一一肖似然顏色既乏生氣胚胎復是墐坭

石銳比之商喜益出其下

張輝如鄉墅少年之人動有鄙陋之態

汪質如揣匠造器斧鑿不得其宜樣緻復無佳處

鍾欽禮如僧道齋榜字大墨濃惟見黑蠢
王世昌如釋子衲衣頗有綺數寸然實拙工耳
王讙王諤如五代之官帽則烏紗身則屠販

畫品二

畫有六要

一曰神筆法縱橫妙理神化
文進大筆山水　小仙大筆山水　雲湖松石
古狂人物

二曰清筆法簡俊瑩潔疎豁虛明
文進山水　小仙山水　雲湖松竹花卉蔬果

山石　古狂人物　莊麟花鳥　雲林山水

三曰老筆法如蒼藤古柏峻石屈鐵玉坼缶罅
文進山水禿筆人物　小仙山水人物　雲湖
山水花木　古狂人物　莊麟花鳥　周臣山
水

四曰勁筆法如強弓巨弩彍機蹶發
文進山水人物　小仙山水人物　雲湖山水
花木人物　古狂人物　莊麟花鳥　周臣山
水　蔣子成神佛樹石　金潤夫神佛樹石
夏仲昭竹

五曰活筆勢飛走乍徐還疾倏聚忽散
文進山水人物　小仙山水人物　雲湖人物
山水花木　古狂人物樹石　莊麟花鳥　周
臣木石　蔣子成神物樹石　金潤夫神物樹
石　夏仲昭竹

六曰潤筆法含滋蘊彩生氣藹然
文進山水人物　小仙山水人物　雲湖山水
人物花木　古狂人物樹石　莊麟花鳥　周
臣山水　蔣子成神佛樹石　金潤夫神物樹
石　夏仲昭竹

以上諸家所得之多少卽以先後見之

畫有四病

一曰僵筆無法度不能轉運如僵仆然
王讙山水人物　王諤山水人物　王世昌山
水人物　鍾欽禮山水人物　張輝山水人物
石銳山水人物　謝廷詢山水　沈石田山水
人物　邊景昭木石

二曰枯筆如瘁竹槁禾餘燼敗秭
林良翎毛木石　周臣人物　石銳人物　邊
景昭木石　品紀松石　夏仲昭石

三曰濁如油帽垢衣昏鏡渾水又如厮役下品屠宰小夫其面目鬚鬣復神采之處

雲湖傅粉芙蓉　夏仲昭石烟　周臣人物樹皮雲烟　呂紀雲氣松竹人物　小仙美人　文進菊竹美人　胡大年雲山　唐寅遠山雲氣人物　李在山水人物　石田山水　林艮翎毛木石　邊景昭大景　丁玉川山水　王若水翎毛木石　王舜耕山水　謝廷詢山水　郭清狂人物山水　商喜人物犬馬木石　石銳山水人物樓閣　倪端山水　張輝山水人

物　汪質山水　鍾欽禮山水　王世昌山水人物　王讙山水人物　王諤山水人物

四曰弱筆無骨力單薄脆軟如柳條竹笋水荇秋蓬　古狂山樹　雲林山樹　呂紀山樹　夏仲昭竹　周臣放筆山樹人物　唐寅山樹人物　邊景昭樹石　王若水樹石　王舜耕雲山　郭清狂人物山水

畫品三　凡有尺寸之長皆收於此

周臣紅葉松毛小石面壁　蔣子成雪山面壁金潤夫雪山面壁　商喜墨魚　林艮鷹

邊景昭鵪鶉折枝小鳥　石田鴨　胡大年山頂　呂紀花鳥　郭清狂綿羊　夏仲昭竹枝

畫品四

文進小仙雲湖古狂爲一等

莊麟倪雲林爲一等

蔣子成金潤夫夏仲昭周臣呂紀爲一等

胡大年唐寅李在石田林艮景昭若水爲一等

商喜石銳爲一等

張世祿李福智神鬼劉俊郭清狂袁林奚祐人物戈廷璋松陳憲章樹金湜竹詹仲和竹呂高

水樓鑰花鳥李鰲猫犬周全馬劉節魚林廣史痴任道遜許尚文金文鼎馬式王恭陳季昭陳啓陽夏芷丁玉川謝廷詢王舜耕倪端鍾欽禮張輝汪質汪海雲王讙王諤王世昌山水

以上諸家才力不甚相遠亦不須覈論總爲一等

畫品五

文進其原出於馬遠夏珪李唐董原范寬米元章關仝趙千里劉松年盛子昭趙昻黄子久高房山高過元人不及宋人

小仙其原出於文進筆法更逸重巒疊障非其所長片石一樹粗且簡者在文進之上

雲湖其原出於趙千里僧巨然豪蕩過之巨細皆妙

古狂其原出于李唐劉松年人物更奇樹石遠不遠也

葉綍其原出于梁楷馬遠夏珪精理堅實最爲近古

蔡正名其原出于馬遠夏珪盧浩然梅花道人米元章方方壺能筆少意足

周臣其原出于李唐有出于小仙者極醜

蔣子成金潤夫其原並出于馬遠

莊麟其原出于崔白沈暢文雅非呂紀所知

倪雲林其原出于黄子久

呂紀其原出于毛益羅智川過于益不及智川

林良其原出于文與可

唐寅其原出于周臣沈石田

胡大年其原出于高房山王舜耕亦出于高房山

李在其原出于郭熙

沈石田其原出于吳仲圭王叔明

邊景昭其原出于李安中

王若水其原出于馬麟遠子也

謝廷詢其原出于李唐范寬

丁玉川其原出于夏珪孫君澤

商喜其原出于陳居中李迪

郭清狂其原出于小仙

石鋭其原出于謝廷詢

張世祿其原出于吳道子

李福智其原出于顔輝

張輝其原出于劉耀卿

汪質其原出于劉耀卿

鍾欽禮其原出于劉耀卿

王恭其原出于馬遠

劉俊袁林其原出于李福智

奚祐出于杜古狂

金湜出于邊虜僧

陳憲章出于王冕

許尚文金文鼎陳啓陽姜立綱沈士稱並出于董原

林廣出于李在

任道遜姚公綬出于梅花道人

夏芷出于文進

倪端出于石銳

中麓畫品畢

中麓畫品後序

畫品論人皆已逝者見在世如葉常山文衡山衡山子嘉林張平山張責所謝樗仙沈青門王仲山楊戊生陶仰山劉後庄呂思石鄔亭山郭天賜李本仁范行甫陳莫之胡守甯未敢輕議以蓋棺始定畫猶文學隨時消長然亦太半高年雖消長相去不遠獨守甯久死失議及就而較之常山其傑然者可仰窺文進下視時流所作武當圖能盡其勢橫小仙大筆山水人物可以逼眞衡山能小而不能大精巧本之趙松雪平山犄惡人物如印板萬千一律責所儘有筆

仗可惜生疎樗仙時畫中之高者青門時畫中之嫩者仲山水墨畫中之微有意味者戊生初學衡山今不知何如仰山後庄思石亭山各負時名是皆魯衛之政後庄草蟲爲優以勤苦得之隨水草尋蟲覩其形像書摺中所藏死蟲無筭天賜既無此工所以遠出其下李范及陳以未見其畫難評總之乃區區一人有限之見豈敢爲一定不易之論哉大抵畫分兩家有收藏家有賞鑒家有財力能多致者收藏家也善旌别知源委者賞鑒家也兩家勢不能兼王林屋洪西溪可稱收藏許黙齋山西縣宰忘其名可稱賞

鑒崔伯山屏李蒲汀似收藏而非收藏似賞鑒而非賞鑒毛南甯田柜山既非收藏又非賞鑒予賞戲之曰二君人品極高而畫品最下二君嘆曰子存心雖公而持論過刻予復笑而大言曰據予所棄者容有佳畫而所取者更無劣畫矣渺予小子收藏賞鑒兩有愧顏持過刻之論而欲取信于人其亦難矣不唯不信且有忌其恃才詆其狂妄者矣文進畫筆宋之入院高手或不能及自元迄今俱非其比宣廟喜繪事一時待詔如謝廷詢倪端石銳李在等則又文進之僕隸輿臺耳一日在仁智殿呈畫進以得意者爲首

乃秋江獨釣圖畫一紅袍人垂釣於江邊畫家唯紅色最難著進獨得古法廷詢從傍奏云畫雖好但恨鄙野宣廟詰之乃曰大紅是朝官品服釣魚人安得有此遂揮其餘幅不經御覽進寓京大營門前冷落每向諸畫士乞米充口而廷詢則時所崇尚曾爲閣臣作大畫倩進代筆偶高文毅穀苗文康衷陳少保循張尚書瑛同往其家見之怒曰原命爾爲之何乃轉托非其人耶進遂辭歸後復召潛寺中不赴嫁女無貲以畫求濟無應之者身後名愈重而畫愈貴全堂非百金不可得有令其子歲畫賈羅門錢者其子失誤其父責之進爲之畫兩紙以緩其責終是難用賞之佛開後亦有持重價易之者進嘗自嘆曰吾胸中頗有許多事業爭奈世無識者不能發揚乎論不能徇于今之人敢望求知于今之人哉公論久而後定進不待久不識卽有知乎者乎抑或有罪乎未久而知之者乎自信之篤知與不知定與不定有不暇計也

嘉靖二十四年十月中麓山人書

畫書古來最夥六朝五代唐宋金元各有評跋其畫譜畫記畫品畫史畫繼畫鑒廣川德隅齋聞見記山水家法則其尤也我朝唯有圖繪寶鑑後附諸善畫者然泛收濫取妄議過稱覽者病之中麓是刻指是彈非起今較古言人之所不能言道人之所不敢道世必始而訝之久必信而傳之矣畫非小道禹貢職方山川疆界器用制度草木魚虫非畫何考左圖右史圖以形史以事二者用則一般故曰畫非小道既曰畫非小道則夫論畫獨精者功豈小補哉

嘉靖丙辰四月同邑兩峰楊道跋

湖山子村寓與中麓公隱居密邇嘗得過而覩其所著畫品皆論國朝善畫者雖責備不少假借有片長亦不棄遺但不詳其鄉貫字號及仕否行業茫然不知爲何處人亦不知爲何如人其意以爲主於論畫而不暇於論人如春秋之法不繫于大夫者終始人之而弗詳因執書逐名扣之中麓公應荅如響遂筆之於册止有數人未眞者以得查補據此不唯知畫且從而知人公之博學善記於是乎尤可見云

戴進字文進號靜菴錢塘人不但工畫制行亦復高潔吳偉字小仙江夏人以欽取授錦衣百戶性豪放

輕利重義在富貴室如受束縛得脫則狂走長呼內臣雖持重貲求畫不得其片張半幅陶成字孟學號雲湖寶應人領順天鄉荐性資脫洒不唯善畫篆隸尤工杜堇字懼男號檉居丹徒人博雅精敏詩文字書久擅時名呂紀字廷振四明人錦衣指揮德性端謹夏杲字仲昭東吳人累官太常寺卿書畫詩文皆佳求者踵至能一一應之可見其人周臣字舜臣號東林東吳人詩亦有思致蔣子成江東人唐寅字伯虎東吳人舉宏治戊午鄉試第一以會試事詿累終其身李在字以政莆田人以畫士欽取沈周字啓南

號石田蘇州人文學該洽詩律清新作字亦古拙可
取林良字以善廣東人錦衣指揮聲名初在吕紀之
上凡紀作多假書良名後則不然矣王田字舜耕濟
南人以縣貳致政善詼諧信口爲詞聾人聽聞謝廷
詢或又以爲廷循永嘉人清慎有文丁玉川江右人
商喜字惟吉汪質字孟文金陵人鍾欽禮號南越山
人王世正號歷山濟南人與吳偉同時被徵葉仲
葉正名葉澄字元静號常山世居京師原東吳人
文璧字徵明因以字徵聘遂定爲名更字徵仲號衡
山蘇州人詩寫俱妙小楷尤勝少年即不受賻父千

金士林重之官翰林待詔夏芷字廷芳錢塘人陳憲
章號如隱會稽人石鋭字以明錢塘人張翬太倉人
史廷直號痴翁江東人性不受覊赤脚騎牛着道衣
腰繫黄縧劉俊字廷偉袁璘字廷器張禄號平山古
沐人張合字懋觀號貪所永昌人舉進士以吏部員
外郎出歷藩臬謝時臣字道復號樗山蘇州人沈仕
號青門杭州人性好遊覽詩寫精絶高出畫筆之上
鄔亭山蘇州人郭錫字天賜樂安人楊戊生陶仰山
劉後庄吕思石紀之曾孫李本仁范行甫陳莫之皆
浙人書畢又扣目今誰爲第一曰唯元静裝表誰爲

第一曰唯有王辰字子龍者他非所知也湖山子乃
大駭曰日用緊要書他人尚不能記乃於一藝亦能
悉舉其實若是譬家言人之魂魄俱好者方能善解
而久記中麓公魂魄其超千萬人而獨優者歟
同邑湖山胡來貢跋

麓翁畫品成竹川野客見之以爲本朝能畫人搜括盡矣翁云一人見聞有限如楊景和名暄者以彩漆馳聲天順間屏風花物及小斗方備格精巧更不肯失身權要錦衣門逵因其上疏劾之欲引以爲黨陷以富貴使之中傷善類景和佯許之門方午飯以盤中肉數塊與食之景和暗懷其二次日朝審則云實不知其事原門某教我誣之出其肉爲証他家無此割烹法雖苦刑辨說愈壯事竟白而畫由此益重矣君若不棄述此意作一跋語萬幸竹川野客不敢辭遂述而跋之以補所未備而廣所异聞云

同邑竹川野客華夏靖跋

春中倉皇過貴縣未獲晉拜唯向縣尉得公詩詞諸刻且行且讀至臨餐有不能釋手者準擬他日得遂瞻承一探淵海當不唯竊此緒餘而已豈意叨冒北來遠成遠別大乖所願其亦自恨其緣薄也適得畫品所列宗匠不唯未覩其繪事亦多未識其姓名但覺諸所評隲皆略毛色而窮氣骨之論僕猶丐兒聞譚大烹者雖未能染指於鼎俎之旁其亦想像言甘之爲快也

固始雩樓張祉跋

蜀語

光緒壬午年
鋟於樂道齋

蜀語序

方言采於輶軒離騷多用楚語學士家競避俗撫雅故賤今而貴古人越而語燕遂至混擬名品倒易方代以僕觀之字無俗雅一也夥頤沉沉焉殊典語笑言啞啞何異里談乎實生長蜀田間書聞蜀語眩於點畫不假攷留滯長洲間得以考之雖儓麗藏甬隰疑方音嘲哰而皆有典據如此君子其可忽諸然將習而耄及千百曾不得一俟博聞者補焉傳曰樂操土音不忘本也西蜀遂上李實識

蜀語

明 遂寧 李實 撰 綿州李調元鶴洲校

官長曰崖○民間隱語如長官曰大崖佐貳曰二崖攷唐語林曰唐長入許小客謂唐崇曰今日崖公甚覞斗崖公指明皇覞斗歡喜也攷說文崖高邊也又攷官字从𠂤音堆崖也官也皆巍高之意

平原曰垻○垻从貝音霸與从具不同从具水堤也吳越謂堰堤爲塓音具

酒器曰壜○壜與罎同

言語忤人曰觸人○觸音杵

燒礦爲鐵曰熯○熯音善火在鐵之上爲熟鐵火在鐵之下爲生鐵

火炙曰熇又曰熁○熇音考熁音脅

鼻塞曰𪖙○𪖙音祝

器缺曰齾○齾音鴉山缺亦齾

謂看曰省○省桑何切鎖平聲

謂看曰瞙○瞙音苗从目

謂看曰瞧○瞧音樵

稱人曰漢○年長者曰老漢少壯者曰漢子南宋書靑衣小兒見王懿驚曰漢已食未謂華人爲漢者因漢武帝威震外國故外國畏而稱之曰漢人歷數幾更猶不遷改古銘曰漢德威威永布宣揚不虛矣大明會典殿前有大漢將軍

魚網曰罥○罥音漩

飲食變味曰餿臭○餿音搜

蒸糯米揉爲餅曰餈巴○餈即禮記粉餈註云以豆爲粉糝餈餅上也凡餅塊爲巴蜀之通稱也大明會典大祀有糯米餈糕

皮裂曰皴○皴音村

腹瀉曰過○漢書食菜不招過飲水不裂腸

護種○凡芒種種黃豆時霜降種胡豆時家藏豆皆索然無味如食木渣以生氣發動故名曰護種

土高起曰埨○埨倫上聲

曲木可挂物曰鐽鉤○俗作搭鉤

菜肉豆脯米粉作羹多加薑屑曰𩟔辣湯○𩟔呼麥切音劃

銖木器曰錛鋤○錛音奔

切草刀曰鍘刀○鍘音札

平木器曰鉋子○鉋音報

咤其多曰夥夥○夥烏禾切音窩夥胡果切音火或

曰夥或曰頣皆咤其多之詞史記陳涉故人曰夥
頣涉之爲王沉沉者揚子方言齊宋之郊謂之夥
又曰碩沉巨濯訏敦夏于大也
以刀磨瓦盆或皮上曰鐾○鐾蒲計切音避字書云
治刀使利也
目不見物曰瞀○瞀音務
露牙曰齙○齙音報
以辛香和食曰䒢○䒢音向
謂無曰耗○耗莫褒切音毛亦有呼毛清音者昔人
請東坡喫皛飯謂白米白湯白蘆菔也東坡回請

毳飯謂米湯蘆菔三者俱無也鄉語謂無爲毛然
毛非義以耗字爲是東坡非失于考葢借字戲耳
本从禾从毛俗从耒譌
貓○毛清濁兩呼
香圓稻米曰䅋米○䅋音晚
收絲器曰篗子○篗音約籰同吳越謂之籰子籰音
斛
女工曰鍼黹○黹陟几切讀若軹說文箴縷所紩衣
从㡀丵省徐鉉曰丵者多也言箴縷之工不一也
丵音浞叢生草也鍼箴同徐鉉曰今俗作針非是

一色不雜曰衘○衘音諂
犁上鐵板曰鐴耳○鐴音壁
老曰老革革○楊子方言滅鰓乾黃耇都老也三國
志彭羕罵先主曰老革荒悖可復道耶
木段曰橦○橦音同
下垂曰䩠○䩠音妥
結堅曰凝○凝魚慶切音禁唐詩舞急紅腰凝歌遲
翠眉低又曰照凝紅香皆讀去聲
和物曰拵○拵音坌
物朽而斷曰𠟂○𠟂音尊上聲
小子曰僁僁○僁音積小也
縣曰縣道○漢書諸侯王公主所食縣曰國內縣曰
縣邊縣曰道俗只以爲縣邑之稱不知其言之來
歷也

人快敏曰㓏利○㓏俗用伶誤字書云伶孤獨也使
也樂工也弄臣也
强桀曰猙獰○猙獰音爭能
水岐曰汊○汊音詫
橫木阻之曰擋○擋音蕩
穿牛鼻曰桊○桊音倦又作桊

舂糙成熟曰𩞄○𩞄音刻又作𩞄
呼母曰姐○姐讀作平聲如呼女兒作上聲說文蜀
謂母曰姐廣雅姐媓妣毑㚰嬭媪母也毑音子嬭
音你媪音襖
母之父母曰外公外婆○外音位
磨之漸消曰鋊○鋊音育說文磨取銅屑也又作漢
書楊升菴在朝一中官問曰牙牌磨鋊鋊字如何
寫升菴以鋊字荅之今俗讀作遇凡牙齒老木石
諸物磨銷皆曰鋊
女許字曰女○下女尼慮切讀若御孟子涕出而女
於吳

親家○親讀去聲音浸
穀穗曰杓○杓音弔
豆腐○漢淮南王造俗作腐非腐爛也當作脯象其
似肉脯也故脂麻曰麻脯棗肉曰棗脯
雞胷曰脯○脯音蒲
鐵上鏤金銀文曰鋄○鋄音簡西京賦金鋄鏤錫馬
融頌金鋄玉瓖大明會典鋄銀事件瓖嵌字宜用
瓖俗作鑲非鑲兵器也又用廂亦非从金叏聲叏
范兔二音腦蓋也

禾麥之空殼曰秙○秙音庫
割牛馬勢曰騸○騸音扇
不精彩曰䮖騔○䮖騔音臘塔
皮冒鼓曰鞔○鞔音瞞呂氏春秋宋子罕之鄰爲鞔
工玄女兵法鞔鼓鼕以象雷霆
謂多曰夠○夠音構廣雅曰夠多也魏都賦繁富夥
夠
玉讀若遇○王韻書收沃字韻魚欲切作入聲蜀人
皆讀爲去聲攷萬震海物異名贊曰江瑤柱厥甲
美如瑤玉柱玉同押是亦作去聲矣詩小戎溫其
如玉音裕

耳垂曰聕○聕音荅
足踏曰蹝○蹝所蟹切叙上聲俗作跴非跴都管切
音短足踢也又音煆足跟也大明會典光祿寺蹝
造細麪
單身曰輕身○輕去聲音磬
牛馬腰左右虛肉曰軟膁○膁音歉
物溼而黑腐曰勃一曰黴○黴音梅
紫面曰紫檀色○楊升菴曰紫檀木出交趾畫家用
以浸水合燕脂名燕檀俗名紫檀色今訛爲紫棠

色
乍晴乍雨曰㵒淞雨○㵒淞音弄送
沃土曰魚米之地○唐田澄蜀城詩曰地富魚爲米
山芳桂是薪俗作餘米非放田詩本前漢書地理
志巴蜀民食稻魚無凶年憂
日中曰晌午○中原雅音晌音賞
日中食曰餉午○餉音賞
劈破曰斯○俗作撕非詩曰斧以斯之
聲破曰嘶
馬鳴曰嘶

器破曰璺縫○璺縫音斯鳳
白蠟蟲○蟲生冬青樹枝上殼大如圓眼半核穀雨
節摘下殼內細蟲如蟣至立夏節生足能行用桐
葉包繫冬青枝上其殼底蟲能作白蠟走向葉背
上住其殼口蟲仍爲蟲種走向葉面上住如入定
狀七日後葉背上者蛻皮走聚住枝上身生白衣
漸厚卽白蠟也至處暑節采下煎爲蠟葉面上者
蛻皮走散住枝上漸漸長大初如蟣如蝨漸如粟
如黍至冬如豌豆如大豆至明年穀雨所謂大如
圓眼半核者殼上有蜜一點至穀雨蜜乾可摘此

卽蟲種也冬青樹俗名白蠟樹
瓦鉢曰盋○鉢古作盋
衣縫曰紩縫○縫俱音鳳紩音秩
餛飩曰匾食○射洪縣絕品
油煎麪縷曰饊○饊糝糤饊同音傘于寶周禮註曰
祭用麷麷在晉呼爲環餅又曰寒具今日饊子蘇
文忠詩曰纖手搓來玉數尋碧油輕蘸嫩黃深夜
來春睡濃于酒壓匾佳人纏臂金
婚先日而宴曰餪房○餪音煖
女嫁三日送食曰餪女

米碎之以鮓肉魚曰米糝○禮記和糝不蓼鮓音查
上聲
以米糝鹽椒釀肉魚曰鮓○鮓見爾雅鮺同說文南
方謂之魿北方謂之鮺劉禹錫以苦茗換鮓蘆菔
凡菜亦可作鮓
食爛曰餿○餿音朽
一讀若衣○攷字書一古音奇堅溪切後人轉爲入
聲益悉切蜀今作平聲
十讀若詩○楊升菴曰十寔執切入聲亦可作平聲
如唐詩三十六所臨春殿一一香風透管絃又綠

浪東西南北水紅闌三百九十橋又春城三百九
十橋夾岸朱樓隔柳條

手承物曰拓

推入曰攮〇攮音朗

手提曰揵〇揵音虔

八月爲汃月九月爲朽月〇汃普八切攀入聲蜀西
南多雨八九月爲甚名曰漏天杜子美詩曰鼓角
漏天東黃仁傑詩曰九月且不虛爲朽月楊升菴詩
曰易見黃河清難逢烏撒晴秋雨多故云汃字辨
見後第卅八葉

摘毛曰撏〇摘音的撏音延

跛行曰踏〇踏音荅

心動曰慹〇慹音徹慨同

麩散者曰麧〇麧音勃

鞍韉曰屜〇屜音替

抽屜曰屜〇

秋分後逢壬謂之入霑十日滿謂之出霑〇霑謂雨
多也逢壬十日內謂之霑天諺云入霑有雨出霑
晴

短衣曰䄢〇䄢音莊

不與人分辨曰不理〇鶡冠子曰逆言過耳甲兵相
李李即理也亦曰不爾晉書王述傳若其不爾官
改遷園陵爾古作尒說文尒者辭之必然也

木屐曰木屩〇屩音腳史記虞卿躡屩擔登

寒熱結瘕曰疨瘍子〇疨音幸瘍仝瘍音羊

耳中作聲曰聬〇聬音翁

謂子曰崽〇崽子改切音宰揚子方言江湘之間凡
言是子謂之崽凡歡人飲或推物與人恐不受則
誓曰崽崽或曰萬崽言若相辭則我當爲子也又
自高侮人則稱人曰崽酈道元水經注曰弱年崽

子

倉上作樓曰矗〇矗作去聲音銃凡高出皆曰矗

凡苗實聚多曰纂纂〇古曲曰棗下纂纂朱實離離

通水槽曰筧〇筧音簡梘仝

石讀爲旦〇凡官府糧冊及民間穀米帳皆以石音
擔云有點爲山石音同十無點爲斗石音同旦攷
之字書無音旦者漢書無儋石之儲儋音旦今以
石作儋漢人不應音音矣然遍蜀皆然相沿以久
必有所自來也

竹篾曰簒條〇簒音述簫仝

有耳瓶曰甂○甂音省
作涼席竹曰篠竹○篠音水
作篷曰簓竹葉○簓音聊
木石牡曰簨○簨音筍考工記及文選註皆作簨爲
是後人作榫誤撰耳朱文公北辰註用簨程伊川
語錄用榫寫者誤也
以鹽漬物曰濫○濫讀上聲音覽漤灠仝
箸曰筷○筷音快竹箭也可以爲箸俗作快非
伸麪曰擀○擀音敢
謂人形短曰矮矬矬○矬七禾切音搓唐書王伾形

容蕞陋遳行貌當用矬字爲是
鞋襯曰幫○幫俗作幫又幫貼
米穀鮮白曰䊝○䊝音春
孟讀作夢○楊升菴曰淮南子正月之孟陽氣始動
孟動同押則當與夢同音不當入漾字韻矣莊子
古本孟浪之言孟从亡血乃當音莫浪切耳
門地腳曰限○限音坎
稻曰稻穀○稻音討廣雅曰秈稉也林稬也
煮熟絲曰湅○湅音練
遂讀同歲○古以遂爲歲字歲从步从戌言年至戌

而終秦時所作也漢陸賈楚漢春秋三老董公八
十二遂封爲成侯乃用古遂字矣
盖瓦曰宐○宐瓦去聲
物小曰𪉍○𪉍音醮燋仝
織荆條爲囷以貯糧食曰篅○篅音船囤仝
物臭曰膖䐬○膖音滂䐬抽去聲在紂字韵
牝馬曰騲○騲草通用晉書草馬
雌狗曰草
雌思雄曰起草
宛轉生動曰蚴○蚴音牛去聲

疥瘡曰乾痡疙○痡疙音杲老土音作格澇
傷痕曰痡⿸疒侖○痡⿸疒侖音逋論
赤子陰曰朘○朘音雋道德經赤子未知牝牡之合
而朘作精之至也
地平曠曰壏埮○壏埮音覽坦
鶩卵石曰礓石
地芝曰菌○菌音郡菌之大者名鬬雞菰生桑樹上
者名樹雞生櫟松林中有黃白赤綠四種可食其
面上如石灰者殺人用黃土和水漿食之可治又
音捲夏月天雨生山巾石骨土上名地菌皮可食

米䉵曰磑〇磑音內以木爲齒公輸班作
砌石曰礤〇礤音剎
物相擊聲曰砅砰〇砅音蹦从冰如从水爲砅古本
論語爲深則厲厲字說文履石渡水曰砅砰音烹
土釜曰鏊〇音奧廣雅鏊䤴也
驛遞曰站尭徒曰擺站〇站音戰
重聚曰磊埻〇埻音推上聲
人之狡黠者曰尖𧸖〇𧸖音纘矛戟柄底銳鐵也言
人之狡黠如之吳越謂尖酸酸字想訛
謂人不慧曰没鍊鐼〇鍊从東音東與从柬音練不

全鐼音隊鐼鐼全鍊鐼車轄也揚子方言趙魏之
間謂之鍊鐼車無轄則罔罔然無所之人之懵懵
亦如之矣
尾曰巴〇巴音以凡尾亦曰巴如馬尾曰馬巴狗
尾曰狗巴之類
艾灶曰爒〇爒音醮
蒸食物曰蒸焋〇焋音壯
嫂與弟婦曰先後〇先音羨史記見神于先後宛若
火爆曰灹〇灹音乍
旁屋曰廈〇廈从厂音要厂音漢如从广音夏大屋
也广音儼
手搦曰抔〇抔音掊唐書一抔之土未乾
手俛曰擼〇俗作扯非
粗率曰体〇体音奔去聲音捹俗以爲體字誤也攷
字書怵全不慧也攷晉書豫章太守史疇太肥號
笨伯又宋書王微傳有麁笨之語按廣雅曰笨竹
裏也其表曰笢其裏曰笨竹裏故从竹晉宋書以
爲人之粗率字於義不通當以体怵从人或从心
爲是朱子語錄云孔明盆謏矣
散物曰掞〇掞音豔

斂衣裳曰扱〇扱音札
耳飾曰耳瑱〇瑱音佃
驚畏曰嚇〇嚇音下又音黑　一曰駭〇駭音械
廠曰行房〇俗訛作迴房
手裂物曰搣〇搣音滅
盛酒器謂之酒簬盛茶器謂之茶簬〇簬从竹以竹
爲之揚子方言有榼簬
油糖餅謂之飥爐亦謂之爐食〇因爐盆所熟非鍋
熟故
凡驢騾所負物曰他子〇他音惰揚子方言騾驢駝

駝載物謂之負他
太瓮謂之瓻○瓮卽甕瓻卽缸
得利曰賭○賭耑去聲音驛傳之傳有利謂之賭錢
自得謂之賭得
蟲螫人曰蠚○蠚音叡
撐○張傘作平聲音村支柱作去聲音寸俗从掌非
以毒藥藥人曰癆○癆音澇揚子方言凡飲藥而毒
北燕朝鮮之間謂之癆
笑曰啞啞○啞音格易曰笑言啞啞
鞋無飾曰靸○靸音撒

牛羊食已復吐而嚼之曰冋嚼○上嚼音爵下嚼音
醮爾雅牛曰呞羊曰齥鹿曰齸冋嚼總名也齥音
泄齸音抑
收摺之曰摺摞
爪刺曰掐○
凡木石諸器爲上沙所壅曰墄鷩藏沙中曰墄沙○
壅作去聲墄音威
屋耑版曰牔風○牔音博
曲謂之蜎○考工記曰廬人刺兵欲無蜎註云蜎撓
也蜎蟲行必腰曲故腰曲謂之腰蜎凡物曲撓皆
謂之蜎
貫縷提之以織曰綜○綜音縱
橫縷曰緯○緯音位
直縷曰經○經音徑
面慚曰厭○厭音掩禮記見君子而後厭然
霓曰虹○虹音法去聲音絳
痴愚曰懜憃○憃音銃
壓物曰笮○笮音乍榨醡仝三國志孫權曰陳長文
之徒昔所以能守善者以曹操笮其頭畏操威嚴
故竭心盡意不敢爲非耳嵇康笮具不同而酒味

不變
性傲曰戇○戇音剛去聲
不平曰觥○觥音縠
桃李核曰覈○覈音忽核仝亦音忽
吸之曰敹○敹音朔
瀉去汁曰潷○潷音必滗仝
指物事曰者○者止野切俗作這非攷字書這音彥
走也迎也攷六書正譌者原古諸字从白卽白字
从米古旅字諧聲音專於切又假借爲止野切卽
俗這字也又假借爲掌與切卽洲渚渚字也

凍餕字又以从妥爲餕委乃聲妥非聲

面瘡曰皰○皰音砲

稠膩曰膠黏　飯粒粘紙曰飯黏○黏音年

碾物使光曰砑○砑音迓

柄曰杷○杷欛仝

抵命曰償○償音裳

子細謂之把穩○子俗作仔非北史源思禮傳及杜詩皆作子細把穩卽晉載記姚萇之云將牢五代史莊宗紀之持牢也

置食曰飣○飣音定唐書飣坐梨俗云飣盌

凡去瓜果皮曰雪○魯哀公賜孔子桃命以黍雪之孔子曰臣聞以賤雪貴不聞以貴雪賤杜詩云隹人雪藕絲又雪耻雪讐俱以拭除爲義攷字書作䨮隸从省ヨ乃又字右手也

藏酒曰窨○窨音印

傻足曰蹅○傻音查蹅其遮切音茄急行曰大步蹅

酒醋中小蟲曰蠓○蠓音猛蠛蠓一名醯雞又生朽壤之上因雨而生見陽而死其飛磑則天風舂則天雨言直撞或進或退如磑或上或下如舂也

壓垢曰垢圿○垢圿音苟甲山海經註錢來山出洗石可以磢體去垢圿

言吃曰謇○謇音僴

足皮曰趼○趼通作繭

去垢曰磢○磢音訕

諱其醜曰護短○三國志漢壽亭侯傳護前

刮鍋曰鏟　平木器曰鏟　削平曰鏟○鏟音剗

有所怨嘆則曰前世五代○五胡亂華殺戮遷徙人命不保故云

履中模範曰楦○楦音絢

趕曰碾○趕上前人曰碾上趕雞曰碾雞以轉動行

易及也

衣系曰襻○襻音畔

假借曰倩○倩音茜揚子方言倩棨借也

甑底箅笆曰箅○箅音閉世說新語陳元方季方窃聽父太丘與客語炊忘箸箅飯落釜中成糜太丘令二子俱說更相奪易言無遺失太丘曰如此糜自可何必飯也　箅說文蔽也所以蔽甑底从竹畀聲俗用箅非箄篵箄竹器也音悲

飾邊曰緣○緣去聲音怨

蠶在繭中曰蛹○蛹音勇字書蠶老化爲蛹蛹化蛾

酆都臭豆脯○凡夏天豆脯半日而酸一夜而發空爛臭矣惟酆都縣豆脯不然雖盛暑必經三五日衣生寸餘色成黃黑而味絕不敗轉益堅實目之曰臭豆脯實不臭也殆不可解

攪曰攂○攂音潮去聲

搖動不停曰動澹○澹音淡說文澹水搖也

眼皮動曰眨眼○眨音剳

物濕蒸變白曰白醭氣變曰醭臭○醭醭音僕

鹽鹵曰膽水○元史張理獻言饒州德興三處膽水浸鐵可以成銅

田舍曰莊○俗作庄非孜字書庄音彭平也

主父曰使長公主母曰使長嫂○使去聲

熬曰煎○煎去聲音箭

漉器曰笊籬○笊音兆籬音力杜陽雜編同昌公主鏤金爲笊籬

雞伏卵曰菢○菢音抱

汙穢曰涴○涴音餓汙仝

置釘曰釘○上釘平聲音丁下釘去聲音定

楮樹曰穀○穀音構从穀从木其皮可以作紙通鑑一祥桑穀共生於朝與穀不同穀从殼从禾音谷

馬障泥曰韂○韂音綻

毛席曰毯○毯音坦

謂人舉措曰見事○譏之曰看他見事譽之曰見事不同戰國策范雎曰吾聞穰侯智士也其見事遲

足蹂曰跐○跐音此平聲

豕項間肉曰臑頭○臑音曹豕項肉不美有草氣

負物曰馱○一曰背○馱从大不从犬背去聲音悲

擡穀器曰連耞○耞音加

瓜中犀曰瓤饅頭中肉菜亦曰瓤○瓤音穰

束小兒者曰綳○綳音崩說文作繃

馬後革曰鞦

騾後木曰紂棍

謂人奢華曰過望○史記黥布傳漢王踞牀洗召布入見布甚大怒悔來欲自殺出就舍帳御飲食從官如漢王布又大喜過望

揚穀器曰杴○杴音軒

租物曰賃○

肉曰肉○上肉入聲下肉去聲音糅四聲收在宥字韻

肉韭筍木耳椿芽豆脯報切如米麥大用猪脂炒之

曰豆䏝飧○飧音孫報既順切又橫切也
風搖曰颭○颭音展
兒夢曰魘○魘音掩
禳鬼曰禰○禰音掩
藞草曰蕤麻○蕤音誕苗似苎麻芒刺螫人痛不可
忍又名惹麻有紅白二種紅者可治齁症白者煎
湯浸稬米爲粉油煎甚鬆用葉萎猪易壯杜子美
夔州除草詩自註云去蕤也故其詩曰其毒甚蜂
蠆又曰芒刺在我眼註者以爲山韭字書又以爲
菜名大謬攷蕤乃山韭誤解蕤字遠矣

瓦器未成曰坏○坏音披
言不讓人曰聱○聱音敖
刈草器曰鎌○鎌音廉
拾物曰拳○拳音僩揚子方言南楚曰攓說文作攓
楚詞朝搴阰之木蘭
呼狗吠物曰嗾○嗾音漱左傳晉靈公嗾獒以吠趙
盾
線條曰綹○綹音柳大明律剪綹
大讀一駕切○楊升菴曰大字古音馱又音琛而無
一駕切者惟今音有之攷淮南子宋康王時有雀
生鸇占曰小而生大必霸天下以大叶下古亦有
一駕切之音矣作四聲韻者不收入禡字韻始失
考也
土落曰埣○埣音速
釜溢曰䰞○䰞音孛
表畫曰褙○表背言紙之表裏耳不宜从衣見東城
文集攷字書褙領衣也又袖端也褙襦也俗人用
此誤矣畫从田繪畫之畫與卦畫之畫同今从凶
爲繪畫乃俗字也癈音甑撥仝　畫古作画隸从
聿从画

儀仗曰頭鐙○鐙音杳
槍戟柄底銳鐵曰鑽○鑽音纘鐏仝
吐氣曰吹○吹火平聲音似靴
叱之曰嘞○嘞音初
不速曰遲遲○上遲字平聲下遲字去聲音治史記
荆軻傳太子遲之讀去聲
唾人曰啡○啡坏配二音
作揖曰唱喏○古者揖必稱呼之故曰唱喏
聲不淸圓曰嗄○嗄音沙去聲俗作上聲道德經終
日嗥而聲不嗄和之至也

快走曰猋○猋音標
虎欲嚙人聲曰猇○猇音肴
養畜肥壯曰棧○曰棧猪羊曰棧鷄鵞皆處棧上不
使近地氣易肥耳
穴土行曰䆲○䆲音礦
鳥巢曰窠○窠音科
笮橋○笮音作松藩茂州之地江水險急既不可舟
亦難施橋於兩岸鑿石鼻以索絙其中往南者北
繩稍高往北者南繩稍高手足循索處皆有木筩
緣之既護手又易達不但渡空人且有縛行李于

背者西域傳度索尋橦之國後漢書跋涉懸度唐
獨孤及云復引一索其名爲笮人尋牛空渡彼絕
壑是也
牛蝨曰螕○螕音篦
蠚蟲曰蛆○蛆音納
自謂曰男家○男音嫎任俠也猶北人之謂昝家俺
家
木岐曰樏○樏又上聲
縫皮曰鞝○鞝音掌
吓之曰啐○吓俗作哂啐音足

村市曰場○入市交易曰趕場三六九爲期辰集午
散猶河北之謂集嶺南之謂墟中原之謂務
和以止之曰啊○啊音臥
呼人曰喡○喡音胃輕之之詞也
喉曰嗓○一曰嚨○
夏日暴雨曰偏涷雨○涷音東从水爾雅曰暴雨謂
之涷楚詞曰使涷雨兮灑塵其曰偏者或不踰墻
或不過畦也江東謂之陣頭雨若从冫音洞冫音
冰水凝也
飲聲曰欱○欱音骨

漉物曰舀○舀以沼切妖上聲
抄飯匙曰𥞤○𥞤音鍬从禾从臼
進船曰划○划音華
刈草曰剗○剗音訕
肉丸曰刣刴○刣音點刴音隋本作隋裂肉也隨國
本从辵文帝以辵不祥去辵爲隋仍音隨後人不
考遂以隋作平聲而別作刴刴乃俗字也
削去曰則○則音敏
舀水器曰戽斗○戽音戶
手卜曰拈鬮○鬮音鳩

井油○井中水似溝中臭水而綠然之光亦青微臭
遇水不滅更增其燄報人爲燭馬上執之得雨益
然浸乾馬矢或澆柴草于上流然之置江中可以
燒敵船楊升菴曰正德年間犍爲嘉定出
培根曰壅○壅讀平聲
竹籬篾篳曰笆○笆音巴
竹屑以塞舟漏曰筎○筎音如𥟖仝木桶盆亦曰筎
小曰蔑蔑○凡言人物小謂之蔑蔑揚子方言江淮
陳楚之內謂之蔑郭璞註云蔑小貌也
少曰丁丁○又曰點點○又曰些些○

譍聲曰欸○欸音靄揚子方言凡言然者欸
漉器曰筲箕
關捩曰捎䈰○捎䈰音消息
凡物已采復搜其遺曰𢿫○如𢿫桑葉𢿫果子之類
方言曰虔𢿫殺也其字从𣏟音派分析也从肉从
攴音扑小擊也俗作散非
承塵曰𥫃席○𥫃音唐方言𥫃張也一曰仰塵
語不定曰訜○訜音分
賀人曰恭諗○諗音審韻書云念也
與聾者言打手勢○五代史史弘肇與蘇逢吉飲酒
酒令作手勢
毀人曰誹○誹音匪又音吠
牽船篾曰火掌○用大竹劈爲寸濶篾以麻絲續之
用以牽船緣江岸皆石稜厲如錯非繩索所能勝
也
元宵讔曰燈謎平時隱語曰猜謎○謎音寐
詞不屈曰譥○譥音絳
以言阻人曰讜○讜音黨直言人難受故
沉水曰沒○沒莫佩切迷去聲讀若寐不作入聲人
躍入水底曰打沒頭猶吳人之謂打沒貫也吳作

入聲
沉水曰淹○淹烏含切音庵
男巫曰端公○大明律凡師巫假降邪神書符咒水
扶鸞禱聖自號端公太保師婆及妄稱彌勒白蓮
社明尊敎白雲宗等會一應左道亂正之術扇惑
人民爲首者絞爲從者杖一百流三千里
病亂言曰讝○讝音占俗音儼誤
魚之美者曰䰾○䰾音綻血脊肥美
鋪墊曰㶁○㶁音霸
飲食曰滋味○華陽國志曰益州地在十二辰爲未

末者味也萬物皆成有滋味也故其人好滋味
足音重濁曰跫○跫許拱切莊子聞人足聲跫然而
喜
纏在紡車上及在梭中曰繐○繐音遂
毛布曰雀㲊氁○
正屋曰笞○笞音荐俗作牮
牡牛曰牯○牯音古
牝牛曰牸○牸音字
月半明曰朏朏亮○朏音噴
繩索斷而續之曰㓤○㓤音妾揚子方言擱㓤續也
秦晉續折謂之擱音刻繩索謂之㓤俗用接非
破魚曰劚○劚音遲
燒刀刃納水中以堅之曰淬○淬音翠焠仝漢書孟
康曰龍淵宮在西平界其水可用淬刀劍特堅利
古龍淵之劍取於此水
以篾束物曰箍○箍音孤
竹器曰篼○篼音兜
瓷器光曰釉○釉音宥銅鐵矢有光者亦曰釉　油
讀作去聲音義亦仝
竹作篾甚柔者曰篾竹○篾音慈叢生七月出筍甚

軟可爲繩惟川產最多利用最大別土不產與江
東慈孝竹不同　篾仝
瘦皮垂下曰皶○皶音答
衣擺寬曰袏○袏音作
毛掘曰穵○穵廣韻烏八切又中原雅音於寡切音
瓦
蓋曰㡉○㡉音慷
歲莫以盒酒相遺曰別歲○蘇東坡有別歲詩
畨人曰猓玀○辮髮細褶幫其人甚朴魯一書云玀
纙
刻入曰剜○剜音灣
傷皮曰𠜾○𠜾音瘡上聲
饒足曰飽望○莊子無聚祿以望人之腹註望滿也
月望則滿
物裂開曰笑○
碎切曰劄○劄音札
織具曰簆○簆音寇以俗作如篾貫經迺緯使密者
渣滓曰㵒○泥㵒油㵒之類廣雅㵒謂之滓
揚米器曰簸箕○詩曰維南有箕不可以簸揚
撐船竿曰篙竿○

細長曰蹽跳〇蹽跳音了掉
謂人樸訥曰木詘〇詘音黜詞塞也史記曹參世家
擇羣吏木詘於文詞重厚長者即召除為丞相史
熱而皮生疹曰痱子〇痱音費
痒曰瘙〇瘙音騷又音躁
馬肺病曰啌嗓〇啌嗓音腔顙
墻曰埵〇埵音朶俗作垛非垛堂塾也又射墉也
牛羊膍曰百葉〇廣雅百葉謂之膍
門廚上環〇環作上聲音緩攷之叶韻作去聲音患
蓋土音微轉耳

多須曰髐毸〇須俗作鬚髐音鬧
縮髮為髻曰鬢〇鬢音纘
文蛤蟲曰蟆子〇文蛤即五倍子生於拂烟樹中有
細蟲無數飛而嚙人甚痒名蟆子蟆入聲音莫又
黃連樹葉上似五倍小而花亦有此蟲凡采五倍
子宜六月末蟲未飛出時取蒸蟲死方濾而可用
如遲蟲已出無味不中用矣
麪漿曰糨〇凡表背漿衣裳皆糨糨音絳糡仝
樹枝岐者曰椏〇椏音鴉本作丫
閉門機曰櫎〇櫎音拴本作扊从戶㝠聲俗加木今
誤作門閂音宊
搦汁曰躋〇躋音擠
以物沾水曰蘸〇蘸音站
大曰豐〇豐臟上聲
大曰奘〇奘在朗切音莊上聲揚子方言敦豐厖夯
憮般嘏奕戎將奘京大也
大曰莽莽〇小爾雅封巨莫莽祁艾大也莊子莽乎
大哉
爛曰敗〇敗音跛攴仝前第十一　八月為汃月見
楊升菴集以汃郎汃爛義音與跛仝攷爾雅汃音

彬西至於汃國謂之四極西極之水也又音普八
切音攀入聲韻會云水貌又波相激聲皆无爛義
而字書另有攴敗字以侯博者正焉凡肉之爛者
地之泥溼者果之熟者糧食之不乾者人之弱者
物不剛者皆曰敗
小子曰犽〇犽音牙俗轉音昂淮陰人音得之
麁惷曰㤜戇〇㤜戇音莽壯
不慧曰昏惆〇惆音刀
⿸疒戶曰懵懂〇懵懂童猛董
碎麥為米曰麥麨〇麨音沙麥粥也江北謂之麥麲

淮安謂之麥麧　麲音現麧音忽

一目眇曰單眧○

以物還原主曰上退○廣雅土吐瀉也

牙垢曰牙𡳐○𡳐音因矢也矢俗作屎佛書烏𡳐集

眉上

自卑曰紗孫○紗音沙小也

屋上承椽梁曰檁○檁音領

小兒學行狀曰𨂂○𨂂音得亦作得陸魯望非得得

行不可適至其下楊升菴僧蹊菊詩西風有腳乖

乖發東渡無媒得得來

飲曰㴒○㴒綿婢切說文飲也

涇曰絕落涇○涇說文从水一所以覆也覆而有土

故涇㬎省聲幽涇也其涇字乃東郡東武陽水名

今混用之溚音答字書云溚涇也

水上涌曰淐○淐音昌

兩手揉物曰撋○撋兒宣切音㬇

擊曰搭○搭音答五聲譜搭打也如漂洗曰搭抖塵

亦曰搭

手采曰捋○詩曰薄言捋之古作寽从爪从寸音力

輟切俗又从手贅矣

舉尾走曰趉○趉音掘

小兒手據地行曰𧺷○𧺷音蒲匍仝

屈郄曰蹞○蹞音魁上聲跪也

冒破人物曰落○左傳歲云秋矣我落其實而取其

材

曰費曰進用○史記呂不韋以五百金與子楚為進

用待賓客

補漏曰苴○苴音查

不脆曰臑○身困倦曰臑懶亦曰酸臑○臑音如

不解曰蔫○蔫音焉嫣仝廣雅蔫菸婑葱也菸音仝

蔫葱音遠敗也

性急曰𢥞○𢥞音醮

不端正曰藞磋○藞音鸞上聲磋音鮓

人死曰過世○錢財曰使不過世飲食曰喫不過世

晉書苻登傳姚萇立苻堅神主請曰陛下雖過世

為神豈假手苻登圖臣忘前征時言耶

謂人蹤曰炸○炸音乍

惡犬謂之獒狗○獒音敖左傳晉靈公嗾獒大高四

尺曰獒

趍船曰舡○舡音答

具舟曰艕○艕音架艓仝俗作駕
有儀表曰轟鑾鐙○上音蠻下音螢
噍聲曰齰齧○音括查比人曰齰齧音搭查
齒畏曰齽○齽音禁
推之曰㧐○㧐音聳
漩水曰漩渦○渦音倭三峽水其聲無底故其流不
成波成漩船底如魚肚乃可剗漩郭璞曰盤渦欲
轉杜甫詩巫峽盤渦曉楊升菴曰盤音漩
手捉曰揢○揢音客
揮扇曰搧○搧音羶

擊曰搒○搒音邦
水潭曰沱○沱音陀沲仝
齒不齊曰齹○齹音挫
甕物味變曰齆醜○齆音甕醜抽去聲
飽而強食曰餩○餩音厄
築堤蓄水曰迮○迮音作陳書吳明徹迮淝水以灌
金城
蒸食曰饙蒸○饙音分餴仝詩曰可以餴饎
餅曰饝○饝音摩凡米麪食皆謂饝饝猶比人之謂
餺餺也

軍中赤金小釜曰鑹鍋○鑹音羅俗作鑼非
呼父曰大大○說文大他達切讀若闥謂父莫大也
熟米麥末之曰炒麪○禮記糗餌註曰炒乾米麥擣
為餌也
深巖曰嵌○嵌音謙峽中有黃嵌黑石
謂欺紿曰鬼謂人黠曰鬼○揚子方言趙魏之間謂
之黠或謂之鬼
生卵曰生○下生去聲音滲
石敢當○見漢黃門令史游急就篇衛有石䃤石買
石惡鄭有石癸石制周有石速齊有石之紛如皆

有勢位敢當言所當無敵也今宅有衝射處即位
此石蓋取此義以御熒星耳故凡人有擔當者亦
曰之曰石敢當
取物曰扣○扣从手口聲讀如罕
捉之曰挪○挪音梛
罵人曰獨○言孤獨也　一曰犢○桓範罵曹爽曰
曹子丹佳人生汝弟兄犢耳
謂人村曰山巴土獠○獠音老巴州以西舊獠人所
居故云
撞之曰揰○揰音董

口戾不正曰咼○咼音歪曹瞞傳敗面喎口宜用咼

字爲是渦乃洄流也

不伸曰㧓○㧓音紐

壇神○名主壇羅公黑面手持斧吹角設像于室西北隅去地尺許歲莫則割牲延巫歌舞賽之攷炎徼紀聞曰羅羅本盧鹿而訛爲羅羅有二種居水西十二營寗谷馬場漕溪者爲黑羅羅曰烏蠻居慕役者爲白羅羅曰白蠻羅俗尚鬼故曰羅鬼今市井及田舍祀之稱神家否杜子美詩曰家家養烏鬼卽此也養讀去聲註杜詩者以烏鬼爲鸕鷀或云猪皆非

舟著地曰崎○崎音珂去聲

微煑曰煠○煠音閘渫仝

繞腰窄囊曰纏袋○纏讀去聲音棧

分麻曰朩○朩音派𣏟仝凡枲麻字从此此从禾也

朩又音饋吳語也

跛行曰尥○尥音料

取笑語曰詑○詑音陀說文沇州謂欺曰詑

衣曰直䙌○䙌音惰無袂衣也俗凡衣皆稱䙌誤俗作裰非裰音掇補衣也

山頂霧曰山戴帽○諺曰霧溝晴霧山雨凡霧在山顛必有雨

天雨將霽又小雨曰辭山雨

船久曰老

物墮水聲曰潼○石墮曰碂○潼碂俱音董

漉去水曰瀝○瀝音歷

豆粥○磨黃豆爲漿米粲和煑食之晉石崇晏客一客思豆粥咄嗟便辦王愷怪其速乃密賂崇帳下都督問其所以督曰豆猝難得漿惟預作末客至以末投白粥中卽成豆粥矣蘇文忠詩曰君不見

呼沱流澌車折軸公孫倉皇奉豆粥溼薪破竈自燎衣飢寒頓解劉文叔又不見金谷敲冰草木春帳下烹煎皆美人萍虀豆粥不傳法咄嗟而辦石季倫

齧骨曰齦○齦音閫

日晚曰晏○晏音按

易蠶箔曰綈○綈音剃

熟穀曰火穀舂成米曰火米○用秔稻水煑滾住火停鍋中一夜次早漉去水又用火蒸上氣晒乾爲米每斗穀多得米一升每升多食一人疑是仙傳

如稉稻依此法作炒米甚鬆李德裕詩曰五月畬
田收火米異物志曰交趾夏月稻熟曰火米皆以
火米爲生成非也
猪脂中堅者曰䏰○䏰音移俗作胰非胰脊肉也
胃口曰脘○脘音管
竈曰睒○睒音閃
背膊曰胛○胛音甲
頭腦酒○用肉豆脯報切如細䊀炒用極甜酒加葱
椒煑食之俗曰摻頭酒寒天早晨食之爲宜蕁生
八牋云四月宜食非也

肥脂曰臕○臕音標
手指文曰腡○腡音羅
禽䏶曰肶○一曰胵○䏶音皮胃也胵音痴
精肉曰腈○腈音精
胎衣曰脬○溺囊曰脬○脬音胞溺音尿
田分段曰稜○稜魯鄧切讀如冷
禾不實曰𥢺○𥢺音厭或糞多而瀦或蟲生如發皆
𥢺有乾𥢺有水𥢺
斧之頭曰頁腦○頁胡結切讀如纈頭也
鑄鏵曰寫○史記蘇秦傳宋王無道爲木人以寫寡
人以射其面又始皇本紀秦每破諸侯寫放其宮
室作之咸陽北阪上鏵耕犂上鐵也
申頭曰顫○顫音展說文倨視人也
遠曰窵○窵音弔
袴曰衳衣○衳音鐘○袴俗作褌非
瘦曰尪羸○尪音汪从尢曲脛也音汪本作尢从大
而屈一足也後人又添王俗作兀非矣羸音縲上
从倒子作去音突中从口音圍从云从四誤也此
字以口爲聲郎口字
衣敝曰襤褸○襤褸音藍呂通作藍縷左傳篳路藍

縷以啟山林篳路柴車也
行不進曰尲尬○尲尬音甘介
小兒女曰幺○幺音腰凡幽幼字从此爲聲俗作么
誤
筩酒亦曰咂嘛酒○以稉米或麥粟粱黍釀成酒熟
時以滾湯灌壜中用細竹筩通節入壜內咂飲之
咂去一盃別去一盃熱湯添之壜口是水酒不上
浮至味淡乃止潼川粟穀酒遂寧火米酒有名華
陽國志郫縣有一井井邊有竹截竹爲筩以汲井
水水變爲酒他竹則否竹盡則井亦凡水矣杜子

美曰酒憶郫筩不用沽至唐時已無故曰憶井水
爲酒故不用沽今之咂酒葢彷彿郫筩遺意耳
攷字書無𪊨字亦俗作耳
不知名呼之曰那○那音懦
漬藏肉菜曰醃○醃音淹
酒器曰酒醢○醢音海
不去滓酒曰醪糟○醪音勞以熟糯米爲之故不去
糟郎古之醪醴投醪
鹵水曰鹼○鹼音減醎仝
勉力曰勥○勥音絳

自謂曰我每○謂人曰你每俗用們誤攷字書們音
悶們渾肥滿貌宜用每字爲是
酒醋味薄曰醈○醈音談敘南音
掌打曰耳摑○摑音國
斜曰撦○撦音且去聲
不精采曰倯○倯音松濁聲揚子方言庸謂之倯又
傑倯罵也燕之北郊曰傑倯郭璞注小可憎之
名
耳曰𦗟○𦗟音剎平聲
乾肉及餅曰巴○牛肉曰牛乾巴蕎餅曰蕎巴鹽塊

曰鹽巴土塊曰土巴之類
不謹曰傝㒆○傝㒆音搭撒
開張曰侈○侈音查
濶口曰奓○奓昌者切車上聲莊子奓門而入
大醉曰酕醄○一曰酩酊○上音毛陶下音閔頂
渾全曰囫圇○音忽倫
便溺器曰圊桶○圊音青
牛羊馬豕欄曰圈○圈音倦俗作棬非棬盂也
禽卵曰彈○彈字見大明會典上林苑雞鵝鴨彈若
干皆用彈字言卵形之圓如彈也俗用蛋字非攷

字書有蜑字从虫延聲南方蠻也漁蜑取魚蠔蜑
取蠔木蜑取木若從疋疋音疎並無此字想因蜑
字訛爲蛋字耳
盛穀器曰囤○囤音頓
麥之細者曰青稞○稞音科威茂出
薰藥曰熏○下熏音訓山海經薰草可以已癘薰音
訓
朋音蓬術述音蜀巫誣音烏尹音允虹音岡去聲署
音樹衡音烜檄奚音希○歷代小史録虞集一詩以
術蜀同魚字韵押中原音韵駁沈約頗多朕則今

俗之聲亦有所本矣

火爈曰煨○煨音威

蟲似蝗曰蚱蜢○蚱蜢音窄猛

香氣盛曰馞○馞音蓬去聲

碾輪石曰磙碡○碡音駝渦同

捻鼻涕曰擤○擤音上聲讀如狠

撩取曰擥○擥音略

謂人痴鈍曰夢椎○椎同槌史記周勃不好文學每

名諸生說士東鄉坐而責之趣爲我語其椎少文

如此

順言謔弄曰讀○讀音棍

牛羊不生子曰犢○犢音超謂婦人不生子亦曰犢

放兵刼掠曰打牢○後漢書董卓放兵士突其廬舍

淫略婦女剽虜財物謂之搜牢皆去聲牢滮也

怨嘆禍至曰漢亡○三代而下惟漢朝最盛漢亡則

亂民不聊生故云

細苗及細毛皆謂之蘘茅○蘘汝陽切音穰揚子方

言蘇芥草也其小者謂之蘘茅

兩手相摩切曰挼○挼音磋搓仝

罵人之醜稱曰雜種○雜種見漢書

重曰重鐀鐀○鐀吐本反揚子方言鐀重也

弓戾曰𤸃○𤸃音別从矢不从夭凡器物指甲裂皆

曰𤸃

與小兒戲捉其鼻曰牽牛○左傳鮑子曰女忘君之

爲孺子牛而折其齒乎而背之也

狡獪曰姡○姡胡刮反方言姡黠也建平人呼狡爲

姡

初產子曰顖胎○顖音首字書云人初生子也

踈縷相聚不均曰䌰○䌰郎佐切音螺去聲讀若懦

凡布帛不密緻者或經浣洗則縷聚成䌰故謂之

䌰說文不均也

欺誑曰紿○說文絲勞卽紿謂煩勞難理也人之欺

誑如絲之頭緒紛亂莫測故假借爲欺誑紿徒亥

切音大上聲

咻身曰咻桯○桯音聽門身亦曰桯

稻苗秀出曰放標○標音標

急遽曰奔命○奔去聲韻法奔本奔不令傳楚巫臣

遺子重子反書曰使介罷於奔命以死

住船木橛曰䑦竿○䑦音洞

豪侈美觀曰滿眼○韓文公詩曰歡華不滿眼咎責

塞兩儀
發饅頭曰起酵○酵音教見齊民要術
油煎米麪果纖曰煎煠○會典燒煠五般
凡妝飾曰妝欒○會典有妝欒匠欒削也
凡官府坐船曰馬船○會典載國初四川雲南市易
馬贏及蠻夷酋長貢馬者皆由大法以達金陵令
歸州荊州岳州武昌及江西安慶等處各造馬船
以備轉送後都燕遂罷馬船之名今皆官府乘坐
而仍舊名有一號二號幾號之別
裡衣曰褡䙗○見會典

便旋曰出恭○會典監規毋班給與出恭入敬牌一
面
有所礙曰隱○隱恩上聲中胡啟事異人王䲔贈宣
州推事官　小囊中如彈丸令長結身邊晝寢爲
彈子所隱脇下極痛起就外視之屋梁落碎楊矣
凡戲玩曰耍○耍音灑
澆花木菜蔬曰飲水○飲引去聲音䕃飲馬於河凡
牛馬曰飲水今花木亦曰飲水語奇而雅
謂衆多曰齊鋪○詩經舍彼有罪既伏其辜若此無
罪淪胥以鋪註云鋪徧也

衾曰𥾯○𥾯䊱爲切
凡初贈工匠曰利市○易說封傳爲近利市三倍左
傳成公十六年爾有利市寶賄我勿與知
蟲食菜曰蟲殺○殺讀作去聲白樂天詩東風莫殺
吹自註云殺去聲讀若㲼
不落莢○麪食名四月八日作以供佛用上白麪稠
調攤桐子葉上以蓊菜碎切爲料置于中合其葉
蒸而食之本蔬品也有以葷料作者更佳大明會
典四月八日賜百官不落莢
物件曰家火○見大明會典俗作伙無此

漬麻曰漚　氣鬱不伸曰漚　章伏火中未然曰漚
衣物淒爛曰漚○漚於候切音歐去聲淒音倭楚人
曰漚齊人曰淒淒豆豉淒醬
大羊癩曰瘟　躊鵙堅而不麪曰瘟○瘟音盧病也
凡種芋重田則瘟謂今年芋田明年不可復種凡
成粉者曰麪
四邊曰四映○
江中取魚欄曰魚栫○栫音薦俗訛爲圈
人之憒憒者謂之㲉濁○㲉音斛濁叶音篤本蟲名
宋史呂端傳作糊塗朱文公語錄作鶻突無謂

褅子謂之裯子○裯音條

凡顏色鮮明曰翠○駱賓王及綠翠萼於詞林綷鮮花於筆苑東坡詩雨朶妖紅翠欲流以翠對鮮既曰紅又曰翠皆謂鮮明之貌

交情不合謂之不壯一言語不合謂之不對壯○壯𦎧壯也凡木石凸爲壯凹爲牝以相受俗作準卯非

髮膏垢結難梳謂之膱○膱音職毛詩予髮曲局註云膱也

麥之最大者曰大小麥一曰南麥○比小麥穗粒二倍皮色白麩稍遜麪宜起酵惟蜀產別土不宜南字未詳

老不聾瞶疾不沉重皆謂之新鮮○陸賈與子書數見不鮮

坼裂曰𡨋○坼音冊古作坼今作坼俗作拆非𡨋音兵莊子不𡨋手之藥

五加皮謂之白刺顛○或曰白刺葉作酒勞藥蓬溪縣產最多譙周巴蜀異物志名文章草蜀中葉三岐蘇州亦產葉五岐古名金鹽

𤇯酒曰湯○湯音蕩

襯裡曰胎○襲衣內曰胎衣里內紗曰紗胎漆器內曰布絹胎被內曰綿胎

餅中包料曰餡○餡音陷或豆沙餡或肉菜餡

鑄銅鐵器曰鑄○上鑄音注下鑄音到

心亂曰恅懆○音老草

無賴人謂之嫪嫪○嫪悟交切方言無賴謂之嫪今呼作遻

慚恥曰㲉羞○㲉苦大切音慨廣雅㲉辱也

聚足曰蹟○蹟音攢

低聲曰啾啾○啾子遙切音蕉樂府啾啾蹌蹌入西園爲洞啾啾小聲

小腸曰𦙶腸○𦙶音子

蜀語畢

光緒七年立夏錢子密署

升菴經說

按升菴經說千頃堂書目作八卷注云一本作六卷今焦竑刊本作十四卷多至倍餘蓋皆後人抄逸而此獨完善洵足本也先生雄才博雅精於考證爲有明一代之冠余刻諸說郛書遇蜀人尤加意搜羅梓而行之使讀者得以暢覩其全知胡應麟輩之正揚爲蚍蜉之撼大樹也童山李調元雨村識

升菴著書總目

綿州 李調元 雨村 輯

何宇度所見已刻三十一種

升菴全集八十一卷　升菴詩集五卷
升菴文集　升菴詩話四卷予得足本作十二卷已梨
詩話補遺一卷　楊子巵言二卷
尺牘清裁十一卷　詞林萬選四卷
丹鉛要錄　丹鉛錄六卷
丹鉛摘錄十三卷　丹鉛餘錄十七卷
丹鉛續錄十二卷　藝林伐山二十卷已梨

墨池瑣錄四卷已梨　五言律祖六卷
絕句辨體八卷　禪林鉤元九卷
古文韻語二卷已梨　轉注古音略五卷已梨
古音駢字五卷已梨　古音複字五卷已梨
古音附錄一卷已梨　異魚圖贊四卷已梨
韻林原訓二卷　風雅遺編十卷
皇明詩鈔十卷　李詩選
杜詩選　水經注碑目一卷
水經補注

何宇度所未見已刻三十八種

南中續集　玉堂集
長短句四卷　長短句續集
書品已梨　詞品五卷予得足本作七卷已梨
金石古文十四卷　石鼓文音釋三卷已梨
畫跋　選詩外編九卷
選詩拾遺二卷　唐絕精選
唐音百絕　唐絕增奇七卷
六言詩選　古文音釋
古音獵要五卷已梨　古音叢目五卷已梨
奇字韻五卷已梨　古文參同契一卷

溫泉詩集一卷　洞天玄紀
檀弓叢訓二卷一名檀弓附注　禪藻集六卷
譚苑醍醐九卷已梨　陶情樂府
樂府續集　箜篌新詠
瑾戶錄一卷　滇載記已梨
脈位圖說　連夜吟卷
滇南月節詞　千里面談二卷
經義模範　崔氏誌銘
山海經補注一卷已梨　七十行戍稿一卷

何宇度所聞未刻六十九種

焦竑所見已刻五種

焦竑所見未刻十八種

南中集七卷　高嶢十二景詩
批選瀛奎律髓　唐絕搜奇一卷
全蜀藝文志　批點文心雕龍
羣公四六叢珠四十卷　羣書瓊敷
古音拾遺　經子難字
禖字韻寶　瓊屑
輿地碑目　詞品拾遺
晴雨歷　寫韻樓雜錄
錄異記　龍字雜俎
余所見書坊已刻

雲南山川志一卷已栞　空同詩選一卷
翰苑瓊琚十二卷　瑣語編八卷
丹鉛總錄二十七卷
余所及見千頃堂書目載已刻十三種
歷代史略詞話二卷一名十段錦一名廿一史談詞
俗言一卷已栞　名畫神品目一卷已栞
法帖神品目一卷已栞　近體始音五卷
絕句衍義四卷　五言律細二卷
歸田集　晩秀集
春秋地名考一卷　著述目錄一卷

升菴雜考　升菴新說
余所見本集所載書名七種
四川總志　分隸同構
補名賓異號錄　經學蕞鈔六卷
周官音詁一卷　清音競秀詩卷
受菴詩選
余所見各省採書錄三種
可知編八卷　易解一卷未刊見山陰祁氏澹生堂餘苑　廣夷堅志一卷見兩江總督進書目
余所見丁小山送到已刻三種
詩選輯要　詩餘輯要

詩韻輯要
余所見說郛已刻四種
世說舊註　杜律閒評
倉庚傳　丹鉛雜錄
余所見經籍志及詩話補遺內書名四種
韻經　新都縣志
選詩補註　麗情集一卷
厤麗情集一卷附
以上共二百種今刻
四十種

升菴經說目錄

升菴經說卷十

成都 楊 慎 撰 明 焦 竑 刋本
綿州 李調元 校定

無極 以下周易

汲冢周書云正人莫如有極道天莫如無極道言也正人有極謂會其有極歸其有極也道天無極謂生物不測悠久無疆也此語甚元奧當表出之然則無極而太極之言亦不始于周子矣○孫承節謂周子無極而太極一句爲墨𥡴言添此一層令士子古今憒然而嘵譁無已也方逢辰曰孟子發性善一語反

以激荀楊韓子之爭端周茂叔說無極而太極亦以啓陸子靜之排詆立言之難如此孔子所以欲無言逆如後人之弊乎

太極

孔子曰易有太極其說有本乎曰有洪範皇極是也皇極者人之極也大傳曰六爻之動三極之道也三極者何立天之道曰陰與陽陰陽天之極也立地之道曰剛與柔剛柔地之極也立人之道曰仁與義仁義人之極也天非陰陽不立地非剛柔不立人非仁義不立天地人其形也陰陽剛柔仁義道也天以陰陽之道而立爲天地以剛柔之道而立爲地人以仁義之道而立爲人猶屋之有極而立爲屋也三極者參而三矣一生二二生三三生萬物獨無所謂一乎太極者一也一者理也極之爲言至也太極者至之又至非尋常之極故曰太極屋極之極有形也無形之極則曰太極莊子之言大塊是已土塊之塊有限也無限之塊曰大塊知此者知孔子立言之意矣老子曰道可道非常道强名曰道蓋大道本不可名而借道路之道而强名曰道也引而伸之亦曰理可理非常理强名曰理蓋至理本不可名而借木理之理

文理之理玉理之理而强名曰理合而觀之極可極非常極强名曰極也濂溪周子恐人滯於形泥於象曰無極而太極又曰太極本無極强名之上又加强名千載而下未有知其解者也陸子靜以爲贅蓋爲眛者泥象滯形慮然不知聖人立言爲鉤深致遠者設不爲泥象滯形者設也若爲眛者言則兩儀四象昭昭矣太極之言亦贅也已神而明之默而成之則孔子太極二字乃魚筌兔蹄周子太極圖則繫風捕影無極二字乃駢拇枝指也象山之言不可謂無見而其與朱子辯屢千言而不能自發其本旨亦所謂

意圓語滯者與九原可作起朱陸於寒泉精舍而余以此說爲之調停亦必含笑而息訟矣○孔子曰易有太極是生兩儀極者何屋柱之名屋必有極而後成屋元氣者天地之極故曰太極言非尋常之極也周子恐後人滯於有故曰太極本無極猶莊子名元氣曰大塊塊猶極也大卽太也而郭象解之曰大塊者無物也夫噫氣者豈有物哉此可以證周子以無極解太極之義矣老子曰谷神不死是謂元牝老子之元牝卽易之太極也朱子謂元牝者至玅之牝非尋常之牝然牝亦豈有物哉合而言之易之太極豈有物謂之曰太極本無極可也老之元牝豈有物謂之曰元牝本無牝可也莊之大塊豈有物謂之曰大塊本無塊可也朱子與陸子論太極無極數千言惜未及此陸子深於禪老之學聞此未必不服也

太極兩儀

房氏易傳云易有太極是生兩儀兩儀生四象四象生八卦固非今日有太極而明日方有兩儀後日而乃有四象八卦也又非今日有兩儀而太極遯明日有四象而兩儀亡後日有八卦而四象隱也太極在天地之先而不爲先在天地之後而不爲後此說精

明可以補注疏之遺

陰陽

易曰陰陽合德而剛柔有體又曰陰陽之義配日月又曰一陰一陽之謂道陰陽不測之謂神不曰陽陰而曰陰陽何也曰生生之謂易陽主生陰主死若曰陽陰則死而不復生矣先陰後陽有生生不窮之義焉匪特此也易曰是故知死生之說又曰是故知鬼神之情狀又曰闔戶謂之坤闢戶謂之乾不曰生死而曰死生不曰神鬼而曰鬼神不曰闢闔而曰闔闢亦猶歷家朔先於晦不曰朔晦而曰晦朔以此例之思過半矣然則商易之首坤蓋亦有見於此孔子曰吾得坤乾焉有味其言哉

易逆數

易逆數也大傳云闔戶之謂坤闢戶之謂乾商易之首卦也孔子曰吾得坤乾焉大傳又曰陰陽之義配日月陰陽不測之謂神不曰陽陰而曰陰陽何也一陰一陽之謂道是其解也猶歷家不曰朔晦而曰晦朔說卦曰物不可窮也故受之以未濟終焉嗚呼元矣

三易

周禮太卜掌三易之法干令升注云天地定位山澤通氣雷風相薄水火不相射此小成之易也帝出乎震齊乎巽相見乎離致役乎坤說言乎兌戰乎乾勞乎坎成言乎艮也連山之易也初奭初奭初艮初兌初犖初離初釐初巽此歸藏之易也小成者伏羲之易也而文王因之連山者列山氏之書也而夏人因之歸藏軒轅氏之書也而商人因之夏得人統故歲首建寅而卦首艮商得地統故歲首建丑而卦首坤周得天統故歲首建子而卦首乾伏羲之易小成爲先天神農之易中成爲中天黃帝之易大成爲後天

予按邵康節之易先天後天其源出於此今之讀易者知有先天後天而不知有中天讀尚書者知有古文今文而不知有中文可乎中文尚書見後漢書

羲皇心易

陳希夷言學易者當於羲皇心地上馳騁無於周孔注腳下盤旋朱子云非周孔之注安知羲皇之心乎陸象山六經注腳及糟粕之說正出於此周孔且注腳六經尚糟粕況其餘乎

易卦變

易卦有變乃九六陰陽二老之交主占者臨時而言也至於簡帙之上成卦之後豈有某卦自某卦來之說哉宋儒解彖傳凡有不通處卽以卦變言紛擾甚矣仙井李舜臣隆山易本傳謂捨本卦而論他卦及某卦自某卦來者皆所不取文山進講賁卦剛上文柔一節亦不取卦變之說其見卓矣南溪老儒泉村王拱東著周易翫辭一書其論卦變云竊觀彖傳如剛柔下上往來字樣本義類以卦變言之愚看止是一箇見在卦體併無卦變之說也且如訟剛來得中是上體之乾剛來得坎體之中矣隨剛來下柔是上兌四五之剛來下震三二之柔也噬嗑以震體之二

上行離體之五故曰柔得中上行賁艮體四五之柔來離之二以文二初之剛離體三初之剛上艮之上以文四五之柔故曰柔來而文剛分剛上而文柔大畜剛上尚賢蓋上九以陽居上六五以柔尊尚之矣晉柔進上行蓋坤之體柔上行離體之五矣无妄剛自外來而爲主於內非以外乾之剛來主於內震之初者乎升柔以時升非以巽初之柔上行坤體之柔者乎晉柔進上行其以坤體之柔可知睽柔進上行其以兌三之柔上行離五之柔可見蹇之往得中言艮上之剛往而得坎之五焉渙剛來不窮言巽上之

剛來主於坎中之二焉至於鼎柔進上行其巽下之柔而上行離五之柔也又豈待言哉凡此皆本卦見成所具義理一展卷間瞭然在目若卦變甚覺牽强恐非聖人作易之本旨也○此論甚當其識亦非守殘因陋之瑣儒可及特爲表之

朱子引用誤字

朱子本義鼓萬物而不與聖人同憂引張子天地無心而成化聖人有心而無爲據本書乃是天地不宰而成化不宰字有理復其見天地之心豈可謂天地無心乎參伍以變注引韓非子參之以比物伍之以

合參據本文乃是伍之以合虛比物合虛皆參互考之以知物之虛實也若云伍之以合參則上文當云參之以比伍矣原其誤乃是荀子注韓非引之朱又自荀注見之原不自韓非子中采出也豈可謂出乎朱子一仍其誤而不敢改正者乎

希夷易圖

陳希夷曰易學意言象數四者不可闕一其理具見於聖人之經不煩文字解說止有一圖謂先天方圓圖也以寓陰陽消長之說與卦之生變圖亦非創意以作孔子繫辭述之明矣又作易龍圖序曰龍圖者天散而示之伏羲合而用之仲尼默而形之希夷以授穆伯長伯長以授李挺之挺之卽邵康節師也挺之謂邵雍曰科舉外有義理之學義理外有物理之學物理外有性命之學雍悉傳之作後天圖見於邵伯溫之序朱子因其出於希夷而諱之殆掩耳盜鐘也後作周易啟蒙指孔子繫辭傳天地定位曰此先天之學帝出乎震一節曰此後天之學數往者順一節曰直解圖意度辭誤人似說易元有此圖矣蓋康節因孔子易傳難明因希夷之圖又作後天圖以示人如周子因孔子易有太極一句而作太極圖今便

謂先有太極圖而後有易傳可乎如詩集傳有七月流火圖便謂先有此圖而後作七月詩可乎今程文及舉業有用先天後天及橫圖圓圖直解圖意字於破題者皆不通古今者也茅塞一世眩惑千古莫此爲甚士不知此何以謂之明經罰飲墨水一石可也

易圖考證

胡一桂云宋一代之易學希夷先天一圖開象數之門至邵子經世書而碩大光明周子太極一圖洪理義之門至程子易傳而浩博宏肆愚觀此言易圖先天始於希夷而後天續於康節朱子所以不明言者

非爲康節直以希夷恐後人議其流於神仙也藏頭露尾亦何益哉

易字說

說文引祕書說云日月爲易象陰陽也參同契之說亦與此同羅泌云日月爲易而反正爲勿勿者月彩之散者也故曰散於日下則爲易散於日上爲曶相對爲明對而虧爲昒易者朔也所謂朔易曶者晦也明者望也昒者望而食者也是故西曰昒谷明都在東南而朔易二郡俱著於北此皆羅泌之說也愼按昒卽昧字史記昧爽作昒爽莊子云冉求問於仲尼

曰昔吾昭然而今昒然何也曰昔之昭然神者先受之今之昒然且爲不神者求也是昒卽昧之證也古字暘谷作易谷昧谷作昒谷易取日中於地而月彩沉也後世字從日爲暘是有二日也

卦字解

孔穎達曰卦者掛也掛之於壁也蓋懸物之杙也諸儒皆用其說無有他解予以爲非杙則可掛於壁易卦豈可掛於壁乎卦者圭也古者造律制量六十四黍爲一圭則六十四象總名爲卦可也應劭曰圭者自然之形陰陽之始卦者亦自然之形陰陽之象其爲字也從卜爲義從圭爲聲亦兼義也古文圭亦音卦本挂字從手爲義從圭爲聲則圭卽音卦可證矣

卦古文圭字

易卦納甲

納甲之說京房易傳有之魏伯陽參同契曰三日出爲爽震受庚西方八日兑受丁上弦平如繩十五乾體就盛滿甲方東十六轉受統巽辛見平明艮直於丙南下弦二十三坤乙三十日東方喪其朋節盡相禪與繼體復生龍壬癸配甲乙乾坤括始終其疏云震象三日月出於庚兑象上弦月見于丁乾象望日

月滿於甲巽象十六日月虧於辛艮象下弦月消于丙坤象晦日月沒於乙此指二八月晝夜均平之時若以歷法言則晝夜有長短若晝短日沒於申則月合於申望於寅矣若晝長日沒於戌則月合於戌望於辰矣十二月之中三日之月未必盡見庚十五日之月未必盡見甲合朔有先後則上下弦未必盡在八日二十三日望晦未必盡在十五三十日也又虞翻易傳曰日月懸天成八卦象三日暮震象月出庚八日兑象月見丁十五日乾象月盈甲壬十六日旦巽象月退辛二十三日艮象月消丙三十日坤象月

滅乙癸晦夕朔旦則坎象水流戊日中則離象火就已成戊己土位而象見于中納甲之說虞氏比參同契爲備而坎離戊己始有歸著故詳記之

秦淮海易解

內經曰南方熱熱生火北方寒寒生水西方燥燥生金東方溫溫生木中央溼溼生土是知水者寒之形溼者土之氣水之於土妻道也夫從妻所好故水流溼火者熱之形燥者金之氣火之於金夫道也妻從夫之令故火就燥或以陰求陽或以陽求陰也管輅曰龍者陽精而居于淵故能興雲虎者陰精而居于

山故能運風是則龍陽中之陰也惟陽中之陰能召陰故雲從龍虎陰中之陽也惟陰中之陽能召陽故風從虎

四方

東方南方生長之方故七爲少陽八爲少陰西方北方成熟之方故九爲老陽六爲老陰也皆本於河圖也

卦爻名義

易者廬蠬之名守宮是矣守宮卽蜥蜴也與龍通氣故可禱雨與蚪同形故能嘔雹身色無恆日十二變是則易者取其變也彖者茅犀之名狶神是矣彖亦曰茅犀狀如犀而小角善知吉凶交廣有之土人名曰猪神犀形獨角知幾知祥是則彖者取其幾也象大荒之獸也人希見生象也按其圖以想其形名之曰像故其爲字從人於象也孔穎達曰卦者掛也掛之於壁也蓋懸物之杙也木經云爻者交疏之窗也其字象窗形今之象眼窗也一窗之孔六十四六窗之孔凡三百八十四也所取與爻者義取與傍通所取與卦者懸有小大也

易重一斤

十黍爲絫十絫爲銖八銖爲錙二十四銖爲兩十六兩爲一斤一斤凡三百八十四銖或問程子曰易重幾何程子曰易重一斤蓋言易有三百八十四爻也漢志注二篇之策陰陽變動之象十六兩者四時乘四方之象程子之言蓋出於此

經卦別卦

周禮其經卦皆八其別卦皆六十四古文別字从重八節今之北字也重八爲六十四八八之數也故曰闕別

連山歸藏（連一本作厲）

連山藏於蘭臺歸藏藏於大卜此語見於桓譚新論則後漢時連山歸藏猶存不可以藝文志不列其目而疑之至隋世之連山歸藏則僞作求賞者耳隋劉炫嘗僞作連山以取賞

古易

古歸藏易今亡惟存六十四卦名而又闕其四與周易不同需作溽小畜作毒畜大畜作奆畜艮作狠震作釐升作稱剝作僕損作員咸作諴坎作犖謙作兼遯作遂蠱作蜀解作荔无妄作毋亡家人作散家人渙作奐又有瞿欽規夜分五卦岑霡林禍馬走三複

名卦不知當周易何卦也

易略

王弼易略例云隆墀永歎遠壑必盈此藝圃俊語也曰投戈散地六親不能相保同舟而濟胡越何患乎異心又曰言者所以明象得象而忘言象者所以存意得意而忘象猶蹄者所以在兔得兔而忘蹄筌者所以在魚得魚而忘筌然則言者象之蹄也象者意之筌也此理甯妙解也自宋人傳義行科舉宗之此書殆將廢矣

馯臂子弓

儒林傳商瞿受易於孔子瞿以授魯橋庇子庸子庸授江東馯臂子弓此子弓即荀子所稱仲尼子弓者或以爲仲弓或以爲朱張字子弓皆臆說也

占法

古之占法一爻變以變爻爲主二爻變占事之始終三爻變以二卦彖辭占事之始終四爻變以二爻不變占事之始終全不變以本卦彖爲主全變以變卦彖爲主

魏鶴山語

魏鶴山云吾鄉觀物張先生行成文饒頗得易數之

詳有通變經世述衍翼元通靈等凡七書而大意謂理者大虛之實義數者大虛之定分未形之初因理而有數因數而有象既形之後因象以推數因數以知理今不可論理而遺數也其書惜不傳而世亦罕知其人

雲龍風虎

張璠從音隨從之從去聲雲出則龍必從之風出則虎必從之猶曰龍從雲虎從風也今按此說甚異諸家而理至凡龍起必雲而謂龍能致雲非也虎出必風而謂虎能致風非也猶蟻徙必雨乃雨氣感蟻蝂

蜴聚必雹乃雹氣感蜥蜴謂蟻能致雨蜥蜴能作雹可乎古人多倒語成文後人不達便成滯義古樂府云虎嘯谷風起龍與景雲浮無怪乎今之誤也

地道無成

易文言地道也妻道也臣道也地道無成而代有終也蓋曰地道無成代天有終也推而言之亦曰妻道無成代夫有終也引而伸之亦曰臣道無成代君有終也然則何以不言子也曰子有時而爲父地無時而爲天也妻無時而爲夫也臣無時而爲君也

九五屯其膏小貞吉大貞凶

漢書谷永傳引此文孟康注云膏者所以入潤肌膚爵祿亦所以養人也小貞臣也大貞君也遭屯難饑荒君當開倉廩振百姓而君吝則凶臣吝嗇則吉也○鶴山魏氏云周禮有大貞謂大卜如遷國立君之事貞不訓正也愼按二家皆古說也本義謂處大事雖正亦凶是聖人教人不正也易爲君子謀如是乎

大貞小貞

屯其膏小貞吉大貞凶漢書谷永傳引此之注云膏者所以潤人肌膚爵祿亦以養人也小貞臣也大貞君也遭屯難饑荒君當開倉廩賑百姓而君吝則凶臣吝嗇則吉也顔師古云六經殘缺學者異師文義競馳各守所見故漢書所引經文與近代儒家往往乖別既自成義即就而通之庶免守株朱文公亦言顔監無近代專經之陋則此說亦不可廢但以語人恐多夏蟲之疑耳

桎梏

音質骨在足曰桎在手曰梏小爾雅杻謂之桎械謂之梏

包荒用馮河

荒說文引作巟注水廣也

其牛掣

掣說文引作觢牛一角仰也

泣血漣如

漣說文引作[氵+連+心]

列其夤

夤說文引作胂

先庚三日

庚說文作庸

需于沙衍在中也

衍寬平之地也左傳地名有昌衍漢書地名有鄗衍

衍之文亦承需沙爲義也孟喜易文辭作需于沙衍

終朝三拕

鄭康成古本褫作拕晁以道云拕如拕紳之拕蓋訟之上九上剛之極本以訟而得鞶帶不勝其矜而終朝三拕之以誇於人俗諺曰寵婢作管家鑰匙不響手撥刺是也本義作奪非是象曰以訟受服而今以奪解之可乎

地中有水師

古者治野夫間有遂遂上有徑十夫有溝溝上有畛百夫有洫洫上有涂千夫有澮澮上有道萬夫有川

川上有路無事則正疆界而備旱潦有事則可以通糧運而給軍需戰國策所謂牛田水通糧也其詳具六韜農器篇

王用三驅失前禽

比爻辭云云古注云軍禮失前禽者謂禽在前來者不逆而射示降者不殺也旁去者不射示奔者不禁也惟其走而前去者射之示服叛取亂也今本義似背此且來者不拒去者不追爲設教者言非爲田獵言也田獵之禮卽寓兵威若去者不追則數年之間王者爲獨夫矣何以聯屬天下乎審如此則舜征有苗啓征有扈皆違去者不追之義矣

密雲不雨

易曰密雲不雨自我西郊天地之氣東北陽也西南陰也雲起東北陽倡陰必和故有雨雲起西南陰倡陽不和故無雨俗諺云雲往東一場空雲往西馬濺泥雲往南水潭潭雲往北好曬麥是其驗也又驗之風雹亦然或問東爲陽方西爲陰方是矣南本陽而屬陰北幽陰而屬陽何也曰一陽生于子仲天之氣所始也卦又當坎北非陽而何一陰生于午仲地之氣所始也卦又當離南非陰而何

位正當也

毛晃云易當位不當位皆作平聲讀俗作去聲讀誤愼按小象如位正當也叶大有慶也位不當也叶陽不長也毛晃之言良信

帝乙歸妹

帝乙殷之賢君尚書所謂自成湯至于帝乙罔不明德愼罰是也史記云帝乙時殷道益衰此背經之說也後世注易者因史記之言遂以帝乙爲成湯則易與尚書又相矛盾矣信史而疑經其蔽有如此者嗚呼一代之君聲迹豈微乎其善惡之名傳信傳疑一

彼一此況史之紀錄一人一事之得失可盡信乎

苞桑

其亡其亡繫于苞桑今之解者以苞桑爲固結之喻非也苞桑豈固結之物乎蓋古人杅索六馬虎尾春冰之類也陸宣公收復河北後請罷兵狀云邦國之杌隉綿綿聯聯若苞桑綴旒幸而不殊者屢矣此得其解今按庾開府致仕狀逾時每乖于勿藥永日尤繫于苞桑

謙亨君子有終

謙之卦辭曰君子有終言其久也謙之道衆人不能久而君子能終之也夫少之事長賤之事貴不肖之

事賢燭至起食至起射則三揖酒則百拜磬折匍服葉拱牆負誰不知之誰不行之一臨利害巧爲趨避語有之曰女無美惡入宮見妬士無賢不肖入朝見嫉又曰饑馬在廄漠然無聲投芻其傍爭心乃生故曰好名之人能讓千乘之國苟非其人簞食豆羹見於色由是言之小人烏能謙哉古之君子能謙有終若禹之不矜伐上也伯夷之遜國而逃次也晏子之久而能敬又其次也若夫張毅之走縣箔王莽之下白屋一則謙之靡一則謙之賊也何終之有

盱豫

盱香于切睢盱也向云睢盱小人喜悅之貌說文云張目也姚作盱引詩盱日始旦

睢

香維切說文云仰目也朱子云上視也

盍簪

盍胡臘切簪側林反埤蒼云速也虞翻作戠叢合也本義云聚也从其說

噬嗑解

易噬嗑九四噬乾胏得金矢王弼注金剛也矢直也程子傳云金取剛矢取直以九四陽德也朱子本義

乃引周禮古之訟者先入鈞金束矢而後聽之黄東發云周禮出於王莽之世未必盡皆周公之制若先取出金而後聽其訟周與來俊臣之所不爲況成周之世哉蓋劉歆逢王莽之惡爲聚財之圖旋激天下之亂而不果施行又可以誣聖經乎其說卓而正矣愼按淮南子齊桓公將欲征伐甲兵不足乃令輕罪者贖以金刀訟不勝者出一束箭百姓皆悅乃矯箭爲矢鑄金爲刀遂霸天下歆之附會周禮實本於此愼又以爲此謀乃六國陰謀托之齊桓今觀管仲內政何等規模決不爲此也嗚乎歆既誣聖經以欺一

時而餘禍猶及後世邪說害人慘於鴻水猛獸信然

賁

字有數音彼僞反又甫寄反飾也李軌府瓮切奮也又音墳又音斑文章也又音賁人姓又音渾陸賁卽陸渾也音奔虎賁

白馬翰如

尸旦切董黃曰馬舉頭高昂也此字多作平音杜詩扁舟不獨如張翰須溪云翰音側音始此不知易爻古音已然信乎不讀萬卷書不可讀杜詩也

束帛戔戔

戔在千切委積貌又淺小貌劉孟陽碑銘有父子然後有君臣理財正辭束帛戔戔戔合韵音津

無祗悔

音支辭也又之是切王肅作禔九家作多音支又作敍

災眚

子夏云傷害曰災妖祥曰眚鄭云異自內生曰眚自外曰祥害物曰災○宎說文烖正字也灾或字也災籒文也

菑畬

菑音茲馬云田一歲也董云反草也畬音余又音賒馬云田三歲也董云悉耨曰畬

頤音陽

釋名東北隅爲宧宧養也東北陽氣始生布生物也易頤者養也亦音陽

逐逐

子夏作攸攸蘇林音迪與詩滌滌山川音同荀作悠悠劉作跾遠也說文跾式六切

楊稊柳稊

大過爻辭云枯楊生稊陸德明曰秀也夏小正正月

柳稊戴德傳云發孚也今按戴傳作矢也秀如苗而不秀之秀未成穗曰秀柳亦有穗唐詩所謂線也○孚如易卦中孚之孚毛一本有羽蟲之雛無毛字未出卵殼曰孚牡丹芍藥其花蓓蕾皆如鳥卵形柳初發苞亦如卵形而小故曰發孚今按即枯楊生華之華華元音孚或作荂朱子易本義云稊根也榮於下者也稊按字書本不訓根據易爻初爲木本或可象根至二爻則非根矣又柳之發榮自末稍始元作如唐詩所謂解凍風來末上青也不自下而榮其說戾矣南沙熊叔仁周易象旨具此義余爲衍之

坎窞

窞音膽說文云坎中又有坎

徽纆

兩股曰纆三股曰徽古者以黑索拘攣罪人論語所云縲紲也

日昃之離

離叶作羅周禮注藩籬作藩羅

升菴經說卷一

升菴經說卷二

成都　楊慎　撰　綿州　李調元　校定

肥遯

子夏曰肥饒裕也古文肥作𩇯字或誤作蜚遂有飛遯之說淮南子云遯而能飛吉孰大焉子夏曰戰勝故肥東坡云王仲至在瘴煙窟中面如紅玉非有道者其能然乎

晉卦

雜卦傳晉晝也夷誅也孫奕云誅當作昧明出地上為晝明入地中為昧庶得反對之義昧叶音如暮按孫說似矣而經文不可改也既改字又改音可乎古誅字亦有之由切見韻補與晝相叶則晝亦音周○晝與夜為界一日一周也晉為晝則明夷為暮知明夷為誅則晉為賞也義亦未嘗不對○華覈自責文不敢違敕懼速罪誅冒承詔命魂逝形留是其證也

晉音躋

孟喜易晉作齊陸德明云齊子西切義同蓋躋亦進也春秋齊師遷紀郱鄑郚鄑子移反文選弦高犒晉師注引呂氏春秋秦將伐鄭賈人弦高遇之乃矯鄭伯之命以勞之曰寡君使丙也術也視也於邊候晉

之道也迷惑入大國之地再拜受之高誘曰晉國名也按晉鄙同字從日傳寫訛也古但作晉音子西反與易春秋合

邱長春論日不入地

明夷曰入地中明夷邵子曰日入地中搆精之象後人遂謂日晝行天上夜入地中邱長春曰輕清者上騰爲天重濁者下凝爲地萬物有形重濁皆附于地三光輕清悉上于天既上于天如何卻沈于地乎且星隕于地而化爲石況地下乎夫二十八宿周天均布太陽逐日會合逐日遷移一歲之中歷經周徧且

如日在箕斗箕斗在天河日入地時星河皆入地邪日獨入地而星河只在天邪若道星河皆入地則七八月間河漢尤顯日正東西出沒初夜則河漢東北西南向曉則東南西北是知河漢不入地而隨天運行若日入地時與箕斗圻破箕斗行天上而日轉地中天上空虛而行疾地中結實而行遲天地懸隔如何向曉東方出時恰卻好得與箕斗相會而同行天上乎天上日月常無出沒人間常有出沒此開東方日出時西向千里之外猶未萬里之外猶昏北斗直西半夜北斗之北初沒子丑寅卯周天輪次迤運而去未嘗暫止北斗斡運昭然可見而強稱入地有何義旨明夷之卦文王拘于羑里失勢之象何足爲據右邱長春所論如此愚按明夷入地中乃是假象明理如天在山中之類邵子搆精之說元儒已譏其褻矣由是觀之長春之見卓矣○明夷于左股王肅馬融皆作般般旋也日隨天左旋明夷日入地中之象也

鼫鼠

鼫鼠貞厲注以爲貪而畏人按玉編鼫鼠頭似兔尾有毛黃黑色按形狀乃今之鼠狠也故貪而畏人象

之

失得

孟馬鄭虞王肅本失作矢王雲離爲矢虞云矢古誓字

箕子之明夷

劉向云今易箕子作荄滋鄒湛云訓箕爲荄訓子爲滋漫衍無經不可致詰以譏荀爽○愼按漢書儒林傳孟喜傳于趙已有此誤不始於荀氏也

蹇利西南不利東北

劉子新論利西南就土順也不利東北登山逆也

王臣蹇蹇

沈存中云五王也二臣也蹇蹇者五蹇而二亦蹇是王臣蹇蹇也此說甚異

以杞包瓜

太元蒼木維流厥美可以達於瓜苞

困上六

上六下應六三三柔而牽已行則纏繞故象困于葛藟下乘九五五剛而難成居則不安故象困于臲卼用此二者而不能去謀全之過也曰者自謂也亦自謀也心口相語曰不可動動且有悔而不知不動乃

所以有悔曰動悔者處困極之時懲羹而吹虀也有悔者失事機之會噬臍而莫及故戒之曰不可以動而生悔遂窮不知變物窮必變困極則通則吉莫如征也行而獲吉故曰吉行困之爲卦本以剛揜上无揜我而又以說履險故征吉

穴井

井卦朱子解云井者穴地出水之處不曰鑿井而曰穴地何也按中山經云帝囷山有井焉名天井孫子兵法云地陷曰天井穴地出水蓋此類耳穴地之井天所爲也鑿地之井人所爲也先天上古穴井後天中古鑿井也

巽乎木而上水

井之彖曰巽乎木而上水象曰木上有水井坎水也巽木桔槔也北方井制如此四聖皆北方人取象繫辭必據其物朱子生南方又兵戈隔絕不見北方井制書中考見之不如目睹之眞也故其解庸多支離

陰火革澤

澤中有火革此亦實象也或云孔子未嘗浮海渡江何以知陰火潛然耶曰聖人之知豈待目見足踐乎楚王之萍防風之骼肅愼之矢罔象之形豈必見而

後知也

湯武革命

漢儒謂湯武逆取而順守此言非也易曰湯武革命順乎天而應乎人焉有逆而可以順天應人乎左傳曰以亂取國奉禮以守猶懼不終季文子猶知其不終也而謂湯武爲之乎然逆取順守之言實本于左氏而又轉失其指矣

鼎顛趾

鼎卦初六鼎顛趾利出否九四鼎折足覆公餗趾卽足也任初則顛傾側而已未折也在四則折矣沈存

中曰古鼎中有三足皆空所容物者所謂鬲也煎和之法常欲清在下體在上則易熟而不偏爛及升鼎則濁滓皆歸足中鼎卦初爻鼎顚趾利出否謂濁否下須先瀉而虛之九二陽爻始爲鼎有實今京師大庖釣懸而煮不使着釜底亦古人遺意也今按沈之說得象意可補易注之缺就是義言則初六沈鼎也九四升鼎也洗鼎而顚趾則利升鼎而折足則凶晉石崇以飴浴釜賈𫆀齊民要術有塗甕法皆古庖人之遺意

億喪貝

震爻辭億喪貝又億無喪有事王柏云億讀爲已伊已億故也吳幼清云億賭錢也引唐詩席上意錢之意以意猜度如漢人射覆之類故云億喪貝又曰億無喪有事其說雖巧恐聖人無教人賭錢之理姑存其說

鴻漸于般

鴻漸于般裴龍駒注云般水涯堆也史漢武紀所引易文今文般作磐水涯堆之訓爲是今易解作太石鴻固不棲石也因磐字從石而誤其說耳經書所以貴古文也

節度

節以制度又曰制數度孝經曰制節謹度符謂之節尺謂之度節取其有限度取其不差節有三節山國用虎節土國用人節澤國用龍節度有五度寸尺丈尋引也序卦云節而信之故受之以中孚此節字指符節也蓋非節不相信非信不相孚也唐官名節度使義取此

中孚

人欲盡浮則中虛天理充滿則中實故曰柔在內而剛得中○中孚四陽在外而二陰在內有鳥爪抱子之象小過四陰在外而二陽在內有羽翮飛肉之象小過次中孚鳥之卵而翼也以全卦象言初鳥足也二鳥翼也三四鳥腹也五鳥脰也上鳥喙也故曰有飛鳥之象焉

吾與爾靡之

靡音磨叶其子和之相觀而善謂之摩鳴鶴以相和成音好爵以相摩成德子夏之易說也字本音靡叶韻作磨不從手今從糸縻牛韁也取係戀爲義亦通但不如摩厲之說爲長且韻又相宜也

或鼓或罷

罷音鶩叶或泣或歌易林蹇裳涉水深漬請罷賴幸
舟者濟脫無他

小過六爻

小過六爻初與上作一例看二五作一例看三四作一例看

謙不足飛不翔垂不峻翼不廣初六羽翼未就而欲高飛故凶

過其祖則有繼世之譽而遇其妣又无上逆之非是貽厥孫謀之正也先迷失道後順得常之中也何咎之有不及其君則不涉犯分之嫌適遇其臣則有下

順之道是爲臣不易之證也進思進忠退思補過之中也何咎之有

小過之時陰過于陽陽不能過乎陰也故九三九四之辭皆曰弗過九三曰防之而九四曰遇之何也九三在二陰之上而以剛居正衆陰之所欲害者也故當以陽之不能過乎陰而防之不當以陽之比乎陰而狎之也九四在二陰之下而以剛居柔過乎恭而无咎之道也故當以陽之不能過乎陰而遇之禮遇之遇不當用永貞而往厲也此說以弗過作一句防之作一句弗過遇之亦然又一說以弗過防之作一句從或戕之作一句九三弗過防則從或戕之矣或下二陰也九四弗過遇之作往利必當戒而不可用永貞也

在穴不飛之羽不鳴之喙也

上六弗遇過之弗遇者隔五六而勢絕于陽爻過之者處卦終而獵于陽上窮過于理而過于勢也

弗遇過之則不止于翰音登天飛鳥離之又甚于飛而垂翼矣

凌節踰分曰過合中得正曰遇小過六爻惟六二遇而不過惟上六過而不遇蓋小過之時皆過也于過

之中當求其遇也

夫過者時也而不可過者道也過者勢也而不可過者理也上六居動體之上處陰過之極小人之乘時勢而不顧道理者也故曰弗遇過之譬如飛鳥不能斂戢羽翼必致逢觸網羅故曰飛鳥離之有踰分凌節之非犯上逆下順之戒故曰凶時之既極則札瘥大昏天之作孽不可逭勢之既亢則罟擭陷穽人之衆怒不可犯故曰是爲災眚

飛鳥遺音

小過卦飛鳥遺之音不宜上宜下蓋卦以小過名此

烏亦斥鷃之搶揄數尺鷦鷯之巢林一枝耳非九成來儀而音中於律九皐一鳴而聲聞于天也唐子西詩二南廢後魯叟筆七國橫議鄒軻談何妨于宜上乎今按薛氏易學洗心曰此卦內實外虛四陰翼二陽象如飛鳥翰拂空虛以形軋氣者遺于下非若聲之從中出者聞于天也以象觀之分宜下矣

方物

大傳方以類聚物以羣分鄭元注水火也至解樂記則曰方謂行蟲也物謂殖生也孔穎達曰二注不同各有以也方者行蟲有性識道理故稱方也羣分稱物者殖生無生但一物而已愼按蟲之名方不見於

訓詁但字書有解轂蟲名虸蚄見齊民要術又張有復古編虸蚄古只作子方是方爲行蟲之原也鄭之解方爲行蟲蓋緣字之音生義頗亦僻左

日月運行一寒一暑

日在牽牛則寒東井則暑牽牛水宿遠人故寒東井火宿近人故溫也星經說

悔吝者憂虞之象也

或曰虞度也非也憂則悔矣何以吝乎古字虞與娛同孟子曰霸者之民歡虞如也戰國策顏斶云晚食以當肉安步以當車無事以當貴清淨貞固以自虞

注虞娛同毛詩小序以禮自虞漢書郊祀歌神嘉虞又合好效歡虞太乙魏相傳君安虞而民和睦〇又憂虞之象也虞與憂對蓋言樂也匡衡傳未有游虞弋射之晏宇又作豫易曰豫樂也孟子一游一豫揚雄傳反五帝之虞注虞與豫同或借作譽左氏傳李氏有嘉樹韓宣子譽之服虔注豫譽同游其下也

君子所居而安者易之序也

今文作序陸德明曰虞翻本序作象呂東萊曰作象乃與下義合象者立象成器以爲天下利也

魂魄

精氣爲物游魂爲變精爲魄氣爲魂二者既合然後有物及其散也則魂游而爲神魄散而爲鬼矣子產有言物生始化曰魄既生魄陽曰魂孔子曰氣也者神之盛也魄也者鬼之盛也鄭氏注曰噓吸出入者氣也耳目之精明者爲魄氣則魂之謂也淮南子曰天氣爲魂地氣爲魄高誘注曰魂人陽神也魄人陰神也魂魄性情也約情合性爲聖人載營魄勿滑而魄爲仙人故曰輕清者魄從魂升重濁者魂從魄降升魂爲貴降魄爲賤靈魂爲賢厲魄爲愚輕魂爲明重魄爲暗揚魂爲羽鈍魄爲毛眾人以魄攝魂聖人

以魂運魄蓋魄之藏魂拘之魂之游魄四之魂晝屬目魄夜屬肝寓目能見舍肝能夢故魂能知來魄能藏往

蠱冶通用

冶容誨淫太平廣記引之作蠱容誨淫左傳女惑男曰蠱國語蠱女縱欲張平子西京賦妖蠱豔夫夏姬美聲暢于虞氏南都賦侍者蠱媚巾幯鮮明五臣注作冶媚馬融廣成頌古冶字作蠱字可證傅毅舞賦貌嬚妙以妖豔兮紅顏爗其楊華注妖蠱淑豔也或省作蠱人姓也詳希姓錄又三蒼并干寶易注冶銷

也遇熱則流遇冷則合與水同志故冶字从冰女之豔媚亦令人銷神流志故美色曰冶也

利者義之和也

鸞刀貴割而聲尚和利刃貴斷而字從和易曰利者義之和也先王制器尚象因文立政如此

闔戶之謂坤

朱子曰先言坤者由靜而動也魏鶴山云周易備三易之義闔戶之謂坤卽歸藏終萬物始萬物盛乎艮卽連山也

立成器以爲天下利

漢紀引易立象成器以爲天下利朱子本義云立下疑有闕文蓋使人深考而自得之也

鼓舞

鼓之舞之以盡神樂記云鼓之聲讙讙以立動以進眾故兵以鼓進蓋號令欲其嚴明而使人在得其心此湯武所以重誓言周公所以有煩誥而吳起吮卒疽王翦同卒食田單激齊人之怒王霸待壯士之勇也

舟楫之利

地之勢盡矣而舟以爲車楫以爲馬地之勢雖盡而

人之行也不盡陸之途窮矣而川可以涉水可以浮陸之途雖窮而人之行也不窮此予少時易義中語也漫記之其亦曹翰之舊戰袍乎

俗儒泥古

窮則變變則通通則久禮曰禮時爲大順次之文子引老子之言曰天下幾有常法或當於世事順於天地祥於鬼神卽可正治矣又曰先王之制不宜卽廢之末世之事善則著之故聖人制禮樂而不制于禮樂制法而不制于法故曰可道非常道嗚呼斯言也其識時務達治體之深者乎後世如趙括之兵法房

琯之車戰蘇綽王安石之周禮其法是其時非也澤廮而蒙彫虎之皮尸鳩而傳鵜明之羽適足增其累而張橫渠必欲行井田胡致堂必欲復封建幸而不用不幸而試其敗塗地矣朱子猶惜其有志未就而卒亦迂矣哉甚者謂肉刑可用民兵當立不祭墓而止祠祭不設像而止設主紛紛之議皆泥古之過也近日有謂婦女不宜傳粉弓足酒器不宜用銀鍍金及仕甫通顯素履蕩然此又詩禮發金椎之冢儇狡衣周公之服者尤可惡哉

天一生水地六成之

傳曰天一生水地六成之鮑景翔曰神爲氣主神動則氣隨氣爲水母氣聚則水生人之一身貪心動則津生哀心動則淚生媿心動則汗生欲心動則精生可以爲天一生水之證地六成之如上天同雲而雨雪至地則六出六爲陰地數也凡雨露之點亦皆六出但碎而不可見耳太陰元精石皆六稜是其證也

垂衣裳而天下治蓋取諸乾坤

大傳制器尚象取諸離取諸益取諸噬嗑取諸乾坤取諸渙取諸隨取諸豫取諸小過取諸睽取諸大壯取諸大過取諸夬凡十三卦而乾坤合爲一而不分朱漢上云上古衣裳相連乾坤相依君臣一體也至秦始取衣裳離之而尊君卑臣上下判隔豈非服妖之大乎昔人謂禮失求諸野今獠川苗寨多衣統褁上下相連猶是古法字書作帨裙解云南夷闗頭衣也

數往者順知來者逆

安公石作易牖此解極爲超邁自唐宋諸儒未有是說也朱子嘗有一半逆一半順之疑矣而終未能自決之也公石之說曰天下之事數往者順知來者逆易爲知來而作故其數逆數也往者順蓋因下句而

並舉之非爲易有數往之順數也公石於經妙契超詣有如此趙子崇爲予言此惜未見其全也予謂解聖賢之經當先知古人文法古人之文有因此而援彼者有從此而省彼者子謂顏淵曰用之則行舍之則藏顏子固未嘗用也易曰樂則行之憂則違之潛龍固未有所謂行也治則進亂則退伯夷固未嘗進也皆因此而援彼也禹稷三過其門而不入稷未嘗三過門也禹稷躬稼而有天下禹未嘗躬稼也潤之以風雨風無潤也暖之以日月月無暖也沽酒市脯不食酒非可食也左傳曰馬牛皆百匹牛不可言匹

也玉藻云大夫不得造車馬馬不可言造也皆從此而省彼也故必曉古人文法而後可以解聖賢之經噫安得起公石于九原而語此哉愼謂易畫自下而上圖自右而左故曰逆數凡上下下曰順下上上曰逆左徂右曰順右徂左曰逆史稱伏羲太昊氏太昊春也邵子以易配春大戴禮言伏羲氏以木德王畫卦自下而上卽木之自根而幹幹而枝也其畫三木之生數也其卦八木之成數也重卦亦兩其三八其八爾木行春也春貫四時木德仁也仁包四端伏羲所以爲羣聖首而易爲五經之源乎

大赤

說卦廣八卦之象爲大赤按明堂位商之大白周之大赤皆旂名也左傳分康叔以少帛旃爲大赤注云大赤通帛周禮象路建大赤以朝木路建大麾以田

尃卽華

說卦震爲尃尃之爲言布也震於東方爲春草木之萌始布也古文作尃今文作華蓋花之蓓也詩凡華字皆叶音尃是其證陸機文賦彼瓊敷與玉藻瓊敷卽瓊華華與藻相對尤可證也

爲宣髮

巽爲宣髮注髮早白也宣轉第三聲同蒜今俗謂少年白髮曰蒜髮

爲加憂爲心病爲耳痛爲血卦

坎中一畫卽心體故八卦惟習坎有孚惟心亨心居中虛于坎可見然心腎皆屬坎水火未嘗離也今人以素問所載坎離爲心腎在坎言心亨又言心病於木亦爲堅多心而離不言心何也愚謂中孚彖傳柔在內而剛得中柔在內者中虛信之本也先儒云天下惟一無對惟中無對坎離無對中也乾坤無對一也中孚無對以其似離小過無對以其似坎又曰中孚是大底離又曰中孚是雙夾底離以此推之離雖

不明言心中虛之義該之矣

坎爲心離亦爲心坎中實心之體離中虛心之用宋儒所謂有主則實無主則虛也坎爲耳離亦爲耳鼎黄耳噬嗑上爻滅耳象傳云聰不明也聽之不明視之不聰耳目同用也列子所謂能以耳視而目聽此非深於易者孰能知之

艮三爻厲薰心卽心病也以其互卦有坎素問金在志爲憂水在志爲恐恐則甚於憂故爲加憂訟之有孚窒惕中卽加憂也加憂卽心病也艮之厲薰心以

互體有坎也水藏在腎開竅於耳而水在志爲恐恐則傷腎故爲耳痛氣陽運動常顯血陰流行常幽血在形如水在天地閒故坎爲血卦王萬里時患耳痛魏文靖公勸以加青鹽鹿茸煎雄附爲劑且言此藥非謂虛損易中坎爲耳痛是經中已著病症矣竟餌之而良愈愚謂深明乎易不必讀素問及五運六氣可以爲醫矣昔人乃云注本草誤殺人而注易誤無害豈知此理哉

爲心病

莊子云上而不下則使人善怒下而不上則使人善忘不上不下中身當心則爲病

或問坎爲心亨而此曰心病何其反也曰有孚則心亨矣加憂則心病矣心一也顧用之何如耳孚之亨也是盈科而進也成章而達也泰宇定而天光發也憂之病也是孟所謂飢渴害心者也爲心之茅塞者也莊所謂萬物鐃心也爲性之葦萑者也又曰天之穿之日夜無降人則顧塞其竇其加憂之說乎又曰室無空虛則婦姑敦谿心無天遊則六鑿相攘其心病之說乎故曰心當實以理不當實以欲又曰心欲有所主不欲有偏主噫盡矣哲矣

坎爲盜

說卦坎爲盜項氏謂月行于夜爲盜象此言最害義余弟用敘少時從魏雪谿講易至此魏以項氏之說解之用敘曰盜可配月則天是窩主星辰皆掐摸矣其言雖戲亦有理今按坎爲險爲難人事之險難莫如寇盜解曰致寇至而文言云作易者其知盜乎解下卦爲坎坎之爲盜象明矣坎之爲卦外陰柔而內剛狠有穿穴踰牆乘墉伏莽之狀也又況坎爲隱伏隱伏非盜而何

爲妾爲羔

說卦傳兌爲妾爲羔晁景迂曰羔爲養無家之女行賃炊爨又賤于妾云

致飾然後亨

鄭元音亨獻之亨許兩切

井道不可革

後漢書禮儀志引古禮云立秋浚井改水冬至鑽燧改火改水卽井道之革也

謙輕而豫怠

怠虞氏本作怡國語范蠡曰得時無怠時不再來來音釐又音台

天地之道浸

易傳剛浸而長陰符天地之道浸故陰陽勝列子云一氣不頓進一形不頓虧又曰運轉不已天地密移疇覺之哉孔子曰日夜無隙邱是以徂素問曰亢則害承乃制近崑山魏子曰人之苦于寒也而暴得暑苦于暑也而暴得寒亦豈不快然于心信爾造化之元氣索矣此粗心快于繼者也惟夫天地密移續也而人不知承也而自相制故能保合太和此猶用心精而善於繼者也○孟子曰其進銳者其退速說苑江以逶迤故能永山以陵遲故能高學以漸漬故能進人以涵泳故能豪亦此理也

憧憧往來係于金柅

憧丈家切京房作僮又作憧柅古文作鑰

升菴經說卷二

升菴經說卷三

成都　楊慎　撰　綿州　李調元　校定

百姓 以下尚書

唐明皇問張說曰今之姓氏皆云出自帝王後古者無民邪說對曰古者民無姓有姓者皆有土有爵者也故左傳云天子命德因生以賜姓胙之土而命之民黃帝之子二十五人得姓者十四而已其後居諸侯之國土者其民以諸侯之姓爲姓居大夫之采地者以大夫之姓爲姓莫可分辯故云皆出自帝王也說此言考古證今不刊之論予因是知尚書所稱百姓與論語所言百姓可以類知矣堯典曰百姓昭明協和萬邦黎民於變時雍蔡氏注云百姓者畿內之民黎民者四方之民此不通古今之說也聖人之視民遠近一也豈分畿內與四方哉百姓蓋祿而有土仕而有爵者能自明其德而後協同萬國萬國諸侯協和而後黎民於變時雍此其序也若以百姓爲民庶則黎民又是何物亦豈有民庶先於諸侯者哉舜典曰百姓如喪考妣三年四海遏密八音此二句向之句讀以如喪考妣爲一句三年四海遏密八音爲一句非也百姓如喪考妣三年爲一句四海遏密八

音爲一句乃協文義百姓有爵命者也爲君斬衰三年禮也禮不下庶人且有服賈力役農畝之事豈能皆服斬衰則但遏密八音而已此當時君喪禮制如今大行遺詔非百姓四海不由上令而自爲也至周人尚文則人皆有姓所稱百姓則民庶也論語曰修己以安人又曰修己以安百姓書曰百姓有過又曰非敵百姓也是時則人皆有姓矣故指民庶亦曰百姓耳○堯典百姓昭明以百姓爲有爵命者其說出孔安國尚書古注安國爲漢人孔子之後其說必有所授蔡氏生千年之後何據而變之邪予每以古注

語人俗儒愕然曰先儒邪又不悟予曰吾見二事可語以證昔有二生一在府學一在縣學相遇爭長甲謂乙曰我府爾縣我尊爾卑縣學生曰府有文宣王縣學亦有文宣王豈亦有異邪又有僧綱司觀音僧會司觀音祈雨迎禱相遇于路僧綱司行者曰爾寺觀音當避吾之觀音爲姑爾之觀音姪女也聞者笑倒如蔡氏之說畿內爲百姓畿外爲黎民是府縣學文宣王有尊卑僧綱僧會寺觀音有姑姪之分也達者亦豈不失笑

郁夷

史記夏紀引禹貢居郁夷曰暘谷郁音嵎索隱史廣異聞不必皆依尚書蓋郁夷亦地之別名也

日中星鳥

昔有人問柳仲塗曰朱鳥者南方之宿以主於夏也旣觀其星以正其候則龍星乃春之星也春主於東方可觀之以正其候也今不曰日中星龍何也仲塗曰歲周其序春居其始四星各復其方聖人南面而坐以觀天下故春之時朱鳥之星當其前故云觀之以正仲春矣愼按柳氏之說超古注疏矣然猶未盡也殷之爲言正也正卽正朔也故春須春朔夏須夏

朔秋須秋朔冬須冬朔所謂四殷者卽四朔也皆敬天時而勤民也故下文遂言民事厥民析者冬寒無事並入室處春事旣起丁壯就功重春耕也厥民因者老弱因就在田之丁壯以助農急夏芒也厥民夷者老壯在田與夏平也急秋收也厥民隩者民改歲入此室處以辟風寒謹冬藏也此皆勤民事也今蔡傳但云驗氣之和氣之平是平居無事觀物隱居者之養生月覽耳不待帝堯欽若歷象不待羲和寅賓敬致也觀尚書所以不可廢古注歟或問楊子曰子於諸經多取漢儒而不取宋儒何哉答之曰宋儒言

之精者吾何嘗不取顧宋儒之失在廢漢儒而自用己見耳吾試問汝六經作于孔子漢世去孔子未遠傳之人雖劣其說宜得其真宋儒去孔子千五百年矣雖其聰穎過人安能一旦盡棄舊而獨悟於心邪六經之奧譬之京師之富麗也河南山東之人得其十之六七若雲南貴州之人得其十之一二而已何也遠近之異也以宋儒而非漢儒譬雲貴之人不出里門坐談京邑之制而反非河南山東之人其不爲人之貽笑者幾希然今之人安之不怪則科舉之累先入之說膠固而不可解也已噫

平秩南譌

譌吾禾切漢書以勸南吪吪又作僞史記作爲音同莊忌哀時命賦知貪餌而近死兮不如下游乎清波叶甯圍隱以遠禍兮孰侵辱之可爲

鳥獸氄毛

氄說文引作㲝又作膄毸毿

鮌

徐鉉禹父名鮌當从歡今又作鯀魰說文鮌昆干不可知也古渾切

驩兜

篆文作鳩吺韓文公詩鳴弓射鳩吺

漢書引尚書論語異同

漢書引尚書放命圮族又無遨遊欲有邦皆與今文異又引論語君子之道焉可撫也注撫同也

否德忝帝位

否德忝帝位注否不通言否之音義與不相通非訓否爲不通也昔年在講筵有講官面陳云否是不通的意思侍臣聽者多掩口退而戲之曰不通講官乃知專經守文之士其誤雖久而驟聞不覺之流猶得其真也

納于大麓

孔叢子宰我問書云納于大麓烈風雷雨弗迷何謂也孔子曰此言人之應乎天也堯既得舜歷試諸難使大錄萬機之政是故陰清陽和五星來備風雨各以其應不有迷錯愆伏明舜之行合於天也此說與注疏合意古相傳如此今以大麓爲山麓是堯納舜于荒險之地而以狂風霹靂試其命何異於茅山道士之鬭法哉今按桓子新論曰昔堯試舜於大麓者錄天下事如今之尚書官矣宜得大賢智乃使處議持平焉

七政 聖製尚書二解

高皇帝嘗問羣臣七政左旋然否侍臣仍以朱熹新說對上曰朕自起兵迄今未嘗不置步覽焉可徇儒生腐談因命禮部試右侍郎張智學士劉三吾改正書傳會選劄示天下學子曰前元科舉尚書專以蔡沈傳爲主考其天文一節已自差謬謂日月隨天而左旋今仰觀乾象甚爲不然何以見之當天清氣爽之時指一宿爲主使太陰居列宿之西一丈許盡一夜則太陰過而東矣蓋列宿附天舍次而不動者太陰過東則其右旋明矣又如洪範內惟天陰騭下民

相協厥居蔡氏俱以天言不知陰騭乃天之事相協厥居乃人君之事若如蔡說則相協厥居皆付之天而君但安安自若奉天勤民之政略不相與又豈天佑下民作君作師之意哉

五玉當作五樂

修五禮五玉班志五玉作五樂蓋已有五瑞即五玉也玉當爲樂注列五樂之目

宥過無大刑故無小

林少頴云宥過誤則無大者小者則宥大者則不宥刑特故則無小者大者則刑小者則不刑此說極當

肇十有二州

春秋緯云神農地過日月之表淮南子曰神農大九州桂州迎州神州等州是也至黃帝以來德不及遠惟於神州之內分爲九州括地象曰崑崙東南萬五千里名曰神州是也黃帝以後少昊高辛皆仍九州惟舜時暫置十二州故書曰肇十有二州肇之爲言始也前此九州而今始爲十二州也不然則肇字無所屬至夏還爲九州左傳云夏之方有德也貢金九牧可證

四岳爲一人

孔平仲以四岳爲一人通爲二十二人之數余深然其說以漢書三公一人爲三老次卿一人爲五更注云五更知五行者安知四岳非知四方者乎書內有百揆四岳以四岳爲四人則百揆亦須百人矣劉珥江泰之曰五官中郎未聞五箇四門博士豈是四人余曰今翰林有五經博士欽天監有五官挈壺亦只一人益信孔平仲之言矣

陟方

陟方乃死家語作五十載陟方岳死于蒼梧之野以方爲方岳正與國語舜勤民事而野死之文合而文

義亦順今注以升遐訓之又與下文乃死重複矣左思吳都賦梁岷豈有陟方之館行宮之基與以陟方對行宮蓋以爲天子巡狩事也亦與國語家語合

帝德罔愆

舜之德冠古今矣而皋陶之謨但以罔愆言之禹之功平天地矣而孔子之語但以無閒云之文武之謨烈光日月矣而君陳之書但以罔缺總之孟子曰事親若曾子可也韓子曰事君若周公可矣

舜七始詠

漢書律歷志引古文尚書予欲聞六律五聲八音七始詠以出納五言今文七始詠作在治忽史繩祖據漢郊祀歌七始華始肅倡和聲而以今文在治忽近於傅會以予考之此言聲律音韻是一類事但漢書注不注七始之義今之切韻宮商角徵羽之外又有半商半徵蓋牙齒舌喉脣之外有深喉淺喉二音此即所謂七始詠詠即韻也汗簡隸古七始詠夾始蓋古文七作桼桼與夾相近而誤猶可驗史氏之說爲是由此言之切韻之法自舜世已然不起於西域胡僧又可知予特表出之孟康云七始者天地四時人也此說乃意料之言

四載

羅泌四載說云許叔重注淮南子云水宜舟陸宜車沙地宜肆泥地宜楯孔安國云水舟陸車泥楯山樏而夏本紀云泥乘橇山乘檋橇尸子作蕝祖芮切檋音鞠河渠書云山即橋溝洫志云山即梮諸儒皆以檋爲邱遙切此意言之音橇爲蕝爾按說文四載水舟陸車無可異者惟山乘樏澤乘輴爲不同尸子云行塗以楯行險以樶行山蔂樏行沙乘軌樏與欙同力追切楯與輴同勑論切尸子之說蓋得其傳橇非輴也宜音樶險所乘者檋與梮同即樏也當讀如濟濼之濼其音作橋者殆梮之轉音如湆云橇以板置泥上通行檋以鐵如錐頭長半寸施之履下以上山使不跌孟康謂木橇形如箕擿行泥上諸說不同如此然曰載曰乘則不應爲履與板矣輴軌樏橇是曰四載舟車常所乘宜不在四內也右羅氏本說如此予合前說再考諸家爲之云行塗以楯行險以樶行山乘樏行沙乘軌塗泥也楯即輴也軾也檋也狀如長牀穿程前後著兩金而關軸焉其狀庳下而寬廣故行塗用之樶即橇也如晉人登山屐今人之腳滋車用木故字從木上條用繩故字從毳下用鐵釘之

使不跌故行險用之樏卽欙與周禮輂車同制如今之登山轎以人拽繩爲輂聲去周禮所謂輓以任載器也故登山乘之軌車最使沙不能陷故行沙乘之行塗行險曰以行沙曰乘蓋有升車與徒步之别總名之曰四載云

化益

世本云化益作井宋衷曰化益伯益也荀子成相篇傳禹平天下躬親爲民行勞苦得益皋陶橫革直成爲輔呂氏春秋云得陶化益眞成橫革之交五人佐禹化益卽伯益眞成卽直成也

元首叢脞哉

脞徐邈讀作瑣

禹九州

禹貢冀高山大川其九州之名以地名州而不以州分地蓋荆衡萬古不徙之山而河濟者萬古不泯之水也以故荆兗之名得附河濟荆衡而不滅萬世而下求禹貢九州之域者皆可得而考也九州惟冀無所至者舉八州而界自見亦所以别帝都而大一統也九疇之皇極貢法之公田見於此矣揚不言南青雍不言北則以其境接蠻狄提封叛服不常乎

兩碣石

夾右碣石入于河右碣石卽河赴海處在北平郡南二十里左碣石在高麗唐書云碣山在漢樂浪郡遂城縣長城起于此山

檿絲

烏簟切說文山桑有點文者引詩其檿其柘國語檿弧箕服孔氏書注食檿之蠶絲可以絃琴瑟檿史記作酓

厥篚織文

九州要記云雎渙之閒出文章天子郊廟御服出焉

所謂厥篚織文也述異記雎渙二水波文皆若五色其人多文章故名纈水文選陳琳書云遊雎渙者學藻繢之綵杜詩衣冠迷適越藻繢憶遊雎

厥土赤埴

市力反土黏曰埴鄭元音熾孔穎達曰埴戠音義同

塗泥

塗音怕平聲地泉溼也東方朔傳伊優牙老柏塗解云塗者洳漸濡也可知其音矣

沱潛

潛一作灊江源有鄗江首出江南至犍爲武陽又入

江豈沱之類與

杶榦栝柏

杶勅循切木名又作櫄毛詩義疏云杶樗栲漆相似如一幹栢也可爲弓幹栝古活切卽檜也柏葉松身

箘簵楛

箘求隕切韋昭一名聆風簵音路楛音戶

書解

古書解者多失其義遂害於理尙書注怪石之貢以爲奇怪之石若後世靈壁太湖嵌空玲瓏以供戲玩是禹爲牛僧孺米元章也又解禹貢三江之水味別

是以聖人爲品水鬭茶如陸羽張又新之流也戰國處士爲舜塗廩浚井遭焚坑而不死列女傳又謂二女實教之是以舜爲左慈劉根而二女爲李全之婦劉綱之妻也靜言思之皆可發一笑

禹貢彭蠡

東匯澤爲彭蠡一條集傳謂經誤吳草廬已辨之矣近又見邵二泉寶魏莊渠校二說尤足相發明今錄於此二泉云江漢水漲彭蠡鬱不流逆爲巨浸無仰其入而有賴其過彼不過則此不積所謂匯也者如此故曰北會于匯匯言其外也蠡言其內也于匯不于彭蠡勢則然也蓋實志也江水濬發最在上流其次則漢自北入其次則彭蠡自南北入三水並持而東則江爲中江漢爲北江彭蠡所入爲南江可知已非判然異派之謂也且江漢之合茫然一水難見其爲江也不見其爲漢也故曰中江曰北江然其勢則相敵也故曰江漢朝宗凡集傳謂經誤者非是餘千張克修云寶亦云魏莊渠曰禹貢東匯澤爲彭蠡無仰于江漢也噫胡不求諸禹未疏鑿以前耶江右山勢四盤衆水同出彭蠡爲口形則高仰非得江漢外水鬭之還能瀦而後泄耶

北江

朱子曰洪水之患河爲甚禹親莅而身督之若江淮則地偏水急不待疏鑿或分遣官屬往視亦可況洞庭彭蠡之閒乃三苗所居官屬之往者亦未必致深入是以但知彭蠡之爲澤而不知非漢水所匯但意如巢湖江水之淤而不知彭蠡之源爲其衆也以此致誤謂之爲北江無足怪者○吳幼清曰漢水南入于江乃循江北岸東行爲江之北而入于海夫漢旣入江與江混爲一水而又曰東爲北江入于海有似別爲一水然何也蓋漢水源遠流大可亞於江兩相

匹配其他小水入大水之例不同故於荆州言朝宗於海必以江漢並稱蓋曰江之入海非獨江水實兼漢水江固爲江漢亦爲江也故漢得分江之名而爲北江記其入海者著其爲瀆也三瀆皆自爲一瀆惟江與漢共爲一瀆導水九條始之以三水終之以二水而中間記四瀆其一河瀆一瀆也其二江漢一瀆也其三濟瀆其四淮瀆也江漢勢體均敵二水合流所以如此其大不以漢附于江而泯其入海之實故於海於江並言入海而爲瀆也若漢不爲瀆則東爲北江入於海七字衍文而其序當殿導江之後矣

中江

吳幼清曰東匯澤爲彭蠡舊本誤在導漾條南入于江之下解說不通遂至紛紛異論今正其錯簡諸儒之疑可釋而辯亦可息矣江與彭蠡合流之後凡千四十里入海江之入于海也必曰爲中江何也蓋禹貢以江漢共爲一瀆漢分江之半爲北江故江不得專江之名漢爲北江則江當爲南江然循南江面岸有彭蠡湖水若曰南江恐疑爲湖水而言指以江水行於湖水漢水之中故曰爲中江也○按此二節簡明可息紛紛之說與考定武成同功矣

敷淺原一本作望敷山

敷淺原孔安國以爲博陽山非也通典云蒲塘驛漢歷陵縣有敷淺原驛西數十里有望夫山蓋望敷淺原耳猶望江望都之例也地志以婦望征夫說之蓋妄臆矣今山下近村猶以敷裏敷外爲名斯得之矣今崇陽縣西二百二十里有雲谿山峻峭清流界道如帶即所謂敷淺原也

陽鳥攸居

日之行夏至漸南冬至漸北鴻鴈南北與日進退隨陽之鳥故稱陽鳥也

道荷澤被孟豬

闕駰十三州記曰不言入而言被者明不常入也水盛方乃覆被矣史記夏禹紀作道荷澤被明都索隱明都音孟豬澤在梁國睢陽縣周禮又作望諸

肅愼來賀注云海東諸夷駒麗扶餘馯貌之屬

駒麗即高句麗也扶餘今之福餘馯三韓也貌音貊義同

重光

馬云日月星也太極上元十一月朔日冬至日月如壘璧五星如連珠故曰重光漢樂府有日重光月重

輪星重輝海重潤

三朡

地名今之定陶也

桑穀共生

穀音構木名皮可爲紙王羲之傳窮萬構之皮是也共音拱

東陵西陵

導江過九江至於東陵今巴陵有道士洑地志即古之東陵莊子盜跖死利於東陵之上蓋據波憑濤以濟其姦凶之地至今猶爲盜巢云夷陵爲西陵則巴

陵爲東陵可知九江不在潯陽明矣

敎化

材生於天下係乎地禹貢紀山川而不紀風俗風俗由乎上之敎也紀物產而不紀人才人才由乎下之化也

五子之歌

左傳引書五子之歌有此冀方今失其行今文作厥道按古文衍从行中人又音道石鼓文我水既靜我衍既平五子歌以衍叶方綱當從平音道路之行如景行字作衍人之鴈行足行當作衍見龜筴傳

子由論書

蘇子由云商人之書簡潔而明肅其詩奮發而嚴厲非深於文者不能爲此言

傅說

武丁以夢相傅說事著於書矣而世猶疑之曰夢而得賢可也或否焉亦將立相之與且旁求以象之肖也天下之貌相似亦多矣使外象而內否亦將寄以鹽梅舟楫之任與審如是則叔孫之夢豎牛漢文之夢鄧通卒爲身名之累夢果可憑與或曰非也武丁嘗遯于荒野而後即位彼在民間已知說之賢矣一

旦欲舉而加之臣民之上人未必帖然以聽也故徵之於夢焉是聖人之神道設敎也是所謂民可使由而不可使知也且又商之俗質而信鬼因民之所信而導之是聖人所以成務之幾也劉禹錫之言曰在舜之庭元凱舉焉曰舜用之不曰天授在殷中宗襲辭而興心知說賢乃曰帝賚堯民知餘難以神誣商俗以訛引天而毆蓋亦意料之言也（一本無堯民以下二十三字）莊子載太公之事云文王見一丈夫釣欲舉而授之政而恐大臣父兄之弗安也欲終而釋之而不忍百姓之無天也於是旦而屬之大夫曰昔者寡人夢見

良人黑色而頫號曰寓而政於臧丈人庶幾乎民有瘳乎遂迎臧丈人而授之政顏淵問於仲尼曰文王其猶未邪又何以夢爲乎仲尼曰默女無言夫文王盡之也而又何論刺焉彼直以循斯須也禹錫之言蓋本莊子彼以武丁文王之用說與望猶田單之妄用一男子爲軍師類乎聖人之神道設教以幾成務而不使民知恐不如是也其所云夢賚者實帝感其恭默之誠而賚之也其性情治者其夢寐不亂乃可以孔子夢周公同觀而非叔孫之踐妖漢文之蔽倖矣鄭人夢鹿而得眞鹿心誠於得鹿也心誠於得鹿者一本無心誠一句非天理之公也而尚可以得況誠於求賢而有不得者乎司馬彪莊子音義謂傅說生無父母洪氏注楚辭謂說一旦忽然從天而下便爲成人無少長之漸此兒童之言也固不必辯

濮地一本地作人

牧誓微盧彭濮伊尹爲四方獻令正南百濮鄭語楚蚡冒始啟濮劉伯莊曰濮在楚西南左傳麇人率百濮伐楚通典有尾濮木綿濮文面濮折腰濮赤口濮黑僰濮爾雅南至于濮鉛周書王會篇卜人以丹砂注云西南之蠻蓋濮人也諸濮地與哀牢相接今按哀牢卽永昌徼人今名蒲蠻其色黑折腰文面是其飾也濮與蒲字音相近而訛耳

徙斯訓

庸蜀羌髳髳卽叟也音搜史西南夷傳自巂以東北君長以十數斯莋都取大注斯及莋都二國名也徙音斯相如難蜀文略斯榆謂斯與楪榆也此斯卽西南夷之徙玉篇作鄋注狄國夏爲防風氏周爲髳漢之竇叟地在蜀之邊今按髳也徙也斯也叟也鄋也竇也一種夷人古今隨呼而易其名因易其字非博考何以剏而合之

曲直作酸

朱子云今以兩木片相擦則齒酸薑鼎駁之曰草木之實多酸雖甘者至乾時壞時亦酸木擦之說恐未然也按箕子演疇何嘗以兩木相擦乎

睿作聖

目擊道存之謂睿故其字從目聲入心通之謂聖故其字從耳故曰聖人時人之耳目

五福不言貴

五福不言貴而言富蓋三代之法貴者始富言富則知貴所謂祿以馭其富也貧富貴賤離而爲四起於

後世不能制爵祿之失游氏禮記解云

雨霽蒙驛克

蒙驛古文尚書作雺圛注地氣上天氣不下也一作霿漢書引易傳有蜺蒙霧上下合也又曰德不試空言祿茲謂主窳臣天蒙起而白下相攘善茲謂盜明蒙黄濁下專刑茲謂分威蒙而日不得明注云此皆陰雲之類圛升雲半有半無也徐鍇曰說者曰氣象絡繹不聯屬也按說文引圛升雲半有半無即曰驛曰霽之說也史記龜策傳所謂雨不雨霽不霽與氣絡繹不聯屬之說相符可驗又鄭元詩箋齊子豈弟

作齊子闓闉其說曰闓闉與發夕爲對圛與闓通半明也可以互證○朱子云卜五即龜也五雨霽蒙驛克也占用二蓍也二曰貞曰悔也卜法今無傳今人有五兆卦將五莖茅自竹筒中寫出直向上爲木橫爲土向下爲水斜向外爲火斜向內爲金如文帝大橫庚庚是得土之象庚庚是庚庚然豹起

好風好雨

星有好風星有好雨古注云箕星東方宿也東木克北土以土爲妻雨土也土好雨故箕星從妻所好而多雨也畢西方宿也西金克東木以木爲妻風木也木好風故畢星從妻所好而多風也由此推之則北宮好燠南宮好暘中央四季好寒皆以所克爲妻而從妻所好也予一日偶述此義座有善謔者應聲曰天上星宿亦怕老婆乎滿堂爲哄然一笑

化洽生民

旅獒傳明王以德義爲益器用爲貴所以化洽生民疏云化洽生民化世俗養下民也此言生民與宜公十二年左傳云分謗生民皆爲生活民也如書云生民保厥居孝經生民之本盡矣則言民生於世與化洽生民之義異

惟其斁丹雘

斁古作斁斁古塗字注丹邱之山產丹青邱之山產雘

顧畏於民碞

碞徐咸切僭也孔曰碞即巖也參差不齊之義故爲僭也

王朝步自周

大夫不徒行也王何以步也黃公紹曰步步輦也謂人荷而行不駕馬也茲說吾取之

所其無逸

魏子才曰關西方言致力於一事爲所迺言而義遠李獻吉曰西土人謂着力幹此事則呼爲所書曰王敬作所又曰所其無逸皆是當時方言今作處所解之愈覺不通此深得經旨余特表出之

弗弔天降喪于殷

君奭篇首曰君奭弗弔天降喪于殷自後世之私言之殷之喪周之福也而曰弗弔蓋聖賢以天下爲心不幸遇喪亂而任此責豈所樂哉緯書乃云武王克紂前歌後舞此言謬矣昭烈克劉璋置酒宴樂乃引前歌後舞之言以拒龐統之諫昭烈豈樂禍者蓋信

緯書如經矣高帝哭項羽曹操哭袁紹豈有武王而歌舞于克紂之事乎

泰顚閎夭

墨子尚賢篇文王舉閎夭泰顚於罝網之中授之政而西土服

三公

古之三公論道經邦後世三公則擇其老病不任事依違不侵權唐史所云禁聲伴食宋代所云歛迹縮手者居之張禹孔光李志曹蜍由此其選也漢唐以來三公濫受莫甚於宋之宣和所授非人固不待言

而名體有未正者蓋鄆王肅王輩爲之是以子爲師傅也童貫爲之是以厮役爲師傅也近代又以十三身襲富平侯及平生不讀半行書者爲之不知何道可師何德可傅何功可保乎

又

尚書太師太傅太保曰三公書大傳曰太師天公也太傅地公也太保人公也煙氛郊社不修山川不祀風雨不時雪霜不降責在天公城郭不繕溝池不修水泉不隆責在地公臣多弑主孽多殺宗五品不訓責在人公後漢張角作亂稱天公將軍人公將軍蓋

亦竊古義也

不克見聖

淡所見而甘所聞貴其耳而賤其目榮古陋今黨往讎來日近前而不御遙聞聲而相思書曰凡人未見聖若不克見聖既見聖亦不克由聖

庶言同則繹

人離而聽之則愚合而聽之則聖書曰庶言同則繹

君牙

夏暑雨小民惟曰怨咨冬祁寒小民亦惟曰怨咨禮記注中所引也鄭元曰資當爲至齊魯之語也祁猶

言是也齊西偏之語也按鄭元讀惟曰怨爲一句資冬祁寒爲一句資與今書文咨異

伯冏與伯景同

伯冏說文冏作㢶唐杜佑奏省宦疏云伯景爲太僕今太僕卿駕部郎中尙輦奉御閑廐使則四伯景也冏與景古同音字亦相借耳

爲善最樂

書云民訖自若是多盤注云民之行已盡用善道是多樂也東平王蒼曰爲善最樂周公曰心逸日休內典云爲善若熟種種快樂亦是此意

椓

丁角反伏生書傳曰男女不以義交者其刑宮男子割去其勢與椓去其陰事同婦人幽閉於宮使不得出也

徐戎並興

淮浦之夷徐州之戎並起爲亂此戎夷帝王所羈縻錯居九州之內者秦始皇逐出之〇此事惟孔安國傳有之始皇此舉高於西晉武帝矣

杜乃擭斂乃穽

擭浦獸機檻穽陷地捕獸杜一作敜斂乃結反

敜乃甲冑敿乃干

敿力彫反簡也敿居表反治也

先其祘命

漢書律歷志劉歆條奏引書曰先其祘命師古曰逸書也言王者統業先立算數以命百事也祘古算字近俗本改祘作算而俗士不知算命之義又顚倒其字作先算其命成何語言似星士招牌矣可笑也又可惡也凡古書有古字不可輕改若依古作祘則人雖罕識而識之者必博古士也未必妄改作先算其命也他如斠若畫一通鑑改斠作較不知斠勘斗斛

也較車耳也其義殊遠左親戚去墳墓通鑑改左作離運籌帷帳通鑑改帳作幄陳平雖美如冠玉耳其中未必有也冠玉下去一耳字便失其指皆是爲拙工廢繩墨聊舉一二其餘更僕窮紙不能數也

升菴經說卷三

升菴經說卷四

成都 楊 慎 撰 綿州 李調元 校定

詩小序以下毛詩

程伊川云詩小序是當時國史作如不作則孔子亦不能知如大序則非聖人不能作此言可謂公矣朱晦菴起千載之下一以意見必欲力戰小序而勝之亦可謂堀强者哉

去序言詩自朱文公始而文公因呂成公太尊小序遂盡變其說蓋矯枉過正非平心折中之論也馬端臨文獻通考辯之詳矣予見古本韓文有議詩序一

篇其言曰子夏不序詩有三焉知不及一也暴揚中冓之私春秋所不道二也諸侯猶世不敢以云三也漢之學者欲顯其傳因籍之子夏嗚呼韓公可謂失言矣孔子親許子夏以可與言詩子夏猶云不及其誰宜爲哉且子頑宣姜中冓之私生子五人二爲諸侯昭昭在人耳目豈是春秋所不道孔子既取之于國風而子夏反爲之諱乎至謂諸侯猶世不敢以云是爲史官懼人禍天刑之說也豈齊南晉董之筆乎韓公而爲此言亦非韓公矣必贗以下闕七字與朱子去序之意脗合韓公百世山斗朱子闕三字爲左袒之助而朱子著韓文考異乃以爲非公作悉刪除之蓋公論正議不覺其出於一時之筆而不顧其與巳說之背馳也韓文未刪之本世多未知而此說又可爲馬氏復小序之證佐故詳書之

關雎之亂

晉司馬彪傳云春秋不修則仲尼理之關雎既亂則師摯修之此以亂爲錯亂之亂其說亦異

窈窕淑女

字書窈深也窕極深窈窕幽閒之地也淑貞靜之德也鄭元箋幽閒深宮貞專之善女正義曰淑女以爲

善稱則窈窕宜爲居處方言云美心爲窈美容爲窕非也按窈窕訓深宮爲是深宮之地是幽閒深宮固門曰幽內言不出日閑窈窕言其居貞專言其德今解者混之遂以窈窕爲德誤矣陶淵明歸去來詞既窈窕以尋壑魯靈光殿賦旋室便娟以窈窕洞房叫窱而幽邃江賦幽岫窈窕孫興公天台賦幽邃窈窕封禪記石壁窈窕如無道徑曹攄詩窈窕山道深謝靈運詩窈窕究天人李顒詩窈窕尋灣漪迢遞望巒嶼諸葛穎詩窈窕神居遠蕭條更漏深喬知之詩窈窕九重閨杜詩窈窕丹靑戶牖空杜牧詩烟生窈窕

深東第諸窈窕字豈亦謂女德乎

哀窈窕思賢才

文選呂向注云哀蓋字之誤也哀當爲衷謂中心念之也余舊疑哀字之難解見呂說乃豁然矣

搏黍

搏音團黃鳥也一名黃鵹一名黃鸎一名楚雀一名倉庚一名商庚一名黃栗留里語曰黃栗留看我麥黃甚熟亦是應節趨時之鳥也栗又作鸝○熟北音作手平聲

煩撋

澣濯衣服也○撋諸詮之音而專切何允沈重音而純反阮孝緒字錄云煩撋猶挼莎也挼奴禾切莎素何切○挼莎見上注

卷耳

予嘗愛荀子解詩卷耳云卷耳易得也頃筐易盈也而不可貳以周行深得詩人之心矣小序以爲求賢器官似戾于荀旨朱子直以爲文王朝會征伐而后妃思之是也但陟彼崔嵬下三章以爲托言亦有病婦人思夫而御陟岡飲酒攜僕望砠雖曰言之亦傷於大義矣原詩人之旨以后妃思文王之行役而云也陟岡者文王陟之也馬元黃者文王之馬也僕痡者文王之僕也金罍兕觥者冀文王酌以消憂也蓋身在閨門而思在道塗若後世詩詞所謂計程應說到梁州計程應說到常山之意耳曾與何仲默說及此仲默大稱賞以爲千古之奇又語予曰宋人尚不能解唐人詩以之解三百篇眞是枉事不若直從毛鄭可也

惄如調飢

調韓詩作朝薛君章句云朝飢最難忍其義晰矣毛詩作調本屬魯魚而鄭氏求其說而不得乃云調音

稠又改字作輖調飢也稠飢也輖飢也三者均之不通也愈解而愈離眞不若朝飢之爲長也焦氏易林云倆如旦飢晉郭遐周詩言別在斯須惄焉如朝飢漢晉去古未遠當得其實耳

委蛇

委蛇曲貌毛詩委蛇委蛇陸農師曰蛇屬連行蛇屬紆行委蛇義蓋取此司馬彪莊子注委蛇泥鰌也管子注委蛇澤鬼名紫衣朱冠又蛇邱地名楚辭曰蜺嬰茀注白雲委蛇若蛇左傳衡而委蛇必折史蘇秦傳委蛇蒲伏索隱曰面掩地而進若蛇行也按漢書

郊禮歌旗委蛇文選西京賦聲清暢而蜲蛇注聲餘詰曲也韓詩作逶迤引石經作遇迆又作禕陀韓退之詩委陀結紏後漢書邳彤贊委陀還旅李銑字辨作倭㒸皆字異而義同韻會引而未盡茲爲廣之

髲髢

上皮寄反下徒帝反少牢謂之纚笄周禮謂之副編次○釋文引少牢禮古者或剔賤者刑人之髮以被婦人之紒按注文本作被錫孔穎達讀被錫爲髲髢髢字又作鬄鬄湯帝反

抱衾與裯

按裯从周得聲與凋雕蜩同裯當音條今關中亦呼寢褥爲條子裯叶維參與昴昴徐邈讀作旄旄胡星也其參如旄國名舊叶昴作留恐非寔命不猶猶亦叶篇見檀弓

江有汜

汜說文引作洍徐鉉曰洍蓋汜之或體也

嫡媵

江有汜序有嫡媵之說鄭引公羊諸侯一娶九女二國媵之及引昏禮注古者女嫁姪娣送之晦翁以此詩不見勞而無怨之說以序爲疑予固不敢妄議然考經傳媵特送婚之名猶喪之賵與賻史記載伊尹爲有莘媵臣古史載湯婚有莘乃以伊尹爲媵送女春秋載公子結媵陳婦於鄄與執虞公及井伯以媵秦穆姬晉將嫁女與吳齊侯使析歸父媵之伊尹公子結虞公井伯析歸父皆嘗爲媵初不言某國之女爲某國之媵妾也左氏同姓媵之異姓則否不過爲同姓至親可講餽送嫁女之禮異姓則可略也然春秋書齊人來媵與衛晉無異詞書人不書女其事甚明矧當時魯爲弱國嘗爲齊晉所凌猶恐不屑以女爲媵齊晉大國肯以女爲從妾乎此戴埴鼠璞也余

取之

平王之孫

詩平王之孫齊侯之子平王非周平王齊侯非姜氏之後也猶書稱甯王格王易稱康侯禮曰甯侯之類也汲冢周書云明王奉法以明幽幽王奉幽以廢法國語曰與王賞諫臣逸王法之其稱謂皆類後世之謚耳

一發五豝吁嗟乎騶虞

騶者天子之囿也虞者囿之司獸者也天子佐輿十乘以羽貴也貳牲而食以優飽也虞人翼五豝以待

一發所以復中也人臣於是所尊敬者不敢以節待敬之至也甚尊其主敬慎其所掌職而忠厚盡矣作此詩者以其事深見良臣順下之志也賈誼新書此詩說與毛氏異漢世詩始萌芽惟尚齊魯二家韓氏晚出毛氏最晚此蓋魯說也

燕燕于飛差池其羽

師曠禽經曰鳥向飛背宿燕向宿背飛此物理也故莊姜以為送歸妾之比取其背飛之義送別之情也

踊躍用兵

擊鼓其鏜踊躍用兵兵逋旁切始叶左傳是謂沈陽

可以興兵利以伐姜易林从我睢易可辟刀兵與福俱行有命久長京房易傳山見葆江于邑有兵

何用不臧

郭忠恕曰不臧即否臧

旭日始旦

旭徐邈讀作晅

行道遲遲

行道遲遲中心有違思致微婉紫玉歌所謂身遠心邇洛神賦所謂足往神留皆祖其意

誰謂荼苦

嚴氏詩緝云詩有三荼一曰苦荼誰謂荼苦堇荼如飴是也二曰穢草以薅荼蓼是也三曰英荼有女如荼是也周禮司徒有掌荼常以時聚荼徵野疏材之物爾雅檟苦荼本草茗苦荼

流離

尹子曰詩詠流離史書梟鏡流離鳥名少好長醜蓋毛鄭舊說也

狐裘蒙戎

蒙戎徐邈作武邦而容二切註亂貌陸德明云徐音是也左傳讀作尨茸

邗干同字

出宿於干今開封有邗溝韋氏歷紀云蹇叔處干而干亡入秦而秦霸

其虛其邪

邪音徐爾雅作徐說文作邪思無邪同叶思馬斯徂

愛而不見

愛揚雄方言注引作薆其說曰薆掩翳也謂蔽薆也太元瞢瞢之離中薆薆也瞢如之惡著不昧也史淮陰侯傳草山而望注蔽隱也草薆義同

蘢醜

說文引詩燕婉之求得此𪓰䵷上音去下音秋爾雅𪓰䵷蟾蜍注云似蝦蟆居陸地與蝦蟆不同蟾蜍形大背上多痱磊行極遲緩不能跳躍亦不解鳴多在溼處故詩人以況衛宣公之老而無恥之狀蓋醜詆之辭也蝦蟆能跳接百蟲食之時作呷呷聲在陂澤間此為二物明矣

實維我儀

儀音俄叶在彼中河樂且有儀叶在彼中阿九十其儀叶其舊如之何太元各遵其儀叶不偏不頗史記徐廣音義艤船作蟻漢隸蓺義作蓺儀又見淇适釋蓺

及周官注

母也天只

只讀作馨語聲餘也字本作㲃省作只

鬒髮如雲

鬒說文引作㐱㐱之刃切稠髮也鬒音義同㐱从人从彡又有𠘧字形相似𠘧音殊

定之方中

注山川能說鄭志張逸問曰山川能說何謂也荅曰兩讀或言說說者說其形勢也或曰述述其故事然述當讀遂事不諫之遂

疊韻

皮日休云毛詩鴛鴦在梁又螮蝀在東即後人疊韻之始余謂此乃偶合之妙詩人初無意也若文選宋玉風賦炫煥燦爛張衡西京賦之睚眦蠆芥上林賦之玢豳文鱗左思吳都賦之檀欒嬋娟則詞人好奇之始耳○南史有積日失適亦疊韻

善字訓多

古書善字訓多毛詩女子善懷前漢志岸善崩後漢紀蠶麥善收晉春秋陸雲善笑皆訓多也

綠竹猗猗

綠竹韓詩作薄筑石經同薄扁筑也一云即菉蓐草郭云似小藜赤莖節高好生道傍今童子歌謠有雞冠花菉蓐草是也唐詩名花采菉蓐

綠竹青青

青青讀作菁菁菁草木之英曰菁蓋字作青而音與義則菁也不然既云綠矣又焉得重言菁耶

重較說

衛風淇澳篇曰猗重較兮毛萇曰重較卿士之車孔穎達曰倚此重較之車實稱其德也周禮輿人云較兩輢上出軾者今之平隔也詩話云車廣六尺四寸

深四尺軾去輿高三尺三寸較去式又高二尺二寸較式通高五尺五寸蓋古人乘車立乘非如今人之坐也論語曰升車必正立列女傳曰立輜無軿是其明證故乘車平常則憑較若應爲敬則落手憑下式而頭得俯較在式上若兩較然故曰重較輢是兩邊梔木較橫輢上輢兩而較一說文車輢上曲銅也蓋較在軾上恐其墜故以曲銅關之古謂較爲車耳古諺云仕宦不止車生耳三國志吳童謠云黃金車班蘭耳闓閶門見天子符曲銅之說矣今按古今注重耳重較也文官青耳武官赤耳或曰重校在車車藩上重起如牛角故云

考槃在澗

考槃在澗韓詩作干薛君注地下而黃曰干江南江有吳干平凉有隴干今之靜甯州樂府有長干曲顏延之蔡屈原文曰身絕郢闕跡偏湘干干與寬叶爲是且澗非考槃之處也一章曰碩人之寬寬以居也二章曰碩人之薖居而安也薖說文草也孟子所謂草莽之臣諺云心安茅屋穩也阿郎後世薖字邵子安樂窩義取於此三章曰碩人之軸軸卷而懷之也

碩人之薖

說文薖草也音科俗所謂科座也阿郎薖也言考槃於此山之阿即我之科座也薖字從草言隱於茅茨草莽而安樂之也

考槃在陸

陸如莊子陸沈之陸軸如軸簾之軸

鱣鮪

陸璣云鮪大者爲王鮪小者爲鮛鮪遼東人名尉魚或謂之仲明仲明者樂浪尉也溺死海中化爲此魚

濊濊

呼活反說文曰凝流也水平則流凝杜詩江平不肯流李端詩水深難急流是也李賀詩空山凝雲頽不

流

女也不爽

女也不爽爽平聲叶士貳其行又其德不爽壽考不忘老子五味令人口爽左傳唐公兩肅爽楚辭厲而不爽音俱同

黍離詩同

黍離之詩今之詩傳言大夫行役初見稷之苗中見稷之穗中見稷之實而閔周之心始終如一不少變而愈深其說本於注疏注疏謂稷苗六月穗七月實八月如此說詩比於固哉高叟益甚矣詩人之所賦

因其苗而及其穗因其穗而及其實猶桃夭之詩因葉以及華因華以及實也蓋一時所見一日所賦必如其說始以六月見苗中以七月見穗終以八月見實則是三月之間往返四次矣若一往一返則見苗與穗不見其實矣比之桃夭之詩葉時華時有實時亦須一月餘豈是見葉言葉見華言華見實言實乃是　守桃園老叟耳○說文云黍禾屬从禾雨省聲引孔子曰黍可為酒禾入水也然則又以禾入水三字合而為黍既從孔子之言不當又云雨省聲許氏之恒病有極相遠不叶者亦云諧聲殊為不通鄭樵

言許氏惟得諧聲一類以成其書信哉熟觀說文自見其誤○劉勰曰思親者莪蒿不分閔周者禾稷莫辨蓋心在於憂與哀而視物之似而誤也亦通

暵其乾矣

暵他安切韓詩作灘

毳衣如菼

爾雅菼騅也菼草色如騅也郭曰荻初生色在青白之間

抑釋掤忌

掤或作冰毛氏曰掤所以覆矢孔穎達曰公徒執冰而踞字雖異而義同服虔曰冰櫝丸是箭筩其蓋可以取飲蒼頡篇冰矢房

洵直且侯

侯音胡叶羔裘如濡史記匈奴傳胡王作侯王易林季姬踟躕望我城隅終日至暮不見齊侯又范子妙才僇辱傷膚然後相國封為應侯張衡西京賦增昭儀於婕好賢既公而且侯許趙氏以無上思致董於有虞皆叶七虞呂氏春秋今侯渫過而弗辭侯元有胡音今以喉嚨念胡嚨可驗

洵美且都

有女同車顏如舜華將翱將翔佩玉瓊琚彼美孟姜洵美且都孟姜世族貴女也美質之佳麗也都飾之閑雅也顏如舜華可以言美矣佩玉瓊琚可以言都矣蓋冶容豔態多出於膏腴甲族薰釀含浸之下彼山姬野婦雖美而不都縱有舜華之顏加以瓊琚之佩所謂婢作夫人鼠披荷葉故曰三代仕宦方會穿衣喫飯苟非習慣則舉止羞澀烏有閑雅乎漢宮尹夫人之見邢夫人賈充家郭氏之見李氏亦可證也譬則士之有所卓立必籍國家教養父兄淵源師友講習三者備而後可采薪之女教之容止七日而領

吳宮釣渭之夫立之尚父三年而集周統豈理之常也哉

山有扶蘇

扶蘇木名徐邈引作搏疋

襞衣

襞衣或作裲衣說文作褩衣儀禮作穎衣又作景衣音義並同皆嫁時在途之衣也

聊樂我員

員古云字又云于爾輻又景云維何秦誓雖則員然石鼓文君子員獵員獵員游今之云字乃員之省文

零露漙兮

漙吕忱字林作霹顏氏糾繆正俗作霛音上兖切叶清揚婉兮陸粲曰今韻書作上兖切非蓋兖字傳寫作衮耳按諸韻書不收當補入之予綴古音一書或以今韻反切不同規予者予曰既曰古音豈能悉合今韻乎況三百篇爲詩之祖婉字在院韻霛字當從之矣婉韓詩作婉

匪東方則明

匪東方則明明音芒叶月出之光又昊天曰明及爾出王易天下文明上叶陽氣潛藏下叶與時偕行書元首明哉股肱良哉庶事康哉白虎通清明風者清芒也荀子契元王生昭明歸藏筮詞空山之蒼蒼八極之既張乃有夫羲和職日月以爲明

總角丱兮

丱卽礦字周官有丱人丱金未成器也借作童丱之丱童未成人猶礦之未成器今作丱非

栲杻

栲山樗杻檍也宮中多樹之取億萬之意謂之萬年樹注唐詩者以冬青爲萬年枝非也

蘞蔓

蘞音簾似栝樓葉盛而細其子正黑如燕薁而不可食幽州人謂之烏服其莖葉煮以哺牛除溼

㲚邁

㲚以㲚邁㲚數績麻之縷也越如越紼之越言棄其麻縷而往爲淫泆也商頌㲚假無言又以㲚訓總

齊子闓圛

魯道有蕩齊子豈弟鄭元箋曰豈弟當作闓圛闓開也圛明也蓋與旁章發夕爲對發夕侵夜而行闓圛將明而行也圛字一作驛三蒼解詁云日明曰驛字諟云雲覆暫見日曰驛古文尚書雨霽霁圛克許氏

說文闉闍升雲半有半無史記司馬相如封禪文昆蟲闓澤文穎曰闓澤皆樂也闓音愷澤據此闓澤卽闓闉也字不同爾今文作豈弟恐非焉有淫亂之人而目之爲豈弟乎

寺人之令

秦風有車鄰鄰有馬白顛未見君子寺人之令此詩之意在後三句夫爲一國之君高居深宮不接羣臣壅蔽已甚矣又不使他人而特使寺人傳令焉其蔽益甚矣夫秦夷狄之國也其初已如此姍笑三代柄用閹宦不待混一天下已然矣史記年表書繆公學

於宁人宁人守門之人卽寺人也史書之醜之也三代之君必學於耆德以爲師保而繆公乃學於宁人之刑餘爲周召以法律爲詩書又不待始皇胡亥巳然矣則景監得以薦商鞅趙高得以殺扶蘇終於亡秦寺人之禍也聖人錄此以冠秦風垂戒深矣史記所書繆公學於宁人其得聖人之意乎春秋所以狄秦者不爲過也繼序者乃以爲美秦伯始有車馬蓋因首云車馬而億度之朱子詩傳亦從之不思美其車馬見童之見也亦何關於政治而夫子錄之乎華谷嚴氏曰秦興而帝王之影響盡矣車鄰其濫觴也

夫未見而寺人傳令與三代侍御僕從罔匪正人納牖遇巷略無閒隔氣象何如也既見而並坐鼓簧與三代賡歌喜起警戒叢脞氣象何如也秦之爲秦非一日矣

寺人卽侍人

文選注者傳論寺人掌女宮之戒寺音侍於義始叶古文多省

觼軜

音觖納以白金爲飾軜繫於車軾前

蒹葭蒼蒼白露爲霜

王度記曰天子鬯諸侯蕭大夫芷蘭士蒹庶人艾蒹葭者士之贄也

隰有六駮

詩疏云駮檀木皮似繫迷又似駮馬諺曰斫檀不諦得繫迷繫迷尚可得駮馬蓋三木相似也今梓榆皮甚似檀以其班文似馬之駮者故曰六駮今解詩用爾雅之說以爲鋸牙食虎豹之獸非也獸非恒止於隰之物文與鄰章包棣樹檖非類故知卽梓榆耳

夏屋

夏屋渠渠古注屋具也字書夏屋大俎也今以爲屋

居非矣禮周人房俎魯頌籩豆大房注大房玉飾俎也其制足閒有橫下有跗似乎堂後有房然故曰房俎也以夏屋爲居以房俎爲房室可乎又禮童子幘無屋亦謂童子戴屋而行可乎

誰昔

詩云知而不已誰昔然矣爾雅釋之曰誰昔昔也猶言疇昔也疇亦誰也然則誰昔也疇昔也伊昔也一也誰昔字文人罕用惟司馬溫公長公主制詞云帝妹中行周易贊其元吉玉妹下嫁召南美其肅雍命服亞正后之尊主禮用上公之貴寵光之盛誰昔而

然此制詞之工繼前媲二宋後掩三洪矣豈不善爲四六者耶

辟襪

中唐有甓鄭注考工記皆前若今辟襪也分其督傍之修以二分爲峻蓋今辟卽甓也襪其道也中央爲督峻其督所以去水今按督者匠人言督線縫人言督縫醫家言督脈皆訓中也

頎大且儼

儼韓詩作㜝注重頤也言美人豐豔體外有餘或訓爲含怒非或作廞又作曮窩腮斗也俗云笑

匪風飄兮

注言嘌嘌無節度也廣韻讀如飄程大昌演繁露曰今世歌曲皆古鄭衛泛濫者曰嘌卽俗嘌院字

荷戈與祋

祋說文殳也一說城郭市里高懸羊皮有不當入而入暫下以驚牛馬曰祋祋丁外切叶芾芾甫未切

心結於一

凡治氣養心之術莫徑由禮莫優得師莫愼一好好一則博博則精精則神神則化是以君子務結心於一也詩云淑人君子其儀一兮其儀一兮心如結兮

韓嬰詩說如此精矣哉○尸鳩以一心養七子君子以一儀養萬物

四月秀葽

詩注物成自秀葽始○劉向說苦葽也徐鍇曰狗尾草也爾雅葽繞棘蒬注今遠志嚴氏詩緝曰四月陽氣極於上而微陰已胎於下葽感之而早秀

一之日畢發

說文畢發作滭泼其字皆從水

觱發

豳風一之日觱發二之日凓冽注觱發風寒也凓冽

氣寒也今按觱發指風是也栗冽乃氣寒結而爲冰月令十一月水澤腹堅是也溧冽字从氺其義易見觱發之爲風其義隱而難知以字言之觱羌人吹角也其聲悲慘冬日寒風驟發其聲似之莊子所謂地籟宋玉所謂土囊殷仲文詩爽籟驚幽律哀壑叩虛牝是也總不若諺云三九二十七籬頭吹觱栗正謂風吹籬落其聲似觱栗與詩意合觱發今俗名頭管樂書名風管又可證焉林肅翁云萬象惟風難畫莊子地籟一段筆端能畫風掩卷而坐猶覺翏翏之在耳然觀周公七月之詩觱發二字簡妙含蓄又莊子

畫風之祖也如毛萇詩注云漣風行水成文也蘇老泉衍之作文甫字說一篇古人謂六經爲時文之祖信哉

重穋

先種後熟曰重後種先熟曰穋穋又作稑說文禾邊作種是種穋之種禾邊作穜是穜植之字今人混之久矣

東山詩

東山詩四章倉庚于飛熠燿其羽言倉庚鳴春嫁娶之候也歸士始行之時新昏今還故極序其情以樂之皇駁其馬車服盛也親結其縭婦人之褘也邪交絡帶係於體示繫屬於人也即所謂纓也士昏禮親脫婦之纓纓必有結脫者解其結也古語多倒脫而曰結猶治而曰亂也此於昏禮東席北枕之際出燭屏媵之後又極序其情而戲之也九十其儀九爲陽天之成數十爲陰地之成數言男女天下之大道陰陽之生成也其新孔嘉其舊如之何唐人所謂遠將歸勝未別離時在家相見熟新歸歡不足也舊說以縭爲帨巾誤又以親結縭爲母命雖同是昏禮而非時旨所謂差之毫釐繆之千里矣

町疃

町疃鹿場毛萇云鹿跡也說文曰町疃禽獸所踐處漢儒解經如此可笑蓋因町疃下有鹿場字遂以鹿跡獸踐附會之鹿跡獸踐可以解鹿場而不可以解町疃也原詩人之意謂征夫久不歸家町疃之地踐爲鹿場非謂町疃即鹿場也且說文以町疃字載於田部曰凡田之屬皆从田若町疃果爲獸踐則非田之屬也考之他訓左傳町原防井衍沃於賓注平川廣澤可井者則井之原阜隄防不可井者則町之町小頃也張平子西京賦徧町成篁注町謂畎畞王元

論衡町町如荆軻之廬石鼓文原隰既塲疆理疃疃召伯敦銘子既疃商莊子舜舉於童土之地其䟽云童土疃也皆說田野並無鹿跡之說如豳風以綢繆牖戶形容鳥巢遂以綢繆爲鳥巢可乎

熠燿

東山詩熠燿之訓爲螢火久矣今詩疑他章有倉庚于飛熠燿其羽遂以熠燿爲明貌而以宵行爲螢火固哉其爲詩也古人用字有虛有實熠燿之爲螢火實也熠燿爲倉庚之羽虛也有一明證可以決其疑小雅交交桑扈有鶯其領與此句法相似此言桑扈之領如鶯之文非謂鶯卽桑扈也彼謂倉庚之羽如熠燿之明非謂熠燿卽倉庚也詩無達詁易無達象春秋無達例可與知者道耳

廬有五義

說文廬寄舍也秋冬去春夏居蓋古者一夫五畝之宅二畝半在邑城中之廛居二畝半在田野外之寄居詩云中田有廬是也周官凡國十里有廬則賓客寄舍也三年之喪倚廬則門中之外室也北狄穹廬則逐水草無定居之氊室也考工記秦無廬謂矛戟柄竹欑柲其音轉作盧而字作盧云

烝在桑野

烝在桑野烝在栗薪或訓爲衆或訓爲進皆不通當訓爲麻軍士從征于外而麻無人收或在桑野或在栗薪此于物理人情最叶千載之疑今日始釋然周公有靈亦當撫掌矣○又蒸字訓菆麻蒸也故有薪蒸之說又蒸麻稭也麻稭亦可燒故以薪蒸並言又訓作進火氣上行也又訓衆言衆多如麻也詩之天生烝民是也因前論故并及之

升菴經說卷四

升菴經說卷五

成都 楊 愼 撰 綿州 李調元 校定

小雅周之衰

左傳襄二十九年吳季札來聘請觀周樂爲之歌小雅曰美哉思而不貳怨而不言其周德之衰乎猶有先王之遺民焉杜預注云思文武之德而無貳叛之心怨有衰音也衰小也其說不通天下三分有其二豈有叛文王者諸侯不期而會者八百豈有貳武王者小雅之首鹿鳴南山蓼蕭湛露君臣上下歡欣交通豈有衰音文王以大德受命同於大舜豈有衰小

服虔之說云此歎變小雅也其意謂思上世之明聖而不貳於當時之王怨當時之政事而不有背叛之志也其周德之衰指幽厲之政也其見卓矣華陽范氏處義曰季札觀歌大雅則曰文王之德觀歌小雅則曰周衰有遺民意其一時觀樂豈能盡歌工人于大小雅閒歌一二章以審其音耳大雅所歌必受命等篇故曰文王之德小雅所歌必思古等篇故曰周衰有遺民至司馬遷又謂大雅言王公大人而德逮黎庶小雅譏小巳之得失其流及上遷之言爲相如而發論大雅固巳近之小雅獨取諷刺與相如詞賦相似者如賓之初筵言天下之沉湎以諷幽王之荒淫白華言下國之用孽妾以諷幽王之黜后所謂譏小巳之得失流及於上者如此以此證之服杜之說是非判然矣文中子云小雅周之盛正論也而未究左氏載季札立言之意宋人作小雅周之衰論亦扶同杜說未當余特舉服范二說以訂之

大雅小雅

詩大序曰政有大小故有小雅焉有大雅焉此說未安大雅所言皆受命配天繼代守成固大矣小雅所言天保以上治內采薇以下治外亦豈小哉華谷嚴

坦叔云雅之小大特以體之不同爾蓋優柔委曲意在言外風之體也明白正大直言其事雅之體也純乎雅之體者爲雅之大雜乎風之體者爲雅之小今考小雅正經十六篇大抵寂寥短章其篇首多寄興之辭蓋兼有風之體大雅正經十八篇皆春容大篇其辭旨正大氣象開闊與國風夐然不同比之小雅亦自不侔矣至於變雅亦然變小雅中固有雅體多而風體少者然終不得爲大雅也離騷出於國風言多比興意亦微婉世以風騷並稱謂其體之同也太史公稱離騷曰國風好色而不淫小雅怨誹而不亂

若離騷者可謂兼之矣言離騷兼國風小雅而不言其兼大雅見小雅與風騷相類而大雅不可與風騷並言也詠呦呦鹿鳴食野之苹便識得小雅興趣誦文王在上於昭于天便識得大雅氣象小雅大雅之别昭昭矣華谷此說深得二雅名義可破政有小大之說特爲表出之

載馳載驅周爰咨度

墨子曰古者國君諸侯之聞見善也皆馳驅以告天子

鄂不韡韡一本作常棣之華

不風無切鄭元云承華者鄂不當作柎鄂是也不古與柎同又作跗曹憲曰鄂花苞也今作萼詩疏云花下有萼萼下有跗華萼相承覆故得韡韡而光明也由花以覆萼萼以承華華萼相覆而光明猶兄弟相順而榮顯自漢以下古說相傳如此而於兄弟之義尤爲明切唐明皇宴會兄弟之處曰花萼樓取此也宋人解之乃云鄂然而外見豈不韡韡乎非惟背詩義亦且背字義矣又按束晳詩白華朱萼被於幽薄白華絳趺在陵之陬白華元足在陵之曲其曰萼跗足皆可證詩疏意其字作柎跗趺又作足者花之足猶人之足也故唐人亦有紅萼青趺之句

外禦其務

務吳才老音蒙古尚書雨霽蒙之蒙作霧以下从務也朱文公不取然吳亦有據未可盡廢也

烝也無戎

每有良朋朋音與蓬同正與戎韻合沈約在蒸韻而肱鞃堋宏薨皆從之非也逸詩翹翹車乘招我以弓豈不欲往畏我友朋易緯河圖數曰一與六同宗二與七爲朋淮南子元玉百工大貝百朋劉楨曾都賦時謝節移合族綴宗招歡合好肅戒友朋則古韻朋

與戎宗弓相叶也毛詩爲詩之韻亦韻之祖舍聖經不宗而守偏方之音其固甚矣〇戎而主切音汝叶外禦其務蓋戎汝古人通用也如南仲太祖太師皇父整我六師以修我戎是也

雨雪載塗

昔我往矣黍稷方華今我來思雨雪載塗塗音余叶華易林雨雪載塗東行破車旅人無家梛詩善幻迷水火齊諧笑拍塗東門朱履飯中散飯空爬

烝然罩罩

王雪山云罩胡郭切魚回斡水聲黃東發云雪山博

學必有據也

烝然汕汕

疏汕樔也今之撩罟也說文汕魚游水貌汕所諫切樔一作罺側交切

臺萊

臺夫須莎草也可爲臺笠都人士曰臺笠緇撮是也〇萊草名今萊州人蒸以爲茹謂之萊蒸萊州得名亦以此

枸楰

注枳枸也陸機疏云枸樹高大似白楊生子著枝端

大數斗甘美如飴八月熟謂之木蜜詩話云狀似栟椇土人謂栟椇木通作椇本草枳椇廣韻枳椇實如珊瑚是白石木之子說文作穊字从禾積穊也徐錯云積穊屈曲不伸之意積穊之果其狀詰屈亦取此爲名〇宋玉賦枳枸來巢其木多枝而曲所以來巢

周宣王

自古守成之君初吉終亂者唐之明皇憲宗爲甚史著之詳矣周之宣王中興赫然爲三代令主而其末暮與唐之明憲無異證於詩小序可見矣小序曰六月宣王北伐也采芑宣王南征也車攻宣王復古也吉日美宣王也鴻鴈美宣王也庭燎美宣王也因以箴之沔水規宣王也鶴鳴誨宣王也祈父刺宣王也白駒大夫刺宣王也黃鳥刺宣王也我行其野刺宣王也由是言之六月采芑車攻何其憂勤之汲規模之宏也自是而吉日鴻鴈詩人之眾美參歸矣其猶日之中乎庭燎雖美而有箴蓋一章夜未央二章夜未艾三章夜向晨則視朝漸晚宴安漸耽姜后脫簪之諫女鳩淫樂之湛正此際也自是沔水規之鶴鳴誨之白駒黃鳥以逮祈父我行其野刺者四出其去幽厲一間爾從善如登從惡如崩信哉

肅肅其羽

字本作䎘所六切文字音義云鳥飛其掌蹜在腹下

夜未央

未央注未渠央也渠音遽本作詎詎豈也字林未知之詞也言未便至夜分也

爾公爾侯

宋人經義云以爾爲公則夙夜在公以爾爲侯則謹爾侯度勞於王事逸無期矣職思其憂豫無期矣何如怡然處順愼哉爾之優游確乎不拔勉哉爾之遁思乎蓋爲國家計則深惜賢者之去爲賢者計則又

深體其情之不容不去也此深得詩人之旨可補詩
傳之未備故特錄之

爾羊來思其角濈濈

注和也羊以善觸爲患故美其和謂聚而不相觸按
詩詁曰魚口噞水濈濈然羊之角多似之

家父作誦

誦音松叶以究王訩淮南書赤松子作赤誦子

甯或滅之

詩燎之方揚甯或滅之按韵書引此作威威說文作
㦤上从㦤音悖二或相倒也後人以其字難施於俗

書故訛從威亦如㷇發之㷇上亦作㦤不得已而從
咸古篆作㦤上從兩戓相對人亦罕識

民今之無祿夭夭是椓

張衡應云利端始萌害漸亦牙速速方轂夭夭亦加
欲豐其屋乃蔀其家據此則以夭夭爲夭夭也衡去
古未遠疑得其眞且佌佌速速夭夭連文爲是不應
速速下又特出夭夭也夭夭之義自然夭夭之說强
勉王介甫詩栩栩幽人夢夭夭老者居亦祖張說

夙夜朝夕

詩云三事大夫莫肯夙夜邦君諸侯莫肯朝夕蓋夙
先於朝夜後於夕則公卿朝常先至夕常後退諸侯
朝常後至夕常先退

中原有菽

野開謂之中原菽葉謂之藿螟蛉桑蟲也蜾蠃蒲盧
也中原有菽庶民尚能采之以養其子桑間有蟲蜾
蠃亦能負之以養其子夫養其子者蓋爲似續之計
也彼小民微物尚爾今王有子不能教誨之使之用
善以爲似續之計乃欲信讒而棄逐之何哉說者考
之不精乃謂蜾蠃取桑蟲負之七日化爲其子雖楊
雄亦有類我類我久則肖之之說近世詩人取蜾蠃

之巢毀而視之乃自有卵細如粟寄螟蛉之身以養
之其螟蛉不生不死蠢然在穴中久則螟蛉盡枯其
卵日益長乃爲蜾蠃之形穴竅而出蓋此物不獨取
螟蛉亦取小蜘蛛置穴中寄卵於蜘蛛腹脅之間其
蜘蛛亦不死不生久之蜘蛛盡枯其子乃成今人養
晚蠶者蒼蠅亦寄卵於蠶之身久之其卵爲蠅穴繭
而去殆物類之相似者又露蜂懸其窠每穴各綴一
卵如粟不知用何物滋養之久乃漸大成蜂此皆一
種細腰之物所謂祝之曰類我類我乃聽其聲意其
如此或謂細腰有術能禁物其祝聲可聽乃其禁術

也列子曰純雄其名大腰純雌其名稺蜂莊子曰細腰者化說文曰天地之性細腰純雄無子此皆信說詩者之言也然彼之所不可知者正謂其能禁螟蛉蜘蛛不生不死以化物身之膏潤滋養其卵而成其形莊子所謂化者理固近之列子以爲純雄說文以爲無子殆未可信況詩人之意本不然讀之者不審耳古人名物多取其形色之似瓠之細腰者曰蒲蘆故蜂之細腰者亦名蒲盧正如綬草綬鳥皆名以鷊青黑之葵青黑之鳩皆名以鵻也中庸曰政也者蒲盧也卽蜾蠃也謂當以善養而成之如蒲盧然乃與

詩之義合矣此范處義之說也

歸飛提提

荀子舜對堯曰執一無失行微無提忠信無倦天下自來按提當音時

不入我陳

詩不入我陳爾雅廟中路曰唐堂途謂之陳戰國策美人充下陳下陳猶下堂也

惄焉如擣

擣注一作⿸疒壽怔忡病也易林所謂胷春也又省作疛

小東大東

周自平王遭父子之變去豐而遷洛周始東也故曰大東自敬王遭兄弟之爭子朝居王城曰西王敬王居狄泉曰東王周又東也故曰小東周有二東之變王迹熄而王室亂矣大國攻戰會盟小國貢賦奔走故空其杼柚而怨刺作也曰然則詩詞何以先小也曰自今而追昨故先小而後大也曰詩篇名何又曰大東也曰紀亂之原也凡詩篇名多擇章首二字此詩名獨越首章而取次章不曰有饛而曰大東吾不知作者名之與刪定者名之與有旨哉

萋兮菲兮

萋菲說文引作緀斐註緀帛闕貌

跂彼織女

跂說文引作歧歧項也支聲伸頭項以望也

啓明長庚

詩緝李氏曰啓明卽太白長庚不知何星毛氏云一星後世因之遂以長庚爲太白故李白母夢長庚名白字太白鄭樵曰啓明金星長庚水星金在日西故日將出則東見水在日東故日將沒則西見實二星也今注一星一與二字畫多少之閒誤耳元注二星也

祝祭于祊

祊說文引作鬃門內祭先祖所以傍偟

均均原隰

均均漢碑引周禮註作畱畱按當作国国田十有二頃也文選又作原隰畇畇

開天傳信記

姚崇曰大田云秉畀炎火此捕蝗之法也

興雲

漢無極山碑興雲祁祁雨我公田按顏氏家訓引詩亦作有渰淒淒興雲祁祁毛傳云渰陰雲貌萋萋雲行貌祁祁徐也此銘亦云興雲祁祁古經本雲字後世作雨乃或改耳王介甫有雲之祁祁詩語本古經

韎韐

音昧閤毛云茅蒐染草也箋云茅蒐韎韐聲也正義云齊魯之閒言韎韐聲如茅蒐士冠禮注云韎韐者温韍而黝珩合韋爲之染以茅蒐因以名焉以代韠也

天子玉琫而珧珌諸侯璗琫而璆珌大夫鐐琫而璆珌士珕琫而珕珌

珧蜃甲黃金謂之璗其美者謂之璆卽紫磨金也白金謂之銀其美者謂之鐐珕卽今牡蠣

裳裳者華

裳裳者華其葉湑兮氣相屬潤相滋也常棣之華鄂不韡韡體相親意相承也

憂心怲怲

蔦與女蘿施於松上聲平未見君子憂心怲怲怲與㤃同叶旣見君子庶幾有臧蓋丙古與方互音柄亦作枋可證

閒關車之舝兮

詩傳以爲燕樂新婚之詩按禮云婚禮不賀人之序也又曰娶婦之家三日不舉樂思嗣親也新婚安得

有燕耶小序云幽王無道詩人思得賢女以配君子此義爲長此序說所以不可輕變也

如食宜饇

裴光云饇卽飽字或作饜餧

菉

終朝采綠注綠王芻也爾雅作菉韓詩作菉藩郭璞云似小藜赤莖有節好生道傍今名莎䕸莎

英英白雲露彼菅茅

詩白華之什云英英白雲露彼菅茅毛傳云雲亦有

露孔穎達正義云有雲則無露無雲則有露毛言雲亦有露者露雲氣微不映日月不得如雨之雲耳非無雲也若露濃霧合則清旦爲昏是亦露之雲也○有雨雲有露雲此節發揮甚新

緜蠻睍睆

詩緜蠻黃鳥韓詩薛君章句云緜蠻文貌又睍睆黃鳥王雪山云睍睆黃鳥之色二字从目目視之知其爲色也今注皆以爲鳥聲似不及古注之爲得

有兔斯首

斯音鮮箋云白也鮮白之鮮訛爲斯也孔穎達曰鮮

而變爲斯者齊魯之閒其語鮮斯相近左傳子思子思服虔曰思頭白貌思斯字異而音同

有豕白蹢

韓詩注犬喜雪馬喜風豕喜雨

維師尚父

魯詩說曰師之尚之父之故曰師尚父

瑟彼玉瓚

廣蒼瑟作琗詁云玉華相帶如琴弦

自土漆沮

詩曰生民之初自土漆沮齊作自杜漆沮言公劉避狄而來居杜與漆沮之地杜水名即杜陽也據文義作杜爲長

是類是禡

埤蒼禡馬上祭也按馬上祭曰禡其字從馬猶車下祭曰軷其字從車也

不日成之

古注不設期日也今注不終日也愚按不設期日既見文王之仁亦於事理爲協若曰不終日豈有一日可成一臺者此古注所以不可輕易也

詒厥孫謀（一本作詒謀未孫）

此謂未能遠謀及孫也通鑑韓建殺唐宗室通王滋十一人胡致堂管見云唐室至此祖宗詒謀有未孫與其曰未孫文法當然左傳引詩云叶比其鄰昏姻孔云而申之曰晉不鄰矣其誰云之正文人引經之例陳濟正誤不知此義乃云孫音遜可謂癡人說夢

酌以大斗

斗酒器也石經作斝象形周禮作豆斝之訛也

芮阸

公劉詩曰止旅乃密芮鞫之即鞫韓詩作阸班孟堅云弦中谷芮水出西北東入涇詩芮阸雍州川也師

古云阮讀與鞠同

幾汔期

爾雅幾汔也孫炎曰汔近也郭璞曰謂相摩近反覆相訓是汔得爲幾也詩曰汔可小康昭二十年左傳引此詩杜預曰汔期也然則期字雖别皆是近義言其近當如此史漢高祖欲廢太子周昌曰臣期知其不可陛下欲廢太子臣期不奉詔言期者意亦同此也○今按幾幾汔期近忌皆語助辭詩往近王舅近音忌注近辭也今人不知爲語辭而以爲辭去可笑

卒癉

下民卒癉韓詩作瘁癉

無然憲憲

憲憲注猶欣欣也沮渠蒙遜責劉祥曰汝聞劉裕入關敢研研然通鑑釋文華人服飾研麗自喜按研研即憲憲古今字雖不同其旨一也

俾晝作夜

作音即具切讀如列子以晝足夜之足謂晝不足以夜補之也李善曰足其不足曰足足音聚與足夜義通

屋漏

詩抑之篇曰尚不愧於屋漏鄭箋曰屋小帳也疏引周禮天官冪人職掌帷冪幄帟注云帷冪以布幄帟以繒帷冪是大帳幄帟爲小帳禮之用帷冪者皆於野張之以代宫室其宫内不張冪也幄則室内亦有之○今按鄭元解屋爲小帳蓋以屋爲幄也史記運籌帷帳之中或作帷幄帳與幄一物也○冪即幕也易井收勿幕吳氏纂言音冪是也軍行之制將於野次設幕發令犒士臨之詩人所詠青油幕也其隱奧深居曰帳密謀祕議臨之所謂玉帳虎帳是也

升菴經說卷五

升菴經說卷六

成都 楊 慎 撰 綿州 李調元 校定

倉兄塡兮

音愴況○民心之憂無絕已喪亡之道滋久長

蘊隆蟲蟲

毛云蘊蘊而暑隆隆而雷蟲蟲而熱牋曰隆隆而雷非雨雷也

崧高

詩崧高維嶽嶽四嶽也孔子堯時止有四嶽不主中嶽故曰崧高貌山高大者自名崧不主中嶽而言今或以爲崧嵩通用誤矣

鉤膺

樊纓也又作繁纓

鞹鞃淺幭

鞹去毛之皮鞃軾中也淺幭以虎皮覆軾蔑禮記作幦羔幦鹿幦是也周禮作䄙犬䄙豻䄙是也

往近王舅

毛萇曰近已也鄭元曰近辭也愼按近音記毛注曰巳巳亦音記也鄭音辭者謂語助辭也朱子集傳用鄭說今之解者或不通此義黃東發謂之諸舅猶有南上者謬之甚矣又按詩彼其之子禮記作彼記之子或又作忌又作巳又作惎如叔善射忌之例然則近也忌也其也巳也惎也皆語助辭也朱公遷又按說文近从辵从丌丌音基楷書作迀與近相似而誤也其說尤究極根源然則不識字者安可解經哉

其風肆好以贈申伯

贈崔靈恩本作增云增益申伯之美孔穎達云贈遺者所以增長于人增之財使富增于本贈之言使行增于義故曰贈增也

天生烝民

古注物象也則法也性有象情有物五性本於五行故仁義禮智信象金木水火土也六情本於六氣故喜怒哀樂愛惡法乎陰陽風雨晦明也孝經援神契曰性生於陽以理執情生於欲以繫念

維昔之富不如時 一本連維今之疚不如茲彼疏斯粺胡不自替職兄斯引

首二倒字句也昔時之富善人是富今茲之疚君子在疚也茲年也古人謂茲爲年取草木繁茂之義也呂氏春秋今茲美禾來茲美麥文選爲樂當及時誰能待來茲昔時之富不如言君子之得志也今茲之疚不如言君子之失志也君子疚則小人肆故曰彼

疏斯稗疏斗粟而米十爲疏疏謂之糲斗粟而米九爲粺粺謂之精糲加於精疏斯粺矣是小人而加於君子不自審其分也替並立一下也彼爲肆行之小人胡不自替以避君子而使我心專專然愴悅引長而不能自已也

烈文辟公錫茲祉福

古注成王即政諸侯助祭也錫福毛萇以爲文王錫之鄭元以爲天錫之朱傳以爲諸侯錫成王以祉福而惠我以無疆使我子孫保之也此三說不同要之毛鄭於事情近之不失天子戒諸侯之體若朱傳之

說首足倒置矣洪範天子斂福以錫民未聞諸侯反錫天子以福也唐承藩鎭之强行辭降赦猶不若是其委靡也此無他義理本明白無二說朱晦翁必欲別立一說以勝前人故不自知其說之害理至此也

殷商衣鄣

殷有天下又號曰商詩云商之子孫又曰宜鑒於殷書云殪戎殷又曰戎商必克皆互稱也其並舉則曰咨女殷商又曰殷商之旅殷古音篆文反身爲㐆中庸云壹戎衣壹即殪衣即殷也與泰誓戎商義同齊人言殷聲如衣今姓有依者殷之胄也○白虎通衣之爲言隱也所以隱身也楚詞新浴必振衣與汶塵合韻杜子美社稷一戎衣詩人趁韻之語不足據也字又作鄣呂氏春秋湯伐桀有夏之人民親鄣如夏字林玉篇音韋非也至于說文及林罕楊恆趙古則戴侗諸書皆不收噫非博考籀篆行草及詩書子集曷以知殷商衣鄣之異字而同義乎可與汲古者道難爲淺中者言也

夙夜基命宥密

毛萇云宥寬仁也密安靜也孔穎達云寬仁所以止苛刻靜密所以息暴亂豈不明白正大而得帝王之

體也今之詩傳解宥爲宏深密爲靜密以字義言之宥者寬宥也未聞宥爲宏深也宏深靜密既於基命不切又不知宏深靜密者爲何事輔廣又改云不宏則體不盡不深則用不徹不靜不到冲漠無朕處不密則不到萬象森羅處其言愈謬聖人治天下大經大法易曉易見冲漠無朕森羅萬象是老氏虛無之語豈可以解詩哉詩道性情恐不如是

潛有多魚

潛音涔爾雅槮謂之涔韓詩云涔魚也李巡曰今以木投水中養魚曰涔孫炎曰積柴養魚曰槮郭璞曰

今之作罧養魚者聚集柴于水中魚寒得入其裏藏隱因捕取之小爾雅曰魚之所息謂之潛潛槮也水中魚舍也江賦栫澱爲涔夾羅罧筌皆取魚具也說文栫以柴木壅水也栫寂見切亦槮也槮滲罧涔潛古蓋通用

敦琢其旅

敦音堆與敦彼獨宿同又軍後曰敦逸周書武順解一卒居前曰開一卒居後曰敦又敦邱見爾雅從埶敦而欲度高乎太山見賓戲又音彫與敦弓既堅同見廣韻天子弓也

應田縣鼓

田當作朄小鼓在大鼓旁也聲轉字誤變而作田孔穎達曰周禮大師職云下管播樂器令奏鼓朄注云爲大鼓先引是古有名朄引導鼓朄字以柬爲聲聲既轉去柬惟有申在申字又去其上下故誤爲田也○朄音允

鞗革有鶬

鞗革轡也鶬以金飾轡如鶬鳥之形句法與有鶯其領同○鶬今俗轉作戧唐六典有戧金法如今之鈒金也

嫚嫚在疚

其傾切石經作煢煢

莫予荓蜂

毛云荓蜂摩曳也箋云懲艾也○摩曳卽掣曳○甹夆爾雅言羣小人毋敢我摩曳爲譎詐之行是自求辛螫也

荓蜂

詩小毖莫予荓蜂荓音烹蠭音甹毛傳以爲摩曳摩音翅孫炎作掣曳謂相掣曳之於惡說文曰甹使也則荓讀作甹疑亦可也

泮宮

魯泮宮漢儒以爲學子觀菁菁者莪序謂樂育人才而詩序教養之盛中阿中陵孰不知爲育才之地惟泮水序止曰頌僖公能修泮宮而詩言無小無大從公於邁則征伐之事言順彼長道屈此羣醜則克敵之功言淮夷攸服既克淮夷淮夷卒獲則須淮夷之服借曰受成於學獻馘獻囚可也於此受賂元龜象齒大賂南金之畢集何也或曰濟濟多士克廣厥心此在泮之士然不言教養之功而繼以桓桓於征狄彼東南不過從邁之多賢何也又曰載色載笑匪怒

伊教此公之設教言不言教化于羣才而先以其馬蹻蹻其音昭昭不過燕享之和樂何也合序與詩初無養才之說其可疑一也春秋二百四十二年所書莫大於復古僖公登臺望氣小事也左氏猶詳書之學校久廢而乍復蓋關吾道之盛衰何經傳略不一書其可疑二也㖞序言史克作頌以修伯禽之法足用愛民務農重穀數事使果能興崇學校克何不表而出之以侈君之盛美其可疑三也上庠虞制也東序西序夏制也左學右學東膠虞庠商周之制也頖子言庠校序皆古之學使諸侯之學果名泮宮何他

國略無聞焉其可疑四也記禮多出於漢儒其言頖宮蓋因詩而訛鄭氏解詩泮言半諸侯之學東西門以南通水北無其解禮記頖言班以此班政教使鄭氏確信為學何隨字致穿鑿之辭其可疑五也有此五疑予意僖公不過作宮於泮地落成之際詩人善禱欲我公戾此于此永錫難老而服戎狄於此昭假孝享而致伊祜於獻囚獻馘而受賝貢此篇與先王考室之詩相表裏特室為居處之室魯為游從之宮祝頌有不同予按通典言魯郡乃古魯國郡有泗水縣泮水出焉然後知泮乃魯水名僖公建宮於上因

水以名宮耳詩言翩彼飛鴞集於泮林林者林木所聚以泮水為半水泮林亦為半林乎泮為地名與楚之渚宮晉虒祁之宮無以異於是又求之莊子言歷代樂名黃帝堯舜禹湯武王周公有咸池大章韶夏濩武中曰文王有辟雍是以辟雍為天子學亦非也詩言於倫鼓鍾於樂辟雍又云鎬京辟雍無思不服亦無養才之意莊子去古未遠必有傳授漢儒因解泮水復言辟雍求之義不可得故轉辟為璧解以圓水載埴鼠璞之言如此其見卓矣其辨博矣按左氏晉侯濟自泮泮果水名足證矣近世曲為說者曰春

秋經也魯頌亦經也魯頌既載春秋可略此說又滯矣高克一事詩詠清人春秋書鄭棄其師他如廬漕城楚邱木瓜碩人無衣詩與春秋互見不厭其複安有詩載而春秋可略乎或又曰事亦有特載而不見于經傳者季氏伐顓臾之類也曰顓臾之事將然而未舉也故論語載之而經傳略焉泮宮已成之迹春秋豈容不書哉愚嘗總春秋與詩而論之信魯頌之文則僖公為魯之賢君伯禽以下無其匹者也以春秋所書考之則僖公齊襄衞靈之流烏得為賢哉蓋頌乃臣子頌禱之辭例多溢美如今人之親知賀壽

軸文也春秋所書則其實跡素行如今官府之考語也今稱人之賢可例信質軸而略考語哉觀其滅項伐邾取須句取訾婁取濟西田以楚伐齊皆其惡之大者也至其閨門不肅及夫人姜氏會齊侯於陽穀夫人會齊侯於卞其女季姬始遇鄫子於防而公不制中使鄫子來而公不恥終歸于鄫而公不拒淫風流行如此桑中大車不作于魯而駉與有駜猶以爲頌吾誰欺欺天乎夫子存魯頌見當時上下相蒙好諛悅諂而非以爲美也

又

辟雍泮宮非學名予于魯頌引戴埴之說而申之既詳矣近又思之說文辟雍作廦廱解云廦牆也廱天子享宴廦廱也魯詩解云騶虞文王囿名也辟雍文王宮名也以說文魯詩之解觀之則與詩鎬京辟雍於樂辟雍之義皆合矣辟雍爲天子學名泮宮爲諸侯學名自王制始有此說王制者漢文帝時曲儒之筆也而可信乎孟子曰夏曰校殷曰序周曰庠學則三代共之使天子之學曰辟雍爲周之制則孟子固言之矣既曰辟雍而頌云于彼西雝考古圖又有胥雍則辟雍也西雍也胥雍也皆爲宮名無疑也魯頌既曰泮宮又曰泮水又曰泮林則泮宮者泮水傍之宮泮林者泮水傍之林無疑也魯有泮水故因水名以名宮即使魯之學在水傍而名泮宮如王制之說當時天下百二十國之學豈皆在泮水之傍乎而皆名泮宮邪予又觀宋胡致堂云靈臺詩所謂於樂辟雍言鳥獸昆蟲各得其所鼓鍾簴業莫不均調於此所論之事惟鼓鍾而已於此所樂之德惟辟雍而已辟君也雍和也文王有聲所謂鎬京辟雍義亦若此而已且靈臺之詩敘臺池苑囿與民同樂故以矇瞍奏公終之胡爲勤入學敘之可樂與鍾鼓諧韻而成

文哉文王有聲止於繼武功作豐邑築城池建垣翰以成京師亦無緣遽及學校之役上章曰皇王維辟下章曰鎬京辟雍則知辟之爲君無疑也泮水詩言魯侯戾止且曰于邁固疑非在國都之中且終篇意皆主于服淮夷故獻馘獻囚出師征伐皆於泮宮烏知泮宮之爲學校也特取其中匪怒伊教一句爲一篇之證則末矣王制起于漢文時其失已久後世既立太學又建辟雍若有兩太學者尤可笑也按致堂之言與予見合而說文魯詩解戴埴之論皆可迎刃特俗見膠滯已久可與知者道耳

食我桑葚懷我好音

尹和靖曰周原膴膴堇荼如飴美土可以變惡味食我桑葚懷我好音美味可以變惡聲

大王翦商

胡庭芳曰愚讀詩至大王實始翦商未嘗不慨後之論者皆不能不以辭害意也何以言之大王蓋當祖甲之時去高宗中宗未遠也後二百有六年商始亡且武王十三年以前尚臣事商則翦商之云大王不但不出之於口亦決不萌之於心特以其有賢子聖孫有傳立之志於以望其國祚之緜洪豈有一毫覬覦之心哉議者乃謂大王有是心泰伯不從遂逃荆蠻是大王固已形之言矣夫以唐高祖尚能駭世民之言嘗謂大王之賢反不逮之乎余謂此言是矣但未知詩之字誤也按說文引詩作實始戩商解云福也蓋謂大王始受福於商而大其國爾不知後世何以改戩作翦且說文別有翦字解云滅也以事言之大王何嘗滅商乎改此者必漢儒以口相授音同而訛亦許氏嘗見古篆文當得其實但知翦之爲戩則紛紛之說自可息若作翦雖滄海之辨不能洗千古之惑矣嘗謂古公亶父之賢君而蓄后羿寒浞之禍

心乎

荆舒是懲

舒史記建元侯表作荼古文荼舒假借字禮玉藻諸侯荼前詘後考工記弓人斲弓必荼尚書大傳厥咎荼厥罰恆奧荼皆作舒

元鳥生商

詩緯含神霧曰契母有娀音松浴于元邱之水睇元鳥啣卵過而墜之契母得而吞之遂生契此事可疑也夫卵不出蓐燕不徙巢何得云啣卽使啣而誤墜未必不碎也卽使不碎何至取而吞之哉此蓋因詩有天命元鳥降而生商之句求其說而不得從而爲之誣史記云元鳥翔水遺卵簡狄取而吞之蓋馬遷好奇之過而朱子詩傳亦因之不改何耶或曰然則元鳥之詩何解也曰元鳥者請子之候鳥也月令元鳥至是月祀高禖以祈子意者簡狄以元鳥至之月請子有應詩人因其事頌之曰天命曰降者尊之貴之神之也詩人之詞興深意遠若曰仲春之月禱而生商斯爲言之不文矣如黃帝之生電虹繞樞蓋生之時値始電或虹見之侯也帝俊生十日謂有十子而以甲乙丙丁名之也此而可誣亦將曰黃帝生于虹

帝俊之子生於十日可乎詩又曰維嶽降神生甫及中亦本其生之地而尊且神之便謂甫申爲嶽神所生可乎傳說爲箕星生之日直箕也蕭何爲昴星生之日直昴也楚辭曰攝提貞于孟陬兮惟庚寅吾以降屈原豈攝提之苗裔乎漢柳敏碑言敏本柳星之後梁江總傒張麗華云張星之精其不根至今人皆知笑之而不疑元鳥之事者殆以經故豈知經旨本不如是乎按古毛詩注云元鳥至日以大牢祀高禖記其祈福之時故言天命元鳥來而謂之降者重之若自天來古說猶未誤也自今書闕信史記之說耳

發音旆

荀子引詩武王載發有虔秉烈如火烈烈則莫我敢遏注詩殷頌武王湯也發讀爲旆虔敬遏止也湯建旆興師本由仁義雖用武持鉞而猶以敬爲先故如火之烈而莫能止之也

松柏丸丸

長笛賦丸梴雕琢注引韓詩松柏丸丸薛君曰丸取也余按山經鳳卵作鳳丸又作鳳欒則丸欒也欒削也今稱木工曰雕欒匠可證然則丸乃欒削之而成丸也今詩傳解丸丸爲直恐非愚意丸丸是言樹之圜圝如車蓋也亦備一說

說文字與詩異

陟彼砠矣說文砠作䃌桃之夭夭作枖枖靜女其姝姝作㛂葛藟縈之縈作縈有饛簋飧饛作䀼盧令令令作獜室人交徧摧我摧作催憂心炎炎炎作𤆍注小熱也厭厭夜飲厭作懕憬彼淮夷憬作獷斧以斯之斯作梳營營青蠅止于樊樊作棥溱與洧溱作潧鴥彼晨風晨作鷐安得蘐草蘐作藼見此粲者粲作㛑信誓旦旦作悬昊天曰明昊作昦从夰从天非相時憸民憸作憸佌佌彼有屋佌作個註小也菁菁

者莪菁三蒼又引作蓶

升菴經說卷六

升菴經說卷七

成都 楊 慎 撰 綿州 李調元 校定

春秋例 以下春秋左傳 附公穀

杜預春秋釋例趙匡作春秋纂例蓋以春秋難明故以例求之至於不通則又云變例以變例不通又疑經有闕文誤字嗚呼聖人之作豈先有例而後作春秋乎譬之術士推算星命者立印綬格財官格雜氣格或格所不能該者則曰不合格豈造化先立此格而後生人乎春秋之所謂例何以異此

班彪說春秋

班彪曰殺史見極平易正直春秋之義也殺史見極

言殺其繁辭以成簡嚴之體平易正直言直書其事而褒貶自見彪之說春秋可謂得其髓矣以此言之則許世子止弒其君趙盾弒其君莒人滅鄫之類三傳皆不足信

董仲舒解春秋

穀梁傳云所見異辭所聞異辭所傳聞異辭董仲舒曰春秋分十二世有見有聞有傳聞有見三世有聞四世有傳聞五世故定哀昭君子之所見也襄成文宣君子之所聞也僖閔莊桓隱君子之所傳聞也所見六十一年所聞八十五年所傳聞九十六年於所見微其辭於所聞痛其禍於傳聞殺其恩逐季氏而言又雩微其辭也子赤殺弗忍言曰痛其禍也子般弒而書乙未殺其恩也屈伸之志詳略之文皆應之吾以其近近而遠遠親親而疏疏也亦知其貴貴而賤賤重重而輕輕也有知其厚厚而薄薄善善而惡惡也有知其陽陽而陰陰白白而黑黑也百物皆有偶合偶之合之匹之仇之善也詩曰無怨無惡率由羣匹此之謂也

元年

元年魯隱公元年也春秋大一統所謂一統天下咸

奉元朔也天子立元而諸侯遵也天子頒朔而諸侯行也自共和以來諸侯如蜂房蟻穴不用天子之元年矣晉曲沃莊伯改建夏正則有不奉天子之朔矣春秋所以託始於隱與隱公不書即位左氏曰攝也劉道原曰惠公愛少子立爲太子而國人不與而立隱隱曰吾將讓焉太子桓公俟望十年不獲而羽父弒隱立桓桓曰隱攝也吾取之左氏信桓之欺故曰攝公穀信隱之許故曰讓皆失之

克段于鄢

石經春秋鄭伯克段于鄢趙匡曰鄢當作鄔鄭地也在緱氏縣西南至十一年乃屬周左氏曰王取鄔劉蔿邘之田于鄭是也傳寫誤爲鄢字杜注曰今潁川鄢陵誤甚矣按從京至鄔非遠又是鄭地段所以有兵眾故曰克若遠走至鄢陵已出境即無復兵眾何得云克又傳曰自鄢出奔共即自鄔過河向共城爲便路若已南行至鄢陵即不當奔共也郭知元切韻云帝虎並訛烏焉互舛正指此條

有蜚不爲災

說文蜚負蠜也文沸切本草謂之蜚蠊亦謂之蜚蜱

山海經云蜚如牛白首一目蛇尾行水則竭行艸則枯

柳子六逆論

柳子厚駁春秋左傳六逆之說曰賤妨貴少陵長遠閒親新閒舊小加大淫破義六者亂之本也夫少陵長小加大淫破義誠爲亂矣然其所謂賤妨貴遠閒親新閒舊雖爲治之本可也何必曰亂夫所謂賤妨貴者蓋斥言擇嗣之道子以母貴者也若貴而愚賤而聖且賢以是而妨之其爲治本大矣而可捨之以從斯言乎夫所謂遠閒親新閒舊者蓋言任人之道也使親而舊者愚遠而新者聖且賢以是而閒之其爲治本大矣而可捨之以從斯言乎柳子此言是矣然未究其事與時矣蓋衞將立州吁而州吁乃賤嬖之子賤妨貴之一言專指州吁此事之不同也若遠閒親新閒舊則周之用人尚親親先宗盟而後異姓魯之大聖如孔子亞聖如顏回固不得先三桓此時之不同也石碏之言未失也嗚呼世冑躡高位英俊沈下僚地勢使之然由來非一朝爲此詩者其知道乎此周公所以思成湯之立賢無方而歎畎畝版築魚鹽之事孟子特稱之以爲千古之希遇也然則光武

之禮子陵昭烈之顧孔明謂非三代明良之盛事乎

羺羊肩

羺奴侯切人名石碏之宰殺石厚者

命子

命名也左傳異哉君之名子也又令名之大以从盈數史記皆作命古命名同音也又孟子命世之才名世之才也易終有譽命譽名也殺人亡命亡匿姓名也太元勞有恩勤有情也羈角之吾不得命也古樂府雙燕初命子謂燕語哺子如人之名子也

謂其不疾瘯蠡也

瘯蠡祭之牲特病也瘯七禾反小腫也或作瘥蠡力果反春秋正皮肥也又作寀說文同

屝屨

屝符費切方言曰屝麄屨也絲作之曰屨麻作之曰屝不借麄者謂之屝喪服傳曰疏屨者藨蒯之菲也

丙戌公會鄭伯盟于武父丙戌衛侯晉卒 桓公十二年

穀梁曰再稱日決日義也杜預曰再書丙戌國史成文也胡安定曰羨文也鄭漁仲曰丙戌一日也不應再書丙戌非後申則前子楊愼曰一日而再舉者非

兩之也同日異地也曷言乎同日異地盟地乎武父赴地乎魯都故再日之也若曰丙戌公會鄭伯盟于武父衛侯晉卒嫌於同地矣曷謂嫌乎同地後人習其讀而失其傳將曰衛侯卒乎盟地云爾是故謹而再日之故曰再稱日決日義也曰盟者卽而日曰赴者追而日國史之體也故曰國史成文也文有兩而非羨者雖春秋之謹嚴不得而損也穀梁解也婉杜預解也深咸知其解也安定曰羨蓋或之漁仲直改焉則妄矣

夏四月辛卯夜恆星不見夜中星隕如雨 莊公七年

此記星出之遲也○杜預曰辛卯夏四月五日月光尙微蓋時無雲日光不以昏沒日光不匿恆星不見○孔穎達云此言夜者夜未至中謂初昏之後耳非竟夜不見星也愼曰此記日光不匿列星不見之祥也左傳以爲夜明是也汲冢紀年書天再旦亦是也書云夜明則稱而不隱書曰再旦則曲而不中春秋書曰夜恆星不見聖人之文稱而隱曲而中於是爲不可及矣夜明五行志所云晝晦宵光是也漢書武紀書有如日夜出蓋此類也通鑑綱目不達班氏之意增一字云有月如日夜出則謬矣○穀梁作昔恆

星不見曰入至於星出謂之昔昔初夜也夜中夜也昔何以謂之初夜昔之爲字从日从𡿧𡿧音殘曰殘爲昔也昔又與夕通夕之爲字从月半見曰殘月半見正初夜之時也

轏中

丑父寢於轏中注轏士之車也仕板反周禮士乘棧車爲其無革鞔不堅易壞棧與轏同

豕人立而啼

啼管子作謕荀子哭泣謕號古啼字也

女贄不過榛栗棗脩

榛說文引作亲

秋大水鼓用牲于社于門莊公二十五年

傳曰救日古禮也救水非古禮也救日何以爲古禮日之食人力不可救也故鼓以充陽也水之灾人力可救也鼓庸愈哉自古水灾莫大于堯之九年鼓何鼓牲何牲乎

包茅

爾貢包茅不入包茅山在麻陽茅生脊孟康曰靈茅揚雄曰璚茅三脊也爾雅謂之藐廣雅謂之茈莀本草云生楚地三月採陰乾猺人以社前者爲佳名鴉

銜草

問諸水濱

左傳屈完對管仲云君其問諸水濱杜預曰當時漢水未屬楚李善夷曰杜之注其爲謬哉且楚實殷之始封楚芊縣瀨鄉在漢水東北則漢水於西周之際豈未屬楚乎又詩云奮伐荆楚罙入其阻鄭注云罙入方城之阻也方城在今漢水北豈昭王時未屬楚乎屈完以齊桓所問之大不敢他對但請自問於水濱而人莫之知也漢水實屬楚也久矣

天札

札側八反又音截古詩客從遠方來遺我一書札上言長相思下言久離別

廣莫

左傳狄之廣莫于晉爲都杜預注廣音義與曠同廣莫猶言曠漠也風曰廣莫風門曰廣莫門音義皆如此

筮短龜長

杜預注曰筮數龜象象長數短此瞽說也孔穎達云神以知來智以藏往是爲極妙雖龜之長無以加此以至理而言卜筮實無長短蓋亦知杜之謬而不敢

規之愼按獻公卜驪姬卜吉而筮凶卜人曰筮之辭所言理短龜之辭所言理長故下文遂引龜辭蓋卽立驪姬一事而非謂筮龜有長短也杜之紕繆類多如此

古人不厭複字

左傳十年尙猶有臭正義云猶則尙之義重言之耳書云弗遑暇食遑卽暇也漢書尙猶頗有存者

輕音礬

左傳輕字多作去聲讀試略舉之曰國君不可以輕輕則失親又曰社稷之主不可以輕輕則失衆又曰

吳王勇而輕又曰吳輕而遠不久歸矣又曰夷德輕不忍久也又曰將爲輕車千乘注皆音磬孟子曰輕身以先於匹夫此尤明白可證之文也

輕字義

輕韻會云牽正切疾也左傳輕而不整又輕則寡謀注不持重也唐書淮西賊將陳光治勇而輕好自出戰昭公二十五年左師展將以公乘馬而歸注展魯大夫欲與公俱輕歸乘如字騎馬也輕遣政反漢書發輕騎夜追之又度暮輕留及輕車將軍又敘傳景十三王承文之慶魯恭館室江都訬輕輕字皆音磬

今俗語謂單身曰輕身

脣齒

脣亡齒寒蓋古諺也戰國策作脣揭齒寒揭與寒叶韻揭叶音掀

九國

公羊傳云葵邱之會桓公震而矜之叛者九國九國謂叛者多耳非實有九國也宋儒趙鵬飛云葵邱之會惟六國會鹹牡邱皆七國會淮八國甯有九國乎公羊本意謂一震矜而九國叛猶漢紀云叛者九起云爾趙氏如數求之眞癡人說夢也古人言數之多止於九逸周書云左儒九諫於王孫武子善攻者動於九天之上善守者伏於九地之下豈此實數邪楚辭九歌乃十一篇九辯亦十篇宋人不曉古人虛用九字之義强合九辯二章爲一章以協九數兹又可笑

荀息

涑水曰左氏書荀息之死引詩斯言之玷不可爲也荀息有焉杜元凱以爲荀息有此詩人重言之義非也元凱失左氏之意多矣彼生言而死背之是小人穿窬之行君子所不譏也晉公溺於嬖寵廢長立少

荀息不能諫正遽以死許之是其言玷於獻公未沒之先而不可救於已沒之後也左氏之言貶也非褒也

晉於是乎作爰田

爰田國語作轅皆假借字也爰當作趄許愼曰趄田易居也爰田之制古者田三歲一易以同美惡商鞅始開阡陌令民各復常業不復之易

女承匡亦無貺也

伯姬之繇云云貺平聲叶亦無盂也屈原九章荼薺不同畝兮蘭茝幽而獨芳惟佳人之永都兮更絕世

而自閱

姪從其姑

穀梁傳姪娣者不孤子之義一人有子三人緩帶注姪音迭娣音第姪之爲言迭也娣之爲言第（一作遞）也更迭次第御於君也古者天子一娶九女同姓媵之易曰其君之袂不如其娣之袂良後世目兄弟之子爲姪夫男子而字從女六書之義舛矣又變迭之音而爲直何啻千里○又按于令升左傳注云姪娣者同姓媵女之稱也兄之女來媵曰姪妹來媵曰娣若兄之女不媵者但曰兄之女而不曰姪妹不從媵者

但曰妹而不曰娣古人之正名審稱如此由此論之姪之字不惟不可加於男亦不可混稱於兄之女也

己卯晦震夷伯之廟（僖十五年）

公羊曰晦者何冥也穀梁曰晦冥也愼按晦非冥也月之三十日也春秋書晦者二此及成公十六年甲午晦晉侯及楚子鄭伯戰于鄢陵楚子鄭師敗績是也公羊乃曲爲之說於是月六鷁退飛過宋都之傳曰是月者何僅逮是月也何以不日晦也晦則何以不言晦春秋不書晦也朔有事則書晦雖有事亦不書公羊之言何其野哉善乎劉歆之言曰及朔書朔及晦書晦劉原父曰晦朔天之所有取朔棄晦乖僞之深者甲午書晦則無說矣左氏曲說以爲陣不違晦故敗噫楚以晦而敗晉不晦而勝乎是皆勦說之無理者也

隕石

穀梁傳春秋戊申隕石于宋五是月六鷁退飛過宋都云石無知之物故日之鷁微有知之物故月之此言之誣本不待辯宋萬孝恭辯之云梁山沙麓亦無知之物胡爲而不日麋與蜮亦微有知之物胡爲而不月此殆可作一笑穀梁乃癡人作夢孝恭又癡人

解夢也

公子賦河水

秦伯將納公子重耳公子賦河水左傳無注國語韋昭曰河水當爲沔水字之誤也沔彼流水朝宗於海言已反國當朝事秦此最有理

孟明

孟明始爲晉虜不自懲艾再敗於殽陵彭衙幸晉師不出封殽尸而還左氏美之過矣繆公襲鄭蹇叔苦諫使繆公能用其言則秦師不東也三軍不暴骨也秦誓亦不必作也左氏不稱先見知幾之蹇叔而贊

喪師辱國之孟明何其謬哉且其言曰遂霸西戎用孟明也夫秦之所以霸西戎者累世富强形勝巖險雄心於戈矛戰鬬技養於射獵獍驕非一日也孟明何力焉

皐陶有後

左傳皐陶庭堅不祀忽諸蓋設監戒之言如云若敖氏之鬼不其餒而之比也後人遂謂皐陶眞不祀而蔓說者又言刑官無後豈不謬哉按張平子思元賦云咎繇邁而種德兮樹德懋於英六注英六國名楚末乃滅抱朴子云秦乃伯益之後益卽皐陶子也以是參考之皐陶何嘗無後乎今按史記禹本紀帝禹立而舉皐陶薦之且授政焉而皐陶卒封皐陶之後於英六而後舉益授之政又按朱子注舜有臣五人禹稷契皐陶伯益

尋斧

庇焉而縱尋斧焉一本焉下有斯之二字唐人文集引此云蔭其樹者不折其枝庇焉而縱尋斧焉以斯之可乎

寮爲小窗

同官爲寮文選注寮小窗也宋王聖求號初寮高似孫號疎寮謝伋號靈石山藥寮唐詩綺寮河漢在斜樓皆指窗也古人謂同官爲寮指其齋署同窗爲義今士子同業曰同窗官先事士先志官之同寮亦士之同窗也

兩甄

將獵爲兩甄置左右司馬注兩甄猶兩翼也世說桓元好獵雙甄所指不避林壑晉書周訪傳杜曾攻陷楊口元帝使訪擊之訪令李恆督左甄許朝督右甄自領中軍令其衆曰一甄敗鳴三鼓兩甄敗鳴六鼓旣而兩甄皆敗訪選銳卒八百人夜追破之梁裴邃壽陽之戰爲四甄以待之挑戰僞退四甄競發魏師大敗書傳中稱軍翼曰甄僅此四見然甄之爲字不知於軍何當也甄音陣古作陳甄自平聲轉入去聲也楊正衡曰甄音堅戰陣有左拒右拒拒方陣也有左甄右甄甄左右翼也左右拒見於周鄭繻葛之戰左右甄之義見於楚穆王孟諸之田宋公爲右孟鄭伯爲左孟杜預注將獵張兩甄蓋晉以左右翼爲左右甄預取當時之言以釋左右孟也然左傳他篇有中甄前茅則甄之義亦古矣

疆場

疆場之地一彼一此場注音易言疆土至此而易也唐高適詩許國從來徹廟堂年年不得在疆場乃讀

爲平音可謂不識字矣駱賓王詩亦作塲皆誤甚豈可謂唐人便不敢議乎

負兹

諸侯疾稱負兹兹草也猶言負薪言有疾不能負草也又云席兹注云兹蓐席也然則負兹者蓋言有病而坐蓐伏寢也予觀荀子正論篇云琅玕龍兹華瑾以爲寳注龍兹卽今之龍須席或曰兹與髭同徐廣兹者藉席之名列女傳琅玕龍疏疑龍疏卽龍兹隋書煬帝欲誇示諸番酋長以中國之華盛賣菜者亦藉以龍須席注龍須草織成席也淮上安慶府居人

多能織龍須席史記索隱兹公明草也龍須草又有此名亦奇

踊爲文公諱也

踊豫也齊人言踊若關西言渾也

盟于犀邱

犀邱左作郪邱穀作師邱石經作菑邱

踦閭而語

門閉一扇開一扇一人在外一人在內曰踦閭

葬我小君定弋

左作定姒杞國女弋莒女詩美孟弋矣

升菴經說卷七

升菴經説卷八

成都 楊 慎 撰 綿州 李調元 校定

繞朝贈策

士會自秦歸晉繞朝贈之以策云子勿謂秦無人吾謀適不用也策如布在方策之策蓋書也其下云云即策文也蓋士會將歸繞朝諫止之而秦君不聽及其行也又難顯言故贈以策書云云見秦之有人使歸晉而不敢謀秦也今以爲鞭策非也劉勰文心雕龍曰繞朝贈士會以策子家與趙宣以書巫臣之遺子反子產之諫范宣詳觀四書辭若對面據此則豈鞭策乎李白詩臨行將贈繞朝鞭詩人趁韻之誤耳

士會當作土會

晉有士會士當作爲土土爲古杜字知詩言桑土而以陶唐氏豕韋氏御龍氏爲土氏之宅後爲唐杜氏漢儒欲左傳之行乃推漢爲陶唐氏之後於士會復晉之下增六字云其處者爲劉氏蓋士會本于唐杜氏而劉氏又本於士會也若作士女之士上與唐杜下與劉氏何干涉哉

袒衣袒服

裼袒衣蓋近身之衣孟子所謂袒裼裸裎也左傳陳靈公與孔甯儀行父通於夏姬衷其袒服以戲於朝注袒服日月近身之衣然不若袒服之爲順袒與祖字畫相似毫釐之差耳

前茅慮無

前茅慮無中權後勁注慮無如今軍行前有斥候蹹伏皆持絳及白幡見騎賊舉絳幡見步賊舉白幡中權中軍制謀後勁後以精兵爲殿也蹹伏今之裝塘伏路也中權今曰中軍後勁今曰合後

屈蕩戶之

屈蕩戶之漢書王嘉坐戶殿門失闌免顏師古注戶止也左傳門于陽州公羊傳無人門其義相同止戶曰戶禦門曰門也

有山鞠窮乎

司馬相如說鞠讀作芎邱弓切予謂鞠字四聲轉入平音始得其讀

能者養以之福

漢書律歷志載劉歆作三統歷及譜以說春秋引傳曰民受天地之中以生所謂命也是故有禮誼動作威儀之則以定命也能者養以之福師古曰之往也往以就福噫左傳自劉歆始表章之此其所引的信

無疑矣又漢酸棗令劉熙碑猗與明哲秉道之樞養以之福惟德之隅

陳侯午卒襄公四年

高閎曰元經有云日月之逝改於尸尚未晚也陳成公既爲雞澤之盟而卒則已變於夏矣愼子曰吾何求哉愚謂高氏之說奇矣然春秋之例書卒秪從赴告耳非必有褒也

直爲壯曲爲老

解詩好是正直云正直爲正正曲爲直正直二器名正射鵠也射禮用之直曲尺也梓人用之二字之形卽象二器

襄九年穆姜薨於東宮始往而筮之遇艮之八

史曰是謂艮之隨

杜注云周禮太卜雜用連山歸藏周易皆以七八爲占故言遇艮之八〇今按杜不達左氏之義妄爲此說也且連山歸藏漢世巳亡矣安知其以七八占乎今以筮法言之陽數九老而七少故九變而七不變陰數六老而八少故六變而八不變今之筮法自有九六自有七八何必遠言連山歸藏乎且其文曰遇艮之八是謂艮之隨蓋艮卦下一爻陰變爲陽第三爻陽變爲陰第四爻第五爻皆陰變爲陽第六爻陽變爲陰只有第二爻是八不變故曰艮之八驗下文艮之隨可見此可以思索而得也精思博古如杜預亦支吾亂解是千百年無人知此也特表出之

以此例之假令遇坤之八是謂坤之垢遇乾之七是謂乾之復行文自合如此杜預不知此解疑誤後學多矣特爲圖以發其未發云

艮	⚊ 九老陽變少陰	⚋ 六老陰變少陽	⚋ 六老陰變少陽	⚊ 九老陽變少陰	⚋ 八少陰不變	⚋ 六老陰變少陽
隨	⚋	⚊	⚊	⚋	⚋ 八不變	⚊

施舍

施舍二字左傳國語周禮凡屢見焉而解各有異今總攝而論之左傳晉悼公卽位施舍以責注施恩惠舍勞役也魏絳請施舍注同上楚平王施舍寬民注施恩惠舍逋負叔向言齊桓公施舍不倦注施恩舍逋士會構楚旅有施舍左傳凡五見國語鑄無射篇云布憲施舍于百姓注施恩舍罪與左傳註意合惟單襄公過陳不禮云縣無施舍所以施舍賓客負任之處此舍字如出舍于郊之舍不音捨也與左傳旅有施舍正相對又云聖人之施舍也注施予也舍不予也此與前後訓注不同亦不合本文意未知是否

又齊語云施舍分寛注施德也舍舍禁也楚語云明施舍以道之忠恕注施已所欲原心舍過謂之忠恕周禮凡征役之施舍注施當爲弛

有夫出征而喪其雄 襄十年

正義兆如山陵有夫出征而喪其雄皆是繇辭繇辭法當韻毛詩正月無羊皆以雄韻陵是也

象有齒以焚其身賄也

襄二十四年服虔云焚讀曰僨正義曰焚是燒也象不燒死故今訓爲斃僨僨僵也當从服

程鄭

晉侯嬖程鄭使佐下軍鄭行人公孫揮如晉聘程鄭問焉曰敢問降階何由子羽不對歸以語然明然明曰是將死矣不然將亡孔穎達曰趙文子賢人也將死其語偷程鄭小人也將死其言善皆爲失常

渴葬

渴急也苦蓋切公羊傳曰不及時而葬曰渴葬詩雲漢注天時旱渴雨一作惕

勦說

崔氏之盟讀者未終晏子鈔易其辭是爲勦說勦楚交切禮勿勦注代人說也猶攣也胡氏曰勦猶抄也

諸詁皆誤獨博雅近是

天王殺其弟佞夫

佞公羊傳作年國語晉人之誦曰佞之見佞果喪其田佞于年叶

公鑿行也

猶更造之意公本欲會晉代秦途過京師復生事修朝禮故曰鑿行

繕完葺牆以待賓客○臧宣伯令修賦繕完

繕也完也葺也一義也一牆也繕未足而又加完與葺焉於義爲複矣是謔所謂一個孤僧獨自歸也古

人修辭體要若此乎哉審思完字乃宇字之誤曰繕宇葺牆辭無複義亦昭矣然此非余臆說也唐李祭酒涪云爾修賦繕完亦當作宇不然則繕完何物哉

商有姺邳

姺當作𨛜音縣通鑑釋名引姓氏韻纂同今作西典八西禮二反非

周公殺管叔而蔡蔡叔

上蔡字素葛反說文作⿱殺米正義云⿱殺米散之也从米殺聲按⿱殺米字殺下米也⿱殺米爲放散之義故訓爲放也隸書改作⿱杀米已失本體⿱殺米字不可復識寫者全類蔡字

至有書爲一蔡字重點以讀之者尤謬

君曰不悛以樂慆憂 昭三年

樂以忘憂則可以樂慆憂則不可陸賈蕪喜乎勃交懽忘憂也太康逸豫漢惠淫樂慆憂也忘憂待時慆憂玩時忘爲在下言也慆爲在上戒也

藴年

孟子云過羅穀梁云訖羅注貯粟也

天有十日

穆子之生也莊叔以周易筮之遇明夷之謙以示卜楚邱曰明夷日也日之數十故有十時亦當十位自

王以下其二爲公其三爲卿日上其中食日爲二旦日爲三注云十日自甲至癸也十位日中當王食時當公平旦爲卿雞鳴爲士夜半爲皁人定爲輿黄昏爲隸日入爲僚晡時爲僕日昳爲臺隅中也日出也缺不在第一作池 尊王與公曠其位也日上其中者日中盛明故以當王也食日爲二公位也旦日爲三卿位也後昭公七年楚尹無宇曰天有十日人有十等正義曰日以配十位從中而右旋人之道高以下爲基貴以賤爲本欲從賤而漸至於貴也若從中左旋則位乃漸退非進長之義故右旋也禮射義亦云以賤事貴有十等焉象天之有十日自甲至癸也以三者合觀之古有此說故左傳禮記互見之然不知其所當何義或曰斷朙而治宜於日中故日中當王雞鳴而起故雞鳴當士皁主馬飼馬以夜半故夜半當皁輿主車人定則車休故人定當輿然其餘則不可强通缺之可也○僚賈逵音勞供勞事事也今之牢子亦古遺言

圖附見後

十 自右而左自上而下也

時 申僕 酉僚 戌缺 亥輿 自未而申

當 未臺 子皁 自臺而僕

十 午王 丑士 先賤後貴

位 巳缺 辰公 卯缺 寅卿 至王而極

圖 缺巳以尊王缺卯以尊公

不樵樹不采蓺

采音菜謂取人園圃種蓺爲菜也舊注非

殛鯀于羽山

按左傳堯殛鯀于羽山其神化爲黄熊以入于羽釋文獸非入水之物故是鼈也一曰既是神何妨是獸東海人祭禹廟不用熊白與鼈豈鯀果化二物乎張

叔皮論曰蠙鼢下革田鼠上騰牛哀變虎鯀化為熊久血為燐積灰生蠅傳元潛通賦聲伯忌瓊玫而弗占兮日言諸而暮終贏正沈璧以祈福兮鬼告凶而命窮黃毋化成黿兮鯀殛變而為熊二韻不用注作耶王邵日古人讀雄熊皆于陵切張用舊而傳用新也

明月

齊燕平之月注此年正月公孫段卒國人愈懼其明月注此年二月子產立公孫洩古書傳及俗稱謂日明年明日則有之矣明月僅見此耳

晉荀盈卒于戲

戲注與蕭同許宜切蕭陽聚名在相州光武紀大破五校于蕭陽降之即其地也

九邱八索

九邱八索九邱即九州也八索即八澤也見淮南子或以八索為八卦謬矣通鑑外紀云八皇氏依山川土地之勢財度為九州謂之九囿各居其一而為之長八皇居中州以制八輔此引春秋合歷序文也九囿取育草木為義即後世所謂九州也中州則八皇之都石鼓文所謂寓逢中囿也八輔則餘八囿也囿亦作有古字省文書以有九有之師詩九有有截又奄有九有作九有解之義尤明賜左傳謂之九藪陽紆雲夢之屬總而言之九有也九囿也九州也九藪也一也有與囿以字相近藪州以音相近其實一義爾

伯趙司至

官名伯趙氏伯趙即伯勞也一作博勞又邠風七月鳴鵙王肅云七當為五古文五字似七故誤〇王肅之言良是合于月令

青鳥司啓

青鳥鶬鴰也鶬鴰于立春鳴立夏止故司啓又按易通卦驗立春鶬鴰鳴楊柳津

齊侯疥遂痁

痁梁元帝音該當作痎說文兩日一發瘧也按傳例因事曰遂若痎已是瘧疾何謂復言遂痁乎說文疥搔也疥搔小患與瘧不同何云疥遂痁乎

舟鮫

左傳注舟鮫官名掌澤澤有水有魚故以為名小說有鮫人泣珠賣綃事蓋舟鮫之官死而為澤神若伐木之匠變為木客也

天王居於狄泉

春秋周襄王之出書天王居于狄泉注天子以天下爲家故所在稱居宅其有之謂居魯昭公之出書公居于鄆鄆魯之邑也其後書公在乾侯乾侯乃晉地不得書居也綱目書帝在房州房州唐一統之地豈得以乾侯爲比當書帝居房州乃合春秋之法

爲七音以奉五聲

陳暘曰五聲者樂之品拇也二變者五聲之駢枝也又曰左氏七音之説蓋八音耳八音以土爲主而七音非土不和故書之益稷禮之樂記其言八音既虛

其上猶太衍之虛其一也太衍虛其一無害其爲五十七音之虛其土無害其爲八音也若爲七音爲二變在焉是以五聲奉五聲豈其理邪

隱民

春秋左傳隱民皆取食焉國語勤恤民隱而除其害也隱民貧民也詩曰如有隱憂古字殷與隱同

豆區釜鍾

歴代斗斛大小不同左傳疏云魏齊斗秤於古二而爲一周隋斗秤於古三而爲一

天王入于成周 昭二十六年

邵泉齊曰成周下都也王既入成周矣曷不遂入王城也子朝之餘黨在焉故也故萇宏之建議城成周也謂之遷都其任怨也大矣洛誥曰我卜澗水東瀍水西是謂王城又曰我又卜瀍水東是謂成周○業詩説曰大東小東大東平王東遷也小東敬王入成周也王城下都皆周公之所營也一則藉平王之遷一則籍敬王之入東而又東西方之人遠矣悲夫

乾侯

胡一桂云昭公乾侯之事與夏王相殺商邱周厲王崩于彘皆天地間人道非常之大變史墨筆一作乃妄

引陪貳之説而謂天生季氏以貳魯侯又明言社稷君臣無常奉無常位且妄引詩易以對左氏從而書之其與春秋書公薨乾侯如青天白日不可掩蔽以誅季氏不臣之罪者異矣嗚呼春秋何等時耶功利之習壞爛人心君臣大義澌滅殆盡不惟亂臣賊子如三家者放逐其君爲不知有君而惟季氏之服諸侯不知有君而惟季氏之與史墨不知有君而放言無忌趙簡子不知有君而聽言不辯左氏亦不知有君而載言不擇夫豈知陵谷遷改乃地道之變而非常雷天大壯乃天道之常初非志變況易乃崇陽抑

陰之書雷在天上夫子大象但取其成四陽壯長之卦而曰君子以非禮弗履耳未必如杜氏注所謂君臣易位也史墨不求其義妄引以對可謂誣天矣大但使季氏貳君何嘗使季氏逐君哉如墨言一歸之天道則公僭王卿僭侯亂臣賊子接迹于世矣綱常安在然則春秋夫子作也易象夫子翼也道一而已請得爲易大壯一洗史墨之惡論

於越

越曰於越吳曰勾吳邾曰邾婁本一字而爲二字古聲雙聲也莊子云離朱之目孟子云離婁之明婁朱

本二字而二聲足以爲證或以勾吳於越爲方言夷言謬矣

不能如辭

定公六年子西曰不能如辭昭十三年朝吳曰二三子若能死亡則如違之以待所濟若求安定則如與之以濟所欲僖二十一年若愛重傷則如無傷愛其二毛則如服焉正義曰敢爲不敢如爲不如經傳之文此類多矣

盜竊寶玉大弓八年　得寶玉大弓九年

升菴子曰陽虎將殺季孫不克說甲如公宮取寶玉大弓入讙陽關以叛明年乃得之堤下穀梁曰陽虎以解衆也得其情矣黃東發曰陽虎竊之無所用故復歸之也此豈知巨猾之深姦邪虎初竊時已知無用矣以魯寶之知必追之以與之則必釋己西方有狗國中華人入之竊其筋而逃狗追嚙之人以筋投之必銜而返數返則追無及矣陽虎蓋欲狗國魯也乎晉明帝覘王敦逃歸湖陰以七寶鞭獲免蓋祖虎之故智云耳今按晉書明帝紀王敦將謀簒下屯于湖帝乃乘駿馬微行至于湖陰察敦營壘而出又明帝自湖逋歸歸遇旅姬與之七寶鞭

石尚來歸脤

脤是忍切祉肉也盛以蜃故謂之祳天子所以親遺

同姓當從祳今作脤非

甸乘同音

渾良夫乘衷甸兩牡杜預曰衷甸一轅卿車陸德明曰甸之證反賈公彦曰甸卽乘也四邱爲甸出車一乘故以甸爲名是古者甸與乘同也故詩曰奕奕梁山維禹甸之與命叶韻荀子王制篇司馬知甲兵乘白之數注云四邱爲甸亦謂之乘以其治田則謂之甸出長轂一乘則謂之乘每一乘則又有甲士三人步卒七十二人自謂甸徒猶今之白丁也

溺者必笑

左傳溺人必笑呂氏春秋曰溺者必笑雖笑不樂古有此

籧言

籧戸快反是籧言也釋文過謬之言按管子注毀善曰詧譽惡曰籧與說文訓著稍異又籧溲苦棗爾雅

臣有足疾君將青之

青苦江切古音羫說文引此作𣪊音卻嘔也羫以入聲轉平聲耳

擐衣出其臂

擐陸德明云音宣依字林作擐擐臂也先全反舊音患非禮王制嬴股肱決射御注亦謂擐衣出其臂今按擐音宣是也宣今揎字時俗有祼袖揎拳之語東坡詩玉腕半揎雲碧袖

輦者不得入

蒐狩之禮車絓者門則不得入以恥其御之拙也

三傳字異同

公會齊侯于防公羊作邴按古字枋柄同音耳葬我小君敬嬴敬嬴穀梁作傾熊聲姜公羊作聖姜黑肱以濫來奔肱公羊作弓盟于皐鼬公羊作浩油楚人滅隗公穀俱作夔古隗字音與夔同今轉作五罪反

鷸蚌相持

春秋後語齊趙將伐燕蘇代為燕說趙王曰今者自來過小水見小蚌方暴而鷸啄其肉蚌合而挾其喙鷸曰今日不雨明日不雨必見蚌脯蚌亦謂鷸曰今日不出明日不出必見死鷸兩不相捨漁人得而并擒之今趙且伐燕燕趙相支以弊其眾臣恐秦之為漁父也此事戰國策亦載以雨叶脯妙出自然古人之文奇儁如此按春秋後語陸賈所著賈在漢初頗有文藻自新語外有春秋後語南中行紀又著感春賦

盛引典誥今雖不傳而文心雕龍載其目實為上林子虛之先鞭又能交歡平勃以成復漢之業可謂通儒比之叔孫通豈不天壤邪予謂叔孫通為秦博士諛言不死又事漢制禮襲秦使三代之法中絕於漢通之罪大矣東坡目之為枉死宜乎延篤答高義方書今茲以五經為鼎簠書傳為籩俎祖述堯舜憲章文武未暇蚌脯也

西狩獲麟

仲尼傷周道之不終感嘉瑞之無應○麟四靈之一毛蟲之長麕身牛尾狼鬣馬蹄含仁懷義覿文匿武

音中鍾呂行步中規折旋中矩游必擇土翔必有處不履生蟲不折生草不羣不旅不入陷穽不入羅網文章彬彬有道則臻

升菴經說卷八

升菴經說卷九

成都　楊慎　撰　綿州　李調元　校定

曲禮以下禮記

曲者一偏一曲之謂中庸言致曲易大傳言曲成老子云曲則全莊子云曲士不可以語於道易又言其言曲而中指人言曰心曲衷曲地名曰韋曲杜曲皆同義曲禮者言禮之小節雜事而非大體之全文也

敖不可長

王肅本敖五刀切遨遊也以遨遊作平聲古人燕游曰歸之義此勝鄭說若傲者不可有也而可長乎長亦平聲讀

憎而知其善

春秋惡絕秦楚而大學引秦誓楚書孟子羞稱五伯而引晏子之言述百里奚之功此皆聖賢憎而知其善也蚩尤五兵李斯篆書苟便於世人共舍諸鯀之城也桀之瓦也秦之邊防也隋之漕河也至今賴之故曰善用人者無棄人善用物者無棄物

禮不妄說人不辭費

邵淵曰用器之爲便而祭器之爲貴褻衣之爲賤而衮冕之爲貴哀欲其速而申之三年樂欲其不已而

不得終日此不妄說人之謂或貴于多而人或貴于高而文庭實旅百之儀四海九州之薦此不辭費之謂舊說謂不費於言辭豈經旨乎或云說讀如檀弓稅人之稅慎曰顏路請車孔子不許不妄說人也舊館人喪孔子脫驂不辭費也

負劍

負劍辟咡召之注云負謂置之於背劍謂挾之於傍歐陽永叔作瀧岡阡表云回顧乳者劍汝而立於傍正用此義石刻猶存今改作抱且可嘆也

女子許嫁纓

纓有二一是少時常佩香纓內則云女子未冠笄給纓也一是許嫁時繫纓婚禮主人親脫婦纓鄭注婦人十五許嫁笄而禮之因著纓是也蓋以五采爲之又內則曰婦事舅姑給纓以此而言知有二纓也

噬羹嘬炙

噬他荅切不嚼菜嘬初怪切一舉盡臠也

削瓜士疐之

疐說文瓜當也舊詁瓜鼻也疏謂脫華處疐者去疐也按去疐而曰疐猶治亂曰亂去亹曰亹也

水潦降不獻魚鼈

王充曰水潦降蛇蟲新化爲魚鼈故不獻

獻鳥者佛其首

佛者拗戾而不從之言也佛音倍戾之倍獻鳥者佛其首畜鳥者則不佛按字人以一弗从兩矢𢏚以兩弓从一矢其戾可知梁武帝改作佛字經史因之宋子京於國語音義正之

禮不下庶人

禮不下庶人謂酬酢之禮也白虎通德論之說勝諸家矣

前有車騎則載飛鴻

三代有車馬無車騎吉行則六馬四馬師行則元戎小戎自晉公乘小駟始有騎至廢井田去車戰始有騎兵然則此制亦秦法也

六經無騎字

前有車騎則載飛鴻魏鶴山云六經無騎字禮記亦漢世書耳又左傳昭公二十五年左師展將以公乘馬而歸公徒執之注展魯大夫欲與公俱輕歸乘如字騎馬也經遣正反正義曰古者服牛乘馬馬以駕車不單騎也至六國之時始有單騎漢初猶有車戰見夏侯嬰傳高祖之敗彭城去榮陽出成皋皆以數

十騎遁去而鴻門之會棄車騎獨騎一馬樊噲四人步從以免其非危迫時往往夏侯嬰中御車高祖在左樊噲驂乘爲右未嘗廢車也方萬里古今考反覆千餘言今撮其要附此

擬人失倫

擬人必於其倫荀子稱仲尼子弓子弓豈仲尼之倫乎韓子稱臧孫辰孟軻臧豈孟之倫乎二子之言不倫矣

君子忘物

君子忘物所以立我故不累於我忘我所以立道故

不累於身永嘉周恭叔曰可移以解易艮卦

天子死曰崩諸侯曰薨大夫曰卒士曰不祿庶人曰死死寇曰兵羽鳥曰降四足曰漬今按禮記死寇在漬後列言天子諸侯大夫之死別其名義而以羽鳥四足終之何邪舊說謂羽鳥之死降落牛馬之死深漬如其說也人與畜比天子諸侯之尊而下同禽獸乎子叔父瑞虹先生云古有羽蟲之孽猛獸之害或指此也大勝舊注必有印可者

堲周

夏后氏以堲周迄終唐韵火熟曰堲音卿又經史難字作子栗切

華而睆

睆華板切說者以睆爲刮節目又目明貌孫炎曰睆漆也

姑息

檀弓曰細人之愛人也以姑息注姑且也息休也其義殊晦按尸子云紂棄黎老之言而用姑息之語注姑婦女也息小兒也其義始明白合表出之〇武王曰紂辟遠其子愛近姑與息又姑息二字姑姉母也息穉童也

分天下以爲左右曰二伯

公羊傳周召分陜而治出於一時非定制也漢儒作王制遂據以爲例亦固矣

從先大夫於九京

京古原字今俗訛作京

天子使其大夫爲三監有一本監於方伯之國國三人

吳幼清曰孟子言周公使管叔監殷殷書序亦言三監及淮夷叛說三監者或以爲武庚管叔蔡叔或以爲管叔蔡叔霍叔皆非也盖武王分殷之故地爲邶

鄘衛三國而使管叔蔡叔康叔君之管叔君邶蔡叔君鄘後因叛而廢其國惟康叔之衛獨存故書言王啓監周官言立其監皆謂諸侯之君非謂别以人而監侯國也

方伯爲朝天子皆有湯沐之邑於天子之縣内

視元士

愼按春秋隱公八年鄭伯使宛來歸祊公羊傳曰祊者何鄭湯沐之邑也周天子有事於泰山諸侯皆從泰山之下諸侯皆有湯沐之邑焉許愼作五經異義駁之云若如此周千八百諸侯盡京師地不能容之不合事理之宜善乎左氏之説曰諸侯有功德於王室京師有朝宿之邑泰山有湯沐之邑魯周公之後鄭宣王母弟有湯沐邑其餘則否胡安國合二説而爲說云成王以周公有大勳勞故特賜之許田爲朝宿之邑如皆有焉盡天下之郊不足爲其地矣宣王以鄭伯母弟懿親故特賜之祊田爲湯沐之邑如皆有焉盡泰山之旁不足爲其邑矣其說可謂明盡足破公羊之謬也予按公羊解經之謬如鄉村教督不知城市事漫言以誑兒童至漢儒剌六經作王制又踵公羊之謬而益之曰視元士果如其說則天子元

士視附庸附庸亦五十里千八百諸侯各有五十里之湯沐邑則是二十五萬里而後足也又各有朝宿邑亦二十五萬里而後足也合之五十萬盡王制禹貢疆界而不足不獨京師與泰山之傍矣漢儒之固陋若此嘗猶舞文胥吏具成數取口給以對上官不待一訊而可知其誣矣雖然王制似此類十之七八辨其一可推其餘宋儒乃以孟子班爵祿之制不與王制合爲疑是以委之亂流而罪源孫之犯法而坐祖也異哉

犆

犆特置一音天子犆礿音特義亦特也君羔幦虎犆大夫齊車鹿幦豹犆義則緣也

月令

呂不韋月令自東風解凍至水澤腹堅後魏始入歷爲七十二候其所載與夏小正淮南時則訓管子與汲冢書互有出入朱文公作儀禮經傳解備引之予又見王冰注素問亦引呂令七十二候與今世行呂氏春秋及歷中所載不同如桃始華爲小桃華雷乃發聲下有芍藥榮田鼠化爲鴽下有牡丹華王瓜生作亦菊生苦菜秀作吳葵華麥秋至作小暑至半夏

生下有木權榮蟄蟲坏戸下有景天華惟易通卦驗亦載節候而其書今亡類書所引若條風至而楊柳津景風至而博勞鳴蝦蟇無聲涼風至而鶴鳴閶闔風至而蜻蛚吟日至而泉躍泉躍即水泉動也可考古今節候之異

其日甲乙其日丙丁其日戊己其日庚辛其日壬癸

春其日甲乙以日行東陸也夏其日丙丁以日行南陸也秋其日庚辛以日行西陸也冬其日壬癸以日行北陸也中央其日戊己以土旺四季之下弦日行

黄道黄土屬也至夏季謂之正旺日行牽牛之所起牛亦屬土此其義也

左个

明堂左个北史李謐傳左个即寢之房也○按即今之捲蓬

始字

桃始華蟬始鳴水始冰地始凍始皆音試林閭翁曰始試也按宋人詞褪粉梅稍試花樹是也

伐蛟取鼉

月令伐蛟取鼉明龍不可觸蛟可伐也聖王之世禁蝱去夭鳥大禹驅蛇龍周公驅虎豹犀象必自有法非以人命僥倖者後世若荆佽飛澹臺滅明周處斬蛇事皆見於史未世但謬爲大言祟尙虛文而許眞君之事反取疑於拘拘者矣

鴻鴈四候

鴻鴈有四候鴻鴈之爲木落南翔冰泮北徂知時之鳥也然其行有先後八月鴻鴈來乃大鴈也鴈之父母九月鴻鴈來賓小鴈也鴈之子也十二月鴈北鄉亦大鴈鴈之父母正月候鴈北亦小鴈鴈之子也此說出晉干寶宋人述之以爲的論

鶡鴠

月令鶡鴠不鳴禮引詩又作盍旦注渴旦鳥夜鳴急旦也郭璞方言注鳥似鷄冬無毛晝夜鳴今北方有鳥名寒號蟲即此也說文作鳱鴠又作鶡鴠蓋自旱省爲干故鶡或作鳱也猶禽經鴻鴈之鴈作鳫厈省爲干故鶡或爲鳱皆古鴈字也然則鶡鴠字正當作鶡省作鳱作鶡非鶡乃鬭鳥古以其羽爲勇士冠者非此同也盍旦渴旦皆以義借用耳唐詩暗蟲啼渴旦涼葉墜相思

與夏小正元雉人蜃於淮爲蜃互看

維入大水爲蜃蜃卽大蚌也墨子曰楚之明月生於蚌蜃是也其胎謂之珠胎淮南子所謂珠胎與月盈虧又曰月死而螺蚌焦是也又曰蚌聞雷聲則㾮音畜縮也又按兵書云東海出氣如鼈渭水出氣如蜃蜃形似蛇而大今寺門金剛風調雨潤手執劒者風也彈琵琶者調也執傘者雨也手中如蛇者蜃也則與蚌蜃字同物異

茘挺出

鄭元云茘挺馬薤也此說非也易通卦驗元圖曰茘挺不出則其國多火災說文曰茘似蒲而小根可爲刷蔡邕高誘皆云茘以挺出然則鄭元而以茘挺爲名者亦誤之甚矣

水澤腹堅月令十二月候　東風解凍月令正月候

七十二候終於水堅始於凍解皆水也一歲之運其可知也始於涣終於水天地一元之運其可知也故曰水含太一之中精五行之始也浮天而載地

五祀

冬祀行淮南時則訓冬祀井太元數曰冬爲井白虎通曰春祭戶夏祭竈秋祭門冬祭井六月祭中霤戶以羊竈以雉中霤以豚門以犬井以豕唐月令冬祀井而不祀行愚按井卽行也葢行井間道也古者八家同井由家而至井井有八道八家所行也故井之爲字有八口角井甃亦八角祭井卽祭行也月令與時訓互言之非有異也

曾子問

晉灼讀曾參參字作宋昌驂乘之參與子輿義合

祝聲三

注祝爲噫歆之聲噫是歎恨之聲歆者欲其歆饗之義也又曰噫歆卽臯也愼按噫非歎恨乃防其噎如今小兒食時乳母嗽聲

文王之爲世子止文王之爲世子也〇教世子止養世子不可不愼也〇衞孔悝之鼎銘曰止此衞孔悝之鼎銘也〇子貢見師乙而問焉止子貢問樂

古書傳倒題標於篇首又結於篇終觀汲冢周書可見賈誼治安策陳三表五餌其序三表三端末皆綴以一表二字至韓退之柳宗元猶有此體六經中禮記爲多若文王世子篇首此曰文王之世子終之曰文王之爲世子也結之若曰文王之爲世子其事如上文所云也又始之教世子三字發其端終之曰養

世子不可不愼也總其義也備孔悝鼎銘及子貢問樂皆同此義宋儒不達妄爲之解石梁王氏云文王爲世子也七字衍文敎世子三字衍文金華邵氏云手舞足蹈樂之至於此有非歌之所能盡者矣故終之以子貢問樂其言似眯目而道黑白者異哉嗟乎不能達古文之文而能達古文之義者鮮矣是以貴屬辭也

師保

師也者教之以事而喻諸德者也保也者愼其身以輔翼之而歸諸道者也此文甚明暢

忠恕

朱子云體信是忠達順是恕然履信思順學者之忠恕也體信達順聖人之忠恕也四時信行五氣順布天地之忠恕也

獝狘

鳥不獝獝况必反鳥見人驚飛也獸不狘狘况越反注作許月反獸見人驚走也

竹箭

徐鍇說文系傳作簮又作㮼古文箭晉同音鄭元周禮注云箭字古書皆作晉易曰晉進也薦紳作縉紳是其證也

年雖大殺衆不匡懼

匡注與恇同恐也愼按匡音慌管子有大匡小匡皆言救荒之事字書作匡攘益匡張攘亂今俗猶有此言

繁纓五就

注曰一就言五色一匝益色至於五而後備故也色謂之就猶樂之成歟

金爲賜

五帝主五行五行之氣和而庶徵得其序也五行木爲雨金爲賜火爲燠水爲寒土爲風釋文賜音暘按暘與賜字別

犧尊

孔穎達疏犧音莎音波皆失之楊簡曰楚東呼牛之大者曰沙孔不知引

有事於惡池

惡池北方河名音烏沱秦詛楚文作亞駝駝徒何切徐鍇曰江別流爲沱沱沼同此別作池非○說文今之蹉跎字作差池楚詞與汝沐兮咸池晞予髮兮陽之阿揚雄賦靖冥之館以臨珊池灌以岐梁溢以江

河

滹沱

說文引詩作滤池水經九州記皆作滹沲秦詛楚文作亞駝字林作滤沱周禮作虖池史記作嘑池山海經作濅池禮記作呼池注作惡池

配林

齊人將有事於泰山必先有事於配林公羊作蜚林

月表

爲朝夕必放於日月爲朝夕者葢立圭以測日景立表以量月來日圭之法具於周禮月表世罕知漢書

李尋傳月者衆陰之表消息見伏百里爲品千里立表王僧虔詩所謂月表望青邱是也吳下田家以正月八日夜立一竿於平地月初出有影卽量之據其長短移於水面就橋注畫痕記之梅雨水漲必到所記之處葢古之遺法管子云不明於則而欲出號令猶立朝夕於運鈞之上運鈞泥工圜轉之器也

所以交於旦明

旦註作神字義同古文辰亦作旦旦日从地上一地也日出一上爲旦日入一下爲旦旦古昏字也故曰明卽辰明今隴蜀呼辰與神同葢古音也

卒爵而樂闋孔子屢歎之

孔子與於蜡之事畢而歎者歎其禮之亡也於卒爵樂闋亦歎者歎其樂之深也一則傷之一則美之（按今禮是賓）

郊社

天以生物爲功而其功幽故聖人闡之而爲郊所以明天之道也地以成物爲功而其功顯故聖人之傚而爲社所以神地之道也

唯爲社

爲社事單出里單殫同盡也每家盡一人田國人畢

作田獵皆行無留家者社邱乘供粢盛所以報本反始也役於公則家有定員役於社則羡徒皆作人人求福於其身也

圜邱方澤（郊之祭也注）

宋陳襄郊儀云祀必以冬至日者以陽復也故宮用夾鍾於震之宮以帝出乎震也而謂圜鍾者取其形以象天也祭必以夏至日者以陰萌也故宮用林鍾於坤之宮以萬物致養乎坤也而謂函鍾取其容以象地也

年不順成

順謂五氣時若成謂九穀皆登

焫蕭

凡祭灌鬯求諸陰焫蕭求諸陽○焫而悅切義與爇同

祭有祈焉有報焉有由辟焉

祈謂祈福祥求永貞也報謂獲禾報社辟讀爲弭謂弭菑兵遠罪疾也由用也於辟言由者以非祭之常體或有因而用之也愼按素問古之病者祝由而已今醫院十三科終於祝由科由亦用也素問云祝由者倒言之郊特特云由辟者順言之也

端行頤霤

頤古本作[illegible]

周公用天子禮樂

明堂位曰成王以周公有勳勞於天下命魯公世祀周公以天子禮樂漢儒魯頌閟宮傳遂緣此以解皇皇上帝皇祖后稷之文宋儒程子曰周公之功固大矣然皆臣子之分所當爲魯安得獨用天子之禮樂哉成王之賜伯禽之受皆非也其論正矣其事則未之詳考也魯用天子禮樂魯之末世失禮也非始於成王伯禽明堂之位作周末陋儒之失辭也不可以誣成王伯禽自漢儒傅會之太過宋儒考究之不精使成王伯禽受誣於千載之下冤矣哉昔成王命君陳拳拳以遵周公之猷訓爲言猷訓之大無大於上下之分豈其命伯禽而首廢之哉按呂氏春秋魯惠公請郊廟之禮於周天子使史角往報之所謂天子盖平王也使成王果賜伯禽則惠公又何復請之有其曰天子使史角往報之盖亦未之許也平王猶之不許而謂成王賜之乎且襄王之世衰亦極矣猶不許晉文公之請隧而謂成王不如襄王乎且伯禽之賢雖不及周公然賢於晉文公遠矣豈肯受之哉禮

又曰成王康王賜魯重祭成王既賜康王又何加焉此盖不能自掩其僭矣然則魯之僭禮何始也曰著在春秋矣春秋桓公五年書大雩雩之僭始於桓也閔二年書曰禘於莊公禘之僭始於閔也僖三十一年書曰四卜郊郊之僭始於僖也魯頌閟宮三章首言乃命魯公俾侯於東錫之山川土田附庸無異典也其下乃言周公之孫莊公之子以及於饗祀不忒皇皇后帝皇祖后稷盖魯自伯禽而下十有八世自僖公始有郊祀而詩人頌之則其不出於成王之賜益明矣故論語載孔子之言曰禘自既灌而往者吾

不欲觀之矣禮記載孔子之言曰杞之郊也禹也宋之郊也契也魯之郊禘非禮也當時魯之僭禮不惟聖人非之天下有識者葢亦非之魯之君臣恐天下議已乃借名於成王伯禽以掩天下之口魯之陋儒諂佞遂作明堂位以文其過甚矣其無忌憚也孰甚焉魯頌曰白牡騂剛白牡周公之牲也周公既用天子禮樂胡爲而白其牲乎白者殷之色也宋之郊用之宜也魯人用之不宜也既不宜矣用之何義噫我知之矣魯之君臣見宋之郊必私相謂曰宋無功於周而且郊可以魯而不郊乎於是郊宋之郊亦

白其牲使後世有王者起以僭分討魯則以宋爲解若其果受成王之賜則遂用周之赤色矣元儒許白雲亦嘗考魯郊廟之事不出成王之賜然以程朱嘗引言之終不敢議是敢於非周公孔子而不敢於非宋人也學者膏肓之病也哉

進饑進羞

沐而飲酒曰饑食曰羞沐必飲食以盈氣也俗諺云饑梳頭飽洗澡

自少而多自質而文

有虞氏之兩敦夏后氏之四璉殷之六瑚周之八簋自少而多也俎有虞氏以梡四足而已夏后氏以嶡足有橫擴殷以椇曲撓之也周以房俎足下有跗自質而文也

拚席不以鬣

鬣埽地帚也若帚席上不得用埽地帚也席上用幭帚幭一作幓

毋拔來毋報往

拔急走而去也報急走而歸也猶云其就義若熱則其去義若渴其進銳者其退速喜于有爲者不能持久也報音赴

蛾子時術之

蛾子時時學銜土之事而成大垤猶如學者時時問學而成大道也

不學博依不能安詩

依音衣博依即今俗云薄藝

善學者師逸而功倍又從而庸之不善學者師勞而功半又從而怨之

輔漢卿云顏子曰夫子循循然善誘人博我以文約我以禮欲罷不能既竭吾才如有所立卓爾雖欲從之末由也已所謂又從而庸之也公孫丑曰道若登

天然似不可幾及也何不使彼爲可幾及而日孳孳也所謂又從而怨之也

天地訢合

訢讀爲熹朱子注參同契隱其姓名爲鄒訢蓋取諸此

煦嫗

氣曰煦體曰嫗天以氣煦之地以形嫗之漢書后土富媪亦此義〇父母之于子亦然左傳作噢休字或作燠咻亦同

天高地下

天高地下萬物散殊流而不息合同而化程端禮云下音蝦殊音賒化同花按下古音戶無音夏與蝦者自漢始有之故疑禮記漢人筆也

貍首

天子之射以貍首爲節注貍首詩篇名其辭亡按大戴禮載其辭云今日大射四正具舉大夫君子凡以庶士小大莫處御於君所以燕以射則燕則譽質參既設執旌既載于侯既抗中獲既置弓既平張四侯既艮決拾有常既順乃讓乃揖乃讓乃躋其堂乃節其行既志乃張射夫命射射者之聲御車之旌既獲

卒莫若獲甯侯爲爾不朝於王所故亢而射汝强食食爾曾孫侯氏百福由此觀之貍首之詩亡未亡也

其輤有裧

輤音茜裧音剡喪車也輤之傍有物裧垂象鼈甲邊裧

輲車

輲讀爲輇音與船同〇莊子輇才諷說說文有輻曰輪無輻曰輇又有蜃車天子以載柩蜃輇聲相近其制同乎

振容

飾棺君龍帷三池振容是人君之柳有振容池以竹爲之象生前車式振容者其池繫揄繒于下而畫翟雉焉名曰振容上有池下有振容池與振容之間而有魚大夫去振容士去魚

柳池

柳讀作霤象生時中霤也

祭義

仲尼嘗奉薦而進其親也慤其行也趨趨以數已祭子贛問曰子之言祭濟濟漆漆然今之祭無濟濟漆漆何也子曰濟濟者容也遠也漆漆者容也自反也

容以遠若容以自反也夫何神明之及交夫何濟濟漆漆之有乎反饋樂成薦其薦俎序其禮樂備其百官君子致其濟濟漆漆夫何恍惚之有乎夫言豈一端而已夫各有所當也此段文極波瀾頓挫闡明奇奥可以貫復

蜡臘二祭不同

蜡音子豫切蜡與臘不同玉燭寶典云臘祭先祖蜡祭百神臘取禽獸以祭故字從獵省蜡享農功之畢故字從腊省臘於廟蜡於郊

不可方物

俎豆廢而楮燎盛社樹圯而叢祠植柷敔置而歌舞用後世之淫祀其非古與冠裳而肖貌之幃帨而匹偶之瀆甚矣不可方物孰是愈焉

經解

經者緯之對經有一定之體故爲常緯則錯綜往來故爲變聖人之言道之常也諸子百家道之變也

終始相巡

巡音沿皇極内篇靡物不爾無時不然愈析愈微愈窮愈巡

命以坊欲

命以坊欲即孟子所謂性也有命焉

衆而以甯者天下其幾矣

言未有家族衆盛而不亂者孟子曰萬乘之國弒其君者必千乘之家

相彼盍旦向猶患之

盍不也何不旦是求旦而已人惡之者爲其亂晝夜也○月令作鶡旦鹽鐵論作鳱旦字書作鶡鴠又作渴旦

君子不以一日使其身儳焉如不終日

儳參差不齊之貌心無所檢束而紛離散亂遂至儳

焉錯出外既散亂而不整内不拘迫故如不終日也愼按儳焉如不終日即孟子所謂出入無時莫知其鄉也俛焉日有孳孳可也儳焉如不終日不可也

君奭曰昔在上帝周田觀文王之德

古文周田觀文王之德今博士議爲厥亂勸甯王之德三者皆異古文似近之○正義曰伏生所傳歐陽夏侯所注爲今文尚書孔壁中出衞賈馬所注爲古文尚書此周字古文爲割此田字古文作申此觀字古文爲勸皆字體相涉古今錯亂此文王爲甯王亦義相涉也今禮記及古文尚書并今博士議而古文

周田爲剬申其字近于義理剬之爲言葢也謂葢塞

勸之

然則何以三年也曰加隆焉爾也焉使倍之故再期也由九月以下何也曰焉使弗及也三年問

焉使倍之焉使弗及倒字法也若後人則云使倍之焉使弗及也焉左氏傳云魯故之以今人則云以魯之故也此古今文體之殊

格之上下可以運肘

格本一作路音各胲也〇今俗云格脂窩〇深衣

執弃

音煩又皮彥切器名以葦若竹爲之其形如筥衣之以青繒以盛棗栗腶修之類

孚尹

聘義說玉云孚尹旁達信也鄭注孚一作姇尹讀爲竹箭有筠之筠葢謂玉之滑澤如女膚緻密如筠膜也陳澔云孚正也尹亦正也按爾雅尹正也邢昺謂爾雅之作多解詩此所謂尹正也以解赫赫師尹則合若借以解孚尹何異指白石以爲羊捉黃牛而作馬乎甚矣陳澔之不通文理也

又

言玉之德曰孚尹旁達古注孚尹者浮筠也言玉之澤如竹膜之膩如女膚之滑也與今注不同元稹出門行詠商人採玉事云求之果如言剖則浮筠膩騏騄千里變鴛鴦七十二浮筠用古注義也古注今廢不用故罕知之

升菴經說卷九

升菴經說卷十一

成都 楊 慎 撰 綿州 李調元 校定

格物致知 以下大學中庸

大學格物致知之傳亡今人不知格物爲何解朱子云格至也窮至事物之理此添字太多乃成其句若止云至物成何句法愚謂格者扞格之謂物者物欲也人生十五入大學正血氣未定戒之在色之時必扞其外誘全其眞純禮記云姦聲亂色不留於聰明淫樂慝禮不接於心術此格物之實也樂記云感物而動性之欲也物至知知而好惡形焉夫物之感人

無窮而人之應物無節則是物至而人化物也物至而人化物者滅天理而窮人欲也故必格其物欲之誘而吾心明德之知可致以此言之則易之所謂擊蒙衛寇皆始入大學之事吾黨之士試以吾言平心易氣思之〇三國志邴原以清議格物和洽奏議云儉素過中自以處身則可以此格物所失或多唐書房元齡不以已長格物皆謂扞格之義意者古訓元只如此〇朱子補此章自云竊取程子之意按伊川云事不患不能知只患不見自已其言甚簡奥即所謂知誘物化遂亡其正也蓋人之爲物欲所迷以身從之不知已爲何物若去其物欲則荀子所謂天聰天明自然而生以此致知何知不致以此窮理何理不窮若曰即物窮理則入於支離差毫毛而失千里矣

伯樂相馬所見無非馬庖丁解牛所見無非牛故曰至誠之不盡蔿魚之不察精意之不致龍蠖之不知外典曰子知格物矣未知物格也

心廣體胖

胖說文半體肉也崑山魏子材曰此說於義無當蓋字之訛也俗書偏傍舟肉俱作月胖从舟半讀若般

盤同言動容周旋中禮也按魏說最是賈誼新書容經篇云旋如濯絲胖旋之容也胖與胖通般旋也與朱子安舒之說相合又俗謂體肥曰胖心廣而體肥即子夏戰勝故肥之說也說文之義亦通

忿懥

朱子嘗云某氣質有病多在忿懥又云某之質失之暴悍又云不得已有言則衝口而出必至於傷事而後已此亦太陽之餘證也愼按朱子平日與人論辨多奮發直前而乏和平委曲此不失爲剛毅至于聞呂子約之死歎曰子約竟賫了許多鶻突道理去矣

問陸象山死哭之甚久曰可惜死了告子夫評品切劘在朋友平日則可至聞其死亡不加惋惜而以譏訕何耶孔子於仲由嘗曰若由也不得其死然戒之也至聞其死則歎曰天祝予朱子學孔子此處太相背矣

上下左右前後

大學論絜矩之道曰上下曰前後曰左右經生講師皆朦朧其說不知爲何等人也有問於余余曰此五倫也上下君臣也注曰不以無禮使之不以不忠事之此卽君使臣以禮臣事君以忠也上下非君臣而

何莫爲于前後將何述莫爲于後雖美弗彰論幹蠱曰克蓋前愆論傳家曰垂裕後昆前後非父子而何至于左右則內而弟兄長幼也外而交鄰寮友也五倫盡于是矣或曰何以遺夫婦曰夫婦不可以絜矩言也婦有惡禮有七去夫有惡則曰夫之不幸妾之不幸奈何去之婦死有再娶之禮夫死無再嫁之義夫婦豈可以絜矩言乎大學之絜矩卽中庸之自責自脩也子臣弟友五倫盡矣亦不言夫婦何也豈可云所求乎婦以事夫未能乎是知大學中庸曾子子思相傳之轍如一也

悖出悖入

並辭競譖者是易口而自毀也交氣力爭者是貸手而自毆也故曰言悖而出者亦悖而入貨悖而入者亦悖而出

孟獻子孔子稱其加人一等孟子稱其有友五人

中庸

中庸之存賴漢儒集於禮記中至晉戴顒作中庸傳二卷梁武帝撰中庸講疏一卷又作制旨中庸五卷表而出之不待宋儒矣

君子之中庸不偏不易以爲道也君子而時中隨時

變易以從道也

致字說

先儒解致字往往不盡如致中和鄭元云致行之至也致樂以治心云致深審也周易略例生心致一也孔穎達云致猶歸也禮器禮也者物之致也鄭云致之言至極也他經往往指爲極盡之意如喪致乎哀而止見危致命君子以致命遂志與病則致其憂之類是也此皆意有未盡蓋致有極之意有取與納之意如喪致乎哀而止見危致命謂之極盡可也如致中和致知之類則有取之意焉吾聞致師者亦有取

之意用致夫人七十而致仕致爲臣而歸則又有納之意凡此皆雜以一字通解今人謂招致者亦取意也

罟擭陷穽

罟擭以罟爲擭而掛之陷穽爲穽如穽以陷罟擭以扃鑰禽獸今之抑網也陷穽以陷墜禽獸今之賺坑也

執其兩端

執其兩端則抑其過而引其不及用中於民則賢者俯而就不肖者企而及

鳶飛魚躍

陳白沙詩曰君若問鳶魚鳶魚體本虛我拈言外意六籍也無書香山盖菴陳甍祥辯之曰道具體用體則天命之性用則率性之道也性道皆實理所爲故曰誠者物之終始體何嘗虛耶六經所以載道一字一義皆聖賢實理之所寓實心之所發以之發言則言必有物以之措行則行必有恒故曰君子學以致其道書何嘗以實爲虛幻以有爲僞妄也其曰言外意卽佛老幻妄之意非聖人之蘊也嗚呼陳公此言鑿鑿乎聖賢之眞傳不待曲說傍喻而切於日用是眞知道明理之學也近日講理學者多諱言之惟整菴羅公與之相合而未相聞也陳公仕爲雲南副使有才幹尙氣節裁抑鎭守太監錢能爲其中傷去官滇人至今思之其出處之正學問之純如此而人罕知憑虛者易高而蹈實者反下翼飛者騰譽而特立者蔑聞是可慨也

活潑潑地

中庸章句引程子云活潑潑地僧家語錄有云頂門之竅露堂堂脚根之機活鱍鱍又云圓陀陀活潑潑程子之言未必用僧語蓋當時有此俗語故偶同爾

有人問尹和靖曰伊川語錄載人問鳶飛魚躍答曰會得時活潑潑地會不得時只是弄精魂不知當時曾有此語否先生曰便是學者不善紀錄伊川教人多以俗語引之人便記了此兩句焞嘗問莫只是順理否伊川曰到此吾人只得點頭今不成書先生教人點頭嗚呼和靖親炙伊川其言若此蓋恐俗語誤後人可謂不阿所好矣朱子乃以入章句所見何其不同邪余嘗評之曰說文之解字爾雅之訓詁上以解經下以修辭豈不正大簡易哉世之有說文爾雅猶中原人之正音也外此則侏儶之夷言商賈之市

語漢唐以下解經率用說文爾雅匪惟解經爲然也鳩摩羅什以漢語譯梵書亦用說文爾雅可見二書可通行百世矣至宋時僧徒陋劣乃作語錄儒者亦學僧家作語錄正猶以夷音市語而變中原正音或一方之語不可通於他方一時之言不可施於後世如喫緊活潑鞭辟近裡令不知爲何語欲求易曉反爲難知本欲明經適以晦道矣甚者因陋就簡以打乖筋斗入詩章以閉眉合眼入文字曰我所述程朱之說道理之談辭達而已不求工也噫左矣

樂爾妻帑

帑注子孫也古者謂子孫爲帑左傳荀伯送其帑又鳥帑注南方朱鳥之宿帑者細弱之名於人則妻子爲帑妻子爲人之後鳥尾亦鳥之後故皆以帑爲言按今帑轉作倘音金幣所藏也有不呼倘藏而呼奴藏者人爭以不識字笑之不知帑正古音也

鬼神爲德

鬼神之爲德一章其實言祭祀鬼神也故始贊其盛而次言體物不遺又次言齊明承祭洋洋如在言體物之實也又次引詩言神之格思格至也明是祭祀鬼神也宋儒解鬼神二字支離太甚既以二氣言又以造化言又以伸爲神歸爲鬼其實一物而已是以伸爲神指人物而言其言一物是合幽明陰陽爲言也既曰人物又曰造化之迹則有形有聲視之可見聽之可聞矣豈不與中庸本文背馳哉且中庸一書本是平常之理而引之高深虛無又豈子思作書之旨乎此章之旨二言以蔽之曰明則有禮樂幽則有鬼神而已平常之理本如是學者試平心思之神者聖人所不語蓋非通幽明達天德者未易言而精氣遊魂鬼神情狀於易言之何也易者知化盡神之書非養蒙之具而中庸則垂訓教人初學易知易行者

也故朱子引程張二氣良能造化之迹諸說移以解易之鬼神則可解中庸之鬼神則不可愚嘗言解書如治病須對證下藥藥如對證牛溲馬勃亦能奏功藥不對證雖金膏水碧反以戕命

視聽

視而不見聽而不聞非真不見不聞也見不超色雖見而似不見聽不出聲雖聞而似不聞必也見超乎色之外始謂之明聽出於聲之外始謂之聰汩沒乎聲色之中者謂之聾瞶超脫乎聲色之表者謂之聰明

修其祖廟

鄭元註修謂掃糞糞刎連切亦作拚曲禮爲長者糞之詹連子堂上不糞除則郊草不牆芸

何邵公述古薦禮文

春祠薦尙韭卵夏禴薦尙麥魚秋嘗薦尙黍肫冬蒸薦尙稻鴈此所謂薦其時食也天子四祭四薦諸侯三祭三薦大夫再祭再薦祭于室求之于幽祭于堂求之于明祭于祊求之于遠皆孝子博求之義也大夫求諸明士求諸幽尊卑之等也殷人先求諸明周人先求諸幽質文之義也

昭穆

昭當作佋今借

其如示諸掌乎

鄭元註示讀如寘諸河干之寘寘置也物在掌中易爲力者與荀子示諸檃括義同

方策

聘禮百名以上書于策不及百名書于方方小而策大也方木版也策編簡也簡是一片版策衆簡相連也

柔遠能邇

能注猶伽也孔穎達曰欲安遠方當先順伽其近徐仙民曰伽字字書未見按廣雅曰如音如庶切善也均也字不同而音義近其義亡難見也

升菴經說卷十

升菴經說卷十一

成都楊慎著　綿州李調元定

周禮素問 以下周禮儀禮

程子曰必有關雎麟趾之意然後可以行周官之法度朱子從而衍之曰須是自閨門衽席之微積之至薰蒸洋溢無一民一物之不被其化然後周官法度可行邱文莊曰如此竊恐天地混沌終無可行之日矣慎又觀程子曰素問五運六氣須是堯舜時風雨調和陰陽燮理始可用噫素問亦如周禮矣必待上有堯舜之化下之人體實氣平如童子而後施劑焉則闔棺無用素問之日矣所言何其迂哉

三農

天官以九職任萬民一曰三農生九穀鄭司農衆曰三農平地農山農澤農也鄭元曰三農原農隰農平地農也司農之說未爲不當而鄭元必欲易之孔穎達乃附會其說曰積石曰山鍾水曰澤不生九穀故鄭元不從之可謂康成之佞臣矣慎觀地官司徒掌葛掌以時徵絺綌之材于山農徵草貢之材于澤農是山農澤農周禮本有非鄭司農杜撰而鄭元原農隰農何所本乎大抵宋以前解經者專門守陋作左傳正義力附杜預而巧排服虔劉歆作周禮疏者專取鄭元而攻擊杜子春與鄭興鄭衆宋以後則學者知有朱子而漢唐諸儒皆廢雖朱子所尊之周及程張亦不知從矣是可歎也

甲㒼胡

鼈人掌取互物注互有甲㒼胡龜鼈之屬也㒼莫干切

又

鼈人共蠯蠃蚳蠯薄階切蜯蛤也今京師云蠯脂滇南曰銀蠯

腊人 腊一本作臘

腊人掌乾肉脯腊膴胖之事薄切曰脯捶而施薑桂曰鍛修腊乾肉若今涼州烏翅膴凶武切胖普半切肉大臠也

醫師

凡邦之有疾病者疕瘍者使醫分而治之疕方鄙切頭禿也疾醫知疾不知瘍瘍醫知瘍不知疾故分之

二曰醫

酒正辨四飲之物二曰醫醫音倚或作醷和體酏爲飲也鄭司農說內則漿水醷音俱相近文字不同記

者各異耳

大酋

大酋酒官之長月令大酋監之說文酋繹酒也酋音猶南中夷人有酋長羣夷有酒必先酌之謂之把盞亦猶中國之祭酒也

麷

籩人職曰朝事之籩其實麷蕡鄭云熬麥也揚倞云麥之牙蘖也至脆弱音與豐同按麷从豐與醴酒之豐義同荀子富國午其軍取其將若撥麷言薄弱也說文从豐恐非

膴鮑魚鱐

籩人膴鮑魚鱐注鮑者於楅室中糗乾之出江淮間楅皮逼切楅土爲室也

鹽盬

鹽苦也周禮鹽人今按本文掌鹽之政令共百事之鹽祭祀共其苦鹽苦盬謂不鍊治也說文盬河東鹽池詩采薇註盬不堅固也烏羽注不攻緻曰盬蓋海鹽鍊治成鹽久而難壞池鹽出水即成而易壞故有不堅固不攻緻之喻

溜水涑櫜

掌舍掌王會同之舍設梐枑再重鄭司農云故書枑作柜受溜水涑櫜者也據此似今之灑塵噴壺又杜子春謂爲行馬即今之鹿角

六尚

司會注計官之長若今尚書陸德明音常今之官名亦然但尚書音常則尚衣尚食尚方皆宜用此音其義同也今皆音上不知何以分別如是

羣妃御見

鄭元注周禮云羣妃御見之法月與后妃其象也卑者宜先尊者宜後女御八十一人當九夕世婦二十七人當三夕九嬪九人當一夕三夫人當一夕后當

一夕亦十五日而徧自望後反之此言何其迂且誣乎苟如此則王后一月之間不過兩御于王當其朔與晦爾不知小盡之月肯通融否是又奪三夫人之一夕矣王后當夕之外三夫人一夕其餘皆九人一夕且聖王制禮本以防淫黃老養生亦爲寡欲一人之身而一夕九合雖金石之軀亦將亟銷而速澌失況古者人君圜邱方澤朝日夕月山川社稷禴祀烝嘗爲禮至緐動輒三日齋七日戒而可以無夕不御女乎是齊高緯金海陵之所不爲而謂聖世有此制乎鄭元釋經往往難信如此

陰事陰令

嘗王之陰事陰令注陰事羣妃御見之事漢掖庭令晝漏不盡八刻白錄所記推當御見者今宮中亦有之名欽錄簿則其來古矣

履絇

黃繶靑句今文作絇註絇謂拘著爲履鼻在屨頭用繒一寸屈爲之以受穿貫張正見履賦采絇繡繶寶屧香綦宋詞有鸞絇鳳繶之句繶細縧也履縫中緣按絇古云鞋鼻今之鞋結是其遺像繶則俗云鎖線也

緺紖

封人共其楅衡置其緺紖著牛鼻繩字从系以系爲聲本一作紖杜子春云楅衡如椵狀漢時有施于犬上者名椵音加今同闘筒

周禮三德

師氏以三德教國子一曰至德以爲道本二曰敏德以爲行本三曰孝德以知惡逆鄭元曰至德中和之德覆幬持載兼容者也孔子曰中庸之爲德其至矣乎敏德仁義順時者也說命曰敬孫務時敏厥修乃來孝德尊祖愛親守其所以生者也孔子曰武王周公其達孝矣乎孔穎達曰周禮有至德敏德孝德老子亦有三等之德案老子道經云道可道非常道河上公云謂經術政教之道非自然長生之道常道當以無爲養物無事養民含光藏曜滅跡匿端不可稱以道又案道經云上德不德是以有德河上公注云上德太古無名號之君德有無上故言上德不德言不以德教民因循自然其德不見故言不德是以有德者也又云下德不失德是以無德注云下德謂號謚之君德不及上德故言不失德以其德見其功稱是以謂之無德又云失道而後德失德而後仁失仁

而後義失義而後禮注云道衰德化德衰而仁愛見仁衰而忿爭明義衰而聘行玉帛又案握河紀堯曰皇道帝德非朕所事又中候義明云洞五九禮闕郵注云闕止郵過言五帝後洞三王之世其至各九百歲當以禮止過也案此諸文言之此至德覆幬持載含容之德同於天地與老子常道及上德不德爲一物皆是燧皇已上無名號之君所行故河上公云上德無名號之君所行者此敏德則老子云可道之道非常道下德不失德之德亦一也故河上公云政教經有名號之君所行以其三皇五帝爲政皆須仁義

順時故鄭云敏德仁義順時也若然老子云失道而有德失德而有仁者是三皇行可道之道五帝行下德不失德之德即堯云皇道帝德亦謂此道德於此經同爲敏德也其三王同行孝德爾老子又云失德而有仁失仁而有義失義而有禮禮專據三王之時故云洞五九禮闕鄭若然仁義在禮前德後則五帝與三王俱有仁義故禮記云堯舜帥天下以仁而民從之又云禹立三年百姓以仁遂焉是以仁義闕在五帝三王之間者也若然禮記云生乎今之世反古之道謂不行今之法全行古之道故非之也

質劑

司市云以質劑結信而止訟鄭康成云長曰質短曰劑若今下手書賈公彥云漢時下手書若今畫指券黃山谷云豈今細民棄妻手摹者乎不然則今婢券不能書者畫指節今江南田宅契亦用手摹也

嫁殤

曹操幼子蒼舒死求邴原死女合葬史以爲譏余觀周禮地官禁嫁殤者注謂生時非夫婦死而葬相從嫁殤嫁死人則此俗古已有之今民間猶有行焉而無禁也

于飛升天

雲中之俗女子與男低幃昵愛雖經雙甃二族厚纏綵繒葬之椎牛亨祭擇峻領架木高丈餘呼爲女棚遷尸于上曰于飛升天也

英簜

掌節凡邦國之使節皆金也以英簜輔之杜子春云簜當爲帑謂以函器盛節之英簜若書函也

哨堡

稍人掌師田行役之事稍音哨今邊隅之哨堡字當从稍

化土法

草人掌化土之法凡糞種騂剛用牛以牛骨爲糞亦緹羊墳壤麋墳古作坌渴澤鹿鹹潟貆貆貛同勃壤狐勃壤土之粉解者埴壚豕埴壚土之粘疏者諺云晴則如刀雨則如膏是粘疏也彊㯺用蕡輕爂用犬㯺麗堅也爂輕脆也爂歸堯切

蠱瘴

土訓掌道地圖道地慝鄭元曰地慝若障古賈公彥云障即瘴氣古即古毒人所爲也國語宥靜女德以伏蠱慝

王崩大肆以秬鬯溺

大肆大浴也溺米汁也秬鬯汁以浴尸也杜子春讀溺為泯釋文亡婢切

祼事用槩

槩古愛反槩是横槩之義黑漆為尊以朱帶絡腹

廟用修

旊人為瓦簋廟用修注修讀為卣卣中尊也禮象以薦鬯則謂之同以薦酒則謂之修荀子修爵無算

司尊彝

六尊六彝之酌鬱齊獻酌獻鄭讀為儀謂威儀多也

杜讀為莎醴齊縮酌縮杜讀為數盎齊涚酌涚音退又音雪拭勺而酌也凡酒修酌修讀為滌與今注不同

下管播樂器令奏鼓朄

朄音允小鼓也先擊小鼓乃擊大鼓小鼓為大鼓先引故為導引之引

典同

凡聲高聲碮碮杜子春讀為鏗正聲緩正者不高不下下聲肆陂聲散險聲斂遠聲贏微聲韽韽先鄭讀為韽鶉之韽後鄭讀為飛鉆涅韽之韽韽聲小不成也按鬼谷子有飛鉗揣摩之篇察是非語飛而鉗持之涅韽使之不語回聲衍侈聲筰弇聲鬱薄聲震厚聲石十二聲皆鍾之病故使之齊量焉

觭夢

大卜二曰觭夢杜子春作奇偉之奇鄭元謂特角之特海篇注得也

衍祭攜祭

大祝二曰衍祭衍音延又曰羨之道中如易衍在中也之衍六曰攜祭攜杜子春讀為虞芮之芮以肝肺菹攜鹽醢中以祭又而泉反而劣切而誰切盖四音

也

振動

大祝辨九撵四曰振動鄭大夫云動為董振動兩手相擊也今倭倭全人拜以兩手相擊盖古之遺法

斂禽禂牲

禂杜子春讀為既伯既禱之禱鄭元讀為伏誅之誅

菑傳同字

居榦之道菑栗不迆沉重讀菑為淄四切又考工記察其菑蚤不齵注菑謂輻入轂中也泰山平原呼所樹立物為菑聲如胾博立梟棊亦為菑菑盖借字今

文作剸又作傳史記不敢剸刀於公腹管子春有以
事耕夏有以傳耘注齊地謂物立地中爲傳管子又
謂戰士曰傳戟之寶

古歲作㞢

干寶周禮注中氣帀謂之歲朔氣帀謂之年故古歲
字作㞢从一帀而倒之周一遭也

然䙗髮飾 巾車

然果然也䙗車覆軨髮故書作軟音次以桼飾車也
亦讀爲桼垸之桼

茇舍

大司馬中夏教茇舍茇讀如萊沛之沛王制沮澤注
沮謂萊沛有水草之地

中冬教大閱

古者軍將蓋營治于國門魯有東門襄仲宋有桐門
右師是也愼按此後世教塲之始

量人

量人書天下之涂數而藏之注謂支湊之遠近支者
支分湊者輻湊道途之分合也書而藏之如唐人國
聮圖皇華四達圖國朝之寰宇通衢也

抉拾

繕人掌詔王射掌用弓弩矢服矰弋抉拾鄭司農云
抉者所以縱弦也拾者所以引弦也或謂抉引弦彄
也謂韝扞也劉云彄彍字之異者

五兵

司兵掌五兵按司馬法弓矢圍殳矛守戈戟助凡五
兵長以衛短短以救長

茀矢

司弓矢茀矢用諸弋射按結繳爲射曰茀矢茀之爲
言刜也可以弋飛鳥刜羅之也

華離

形方氏正其封疆無有華離之地注華讀爲瓜哨之
瓜正之使不瓜邪離絕按瓜苦畫切瓜者兩頭寬中
狹邪者一頭寬一頭狹卽俗書歪字又按當是乖字
與華字相譌耳

刏衈

士師凡刏珥則奉犬牲刏音機珥讀作衈毛曰刏衈
曰衈

屋誅

秋官有屋誅之文鄭元注曰夷三族也古者罪人不
孥豈有夷三族著之令典古者屋誅蓋漢人下蠶室

之類耳鄭元晉儒曲見誤天下而陷人主得罪名教大矣

輩互

野廬掌道路之舟車輩互敘而行之謂車有轘轘抵閡舟有砥柱相觸

蜡氏條狼氏翨氏

蜡清預反經蜡氏掌除骴蓋骨肉腐磨蠅蚋所蜡也條音滌不蠲之物狼藉道上則滌除之翨翅同掌攻猛鳥

條狼氏

劉歆逢王莽之惡欲以威劫羣臣遂僞作周禮云誓大夫曰鞭附于條狼氏夫刑不上大夫焉有周公制禮鞭撻大夫者乎此夷狄之所不爲而謂周公爲之乎歆其可勝誅乎

赤犮

赤犮氏注猶言捇拔也主除蟲豸自埋者拔拔除去也自埋逃匿牆屋中

夜覺

司寤氏主夜覺者疏云人之寐臥恒在寢人有夜寐忽覺而漫出門者故謂之爲夜覺也近正德庚辰宵邸宸濠將亂南昌城中街巷軍民夜發夢顛或至江棹船行數十里知爲夢也而後返宸濠舉事次夜一軍皆然宸濠亦自知不祥矣南昌人謂之陣亡發其事既異其名又異史傳所未有也獨周官有之乃知聖人預防而禁之恐行軍出師驚衆敗事其慮豈不遠哉

酋矛常有四尺夷矛三尋 考工記

鄭元考工記酋矛注云酋夷皆發語聲夷爲長故開口引聲而言酋爲短故合口促聲而言之也酋夷即夷酋也楚辭君不行兮夷猶亦此意也開口合口即

後世切韻之法由此觀之切韻中國元有之不始于胡僧明矣○八尺曰尋倍尋曰常酋夷長短名酋近夷長矣

欲其幬之廉也

幬幔轂之車也幬音疇又音濤一音特株反或一音蹈

綮其菑蚤不齵則輪雖敝不匡

菑謂輻入轂中者也菑與瓜不相佹乃後輪敝盡不匡剌也○菑讀如雜廁之廁謂建輻也泰山平原語立物于地爲菑字正作剚人之牙齒參差謂之齵五

構反一音隅

縐其牛後

先鄭云關東謂紂爲縐方言自關而東謂之爲鞦或謂之曲綸自關而西爲紂一

艮觵環濟

濟音濟酒之濟環謂漆沂鄂如環○沂鄂如環古琴梅花斷紋也

衣之欲其無齘也

衣言甲也齒不齊曰齘戸界反

韗人爲皐陶

韗書或爲鞠皐鞠　鼓木也今曰鼓腔○韗况萬

反與楦同音眾音運

幭氏湅絲

幭音茫湅音練漚漸也楚人曰漚齊人曰涹奴禾反

蛟龍畏欄一作以欄

幭氏以欄爲灰欄卽今川楝子也一名金鈴子一名石菜莨獮豸食之蛟龍畏之

大圭長三尺杼上終葵

海篇珽玉名大圭長三尺杼上終葵終葵椎也杼剡也○相玉書珽玉六寸明自照

鍾馗卽終葵

大圭首終葵注終葵椎也齊人名椎曰終葵蓋言大圭之首似椎爾金石錄晉宋人名以終葵爲名其後訛爲鍾馗俗畫一神像帖於門手執椎以擊鬼好怪者便傅會說鍾馗能啖鬼畫士又作鍾馗元夕出遊圖又作鍾馗嫁妹圖訛之又訛矣文人又戲作鍾馗傳言鍾馗爲開元進士明皇夢見命工畫之尤爲無稽按孫逖張說文集有謝賜鍾馗畫表先於開元久矣亦如石敢當本急就章中虛擬人名本無其人也俗立石於門書泰山石敢當文人亦作石敢當傳皆

虛辭戲說也昧者相傳久之便謂眞有其人矣嗚呼不觀考工記不知鍾馗之訛不觀急就章不知石敢當之誕亦考古之一事也○蘇易簡作文房四譜云虢州歲貢鍾馗二十枚未知鍾馗得號之由也愼又按硯以鍾馗名卽考工記終葵大圭之義蓋硯形如大圭爾蘇公豈不讀考工記者蓋亦未之審思精考乎

柳與櫛同

周禮考工記有柳人雕人注柳莊密反釋文引左傳使婢子執巾櫛證櫛柳是一也櫛梳也廣雅曰梳櫛

也詩其比如櫛史大禹櫛風沐雨則楖之來古矣但梳以木爲之楖字又从竹複矣當从考工記作楖爲是

旊人

旊人爲簋注陶人爲瓦模圜轉以成坯瓦器之模物物相似若相倣然因名旊方往切音倣易云範圍天地之化喻造化之循環無端若瓦模也董仲舒云若泥之在鈞鈞卽旊也杜詩一氣轉鴻鈞謂造化也其曰鴻鈞者造化乃洪大之鈞非泥鈞也猶老子云元牝乃元妙之牝非牝牡之牝也〇一本旊倣作器物物相倣如一也

凡陶旊之事髻墾薜破裂不入市

髻音刖器之欹邪如人刖足也墾頓傷也置之于地而狠則傷矣薜音擘暴墳起不堅緻也

句兵欲無彈刺兵欲無蜎

彈如彈丸之彈蜎如井中蜎蟲之蜎

轂兵

可以轂打人故曰轂兵古字只作轂有殳則可轂矣今文加手作擊

積竹

凡爲殳周禮注殳以積竹八觚建于兵車說文柲攢也毛詩竹柲史棘矜注皆以積竹釋之徐鉉說文注曰積竹謂削去白取其靑處合之取其有力卽今之攢竹法也

凡昵之類不能方

昵故書或爲樴杜子春讀爲不義不昵之昵或爲䵒䵒黏也〇今按說文䵒作黏从日不從刃樴又作膱呂忱云膏敗也若今日頭髮有脂膏則謂之膱膱亦黏

引之中參維角牚之

牚直庚反讀如牚距之牚車牚之牚〇釋云牚距取其正也車牚之牚車騎之木亦取正也秦人長城謳蔡琰悲憤詩皆用牚字今俗作撐从兩手非也

升菴經說卷十一

升菴經說卷十二

成都 楊愼 撰 綿州 李調元 校定

靑絇繶純

絇其于反絇之爲言拘也以爲行戒鼻在屨頭繶縫中紃也純緣也○紃音旬純音衮今云衮邊

兩甒有禁

禁酒架也名之爲禁因爲酒戒也

昏禮曲顧

親迎御輪三周下車曲顧郎詩所謂韓侯顧之是也蓋正其始男先於女者禮體之嚴也止而說男下于女者禮用之和也是所謂顧者禮也不然則是瞰囊裝之盛槖盻媵御之冶容矣

序則物當棟堂則物當楣

物射之旌也正中曰棟次曰楣前曰庪

司射西面命曰中離維綱揚觸梱復公則釋獲衆則不與

離猶過也獵也侯有上下綱其邪制射舌之角爲維或曰維當爲絹揚觸謂矢揚而中侯也梱復謂不著而還復中也

須臾

聘禮速賓辭曰寡君有不腆之酒請吾子與寡君須臾焉注須臾言不敢久古者樂不踰辰燕不移漏故少頃之間皆稱須臾須待也左傳寡君須矣是也臾字从申乙乙屈也如今人請客云恭侯屈降之義今之所云侯屈古之所云須臾也解字必宜如此方暢本原

賄在聘于賄

于讀作爲言當視賓之禮而爲之財也

乃燅尸俎

燅音尋一作燖温也左傳若可尋也亦可寒也

儀禮逸經

一統志載劉有年沅州人洪武中爲監察御史永樂中上儀禮逸經十有八篇若然則儀禮之亡者全矣不知有年何從得之意者聖經在世如日月終不可掩耶然當時廟堂諸公不聞有表章傳布之請今來之内閣亦不見其書出非其時亦此書之不幸今之大言動笑漢唐漢唐求逸書賞之以官購之以金焉有見此奇書而附之漠然者乎噫

王者猶玉

大戴禮論夏商之季失政而未亡其辭曰疆蔓未虧

人民未變兒神未亡水土未氤糟者猶糟實者猶實玉者猶玉血者猶血酒者猶酒注糟以喻惡實以喻善玉以喻賢人言尚賢其賢血憂色也酒以喻樂言尙憂其可憂而樂其可樂意者政雖已失未至大亂孟子所謂故家遺俗流風善政猶有存者周禮疏云雖土崩而不瓦解雖板蕩而不瓜分亦是此意但大戴禮之文奇之又奇必老於文學之處士也

女匽

帝繫篇帝舜娶于帝堯之子謂之女匽氏列女傳堯之二女名娥皇女英山海經帝俊妻是生十日漢地

理志陳倉有黄帝孫舜妻祠禮記舜葬於蒼梧之野蓋三妃未之從也堯典獨云二女而禮乃有三妃之文或謂女匽與皇英爲三未知是否俊即古舜字

正月以下夏小正

春正月戴德傳作正月金履祥加春字不知何義今兩存之

起蟄

愼按月令二月蟄蟲咸動戶疏云蟄蟲晚者二月始出故云咸動則正月已動矣

時有俊風

戴氏曰俊者大也大風南風也何大於南風也曰合冰必於南風解冰必於南風生於南風收必於南風故大之也愼按春秋内傳冰以風壯而以風出不聞曰南風以南訓俊爲戴氏爲然月令東風解凍復與此異何也曰東風其常也故直曰東風解凍南風時有之非恒也故曰時有俊風今老農占驗歲首數日有南風以爲大熟其相傳也久也

初服于公田

愼按孟子引詩云雨我公田遂及我私由此觀之雖周亦助也今云云戴氏解言先服于公田而後服其

私田也由此觀之雖夏亦助也

初昏參中斗柄縣在下

戴氏曰初昏參中蓋記時也云斗柄縣在下言斗柄者所以著參之中也楊愼曰按此言春節也晉董巴曰顓帝歷以今之孟春正月爲元其時正月朔旦立春五星會于天歷營室也冰凍始泮蟄蟲始發雞始三號天曰作時地曰作昌人曰作樂鳥獸萬物莫不應和又開元歷推夏時立春日在營室之末昏東井二度中古歷以參右肩爲距方當南正故小正月正月初昏云云魁枕參首所以著參中也

柳梯

戴氏曰矢也金履祥曰始綻如梯也愼按易枯楊生梯江根也榮於下者也

梅杏杝桃則華

時訓曰桃不華是爲陽否愼按逸周書時訓曰驚蟄之日桃始華月令始雨水桃始華

二月往耰黍

金氏曰耰復種也愼按尙書考靈運曰主春者鳥星昬中何以種黍與此不同蓋緯候之書出於漢代與古或不合也今南北地宜亦有早晩不同

綏多士女

戴氏曰綏安也冠子取婦之時也金氏曰女有家男有室所以安之也愼按月令中春之月會男女周官中春合會男女之無夫家者與此同蓋陰陽交合以成婚禮順天時也惟孔子家語曰霜降而婦功成嫁取者行焉冰泮而農業起昬禮殺於此又曰冬合男女秋班時位荀卿霜降逆女冰泮殺止進乖小正退違周禮豈當時不能守法或以男女及時盛年不得限以日月歟觀春秋書逆女四時無譏文可見矣

丁亥萬用入學

戴氏曰萬干戚舞也學大學謂今時吉日大舍采也金氏曰此月令所謂上丁命正習舞釋菜也二月不必有丁亥豈或以干取丁以支亥取亥歟愼按詩疏云萬爲舞名者武人以萬人定天下故象之今小正巳有萬舞之說則不起于周也可見況虎賁三千人巳有經典可據則詩疏謬矣

有鳴倉庚

註曰倉庚者商庚也商庚者長股金氏曰黃鸝也按釋鳥與註同郭璞云即犂黃也李巡曰一名楚雀方言云齊人謂之博黍今之布穀也布博聲相近謂之

博黍以聲呼之此鳥當名博穀

螜則鳴

戴氏曰螜則鳴天螻也按說文螻一曰螜螜音斛今按古今注螻蛄一名天螻一名螜一名碩鼠有五能而不成伎術

鳴札 四月

戴氏曰札者寗縣也鳴而後知之故先鳴而後札愼按爾雅如蟬而小有文者謂之

取荼莠幽

戴氏曰以爲君薦金氏曰荼苦也爾雅疏曰葉似苦苣而細斷之有白汁即今苦蕒也莠當作秀即呂令

苦菜秀愼按戴氏本取荼莠幽爲句而傳不解幽字之義金本以取荼秀爲句而幽作一句不知何見何據注郤云戴傳連莠幽爲句又云必有闕文卒無定說不如從戴本且闕疑也又按王本闕本無幽字

乃衣瓜 五月

戴注始食瓜金氏曰舊注作乃衣試新衣也愼按戴本闕本王本俱作乃瓜無衣字觀戴傳亦止解作食瓜義不知金氏何據添衣字且五月新衣不合時宜而衣瓜亦不成文

啓灌藍蓼

戴氏啓別也隨而疏之也灌者聚生者也記時也金氏曰啓灌者取其汁也藍可以染者取以爲 闕 蓼取爲麴愼按月令仲夏令民勿刈藍始可別令時亦七月始刈之則啓別之說爲是

鳩爲鷹唐蜩鳴

愼按爾雅當作螗蜩匽也一名蝘蚒字林蚒作嘹㫰蜩蟬聲淸長者唐蜩則今嘹也

煑梅

戴氏曰爲豆實也愼按古者飲食之用梅猶今之必用醋也

鷹始摯 六月

戴氏曰始摯而言之何也諱煞之括也金氏始攫搏也月令鷹乃學習於時二陰既起物感陰氣乃有殺心按鄭志焦氏問曰仲秋鳩化爲鷹仲春鷹化爲鳩六月何言鷹學習乎張逸答曰鷹雖爲鳩亦自有眞鷹可習矣

狸子肇肆 七月

戴氏曰肆遂始遂也或曰肆殺也愼按宗林狸伏獸盡至此時而始肆也

丹鳥羞白鳥 八月

戴氏曰丹鳥丹良也白鳥蚊蚋也其謂之鳥者重其養也翼者爲鳥羞者進也不盡食也孔氏羞進也若食之珍羞相似丹鳥以白鳥爲珍羞皇氏以丹良爲螢火爾雅郭氏釋皆不云駱賓王亦以丹鳥爲螢火愼按左傳丹鳥氏司閉者也註以爲鷩雉疑卽是歟羞白鳥不敢强解

遰鴻鴈 九月遰音遞

戴氏曰遰往也月令鴻鴈來愼按舊說鴈得中和之氣熱則卽北寒則卽南以就和氣泊江湖洲渚之間動計千百飛有先後行列蓋知序之鳥也故小正於

其來則曰鄉去則曰遵謹記之重之也周月令七十二候鴻鴈得其四焉

陟元鳥蟄

戴氏曰先言陟而後言蟄何也陟而後蟄也金氏曰古人重元鳥當其至而祠之故其來也書陟其去也書蟄貴之也愼按左傳郯子曰少昊元鳥氏司分以春分至而秋分歸也方氏曰元鳥至于中歸于中劉氏雜錄云世言燕秋社乃去渡海仲春復來昔年四京東關河幸崩見蟄燕無數又晉郗鑒爲袁州鎮鄮山百姓饑餓握野鼠蟄燕而食之乃知燕亦蟄耳月

令仲秋元鳥歸注云凡鳥隨陰陽者不以中國爲居蓋他物之蟄近在本處元鳥之蟄雖不遠在四夷必於幽辟之處非中國之所常見也據此則渡海之說妄矣

雉入於淮爲蜃十月

金氏曰蜃大蛤月令雉入大水爲蜃注大水淮也蜃蛟屬晉語亦曰雉入于淮爲蜃此時蓋化飛物爲潛物也不言化而言爲者雉化爲蜃蜃不復爲雉也愼按他書言蜃形以蛇而大腰以下鱗盡遂有耳有角鬣作紅色噓氣成樓臺望之丹碧隱然如在烟霞高鳥倦飛就之以息輒吸之而下今俗謂之蜃樓將雨即見海傍人常見之得其脂爲燭香聞百步烟出其上皆成樓閣之狀如是說又與大蛤之說異埤雅曰雉與蛇交生蜃

納卵蒜

十二月納卵蒜卵音穀戴氏曰蒜本如卵者也納者納之君也按南方有沙蒜其形近男牡即卵蒜也今按古今注俗人謂之小蒜胡國有蒜十許子共爲一株擇幕裹之名爲胡蒜尤辛於小蒜俗亦謂之大蒜甯波有淡菜其形不典一名殼菜亦以形近牝名香嚴

音曰卵依殼而生故曰殼

升菴經說卷十二

升菴經說卷十三

成都　楊　慎　撰　綿州　李調元　校定

無友不如已者 以下論語

或問必擇勝爲友則勝已者必以我爲不如已而不吾友矣曰人之稟有薄厚也學有先後也不可槩以齊不可強以躋而志趣則不可不高進爲則不可不力也若有人焉志浮於稟學倍其功雖稍不如已固益友當近也何也可與共適道也若夫志不上達力也中畫雖或勝已固損友當遠也何也難與並爲仁也此固夫子言外意也論語載孔子他日之言曰譬

如爲山未成一簣止吾止也譬如平地方覆一簣進吾往也荀子載孔子之言曰如垤而進者吾與之如邱而止者吾已矣聖人豈以爲垤勝邱哉貴進而惡止也知斯說者知取友矣

徵字音說

足則吾能徵之矣徵當音證左傳不徵辭注徵音證言語相違而不明證其辭與尚書明徵定保音義同莊子九徵至而不肖人得矣唐貞觀中有唐九證其名取莊子九徵說而字作證可以定其音矣

垝謂之坫

爾雅曰垝謂之坫注垝堂隅坫端疏坫者堂角也一名垝又曰坫名見於經傳者有三禮明堂位反坫出尊崇坫康圭及論語邦君爲兩君之好會有反坫此三者在兩楹之間以土謂之非經所謂也冢既夕禮云設於東堂下順齊于坫士冠禮云爵弁皮弁緇布冠各一執以待于南坫南列此經所謂也鄭注云坫在堂角然則堂之東北角爲東坫西南角爲西坫故郭云在堂隅坫端也說文坫屏也垝垣也引詩乘彼垝垣諸經音義坫古文店字陳祥道禮書曰坫者以土爲之記曰反坫出尊語曰邦君爲兩君之好有反

坫此反爵之坫也記曰崇坫康圭此奠玉之坫也記又曰士於坫一此庋食之坫也士冠禮爵弁皮弁緇布冠各一執以待於西坫南大射將射工遷于下東坫之東南士喪禮牀笫夷衾饌于西坫南既夕禮設棜于東堂下南順齊于坫此堂隅之坫也蓋兩君相見於廟尊於兩楹之間而反爵之坫出於尊南故曰出尊鄉飲酒是卿大夫禮尊於房戶間燕禮燕其臣尊於東楹之西皆無坫特兩君相見尊於兩楹間有坫管仲之反坫故孔子譏之又於其南爲之崇坫以安玉焉故曰康圭庋食之坫在房堂隅之坫在北

陳爾雅曰垝謂之坫郭璞曰坫端也此堂之隅之坫也鄉飲鄉射燕禮皆奠爵于篚則反爵于奠坫特兩君相好之禮也聘禮公受玉於中堂與東楹之間賓出公側受擧玉而不康之于坫蓋亦兩君相見之禮也鄭康成解康爲亢非也按陳氏說坫義爲詳惟失引汲冢書回阿反坫此外向之坫也

繹如

論語子語魯太師樂曰終於繹如也說文繹引緒也卽抽絲也好引緖之不斷抽絲之不亂也易曰君子以經綸經引之卽今織之牽絲也綸理之卽今織之

刷絲也牽而引之使之不斷理而刷之使之不亂也

一貫

宗杲問南軒如何是一貫南軒曰未與爾說一貫且道如何是忠恕宗杲歎服

我不欲人之加諸我也吾亦欲無加諸人

吾我一也古人互用之于文取其便誦讀耳無二義也左傳云我張吾三軍而被吾甲兵彼則懼而協以謀我又曰我爲吾家又曰我食吾言莊子云吾喪我又曰吾無糧我無食

季文子三思

季文子相三君其卒也無衣帛之妾食粟之馬無藏金玉無重器備左氏儼然稱之黃東發曰行父怨歸父之謀去三家至掃四大夫之兵以攻齊方公子遂弒君立宣公行父不能討反爲之再如齊納賂焉又帥師城莒之諸鄆二邑以自封殖其爲妾馬金玉也多矣是亦公孫宏之布被王莽之謙恭也然則小廉乃大不忠之節乎時人皆信之故曰季文子三思而後行夫子不然之曰再斯可矣此言微婉蓋曰再尚未能何以云三思也使能再思不黨篡而納賂專權而興兵封植以肥己矣不得其解者乃云思至于三

則私意起而反惑誠如其言則中庸所謂思之不得弗措也管子所云思之思之又重思之思之不通鬼神將通之吳臣勸諸葛恪十思者皆非矣然則以三思稱季文子者亦左氏之流也

尋仲尼顏子樂處

有問予不改其樂所樂何事予曰且問子人不堪其憂所憂者何事知世人之所憂則知顏子之所樂矣傳云所有居巖穴而神不遺末世有爲萬乘而日憂悲此我輩文字禪不須更下一轉語也

境逆樂眞

章楓山先生云處順境而樂之者易處逆境而樂之者難若曾點之浴沂邵雍之擊壤皆順境也惟夫牀琴於浚井之日絃歌於絶糧之餘以致捉衿肘見而歌商聲簞食瓢飲而不改其樂乃爲境之逆而樂之眞耳豈人所易及哉

奔而殿

殿音震疏引司馬法謀帥篇乘車大震倅車屬焉按大震左傳注作大晨亦音震

不觚

古者獻以爵而酬以觚說文所謂鄉飲酒之爵也傅

古圖載其制云觚口容一爵足容二爵韓詩外傳所謂三升曰觚是也腹之四稜削之可以爲圓故史記云破觚而爲圜也足之四稜漢宮鳳闕效之以爲用文選云上觚稜而栖金雀也下爲四象禮所謂象觚也此所云觚皆酒器也後世以木簡謂之觚急就章所謂急就奇觚與衆異陸士衡文賦云或操觚而率爾是也孔子所歎之觚則酒器而非木簡也何以知其然以觚爲簡起于秦漢以後孔子未嘗見之也又以勢言之酒觚可削而圓木簡不可削而圓也木簡而規圓之豈不成攋麪杖邪是以知孔子所歎蓋酒器而非木簡也然則孔子何以歎也曰古人制器必尚象以一觚言之上圓象天下方象地且又取其置頓之安穩焉春秋之世蓋巳有破觚爲圓者矣徒取其利于工之易鑄而不知失其象便于人之易持而不計其頓之危也孔子於獻酬之際見而歎之其事雖小而輕變古制不師先王巳有秦人開阡陌廢井田焚詩書尚法律之漸矣與春秋大復古而譏變法同一旨歟

必在汶上

汶書作嶓注在齊南魯北境上晉書成帝紀濟嶓大

守劉闓降于石勒〇岷山導江岷亦作嶓今以岷山爲北嶓汶上爲南嶓也餘詳水類

子見南子

子見南子子路不悅子矢之辭亦甚昭矣而後世王符劉子元猶有異說雖朱子謂矢爲誓否謂不合理不由道亦淺之乎觀聖賢矣孔鮒云古者大享夫人與焉於時猶有行之者意衞君夫人享夫子則夫子亦弗獲已矣欒肇曰見南子者時不獲也猶文王之居羑里也天厭之者言我之否屈乃天命所厭也合二說而觀之則矢者直告之非誓也否音否塞之否

古者仕於其國則見其小君子路意以孔子旣不仕衞矣而又見其小君是求仕不說者不說夫子之仕非不說夫子之見也子直告之曰予道之不行其否屈乃天棄絕也天之所棄豈南子所能興而吾道賴之行哉見之者不過荅其禮耳如此則聖賢之心始白而王符之徒亦無所吠其聲矣

游於藝

君子立教之不隱也如影矣受命之不諱也如響矣禮以考敬樂以敦和射以平志御以和心書以綴事數以理煩皆藝也禮中容樂中聲射中鵠御中軌書中文數中算皆游也

不圖爲樂之至於斯

今之說曰不意舜之作樂至於如此若如其說則孔子之視舜劣而小之甚矣且孔子嘗曰樂則韶舞又曰韶盡美矣非不知韶也非不知舜也舜之大聖其樂盡美固其所也而曰不意非小之乎譬今有二士一有文名一素無積學有文而登高科聞者以爲固其所也素無積學而登高科人必曰不意至於如此也使舜而非聖則曰不意作樂至此甚可也其說病甚矣按古注相傳謂不意齊之作樂至此耳蓋舜爲君夔典樂則其盛宜也君非舜工非夔而忽見於齊廷詫齊也非詫舜也此一說也或曰齊之田氏乃舜裔舜以揖遜有天下而田恒乃弒其君故孔子聞韶而歎曰不意盛德之後而乃篡弒乎有所感也此又一說也

文莫解

文莫吾猶人也晉書欒肇論語駁曰燕齊謂勉強爲文莫陳騤雜識云方言侔莫強也凡勞而勉若云努力者謂之侔莫此說甚異聊存之以廣多聞

硜硜

古禮容磬折以爲恭微磬以爲中故坐以微磬之容行以微磬之容趨以微磬之容跪以微磬之容拜以微磬之容立以微磬之容磬之中恭也曰硜硜然小人哉磬之未失也語曰恭而無禮則勞（硜古磬字）

六尺之孤

學林云論語託六尺之孤據周禮卿大夫之職國中自七尺以及六十野自六尺以至六十有五皆征之韓詩外傳國中二十行役則七尺者二十也其升降皆五年則六尺者十五也

成於樂

律吕造夫婦之端宫商合君臣之宜塤篪寄伯仲之睦琴瑟懷志義之恩舞綴以勸勞逸宫軒以等貴賤故曰成於樂

可與適道未可與立

後漢書引此註曰立謂立事立功逸尚書云立事立功可以永年

去喪無所不佩

王逸曰行清潔者佩芳德光明者佩玉能解結者佩觿能决疑者佩玦故孔子無所不佩也

問事鬼神

人鬼者幽明之故也死生者始終之說也明乎明之故人焉廋哉明乎幽之故神焉廋哉故曰未能事人焉能事鬼知始之原其生也若浮而順矣知終之及其死也若休而安矣故曰未知生焉知死總其所以乖鼓之於一響成其所以變混之於一象至人哉

諺喭唁　此條見古今諺

由也諺諺俗論也或作喭見文選註又作唁劉勰曰諺喭唁同一字諺者直語也壓路淺言有質無華喪言不文故弔亦稱唁劉子新論子游裼裘而諺曾子指揮而西是諺與唁同也

賜不受命而貨殖焉

說文殖脂膏久也考工記櫛爲膱又云凡膱之類不能方周禮注今人頭髮有脂膏者謂之膱毛詩予髮曲局注膱也則殖與膱通用貨殖謂蓋藏積而不用如脂膏久而致殖也今以興生射利者爲殖蓋借用字耳後世遂以殖訓生非也尚書曰弗殖貨利訓之爲生特不然矣韓文公李荆墓誌家無膱財或作腊財皆用此義今人不知妄作積財淺矣

曾蔵

蔵古文點字曾蔵孔子弟子也蔵小黑也故字晳奚

容蔵亦字子晳公西點亦作蔵

四子侍坐

以吾一日長乎爾長老也無吾以也以用也孔子言已老矣不能用也而付用世于四子也故三子皆言用世也晳之言亦用世而非大用也冠者童子雩祭人也浴乎沂涉沂水也象龍從水中出也風乎舞雩風歌也詠而饋詠歌饋祭也職既輕于抱關擊柝事又遍于鄉俗里閭不必居夷之遠浮海之險也偶一爲之時適其適也自適其適而不適人之適也夫子與之者意在言外喟然者所感深矣此王符之說古

必有授韓退之以浴爲沿非宋人堯舜氣象天地同流之說又過矣曾晳狂者也本有用世大志而知世之不我以也故爲此言以銷壯心而耗餘年此風一降則爲莊列再降則爲嵇阮矣豈可鼓之舞之推波助瀾哉

夫子與點

四子侍坐而夫子啓以如或知爾則何以哉蓋試言其用於世者何如也三子皆言爲國之事答問之正也子路乃率爾以對先蹈於不辭讓而對之非禮矣夫子哂之蓋哂其不遜非哂爲國也曾晳是時手方

鼓瑟而心口相與曰夫子其不悅于爲國乎又見赤與求之答夫子無言竊意夫子必不以仕爲悅矣故一承點爾何如之問從容舍瑟而試問曰異乎三子者之撰蓋逆探夫子之意也夫子云亦各言其志而點乃爲浴沂詠歸之說蓋迎合之言非答問之正也夫子以行道救世爲心而時不我與方與二三子私相講明於寂漠之濱而忽聞曾晳浴沂之言若有獨契其浮海居夷之志曲肱飲水之樂故不覺喟然而歎蓋其意之所感者深矣所與雖點而所以歎者豈惟與點哉至於三子出而曾點後蓋亦自知答問之非正而蒙夫子之獨與故歷問之而夫子歷道三子之美夫子豈以忘世自樂爲賢獨與點而不與二三子哉後世談虛好高之習勝不原夫子喟歎之本旨不詳本章所載之始末單摭與點數語而張皇之遺落世事指爲道妙但欲推之過高而不知陷於談禪其失豈小哉程子曰子路冉有公西華言志自是實事此正論也又曰夫子與點蓋與聖人之志同便是堯舜氣象又曰上下與天地同流且天地同流惟堯舜可以當之曾點何如人而與天地同流有堯舜氣象乎且聖人之志老安少懷安老必有養老之政懷

少必有慈幼之政非隱居放言亦爲政之事也點之志與聖人豈若是班乎此言或出於謝上蔡之所錄非程子之言亦不可知縱眞程子之言吾亦闢之矣程子之賢不及孟子孟子曰琴張曾晳牧皮者孔子之所謂狂也點也人品之高下孟子已有定論且與琴張牧皮爲伍琴張牧皮又可與子路冉有若是班乎嗟乎今之學者循聲吠影徒知聖人之所與而不知聖人之所裁也孔子曰吾黨之小子狂簡斐然成章不知所以裁之孔子自陳歸啓欲裁正之者正爲晳輩惜乎不知所以裁點之事而徒傳與點之語使

實學不明于千載而虛談大誤于後人也朱子晚年有門人問與點之意朱子曰某平生不喜人說此話論語自學而至堯曰皆是工夫又易簀之前悔不改浴沂註一章留爲後學病根此可謂正論矣呂與叔程子之門人而上蔡之友也其詩曰可憐曾點惟鳴瑟獨坐春風詠不休又曰終日孔門無一事只輸顏氏得心齋又因程子吟風弄月之言而演爲心齋之說心齋乃莊子之寓言此詩不惟厚誣曾點又嫁非於顏子矣其去竹林七賢南朝八達者幾希嚌如是何不徑學莊列而學孔孟孔孟固如是乎夫子歷聘卒老於行荷蕢晨門長沮桀溺植杖楚狂之徒非笑譏諷而夫子之轍不回而佛肸公山之徒召亦欲往豈以不仕爲高者耶充點之志而不知聖人之裁則與桀溺之忘世莊列之虛無晉人之淸談宋人之禪學皆聲應氣求響合影附不至於猖狂自恣放浪無檢不止也鼓之舞之流於異端而不覺者豈非堯舜氣象一言爲之厲階哉

魯衞之政兄弟也

司馬遷曰此爲衞出公魯哀公發也

硜硜然小人哉

何晏注曰硜硜猶碌碌也晉范宏之傳雖有硜硜之稱而非大雅之致一作踁踁

禹稷躬稼

論語禹稷躬稼而有天下孟子云禹稷三過門而不入或疑禹未嘗躬稼稷未嘗三過門不入是不然皆紀實也書云禹曰予乘四載隨山刊木曁益奏庶鮮食予决九川距四海濬畎澮距川曁稷播奏庶艱食鮮食懋遷有無化居烝民乃粒蓋禹爲司空稷爲田正益爲虞土田山澤鳥獸魚鼈其所掌也是三人均主水土治水之役所當偕行孟子云益掌火列山澤而焚之是益偕行之證也山海經廣都之野有后稷之迹是稷偕行之證也而尚書之曁益稷尤爲明證禹過門不入稷豈獨入乎稷躬稼而禹以非田正坐視乎三人同受舜命必同寅協恭豈如後世避侵官離局之嫌乎

齊桓晉文

趙鵬飛曰世之稱五霸者其論出於荀孟聖人初無是言也孔子曰齊桓公正而不譎晉文公譎而不正又曰其事則齊桓晉文初不及宋襄秦穆楚莊吳闔閭越句踐而荀孟之所謂五霸者亦所取不同蓋各

狗戰國一時之稱慕而立論爾孟子之所謂五霸則桓文與宋襄秦穆楚莊爲五荀子之所謂五霸則桓文與楚莊闔閭句踐爲五二子之論既殊則學者信吾夫子言足矣戰國之說不足據也如前七君者皆見乎春秋而聖人獨于桓文有實予之辭首止葵邱之盟踐土於溫之會召陵城濮之役王室賴之諸侯賴之兆民賴之聖人所以予之者非私也凡以幸天下之有桓文而不遂爲夷也若夫宋襄則固無成功吾前論之矣而秦繆楚莊闔閭句踐皆爲中國患聖人何忍長其寇哉若闔閭句踐皆逞兵以鬬其私尤無足稱據者春秋蓋夷狄之君子不道也而秦繆三敗不退孟明其悔咎之誓得列於書楚莊得陳得鄭而不有哀宋之危而隨許其平其義見稱于武子若二君者以爲夷狄之賢君則固也而遂與威文同列則鷹鸞無别矣秦繆之誓特其詞有足觀聖人取其詞而已繆公之悔非其道也悔其敗而益阻兵是豈聖人所望哉故書於春秋皆擠之九泉之下無隻字之襃也若楚莊者尤中國之害又非秦繆之比秦繆鬬私忿於晉而已實不敢陵諸侯也而莊之兵直犯中國滅庸滅舒蓼滅蕭宋陳鄭聖賢之後皆被其毒

假代戎之行以觀兵於周伏討罪之名以肆虐於陳圍鄭圍宋皆必其面縛請孥登床告病而後已謂之賢者固如是乎吾嘗怪後世君子不闢荀孟之論而槩以五霸爲賢昧者遂伸秦繆楚莊於桓文之列則玉石無辨矣觀春秋所書無一語之溫庸可謂予秦楚乎吾故辨之暴秦楚之惡以存中國破荀孟之論以直桓文非私意也春秋意也穀梁傳云交質子不及二霸亦可證春秋之世本無五霸之說也

桓文譎正

五霸莫大于桓文桓文之事莫大于會盟會盟之舉莫大于葵邱踐土然葵邱之會定太子以安王室公義也故曰齊恒公正而不譎踐土之會挾天子以令諸侯私情也故曰晉文公譎而不正此宋橫浦張九成之說殊爲理長集注所言雖皆二公之事乃其小者爾當表出之聖人復起不易斯言矣

晉文公譎而不正齊桓公正而不譎

鄭陽曰此孔子爲哀姜發也

齊桓晉文優劣

桓文雖並稱而文固非桓匹也或曰桓公二十餘年養晦蓄威始能向楚文公一駕而城濮之功多於召

陵桓公屢盟數會遲回晚歲始會宰周公文公再合而于温之會捷於葵邱桓公終身與諸侯周旋會鄄失魯盟幽失衞首止失鄭葵邱失陳文公二會則大侯小伯莫有不至其得諸侯又盛于桓公予今曰文非桓匹何也曰文公之功多於桓公者罪亦多於桓公者也事速於桓公者義先壞於桓公者也名盛於桓公者實衰於桓公者也春秋不以功蓋罪不以事掩義不以名誣實文豈桓匹哉桓公得江黄而不用以伐楚文公則謂非致秦不足與楚爭楚抑而秦與矣此桓公之所不肯爲者也桓公會則不邇三川盟

則不如王人文會畿內則伉矣盟子虎則悖矣此桓公之所不敢爲者也桓公寧不得鄭不納子華懼其獎臣抑君不可以訓文公爲元咺執衞侯則三綱五常于是紊矣此又桓公之所不忍爲者也觀此則吾夫子正譎之論孟子獨表桓公五禁而不及晉文余謂文非桓匹豈一人之私言乎

霸伯同

憲問篇註曰霸與伯同長也左傳成公二年齊國佐對晉人曰四王之王也樹德而濟同欲焉五伯之霸也勤而撫之以役王命黄震曰天下之主謂之王諸侯之長謂之伯此指其定位而名也以德方興而爲天下所歸則王平聲轉聲而爲王去聲王政不綱而諸侯之長自整率其諸侯則伯入聲轉聲而爲伯去聲皆有爲之稱也正音爲靜字轉聲爲動字以此證之左傳四王之王上如字下音旺五伯之霸上伯字入聲下霸字去聲王字無別體故同用王字伯字有霸字爲別體故上用伯下用霸左傳不惟文精用字亦不苟矣註疏未發故特爲著之

陳桓弑君

孔子沐浴而朝其義盡矣胡氏乃云仲尼此舉先發

後聞可也是病聖人之未盡也果如胡氏之言則不告於君而擅興甲兵是孔子先叛矣何以討人哉胡氏釋之於春秋朱子引之於論語皆未知此理也岳飛承金牌之召或勸之勿班師飛曰此乃飛反非檜反也其從容君臣之義雖聖人不過是也慎按孔子時已致仕家無藏甲身非主兵何所爲發必欲先發是非司寇而擅殺也聚衆則逋逃主也獨往則刺客靡也二者無一可焉而曰先發後聞謬矣疑者謂胡氏之失耳詳考胡氏此言見於春秋宋公陳侯蔡人衞人伐鄭之傳引孔子此事而繼之曰鄰有弑逆聲

罪致討雖先發後聞可也蓋指宋陳三國之君移兵以討州吁爲言而非謂孔子也若可以先發孔子當先爲之不待後人之紛紛也

上達下達

君子上達謂士人君子學成行尊優入聖賢之域故曰上達小人下達謂農工商賈各治其事遂其終身之業故曰下達○君子上達公卿大夫明明求仁義也小人下達農工商賈明明求財利也君子小人位有不同上下相須故皆曰達若凶人爲不善不敗則亂焉能達乎

高宗梁闇

尚書大傳子張問曰高宗梁闇三年不言何也孔子曰古者君薨王世子聽於冢宰三年不敢服先王之服履先王之位而聽焉以臣民之義則不可一日無君矣不可一日無君猶不可一日無天也以孝子之隱乎則孝子三年弗居矣隱痛也隱或爲殷故曰義者彼也隱者此也遠彼而近此則孝子之道備矣高宗梁闇非孔子解之葛伯仇餉非孟子解之後世知諒陰仇餉爲何語哉今之尚書其爲梁闇仇餉之比者多矣生乎千世之下一一欲強通之難矣哉

子貢多學之對

子曰賜也以予爲多學而識之者與對曰然非與子貢非不知也蓋辭讓而對事師之理也鬻子對文王武王成王皆曰唯疑豈方唯而亦疑乎對君之體也太史公曰唯唯否否蓋古之對友亦如此又可以證矣

無爲而治

無爲而治者其舜也與楊子法言或問無爲曰奚爲哉在昔虞夏襲堯之爵行堯之道法度張禮樂著垂拱而視天民之阜也無爲矣紹桀之後纂紂之餘法

度廢禮樂虧安坐而視天民之死無爲乎莊子曰無爲也則用天下而有餘有爲也則爲天下用而不足故古之人貴夫無爲也上無爲也下亦無爲也是下與上同德下與上同德則不臣下有爲也上亦有爲也是上與下同道上與下同道則不主上必無爲而用天下下必有爲而爲天下用此不易之道也嗚呼莊楊二子之言可以發夫子未盡之蘊矣使夫子九原可作亦必以其言爲然矣當合而觀之

史魚尸諫

史魚以尸諫衛靈公虞世南夢進讜言於唐太宗忠

臣之奇節史册之異聞也

般輅

乘殷之輅其後秦始皇覩三代之車獨取殷制按南史齊志殷有瑞因乘鈎而制車因桑根而爲色古所謂器車也一曰桑根車一曰金根車

淫聲

鄭聲淫淫者聲之過也水溢於平曰淫水雨過於節曰淫雨聲濫於樂曰淫聲一也考工記善坊者水淫左傳星在歲紀而淫於元枵鄭聲淫者鄭國作樂之聲過於淫非謂鄭詩皆淫也後世失之解鄭風皆爲

淫詩謬矣樂記曰流辟邪散狄成滌濫之音作而民淫亂狄與逖同逖成言樂之一終甚長淫泆之意也逖成者若古之曼聲後世之花字今俗所謂勞病腔之類耳

辭達

孔子云辭達而已矣恐人之溺於修辭而忘躬行也故云爾今世淺陋者往往借此以爲說非也易傳春秋孔子之特筆其言玩之若近尋之益遠陳之若肆研之益深天下之至文也豈止達而已矣哉譬之老子云美言不信而五千之言豈不美邪其言美言不信正恐人專美言而忘信也佛氏自言不立文字以綺語爲罪障然心經六如之偈後世談空寂者無復有能過之矣予嘗謂漢以上其文盛三教之文皆盛唐宋以下其文衰三教之文皆衰宋人之語錄去荀孟何遠猶悟眞篇比於參同契傳燈錄比于般若經也

友便佞

便說文引作諞

性相近也習相遠也

後漢杜密傳引此言云云言者惡之本同而遷染之

塗異也

用我吾爲東周

明道先生曰吾其爲東周乎蓋孔子必行王道東周衰亂所不肯爲也亦非革命之謂也伊川先生曰東周之亂無君臣上下孔子曰如有用我者吾其爲東周乎言不爲東周也二程之言如此因論曰周轍不西王綱解紐孔子作春秋托始于平王蓋傷東周之衰也詩亡而後春秋作孔子刪詩于王風首錄黍離其詩曰悠悠蒼天此何人哉傷興復之無人也錄變風于鄶下曰誰將西歸懷之好音其心未嘗一日而

忘西周故又曰彼美人兮西方之人兮其在雅之詩也曰大東小東杼軸其空雪山王氏曰平王遷于王城此大東也敬王避子朝之難又去王城而入成周此小東也東而又東澤爲東薪而道爲茂草西方益遠矣其在論語則曰吾不復夢見周公其在中庸則曰憲章文武又曰文武之道布在方策其人存則其政舉夢周公欲行周公之道也憲章文武欲舉其政也其心豈一日而忘西周耶故公山不狃以費叛佛肸以中牟叛孔子皆欲往究而言之不狃叛李氏非叛魯也子之欲往安知其不欲因之以張公室乎按

左傳吳將伐魯叔孫輒助之不狃曰非禮也君子不以所惡廢鄉今子以小惡而欲覆宗國不亦難乎其不忘故國如此則其以費叛也正欲張公室也佛肸之中牟亦猶不狃之費矣或曰傳者謂興周道于東方是乎答曰是未喻乎字之微旨也其微旨若曰如有用我吾其肯爲東周之微弱偏安而已乎當是時東周之臣如宰咺家父容悅之臣也非安社稷者也萇宏城成周有安社稷之志者劉康公成肅公有安社稷之功者也未及乎天民大人也惟聖人有過化存神之妙撥亂反正之才必欲挽東周爲西周也或曰不狃佛肸皆以叛書何也答曰論語之書豈孔子自作哉門人弟子之筆也魯人知有季氏而不知有魯公久矣况知宗周乎仲由冉求在四科之列而爲季氏聚斂且助之伐顓臾况其下乎左傳之言曰家臣而欲張公室罪莫大焉是以黨惡滅君爲功反以張公室爲罪其書不狃佛肸之叛曷怪乎觀書者當求于意外不然紙上陳言矣

匏瓜

吾豈匏瓜也哉言匏苦而人不食之非謂匏不能飲食也植物之實何物能飲食哉左傳曰匏不才於人

共濟而已正與孔子之言及詩匏有苦葉相合

鄉愿

以鄉愿竊相位胡廣也以鄉愿竊天位王莽也

予欲無言

子曰予欲無言子貢曰子如不言則小子何述焉子謂子貢曰女與回也孰愈子貢曰賜也何敢望回回也聞一以知十賜也聞一以知二余讀至此有感焉曰夫子於子貢啓之屢矣予欲無言之意卽與回孰愈之問也夫子嘗云回也終日如愚又云回非助我此二言者蓋得意忘言之筌蹄而契無言之敎惟回

也獨自回以下則頓悟莫賜也若矣故夫子屢以啓之予欲無言之言即與回孰愈之問也子貢之對乃爾是以喙之聞臆之知測之少照之多爲回賜優劣非夫子發問之旨矣子曰弗如也吾與女弗如也求其說而不得者以爲既然之又許之夫子然也乎哉夫子許也乎哉其言外之意若曰女以聞知多少而分優劣此女所以弗如回也亦猶天何言哉之答也不然則殆庶之稱屢空之稱好學之稱未見其止之稱聖人權衡久矣淵也居德行之首子貢在言語之科門人詳記亦定矣子貢方人亦豈不自知而煩夫

子之問乎惜乎子貢未喻其旨而靳於再問也

改火

鑽燧改火四時而五物焉朱子謂夏火太盛故再取此意料之言耳先王取火法五行也春行爲木榆柳色青以象木也木生火夏行爲火棗杏色赤以象火也火生土季夏行爲土桑柘色黃以象土也土生金秋行爲金槐檀色白以象金也金生水冬行爲水柞楢色元象水也四時平分而夏乃有二焉何也上位在中宮而寄王於四時季夏者土之中位故月令於仲夏之後列中央土素問謂之長夏是其說也統之則爲四時分之則爲五行五行各七十二日土分王於四時之一各分十八日合之亦七十二日總五行之七十二日合三百六十而成一歲也愼十四五時先祖留耕公教說如此且云見宋儒某書今不能記其爲何書何人也今按唐李涪刊誤言四時皆改其火

柳下惠吏于魯三黜而不去人謂之曰子未可以去乎下惠曰苟與人之異何所往而不黜乎猶且黜乎寧於故國耳韓非子

此與論語所載同一事也論語所載衍而明韓非所載簡而峭朱子言刻薄人善作文字信然

耰而不輟

耰而不輟賈逵曰古曰耰今曰勞勞郎到切說文耰摩田器諺云耕而不勞不如作暴○今之壓田也○四民月令曰勞雪令地保澤

亞飯干適楚

白虎通德論曰王平居中央制御四國平旦食少陽之始也晝食太陽之始也晡食少陰之始也暮食太陰之始也

八士姓名

大理董難嘗見宋人小說周有八士姓名八人而叶

四韻伯達伯适一韻也仲突仲忽一韻也叔夜叔夏夜音亞一韻也季隨季騧隨音駄騧音窩一韻也周人尚文於命子之間亦緻密不苟如此

八士考

周有八士馬融以爲成王時人劉向以爲宣王時人他無所考汲冢周書克殷解乃命南宮忽振鹿臺之財乃命南宮百達史佚遷九鼎三巫疑南宮忽卽仲忽南宮百達卽伯達也尚書有南宮括疑卽伯适也則八士者南宮氏也以爲成王時人近之尚書南宮之姓與汲冢書南宮之姓合伯達伯适與仲忽之名又合似是無疑聊筆之以詒博古者

季隨

蕭穎士蒙山詩子尚捐俗紛季隨躡遐軌季隨卽周八士中一人也蒙山有季隨隱跡事未知所出亦奇聞也

區別

蘇子由云區以別矣如瓜疇芋區之區自反而縮如王祭不供無以縮酒之縮

多見其不知量也

多一本作祇本作敎省作多周易無祇悔荀九家作多

集註外四種

集註之外有論語纂訓先生外兄邱子野所纂凡十四家先生作序○論語要義公文著○論語口義删錄要義以成之本之注疏參之釋文會之諸儒聞之師友得之心思○語孟集義亦文公著(今皆不傳)

清明在躬志氣如神有物將至其兆必先

此與禮記孔子閒居文同有物禮記作耆欲其兆禮作有開朱子曰耆下曰亦似有開上門亦似兆若說耆欲則非美意則此文當以家語爲正也

短人

孔子家語僬僥長三尺短之極也而莊子注云務光長八寸論衡及何承天纂文云張仲師長尺二寸近於誣矣宋史呂夏卿年老身形漸縮如小兒小說載嶺南鶴窠鶴髮翁亦縮如嬰孺此非常理所格也(今按劉杳傳張仲師長一尺二寸)

升菴經說卷十三

升菴經說卷十四

成都 楊慎 撰 綿州 李調元 校定

梁惠王遺事 以下孟子

梁惠王謂孟子曰晉國天下莫强焉叟之所知也及寡人之身東敗於齊長子死焉注疏及朱子註皆不著按戰國策甘茂謂秦王曰詩云靡不有初鮮克有終梁君伐楚勝齊制韓趙之兵驅十二諸侯朝天子于孟津後子死身布衣而拘於秦又蘇秦說齊閔王曰魏王擁土千里帶甲三十六萬恃其强而拔邯鄲又從十二諸侯朝天子以西謀秦秦用商鞅計以言

佯尊而驕之魏王乃廣公宫制丹衣柱建九斿從七星之旟此天子之位也於是齊楚怒伐魏殺其太子覆其十萬之軍魏王大恐跣行而東次於齊然後天下乃捨之當是時秦王垂拱而受西河之外不以德魏則所謂天下莫强者伐楚勝齊拔邯鄲也所謂西喪地于秦七百里卽所謂秦王垂拱而受西河之外也惟徒跣西次于齊布衣而拘于秦史記及司馬公通鑑皆不載無以見其實事關緊亦大且可合孟子之書宜書之

釁字音

孟子將以釁鐘禮雜記宗廟之寶器有名者成則釁之以豭豚周官春官天府釁寶器鄭司農皆音徽

觳觫

孟子吾不忍其觳觫言牛將就屠而體縮恐懼也觳本古文斛字見周禮其字從殻省穀而角之是斛也觳字義兼聲角字聲兼義合爲斛字乃正字非借也觳鼎食也俗作餗牛之恐懼字當作觳觫觳從豕尾懼之貌觫從角角懼之貌漢隷又作觳瘯瘯寒戰疾也借作牛之懼貌義亦互通

一夫

宋高宗問尹焞曰紂亦君也孟子何以謂之一夫焞對曰此非孟子之言武王誓師之辭也獨夫受洪惟作威高宗又問曰君視臣如土芥臣便可視君如寇讐焞對曰此亦非孟子之言書云撫我則后虐我則讐高宗大喜嗚呼儒者對君之言從容中道若此所養可知矣近世名公以道學自負一趨官召對君自稱學生何以異於野人哉

轉附朝儛

轉附朝儛二邑名朝音朝夕之朝齊有朝儛衛有朝歌皆以俗好嬉遊名其地焞于髡云綿駒處於高唐

而齊右善歌豈即此地與

賢聖之君六七作

朱子注云由湯至於武丁中間太甲太戊祖乙盤庚

愼按尚書無逸稱殷之賢君曰其在太戊其在高宗其在祖甲又總之曰自殷王中宗及高宗及祖甲及我周文王茲四人迪哲以祖甲與中宗高宗竝稱而不言太甲則祖甲竝美二宗而賢於太甲明矣以祖甲與周文王而竝言則其賢益明矣朱子稱殷之賢君獨不及祖甲何哉余詳考而思司馬遷作史記未見古文尚書乃取國語帝甲亂之一語而衍之曰祖甲淫亂孔安國注尚書遂以祖甲爲太甲甚矣安國之愚也不信經而信史不信周公而信司馬遷即使祖甲爲太甲無逸之書何以置祖甲於中宗高宗之後言之至再其序皆然周公不如此之顛倒也朱子不稱祖甲者蓋亦信史記及孔安國之過也王伯厚曰祖甲之賢與高宗侔在殷亦當稱宗特以世數未及祧期而殷亡故不及崇宗號耳此說得之

置郵傳命

置郵傳命古注置驛也郵馹也或問予驛與馹置與郵何分別乎余曰考之說文馹傳也驛置也置緩而郵速驛遲而馹疾也置有安置之意如今制云日行一程郵有過而不留之意猶今制云倍道兼行左傳楚子乘馹車會師於臨品之上又祁奚乘馹而見范宣子及子木使馹謁諸王又云吾將使馹聘問諸晉以上馹字見於左傳者四條皆言速馳之意後世不達馹字之義而吏牘俗書又以馹爲驛之省文本朝刻春秋大全皆認馹爲俗書省文盡改左傳四馹字爲驛作者之精意隱矣○漢制四馬高足爲置傳皆君與大夫所乘其行安舒故不得不遲一馬二馬爲軺傳軍書使命之用故不得不疾漢文帝自代來乘六傳車亦取其速○驛與馹二字于文義爲小然混而不分則解經皆謬矣元許白雲曰馬遞曰置步遞曰郵蓋想像妄說初無所祖不思古注郵訓爲驛然是步遞字何以從馬乎

志至氣次

志之所在氣必至焉故曰志至氣次至者至到之至而非極至之至次者次舍之次而非次第之次也思冰而寒思火而熱此志自內至而氣次焉之驗也驚而汗出哀而淚下此志自外至而氣次焉之驗也以文觀之則曰至曰次似志甲而氣乙也以氣驗之豈

志甲而氣乙云乎公孫丑不達實以爲甲乙之差故復有問而孟子有志壹氣壹之辯亦既曉然矣今之說者猶以王次爲甲乙則公孫丑之問爲是而孟子之言虚矣

配義與道

其爲氣也配義與道朱子注云配者合而有助之謂近高泉謝氏云合字是也而有助字却非謂其有彼此之分也文公此解緣信師說大過延平先生云配是襯貼起來又云氣與道義一滚出來一滚出來之說極精而襯貼起來之說欠瑩文公語錄云配義與

道不是兩物相補貼只是一滚發出來此說極精則解配字只消一合字足矣不應并取補貼之說而添有助字也曰有助則又似兩物相補貼而與一滚出來之意異矣余謂高泉之說善矣張子曰天地之塞吾其體天地之帥吾其性程子曰天人一也更不分別浩然之氣乃吾氣也又曰天人合一已是賸一合字其言妙得孟子配字之旨余子積性書有云氣嘗輔理之美矣理豈不能救氣之衰乎羅整菴云不謂理氣交相爲賜如此嗚呼是即合而有助之說之病也

行潦

河海之於行潦行音杭潦音澇謂水澇之年大道上積水也淮南子所謂牛蹄之涔無尺之鯉是也又曰邱阜不能生雲雨涔水不能生魚鼈也

市廛而不征

鄭元曰市廛而不征謂物藏於市不稅之也古者市廛無征文王治岐猶然周官立市廛之政已非文王之舊矣孟子蓋不足於周制而欲師文王也故曰廛而不征其有貨物久滯于廛而不售者官爲買之入膳夫之府所以紓民事而官不失實不廛者不久滯

于廛也故曰法而不廛愼按此說簡明大勝今注

七十而耡

說文引孟子七十而耡周禮以歲時合耦三耡以治稼穡鄭司農曰耡里宰治處若今街彈之室趙明誠金石錄街彈碑跋云街彈室今之申明亭也耡音助又周禮以興耡利甿謂起人民令相佐助又齊民要術引諺云溼耕澤鋤不如歸去

願受一廛而爲氓

鄭司農周禮注曰廛市中空地無肆城中空地無宅者即今之虛也說文市物邸舍曰廛即今人浮鋪也

此極明析矣陳相之滕願受一廛使其有肆有宅豈得奪人之居以處他國乎日月所經之道曰辰又曰躔亦從廛蓋辰爲天壞亦如地上城市之空地此尤可證○氓之爲字从亡从民流亡之民也周禮凡治野以下劑致氓以田里安氓以樂昏擾氓以土宜教氓又云新氓之治注新徙來者也若是本國之民已授田矣又何必以田里安之已安土矣又何必以土宜教之乎以詩與孟子證之尤可驗詩曰氓之蚩蚩抱布貿絲匪來貿絲來卽我謀送子涉淇至于頓邱此蓋氓之離其本土而淫于外州者也孟子陳相自

楚之滕願受一廛而爲氓此蓋去其本土而占籍於他國者也又曰天下之民皆悅而願爲之氓若是本國何得云天下之民若是本民又何得稱氓乎

楚學奇衺

有爲神農之言許行自楚之滕傳休奕云楚去中國遠戰國之世奇衺之學按尸子云神農氏夫負妻戴以治天下堯曰朕之比神農猶昏之仰旦也漢志注尸子楚人蓋與許行後先故其言如此易曰神農氏作通變不倦神化宜民焉有夫負妻戴之理哉

濕水

濕水出東郡東武陽入海从水㬎聲或省作漯後誤以爲乾溼之溼而濕又轉爲漯字瀹濟漯而注之海亦後人妄改也

勞之來之

勞來皆去聲來勑同音其勤曰勞撫其至曰來作平聲非

博約

博學而詳說之將以反說約也或問反約之後博學詳說可廢乎曰不可詩三百一言以蔽之曰思無邪禮三千三百一言以蔽之曰毋不敬今教人止誦思

無邪毋不敬六字詩禮盡廢可乎人之心神明不測虛靈不昧方寸之地億兆兼照者也若塗閉其七竅析墮其四支曰我能存心有是理乎

孟子注

孟子注疏非禮之禮注云陳質娶妻而長拜之西子蒙不潔注云西施越之美女過市欲見者先輸金錢一文此二事不見於他書若質者古今畏內之最也西施事尤可笑亦後世搖錢樹之比乎

周公思兼三王

孟子云禹惡旨酒云云周公思兼三王以施四事宋

儒注云或謂各舉其盛亦非也聖人亦無不盛此言是也但引其端而不竟其說愚謂孟子此章專贊周公事業之盛非贊三王也蓋言周公欲兼三王之事以相天子然禹之大功在治水周公時無水可治則法禹之惡旨酒好善言也湯之大功在伐桀牧民周公時無桀可伐則法其執中立賢也文王至德在以服事殷今無殷可事則法其愛民求道也武王之大業在伐紂救民今紂已伐矣則法其不泄邇不忘遠以廣守成之大業立太平之基可也蓋三王之治功爲君道之極所以立後世之相天下者之標準也

立賢無方

孟子言湯執中立賢無方者亦何取其義至于窮旦夜之思而汲汲若是乎蓋嘗考之虞夏用人止于世族左傳八元八凱則高陽辛之才子史記禹稷世系同所自出孔安國書傳以益爲皐陶之子皐陶則高陽氏才子庭堅也周之家法以親親爲重以異姓爲後武王兄弟九人若魯衛管蔡霍曹郕郜皆列爲顯諸侯召畢亦以同姓爲上公雖凡民之俊秀論于王朝不過州閭族黨之官出長入治之職如三公呂望六卿蘇公諸侯三恪之外異姓僅此矣逮至春秋孔門高弟仕者不過家臣亦有所進則謂之遠間親新間舊矣蓋其一時之弊周公諒亦知其未廣矣故日夜之所思惟以湯之立賢無方爲中道今觀商書一則曰敷求哲人二則曰旁招俊乂伊尹萊朱巫賢傅說諸大臣非以親舊以其賢也蓋主於立賢則有德是親固不間親之情主於親則未必皆賢且妨賢之路矣信矣立賢無方爲不易之中道而周公往往言之亦未得盡行其志也何以知其然也管蔡之叛雖未發而周公明哲豈不能逆知之周公知之而亦難子言蓋言之必不用管蔡當時習俗已久必謂周公

間親間舊而忠言反爲薄論孟子所謂周公之過不亦宜乎者正此之謂也武王數紂之惡曰官人以世此豈獨紂之罪自唐虞以來已如此矣武王雖惡紂之官人以世而已不能改積習之常久則難變也故曰周公亦未得盡行其志也孟子曰國君進賢如不得已將使卑踰尊疏踰戚以今言之國君進賢亦何不得已之有蓋尊者親者未必賢必進疏遠之賢而用之則尊與戚之黨囂囂然而議是其時積習使然也若在今日則朝釋耒耜暮登槐衮人亦安之矣又通論之魯之三桓鄭之七穆楚之昭屈景其子孫盤據

苗裔嬋嫣雖貪如狼很如羊蠢如豕虣如虎皆用之而當時秀民才士屈于族姓而老死田野者不知其幾矣惜哉至秦用客卿漢用刀筆而此弊始除迨東晉六朝又踵其弊南之王謝北之崔盧雖貪狠蠢虣皆據顯位謂之華腴膏粱南之并韶北之侯景亦憤族姓之下而至於作亂景在江南求娶於王謝不得乃按劒曰會須令吳兒女作奴雖其凶悍出於天性致亂亦有由矣然則湯之立賢無方豈非萬世君人相國之第一義乎

逢蒙學謝於羿

逢蒙荀子史記皆作蠭門

故原原而來

原說文引作謜

饒雙峰解孟子

宋饒雙峰解孟子引書百姓如喪考妣三年四海遏密八音云天子崩畿內百姓爲之服喪三年諸侯甍國中百姓爲之服喪三年此又不通古今之言也蓋不考孔氏注百姓爲百官又不知沈氏章句百姓如喪考妣三年爲一句四海遏密八音爲一句也縱古禮文有畿內百姓服喪三年之文亦是漢儒誤解尚書而傅會之也若以理論孟子天下之主豈有畿內百姓服喪而非畿內者不服之理乎是天子之尊亦何異於諸侯乎稽之今制國有大喪亦止有位者斬衰而不及庶人蓋亦古今之遺可證饒氏之妄

塗廩

戰國處士謂舜塗廩浚井遭坑焚而不死列女傳又言二女教之是以舜爲左慈劉根而二女爲李全之婦劉綱之妻也胡應麟曰李全宋大盜其妻楊妙眞者楊安兒妹有勇力能用矛與全同爲宋患十數載後全死新塘楊集羣下謂曰二十年梨花鎗天下亡敵手今已矣

舜避堯之子

堯授舜舜授禹舜禹受堯舜天下非私也何避之有受終于文祖受命於神宗天之歷數在爾躬見於尚書著于論語矣何至孟子乃有此論乎舜受堯之天下不以爲泰孟子旣言之矣如其不當受則顯辭于庭何必俟君甍而後避如其當受而僞爲遜避則如曹操司馬懿鬼蜮狐媚之術也而謂舜禹爲之乎且堯舜不以天下私其子恐以一人病天下也舜禹因私丹朱商均爲一人之私德恐忘天下之大計又豈聖人之心乎今曰方避而明日儼然又來是何舉措乎至謂益避禹之子尤爲無稽禹未嘗禪於益孟子

嘗曰唐虞禪夏后殷周繼矣何其言之自相戾乎孟子於武成取二三策善觀孟子者例是可也荀子云孟子略法先王而不知其統此類之謂乎

庸字解

附庸之國庸古墉通城也尚書大傳天子賁庸諸侯疏杼大夫有石材庶人有石承注庸牆也杼亦牆也

論孟子

溫公疑孟謂性無有不善爲失引朱均爲證余引之尊孟辨云犧生犁胎龍寄蛇腹豈常也哉

論性

孟子之言性善興起人之善也其蔽也或使人驕荀子之言性惡懲創人之惡也其蔽也或使人阻孔子曰性香近也習相遠也惟上智與下愚不移又曰有教無類又曰繼之者善也成之者性也仁者見之謂之仁知者見之謂之知百姓日用而不知故君子之道鮮矣未嘗曰善以驕人之志也未嘗曰惡以阻人之進也此所以爲聖人之言非賢人之所及也曰若是則混與三品之說是乎曰又非也知孔子之言性異乎孟荀楊韓四子始可與言性也已

放心

牛馬者家畜也縱之坰牧則悍鷹鶻者野鳥也一爲繫絆則馴此收放心之說也或問心旣放矣何以求之余曰荀子云亡箴者終日求之而不得其得之非目益明也眸而見之也心之於慮亦然佛書有云蹶者因地而仆亦因地而起外地求起萬物此理然則求放心者豈外於此心乎

子思子語

子思子云君子以心導耳目小人以耳目導心卽孟子小體大體之論

葵邱之會

孟子載齊桓公葵邱五禁曰無曲防無遏糴公羊曰無障穀無貯粟穀梁曰無雍泉無訖糴左傳遏糴作藴年修辭各不同韓文所謂惟古于辭必己出信矣公羊傳云葵邱之會桓公震而矜之叛者九國九國謂叛者多耳非實有九國也宋儒趙鵬飛云葵邱之會惟六國會鹹牡邱皆七國會淮八國甯有九國乎公羊本意謂一震矜而九國叛猶漢紀云叛者九起

不屑之教誨

屑藾骨切勞也謂不勞力之教也今注屑潔也非此屑解爲潔則不屑不潔又何解

能慮何慮

孟子曰所不慮而能者其良能也言赤子之天然也易曰天下何思何慮言聖人之自然也大學曰安而后能慮慮而后能得荀子曰情然而心爲之擇謂之慮史云愚者千慮必有一得言貴慮也聖賢之言豈一端而已乎自學者言必有能慮之得而後可以語何慮之境不然是槁木死灰而已

仲尼登泰山

宋景文筆記云仲尼登泰山見七十二字各不同其事甚新但未詳其所出陳晦伯曰韓詩外傳孔子登泰山見易姓而王可得而數者七十餘人不可得而數者萬數也

瞽瞍殺人

問有所不必荅不荅是也荅之非也不荅可也兩見論曰孔子不荅其事有無不可知傳之者正以見聖人存而不論也孟子於桃應之問不荅可也必再三言之愈起後人之議是不若不荅之爲愈也予又思爲之說曰人之殺人者雖其凶悖然亦必有由非有犯之則有求而不得也瞽瞍既爲天子父尊之至誰則犯之以天下養何求不得而殺人耶使瞽瞍而獸也則不可馴獸而少有知則梁鴦之虎可媚也況亦人類乎即使其果殺人則議貴之辟在臣下且然烏有天子之父之犯法而遽拘于狴犴親伏毆刀乎即使皋陶果執之舜可逃也則大寶將安歸士師將何以自解於天下乎桃應之言果如小兒之辯惜乎孟子不能如孔子之不應也一有或曰此非孟子之言葢法家者流勦入之以尊其說觀者不知擇焉亦自陷于誠放矣

治任

門人治任將歸任擔也不負戴於道路注曰負任在背戴任在首曾子曰任重而道遠詩我任我輦淮南子任動而車鳴所謂任者皆指擔或作壬

變置社稷

孟子曰旱乾水溢則變置社稷解者不達謂遷其壇壝非也左傳曰共工氏有子曰句龍爲后土后土爲社有烈山氏之子曰柱爲稷自夏以上祀之周棄亦爲稷自商以來祀祭法曰厲山氏之有天下也其子曰農能殖百穀夏之衰也周棄繼之故祀以爲稷共工氏之覇九州也其子曰后土能平九州故祀以爲社是言變置之事也尚書湯既勝夏欲遷其社不可孔安國曰湯革命創制故變置社稷而後世無及句龍者故不可而止陳後山談叢云自齊有盜改置社

稷而盜止下邳多盜遷社稷于南山之上盜亦衰息皆不通古禮而妄爲者其盜之止亦偶然耳後山方取而筆之書亦失考也

鬱陶

鬱陶心初悅而未暢也

李泰伯不喜孟子

小說家載李泰伯不喜孟子事非也泰伯未嘗不喜孟也何以知之曰考其集知之內始論引仁政必自經界始明堂制引明堂王者之堂刑禁論引瞽瞍殺人舜竊負而逃富國策引楊氏爲我墨氏兼愛潛書

引萬取千焉千取百焉廣潛書引男女居室人之大倫省欲論引文王以民力爲臺爲沼而民歡樂之本仁論引以至仁伐不仁遂平集序以子思孟軻並稱送嚴介序稱章子得罪于父出妻屏子而孟子禮貌之常語引孟子儉于百里之制又詳說之由是言之泰伯蓋深於孟子者也古詩示兒云退當事奇偉夙駕追雄軻則尊之亦至矣今之淺學舍經史子集而勤小說以爲無根之游談故詳辯之胡應麟曰宋小說載一士人閱泰伯非孟子撰二絶句投之李遂罄家釀與飲酒盡迄不復來矣

鄭元解經有不通處

孝經宗祀文王於明堂鄭元曰祭法云祖文王而宗武王文王稱祖矣孝經云宗祀文王是文王稱宗王肅駁之曰鄭引孝經以解祭法而不曉周公本意殊非仲尼之義旨也祖宗自是不毀之名非謂配食於明堂也審如鄭言則經當言祖祀文王于明堂不得言宗祀也宗者尊也王肅之言可證鄭元之謬而宗者尊也四字有根據愼按宗與尊古字通用左傳召伯宗公羊作召伯尊古帝尊盧氏亦作宗盧氏可以爲證鄭氏之誤正坐以宗爲祖宗之宗而不思宗尊通用之字也朱子荅楊元範書曰字書音韻是經中

第一事先儒多不留意然不知如此等處不理會卻枉費了無限亂說牽補而卒不得其本義亦甚害事也其此之類謂乎崔靈恩因鄭氏之說遂傳會之曰文王稱祖亦稱宗武王稱宗亦稱祖祖宗通言耳嗚呼信如其說昭穆可易位父祖可倒置解經如此朱子所謂亂說害事豈不信哉

爾雅 以下爾雅

古人訓詁緩而簡雖數十字而同一訓雖一字而兼數用今之存者爾雅說文闕七字爾近也雅正也謂其近於正也此妄說也雅可以訓正爾不

可以訓近邇可訓近而爾非近也按說文爾闕三字義從尒爲聲麗闕也麗爾之爲言猶靡麗也猶闕二字之靡麗也漢人有此語三蒼解詁云爾華繁也詩云彼爾維何維常之華本草紫綦一名月爾即今紫蕨也其芽拳曲繁盛故名月爾雅之爲言取義于烏烏有善德曰雅也古人有嗚呼爲嘆辭則雅爲正音可知然則爾雅之云猶麗則之云也漢書文章爾雅訓辭深厚以爾雅與深厚爲對固知當解爲麗則而不可解爲近正也若如近正之舊說則但近正而已猶未得爲正也爾雅一書所載皆六經之言有何不正

而云近正乎

爾雅周公所作仲尼所增子夏所足叔孫通所益梁文所補

劉晊晊將業席大也

郭璞云劉義未聞○愼按詩倬彼甫田韓詩倬作劉郭璞偶遺之亦可見博聞之不易也

溓窞

方言曰溓窞空皃亦邱虛之空無愼按滇中有魚曰溓窞此魚中亦多空

棲遲㥞休苦㪍隸呬息也

棲遲猶息也若勞者宜止息㥞見詩㪍隸呬皆氣息皃今東齊呼息爲呬也

坎律銓也

樊光曰坎卦水也水性平律亦平銓亦平故曰坎律銓也

糠謂之蠱

注米皮也○左傳云穀之飛亦爲蠱

僾

唈也嗚唈短氣皃詩僾而不見

鐲

明也注清明皃党懷英詩紅妝秋水照明鐲又題吳

江圖云修蛾新妝翠連娟下拂塵鏡明鐲

猷

圖也周禮曰以猷鬼神祇謂圖畫也

㤴

㤴音特一作媞江東人呼毋曰媞法帖有媞子作案之語

挋

挋振同楚詞新浴者必挋衣

升菴經說卷十四畢

檀弓叢訓

光緒七年重鐫于廣陵

檀弓叢訓叙錄

楊愼曰鑒有四術神聖工巧余欲借之以喻文矣易之文神詩書春秋聖也檀弓三傳考工記工矣莊列九流而下其巧有差復以檀弓斠諸明高亦德又孳工中都料匠也手調檀弓可孤行而每病訓之者未能犂然有當於人之心也經猶拾也訓猶射也一人射拾或中或否未若眾人射之中之多也若鄭康成之簡或以三字而括經文之數十字蓋寡而不可益也亦傳注之神已孔穎達之明備或卽經之一言而衍爲百十言蓋多而不可省也亦疏義之聖已賀陸黃吳補緝臚列亦各殫述者之心工已陳暌謝枋得三家批評亦稍窺作者之天巧已滸乎曷其沒矣茲訓也於諸家擷其英華紀載之蒙發焉於二家昭其甄藻脩辭之階循焉叢之不亦可乎雖其默傳妙答悉乎子體之子元至於商搜幽藏累味集珍何遽不若咸陽之懸金淮南之鴻寶哉

檀弓叢訓卷上

新都楊　編撰　羅江李調元雨村校

檀弓上孔穎達曰檀姓弓名今山陽有檀姓

公儀仲子之喪檀弓免焉仲子舍其孫而立其子檀弓曰何居我未之前聞也趨而就子服伯子於門右曰仲子舍其孫而立其子何也伯子曰仲子亦猶行古之道也昔者文王舍伯邑考而立武王微子舍其孫腯而立衍也夫仲子亦猶行古之道也子游問諸孔子孔子曰否立孫黃東發曰古者死他邦無親則朋友為之袒免仲子舍嫡孫立庶子檀弓譏其父兄不能正猶無親也故為之服以示其親而問焉伯子為其親隱故謂行古道以武王

微子為證然文王立武王權也微子適子死立其弟行殷禮也孔子曰立孫據周禮　愼按趨而就子服伯子於門右趨自賓位趨也禮賓位之法隨主人而變小斂之前主人未忍在主位有事在西階下賓亦弔於西階下小斂之後尸出堂廉主人位在阼階下弔西面賓於東階下弔也檀弓之來當在小斂前以仲子初喪即正嫡庶之位初于西階下行弔幾主人未覺後乃趨向門右因伯子而發問焉

附謝疊山批後不重書

夫仲子止古之道也疊一句法仲子舍止而立其子此二句包適子死不立適孫為後在其門何居只是何也與夜如何其義同何也則方何居則圓我未之前聞也辭婉本是我前未之聞倒字法仲子舍其孫止何也只一問省文仲子止道也有文王微子故事可法故敢出此一句再提醒仲子亦猶行古之道也此是古文法使人悟其意否立孫兩句只三字省幾多言語

事親有隱而無犯左右就養無方服勤至死致喪三年事君有犯而無隱左右就養有方服勤至死方喪三年事師無犯無隱左右就養無方服勤至死心喪三年盧陵胡氏曰無隱謂不匿情有方謂有常職○孔氏曰事師無犯同親之恩無隱同君之義○鄭氏曰親以恩為制君以義為制師以恩義之間為制　事君事親事師犯隱有無致方心只七個字安頓得好省幾多言語

季武子成寢杜氏之葬在西階之下請合葬焉許之入宮而不敢哭武子曰合葬非古也自周公以來未之有改也吾許其大而不許其細何居命之哭孔氏曰武子云合葬之禮非古法從周公以來始有至今未改我成寢之時謂此冢墓是周公以前不須合葬故夷平之以為寢是文飾其過先儒皆以杜氏喪後來就武子之寢合葬與孔子合葬于防同　又按晏子春秋

景公成路寢之臺逢于何盆成适從喪道得附葬景公寢中與此同也聽將喪入葬是許其大哭是細○張子曰自伯禽至于武子多歷年豈容城中有墓此必是殯欲取其柩以歸合葬也○愼按張子之說新矣然合此文觀之則武子非古之云未有改之云許大許細之云皆無謂矣當如舊解乃與文協也

成寢營地宅成寢廟也詳經舊說入此二字多少省文吾許止其細此一句合舊有味命之哭三字下得好

子上之母死而不喪門人問諸子思曰昔者子之先君子喪出母乎曰然子之不使白也喪之何也子思曰昔者吾先君子無所失道道隆則從而隆道污則從而污伋則安能為伋也妻者是為白也母不為伋也妻者是不為白也母故孔子之不喪出母自子思

始也鄭氏曰子上子思之子名白其母出禮爲出母期父卒爲父後者不服衛汚猶殺也○孔氏曰道猶禮也○方氏曰父在服出母期此從禮之隆也父沒而爲後不服此從禮之殺也○吳澄曰伯魚父在故得爲出母服子思雖是父與祖俱後然亦得爲嫁母服者支子不主祭故也子上雖有父在而不得爲出母服者蓋子思兄死時子思以其子接續伯父主祭旣主尊者之祭則不敢服私親也此禮昔所未有子思以義起之門人但見常禮父在當服出母而子上不服故疑而問子思不以其子已主祖與曾祖之祭不可服出母但推尊聖祖之于禮或隆或汚無不得宜而謙抑己之不能又爲伋妻者爲白母不爲伋妻者不爲白母此主祭爲后者之正服也言此俾門人深思詳察而自知之伋則安能之語與論語我則不暇之語相類周末記禮者已不悟故不喪出母自子思始貶之而後之注禮者馬氏則謂子思不使白喪出母旣薄矣又從而爲之辭而石林葉氏長樂陳氏方氏張子皆有貶詞甚矣其不知言而輕于非議聖賢也或曰子思不自代兄主祭而使其子繼之何也曰以己待兄無尊者命是自奪宗也以子繼伯

檀弓叢訓 卷上 三 第十四頁

父則有父命非奪宗者也曰何以知子思之有兄曰子思哭嫂則有兄明矣子上之母死而不喪此一句包出母在其中不喪字法

孔子曰拜而後稽顙頹乎其順也稽顙而後拜頎乎其至也三年之喪吾從其至者鄭氏曰頹順也先拜賓順于事也此殷之喪拜頎至也先觸地無容哀之至此周之喪拜重者尚哀戚自期如殷可○長樂陳氏曰拜而後稽顙先致敬也稽顙而後拜先致哀也○吳澄曰周官九拜之目今約之爲三一曰拜先跪兩膝著地次拱兩手到地乃俯其首不至于地其首懸空但與腰平荀子所謂平衡曰拜是也周官謂之空首尚書謂之拜首與凡經傳記單言拜字者皆謂此拜也此拜之正也故得專拜之名二曰頓首先兩膝著地次兩手到地乃俯其首下至于手此拜之加重者三曰稽首兩膝著地兩手到地乃俯其首下至于地在手之前首下腰高如衡之頭低昂荀子所謂下衡曰稽首是也此拜之最重者頓首亦首下腰高然頓首首但至手稽首首直至地比之頓首其首爲下故下衡二字特于稽首言之稽顙是即稽首以其爲凶禮故易首爲顙以別于吉禮云爾凡喪之再拜者先作空手一拜後作稽首一拜則曰拜而後稽顙九拜中此名吉拜輕喪之拜用此先作稽首一拜後作空手一拜則曰稽顙而後拜九拜中此名凶拜重喪之拜用此拜末世喪之拜亦如輕喪故夫子正之曰三年之喪吾從其至者吾從二字與論語所言吾從下吾從周吾從先進同意頹乎止至也以頹乎贊其順以頎乎贊其至此贊美之辭如易象大矣哉論語大哉堯之爲君也加一句贊曰巍巍乎民無能名焉又加一句贊曰蕩蕩乎吾從其至者此二句下得好

孔子旣得合葬于防曰吾聞之古也墓而不墳今丘也東西南北之人也不可以弗識也於是封之崇四尺孔子先反門人後雨甚至孔子問焉曰爾來何遲

檀弓叢訓 卷上 四 第十四頁

也曰防墓崩孔子不應三孔子泫然流涕曰吾聞之古不脩墓廣安游氏曰古墓而不墳其中而踐其上使人勿見而已孔子欲盡從古之道而不脩則心亦有所不安故泫然流涕而言之○方希古曰取乎古而師之者以其合乎人情當乎理也父母之棺體然暴于人而不脩何取乎古也信如其言安足以爲聖其誣孔子甚矣謂殯五父之衢亦然今丘止弗識也只是周行四方之人下東西南北四字交便奇異三字法省文

孔子哭子路于中庭有人弔者而夫子拜之旣哭進使者而問故使者曰醢之矣遂命覆醢長樂陳氏曰哭于中庭視之猶子也有人弔焉而夫子拜之自視猶父也進使者而問故六字省文多醢之矣遂命覆醢者非特不忍食之又不忍見之也醢之矣遂命覆醢六字省文多辭婉而悽

曾子曰朋友之墓有宿草而不哭焉鄭氏曰宿草謂陳根也爲師心喪三年于朋友期可

子思曰喪三日而殯凡附於身者必誠必信勿之有悔焉耳矣三月而葬凡附於棺者必誠必信勿之有悔焉耳矣喪三年以爲極亡則勿之忘矣故君子有終身之憂而無一朝之患故忌日不樂誠謂心實慊信謂物實周緻之猶至也有悔謂有遺憾也○孔氏曰棺中物少三日之期量度棺外物多三月之餘思忖見宜愼○方氏曰喪三年而極極死者之形雖內生者之心終其身而弗忘凡附於身者止焉耳矣只凡附於身者四字包幾多事勿之有悔焉耳矣七字而躡勉

孔子少孤不知其墓殯於五父之衢人之見之者皆

以爲葬也其愼也蓋殯也問於聊曼父之母然後得合葬于防父音甫愼古作羊及反山陰陸氏讀如字聊則留反又作鄹

鄰有喪春不相里有殯不巷歌喪冠不緌鄭氏曰不相不歌助哀不緌去飾不巷歌是錯對句法鹽鐵論云春不相杵巷不歌謠便不如此妙

有虞氏瓦棺夏后氏堲周殷人棺槨周人牆置翣周人以殷人之棺槨葬長殤以夏后氏之堲周葬中殤下殤以有虞氏之瓦棺葬無服之殤鄭氏曰有虞氏上陶始不用薪也○何氏曰堲周冶土爲甎四周于棺牆柳衣也翣扇也言後王之制漸文○陸德明曰十六至十九爲上殤十二至十五爲中殤八歲至十一爲下殤七歲以下爲無服之殤生未三月不爲殤

夏后氏尚黑大事斂用昏戎事乘驪牲用玄殷人尚白大事斂用日中戎事乘翰牲用白周人尚赤大事斂用日出戎事乘騵牲用騂鄭氏曰夏以建寅之月爲正物生色黑昏時亦黑此大事爲喪事戎兵也馬黑色曰驪用玄黑類也殷以建丑之月爲正物芽色白日中時亦白翰白色馬也易曰白馬翰如周以建子之月爲正物萌色赤日出時亦赤騵騮馬白腹騂赤類○長樂陳氏曰祭義云夏后氏祭其闇殷人祭其陽周人祭日以朝及闇故子路與祭質明而行事則大事用日出者祭以朝之質明也斂亦如之故曰大事斂用日出

穆公之母卒使人問于曾子曰如之何對曰申也聞諸申之父曰哭泣之哀齊斬之情饘粥之食自天子達布幕衛也縿幕魯也穆公魯哀公曾孫曾子名申曾參之子有聲曰哭無聲曰泣爲母齊爲父斬厚曰饘希曰粥幕覆棺縿縑也父母之喪貴賤不殊所以自天子達若布幕用布而已

縿幕則有游以參之者兼言魯衞欲其以文質自參酌而用之也哭泣之哀止天子達只達字包至庶人三字在其中布幕止魯也今人作文必曰衛用布幕魯用縿幕便拙一倒轉衛也魯也便精神

晉獻公將殺其世子申生公子重耳謂之曰子盍言子之志於公乎世子曰不可君安驪姬是我傷公之心也曰然則盍行乎世子曰不可君謂我欲弑君也天下豈有無父之國哉吾何行如之使人辭於狐突曰申生有罪不念伯氏之言也以至于死申生不敢愛其死雖然吾君老矣子少國家多難伯氏不出而章法圖吾君伯氏苟出而圖吾君申生受賜而死再拜稽

首乃卒是以爲恭世子也 句法 左傳曰或謂太子子辭君必辯焉太子曰君非姬氏居不安食不飽我辭姬必有罪君老矣吾又不樂曰子其行乎太子曰君實不察其罪被此名也以出人誰納我十二月戊申縊于新城○國語云人謂申生曰非子之罪何不去乎申生曰不可去而罪必歸于君是惡君也章父之惡而咲諸侯吾誰鄉而入吾聞之仁不惡君知不重困勇不逃死若罪不釋去而必重去而罪重不知逃死而惡君不仁有罪不死無勇惡不可重死不可避吾將伏以俟命○驪姬見申生而哭之曰有父忍之況國人乎忍父而求好人孰好之殺父以求利人孰利之昔民之所惡也難以長主驪姬退申生乃雉縊于新城之廟○穀梁云里克謂世子曰入自明入自明則可以生不入自明則不可以生世子曰吾君既老矣已昏矣吾若是而入自則驪姬必死驪姬死則吾君不安所以使吾君不安者吾不若自死吾甯自殺以安吾君以重耳爲寄矣刎脰而死○愼按此節僅百五十字而包括曲折有他人千言不盡者非有扛千斛龍文鼎筆力未易及此左傳國語及穀梁此事並觀之優劣自見

檀弓叢訓　卷二　七　第十四函

子盍言子之志於公乎 左傳或謂太子曰子辭君必辯焉不如此一句文簡而健

君安 止 心也 左傳君非姬氏居不安食不飽我辭姬必有罪君老吾又不樂七句不及此十一字辭簡而有包括妙在安字傷字 君謂我 止 何行如之 左傳君實不察被此名也以出人誰納我不如此三句精明 申生有罪 止 圖吾君 此六句見孝子忠臣之用 心雖無罪而死愛君憂國猶不忘仁矣哉 伯氏苟出 止 受賜而死 此二句可憐想 狐突在當時有才知有德望可以扶顛持危故申生忍此以勉其出此一句言語不多情義懇惻○吳澄曰予嘗謂屈原之忠申生之孝皆賢者也其行雖未合乎中庸其心則純是天理之公略無人欲之私申生但知順父之爲孝屈原但知憂國之爲忠而一身之生死不計世之議者其何足以知申生之心哉

魯人有朝祥而暮歌者子路笑之夫子曰由爾責於人終無已夫三年之喪亦已久矣夫子路出夫子曰

又多乎哉踰月則其善也 朝祥暮歌子路笑其太速時人行三年喪者希故孔子抑子路以善彼人然恐學者致惑故待子路出後更以正禮言之云所爭日月又非多但踰月後禪而後歌卽善惜其不少俟也 朝祥暮歌 四字省文 由爾責 止 久矣夫 此四句見聖人之恕 又多乎 止 善也 此二句婉而嚴

魯莊公及宋人戰于乘丘縣賁父御卜國爲右馬驚 章法 敗績公隊佐車授綏公曰末之卜也縣賁父曰他日不敗績而今敗績是無勇也遂死之圉人浴馬有流 句法 矢在白肉公曰非其罪也遂誅之士之有誄自此始 章法

也 乘丘之戰在魯莊八年○敗績非二子之罪死敵實二子之勇豈以上之賤而廢其守之善莊公以義起而誄之非過後世因之不改則非故記其始○長樂陳氏曰馬驚在銜不在右莊公之末卜不末縣

檀弓叢訓　卷二　八　第十四函

記稱縣賁父不言卜死何耶莊公之末卜責其輕者以見其重者也記稱縣死卽其責之所不及者以見其責之所及者也春秋書敗宋師于乘丘敗在宋人敗不在莊公于記則敗在莊公不在宋蓋莊公敗于二人未死之前宋人敗于二人既死之後春秋書其戰故詳其終記乃記其誄始述其始而已○東萊呂氏曰釋文作馬驚敗而無績字當時只是馬驚耳不預軍之勝負也○愼曰此說非也軍戰無常形或有始敗而終勝者如秦晉韓原之戰晉將禽穆公以食馬者赴敵而反禽晉懷公乘丘之事正符韓原宋師之敗豈非因縣卜二子赴敵之故卽釋文固春秋所書與記不同遂云績字而東萊過信之且馬驚敗績不成文敗績而終取勝春秋止記其終而已兩無妨于義也○吳澄曰誄如今之祭文鄭玄以爲謚非也

馬驚 止 授綏 四句十字包括幾多 末之卜也 四字責之簡而嚴 圉人 止 在白肉 此十字包括幾多意馬之驚軍之敗縣之無罪而死至此而明 非其罪也遂誄之 魯莊之悔過悼亡旌善只此七字

曾子寢疾病樂正子春坐於牀下曾元曾申坐於足
童子隅坐而執燭童子曰華而睆大夫之簀與子春
曰止曾子聞之瞿然曰呼曰華而睆大夫之簀與曾
子曰然斯季孫之賜也我未之能易也元起易簀曾
元曰夫子之病革矣不可以變幸而至于旦請敬易
之曾子曰爾之愛我也不如彼君子之愛人也以德
細人之愛人也以姑息吾何求哉吾得正而斃焉斯
已矣舉扶而易之反席未安而沒吳澄曰考之于禮寢簀之制未聞有貴賤之殊但貧者素質富者華美童子見之驚其華睆故曰大夫之簀與其意非欲曾子易之也使曾子不易此簀而終亦可故子春元申不欲其易而曾子一聞童子之言必欲易之曰蓋禮制雖無遺戾然不

若終于常時所寢質素之為得其正也古之君子當臨終之際其謹有加于平時平時夜臥在燕寢將終則必遷于正寢平時亦有女侍將終則一切屏去而不使死于婦人之手皆與常時異故曾子生時可寢季孫所賜華美之簀至終則必易之而但用常時所寢素質之簀也諸儒舊說並謂曾子非大夫不可終于大夫之簀此誤解童子所云大夫之簀四字之意也倘大夫之簀與士之簀有差等則季孫之賜曾子自不當受受之亦不當用今曾子用之寢至于將死而猶不易其于禮制而不可也明矣若循襲舊說是曾子日安于非禮而不知子春陷師于非禮而不言當時若無童子之語曾子竟以非禮而終也是曾子子春曾元曾申之見皆不及一童子也彼童子何知焉不過驚訝其簀之華美而已陳氏所謂童子以非禮而發問曾元知其非禮而不忍易其說皆非是○愼按孔子聞孺子之歌而悟自取之理曾子因童子之言而語考終之正皆聖賢聲入心通有感而應也童孺于孔曾乎

寢疾寢字須安頓第一句後說牀說簀疾革從此起病曰病坐於牀下坐於足於字指曾子瞿然形容驚起之狀

曾子曰然止元起易簀曾子病革此四句語簡意明元哲垂沒之言精巧神不亂如此正只一字省文
升菴批華而睆至元起易簀一節童子驚訝之狀與曾元曾申掩護之情並曾子虛憊而不失其正之事千載如在目前左氏且走僵況漢以下文人乎

始死充充如有窮既殯瞿瞿如有求而弗得既葬皇句法皇如有望而弗至練而慨然祥而廓然字法字法吳澄曰充充蔥悶塡塞之意有窮如行而途窮前無可去之地瞿瞿目視不定之貌求謂索物如失物索之而不得也皇皇徬徨無依之貌如望人之來而至慨者慨嘆日月之逝廓者寥廓情意不樂也

始死既殯既葬練祥五事三變句法充、又如有窮瞿又如有求而弗得皇又

如有望而弗至慨然廓然五事三變句法字法
邾婁復之以矢蓋自戰於升陘始也魯婦人之髽而句法句法句法弔也自敗於台鮐始也廣安游氏曰先王之世雖用兵臨軍之際未有不用禮者也惟其以禮相與則兩軍交戰殺人要有所止故死者之家喪弔之禮猶得行于其間升陘以前未嘗無戰死者得復以衣而不以矢台鮐以前未嘗無戰死而相弔者得弔以襄而不以髽復以矢弔以髽則升陘台鮐必是殺人之甚自是而遂以為常則再失之矣句法
南宮縚之妻之姑之喪夫子誨之髽曰爾毋從從爾句法爾毋扈扈爾蓋榛以為笄長尺而總八寸鄭氏曰孟僖子之子南宮适也字子容其妻孔子兄女誨敎爾汝也從從謂太高扈扈謂太廣爾語助總束髮垂為飾齊衰之總八寸○孔氏曰妻之姑夫之母也夫子兄之女故夫子誨之作髽法言期之髽稍輕毋得太高太廣如

斬衰之髽也既教以作髽又教以笄總之法其笄用本無定教以用榛木爲笄其長一尺而束髮垂于之總垂八寸接喪服古笄長一尺二寸齊衰之笄皆長一尺降吉笄長二寸也但惡笄或用櫛或用榛故夫子稱蓋以疑之喪服傳斬衰總長六寸此齊衰長八寸以二寸爲差也

誨之髽 不言問只言誨亦省文

孟獻子禫縣而不樂比御而不入夫子曰獻子加於人一等矣 孔氏曰依禮禫祭暫縣樂而不作至二十八月乃作樂依禮禫祭後吉祭始復寢當時人禫祭之後則恒作樂未至吉祭而復寢今孟獻子既禫暫縣省樂而不恒作可以御婦人而不入寢雖于禮是常而特異餘人故夫子善之云加于人一等不謂加于禮也

孔子既祥五日彈琴而不成聲十日而成笙歌 吳澄曰成者樂曲之一終聲者曲詞之聲也不成聲調不終曲也祥後可以彈琴矣然猶有餘哀故彈之不終一曲而又廢也十日之後則不但彈琴終曲吹笙亦終曲矣哀情之殺以漸也

有子蓋既祥而絲屨組纓 方氏曰以絲爲屨之絇以組爲冠之纓服之吉者也而有子服之于既祥矣于早矣既屨之祥如之何日徽絇既祥之纓如之何日用素有子聖門高弟而失禮若是疑或不然故曰蓋焉 愼按三章一聯爲義獻子過有子不及記者舉孔子于中以明祥禮之中制

死而不弔者三畏厭溺 慈湖楊氏曰畏死于兵厭死于巖墻溺死于水非不弔也不忍爲弔辭不忍言之也使孔子果死于匡則亦不可弔乎屈原之死亦不可弔乎而先儒謂之賤之而不弔此乃固陋執言失意人心所不安也

子路有姊之喪可以除之矣而弗除也 句法 孔子曰何弗 句 除也子路曰吾寡兄弟而弗忍也 章法 孔子曰先王制禮行道之人皆弗忍也子路聞之遂除之 章法 吳澄曰伯魚于出母之喪期後當不哭矣而猶哭子路于姊姊之喪大功服滿當除矣而猶不除皆除之過厚而于禮不可故夫子抑其過伯魚遂除之除其哭也子路遂除之除其服也○廣安游氏曰天下之禮苟徇其情之過而爲禮則子路伯魚不知其所終約其不及之情而爲禮則原壤宰予不可以爲訓故禮者適乎賢不肖而爲之不可以過不可以不及也

太公封於營丘比及五世皆反葬於周君子曰樂樂其所自生禮不忘其本古之人有言曰狐死正丘首仁也 比及也丘狐窟穴也首以首向之也○禮樂皆重本五世反葬重本也故引禮樂爲證又引古人遺言謂狐死亦正向丘窟而枕其首是亦不忘本而古人舉以明仁也 句法

伯魚之母死期而猶哭夫子聞之曰誰與哭者門人 句法

曰鯉也夫子曰嘻其甚也伯魚聞之遂除之 ○嘻其甚也 不言伯魚不當哭只一句嘆其甚意在言外 誰與哭者 倒句法

舜葬於蒼梧之野蓋三妃未之從也季武子曰周公蓋祔 舜葬蒼梧三妃未從未祔之葬也謂祔葬自周始然舜卒于鳴條蒼梧時在要荒之外事未必然堯妻舜二女三妃亦無所考○孔氏正義曰案帝王世紀云長妃娥皇無子次妃女英生商均次妃癸比生宵明燭光是也云離騷所歌湘夫人者案楚辭九歌第三章曰湘夫人云帝子降兮北渚目眇眇兮愁予是也

曾子之喪浴於爨室 鄭氏曰見曾元之辭易簀矯之以謙儉也禮死浴于適室

大功廢業或曰大功誦可也 業學業誦口習○孔氏曰廢業恐營思忘哀也誦其已熟者而稍可也愼按業樂籥也

子張病召申祥而語之曰君子曰終小人曰死吾今日其庶幾乎
鄭氏曰申祥子張子太史公傳子張姓顓孫今日申祥周秦之聲二者相通○廣安游氏曰觀成王之顧命則知成王所以學于周公觀子張曾子之言則知曾子子張所以學于孔子

曾子曰始死之奠其餘閣也與
人老及病飲食不離寢近置室裏閣上人之始死以禮則未暇從其新以情則未忍易其舊故就以閣上所余脯醢未奠山陰陸氏曰閣其餘者幸其更生若有待焉爾

曾子曰小功不爲位也者是委巷之禮也子思之哭嫂也爲位婦人倡踊申祥之哭言思也亦然
嫂叔無服姊姒小功故子思之哭嫂其妻倡踊而已隨之申祥之哭妻之昆弟言思亦然言無服之喪猶且爲位以明小功之不爲位者非也然哭妻之昆弟禮以子爲主非以妻倡踊○吳澄曰水下流之聚處爲委言至此窮盡無復可去委巷猶云窮巷委巷之人見小聞寡無所知識

古者冠縮縫今也衡縫故喪冠之反吉非古也
縮從也衡横也古尚質冠之吉凶相似而惟縮縫之吉凶相反而有衡縫之異言衡縫而繼以喪冠非古之衡縫之爲喪冠長樂黃氏曰古禮喪冠直縫吉冠横縫而哀世喪冠亦皆横縫失禮無別故歎之曰喪冠之反吉非古也

曾子謂子思曰伋吾執親之喪也水漿不入於口者七日子思曰先王之制禮也過之者俯而就之不至焉者跂而及之故君子之執親之喪也水漿不入於口者三日杖而後能起
曾子言己執喪以疾時人之不然子思以曾子爲難繼故以禮抑之

曾子曰小功不稅則是遠兄弟終無服也而可乎
韓退之云以情責情

伯高之喪孔氏之使者未至冉子攝束帛乘馬而將之孔子曰異哉徒使我不誠於伯高
冉子見孔子使人未至先代以束帛乘馬而行禮以冉氏之物而欲將孔氏之誠故孔子謂徒使我不誠於伯高大禮所以副忠信也陵項氏曰攝代也孔氏賻贈未至冉有爲之代出束帛乘馬也出冉子蓋厚于恩而不講乎禮者也如以其加粟五秉與子華之母亦此類本其長于治財而又樂施故于師友如此而夫子皆以禮折之以爲此亂信而繼富也

伯高死于衞赴于孔子孔子曰吾惡乎哭諸兄弟吾哭諸廟父之友吾哭諸廟門之外師吾哭諸寢朋友

吾哭諸寢門之外所知吾哭諸野于野則已疏于寢則已重夫由賜也見我吾哭諸賜氏遂命子貢爲之主曰爲爾哭也來者拜之知伯高而來者勿拜也
廟祖父所在兄弟父祖之遺體故哭于廟父之同志于廟門外由父推之也寢我所安師成我者也故哭于寢朋友于寢門外由師推之也所知者泛交故哭于野子高親非兄弟分非師友情又不止于所知原其由子貢而來見故以義起而哭于子貢之家使子貢爲之主且教以爲爾而哭者拜之爲伯高而哭者勿拜哭于喪之正主也

曾子曰喪有疾食肉飲酒必有草木之滋焉以爲薑桂之謂也
滋謂香味薑者草之滋桂者木之滋以謂薑桂之謂記者釋曾子之言

子夏喪其子而喪其明曾子弔之曰吾聞之也朋友

喪明則哭之曾子哭子夏亦哭曰天乎予之無罪也曾子怒曰商汝何無罪也吾與汝事夫子於洙泗之間退而老於西河之上使西河之民疑汝於夫子爾罪一也喪爾親使民未有聞焉爾罪二也喪爾子喪爾明爾罪三也而曰汝何無罪與子夏投其杖而拜曰吾過矣吾過矣吾離羣而索居亦已久矣道莫尊于師恩莫隆于親子夏退老使民疑于夫子是不尊于師而尊于己也喪親未有聞而喪子喪其明是不隆于親而隆于子也曾子數子夏三罪稱其名女其人若父師焉曾子不以爲嫌子夏安受其責至于謝過服罪此所以爲交道之盛○吳氏曰疑當讀如擬謂此擬于父子也後篇疑于君疑于臣易傳疑于陽必戰韓非子配有疑妻之妾孽有疑適之子廷有疑相之臣臣有疑主之寵莊子用志不分疑于神並作此音○

方希古曰孔門曾子最少子夏曾子之父執友也名而數之非曾子事也傳者過也曰朋友有過以其長也則不正之與曰非也正之者是也名而數之曾子不若是暴也何以明之曰其辭倨曾子之言慤而謹

夫晝居於內問其疾可也夜居於外弔之可也是故君子非有大故不宿於外非致齊也非疾也不晝夜居於內鄭氏曰大故謂喪憂○孔氏曰大故非獨喪也兼寇戎災禍之憂○晝陽夜陰陽動陰靜故晝必居外夜必居內惟居喪廬中門之外晝夜在外惟致齊不接外物與寢疾晝夜居內

高子皋之執親之喪也泣血三年未嘗見齒君子以爲難子皋孔子弟子名柴泣血言泣而無聲涕如血出未嘗見齒言不笑君子以爲難言人不能然

衰與其不當物也寧無衰齊衰不以邊坐大功不以服勤衰喪服也物指布之精粗若周書所謂朝服八十物七十物當猶應也謂人服衰而心貌無哀戚之實與衰服之物不相應邊偏也不邊坐有喪者專席而坐大功雖輕亦不可著衰服而服勤勞之事謂褻喪服也

孔子之衛遇舊館人之喪入而哭之哀出使子貢說驂而賻之子貢曰於門人之喪未有所說驂說驂於舊館無乃已重乎 句法 夫子曰予鄉者入而哭之遇於一哀而出涕予惡夫涕之無從也 句法 章法 小子行之孔子曰若是舊所經過主人當云遇舊主人之喪今云館人明館舍于己者子貢不欲說驂夫子既爲出涕豈得虛然汝小子但將驂焉以行之副此涕淚也然顏回子哭之慟此出涕爲甚矣又舊館之恩不得以比顏回但舊館情疎原思待吾須有贈賻顏回則師徒之恩乃是常事顏回之死必以物與之矣顏路無厭更請貢單爲椁故夫子抑之遇於一哀而出涕一哀是主人涕得是夫子一句兩事文之妙

孔子在衛有送葬者而夫子觀之曰善哉爲喪乎足以爲法矣小子識之 章法 子貢曰夫子何善爾也曰其往也如慕其反也如疑 句法 子貢曰豈若速反而虞乎 句法 子曰小子識之我未之能行也 章法 鄭氏曰慕如小兒隨父母啼呼疑者哀親之在彼不知親與己俱還否也虞虞祭以安神

顏淵之喪饋祥肉孔子出受之入彈琴而後食之程子曰受祥肉彈琴殆非聖人舉動使其哀已忘則何必彈琴○吳澄曰顏淵之死已兩朞孔子每日彈琴乃其常事蓋此日彈適在受彼祥肉之後故記者云然而鄭氏以散哀釋之其實孔不爲散哀而彈琴也程子說是

孔子與門人立拱而尚右 字法 二三子亦皆尚右孔子曰

二三子之嗜學也我則有姊之喪故也二三子皆尚字左法鄭氏曰喪尚右右陰也○張子曰拱而尚右叉手以右手在上也

孔子蚤作負手曳杖消搖於門歌曰太山其頹乎梁木其壞乎哲人其萎乎既歌而入當户而坐子貢聞之曰泰山其頹則吾將安仰梁木其壞哲人其萎則吾將安放夫子殆將病也遂趨而入夫子曰賜爾何來也夏后氏殯於東階之上則猶在阼也殷人殯於兩楹之間則於賓主夾之也周人殯於西階之上則猶賓之也而丘也殷人也予疇昔之夜夢坐奠於兩楹之間夫明王不興而天下其孰能宗予予殆將死

也蓋寢疾七日而沒吴澄曰竊詳此文所載事辭皆妄聖人德容始終如一至死不變今負手曳杖消搖於門動容周旋中禮者不如是也聖人樂天知命視死生如晝夜豈自爲歌辭以悲其死且以哲人爲稱又以太山梁木爲比若它人悲聖人之將死而爲此歌辭則可聖人自爲此歌而自比乃若是妄也蓋自周末七十子以後之人撰造爲之欲表明聖人之豫知其死將以尊聖人而不知適以卑之也

孔子之喪門人疑所服句法子貢曰昔者夫子之喪顔淵字法若喪子而無服喪子路亦然請夫子若喪父而無服鄭氏曰無服師之體故疑所服子貢以夫子施于門人者還以服之定爲心喪三年字法句法

孔子之喪公西赤爲志焉飾棺牆置翣設披周也設崇殷也綢練設旐夏也字法句法鄭氏曰志謂章識牆柳衣牆之障柩如垣牆障家翣以布衣木如攝與披柩行行夾引棺者崇牙旌旗飾也綢練以練綢旌之扛是旌葬乘車所建也旌之旒緇布廣充幅長尋曰旐夫子雖殷人兼用三王之禮尊之○孔氏曰攝與漢時之翣與疑詞恐人不識翣體故云如今之攝與○吴澄曰飾棺二字目下三者牆一也置翣二也設披三也

子張之喪公明儀爲志焉褚幕丹質蟻結於四隅殷士也公明儀子張弟子褚覆棺以赬蟻結畫文如蟻足往來交錯○以丹質布爲褚不牆不翣畫褚之四角爲蟻結此殷士葬之飾子張學于孔子倣殷禮

子夏問於孔子曰居父母之仇如之何夫子曰寢苫句法枕干不仕勿與共天下也遇諸市朝不反兵而鬬句法曰請問居昆弟之仇如之何曰仕勿與共國句法銜君命而使雖遇之不鬬句法曰請問居從父昆弟之仇如之何曰

不爲魁句法主人能則就兵而陪其後句法苫草干盾不反兵而鬬者身常帶兵魁猶首天文北斗魁爲首杓爲末○父母之仇常若居喪誓不俱生無所往不執兵昆弟之仇銜君命則不鬬從父兄昆弟之仇則陪從其主人情有重輕也然意此亂世之事記者傳聞之言欲卸孔門言行當主論語不爲魁換字法妙主人能省文法妙

孔子之喪二三子皆經而出羣居則經出則否雖出外亦皆經門人于孔子然也若常禮惟羣居則經出外則否舉常禮以明聖門之厚也

易墓非古也鄭氏曰易謂芟治草木○孔氏曰墓謂冢旁之地不易者使有草木如丘陵然古者設以前墓而不墳是不治易也

子路曰吾聞諸夫子喪禮與其哀不足而禮有餘也章法不若禮不足而哀有餘也祭禮與其敬不足而禮有

餘也不若禮不足而敬有餘也喪主哀祭主敬 章法

曾子弔於負夏主人既祖填池推柩而反之降婦人 句法
而後行禮從者曰禮與 句法 曾子曰夫祖者且也且胡爲
其不可以反宿也 句法 從者又問諸子游曰禮與子游曰
飯於牖下小斂於户內大斂於阼殯于客位祖于庭
葬于墓所以即遠也 句法 故喪事有進而無退曾子聞之
曰多矣乎予出祖者 句法 應氏曰曾子雖給說以釋主人
問諸子游聖門之徒氣象忠厚其譏人之失婉而不
廹但言有進無退而反抵行禮之非自見出祖謂主
人也予者親之之詞多矣乎者不欲深探
其失也君子行禮雖不可寡亦豈可多乎

曾子襲裘而弔子游裼裘而弔曾子指子游而示人

檀弓叢訓 卷上 廿七 第十四函

曰夫夫也爲習於禮者如之何其裼裘而弔也主人
既小斂袒括髮子游趨而出襲裘帶絰而入曾子曰
我過矣我過矣夫夫是也 方氏曰夫夫上語辭下又
同弔異服必足去有先後故不得同議各守所聞而
往也曾子襲裘而弔先進於禮樂也子游亦儘有守
闇處如裼裘而弔必是守闇曰曾子子游皆聖門高
弟其分契與常人殊若謂一人失禮必兩相告豈有
私指示於人而不告之也此段義可疑曾子有子言
游輩一時行禮猶有不同蓋時已禮壞樂崩至後世
文獻不足尤難行也

子夏既除喪而見予之琴和之而不和彈之而不成
聲作而曰哀未忘也先王制禮而弗敢過也 章法 子張既
除喪而見予之琴和之而和彈之而成聲作而曰先
王制禮不敢不至焉 章法 鄭氏曰二者雖情異善其俱順
禮○孔氏曰此言子夏子張援
家語及詩傳皆言子夏喪畢夫子與之琴援琴而弦
衎衎而樂閔子騫喪畢夫子與琴援琴而弦切切而
哀與此不同疑當以彼爲正蓋子夏
喪親無異而子騫至孝孔子所稱也

司寇惠子之喪子游爲之麻衰牡麻絰文子辭曰子 章法
辱與彌牟之弟游又辱爲服敢辭子游曰禮也 句法 文子
退反哭子游趨而就諸臣之位 句法 文子又辭曰子辱與
彌牟之弟游又辱爲之服又辱臨其喪敢辭 句法 子游曰
固以請 句法 文子退扶適子南面而立 句法 曰子辱與彌牟之
弟游又辱爲之服又辱臨其喪虎也敢不復位 句法 子游
趨而就客位 句法 司寇惠子衛將軍文子也彌牟惠子之
兄惠叔蘭也虎者彌牟之適子○惠子

檀弓叢訓 卷二 三 第十四函

廢適立庶子子游故爲重服以感之惠子不悟而辭
又趨臣位以深感之惠子始悟而扶適子復位子游
乃趨而復客位○馬氏曰死喪之威至哀戚者唯兄
弟而已若朋友皆在他邦而無宗族兄弟乃得施視
親之恩相爲袒免檀弓之免子游之麻絰皆拜在他
邦者也而其服有過焉以爲仲子之舍孫惠子之立
庶而父兄不能正是猶無親也檀弓子游雖有朋友
之道欲正而不可得故俱爲之服所以親其親言推
親有可正之恩就臣之位所以視其臣言惟臣則有
可正之義○孔氏曰衛靈公生昭子郢郢生文子木
及惠叔蘭蘭生虎爲司寇氏文子生簡子瑕瑕生將
軍文氏然則彌牟是木之子○吳澄曰文子名木今
曰彌牟者彌牟二字反切則爲木彼實稱爲木而聽
者若曰彌牟木猶爾之爲而已而止諸之爲之子之
也乎

將軍文子之喪既除喪而後越人來弔主人深衣練
冠待於廟垂涕洟子游觀之曰將軍文氏之子其庶

幾乎亡於禮者之禮也其動也中主人指將軍文氏之子簡子服也○既除喪而遠人來弔文子之子深衣練冠用凶服之變待於廟受弔而不迎賓本無此禮以義趣而爲之禮之變亡於禮者之禮禮記不載自我作始故曰云云此何韓子所謂橫空排硬語妥帖力排奡也

幼名冠字五十以伯仲死諡周道也經也者實也掘中霤而浴毀竈以綴足及葬毀宗躐行出於大門殷道也學者行之朱氏曰古者初冠而字便有伯某甫仲某甫三字到五十時伯仲除了下面兩字猶今人不敢斥尊者呼爲幾丈之類○吳澄曰冠而字少者但稱其字如顏淵宰我言游之類稍尊則字上加以其次如伯牛仲弓季路之類者艾而益尊則下去其字止稱其次如單伯管仲孔叔南仲之類所謂五十以伯仲者此也字下又加甫字如詩言仲山甫此極其尊敬之稱殷道也學者行

之謂學於孔子者皆行殷禮也孔子殷之後

子柳之母死子碩請具子柳曰何以哉子碩曰請粥庶弟之母子柳曰如之何其粥人之母以葬其母也不可既葬子碩欲以賻布之餘具祭器子柳曰不可吾聞之也君子不家於喪請班諸兄弟之貧者方氏曰不家於喪恥因喪之利而起家也

君子曰謀人之軍師敗則死之謀人之邦邑危則亡之方氏曰軍師以勝爲功或敗焉是無決勝之策也爲之謀者可偷生其身乎邦邑以安爲本或危焉是無計安之術也爲之謀者可苟存其位乎軍師既敗難以復勝故死其身邦邑雖危猶可復安故亡其位而已

公叔文子升於瑕丘蘧伯玉從文子曰樂哉斯丘也死則我欲葬焉蘧伯玉曰吾子樂之則瑗請前吳澄曰前猶云豫先也請前請爲豫定其所若徇其意實譏非之所謂巽與之言也吾子樂之則瑗請前諫止之詞婉而嚴

弁人有其母死而孺子泣者孔子曰哀則哀矣而難過哀難繼爲繼也夫禮爲可傳也爲可繼也故哭踊有節故聖人制爲哭踊之節孺子泣言如嬰兒之失母哭無休也三字形容且盡且省

叔孫武叔之母死既小斂舉者出戶袒且投其冠括髮子游曰知禮武叔出戶而始袒括不知禮也子游謂其知禮蓋反言以譏之

扶君卜人師扶右射人師扶左君薨以是舉卜古註云當爲

僕師長也指太僕也按周禮射人大喪與僕人遷尸○朱子云後世僕射官名用此義也或以射言夜誤矣

從母之夫舅之妻二夫人相爲服君子未之言也或曰同爨緦張子曰此是甥自幼居于從母之家或舅之家孤穉恩養直如父母不可無服所以爲此服也非是從母之夫與舅之妻相對爲服澄曰有同居而食之恩則雖禮之所無而可以義起此服也張子義是注疏非也

喪事欲其縱縱爾吉事欲其折折爾故喪事雖遽不凌節吉事雖止不怠故騷騷爾則野鼎鼎爾則小人君子蓋猶猶爾縱縱戒其遽而放之舒也折折懲其緩而納之疾也凌獵也止容止之止注緩之意也騷騷太疾鼎鼎太舒猶猶疾舒之中

喪具君子恥具一日二日而可爲也者君子弗爲也不忍死其親故恥具非倉卒可爲者不得已而具一二日可爲者弗豫爲之耳
喪服兄弟之子猶子也蓋引而進之也嫂叔之無服
也蓋推而遠之也姑姉妹之薄也蓋有受我而厚之
者也句法亦三章法或引或推重親遠別姑姉妹嫁後薄欲一其心于厚之者唐通典載魏徵議請嫂叔小功五月服制可程氏曰今之有罪亦是豈有同居之親而無服者
食於有喪者之側未嘗飽也助哀戚也
曾子與客立於門側其徒趨而出曾子曰爾將何之
曰吾父死將出哭于巷曰反哭于爾次曾子北面而
弔焉客之徒不敢發喪于人館曾子使反哭于館而弔之節者館人使專之如己有然

孔子曰之生而致死之不仁而不可爲也之死而致
生之不知而不可爲也是故竹不成用瓦不成味木
不成斵琴瑟張而不平竽笙備而不和有鐘磬而無
簨虡其曰明器神明之也之往也謂送死也竹籩之屬古注味當作沫靦也洗面蓋謂瓦盆不可洗面也愚按瓦陶器也不成味不可盛飲食也恐不必改字無簨虡不縣也橫曰簨植曰虡
有子問於曾子曰問喪於夫子乎曰聞之矣句法喪欲速
貧死欲速朽有子曰是非君子之言也句法曾子曰參也
聞諸夫子也有子又曰是非君子之言也句法曾子曰參
也與子游聞之有子曰然然則夫子有爲言之也曾
子以斯言告於子游子游曰甚哉有子之言似夫子
也昔者夫子居於宋見桓司馬自爲石椁三年而不
成夫子曰若是其靡也死不如速朽之愈也死之欲
速朽爲桓司馬言之也南宮敬叔反必載寶而朝夫
子曰若是其貨也句法喪不如速貧之愈也喪之欲速貧
爲敬叔言之也句法曾子以子游之言告於有子有子曰
然吾固曰非夫子之言也曾子曰子何以知之有子
曰夫子制於中都四寸之棺五寸之椁以斯知不欲
速朽也昔者夫子失魯司寇將之荆蓋先之以子夏

又申之以冉有以斯知不欲貧也句法貧朽非人情所欲孔子之言特爲二子而發爾有子乃能以中都與荆之事驗之可謂知言矣○方希古曰孔子之欲仕非爲富也爲行道也致美于棺非爲不朽也爲廣孝也欲富而矚且趨以求利于蠻夷之中曾謂孔子若是乎欲全其旣死之軀而固以爲民制孔子何取乎有子之疑曾子之問子游之答傳之者謬也
陳莊子死赴於魯魯人欲勿哭繆公召縣子而問焉
縣子曰古之大夫束脩之問不出竟雖欲哭之安得
而哭之章法今之大夫交政於中國雖欲弗哭焉得而弗句法
哭且臣聞之哭有二道有愛而哭之有畏而哭之公
曰然然則如之何而可縣子曰請哭諸異姓之廟于
是與哭諸縣氏馬氏曰孟子云哭死而哀非爲生者也以有畏而哭之能無爲乎縣子語

君非引君以當道志于仁者也

仲憲言于曾子曰夏后氏用明器示民無知也殷人用祭器示民有知也周人兼用之示民疑也曾子曰句法其不然乎其不然乎章法夫明器鬼器也祭器人器也夫古之人胡爲而死其親乎明器祭器各用亦三代之兼用非獨周兼用之也故曾子重言其不然示民無知之語尤非所以訓故又專言古之人胡爲而死其親

公叔木有同母異父之昆弟死問于子游子游曰其大功乎句法狄儀有同母異父之昆弟死問于子夏子夏曰我未之前聞也魯人則爲之齊衰狄儀行齊衰今之齊衰狄儀之問也澹曰子夏固失矣子游亦未爲得也按繼父同居有子者服齊衰王肅云不云是狄儀始者以魯人前已爲之也此殊兩輕重之分

子思之母死于衛柳若謂子思曰子聖人之後也四句法方于子乎觀禮子盍愼諸子思曰吾何愼哉章法吾聞之有其禮無其財君子弗行也有其禮有其財無其時君子弗行也吾何愼哉章法方希古曰禮者君子恆履之器也不可斯須遠于身豈以家人之貧富時之通塞爲行否子思賢者其爲道粹矣信斯言也烏在其踰于道

縣子瑣曰吾聞之古者不降上下各以其親滕伯文爲孟虎齊衰其叔父也爲孟皮齊衰其叔父也瑣縣子名降者降服周禮已貴則降賤者之服古謂殷時上謂旁親族曾祖從祖及伯叔之班下謂從子從孫之流滕伯文殷時滕君名文爲諸侯而服其叔父皆齊衰殷不降服也

后木曰喪吾聞諸縣子曰夫喪不可不以深長思也買棺外內易我死則亦然后木魯孝公子惠伯鞏之後外內易謂斲削外內之平易此后木述縣子之言以屬其子也

曾子曰尸未設飾故帷堂小斂而徹帷仲梁子曰夫婦方亂故帷堂小斂而徹帷仲梁子魯人○人死斯惡之矣未設飾而帷堂防人之惡也記者并存梁子之說以傳疑

小斂之奠子游曰於東方曾子曰於西方斂斯席矣小斂之奠在西方魯禮之末失也士喪禮小斂之奠設于尸東以萬物生于東未忍死其親也變而在西方魯末世失禮也大斂奠于堂乃有席始死之奠未暇備禮曾子以爲斂斯席亦非

縣子曰綌衰繐裳非古也綌粗葛繐布之細而疏者○古服一以麻各有升數若以綌爲衰以繐爲裳則取其輕凉而已故曰非古

子蒲卒哭者呼滅子皐曰若是野哉哭者改之滅者子蒲名或疑非名但以死有滅絕之義呼而哭之子皐柴也哭呼名非恐子皐非之乃改

杜橋之母之喪宮中無相以爲沽也相贊禮者也沽畧也方氏謂卽沽酒之沽以非自致故謂畧也孝之悲遂禮須贊相杜橋居母喪無之故謂其于禮爲畧也

夫子曰始死羔裘玄冠者易之而已羔裘玄冠夫子不以弔句法始死卽易去吉服不特喪者易之弔者亦所不服

子游問喪具夫子曰稱家之有無句法子游曰有無惡乎齊句法夫子曰有毋過禮苟無矣斂乎足形還葬縣棺而封人豈有非之者哉句法稱猶隨也齊言多寡之齊還便也言已斂卽葬縣棺而不設碑

綍手縣而下之封者復土以開壙之名不必改爲窆字窗而有者毋得過禮貧而無者斂其首足不合或見卽葬之此有無之齊也

司士賁告于子游曰請襲于牀子游曰諾縣子聞之曰汏哉叔氏專以禮許人章法士賁人名襲謂斂死者以衣汏自矜也○子游之言合禮而縣子譏其汏者以其不診先王而專輙許諾如禮出于己汏哉叔氏專以禮許人升菴云機鋒極冷晉人世說多類

宋襄公葬其夫人醯醢百甕曾子曰既曰明器矣而又實之神明之器當虛既曰明止實之妙在既曰而又字

孟獻子之喪司徒旅歸四布夫子曰可也獻子魯大夫仲孫蔑司徒其家臣旅下士喪者未若班諸兄弟之貧者爲善故聖人止以爲可

讀賵曾子曰非古也是再告也以利冑死曰賵○古者奠而不讀周則既奠又讀焉故曾子非之以爲再告古禮賵而讀賵

成子高寢疾慶遺入請曰子之病革矣如至乎大病則如之何子高曰吾聞之也生有益于人死不害于人吾縱死無益于人吾可以死害于人乎哉章法我死則擇不食之地葬我焉字法不食之地謂不可耕墾者○死且不忍妨人則生之愛人可知

子夏問諸夫子曰居君之母與妻之喪居處言語飲食衎爾喪雖輕未有居之而樂者子夏失問夫子是以不答

賓客至無所館夫子曰生于我乎館死于我乎殯生於我館死于我殯朋友始終之義

國子高曰葬也者藏也藏也者欲人之弗見也是故章法衣足以飾身句法棺周于衣句法椁周于棺句法土周于椁句法反壤樹之哉字法此言古始非周禮也○方氏曰周官冢人用爵等爲封上之度與其樹數觀其封則知位秩之高卑觀其樹則知命數之多寡所以遺後世子孫之識非以爲觀美也而國子非之亦異于禮矣

孔子之喪有自燕來觀者舍於子夏氏子夏曰聖人之葬人與人之葬聖人也子何觀焉昔者夫子言之曰吾見封之若堂者矣見若坊者矣見若覆夏屋者矣見若斧者矣從若斧者焉馬鬣封之謂也今一日而三斬板而已封尚行夫子之志乎哉言若聖人葬人庶有異聞若人葬聖人與常人何異而子觀之若堂形四方而高若坊形旁殺而長坊堤也若覆屋形旁廣而卑覆

謂茨瓦夏屋謂門廡也若斧形旁殺兩上而長俗名又謂之馬鬣封功愈易而爲愈難矣三斬板作墳法也安板兩邊用繩約板令直納土板中築土令與板平斬所約板繩更置其上而再築一日之功如此者三而墳之封築已成○此子夏既告燕人之葬聖人子何觀復述聖人言葬之說以告之見事惟從簡而門人不過從夫子之志此亦答其未觀之意也

婦人不葛帶葬后卒哭變麻易葛帶婦人質所重要帶故不易用葛帶至朔竟除之

有薦新如朔奠薦時物之新如月朔之奠重之也

既葬各以其服除禮三月而葬若三月之服應除者不待主人卒哭

池視重霤池者柳車之池重霤者屋之承霤以木爲之承屋霤八木中又從木中霤于地故名重霤生時既屋有重霤以行水死時柳車覆鼈中之下牆帷之上織竹爲池衣以青衣承鼈中名池天子四面諸侯三大夫前後士唯前一各視生時之重霤

君即位而爲椑歲一漆之藏焉 椑襯也親尸者歲一漆示如未成蘇焉惡見人

復楔齒綴足飯設飾帷堂竝作父兄命赴者 復招魂也楔齒用角柶柱其齒使含時不閉綴足用几綴其足用屨時得直飯含也設飾襲斂也五者竝作于帷堂之時已而父凡使人注赴告于人

君復于小寢大寢小祖大祖庫門四郊 復始死而招其魂也小寢高祖以下之寢大寢始祖太祖之寢小祖高祖以下之廟太祖始祖太祖復必于寢廟人死必反本故也庫門生時所出入也四郊魂氣無所不之也人君禮備故復處多皆他日所嘗有事之地也

喪不剝奠也與祭肉也與 剝猶倮喪祭必巾覆之不倮露者謂祭肉易受塵垢腊醢則否

既殯旬而布材與明器 既殯旬殯後十日也布班也班布與椁材與明器之類爲葬備

朝奠日出夕奠逮日 朝奠象朝時之食夕奠象夕時之食逮日者及日未沒○或謂日出日入陰陽之交于此求之庶幾盲之其說太鑿

父母之喪哭無時使必知其反也 使古說謂出使而告反馬氏謂哭者聲也聲爲陽所以能使魂氣之反方氏謂哭者所以求其反哭之無使欲使死者必知其反而已未知孰是然古說于經文不甚協

練練衣黃裏縓緣葛要絰繩屨無絇角瑱鹿裘衡長袪袪裼之可也 此明小祥後外仍用衰衰內有練中衣練中衣內有裼衣裼衣內有鹿裘鹿裘內自有常著襦衣

有殯聞遠兄弟之喪雖緦必往非兄弟雖隣不往所識其兄弟不同居者皆弔 家有殯則于弔喪不輕往緦最輕也兄弟雖緦必往親骨月鄰最近也非凡弟雖鄰不往疏無親也所識謂非兄弟又非疏外乃平生識知往來之人今若身死者兄弟雖不同居亦就往弔之成其死之舊恩也

天子之棺四重水兕革棺被之其厚三寸杝棺一梓棺二四者皆周 四重者水牛兕牛之革以爲棺革各厚三寸共六寸此爲一重杝棺者椑棺也爲一重屬棺大棺皆梓爲之屬一重大棺一重凡四重皆周匝

棺束縮二衡三衽每束一栢椁以端長六尺 棺束者古無釘用皮束合之爲固也縮二者縮縱也縱束者二行也衡三者衡橫也橫束者三行也衽每束一者衽小要也兩頭廣中央小謂鑿棺邊及兩頭合處作坎形以小要連之令固也栢椁以端者積栢材作椁並葺端

頭從下壘上木頭相向作四附也長六尺者其木每段長六尺也

天子之哭諸侯也爵弁絰紂衣或曰使有司哭之爲子之以樂食 爵弁即爵弁其色如爵絰衍字也天子至尊服麻不如于采紂衣即緇衣○此言諸侯薨于國天子遙哭之爲之食不舉樂

天子之殯也菆塗龍輴以椁如斧於椁上畢塗屋天子之禮也 菆叢也菆塗用木叢棺而四面塗之也輴叢喪車也龍輴者畫龍于輴車之轅也以椁者題湊叢木而象椁之形也斧謂繡覆棺之衣爲斧文也先菆四面爲椁上與棺齊而上猶閣以棺衣從椁上八覆下棺故云如斧于椁上斧覆既竟又四注爲屋覆上而下四面盡塗之天子之殯如此

唯天子之喪有別姓而哭者 同姓異姓庶姓各相從爲位

魯哀公誄孔丘曰天不遺耆老莫相予位焉嗚呼哀

哉尼父左傳所錄有屏余一之語今說修之如此

國亡大縣邑公卿大夫士皆厭冠哭于太廟三日君不舉或曰君不舉而哭于后土厭冠喪冠舉舉樂○師敗失地以喪禮處之

孔子惡野哭者哭非其地謂之野

未仕者不敢稅人如稅人則以父兄之命稅人謂以物遺人

士備入而後朝夕踊祥而縞是月禫徙月樂士卑取後入言諸臣畢入乃俱踊大祥而縞冠是月禫祭踰月樂作

君於士有賜帟帟小幕以承塵士惟恩賜乃得有

凡一百三十二條

檀弓叢訓卷上終

檀弓叢訓卷下

成都　楊慎　撰　　綿州　李調元　校

檀弓下

君之適長殤車三乘公之庶長殤車一乘大夫之適長殤車一乘皆下於成人也車謂遣車載遣奠祭牲送亡者

公之喪諸達官之長杖達謂得自通于君者

君於大夫將葬弔於宮及出命引之三步則止如是者三君退朝亦如之哀次亦如之宮殯宮朝謂柩朝廟而將廢之時次待賓客次舍○君於大夫將葬而弔孝子攀號君命引其柩使行奪孝子之情使出葬也如是者三而君退或弔於朝廟之時及弔於次舍皆然

五十無車者不越疆而弔人五十始衰不徒行遣弔

季武子寢疾蟜固不說齊衰而入見曰斯道也將亡矣士唯公門說齊衰武子曰不亦善乎君子表微句法及其喪也曾點倚其門而歌季武子強僭如君時人畏之入其門者皆說齊衰蟜固不說衰而問其疾且謂着衰入大夫之門此道將亡矣武子不得已佯善之表明也謂斯道之微惟君子能表明之○長樂陳氏曰蟜固衰服問疾示之以凶而欲其死也曾點以歌臨喪示之以吉而樂其死也子產未死國人歌之曰子產而死誰其嗣之況欲其死乎李廣之死知與不知皆爲盡哀況樂其死乎季孫生不爲人所愛死不爲人所哀其失人心可知斯道也將亡矣將字下得有輕重當時向他大夫門猶有着凶服者故曰將亡將者未絕之時○斯道也將亡矣是倒句法若順之當云士唯公門說齊衰斯道也將亡矣○不亦善乎是亦倒句法若順之當云君子表微不亦善乎然不倒則無頓

挫

大夫弔當事而至則辭焉大夫弔於士士當殯斂之事則辭以告弔於人是日不樂婦人不越疆而弔人行弔之日不飲酒食肉焉鄭氏曰哀樂不同事婦人無外事弔於葬者必執引若從柩及壙皆執紼方氏曰車索曰引柩索曰紼引唯在路用之壙執紼

喪公弔之必有拜者雖朋友州里舍人可也弔曰寡君承事主人曰臨孔氏曰公弔臣喪須往拜謝若無主後友朋同州里及喪家典舍之人皆可往拜弔者曰助執事謝者曰辱降臨、君遇柩于路必使人弔之鄭氏曰遇凡民之喪于路亦弔、之君于民有父母恩也

大夫之喪庶子不受弔孔氏曰避嫡也

妻之昆弟爲父後者死哭之適室子爲主袒免哭踊夫入門右使人立于門外告來者狎則入哭父在哭于妻之室非爲父後者哭諸異室適室正寢也來者來弔者也〇妻之兄弟子之舅也子于舅服緦麻使欲爲主夫即其子之父對妻而言故曰夫其入門右者以辟爲主之處示無二主也哭則鄰里閭者來弔故使人立門外告以哭之由若狎熟者來則使人與俱哭父在哭于妻之室不以私喪于尊也非爲父後哭于別室別于適也

有殯聞遠兄弟之喪哭于側室無側室哭于門內之右同國則往哭之遠兄弟謂異國而居者也哭於側室遠殯宮也哭于門內之右不居主位示爲之變也凡皆不得而往哭故也若同國則往哭

子張死曾子有母之喪齊衰而往哭之或曰齊衰不以弔曾子曰我弔也與哉或人以曾子于子張無服而非之曾子答以我非弔乃以朋友哀痛而哭之耳愚按齊衰者曾子爲母服非爲弔子張而服也往哭者朋友哀痛之情特就因其服而往非特以此服行弔禮也諸家乃以曾子之言爲文過夫曾子乃以曾輔于禮文之末未必盡合然曾子于子張之死也乃用情于或人之答也乃用情曾子豈文過者哉我弔也與哉與闕之也與用語助字法同

有若之喪悼公弔焉子游擯由左吉事尚左凶事尚右居右而擯相者由左子游如左是知禮也

齊穀王姬之喪魯莊公爲之大功或曰由魯嫁故爲之服姊妹之服或曰外祖母也故爲之服穀郎告告者以喪告也或曰傳疑也

晉獻公之喪秦穆公使人弔公子重耳且曰寡人聞之亡國恆于斯得國恆于斯雖吾子儼然在憂服之中喪亦不可久也時亦不可失也孺子其圖之以告舅犯舅犯曰孺子其辭焉喪人無寶仁親以爲寶父死之謂何又因以爲利而天下其孰能說之孺子其辭焉章法公子重耳對客曰君惠弔亡臣重耳身喪父死不得與於哭泣之哀以爲君憂父死之謂何句法或敢有他志以辱君義稽顙而不拜哭而起起而不私子顯以致命于穆公穆公曰仁夫公子重耳句法夫稽顙而不

拜則未爲後也故不成拜哭而起則愛父也起而不私則遠利也此文互見左傳國語亡國恆于斯得國恆于斯與張老歌哭何法同

雖殯非古也自敬美之哭穆伯始也張逸答陳鑑曰敬美早寡使哭以避嫌雖殯亦或避嫌表夫之遠色

喪禮哀戚之至也節哀順變也君子念始之者也始猶生也始而生之者親也哀之至喪之正也節哀者念父母生已不敢以死傷生也

復盡愛之道也有禱祠之心焉望反諸幽求諸鬼神之道也北面求諸幽之義也復者招始死之魂有禱祠之心冀其復也復者北面而呼北爲陰幽求諸鬼神之義冀其復從幽而還也

拜稽顙哀戚之至隱也稽顙隱之甚也稽顙首觸地無容隱痛也

飯用米貝弗忍虛也不以食道用美焉耳死者飲之不忍虛其口不用飲食之道而用米與貝用其美者也

銘明旌也以死者爲不可不別已故以其旗識之愛之斯錄之矣敬之斯盡其道焉耳重主道也殷主綴重焉周主重徹焉奠以素器以生者有哀素之心也凡名所以爲明旌謂之銘以死者書名焉死者無形貌可以識別故書之于旗以表之旗即銘旗愛之故錄其名敬之故無所不盡其道也重亦木爲之如木主重設于始死之時有柩而又設之重故謂之虛主立于既虞之後有廟而又立之主故謂之主殷既作主猶聯其重以縣于廟不忍棄也周既作主既徹重而埋于門外之道左不敢瀆也奠祭之心

唯祭祀之禮主人自盡焉爾豈知神之所饗亦以主人有齊敬之心也此言祭祀未必神之來饗惟當盡齊敬之心然愚恐非所以訓孔子曰祭如在

辟踊哀之至也有算爲之節文也袒括髮變也慍哀之變也去飾去美也袒括髮去飾之甚也有所袒有所襲哀之節也撫心爲辟跳足爲踊男踊女辟哀痛之至也一踊三跳士則三踊此有算數爲之節文恐其毀滅性也袒髮投其冠變其常也慍悶而至辟踊又哀之變也去華飾變其常也去飾而至于袒髮又去飾之甚也袒而復襲又以節哀也

弁絰葛而葬與神交之道也有敬心焉周人弁而葬殷人冔而葬厭冠麻絰居喪之禮也至于葬則以弁易厭冠以葛易麻絰者喪致哀親之也

葬則有敬心焉喪事遠以神明待之也周之弁有殷之冔皆象祭冠以易喪冠而葬也

歠主人主婦室老爲其病也君命食之也歠歠粥也主人亡者之子主婦亡者之室老家之長相三者皆大夫之家也貴爲哀劇而病也故親喪三日之後君命食之食之者使歠粥也

反哭升堂反諸其所作也主婦入于室反諸其所養也反哭之弔也哀之至也反而亡焉失之矣于是爲甚殷既封而弔周反哭而弔孔子曰殷已慤吾從周此言殷葬而反哭也主人升堂求諸其舊行禮之處主婦入室求諸其舊所饋食之處反而不復見其親其痛于是爲甚于是乎弔之殷甫葬而即弔于壙則已慤周待其反哭而後弔于家孔子從之

葬于北方北首三代之達禮也之幽之故也上之字訓往下

之字語助　之幽之故也（二之字不同文章假借相形之妙）

旣封主人贈而祝宿虞尸旣反哭主人與有司視虞牲有以几筵舍奠于墓左反日中而虞葬日虞弗忍一日離也是日也以虞易奠（贈以幣送死而壙也宿猶戒也舍釋也）卒哭曰成事是日也以吉祭易喪祭明日祔於祖父其變而之吉祭也比至於祔必於是日也接不忍一日未有所歸也殷練而祔周卒哭而祔孔子善殷（期而後神之人情也○滙澤陳氏曰善殷以其不欲遽鬼其親也）

君臨臣喪以巫祝桃茢執戈惡之也所以異於生也喪有死之道焉先王之所難言也（桃辟惡茢苕帚也埽不祥戈所以制

○清江劉氏曰君臨臣喪以桃茢先非禮也周之末造也君臣之義非虛也寄社稷寄宗廟寄人民焉爾故君有憂臣亦有憂君有戚臣亦有戚臣疾君視問之臣死君撫哭之以致忠愛也若生而用死而棄生而厚死而薄生而愛死而惡是忘生背死也施之於人者不變于存亡然後人之視其亡猶存矣則夫桃茢胡爲乎行諸臣之廟哉或曰于記有之宜若禮然曰否是固周末之記也）

喪之朝也順死者之孝心也其哀離其室也故至于祖考之廟而後行殷朝而殯于祖周朝而遂葬（朝謂將葬以柩朝廟）

孔子謂爲明器者知喪道矣備物而不可用也哀哉（章法）死者而用生者之器不殆于用殉乎哉其曰明器神明之也（句法）塗車芻靈自古有之明器之道也孔子謂爲（句法）芻靈者善謂爲俑者不仁不殆于用人乎哉（明器備而不可用芻靈似而不爲人後世明器改而用生者之器芻靈改而用木偶之人故流而至于用生人殉死者之葬孔子推其漸而哀之）

穆公問於子思曰爲舊君反服古與子思曰古之君子進人以禮退人以禮故有舊君反服之禮也今之君子進人若將加諸膝退人若將隊諸淵毋爲戎首不亦善乎又何反服之禮之有（戎首謂爲他國主兵來攻伐）

悼公之喪季昭子問于孟敬子曰爲君何食敬子曰食粥天下之達禮也吾三臣者之不能居公室也四方莫不聞矣勉而爲瘠則吾能毋乃使人疑夫不以

情居瘠者乎哉我則食食（季昭子久矣無君若君喪食粥舍日不能而爲之詞）

（不毋乃至乎哉長句法）

衛司徒敬子死子夏弔焉主人未小斂絰而往子游弔焉主人既小斂子游出絰反哭子夏曰聞之也與曰聞諸夫子主人未改服則不絰（弔必候主人改服乃絰）聞之也與（四字三字助語）

曾子曰晏子可謂知禮也已恭敬之有焉有若曰晏子一狐裘三十年遣車一乘及墓而反國君七个遣車七乘大夫五个遣車五乘晏子焉知禮曾子曰國無道君子恥盈禮焉國奢則示之以儉國儉則示之

以禮今謂所包遣奠牲體之數也七個五個謂以牲體折爲七段五段遣車七乘五乘謂以牲折而分載之一個一乘也○晏子一狐裘三十年儉于己可也大夫遣車五乘晏子之父晏桓大夫也葬之遣車止一乘儉于其親不可也曾子以晏子恭敬爲知禮則是以晏子之儉爲知禮則非宜乎爲有若之所難

國昭子之母死問于子張曰葬及墓男子婦人安位子張曰司徒敬子之喪夫子相男子西鄉婦人東鄉曰噫毋曰我喪也斯沾爾專之賓爲賓焉主爲主焉婦人從男子皆西鄉國昭子齊大夫夫子孔子噫不寤聲毋禁止辭斯此也沾爾者沾沾然之類率爾而專敢爲之也國昭子不聽子張東鄉西鄉之說而自主皆西鄉之說故先之曰毋謂我而率然自專之也禮分賓主而男女皆西鄉者賓主之禮也○禮重男女之別雖在喪紀莫不各正其

位司徒敬子之喪夫子爲相固嘗行而國昭子徒爲賓主之辨曾無男女之别失禮不亦甚乎

穆伯之喪敬姜晝哭文伯之喪晝夜哭孔子曰知禮矣穆伯于敬姜夫也喪止晝哭文伯于敬姜子也夜哭孔子以爲知禮

文伯之喪敬姜據其牀而不哭曰昔者吾有斯子也吾將以爲賢人也吾未嘗以就公室今及其死也朋友諸臣未有出涕者而內人皆行哭失聲斯子也必句法多曠于禮矣夫朋友諸臣不出涕而內人皆哭失聲則平日所好不見故其母敬姜不哭上云晝夜哭此不哭者暫時也

季康子之母死陳褻衣敬姜曰婦人不飾不敢見舅章法姑將有四方之賓來褻衣何爲陳於斯命徹之敬姜者康子從子母以康子失禮命徹之

有子與子游立見孺子慕者有子謂子游曰予壹不知夫喪之踊也予欲去之久矣情在于斯其是也夫子游曰禮有微情者有以故興物者有直情而徑行者戎狄之道也禮道則不然人喜則斯陶陶斯咏咏斯猶猶斯舞舞斯慍慍斯戚戚斯嘆嘆斯辟辟斯踊矣品節斯斯之謂禮人死斯惡之矣無能也斯倍之矣是故制絞衾設蔞翣爲使人勿惡也始死脯醢之奠將行遣而行之既葬而食之未有見其饗之者也自上世以來未之有舍也爲使人勿倍也故子之所

剌于禮者亦非禮之訾也壹猶獨也微猶殺也微情謂節哭踊以故興物謂立之制絰衰直情徑行謂哭踊無節衣服無制子之所制于禮者亦非禮之訾也結得嚇絶

吳侵陳斬祀殺厲師還出竟陳行人儀使于師夫差謂太宰嚭曰是夫也多言盍嘗問焉師必有名人之句法稱斯師也者則謂之何行人儀曰古之侵伐者不斬祀不殺厲不獲二毛今斯師也殺厲與其不謂之殺厲之師與太宰嚭曰反爾地歸爾子則謂之何曰君句法王討敝邑之罪又矜而赦之師與有無名乎舊本云陳太宰嚭使于師夫差謂行人儀曰鄱陽洪氏曰按嚭乃吳夫差之宰陳遣使者正用行人則儀乃陳臣也記禮

者簡策差互更錯其名當云陳行人儀使于師夫差
使太宰嚭問之澄按洪氏正千載之訛今從其說兩
易二人之名又有太宰嚭三字舊本在曰古之侵伐
者之上今移在曰反爾地之上而孔疏凡用二人之
名者亦皆爲之兩易則文義協順矣○吳侵陳以魯
哀元年秋祀神位有屋樹者厲疫病行人太宰官名
也二毛鬢髮班白者正言殺厲重人歸爾師與有無名乎與乎皆疑辭不直許之
顏丁善居喪始死皇皇焉如有求而弗得及殯望望
焉如有從而弗反既葬慨焉如不及其反而息悅憊貌息
謂心與形俱息○此論孝子哀殺有漸
子張問曰書云高宗三年不言言乃讙有諸仲尼曰
胡爲其不然也古者天子崩王世子聽于冢宰三年
時君無行三年喪者故子張以爲問

知悼子卒未葬平公飲酒師曠李調侍鼓鍾杜蕢自
外來聞鍾聲曰安在曰在寢杜蕢入寢歷階而升酌
曰曠句法飲斯又作曰調句法飲斯又酌堂上北面坐飲之降
趨而出平公呼而進之曰蕢曩者爾心或開予是以
不與爾言爾飲曠何也曰子卯不樂字法知悼子在堂斯
其爲子卯也大矣曠也太師也不以詔是以飲之也
爾飲調何也曰調也君之褻臣也爲一飲一食忘君
之疾是以飲之也爾飲何也曰蕢也宰夫也非刀匕
是共又敢與知防是以飲之也平公曰寡人亦有過
焉酌而飲寡人杜蕢洗而揚觶公謂侍者曰如我死

則必無廢斯爵也至于今既畢獻斯揚觶謂之杜舉
陳騤曰觀檀弓之載事言簡而不疎旨深而不晦雖
左氏之富艷敢奮飛于前乎如此章之事左氏云臣
在子卯謂之疾曰君徹宴樂學人舍業爲疾故也君
之卿佐是謂股肱股肱或虧何痛如之檀弓止十七
字而盡之
公叔文子卒其子戌請謚于君曰日月有時將葬矣
請所以易其名者君曰昔者衛國凶饑夫子爲粥與章法
國之餓是不亦惠乎昔者衛國有難夫子以其死衛章法
寡人不亦貞乎夫子聽衛國之政修其班制以與四章法
鄰交衛國之社稷不辱不亦文乎故謂夫子貞惠文句法
子班言上下之次制言多寡之節凶饑歲凶人饑省文

石駘仲卒無適子字法有庶子六人卜所以爲後者曰沐
浴佩玉則兆五人者皆沐浴佩玉石祁子曰孰有執
親之喪而沐浴佩玉者乎不沐浴佩玉石祁子兆衛字法
人以龜爲有知也升菴云沐浴佩玉凡四用而不厭其複使人爲之則曰五人皆從之
石祁子不從如此豈不減省索然無味矣史記多此
等之法○陳子宏曰文字有不容于不多之者史記
平原君使楚客毛遂請行君曰先生處勝之門下幾
年如此矣曰三年如此君曰先生處勝之門下三年
于此矣左右未有稱誦勝未有所聞是先生無所有
也先生不能先生留又傳魯仲連親桓衍曰吾聞魯
仲連先生齊國之高士也衍人臣也使事有職吾不
願見魯仲連先生及見衍衍曰吾視居此圍城之中
者皆有求于平原君者也今去觀先生之玉貌非有
求于平原君者也洪容齋批云此等重沓熟複如駿
馬下注千丈坡其丈勢正爾風行于上而水波真天
下之至文也若以今人減字法律之則平原君當減

云先生處勝之門下亦久矣而左右無所稱誦是無所有願留魯仲連當滅云吾觀處圍城中者皆有求于平原君先生之玉貌獨不然若如此則不特文字卒然不足道且不見得當時反覆抵拒毛遂及諂諛然稱先生而尊崇仲連等氣象此則不容于不多之者也又曰文字有少而多者孟子曰之于味一段若減云耳目口鼻之于聲色臭味則意味便不條暢退之獲麟云有聖人者出必知麟麟之果不爲不祥如若以減字法減之當云有聖人者出必能知麟之非不祥也然必須重麟字而衍作一句則洽語婉變且飽滿充壯而有餘味又如石鼎聯句叙言道士彌明聯句譏侯劉二子應口輒發愈出愈奇二子詟度終日卒不能奇只足以兩三句被他自淺至深改頭換面而衍作一篇使當時只說數句括了則如何形容得二子被窘困之狀又如老泉禮論云彼爲吾君彼爲吾君彼爲吾父彼爲吾兄而聖人者必使之拜其君必使之拜其父必使之拜其兄若減之云彼爲吾君父兄而聖人者必使之拜其君父兄便接不得是皆有不容不多者若論作文而但以減字爲工是知其一不知其二者也

陳子車死于衛其妻與其家大夫謀以殉葬定而后陳子亢至以告曰夫子疾莫養于下請以殉葬子亢曰以殉葬非禮也雖然則彼疾當養者孰若妻與宰得已則吾欲已不得已則吾以二子者之爲之也于是弗果用 句法

子車陳大夫子亢之弟子亢孔子弟子下謂弟下宰即家大夫口子亢度非可以口吾爭故使二大身自爲殉殉二人懼而自止西門豹止嫁河伯事畧類此人能以人之痛痒反而切諸身則害人之事息矣

得已則吾欲已 二已字妙

子路曰傷哉貧也生無以爲養死無以爲禮也孔子曰啜菽飲水盡其歡斯之謂孝斂手足形還葬而無椁稱其財斯之謂禮 句法

黃東發云以其所以養養之至以其所以葬葬之至

衛獻公出奔反于衛及郊將班邑于從者而後入柳莊曰如皆守社稷則孰執羈靮而從如皆從則孰守社稷君反其國而有私也毋乃不可乎弗果班 章法

居者從者皆不可無獻公出奔而歸將獨私從者柳莊諫而止

衛有大史曰柳莊寢疾公曰若疾革雖當祭必告公再拜稽首請於尸曰有臣柳莊也者非寡人之臣社稷之臣也聞之死請往不釋服而往遂以襚之與之邑裘氏與縣潘氏書而納諸棺曰世世萬子孫毋變也 句法 句法

陳乾昔寢疾屬其兄弟而命其子尊己曰如我死則必大爲我棺使吾二婢子夾我陳乾昔死其子曰以殉葬非禮也況又同棺乎弗果殺

仲遂卒于垂壬午猶繹萬入去籥仲尼曰非禮也卿卒不繹

季康之母死公輸若方小斂般請以機封將從之公肩假曰不可夫魯有初公室視豐碑三家視桓楹般爾以人之母嘗巧則豈不得以其母以嘗巧者乎則病者乎弗果從

今之橋旁表柱也諸侯二碑兩注一碑而施鹿盧故云四植謂之桓也臨川王氏曰言公室視豐碑三家視桓楹見下陵上之成俗人不復以僭爲非矣吳澄曰嘗猶試也得字一句自快足爲得有虧歉爲病上二句責般謂爾以人之母試巧則爾一人之心豈不快足而自得下二句

問季孫謂以其母以視爾之巧者從孝子之心其有虧歎而病者矣二者字下有乎字疑或之人辭而不質言也噫嗟嘆聲

戰於郎公叔禺人遇負杖入保者息（句法）曰使之雖病也（字法）任（字法）之雖重也君子不能為謀也士弗能死也不可我則既言矣與其鄰重汪踦往皆死焉魯人欲勿殤重汪踦問於仲尼仲尼曰能執干戈以衛社稷雖欲勿殤也不亦可乎郎之戰公叔禺人遇避冠而入保者因言徭役使人病因賦稅責人煩重卿大夫不能為謀士又不能致死是自全其身于難不可既言之遂與鄰童汪踦赴齊師而死于禮童子為殤魯人見其死敵欲勿殤而以成人之喪治之問于仲尼仲尼言其可

子路去魯謂顏淵曰何以贈我曰吾聞之也去國則哭（字法）于墓而後行反其國不哭（字法）展墓而入謂子路曰何以處（句法）我子路曰吾聞之過墓則（字法）式過祀則（字法）下方氏曰行故曰贈居故曰處哭墓展墓所以存愛行者之禮也式墓下祀所以存敬居者之禮也黃氏曰互相問交相輔如此

工尹商陽與陳棄疾追吳師及之（句法）陳棄疾謂工尹商陽曰王事也子手弓而可手弓（句法）子射諸射之斃一人（句法）韔弓又反謂之（句法）又斃二人每斃（句法）一人掩其目止其御曰朝不坐燕不語殺三人亦足以反命矣孔子曰殺人之中又有禮焉方氏曰手弓謂以手執之猶公羊傳所謂守斂也○長樂陳氏曰從君之大義而忘己之不忍君子之所不為行己之不忍而廢君之命君子之所不敢楚工尹商陽追吳師而射之每斃一人則掩其目其所不忍仁也不廢君命義也禮者仁義而已孔子所以謂之有禮也大夫于朝則坐于燕則與故其責重士于朝則立于燕則不與故其責輕商陽所殺止于三者姑以成禮而已然則朝坐燕與為商陽者如之何曰必陳善閉邪引君以當道有所不戰戰之所以止戰有所不殺殺之所以止殺庸有不義之舉哉商陽以楚為不義而不去何也君子去處有道廢興有命天下皆齊也陳文子去齊孔子不以為仁天下皆魯也柳下惠不去魯孟子不以為非聖天下皆楚也則商陽不去楚君子豈以為非禮哉子手弓而可省字法

諸侯伐秦曹桓公卒于會諸侯請含使之襲鄭氏曰魯成十三年曹伯廬卒于師蓋諡宣言桓聲之誤也諸侯請含者以朋友有相啖食之道使之襲非也襲賤者之事○吳澄曰其時晉霸厲公主兵使諸侯行襲事蓋出于霸令也

襄公朝于荊康公卒荊人曰必請襲魯人曰非禮也荊人強之巫先拂柩荊人悔之長樂陳氏曰荊人以人臣之事待襄公襄公則以人臣之事臨荊人秦王屈趙王以鼓瑟而有擊缶之事亦其類也

滕成公之喪使子叔敬叔弔進書子服惠伯為介及郊為懿伯之忌不入惠伯曰政也不可以叔父之私不將公事遂入敬叔嘗殺惠伯之叔父名懿伯故舊有怨忌當為防備今敬叔使于滕惠伯為介既及滕郊是由滕之主人平日防備不復在己故忌其報仇見殺而不敢入惠伯遂開釋之謂今奉君命正令不執叔父私仇敬叔及敢入此一節明不以私廢公

哀公使人弔蕢尚遇諸道辟于路畫宮而受弔焉曾子曰蕢尚不如杞梁之妻之知禮也齊莊公襲莒于奪杞梁死焉其妻迎其柩于路而哭之哀莊公使人

弔之對曰君之臣不免于罪則將肆諸市朝而妻妾執君之臣免于罪則有先人之敝廬在君無所辱命曾子因蕢尚失禮而證以杞梁之妻之知禮

孺子𪏆之喪哀公欲設撥問于有若有若曰其可也君之三臣猶設之顏柳曰天子龍輴而椁幬諸侯輴而設幬爲榆沈故設撥三臣者廢輴而設撥竊禮之不中者也而君何學焉𪏆魯哀公之少子設撥以撥榆汁洒于道使輴車滑而易行也三臣魯三家孟孫叔孫季孫輴殯車天子畫龍于輴爲龍輴諸侯不畫龍止稱輴幬覆也天子之殯以蔽木爲椁設幬之諸侯無椁設幬而已榆沈者榆本名沈非瀋蓋汁也水澆榆白皮汁哀公欲設撥有若以三家之設撥爲是顏柳以三家之設撥爲非蓋天子諸侯之殯以輴車之重也故爲榆沈以滑之欲

榆沈之散也故設撥以發之無輴則無用沈無沈則無用撥三臣既知輴之可發而不知撥之不可設是竊取禮之不中者故顏柳戒哀公之勿學也○陸佃○榆性堅忍周禮巾車所謂不剝不沐十年成轂是也

悼公之母死哀公爲之齊衰有若曰爲妾齊衰禮與公曰吾得已乎哉魯人以妻我傳言哀公文過

季子皋葬其妻犯人之禾申祥以告曰請庚之子皋曰孟氏不以是罪予朋友不以是棄予以爲吾邑長于斯也買道而葬後難繼也申祥請償民之禾是也子皋恃爲邑長而謂犯民之禾無傷幷也子皋未必然或記者傳聞耳

仕而未有祿者君有饋焉曰獻使焉寡君違而君薨弗爲服也李氏曰立于朝矣命廩人繼粟庖人繼肉而不以官定食所謂仕而未有祿者也饋食則獻使焉則不以主君言賓而不臣也賓之故有獻而無賜玉府之職曰掌王之獻玉是王有獻賢之禮也○長樂陳氏曰賓之而弗臣故有饋焉不曰賜而曰獻其將命之使不曰君而曰寡君若子思之仕魯孟子之仕齊是也違而君薨弗服則在國而君薨爲之服矣

虞而立尸有几筵卒哭而諱生事畢而鬼事始已既卒哭宰夫執木鐸以命于宮曰舍故而諱新自寢門至于庫門已語辭古注始已爲句

二名不偏諱夫子之母名徵在言在不言徵言徵不言在二名不偏諱禮文也其下記者釋辭

軍有憂則素服哭于庫門之外赴車不載櫜韔長樂陳氏

曰兵法曰若師不勝取過則在已郎周官大司馬若師不功厭而奉主車臣之取過在已也禮記素服哭于庫門之君之取過在已也秦繆公敗于殽素服郊次嚮師而哭蓋其遺禮歟車曰赴車若告喪也不載櫜韔不忘戰也雖然合義則動不義則止豈若焚舟破釜沈般置牖以干戈相尋者乎

有焚其先人之室則三日哭故曰新宮火亦三日哭新宮火魯成公二年新宮宣公之廟也

孔子過泰山側有婦人哭于墓者而哀夫子式而聽之使子路問之曰子之哭也壹似重有憂者而曰然昔者吾舅死于虎吾夫又死焉今吾子又死焉夫子曰何爲不去也曰無苛政夫子曰小子識之苛政猛于虎也石本舊監本岳大字本越本注疏皆作子貢以家語訂之子貢是也建諸本差誤○方氏

日虎之害人機罟檻穽能制之深宮固門能逃之政
之害人也無可制之械焉無可逃之地焉此太山婦
人所以甯遭虎之累傷不忍其舍政之無苛也揚雄
之論酷吏曰虎哉虎哉角而翼者也與此同意壹之
爲言獨也壹不知夫喪之踊也
之壹舊注壹者決定之詞非而哀二字文如綴旒
苛政猛
于虎也柳子厚捕蛇者說本此一句而衍爲一篇檀弓之文眞丹頭哉

魯人有周豐也者哀公執贄請見之而曰不可公曰 創法
句法 我其已夫使人問焉曰有虞氏未施信于民而民信
之夏后氏未施敬于民而民敬之何施而得斯于民
也對曰墟墓之間未施哀于民而民哀社稷宗廟之
中未施敬于民而民敬殷人作誓而民始畔周人作
會而民始疑苟無禮義忠信誠慤之心以涖之雖固

結之民其不解乎不可者周豐詞君以尊見卑也我其已夫者哀公重彊變賢也墟毀
滅無後之地○墟墓宗廟社稷無情于感民而民哀
敬殷誓同會有心于制民而民畔疑周豐欲哀公修
信敬以感民而已○黄東發曰禹嘗誓師誓非始于
殷禹會塗山會非始于周周豐此概言舉世變耳所
謂殷人周人亦
謂未殷晚周耳周豐也者人名下著也者二字豈不詑異退之滕王閣記效之
而曰日上加而字替豐字又新異又精彩苟無禮義忠信誠慤之心以
涖之長句法

喪不慮居毀不危身喪不慮居爲無廟也毀不危身
爲無後也鄭氏曰慮居謂賣舍宅以奉喪危身謂憔悴將滅性喪不慮止無後
也若直云喪不慮居爲無廟也毀不危身爲無後也
豈不簡省必提起喪不慮居毀不危身二句爲頭
然復逐句解其義不惟見上二句
爲古語又且文字有層疊有照應

延陵季子適齊于其反也其長子死葬于嬴博之間
孔子曰延陵季子吳之習于禮者也往而觀其葬焉 句法
其坎深而不至于泉其斂以時服既葬而封廣輪揜
坎其高可隱也既封左袒 句 右還其封且號者三 句
曰骨肉歸復於土命也若魂氣則無不之也無不之
也而遂行孔子曰延陵季子之于禮也其合矣乎 句法 臨川
王氏曰先王之制爲長子三年服之如此其重則其
哀戚不可不稱是三號而遂行哀不足矣延陵之言
蓋老莊之徒也○方氏曰坎深不至泉則不至于太
深斂以時服則不至于太厚廣輪揜坎則不至于太
大高可隱則不至于太高左爲陽故袒之以變吉右
爲陰故還焉以示凶孔子始言其習終言其合習存
乎學合存乎行始聞其學禮故曰習終見其能行禮
故曰合夫骨肉之歸于土魂氣之無所不之是人情

之所哀者然季子之號止于三則哀爲不足矣○吳
澄曰按莊子書載秦失吊老聃之事以其三號而出
爲簡畧于哀詳此記文右還其封且號者三八字爲
句謂圜繞其封丘以行而且號哭者三兩字是記其
圜繞之匝數非記其號哭之聲數也足行口哭二字
兼幷圜繞之行既止而後號哭之聲亦止非謂但哭
三聲也荆國王氏以此爲哀不足葢誤分一句作兩
句讀遂誤解且號者三與莊子書之三號同也況季
子于子之喪自初死至葬時甚促亦經旬日或經半
月或經兩旬遲速莫考初死之時哭必盡哀又有再
哭一朝哭夕哭其哭不止一次矣非但有此既葬還封
之一哭也惡得以此而詳其哀之不足哉荆國天質
偏厚慈愛篤至賢者過之而不合乎中庸其長子雱
死悲戚不堪力辭相位以己方人而議季子季子情
理兩得無可議也方氏
守王氏學亦襲其說

邾婁考公之喪徐君使容居來吊含曰寡君使容居
坐含進侯玉其使容居以含有司曰諸侯之來辱敝

邑者易則易于則于易于雜者未之有也容居對曰容居聞之事君不敢忘其君亦不敢遺其祖昔我先君駒王西討齊于河無所不用斯言也容居魯人也不敢忘其祖句法含不使賤者君行則親含大夫但致命以含王授主人徐君僭王其臣容居欲親含邾考公故邾之有司拒之謂臣行臣禮君行君禮○未聞雜之者容居報述猶自守其僭王之說

子思之母死于衛赴于子思子思哭于廟門人至曰庶氏之母死何為哭于孔氏之廟乎子思曰吾過矣句法吾過矣遂哭于他室子思之母嫁母也庶氏所嫁之家也嫁母與廟絕子思初哭于廟非也聞過而改哭于他室是也

天子崩三日祝先服五日官長服七日國中男女服三月天下服虞人致百祀之木可以為棺椁者斬之不至者廢其祀刎其人賀瑒曰君者德著幽顯若存則人神均其慶沒則靈祇等其哀殤也○黃東發曰天子棺椁未必待遠取諸百祀不至而廢其祀雖人之罪亦何至于死苟其行此民將不勝擾豈所謂死無害于人者耶

齊大饑黔敖為食于路以待餓者而食之有餓者蒙袂輯屨貿貿然來黔敖左奉食右執飲曰嗟來食揚其目而視之曰予惟不食嗟來之食以至于斯也句法從而謝焉終不食而死曾子聞之曰微與其嗟也可去其謝也可食黃氏曰曾子之言乃舉世千萬人所同之心也餓夫之操豈在于斯乎苟從曾子之言謝而復食豈若不屈其操不受其辱身雖一死而義存千古乎不然作記之人從何而載之使千載而下施小惠者不敢矜傲竊幸苟生之人脅肩諂笑之輩聞其志則心寒股栗知所愧恥豈不盛哉○廬陵胡氏曰今人之急于食祿嗟而不去不謝而食者多矣視餓者有愧矣○吳澄曰嗟者聞之之辭來者呼之之辭曾子之言君子之中餓者之操賢者之過也微與微無也無若此言其過也

邾婁定公之時有弒其父者有司以告公瞿然失席曰是寡人之罪也曰寡人嘗學斷斯獄矣臣弒君凡在官者殺毋赦子弒父凡在官者殺毋赦殺其人壞其室洿其宮而豬焉蓋君踰月而后舉爵黃東發曰春秋時唯邾无弒逆之事故定公聞其事而驚既自到谷叉極言大逆無道宜除其迹也

晉獻文子成室晉大夫發焉張老曰美哉輪焉美哉奐焉歌于斯哭于斯聚國族于斯文子曰武也得歌于斯哭于斯聚國族于斯是全要領以從先大夫于九原也北面再拜稽首君子謂之善頌善禱文子趙武也孔氏曰張老因美而諷之為善頌文子聞過即服而辭為善禱○吳幼清曰從之深為輪橫之廣為廣言輪以該廣也奐謂室中之華麗與煥乎有文章之煥通○方氏曰發謂以禮落成楚子成章華之臺願與諸侯落之蓋發與落皆有始意九京即九原指其冢之高曰京指其地之廣曰原○廬陵胡氏曰謂晉君賀其成室為獻恐非或趙武謚獻文耳當考

仲尼之畜狗死使子貢埋之曰吾聞之也敝帷不棄為埋馬也敝蓋不棄為埋狗也丘也貧無蓋于其封也亦予之席毋使其首陷焉路馬死埋之以帷敝帷蓋埋犬馬各隨其大小無用席以義起

季孫之母死哀公弔焉曾子與子貢弔焉閽人為君在勿內也曾子與子貢入其廐而修容焉字法子貢先閽人曰鄉者已告矣曾子後入閽人辟之涉內霤卿大夫皆辟位句法公降一等而揖之君子言之曰盡飾之道斯其行者遠矣修容更莊飾也黃東發曰始爲閽人所拒及既修容不爲閽人下之避之卿大夫避位君亦降等而揖此明禮容之不可不飾○升菴曰此狀也子張氏之賤儒羞爲之非參乎賜也之氣象也朱子語錄云入到人家馬房做了模樣進去出來又做做甚麽臉

陽門之介夫死司城子罕入而哭之哀晉人之覘宋者反報于晉侯曰陽門之介夫死而子罕哭之哀而民說殆不可伐也孔子曰善哉覘國乎句法詩云凡民有喪扶服救之雖微晉而已天下其孰能當之陳氏曰吳起吮一人之疽而隣敵莫抗段熲裹一人之瘡而西羌頓平然則司城子罕哭一介夫而民說豈可伺隙抵巇而伐之哉仲尼在衛趙鞅折謀干木處魏秦人罷兵謝安在晉王猛知其不可伐季梁在隨楚子之兵不敢加則子罕在宋而天下莫敢當信矣雖微晉而已微無也不唯晉而已雖天下亦不能當也漢書徵將軍誰不欲者句法同

魯莊公之喪既葬而絰不入庫門士大夫既卒哭麻不入言魯君臣忌哀之速皆不行三年喪也

孔子之故人曰原壤其母死夫子與之沐椁原壤登木曰久矣予之不托于音也歌曰狸首之班然執女手之卷然句法夫子為勿聞也者而過之從者曰子未可以已乎夫子曰丘聞之親者無失其為親也故者無失其為故也原壤在喪而歌從者見其無禮止夫子毋爲治椁夫子若不聞以全故舊之恩狸首班然與下句女手卷然或以班然指椁女卷然指孔子手繆甚○方希古曰周公曰故舊毋大故則不棄也苟有大故則周公必棄之矣天下之大故宜莫甚于母死而歌此而不棄烏乎棄以是爲聖人之量吾不知也夫子爲止過之而過之接得妙擅此妙他文未有也如云無不云也而遂行請見之而曰不可一似重有憂者而曰然而當本是虛字却作過接有力用形神俱妙亦道也○也者而三字在中連用語助豈尋常文筆可到

趙文子與叔譽觀乎九原文子曰死者如可作也吾句法誰與歸叔譽曰其陽處父乎字法文子曰行幷植于晉國不沒其身其知不足稱也其舅犯乎文子曰見利不顧其君其仁不足稱也我則隨武子乎句法利其君不忘其身謀其身不遺其友晉人謂文子知人文子其中退然如不勝衣其言吶吶然如不出諸其口句法所舉于晉國管庫之士七十有餘家生不交利死不屬其子焉孔氏曰凡人利君者多性行偏持不顧其身謀身者多獨善於己遺棄故舊隨武子弘廣周備既能利君又能不忘其身既能謀身又能不遺其友○方氏曰武子有利君之仁又有不忘身之智異乎處文矣有謀身之智又有不遺友之仁異乎舅犯矣死者止與歸嫌于詳論先輩故婉其辭多少曲折明妙其舅犯乎是叔譽問辭上省叔譽曰三字我則隨武子乎是趙文答辭省文字曰三字是恐文字爲姓氏所隔失其流暢也晉人謂文子爲知人此一句在中結上生下乃扛十斛鼎之金鉉也謂文子爲知人正是見其所取于前知其所舉于後也非此一

句成折腰矣予觀檀弓之文載晉事尤妙如申生事知悼子卒事秦穆公使人弔重耳事晉獻文子成室事及此節皆妙絕今古超文人蹊徑之外宋人謂春秋戰國之世楚多文人如倚相觀射父屈原之流然豈如晉之文尤高乎楚之文深雄奔放有伯國之氣晉之文曲中肆隱乃有先王之風矣

管庫之士七十有餘家雖賤不遺雖眾不謬

叔仲皮學子柳叔仲皮死其妻魯人也衣衰而繆經叔仲衍以告請繐衰而環經曰昔者吾喪姑姊妹亦如斯末吾禁也退使其妻繐衰而環經陸氏云據皮子柳乃叔皮之師其妻乃皮之妻妻為夫叔仲皮衣斬衰而繆經而叔仲衍以告子柳請以其妻為兄繐衰小功之服言其妻嘗為吾姊妹亦服繐衰小功之服然禮于夫之姑姊妹有服于夫之兄弟無服仲叔之請非也

成人有其兄死而不為衰者聞子皐將為城宰遂為

衰成人曰蠶則績而蟹有匡范則冠而蟬有緌兄則死而子為之衰應氏曰聞伯夷之風者頑夫廉聞柳下惠之風者薄夫敦聞子皐之風者捍夫悌故兄弟不為衰而今為之衰也仲尼用而無歆羊縱妻之民揚絺相而有滅騶省樂之效風化之機係于人焉蠶績范冠之謠雖以戲夫民之為服者未未必出于誠心亦喜子皐之孝行足以感不及不悌之俗也蠶則績止為之衰此民謠也比興似大東之詩人似龍尾羊裘隱語庾辭言蟹自有匡非為蠶則績蟬自有緌非為范則冠成人自畏于皐為之衰非為兄則死也三則字有精神舊解解贊

樂正子春之母死五日而不食曰吾悔之自吾母而字法章法不得吾情吾惡乎用吾情禮親喪三日不食子春強勉至五日似非眞情而悔之不欺也曾子水漿不入口者七日而不悔者非勉強故也吾悔之止吾情三句之中連用五吾字累累如貫珠

歲旱穆公召縣子而問然曰天久不雨吾欲暴尪而句法奚若曰天則不雨而暴人之疾子句虐句毋乃不可與然則吾欲暴巫而奚若曰天則不雨而望之愚婦人于以求之毋乃已疏乎章法徙句法市則奚若曰天子崩巷市七日諸侯薨巷市三日為之徙市不亦可乎句法陳氏曰先王之于旱也內只責諸己外只求神責諸己則有成湯之事宜王之行求諸神則巫以女巫舞以皇舞祭以雩禮以牲幣責諸已者本也求諸神者則以為文而已穆公不能責諸己又不知求諸神而欲暴尪與巫豈不惑哉而問然鄭注然由焉也陸注問所以然句法鄭說新陸說深虐短句法句法

孔子曰衛人之祔也離之魯人之祔也合之善夫孔氏

曰衛之合葬以物隔兩棺之間猶生時男女隔居處也魯人只合并兩棺置槨中無別物隔之言異生不須隔詩云穀則異室死則全穴故善魯之祔也

凡九十二條　上下總二百一十四條

此本圈批前俱有至季武帝起止有圈而無批前亦有不盡然者至于所以然之意復有去取不可曉者今雖少為增補而卒亦草草也

弘治十五年壬戌五月二十三日永昌張志淳

嘉靖丙申夏六月姚安府刊送丁安甯州書院

檀弓叢訓卷下終

石鼓文音釋

光緒乙未年
鐫於樂道齋

錄石鼓文音釋序

石鼓今在太學其文為章十總六百五十七言可模索者僅三十餘字鼓旁刻宋潘迪氏音訓一碑二百年前物也惜夫遺文墜字無慮近百載考唐人古文苑中此文特軋卷首喪錄年歷遠在音訓之先然迪所遺墜者此仍缺如也薛尚功鄭樵二家各有音釋與古文苑所載大抵相出入文無補綴義鮮發明三家之外見其全文者或寡矣好古者以為深慊又迪所訓釋君子員邋員斿二句牽合紕繆重堪嗤鄙原古人書字下句之首承上句之末文同者但作二點

更不復書此易見爾迪既誤讀為君子員員邋邋員斿遂複臆釋云員員眾多貌邋邋旌旗搖動貌此豈特文法大戾書例亦大昧矣君子員員成何訓詁邋邋員斿成何語言不知妄作乃所謂郢書燕說者也一語若茲餘奚取哉慎昔受業於李文正先生暇日語慎曰爾為石鼓文矣乎慎則舉潘薛鄭三家者對先生曰否我猶及見東坡之本也篆籀特全音釋兼具諸家斯下矣然此本僅存將恐久而遂失之也當為繼絕表微手書上石又作歌一首蓋丹書未竟而先生棄後學矣去今又將六年追惟耳言未墜手跡

莫續天固愛寶柰斯文何敢以先生藳本屬善書者
録爲一卷音釋一卷今文一卷韋應物韓退之蘇子
瞻歌三首唐愚士古詩一首幷先生歌一首附之卷
尾藏之齋閣以無忘先生之教云
正德辛巳秋七月成都楊慎序

石鼓文音釋卷第三 一本作古文一卷

新都 楊慎 撰 羅江 李調元 校定

石鼓傳

甲鼓

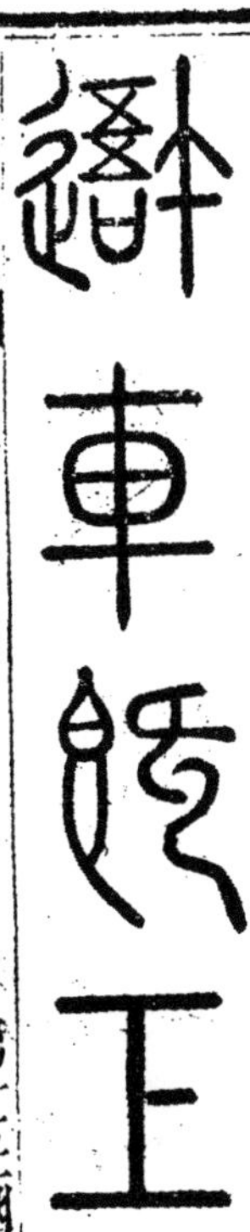

君子員邋＝
員斿麀鹿
速＝君子之

求騂＝角弓＝
茲以寺吾
敺其時其

來趩＝𣳚＝炱＝
即遘即時
麀鹿趚＝其

來大次吾
敺其樸其
來𧻚＝射其

豬蜀

乙鼓

汧殹沔二烝
皮淖淵鰋
鯉處之君
子漁之澫二

又[illegible]其斿二
散二帛魚鱳二
其簋氐鮮
黃帛其鯾
又鱄又鮊
其胡孔庶

臠之𩁹𩁹汗汗趠趠其魚隹可隹鱮隹鯉可以櫜之隹楊及柳

石鼓文音釋 卷一 六 第十五函

丙鼓

田車孔安鋚勒馯馯介既簡左驂旛旛右驂騝騝𨑓以隮

石鼓文音釋 卷一 七 第十五函

于邍遊戎止陕宮車其寫秀弓寺射麋豕孔庶麀鹿雉兔其邍

有紳其戎𢇍𢇍大車出各亞獸白昊遊執而勿射多庶𤓰𤓰君子迺

樂

丁鼓

師[illegible]鑾車

[illegible][illegible]眞如

秀弓孔碩

彤矢[illegible]二四

馬其寫六

轡沃若徒

馭孔庶鄜

騎宣搏[illegible]

車[illegible][illegible]如

徒如章遹

濕陰陽趍
大馬射止
麩〓之黽如
虎獸麋如
㠯家自爾多
賢遊禽奔

雉遊兔允
畀

戊鼓

衙來自東
霝雨奔流
迄滂盈〓濟

石鼓文音釋　卷一　一四　第十五函

石鼓文音釋　卷一　一五　第十五函

猷乍邍乍

遵事

己鼓

宮獻止遵

止虞濟[illegible]

我[illegible]彼除

帥彼阪田

草為世里

禾[illegible]迪=迪

亞箬樂杜

棫其柞櫾

楢椐=鳴[illegible]

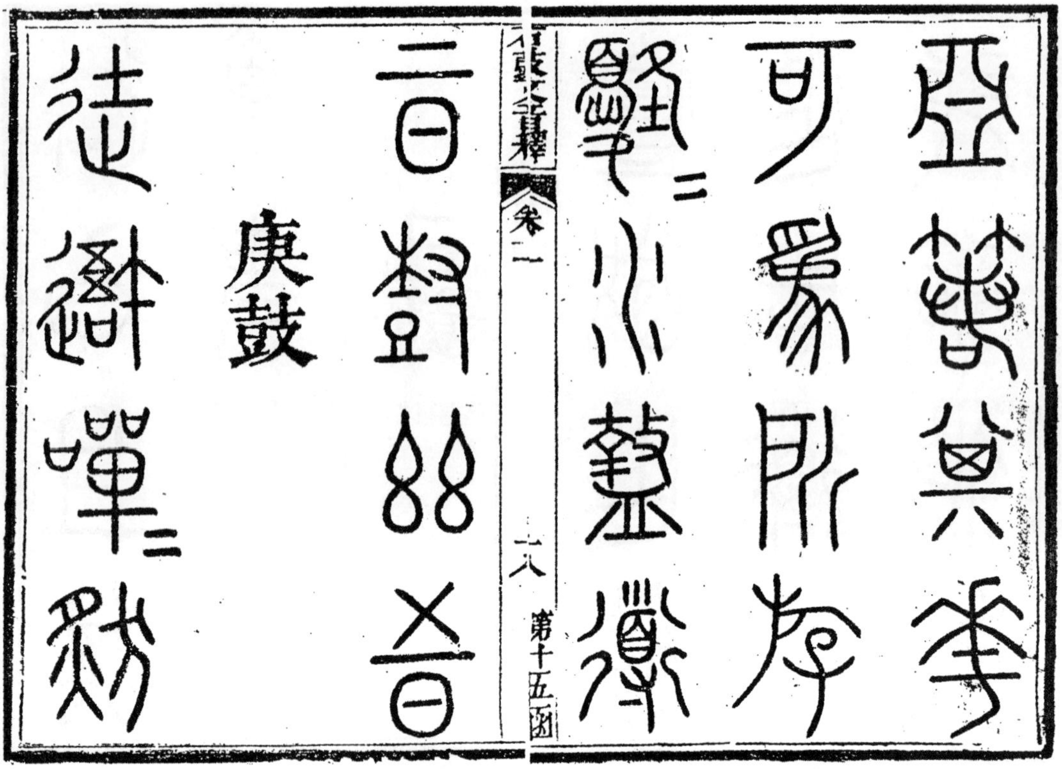
石鼓文音釋
卷一
十八
第十五函
庚鼓

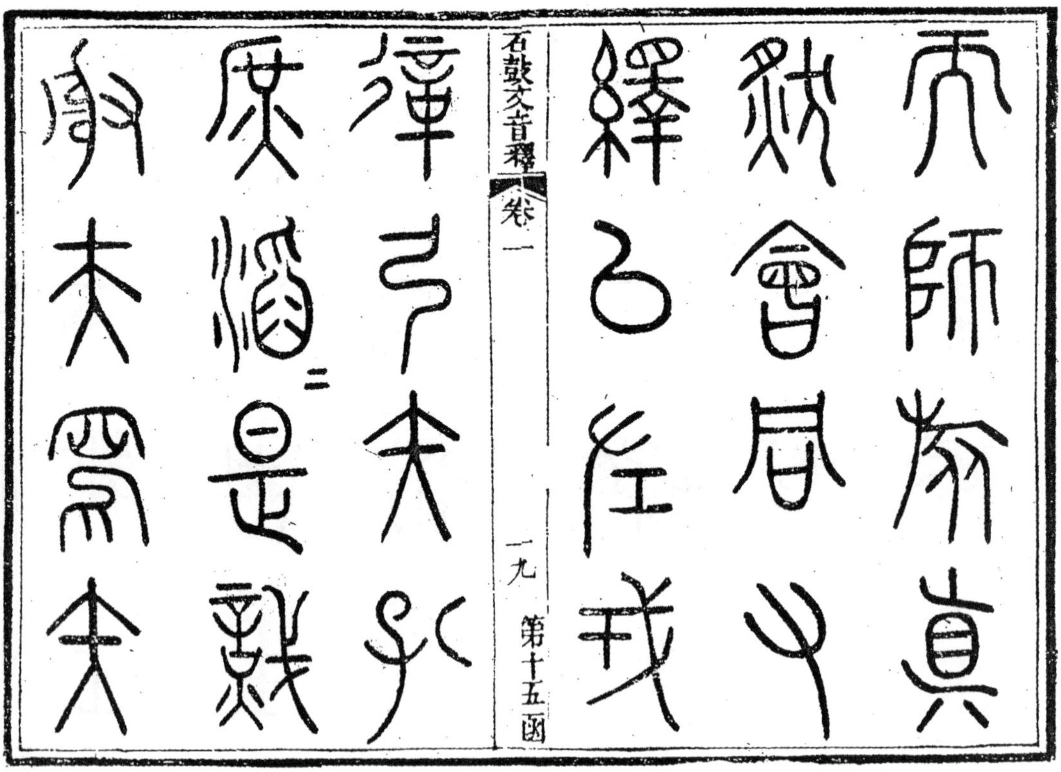
石鼓文音釋
卷一
一九
第十五函

[illegible][illegible][illegible][illegible]

其徒[illegible]來

或羣或[illegible]

[illegible]寺左右

[illegible]樂天子

來嗣王始

[illegible]=復古我

來[illegible]止

辛鼓

[illegible][illegible]驂=馬

[illegible][illegible][illegible]=[illegible]

[illegible]大[illegible][illegible]

[illegible]我師氏
寓＝[illegible][illegible]可
其一止

壬鼓

吾水既瀞
吾導既平

吾[illegible]既止
嘉尌則里
天子永寍

日隹丙申
[illegible]＝杲＝吾其
[illegible]樂來馬

石鼓文音釋
卷一
二十四
第十五函

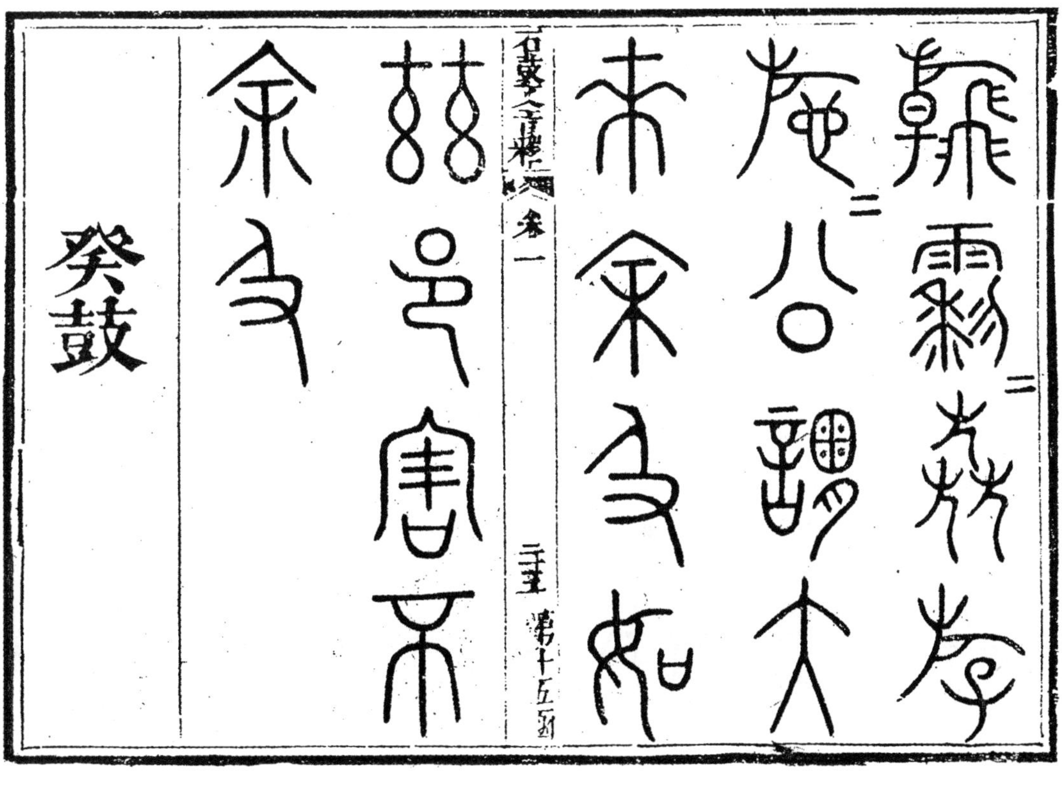
石鼓文音釋
卷一
二十五
第十五函
癸鼓

石鼓文音釋 卷一 淏 第十五函

石鼓文音釋 卷一 老 第十五函

遹涇既坦
疆理蕃蕃大
田不校君
子可柔之
謀之始周
爰止乎是

石鼓文音釋卷一畢

書錄石鼓文音釋後

汪石鼓文者無慮數十家惟潘迪氏音訓有碑刻在太學故得獨行於世然多率用已見而不深求古人之意豈但不得其精併與其迹而失之矣學者承訛踵訛莫克是正竊嘗病焉太史楊君用修博學好古留心茲文謂蘇文忠公本考據甚精典刑具在足以破千古之疑掃諸家之妄復附入古今名賢詩歌彙梓成帙使周宣之功勳史籀之筆法煥乎復興如聾者之倀倀獲覩日星瞻岱華也如少長活哇之間忽聞箾韶之作大濩之奏也如入武庫珍寶森列目眩心驚應接不暇也茲本雖秘閣不傳僅爲文正李公所藏公嘗欲手書入石以嘉惠方來未幾易簀後六年始得君手自編校且作爲序以著潘氏之失冀刻以傳問以示縉曰聊以畢公之志而已願有言也嗚呼豈但畢公之志而已乎彰往昔之純懿開後學之聾瞶其功與古立言者等顧縉之言何足爲君重輕然君之意不可虛謹贅數語於後以識平生之一大快云爾

正德辛巳秋八月吳郡徐縉識

石鼓文音釋附錄本作附錄卷一

新都　楊愼　撰　羅江　李調元　校完

石鼓歌

周宣大獵兮岐之陽刻石表功兮煒煌煌石如鼓形數止十風雨缺訛苔蘚澁今人濡紙脫其文旣擊旣埽白黑分忽開滿卷不可識驚潛動蟄走云云喘逶迤相糺錯乃是宣王之臣史籀作一書遺此天地間精意長存世冥寞秦家祖龍還刻石碣石之罘李斯跡世人好古猶法傳持來比此殊懸隔

石鼓歌　韓退之

張生手持石鼓文勸我試作石鼓歌少陵無人謫仙死才薄將奈石鼓何周綱陵遲四海沸宣王憤起揮天戈大開明堂受朝賀諸侯劍珮鳴相磨蒐于岐陽騁雄俊萬里禽獸皆遮羅鐫功勒成告萬世鑿石作鼓隳嵯峨從臣才藝咸第一簡選譔刻留山阿雨淋日炙野火燎鬼物守護煩撝訶公從何處得紙本毫髮盡備無差訛辭嚴義密讀難曉字體不類隸與蝌年深豈免有缺畫快劍斫斷生蛟鼉鸞翔鳳翥衆仙下珊瑚碧樹交枝柯金繩鐵索鎖紐壯古鼎躍水龍騰梭陋儒編詩不收入二雅褊迫無委蛇孔子西行

不到秦擒撫星宿遺羲娥嗟余好古生苦晚對此涕淚雙滂沱憶昔初蒙博士徵其年始改稱元和故人從軍在右輔爲我量渡掘臼科濯冠沐浴告祭酒如此至寶存豈多氊包席裹可立致十鼓只載數駱駝薦諸大廟比郜鼎光價豈止百倍過聖恩若許留太學諸生講解得切磋觀經鴻都尚塡咽坐見舉國來奔波剜苔剔蘚露節角安置妥帖平不頗大厦深簷與蓋覆經歷久遠期無佗中朝大官老於事詎肯感激徒媕婀牧童敲火牛礪角誰復着手爲摩挲日銷月鑠就埋沒六年西顧空吟哦羲之俗書趁姿媚數

紙尚可博白鵝繼周八代爭戰罷無人收拾理則那方今太平日無事柄用儒術崇丘軻安能以此上論列願借辯口如懸河石鼓之歌止于此嗚呼吾意其蹉跎

後石鼓歌　　蘇子瞻

冬十二月歲辛丑我初從政見魯叟舊聞石鼓今見之文字鬱律蛟蛇走細觀初以指畫肚欲讀嗟如箝在口韓公好古生已遲我今况又百年後强尋偏旁推點畫時得一二遺八九我車既攻馬亦同其魚維鱮貫之柳古器縱横猶識鼎衆星錯落僅名斗糢糊半已似瘢胝詰曲猶能辨跟肘娟娟缺月隱雲霧濯濯嘉禾秀稂莠漂流百戰偶然存獨立千載誰與友上追軒頡相唯諾下挹冰斯同鷇鷇憶昔周宣歌鴻鴈當時籀史變蝌蚪厥亂人方思聖賢中興天爲生耆耇東征徐虜闞虓虎北伐犬戎隨指嗾象胥雜沓貢狼鹿方召聯翩賜圭卣遂因鼖鼓思將帥豈爲考擊煩矇瞍何人作頌比崧高萬古斯文齊岣嶁勳勞至大不矜伐文武未遠猶忠厚欲尋年代無甲乙豈有文字記誰某自從周衰更七國竟使秦人有九有埽除詩書誦法律投棄俎豆陳鞭杻當年何人佐祖

龍上蔡公子牽黃狗登山刻石頌功烈後者無繼前無偶皆云皇帝巡四國亨滅彊暴救黔首六經既已委灰塵此鼓亦當隨擊掊傳聞九鼎淪泗上欲使萬夫沉水取暴君縱欲窮人力神物義不汙秦垢是時石鼓何處避無乃天工令鬼守興亡百變物自閑富貴一朝名不朽細思物理坐歎息人生安得如汝壽

石鼓詩　　唐愚士

郡學舊辟雍中有岐陽鼓古今所聞十左右各惟五離離大星隕兀兀懷雲補纍纍營龍滅落落陣沙聚質若切懸玉制若覆冷釜氣若鎔五金文若斷釵股

孤峯割秋瘦千葩擢春嫵森嚴列戈矛爾雅冠章甫
崖氷溜靜懸海暖浪掀舞摧輈半折軸敗舳或遺艫
小龍彭蠡歸大鵬扶搖舉斷苔明碎錦古墨漬潤礎
思昔委泰郊雷雹驚草莽耒牛礪其角鑿臼加以杵
幸今依座官星日照廊廡圭璧遜其儀俎豆與之伍
脫非天意憐或是神明祜深簷白晝永老屋祥鸞翥
晴連盡戟陰冷濕宮牆雨諸生獲講解髦士資訓詁
啟鑰煩豎閽碑本利商賈韋辭表姬周韓語懷李杜
雄章逸鏗鏘遺恨寄酸楚紛紜歐蘇作詰屈吾鄭譜
稱評雖靡定仿像詎非古觚生千載下匏繫三江滸

神徒馳周南足不出城府適從遼碣役遂作幽燕旅
平生慕奇聞一日獲嘉覯初臨色愈莊欲狎氣斯沮
如親至東都揖讓申與甫如親與田獵搏攫兕與虎
如盧蔡莧腹享太牢肥羜如洗蜩蟬耳聆笙磬柷敔
羈愁破昏憒喜氣泆眉宇時維躔壽星歲甲在彊圉
天韓號鳴梟城荒茂禾黍宗周本余懷覽古亦天與
摩挲重圖訓蹴踏愧庠序聊陳曹鄶風式繼韓蘇武

石鼓歌　李文正公

昔聞石鼓在太學鼓形穹窿石犖确髫年釋褐隨班
行未暇研覃與揚搉始官翰林歲分獻晚以代祀觀
尤數我思古人不可見健筆雄詞兩超卓宣王謨烈
繼成康況有文章在古朴是時風俗猶渾灝不貴紛
華貴堅確勒功太廟告中興講武岐陽猶獵較未論
旋凱奏鐃歌復遺颺言播聲樂神靈地不受圖書大
玉天然謝雕琢垂垂屋漏隕牆痕隱隱昏星露芒角
初如淮徐振師旅壯士當場鳴劍槊又如申甫端冠
紳擯相聯堦舞干鏚恨不删修比六經獲以科名分
黜擢年深歲長世運改誰向鴻荒究綿邈嬴劉以後
無此文欲與混沌分清濁驟看筆勢尋風骨細剔苔
痕認斑駁原拋野擲墮榛菅冬經雪霜夏氷雹疑隳

大鼎存名識似毀明堂露榱桷當時十鼓一爲臼猶
幸農家事舂戳愛惜應勞鬼護訶搜尋不厭山墝埆
暗中摸索亦可知辨口尚煩爭眾踔宋人空解寶燕
石卞氏祇知歸楚璞聖朝天子方好儒化雨恩波極
霑渥戟門森嚴鼓羅列庇以高簷護重幄見之起敬
還興慕以手摩挲防擊撲我生學篆希前蹤回視俗
書羞齷齪力崇雅素去澆浮匆向迷途問先覺家藏
舊本出梨棗楮墨輕虛不盈握行年七十始效顰老
臂支撐目昏眊豈書孔經鼓秦刻格力雖殊苦形藐
拾殘補缺能幾何萬一涓埃裨海嶽太原朱生生好

奇鐵筆爲予親刻斲吁嗟往者不復還庶免方來盡
消剝還從祭酒告諸生誦此衣冠日三濯

石鼓文音釋卷第二 一本作今文一卷

新都 楊愼 撰 羅江 李調元 校定

我車既攻我馬既同我車既好我馬既駍君子員獵
員獵員遊麀鹿速速君子之求𩧚𩧚角弓弓兹以時
我驅其時其來趩趩𧺆𧺆㚖㚖卽御卽時麀鹿趚趚
其來大垐我驅其樸其來𧼯𧼯射其豚屬

右一

汧繄泛泛丞彼潮淵鰋鯉處之君子漁之漫漫其鯊
其游𧾷𧾷白魚鱳鱳其菹底鮮黄白其鯿有鮒有白
其胡孔庶臠之𥴊𥴊洋洋𧼯𧼯其魚惟何惟鱮惟鯉
何以槖之惟楊及柳

右二

田車孔安鋚勒駻駻六師既簡左驂翻翻右驂騝騝
我以隮于原我戎止陸宮車其寫秀弓時射麋豕孔
庶麀鹿雉兔其原有迪其戎奔奔大車出洛亞獸白
澤我執而勿射多庶𧾷𧾷君子乃樂

右三

師彼鑾車翏遬塡如秀弓孔碩彤矢𥎦𥎦四馬其寫
六轡沃若徒騈孔庶鄜騎宣傳𦤎車載道如徒如章
原隰陰陽趍趍六馬射之簇簇有貙如虎獸鹿如兕

怡爾多賢迪禽奉犻我兎允異

右四

我來自東霝雨奔流逆湧盈盈渫隰君子旣涉我馬流汧汧槃洎淒丞士駕言西歸舫舟自廓徒騈逴逴惟舟以道或陰或陽極深以戶出于水一方丞徒徨止其奔我以阻其乃事

右五

宣猷作原作周導遄我辭攸除帥彼阪田弄爲世里希微徹徹乃罟漆栗柞棫其柀檄楷庸庸鳴條亞箬其華何爲所斿𩯀𩯀水盤導旨樹幽晤

右六

徒我嘽嘽然而師旅塡然會同又繹以左戎障弓矢孔庶滔滔是熾射夫寫矢具尊舉𠦬其徒肝來或羣或友悉率左右燕樂天子來嗣王始振振復古我來攸止

右七

彼走騎驕馬麃皙皙華華犻㲋位多庶徵我師氏憲憲文武可其一之

右八

我水旣淨我道旣平我行旣止嘉樹則里天子永甯日惟丙申旭旭杲杲我其旁導乘馬旣迪敘夏康康駕彼四黃左驂驖驖右驂驖驖戚戟以奕汝不執德旛翰黎黎旞斿施施公謂大來余及如茲邑昌不余及

右九

吳人憐亟朝夕儆惕載西載北勿奄勿伐若而出奇進獻用特歸格藝祖告于大祝禘嘗爰享致其方藝寓逢中囿孔庶麀鹿原隰旣坦疆理蕃蕃大田不黽君子何求有謀有始周爰止于是

右十

石鼓文音釋卷第二終

石鼓文音釋卷第三

新都 楊愼 撰　羅江 李調元 校定

避本音吾讀作我下同車既工讀作攻古文省進擊也避馬既同避車既
孜古文好字避馬既駐音皁與騂同馬肥兒君子鼎鼎讀作爰於也古字通用下
同邋邋讀作獵鼎同上旂當作遊麀鹿速速君子之求𦀚𦀚
當作彎囫音不弓弓茲以寺當作時亦古文省避歐當作驅其時古文
時字其來趩趩讀作彳小兒貌趪趪熒熒大來切今作炱烟塵也卽遨音御
卽時麀鹿趚趚資昔切走兒其來大坴音芺大道也避歐其樸
讀作僕其來遺遺音獨走貌射其豣音豚或作豬小豕也蜀讀作屬古文省
右一文六十六一十九句　重文十　共七十六字

汧音牽水名殹音繄語辭泛泛承辰音皮讀作彼古文省下皆同淖音潮亦省文
淵鰋作鰋鯉處上聲之君子漁古文漁之澫澫漫字同又讀作有下
皆同𣲆作滺其斿當作游𨘋𨘋音散走貌帛作白下同魚䌛䌛音洛其盜
蒐同氏讀作底至也亦古文省鮮黃帛其鯾音邊鯿字又鱄鮒同又鮊
卽字白其胡乞及切孔庶䌛卽字䲡之𩁹𩁹生冀切獸似豨也逕逕
音洋𨓿𨓿音博其魚佳讀作惟古文省餘篇皆同之可讀作何亦古省文下並同佳
鱮似呂切佳鯉可以橐普刀切之佳楊及柳
右二文六十一一十七句　重文七　共六十八字
田車孔安鋚音条勒馯馯何旦切與騂同馬行也六帛卽古文帥字既
簡左驂旛旛當作翻良馬名右驂騝騝音牽亦馬名避以隮于邍

古文原字下同避戎止陕古文陸字官車其寫秀弓寺讀作時古文省射
麋豕孔庶麀鹿雉兔其邍又旃未詳或作迪音循其戎趧趧
音奔又音奏大車出各讀作洛邑之洛亦古省文亞獸白㚖古文擇字避執
而勿射叶音杓多庶趯趯令的切叶音約君子逌音攸又音乃餘篇同樂
音洛同
右三文六十九一十八句　重文五　共七十四字
帥㞑彼鑾車奉讀作忽敕音速眞讀作塡亦古省文如秀弓孔碩
叶音式畧切彤矢矦矦音族叶音楚洛切四馬其寫六轡沃若徒
駿籀本未詳是騂字孔庶鄜音鄜騎寊古文宣字博尚音酉車䩞古文載字
衎古文道字如徒如章邍溼隰同陰陽趍趍六馬射音石之䢅

音箙叶音明又有貙敷朱切似狸如虎獸鹿如彖台讀作怡樂也亦古省
文爾多賢迪音循禽奉雉避兔允異
右四文六十九一十八句　重文三　共七十二字
避來自東霝音零雨奔𣓁古文流字逆涌盈盈涑息列切水名當作渫
湱君子既歨卽涉字避馬𣓁汧汧殹洎淒承士駕言囪
古西字遶卽歸方作舫舟自鄜徒駿音騂逪逪佳舟以衎音道
或陰或陽极音楫或作枝深以戶出于水一方承徒𨔵止
其奔避以且讀作阻亦古省文其逌音乃吏卽事字
右五文六十六一十六句　重文三　共六十九字
宜宣猷作讀爲作亦古省文下並同逢作周導逭卽遣字古省文我嗣卽辭

字攸除帥𠭁彼阪𡌰莽白音莽或作莽居幽切為世里希微𢦏

𢦏微音𠙽乃罟漆古漆字𣡕即栗字柞音昨棫音域其𢷎𣕌音宗楛

庸庸鳴𥽍即條字亞箬其𡨧音華可音何為所斿𩯭音𩯭或作

水盩音戾導言古文樹丝音幽𦖞古文即聽字

右六文五十二　一十二句　重文三　共五十五字

徒避嘽嘽他丹切馬喘息貌然𩛣師𣃔𡆵音填然會同又如字繹

以左𢦔律讀作障弓矢孔甚也庶眾也滔滔是𢧐即熾字射夫

𥳞矢具𨚒即奪字丼音舊舉𤔌讀若刺前智切其徒肎即肯字所來或

𦮙或𡕒悉率左右燕樂音洛天子來嗣王始振振音珍復

古我來攸所止也

右七文五十九　一十五句　重文三　共六十二字

𠭁走騎騎未詳音義馬𢉖音標皙皙𢎥音華雉𠂔丑略切立舊音位

多庶微我師氏憲憲文武可如可其一之

右八文二十三　不成句　重文四　共二十七字

避水既瀞與淨同避導道字通既平避行既止嘉樹𠠵古文

𢌳即字里天子永寍古文寧字省日佳惟丙申旭旭杲杲避其

雩古雩字導叶上聲乘馬既迪音𦧝敓未詳音義夏康康𩢍𠭁四

黃左驂驖音𢽬駿馬名右驂驖驖音速馬名亦戚音戚器也𢿱兵戟

以奕女讀作汝不𡙇悳同德旛旖音輪義同霝𩂣音黎𣒼讀作旒亦古文

省斿旗也斿施施音宜施動也公謂大來余及如茲邑周即

字讀作曷何也舊本誤不余及

右九文七十四　二十句　重文七　共八十一字

吳人𢡱古怜字𢀜與亟同朝夕慜同儆𢘛𩚵載𠧟古文酉字𩚵北

勿奄勿伐若而出奇俗作奇進𡉈即獻字用特𨒪與歸同格

至𡙇同執也𡙇祖告于大祝禘嘗𤔲古文受字𦎫古文享字致其方埶

與藝同叶音作亦寓逢申即中字𦊆古文圓字孔庶麀鹿邍隰既坦

疆理𩂣𩂣讀作蕃蕃盛也大田不𢭏當作芟君子可何求又謀

又始周爰止于是

右十文七十二　一十八句　重文一　共七十三字

山海經補註

光緒壬午年鋟於樂道齋

山海經補註序

周書倉太史嘗爲予言升菴先生著有水經補注山海經補注二書疏釋精確足補酈道元郭景純所未備惜水經注早佚存者惟山海一卷耳予亟借而讀之信然按何宇度益部談資水經補註在所見已刻三十種之內而山海經注則云已刻未見者今此本存而彼轉逸何顯晦之各不侔也仁和趙一清作水經注釋四十卷引据原校二十九人升菴居其首則先生之書固有存者予特未之見耳又檢討吳任臣博採眾說作山海經廣注見於浙江採輯遺書總目

予亦未見其書又未知其能取先生之說而折衷焉否也童山李調元序

山海經補註序畢

山海經補註目錄

山海經補註卷一

成都 楊愼 撰 綿州 李調元 校定

南山經

鵲山

舊本作䧿近刻改本作鵲此等古字宜存之甚矣今人之妄也

猨翼之山

猨豈有翼哉言此山之險而難登猨亦須翼諺所謂胡孫愁也

亶爰之山有獸焉狀如貍而有髦其名曰類自爲牝牡今雲南蒙化府有此獸土人謂之香髦具兩體二十八宿眞形圖心房二宿皆具兩體星禽家演房宿爲兎心宿爲狐今之兎有雌無雄撐目而孕狐有兩體故能媚惑亶爰之類自爲牝牡又何疑焉○再考此獸類名蓋種無異同雄亦類雌雌亦類雄類字之義愈益可明許氏說文云犬多相類故類字從犬非也犬亦有食犬吠犬獵犬之分其色又別何得言相類乎古人制字凡獸多從犬從羊未必盡取義也

浮玉之山北望具區

浮玉山卽金山也唐明皇改浮玉山爲金山前人
詩云天將白玉浮諸水所以黃金姓此山
成山四方而三壇閼水出焉閼音而南流注于虖勺
虖音呼勺或作多
按虖勺卽滹沱也古今字異耳況多之音與沱相
近無疑○滹沱有南有北此南滹沱也其字古書
所載例無定體山海經作虖勺又作虖多此南也
作濯池北滹沱也說文作滮池而引詩滮池北流
今誤作滮池水經作滹池秦詛楚文作亞駝字林
作滹沱周禮作虖池史記作嘑池九州記作滹沲

禮記作呼池注作惡池
洵山洵水出焉而南流注於閼之澤其中多芘蠃紫色螺也
螺色白磨之則紫文生余親見之
漆吳之山處于海東其光載出載入是惟日次
郭注云神光之所潛曜是日景之所次舍○山海
經載日月所出入之山凡數十蒸峰巒隱映壑谷
層疊所見然矣非必日月出沒定在是也史記云
崑崙山日月所隱蔽以爲光明者也曹孟德樂府
日月之行若出其中星辰粲爛若出其裏孟郊終

南山詩日月不上生幽谷夜光明是也
俞者之山有木焉其狀如穀而赤理其汗如漆其味
如飴可以釋勞其名曰白䓘可以血玉
郭璞云或作睾蘇睾蘇一名白䓘見廣雅音羔血
可染玉作光彩○愼按睾卽皐字篆作舒春秋繁
露云皐蘇釋勞卽此也荀子亦有睾芷之文睾皐
蘇也芷白芷也血玉之說則未試
西山經
錢來之山其下多洗石
郭云澡洗可以磢體去垢圿磢初兩切圿音甲去垢之石今南中有之

松果之山濩水出焉有鳥焉其名曰螐渠螐音同渠其狀如
山雞黑身赤足可以已𦢊
螐渠卽鶌渠南中通海縣有之名曰鶉鷄舊注音
形謬
小華之山其草多萆荔
卽薜荔也舊注音戾非
嶓冢之山其上多桃枝鉤端桃枝今名桃竹實心多節可以爲杖又可爲簟鉤端藤也其色紅可以束物有草焉其本如桔梗黑華而不實名
曰蓇蓉食之使人無子今名花骨空凌霄花之類
皋塗之山其陰多銀黃注舊無

銀黃漢代用以爲佩唐太宗賜房元齡銀黃帶宋人小說云其物賣於黃金

騩山音巍一音隗囂之隗是錞于西海錞猶堤埇也章閏切其中多采石采石石有彩色者今雌黃空青綠碧之屬

愼按穆天子傳天子至於重䍃氏之黑水爰有采石之山凡好石之器於是乎出又云重䍃氏其先三苗天子舍於珠澤注珠澤在越巂又水經注若水傍有光珠之穴采石卽彩石也采石山光珠穴疑卽今寶山寶井今其地產寶石其品有紅刺紫刺軟紅硬紅酒黃𩄚母綠其價有百倍黃金者甚

爲方歷亦妖物也

數歷之山楚水出焉其中多白珠今蜀郡平澤出青珠

左思蜀都賦云青珠黃環是也

女牀之山其陰多石涅

石涅可以染黑色論語云涅而不緇卽此物也又可以書字謂之石墨上古用漆書中古用石墨書今代用煙墨不知石墨爲何物矣〇本草繫石脂一名石涅又名元丹又名黑丹

崇山其上多丹木其味如飴食之不饑丹木當爲其中多白玉是有玉膏玉膏所出以灌丹木丹木五歲五色乃清五味乃馨黃帝乃取峚山之玉榮堅栗精密濁澤而有光五色發作以和柔剛天地鬼神是食是饗君子服之以禦不祥

峚音密峚山不知所在觀其說似莊子之說建德華胥列子之談壺領圓嶠後世之記天台桃洞也

槐江之山實惟帝之平圃南望崑崙其光熊熊其氣魂魂其中多玉其陰多榣木之有若

榣木大木也國語曰榣木不生花是也尸子曰大木之有奇靈者爲若木凡木大至百圍年歷千載皆有奇靈不獨扶桑得稱若木耳又曰食若木者

多爲仁人

東望恒山四成成亦重也爾雅云再成曰英也窮鬼居之各在一搏

搏猶脅韓退之送窮文實衍此一句

長留之山其神白帝少昊居之惟員神磈音隗氏之宮是神也主司反景

日西入則景反東照故曰反景揚雄賦所謂倒景也尚書宅西曰昧谷寅餞納日古文昧谷作柳谷鄭元曰五色聚爲柳日入時具五色說文殼音忽日入色也尚書餞日柳谷屬之仲秋山海經司反景亦居之白帝蓋倒景反照在秋爲多其變千狀有

如胭脂紅者諺所謂日沒胭脂紅無雨必有風也有如金縷穿射者古詩所謂日脚射空金縷直西望千山萬山赤也凡乍雨乍霽載霞載陰雲氣斑駁日光穿漏其中必有蛟龍隱見是則所謂神司反景也

天上有神焉其狀如黃囊赤如丹火六足四翼渾敦無面目是識歌舞實惟帝江也

此豈因古昔用瞽人爲樂官而傳會其說乎或者實有此物而因以瞽人爲樂師乎

泑音黝山神蓐收居之是山也西望日之所入其氣員

神紅光之所司也○晉天文志東海氣如圓登

白於之山洛水出於其陽而東流注於渭

括地志白於山在慶州洛源縣○洛有二此秦中之洛也伊洛之洛其源出熊耳前漢書云洛出重埜

鳥鼠同穴之山

此即禹貢所紀導渭之山也鳥鼠同穴今陝西人實云有之岳修撰正戍邊時親見之宋人作書傳乃以鳥鼠爲一山同穴爲一山意欲附於不語恠而不知其妄可笑也

濫水西流注於漢水多鴽魮之魚上音如下音毗其狀如覆銚鳥首而魚翼魚尾音如磬石之聲是生珠玉

郭云亦珠母蚌類○文選所謂鳴磬孕璆也

北山經

單狐之山多機木

郭云機木似榆可燒以糞稻田出蜀中○愼按即今之榿也

譙明之山譙水出焉其中多何羅之魚一首而十身

今名八帶魚

隄山隄水出焉隄或作陒古字耳

北次二經之首在河之東其首枕汾其名曰管涔之山山海經皆先書山名此山獨變文亦奇筆也

縣甕之山古文甕作雍其獸多閭

閭即羭也似驢而岐蹄角如麢羊一名山驢汲冢周書曰北唐以閭鄉射禮國君射於郊則閭謂以閭皮爲侯也縣甕山今在晉陽

白沙山廣圓三百里盡沙也

世傳六一公作醉翁亭記始云滁四面皆有山又改云滁爲州山四周又改云云末乃改云環滁皆山也可謂簡而奇然山海經已有此語如瀧岡阡

表求其生而不得下數轉語出孔叢子學古文者
豈可不讀古書乎

梁渠之山有鳥焉名曰囂其音如鵲食之止衕

郭云治洞下也音洞○胡元名巷曰胡動經世大典作衕衕亦善傳會古字矣彼犬羊焉知之中國文人爲粉餙耳然而元人字學高於宋人多矣

馬成之山有獸焉其狀如白犬而黑頭見人則飛其名曰天馬其鳴自訆

郭云言肉翅飛行自在○在天爲勾陳在地爲天馬五行家有其目而不知其物也文人所用天馬

行空之語亦指此爾

天池之山有獸其狀如兔而鼠首以其背飛其名曰飛鼠

郭云用其背上毛飛飛則仰也○此卽文選所謂飛鸓雲南姚安嘗化有之余所親見也其肉可食其皮治難產

教山教水出焉西流注於河是水冬乾而夏流實惟乾河

郭云今河東聞喜縣有乾河口但有故溝無復水是也○今在陜州唐名石壕杜子美詩有石壕吏

一首今名乾壕鋪○教卽殺也秦晉戰於殺卽此地兩山則殺之南北兩欽也夏后皐墓文王避雨陵在焉見公羊傳

景山南望鹽販之澤北望少澤其上多草藷藇

景山卽毛詩景山也藷藇卽今山藥藷藇有二種此草藷藇也中山經其木多藷藇葢木藷藇也

其草多秦椒

秦椒今名地椒羖羺羊食之故味比他羊爲美

謁戾之山在上黨沁水出焉南流注於河出穀遠縣羊頭山其東有林焉名曰丹林之水出焉

丹林今之懷慶清化鎭柿林百里故曰丹林實北地之上腴太行之穠秀也丹水在懷慶實帶府城

神囷之山滏水出焉

囷音如倉囷之囷○滏水在今磁州

泰戲之山虖沱之水出焉

注今虖沱水出鴈門鹵城縣南武夫山○古本作濡池虖沱後人改也

燕山多嬰石

郭云言石似玉有符彩嬰帶所謂燕石者○今此石出保定之滿城縣

倫山有獸其狀如麋其川在尾上其名曰羆
郭云川竅也○按伯樂馬經云有馬白州州當是
川字以此可證
雞號之山其風如飈○注急風貌音戾○他本引此或作飂
○東山經
竹山錞于江
錞于江形如錞也與管涔之山其首枕汾用字相
類
嶧皋之水其中多蜃珧
蜃蚌也珧玉珧亦蚌屬○宋人謂之江瑤柱今登

萊廣閩皆有之
流沙百里曰北姑射之山
括地志有南姑射山北姑射山亦猶語有南語北
語潞有東潞西潞也
硜一貝反山有獸焉其狀如馬而羊目四角牛尾其名
曰峳峳音攸見則其國多狡客姦人也
無皋之山南望幼海即少海也東望榑木
郭云扶桑二音○愼按鄭玄注禮記不改本字而
影其下郭璞注山海經亦不改本字而音其下深
得聖人闕文之義宋人則直改之矣章句且顛倒

況字與音乎
中山經
青要之山實維帝之密都䰠神司武羅司之其狀人面
而豹文小腰而白齒而穿耳以鐻其鳴如鳴玉是山
也宜女子
淮南子云青腰玉女降霜神也蓋本此說而傅會
之
姑媱之山音遙帝女死焉化為䔄草其葉胥成服之
媚於人
注一名荒夫草○楚國先賢傳云帝之季女名曰

瑤姬精魂化草實為靈芝亦此類也
龜山多扶竹
注邛竹也高節實中中杖也名之扶老竹○陶潛
歸去來辭策扶老以流憩即此杖也又見蔡順傳
注
暴山多麢就
麢即麂也就即鷲也
海外南經
羽民國有神人二八連臂為帝司夜於此野
注晝隱夜見○南中夷方或有之夜行逢之土人

呼之夜遊神亦不怪也

海外西經

大樂之野夏后啟於此儛九代

注九代馬名儛謂盤作之令儛也○盤作之謂舉盤起之令馬儛其上杜詩舞馬更登床唐世猶有此戲

玉空邊等爲環 文係郭注

謂玉空其中而等其邊肉好均也玉之肉孔曰肉外羨曰好古玉有肉倍好者有好倍肉者環則肉好兩均所謂玉空邊等也

有喬國今伎家喬人蓋象此也 文係郭注

喬人雙木續足之戲今曰蹺蹻

海外北經

有一蛇虎色首衝南方

首衝南方者紀鼎上所鑄之像虎色者蛇斑如虎葢鼎上之像又以彩色點染別之

夸父與日逐走入日

逐音冑郭璞讀

歐絲之野一女子跪據樹歐絲

郭云言噉桑而吐絲葢蠶類也○世傳蠶神爲女子謂之馬頭娘後漢志曰宛窳葢此類也

平邱在三桑東爰有遺玉青鳥視肉楊柳甘柤甘樺

遺玉卽瑿玉也松枝千年爲茯苓又千年爲琥珀又千年爲瑿字書云瑿遺玉也是其解也高昌人名爲木瑿謂元木爲元瑿○甘華卽枳稍一名木蜜俗名蜜瓜

海外東經

帝命豎亥步自東極至於西極五億十選九千八百步豎亥右手把筭左手指青邱北

選萬也選與萬古音相通遂借其字右手把算左

手指青邱亦言鑄像也

元股之國其爲人衣魚食軀在雨師妾北

軀卽鷗衣魚食鷗葢水中國也○雨師亦有妾哉文人好奇如說姮娥織女宓妃之類耳

海內南經

甌居海中

卽東甌也在岐海中○岐海海之岐流也猶云裨海

閩在海中

閩越卽西甌亦在岐海中○閩已見此近修閩志

乃不知引此而妄加杜撰

有木其狀如牛引之有皮若纓黃蛇其葉如羅其實如欒其木若蓲其名曰建木

欒作丸謂員如鳥彈也

海內西經

流沙者形如月生五日也 文係郭注

謂形如半月也唐詩江畔洲如月

崑崙之墟帝之下都在八隅之巖赤水之際非仁羿莫能上岡之巖

郭注言非仁人及有才藝如羿者不得登○古謂

有才藝者爲羿非必指有窮之君也

玕琪赤玉屬也吳天璽元年臨海郡吏伍曜在海水際得石樹高三尺餘莖葉紫色詰曲傾靡有光彩○

按此即珊瑚樹

莊子有人三頭遞卧遞起以伺琅玕與玕琪子 文係郭注

按今莊子本無此人

海內北經

犬封國曰犬戎國狀如犬有一女子方跪進杯食

注槃瓠殺戎王高辛以美女妻之生男爲狗女爲美人○今雲南百夷之地女多美其俗不論貴賤人有數妻妻妾事夫如事君不相妬忌夫就妾宿雖妻亦反服役之云重夫主也進食更衣必跪不敢仰視近日姜夔賓爲兵備親至其地歸戲謂人曰中國稱文王妃后不妬百夷之婦家家文王妃后也跪進杯食蓋紀其俗

林氏國有珍獸大若虎五彩畢具尾長於身名曰騶吳一本作吾乘之日行千里

即騶虞也

列姑射在海河洲中

山名即莊子所謂藐姑射之山也

姑射國在海中

東山經流沙百里曰北姑射山又南三百里曰南姑射山皆在中國此言藐姑射蓋言遠在海中也

大蟹在海中

郭注蓋千里之蟹也○汲冢王會篇海陽人貢大蟹其殼專車此云千里蟹則又大矣○嶺南異物志昔有海商海中行遇洲渚林木茂甚乃維舟登岸爨於水傍半炊而林沒急斷纜乃得去詳視之大蟹也○又元中記曰天下之大物北海中之蟹能舉螯如山其身故在水○又嶺表錄異嘗有人

浮南海泊於孤岸忽有一物如蒲帆飛過海將近舟舟人競以物擊之如帆者盡碎墮舟視之乃蛺蝶也去其翅足稱之得肉八十斤噉之甚肥美蝶有八十斤則蟹大千里亦有之矣

明組邑居海中

爾雅云綸似綸組似組東海有之注海苔之類此所謂明組者也

大人之市在海中

卽今登州海市

海內東經

洞庭地穴也在長沙巴陵今吳縣南太湖中有包山下有洞庭穴潛行水底云無所不通號爲地脉郭注文係

按河圖絳象注云太湖中洞庭山林屋洞庭卽禹藏眞文之所一名包山吳王闔閭登包山之上命龍威丈人入包山得書一卷凡一百七十四字而還吳王不識使問仲尼詭云赤烏啣書以授王仲尼曰昔吾游西海之上聞童謠曰吳王出遊觀震湖龍威丈人名隱居北上包山入靈墟乃造洞庭竊禹書天帝大文不可舒此文長傳六百初今强取出喪國廬邱按謠言乃龍威丈人洞中得之赤烏所啣非邱所知也吳王懼乃復歸其書○唐張說洞庭詩地穴穿東武江流下西蜀

白水出蜀而東南注江

郭注色微白濁今在梓橦白水縣源從臨洮之西傾山來經沓中東流通陰平至漢壽縣入潛○卽水經所謂天池白水也

沅水出象郡入下雋西

雋古音胙袞反今音剪

潦水出衛皐東

卽遼水也

大荒東經

少昊之國少昊孺一本有帝字顓頊於此

郭云孺義未詳今按孺謂長育之也別無異義郭益以奇求之反不得耳

大荒之中有山名曰大言日月所出

按山海經紀日月之出者七日月所入五日月所出入一其紀日月之出也曰大言山曰合虛山曰明星山曰鞠陵山曰湯谷扶木曰猗天蘇門山曰壑明俊疾山皆在大荒東經其紀日月之入曰豐沮玉門山曰日月山天樞也曰鏊鏖一本作鏖鏊鉅山

日常陽山曰大荒山皆在大荒西經曰浴日一在大荒南經之甘淵曰浴月一在大荒西經之元丹山其紀日月所出入一在大荒西經之方山柜格之松焉考之淮南子日所出八又多不同存而不論可也

犂䰠之尸

古靈字或從巫或從玉或從鬼或從弱

有白民之國帝俊生帝鴻帝鴻生白民白民銷姓黍食

銷姓者所賜其國之姓也

是維嬴土之國

言衍沃豐盈也土音杜

帝俊生黑齒姜姓黍食

所言生者未必其親所產尚書舜別生分類生之爲言姓也蓋賜之姓而別其種類相傳既久彼後世自以爲聖帝之苗裔也如今雲南木邦孟養之夷云天皇帝是我兄之類古者五胡皆自以爲聖帝之後匈奴自謂天之驕子元魏謗天嗣自謂天女所生不難於誣天况聖人乎

東海之渚中有神人面鳥身珥兩黃蛇踐兩黃蛇名曰禺⿰豸虛

⿰豸虛即魖說文云夔神魖也黃帝以夔皮鞔鼓聲聞五百里因刻夔形爲鼓簴故穆天子傳有黃蛇翼鼓之文

帝舜生戲戲生搖民

今廣西有猺民豈即此耶

女丑有大蟹

郭云廣千里也○天文有巨蟹宮葢應此

三騅視肉

郭云聚肉有眼○按視肉之文山海經屢見郭惟此有解又云食之不盡皆不可曉缺之可也

大荒南經

氾天之上赤水窮焉

郭云流極於此山也此篇又有不庭之山滎水窮焉成山甘水窮焉不姜之山黑水窮焉⿰歹丂音朽塗之山青水窮焉

三身之國姚姓黍食

黍食言猶火食也他如盈民之國於姓黍食不死之國阿姓甘木是食域民之國桑姓食黍焦僥之國幾姓嘉穀是食又有融姓之國大荒北經則有

毛名之國依姓食黍儋耳之國任姓食穀胡不與之國烈姓黍食深目之國昐姓食魚魚山威姓食黍苗民釐姓食肉夷狄豈有姓哉蓋禹錫土姓而覃及四裔也書所謂聲教訖海此亦可證今南中夷人有合國同一姓者其遺俗乎其曰食木葉食魚食木實王制所云不火食者也

有羲和之國有女子名曰羲和方（一本有日字）浴於甘淵

郭云羲和蓋天地始生主日月者也其後世遂爲此國作日月之象而掌之沐浴運轉之於甘水中以效其出入湯谷虞淵也○河圖緯象曰邪之隘

上爲扶桑日所升宣陸之阻下爲吳泉月所登漢武帝昆明池中左牽牛而右織女象雲漢之逶迤蓋效此耳

大荒西經

白丹青丹

注又有黑丹也孝經援神契至王者德至山陵而黑丹出然則丹者別是彩色名亦猶黑白黃皆云丹也○尚書大傳云丹邱出丹臒青邱出青臒是丹與青皆名臒亦猶今俗名黑墨朱墨也黑丹即黑石脂石涅也此篇又有元丹之山出黑丹

有人反臂名曰天虞有女子方浴月

與浴日義同其曰帝俊之妻生十日自甲至癸也生月十又二自子至亥也

有赤犬名曰天犬其所下有兵

注引周書云天狗所止地盡傾餘光燭天爲流星吳楚反時吠過梁國○元王正中雲南玉案山下有赤犬羣吠未幾兵亂

風道北來天乃大水泉（道猶從也韓非子云元鶴二八道南方而來）蛇乃化爲魚（禮記水潦至不獻魚鱉王充云水至蛇折化爲魚鱉恐傷人也）是謂魚婦死即復蘇

淮南子云后稷龍在建木西人死復蘇其中爲魚○今南中百夷能以術咒尸爲魚而食之

大荒北經

亦在畏獸畫中（文係郭注）

據山海圖爲說也

夸父不量力欲追日景逮之於禺谷

禺谷即虞淵古人用字例以同音相借虞淵又作吳泉

有人衣青衣名曰黃帝女魃蚩尤作兵伐黃帝黃帝乃令應龍攻之冀州之野應龍畜水蚩尤請風伯雨

師經大風雨黃帝乃下天女曰魃雨止遂殺蚩尤魃
不得復上所居不雨
阮嗣宗詩應龍沉冀州妖女不得眠乃用此事
西●一本有北字海之外赤水之北有神人面蛇身而赤其
眼乃晦其視乃明風雨是謁是燭九陰是謂燭龍
三是字古文法奇之又奇
海內經
西南黑水之間有都廣之野后稷葬焉
注其城方三百里蓋天下之中素女所出也○此
葢郭璞別以異聞增入之也黑水廣都今之成都

也素女在青城天谷今名玉女洞
爰有膏菽膏稻膏黍膏稷
嘉穀之米炊之皆有膏
百槃自生冬夏播琴
槃今本譌改作穀齊民要術所引可證
西南有巴國其域中方三百里其出是塵土
注今三巴是○出是塵土言其地清曠無囂埃也
●長甯侯子啓忠與子相遇於巴東其詠巴峽詩有
氷壺浸雨儀之句予擊節賞之侯曰此句亦微有
祖子知之乎予曰豈非用山海經巴國域中出是
塵土乎侯笑曰是也
又有黑人虎首鳥足兩手持蛇方啗之
今南中有夷名娥昌其人手持蛇啗之其採樵歸
籠中捕蛇數十蛇亦不能去不知何術也疑卽此
類
賈超之山其草多龍修
郭云龍須也生石穴中而倒垂可以爲席○鄭緝
之東陽記仙姥巖下不生蔓草盡出龍須

山海經補註卷一畢

莊子闕誤

光緒七年重鐫于廣漢

莊子闕誤序

莊子闕誤一卷見于焦竑所刻升菴外集中每條下所附則採升菴經子難字中之莊子難字也難字一書余徧採未獲故仍之按明代著書自升菴後博洽者無過于竑而竑有莊子翼八卷末亦載莊子闕誤一卷則全錄宋景元南華經解之文雖足以資考証比之升菴此書則上下牀別矣羅江李調元

莊子闕誤目錄

卷一

莊子闕誤目錄畢

莊子闕誤卷一

成都 楊慎 撰　綿州 李調元 校定

逍遥游十四字

亦若是而已矣文如海本則作亦搶榆枋時則不至文本及江南舊本枋下有而止字腹猶果然文本果作顆之二蟲又何知文本上下有彼也字八千歲爲秋成元英本秋下有此大年也句豈唯形骸有聾盲哉天台山方瀛觀古藏本盲作瞽請買其方百金江南古藏本方下有以字安所困苦哉文本困苦作窮苦○鴳音晏

齊物論十二字

而獨不聞之翏翏乎李本翏作飂良救切雖我亦成也江南古藏本作

雖我無我亦可謂成矣仁常而不成江南古藏本成作周風振海江南古藏本風上有飄字聖人愚芚劉得一本芚作芼按芚治本切無知直往之貌則是之異乎不是也亦無辯若果然也則然之異乎不然也亦無辯江南古藏本是也下亦無辯作其無辯矣然也下亦無辯作亦無辯矣○賅義與該同古哀切備也薾乃結反病困貌胳武軫切波際貌無惝音決

養生主七字

如土委地文如海劉得一本如上㥲有牛不知其死也句始也吾以爲其人也文本其作至○砉音畫皮骨相離聲騞音麥聲大于砉也軱音孤謋音畫

人間世十五字

願以所聞思則其庶幾李氏舊本作思其所行則庶幾譆若殆往而

刑耳張君房本作往而殆刑耳若衛暴人之前者江南古藏本衛作衒有而爲之其易邪張本有下有心字寡不道以權成江南古藏本作寡有不道以權成其大蔽牛文成李張諸本其大下俱有數千字隱將芘其所藾張本隱將作將隱吾行郤曲張本作郤曲郤曲○矼若江切慤實貌樿音善

德充符十三字

守其宗也江南古藏本宗下有者字受命于地唯松柏獨也在冬夏青青張本獨也下有正在萬物之首句計子之德不足以自反邪文成李張諸本不俱作口不知先生之洗我以善邪吾與夫子游張本善邪下有吾之自寤邪何孔邱之於至人其未邪張本其作口

大宗師八字

𨙸𨙸乎其似喜乎文成張本喜乎俱作喜也崔乎其不得已乎文成張本崔乎俱作崔崔乎已乎俱作已也厲乎其似世乎文成張本世乎俱作世也謷天張本天作少殺生者不死江南古藏本殺上有故字成然寐古本成作眣眣音呼眂切高視貌又音烘矇眣不明往待事焉張本待作侍○倪音涯或从水作涀

應帝王八字

度人孰敢不聽而化諸張本度人作庶民吾與汝既其文江南古藏本既作無不震不正江南古藏本正作止紛而封哉張本紛下有然字又一本作紛而封戎一以是終○跰步田切䠥悉田切跰䠥病不能行也鬝音秋

駢拇二字

而多方於聰明之用也張本方作口而枝者不爲歧江南古藏

本岐作跂

馬蹄 一字

雒之江南古藏本雒作絡○踶直氏反跂邱氏反

胠篋 十一字

曷常不法聖人哉 善人不得聖人之道不立跖不得聖人之道不行 則聖人之利天下也少 聖人生而大盜起 掊擊聖人 聖人已死 聖人不死 雖重聖人 是乃聖人之過也 彼聖人者天下之利器也已上聖人張本俱作聖智○稿古奚切鴿也 鐍古穴切環舌也 惴川兗切

奭音歘

在宥 四字

空同上之張本上作山 此以人之國僥倖也江南古藏本作以此因人之國僥倖也

天地 十六字

故通於天者德也行於萬物者道也江南古藏本作故通於天者道也順於地者德也行於萬物者義也 藏珠於淵張本淵作沈 藏 退已江南古藏本已音紀 有械於此 其名為槔張本有下有機字槔作桔 聖人羞之張本作聖人所羞也 是終始本末不相座張本作不相罪坐○漻良由力蕭二切 絯公才反束也 䰩鬿音同 嗑許甲反笑聲也

天道 八字

其自為也張本作其自然為也 天地之平而道德之至張本至下有也字 實則倫矣江南古藏本作實者備矣 夫天地至神張本神下有矣字 安取道文本道下有哉字 非知治之道江南古藏本道下有者也字 淵乎其不可測也江南古藏本淵乎作淵淵乎

天運 十七字

孰隆施是李本施作於 有上徬徨張本有作在 有名公器也張本名下有者字 又奚傑然張本作又奚傑傑然 予口張而不能嗋予又何規江南古藏本嗋下有舌舉而不能訒句 然則人江南古藏本人上有至字發動如天地者乎張本乎作哉 夫三皇五帝之治天下不同 黃帝之治天下江南古藏本不同上有也字黃帝上有昔字 眸子不運而風化蟲雄鳴於上風雌鳴於下風而風化 類自為雌雄

故風化張本而下俱有感字故下有曰字

刻意 二字

聖人休休焉則平易矣張本作聖人休焉休則平易矣

繕性 十一字

繕性於俗學以求復其初張本作繕性於俗口學 滑欲於俗思張本俗思作欲思 古之治道者以恬養知 知生而無以知為也 謂之以知養恬張本以恬養知下重知字通章知俱作智 義明而物親忠也江南古藏本忠作中 禮樂偏行江南古藏本偏作徧 四時得節張本得作應 又何為哉張本為下有乎字 軒冕在身非性命也張本命下有之有字

〇濞澆同

秋水十五字

五帝之所連江南古藏本連字作運故易便此世之有也　是故大人之行不出乎害人張本便下有耳字害人下有之塗也三字謂之篡夫張本作謂之篡之夫知天人之行　求通久矣而不得時也江南古藏本知天作知乎不得作不遇當堯舜而天下無窮人　當桀紂而天下無通人張本堯舜桀紂下俱有之時字吾跳梁乎井幹之上江南古藏本跳梁作出跳子曰張本作且子曰〇壘壘同垺普同切又音孚又音裒或从乎作埒蛆音渠燕人謂之馬蚿〇矉顰同

至樂五十五字

吾未之樂也亦未之不樂也果有樂無有哉吾以無為誠樂矣江南古藏本兩未下俱有知字吾以無為何作吾以無為而誠者為樂矣萬物皆化今又變而之死江南古藏本化下有生字又作有髑髏見夢曰子之談者　從然以天地為春秋　而復為人間之勞乎張本曰下有向字從然作泛字人間作生人彼必相與異其好惡故異也故先聖不一　其能江南古藏本作彼必相與異其好惡好惡異相先聖不一其能種有幾得水則為㡭劉得一本幾下有若鼃為鶉句斯彌為食醯頤輅生乎食醯黃軦生乎九猷瞀芮生乎腐蠸羊奚比乎不箰張本作斯彌為食醯食醯生乎頤輅頤輅生乎黃軦黃軦生乎九猷九猷生乎瞀芮瞀芮生乎腐蠸腐蠸生乎羊奚久竹生青寧羊奚比乎不箰

達生十二字

是色而已江南古藏本是下有形字物焉得而止焉張本止作正不開人之天劉得一本天作人以瓦注者巧呂覽注作投餘同有張毅者高門縣簿劉本高上有見字人之所取畏者江南古藏本取作最吾將三月豢汝張本豢作豢自為謀則取之所異豭者何也張潛夫本之下有其字異雞無敢應者反走矣文如海劉得一本俱作異雞無敢應見者反走矣其是與江南古藏本其下有由字知忘是非文張二本知俱作日則平陸而已矣劉得一則下有安字〇痀居禹反瘻音僂殙武典切誒詒音譆佁失魂魄也腞音篆

山水七字

運物之泄也江南古藏本物作化褰裳躩步張本褰作搴莊子反入三月不庭　從其俗江南古藏本入下有宮字俗作令栗林虞人以吾為戮文張二本栗林俱作口口逆旅人有妾二人劉得一本作逆旅之有妾二人〇瞠敕庚反直視也

田子方一字

其道我也似父江南古藏本道作導

知北遊十字

通天下之一氣耳　今彼神明至精劉得一本下作地今作合孫子非汝有張本孫子作子孫運量萬物而不匱文劉二本匱俱作遺字汝唯莫必無乎逃物張君房成元英本必下俱有謂字山林與皐壤

與使我欣欣然而樂與江南古藏本皐壤與下有與我無親句〇知知字舊音智非唉欸同哀在烏來二切㗊音噫於介切噫同唶䔩醯醯直聚氣耳婀音阿人姓爹
處野反嚗音剝放杖聲慢訑訑音探今云慢慢

庚桑楚 十二字

辭盡矣曰奔蜂不能化藿蠋江南古藏本及字張二本曰字俱从口
十日自愁江南古藏本及李文劉張四本自俱作息人見其人入有脩者張本人見其人下有物見其物句每更為失劉本每下有妄字入出而不見其形張本入出作出入孰之有無生死之一守者文本守作宗又適其偃焉移是今之人也江南古藏本及李張二本焉上俱有㩶字今上俱有非字〇杓音的物之標的阫普回切墻也趎昌于切又音疇鼸鼸同膍音毗牛百葉也

胲古來反獸掌也辟必領反佷呂張反良工也拸音以離也

徐無鬼 十一字

藜藿柱乎鼪鼬之徑文張二本乎俱作于察士無淩誶之事則不樂文成張三本事俱作辭聽而斵之盡堊而鼻不傷江南古藏本及李本斵之下有瞑目恣手四字一云四字是郭注可不謂云江南古藏本及李本謂俱作誶
游于天地江南古藏本地下有也字擇疏鬣目以謂廣宮大圃張本疏鬣下有長毛字古之眞人以人待之張本待之作待人〇擧舉同謵甘涉似入二切覸彌列匹滅二切

則陽 二字

同濫而浴張本濫作檻陰陽者氣之大者也劉本大作廣〇嗃

許交切眏音血稯音總片胖同

外物 五字

我且南遊吳越之王張本遊下有說字出薪張本作出拾薪中民之行進焉耳張成二本行下俱有易字大林邱山之善張文二本林俱作棥休老張本休作沐〇巔音歲顛下毛也跈乃禮切鄉破誸音張急也娍呼決切滅也踆蹲同

寓言 五字

如鸛雀蚊虻勸公以其死也向也括而今也披髮而況乎以有待者乎張本鸛雀作觀鳥雀其死也作以其私死也向也括作向也括撮以有待作以無有待〇蘁音悟

讓王 二十三字

恐聽者謬張本者作口匡坐而弦張本弦下有歌字知足者不以利自累也李本利作羨吾是以知松柏之茂也陳蔡之隘江南古藏本茂也下有桓公得之莒文公得之曹越王得之會稽三句故許由娛於潁陽共伯得乎共首江南古藏本娛作虞得下有志字共首一作邱首周德衰江南古藏本及李本周俱作殷

盜跖 十二字

穴室樞戶劉本樞作摳休卒徒太山之陽江南古藏本徒下有於字凡天下有三德張本下下有八字此六子者世之所高也此四子者無異於磔犬流豕操瓢而乞者江南古藏本六作七四作

六皆離名輕死張本離作利汝行如桀紂則有怍色 吾
日與子訟於無約曰張本則有怍色作則有作色日作昔則亦久病長
阨江南古藏本則亦下有猶字若負重行而上也張本也上有坂字貪財
而取慰張本慰作辱○嗛苦簟切倿音擬馮音憤

說劍 一字

悝尚何敢言張本尚作當

漁父 三字

交日 待於下風 以敗惡人張本交作咬待作侍惡作德

列御寇 十二字

多餘之贏江南古藏本及本張二本多上俱有無字汝處已江南古藏本及李本已俱

音紀闔胡嘗視其良文成李三本胡俱作口古之人天而不人張本本作至人古之有順懁而達江南古藏本順作愼仁義多責達生之情
者傀劉本多責下有六者所以相刑也句○痤祖禾反懁音儇呲匹爾反佒於丈
反傀公回反

天下 四字

而九雜天下之川江南古藏本及李本雜俱作滌雖未至極江南古藏本及文李二本俱作可謂至極○胹音而䤹音旭犿音拚劉須溪云俗諺所謂活犿也

眞經名氏附錄

景德四年國子監本江南古藏本徐鉉葛湍校天台
山方瀛宮藏本徐靈府校成元英解疏中太一宮本
文如海正義中太一宮本郭象注中太一宮本俱張
君房校散人劉得一注江南李氏書庫本張潛夫補
注

莊子闕誤卷一畢

古雋

光緒壬午年
鋟於樂道齋

古雋序

古雋者升菴讀諸子書摘錄古雋之語以備觀覽者也前唐馬總有意林五卷皆摘諸子語然未有成段篇者此則一段一篇皆摘之其體例又在意林之上有此書則近時坊刻之諸子彙函諸子奇賞金丹粹白之書俱可不讀矣羅江李調元雨村譔

古雋目錄

目錄終

古雋卷第一

成都 楊慎 輯　綿州 李調元 校

五帝銘 皇覽

武王問尚父曰五帝之戒可得聞乎尚父曰黃帝之戒曰吾之居民上也搖搖恐夕不至朝故為金人三封其口曰古之慎言人也戒之哉無多言無多事多言多敗多事多害安樂必戒無行所悔勿謂何傷其禍將長勿謂何害其禍將大勿謂不聞神將伺人焰焰不滅炎若何涓涓不塞終成江河綿綿不絕或成網羅豪末不札擬也將尋斧柯誠能慎之福之根也曰是何傷禍之門也强梁者不得其死好勝者必遇其敵盜憎主人民怨其上君子知天下之不可上也故下之知眾人之不可先也故後之溫恭慎德使人慕之執雌持下人莫踰之人皆趨彼我獨守此人皆惑之我獨不徙內藏乃智不示人技我雖尊高人弗我害惟能於此也江海雖左長於百川以其卑也天道無親常與善人戒之哉堯之居民上也振振如臨深淵舜之居民上也慄慄恐夕不見旦武王曰吾拜殷民居其上也翼翼懼懼不敢息尚父曰德盛者守之以謙威强者守之以恭武王曰如尚父言因是為戒

隨躬

衍湯言 說苑

湯曰藥食先嘗於卑然後至於貴藥言先獻於貴然後聞於卑故藥食嘗乎卑然後至乎貴教也藥言獻於貴然後聞於卑道也故使人味食然後食者其得味也多使人味言然後聞言者其得言也少是以明王之言必自他聽之必自他聞之必自他擇之必自他取之必自他聚之必自他藏之必自他行之故道以數取之為明以數行之為章以數施之萬物為藏是故求道者不以目而以心取道者不以手而以耳

古遺將禮 淮南子

凡國有難君自宮召將詔之曰社稷之命在將軍即今國有難願請子將而應之將軍受命乃令祝史太卜齋宿三日之太廟鑽靈龜卜吉日以受鼓旗君入廟門西面而立將入廟門趨至堂下北面而立主親操鉞持頭授將軍其柄曰從此上至天者將軍制之復操斧持頭授將軍其柄曰從此下至淵者將軍制之將已受斧鉞答曰國不可從外治也軍不可從中御也二心不可以事君疑志不可以應敵臣既以受制於前矣鼓旗斧鉞之威臣無還請願君亦以垂一

一言之命於臣辭而行乃爪鬣設明衣也鑿凶門而出乘將軍車載旗旗斧鉞累若不勝其臨敵決戰不顧必死無有二心若戰勝敵奔畢受功賞吏遷益爵祿割也而爲調決於封外卒論斷於軍中言有罪而誅顧反於國放旗以入斧鉞報畢於君曰軍無後洽乃縞素辭舍請罪於君君曰赦之退齋服大勝三年反舍中勝二年下勝期年兵之所加者必無道之國也故能戰勝而不報取地而不反民不疾疫將不夭死五谷豐昌風雨時節戰勝於外福生於內是故名必成而後無餘害矣

求后古禮 白虎通德論

天子求后於諸侯諸侯對曰夫婦所生若而人妾婦之子若而人無女而有姊妹及姑姊妹則曰先守某公之遺女若而人諸侯昏禮以屨二兩加琮曰某國寡小君使寡人奉不珍之琮不珍之屨禮夫人貞女夫人曰有幽室數辱之產諭於傅母之教得承執衣裳之事敢不敬拜

后夫人進御禮 尚書大傳

古者后夫人將侍君前息燭後舉燭至於房中釋朝服襲燕服然後入御於君雞鳴太師奏雞于階下然後鳴玉佩於房中告去也然後應門擊柝告辭也然後少師奏質明于階下然後夫人入廷君出朝凡羣妃御見之法月與后妃其象也卑者宜先尊者宜後自九嬪以下九九而御于王所女御八十一人當九夕世婦二十七人當三夕九嬪九人當一夕夫人當一夕后當一夕十五日而徧望後反之凡進御君所女史必書其日月授之以環以進退之生子月辰則以金環退之當御者以銀環進之著於左手既御著于右手孔子曰日者天之明月者地之理陰契制故月上屬爲天使婦從夫放明紀

魯師春姜說 古師春

婦人之事夫有五平旦纚笄而朝則有君臣之嚴沃盥饋食則有父子之敬報反而行則有兄弟之道受期必誠則有朋友之信寢息之交而後有夫婦之際

虞巡狩傳 虞夏傳

維元祀巡狩四嶽八伯壇四奧沉四海封十有二山兆十有二州樂正定樂名元祀代泰山貢兩伯之樂焉東嶽陽伯之樂舞侏離其歌聲比余謠名曰晳陽儀伯樂舞饕哉其歌聲比大謠名曰南陽中祀大交霍山貢兩伯之樂焉夏伯之樂舞謾彧其歌聲比中

謠名曰初虞羲伯之樂舞將陽其歌聲比大謠名曰
朱干秋祀柳穀華山貢兩伯之樂舞蔡俶其歌聲比
小謠名曰苓落和伯之樂舞元鶴其歌聲比中謠名
歸來幽都宏山祀貢兩伯之樂焉冬伯之樂舞齊落
歌曰縵縵拜論八音四會歸假于禰祖用特五載一
巡狩羣后德讓貢正聲而九族具成

洪範五行傳

維王后元祀帝令大禹步于上帝維時洪祀六沴用
咎于下是用知不畏而神之怒若六沴作見若是共
禦帝用不差神則不怒五福乃降用章于下若六沴

作見若不共禦六代既侵六極其下禹乃共辟厥德
受命休令爰用五事建用王極長一事一曰貌貌之
不恭是為不肅厥咎狂厥罰恒雨厥極惡時則有服
妖時則有龜孽時則有雞禍時則有下體生於上之
痾時則有青眚青祥次二事曰言之不從不乂厥咎
厥罰恆暘厥極憂時則有詩妖時則有介蟲之孽時
則有犬禍時則有口舌之痾時則有白眚白祥維木
沴金次三事曰視視之不明是謂不悊厥咎荼厥罰
恆燠厥極疾時則有草妖時則有倮蟲之孽時則有
羊禍時則有目痾時則有赤眚赤祥維水沴火次四

事曰聽聽之不聰是謂不謀厥咎急厥罰恆寒厥極
貧時則有鼓妖時則有魚孽時則有豕禍時則有耳
痾時則有黑眚黑祥維火沴水次五事曰思心之不
睿是謂不聖厥咎霿厥罰恆陰厥極凶短折時則有
脂夜之妖時則有華孽時則有牛禍時則有心腹之
痾時則有黃眚黃祥時則有金木水火沴土皇之不
極是謂不建厥咎眊厥罰恆陰厥極弱時則有射妖
時則有蛇龍之孽時則有牛禍時則有下人伐上之
痾時則有日月亂行星辰逆行維五位復見辟沴曰
二月三月維貌是司四月五月維視是司六月七月

維言是司八月九月維聽是司十月十一月維思心
是司十二月與正月維王極是司凡六沴之作歲之
朝月之朝日之朝則后王受之歲之中月之中日之
中則正卿受之歲之夕月之夕日之夕則庶民受之
其二辰以次相將其次受星辰莫同是離逢非沴維
鮮之功禦貌於喬忿以其從其禮祭之參乃從禦言
於訖眾以其從其從祭之參乃從禦視於忽似以其
月從其禮祭之參乃從禦聽於怵攸以其月從其禮
祭之參乃從禦土極於宗始以其月從其禮祭之參
乃從六沴之禮散齋七日致齋新器絜祀用赤黍三

日之朝於中庭祀四方從東方始卒於北方其祀禮曰格祀曰鈌也方祀曰播國率相行祀其祀也曰若爾神靈洪祀六沴是合無差無傾無有不正若民有不敬事則會批之六沴六事之機以縣示我我民人無敢不敬祀上下王祀

孔子讀詩

孔子讀詩及小雅喟然而歎曰吾於周南召南見周道之所以盛也於柏舟見匹夫執志之不可易也於淇澳見學之可以爲君子也於考槃見遁世之士而不悶也於木瓜見苞苴之行也於緇衣見好賢之心

至也於鷄鳴見古之君子不忘其敬也於伐檀見君子之先事後食也於蟋蟀見陶唐儉德之大也於下泉見亂世之思明君也於七月見豳公之所以造周也於東山見周公之先公而後私也於狼跋見周公之遠志所以爲聖也於鹿鳴見君臣之有禮也於彤弓見有功之必報也於羊羔見善政之有應也於節南山見忠臣之憂世也於蓼莪見孝子之思祭也於裳裳者華見古之賢者世保其祿也於采菽見古之明王所以敬諸侯也

荀子論詩

國風之好色也盈其欲而不愆其正其誠可比於金石其聲可內於宗廟小雅不以汚上自引而居下疾今之政以思往昔其言有文焉其聲有哀焉

毛萇說詩

巷伯云哆兮哆兮成是南箕侈之言必有因也斯人自謂避嫌之不審也昔者顏叔子獨處於夜暴風雨至而室壞婦人趨而至顏叔子納之而使執燭放乎旦而蒸盡縮屋而繼之自以爲嫌之不審矣若其審者宜若魯人然魯有男子獨處其室鄰之嫠婦又獨處於室夜暴風雨至而室壞婦人趨而託之男子閉

戶而不納婦人自牖與之言曰子何爲不納我乎男子曰吾聞之也男子不六十不同居今子幼吾亦幼不可以納子婦人曰子何不學柳下惠然嫗不建門之女國人不稱其亂男子曰柳下惠固可吾固不可吾將以吾之不可學柳下惠者未有似於是也

文仲子論豳風

程元曰敢問豳風何也子曰變風也元曰周公之際亦有變風乎子曰君臣相誚其能正乎成王終疑則風遂變矣非周公至誠孰能卒之哉元曰豳居變風之末何也子曰夷王已下變風不復正矣夫子蓋傷

之者也故終之以幽風言變之可正也唯周公能之故幽之以正歌幽曰周之本也嗚呼非周公孰知其艱哉變而克正危而克扶始終不失於本其惟周公乎繫之幽遠矣哉

劉更生論春秋 說苑

春秋之辭有相反者四既曰大夫無遂事不得擅生事矣又曰出境可以安社稷利國家者則專之可也既曰大夫以君命出進退在大夫矣又曰以君命出聞喪徐行而不反者何也曰此四者各止其科不轉移也不得擅生事者謂平生常經也專之可者謂救

危除患也進退在大夫者謂將帥用兵也徐行而不反者謂出使道聞君親之喪也公子子結擅生事春秋不非以為救莊公危也公子遂擅生事春秋譏之以為僖公無危事也故君有危而不專救是不忠也君無危而擅生事是不臣也傳曰詩無通故易無通占春秋無通義此之謂也

何邵公乘馬制

天子馬曰龍高七尺以上諸侯曰馬高六尺以上卿大夫士曰駒高五尺以上

孔子論御 韓詩外傳

孔子曰美哉顏無父之御也馬知後有輿而輕之知上有人而愛之親其正而愛其事如使馬能言彼將必曰樂哉今日之騶也至於顏倫少衰矣馬知後有輿而輕之知上有人而敬之親其正而敬其事如使馬能言彼將必曰騶來其人之使我也至於顏夷而衰矣馬知後有輿而重之知上有人而畏之親其正而畏其事如馬能言彼將必曰騶來騶來女不騶彼將殺女故御馬有法矣御民有道矣法得則馬和而歡道得則民安而進詩曰執轡如組兩驂如舞此之謂也

列子說御

造父之師曰泰豆氏造父之始習御也執禮甚卑泰豆氏三年不告造父執禮愈謹乃告之曰古詩言良弓之子必先為箕良冶之子必先為裘汝先觀吾趣趣如吾然後六轡可持六馬可御造父曰唯命所從泰豆乃立木為塗僅可容足計步而置履之而行趣走往還無跌失也造父學之三日盡其巧泰豆歎曰子何其敏也得之捷乎凡所御者亦如此也曩汝之行得之於足應之於心推御也齊輯乎轡銜之際而急緩乎唇吻之和正度乎胸臆之中而執節於掌握

之間內得於中心外合於馬志是故能進退履繩而旋曲中規矩取道致遠而氣力有餘誠得其術也得之於銜應之於轡得之於轡應之於手得之於手應之於心則不以目視不以策驅心閑體正六轡不亂而二十四蹄所投無差廻旋進退莫不中節然後輿輪之外可使無餘地未嘗覺山谷之險原隰之夷視一也吾術窮矣汝其識之

淮南子說御

昔者王良造父之御也上車攝轡馬爲整齊而斂諧投足調均勞佚若一心怡氣和體便輕畢安勞樂進

馳騖若滅左右若鞭周旋若環世皆以爲巧然未見其貴也若夫鉗且大丙之御除轡銜去鞭策車莫動而自舉馬莫使而自走也日行月動星耀而元運電奔而鬼騰進退屈伸不見朕垠故不指招不咄叱過歸鴈於碣石軼鶤雞於姑餘騁若絕矢躡風追猋歸忽朝發榑桑日入落棠此假弗用而能以成其用者也非慮思之察手爪之巧也嗜欲形於胸中而精神踰於六馬此以弗御御之者也

荀子論聖人

井井乎其有條理也嚴嚴乎其有終始也猒猒兮其能長久也樂樂兮其執道不殆也炤炤兮其用知之明也修修兮其用統類之行也綏綏兮其有文章也熙熙兮其樂人之臧也隱隱兮其恐人之不當也如是則可謂聖人矣

荀子引古傳

傳曰農分田而耕賈分貨而販百工分事而勸士大夫分職而聽建國諸侯之君分土而守三公總方而議則天子恭己而已矣

荀子引孔子遺言

知者之知固已多矣有以守少能無察乎愚者之知

固已少矣有以守多能無狂乎

古雋卷一畢

古雋卷二

成都　楊慎　輯　綿州　李調元　校

周齊侯鍾銘

惟王五月辰在戊寅師于淄陲公曰汝及余經乃先祖余既敷乃心汝小心畏忌汝不墜夙夜官執而政事余命汝朕于朕三軍肅成朕師旟之政德諫罰朕庶民左右毋諱及不敢弗敬戒虔卹乃死事穆和三錫休命公曰及汝康能乃有爭率乃敵僚余用登純厚乃命汝及母曰余小子汝敷余於艱阻虔卹不易左右余一人余命汝城差正饗繼命於外内之事中敷温刑汝以敷戒公家應卹余于命刻伐履司敗乃靈司保少臣惟輔咸有九處禹之都不顯穆公之孫其配撒公之妣而䬴公之女雩生叔是僑于齊侯之所是小心共齊靈乃考虎謹恪其政事有共于桓武靈公之所桓武靈公錫乃吉金鐵鎬玄鏐鋚鑪乃用作鑄其寶鍾用享于其皇祖皇妣皇母皇考用所眉壽命難老不顯皇祖其作福元孫其萬福純魯和協而九事畏若鍾鼓外內斷辟都俞造而屏臯毋或承類

周齊侯鎛鍾銘

惟王五月辰在戊寅師于淄陲公曰汝及余經乃先祖余既敷乃心汝小心畏忌汝不墜夙夜官執而政事而弘厭乃厭心余命弘政于朕三軍成朕師旟之政德諫罰朕庶民左右母諱及不敢弗敬戒虔此乃死事穆和三軍徒衙雩乃行師慎中乃罰公曰及汝敬共辭命汝應肅公家汝恐恪朕行師汝肇勤于戎攻余錫汝釐都膰爵其祿三百余命汝佑辭釐造國徒僕爲汝敵寮乃敢用拜手稽首弗較不對揚朕辟皇君之錫休命公曰及汝康能乃有事率乃敵寮余用登純厚乃命汝及母曰余季汝敷余于艱卹虔卹不易左右余一人余人汝差饗爲大事繼命于外內之事中敷溫刑汝以敷戒公家應卹余于溫卹汝以卹朕壽令命難老不顯皇祖其作福元孫其萬福純魯和協而九事俾若鍾鼓外內開辟造而屏臯母或承類汝壽考萬年承保其身俾百斯男而執斯字盡義政齊侯左右毋央已至于葉曰武靈成子子孫孫承保用享

姜鼎銘

惟王九月乙亥晉姜曰余惟嗣政先姑公晉邦余不辰安甯經雍明德宣邲我猷用昭君辭辟委揚乃先

烈虔不墜諸覃享以寵我萬民嘉清錫我虔貢于兩勿廢文侯顒命俾貫通弘征緜湯原取乃吉金用作寶尊彞用康西夏爰懷遠廷君子晉㚔用蘄綽綰眉壽作數爲亟萬年無疆用享用德畯保其子孫三壽是利

六合解

孟春與孟秋爲合仲春與仲秋爲合季春與季秋爲合孟夏與孟冬爲合仲夏與仲冬爲合季夏與季冬爲合孟春始嬴孟秋始縮仲春始出仲秋始內季春大出季秋大內孟夏始緩孟冬始急仲夏至短季夏

德畢正月不溫七月不涼二月不風八月雷不藏三月風不衰九月無降霜四月雷不見十月蟄虫行五月陽暑不蒸十一月不合凍六月浮雲不布十二月草不喪七月白露不降正月有微霜八月浮雲不歸二月雷不行九月物不凋三月草木傷十月流火不定四月昆蟲不育十一月寒不降五月雨雹十二月凋類不見六月五穀不貫此謂月衡

九土解

東南神州曰晨土正南邛州曰沃土西南戎州曰滔土正西弇州曰拜土正中冀州曰中土西北括州曰肥土正北元州曰成土東北咸州曰隱土正東陽州曰信土此神農九州神農地過日月之表蓋數倍於禹貢之九州按晨土淮南子作農土高注可据此或係御覽所引印州各本俱作次州

括地象解

地南北三億三萬五千五百里地之部位起形高大者有崑崙山廣萬里高一千里神物之所生仙人聖人之所集也出五色雲氣五色流水其泉南流入中國名曰河也其山應于天最居中八十城布繞之中國東南隅居其一分是曆城也中國之地左濱海右通流沙方而言之萬五千里堯舜土萬里禹時七千

里隨德優劣也泰前有藍田之鎮後有胡苑之塞左崤函右隴蜀西通流沙險阻之國也蜀漢之土與秦同城南跨邛笮北阻褒斜西即隈礙隔以劍閣窮險極峻獨守之國也周在中樞西阻崤谷東望荆山南面少室北有太嶽三河之分雷風所起四險之國也魏前枕黃河背漳水瞻王屋望梁山有南田之寶浮池之淵趙東臨九州西瞻恆嶽有沃瀑之流飛壺井陘之險至於穎陽涿鹿之野燕卻背沙漠進臨易水西至君都東至於遼長蛇帶塞險陸相乘也齊南有長城巨防陽關之險北有河濟足以爲固越海而東

通于九夷西界岱嶽配林之險坂固之國也魯前有淮水後有岱嶽蒙羽之向洙泗之流大野廣土曲阜尼丘衛南跨于河北得洪水南過漢上左通魯澤右指黎山宋北有泗水南迄睢渦有孟諸之澤碭山之塞也吳左洞庭右彭蠡後濱長江南至豫章水戎險阻之國也楚後背方城前及衡嶽左則彭蠡右則九疑有江漢之流實險阻之國也南與楚爲鄰五嶺以至于南海負海之邦交趾之土謂之南裔東越東海海處南北尾閭之間三江流入南海通東冶嵩海深險絕之國也兗九州之渥地也亦出括地象今附此

五音解 管子

凡聽徵如負豬豕覺而駭凡聽羽如鳴馬在野凡聽宮如牛鳴窌中凡聽商如離羣羊凡聽角如雉登木以鳴音疾以清

七觀解

孔鮒曰泰誓可以觀義五誥可以觀仁呂刑可以觀誡洪範可以觀度禹貢可以觀事皋陶可以觀治堯典可以觀美文心雕龍云標七觀

山書

地東西爲緯南北爲經山爲積德川爲積刑高者爲生下者爲死邱陵爲牡川谷爲牝蚌蛤龜珠與月盈虛是故堅土之人剛弱土之人柔壚土之人大沙土之人細息土之人美秏土之人醜羽蟲三百六十而鳳爲之長毛蟲三百六十而麟爲之長甲蟲三百六十而龍爲之長倮蟲三百六十而人爲之長

井田記

廬舍在內貴人也公田次之重公也私田在外賤私也井田之義一曰無洩地氣二曰無費一家三曰同風俗四曰合巧拙五曰通貨財因井爲市交易而退故稱市井也

事始 呂覽

大橈作甲子黔如作虜首容成作歷羲和作占日尚儀作占月后益作占歲胡曹作衣夷羿作弓祝融作市儀狄作酒高元作室虞姁作舟伯益作赤翼作白乘雅作駕寒哀作御王氷作服牛史皇作圖巫彭作醫巫咸作筮

客說周公 韓詩外傳

客有見周公者應之於門曰何以道旦也客曰在外即言外在內即言內入乎將毋周公曰請入客曰立即言義坐即言仁坐乎將毋周公曰請坐客曰疾言

則翕翕徐言則不聞言乎將毋周公唯唯旦也踰明日興師而誅管蔡故客善以不言之說周公善以不言之說周公善聽不言之說若周公可謂能聽微言矣故君子之告人也微其救人之急也大詩曰豈敢憚行畏不能趨

管仲辭桓公觴

桓公禮仲父而將飲之掘新井而柴焉十日齋戒召管仲管至公執爵大夫執尊觴三行管仲趨出公怒曰寡人齋戒十日而飲仲父寡人自以為脩矣仲父不告寡人而出其故何也鮑叔隰朋趨而出及管仲

於途曰公怒管仲反入倍屏而立公不與言少進中庭公不與言少進中堂公曰寡人齋戒十日而飲仲父自以免於罪矣仲父不告寡人而出未知其故也對曰聞之沉於樂者洽於憂厚於味者薄於行慢於朝者緩於政害於國者危於社稷臣是以敢出也公遽下堂曰寡人非敢自為脩也仲父年長雖寡人亦衰矣吾願一朝安仲父也對曰臣聞壯者無怠老者無偷順天之道必善終者也三王失之非一朝之萃君奈何其偷乎管仲走出君以賓客之禮再拜送之

叔向對晉平公

晉平公使叔向聘於吳吳人拭舟以逆之左五百人右五百人有繡衣而豹裘者有錦衣而狐裘者叔向歸以告平公平公曰吳其亡乎奚以敬舟奚以敬民叔向對曰君為馳底之臺上可以發千兵下可以陳鐘鼓諸侯聞君者亦曰奚以敬臺奚以敬民所敬各異也於是平公乃罷臺

翟使對楚

翟使至楚楚王誇使者以章華之臺臺甚高三休乃至楚王曰翟國亦有此臺乎使者曰否翟窶高三丈壞階三鼎茆茨弗翦采椽弗括且翟王猶以作之者

大佚翟國惡見此臺也楚王益愧如也

惠盎諫宋康王

惠盎諫宋康王康王蹀足謦欬疾言曰寡人之所悅者勇有力矣不說為仁義者也客將何以教寡人惠盎對曰臣有道於此使人雖勇刺之不入雖有力擊之弗中大王獨無意邪宋王曰善此寡人之所欲聞也惠盎曰夫刺之不入擊之不中此猶辱也臣有道於此使人雖有勇弗敢刺雖有力弗敢擊夫不敢刺不敢擊非無其志也臣有道於此使天下丈夫女子莫不驩然皆欲愛利之此其賢於勇有四累之上也

大王獨無意邪宋玉曰此寡人之所欲得也惠盎對曰孔墨是已孔丘墨翟無地而爲君無官而爲長天下丈夫女子莫不延頸舉踵而願安利之今大王萬乘之主也誠有其志則四境之內皆得其利其賢於孔墨也遠矣宋王無以應惠盎趨而出宋王謂左右曰辯矣客之以說服寡人也

諒毅使秦

秦攻魏取甯邑諸侯皆賀趙王使賀三反不得通王憂之左右曰使者三往而不得通必所使者非其人也曰諒毅者辯士也大王可試使諒毅至秦獻書秦王曰大王廣地甯邑諸侯皆賀敝邑寡君亦竊嘉之不敢甯居使下臣奉其幣物三至王廷而使不得通使若無罪願大王無絕其懽若使者有罪願得請之秦王使者報曰吾所使趙國者小大皆聽吾言則受書幣若不從吾則使者歸來諒毅對曰下臣之來固願承大國之意也豈敢有難大王若有以令之請奉而行之無所敢疑於是秦王乃見使者曰趙豹平原君數欺弄寡人趙能殺此二人則可若不能殺請令率諸侯受命邯鄲城下諒豹平原君寡君之母弟也猶大王之有葉陽涇君也大王以孝治聞于天下衣服之便於體膳啗之嗛於口未嘗不分於葉陽涇陽君二君之車馬衣服無非大王之服御者臣聞之有覆巢毀卵而鳳皇不翔刳胎焚夭而麒麟不至今使臣受大王之令以還報敝邑之君畏懼不敢行無乃傷葉陽君之心乎秦王曰諾勿使從政諒毅曰敝邑之君有母弟不能教誨以惡大國請黜之勿使與政事以稱大國秦王乃喜受幣而厚遇之

欒懷子諫田獵 說苑

韓武子田獸已聚矣田車合矣傳來告曰晉公薨武子謂欒懷子曰子亦知吾好田獵也獸已聚矣田車合矣吾亦以卒獵而後弔乎懷子對曰范氏之亡也多輔而少拂今臣於君輔也畾於君拂也君胡不問於畾也武子曰盈而欲拂我乎而拂我矣何必畾哉遂輟田

柳下季對岑鼎 呂覽

齊攻魯求岑鼎魯君載他鼎以往齊侯弗信而反之爲非使人告魯侯曰柳下季柳下季對曰君之賂以欲岑鼎也以免國也臣亦有國於此破臣之國以免君之國此臣之所難也於是魯君乃以眞岑鼎往也且柳下季可謂此能說矣非獨存己之國也又能存

魯君之國

赤章蔓枝諫夙繇 呂覽

中山之國有夙繇者智伯欲攻之而無道也爲鑄大方車二軌以遺之夙繇之君將斬岸堙谿以迎鍾赤章蔓枝諫曰詩云唯則定國我胡則以得是於智伯夫智伯之爲人也貪而無信必欲攻我而無道也故爲大鍾方車二軌以遺之夙繇之君將斬岸堙鍾師必隨之弗聽有頃諫之君曰大國爲懽而子逆之不祥子釋之赤章蔓枝曰爲人臣不忠貞罪也忠貞不用遠身可也斷轂而行至衛七日而夙繇亡

宛春諫衛靈公

衛靈公天寒鑿池宛春諫曰天寒起役恐傷民公曰天寒乎宛春曰公狐裘坐熊席陬隅有竈是以不寒矣民則寒矣民則寒矣公曰善令罷役左右以諫曰君鑿池不知天之寒也而春也知之以春之知也而令罷之福將歸於春也而怨將歸於君公曰不然夫春魯國之匹夫也而我舉之夫民未有見焉未見其德今將令民以此見之曰春也有善於寡人有也春之善非寡人之善歟靈公之論宛春可謂知君道矣君者固無任而以職受任工拙下也賞罰法也君奚事哉

靈公以下呂覽贊辭也

狐援說齊湣王 通鑑狐喧正議斮之檀衢陳舉直言殺之東閭喧即援也

狐援說齊湣王曰殷之鼎陳於周之廷其社蓋於周之屏其干戚之音在人之遊亡國之音不得至於廟亡國之社不得見於天亡國之器陳於庭所以爲戒王必勉之其無使齊之鼎陳之庭無使太公之社蓋之屏無使齊音充人之游齊王不受狐援出而哭國三日其辭曰先出也衣絺紵後出也滿囹圄吾今見民之洋洋然東走而不知所處齊王問吏曰哭國之法若何吏曰斮王曰行法吏陳斧質於東閭不欲殺

之而欲去之狐援聞而蹶往過之吏曰哭國之法斮先生之老歟昏歟狐援曰曷爲昏哉於是乃言曰有人自南方來鮒入而鯢居使人之朝爲草而國爲墟殷有比干吳有子胥齊有狐援已不用若言又斮之東閭每斮者以吾參夫二子者乎 呂覽

無鹽女說齊宣王 新序

齊有婦人極醜無雙號曰無鹽女其爲人也臼頭深目長壯大節昂鼻結喉肥項少髮折腰出胸皮膚若漆行年三十無所容入衒嫁不售流棄莫執於是乃拂衣短褐自詣宣王願一見謂謁者曰妾齊之不售

女也聞君王之盛德願備後宮之掃除頓首司馬門外唯王幸許之謁者以聞宣王方置酒於漸臺左右聞之莫不揜口而大笑曰此天下强顔女子也於是宣王乃召而見之謂曰昔先王爲寡人取妃匹皆已備有列位矣寡人今日聽鄭衛之聲嘔吟感傷揚激楚之遺風今夫人不容鄉里布衣而欲千萬乘之主亦有奇能乎無鹽女對曰無有直竊慕大王之美義耳王曰雖然何喜良久曰竊嘗喜隱王曰隱固寡人之所願也試一行之言未卒忽然不見矣宣王大驚立發隱書而讀之退而惟之不能得明日復更召而

問之又不以隱對但揚目衘齒舉手拊肘曰殆哉殆哉如此者四宣王曰願遂聞命無鹽女對曰今大王之君國也西有衡秦之患南有强楚之讎外有三國之難內聚姦臣衆人不附春秋四十壯男不立不務衆婦尊所好而忽所恃一旦山陵崩弛社稷不定此一殆也漸臺五重黃白玉瑯玕龍疏翡翠璣莫落連飾萬民罷極此二殆也賢者伏匿於山林諂諛於左右邪僞立於本朝諫者不得通入此三殆也酒漿沉湎以夜續朝女樂俳優從横大笑外不修諸侯之禮內不秉國家之治此四殆也故曰殆哉殆哉於是宣王掩然無聲意入黃泉忽然而昂喟然而嘆曰痛乎無鹽君之言吾今乃一聞寡人之殆幾不全於是立停漸臺罷女樂退諂諛去雕琢選兵馬實府庫四闢公招進直言延及側陋擇吉日立太子進慈母顯隱女拜無鹽君爲王后而國大安者醜女之力也

虞史伯夷歷術

昔自在古歷建正作於孟春於時冰泮發蟄百草奮興秭鳺漳物乃歲具生於東次順四時卒于冬分時

奮興大戴記作權輿秭鳺漳戴記作嶲雉無釋

古雋卷二畢

古雋卷第三

成都 楊 愼 輯 綿州 李調元 校

雍門周以琴說孟嘗君 桓譚新論

雍門周以琴見孟嘗君先生鼓琴亦能令文悲乎對曰臣之所能令悲者先貴而後賤昔富而今貧擯壓窮巷不交四鄰不若身材高妙懷質抱眞逢讒罹謗結而不得信不若交歡而結愛無怨而離遠赴絕國無相見期不若幼無父母壯無妻兒出以野澤爲鄰入用掘穴爲家困於朝夕無所假貸若此人者但聞飛鳥鳴條則傷心矣臣爲之援琴而長太息未有不

悽惻而涕泣者也今若足下居則廣廈高堂連闥洞房下羅帷來清風倡優在前諂諛侍側楊激楚舞鄭妾流聲以娛耳練色以淫目水戲則舫龍舟載羽旗鼓吹乎不測之淵野游則登平原馳廣囿強弩下高士格猛獸置酒娛樂沈醉忘歸方此之時視天地曾不若一指雖有善鼓琴未能動足下也孟嘗君曰固然雍門周曰然臣竊爲足下有所常悲夫角帝而困秦者君也連五國而伐楚者又君也天下未嘗無事不從卽衡從成則楚王衡成則秦帝夫以秦楚之彊而報弱薛猶磨蕭斧而伐朝菌也有識之士莫不爲足下寒心天道不常盛寒暑更進退千秋萬歲之後宗廟必不血食高臺既以傾曲池又已平墳墓生荆棘狐狸穴其中游兒牧豎躑躅其足而歌其上曰孟嘗君之尊貴亦猶若是乎於是孟嘗君喟然太息涕淚承睫而未下雍門周引琴而鼓之徐動宮徵叩角羽終而成曲孟嘗君遂爲之增欷歔流狼戾而不可止而就之曰先生鼓琴令文立若亡國之人也

或謂楚王 戰國策

臣聞從者欲合天下以朝天下臣願大王之聽也夫因詘爲信舊患有成勇者義之攝禍裁少爲多智者

官之夫報報之反墨墨之化惟六君能之禍與福其貫生與亡爲鄰不偏於死不偏於生不足以載大明無所寇艾不足以横世夫秦捐德絕命之日久矣天下不知今夫横人嚂口利機上干主心下牟百姓公而私取利是國權輕於鴻毛而積禍重於丘山

蘇子說齊閔王 國策

臣聞用兵而喜先天下者憂約結而喜主怨者孤夫後起者藉也而遠怨者時也是以聖人從事必藉於權而務興於時夫權藉者萬物之率也而時勢者百事之長也故無權藉倍時勢而能事成者寡矣今雖

千將莫邪非得人力則不能割劌矣堅箭利金不得弦機之利則不能遠殺矣矢非不銛而劍非不利也何則權籍不在焉何以知其然也昔者趙氏襲衛車舍人不休傳衛國城割平衛八門土而二門墮矣此亡國之形也衛君跣行告遡於魏魏王身被甲底劍挑趙索戰邯鄲之中騖河山之間亂衛得是籍也亦收餘甲而北面殘剛平墮中牟之郭衛非强於趙也譬之衛矢而魏弦機也籍力魏而有河東之地趙氏懼楚人救趙而代魏戰於州西出梁門軍舍林中馬飲於大河趙得是藉也亦襲魏之河北燒棘蒲墜黃

城故剛平之殘也中牟之墮也黃城之墜也棘蒲之燒也此皆非趙魏之欲也然二國勸行之者何也衛明於時權之藉也今世之爲國者不然矣兵弱而好敵强國罷而好衆怨事敗而好鞠之兵弱而憎下人地狹而好敵大事敗而好長詐行此六者而求霸則遠矣臣聞善爲國者順民之意而料兵之能然後從於天下故約不爲人主怨伐不爲人挫强如此則兵不費權不輕地可廣欲可成也昔者齊之與韓魏伐秦楚也戰非甚疾也分地又非多韓魏也而天下獨歸咎於齊者何也以其爲韓魏主怨也且天下徧兵

矣齊燕戰而趙氏兼中山秦楚戰韓魏不休而宋越專用其兵此十國者皆以相敵爲意而獨舉心於齊者何也約而好主怨伐而好挫强也且夫强大之禍常以王人爲意也夫弱小之殃常以謀人爲利也是以大國危小國滅也大國之義莫若後起而重伐不義夫後起之藉與多而兵勁則是以衆强敵罷寡也兵必立也事不塞天下之心則利必附矣大國行此則名號不攘而至霸王不爲而立矣小國之情莫如謹靜而寡信諸侯謹靜則四鄰不反寡信諸侯則天下不賣外不賣內不反則檳積朽腐而不用幣帛矯

蠹而不服矣小國道此則不祠而福矣不貸而見足矣故曰祖仁者王立義者霸用兵窮者亡何以知其然也昔吳王夫差以强大爲天下先襲郢而棲越身從諸侯之君而卒身死國亡爲天下戮者何也此夫差平居而謀王强大而喜先天下之禍也昔者萊莒好謀陳蔡好詐莒恃越而滅蔡恃晉而亡此皆內長詐外信諸侯之殃也由此觀之則大小之禍可見於前事矣語曰騏驥之衰也駑馬先之孟賁之倦也女子勝之夫駑馬女子筋力骨勁非賢於騏驥孟賁也何則後起之藉也今天下之相與也不並滅有能案

兵而後起寄怨而誅不直微用兵而寄於義則亡天下可蹻足而須也明於諸侯之故察於地理之形者不約親不質而固不趨而疾衆事而不反交割而不相憎俱強而加以親何則形同憂而兵趨利也何以知其然也昔者燕齊戰于桓之曲燕不勝十萬之衆盡胡人襲燕樓煩數縣取其牛馬夫胡之與齊非素親也而用兵又非約質而謀燕也然而甚於相趨者何也形同憂而兵趨利也由此觀之約於同形則利長後起則諸侯可趨役也故明主察相誠欲以霸王爲志則戰攻非所先戰者國之殘也而都縣之費也

殘費已先而能從諸侯者寡矣彼戰者之爲殘也士聞戰則輸私財而富軍市輸飲食而待死士令折轅而炊之殺牛而賜士則是路君之道也中人禱祝君翳釀通都小縣置社有市之邑莫不正事而奉王則此虛中之計也夫戰之明日屍死扶傷雖若有功也軍出費中哭立則傷主心矣死者破家而葬夷傷者空財而共藥宗者內酺而華樂故其費與死傷者均故民之所費也十年之田而不償也軍之所出矛戟折鐶鉉絕傷弩破車罷馬亡矢之太半甲兵之具宮之所私出也士大夫之所匿厮養士之所竊十年之

田而不償也天下有此再費者而能從諸侯者寡矣攻城之費百姓理襜蔽舉衝櫓家穕總身窟穴中罷於刀金而士困於土功將不釋甲期數而能拔城者爲亟耳上倦於教士斷於兵故三下城而能勝敵者寡矣故曰彼戰攻者非所先也何以知其然也昔智伯瑤攻范中行氏殺其君滅其國又西圍晉陽吞併二國而憂一主此用兵之盛也然而智伯卒身死國亡爲天下笑者何謂也兵先攻戰而滅二子之患也昔者中山悉起而迎燕趙南戰於長子敗趙氏壯戰於中山克燕軍殺其將夫中山千乘之國也而攻萬

乘之國二再戰比勝此用兵之上節也然而國遂亡君臣於齊者何也不嗇於戰攻之患也由此觀之則戰攻之敗可見於前事矣今世之所謂善用兵者終戰比勝而守不可拔天下稱爲善一國得而保之則非國之利也臣聞戰大勝者其士多死而兵益弱守而不可拔者其百姓罷而城郭露夫士死於外民殘於內而城郭露於境則非王之樂也今夫鵠的非咎罪於人也便弓引弩而射之中者則善不中則愧少長貴賤則同心於貫之者何也惡其示人以難也今窮戰比勝而守必不拔則非徒示人以難也又且害

人者也然則天下仇之必矣夫罷事露國而多與天下爲仇則明君不居也素用强兵而弱之則察相不事彼明君察相者則五兵不動而諸侯從辭讓而重賂至矣故明君之攻戰也甲兵不出於軍而敵國勝衝櫓不施而邊城降士民不知而王業至矣彼明君之從事也用財少曠日遠而利長者故曰兵後起則諸侯可趨役也臣之所聞攻戰之道非師者雖有百萬之兵比之堂上雖有闔閭吳起之將禽之戶內千丈之城拔之尊俎之閒百尺之衝折之衽席之上故鐘鼓竽瑟之音不絕地可廣而欲可成和樂倡優侏

儒之笑不乏諸侯同日而致也故名配天地不爲尊利制海內不爲厚故夫善爲王業者在勞天下而自逸亂天下而自安諸侯無成謀則其國無宿憂也何以知其然也佚治在我勞亂在天下則王之道也銳兵來則拒之患至則趨之使諸侯無成謀則其國無宿憂矣何以知其然也昔者魏王擁土千里帶甲三十六萬恃其强而拔邯鄲西圍定陽又從十二諸侯朝天子以西謀秦秦王恐之寢不安席食不甘味令於境內盡堞中爲戰具競爲守備爲死士置將以待魏氏衛鞅謀於秦王曰夫魏氏其功大而令行於天

下有十二諸侯而朝天子與必衆故以一秦而敵大魏恐不如王何不使臣見魏王則臣請必北魏矣秦王許諾衛鞅見魏王曰大王之功大矣令行於天下矣今大王之所從十二諸侯非宋衛也則鄒魯陳蔡此固大王之所以鞭箠使也不足以王天下大王不若北取燕東伐齊則趙必從矣西取秦南伐楚則韓必從矣大王有伐齊之心而從天下之志則王業見矣大王不如先行王服然後圖齊楚魏王說於鞅之言也故身廣公宮制丹衣柱建九斿從七星之旟此天子之位也而魏王處之於是齊楚怒諸侯奔齊齊

人伐魏殺其太子覆其十萬之軍魏王大恐跣行按兵於國而東次于齊然後天下乃舍之當是時秦王拱而受西河之外不以德魏王故衛鞅之始與秦王計也謀約不下席言於尊俎之閒謀成於堂上而魏將已禽於齊矣衝櫓未施而西河之外已入于秦矣此臣之所謂北之堂上禽將戶內拔城於尊俎之閒折衝席上者也此策凡二千四百六十字極其長衍而曲折精神互應明哲讀之惟恐其終篇千載而下猶若抵掌蘇秦文筆妙古今可以泣鬼神矣

蘇代約燕王策 國策

楚得枳而國亡齊得宋而國亡楚齊得以有枳宋不

事秦者何也則有功者秦之深讐也秦取天下非行義也暴也秦之行暴正告天下告楚曰蜀地之甲輕舟浮於汶乘夏水而下江五日而至郢漢中之甲輕舟出巴乘夏水而下漢四日而至五渚寡人積於甲宛東下隨智者不及謀勇士不及怒寡人如射隼矣王乃欲待天下之攻函谷不亦遠乎楚王爲是之故十七年事秦秦王告韓曰我起乎少曲一日而斷太行我起乎宜陽而觸平陽二日而莫不盡繇我離兩周而觸鄭五日而國舉韓氏以爲然故事秦秦王告魏曰我安邑塞女戟韓氏太原卷我下軹道道南陽

封冀兼包兩周乘夏水浮輕舟彊弩在前錟戟在後決滎口魏無大梁決白馬之口魏無外黃濟陽決宿胥之口魏無虛頓邱陸攻則擊河內水攻則滅大梁魏氏以爲然故事秦秦欲攻安邑恐齊救之則以宋委於齊曰宋王無道爲木人以象寡人射其面寡人地絶兵遠不能攻也王苟能破宋有之寡人如自得之已得安邑塞女戟因以破宋爲齊罪秦欲攻韓恐天下救之則以齊委於天下曰齊王四與寡人約四欺寡人必率必伐之必亡之已得宜陽少曲致藺石因以破齊爲天下罪秦欲攻魏重楚則以南陽委於楚曰寡人固與韓且絶矣殘均陵塞鄳阨苟利於楚寡人如自有之魏棄與國而合於秦鄳阨爲楚罪兵困於林中重燕趙以膠東委於燕以濟西委於趙趙得講於魏質公子延因犀首屬行而攻趙兵傷於譙石遇敗於馬陽而重魏則以葉蔡委於魏已得講於趙則刼魏魏不爲割困則使太后穰侯爲和嬴則兼欺舅與母適燕者曰以膠東適趙者曰以葉蔡適楚者曰以塞鄳阨適齊者曰以宋此必令言如循環用兵如刺蜚母不能制舅不能約龍賈之戰岸門之戰封陵之戰高商之戰趙莊之戰秦之所殺三晉之民

數百萬今其生者皆死秦之孤也西河之外上雒之地三川晉國之禍三晉之半秦禍如此其大也而燕趙之秦者皆以爭事秦說其主此臣之所大患也燕昭王不行蘇代復重於燕燕反約諸侯從親如蘇秦時或從或否而天下由此宗蘇氏之從代厲皆以壽死名顯諸侯

蘇代說淳于髡

蘇代欲見齊王齊王怨蘇秦欲用蘇代不宜見代代乃說淳于髡曰人有駿馬欲賣之比三旦立於市人莫知之往見伯樂曰臣有駿馬欲賣之比三旦立于

市一莫與言願子還而視之去而顧之臣請獻一朝之價伯樂乃如其言一旦而馬價十倍今臣欲以駿馬見於王足下有意爲伯樂乎臣獻白璧一雙黃金十鎰以爲馬食淳于髡曰謹聞命矣入言之於王而見之果善蘇代

荀卿謝春申君書 國策

荀子爲書謝曰癘人憐王此不恭之語也雖然不可不審也此爲刼殺死亡之主言也夫人主年少而矜材無法制以知奸則大臣主斷國私以禁誅於已也故弒賢長而立幼弱廢正適而立不義春秋戒之曰

楚王子圍聘於鄭未出竟聞王病反問疾遂以冠纓絞王殺之因自立也齊崔杼之妻美莊公通之崔杼帥其君黨而攻莊公莊公請與分國崔杼不許欲自刃於廟崔杼不許莊公走出踰於外牆射中其股遂殺之而立其弟景公近代所見李兌用趙餓主父於沙邱而殺之淖齒用齊擢閔王之筋懸於其廟梁宿夕而死夫癘雖癰腫胞疾上比前世未至絞纓射股下比近代未至擢筋而餓死也夫刼殺死亡之主也其心之憂勞形之困苦必甚於癘矣由此觀之癘雖憐王可也因爲賦曰寶珍隋珠不知佩兮禕衣與絲不知異兮閭姝子奢莫知媒兮嫫母求之又甚喜之兮以瞽爲明以聾爲聰以是爲非以吉爲凶嗚呼上曷惟其同詩曰上天甚神無自瘵也

汗明說春申君 國策

君亦聞驥乎夫驥之齒至矣服鹽車而上太行蹄申膝折尾湛胕潰漉汁洒地白汗交流中坂遷延負轅而不能上伯樂遭之下車攀而哭之解紵衣以羃之驥於是俛而噴仰而鳴聲達於天若出金石者何也彼見伯樂之知已也今僕之不肖阨於州部堀穴窮巷沉洿鄙俗之日久矣君獨無意湔祓僕使得爲君高鳴屈於梁乎

鄒子折公孫龍

齊使鄒衍過趙平原君見公孫龍與其徒綦毋子之屬論白馬非馬之辨以問鄒子鄒子曰不可彼天下之辨有五勝三至而辭正爲下辨者別殊類殊不相害序異端使不相辭杼（音抒舒也）意通旨明其所謂使人與知焉不務相迷也故勝者不失其所守不勝者得其所求若是故辨可爲也及至煩文以相假飾辭以相惇巧譬以相移引人聲使不得及其意如此害大道矣夫繳（音糾）紛爭言而競後息不能無害君子生

皆稱善劉向別錄

家語致思篇

孔子北遊登於農山之上子路子貢顏淵侍側孔子四望喟然歎曰登高望下使人心非心於刪致思無所不至矣二三子各言爾志吾將擇焉子路進曰由願得赤羽若日白羽若月鐘鼓之音上震於天旌旗繽紛下蟠於地由當一隊而擊之必也攘地千里搴旗執馘唯由能之使夫二子從我焉夫子曰勇哉士乎憤憤者乎子貢進曰賜願使齊楚合戰於漭瀁之野兩壘相當旌旗相望塵埃相接挺刃交兵賜著縞

衣白冠陳說其間推論利害釋二國之患唯賜能之使夫二子從我焉子曰辯哉士乎僊僊者乎顏回退而不言孔子曰回來汝獨無願乎回曰文武之事二子以言之回何敢與焉孔子曰若鄙心不與焉第言之對曰回聞薰蕕不同器而藏堯桀不共國而治以其類異也回願得明王聖主而輔相之敷其五教導之以禮樂使民城郭不修溝池不越鑄劍戟以爲農器放牛馬於原藪室家無離曠之思千歲無戰鬭之患如此則由無所施其勇賜無所用其辯矣夫子凜然曰美哉德乎姚姚者乎子路抗手而問夫子何選焉孔子曰不傷財不害民不繁辭則顏氏之子有矣

子張論哀公不好士

子張見魯哀公七日而哀公不禮託僕夫而去曰臣聞君好士故不遠千里之外犯霜露冒塵垢百舍重趼不敢休息以見君七日而君不禮君之好士也有似葉公子高之好龍也昔葉公子高好龍鉤以寫龍鑿以寫龍屋室雕文以寫龍於是天龍聞而下之窺頭於牖拖尾於堂葉公見之弃而還走失其魂五色無主是葉公非好龍也好夫似龍而非龍者也今臣聞君好士故不遠千里之外以見君七日不禮君非

好士也好夫似士而非士者也詩曰中心藏之何日忘之

韓非子論龜筴鬼神

鑿龜數筴兆曰大吉而以攻燕者趙也鑿龜數筴兆曰大吉而以攻趙者燕也劇辛之事燕無功而社稷危騶衍之事燕無功而國道絕趙代先得意於燕後得意於齊國亂節高自以爲與秦提衡非趙龜神而燕　龜欺也趙又嘗鑿龜數筴而北伐燕將刧燕以逆秦兆曰大吉始攻大梁而秦出上黨矣兵至釐而六城拔矣至陽城秦拔鄴矣龐援揄兵而南則鄣盡

矣臣故曰趙龜雖無遠見於燕且宜近見於秦秦以其大吉辟地有寶救燕有名趙以其大吉利削兵辱主不得意而死又非秦龜神而趙龜欺也初時者魏數年東鄉攻盡陶衞數年四鄉以失其國此非豐隆五行太一王相攝提六神五括天河殷搶歲星非數年在西也又非天缺弧逆熒惑刑星奎台非數年在東也故曰龜筴鬼神不足畢勝左右背鄉不足以專戰然而恃之愚莫大焉孟子天時地利之說亦是此意孟子之言簡而明韓子之言曲而盡亦同而異也

賢良說奢侈踰制

賢良曰宮室輿馬衣服器械喪祭食飲聲色玩好人情之所不能已故聖人爲之制度以防之閒者士大夫務於權利怠於禮義故百姓倣傚頗踰制度今故陳之曰古者穀物菜果不時不食鳥獸魚鼈不中殺不食故繳罔不入於澤雜毛不取今富者出驅纖罔罝掩捕麑鷇躭湎沉猶鋪百川鮮羔䍮幾胎肩皮黃口春鵝秋鶵冬葵溫韭浚茈蓼蘇豐耎菜毛果蟲貉古者采椽茅茨陶桴複穴足禦寒暑蔽風雨而已及其後世采椽不斲茅茨不翦無斲削之事磨礱之功大夫達棱楹士潁首庶人斧成木構而已今富者井

幹增梁雕文檻修堊憂飾古者衣物不中制器械不中用不粥於市今民間雕琢不中之物刻畫無用之器玩好元黃雜青五色繡衣戲弄蒲人雜婦百獸馬戲鬬虎唐銻追人奇蟲胡妲古者諸侯不秣馬天子有命以車就牧庶人之乘者馬足以代其勞而已故行則服桅止則就犁今富者連車列騎驂貳輜軿中者微輿短轂煩尾掌蹄夫一馬伏櫪當中家六口之食亡丁男一人之事古者庶人耋老而後衣絲其餘則麻枲而已故命曰布衣及其後則絲裏枲表直領無褘袍合不緣夫羅紈繡者人君后妃之服也繭紬

縑練者婚姻之嘉飾也是以文繒薄織不粥於市今富者縟繡紈中者素綈錦衣常民而被后妃之服褻人而居婚姻之飾夫紈素之賈倍縑縑之用倍紈也古者椎車無柔棧輿無植及其後木軨不衣長轂數幅蒲薦苙蓋蓋無染絲之飾大夫士則單複木具盤韋柔革常民染輿大軨蜀輪今庶人富者銀黃華左搔結綏韜杠中者錯鑣塗采珥靳飛鈴古者鹿裘皮冒蹄足不法及其後大王士狐貉縫腋羔麑豹袪庶人則毛絝衳彤橫䩳皮傳今富者䶂鼲狐白鳧翥中罽衣金縷燕鼲代黃古者庶人賤騎繩控革鞮皮鹿

而已及其後革鞍氂成鐵鑣不飾今富者韀耳銀鑷韅黃金琅勒罽繡弇汗垂珥胡鮮中者染韋紹系采畫暴乾古者汙尊杯飲蓋無爵觴樽俎及其後庶人器用即竹柳陶匏而已唯山瑚璉豆而雕文彤漆今富者銀口黃耳金罍玉鍾中者舒玉紵器金錯蜀杯夫一文杯得銅杯十賈賤而用不殊箕子之譏始在天子今匹夫古者燔黍食稗而熚豚以相饗其後鄉人飲酒老者重豆少者立食一醬一肉飲而已及其賓婚相召則豆羹白飯綦膾熟肉今民間酒食殽旅重疊燔炙滿案臑鼈膾腥麑卵鶉鷃橙枸鮐醢醯眾

物雜味古者庶人春耕夏耘秋收冬藏昏晨力作夜以繼日詩云晝爾于茅宵爾索綯亟其乘屋其始播百穀酒食接連相因析酲什半棄事相隨慮無乏日古者庶人糲食藜藿非鄉飲酒膢臘祭祀無酒肉故諸侯無故不殺牛羊大夫士無故不殺犬豕今閭巷縣陌阡屠沽無故烹殺相聚野外負粟而往挈肉而歸夫一豕之肉得中年之收十五斗粟當丁男半月之食古者庶人魚菽之祭春秋脩其祖祠士一廟大夫三以時有事于五祀蓋無出門之祭今富者祈名嶽望山川椎牛擊鼓戲倡儛像中者南居當路水上

營臺屠羊殺狗鼓瑟吹笙貧者雞豕五芳衛保散臘傾蓋社場古者得得求福故祭示而寬仁義求吉故卜筮而希今世俗寬於行而求於鬼怠於禮而篤於祭嫚親而貴勢至妄而信日聽訑言而幸得出實物而享虛福古者君子夙夜孳孳思其德小人晨昏孜孜思其力故君子不素餐小人不空食世俗飾偽行詐為民巫祝以取釐謝堅額健舌或以成業致富故憚事之人釋本相學是以街巷有巫閭里有祝古者無杠樠之寢牀移之案及其後世庶人即采木之杠葉萊之樠士不斤成大夫葦莞而已今富者鞼繡帷

幄塗屏錯跗中者綈綈高張采畫丹漆古者皮毛草蓐無茵席之加旃蒻之美及其後大夫士復薦草緣蒲平單莞庶人即草蓐索經單藺籧篨而已今富者繡茵翟柔蒲子露林中者獲皮代旃闒坐平莞古者不粥飪不市食及其後則有屠沽沽酒市脯魚鹽而已今熟食徧列殽施成市作業墮怠食必趣時楊豚韭卵狗脂馬胺煎魚切肝羊淹雞寒蜩馬駱日蹇捕胹羔豆賜鷇羹自鮑甘瓠熟粱和炙古者土鼓甶枹擊木拊石以盡其歡及後卿大夫有管磬士有琴瑟往者民間酒食各以黨俗彈箏鼓缶而已無要妙之

音變羽之轉今富者鐘鼓五樂歌兒數曹中者鳴竽調琴鄭儛趙謳古者瓦棺容尸木板望周足以收形骸藏髮齒而已梓棺楩椁貧者畫荒衣袍繒囊緹橐古者用器有形無實示民不用也及其後則有醯醢之藏桐馬偶人彌祭其物不備今厚資多藏器用如生人郡國繇吏素桑楺偶車櫓輪匹夫無親領相人衣紈綈古者不封不樹反虞祭於寢無壇宇之居廟堂之位及其後則封之庶人之墳半仞其高可隱今上者積土成山列樹成林臺謝連閣集觀增樓中者祠堂屏閣垣闕罘罳古者鄰有喪舂不相杵巷不歌

謠孔子食於有喪者之側未嘗飽也子於是日哭則不歌謠今俗因人之喪以求酒肉幸於小坐而責辨歌舞俳優連笑伎戲古者男女之際尚矣嫁娶之服未之以記及虞夏之後蓋表布內絲骨笄象珥封君夫人加錦尚褧而已今富者皮衣朱貉繁路環佩中者長裾交褘璧端簪珥古事生盡愛送死盡哀故聖人爲制節非虛加之今生不能致其愛敬死以奢侈相高雖無哀戚之心而厚葬重幣者則稱以爲孝顯名立於世光榮著於俗故黎民慕効至於廢屋賣業古者夫婦之好一男一女而成家室之道及後士

一妾大夫二諸侯有姪娣九女而已今諸侯百數卿大夫十數中者侍御富者盈室是以女或曠怨失時男或放死無匹古者凶年不備豐年補敗仍舊貫而不改作今工異變而吏殊心壞敗成功以匿厥意意極乎功業務存乎面目積功以市譽不恤民之急田野不飾碑而飾亭落邑居丘墟而高其郭古者不以人力徇於禽獸不奪民財以養狗馬是以財衍而力有餘今猛獸奇蟲不可以耕耘而令當耕耘者養食之百姓或短褐不完而犬馬剛文繡黎民或糠糟不接而禽獸食肉古者人君敬事愛下使民以時天子

以天下爲家臣妾各以其時供公職今古之通義也今縣官多畜奴婢坐稟衣食私作產業爲姦利力作不盡縣官失實百姓或無斗筲之儲官奴累百金黎民昏晨不釋事奴婢垂拱遨遊也古者親近而疏遠貴所同而賤非類不賞無功不養無用蠻貊無功縣官肆廣屋大第坐稟衣食百姓或日暮不贍蠻夷或厭酒肉黎民泮汗力作今蠻夷交脛肆踞古庶人鹿非草芰縮絲尚韋而已及其後則綦下不借鞔鞮革寫今富者革中名工輕靡使容紈裏紃下越端縱緣中者鄧里間作蒯苴秦堅婢妾韋沓絲履走者茸芰

狥宫古聖人勞躬養神節欲適情尊天敬地履德行仁是以上天歆焉永其世而豐其年故堯秀眉高彩享國百載及秦始皇覽怪迂信禨祥使盧生求羨門高徐市等入海求不死之藥當此之時燕齊之士釋鉏耒爭言神仙方士於是趣咸陽者以千數言仙人食食飲珠然後壽與天地相保於是數巡狩五嶽濱海之館以求神仙蓬萊之屬數幸之郡縣富人以貲佐貧者築道旁其後小者亡逃大者藏匿吏捕索頓不以道理名宫之勞廬舍邱落無生苗立樹百姓離心怨思者十有半書曰享多儀儀不及物曰不享故

聖人非仁義不載於己非正道不御於前是以先帝誅文成五利等宣帝建學官親近忠良欲以絕怪思之端而昭至德之塗也宫室奢侈林木之蠹也器械雕琢財用之蠹也衣服靡麗布帛之蠹也狗馬食人之食五穀之蠹也口腹從恣魚肉之蠹也用費不節府庫之蠹也漏積不禁田野之蠹也喪祭無度傷生之蠹也墮成變故傷功工商上通傷農故一杯棬用百人之力一屏風就萬人之功其爲害亦多矣目修於五色耳營於五音體極輕薄口極耳脆功積於無用財盡於不急口腹不可爲多故國病聚不足則政息人病聚不足則身危

荀子對應侯論秦

應侯問荀卿曰入秦何見荀卿曰其固塞險形勢便山林川谷美天材之利多是形勝也入境觀其風俗其百姓朴其聲樂不流汙其服不挑甚畏有司而順古之民也及都邑官府其百吏肅然莫不恭儉敦敬忠信而不楛古之吏也入其國觀其士大夫出於其門入於公門出於公門歸於其家有無私事也不比周不朋黨倜然莫不明通而公也古之士大夫也觀其朝庭其閒聽決百事不留恬然如無治者古之朝

也故四世有勝非幸也數也是所見也故曰佚而治約而詳不煩而功治之至也秦類之矣雖然則甚有其諰也兼數具者而盡有之然而縣之以王者之功名則倜倜然其不及遠矣是何也則其殆無儒邪故曰粹而王駁而霸無一焉而亡此亦秦之所短也

師曠論齊桓公新序

晉平公問於叔向曰昔者齊桓公九合諸侯一匡天下不識其君之力乎其臣之功乎叔向對曰管仲善制割隰朋善削縫賓胥無善純緣桓公知衣而已亦其臣之力也師曠侍曰臣請譬之以五味管仲善斷

割之隰朋善煎熬之賓胥無善齊和之羹以熟矣奉而進之而君不食誰能彊之亦君之力也純音準緣音怨

淮南論五遁

凡亂之所由生者在流遁流遁之所生者五大構駕興宮室延樓棧道雞棲井幹欄林欂櫨以相支持木巧之飾盤紆刻儼嬴鏤雕琢詭文回波淌游瀷淢菱杼紾抱芒繁亂澤巧偽紛挐以相摧錯此遁於木也鑿汙池之深肆畛崖之遠來谿谷之流飾曲岸之際積牒旋石以純修碕抑淢怒瀨以揚激波曲拂遭迴以像湡浯益樹蓮菱以食魚鼈鴻鵝稻粱饒餘龍舟

以首浮吹以娛此遁於水也高築城郭設樹險阻崇臺榭之隆侈苑囿之大以窮要妙之望魏闕之高上際青雲大廈曾加擬於昆崙修為牆垣甬道相連殘高增下積土為山接徑歷遠直道夷險終日馳騖而無蹟蹈之患此遁於土也大鐘鼎美重器華蟲疏鏤以相繆紾寢兕伏虎蟠龍連組焜昱錯眩照耀煇偃蹇蓼糾曲成文章雕琢之飾鍛錫文鏡乍晦明抑微滅瑕霜文沈居若簟籧篨纏綿縟穴以數而疏此遁於金也煎熬焚炙調齊和之適以窮荊吳甘酸之變焚林而獵燒燎大木鼓橐吹埵以銷銅鐵靡流堅鍛無厭足日山無峻幹林無柘梓燎木以為炭燔草而為灰野莽白素不得其時上撩天光下殄地財此遁於火也此五者一足以亡天下矣

南宮邊子論周公封魯 說苑

辛櫟見魯穆公曰周公不如太公之賢也穆公曰子何以言之辛櫟對曰周公擇地而封曲阜太公擇地而封營丘爵土等其地不若營丘之美人民不若營丘之眾不徒若是營丘又有天固穆公心慚不能應也辛櫟趨而出南宮邊子入穆公具以辛櫟之言語南宮邊子南宮邊子曰昔周成王之卜君成周也其

命龜曰予一人兼有天天辟就百姓敢無中土乎使予有罪則四方伐之無難得也周公卜居曲阜其命龜曰作邑乎山之陽賢則茂昌不賢則速亡季孫行父之戒其子也曰吾欲室之俠於兩社之間也使吾后世有不能事上者使其替之益速如是則曰賢則茂昌不賢則速亡安在擇地而封哉或示有天固也辛櫟之言小人也子無復道也

呂覽論封建

古之王者擇天下之中而立國擇國之中而立宮擇宮之中而立廟天下之地方千里以為國所以極治

任也非不能大也其大不若小其多不若少衆封以建非以私賢也所以便勢全威所以博義義博利則無敵無敵者安故觀於上世其封建衆者其福長其名彰神農十七世有天下與天下同之也王者之封建也彌近彌大彌遠彌小海上有十里之諸侯以大使小以少使輕以衆使寡此王者之所以室也故曰以滕費則勞以鄒魯則逸以宋鄭則猶倍日而馳也以齊楚則舉而加綱旃而已矣所用彌大所欲彌易湯其無郼郼湯之本國武其無岐賢雖十全不能成功湯武之賢而猶籍知乎勢又況不及湯武者乎

呂覽論察言

魯哀公問於孔子曰樂正夔一足信乎孔子曰昔者舜欲以樂傳教天下乃令重黎舉夔於草莽之中而進之舜以爲樂正夔於是正六律和五聲以通八風而天下大服重黎又欲益求人舜曰夫樂天地之精也得失之節也故唯聖人爲能和樂之本也夔能和之以平天下若夔者一而足矣故曰夔一足非一足也宋之丁氏家無井而出溉汲常一人居外及其家穿井告人曰吾穿井得一人有聞而傳之曰丁氏穿井得一人國人道之聞於宋君宋君使人問之丁氏對曰得一人之使非得一人於井中也子夏之晉過衞有讀史記者曰晉師三豕渡河子夏曰非也是己亥也己與三相近豕與亥相近至於晉而問之曰晉師己亥渡河也辭多類非而是多類是而非是非之經不可不分此聖人之所慎也

揚子雲論秦并六國

或問六國並其已久矣迄始皇三載而咸句時激地保人事乎曰具請問事曰孝公以下強兵力農以蠶食六國事也保句曰東溝大河南阻高山西采雍梁北鹵涇垠便則申否則蟠保也激句曰始皇方斧將

相方刀六國方木將相方肉激也

荀子論義利

義與利人之所兩有也雖堯舜不能去民之欲利然而能使其欲利不克其義也雖桀紂亦不能去民之義然而能使其好義不勝其欲利也故義勝利者爲治世利克義者爲亂世上重義則義克利上重利則利克義故天子不言多少諸侯不言利害大夫不言得喪士不通財貨有國之君不息牛羊錯質之臣不息鷄豕冢卿不修幣大夫不爲場園從士以下皆羞利而不與民爭業樂分施而恥積藏然故民不困財

貧窶者有所竄乎

荀子論强弱

用强者人之城守人之出戰而我以力勝之也則傷人之民必甚矣傷人之民甚則人之民惡我必甚矣人之民惡我甚則日欲與我鬬人之城守人之力戰而我以力勝之則傷吾民必甚矣傷吾民甚則吾民惡我必甚矣吾民之惡我甚則日不欲爲我鬬人之民日欲與我鬬吾民日不欲爲我鬬是强者之所以反弱也地來而民去累多而功少雖守者益所以守者損是以大者之所以反削也右出荀子王制篇總論王霸二者之不同全篇皆奇偉而此段論論精確又辭密致如臂搭層出玉環無端可日誦之以爲驚策也

荀子論諸子

愼子有見於後無見於先老子有見於詘無見於信墨子有見於齊無見於畸宋子有見於少無見於多有後而無先則羣衆無門有詘而無信則貴賤不分有齊而無畸則政令不施有少而無多則羣衆不化天論篇

墨子蔽於用而不知文宋子蔽於欲而不知得愼子蔽於法而不知賢申子蔽於勢而不知知惠子蔽於辭而不知實莊子蔽於天而不知人故由用謂之道盡利也由俗謂之道盡嗛也由法謂之道盡數矣由勢謂之道盡便矣由辭謂之道盡論矣由天謂之道盡因矣此而數具者皆道之一隅也夫道者體常而盡變一隅不足舉之曲知之人觀於道之一隅而未之能識也解蔽篇

荀子論精藝

好書者衆矣而倉頡獨傳者一也好稼者衆矣而后稷獨傳者一也倕作弓浮游作矢而羿精於射奚仲作車乘杜作馬而造父精於御自古及今未有兩能而精者也曾子曰是其庭可以搏鼠惡能與我歌乎

荀子論子發辭賞

公孫子曰子發將西伐蔡克蔡獲蔡侯歸致命曰蔡侯奉其社稷而歸之楚屬二三子而理其地既楚具賞子發辭曰發誡布令而敵退是主威也舉相攻而敵退是將威也合戰用力而敵退是衆威也臣舍不宜以用威受賞譏之曰子發之致命也恭其辭賞也固夫尚賢使能賞有功罰有罪非獨一人之爲也彼先王道也一人之本也善善惡惡之應也治必由之古今也古者明王之舉大事立大功也大事已博大功已立則君享其成羣臣享其功士大夫益爵官人益祿庶人益地是以爲善者難爲不勝者沮上下一

心三軍同力是以事事成而成名大也今子發獨不然反先王之道亂楚國之法墮興功之臣恥受賞之屬按獨以爲私靡豈不過甚矣乎故曰子發之致命也恭其辭賞也固

孫伯論吳亡

石益謂孫伯曰吳將亡矣吾子亦知之乎孫伯曰晚矣子之知之也吾何爲不知石益曰然則子不以諫孫伯曰昔桀罪諫者紂焚聖人剖王子比干之心袁氏之婦絡而失其紀其妾告之怒弃之夫亡者豈斯人知其過哉

八公論秦亡

秦皇挾錄圖見其傳曰亡秦者胡也因發卒五十萬萬使蒙公楊翁將築修城西屬流沙北擊遼水東結朝鮮中國內郡車而餉之又利越之犀角象齒翡翠珠璣乃使尉屠睢發卒五十萬爲五軍塞鐔城之領一軍守嶷之塞一軍處番禺之郡一軍守南野之界一軍結餘干之水三年不解甲施弩使監祿無以轉餉又以卒鑿渠而通糧道以與越人戰殺西嘔君譯吁宋而越人皆入叢薄中與禽獸處莫肯爲秦虜相置桀駿以爲將而夜攻秦人大破之殺尉屠睢伏月流血數十萬乃發適戍以備之當此之時男子不得修農畝婦人不得麻考縷羸弱服格於道大夫箕會於衢病者不得養死者不得葬於是陳勝起於大澤奮臂大呼天下席卷而至於戲下劉項與義兵隨而定若折槁振落遂失天下禍在備胡而利越也欲知築城以備亡不知築修城之所亡也發適戍以備越而不知難從中發也夫鵲先識歲之多風也去高木而巢扶枝大人過之則探鷇嬰兒過之則挑其卵知備遠難而忘近患故秦之設備也烏鵲之智也

揚子雲論李仲元

或問子蜀人也請人曰有李仲元者人也其爲人也

奈何曰不屈其意不累其身曰是夷惠之徒歟曰不夷不惠可否之間也如是則奚名之不彰也曰無仲尼則西山之餓夫與東國之絀臣惡乎聞曰王陽貢禹遇仲尼乎曰明星皓皓華藻之力也曰若是則奚爲不自高曰皓皓者已也引而高之者天子也子欲自高邪仲元世之師也見其貌者肅如也聞其言者愀如也觀其行者穆如也但聞以德詘人矣未聞以德詘於人也仲元畏人也或曰育賁曰育賁也人畏其力而侮其德請修曰非正不視非正不聽非正不

言非正不行夫能正其視聽言行者昔吾先師之所畏也如是視不視聽不聽言不言行不行雖有育賁其猶傴諸

宋玉答或問 新序

宋玉事楚襄王而不見察意氣不得形於顏色或謂曰先王何談說之不揚計畫之疑也宋玉曰不然子獨不見夫元蝯乎當其居桂林之中峻葉之上從容游戲超騰往來龍興而鳥集悲嘯長吟當此之時雖羿逢蒙不得正目而視也及其在枳棘之中也恐懼而掉慄危視而蹟行衆人皆得意焉此皮筋非加急而體益短也處勢不便故也夫處勢不便豈可以量功校能哉詩不云乎駕彼四牡四牡項領夫久駕而長不得行項領不亦宜乎易曰臀無膚其行趑趄此之謂

宋玉讓友 新序

宋玉因其友以見於楚襄王襄王待之無以異宋玉讓其友其友曰夫薑桂因地而生不因地而辛婦人因媒而嫁不因媒而親子之事王未耳何怨我宋玉曰不然昔者齊有良兔曰東郭㕙蓋一旦而走五百里於齊有良狗曰韓盧亦一旦而走五百里使之遙見而指屬則雖韓盧不及衆兎之塵若躡迹而縱緤則雖東郭㕙亦不能離今子之屬臣也躡迹而縱緤與遙見而指屬與詩曰將安將樂棄予如遺此之謂也其友人曰僕人有過僕人有過

古雋卷三畢

古雋卷第四

成都 楊 慎 輯　綿州 李調元 校

敘湯使伊尹就桀 呂覽

桀爲無道暴戾頑貪天下顫恐而患之言者不同紛紛分分其情難得干辛桀之諛臣任威凌轢諸侯以及兆民賢良鬱怨殺彼龍逄以服羣凶衆庶泯泯皆有遠志莫敢直言其生若驚大臣同患弗周而畔桀愈自賢矜過善非主道重塞國人大崩湯乃惕懼憂天下之不甯欲令伊尹往視曠夏恐其不信湯由親自射伊尹伊尹奔夏三年反報于亳曰桀迷惑於末嬉好

彼琬琰不恤其衆衆志不堪上下相疾民心積怨皆曰上天弗恤夏命其卒湯謂伊尹曰若告我曠夏盡如詩湯與伊尹盟以示必滅夏伊尹又復往視曠夏聽於末嬉末嬉言曰今昔天子夢西方有日東方有日兩相與鬬西方日勝東方日不勝伊尹以告湯商涸旱湯猶發師以信伊尹之盟令師從東方出於國西以進未接刃而桀走

敘武王使人候殷 呂覽

武王使人候殷反報岐周曰殷其亂矣武王曰其亂焉至對曰讒慝勝良武王曰尚未也又復往反報曰其亂加矣武王曰焉至對曰賢者出走武王曰尚未也又往反報曰其亂甚矣武王曰焉至對曰百姓不敢誹怨矣武王曰嘻遽告太公曰讒慝勝良命曰戮賢者出走命曰崩百姓不敢誹怨命曰形勝其亂至矣不可以駕矣選車三百虎賁三千至鮪水商使膠鬲候周師武王見之膠鬲曰西伯將何之無欺我也武王曰不子欺將之殷也膠鬲曰揭何也至武王曰將以甲子日至殷郊子以是報矣膠鬲行天雨日夜不休武王疾行不輟軍師皆曰卒病請休之武王曰吾已令膠鬲以甲子之期報其主矣今甲子不至是令

膠鬲不信也膠鬲不信其主必殺之吾疾行以救膠鬲之死也武王果以甲子至

敘武王定殷

武王之誅紂也行之日以兵忌東面而迎太歲至氾而氾至懷而懷至共頭而山隧霍叔懼曰出三日而五災至無乃不可乎周公曰刳比干而囚箕子飛廉惡來知政夫又烏有不可焉遂選馬而進朝食于戚暮宿于百泉厭旦於牧之野厭掩也夜掩於日未明以前也猶云遲明鼓之而紂卒易鄉遂乘殷人而進誅紂

敘周宣王殺杜伯

周杜國之伯名爲恆爲周大夫宣王之妾曰女鳩欲通之杜伯不可女鳩訴之宣王曰恆竊與妾交宣王信之囚杜伯于焦使薛甫與司工錡殺杜伯其友左儒九諫而王不聽左儒死之杜伯既死卽爲人見王曰恆之罪何哉召祝而以杜伯語告之祝曰始殺杜伯誰與王謀之王曰司工錡也祝曰何不殺錡以謝宣王乃殺錡使祝以謝杜伯錡與伯皆爲人而至曰臣何罪之有宣王告王甫曰祝也與我謀而殺人吾所殺者又皆爲人而見當奈何乎皇甫曰殺祝以謝宣王乃殺祝以兼謝焉又無益也皆爲人而至祝亦曰我焉知之奈何以此爲罪而殺臣也後三年遊于圃田從人滿也日中杜伯乘白馬素衣司工錡爲左祝爲右朱衣朱冠起于道左執朱弓朱矢以射宣王中心折脊伏于弓衣而死

右出顏之推寃魂志然北齊之世豈有此筆力哉蓋國語刪去之餘而之推摭書之耳當表出之

敘韓褐子不祈河

韓褐子濟於河津人告曰夫人過於此者未有不快俁祭封域之內大夫祭其親士祭其祖禰福也未得事河伯也津人申楫舟中水而運津人曰向也役人固已告矣夫子不聽役人之言也今舟中水而運甚殆治裝而下遊乎韓子曰吾不爲人之惡我而改吾志不爲我將死而改吾義言未已舟泆然行韓褐子曰詩云莫莫葛藟施于條枚豈弟君子求福不回鬼神且不回況于人乎

敘王孫商反趙 說苑

趙簡子使成何涉他與衞靈公盟于鄟澤靈公未喋盟成何涉他捘靈公之手而擠之靈公怒欲反趙王孫商曰君欲反趙不如與百姓同惡之公曰若對曰請命臣令於國曰有姑姊妹女者家有一人質於趙百姓必怨君因反之矣君曰善乃令之三日遂徵之五日而令畢國人巷哭君乃召國大夫而謀曰趙爲無道反之可乎大夫皆曰可乃出西門閉東門趙氏聞之縛涉他而斬之以謝於衞成何走燕子貢曰王孫商可謂善謀矣憎之而能害之有患而能處之欲用民而能附之一舉而三物俱至可謂善謀矣

敘宋就瓜亭息爭 新序

梁大夫有宋就者嘗爲邊縣令與楚隣界梁之邊亭與楚之邊亭皆種瓜各有數梁之邊亭人劬力數灌其瓜瓜美楚人窳而稀灌其瓜瓜惡楚令因以梁瓜之美怒其亭瓜之惡也楚亭人心惡梁亭之賢已因

往夜竊搔梁亭之瓜皆有死焦者矣梁亭覺之因請其尉亦欲竊往報搔楚亭之瓜尉以請宋就就曰惡是何可構怨禍之道也人惡亦惡何褊之甚也若我教子必每暮令人往竊爲楚亭夜善灌其瓜勿令知也於是梁亭乃每暮夜竊灌楚亭之瓜楚亭旦而行瓜則又皆以灌矣瓜日益美楚亭怪而察之則乃梁亭也楚令聞之大悅因具以聞楚王楚王聞之惄然愧以意自閔也告吏曰微搔瓜者得無有他罪乎此梁之陰讓也乃謝以重幣而請交於梁王楚王時稱則祝梁王以爲信故梁楚之歡由宋就始語曰轉敗

而爲功因禍而爲福老子曰報怨以德此之謂也夫人既不善胡足效哉

叙楚屠羊說辭賞

楚昭王失國屠羊說走而從於昭王昭王反國將賞從者及屠羊說說曰大王失國說失屠羊大王反國說亦反屠羊臣之爵祿已復矣又何賞之言王曰强之說曰大王失國非臣之罪故不敢當其賞王曰見伏其誅大王反國非臣之功故不敢當其賞王曰見之說曰楚國之法必有重賞大功而後見今臣之知不足以存國勇不足以死寇吳軍入郢畏難而避寇非故隨大王也今大王欲廢法毀約而見說此非臣之所以聞天下也王謂司馬子綦曰屠羊說居處卑賤而陳義甚高子綦爲我延之以三旌之位說曰三旌之位吾知其貴於屠羊之肆也萬鍾之祿吾知其富於屠羊之利也然豈可以貪爵而使吾君有妄施之名乎說不敢當願復反吾屠羊之肆遂不受也

叙趙襄子襲代　呂覽

趙簡子病召太子而告之曰我死已葬服衰而上夏屋之山以望太子敬諾簡子死已葬服衰召大臣而告之曰願登夏屋以望大臣皆諫曰登夏屋以望是

遊也服衰以遊不可襄子曰此先君之命也寡人弗敢廢羣臣敬諾襄子上於夏屋以望代俗其樂甚美於是襄子曰先君必以此教之也及歸慮所以取代乃先善之代君好色請以其弟姊妻之代君許諾弟姊以往所以善代者乃萬故馬郡宜馬代以善馬奉襄子襄子謁於代君而請觴之馬郡盡先令舞者置兵其羽中數百人先具大金斗代君酒酣反斗而擊之一成腦塗地舞者操兵以鬬盡殺其從者因以代君之車迎其妻妻遙聞之狀磨笄以自刺

叙士尹池覘宋　呂覽

士尹池爲荆使於宋司城子罕觴之南家之墻犫於前而不直西家之潦徑其宮而不止士尹池問其故司城子罕曰南家宮人也爲鞔百也（鞔履也）吾將徙之其父曰吾恃爲鞔以食三世矣今徙之是宋國之求鞔者不知吾處也吾將不食願相國之憂吾不食也爲是故吾弗徙也西家高吾宮庳潦之經吾宮也利故弗禁也士尹池歸荆荆王適興兵而攻宋士尹池諫於荆王曰宋不可攻也其主賢其相仁賢者能得民仁者能用人荆國攻之其無功而爲天下笑乎故釋宋而攻鄭孔子聞之曰夫修之於廟堂之上而折衝乎千里之外者其司城子罕之謂乎宋在大三萬乘之間子罕之時無所相侵邊境四益相平公元公景公以終其身其唯仁且節與

叙郈成子郵右宰穀臣 呂覽

郈成子爲魯聘於晉過衛右宰穀臣止而觴之陳樂而不樂酒酣而送之以璧顧反過而弗辭其僕曰嚮者右宰穀臣之觴吾子也甚懽今候（何也）渫過而弗辭郈成子曰夫止而觴我與我懽也陳樂而不樂告我憂也酒酣而送之我以璧寄之我也若由是觀之衛其有亂也乎倍衛三十里聞甯喜之難作右宰穀臣死之還車而臨三舉而歸至使人迎其妻子隔宅而異之分祿而食之其子長而返其璧孔子聞之曰夫智可以微謀仁可以託財者其郈成子之謂（再過謂之渫過）

公孫龍進善呼者 淮南子

昔者公孫龍在趙之時謂弟子曰人而無能者龍不能與遊有客衣褐帶索而見曰臣能呼公孫龍顧謂弟子曰門下故有能呼者乎對曰無有公孫龍曰與弟子之籍後數日往說燕王至於河上而航在一汜使善呼之一呼而航來故聖人之處世不逆有伎能之士故老子曰人無棄人物無棄物是謂襲明、

田鳩說秦王 同上

墨者有田鳩者欲見秦惠王約車申留於秦周年不得見客有言之楚王者往見楚王楚王甚悅之予以節使於秦至因見予之將軍節惠王而悅之出舍喟然而歎告從者曰吾留秦三年不得見不識道之可以從楚也物故有近之而遠遠之而近者故大人之行不掩以繩至所極而已矣此所謂筦子梟飛而維繩者

薛燭說劍

昔者越王勾踐有寶劍五聞于天下客有能相劍者

名燭王召而問之曰吾有寶劍五請以試之薛燭對曰愚理不足王請不得已乃若召掌者王使取毫曹薛燭對曰毫曹非寶夫寶劍五色並見莫能相勝毫曹檀名矣非寶劍也王曰取巨闕薛燭曰非寶劍也寶劍者和同而不離今巨闕已離矣非寶劍也王曰然巨闕初成之時吾坐于露臺之上宮人有四駕白鹿而過者車奔馬驚吾引劍而指之四駕上飛揚不知其絶也穿銅斧絶鐵鑪胥中决如粢米故曰巨闕王取鈍鈎薛燭聞之忽如敗有頃懼如悟下階而深惟簡衣而坐望之手振拂揚其華捽如芙蓉始出觀

其鈚爛如日星之行觀其光渾渾如水之溢於塘觀其斷山巖如瑣石觀其財煥煥如水釋此所謂純鈎耶王曰是也客有直之者有市之鄉二駿馬千疋千戶之都二可乎薛燭對曰不可當造此劍之時赤菫之山破而出錫若邪之溪涸而出銅雨師掃灑雷公擊橐蛟龍捧鑪天帝裝炭太一下觀天精下之歐冶乃因天之精神悉其伎巧造爲大刑三小刑二一曰湛盧二純鈞三曰勝邪魚腸湛盧無道子女死殺生以送之湛盧之劍將首魁漂而存焉秦王聞而求不得興師擊楚曰與我湛盧之劍還師去汝楚王不與

時闔廬又以魚腸之劍刺吳王僚使披腸夷之甲三事闔廬使專諸爲秦炙魚者引劍之遂弑王僚此其小試於敵邦未見其大用於天下也赤歷之山已合若邪溪深而不測羣神不下歐冶子卽死雖復傾城量金珠玉竭河猶不能得此一物有市之鄉二駿馬千疋千戶之都二何足言哉

李園納娟

昔者楚考烈王相春申君吏李園園女弟女環謂園曰我聞王老無嗣可見我與春申君我欲假於春申君我得見於春申君徑得見於王矣園曰春申君貴

人也千里之佐吾何託敢言女環曰卽元不我汝求謁于春申君才人告遠道客請歸待之彼必問汝汝家何等遠道客者因對曰園有女弟魯相聞之使使者來求之園才人使告園者彼必有問汝女弟何能對曰鼓琴讀書通一經故彼必見我園曰諾明日辭春申君才人有遠道客請歸待之春申君果問汝家等遠道客對曰園有女弟魯相聞之使使求之春申君曰何能對曰能鼓琴讀書通一經春申君曰可得見乎明日使待於離亭園曰諾旣歸告女環曰吾辭於春申君許我明日夕待於離亭女環曰園宜先供

待之春申君到騶人呼女環到黃昏女環至大縱酒女環鼓琴曲未終春申君大悅留宿明日女環謂春申君曰妾聞王老無嗣屬邦於君君外淫不顧政事使王聞之君上負於王使妾兄不負於夫人爲之柰何無泄此日君召而戒之春申君以告官屬莫有聞淫女也皆曰諾與女環通未終月女環謂春申君曰妾聞王老無嗣今懷君子一月矣可見妾於王幸産子男君即王公也而何爲佐乎君戒念之五日而道之邦中有好女中相可屬嗣者烈王曰諾即召之烈王悅取十月産子男十年烈王死幽王嗣立女環使

園與春申君相之三年然後告園以吳封春申君使備東邊園曰諾即封春申君於吳幽王復懷王使張儀詐殺之懷王子頃襄王秦始皇帝使王翦滅之

禮八音解　魏明帝

金音鏗鏗以立横横以勁武故金音正則人思武矣石聲硜硜以致死故石音正則人思守節矣絲音哀哀以立廉廉以立志絲音正則人將立操矣竹音濫濫以立會會以取聚竹音正則人思和洽矣土音濁濁以立太太以含育土音正則人思寬厚矣革音讙讙以進衆革音正則人思毅勇矣匏音啾啾以立清清以忠志匏音正則人思愛恭矣木音直直以立正正以寡欲木音正則人思潔己矣

八風辯　服虔

八卦之風乾音石其風不周坎音革其風廣莫艮音匏其風融震音竹其風明庶巽音木其風清明離音絲其風景坤音土其風涼兌音金其風閶闔易緯通卦驗云立春調風至春分明庶風至立夏清明風至夏至景風至立秋涼風至秋分閶闔風至立冬不周風至冬至廣莫風至風體一也逐天氣隨八節而爲之立名耳調與融一風二名昭十八年傳曰是謂融

風是其調融同也樂緯云坎主冬至樂用管艮主立春樂用塤震主春分樂用鼓巽主立夏樂用笙離主夏至樂用絃坤主立秋樂用柷敔此八方之音既有二說未知孰是故兩存焉立春至春分爲震春分至立夏爲巽立夏至夏至爲離夏至至立秋爲坤立秋至秋分爲兌秋分至立冬爲乾正冬冬至爲坎冬至至春分爲艮每節四十五日

古雋卷第四

古雋卷五

成都 楊 慎 輯　綿州 李調元 校

上秦皇言韓可舉書 韓非子

臣竊願陛下之幸熟圖之夫攻伐而使從者聞焉不可悔也詔以韓客之所上書言韓之未可舉下臣斯甚以爲不然秦之有韓若人之有腹心之病也虛處則核然若居濕地者而不去以極走則發矣夫韓雖臣於秦未嘗不爲秦病今若有卒報之事韓不可信也秦與趙爲難荊蘇使齊未知何如以臣觀之則齊趙之交未必以荊蘇絕也若不絕是悉趙而應二萬

乘也夫韓不服秦之義而服於强也今專於齊趙則韓必爲腹心之病而發矣韓與荊有謀諸侯應之則秦必復見崤塞之患非之來也未必不以其能存韓也爲重於韓也辯說屬辭飾非詐謀以釣利於秦而以韓利闚陛下秦韓之交親則非重矣此自便之計也臣視非之言文其淫說靡辯才甚臣恐陛下淫非之辯而聽其盜心因不詳察事情今以臣愚議秦發兵而未名所伐則韓之用事者以事秦爲計矣臣斯請往見韓王使來入見大王見因納其身而勿遣稍召其社稷之臣以與韓人爲市則韓可深割也因令象武發東郡之卒闚兵於境上而未名所之則齊人懼而從蘇之計是我兵未出而勁韓以威擒强齊以義從矣聞於諸侯也趙氏破膽荊人狐疑必有忠計荊人不動魏不足患也則諸侯可蠶食而盡趙氏可得與敵矣願陛下幸察愚臣之計無忽

上韓王書 同前

秦遂遣斯使韓也李斯往詔韓王未得見因上書曰

昔秦韓戮力一意以不相侵天下莫敢犯如此者數世矣前世五諸侯嘗相與共伐韓秦發兵以救之韓居中國地不能滿千里而所以得與諸侯班位於天

下君臣相保者以世世相教事秦之力也先時五諸侯共伐秦韓反與諸侯先爲鴈行以嚮秦軍於關下矣諸侯兵困力極無奈何諸侯兵罷杜倉相秦起兵發將以報天下之怨而先攻荊荊令尹患之曰夫韓以秦爲不義而與秦兄弟共苦天下巳又背秦先爲鴈行以攻關韓則居中國展轉不可知天下共割韓上地十城以謝秦解其兵夫韓嘗一背秦而國廹地侵兵弱至今所以然者聽姦臣之浮說不權事實故雖殺戮姦臣不能使韓復强今趙欲聚兵士卒以秦爲事使人來借道言欲伐秦欲伐秦其勢必先韓而

後秦且臣聞之脣亡則齒寒夫秦韓不得無同憂其形可見魏欲發兵以攻韓秦使人將使人於韓今秦王使臣斯來而不得見恐左右襲曩姦臣之計使韓復有亡地之患臣斯不得見請歸報秦韓之交絕矣斯之來使以奉秦王之歡心願效便計豈陛下所以逆賤臣者耶臣斯願一得見前進道愚計退就葅戮願陛下有意焉今殺臣于韓則大王不足以強若不聽臣之計則禍必構矣秦發兵不留行而韓之社稷憂矣臣斯暴身于韓之市則雖欲察賤臣愚忠之計不可得已邊鄙殘國固守鼓鐸之聲於耳而乃用臣斯之計晚矣且夫韓之兵于天下可知也今又背強秦夫棄城而敗軍則反掖之寇必襲城矣城盡則聚散聚散則無軍矣使城固守則秦必興兵而圍王一都道不通則難必謀其勢必救左右計之者不用願陛下熟圖之若臣斯之所言有不應事實者願大王幸使得畢辭于前乃就吏誅不晚也秦王飲食不甘游觀不樂意專在圖趙使臣斯來言願得身見因急與陛下有計也今使臣不通則韓之信未可知也夫秦必釋趙之患而移兵於韓願陛下幸復圖察之而賜臣報決

由余對秦穆公

昔者戎王使由余聘於秦穆公問之曰寡人嘗聞道而未能見之也願聞古之明王得國失國何常以由余對曰臣嘗得聞之矣嘗以儉得之以奢失之穆公曰寡人不辱而問道於子子以儉對寡人何也由余對曰臣聞昔者堯有天下飯於土簋飲於土鉶其地南至交趾北至幽都東西至日月之所出入者莫不賓服堯禪天下虞舜受之作爲食器斬山木而財之削鋸修之迹流漆墨其上輸之於宮以爲食器諸侯以爲益侈國之不服者十三舜禪天下而傳於禹禹作爲祭器墨染其外而朱畫其內縵帛爲茵蔣席頗緣觴酌有采而樽俎有飾此彌侈矣而國之不服者三十三夏后氏沒殷人受之作爲大輅而建九旒食器雕琢觴酌刻鏤四壁堊墀茵席雕文此彌侈而國之不服者五十三君子皆知文章矣而欲服者彌少臣故曰儉其道也

宋人以玉爲楮葉

宋人有爲其君以象爲楮葉者三年而成豐殺莖柯毫芒繁澤亂之楮葉之中而不可別也此人遂以功祿於宋邦列子聞之曰使天地三年而成一葉則物

之有葉者寡矣故不乘天地之資而載一人之身不隨道理之數而學一人之智此皆一葉之行也

趙襄子學御

趙襄子學御於王子期俄而與子期逐三易馬而三後襄子曰子之教我御術未盡也對曰術以盡用之則過也凡御之所貴馬體安于車人心調于馬而後可以進速致遠今君後則欲逮臣先則恐逮於臣夫誘道爭遠非先則後也而先後心皆在於臣尚何以調於馬此君之所以後也

悍者隣

有與悍者隣欲賣宅而避之人曰是其貫將滿也遂去之或曰勿之矣子姑待之答曰吾恐其以我滿貫也遂去之故曰物之幾者非所靡也

晏子對哀公

晏子聘於魯哀公問曰語曰莫三人而迷今寡人與一國慮之魯不免於亂何也晏子曰古之所謂莫三人而迷者一人失之二人得之三人足以為眾矣故曰莫三人而迷今魯國之羣臣以千百數一言於季氏之私人數非不眾所言者一人也安得三哉

文勝蘭櫃

昔秦伯嫁其女於晉公子令晉為之飾裝從衣文之媵七十人至晉晉人愛其妾而賤公女此可謂善嫁妾未為善嫁女也楚人有賣其珠於鄭者為木蘭之櫃薰桂椒之櫝綴以珠玉飾以玫瑰輯以翡翠鄭人買其櫝而還其珠此可謂善賣櫝矣未可謂善鬻珠也

宋人謳唱

宋王與齊讐也築武宮謳癸倡行者止觀築者不倦王聞召而賜之對曰臣師射稽之謳又賢於癸王召射稽使之謳行者不止築者知倦王曰行者不止築者知倦其謳不勝如癸美何也對曰王試度其功癸四板射八稽板擿其堅癸五寸射稽二寸

周君畫莢

客有為周君畫莢者三年而成君觀之與髹莢者同狀周君大怒畫莢者曰築十版之墻鑿八尺之牖而以日始出時加之其上而觀周君為之望見其狀盡成龍蛇禽獸車馬萬物之狀備具周君大悅畫莢之功非不微難也然其用與素髹莢同

造父御馬

造父御四馬馳驟周旋而恣欲於馬恣欲於馬者擅

轡筴之制也然馬驚於出彘而造父不能禁制者非轡筴之嚴不足也威分於出彘也王子於期爲駙駕轡筴不用而擇欲於馬擅芻水之利也然馬過於圃池而駙馬敗者非芻水之利不足也德分於圃池也故王良造父天下之善御者也然而使王良操左革而咤叱之使造父操右革而鞭笞之馬不能行十里共故也田連成竅天下善鼓琴者也然而田連鼓上成竅擫下而不能成曲亦共故也夫以王良造父之巧共轡而御不能使馬人主安能與其臣共權以爲治以田連成竅之巧共琴而不能成曲人主又安能

與其臣共勢以成功乎

延陵卓子

延陵卓子乘蒼龍與文之乘前則有錯飾後則利錣筴進則引之退則筴之馬前不得進後不得退遂避而逸因下抽刀而刎其腳造父見之而泣終日不食因仰天而嘆曰筴所以進之也錯飾在前引所以退之也利錣在後今人主以其清潔也進之以其不適左右也退之以其公正也譽之以其不聽從人發之民懼中立而不知所由此聖人之所爲泣也

楚人矛楯 今語曰自相矛盾出處在此然用之不差而問之不知也

楚人有鬻楯與矛者譽之曰吾楯之堅莫能陷也又譽其矛曰吾矛之利於物無不陷也或曰以子之矛陷子之楯何如其人弗能應也夫不可陷之楯與無陷之矛不可同世而立

劍馬

視鍛錫而察青黃區冶不能以必劍水擊鵠鴈陸斷駒馬則臧獲不疑鈍利發齒吻形容伯樂不能以必馬授車就駕而觀其末塗則臧獲不疑駑良觀容服聽辭言仲尼不能以必士試之官職課其功伐則庸人不疑於愚智故明主之吏宰相必起于州部猛

將必發於什伍 此漢宣綜核名實京房舉功考課之所祖也

通變論 公孫龍

曰他辨曰青以白非黃白以青非碧曰何哉曰青黃不相與而相與反對也不相隣而相隣不害其方也不害其方者反而對各當其所若左右不驪故一於青不可一於白不可惡乎其有黃矣哉黃其正矣是正舉也其有君臣之於國焉故强壽矣而且青驪乎黃而白不勝也白足之勝矣而不勝是木賊金賊金者碧碧則非正舉矣青白不相與而相與不相勝則兩明也爭而明其色也與其白甯黃黃其馬也其與

類乎碧其鷄也其與暴乎暴則君臣爭兩明也兩明者不明非正舉也無當驪色非正舉者名實章焉故曰兩明也兩明而道喪其無有以正焉

可淺可深章　管子以下三十則皆同

可淺可深可沉可浮可曲可直可言可黙此言指意要功之謂也天不一時地不一利人不一事是以著業不得不多人之名位不得不殊方明者察於事故不官于物而旁通於道道也者通乎無上詳乎無窮運乎諸生是故辯于一言察於一治攻于一事以可以曲說而不可以廣舉聖人由此知言之不可兼也

故博爲之治而計其意知事之不可兼也故名爲之治而計其意知事之不可兼也故名爲之說而况其功歲有春秋冬夏月有上下中旬日有朝暮夜有昏晨半星辰序各有其司故曰天不一時山陵岑巖淵泉閎流泉踰瀷而不盡薄承瀷而不滿高下肥墝物有所宜故曰地不一利鄉有俗國有法食飲不同味衣服異采世用器械規矩繩准稱量數度品有所成故曰人不一事此各事之儀其詳不可盡也

論赦

凡赦者小利而大害者也故久而不勝其禍毋赦者小害者也故久而不勝其福故赦者犇馬之委轡毋赦者坐雎之礦石也

堂上遠於百里

堂上遠於百里堂下遠於千里門庭遠於萬里今步者一日百里之情通矣堂上有事十日而君不聞此所謂遠於百里也步者十日千里之情通矣堂下有事一月而君不聞此所謂遠於千里也步者百日萬里之情通矣門庭有事期年而君不聞此所謂遠於萬里也故情入而不出謂之滅出而不入謂之絕入而不至謂之侵出而道止謂之壅滅絕侵壅之君者

非杜其門而守其戶也爲政之有所不行也

管仲復於桓公

管仲復於桓公曰無翼而飛者聲也無根而固者情也無方而富者生也公亦固情謹聲以嚴尊生此謂道之榮桓公退再拜請復此言

桓公外舍而不鼎饋

桓公外舍而不鼎饋中婦諸子謂宮人盍不出從乎君將有行宮人皆出從公怒曰孰謂我有行者宮人賤妾聞之中婦諸子公召中婦諸子曰汝言聞吾有行也對曰妾人聞之君外舍而不鼎饋非有內憂必

有外患今君外舍而不鼎饋君非有內憂也妾是以知君之將有行也公曰善此非吾所與女及也而言乃至焉吾是以語汝語欲致諸侯而不至爲奈何中婦諸婦諸子曰自妾之身之不爲人持接也未嘗得人之布織也意者更容不審耶明日管仲朝公告之管仲曰此聖人之言也君必行也

天有常象

天有常象地有常形人有常體一設而不更此謂三常兼而一之人君之道也分而職之人臣之事也君失其道無以有其國臣失其事無以有其位然則上

之畜下不妄而下之事上不虛矣上之畜下不妄則所出法制度者明也下之事上不虛則循義從令者審也上明下審上下同德代相序也君不失其威下不曠其產而莫相德也是以上之人務德而下之人守節義禮成形於上而善下通於民則百姓上歸親於主而下盡力於農矣故曰君明相信五官肅士廉農愚商工愿則上下體而外內別也民性因而三族制也夫爲人君者蔭德於人者也爲人臣者仰生於其上者也爲人上者量功而食之以足爲人臣者受任而處之以教布政有均民足於產則國家之矣以勞授祿則民不幸生刑罰不頗則下無怨心名正分明則民不惑於道道也者上之所以道民也是故道德出於君制令傳於相事業程於官百姓之力也胥令而動者也

四稱 後三段補在後

桓公問於管子曰寡人幼弱惛愚不通諸侯四鄰之義仲父不當盡語我昔者有道之君乎吾亦鑒焉管子對曰夷吾之所能與所不能盡在君所矣君胡有辱令桓公又問曰仲父寡人幼弱惛愚不通四鄰諸侯之義仲父不當盡告我昔者有道之君乎吾亦鑒

焉管子對曰夷吾聞之於徐伯曰昔者有道之君敬其山川社稷宗廟及至先故之大臣收聚以忠而大富之固其武臣宣用其力聖人在前貞廉在側競稱於義上下皆飭刑政明察四時不貸民亦不憂五穀蕃殖外內均和諸侯臣服國家其令以爲式法此亦可謂昔者有道之君也桓公曰仲父既以語我昔者有道之君矣不當盡語我昔者無道之君乎吾亦鑒焉管仲對曰今吾君之美好而宣通也既官職美道又何以聞惡爲桓公曰是何言耶以繙緣繙吾何以知其美也以素緣素吾何以知其善也仲父以語我

其善而不語我其惡吾豈知善之爲善也管子對曰夷吾聞之於徐伯曰昔者無道之君大有宮室高其其臺榭良臣不使讒賊是舍有家不治借人爲圖政令不善墨墨若夜譬若野獸無所朝處不修天道不鑒四方有家不治生狂衆所怨詛希不滅亡進其倂優繁其鍾鼓流於博塞戲其工瞽誅其良敖其婦女獠獵畢弋畢遇諸父馳無度戲樂笑語式政旣輮刑罰則烈內削其民以爲攻伐辟猶漏釜豈能無竭此亦可謂昔者無道之君矣桓公曰善哉桓公曰仲父卽以語我昔者有道之君與昔者無道之君矣仲父

不當盡語我昔者有道之臣乎吾以鑒焉管仲對曰夷吾聞之徐伯曰昔者有道之臣委質爲臣不賓事左右君知則仕不知則已若有事必圖國家徧其發揮循其祖德辨其順逆推育賢人讒慝不作事君有義使下有禮貴賤相親若兄若弟忠於國家上下得體居處則思義語言則謀謨動作則事居國則富處軍則克臨難據事雖死不悔近君爲拂遠君爲輔義以與交廉以與處臨官則治酒食則辭不謗其君不諱其辭君若有過進諫不疑君若有憂則臣服之此亦可謂昔者有道之臣矣桓公曰善哉桓公曰仲父

旣語我以昔者有道之臣矣不當盡語我昔者無道之臣乎吾亦鑒焉管子對曰夷吾聞之於徐伯曰昔者無道之臣委質爲臣賓事左右執說以進不蘄亡己遂進不退假寵鬻貴尊其貨賄卑其爵位進曰輔之退曰不可以敗賢者見賢若貨見賤若過貪於貨賄競於酒食不與善人惟其所事倨傲不恭不友善士讒賊與鬭不彌人爭唯趨人詔湛湎於酒行義不從不修先故變易國常擅創爲令迷惑其君生奪之政保貴寵矜遷損善士輔援貨人入則乘等出則黨駢貨賄相入酒食相親俱亂其君君若有過各奉其身此亦可謂昔者無道之臣乎桓公曰善哉

水樞

夫齊之水道躁而復故其民貪麤而好勇楚之水淖弱而清故其民輕果而賊越之水濁重而洎故其民愚疾而垢秦之水泔最而稽淤墆而雜故其民貪戾罔而好事齊晉之水枯旱而運淤墆而雜故其民諂諛葆詐巧佞而好利燕之水萃下而弱沉滯而雜故其民愚戇而好貞輕疾而易死宋之水輕勁而清故其民簡易而好正是以聖人之化世也其解在水故水一則人心正水清則民心易一則欲不污民心易

則行無邪是以聖人之治于是也不人告也不戶說也其樞在水

聖君說度

故聖君設度量置儀法如天地之堅如列星之固如日月之明如四時之信然故令往而民從之而失君則不然法立而還廢之令出而復反之枉法而從私毀令而不全是貴能威之富能祿之賤能事之近能親之美能淫之也此五者不禁於身是以羣臣百姓人挾其私而幸其主彼幸而得之則主日侵彼幸而不得則怨日產夫日侵而產怨此失君之所愼也

敬靜定性

凡人之生也必以平正所以失之必以喜怒憂患是故止怒莫若詩去憂莫若樂節樂莫若禮守禮莫若靜內靜外敬能反其性性大定

執靜道定

凡人之生也必以其歡憂則失紀怒則失端憂悲喜怒道乃無處愛慾靜之遇亂正之勿引勿推福將自歸彼道自來可籍與謀靜則得之躁則失之靈氣在心一來一逝其細無內其大無外所以失之以躁爲害心能執靜道將自定得道之人理丞而屯泄胸中無敗節欲之道萬物不害文皆用韻

廐吏論傳棧

桓公觀於廐問廐吏曰廐何事最難廐吏未對管仲對曰夷吾嘗爲圉人矣傳馬棧最難先傅曲木曲木又求曲木曲木已傅直木無所施先傅直木直木又求直木直木已傅曲木亦無所施矣

婢子論詩

桓公使管仲求甯戚應之曰浩浩乎育育乎管仲不知至中食而慮之婢子曰公何慮管仲曰非婢子之所知也婢子曰公其毋少少毋賤賤昔者吳干戰未

齔不得入軍門國子擿其齒遂入爲干國多百里奚秦國之飯牛者也穆公舉而相之遂霸諸侯由是觀之賤豈可賤少豈可少哉管仲曰然公使我求甯戚甯應我曰浩浩乎育育乎吾不識婢子曰詩有之浩浩者水育育者魚未有室家而安召我居甯子其欲室乎

草十二衰

凡草木之道各有穀造或高或下各有草土葉下於鬱鬱下於莧莧下於蒲蒲下於葦葦下於雚雚下於蔞蔞下於荓荓下於蕭蕭下於薜薜下於萑萑下於

茅凡彼草物有十二衰各有所歸

蛟龍虎豹

蛟龍水蟲之神者也乘於水則神立失於水則神廢人主天下之有威者也得民則威立失民則威廢蛟龍待得水而後立其神人主待得民而後成其威故曰蛟龍得水而神可立也虎豹獸之猛者也居深林廣澤之中則人畏其威而載之人主天下之有勢者也深居則人畏其勢故虎豹去其幽而近於人則人得之而易其威人主去其門而廹於民則民輕之而傲其勢故曰虎豹託幽而威可載也

抵國距國

前有萬乘之國而後有千乘之國謂之抵國前有千乘之國而後有萬乘之國謂之距國壤正方四面受敵謂之衢國以百乘衢處謂之託食之君千乘衢處壤削少半萬乘衢處壤削大半何謂百乘衢處託食之君也夫以百乘衢處危懾圍阻千乘萬乘之間夫國之君不相中舉兵而相攻必以為扞格蔽固之用有功利不得鄉大臣死於外分壤而功列陳繫纍獲虜分賞而祿是壤地盡於功賞而稅臧殫於繼孤也是特名羅于為君耳無壤之有號有百乘之守而實無尺壤之用故為託食之君然則大國內款國用盡何以及此曰百乘之國官賦軌符乘四時之朝夕御之以輕重之准然後百乘可及也千乘之國封天財之所殖械器之所出財物之所生視歲之滿虛而輕重其祿然後千乘可足也萬乘之國守歲之滿虛乘民之緩急正其號令而御其大准然後萬乘可資也

立貲

管子曰請立貲於民有田倍之內毋有其外外皆為貲壤被鞍之馬千乘齊之戰車之具具於此無求於民此去邱邑之籍也國穀之朝夕在上山林廩械器

之高下在上春秋冬夏之輕重在上行田疇田中有木者謂之穀賊宮中四榮樹其餘曰害女功宮室械器非山無所仰然後君立二等之租於山曰握以下者為柴楂把以上者為室奉三圍以上為棺槨之奉柴楂之租若干室奉之租若干棺槨之租若干

畝鍾之國

桓公曰請問壤數管子對曰河墺諸侯畝鍾之國也磧山諸侯之國也河墺諸侯常不勝山諸侯之國者豫戒者也桓公曰此若言何謂也管子對曰夫河墺諸侯畝鍾之國也故穀衆多而不理固不得有至於

山諸侯之國則劍蔬藏菜此之謂豫戒桓公曰壤數盡於此乎管子對曰未也昔狄諸侯畝鍾之國也故粟十鍾而錙金程諸侯山諸侯之國也故粟五釜而錙金故狄諸侯十種而不得傳戟程諸侯五釜而得傳戟十倍而不足或五分而有餘者通於輕重高下之數國有十歲之蓄而民食不足者皆以其事業望君之祿也君有山海之財而民用不足者皆以其事業交接於上者也故租籍君之所宜得也正籍者君之所强求也亡君廢其所宜得而斂其所强求故下怨上而令不行

衡籍

桓公曰寡人所務令衡籍吾國之富商蓄賈稱貸家貸以利吾貧萌農夫不失其本事反此有道乎管子對曰惟反之以號令爲可耳桓公曰行事奈何管子對曰請使賓胥無馳而南隰朋馳而北寗戚馳而東鮑叔馳而西四子之行定夷吾請號令謂四子曰子皆爲吾君視四方稱貸之閒其受息之氓幾何千家以報吾鮑叔馳而西反報曰西方之氓者帶濟負河菹澤之萌也漁獵取新蒸而爲食其稱貸之家多者千鍾少者六七百鍾其出之鍾也一鍾其受息之萌九百餘家賓胥無馳而南反報曰南方之萌者山居谷處登降之萌也上斲輪軸下采杼粟田獵而爲食其稱貸家多者千萬少者六七百萬其出之中伯伍也其受息之萌八百餘家寗戚馳而東反報曰東方之萌帶山負海若取上斷福漁獵之萌也治葛縷而爲食其稱之家丁惠高國多者五千鍾少者三千鍾其出之中鍾五釜也其受息之萌八九百家隰朋馳而北反報曰北方之萌者衍處負海煮泲爲鹽梁濟取漁之萌也薪食其稱貸之家多者千萬少者六七百萬其出之中百二十萬也受息之萌九百餘家凡稱貸之家出泉參千萬鍾受子息民參萬家四子已報管子曰不棄我君之有萌中一國而五君之正也然欲國之無貧兵之無弱安可得哉

參患

故凡用兵之計二警當一至三至當一軍三軍當一戰故一期之師十年之蓄積殫一戰之費累代之功盡今交辦接兵而攻城圍邑主人易子而食之析骸而爨之則攻之自拔者也是以聖人小征而大臣不失天時不空地利用日惟夢其數不出於計故計必先定而兵於竟計未定而兵出於竟則戰其心則與

獨行者同實兵不完利與無操者同實甲不堅密與無甲者同實弩不可以及遠與短兵同實射而不能中與無矢者同實中而不能入與無鏃者同實將徒人與僕者同實短兵待遠矢與坐而待死者同實故凡兵有大論必先論其器論其士論其將論其主故曰器濫惡不利者以其士予人也士不可用者以其將予人也將不知兵者以其主予人也主不積務于兵者以其國予人也故一器成往夫具而天下無戰心二器成驚夫具而天下無守城三器成游夫具而天下無聚衆所謂無戰心者知戰必不勝故曰無戰

心所謂無守城者知城必拔故曰無守城所謂無聚衆者知城必散故曰無聚衆晁錯上言兵事本此

主德

主德不立則婦人能食其意國無常法則大臣敢侵其勢大臣假於女之能以規主情婦人嬖寵假於男之知以拔外權于是乎外夫人而危太子兵亂內作以召外冦此危君之征也

中央之人中央之人即史記所謂關說孟子之所謂龍斷也

中央之人臣主之參也制令之布於民也必由中央之人中央之人以緩為急急可以取威以急為緩緩可以惠民威惠遷於下則為人上者危矣賢不肖之知於上必由中央之人財力之貢於上必由中央之人能易賢不肖而可威黨於下有能以民之財力上陷其主而可以為勞於下兼上下以環其私爵制而不可加則為人上者危矣

治國

不生粟之國亡粟生而死者霸粟生而不死者王粟也者民之所歸也粟也者財之所歸也粟也者地之所歸也粟多則天下之物盡至矣故舜一徙成邑二徙成都三徙成國舜非嚴刑罰重禁令而民歸之矣

去者必害從者必利也先王者善為民除害興利故天下之民歸之所謂興利者利農事也所謂除害者禁害農事也農事勝則入粟多入粟多則國富國富則安鄉重家安鄉重家則雖變俗易習敺衆移民至於殺之而民不惡也此務粟之功也上不利農則粟少粟少則人貧人貧則輕家輕家則易去易去則上令不能必行則禁不能必止禁不能必止則戰不必勝守不必固矣夫令不必行禁不必止戰不必勝守不必固命之曰寄生之君此由不利農少粟之害也粟者王之本事也人主之大務有人之塗治國之道

也

正靜

人能正靜皮膚裕寬耳目聰明筋信而骨强乃能戴大圜而履大方鑒於太清視於大明敬愼無忒日新其德徧知天下窮於四極敬發其充是謂內得然而不反此生之忒凡道必周必密必寬必舒必堅必固守善勿舍逐淫澤薄旣知其極反於道德全心在中不可蔽匿和於形容見於膚色善氣迎人親於兄弟惡氣迎人害於戎兵不言之聲疾于雷鼓心氣之形明于日月察于父母此節戒愼恐懼

放春

桓公放春三月觀於野桓公曰何物可比于君子之德乎隰朋對曰夫粟內甲以處中有卷城外有兵刃未敢自恃自命曰粟此其可比於君子之德乎管仲曰苗始其少也眴眴乎其孺子也至其壯也莊莊乎何其士也至其成也由由乎茲免何其君子也天下得之則安不得則危故命之曰禾此其可比於君子之德矣桓公曰善此荀卿諸賦之祖

明王

天冬雷地冬霆草本夏落而秋榮蟄蟲不藏宜死者生宜蟄者鳴苴多螣蟇山多蟲螟六畜不蕃民多夭國貧法亂逆氣下生故曰臺榭相望者亡國之廡也馳車充國者追寇之馬也羽劍珠飾者斬生之斧也文采纂組者燔功之窑也明王知其然故遠而不近也能去此取彼則人主道備矣

黃帝問伯高

黃帝問於伯高曰吾欲陶天下而以爲一家之有道乎伯高對曰請刈其莞而樹之吾謹逃其蚤牙則天下可陶而爲一家黃帝曰此若言可得聞乎伯高對曰上有丹沙者下有黃金上有慈石者下有銅金上

有陵石者下有鉛錫赤銅上有赭者下有鐵此山之見榮者也苟山之見其榮者君謹封而祭之距封十里而爲一壇是則使乘者下行行者趨若犯令者罪死不赦然則與折取之遠矣修教十年而葛盧之山發而出水金從之蚩尤受而制之以爲劍鎧矛戟是歲相兼者諸侯九雍狐之山發而出水金從之蚩尤受而制之以爲雍狐之戟芮戈是歲相兼者諸侯十二故天下之君頓戟壹怒伏尸滿野此見戈之本也

地均二段

地之不可食者山之無水者百而當一涸澤百而當

一地之無草木者百而當一樊棘雜處民不得入焉百而當一藪鎌纏得入焉十而當一蔓山其木可以爲材可以入焉五而當一林其木可以爲棺可以爲車斤釜得入焉五而當一綱罟得入焉五而當一命之曰地均以實數

距國門以外窮四境之內丈夫二犂童五尺一犂以爲三日之功正月令農始作服於公田農耕及雪釋耕始焉芸卒焉士聞見博學意察而不爲君臣者與功而不與分焉賈之賈知貴賤日至於市而不爲官賈者與功而不與分焉工治容貌功能日至於市而

不爲官工者與功而不與分焉不可使而爲工則視貨雜之實而出夫粟是故知者知之愚者不知不可以教民巧者能之拙者不能不可以教民非一令而民服之也不可以爲大善非夫人能之也不可以爲大功是故非誠賈不得食於賈非誠工不得食於工非誠農不得食於農非信士不得立於朝是故官虛而莫敢爲之請君珍車珍甲而莫之敢有君舉事臣不敢誣其所不能君知臣臣亦知君知己也故臣莫敢不竭力俱操其誠以來

國機

桓公曰事名二正名五而天下治何謂事名二對曰天筴陽也壤筴陰也此謂事名二何謂正名五對曰權也衡也規也矩也准也此謂正名五其在色者青黃白黑赤也其在聲者宮商羽正角也其在味者酸辛鹹苦甘也二五者童山竭澤人君以數制之人味者所以守民口也聲者所以守民耳也色者所以守民目也人君失二五者亡其國大夫失二五者亡其勢民失二五者亡其家此國之至機也謂之國機

戰略

桓公曰曲防之戰民多假貸而給上事者寡人欲爲

之出賂爲之奈何管子對曰請以令令富商蓄賈百符而一馬無有者取于公家若此則馬必坐長而百倍其本矣是公家之馬不離其牧皁而曲防之戰賂足矣

古雋卷五終

古雋卷六

成都 楊愼 輯　綿州 李調元 校

文中子論祀祭享

陳叔達問祭子曰何獨祭也亦有祀焉有祭焉有享焉三者不同古先聖人所以接三才之奧也薛收曰敢問天神人鬼何謂也周公其達乎子曰大哉周公達則冥諸心也心者非他也窮理者也故悉本於天推神於天蓋尊而遠之也故以祀禮接焉近則求諸己也己者非他也盡性者也卒歸之人推鬼於人蓋引而近之也故以享禮接焉古觀盥而不薦思過半

矣薛收曰敢問地祇子曰至哉百物主焉萬類形焉示之以民斯其義也古祇字示旁作民形者非他也骨肉之謂也故以祭禮接焉收曰三者何先子曰三才不相離也措之事業則有主焉圜丘尚祀觀神道也方澤貴祭察物類也宗廟用享懷精氣也收曰敢問三才之蘊子曰天者統元氣焉非止蕩蕩蒼蒼之謂也地者統元形焉非止山川丘陵之謂也人者統元識焉非止元首方足之謂也乾坤之蘊汝思之

正本

豐墻墝下未必崩也流行潦至壞必先矣樹本淺根荄不深未必撅也飄風起暴雨至拔必先矣君子居于是國不崇仁義不尊賢臣未必亡也然一旦有非常之變車馳人走指而禍至乃始乾喉焦脣仰天而嘆度幾焉天其救之不亦難乎詩云啜其泣矣何嗟及矣言不先正本而成亂于未也

左儒死諫 說苑

左儒友於杜伯皆臣周宣王宣王將殺杜伯而非其罪也左儒爭之于王九復之而王弗許也王曰別君而異友斯汝也左儒對曰臣聞之君道友逆則順君以誅友友道君逆則率友以違君王怒曰易而言則

生不易而言則死左儒對曰臣聞古之士不枉義以從死不易言以求生臣能明君之過以死杜伯之無罪王殺杜伯左儒死之

田饒諭宗衛不能用士

宗衛罷齊相歸舍名門尉二千七人問曰士大夫誰能與我赴諸侯者乎皆伏而不對宗衛曰何士大夫之易得而難用也田饒曰非難用也是君之不能用也廚中有腐肉則門下無死士今三升之稷不足於士而君鴈而士曾不得以緣衣果園梨栗後宮婦人摭以相擿而士曾不得一嘗且夫財者君之所輕死

者士之所重也君不能用所輕之財而欲士致所重之死豈不難乎

五本 說苑

凡司其身必慎五本一曰柔以仁二曰誠以信三曰富而貴毋敢以驕人四曰恭以敬五曰以靜思此五者則無凶命用能治敬以助天時凶命不至而禍不來敬人者非敬人也自敬也貴人者非貴人也自貴也吾嘗見天雨金石與血吾嘗見四月十日並出有與天滑吾嘗見高山之崩深谷之窒大都王宮之破大國之滅吾嘗見高山之爲裂深淵之沙竭貴人之車裂吾嘗見稠林之無木平原爲谿谷君子爲御僕吾嘗見江河乾爲坑正冬采榆葉仲夏雨雪千乘之君萬乘之主死而不葬是故君子敬以成其名小人敬以除其刑奈何無戒而不慎五本哉

漆雕馬人論三臧 說苑

孔子問漆雕馬人曰子事臧文仲武仲孺子容三大夫者孰爲賢漆雕馬人對曰人對曰臧氏家有龜焉名曰蔡文仲立三年爲一兆焉武仲立三年爲二兆焉孺子容立三年爲三兆焉馬人見之矣若夫二大夫之賢不賢馬人不識也孔子曰君子哉漆雕氏之子其言人之美也隱而顯其言人之過也微而著故智不能及明不能見得無數卜乎

魯石公說劍 說苑

魯石公劍迫則能應感則能動昒穆無窮變無形像復柔委從如影與響如龐之守戶如輪之逐馬響之應聲影之像形也閶不及鞈呼不及吸舉足不及集相離若蟬翼尙在肱北眉睫之微曾不可以大息小以小況大用兵之道其猶然乎此善當敵者也 如觀舞劍

許綰諫起中天臺

魏王將起中天臺令曰敢諫者死許綰負操鍤入曰聞大王將起中天臺臣願加一力王曰子何力有加綰曰雖無力能商臺王曰若何曰臣聞天與地相去萬五千里今王因而半之當起七千五百里之臺高旣如是其趾須方八千里盡王之地不足以爲臺趾古者堯舜建諸天地方五千里王必起此臺先以兵伐諸侯盡有其地猶不足又伐四夷得方八千里乃足以爲臺趾林之積人徒之衆倉廩之儲數以萬億度八千里之外當定農畝之地足以奉給王之臺者具以備乃可以作魏王默默然無以應乃罷起臺 此與莊子蝸角蠻觸之語意同

武王伐紂 韓詩外傳 以下二十則俱同

武王伐紂到于邢丘楯折爲三天雨三日不休武王心懼召太公而問曰意者紂未可伐乎太公對曰不然折爲三者軍當分爲三也天雨三日不休欲灑吾兵也武王曰然何若矣太公曰愛其人及屋上烏惡其有人者憎其所與咸劉厥敵靡使有餘武王曰於戲天下未定也周公趨而進曰不然使各度其宅而佃其田無獲舊新百姓有過在予一人武王曰於戲天下已定矣乃修武勒兵於甯更名邢丘曰懷甯曰修武行克紂于牧之野

仁人之兵

仁人之兵聚則成卒散則成列延居則若莫邪之長刃嬰之者斷兌居則若莫邪之利鋒當之者潰圜居則若丘山之不可移也方居則若磐石之不可拔也觸之角摧折節而退爾夫何可詐也詩曰武王載旆有虔秉鉞如火烈烈則我莫敢遏此謂湯武之兵也

盡性致志 韓詩外傳

道雖近不行不至事雖小不爲不成其暇日多者出人不遠矣夫巧弓之見手也傅角被筋膠漆之和卽可以爲萬乘之寶也及其被手而賈不數銖人同材鈞而貴賤相萬者盡性致志也詩曰中心藏之何日忘之

孔子見客 韓詩外傳

孔子見客客去顏淵曰客仁也孔子曰恨兮其心顡兮其口仁則吾不知也言之所聚也顏淵蹙然變色曰良玉度尺雖有十仞之土不能掩其光良珠度寸雖有百仞之水不能掩其瑩夫形體也色心也閔閔乎其薄也苟有溫良在中則眉睫與之矣疵瑕在中則眉睫不能匿之詩曰鼓鐘于宮聲聞于外

庸人 同上

所謂庸人者口不能道乎善言心不能知先王之法動作而不知所貴不知選賢人善士而託其身焉從物而流不知所歸五藏爲政心從而壞遂不反是以動而形危靜則名辱詩曰之子無良二三其德

關雎 同上

子夏問曰關雎何以爲國風始也孔子曰關雎至矣乎夫關雎之人仰則天俯則地幽幽冥冥德之所藏紛紛沸沸道之所行雖神龍化斐斐文章大哉關雎道也萬物之所繫羣生之所懸命也河洛出書圖麟鳳翔乎郊不由關雎之至則關雎之事將奚由至矣

哉夫六經之策皆歸論汲汲蓋取之乎關雎關雎之事大矣哉馮馮翊翊自東自西自南自北無思不服子其勉強之思服之天地之間生民之屬王道之原不外此矣子夏喟然嘆曰大哉關雎乃天地之基也詩曰鐘鼓樂之

下民痒癉 同上

登高而臨深遠見之樂臺榭不若丘山所見高也平原廣望博觀之樂沼池不如川澤所見博也勞心苦思從欲極好靡財傷情毀名損壽悲夫傷哉窮君之反於是道而愁百姓詩曰上帝板板下民痒癉

東海之魚 同上

東海之魚名曰鰈比目而行不相得不能達北方有獸名曰婁更食而更視不相得不能保南方有鳥名曰鶼比翼而飛不相得不能舉西方有獸名曰蹷前足鼠後足兔得不能必銜以遺蛩蛩距虛其性非能蛩蛩距虛將爲假之故也夫鳥獸魚猶相假而況萬乘之主而獨不知假此天下英雄俊士與之爲伍則豈不病哉故曰以明扶明則升於天以明扶闇則歸其人兩瞽相扶下傷墻木不陷井阱則其幸也詩曰惟不順征以衆垢闇行也

德輶如毛 同上

德也者包天地之美配日月之明立乎四時之調覽乎陰陽之交寒暑不能動也四時不能化也斂乎太陰而不濕散乎太陽而不枯鮮潔清明而備嚴威務疾而神競清而福乎天地之間者德也微聖人其孰能與於此矣詩曰德輶如毛民鮮克舉之

養恃性命 同上

聖人養一性而御大氣持一命而節滋味奄治天下不遺其小存其精神以補其中謂之志詩曰不競不絿不剛不柔言得中也

孔子過康子 同上

傳曰孔子過康子子張子夏從孔子入坐二子相與論終日不决子夏辭色甚隘顔色甚變子張曰子亦聞夫子之論議耶徐言誾誾威儀翼翼後言先默得之推讓巍巍乎信可好嚴乎塊乎道有歸矣小人之論也專義自是言人之非瞋目搤腕疾言噴噴口沸目赤一幸得勝疾笑嗌嗌威儀固陋辭氣鄙俗是以君子賤之也

孔子南遊適楚至於阿谷之隧有處子佩瑱而浣者孔子曰彼婦人其可與言矣乎抽觴以授子貢曰善

爲之辭以觀其語子貢曰吾北鄙之人也將南之楚逢天之暑思心潭潭願乞一飲以表我心婦人對曰阿谷之隧隱曲之氾其水載清載濁流而趨海欲飲則飲何問婦人乎受子貢觴迎流而挹之奐然而棄之促流而挹之奐然而溢之坐置沙上曰禮固不親授子貢以告孔子曰丘知之矣抽琴去其軫以授子貢曰善爲之辭以觀其語子貢曰嚮子之言穆如清風不悖我語和暢我心於此有琴而無軫願借子以調其音婦人對曰吾野鄙之人也僻陋而無心五音不知安能調琴子貢以告孔子曰丘知之矣抽絺紘

五兩以授子貢曰善爲之辭以觀其語子貢曰吾北鄙人也將南之楚于此有絺紘五兩吾不敢以當子身敢置之水浦婦人對曰客之行差然乖久分其資財棄之鄙吾年甚少何敢授子子不早去今竊有狂夫守之者矣詩曰南有喬木不可休息漢有遊女不可求思此之謂也此事原誣也而文辭似托諷之賦平原君問孔子高曰子之先君南遊于阿谷而交辭于漂女信有之乎子高曰阿谷之言出于近世殆是假其類以行其心者之所爲也

天子出入之樂　韓詩外傳

古者天子左五鍾將出則撞黃鍾而右五鍾皆應之馬鳴中律駕者有文御者有數立則磬折行則抱鼓行步中規折旋中矩然後太師奏升車之樂告出也入則撞蕤賓以治容貌容貌得則顏色齊顏色齊則肌膚安蕤賓有聲鵠震馬鳴及倮介之蟲無不延頸以聽在內者皆玉色在外者皆金聲然後少師奏升堂之樂師席告入也此言音樂相和物類相應同聲相應之意也詩云鐘鼓樂之此之謂也

天地有合章　同上

傳曰天地有合則生氣有精矣陰陽消息則變化有時矣時得則治時失則亂故人生而不具者五目無見不能食不能行不能言不能施化三月微的而後

能見七月而生齒而後能食期年體就而後能行三年腦合而後能言十六精通而後能施化陰陽相反陰以陽變陽以陰變故男八月而生齒八歲而齠齒十六而精化小通女七月生齒七歲而齔齒十四而精化小通是故陽以陰變陰以陽變故不肖者精化始具而生氣感動觸情縱欲反施化是以夭壽亟夭而性不長也詩曰乃如之人兮懷婚姻也大無信也不知命也賢者不然精氣闐溢而後傷時不可過也不見道端乃陳情欲以歌道義詩曰靜女其姝俟我于城隅愛而不見搔首踟躕瞻彼日月悠悠我思道

之云遠曷云能來急時辭也是故稱之日月也說苑作急時之辭也甚焉故稱之日月也

孔子論五美質 同上

孔子曰士有五有執尊貴者有家富厚者有資勇悍者有心知惠者有貌美好者有家執尊貴者不以愛民行義理而反以暴敖家富厚者不以賑窮救不足而反以侈靡無度資勇悍者不以衛上攻戰而反以侵陵私鬬心智惠者不以端計數而反以事好飾詐貌美好者不以統朝涖民而以蠱女縱欲此五者所謂士失其美質者也詩曰溫其如玉在其板屋亂我

心曲

三苗貫桑 同上

成王之時有三苗貫桑而生同爲一秀大幾滿車長幾充箱成王問周公曰此何物也周公曰三苗同一秀意者天下殆同一也比期三年果有越裳氏重九譯而至獻白雉于周公道路悠遠山川幽深恐使人之未達也故重譯而來周公曰吾何以見賜也譯曰吾受命國之黃髮曰久矣天之不迅風疾雨也海不波溢也三年於茲矣意者中國殆有聖人盍往朝之於是來也周公乃敬求其所以來詩曰於萬斯年不遐有佐

繭卵喻性

繭之性爲絲弗得女工燔以沸湯抽其統理不成爲絲卵之性爲雛不得良雞覆伏孚育積日累久則不成爲雛夫人性善非得明王聖主扶攜納之以道則不成君子詩曰天生烝民其命匪諶靡不有初鮮克有終言惟明王聖主然後使之然也

卜商折公孫悁 同上

衛靈公晝寢而起志氣益衰使人馳召勇士公孫悁道遭行人卜商曰何驅之疾也對曰公晝寢而起使

我名勇士公孫悁子夏曰微悁而勇若悁者可乎御者曰可子夏曰載我而往至君曰使子名勇士何爲子名儒使者曰行人曰微悁而勇若悁者可乎臣曰可即載與來君曰諾延先生上趣召公孫悁至入門伏劍疾呼曰商下我存若頭子夏顧咄之曰咄內劍吾將與若言勇於是君令內劍而上子夏曰來吾嘗與子從君而西見趙簡子簡子被髮杖矛而見我君我從十三行之後趨而進曰諸侯相見不宜不朝服不朝服行人卜商將以頸血濺君之服矣使反朝服而見吾君子耶我耶悁曰子也子夏曰子之勇不若我一矣又與子從君而東至阿遭齊君重鞮

而坐吾君單鞠而坐我從十三行之後趨而進曰禮諸侯相見不宜相臨以庶揄其一鞠而去之者子邪我邪悁曰子也子夏曰子之勇不若我二矣又與從君于囿中於是兩寇肩逐我君拔矛下格而還子邪我耶悁曰子也子夏曰子之勇不若我三矣所貴爲士者上攝萬乘下不敢敖乎匹夫外立節矜而敵不侵擾內禁殘害而君不危殆是士之所長君子之所致貴也若夫以長掩短以衆暴寡凌轢無罪之民而成威於閭巷之間者是士之甚毒而君子之所致惡也衆之所誅鋤也詩曰人而無儀不死何爲夫何以

論勇於人主之前哉於是靈公避席抑手曰寡人雖不敏請從先生之勇詩曰不侮鰥寡不畏彊禦卜先生也

盍胥對晉平公 同上

晉平公游于河而樂曰安得賢士與之樂此也船人盍胥跪而對曰主君亦不好士耳夫珠出於江海玉出於崑山無足而至者由主君之好也士有足而不至者蓋主君無好士之意耳無患乎無士也平公曰吾食客門左千人門右千人朝食不足夕收市賦暮食不足朝收市賦吾可謂不好士乎盍胥對曰夫鴻鵠一舉千里所恃者六翮爾背上之毛腹下之毳益一把飛不爲加高損一把飛不爲加下今君之食客門左門右各千人亦有六翮在其中矣將皆背上之毛腹下之毳耶詩曰謀夫孔多是用不集

君子避三端 同上

傳曰鳥之美羽勾喙者鳥畏之魚之侈口垂腴者魚畏之人之利口贍辭者人畏之是以君子避三端避文士之筆端避武士之鋒端避辯士之舌端詩曰我友敬矣讒言其興

卞莊子 同上

傳曰卞莊子好勇母無恙時三戰而三北交游非之國君辱之卞莊子受命顏色不變及母死三年魯興師卞莊子請從至見於將軍曰前猶於母處是以戰而北也辱吾身今母沒矣請塞責遂走敵而鬬獲甲首而獻之請以此雪一北又獲甲首而獻之請以此雪再北將軍止之曰足不止又獲甲首而獻之曰請以此雪三北將軍止之曰足請爲兄弟卞莊子曰夫北以養母也今母沒矣吾責雪矣吾聞之節士不以辱生遂奔敵殺七十人而死君子聞之曰三北已雪輔世繼宗國家義不衰而神保有所歸是子道也三

節小具矣而敬孝未終也詩曰靡不有初鮮克有終君子以下是斷辭清婉而切中

李克論吳亡 同上

魏文侯問李克曰吳之所以亡者何也李克對曰數戰而數勝文侯曰數勝國之福也其獨亡何也李克對數戰則民疲數勝則主驕驕則恣恣則極物罷則怨怨則極慮上下俱極吳之亡猶晚矣此夫差所以自喪於干遂詩曰天降喪亂滅我立王波瀾全在重疊覆目去數句便不成文

古雋卷第七

成都 楊 慎 輯　綿州 李調元 校

分職 呂覽

先王用非其有如已有之通乎君道者也夫君也者處虛素服而無智故能使衆智也智反無能故能使衆能也能執無爲故能使衆爲也無智無能無爲此君之所執也人主之所惑者則不然以其智彊智以其能彊能以其爲彊爲此處人臣之職也處人臣之職而欲無壅塞雖舜不能爲武王之佐五人武王之於五人者之事無能也然而世皆曰取天下者武王也故武王取非其有如已有之通乎君道也通乎君道則能令智者謀矣能令勇者怒矣能令辯者語矣夫馬者伯樂相之造父御之賢主乘之一日千里無御相之勞而有其功則知所乘矣今召客者酒酣歌舞鼓琴吹竽明日不拜樂已者而拜主人主人使之也先王之立功名有似於此使衆能與衆賢功名大立於世不予佐之者而予其主使之也譬之若爲宮室必任巧匠奚故曰匠不巧則宮室不善夫國重物也其不善也豈特宮室哉匠巧爲宮室爲圓必以規爲方必以矩爲平直必以準繩功已就不知規矩準

縄而賞匠巧匠之宮室已成不知巧匠而皆曰善此某君某王之宮室也此不可不察也人主之不通主道者則不然自爲人則不能任賢者則惡之與不肖者議之此功名之所以傷國家之所以危棗棘之有裘狐之有也食棘之棗衣狐之皮先王固用非其有而已有之湯武一日而盡有夏商之民盡有夏商之地盡有夏商之財以其民安而天下莫敢之危以其地封而天下莫敢不說以其財賞而天下皆競無費乎郼與岐周而天下稱大仁稱大義通乎用非其有曰公勝得荆國不能以其府庫分人七日石乞曰患

至矣不能分人則焚之毋令人以害我曰公又不能九日葉公入乃發太府之貨與衆出高庫之兵以賦民因攻之十有九日而公死國非其有也而欲有之可謂至貪矣不能爲人又不能自爲可謂至愚矣譬白公之嗇若梟之愛其子也衛靈公天寒鑿池宛春諫曰天寒起役恐傷民公曰天寒乎宛春曰公衣狐裘坐熊席陬隅有竈是以不寒今民衣弊不補履決不組君則不寒矣民則寒矣公曰善令罷役左右以諫曰君鑿池不知天之寒也而春也知之以春之知之也而令罷之福將歸于春也而怨將歸於君公曰

不然夫春也魯國之匹夫也而我舉之夫民未有見焉今將令民以此見之曰春也有善於寡人有也春之善非寡人之善歟靈公之論宛春可謂知君道矣君者固無任而以職受任工拙下也賞罰法也君也奚事哉若是則受賞者無德而抵誅者無怨矣人自反而已此治之至也

任地 呂覽

后稷曰子能以窐爲突乎子能藏其惡而揖之以陰乎子能使吾土靖而甽浴土乎子能使保溼安地而處乎子能使雚夷毋淫乎子能使子之野盡爲泠風

乎子能使藁數節而莖堅乎子能使穗大而堅均乎子能使粟圜而薄糠乎子能使米多沃而食之彊乎無之若何凡耕之大方力者欲柔柔者欲力息者欲勞勞者欲息棘者欲肥肥者欲棘急者欲緩緩者欲急溼者欲燥燥者欲溼上田棄畝下田棄甽五耕五耨必審以盡其深殖之度陰土必得大草不生又無螟蜮今茲美禾來茲美麥是以六尺之耜所以成畝也其博八寸所以成甽也耨柄尺此其度也其耨六寸所以間稼也地可使肥又可使棘人肥必以澤使苗堅而地隙人耨必以旱使地肥而土緩草端大月

冬至後五旬七日菖始生菖者百草之先生者也於是始耕孟夏之昔殺三葉而穫大麥日至苦菜死而資生而樹麥與菽此告民地寶盡死凡草生藏日中出狶首生而麥無葉而從事於畜藏此告民究也五時見生而樹生見死而穫死天下時地生財不與民謀有年瘞土無年瘞土無失民時無使之治下知貧富利器皆時至而作渴時而止是以老弱之力可盡起其用日半其功可使倍不知事者時未至而逆之時既往而慕之當時而薄之使其民而郄之民既郄乃以良時慕此從事之下也操事則苦不知高下民

乃逾處種稑禾不爲稑種重禾不爲重是以粟少而失功

辨土　呂覽

凡耕之道必始於壚爲其寡澤而後枯必厚其靹爲其唯厚而及鍣者莖之堅者耕之澤其靹而後之上田則被其處下田則盡其汙無與三盜任地失四序參發大甽小畝爲青魚胠苗若直獵地竊之也既種而無行耕而不長則苗相竊也弗除則蕪除之則虛則草竊之也故去此三盜者而後粟可多也所謂今之耕也營而無獲者其蚤者先時晚者不及時寒暑不節稼乃多菑實其爲晦也高而危則澤奪陂則埒見風則㽦高培則拔寒則雕熱則修一時而五六死故不能爲來不俱生而俱死虛稼先死衆盜乃竊望之似有餘就之則虛農夫知其田之易也不知其稼之疏而不適也知其田之際也不知其稼居地之虛也不除則蕪除之則虛此事之傷也故晦欲廣以平甽欲小以深下得陰上得陽然後咸生稼欲生於塵而殖於堅者愼其種無使數亦無使疏於其施土無使不足亦無使有餘熟有耰也必務其培其耰也愼樌者其生也必先施其土也均均者其生也必堅是

以晦廣以平則不喪本莖生於地者五分之以地莖生有行故遬長弱不相害故遬大衡行必得縱行必術正其行通其風夬心中央帥爲泠風苗其弱也欲孤長也欲相與居其熟也欲相扶是故三以爲族乃多粟凡禾之患不俱生而俱死是以先生者美米後生者爲粃是故其耨也長其兄而去其弟樹肥無使扶疏樹墝不欲專生而族居肥而扶疏則多粃墝而專居則多死不知稼者其耨也去其兄而養其弟不收其粟而收其粗上下安則禾多死厚土則孽不通薄土則蕃轓而不發壚埴冥色剛土柔種免耕殺匿

使農事得

審時　呂覽

凡農之道厚之爲寶斬木不時不折必穗稼就而不穫必遇天菑夫稼爲之者人也生之者地也養之者天也是以人稼之容足耨之容耨據之容手此之謂耕道是以得時之禾長稠而穗大本而莖殺疏穖而穗大其粟圓而薄糠其米多沃而食之彊如此者不風先時者莖葉帶芒以短衡穗鉅而方奪秮米而不香後時者莖葉帶芒而未衡穗閱而青零多粃而不滿得時之黍芒莖而徼下穗芒以長摶米而薄糠舂

之易而食之不噮而香如此者不飴先時者大本而華莖殺而不遂葉藁短穗後時者小莖而麻長短穗而厚糠小米鉗而不香得時之稻大本而莖葆長稠疏穖穗如馬尾大粒無芒摶米而薄糠舂之易而食之香如此者不益先時者大本而莖葉格對短稠短穗多粃厚糠米多粃厚糠米多芒後時者纖莖而不滋厚糠多粃庛辟米而不時侍定熟卬天而死得時之麻必芒以長疏節而色陽小本而莖堅厚枲以均後時多榮日夜分復生如此者不蝗得時之菽長莖而短足其美二七以爲族多枝數節競葉蕃實大菽則圓小菽則摶以芳稱之重食之息以香如此者不蟲先時者必長以蔓浮葉疏節小莢不實後時者短莖疏節本虛不實得時者麥稠長而頸黑二七以爲行而服薄糕而炎色稱之重食之致者以息使人肌澤且有力如此者不蚼蛆先時者暑雨未至胕動蚼蛆而多疾其次手以節後時者弱苗而穗蒼狼薄色而美芒是故得時之稼與失時之稼約莖相若稱之得時者重粟之多量粟相若而舂之得時者多米量米相若而食之得時者忍饑是故得時之稼其臭香其味甘其氣章百日食之耳目聰明心意睿智四衛

變彊𡭜氣不入身無苛殃黃帝曰四時之不正也正五穀而已矣

古雋卷七畢

古雋卷第八

成都 楊 慎 輯 綿州 李調元 校

古律呂書文

音始于宮窮于角數始于一終于十成于三氣始于冬至周而復生神生無形成于有形然後數形而成聲故曰神使氣氣就形形理如類而可識聖人知天地識之別故從有以至未有以得細若氣微若聲然聖人因神而存之雖妙必效情核其華道者明矣非其聖心以乘聰明孰能載天地之神而存形之情哉神者物受之而不能及知其去來故聖人畏而存之唯欲存之神之亦存其欲存之者故莫貴焉

太公論五音

武王問太公曰音律之聲可以知三軍之消息勝負之決乎太公曰夫律管十二其要有五音宮商角徵羽此正聲也五行之神道之常也金木水火土各以其勝攻也古者三皇之世無有文字皆有五行天地自然六甲之分微妙之神其法以天清靜無陰雲雨風雨夜半遣輕騎往至敵人之壘去九百步外徧持律管當耳大呼驚之有聲應管其來甚微角聲應管當以白虎徵聲應管當以玄武商聲應管當以朱雀羽聲應管當以勾陳五管聲盡不應者宮也當以青龍此五行之符成敗之機武王曰善太公曰微妙之皆有外候武王曰何以知之太公曰敵人驚動則聽之聞枹鼓之音者角也見火光者徵也聞金鐵之音者商也聞人嘯呼之音者羽也寂寞無音者宮也此五音者聲色之符也易曰師出以律

周禮太師執同律以聽軍聲而詔其吉凶左傳師曠吹南風不競知楚必無功太史遷曰六律萬事根本焉其於兵械所係尤重故云望敵知吉凶聞聲效勝負百王不易之道也武王伐紂吹律聽聲推孟春以至季冬殺氣相并而音尚宮國語伶州鳩曰王伐殷

歲在鶉火二月癸亥夜陳未畢而雨以夷則之上吉畢之當辰辰在戌上故長夷則之上宮名之曰羽所以藩屏民則也王以黃鍾之下宮布戎于牧之野故謂之厲所以厲六師也以太簇之下宮布令于萬商故謂之宣所以宣三王之德也及反羸內以無射之上宮布憲施舍于百姓故謂之羸所以優柔容民也此皆可考吹律聽軍之事

齊威王使人說越王 史記

當楚威王之時越北伐齊齊威王使人說越王曰越

不伐楚大不王小不霸圖越之所爲不伐楚者爲不得晉也韓魏固不攻楚韓之攻楚覆其軍殺其將則葉陽翟危魏亦覆其軍殺其將則陳上蔡不安故二晉之事越也不至於覆軍殺將馬汗之力不効所重於得晉者何也越王曰所求於晉者不至頓刃接兵而況於攻城圍邑乎願魏以聚大梁之下願齊之試兵南陽莒地以聚常郯之境則方城之外不南淮泗之閒不東商於析酈宗胡之地夏路以左不足以待越矣則齊秦韓魏得志於楚也是二晉不戰而分地不耕而穫之不此之爲而頓刃於河山之閒以爲齊秦用所待者如此其失計柰何其以此王也齊使者曰幸也越之不亡也吾不貴其用智之如目見毫毛而不見其睫也今王智晉之失計而不自知越之過是目論也王所待於晉者非其汗馬之力也又非可與合軍連和也將待之以分楚眾也今楚眾已分何待於晉越王曰柰何曰楚三大夫張九軍北圍曲沃於中以至無假之關者三千七百里景翠之軍北聚魯齊南陽分有大此者乎且王之所求者鬬晉楚也晉楚不鬬越兵不起是知二五而不知十也此時不攻楚臣是以知越大不王小不霸復讎長沙之粟也

竟澤陵楚之村也越窺兵通無假之關此四邑者不上貢事於郢矣臣聞之圖王不王其弊可以霸然而不霸者王道失也故願大王之轉攻楚也於是越遂釋齊而伐楚　劉須溪曰齊使亦奇略戰國策士亦何多陳軫蘇秦之外猶有不知而雄辯若此者

騶忌子以鼓琴見威王　史記

騶忌子以鼓琴見威王威王悅而舍之右室須臾王鼓琴騶忌子推戶入曰善哉鼓琴王勃然不悅去琴按劍曰夫子見容未柰何以知其善也騶忌子曰夫大弦濁以春溫者君也小弦廉折以清者相也攫之深醳之愉者政令也鈞諧以鳴大小相益回邪而不相害者四時也吾是以知其善也王曰善語音騶忌子曰何獨語音夫治國家而弭人民皆在其中王之勃然不悅曰若夫語五音之紀信未有如夫子者也若夫治國家而弭人民又何爲乎絲桐之閒騶忌子曰夫大弦濁以春溫者君也小弦廉折以清者相也攫之深而醳之愉者政令也鈞諧以大小相益回邪而不相害者四時也夫復而不亂者所以治昌也連而徑者所以存亡也故曰琴音調而天下治夫治國家而弭人民者無若乎五音者王曰善騶忌子見三

月而受相印湇于髡見之曰善說哉髡有愚志願陳諸前騶忌子曰謹受教湇于髡曰得全全昌失全全亡騶忌子曰謹受令請謹勿離前湇于髡曰豨膏棘軸所以為滑也然而不能運方穿騶忌子曰謹受令請謹事左右湇于髡曰豨弓膠昔幹所以為合也然而不能傳合疏罅騶忌子曰謹受令請謹自附於萬民湇于髡曰狐裘雖敝不可補以黃狗之皮騶忌子曰謹受令請謹擇君子無雜小人其間湇于髡曰大車不較不能載其常任琴瑟不較不能成其五音騶忌子曰謹受令請謹修法律而督姦吏湇于髡說畢

趨出至門面面其僕曰是人者吾語之微言五其應我若響之應聲是人必封不久矣居期年封下邳號曰成侯

農器 六韜

太公曰戰攻守禦之具盡在於人事耒耜者其行馬蒺藜也馬牛車輿者其營壘蔽櫓也鋤耰之具其矛戟也蓑薜登笠其甲冑干櫓也钁鍤斧鋸杵臼其攻城器也牛馬所以轉輸糧也鷄犬其伺候也婦人織紝其旌旗也丈夫平讓其攻城也春鏺草棘其戰車騎也夏耨田疇其戰步兵也秋刈禾薪其糧食儲備也冬實倉廩其監守也田里相伍其約束符信也里有吏官有長其將帥也里有周垣不得相過其隊分也輸粟取芻其廩庫也春秋治城郭修溝渠其塹壘也故用兵之具盡於人事也

管子禁藏篇曰什伍以為行列賞誅為文武繕農具當器械耕農當攻戰推引銚耨以當劍戟被蓑以當鎧鑐菹笠以當盾櫓故耕器具則戰器備農事習則功戰巧矣又輕重已篇云張耜當弩銚耨當劍戟穫渠當務月軻簑苙當楯櫓故耕械具則戰備矣合而觀之可見古人寓兵於農之意

越女於農之意

越有處女出於南林越王乃使使聘之問以劍戟之術處女將北見于王道逢一翁自稱曰袁公吾聞子善劍願一見之於是袁公卽杖箖箊竹竹枝上頡橋末墮地女卽捷末袁公則飛上樹化為白猿遂別去越王越王問曰夫劍之道則如之何女曰其道甚微微而易其意甚幽而深道有門戶亦有陰陽開門閉戶陰衰陽興凡手手戰之內實精神外示安儀見之似好婦奪之似懼虎布形候氣與神俱往杳之若日偏如騰兔追形逐影光若彷也呼吸往來不及法禁

縱横逆順聞斯道者一人當百百人當萬王欲試之其驗即見

陳音論射

越王問陳音曰願聞正射之道音曰夫射之道身若戴板頭若激卬左蹉右足横向左手若附枝右手若抱兒舉弩望敵翕心咽咽與氣俱發得其和平神定思去去止分離右手不知一身異教豈況雄雌此正射持弩對越王

范蠡苦成對越王

越王問伐吴之策范蠡對曰臣聞峻高者隤葉茂者

摧日中則移月滿則虧四時不並盛五行不俱馳陰陽更倡氣有盛衰故溢堤之水不淹其量熻乾之火不復其熾水静則無漚瀴之怒火消則無熹毛之熱今吴乘諸侯之威以號令於天下不知德薄而恩淺道狹而怨廣權懸而智衰力竭而威折兵挫其壞敗隨而襲之兵不血刃士不旋踵吴之君臣爲虜矣臣願大王匿聲無見其動以觀其静大夫苦成曰夫水能浮草木亦能沉之地能生萬物亦能殺之江海能下谿谷亦能朝之聖人能從衆亦能使之今吴承闔閭之軍制子胥之典教政平未虧戰勝未敗大夫嚭狂佞之人達於策慮輕於朝事子胥力於戰鬭死於諫議二人權必有壞敗願王虚心自匿無示謀計則吴可滅矣

中黄伯矜勇　尸子

中黄伯曰余左執太行之猱而右搏雕虎惟象之未與吾試焉有力則又願爲牛欲與象鬭以自試今二三子以爲義矣將惡乎試之夫貧窮者太行之猱也疏賤者義之雕虎也而吾日遇之亦足以試矣莒國有石焦原者廣五十步臨百仞之谿莒國莫敢近也有以勇見莒子獨卻行齊踵焉所稱于世矣夫義之

爲焦原也亦高矣賢者之於義必且齊踵所以服一時也

天老説鳳

天老對黄帝曰西申之國丹穴之山爰有神鳥名爲鳳焉鳳之象也鴻前麟後蛇頸而魚尾鸛顙而鴛思與䚡同龍文龜身燕頷而雞喙頭上青戴仁白抱義斧赤負禮胷黒蘊智足下黄履信有六象九苞頭象天目背象月翼象風足象地尾象緯九苞曰苞命眼合度耳聽達舌詘伸色光彩冠短周宋均云周當作朱周朱古同音距兕鈞音激揚服文戸不妄納故曰文戸天爲生食積石之山

其樹名瓊枝以琦琅玕爲實天又爲生离珠一八一頭遞臥遞起以伺琅玕與琦玕子其鳴也小音金大音鼓音如簫自歌乾如于自舞昏鳴曰歸昌節足足階階邕邕其音英英淒淒鏘鏘延頸奮翼五彩備明舉與八風氣應時雨徊鬱鳴翔懸圃過昆崙軼砥柱濯羽弱水暮宿風穴食有質飲有儀往卽文始來卽嘉成惟鳳爲能通天祉應地靈律五音覽光德天下有道得鳳象之一則鳳過之得鳳象之二則鳳翔之得鳳象之三則鳳集之得鳳象之四則鳳春秋下之得鳳象之五則鳳沒身居之止則瞑于閣司晨爲羣

夜率行則翔于車以節路驅

春秋元命苞論五藏

元命苞曰目者肝之使肝水之精蒼龍之位也鼻者肺之使肺者金之精白虎之位也耳者心之候心者火之精精上爲張星陰者腎之寫腎者水之精上爲虛危口者脾之門戶脾者土之精上爲北斗主變化者也

兵形象水 孫子虛實篇節

夫兵形象水水之形避高而趨下兵之形避實而擊虛水因地而制流兵因敵而制勝故兵無勢水無常形能因敵變化而取勝者謂之神故五行無常勝四時無常位日有短長月有死生

治氣治心 軍爭篇節

是故朝氣銳晝氣惰暮氣歸善用兵者避其銳氣擊其惰歸此治氣者也以治待亂以靜待譁此治心者也以近待遠以佚待勞以飽待饑此治力者也無邀正正之旗勿擊堂堂之陣此治變者也

窺敵三十二術 行軍篇節

近而靜者恃其險也遠而挑戰者欲人之進也其所居易者利也衆樹動者來也衆草多障者疑也鳥起

者伏也獸駭者覆也塵高而銳者車來也卑而廣者徒來也散而條達者樵采也少而往來者營軍也辭卑而益備者進也辭强而進驅者退也輕車先出居其側者陳也無約而請和者謀也奔走而陳兵者期也半進半退者誘也仗而立者饑也汲而先飲者渴也見利而不進者勞也鳥集者虛也夜呼者恐也軍擾者將不重也旌旗動者亂也吏怒者倦也殺馬食肉者軍無糧也懸瓶不返其舍者窮寇也諄諄翕翕徐與人言者失衆也數賞者窘也數罰者困也先暴而後畏其衆者不之至也來委謝者欲休息也

兵勢 全文

孫子曰凡治衆如治寡分數是也鬬衆如鬬寡形名是也三軍之衆可使必受敵而無敗者奇正也兵之所加如以碫投卵者虛實是也凡戰者以正合以奇勝故善出奇者無窮如天地不竭如江海終而復始日月是也死而更生四時是也聲不過五五聲之變不可勝聽也色不過五五色之變不可勝觀也味不過五五味之變不可勝嘗也戰勢不過奇正奇正之變不可勝窮也奇正相生循環之無端孰能窮之哉激水之疾至于漂石者勢也鷙鳥之疾至於毁折者節

也故善戰者其勢險其節短勢如彍弩節如發機紛紛紜紜鬬亂而不可亂渾渾沌沌形圓而不可敗亂生于治怯生于勇弱生于强治亂數也勇怯勢也强弱形也故善動敵者形之敵必從之與之敵必取之以利動之以本待之故善戰者求之於勢不責於人故能擇人而任勢任勢者其戰人也如轉木石木石之性安則靜危則動方則止圓則行故善戰人之勢如轉圓石於千仞之山者勢也

司馬法仁本篇 節

仁見親義見說智見恃勇見方信見信內得愛焉所以守也外得威焉所以戰也戰道不違時不歷民病所以愛吾民也不加喪不因凶所以愛夫其民也冬夏興師所以無愛民也文法如竿頭進步吾民其民已見彼此又加一大尤妙末云無愛民此句尤難下

應劭記十反

伯夷讓國以采薇展禽不法於所生孔子周流以應聘長沮隱居而耦耕墨翟摩頂以放踵楊朱一毛而不爲干木息偃以藩魏包胥重繭而存郢夷吾朱絃以三歸平仲辭邑而濯纓惠施從車以百乘桑扈徒步而裸形甯戚商歌以干祿顏闔踰垣而遁榮高柴

趣門以避難季路求入而隕雩端木結駟以貨殖顏回屢空而弗營孟獻高宇以美室原思蓬門而株盈

淳于髡斗酒說 史記

齊威王置酒後宮召淳于髡賜之酒問曰先生能飲幾何而醉對曰臣飲一斗亦醉一石亦醉威王曰先生飲一斗而醉惡能飲一石哉其說可得聞乎髡曰賜酒大王之前執法在傍御史在後髡恐懼俯伏而飲不過一斗徑醉矣若親有嚴客髡帣韝鞠𦝼侍酒於前時賜餘瀝奉觴上壽數起飲不過二斗徑醉矣若朋友交遊久不相見卒然相覩歡然道故私相語

飲可五六斗徑醉矣若乃州閭之會男女雜坐行酒稽留六博投壺相引爲曹握手無罰目眙不禁前有墮珥後有遺簪髡竊樂此飲可八斗而醉二參日暮酒闌合尊促坐男女同席履舄交錯杯盤狼藉堂上燭滅主人留髡而送客羅襦襟解微聞薌澤當此之時髡樂甚飲可一石樂極則悲萬事盡然言不可極極之而衰以諷諫焉齊王曰善乃罷長夜之飲以髡爲諸侯主客宗置酒髡嘗在側其後百餘年楚有優孟

東坡曰男女褻坐幾於勸矣而何諷之有以吾觀之蓋有微意以多方之無常知飲酒之非我觀變識妄而平生之嗜亦少衰矣是以托於放蕩之言而能已荒主長夜之飲蓋未有知其趣者

九方皋相馬

秦穆公謂伯樂曰子之年長矣子姓有可使求馬者乎伯樂對曰良馬可形容筋骨相也天下之馬者若滅若沒若亡若失若此者絕塵弭轍臣之子皆不才也可告以良馬不可告以天下之馬也臣有所與共擔纆新采者有九方皋此其於馬非臣之下也請見之穆公見之使行求馬三月而反報曰已得之矣在沙丘穆公曰何馬也對曰牝而黃使人往取之牡而驪穆公不說召伯樂而謂之曰敗矣子所使求馬者色物牝牡尚弗能知又何馬之能知也伯樂喟然太息一至於此乎是乃其所以千萬臣而無數者也若皋之所觀天機也得其精而忘其麤在其內而忘其外見其所見不見其所不見視其所視而遺其所不視若皋之相馬乃有貴乎馬者也馬至果天下之馬也

解蔽篇 節文

周而成泄而敗明君無之有也宣而成隱而敗闇君無之有也故君人者周則讒言至矣而直言反矣小人邇而君子遠矣詩曰墨以爲明狐狸蒼此言上幽而下險也君人者宣則直言至矣而讒言反矣君子邇而小人遠矣詩云明明在下赫赫在上此言上明而下化也宋人作朋黨論千言不及此

論俗士輕今重古

世俗率神貴古昔而賤騖同時雖有追風之駿猶謂之不及造父之御也雖有連城之珍猶謂之不及楚人之泣也雖有擬斷之劍猶謂之不及歐冶之所鑄也雖有起死之藥猶謂之不及和鵲之所合也雖有

超羣之人猶謂之不及竹帛之所載也雖有益世之書猶謂之不及前世之遺文也是以仲尼不見重於當時太元見嗤於比肩也俗士多云今山不及古山之高今海不及古海之廣今日不及古日之曜今月不及古月之朗何旨於今之才士不減古之枯骨重所聞輕所見非一世之患矣昔之破琴剿絃者諒有以乎

古夢書 御覽引

夢者像也精氣動也魂魄離身神往來也陰陽感成吉凶驗也夢者語其人預見造過失如其賢者知之

自改革也夢者告也告其形也目無所見耳無所聞鼻不喘嗅口不言也魂出遊身獨在身心所思念念身也受天神戒還告人也受戒不精忘神言也名之爲寤告符臻也古有夢官世相傳也昔聖帝明王之世神氣昭然先見古堯夢乘龍上泰山舜夢擊天鼓禹夢其手長湯夢布令天下其後皆有天下桀夢疾風壞其宮紂夢大雷擊其首齊襄夢爲大禽所中秦二世夢虎嚙其馬其後皆失天下

相貝經 御覽引

相貝經者朱仲受之於琴高琴高乘魚浮于河海水産必究朱仲學仙于琴高而得其法獻珠于漢武云不知所以嚴助爲會稽太守仲又遺助以徑尺之貝并致此文於助曰黃帝堯舜夏禹三代之眞瑞靈奇之秘寶其有次此者貝盈尺狀如赤電黑雲謂之紫貝素質紅黑謂之珠貝有青地綠文謂之綬貝黑文黃畫謂之霞貝紫愈疾珠明目綬消氣鄣霞伏蛆蟲不能延年增壽其禦害一也復有下此者鷹喙蟬脊以逐溫去水無奇功貝大者如輪文王請大秦貝徑半尋穆王得其殼懸之昭觀秦繆公以遺燕鼂可以明目宜金宜玉貝如珠璣或曰駿其性寒其味甘已

水毒浮貝使人寡無以近婦黑白各半是也濯使善驚無以近童子黃脣點齒有赤駁是蛽使人病瘧黑鼻無皮是也瞬貝使人胎消勿以示孕婦赤帶通脊是也慧貝使人善忘勿以近織內殼赤絡是也醬貝使童子愚女子淫青脣赤鼻是也碧貝使人盜脊上有縷句脣是也雨則重霽則輕委貝使人志强夜行伏迷鬼狼豹百獸赤中員是也雨則輕霽則重

祖餞祝 蔡邕

今歲淑月日吉辰良爽應孔嘉君當遷行神吉兆休氣燿燿卦著利貞天見三光鸞鳴雍雍四牡彭彭君

既升輿道路開張風伯雨師灑道中夾陽遂求福蚩尤辟兵蒼龍來轂白虎扶衡朱雀引軏玄武作朋勾陳居中厭伏四方君往臨邦長樂無疆

雜陰陽書

禾生於棗或楊九十日秀秀後六十日成禾生於寅壯於丁午長於丙老於戊死於申惡於壬癸忌於乙丑凡種五穀以生長壯日種者多實老惡死日種者收薄以忌豆生於槐九十日秀秀後七十日熟豆生於申壯於子長於壬老於癸死於寅惡於甲乙忌於卯午丙丁小豆生於李六十日秀秀後六十日成成

後忌於大豆同麻生於楊或前七十日花後六十日熟種忌四秀辰戊丑未 缺

秀後五十日成麥生於亥壯於卯長於辰老於巳死於午惡 缺

二百一十日秀秀後六十日成忌與大麥同蟲食杏者麥貴稻生於柳或楊八十日秀秀後七十日成戊巳四秀日爲艮忌寅卯辰惡甲乙

春秋元命苞九州解

天有九部八紀地有九州八柱州之爲言殊也合同類異別其界也昴畢間爲天街散爲冀州分爲趙國立爲常山牽牛流爲揚州分越國立爲揚山軫星散爲荆州分楚國荆之爲言强也陽盛物堅其氣急悍也虛危之精流爲青州分爲齊國立爲莱山天弓星主司弓弩流爲徐州別爲魯國徐之爲言舒言陰收內安詳也五星流爲兗州兗之言端也隄精端故其氣纖殺分爲鄭國鈎鈐星散爲豫州豫之爲言序也言陰陽分布各得處也東井鬼星散爲雍州分爲秦東距殽坂西有漢中南含高山北阻居庸得東井動深之萌其氣險也觜參流爲益州益之爲言隘也謂物數並決其氣急切決列也箕星散爲幽州分爲燕

國幽之爲言窈也言風出入窈冥敏勁易曉故其氣躁急營室流爲并州分爲衞國之鎮立爲明山并之爲言誠也精舍并其氣勇抗誠信也

宋何承天達性論

夫兩儀既位帝王參之宇中莫尊焉天以陰陽分地以剛柔用人以仁義立人非天地不生天地非人不靈三材同體相須而成者也故能稟氣清和神明特達情綜古今智周萬物妙思窮幽賾制作侔造化歸仁與能是爲君長撫養黎元助天宣德日月淑清四靈來格祥風協律玉燭揚暉酸鹹百品備其膳羞絲

紀元黃供其器品服文以禮度娛以八音夫物儉則易足易足則力有餘有餘則情治泰樂治之心於是生焉事簡則不擾不擾則神明靈神明靈則謀慮審濟治之務於是成焉故天地以儉素訓民乾坤以易簡示物慇懃若此之篤也安得與夫飛沉喘蠕並爲衆生者取之有時用之有道行火俟風暴漁候豺獺祭所以順天時也大夫不麛卵庶人不數罟行簟作歌宥魚垂化所以愛人用也庖厨不踰五䄍是翼殷后改祝孔鈞不綱所以明仁道也

後漢孔融汝潁優劣論

孔融以爲汝南士勝潁川士陳長文難之答曰汝南戴子高親止千乘萬騎與光武皇帝共於道中潁川士雖抗節未有頡頏天子者也汝南子伯與其友人共說也俗將壞因夜夆聲號哭潁川雖憂時未有能哭世者也汝南府許掾教太守鄧晨圖開稻數萬頃累世獲其功夜有火之瑞韓元長雖好地里未有成功見效如許掾者也汝南張元伯身死之後見夢范巨卿潁川士雖有奇異未有能神者靈者也汝南應世叔讀書五行俱下潁川士雖多聰明未有能離婁並照者也汝南李洪爲太尉掾弟煞人當死洪自劾詣闕乞代弟命便飲酖而死弟用得全潁川雖尚節義未有能煞身成仁如斯者也汝南翟子威爲東郡太守始舉義兵以討王莽潁川士雖疾惡未有能破家爲國者也汝南袁公著爲甲科郎尚書欲治梁冀潁川士雖慕忠讜未有能投命直言者也

魏阮瑀文質論

蓋聞日月麗天可瞻而難附羣物著地可察而易制夫遠不可識文之觀也近而得察質之用也文虛質實遠疏近密援之斯至動之應疾兩儀通數固無攸失若乃陽春敷華遇衝風而隕落素葉變秋既究物

而定體麗物苦僞醜器多牢華璧易碎金鐵難陶故言多方者中難處也術饒津者要難求也意宏博者情難足也性明察者下難事也通士以四奇爲人必有四難之忌且少言辭者政不煩也寡知見者物不優也專一道者思之散也混濛蔑者民不備也質士以四短爲人必有四安之報故曹參相齊寄托獄市欲令姦人有所容立及爲宰相飲酒而已故夫安劉氏者周勃正嫡者周勃大臣强未不至華言孝文上林苑欲拜嗇夫釋之前諫意崇敦朴自是以降其爲宰相皆取堅强一學之士安用奇才使變典法

應瑒文質論

皇穹肇載陰陽初分日月運其光列宿曜其文百穀麗于土芳華茂于春是以聖人合德天地稟氣淯靈仰觀象于元表俯察式于羣形窮神知化萬國是經故否泰翅道無攸數二政代序有文有質若乃陶唐建國成周革命九官成人濟濟休令火龍黼黻暐曄于廊廟袞冕旂旒舄奕乎朝廷冠德百王莫參其政是以仲尼嘆煥乎之隆從郁郁之盛也夫質者端一元靜儉嗇潛化利用承清泰御平業循軌量守成法至乎應天順民撥亂夷世摛藻奮權赫奕丕烈紀禪

協律禮儀煥別覽墳丘于皇代建不刊之洪制顯宣尼之典教探微言之所藏若夫和氏之明璧輕縠之典教探微桂裳必將遊玩于左右振飾于宮房豈爭牢僞之勢金布之剛乎且少言辭者孟僖所以不能答郊也寡智見者慶氏所以困相鼠也今子棄五典文闇禮智之大信管望之小尋老氏之蔽所謂循軌常趨未能釋連環之結也且高帝龍翟豐沛虎據秦楚唯德是建唯賢是與陸酈摛其文辯良平奮其權譎蕭何創其章律叔孫定其庠序周樊展其忠毅韓彭列其威武明達天下者非一士之術經營宮廟者非一匠之矩也逮至高后亂德損我宗劉朱虛軫其慮辟疆釋其憂曲逆規其模麗友詐其遊襲據北軍實賴其疇冢嗣之不替誠四老之由也夫諫則無義以陳問則服汙沾濡豈若陳平敏對叔孫據書言辭國典辭定皇居然後知質者之不足文者之有餘

氾勝之書 論畊

凡耕之本在於趣時和土氣膏澤旱鋤穫春凍解也氣始通土一和解夏至天氣和以此時耕田一而當五名曰膏澤皆得時功春地氣通可耕堅硬强地黑壚土輒平摩其塊以生草草生復耕之天有小雨復

耕和之勿令有塊以待時所謂强土而弱之也春候地氣始通椓橛木長尺二寸埋見其二寸立春後上埋散上沒橛陳根可拔此時二十日後和氣去即土剛以此時耕一而當四和氣去耕四不當一杏始華榮輒耕輕土弱土望杏花復耕耕輒藺之草生有雨澤耕重藺之土甚輕者以牛羊踐之如此則土强此謂弱土而强之也春氣未通則土歷適不保澤終歲不宜稼非糞不慎無旱耕須草生至可種時有雨即種土相親苗獨生草穢爛皆成良田此一耕而當五也不如此而旱耕塊破苗穢同孔出不可鋤治反爲

敗田秋無雨而耕絶土氣土堅垎名曰脂田及盛冬耕泄陰氣土枯燥名曰脯田脯田與脂田皆傷田二歲不起稼則一歲休之凡愛田常以五月耕以當三六月耕一當再若七月耕五不當一冬雨雪止輒以藺之掩地雪勿使從風飛去後雪復藺之則立春保澤凍蟲死來年宜稼得時之和適地之宜田雖薄惡收可畝十石

古雋卷八畢

譚苑醍醐

光緒壬午年
鐫於樂道齋

原序

醍醐者鍊酥之綦晶佛氏借之以喻性也吾借之以名吾譚苑也夫從乳出酪從酪出酥從生酥出熟酥從熟酥出醍醐猶之精義以入神非一蹴之力也學道其可以忘言乎語理其可以遺物乎故儒之學有博有約佛之教有頓有漸故曰多聞則守之以約多見則守之以博寡問則無約也寡見則無博也佛之說曰必有實際而後真空實則擾長河爲酥酪空則納須彌於芥子以吾道而契合外道一也以外道而印證吾道一也譚云苑云徒說云乎哉醍云醐云徒味云乎哉嘉靖壬寅仲冬長至日楊慎書

譚苑醍醐卷第一

成都　楊　慎　撰　綿州　李調元　校定

莊子解二十五條

莊子爲書雖恢譎佚宕於六經外譬猶天地日月固有常經常運而風雲開闔神鬼變幻要自不可闕古今文士每奇之顧其字面自是周末時語非後世所能悉曉然尚有可徵者如正獲之問於監市履狶乃大射有司正司獲見儀禮解之以牛之白顙者與豚之亢鼻者與人之有痔病者不可以適河乃古天子春有解祠見漢郊祀志唐子乃掌堂涂之子猶周王

侯之子稱門子義臺乃儀臺鄭司農云故書儀爲義其脰肩肩乃見考工記梓人爲磬文數目顧脰肩卽顧字如此類不一而士無古學不足以知之諸家解者或敷演淸談或牽聯禪語或强附儒家湯曰此文字奇處妙絕又惡識所謂音妙千八百載作者之意欝而未伸剽竊之用轉而多誤羅勉道莊子循本序

內則卵醬讀作鯤國語亦云魚禁鯤鮞皆以鯤爲魚子莊子乃以至小爲至大便是滑稽之開端南史吉盼傳鯤鮞螻蟻尙貪其生

鷽音渥　蛁蟟音刁料　鶻鵃音嘲

風生於無而歸於無惟竅之所受不同在人之所聞亦異比于萬物稟受亦然衆竅爲風所鳴萬形爲化所役風不能鳴則萬竅虛化不能役則萬竅息依疑獨註

莊子天籟一節

慮歎變慹姚佚啓態八字眞人矢口成文褚氏解云慮則預度未來歎則咨嗟旣往變則輕躁而務作爲慹則畏懼而不敢動姚則悅美以自肥佚則縱樂而忘反啓則情開而受物態則驕矜而長傲

西蜀范無隱云未成心則眞性混融太虛同量成心則已離乎性有善有惡矣人處世間應酬之際有不免乎成心卽當師而求之於未成之前則善惡不萌

是非無朕何所不齊哉其論精當足以盡祛前

夢而爲蝶不知有周覺而爲周不知有蝶其勢不能合必有時而分矣萬物之化亦如此林疑獨

逍遙遊盡性也齊物論窮理也養生主修身也碧虛景元

夫子之告葉公者下顏子一等矣蘧伯玉告顏闔又下於夫子教子高一等惟顏子至命盡神故足以發夫子心齊坐忘之論葉公子高則未免以得失利害存懷故但告以謹傳命全臣節而已然子高未至於徇人忘己也闔則旣知蒯聵之不可傳而欲傳之伯玉見其勢不可止立此苟全之論非爲傳之道也

臨人以德則未能冥乎道盡地而趨則未能藏其迹林疑獨
聖人成焉以身徇道而成功聖人生焉以道徇身而全生也陳詳道註
儵忽生而渾沌死以喻外王之功成而內聖之道虧也
陳碧虛曰好生者以世事爲樂趣死者以人世爲勞唯超生死者可以論其大槩矣髑髏註
壞植散羣說者不一范無隱云植者邊境植水以爲界如榆關椰塞之類壞植散羣則撤戍罷兵鄰封混

一此尚同之俗也樂毅書曰薊丘之植植於汶篁徐廣註謂燕之疆界移於齊之汶水按此范說爲長
解其天弢隳其天袠林疑獨云人生束縛於親愛如弓之在弢如書之在袠呂惠卿曰解弢則弛張莫拘隳袠則卷舒無礙
腕下有肉則知其上肥矣陳碧虛監市履豨註
泰清中而歎中乃印字之語
豨韋氏之囿黃帝之圃有虞氏之宮湯武之室呂惠卿曰囿而圃宮而室言世益衰居益狹矣知北遊
甘寢如後人之臥護秉羽如後世之揮麈是二事非一事也或曰楚地炎酷晝寢而使人揮扇亦通
萇宏被放歸蜀刳腸而死蜀人以匱藏其血三年而化爲碧玉晉元帝託運糧不至而殺其臣其血逆柱而上齊殺斛律光其血在地去之不滅外物
慰敨沉屯褚伯秀云慰借從鬱音義始明白叟叟也奚稍問也叟音蕭若隱若顯貌南史楚辭鈔風颼颼
弓木棲棲罔兩
藏舟舡於海壑正合其宜隱山嶽於澤中謂之得所然造化之力擔負而趨變故日新驟如逝水昨我今我新吾故吾義亦然也成元英疏

藏舟於壑藏山於澤此藏大也藏人於室藏物於器此藏小也小大雖異而藏皆得宜猶念念遷流新新移改是知變化之道無處可逃也故曰藏小大有宜猶有所遯
大林邱山之善於人也亦神者不勝成元英曰自然之理有寄物而通也與化爲而逃同音
飾羽而畫羽儀刻畫也此下有上林賦一條已見丹鉛雜錄

二唐書

五代劉昫所修唐書因宋祁歐陽修重修唐書遂有

新舊唐書之名舊唐書人罕傳故不知其優劣近南園張公漫錄中載其數處以舊書証新書之謬良快人意余又觀姚崇十事要說此其大關鍵而舊書所傳問荅具備首尾照映千年之下猶如面語新書所載則剪截晦澁事既失實文又不通良可嘅也歐爲宋一代文人而劉乃五代不以文名者其所著頓殊科絕懸如此宋人惟欲誇當代以誣後世不知可盡誣乎今具載二書之文於左

先天二年十月皇帝講武於驪山時元崇爲馮翊太守車駕幸三百里內合朝覲遣中官詔元崇赴行在

上方獵於渭濱而元崇至上曰朕久不見卿思有故問卿可宰相行中行元崇猶後上案轡久之顧曰卿何後元崇曰臣官疎職卑賤不合參宰相行上曰可兵部尚書同中書門下平章事元崇不謝上頗訝之至頓上命宰相坐元崇乃跪奏曰臣三奉作弼之詔未即謝者臣以十事上獻有所不行臣不敢奉詔曰卿悉數之朕當量力而行然定可否元崇對曰自禹拱以來朝廷以刑法治天下臣請政先仁義可乎上曰朕深有望於卿也又曰聖朝自喪師靑海未有牽復之悔臣請三數十年不求邊功可乎上曰可矣又曰先朝輕狎大臣或虧君臣之理臣請陛下接之以禮可乎上曰誠當然有何不可又曰自武氏諸親猥竊權要之地繼以韋庶人安樂太平用事班序錯雜臣請國親不任臺省官凡有斜封待闕等官悉請停罷可乎上曰是朕素志也又曰比來近密佞倖之徒冒犯憲綱者皆以寵免臣請行朝典可乎上曰朕切齒久矣又曰比因侯家戚里貢獻求媚近及公卿方鎮亦爲之臣請除租庸賦稅之外盡杜塞之可乎上曰願行之又曰太宗造福先寺中宗造程善寺上皇造金仙玉眞觀皆費巨萬耗蠹生靈凡諸寺觀宮殿

請停止絕建造可乎上曰朕重覩之即心不安而况敢爲之者哉又曰自燕欽融韋月將獻直得罪由是諫臣阻絕臣請凡在官之士皆得觸龍鱗犯忌諱可乎上曰朕非惟容之亦能行之又曰太后臨朝以來喉舌之任或出於閹人之口臣請中官不預公事可乎上曰懷之久矣又曰呂氏產祿幾危西京馬鄧閻梁交亂東漢萬古寒心國朝爲患臣請書諸史册永爲商鑒作萬代師可乎上乃潸然良久曰此事可謂剖肌刻骨者元崇再拜曰此誠陛下致仁政之初是臣千載一遇之日敢當輔弼之任天下幸甚又再拜

舞蹈稱萬歲者三從官千萬皆出涕上曰坐卿於燕公下燕公讓不敢坐問之說曰元崇是先朝舊臣合當首坐元崇曰張是紫微宮使臣外宰相不合首坐上曰可元崇遂居首坐天下稱賢相焉

右舊唐書文

帝曰卿宜遂相朕崇知帝大度銳於治乃先設事以堅帝意卽陽不謝帝怪之崇因跪奏臣願以十事聞陛下度不可行臣敢辭帝曰試爲朕言之崇曰垂拱以來以峻法繩下臣願政先仁恕可乎朝廷覆師青海未有牽復之悔臣願不倖邊功可乎比來壬佞冒

觸憲網皆得以寵自解臣願法行自近可乎后氏臨朝喉舌之任出閹人之口臣願宦豎不與政可乎戚里貢獻以自媚於上公卿方鎮寖亦爲之臣願租賦外一絕之可乎外戚貴主更相用事班序荒雜臣請戚屬不任臺省可乎先朝褻狎大臣虧君臣之嚴正願陛下接之以禮可乎燕欽融韋月將以忠被罪自是諍臣沮折臣願羣臣皆得批逆鱗犯忌諱可乎武后造福先寺上皇造金仙玉眞二觀費鉅百萬臣請絕道佛營造可乎漢以祿莽閻梁亂天下國家爲甚臣願推此鑒戒爲萬代法可乎帝曰朕能行之崇乃

頓首謝翌日拜兵部尚書同中書門下三品

右新唐書文

李白

李白生於彰明縣之青蓮鄉其詩云青蓮居士謫仙人是也讀書於康山康山亦在彰明杜工部寄李太白詩所謂康山讀書處頭白好歸來是也晏元獻公類要引此詩今人不知乃改康爲匡廬山且太白在廬山亦是寓居何得言歸來乎又考太白全集如悲清秋賦云余以鳥道計於故鄉兮不如去荊吳之幾十上安州裴長史書云見鄉人相如大誇雲夢之事

楚有七澤遂來觀焉淮南臥病寄蜀中趙徵君蕤云國門遥天外鄉路遠山隔朝憶相如臺夜夢子雲宅觀此則太白爲蜀人無疑矣作史者稱隴西人蓋如王之太原張之清河耳善乎劉知幾曰作史者爲人立傳其地皆取舊號施之於今爲王氏傳云瑯琊臨沂人爲李氏傳云隴西成紀人欲求實錄不亦難乎且人無定所因地而化生於荊者言皆成楚居於晉者齒便成黃豈有世歷百年人更七葉而猶以本國爲是此鄉爲非則是孔父里於平昌陰氏家於新野而系纂微子源承管仲乃爲齊宋之人非曰鄒魯之

士求諸自古其義無聞之幾此言可謂確矣

李白墓誌

范傳正作李太白墓誌云白常欲一鳴驚人一飛冲天彼漸遠遲裔皆不能也及其謫退乃嘆曰千鈞之弩一發不中則當摧撞折牙而求息機安能效碌碌者蘇而復上哉用是脫屣軒冕釋羈韁鎖因肆性情大放於宇宙間意欲耗壯心而遣餘年此數語足以盡太白爲人劉全白有李翰林墓碣記云太白廣漢人性倜儻知縱橫術善賦詩才調逸邁往往興會屬詞恐古之善詩者亦不遠裴敬有李白墓碑曰白爲

詩格高旨遠若在天上物外任華送李白之曹南序曰彼碌碌者徒見三河之遊倦百鑑之金盡乃議子於得失虧成之間曾不知才全者無虧成志全者無得失進與退於道德乎何有以上諸文附見李白集古本有之今不傳矣全白指太白爲廣漢人蓋唐世彰明縣屬廣漢郡故獨舉郡爲稱耳

李白家世

李太白上裴長史書自敘云白家本金陵世爲古姓遭沮渠蒙遜之難奔流寓家少長江漢見鄉人相如大誇雲夢之事云楚有七澤遂來觀焉又與逸人東嚴子隱於岷山之陽巢居數年不跡城市廣漢太守聞而異之因舉二人有道並不起按此則唐書謂白爲隴西人唐之宗室謬也唐之先豈有金陵之籍哉少長江漢蜀之彰明以相如爲鄉人隱居在岷山舉有道於廣漢爲蜀人無疑此下有貍首一條又儀禮逸詁一條又八士考一條已見經說此乃先生自訂本見於經說乃焦氏竑於此本採去也

呂梁碑

羅泌云嘗見漢劉耽所書呂梁碑字爲小篆而訛泐

者過半其可讀者僅六十言碑中序虞舜之世云舜祖幕幕生窮蟬窮蟬生敬康敬康生喬牛喬牛生瞽叟瞽叟產舜質之史記葢同而不言出自黃帝此可以洗二女同姓尊卑爲婚之疑矣又他碑所載后稷生台璽台璽生叔均叔均而下數世始至不窋不窋下傳季歷猶十有七世而太史公作周紀拘於國語十有五王之說乃合二人爲一人又刪縮數人以合十五之數不知國語之說十五王皆指其賢而有聞者非謂后稷至武王千餘年而止十五世也太史公亦迂哉此下有熒惑不識古文一條已見丹

曹操欲用孔明

抱朴子曰魏武帝嚴刑峻法果於殺戮乃心欲用乎諸葛孔明孔明自陳不樂出身武帝謝遣之曰義不使高世之士辱於汚君之朝也其鞭撻九有草創皇基亦已妄矣按此則操嘗徵召孔明矣事不見於史當表出之鳴呼操之不拘孔明不殺關羽眞有人君之度豈止雄於三國耶

孔明遺事

水經注引諸葛亮表之臣遣虎步監孟琰據武功水

東司馬懿因渭水漲攻琰營臣作竹橋越水射之橋成遂馳去此亦孔明遺事本傳不載者

岳武穆武當稱忠武

宋贈鄂王岳飛諡忠武文曰李將軍口不出辭聞者流涕藺相如身雖已死凜然猶生又曰易明之典雖行議禮之言未一始爲忠愍之號旋更武穆之稱獲覩中興之舊章灼知皇祖之本意爰取危身奉上之實仍采勘定禍亂之文合此兩言節其一惠昔孔明之志興漢室子儀之光復唐都雖計効以或殊在東心而弗異垂之典册何嫌今古之同辭賴及子孫將與山河而並又然今天下岳祠皆稱武穆此未定之諡當稱忠武爲宜

歷代名臣奏議

宋甯宗時武學生華岳池州人上疏極數韓侂胄之惡其畧云程松之以納妾求知倪僎以售妹入府蘇師旦以獻妻入閤黜陟之權不出於陛下而出於侂胄是吾有二中國也命又不出於侂胄而出於蘇師旦程筠是吾有三中國也書奏侂胄大怒下之大理貶建甯圜工部郡守傅伯成憐之命獄卒使出入無繫伯成去郡岳遂瘦死獄中岳之忠謇灼灼如此近

覩歷代名臣奏及宋諸臣奏議可謂詳備而岳之奏不在其中乃知古忠臣義士湮沒不聞者多矣故表出之

張俊張浚二人

張俊附秦檜而傾岳忠武者張浚廣漢人嘗稱飛忠孝人也及飛冤死後高宗納大學士程宏圖之奏昭

光復浚與參贊陳俊卿悲感歎服浚爲都督俊爲樞密劉豫遣子麟侄猊合兵七十萬犯淮西張浚聞之以書戒張俊曰賊豫之兵以逆順若不勦犯除何以立國今日之事有進擊無退保也此見章穎所著

岳飛傳浚與俊豈可混爲一人哉今之士夫例以傾岳爲浚之短不知受誣千載如此

崑崙九州

鄒衍言九州之外復有九州載於史記按其說曰東南神州曰且土且音輿晨同正南卬州隋書作迎州曰深土西南戎州曰滔土正西弇州隋書作拾州曰开土正中冀州曰白土西南桂州曰肥土西北元州隋書作營州曰成土東北咸州曰隱土尸子作急土正東陽州曰信土其言本荒唐漢人作河圖括地象全祖其說隋代郊天遂以其名入從祀之位史炤通鑑釋文曰此九州其崑崙統

四方之九州乎或曰神農地過日月之表葢神農之九州也桂州一本作桂州營州一本作宮州近是宮與元相近未知孰正

海外五岳

道經言海外蓬萊閬苑有五岳靈山一曰廣乘之山天之東岳也在東海之中爲發生之首上有碧霞之闕瓊樹之林紫雀翠鸞碧藕白橘主歲星之精居九氣青天之內矣二曰長離之山天之南岳也在南海之中上有朱宮絳闕赤室丹房紫草紅芝霞膏金醴主熒惑之稱居二氣丹天之內矣三曰麗農之山天之西岳也在西海之中上有白華之闕三素之城玉泉之宮瑤林瑞獸主太白之精居七氣素天之內矣四曰廣野之山天之北岳也在北海弱水之中上多瓊樓碧闕金液龍芝主星辰之精居五氣元天之內矣五曰崑崙之山天之中岳也在八海之間上當天心形如偃蓋東曰樊桐西曰元圃南曰積石北曰閬苑上有瓊華之闕光碧之堂瑤池翠水金井玉梁彭主鎮心之精居於中元一氣天中焉

都鄙

都何以訓美都者鄙之對也左傳曰都鄙有章淮南子云始乎都者常卒乎鄙葢天子所居輦轂之下聲

名文物之所聚故其上女雍容閑雅之態生今諺云京樣即古之所謂都柄如傳車從甚都是也邊氓所居蕞爾之邑狐狸豺狼之所嘷故其閭閻學嗇村陋之狀出今諺云野樣即古之所謂鄙老子云衆人皆有以而我獨頑似鄙是也此下有洵美且都一條已見經說

譚苑醍醐卷第一

譚苑醍醐卷第二

成都 楊 慎 撰　綿州 李調元 校定

先鄭後鄭

註疏家所稱先鄭者鄭衆也後鄭者鄭元也觀周禮之註則先鄭與後鄭十異其五劉向治春秋主公羊劉歆主左氏故有父子異同之論由是觀之漢之人說經雖大親父子不同也孔子以一貫傳道而曾子以忠恕說一貫曾子受業孔子作大學而子思受業曾子作中庸由是觀之聖賢師弟子亦不苟同也今之學者吾惑之摭拾宋人之緒言不究古昔之妙論

盡掃百家而歸之宋人又盡掃宋人而歸之朱子謂之曰因陋就簡則有之博學詳說則未也噫古人之不同者同而異今人之苟同者盡乃異　同而異者噫曾子子思吾不得而見之矣安得二鄭二劉而與之論經術哉此條之上有噬嗑解一條晉音齋虞娛同一條宍井一條常棣之華一條予尹一條條狼氏一條五祀一條此條之下又有朱子忽遽一條希夷易圖一條易圖考證一條俱已見經說蓋先生隨時雜記于著經說之後又散見于各自著小說之內焦氏竑刊外集併入經說之內此本乃先生自訂本故掇次列其原目標注各條之下以存原本已見者不贅出

老子述而不作

楊龜山云述而不作信而好古竊比於我老彭老老子也老子五千言以自然爲宗謂之不作可也朱子曰某亦疑此語只以曾子問中言禮數段證之即述而不作信而好古皆可見時周之史官掌國之典籍三皇五帝之書如五千言亦或古有是語而老子傳之未可知也蓋列子引黃帝書即老子谷神不死章也此說見朱子大全荅汪尚書書慎按佛經三教論

曰五千文者容成所說老爲尹談蓋述而不作又按莊子引容成氏曰除日無歲無外無內則容成氏因有書矣老子述而不作此其明證　此下有皐夔讀何書一條已見丹鉛雜錄

使者曰信

晉武帝炎報帖末云故遣信還南史晨起出陌頭屬與信會古者謂使者曰信眞誥云公至山下又遣一信見告謝宣城傳云荆州信去倚待陶隱居帖云明日信還仍過取反虞永興帖云事以信人口具凡言信者皆謂使者也今之流俗遂以遣書饋物爲信故

謂之書信而謂前人之語亦然謬矣王右軍十七帖有云往得其書信遂不取答謂昔嘗得其來書而信人竟不取回書耳而世俗遂誤讀往得其書信爲一句遂不取答爲一句誤矣古樂府云有信數寄書無信心相憶莫作甄墜井一去無消息包佶詩去札頻逢信迴帆早挂空此二詩尤可證此下有匆匆一條又有匆匆匆匆一條已見丹鉛雜錄茲不贅出此列其題

澤草芒種

周禮澤草所生種之芒種江者不知其解王氏農書云卽江南之架田也架田一名葑田以木縛架爲曲田繫浮水面以葑泥附木架上葑卽菰根也根最繁而善糾結以土泥著上刈去其蔓便可耕種江東淮南二處皆有之東坡請開杭之西湖狀謂水涸草生漸成葑田是也其田隨水上下西東故南方有盜田然王氏謂葑田卽周禮之澤草芒種未有據猶竊疑之後讀郭璞江賦云播匪藝之芒種挺自然之嘉蔬賦江而亡芒種嘉蔬又曰匪藝又曰自然非葑田而何哉周禮之說因此可解而李善五臣注江賦亦未及葑田之事也遂詳著之廣多聞而補周禮文選之注焉葑田滇南亦有之名曰海簰

葑田

郭璞江賦云標之以翠翳泛之以遊菰播匪藝之芒種挺自然之嘉蔬鱗被菱荷攢布衣菰翹莖瀵蕊濯穎散裹隨風猗萎與波潭淹流光潛映景炎霞火此十二句皆指封田而言不然則隨風與波之句何所指乎景炎霞火卽海賦所謂陰火潛然也草木之根汨泥與沙浮於水中過夜則生光管甯浮海附陰火之光彩是也蜀中江油江中有明柴取之入人家猶夜中放光亦此理爾格物未深者咸以爲怪矣此下有陰火革澤一條又有土會當作士會一條俱已見焦竑所刻經內不贅出

太破賊

謝安聞淝水之捷對奕客云小兒輩太破賊晉書云兒輩遂已破賊晉書所紀不及世說太字之勝

呑道元

呑人姓音他前切氏族書有呑景雲晉有呑道元與呑公牋者今類書引之改呑作查蓋不知古有呑姓也書叙指南所引猶是呑字可以爲證

盧羣

吳起云夏桀之國盧睪在其北伊洛出其南注云盧睪地鈌愼按北方謂水黑曰盧睪卽古皐字盧睪卽盧溝也溝與皐音相近桀都安邑盧溝正在其北盧睪盧龍皆北方水名又湛盧劍名言湛然如水黑也盧睪亦以色黑名之可以互證

蜀才

注疏中有蜀才名姓宋儒謂蜀才卽范長生葢別無所見也陳子昂集有曰襄陽有龐德公谷口鄭子眞東海王霸西山蜀才皆避人養德躬耕求志由此觀之范長生與蜀才自是二人戰國策有蜀子

蚜蚄

張有復古編以蟲名蚜蚄書作子方按氾勝之術云牽馬令就穀　食數口以馬踐過穀爲種無蚜蠹蚄也蚜蚄二字見於氾勝之書氾勝漢人亦云古矣張有七其後一千餘年何據而云俗作蚜蚄必欲去蟲而作子方省則省矣觀者只以爲人之子安知其爲蟲乎此其隘而不通東坡所謂强作解事者也偶閱復古編　此一條其餘多類是博雅君子愼擇之皮日休隱書亦用蚜蚄字樂記方以類聚注方蟲名卽蚄也

灷字義

管子弟子職篇昏將舉火執燭偶坐錯揔之法橫於坐所櫛之遠近乃承厥火居句如矩蒸間蒸然者處下捧碗以爲緒右手執燭左手正櫛有墮代燭交坐毋倍尊者乃取厥櫛遂出是去此管子著弟子執燭之禮也古者無燭臺以人執燭檀弓曾子疾革童子執燭是也蒸薪也椀楚辭所謂懸火今之提燈櫛舊本作卽叶音燼櫛卽皆假借字正作灷从火从収與昚灷同音灷音燼朕媵送字皆以灷說文俊字解云灷聲張有周伯溫輩不識灷字遂紛紛謬說今以林罕小說補正之

譚苑醍醐卷第二

譚苑醍醐卷第三

成都楊慎撰　綿州李調元校定

獵兕賦

夏侯湛獵兕賦息徒蘭圃秣驥華田目送歸波手揮五絃優哉游哉聊以永年其語與嵇叔夜同嵇與夏侯同時其偶同耶其相取耶嵇詩係華山夏侯作華田田字覺勝蓋魏都在鄴不應言華山當是華田華音花言華茂之田也亦是奇語此條之上有李華論文一條蕭士穎論文一條繫表一條俱已見丹鉛雜錄中蓋先生每有所得隨筆記載不復記憶故往往自相重出今止引題不贅出

錢神論

晉惠帝之時賄賂公行魯褒所爲作錢神論也余觀類文同時綦毋氏成公綏皆有錢神論各一篇民之論畧曰黃公爲父白銀爲母鉛爲長男錫爲少婦庚辛分土諸國皆有長沙越巂僰之所守伊我初生周末時也景王尹世大鑄茲也貪人見我如病得醫飢享太牢未足爲偕綏之論畧曰路中紛紛行人悠悠載馳載驅惟錢是求朱衣素帶當塗之士執戈之子門常如市諺曰錢無耳鬼可使豈虛也哉幽求子云可以使鬼者錢也可以使人者權也蓋亦同時之語

明晝晦陰

帝王世紀稱帝堯其仁如天其智如神就之如日望之如雲其明如晝其晦如陰注云明以察之晦以畜之易之所謂用晦詩之所謂養晦旒以翳明纊以隱聽不欲察淵魚而料隱慝也

蠲紙

古有蠲紙以漿粉之屬使之瑩滑蠲之爲言潔也詩吉蠲爲饎周禮宮人除其不蠲蠲紙之名義取此劉績霏雪錄謂蠲紙起於五代民間有因親疾刲股親喪廬墓規免州縣賦役歲給蠲符以蠲免之號爲蠲紙非也此條之下有畫刺一條已見先生自訂秇林伐山不贅

弓足

墨莊漫錄考婦女弓足起於李後主予按樂府雙行纏知其起於六朝張禺山云史記云臨淄女子彈弦躧屣又云搖修袖躡利屐意古已有之再考襄陽耆舊傳云盜發楚王冢得宮人玉屐張平子賦云金華之舄動趾遺光又云履躡華英云羅襪躡蹀而容與曹子建賦羅襪生塵焦仲卿妻詩足躡花文履繁欽

詩何以釋憂愁足下雙遠遊梁武帝莫愁歌足下絲履五文章卞蘭美人賦金渠承華足陶潛賦願在絲而爲履附素足以周旋崔豹古今注晉世履有鳳頭重臺分稍之制唐詩便脫鸞靴出翠帷又麗情集載章仇公鎮成都有眞珠之惑或上詩以諷云神女初離碧玉階形雲猶擁牡丹鞋應知子建憐羅襪顧步裹衣拾墜釵李義山詩浣花牋紙桃花色好好題詩詠玉鈎陶南村謂唐人題詠畧不及之蓋亦未之博考也

香澤

史記淳于髡傳羅襦襟解微聞香澤禮所謂容臭荀子云側載睪芷以養鼻注睪澤蘭也傳寫遺其水也賈誼新書從容澤燕夕時開北房從薰服之樂即此崔寔四民月令有合香澤法清酒浸雞舌藿香苜蓿蘭香四種以新綿裹浸胡麻油和猪脂納銅鐺中沸定下少許靑蒿以發綿羃鐺觜瓶口瀉之梁簡文帝樂府八月香油好煎澤

薰服澤燕

賈誼新書輔佐篇云罷朝而論議從容澤燕夕開北房從薰服之樂薰服謂宮人蘊蘭麝而被羅綺者也

澤如史記微聞香澤之澤荀子云代睪而食注睪蓋香草也卽所謂蘭茝本也或曰當爲澤澤蘭也士虞禮因著用荼實纓澤焉俗書澤字並水傍睪傳寫誤也代睪而食謂焚香氣之歆卽更以新者代之文云側載睪芷以養鼻可以證矣

武后生牙

唐類表載李敬仁賀武后新牙更生表云易有四營金牙爲壽考之象詩具六義玉齒載神仙之謠還年而輔車不虧卻老而瓠犀仍出堅而不脆聞於導養之方落而更生得自靈飛之散乞宣示海內仍錄付

史官史稱武后年七十盛自拂拭不覺衰耗相符始信夏姬之年踰七十而雞皮三少猶與巫臣生女後嫁叔向者也北史胡后年踰十或而妖蠱若二八是三人者貴爲君配而其行乃花鴇梨姑之所恥而不爲然天乃祐之以誨淫之具亦理之不可曉者

五嶺考

裴氏廣州記云五嶺大庾始安臨賀桂陽揭陽鄧德明南康記云五嶺者臺嶺之嶠五嶺之第一嶺也在大庾騎田之嶠五嶺之第二嶺也在桂陽都龎之嶠五嶺之第三嶺也在九眞萌渚之嶠五嶺之第四嶺

也在臨賀越城之嶠五嶺之第五嶺也在始安都龐水經注作部龍萌渚輿地志作明諸徐廣曰五十萬人守五嶺淮南子曰始皇利越之犀角象齒翡翠珠璣乃使尉屠睢發卒五十萬爲五軍一軍塞鐔城之嶺一軍守九疑之塞一軍處番禺之都一軍守南野之界一軍結餘干之水注鐔城在武陵西南接鬱林九疑在零陵番禺在海南南野餘干在豫章其說五嶺又不同併志之于此

石經考

漢靈帝光和六年刻石鏤碑載五經文于太學講堂

前此初刻也蔡邕以熹平四年以五官中郎將高堂谿典彈議郎張訓韓說太史令單颺奏求正定六經文字靈帝許之邕乃自書丹于碑使工鐫刻立於大學門外此再刻也魏正始中又立中篆隸三體石經古文用鳥跡科斗體篆效史籀李斯胡母敬體隸用程邈體晉永嘉中王彌劉曜入洛焚毁過半魏世宗神龜元年從崔光之請補石經唐天寶中刻九經于長安禮記以月令爲首從李林甫請也五代孟昶在蜀刻九經最爲精確是時僭據之主惟昶有文學而蜀不受兵又饒文士故其所製獨善朱子論語註引石經者謂孟蜀石經也宋湻化中刻於汴京今猶有存者

浦郎步考

韓文步有新船不知者改爲涉朱子考異已著其謬益南方謂水際曰步音義與浦通孔戣墓志舊船至步有下碇稅即以韓文證韓文可也柳子厚鐵爐步志云江之滸凡舟可縻而上下曰步水經灨水西岸有盤石曰石頭津步之處也又云東北逕王步蓋齊王之渚步也又云鸚鵡洲對岸有炭步今湖南有縣名城步靑箱雜記嶺南謂村市曰墟水津曰步罾步

即漁人施罾處也張勃吳錄地名有龜步魚步揚州有瓜步羅含湘中記有靈汜步金陵圖志有邀笛步王徽之邀桓伊吹笛處温庭筠詩妾住金陵步門前朱雀航樹萱錄載臺城故妓詩曰那看回首處江步野棠飛東坡詩蕭然三家步橫此萬斛舟元成原常有寄紫步劉子彬詩云紫步於今無土馬滄溟何處有神仙

重較說 此條前十二行俱同經說自漢輿服志以下經說並無其文今仍原本存之

詩衛風淇澳篇曰倚重較兮毛萇曰重較卿士之車孔穎達曰倚此重較之車實稱其德也周禮輿人云

較兩輢上出軾者今之平隔也詩詁云車廣六尺四寸深四尺軾去輿高三尺三寸較去式又高二尺二寸較式通高五尺五寸葢古人乘車立乘非如今人之坐也論語曰升車必正立列女傳曰立輜無軿是其明証故乘車平常則憑較若應爲敬則落手憑下式而頭得俯較在式上若兩較然故曰重較輢是兩邊植木較橫輢上輢兩而較一說文車輢上曲銅也葢較在軾上恐其墜故以曲銅關之古謂較爲車耳古諺云仕宦不止車生耳三國志吳童謠云黃金車斑蘭耳闓閶門見天子符曲銅之說矣後漢輿服志

金薄繆龍爲輿倚較徐廣曰繆交錯之形崔豹古今注文武車耳古重較也文官青耳武官赤耳又曰重較在車藩上重起如牛角故曰重較考工記曰叁分較圍去一以爲較圍叁分式圍去一以爲軹圍林希逸曰較小於式軹又小於較說文較本作較從車爻聲古車制與今不同重較之義故晦菴不厭詳引耳

羃䍦考

古者女子出門必擁蔽其面後世宮人騎馬多著羃䍦全身障之猶是古意又首有圍帽謂之席帽垂絲網之施以珠翠至煬帝淫侈欲見女子之容詔去席帽戴皂羅巾幗而以席帽油御雨云唐永徽中皆用帷帽施裙到頸漸爲淺露開元初宮人馬上著胡帽靚粧露面古制蕩盡矣今山西蒲州婦人出以錦帕覆面至老猶然雲南大理婦人戴次工大帽亦古意之遺焉

履考

古篆舄字象鵲形以爲履飾也履象取諸鵲鵲知太歲欲人行履知方也古易履舄然敬之死咎今文改舄作錯不識古文也禮注絇履頭飾也周禮黃繶青絇字一作句王莽傳句履注其形歧頭周禮又有報

鞻氏舞四夷之樂故以革爲履取其舞蹈之便至漢世總章令人服之唐世名鸞靴故妓人從良詩有便脫鸞靴入鳳幃之句崔豹云古履絇繶皆畫五色秦始皇令宮人靸金泥飛頭鞋徐陵詩所謂步步生香簿履也漢有伏虎頭鞋加以錦飾曰繡鴛鴦履東晉以草木織成有鳳頭履聚雲履五朵履宋有重臺履梁有分梢履立鳳履五色雲霞履隋煬帝令宮人靸鳩頭履謂之仙飛履又　琛齊記曰青州有一種桃花盛開時採之煉以松脂遞相纏織成鞋履寄往都下人皆不辨爲何物嵇含南方草木狀云晉太康

中扶南國進抱香履以抱香木爲之木輕而堅韌風至則隨飄而動

天畫

滕涉天聖中爲青州太守盛冬濃霜屋瓦皆成百花之狀以圖摹之又大金國志金末河氷凍成龜文又有花卉禽鳥之狀　過繪縷此天畫也滇中有某提學訓諸生讀書爲文之法甚悉語畢問諸生曰吾言是否中有一人應曰公天人所言皆天話也相傳以爲笑葢俗以託空爲天話耳

節度

易曰節以制度又曰制數度孝經曰制節謹度符謂之節尺謂之度節取其有限度取其不差節有三節山國用虎節土國用人節澤國用龍節度有五度寸尺丈尋引也易序卦云節而信之故受之以中孚此節字指符節也葢非節不相信非信不相孚也唐官名節度使義取此

隨兒科雉

呂氏春秋楚莊王獵於雲夢射隨兒而獲之申公子培劫而奪之王欲誅之左右諫止不出三月子培病死子培之弟請曰臣之兄有功於車下臣嘗讀故記云殺隨兒者不出三月王令人發平府視故記果有焉乃厚賞焉說苑亦載此事而以隨兒爲科雉何子元餘冬緒錄云隨兒科雉不見他書今人亦無有識之者余謂子元但求之書而不求之悟也隨兒者隨母之兒科雉者甫出科之雉豈有別物哉

坡賦具禪機

高僧傳神鼎問於利貞曰萬物定巳否貞曰定巳鼎曰高岸爲谷深谷爲陵有生必死有死卽生何得定耶貞曰萬物不定鼎曰若不定何不指天爲地呼地爲天召星爲月命月爲星耶貞無以應大理楊伯清

舉此以問余余曰東坡有暗荅矣自其變者而觀之則萬物不能以一瞬自其不變者而觀之則萬物與我皆無盡也伯清曰是則拈古欲公重說余曰定者有物混成先天地生不定者一彈指閒經千萬刼也

嚴光爲梅福壻

余見故蹟遺文有嚴光碣畧云光本姓莊字子陵本新野人其妻梅福季女也少與光武同學及長避亂會稽又考任延傳云天下新定道路未通避亂江南者皆未還中土會稽頗稱多士延爲會稽都尉如董子儀嚴子陵皆待以師友之禮以此證之子陵非餘

姚八明矣范　失于考也

薜越

荀子王制篇棲遲薜越之中野薜越注不解按說文薜草也六韜莎薜簦笠謂以莎草爲雨衣也相如賦薜莎青薠越亦草名蒲屬可緝爲布文選葛越注草布也後漢馬后傳白越三千端潛夫論葛子升越筒中女布盛宏之荊州記秭歸縣室多幽閑其女盡織布至數十升、之升越字一作絨陶隱居本草注天門冬一名浣草以浣布白如絨

譚苑醍醐卷三終

譚苑醍醐卷第四

成都　楊愼　撰　綿州　李調元　校定

查字考此條較莊林伐山所載加詳故存之

說文查浮木也今作槎非槎音詫邪斫也國語山不槎櫱是也今世混用莫知其非畧證數條於此王子年拾遺記堯時巨查浮西海上十二年一周天名貫月查一日桂星查道藏歌詩扶桑不爲查王勃詩澁路擁崩查又送行序云夜查之容猶對仙家坐菊之賓尚臨清賞駱賓王有浮查詩劉道友有浮查視賦水經注臨海江邊有查浦字並作查至唐人猶然任

希古詩泛查分寫漢孟浩然詩試垂竹竿釣果得查頭鯿又云土風無縞紵鄉味有查頭又云橋崩臥查擁路險垂藤接皆用正字不從俗體此公匪惟詩律妙字學亦超矣杜工部詩查上覓張騫又滄海有靈查惟七言絕空愛槎頭縮項鯿七言律奉使虛隨八月槎古體近體不應用字頓殊葢七言絕與律乃俗夫競玩遂肆筆妄改古體則視爲冷局俗目不擊幸存舊文耳

一卷爲弓一條爲則

道書以一卷爲一弓音周與軸通陶九成說郛用之

佛書以一條爲一則洪景盧容齋隨筆史繩祖學齋佔畢用之佛典又云多羅樹葉書凡有二百四十縛縛古絹字亦借爲卷也

鋄瓖

鋄音減以鏤金飾馬首又曰鐵質金文曰鋄也西京賦金鋄鏤鍚馬融廣成頌金鋄玉瓖詩云鉤膺鏤鍚國語曰懷纓挾瓖皆指此今名馬鞍曰鋄銀事件當用此鋄字或作鑁非佛經況有莎怛鑁之語也書罕用此婦飾曰瓖嵌生活當用此瓖字俗作壞廂非

久湫大沉

秦詛楚文有久湫大沉之語沉之爲義世多未解按說文曰沉濁黗也莊子沉有漏注沉水汚也漢書刑法志山川沉斥應劭風俗通曰沉莽也言其平望莽莽無涯際也郭緣生述征記鳥當沉中有九十臺皆生結蒲秦王繫馬蟠蒲也自注齊人謂湖曰沈顏師古曰沉謂居深水之下深而又深也古云沉潛又云沉溺沉湎又云黙而有深沉之思皆取深而又深之意北方謂水皆曰沉不獨齊語爲然蓋北之言沉南之言潭也故沉亦音譚史記陳涉世家涉之爲主沈沈者應劭曰沉沉宮室深邃之貌長含反當呼爲潭潭也韓退之潭潭府中居正用此語又按管子夏人之王鑿二十寅渫十七湛注湛即沉沛之沉大澤巨浸也是潭與湛字雖不同義可互證故併引之

金虎

甘石星經云昴西方白虎之宿太白金之精太白入大昴金虎相薄主有兵亂文選張平子賦始於宮鄰卒於金虎注不知引此而謬自爲說

秦得百二齊得十二

漢書田肯曰秦形勝之國也帶河阻山縣隔千里持戟百萬秦得百二焉夫齊東有瑯琊卽墨之饒南有

秦山之固西有濁河之限北有勃海之利地方二千里持戟百萬縣隔千里之外齊得十二焉此東西秦也應劭曰言河山之險與諸侯相縣隔絕千里也所以能禽諸侯者得天下之利百二也蘇林曰百二得百中之二二萬人也秦地險固二萬人足當諸侯百萬人也顏師古曰縣隔千里應說得之秦得百二蘇說是也又曰秦得百二二萬人當諸侯百萬人也齊得十二二十萬人當諸侯十萬人也所以言懸隔千里之外者除去秦地而齊乃與諸侯計利便也右舊說如此追日程秦之云田肯之語　隱故諸侯之說

紛然肯謂百二也者言地據險而人力倍苟得百矣則其力可二是得百人則其力倍之如二百人也齊得十二理亦猶是也若定其讀當以得百爲一句而二焉自爲一句也十二亦然皆言人力半而必可倍正一理矣而必更易其語如此詰屈者別有理也秦險之出國境遠矣自函谷以及潼關近八百里其右阻河其左傍山兩面河山夾險敵來犯關也常在千里之外故能得百而二之以爲二百其力可常也若夫齊亦有險矣然而地遠力分若來能踰其所恃之險則十萬人之力亦可倍之以爲二十萬矣若敵人來犯已在千里之內則險阻已自不全故雖得十亦不能遽爲二十之用也故秦中得云而二常在定險之內齊之得十而二則在敵未犯險之前此其分別險要而剖白言之不一律也此正古文之出奇者不可以易言也愼按百二十二之語後世亦多此例如云軍士奮勇無一不當百如云一夫當關萬夫莫開又當百錢亦曰百一錢言一可當百也當十錢曰百十錢言十可當百也則應蘇顏程之解田肯語其甘一也程語自明不必破前說耳 此條之下有紫霜一條已見丹鉛雜錄

盪櫛

郭知元朱笺集韻序銀鈎劍閱晉豕成羣盪櫛行披魯魚盈貫盪如周禮簜節之簜謂竹也櫛札也釋名曰札櫛也編次如櫛之密也其用事頗僻故詳著之

青雲

史記云伯夷叔齊雖賢得夫子而名益彰顏淵雖篤學附驥尾而行益顯閭巷之人欲砥行立名者非附青雲之士惡能施於後世哉青雲之士謂聖賢立言傳世者孔子是也附青雲則伯夷顏淵是也後世謂登仕路爲青雲謬矣試引數條以證之京房易占青雲所覆其下有賢人隱續逸民傳嵇康早有青雲之志南史陶宏景乃年四五歲見葛洪方書便有養生之志曰仰青雲覩白日不爲遠矣梁孔稚圭隱居多構山泉衡陽王鈞往遊之珪曰殿下處朱門遊紫闥詎得與山人交耶鈞曰身處朱門而情遊滄海形入紫闥而意在青雲又袁彖贈隱士庾易詩曰白日淸明青雲遼亮昔聞巢許今覩臺尚院籍詩抗身青雲中網羅孰能施李太白詩獵客張兎罝不能挂龍虎所以青雲人高歌在岩戶合而觀之青雲豈仕進之謂乎王勃文窮且益堅不墜青雲之志卽論語覩富

貴如浮雲之旨若窮而常有覬覦富貴之心則鄙夫而已矣自宋人用青雲字於登科詩中遂誤至今不改

三澣

俗以上澣中澣下澣爲上旬中旬下旬蓋本唐制十日一休沐故韋應物詩曰九日驅馳一日閑白樂天詩公假月三旬然此乃唐制而今猶襲用之則無謂矣此下有灰釘一條已見　氏所刻說　丹鉛雜錄內不贅

韻語紀異物

余嘗愛晉宋人以韻語紀物產如郭璞爾雅注山海經贊王微藥草贊之類皆質而工其原出於逸周書火浣布數語今彙書於後火澣之布入火不滅布則火色垢則布色出火而振之皎然疑乎雪周書說火浣布則原本此處有唐蒙博物記一條已見菽林伐山　三廉大寶實不但三雖名三實四五陳兼其食之多汁味酸且甘藏之彌久與眾果相參異物志祁暢　革之依水猶卉植地靡見其布漠而鱗被物有常性孰知所自郭子元革贊　曰州留者其實水牛蒼毛豕身用若擔子衛護其犢與虎爲讎鐵林異物志　象之爲獸形體特詭身倍數牛目不逾狶鼻爲口役望頭若毛馴良豕教聽言則詭素牙玉潔載籍所美服重致遠行如邱徒萬震象贊　烏鰂八足集足在口縮喙在腹形類鞋囊其名烏鰂噏波潠墨迷射水慝萬震海物異名記　瓦瓏鏤殼建佤狀如渾沌錢文外眉而內渠萬震海物注眉爲高異名記瓦瓏贊渠此魁陸爲眉渠爲蔬爲海蛤也　合浦之人習水善游倪視層岩如猿仰株入如沉鼈出如輕鳧蹲泥剖蚌潛竊明珠萬震南州志　江瑤柱厥甲美如瑤玉玉音裕三字一句一韻尤奇一句　肉柱膚寸名江瑤柱萬震海物異名　獸曰元犀處自林麓食惟棘刺體兼五肉或有神異表露以角音錄　含精吐烈望如華燭置之荒野禽獸莫觸萬震犀贊見菽林伐山　巳一

跳八尺兩跳丈六從春至夏裸袒相逐風俗記海蛙　笮複引一索飛絙杙閣其名曰笮人懸半空度彼絕壑李膺笮橋贊　高山嵯峨巖石磊落傾側縈廻下臨峭壑行者攀緣牽援帶索袁崧山川誌　蚺惟大蛇既洪且長采色駁映其文錦章食豕吞鹿腴成養瘡賓饗嘉食是豆是觴南裔志　鮫之爲魚其子既育驚必歸母還入其腹小則如之大則不復楊孚異物交州志云　此下有卿雲歌一條已見先生詩話內

古歌銅雀詞

古歌詞長安城西雙員闕上有一雙銅雀宿一鳴五

谷生再鳴五谷熟今文選注所引遺一宿字遂不可韻難讀此條之下有竊爲小寃一條又左傳正直一條又承子仲尼顏子樂處一條又境逆樂眞一條又脣作聖一條又俱見焦氏所刻升菴經說內考先生經說四卷已載此六條爲重出可知焦氏復博採先生經說併入成十二卷故校此參互見又此下有精鑿醍醐一條又見丹鉛雜錄今俱不贅

水性

水性不同予於續錄詳之矣近閱太平廣記諸葛孔明時有蒲元者術鑒同歐冶風胡常爲孔明鑄刀劍

言蜀惟江水爽烈是天分其野大金之元精也漢水鈍弱及涪水皆不任淬刀劍或以涪水雜江水元輒能辨之管子論齊之水云其泉白青其人堅勁寡有疥瘙終無痟醒今之濟川伏流至東阿井以煑膠和半夏丸皆異常藥水性之分信有之矣

君相

管子云小白爲人無小智而有大慮漢高祖亦明於大而暗於小光武小敵怯而大敵勇呂端小事糊塗大事不糊塗相之體一也　按升菴管子叙錄已有此條此係重出姑仍之

蠲字音義

說文蠲馬蠲也从虫引明堂月令腐草爲蠲明也洗也潔也除也尚書圖厥政不蠲蒸馬音圭詩吉蠲爲饎左傳蠲其明德古有涓圭二音東坡醉翁操琅然清蠲誰彈嚮懷英題黃彌守吳江新霽圖詩修蛾新粧翠連娟下拂塵鏡窺明蠲又題採蓮圖紅粧秋水照明蠲又轉音績唐太宗詩水搖文蠲動浪搏錦花浮唐世有蠲紙一名衍波箋蠲紙文如水文也

譚苑醍醐卷第四

譚苑醍醐卷第五

成都 楊 慎 撰 綿州 李調元 校定

黃潤玉

四明黃潤玉所著有經書補註多可取者又有海涵萬象一卷如云易之道扶陽而抑陽卦之位貴中而賤極陽過乎極雖剛不吉陰得其中雖柔不凶又曰易動而圓範方而靜八卦中虛故圓九疇中實故方又曰大學一書六經之名例也中庸一書六經之淵源也又解漢書云罘字從冈下不不花蒂窻櫺也殊得古人制字之義及宮室之形解莊子游方之外云方矩也出於矩之外所謂離方遁圓也又曰董仲舒對策一正字公孫宏對策一和字便見其人品正論言皆有理 此條之下有諢渾一條又三千歌舞一條俱見先生自訂詩話內及詩話補遺內考系重出今不贅

禪學俗學

騖於高遠則有躐等憑虛之憂專於考索則有遺本溺心之患故曰君子以尊德性而道問學故高遠之蔽其究也以六經爲註脚以空索爲一貫謂形器法度皆芻狗之餘視聽言動非性命之理所謂其高過於大學而無實世之禪學以之考索之蔽其究也涉獵記誦以雜博相高割裂裝綴以華靡相勝如華藻之繪明星伎兒之舞訝鼓所謂其功倍於小學而無用世之俗學以之 此條之下有東辛枋一條已見先生自訂藝林伐山內不贅

自相矛盾

今人謂言不相副曰自相矛盾然用之不差而問之不知也按尸子云楚人有鬻矛與盾者譽之曰吾盾之堅莫能陷也又譽其矛曰吾矛之利於物無不陷也或曰以子之矛陷子之盾何如其人弗能應也今之稱自相矛盾本此

壬

壬相也字一作任孟子治任將歸又負戴注云負任在背戴任在首曾子曰任重而道遠詩云我任我輦淮南子曰任動而車鳴所謂任者皆指担也

英雄

草之精秀者爲英獸之特羣者爲雄故人之文武茂異取名於此是故聰明秀出謂之英膽力過人謂之雄此其大體之別名也聰明者英之分也不得雄之膽則說不行膽力者雄之分也不得英之智則事不

立是故英以其聰謀始以其明見機待雄之膽行之雄以其力服衆以其勇排難待英之智成之張良英也韓信雄也體分不同以多爲目皆偏至之才人臣之任也故英可以爲相雄可以爲將若一人之身兼有英雄則能長世高祖項羽是也然英之分以多於雄而英不可少也英分少則智者去之故項羽氣力蓋世明能合變而不能聽奇采異有一范增不用是以陳平之徒皆亡歸高祖英分多故羣雄服之英才歸之兩得其用故能宅有天下故雄能得雄不能得英兕虎自成羣也英能得英不能得雄鸞鳳自相親也故一人之身兼有英雄乃能役英雄能役英雄故能成大業也此條下有劉卲之卲从卩不从阝已見丹鉛雜錄

君能容諫

漢靈帝之時可謂大亂極否矣然傅燮斥言中官弄權而帝識其忠廷折崔烈可斬而帝從其議又五胡之劉曜何凶悖也曜有惡夢太史令任義極諫何異公孫聖之刺夫差也而曜竟不罪義陳宣帝之昏暴京兆顏運輿櫬陳帝八失帝竟赦之且以御食賜焉嗚呼三君猶有容諫之賢如此

冬至夏至

周髀云冬至晝極短日出辰而入申照三不覆九夏至晝極長日出寅而入戌照九不覆三照三者南三方巳午未也不覆三者北三方亥子丑也

杜詩左擔之句

杜少陵愁生詩云葭萌氏種迥左擔犬羊屯葭萌左擔皆地名葭萌人皆知之左擔人罕曉也太平御覽引李充蜀記云蜀山自綿谷葭萌道徑險窄北來擔負者不容易肩謂之左擔道解者數十家無一知者又妄易左作立可笑又益州記陰平縣有左擔道其路至險自北來者擔在左肩不得度右肩也此條又見先生自著詩話補遺較爲詳備今兩存之又有石蛣御亭一條已見詩話又

鍾張二王書法不同一條又影書一條已見書品又集韻異音巳見丹鉛雜錄又秦淮海易解一條已見經說以上共五條俱重見先生自著各書今俱不贅各依次列其題於本條之下

孟婆

俗謂風曰孟婆蔣捷詞云春雨如絲繡出花枝紅裊怎禁他孟婆合皂宋徽宗詞云孟婆好做些方便吹个船兒倒轉江南七月間有大風甚於舶䑽野人相傳以爲孟婆發怒按北齊李騊駼聘陳問陸士秀江

南有孟婆是何神也士秀曰山海經帝之女遊於山中出入必以風雨自隨以帝女故曰孟婆猶郊祀志以地神為泰媪此言雖鄙俚亦有自來矣

汶卽岷

蜀山之大者曰岷山其川曰岷江岷字說文作㟭省作岷漢人隸書作汶多與汶上之汶相混列子貉不踰汶謂川江也非汶江也殷敢順已辨之史記冉駹為汶山郡司馬温公類篇曰汶音岷據史記引禹貢岷嶓旣藝及岷山之陽及岷山導江皆作汶蓋古字通用也三國志蜀後主至湔登觀坂觀汶水之流王

右軍與周益州撫書曰要欲一遊目汶嶺五代史蜀主王建貶衛尉少卿李鋼為汶川尉徐無黨注汶讀作岷而今汶川縣誤呼作問音蜀專得齊南魯北之水乎　敘州驛名汶川考古志作没川

酒令手勢

五代史史宏肇與蘇逢吉飲酒酒令作手勢按唐人酒令曰亞其虎膺謂手掌曲其私根謂指節以蹲鴟間虎膺之下蹲鴟大指也以鉤戟差玉柱之傍鉤戟頭指玉柱中指也潛虬潤玉柱三分潛虬無名指也奇兵潤潛虬一寸奇六小指也死其三洛謂彈其腕

也生其五峯通呼五指也謂之招手令其亦手勢之類與然以將相大臣而為此態甚於側弁起舞矣二人罹禍不亦宜乎

刺史太守不同

刺史太守不同今混呼為一非也觀後漢郡國志可見矣漢制自三輔之外分九州九州埪郡國州郡有刺史郡國有太守如豫州刺史部則潁川汝南六郡國冀州刺史部則魏郡而下九郡國畿內則河南尹京兆尹而以司隸校尉部之外則刺史部之郡國則太守治之州部則自河南京兆兩尹至豫冀兗徐青

荆益梁并幽交為尹二刺史十一而已郡國則自河南至日南為郡國凡一百十有二太守亦百十有二人嚴能鷹揚有督察之才刺史之職也安靜寬仁有愷悌之德太守之職也

軍中有女子

容齋隨筆記軍中有女子數事皆指一人耳按商子兵守篇云壯女為一軍使盛食負壘陳而待令客至而作土以為險阻及耕格阱發梁徹屋以從從之不洽而熯之使客無得以助攻備又舊唐書云藩鎮相距用兵年久女子皆可為孫吳是全隊用女子不止

如孫武之教習殿廷而已容齋胡不引此耶

管商論金粟

管子曰野與市爭民金與粟爭貴又曰狄諸侯畝鍾之國也故粟十鍾而錙金程諸侯山東之國也故粟五釜而錙金商子曰金生而粟死粟死而金生金一兩生於境內粟十二石死於境外粟十二石生於境內金一兩死於境外國好生金於境內則金粟兩死倉府兩虛國弱好生粟於境內則金粟兩生倉府兩盈國強管商皆功利之流故其術先後若合符然其文亦不易及也 此條之下有孰其兩端一條已見先生經說內不贅

三農

周禮三農有兩訓先鄭云山農澤農平地農也後鄭云原與隰及平地余謂先鄭之說爲是山農南方之刀耕火種巴蜀之雷鳴田也澤農廣東之葑田雲南之海𥳑諺所謂戽水揷秧乘船割稻者也若原隰平地只可言中原不可該邊甸也 此條之下有漏井圜豬一條已見經說內不贅

東流不溢

楚辭天問東流不溢孰知其故柳子之對朱子之注大抵以歸墟爲說余謂水由氣而生亦由氣而滅今以氣噓物則得水又以氣吹水則卽乾由一滴可知其大也歸墟尾閭是非之大竅盡氣之大升降處山海經云汜天之山赤水窮焉不姜之山黑水窮焉礽塗之山靑水窮焉白水之山白水窮焉不庭之山榮水窮焉成山甘水窮焉則衆流各有窮處至此卽化氣而升不必至歸墟也又莊子云日之過何也有損焉風之過何也有損焉風日皆能損水但甚微而人不之覺若褋衣於日中摽隰於風際則立可驗此隨時而消息也覆杯水於坳堂則立而厭灑激泉於焦

原則立而涸此隨地而消息也葢二氣迭運五行更勝一極不俱備一物不獨息端指何地爲歸墟耶

八蠶之綿

文選吳都賦國稅再熟之稻鄉貢八蠶之綿注引劉欣期交州記云一歲八蠶繭出日南也愼按漢俞益期牋云日南蠶八熟繭軟而薄又永嘉記云永嘉有八輩蠶一曰蚖珍蠶三月績二曰柘蠶四月初績三曰蚖蠶四月績四曰愛珍五月績五曰愛蠶六月末績六曰寒珍七月績七曰四出蠶九月初績八曰寒蠶十月績凡蠶再熟者皆謂之珍此則八蠶之寶也

李賀詩將餞吳王八蕳鸞則宜謂一鸞之收當八蕳耳一歲八績恐誇者之過也

嗥歸

史記漢高祖紀爲亭長告歸之田韋昭音告語之告師古音古篤切如禮記出必告之例服虔音嗥呼之嗥按東觀漢記田邑傳邑年三十歷卿大夫號罷歸厭事少所嗜欲嗥與歸同古者當有此音又左傳會八之皐說文禮說曰皐皆可互證書之以廣見聞（此條之下有齊子闔閭一條已見焦氏所刊升菴經說又有點與玷通一條已見丹鉛雜錄又有晚見朝日一條見先生自訂詩話俱系重出今不贅）

黽音茂

抱朴子舉秀才不知書舉孝廉父別居寒素清白濁如泥高第良將怯如黽泥音涅後漢書引論語涅而不緇作泥而不滓可證也黽音茂小雅注引黽勉從事或作蠠沒又作密勿可證也泥音涅則黽當音茂黽或音密則泥當音匿古音例無定也晉書作怯如鷄蓋不得其音而改之

絲不如竹竹不如肉

晉孟嘉論樂云絲不如竹竹不如肉或問其故曰漸近自然此語殊有鑒別古者登歌下管與清聲在上貴人聲也謂之登歌匏竹在下謂之下管即是此意晉人清曠高爽故其語意暗與古合

均即韻

唐書樂志古無韻字均即韻也五帝之學曰成均均亦音韻書曰命汝典樂教胄子論語曰成於樂是成均之說也周人立太學兼五帝及二代之名東學爲東序西學爲瞽宗北學爲上庠南學爲成均宜學言語者處之成均則均之爲韻字益明矣潘安仁笙賦音均不恆曲無定制註均古韻字鶡冠子五音不同均然其可喜一也唐書李綱傳引周禮均工樂胥不得列於士伍（此條之下有庾信詩一條已見詩話不贅）

譚苑醍醐卷第五

譚苑醍醐卷第六

成都 楊 慎 撰　綿州 李 調元 校定

性情

萬漚起而復破水之性未嘗忘也萬燈明而復滅火之性未嘗忘也漚燈情也水火性也情與性魄與魂也此條之上有易字說一條又有三易一條又有卦爻名義一條又有卦字解一條又有易重一斤一條又有太極兩儀一條俱此條之下又有魂魄一條俱先生自訂經說內今又入譚苑醍醐系先生重出今俱贅各標注其題於本條之下以存原書題目

花足曰蕚

或問花蒂何以曰跗曰蒂者花足也故其字從足束皙補亡詩白華素足亦指花蒂為足也韡字從華華音吁與華字不同今作華非韡從韋為義從華為聲古者聯牆之履曰韡今谷作靴韡字從華為義從韋為聲華草木下垂也非精於六書者不能别此也此條之下有平王之孫一條又有孟子　一條又有楚學奇衺一條俱已見先生經說又有宿諾宿問一條一見蕪林伐山內一見墐戶錄茲不贅

近思錄

朱子作近思錄黃勉齋云此書首言太極非近思乃遠思也勉齋此言固朱子之忠臣也

朱子自言傳註

朱子自言平生傳註大學中庸論語所得為多易與詩所得僅如鷄肋益不滿於易本義與詩傳也今世規規然一不敢議豈朱子所望於後賢之心乎

陰符經

陰符經非黃帝書蓋出後漢末唐人文章引用者惟吳武陵上韓舍人行軍書有禽之制在氣一語梁肅受命寶賦有天人合發區宇樂推一語馮用之機論

權論兩引之此外絕無及之者

滕王

杜工部有滕王亭詩王建詩楊得滕王蛺蝶圖皆稱滕王湛然非元嬰也王勃記滕閣則是元嬰耳

四載

羅泌四載說云許叔重注淮南子云水宜舟陸宜車沙地宜肆泥地宜楯孔安國云水舟陸車泥楯山樏而夏本紀云泥乘橇山乘檋橇尸子作蕝祖芮切檋音鞠河渠書云山卽橋溝洫志云山卽梮諸儒皆以檋為邱遙切此意言之音橇為蕝爾按說文四載水

舟陸車無可異者惟山乘樏澤乘軜爲不同尸子云行塗以楯行險以撮行山乘樏行沙乘軌樏與欙同力追切楯與軜同勑倫切尸子之說盖得其傳橇非軜也宜音撮險所乘者樏與梮同即樏也當讀如濟漯之漯其音作橋者殆梮之轉音如湑云橇以板置泥上通行權以銕如錐頭長半寸拖之履下以上山使不跌孟康謂木橇形如箕擿行泥上諸說不同如此然曰載曰乘則不應爲履與板矣輴軌樏橇是曰四載舟車常所乘宜不在四內也右羅氏本說如此予合前說再考諸爲之云行塗以楯行險以撮行山

乘樏行沙乘軌塗泥也楯即輴也輁也欙也狀如長牀穿程前後著兩金而關軸焉其狀痺下而寬廣故行塗用之撮即橇也如晉人登山履今人之脚澁中用木故字從木上係用繩故字從毳下用銕釘之使不跌故行險用之樏即欙與周禮輁車同制如今之登山轎以人拽繩爲牽去聲周禮所謂輓以任載器也故登山乘之軌車最使沙不能陷故行沙乘之行塗行險曰以行沙曰乘蓋有升車與徒步之別揔名之曰四載云此條之下又有禹九州一條已見焦氏所刊經說內不贅

三江味別

蘇子瞻志林有三江味別之說蔡傳深非之然以禹貢本文論之揚江言三江既入而於經言江漢朝宗於海則同流而自爲道可知矣許敬宗謂濟入河洑地南出亦以味別以今揚子江心有南零北零之異則之其入而不合正不疑也古有五行之官水官得職則能辨其性味潛而復出合而更分皆可辨之故師曠易牙俞兒張華王劭陸羽張又新劉白芻李季卿品天下之水性味不同蓋古水官之遺法豈獨爲口腹哉蘇子之說蓋本於此味別之說恐不可廢況

蔡氏於後章之傳亦性別鹹苦之說何獨怪蘇子哉

味別

又考郭緣生述征記緣生於河上遇一書生問之曰何知濟與河上源不異物之不同猶鉛錫也比濟既入於河性與河別不能合混滲漉入地洑行而溢爲滎爾今之歷下發地悉是流水濟所過也東阿之正濟所溢故今阿膠上住吐吐下膈疎痰正以性趨下清而且重故治淤濁逆上之痾譬如油之與水固不同情九夏之晨冷熱之風亦各爲隊豈必謂無水過水哉涇渭分曹南北異零此理不少鄭樵謂山過山

則分水過水則合世無山過山水過水之理謂漢入於江其文止此有脫文沇入於河其文亦止於此而溢爲滎之上當更有導沇水數句說經不通不以爲脫必以爲誤此書生之竺疾也愼嘗闕其說云山過山則分雖分而性不分如羅浮二碣以風雨而合離蓬萊兩山隨波濤而上下元中記云名山有孔竅相通是也水過水則合雖合而性不合沈括云水以漳名者從水於章章者別也文也謂兩物相合有文章可別也清漳濁漳合於上黨當陽者沮漳合流也灝上者章貢合流也鄣郡者西江合流也亳漳者漳渦

合流也雲夢者漳鄖合流也凡此數處皆清濁合流色理如蠕蝀又數十里如璋璋者判合之器也白公問於孔子曰以水投水何如孔子曰淄澠之味易牙能知之斯固味別之說也蔡氏之譏蘇子亦過矣

水性

或問余水味之說則詳矣水性之別何如曰斑固司馬遷貨殖傳地理志備矣論其極則庭州灞水金鐵皆漏庭州灞水在大荒之外以金鐵承之皆漏角與匏葉則否狗夷山中有流水亦如之惟鄜延之川曰脂流即延安石油也以爲煙墨松脂不及唐詩二郎山下雪紛紛石煙多于洛陽塵弱水弱毛黑溪元髕南荒黑有溪水木水以塗古象至梔不去昆侖而以塗身郎能乘蒙如蒙畜古所謂黑昆侖今之象奴也悉唐制角畔怯腐手見佛經水性不同有如此者學所以貴博物也

汲冢文誣

汲冢瑣語其文極古然多誣而不信如謂舜囚堯太甲殺伊尹又謂伊尹與桀妃末喜交其誣若此小人造言不起自戰國之世伊尹在相位日被其黯僇者爲之也然則何以知之曰其文不類戰國

夔鍾

夔州府近掘地得一鍾形如犀斗匾而長二面凸爲十八乳一陰一陽揔爲九乳古詩春鍾九乳鳴疑此

鍾應春宫律也一面古篆七十餘字人不能識惟夔字可辨水經注云夔 觀此可信云

化益已見經說

阿堵已見俗言

甯馨已見俗言

世說誤字

古書傳刻傳謬蓋病於淺者妄改耳如近日吳中刻世說右軍清眞謂清致而眞率也李太白用其語爲詩右軍本清眞是其證也近乃妄改作清貴兼有諸人之差謂各得諸人之參差近乃妄改差作美聲鳴

轉急改鳴作氣義學改作學義皆大失古人語意聊舉一二他不能盡

六幺

古之六博卽今骰子也晉謝艾傳梟者邀也六博得邀者勝是知梟卽骰子之幺也曲名有六幺序義取六博之采小說云綠腰又云錄要皆是妄說如謂律令爲雷邊迅鬼皆古之妄人撰說而文士或信之此亦道聽塗說也

巾幗

讀有頍者弁士冠禮注滕薛名蔮爲頍今未笄冠者

着卷幘頍象之所生也後漢烏桓傳婦人着句决飾以金碧若中國之蔮步搖輿服志夫人有紺繒幗古畫婦女有頭施紺冪者卽此制也諸葛孔明以巾幗遺司馬懿巾幗女子未笄之冠燕京名雲髻蜀中名曇籠蓋笑其堅壁不出如閨女之匿藏也幗音與憒同古對切今音與國同非也

需頭

蔡邕獨斷載漢代章奏之式所謂需頭者蓋空其首一幅以俟詔旨批答陳請之奏用之不需頭者中謝之奏用之楊萬里知筠州謝表云需章句外退以其私便郡疏恩出於自擇需章字用獨斷語也晉人簡帖後空一幅仍書空著後以俟朋友之批答故謝安批子敬之帖尾合二事觀可見古人章奏尺牘之制

尚字平音

劉熙釋名曰尚書者何也尚上也言最在上摠領之也韋昭辨釋名云尚猶奉也百官言事當省案平處奉之故曰尚書也尚衣尚食亦然愼案春秋傳曰百官承事朝而不夕承事者言事而奉其文書也漢世官名尚書義實取此如湻漢書注曰主天子文書曰尚書如主壻曰尚主漢制娶天子女曰尚公主娶諸

侯女曰承翁主則尚猶承也尚猶奉也韋昭之解上合左傳下協漢制比於劉熙依字音杜撰遠矣此條之下有六尚一條已見焦氏所刊先生經說又有以手通指一條已見丹鉛雜錄按俱係重出今不贅

蜀取劉璋

漢昭烈於十六年冬從劉璋之迎而襲張魯是時孔明留守荊州至明年乃自葭萌據涪出正之計昭烈亦强忍從之若使孔明在舉措當不如此今以取劉璋爲孔明病蓋亦之考也

馮京

余觀族氏言行錄載馮京之父名式京生而雋邁不羣式一日取其所誦晉題其後曰將作監丞通判荆南軍府事馮京式既退官十一年京舉進士第一爲將作監丞通判荆南如式之言時人謂式爲知子氏族錄宋人所編當得其實也傳馮商還妾事以爲京文考之此文京父未嘗爲商又不名商也小說不足信當依正史之傳可也

豨首

爾雅菥蓂豕首呂氏春秋云豨首生而麥無葉神農本草經云夏至之日豕首茱萸先生豕首圖經藥錄

謂之天名精一名天蔓菁名精卽蔓精轉語也又名蟾蜍蘭今俗名豨薟是也又蠡實亦名豕首卽月令所謂荔挺也以冬至生與此同名異物此條之下有蠭伯同一條又有㫄齒一條又有問諸水濱一條俱已見焦氏所刊先生經說今又旬見此書故不贅入各列其名次於本條之下

巧說少信

史記貨殖傳南楚好辭巧說少信諸家不解此句余謂有爲神農之言者許行自楚之滕莊周與惠子俱濠人宋玉作大小言賦又作神女高唐賦韓詩外傳

載孔子與子貢交辭於漂女皆南楚巧說少信之明證也此條之下有養以之福一條又有變置社稷一條已見焦氏所刊經說考系重出今不贅

墳墓字異

方言凡葬無墳者謂之墓有墳者謂之撫檀弓古者墓而不墳也邯鄲湻曹娥碑丘墓起墳葢言丘其平墓而爲高墳也後世以墳墓混爲一遂疑其重複改爲立墓起墳非也曾見上虞謝猬齋爲予言此

蜀志遺事

孔子弟子商瞿世本作商瞿上文翁石室圖亦作商

瞿上宋景文公作成都先賢贊以商瞿上爲蜀人考之路史及輿地紀瞿上城在雙流揚雄蜀本紀云黃帝娶於蜀山氏蜀山氏女茂州人也魚鳧津在彭山縣彭祖生於此鄉以上三事幷入蜀志此條之下有張有論此書一條已見丹鉛雜錄今不贅

蜀姓

宋章定名賢氏族錄以韻分姓蜀姓在八齊韻音睽按說文葵中贊名蜀又詩吉蠲爲饎蠲音圭漢書引詩云吉圭爲饎文翁石室圖七十二子名石作蜀其字蜀書爲蜀姓范又作蚩形異而音同今蜀與蚩分

爲二姓此條之下有身宗同音一條宗升同音一條俱見丹鉛雜錄又有由農字通已見蕣林伐山又有神茶已見轉注古音畧又䵼鱀字音已見詞品按俱系先生隨時所記不復記憶所重出　不贅

匽鼂

說文解鼂字云匽鼂也徐鉉云蟲名蓋亦不知何物也余近觀臨海水土志云鼂似鼉一名匽鼂又名鼂鼊一枚有三斛膏此條之下有乚字音義一條已見丹鉛雜錄係重出不贅

戕戕

漢有牂柯郡字一作牂戕又作戕戕其字從弋弋杙也繫船木也說文與漢書注舊解如此牂柯今貴州地也其江水迅疾難於濟渡立兩杙於兩岸中以繩絙之舟人循繩而渡乎過其地見盤江與崇安江皆然固悟古人制字之義郭忠恕佩觿集云戕戕從弋謬之甚矣然則讀萬卷書而不行萬里路者亦不能識字也信矣

禠祙

魑魅字漢碑作禠祙其字從示盩禠祙亦山之神也

蕺蕊同字

蕺廣蒼云蒩也文選注蒩草名亦名土茄覆地而生根可食人飢則以代糧張平子南都賦蓼蕺蘘荷注蕺香菜根周處風土記蕊似茆根蜀人謂之香蒩蕊與蕺同吳越春秋越有蕺山越王嘗採蕺於此庾肩吾書品云蕺山之扇竟未增錢郎三義之爲市嫗題扇處也蕊側及切諸韻書亦不載獨見文選注耳此條之下有大鳳一條又二小爲地一條又字義一條又崔希裕畧古一條俱見丹鉛雜錄兩重出係先生自釘茲不贅

㝵字

佛經無邊無㝵無極無央㝵與礙同字書不載僅見此爾無央者無中與邊亦極言廣大也

穭秜

野稻不種而生曰穭刈稻明年復生曰秜此條之下有勞極灑灑一條又銳極同義一條已見丹鉛雜錄又有酋夷一條已見焦氏所刊先生經說兩考俱係重出茲不贅

納音

乾爲天坤爲地乾坤合而爲泰德爲父紅爲母德紅合而爲東干爲君支爲臣支干合而納音生此六十

甲子納音之說其詳見路史餘論夢溪筆談南村輟耕錄此條之下有泣與澀同一條又甄音稽一條又斗音主一條又欸唱一條俱見丹鉛雜錄茲不贅

譚苑醍醐卷第七

成都 楊慎 撰 綿州 李調元 校定

古文八字四韻

老子知足不辱知止不殆足與辱押韻止與殆押韻蓋古音殆作以也韓非子名正物定名倚物徙亦以正押定倚押徙也淮南子蘇秦步曰何故趨曰何馳亦是韻語古文多用八字之內而四韻者僅見此三條耳此條之上有辭達一條已見焦氏所刊升菴經說又有漢文一條大招一條三游洞記一條廬山記一條白牛溪賦一條楊烱稱王勃一條俱已見丹鉛雜錄內茲不贅

詅痴符

和凝爲文以多爲富有集百卷自鏤板以行識者多非之曰此顏之推所謂詅癡符也近日有一達官自刻其文且問於作者曰吾文何如古人或對曰一代之與有一代之文故漢曰漢文唐曰唐文公之文可謂明文也蓋譏其近於史牘而其人不悟

說御

穀梁傳說御云車軌塵馬候蹄列子說御云輿倫之倫之外可使無餘轍馬蹄之外可使無餘地韓非子

驅而前之輪中繩引而却之馬掩跡命意則一修辭則殊可以見古人筆端之變化矣

祖龍沐猴

杜牧之文祖龍之吞六國沐猴之破五諸侯假對皆工亦文之一巧

規磨

文子曰水雖平必有波衡雖正必有差韓子曰規有磨而水有波我欲更之無奈之何荀子曰是規磨之說也注規摩之說猶差錯之說也規者正圓之器磨久則偏盡而不圓韓子之言必合荀注而後明注可

廢乎

美男破老

汲冢周書云美男破老美女破舌葢頑童昵比則黎老播棄艷妻煽處則忠臣結舌

薖軸

王元長曲水詩序沈冥之怨既缺薖軸之疾已消本考槃詩二句而會合之此李商隱仄釘之祖也文選英華求賢判云盡岸穴之英奇揔濠梁之薖軸儲光羲詩清言問薖軸惠念及滄浪用字又祖王元長也

珠聲玉價

說文注引宋宏云淮水出玭珠珠之有聲者聲謂有名價也唐人文有珠聲玉價之語本此

蠻烟蜃雨

嶺南異物志云蠻烟蜃雨無別晨暮蜃蛟屬也

蘭氏

周禮輈人注鮑魚字大戴禮蘭氏之根蘐氏之苞王襃洞蕭賦幸得謚爲洞蕭兮魚名而稱字草名而稱氏蕭名而稱謚皆奇之又奇

因而立政

鸞刀貴割而聲尚和利刃貴斷而字從和易曰利者

義之和也先王制器尚象因文立政如此此條之下有分沙漏石一條已見丹鉛雜錄茲不贅

小說

說者云宋人小說不及唐人是也殊不知唐人小說不及漢人如華嶠明妃傳云豐容靚飾光明漢宮顧影徘徊聳動左右伶元飛燕外傳云以輔屬體無所不靡郭子橫麗娟傳云玉膚柔軟吹氣勝蘭不欲衣纓拂之恐體痕也此豈唐人可及晉書荀勗傳云汲郡人不準發冢得古文數百篇中載楚事一段尤妙亦小說也惜不傳耳此條之下有負劍一條已見焦

氏所刊先生經説兹不贅

元女兵法

元女兵法以授黄帝云制旄旂以象雲物鑄鉦鐃以擬雹聲鞉鼓鼙以象雷霆鉦鐃今之銅鑼也

先憂後樂

先憂事者後樂事先樂事者後憂事此曾子立事篇語大戴禮所載同范文正公先憂後樂之語本此 此條之下有女匽一條已見經説兹不贅

虎僕

皇甫松大隱賦書抽虎僕射用牛蝓博物志有獸緣

本文似豹名虎僕毛可取以爲筆今俗名九節狸張季文嘗以此筆見貽信爲佳也 牛蝓見淮南萬畢術

石涅

山海經女牀之山其陰多石涅孝經援神契曰王者德至山陵而黑丹出注丹者別是彩名亦猶青白黄皆云丹也石涅黑丹即今之石墨也一名畫眉石上古書用漆書中古用石墨後世用煙墨

石燭

石燭一名水肥一名石脂一名石液今之延安石油也可熏煙爲墨唐人延州詩有石烟多於洛陽塵之

句

過所

劉熙釋名曰過所至關津以示之張晏注漢紀關傳云傳信也若今過所過者今之行路文引也

零丁

齊諧記云有失兒女零丁謝承後漢書戴良有失父零丁零丁今之尋人招子也

孔明心如秤

太平御覽載諸葛孔明語云我心如秤不能爲人作低昂唐胡曾救人啓曰推諸葛之秤心負姜維之斗

慕容佳虜

慕容德乘高享燕顧謂尚書魯邃曰齊魯固多君子當昔全盛之世梓愼巳生滄于二鄒之徒蔭修檐臨清沼恣飛馬之雄辭奮談天之逸辯指撝則紅紫成章俛仰則邱陵生韻至於今日荒草頽墓氛消煙滅永言千載能不依然德本北裔我馬之梟其言若兹亦佳虜也或是史臣飾辭非本眞

金溝銅池

羊元保曰金溝淸泚銅池搖颺旣佳光景當得劇棊此語殊有韻致

王維談名理

王維云古之高者曰許由挂瓢巢父洗耳耳非駐聲之地聲非染耳之跡惡外者垢內病物者自我此尚至至於曠士豈入道之門也維之談名理如此豈漢晉人邪

日昃曰映

梁元帝纂要云日在午曰亭在未曰映王仲宣詩山岡有餘映謂日昃也

月表

禮記云爲朝夕必放於日月爲朝夕者蓋立圭以測

日景立表以量月采日圭之法具於周禮月表世罕知漢書李尋傳月者衆陰之表消息見伏百里爲品千里立表王僧虔詩所謂月表望青邱是也吳下田家以正月八日夜立一竿於平地月初出有影即量之據其長短移於水面就橋柱畫痕記之梅雨水漲必到所記之處蓋古之遺法管子云不明於則而欲出號令猶立朝夕於運鈞之上運鈞泥工圓轉之器也此條之下有翠足粉胷一條又有調繆織禱一條已見先生自訂蕻林伐山又有戲婦一條已見丹鉛雜錄按俱系重出茲不贅

鮑姑艾

世傳鮑姑艾五月五日曾灼龍女鮑姑亦仙女流也宋人五日帖子中有用此事者此條之下有夜覺一條已見焦氏所刊先生經說又有另日一條已見焦氏所刊俗言茲不贅

泰春泰秋

古大字音義與泰通大別作太自范氏作後漢書始用之避其家諱也按莊子有虞氏不及泰氏泰氏謂大庭氏也管子書有泰春泰夏泰秋泰冬董仲舒策陽常居大夏陰居大冬正用管子語則大冬大夏皆

音泰今人多失其讀此條之下有螝蛣螂螗一條已見丹鉛雜錄內茲不贅

東潞西潞

潞有東潞西潞西潞今山西潞州東潞今北京潞河涺有南涺北涺北涺在瑯琊靈門南涺在九疑零陵雲夢有南夢北夢見左傳注

罙衷

李鼎祚周易集解所引姓名晉人有罙衷罙音森其字從木從穴亦希姓姓氏諸書不載也

女麴

文麴小麴也蔺糖窠絲糖也石密糖霜也自然檗禹餘糧也俱見齊民要術此條之下有鑱燈一條已見先生自著蘇林伐山丙兹不贅

鬱華金提

南陽之宛即古鬱華國漢中金州即古金提國見國名記此條之下有莊子慣世一條已見丹鉛雜錄兹不贅

驅山鐸

太湖西有岞嶺山有石如卷笮相傳云禹所用牽山笮也會稽又有驅山鐸二事與秦王鞭石成橋相類

好怪者傅會之說邪抑古元有此術也

五勝

五行漢書謂之五勝言交相勝也淮南子謂五度所謂音氣不戾八風詘伸不誤五度是也又謂之五殺所謂善用兵者持五殺以應世也陰符經竊其意而變其辭曰天有五賊見之者昌五賊即五殺之說也陰符經之文李筌僞作或信以爲黄帝者無目者也其文尚不能望六韜三畧之藩籬素問汲冢之萬一而以軒轅之書視之有目者如是乎

河圖緯

茅山志引河圖要元篇云句金之壇其間有陵兵病不起洪波不登又曰乃有地脉土良水清句曲之山金壇之陵可以度世上昇曲城要元篇蓋漢世緯書後漢書志注不載其目僅見此焉

洞庭

三茅眞君云天無謂之空山無謂之洞人無謂之房山腹中空虚是謂洞庭人頭中空虚是謂洞房

間色名

青赤黄白黑五方正色也碧紫紅綠流黄五方之間色也青别爲蒼赤别爲朱析朱爲非非今作緋黄别

爲黇白别爲縞黑别爲元此正色之别名也近黑[illegible]今作默似綠色曰校女嫁者服之縠日出色也抑日入色也蔥暝色也壇婦人注面赭色也雖草色也間色之中又有間色若天縹褪紅淺絳女貞黄天水碧之丙不可殫述南史輿服志有鷟鴨鶴翎四色鷸音翬白色也餘未詳左傳注袀帛色也

姦色

禮注紅南方之姦色紫北方之姦色五方皆有姦色蓋正色之外雜互而成者曰姦色猶正聲之外繁手而淫者曰姦聲也姦色即間色

王鍇藏書

前蜀王氏朝僞相王鍇字鱣祥家藏書數千卷一一皆親札并寫藏經每趨朝於白藤擔子內寫書書法尤謹至後蜀孟昶又立石經於成都宋世書傳蜀本最善以此五代僭僞諸君惟吳蜀一主有文學然李昪不過作小詞工畫竹而已孟昶乃表章五經篹集本草有功於經學矣今之戒石銘亦昶之所作又作書林韻會宋儒黃公紹韻會舉要實祖之然博洽不及也故以舉要爲名余及見之於京師惜未暇抄也

禹生石紐

易水舜升大禹石夷之野後漢戴叔鸞傳云大禹生西羌水經注禹生於蜀之廣柔縣石紐村今之石泉縣也石紐村今之石鼓山其山朝暮二時有五色霞氣又有大禹採藥亭在大業山其地藥氣觸人往往不可到地志不載聞之土人云

茶訣

陸龜蒙自云嗜茶作品茶一書繼茶經茶訣之後自注云茶經陸季疵撰茶訣釋皎然撰疵即陸羽也羽字鴻漸季疵或其別字也茶訣今不傳予文見事類賦注多引茶譜今不見其書此條之下有王趺踢一條已見藝林伐山兹不贅

半豹

郭頒世語云殷仲文讀書若半袁豹則筆端不減陸士衡蓋惜其有才而寡學也李商隱四六啓云學殊半豹藝愧全牛

腹背

李嶠內制集鏘金鳴玉坐棠枯株擊水搏風顧慙腹背蒞顯表翳駘獲薦於九方腹背可傳於六翮又云坐擁股肱之任顧慙腹背之毛腹背事見韓詩外傳

鴟夷魚腹

吳任宰嚭伍胥鴟夷楚信靳尚屈平魚腹

以下五行原本闕

老子解

干霄蔽日巨木也求尺寸之材必後椓杙龍吟虎嘯至音也尚頰舌之感者必下於蛙黽故曰大音希聲大器晚成

陽燄

素問云澤中有陽燄陽燄如火煙騰騰而起於水面者是也蓋澤有陽燄乃山氣通澤山有陰靄乃澤氣通山

禆海

說文禆接益也以小益大曰禆西域傳有禆王漢書行禆將鄒衍書四海之外有禆海環之書名有禆蒼禆雅皆以小益大之義

樹鹽

陳藏器本草鹽麩樹一名鈹奴鹽蜀人謂之酸桶博

物志云酸桶七月出穗蜀人謂之主主音穗其字从一从口从土與主客之主不同今按博物志無此文酸桶亦不知爲何樹一統志載女直國鹽生木枝上即此類中國亦有之今人不知取之爾

鶬鴰（此條較經說所載差詳故存之）

左傳青鳥氏司分者也杜預云青鳥鶬鴳立春鳴立夏止疏作鶬鷃易通卦驗立春楊柳津鶬鴰鳴與左傳合然未知此鳥今名爲何鳥也（此條之下有朱鷺一條已見詩話茲不贅）

彭祖

宰我問五帝德篇云堯舉舜彭祖而任之論語注老彭商賢大夫世傳彭祖八百歲此亦一證也

安南

宋神宗問朱公掞欲再舉安南之師公掞對曰願陛下以禽獸畜之

行禽

管子道塗無行禽指人言之謂其爲能行之禽爾注乃云無禽獸之行是以行爲去聲非也

沙田

氾勝之農書曰三月杏華可菑白沙管子書有五沙

之士劉勰曰吳人謂水中可爲田者曰沙（管子五沙之狀粟焉如屑塵）

樂志

六韜太公曰君子樂得其志小人樂得其事戰國策趙武靈王曰非以養欲而樂志也仲長統樂志論所謂樂志字本此

管輅三斗

抱朴子云管輅傾仰三斗而清辯綺粲管輅善飲惟見此而輅傳不載

蘭槐

荀子云蘭槐之根是爲芷大戴禮蘭氏之根懷氏之苞漸之修矣君子不近庶人不服注蘭槐香草名槐又作懷本草云蘹香即杜衡也又名衡薇香唐詩情人一去無窮已欲贈懷根不逢即此也

菄風草

燕泉云郴之桂陽產風葉充茗飲能愈頭風亦可浸酒性微熱前人志記不載范石湖集蠻茶出修江治頭風風葉豈蠻茶之謂邪慎按左思吳都賦云東風扶留注東風草名玉篇作菄風即此也郴桂在三國屬吳爲此物無疑又按齊民要術引廣州記云東風華葉似苔莖紫宜肥肉作羹味如酪香氣似焉蘭則廣州亦有之

鴈戸

唐書編氓有鴈戸謂流民也

張僧繇

劉子元曰張僧繇畫羣公祖二疎圖而邱士有著芒屩者閻立本畫昭君圖婦女有著帷帽者夫芒屩出於水鄉非金華所有帷帽起於隋代非漢宮所作以此言之畫非博之士亦不能作也此條之下有桃源圖一條已見畫品

十眉圖

唐明皇令畫工畫十眉圖一曰鴛鴦眉又名八字眉二曰小山眉又名遠山眉三曰五岳眉四曰三峰眉五曰垂珠眉六曰月稜眉又名卻月眉七曰分稍眉八曰涵煙眉九曰佛雲眉又曰橫煙眉十曰倒暈眉東坡詩成都畫手開十眉橫雲卻月爭新奇此條之下有漢畫一條已見畫品

青棠

棠字古作裳管子地員篇其木宜赤裳詩云常棣之華裳古棠字常轉爲裳又借裳爲棠也常又作唐周南詩唐棣之華小雅常棣之華古今注欲觸人之忿則贈以青裳青裳一名合歡本草作青唐云此條之下有蕭齋一條又臨摹一條已俱見先生自著書品考條重出茲不贅

寶月帖

秦子明涪州人買石摹刻僧寶月古法帖十卷載入黔中壁之紹聖院寶月帖又在隋開皇帖南唐昇元帖之前比之金簿厦紙銀錠欂痕者優劣當懸矣

索靖二帖

宋太宗刻淳化帖命侍書王著擇取著於章草諸帖

形近篆籀者皆去之識者已笑其俗其所載索靖二帖脉土處農姬業掌稷猶有古意及計來東言展有期則但行草而已東書堂帖又去其前而存其後其所謂至言不出俗言勝耶孫過庭論書必傍通二篆俯貫八分包括章草涵泳飛白嗚呼必如是而後爲精藝也不然則刻鵠圖龍竟慚眞體得魚獲兔猶悕筌蹄未免凡近耳

扶竹

武林山西舊有雙竹院中所產修篁嫩篠皆對抽並胹王子敬竹譜所謂扶竹譬猶海上之桑兩兩相比

謂之扶桑也扶竹之笋名曰合歡按律書注伶倫取嶰谷之竹陽律六取雄竹吹之陰呂六取雌竹吹之蜀涪州有相思崖昔有童子丱女相悅交贈今竹有桃釵之形笋亦有柔麗之異崖名相思崖竹曰相思竹孟郊詩云竹嬋嬋籠曉煙指此竹也

一　文章狀物

嵇含南方草木狀云檳榔樹皮似青桐節如桂竹下本不大上枝不小稠直亭亭千萬若一森秀無柯端頂有葉仰望眇眇如插叢蕉於竹杪風至獨動似擧羽扇之掃天俞益期與韓康伯牋云檳榔木大者三圍高者九丈葉聚樹端房栖葉下華秀房中子結房外其擢穗似黍其綴實似擲其皮似桐而厚其節似竹而穊其中空其外勁其屈如覆虹其伸如縋繩步其林則寥朗庇其蔭則蕭條此分明畫檳榔圖也毛文錫茶譜云茶樹如瓜蘆葉如梔子花如白薔薇實如栟櫚葉如丁香根如胡桃白居易荔枝圖序云荔枝樹形團團如帷蓋葉如桂冬青華如橘春榮實如丹夏熟朶如蒲桃核如枇杷殼如紅繒膜如紫綃瓤肉瑩白如冰雪漿液甘酸如醴酪大畧如彼其實過之若離本枝一日而色變二日而香變三日而味變

四五日外色香味盡去矣此分明爲一物傳神也傅肱蟹譜云蟹鶻眼蠏足蛆腦蜩腹其爪類拳丁其螯類執鉞生於濟鄆者其色紺紫產於江南者其色青白眞如繪畫焉宋以後人豈能爲此等語乎

扶荔宮

漢武帝元鼎六年破南越建扶荔宮以荔枝得名也此荔駢生若十八娘之類曰扶荔者亦若扶竹扶桑云

郡縣

說文曰郡制天子地方千里分爲百縣縣有四郡故

春秋傳曰上大夫縣下大夫郡至秦始置三十六郡以監縣矣邑君聲釋名郡羣也人而羣聚也黃義仲十三州記曰郡之言君也改公侯之封而言君者至尊也郡守專權君臣之禮彌崇今郡字君在其左邑在其右君爲元首邑以載民故取名於君謂之郡漢官曰秦用李斯議分天下爲三十六郡凡郡或以列國陳魯齊吳是也或以舊邑長沙丹陽是也或以山陵太山山陽是也或以川原西河河東是也或以所出金城城下得金酒泉泉味如酒豫章樟樹生庭鴈門鴈之所育是也或以號令禹合諸侯大計東治之

山會計國名會稽是也

風俗通曰百里曰同總名爲縣縣元也首也從系倒首與縣易偏矣言當元靜縮役也釋名又曰縣也縣於郡矣黃義仲十三州記曰縣絃也絃以其有言下體之居隣民之位不輕其誓施繩用法不曲如絃絃聲近縣故以取名今縣字在半也

朗公谷

太山朗公谷舊名琨瑞溪車頻秦書云沙門竺朗碩學淵通尤明氣緯隱居此谷嘗從隱士張巨和遊巨和常穴居而朗居琨瑞小大起殿舍連樓疊閣雖素

飾不同並以靜外致稱此條之下有署書一條已見書品又有致足樂耶一條已見丹鉛雜錄考俱系先生自行重出茲不贅

以下原本闕四行

高齋無白鳥

荊州江古岸有李姥浦浦中偏無蚊蚋之患梁元帝金樓子云荊州高齋月無白鳥余亟寢處其中及移

餘齋則蚊聲如雷數丈之間如此之異何子元云北京某街蚊多某坊蚊少其無蚊處雖帳幕可無顧土廉云松江亦然又某門外城河中可里餘絕無一蚊郡人暑月嘗移舟避宿其間余以何頭兩公之言參之水經注紀李姥浦金樓子紀高齋二事信有此理滇中環湖苦多蚊而寶珠寺乃絕無影響其理不可曉也

佛性

有僧問蚯蚓截爲兩段首尾皆動佛性在首在尾古未有荅也伯清舉似余余曰薪盡火傳灰燼猶熱桴

停鼓歇音響猶轟

方望賢於范增

方望爲隗囂軍師後囂不聽其言望以書謝之曰范蠡收責句踐乘扁舟於五湖咎犯謝罪文公亦逡巡于河上望之無勞固其宜也望閭烏氏有龍池之山微徑南通與漢相屬其傍時有奇人聊及閑暇廣求其眞願將軍勉之見機亂邦托跡方外方外飄然行遁邈焉莫追賢於范增遠矣

周紂築室

周紂爲渤海太守免歸廉潔無資常築墼自給劉攽漢書刊誤云墼非築所成當作塈築爲墻墼爲坑也此說大謬攽本南人不知土墼也字林墼未燒曰墼埒蒼刑土爲方曰墼今之土墼也以木爲模實其中非築而何（墼古作㙚儀禮㙚塊也　此條之下有皐比一條已見蕪林伐山又有舟鮫一條已見焦氏所刊先生經說內茲俱不贅）

半面

東觀漢記應奉嘗詣袁賀賀時將出行閉門造車匠於閤內開扇出半面視奉去後數十年於路見車匠識而呼之今人云半面之識本此事

鰅魚

說文鰅魚出樂浪潘國有兩乳菓子奇曰奔䱐也一名瀱非魚非鮫色如鮎有兩乳在腹下雌雄陰陽類人相傳懶婦所化佛書謂之饞燈鳴瓊泛醉則明披緗辟纑則暗

譚苑醍醐卷第七

譚苑醍醐卷第八

成都 楊 慎 撰 綿州 李調元 校定

凹凸字此條較耕林伐山所載差詳故存之

土窪曰凹土高曰凸古之象形字也周伯溫乃曰凹當作坳凸當作垤俗作凸凹非是反以古字爲俗字也東方朔神異經云大荒石湖千里無凸凹平滿無高下畫記云張僧繇畫一乘寺壁遠望如凹凸近視則平名曰凹凸花俗呼一乘寺爲凹凸寺云江淹青苔賦云悲凹嶮兮惟流水而馳騖高僧傳云谷之應聲語雄而響厲鏡之鑒像形曲而影凹有皆名人文

士所用其來舊矣豈至伯溫始貶爲俗字乎

懸炭

李嶠贈魏收詩流火時將末懸炭漸云輕梁簡文江南思詩月暈蘆炭缺秋還懸炭輕蕭子雲歲暮直廬賦衡輕炭燥權重泉涸懸炭事見淮南子亦古候氣之法說林懸羽與炭而知燥濕之氣今罕知用之而文人引用亦僅此三條耳

猛燭猛炬

魏明帝樂府晝作不停手猛燭繼望舒晉庾闡藏鬮賦督猛炬以增明從因朗而心隔猛炬猛燭蓋大燭大炬也周禮所謂墳燭楚辭所云懸火也杜詩絅盤燒臘光吐日其猛燭乎

兩兒辨日

列子曰孔子東遊見兩小兒辨鬬問其故一小兒曰我以日始出去人近而日中時遠也一小兒曰我以日初出遠而日中時近也言初出近者曰日初出大如車蓋及其日中裁如盤盂此不爲遠者小近者大乎言日初出遠者曰日初時滄滄涼涼及其中時熱如探湯此不爲近者熱遠者涼乎桓譚新論云漢長水校尉平陵關子陽以爲日之去人上方遠而四旁

近何以知之星宿昏時出東方其間甚疏相離丈餘及夜半在上方視之甚數相離一二尺以準度望之逾益明白故知天上之遠於傍也日爲天陽火爲地陽地陽上升天陽下降今置火於地從傍與上診其熱從旁與上遠近殊不同焉日中正在上覆蓋人人當天陽之衝故熱於始出時又新從太陰中來故涼於其西在桑榆間也桓君山曰子陽之言豈可然乎張衡靈憲曰日之薄地闇其明也由闇視明明無所屈是以望之若大方其中天地同明明還自奪是以望之若小火當夜而揚光在晝則不明也月之於夜

與日而差徵晉束皙以爲傍方與上方等傍視則天體存於側故日出時視日大也日無小大而所存者有伸厭厭而形小伸而體大蓋其理也又日始出時色白者雖大不甚始出時色赤者其大則甚此終以人目之惑無遠近也且夫置器廣庭則函牛之鼎如釜堂崇十仞則八尺之人猶短物有陵之非形異也夫物有感心形有亂目故仰游雲以觀月月常動而雲不移乘船以涉水去而船不徙矣安岌云余以爲子陽天陽下降日下熱束皙言天體存於目則日大頗近之渾天之體圓周之徑詳之於天度驗之於晷

影而紛然之說由人目也參伐初出在旁則其間疏在上則其間密以渾驗之度則均也旁之與上理無有殊也夫日者純陽之精也光明外曜以眩人目故人視如小及其初出地有遊氣以厭日光不眩人目即日赤而大也無遊氣則氣白大不甚矣地氣不及天故一日之中晨夕日色赤而中時色白地氣上升蒙蒙四合與天連者雖中時亦赤矣日與火相類火則體赤而燄黃日赤宜矣然日色赤者猶火無燄也光衰失常則爲異矣因讀列子而麤集舊說如上又思列子之爲此段雖曰寓言實有至理蓋引而不發使後人深察澄觀而得其說故設爲兩兒之言以戲百世之下迄今百世之下雖宿學妙術屢數百辭而猶不可了然使果有兩兒而以關子陽桓君山束皙安岌當之亦未易折此兩黃曰也朱紫陽云必有眞人乘龍淩虛出倒景之上崑崙之外而後可訂其是非耳莊子曰六合之外聖人存而不論玆言善矣

韓退之遺文

孫何稱韓退之擬范蠡與大夫種書意出千古理抜羣疑今集中無此文白樂天稱皇甫湜涉江文而甫集亦無此文皮日休稱孟浩然微雲淡河漢疎雨滴

梧桐而孟集無此一首也乃知古人詩文之佳者遺逸多矣

司農劉夫人墓碑

司農夫人祖自會稽山陰姓劉氏伊夫人受持貞剛體性純淑非禮不行闕一字人闕一字仁闕二字石闕五字九族穆同闕三字子孫息盈房導男以闕七字母儀闕三字容德配古列任似爲闕八字宮闕一字復至闕十字酒甘香車騎陳闕七字公闕二字奉闕十字迎醫極俊迭素名闕九字幽藏咨嗟酷闕十字命闕七字晝圖像甄采典闕七字鄉人闕五字不忘闕字俱照原本式塡寫

右司農劉夫人漢大尉許馘之妻也首行有標題之文石已刓剝所存數十百字其漫漶者強半惟次行獨全故其姓劉氏而爲山陰之人其辭惟數句可讀如云體性純淑非禮不行及孫息盈房而已其云德配古列任似者以似爲姒也字畫多雜篆體所書以字全類孔宙碑其它偏旁多與故民吳公碑中山相薛君題額相類應劭漢官儀所載三公孝靈時有吳郡陽羨許馘季軼漢紀光和四年馘以衛尉代劉寬爲太尉今許氏兩墓皆在宜興而此碑猶在夫人冢旁吳處厚青箱雜記云義

興有許馘廟其碑許邵所作唐開元中諸孫重刻碑陰有八字云談馬礪畢王田數七徐延作讀之曰談馬郎言午言午許字礪畢必石卑石卑碑字玉田乃千里千里重字數七六一六一立字今其殘碑纔有數十字其間載許君自司農遷衛尉北文稱劉氏爲司農夫人則銘墓時許猶未爲衛尉也其碑在光和之前無疑又云司農夫人碑題一行文八行行二十八字石尚餘其半亦隱隱若有字右具載洪景伯隸釋吳人盧熊嘗得此刻云自伊迹夫人以下合有四言二十五韻今所存剛行

同房容宮香藏鄉忘可攷

國山碑

闕二字民用不犯於是臣丞相沇曰闕三字六十徘徊於此遂基大宮闕八字庶民子來不日闕八字頑嚚乃止率土來獻柔服百神經緯庶務日昃不食闕二字六經藏旨百家思闕一字道數頻十陵道大啓未光闓立東觀闕一字紀寶言建設墳典闕三字闓寶感神化出幽祇闡舉乃遣使者大宥刑惡道尚闕二字善格幽元覬與五福惟神明上天罔應闕三字貸宿降祉利丰特發神夢璽

璽鎖國玉璽啓自神匱神人指授金册有玉篚者四日月明朗老人星見者弍十有弍五天瑞氣黃旗紫蓋覆擁宮闕顯者若斗牛者弍十有九麟鳳龜龍銜圖負書卅有九青蜺白兕丹黑闕一字廿有二白兔白麐白鹿卅有二白雉白烏白鵲白鳩弍十有九赤烏赤雀廿有四白雀白燕廿有七神鹿吐書白鯉騰船者二靈絮神絮彌被原野者三嘉禾秀穎甘露凝液六十有五殊幹連理六百八十有三明月火珠壁流離卅有六大貝餘闕一字幹泉杰十有五大寶璧水青瑴璧卅有八玉兕玉羊玉鴝闕一字三寶鼎神鍾神鑿受祝神壽卅有六石室山石闓石印封啓九州

吉發顯天讖韶不鏡光者弌十有弌神闕一字頌歌廟
靈闕一字示者三讖民推紀湖澤闓通應讖合謠者五
神翁神僮靈母靈女告徵表祥者卌有弎靈夢啓讖
神人授書著驗闕二字者十秘器闕一字文王板紀德者
三王人王印文釆明發者八玉闕一字玉琯玉璜玉玦
玉鈎玉稱殊輝異色者卌有三玉尊玉盌玉盤玉罍
清潔光眼者九刖者河伯睿玉靈圖言天平墜成天
子出東門鄂者四大賢司馬徵虞翻推步圖緯甄覽
啓緘發若與運會者二其餘飛行之類植生之倫希
古所覿命世殊奇不在端命之篇者不可稱而數也

於是旃蒙協洽之歲月次陬訾之口日惟重光大淵
獻行年所值寔惟茲歲帝出虖震周易實著遂受上
天玉璽文曰吳眞皇帝玉質清黃解理洞徹對受祗
悚夙夜惟寅而大德宜報大命宜欽乃呂柔兆涒灘
之歲欽若上天月正革元郊天祭地紀號天璽用彰
明命於是丞相沇太尉璆大司徒燮大司空朝執金
吾修城門校尉歆屯騎校尉悌尚書令忠尚書昏直
晃昌國史瑩覈等亦曰爲天道元嘿以瑞表眞今衆
瑞畢至三表納貢幽荒百蠻浮海闕一字川九垓八埏
罔不被澤率按典繇宜先行禪禮紀勒天命遂於吳
興國山之陰告祭刊石以對揚乾命廣報坤德副尉
天下喁喁之望中書東觀令史立信中郎將臣蘇建
所書刻工殷正何敘闕字俱照原本

右吳國山碑者孫皓天册元年禪於國山改元天
璽因紀其所獲瑞物刊石於山陰是歲晉咸甯元
年後五年晉遂滅吳以皓昏虐其國將亡而衆瑞
並出不可勝數後世之言祥瑞者可鑒矣熙甯元
年中元後一日廬陵歐陽修書

右吳封禪國山碑天璽元年立東觀令使立信中
郎將蘇建篆在常州宜興善權寺後古離墨山邑

人稱爲囤碑高八尺圍一丈其形如鼓刻字周繞
其上今大畧可見者三十七行每行二十五字合
有八百餘字按碑云旃蒙協洽之歲月次陬訾日
惟重光大淵獻遂受玉璽文曰吳眞皇帝乃天乃
元年乙未正月辛亥又云柔兆涒灘之歲月正革
元郊天祭地紀號天璽先行禪禮紀勒天命則歲
在丙申矣太尉璆即宏璆也阿人祖咨孫權外甥
璆官至中書太子少傅大司空翰史云兼令司徒
董翰國史瑩覈即光祿勳薛瑩東觀令華覈史又
云天册元年吳郡言掘地得銀改年大赦天璽元

年吳郡言臨平湖開得石函中有小石刻皇帝字
秋八月鄱陽言歷陽山石文理成字刻石立銘褒
贊靈德又吳興陽羨山有空石長十餘丈名曰石
室在所表爲大瑞乃遣兼司徒董朝兼太常周處
至陽羨封禪國山明年改元大赦熊參考傳記薈
以吳郡掘銀而改天冊海鹽玉璽有文曰吳眞皇
帝而改天璽因歷陽山石文字而改天紀碑云湖
澤開通卽臨平湖開之事石室山石開發卽海鹽
陽羨之事當時海鹽亦屬吳郡傳有六里山有篆
刻其畧曰旃蒙協洽之歲得玉璽文曰吳眞皇帝

與此碑合疑陳壽所書石函小石刻皇帝字俁臨
平湖開之文史云於歷陽刻銘今世亦不見此文
字如巖山神讖海鹽玉璽國山刻文史家不能備
載此文歐趙二家皆有著論矣其字畫形勢絕與
神讖相似第石質堅頑工人就其上鐫刻故行欵
廣狹長短微有不同宋黃伯思稱皇家書神讖碑
字勢雄偉殊不審皇象在孫權時與嚴範鄭姥等
號八絕則神讖碑亦蘇建書無疑也東漢碑碣多
尚隸書獨此二篆有周秦遺意神讖險勁峻拔國
山純古秀茂可與崔子玉書張平子碑相頡頏若

永建麒麟鳳贊魏石經中篆文弗足論也熊向獲見
拓本僅二十餘行以宜興記校之字多僞舛今得
自郡人謝林始覩其全因重疏如右以俟識者云
洪武十一年春正月吳人盧熊記

晉故使持節侍中太傅鉅平成侯羊公之碑

公諱祜字叔子泰闕四字也其先晉羊舌大夫之冑當
漢中興始自南陽家于岱墊纓冠相維九卉子公矣
顯檀南陽太守皇考上黨太守咸有闕一字名公承俊
烈之高風應明哲之盛代德擅棃園仁成慈惠夫其
器量弘深容度廣大浩浩乎固不可測已其志節言

行卓　不羣遊神元漠散志青雲弘之以道藉博之
以藝文於是仁聲遠耀芳風流邈年十有泰上計史
察孝廉州辟省不肯就羣公材之四府竝命槩相系
截乃公車徵拜中書闕一字郎秘書監于時當晉之盛
厶楊英儁乃引公爲相國從事中郎遷中領軍遇禪
命之期任厶禪之會秉文經武官集大晉之祚皇采
增暉帝威遠御績綿絕代之風弘虞唐之緒帝嘉厥庸
僬以大國公乃遜巡固讓裁居小邦天子嘉答仍復
厶公中軍將軍散騎常侍內薦王度外綏區域嚴恭
寅畏帝命允鋕運國威於鈞陳握皇極於紫極于時

之盛未有一公者也拜衛將軍尚書僕射以揆天機
宗 成大業帝道緝熙泰階允肅以江寖未寔乃命
都督荆州諸軍事車騎將軍開府辟命公乃養民厶
財開斥國界創築五城阜防寖衛境然後懷遠以德
厶大同之業思王道之則齊其厶人均其厶擇軍無
虞厶民不疲勞農功厶疇百姓布野羣黎被德殊俗
望風無人感服繈負而至者四萬餘口進位征南大
將公雖享茅土歷登台階吐飡下士二於姬公方將
殪戎吳國吊字闕二 後寢䢔戢兵辭功退身以優遊乎
初好此公之素志也會遘篤疾春秋五十有八咸甯

四年十有一月庚寅薨于京邑天子痛悼遣使持節
追贈侍中大傅南城侯印綬賻弔加字闕一 常也及其
葬上親臨過車騎謚曰成侯天子以公德高勳大而
屢辭封爵故復建南城之國特以封公公誓讓終始
上未之許及其薨也夫人夏侯氏追公克讓之志遂
不以綬公自出身以暨於終忠言不輟於口嘉謀不
廢於心成其業而處其功勤其勳不榮其祿儀形言
行動爲世範暨六年春平吳詔曰故大傅鉅平侯羊
祜造建平吳之規潛謀遠略與衆諸慮勳業不遂然
蕩滅之計悉如祜策用能夷曠世之喪球黎民之患

勳烈孔著而寵不遂身其遣使以定之功告祜廟昔
漢氏封蕭何夫人爲使以崇顯元功亦古之令典封
祜夫人爲萬歲鄉君五千戶贈絹萬匹於是故吏高
文奐靡等僉以字闕一 德而志卑位優而行恭徽猷被
於江漢字闕一 於羣生涉其風者皆貪夫反廉懦夫立
志志雖夷惠之擬奮乎百世曷以尚德字闕四 未隕奇
謀潛畧清字闕一 功遺諸靡所寘心乃共立碣石刊勒
盛軌永表風烈焉其辭曰
天臨有晉乃降皇輔倚於雄公應期協矩聰哲神睿
乃文乃武字闕三 虞淵淵其度翼翼其明孝思以形乃

耀高風辭爵讓榮爲而不有志淩太清如何不弔中
年隕字闕八 未字闕三 刊字闕二 是表是旌
此即墮淚碑也中有闕文字體亦類鍾繇如以作
以潛作濳逮作逯冠作寇衆作衆寅作寅晉以前
悉如此此碑元無撰人姓名按益州記云犍爲李
賜撰賜密之子也并附見此又云李興字儁石所
撰

唐太宗昭陵六馬圖贊 附跋

太宗昭陵六馬圖石刻在秦中其一曰拳毛騧黃烏
黑喙平劉黑闥時所乘前中六箭背三箭贊曰月精

按轡天騮橫行弧矢載戢氛祲廓清其二曰什伐赤純赤色平世充建德時乘前中四箭背中一箭贊曰瀍澗未靜斧鉞伸威朱汗騁足青旌凱歸其三曰白蹄烏純黑色四蹄俱白平薛仁果時所乘贊曰倚天長劍追風駿足聳轡平隴回鞍定蜀其四曰特勒驃黃白色喙微黑色平宋（闕）剛時所乘贊曰應策騰空承聲半漢入險摧敵乘危濟難其五曰颯露紫紫鷰騮平東都時所乘前中一箭贊曰紫鷰超躍骨騰神駿氣讋三川威凌八陣其六曰青騅蒼白雜色皁竇建德時所乘前中五箭贊曰足輕電影神發天機策

茲飛練定我戎衣元學士王惲跋云物之賢否一定論其遇不遇可也昭陵六馬天降毛龍授之英主俾剪隋亂及其成功琢石為像題眞以贊用傳不朽何其幸也宜其聲華氣燄上與房駟爭光故潼關之役備禮流汗又何神哉如昭烈之的盧冉閔之朱龍名雖存而形何見焉太史公曰閭閻之人雖砥行立名非附青雲之士烏能施於後信夫（贊殷仲容撰書則歐陽詢也）

蜀江水路險名

江自嘉州至荊門名灘險地凡千百餘舟人一一能言之其灘之外有洞有磧凡數十皆見於字書今載其畧洞疾流也（江中有淹洞柟木洞）水流沙上曰瀨出尾下曰瀵（今地名七瀵）回流旋轉曰漩（今有南沱三漩）石積水淺曰磧（今有上磧下磧）水疾崖傾曰碥（今有門王碥燕了碥）灘磧相湊曰𣲖（音子今有石𣲖子折危子）水如轉轂曰漕（今有野猪漕）水漫不流曰沱潭下急流曰灘其名尤多不盡書也

蹠跖跅字

說文跖足下也从足石聲又跖蹻人名通作蹠孟子蹠之徒也古作跅賈誼傳又苦跅盭注跅古蹠字足下曰蹠盭反戾不可行也淮南修務訓蹠蒙籠蹷沙石蹠達膝蹠又訓適也淮南子原道訓自無蹠有而

以衰賤矣精神訓云自無蹠有自有蹠無又履也淮南子人之甘非正為蹠也而蹠焉往又訓至也淮南說山訓方車而蹠越乘桴而入胡又曰蹠越者或以舟或以車雖異路其極一也又訓願也淮南繆稱訓各從其蹠而亂生焉蹠音之石又音柘

譚苑醍醐卷八畢

秇林伐山

光緒壬午年
鋟於樂道齋

秇林伐山卷一

成都 楊 慎 撰 綿州 李調元 校定

宇宙

上下四旁曰宇往古來今曰宙人皆知之不知其出于尸子楊子太元曰闔天之謂宇闢宇之謂宙

綺雲頳霞

綺雲之館頳霞之臺江淹學兔園賦中語也

屯雲

中山王文木賦奔電屯雲薄霧濃雰皆形容木之文理也杜詩屯雲對古城實用其字李易安九日詞薄霧濃雰愁永晝今俗本改雰作雲

日蕎

王晞詩日蕎當歸去魚鳥見留連俗本改蕎作暮淺矣孟蜀牛嶠詞曰日蕎天空波浪急正用晞語

雲清

郤正釋訓曰盧敖翺翔于元闕若士竦身于雲清本清雲而倒一字亦奇句也

絳河

漢武內傳王母使女侍問武帝云上問起居遠隔絳河蓋道書天有九霄赤霄碧霄青霄元霄絳霄黅霄

紫霄綀霄縉霄也絳河即絳霄王維詩雲霄出絳河

華漢

詩人稱天河曰銀河銀潢銀漢皆常語也李賀曰銀灣江淹曰繩河緯書云王者有道則河直如繩謝朓詩曰華漢渟虛用詩雲漢昭回之意陸龜蒙云繩河裡扇月傍

水虹風虹

水虹屈霓也主雨風虹月暈也主風水虹滇人呼為水椿

皓月蘆花

楊徽之詩新霜染楓葉皓月借蘆花自云此句有神助又作魯交詩

榮露蕭雲

宋書符瑞志榮露騰軒蕭雲掩閣緯書云榮光羃河休氣四塞天地訢合乃降甘露是謂榮露尚書大傳蕭索輪囷是謂卿雲溫子昇詩桐華引仙露槐彩麗卿煙皆用此事文人好奇如此齊書卿煙玉露旦夕揚藻

六庚

太公陰謀曰六庚為白獸在上為客星在下為害氣六庚可對五酉見後

雲名

雲狀有若犬若馬若白鵠若眾車有其狀若懸釜而赤其名曰雲於呂氏春秋明理篇　韓雲如布趙雲如牛楚雲如日宋雲如車魯雲如馬衛雲如犬周雲如輪秦雲如行人一作佳人又作美人魏雲如鼠齊雲如絳越雲如龍蜀雲如囷兵書冬至初陽雲出箕如樹之狀○立春少陽雲出房如積水○春分正陽雲出軫如白鵠一作鶴謝朓詩鶴雲旦起○穀雨太陽雲出張如車蓋○立夏初陰雲出觜赤如硃一本作赤如緒○夏至少陰雲出參如水波○寒露正陰雲出井如冠纓○霜降太陰雲出鬼上如羊下如蟠石易通卦驗八節占雲○吹雲陳思王有吹雲贊言雲如吹綸絮也○姤

羅雲雲如羅也華嚴經○妙鬘雲雲如美人髮華嚴經○樓閣雲同上虞邵菴畫蘭詩手攬華鬘結代為樓閣雲○蕭雲宋書符瑞志見前註○蘭雲南齊書日于蘭雲中薄半暈○雕雲符瑞志雕雲自成五色儀鳳暗合八音又云雕雲素靈發祥漢氏○散鬊雲漢五行志有雲如焱風散鬊鬊如亂髮也○粉雲蔣捷詞粉雲天未起○鱗雲山谷詞練靄鱗雲○涼雲李賀詩雨過飛涼雲○覆車雲京房易占云黃雲如覆車為大豐○矞雲太元矞雲紫蜺旁圍曰雲三色為矞○赤縉雲緯書立秋濁陰雲出如赤縉○蒼雲春秋文曜鉤云楚有蒼雲如霓圍軫七蟠中有荷斧之人向軫而蹲庾信哀江南賦蒼雲則七重圍軫○皂雲東方朔占雨候○含峰雲唐太宗詩○泄雲蜀都賦窮岫泄雲日月恆翳杜詩淒雲行清曉○油雲孟子○山雲草莽水雲角鱗旱雲烟火涔雲水波呂覽○寶光雲元好問詩兜羅錦界寶光雲○涔雲

雨雲也

五行偏傍

淼　焱　鑫　森　垚　宋人以名字

放春發春行春班春

古者諸侯迎春于東郊齊曰放春見管子楚曰發春見楚辭漢書太守有行春班春之文

駛雨　酉陽雜俎河水色渾駛流尸子黃河龍門駛流如竹箭

元好問詩駛雨東南來自注駛與快同見魏志趙松雪有駛雪帖

雯華

金國仙人王予可詩詞多用雯華字見中州集元好問詩剝裂雯華漬月秋又寶官寺聯云七重寶樹圍金界十色雯華擁晝粱○雯文也又石文似雲亦曰雯華古三墳書曰雲赤曇月雲素雯　劉因登寺閣詩雯華寶樹忽當眼

若光滋景

江掩詩屬我巇景半賞爾若光初巇景晻巇之景若光若木之光一喻老一喻少也

黃雲

春秋運斗樞曰黃雲四合女訛驚邦感精符曰妻黨翔則黃雲入閤謂女謁盛也淮南子曰黃天之氣上爲黃雲下爲黃埃江淹詩河洲多沙塵風吹黃雲起李太白詩黃雲城南烏欲栖　補文選註之未備

九虹

春秋感精符曰九女並讒則九虹並見○緯書凡曰女訛者謂嫡庶失敘也

拒雲槩日

灊山一名天柱山三峯鼎峙拒雲槩日

吴泉

吴泉卽虞淵也吴古虞字省文如虖之省爲乎禮之

省爲礼也唐人避淵爲泉避神堯諱也河圖緯象云邪之隘上爲扶桑日所升宣陸之阻上爲吴泉月所登

日寸月尺

范子計然曰日者寸也紀刻而成晷也月者尺也紀度而成數也

貯雲含霧

柳子厚答楊於陵寄筆詩貯雲含霧到南溟意謂筆未經用也

纁夏元冬

太元註萬物豐于縹夏耗于元冬

紫蜺畜雲

太元曰紫蜺畜雲朋圍日君子小人並進之象也測曰紫蜺畜雲不知刊也紫蜺以象小人畜雲以象君子言紫蜺當刊畜雲當慶也

雪華雹實

埤雅曰雪六出而成花雹三出而成實

秇林伐山卷一

秇林伐山卷二

成都 楊 慎 撰 綿州 李調元 校定

飛谷

劉向九歎結余軫于西山兮横飛谷以南征王逸註飛谷日所行處道也

金虆

宋人秋日書啓金虆秋序玉宇夷涼又金顥平分碧虛如拭皆奇語虆與犂同禮記秋犂也

駮霞

袁翻思歸賦駮霞兮絳霧〇韓文雲陰解駮日光穿

漏

雷電

雷從回電從申陰陽以回薄而成雷以申洩而成電也

云字義

古文云字象雲回轉之形蓋陰陽之氣自下而上阻于一則爲丂音考應于二則爲亐與于同莊子曰於亐以蓋象眾氣之舒也應于三而盤薄則爲云又爲云爲之云有應而言也易曰變化云爲如云象毋猴

朝雲暮雨

朝雲喜晴暮雲喜雨故宋玉賦曰朝爲行雲暮爲行雨

雲出地氣

晉天文志韓雲如布云云見前雲名條內至秦雲如美人雲出地氣地氣異矣故雲之成象亦不同

上巳詩

王融上巳詩粤上斯巳惟暮之春二句古雅○詩評四言詩三百篇之後曹植王融

颸風

韋昭曰颸風之聚隈者也古音庖風又音暴詩曰終

風且颸

繩河扇月

陸龜蒙樂府繩河裡扇月傍緯書天子神聖則天河直如繩江淹宗室表麗彩繩河映蕚璿圖又瑤離降映繩河低文

雪窖氷天

歎馬角之不生魂消雪窖攀龍髯而莫逮泪爾氷天洪皓祭徽宗文

風行水上

文選賦有物色一類李善云有物有文曰色風雖無玉色然亦有光毛萇詩註云風行水上曰漪易曰風行水上渙渙然即有文章也按老泉文甫字說本之易衍之詩註而發其旨者李善也○今按風亦可言色楚辭云光風轉蕙汎崇蘭王逸注云雨止日出而風草木亦有光也樂府今朝風色好是風亦可言色

香雲香雨

雨未嘗有香也而李賀詩依微香雨青氛氳元徽之詩雨香雲淡覺微知雲未嘗有香而盧象詩云雲氣香流水

雲藪

國語有藪曰雲連徒洲雲夢雲夢之藪也徒洲洲名

弔月

錢起詩月弔啼烏寒鴉起○李賀詩蟪蛄弔月曲欄下

芬月

沈佺期詩芬月期來過又稱芳月

天池天塹天藏

海曰天池江曰天塹鹽曰天藏

日斜曰曬音移

越絶漁父歌日昭昭浸以曬日斜也遼左有東曬縣

賈誼賦日斜庚子斜音移

颶風

嶺表錄云颶風之作多在初秋過白露雖作不猛矣

南越志颶毋卽孟婆春夏間有暈如虹是已則以虹

爲颶毋𣎴凡此風作先一二日片雲漫空疾飛海人

呼爲颶潮風東廣泛海者日犂頭雲蘇過颶風賦云

斷蜺飲江而北指赤雲夾日以南翔此颶之漸也〇

說文从具謂具四方之風蓋北人不知南方之候誤

以貝爲具也

紫磨霎霎

佛書有紫磨金王半山詩紫磨月輪升靄䨴三墳書

月素雯雯雲成文章也

飂風飂音

淮南八風一日飂風卽不周風也莊子至陰飂飂亦

作飂〇至霧飂飂至易𠬢古赫字又作𧹞

耀㬈

紅鏡開炎耀㬈方畏續錦帶集

渴日兢辰

魏董遇字季直從學者苦渴日遇言當以三餘夜者

日之餘冬者歲之餘風雨者時之餘渴日可對兢辰

輕瓊冷絮

唐小說雪詩有輕瓊冷絮舞長空之句

秇林伐山卷二

秇林伐山卷三

成都 楊 慎 撰 綿州 李調元 校定

陰火

海中漉出魚蜃置陰處有光初見以爲怪常推其義蓋鹹水所生凡海中水遇陰晦波如然火滿海以物擊之迸散如星有月即不復見木元虛所云陰火潛然豈謂是乎嶺表錄異

四時山

春山淡冶而如笑夏山蒼翠而如滴秋山明淨而如粧冬山慘淡而如睡郭熙

四地山

海山微茫而隱見江山嚴厲而峭卓溪山窈窕而幽深塞山童頹而堆阜翟氏耳目志

遠水如岸

海濱之人曰遠望海水似高于地有如岸焉蓋水氣也煬帝望海詩曰遠水翻如岸遥山倒似雲

寶盌泉

寶盌泉在江州徐陵文泉流寶盌遥憶湓城峰號香爐依然廬岳

鞠旅滇池

陳霸先九錫文曰鞠旅滇池之南陳師桂嶺之北以此考之霸先兵至滇矣

瀺灂

瀺灂涔灂淜灂梁灂皆水聲也

銕圍山

銕圍山在西天佛經所稱不知的在何處唐初宋昱詩梵宇開金地香龕鑿銕圍

江淮名山圖

遠公畫江淮名山圖而畫譜寶鑑竟不知遠公善畫也慎謂晉人無不文藻風韻遠公禪學之外能畫工

詩又註詩經是僧而兼儒也近日學禪士夫乃束書不覩口無雅談手寫訛字盍不愧于僧徒乎

九折坡 七勝城

九折坡在黎州七勝城在三峽口陸法和所立

眞丹

王牛山和愈秀老禪思詞曰茫然不肯住林間有處即追攀將他死語圖度怎得離眞丹 槳水價匹如閑也須還何如直截踢倒軍持贏取溈山○此詞意勸秀老純歸于禪住山不出遊也眞丹即震旦也軍持取水瓶也行脚之具踢倒軍持勸其勿事行脚也

爲山和尚欲誅住山曰此山名骨山和尚是肉人骨肉不相離言人不當離山也皆周佛書語漿水價也須還則用列子五漿先饋事

塞北江南

杜氏通典論涼州云地勢之險可以自保于一隅財富之殷可以無求於中國故五涼相繼與五湖角立中州人士避難者多往依之蓋其風土之可樂如此唐韋蟾詩曰賀蘭山下果園成塞北江南舊有名稱其爲塞北之江南以此

天尺

元好問送劉時舉節制雲南詩雲南山高去天尺漢家弦聲雷破壁九州之外更九州海色澄淸映南極幽并豪俠喜功名咄嗟顧盼風雲生今年肘後印如斗過眼已覺烏蠻平諭蜀相如今老矣不妨銅柱有新銘天尺二字可以名樓

沙嶔

擁沙成嶔也見海賦

神蹤仙的

梁宣帝七山寺賦神嶤岧嵒而獨立仙的[illegible]皎以孤臨鑿之凸凹者曰嶤峰之尖射者曰的

圭里

高士傳李宏字仲元蜀人居成都之圭里里人化之班白不負戴男女不錯行宏嘗爲縣令鄉人共送之元無心就行因共酣飲月餘太守使人促之仲元曰本不之官

篸嶺

武當山一名篸嶺輕霄蓋其上白雲帶其前

天谷

青城山一名天谷今作天國非

包山無三斑

包山舊無三斑謂蛇虎雉也侯景之亂乃有蛇虎〇或問雉亦交烏何以與虎蛇爲伍曰雉與蛇交有雉之地必有蛇也

斟溪

王部之始興記連州水下流有斟溪一日十溢十竭〇安鹽州有潮泉一日三溢三蘸貴州城外有漏汋一日百盈百涸應漏刻焉

天隳山

揚雄蜀本記曰有王曰杜宇出于天隳山有朱提氏女爲杜宇妻號曰望帝

天巒

四海鼎佛天巒將移（袁宏與范曾書）

欒些城

唐書驃國之地南盡溟海（即今溟海）北通南詔欒些城北距陽苴咩城六千八百里欒些即杜詩所謂和親邏娑城是也今作摩些其字雖異地一也音一也

鴈塔猴池

王勃寺碑高臺與鴈塔俱平曲岸與猴池共盡〇佛有五精舍獨猴江其一也

海影翻

人家壁上或見塔影樹影而不知塔與樹所在此理不可曉又有見塔影樹影皆倒懸尤不可解段成式云海影翻側如此理或然也蓋海光映日數千里皆見塔樹影本直影又重影勢必倒也

萬尺葓

陸魯望寄吳子華詩到頭江畔尋漁事織作中流萬尺葓篊取魚具也西陽雜俎晉時錢塘有人作葓年收魚億計號爲萬匠葓〇按篊字從洪石梁絕水曰洪射洪呂梁洪是也洪從竹爲篊蓋以竹爲魚梁此字唐韻不收

石漆

延州高奴縣有石脂水水膩浮水面如漆採以膏車及然燈謂之石漆宋時用以燒煙造墨謂之延州石液刻于墨上與近日蜀中火井汲出硫黃油皆異產也

地日草

南荒有地日草日中三足烏欲下食此草羲和馭之以手掩烏目（出西谿傳）

枝峯蔓谿

陸魯望云金華山枝峯蔓谿秀氣旁魄不啻神仙登臨

驚瀧

唐張泌詩溪風送雨過秋寺澗石驚瀧落夜潭瀧奔湍也今本作龍非

四海

東海之別有渤海南海之別有漲海西海之別有青海北海之別有瀚海猶五岳之外有五鎮也

苦水變甘泉

李錫之爲蘆城令變苦泉爲甘泉凡水之性味色香出沒顯伏皆地脉之異有所產歟〇惠州之佛跡院

東熱泉湯如也西冷泉雪如也

峩眉山寺對

奇勝冠三蜀晁公武云云 震旦第一山釋摩騰

三巒八水

甘泉賦度三巒兮憩棠梨〇唐詩八水分流橫地軸

八水灞滻涇渭灃鄗澇潏也皆秦地事

緗嵐紺池

緗嵐紺池煥霍房戶水心文

駱田

廣州記交趾有駱田隨潮水上下駱音架〇雲南謂

之海葦

花馬國

雪山一曰折羅漫今之花馬國卽麗江也

蜀之三江

蜀之三江外水岷江中水涪江內水沱江也

嵩岑

元魏裴粲傳嵩岑極天苞育名草修生救疾多遊此

岫魏帝詔之曰栖素雲根餌芝清壑

清壑

宋書王微傳致之高塵詠之清壑裴粲傳餌芝清壑

清壑可爲亭名

龍荒鰈海

苑龍荒以牧駿池鰈海而觀魚魏收文鰈海見封禪

書東海致皆之鰈

影國

後梁爲北魏影國影國猶云附庸

仙陀

佛寺曰仙陀金仙也 又曰仁祠漢書 又曰寶坊又曰香阜

又曰奈國

蔔叉

阿耨池一名蔔叉從琉璃馬口出

瓠蘆河苜蓿烽

岑參塞上詩苜蓿烽邊逢立春瓠蘆河上淚沾巾西

域記云塞外無驛郵往往以烽代驛玉門關外有五

烽苜蓿烽其一也又云瓠蘆河下廣上狹洄波甚急

深不可渡上置玉門關西境之咽喉也

修竹亭西畫扇峯

修竹亭西畫扇峯在荆州盛宏之荆州記

八功德水

八功德水一淸二冷三香四柔五甘六淨七不噎八

除病

老圃

春蔥秋芥(內則)夏葵冬苴(儀禮)

秇林伐山卷三

秇林伐山卷四

成都 楊慎 撰 綿州 李調元 校定

南漪

坡詩中有南漪亭詠〇南漪之名甚奇昔有人讀晉書坡公問曰尋得幾箇好亭名亭名佳者亦自難得也

五凉

晉時張軌據西河(今甘州)為前凉呂光繼之為後凉李暠遷酒泉(今之肅州)又遷沙州(去肅州八百里今沒于狄)號西凉沮渠蒙遜據張掖今鎮番衛號北凉秃髮烏孤據姑臧(今之西寧)號南凉〇唐呂溫詩樓高望五凉

欝欝葱葱

光武紀有望春陵氣者曰唶佳哉氣欝欝葱葱陸佃曰欝欝塞也葱葱通也言其氣塞而通矣列子美哉國乎欝欝芊芊欝欝森幽也芊芊茂盛也

三河

唐詩天子三河募少年三河黃河也折支河也湟中河也

鴻溝

鴻溝今之滎陽符離今之靈璧問其縣人亦或不知

梅社

宋國有梅社（此名甚新）太社惟松東社惟桐南社惟梓西社惟槐則梅社蓋北社也

荆南麗水

千字文金生麗水○韓非子荆南之地麗水之中生金○今之麗陽也

南浦詩

寇準南浦詩春風入垂楊烟波漲南浦落日動離魂江花泣微雨（妙處不減唐人）

山形

鋭而出者爲虎牙尖而背者爲熊耳角而巘者爲牛首冠而峭者爲雞頭（王涯仙掌辨）

山岩之異

玲瓏剔透桂林之山也巉差箃嵾巴蜀之山也綿衍龐魄河北之山也俊俏巧麗江南之山也貴州之山灰堆糞壤不入詩畫

野磬

書啓云元冬務隙野磬人閑○野磬即詩所謂滌場也

迷子洲

王半山詩洲迴藏迷子溪深礙若耶迷子洲在建康西南四十里

張協北邙賦

晋張協北邙賦曰陟緜邱之𡾰崺升逶迤之（闕）坂回余車於峻嶺聊送目於四遠伊洛混而東流帝居赫以崇顯於是徘徊絶嶺踟蹰步趾前瞻狼山郤闚大坯東眺虎牢西睨熊耳邪亘天際旁極萬里莽眩眼以芒眛諒羣形之維紀爾乃地勢窊隆邱墟陂陁墳隴㠑疊棊布星羅松林槮映以攢列元木榎寥而振柯壯漢氏之所營望五陵之嵬峩（槮與森同見文選榎與楚辭風颸颸

今木蕭蕭之蕭同叶音飂見宋書樂志）

莊馗（馗从九从首）

王仲宣從軍詩館宅充廛里士女滿莊馗自非聖賢國誰能育茲休馗音求九交之道也字從九從酋爲是又說文馗音逵从九从首九逵道也似龜背故曰馗从九首一道爲一首與馗同義而異音馗从首馗从酋今人不識馗字皆从首誤矣（此見王粲集古本最可証今本多作馗非也）

水埒

田塍曰水埒字一作埓

畯火

燒田而種曰畯故野燒曰畯火

東海氣如圓𥨐

晉書志東海氣如圓𥨐𥨐之字从穴从登𥨐宏闊大貌與崢嶸同借作𥨐綳之𥨐今絹畫在竹格曰𥨐有平去二音字一作橙俗作崢（𥨐字見玉篇）

四海亭

花名有海字者皆從海外來海棠海榴是也海紅花即山茶也海桐花即七里香也亡友陸子淵欲以四花名爲四海亭然不知海紅花即山茶也

海舩候氣

海舩候氣見黃氣知有人煙國土見白氣知有山峯巖巒見黑氣水也

祝融之汪

楊誠齋擬大招懷東坡詞歷九州而猶礙兮誕寘之祝融之汪〇祝融之汪謂南海也左傳雍氏之汪服虔注停水曰汪楚謂之汪闔謂之洋

埬防

淮南子狟狢得埵防弗去而緣注埵水埒也防土刑也埵當作埬與塍同

堰埭

檢江蓄水曰堰壅水爲堰曰埭江南謂之埭巴蜀謂之堰

峩眉山

余書峩眉山寺簡板曰奇勝冠三蜀（見公武語）震旦第一山（佛經）劉東皐云不如以王右軍崑崙伯仲地易奇勝冠三蜀又半天開佛閣平地見人家老保樓簡板范景仁詩也

楚棠山

蕭穎士楚棠山詩倚子捐俗氛季隨躡遐軌季隨即周八士之一棠山有季隨〇事亦一奇聞也

朱明之野

楚辭歷祝融於朱明注朱明之野南方也

沙城

三國志婁伯子築沙城俞亮角詩榆葉沙城冷梅花水國偏

郁鬱巫山

郁鬱山自蒼梧飛來贛榆巫陽臺山自巫峽飛于雲隱郁鬱即鬱洲也在今贛榆孫恩所保之鬱洲古之

婁縣今之崑山也

鸚鵡洲

王僧辨傳侯景寇夏首有龍五色入城前鸚鵡洲水中

巫山

巫山者巫咸以鴻術爲帝堯醫師生爲上公死爲貴神封于斯山因以名之見郭璞巫山賦

玉女房

梁李公允益州記云灌江西玉女房下作三石人於白沙郵郵在堰官上立水中刻石要江神曰淺無至足深無沒腰又教民檢江立堰之法曰深淘灘淺作堰

雲根

古詩戢戢布雲根森森散雨足雲生於石故名石曰雲根沈約賦戸接雲根庭流松響杜詩井邑佳雲根賈島詩移石動雲根元魏裴粲傳栖素雲根餌芝清壑

十七阸百二

子胥諫吴王曰齊晉山居陸處豈能越十七阸以有吴哉

王峯秘受圖論地理

星之形我之氣應我心爲我衛作我吉因我勢作我凶因我弊

秇林伐山卷四

秇林伐山卷五

成都 楊 愼 撰 綿州 李調元 校定

紫梨

左思蜀都賦有紫梨津潤之語注不言其狀按蜀有梨樹花以秋日其花紅色唐李適有進紫梨表元王秋澗有秋日詠紅梨花詞可證

佛桑花

木槿花卽佛桑花出黎州轡嶺又朱槿重臺者永昌名花紅花

翠茿 茿當作節 萁莢實也

江淹去故鄉賦北風枿兮絳花落流水散兮翠茿疎翠茿草名

檽棗

檽棗俗作軟棗一名牛嬭柹一名丁香柹文選蜀都賦所謂梬也蜀中製扇以此果榨油染紙爲之北夢瑣言石晉趙瑩家有檽棗樹婆娑異常四遠俱見有望氣者云合有登台輔者後瑩出將入相

澁勒

東坡詩倦看澁勒暗蠻村澁勒竹名竹膚有芒可以剉瓜竹譜作篛簩

奈園

寺稱奈園者白馬寺有奈林也見洛陽伽藍記王勃詩奈園欣八正

薝蔔花

薝蔔花卽梔子花也陶隱居云其花剪刀六出刻房七道

蒠楚

沈約郊居賦西陵忽其蒠楚言葸蒨而悽楚也

桂蠹蓼蟲

楚辭注桂蠹以喻食祿之臣蓼蟲以喻放逐之士

虎須草

龍須草可爲席出虎邱寺虎須草可爲燈炷出金華府春草巖

草薰

佛經云奇草芳花能逆風聞薰江淹別賦閨中風暖陌上草薰正用佛經語六一詞云草薰風暖搖征轡又用江淹語今草堂詞改薰作芳蓋未見文選者也 宏明集地芝候月天華逆風

瓊枝旃檀

佛經云瓊枝寸寸是玉旃檀片片皆香比之聖賢欲

無德不備喻之詩文欲無字不工也又曰擊珊瑚樹枝枝好撒水銀珠顆顆圓亦此意

舜梧堯柳

宋文帝受命頌南通舜梧北平堯柳其句極工且新

華苹

祥瑞圖曰雙蓮爲苹孝經援神契曰王者德至於地則華苹感○華苹並頭蓮也

播移 音泥

林邑記曰播移樹柯葉發根下虛中森羅望之似懸駭

男青女青

男青木名見羅浮山記女青亦木名見道藏有女青鬼律

范堅石榴賦

紅鬚內艷頳牙外標似華燈之映翠幕若丹瓊之廁碧瑤

文章草贊

文章草贊曰文章作酒能成其味以金賣草不言其貴出譙周巴蜀異物志

蔓菁變蓮

婺州僧清簡園中蔓菁變爲蓮與晉時長安僧寺葱化爲茝事相類太平御覽云豐年則蝗化爲蝦

黃夾纈林

黃夾纈林寒有葉白居易詩也集中不收夾纈錦之別名黃夾纈林句甚工杜詩所謂霜凋碧樹作錦樹同意

蒲桃橘柚

梁使徐君房與魏使陳昭各言方物昭問君房蒲桃味何如橘柚答曰津液奇勝芬芳減之君房曰金衣素裏見苞作貢向齒自消良應不及

草龍珠帳

蒲桃藤蔭地幅員十丈仰觀若帷蓋焉其房實磊落紫瑩如墜時人號爲草龍珠帳

黃柑啓

始霜之旦風味照座擘之香霧噀人脉不粘瓣食不留滓 東坡柑詩香霧霏霏欲噀人

荔枝

白樂天荔枝圖曰荔枝生巴峽間形狀團團如帷蓋葉如桂冬青花如橘春榮實如丹夏熟朶如蒲桃核如琴軫殼如紅繒膜如紫綃瓤肉潔白如氷雪漿液

甘如醖酪大畧如彼其實過之如離本枝一日色變二日香變三日味變四五日外香色味盡去矣〇此文可歌可詠可圖可畫〇歐陽公詠荔枝詞曰絳紗囊裡水晶丸亦妙

荔枝六言

曾言甫荔子六言二首其一云蕉子定成噲五梅丸應愧盧前金谷危樓魂斷白州舊井名傳其二云紅皺解羅襦處清香開玉肌時繡嶺堪憐妃子苧蘿不數西施

沐繼軒荔枝詩

國朝武將能詩者洪武中孫炎其後湯東谷允績廣帥王一清定襄郭登人皆知之雲南都督繼軒沐璘字學皇象畫學米元章詩學六朝盛唐以僻遠人罕知之余嘗選其數絶句于皇明詩抄其詠臨安荔枝長篇云建水夫何如厥土早而熱巒花開佛桑候禽罷鶗鴂莽雲覆溟濛梅雨滋霧翳接地茂緗枝遮空舒黛葉翠葆霞焜煌錦幄風掀揭香麝忌經過飛鼺防盜竊勁雛赤膚脫肥膏瓊穰凸明璫怪可飡氷丸訝許嚙眞珠堆綠雲璹瑁垂絲纈鳳爪天下奇龍牙衆中傑飽食慙素飡長吟望林樾

卷五畢

秇林伐山卷六

成都　楊　愼　撰　綿州　李調元　校定

梅竹軒

惹煙籠月竹　弄粉圍香梅

力乂

佛經菩提娑力乂漢語翻爲樹也西域記謂之畢鉢羅又名思惟樹又名貝多內典所謂貝多樹下思惟經是也貝多漢語翻爲葉

竈瘃

茄子根煎湯浴足能治竈瘃〇竈瘃足跟凍瘡也

睡蓮舞草

睡蓮夜則花底入水南海有之〇舞草虞美人草蜀雅州有之〇睡蓮亦可對眠柳

蓮花

蓮花如毬風起則轉太白詩注

荔蘿

楚辭披薜荔兮帶女蘿齊書隱逸傳該討芝桂借訪荔蘿

芝泥蘭檢

芝泥發彩宣鳳藻而騰文蘭檢浮香潤龍綵而動色

張鷟奏章云云○檢文書草也翰林學士承明之有直盧方步八磚之日紫宸之夾齊案更依五朶之雲學士濡珥形之毫書九重之言動繡汗青之筆垂四海之輝光學士

陳枚

流甘露於瘣木扇惠風於陳枚言施恩於衰朽也

聚雪

梁元帝讀易賦著名聚雪卦有密雲陸魯望幽居賦著名聚雪琴號落霞

穲䅉

古歌高田種小麥穲䅉不成穗男兒在他鄉安得不憔悴

雞菌

埤雅引莊子雞菌不知晦朔今本作朝菌雞菌尤奇雲南名菌曰雞㙞蜀中名菌曰閛雞骨○集韻㙞土菌也字當从此㙞从土从㚇鳥飛而斂足菌形如之故以雞名有以也

柳絲楸線

柳謂之絲楸謂之線見夢書

桐乳

莊子空閱來風桐乳致巢桐有三種此青桐也華淨妍雅極爲可愛故多近齋閣種之梧橐鄂皆五焉其子似乳綴其橐鄂生多或五六少或二三故飛鳥喜巢其中庾信三月三日賦草銜長帶桐垂細乳胡宿冲虛觀詩桐井曉寒千乳結茗園春嫩一旗開

爇蕭

凡祭灌鬯求諸陰焫蕭求諸陽○焫而悅切與爇同

杉錦楝綾

埤雅樾謂之羅杉謂之錦楝謂之綾言樾木之文如羅杉木之文如綾也初則木文如織後則織文如木

故有樾羅杉錦楝綾之號○秦風隰有樹樾爾雅樾羅樾其文細密如羅有赤白二種赤羅文綾

芡華

蔆葉日舒夜歛芡華晝合宵炕故蔆寒芡暖○諺云韭爲草鍾乳芡是水琉黃也○芡葉蹙衄如沸栿○蘇子由詩芡葉初生縐如縠南風吹開輪轉轂紫苞青刺攢蝟毛水面放花波裏熟森然赤手初莫近誰料明珠藏滿腹可謂極體物之妙矣○姜梅山詩蝟腹出波烹芡實褰蹄和露摘蓮房

菊有兩種

說文蘜治蘠埤雅曰蘜如聚金鞠而不落故字从鞠
周禮后服鞠衣其色黃也又作蘜注日精也散草麗
秋株日華子菊有兩種花大氣香莖紫者爲甘菊花
此日精也花小氣烈莖青味苦爲野菊花其花相似
惟以甘苦別之其葉可羹其花可釀其囊可枕其實
可仙菊亦有實但難得爾

眢豆

眢豆見唐六典音彎左傳注眢井亦音剜如人目無
瞳子也

根柢卽根蔕

韓非子樹木有直根有曼根直根曰根曼根曰柢固
其柢則生長深其根則視久與老子深根固蔕同

蘭湯

劉義慶曰古制廟方四丈不墉壁道廣四尺夾樹蘭
香齋者煑以沐浴然後親祭所謂蘭湯可補楚辭注

茗柯

晉簡文曰劉尹茗柯有實理注言如茗之枝柯小實
非外博而中虛也○蔡叔子云韓康伯雖無骨幹然
亦膚立○合二條觀之膚立者茗柯之反也○宋諺
云臻蓬蓬外頭花艷裏頭空蓬艷正可對茗柯○又

云韓康伯將肘無風骨范啓又云肉鴨

望杏瞻蒲

徐陵侯安都碑文望杏敦耕瞻蒲勸穡室歌千耦家
喜萬鍾春鶊始轉必具籠筐秋蟀載吟必鳴機杼前四
句勸耕後四句勸織孟昶勸農文全用之

竹香

杜子美竹詩雨洗娟娟淨風吹細細香李長吉新笋
詩斫取青光寫楚詞膩香春粉黑離離又昌谷詩竹
香滿淒寂粉節塗生翠亦有香細嗅之乃知

海紅花

菊莊劉士亨詠山茶詩云小院猶寒未暖時海紅花
發景遲遲半深半淺東風裏好是徐熙帶雪枝蓋海
紅卽山茶也而古詩亦有淺爲玉茗深都勝大曰山
茶小曰海紅

雪藤

廣安州紙名雪藤玉板之類也何志熙詩雪藤尤異
齊應不數花牋

筆竹

石介詩斷霞半赭燕脂木零露偏留筆竹叢筆竹蜀
中產羅甸國尤多玉篇筆古惠切竹名傷人則死其

竹又名防露言其上密防露下踈來風見竹譜

荷

荷芙蕖又名芙蓉其莖茄其葉蕸其本蔤其花爲菡萏其實蓮其根藕其中菂菂中薏○郭璞曰北方人便以藕爲荷江東人呼荷葉爲芙蓉蜀人以藕爲茄或用其母爲子花名或用其子爲母葉號此皆名字相亂習俗傳誤

葟

唐韻葟音湼菜名似蒜生水邊○今温州有之名沙蒜其莖酷似男根又有淡菜絕類女殺亦陰陽之產也

伊蘭花

蜀中有花名賽蘭香花小如金粟香特馥烈戴之髮髻香聞一步經日不散曾少岷爲余言此花之香冠于萬卉但名不佳余按佛經云天末香莫若牛頭旃檀天澤香莫若詹糖薰陸天華香莫若䔢蒲伊蘭則伊蘭即此花也西域以之供佛後漢書所謂伊蒲之供也蒲即菖蒲花世不恒有貴其難得耳○此云天末者爲末而爇之竺國名乾打香天澤者濕爇之竺國名軟香天華者以生蘤露蕾爲共所謂香風吹萎華更爾新好者也

秇林伐山卷六

秇林伐山卷七

成都 楊 慎 撰 綿州 李調元 校定

吉吊

龍生三卵一爲吉吊上岸與鹿交或在水邊遺精流槎遇粘裹浮木枝如蒲桃焉號紫稍花道樞所謂龍鹽有益帷箔者也

蜜唧

嶺南獠人好食蜜唧取鼠胎未瞬通身赤蠕者淹之以蜜飣之筵上盤內躡躡而行挾取囓之唧唧有聲號曰蜜唧東坡嶺南詩朝盤見蜜唧夜枕聞鵂鶹

五禽戲

華佗有五禽戲道經又有熊經鳥申梟浴蝯躩鴟視虎顧鵷息龜縮謂之八禽

溓寶魚

方言康之爲言空也注溓寶空貌亦邱墟之空無也莊子扃胡視其寶亦指墟墓言可證今瀓江有魚滇人呼爲溓寶魚其魚亦乾而中空

小鳳

長編張天覺自小鳳拜右揆宋世以紫微舍人謂之小鳳翰林學士謂之大鳳丞相謂之老鳳

鸑鷟鷹跱

梁元帝古跡啓鸑鷟之奇旣聞之於索靖鷹跱之巧又顯之於蔡邕

濟鴂軾鼃

信陵君濟窮鴂而義士歸心越勾踐軾怒鼃而勇士爭死

飛兎龍文

田巴奇曾連曰曾連子乃飛兎也豈直千里駒哉楊津目楊愔曰此兒駒齒未落巳是我家龍文更十歲當求之千里外○駒齒未落巳是龍文腰褭之中更

齊飛兎

鬼乘龍

周世宗征濠夜遣兵持炬乘槖駞絕淮濠兵驚以爲鬼乘龍也今名乘龍洲在鳳陽寰宇志

潮雞

唐李德裕詩三更津吏報潮雞臨海異物志云石雞清響以應潮彗軀輕逝遠蟄石雞卽潮雞也

黃鳥宿淵

韓文公詩注引東方朔詩海水暴竭黃鳥宿淵

狐疑鼬預

梁黄門侍郎明少遐曰狐性多疑鼬性多預狐疑猶預因此而傳耳乃知猶即鼬

海魚空鳥

大海從魚躍長空任鳥飛唐荆州陟屺寺僧元覽詩也朱文公嘗書之且跋之曰大丈夫處世不可無此氣象蓋亦取之元覽齋壁有張璪畫松符載讚之衛象詩之覽悉加堊焉曰無事疥吾壁也異哉此髡奴既能知魚鳥任其飛躍又何必介意於三才子之筆乎

鸛井

鸛雀羣繞旋飛謂之鸛井必有風雨〇可對蟻封蟻封戸天將大雨也 酉陽雜俎〇易林

鳥名王母

齊郡函山有鳥名王母使者昔漢武帝上山得玉函長五寸帝下山函化爲鳥飛去世傳山上有王母藥函常令鳥守之杜詩子規夜啼山竹裂王母晝下雲旗翻

鬼車

鬼車九頭鳥也白澤圖謂之蒼鸆帝嚳書謂之逆鶬夫子子夏見而歌之裴瑜注爾雅言鶬麋鴰是九頭鳥也〇小說周公居東周惡聞此鳥命庭氏射之血其一首餘猶九首〇按夫子鶬歌曰逆毛鶬兮一身九尾長兮只言九尾不言九頭

千人捏

千人捏似蝍大如錢殼甚堅壯夫極力捏之不死俗言千人捏不死因以爲名或以諱市倡

顛當

顛當窩深如蚓穴網絲其中土蓋與地平大如榆莢常仰桿其蓋伺蠅蠖過輒翻蓋捕之纔入復閉與地一色並無絲隙可尋也爾雅謂之王蛈蝪鬼谷子謂

之蛈母秦中兒童戲曰顛當顛當牢守門蠮螉寇汝無處奔范成大六言詩曰恐妨蝴蝶同夢笑倩顛當守門唐劉崇遠金華子云京師兒童以草臨此蟲穴呼之謂之釣駱駝須臾此蟲出穴有明經劉寡辭曰此即爾雅王蛈蝪也時人服其博識浙中謂之駝背蟲其形酷似駱駝也 蛈母一作蛈鬼

絲鶵

絲鶵大如鸛俗訛爲慈老

魚味美

諺云盜去屢世宅不去鰲魚頟言其味美也又里語

云洛鯉伊魴貴於牛羊言洛水渾深宜鯉伊水淸淺宜魴也又曰居就糧粱水魴今遼東粱水之魴特肥而厚

鰝鬚

爾雅以鰝爲大蝦出海中者長二三丈游行則豎其鬚高於水面故其字从高鬚長數尺可爲簾也又閩中有五色蝦梅蝦蘆泥苗蝦

蜃

雉入大水爲蜃蜃卽大蚌也墨子曰楚之明月生於蚌蜃是也其腹謂之珠胎淮南子所謂珠胎與月盈虧又曰月死而螺蚌焦是也又曰蚌聞雷聲則痳音晝宿也又按兵書云東海出氣如鼈謂水出氣如蜃蜃形似蛇而大今寺門金剛風調雨順手執劍者風也彈琵琶者調也執傘者雨也手中如蛇者蜃也則與蚌蜃字同物異音

相馬經

伯樂相馬經有隆顙趹日蹄如累麴之語其子執馬經以求馬出見大蟾蜍謂其父曰得一馬略與相同但蹄不如累麴爾伯樂知其子之愚但轉怒爲笑曰此馬好跳不堪御也所謂按圖索駿也韓文公詩飛

黃騰踏去不復顧蟾蜍亦影略用此事

韓盧宋鵲

義訓曰韓盧宋鵲良犬也盧純黑色鵲黑白色李賀詩練香薰宋鵲獵犬而以香薰之蓋貴公子驕奢之習猶莊子云愛馬者以蜃盛溺也

畫獅子贊

東坡題獅子曰圓其目仰其鼻奮髯吐舌威見齒舞其足前其耳左顧右眄喜見尾雖猛而和蓋其戲岩岩高堂護燕几嗁呼顛沛走百鬼嗚呼妙哉古陸子

綠鷁蔥鷺

劉楨魯都賦綠鷁蔥鷺皆船名船首畫此二鳥形也

金衣公子錦帶功曹

吐綬鳥謂之錦帶功曹卽詩所謂卭有旨鷊也鷊本草名而紋似綬故字从鶂从草

天祿渴馬

漢靈帝修南宮鑄天祿蝦蟆轉水入宮又作翻車渴馬灑路〇天祿卽大蝦蟆伯樂之子按圖索駿以蝦蟆爲馬卽天祿也天祿之形漢人多刻石肖之於墓古詩所謂天祿辟邪眠莓苔也

下門蟲

內典曰比邱患草蟲佛聽作佛子注草蟲昏蟲也又曰下門蟲　右篆紋作蠶从昏从蟲又一作閫　郎下門字蚊之義顯然

鵪鶉

范百祿曰牽牛以蹊田而奪之牛此王安石鵪鶉獄也謂相牽引以入

魚齒獸角

庾信哀江南賦地平魚齒城危獸角○左傳涉于魚齒之下注魚齒山名呂氏春秋猛獸以尾爲旌以角爲城

馬齒魚鱗

州疆馬齒候館魚鱗宋人四六語也○應據詩九州相錯雜相次如馬齒韓文公詩候館若魚鱗

秇林伐山卷七

秇林伐山卷八

成都　楊　慎　撰　綿州　李調元　校定

足足般般

薛道衡文足足懷仁般般擾義足足鳳也般般麟也說文鳳鳴節節足足相如封禪書般般之獸樂我君囿

烏賊魚贊

魚有烏賊絕短八足集足在口縮喙在腹形類鞋囊其名烏賊吸吸噀墨迷射水慝海物名記

狏鼉

狏將風則踴鼉欲雨則鳴故以狏識風以鼉識雨狏江豬也

鸜鸜周周

禽經鸜鸜之信不如鷹周周之智不如鴻

燕駍鶯轉

禽經燕以狂駍鶯以喜轉○駍視也夏小正來降燕乃睇轉曲名鶯聲似歌曲故曰轉

鶴在陰

鸛愛陰而惡陽鴈愛陽而惡陰易曰鳴鶴在陰傳曰鴻鴈隨陽故汲冢書目鶴曰陰羽見于會篇禹貢名鴈曰

陽烏

蟪蛄寒蛩

風土記蟪蛄鳴于朝寒蛩鳴于夕○此蟬也而分二蟬寒蛩夜蟬也

蜩螗

鄒陽柳賦蜩螗厲響蜘蛛吐系

鷄殼綾縭

東晳賦貫鷄殼於歲首收綾縭於牣牙綾縭以毛羽爲之字或作毿毶

魚梈

梈寂見切說文梈以柴木壅水也江賦梈㶈爲涔夾罛羅筌皆取魚之具蜀中有魚梈之名

彈烏枎馬

李長吉相勸酒詩日羲和騁六轡晝夕不曾閑彈烏崦嵫竹枎馬蟠桃鞭烏日中烏也枎音叱扑也今本誤作扶非馬日車之馬也楚辭驟將出兮東方照吾乘兮扶桑撫余馬兮安車夜晈晈兮既明淮南子曰入虞淵爰息其馬是也○古者羲和爲日御莊子因御字遂有日車之說楚辭淮南子因車字遂有馬之說

自照

王符潛夫論蓬中耀自照謂熒火也杜子美詩暗飛熒自照李長吉詩俊健如生猱肯拾蓬中熒皆用其語

鷺絲謎

杜牧之詠鷺絲詩霜衣雪髮青玉觜羣捕魚兒溪影中驚飛遠映碧山去一樹梨花落晩風分明鷺絲謎也

沙鼠

沙鼠今之黃鼠也

猪兒豹子

李猪兒安祿山臣皮豹子元魏之臣

天祿辟邪

一角爲天祿兩角爲辟邪

朱鬣馬

苻堅時大宛獻天馬朱鬣五色鳳膺麟身王維詩玉靶角弓朱鬣馬

十二屬

子鼠丑牛十二屬之說朱子謂不知所始余以爲此天地自然之理非人能爲也日中有金鷄乃酉之屬月中有玉兔乃卯之屬日月陰陽互藏其宅也古篆

巳字作蛇形亥字作豬形餘可推而知矣

苹蚌

詩小毖莫予苹蚌苹音烹舊音甹毛傳以爲摩曳摩音翅孫炎作掣曳謂相掣曳之於惡說文曰甹使也則苹讀作甹疑亦可也

鴐鵞食射工

春秋經書有蜮傳云南方淫女氣所生一名短狐狀如鼈含沙射人又名射工元中記云長三四寸鴐鵞鶖鶩蟾蜍悉食之

崔雍

崔雍吊蕭至忠文曰上蔡之犬堪嗟人生到此華亭之鶴虛唳天命如何

驅鴈

鮑照詩秋霜曉驅鴈春雨暗成虹佳句也杜子美詩朔風驅胡鴈慘淡帶沙礫之句本此又陽休之洛陽伽藍記有北風驅鴈千里飛雪之語庾信詩秋風驅亂熒句亦奇甚

蟹字義

古人製字皆有義說文亦不能盡也如蟹字從解說文但云諧聲而已蟹譜云蟹之類隨潮解甲更生新者故字從解又蟹名有望潮者解甲之徵也

臯比

朱子張橫渠贊勇撤臯比盖以虎皮爲講席也按唐戴叔倫禪寺讀書詩猊座翻蕭索臯比喜接連則以臯比爲講席唐世已然矣然臯比之爲虎皮抑又有說古之世以虎皮包弓矢謂之櫜櫜卽臯也樂記包以虎皮名曰建櫜鄭元注兵甲之衣曰櫜其字或作建臯周禮地官臯物注臯當爲櫜蓮芡實有櫜韜也集韵或作韜

蛟韅

荀子蛟韅注馬服之革盖以蛟皮爲之韅呼見切左傳韅靷鞅靽韅音絢在背曰韅靷音允在胷曰靷詩陰靷鋈續注靳環靳者言其常處游左驂馬背上左傳如驂之有靳籀文作鞶古昏字也鞅倚兩切在腹曰鞅今之衮肚靽音半在後曰靽

鱟帆海鏡

山海經鱄魚其狀如蚍而彘尾郭璞曰言圓如扇之圜廣志曰鱟魚似便面揚其鬐似帆〇鱟帆如便面海鏡似搔頭〇臨海水土志海月大如鏡其柱如搔頭

翠黃紫黃

司馬相如封禪文招翠黃乘龍於招注翠黃乘黃也龍翼馬身黃帝乘之而登仙漢書禮樂志紫黃其何不徠下紫黃卽翠黃也周書云乘黃似狐背上有兩角○翠黃可對赭白

玉鷄

水經注昔王子晉與道士浮邱同游伊洛之浦始受玉鷄之瑞於此水○唐宗楚客詩紫庭金鳳闕丹禁玉鷄川

海鷗

柳公權僕名海鷗竊銀杯者

六燕乙鴻

陸佃謝吏部尙書表六燕相停試銓衡其輕重乙鴻遼遠欲審别其飛翔○九章算術五雀六燕飛集于衡衡適平一雀一燕而異處則雀重而燕輕○張融曰鴻飛天首遼遠難明楚人以爲鳧越人以爲乙鴻常一耳

起鴻騰鱗

抱朴子曰吳之善書者則有皇象劉纂岑伯然朱季平中州則有鍾元常胡孔明張芝索靖並用古體俱

足周事飄乎若起鴻之乘勁風騰鱗之躡驚雲

馬邑馬文

肅霜馬邑如霜紈騏驥馬文如博棊

秇林伐山卷八

秇林伐山卷九

成都 楊 愼 撰　綿州 李調元 校定

趙州石橋

趙州石橋望之如初月出雲長虹飲澗

樓觀

樓觀本尹喜之居有草樓焉後人剏立道宫名曰樓觀今在終南之陰盩厔縣韓翃有題樓觀詩

紫濛

慕容氏所居山名紫濛晉書贊紫濛移構元塞分疆

茨簷葦菴窐衡

茨簷賤士見晉書葦菴漁父見廣異記晉書隱逸傳云徵聘之禮賁于邁軸玉帛之贄委於窐衡○謂窐竇衡門圭或從穴作窐

諫霤琑闈

諫霤左傳琑闈漢書

左个

禮記月令明堂左个北史李謐傳左个卽寢之房也按卽今之捲蓬

星牖月窗

凡山洞岩穴有竅通明小者曰星牖大者曰月窗

柏寢梧臺

唐韓翃青州詩柏寢寒蕪變梧臺宿雨收柏寢見晏子春秋梧臺伏琛齊地記曰臨淄有梧臺里皆齊事也

函道局室

戴延之西征記函道道如封函也荀子云局室蘆簾

金颷

金颷門唐長安西門名也

紫壇

漢行宫用紫坭爲壇齊梁郊祀歌所謂紫壇也天神下若流火漢書

所謂神光交錯於薦鬯之夕也舞女三百人○漢志所謂僞飾女樂也以此祭天不亦媟乎

鑿翠流丹

開窓鑿翠杜詩鑿翠開戶牖飛閣流丹王勃

洞宫

仙傳燕昭王得洞光之珠以飾宫王母三降其地名曰洞宫唐人稱道院曰洞宫楊巨源詩洞宫曾向龍邊宿雲徑新從鳥外還劉滄詩沐髮清齋宿洞宫桂花松韻滿岩風

槐衙

中朝故事云天街兩畔槐木俗號爲槐衙曲江池畔

多柳亦號爲柳衙以其成行排立也

僧寺之多

南朝四百八十唐詩北魏一萬三千見通鑑

社南社北

韋述開元譜云倡優之人取媚酒食居於社南者呼之爲社南氏居於北者呼之爲社北氏杜子美詩社南社北皆春水正用此事後人不知乃改社作舍

五精舍

佛國五精舍一給孤園二靈鷲山三獼猴江四菴羅樹五竹林園〇韋蘇州詩萬木叢雲出香閣西連碧

澗竹林園

茨防

愼子曰治水者茨防決塞雖在夷狄相似如一學之於水不學之於禹也茨防即今黃河之埽也

顧雲嵩山隱居

曙景張屏掛清光於露壑飛流界練貫幽響於風湍可作隱居對

虎門

蔡邕勸學篇云周之師氏居虎門今之祭酒也漢白虎觀取此義

甘泉宮

漢之甘泉宮在馮翊雲陽縣戰國策范睢說秦王曰大王之國北有甘泉谷口秦二世造甘泉宮雲陽記云谷口去雲陽宮八十里流潦沸騰飛泉灑激兩岸峭壁孤竪橫盤凜然凝冱每入穴中朱明盛暑當晝暫暄凉秋晩候緼袍不暖所謂寒門也漢世以爲避暑之處唐詩甘泉將避暑臺榭曉光凝劉歆甘泉宮賦云軼陵陰之地室過陽谷之秋城回天門而鳳舉躡皇帝之朝庭冠高山而爲居乘崐崙而爲宮王褒甘泉頌曰甘泉山天下顯敞之名處也前接大荆後

臨北極左撫仁鄉右望素域其爲宮室也仍巀嶭而爲觀擴抗岸以爲階覽除閣之麗美覺堂殿之巍巍梁劉孝威詩漢家迎夏畢避暑甘泉宮機車鳴里鼓駟馬駕相風校尉烏桓騎待制樓蘭弓後旌遊五柞前笳度九嵕才人豹尾內御酒屬車中輦回百子閣扇度七輪風鳴鐘休衛士披圖召後宮材官促校獵凉秋戲射熊劉歆王褒賦頌不傳今按類書中錄其畧

屠蘇爲草名

周王褒詩飛甍彫翡翠繡桷畫屠蘇屠蘇本草名畫於屋上因草名以名屋杜詩云願隨金騕褭走置錦

屠蘇此屠蘇屋名也後人又借屋名以名酒元日屠蘇酒是也又大帽形類屋亦名屠蘇南史謠云屠蘇障日覆兩耳是也

仁祠

漢書明帝紀以助仁祠伊蒲之供仁祠僧寺也伊蒲供齋食也皎然詩仁祠當絶境明牧躡靈蹤又陳世凋亡復仁祠讖舊山

閶廅

閶闔一作閶廅省門從戸也儀禮又作屋从盍而去皿也

宎窨

宎窨屋深響也如空谷之傳聲詩所謂噦噦其冥賦所謂蟋螟飛而生風尺蠖運而成響也

槐序

槐序指夏日也王晏和徐孝嗣詩槐序候方調

柴門

晉書儒林傳贊清貞守道抗志柴門詩人多用此柴門字原出於此漢書漢中之俗謹戸柴門食必兼肉

屋漏

詩抑之篇曰尙不愧於屋漏鄭箋曰屋小帳也疏引周禮天官冪人職掌帷冪幄帟注云帷冪以布幄帟以繒帷冪是大帳幄帟爲小帳禮之用帷冪者皆於野張之以代宫室其宫內不張冪也幄則室內亦有之〇今按鄭元解屋爲小帳蓋以屋爲幄也史記運籌帷帳之中或作帷幄帳與幄一物也〇冪卽幕也易井收勿幕吳氏纂言音冪是也軍行之制將於野次設幕發令犒士臨之詩人所詠青油幕也其隱奥深居曰帳密謀秘議臨之所謂五帳虎帳是也

麗譙

莊子盛鶴列於麗譙之間注麗譙魏城門名譙一作

嶕壯麗而嶕嶢也前漢書陳勝傳戰譙門中注門上爲高樓以望曰譙愼按漢書五行志主公車大誰卒注大誰主問非常之人云姓名是誰何也誰何一作誰呵城名名麗譙者麗如魚麗之麗力支切譙卽譙呵之譙今都門出入者守門人成列而呼喝之亦是古制不必改譙作嶕也

椒圖

龍生九子不成龍各有所好贔屭鴟吻之類也椒圖其形似螺螄性好閉故立於門上詞曲門迎駟馬車戸列八椒圖人皆不能當今觀椒圖之名亦有出也

見菽園雜記○又按尸子云法螺蚌而閉戶後漢書禮儀志殷以水德王故以螺著門戶則椒圖之似螺形信矣

搯頭護朽

唐韻搯音塔注搯頭也今俗名護朽陸文量菽園雜記引博物志蚴蟉其形似龍而小性好立險故立子護朽上則護朽之名亦古矣

螺首

通典夏后氏金行初作葦茭言氣所交也殷以水德以螺首謹其閉塞使如螺也周人木德以桃爲梗○

葦茭今京師人家歲除插芝麻稭于門是葦茭之遺螺人門上銅鐶獸面一名椒圖元詞所謂尸列八椒圖也桃梗今之桃符

飛霜殿

范元實詩話白樂天長恨歌工矣而用事猶有誤峩眉山下少人行明皇幸蜀不行峩眉山也當改云劒門山七月七日長生殿夜半無人私語時長生殿乃齋戒之所非私語地也華清宮自有飛霜殿乃寢殿也當改長生爲飛霜則盡善矣按鄭嵎津陽門詩金沙洞口長生殿玉蕋峯頭王母祠則長生殿乃在驪山之上夜半亦非上山時也又云飛霜殿前月悄悄迎風亭下風颸颸據此元實之所評信矣

影壁

楊惠之塑佛壁爲天下第一郭熙見之又出新意遂令圬者不泥掌今云泥林止以手搶泥或凹或凸乾則以墨隨其形跡暈成峯巒林谷加之樓閣人物宛然天成謂之影壁

秇林伐山卷九

秇林伐山卷十

成都 楊 愼 撰 綿州 李調元 校定

軸簾

摩勒傳江絹妓軸簾延客入軸簾言捲之如軸也

蕋榜

唐人進士榜必以夜書書必以淡墨或曰名第者陰注陽受以淡墨書者若鬼神之迹也世傳大羅天放榜於蘂珠宮故又稱蕋榜李義山贈同年詩曰同訖大羅天上事衆僊何日詠霓裳又放榜後必有一人下世者謂之報羅使

女郎砧

張魯之女曾浣衣於山下有白霧濛身因而孕焉恥之自殺將死謂其婢曰我死可破腹視之婢如其言得龍子一雙送之漢水既而葬於山頂後有龍數至墓前成蹊今其墓在褒城縣又有張魯女搗衣石庾信詩所云南國女郎砧也

白打錢

白打錢戲名王建詩寒食內人嘗白打庫中先散與金錢韋莊詩內官初賜清明火上相間分白打錢

山林窮四和

山林窮四和香以荔枝殼甘蔗滓乾柏葉黃連和焚又或加松毬棗核梨核皆妙

蕙麝

宋孝武帝詩羅裳皎日袂隨風金翠列輝蕙麝豐藹麝言香也

鈲槻

謝靈運山居賦銅陵之奧卓氏充鈲槻之端金谷之華石子致音徽之觀注引揚雄方言梁益之間裁木爲器曰鈲裂帛爲衣曰槻

錦麝㡧

酉陽雜俎錦麝㡧謂繡佛也

懸船

三秦記龍門之險懸船而行今蜀江謂之釣灘

銑鋧

蕭摩訶與北齊戰有西域胡妙於弓矢弦無虛發摩訶遙擲銑鋧正中其額應手而斃（鋧音繭唐秦瓊亦善用之）

竹根如意碧盧屏風

齊高帝以竹根如意賜明慶符梁元帝有謝碧盧屏風啟（亦可對虎頭鞶囊）

印色

今之紫粉古謂之芝泥今之錦砂古謂之丹艧皆濡印染籀之具也

鬪縷香

香譜有鬪縷香今訛爲兜羅香三泊有之

燭剪詩

元武伯英詠燭剪詩啼殘瘦玉蘭心吐蹴落春紅燕尾香爲一時所賞國朝古廉李公時勉詠剪刀詩吳綾剪處魚呑浪蜀錦裁時燕掠霞深院響時春晝靜小樓工罷夕陽斜詩句甚工而有情致公之直節凊聲詩嫵媚如此信乎賦梅花者不獨宋廣平也

玉泉墨畫眉墨

南中楊生製墨不用松煙止以燈煤爲之名玉泉墨又金章宗宮中以張遇麝香小御團爲畫眉墨○余謂玉泉之名與燈煤無干只以東坡佛幌輕煙爲名豈不奇絕

唐梯追人

鹽鋏論言漢代百戲之目曰唐梯追人奇蟲胡妲戲倡舞像○唐梯空梯也古訓謂唐曰空莊子求馬於唐肆佛經福不唐捐是也唐梯今之上高竿也追人追猶追琢今割截人易牛馬首

象牙火籠

西京雜記天子玉几冬則加綈錦以象牙爲火籠○愼常有冬日宮詞云障風貂尾扇熖火象牙籠貂扇冬日用之歐陽元詩十月都人供曉篝

流黃簟

會稽竹簟供御號爲流黃簟唐詩珍簟冷流黃

綈袍紈扇

宋人四六云綈袍贈范叔猶有故人之情紈扇遺買臣終致上客之引○朱買臣爲會稽太守懷綬匿跡人朱知也所交錢勃見其暴露乃勞之曰得無罷乎

遺以紈扇買臣至郡引爲上客

青案綠瓷

古詩青玉案飣盤也今以案爲卓非孟光舉案飣盤也若今之卓子豈可舉乎綠瓷酒器見鄒陽酒賦

紫莖屏風

楚辭紫莖屏風文綠波注以屏風爲草名又曰屏風謂葉障風○今按後說最是屏音丙屏風正與綠波爲對最見工緻宋吳感詩繡被夜歌青翰檝綠波春漾紫莖屏

傅元燭銘

煌煌丹燭熖熖飛光取則龍景擬象扶桑照彼元夜

炳若朝陽

星施

周書王會篇樓蘭貢星施旄亦旄旄之屬

甲乙帳庚辛枋

梁元帝賦甲乙之帳庚辛之枋○後漢書注引馬融大將軍西第頌曰西北戌亥元石承輸蝦蟇吐瀉庚辛之域

仙人弩

史記注通天臺上有天梯仙人弩○通天臺上仙人弩笑電岩前玉女壺

蔞藧鎖

錄異記蔞藧鎖金鏤相連屈伸在人○顧況詩春樓不閉蔞藧鎖綠水迴通宛轉橋

鈴索

李德裕云翰林院有懸鈴以備警急文字引之以代傳呼也唐制禁署嚴密非本院人雖有公事不敢遽入于內夫人宣事亦先引鈴每有文書即內臣立於門外鈴聲遽本院小判官出受訖授院使院使授學士鄭棨詩條鈴無響閟珠宮韓渥詩坐久忽聞鈴索遶玉堂西畔響丁東

蕭斧

通鑑礪蕭斧而伐菌蕭斧伐蕭之斧也詩云取蕭祭脂又云采彼蕭兮

切夢刀

施肩吾閨情詩云三更風作切夢刀萬轉愁成繫腸線

鵁鶄色胡桃文

供御炭用鵁鶄色胡桃文

紫花墩

牙學士王珪召對蕋珠殿設紫花墩命坐

金蓮炬

蘇子瞻事唐令狐綯已有之

秇林伐山卷十

秇林伐山卷十一

成都 楊 慎 撰 綿州 李調元 校定

颮𧕋

劉向九歎莞芎棄於澤洲兮颮𧕋囊于筐簏莞芎香草颮𧕋匏瓢也言愛小人惛君子𧕋音麗

景柱

淮南子名日圭爲影圭廣雅云晷柱掛影陸龜蒙冬日詩日光走冷圭

鴈鼎

梁書檄文要結犬戎潛窺鴈鼎○鴈鼎疑用戰國策顏率求鼎難事又或用柳下惠岑鼎事則鴈字當作贗

芙蓉劒

盧照隣詩相邀俠客芙蓉劒共宿娼家桃李蹊○越絕書薛燭說劒云揚其華如芙蓉始出觀其鈲如列星之行

銅虹曉虹

器物欵識有王氏銅虹燭錠虹與釭同如漢賦金釭銜璧唐詩銀釭斜背解明璫之類也李賀詩飛燕上簾鉤曉虹屏中碧亦謂貴人晏眠而曉燈猶在釭也

蘭鷁

謝朓賦靡蘭鷁兮江之海○舟也可對燭龍

串

文選謝惠連詩聊用布親串○注串習也梁簡文詩長顰串翠眉南史軍人串噉粗食

豬繩

商君書豬繩束枉木古之匠人用豬繩卽今之用墨斗也

䐬膭堰

䐬膭堰在舒城縣膭闠同元史作脪二字字書不收

琉璃簟

韓文公湘簟詩蘄州笛竹天下知一府傳看黃琉璃卷送八尺含風漪○劉禹錫詩簟冷秋生薤葉中○薤葉秋生琉璃夜滑

江罛

淮南子張天下以爲籠因江海以爲罛宋人有以江罛漁歌名其詞者

雪讃書紈扇

羊孚作雪讃曰資清以化乘氣以靡遇象能鮮卽潔成輝桓允遂以書扇○余嘗有夏日詩云紈扇書羊孚雪玉笛吹李白梅

庫露

皮日休詩襄陽作髹器中有庫露眞〇玲瓏空虛故日庫露今諺呼書格曰庫露格是也

三雅盃

劉孝綽詩共揄雲氣藻同舉雅文盃于志寧詩俱裁七步詠共傾三雅盃句法相似

紅釭星釭月釭

白樂天涼風詩紅釭霏微滅碧幌飄飖開張光朝詩星釭凝夜暉陸魯望詩月釭曉屏碧皆謂燈也

箑

箑卽篷也宋書輦箑字如此寫蓋從省也

燭路

晉隱逸傳士女駢塡車服燭路

槎當作查

槎邪斫木也古作茬漢貨殖傳山不茬蘖注蘖髡斬之也查水中浮木博物志張騫乘槎入天河周捨詩仙查犯斗牛杜子美三川觀漲詩枯查卷拔樹喜晴詩滄海有靈查柴門詩最窄容浮查秋興詩奉使虛隨八月查雅州本猶是查字又浮查並坐得又查上覓張騫可見杜公字學過人也今韵會作楂木上又加木贅矣

養紙芙蓉粉

養紙芙蓉粉薛濤事　薰衣荳蔻香霍小玉事

錦纜華鑾

迎候賓啟云水候錦纜陸邇華鑾續錦帶集

石炭發香煤

張正見詩奇香分細霧石炭擣輕紈〇石炭發香煤也蓋擣石炭爲末而以輕紈篩之欲其細也今制宮中擣炭爲末以梨棗汁合之爲餅置于爐中以爲香籍卽此物也但古用石炭今用木炭不同耳石炭卽

是墨也又張正見詩名香散綺幕石墨彫金鑪是也〇石墨一名石涅一名墨石脂

雲岳屏風

漢鄭宏第五倫故吏同爲太尉司空每朝見宏曲肱自卑明帝聞知乃賜雲岳屏風隔其間雲岳卽雲氣山岳也

柴轂

袁紹士無貴賤與之抗禮輜輧柴轂塡接巷陌

薰燧

淮南說山篇沐浴而抒溷薰燧而負彘注燒薰自香楚人謂之薰燧

掩障

李忠訓畫掩障上元宗夜聞水聲通神佳手也

圍棊勢

方四聚五花六持七見圍棊賦玉壺銀臺車箱井闌皆棊勢名見漢武帝賦

秇林伐山卷十一

秇林伐山卷十二

成都 楊 慎 撰 綿州 李調元 校定

浮渲梳頭

本事詩載劉禹錫杜司空席上贈妓詩云浮渲梳頭宮樣妝春風一曲杜韋娘今本浮渲梳頭作高髻雲鬟又以爲韋應物詩者誤也蓋韋與劉皆嘗爲蘇州刺史是以傳疑浮渲字妙畫家以墨飾美人鬢髮謂之渲染（渲音眩）

旋波移光

旋波移光越之美女與西施鄭如同進於吳王肌香體輕飾以珠幌若雙鸞之在煙霧

劉安守天厠

淮南王劉安以雞犬升天天帝罰之使守天厠（仙傳）

妬女廟妬婦津

妬女者介之推妹也廟在并州壽陽縣妬婦津在洛水劉伯玉妻死投水爲神

婸徒

漢書西南夷傳西南之夷女人自稱曰婸徒婸音陽方言巴濮之人自呼曰阿陽陽之言我也爾雅引曾詩有美一人陽如之何言我奈之何也子兮子兮如

此亙人何亦此意李太白詩芙蓉嗟底奈君何

中儀小儀

唐人禮部員外謂之中儀主事謂之小儀鄭谷寄同年趙禮部詩仙步徐徐整羽衣小儀澄澹轉中儀

閙掃

閙掃髻名亦猶盤雅墮馬之類也唐詩還梳閙掃學宮妝獨立閑庭納夜凉手把玉釵敲砌竹清歌一曲月如霜三夢記

使駮

唐會要驛傳曰使駮音問

州綱

南史陸慧九綜州綱三端府職皆指幕官也六朝稱府幕曰府端州幕曰州端節度幕曰節端憲司幕曰憲端

麗矚

南史隱逸傳桂山篁渚非止素玩碧㵎清潭翻成麗矚宋人有以麗矚名亭本此

彤騶

褚亮詩彤騶出禁中蓋五伯戴紅帽以喝騶自唐已然矣宋人賀甲科給騶從歸第曰黃榜開天上彤騶出禁中本褚亮句也

六庚

太公陰謀曰六庚爲白獸在上爲客星在下爲害氣六庚可對五酉見前○五酉孔子困於陳蔡鱓魚爲妖

阮何雙

唐詩雲仍王謝並風貌阮何雙南史宋孝武選侍中四人並以風貌王彧謝莊爲一雙阮韜何偃爲一雙

巧心妍耳

陸機文賦雖濬發於巧心終受歎於拙目袁豢云有異巧心終愧妍耳自謙之辭也

妬婦乘騂牛

元制婦人妬者乘騂牛徇部中北齊妬婦買箒及皁莢

三全

導筋骨則形全剪情欲則神全靖言語則福全九龠子格言

慕藺比荀

司馬長卿慕藺相如故名相如元任明自比荀文若故名曰彧

拔河

歸州之俗以麻絙巨竹分朋而挽謂之拔河畫譜有

展子虔鬼拔河圖

孔明戒子書

夫酒之設合禮致情適體歸性禮終而退此和之至主意未殫賓有餘倦可以至醉無致于亂

雕題繡脚

南夷有雕題金齒有脚蠻

山都

鄧德明南康記云山都形如崑崙如通身生毛見人輒閉目張口如笑好在深澗中翻石覓蟹噉之

荼首音蔡茂

愽物記云雲南郡出荼首其音爲蔡茂是兩頭鹿名也永昌有之

張文成贊徐有功

躡虎尾而莫驚觸龍鱗而不懼鳳蹌鵰梟之內直以全身豹變豺狼之間忠能遠害○愚嘗謂爲大將者爲太公望易爲郭子儀難輔幼主者爲周公易爲孔明難爲刑官者爲皋陶易爲有功難誰謂後世不及古人乎

張安貧兒鏤臂文

昔日已前家未貧苦將錢物結交親如今失路尋知己行盡關山無一人鏤臂或謂之剳青狹斜游人與倡狎多爲此態

徐君房

魏肇稱梁徐君房年隨情少酒因境多

軒軒霞舉

李白見元宗於便殿神氣高朗軒軒然霞舉相如奏賦黄門飄飄有淩雲氣正可相對二子皆蜀人也

語忘敬遺

語忘敬遺二鬼名婦人臨產呼之不害人

釁毅

東方朔罵鬼書有釁毅傖傖之名○惟不足語釁之一字字書所無也

鬧掃梳頭

還梳鬧掃學宫粧獨立閑庭納夜涼手把玉釵敲砌竹清歌一曲月如霜○鬧掃妝唐末宫中髻名形如炎風亂髩三夢記

太守事

銅符銀錯郡國守虎符銀錯書早葢朱轓

三俊五君

二陸與顧雲號三俊五君嵇康阮籍劉伶向秀阮咸

也竹林七賢有山濤王戎此五君以山王貴而不與

趙野叉

北齊武平初領軍趙野叉獻白兎鷹一聯○頃日與顧箬溪倡和雪詩次東坡叉字韵顧言叉字韵窄古人和此詩極多韵事押盡矣余言佛經力叉北齊書趙野叉皆奇僻未經人押顧笑曰公大能記

梁玉清

李元獨異志云秦并六國時太白星竊織女侍兒梁玉清逃入衙城小仙洞且十六日不出天帝怒命捜捕太白歸位玉清有子名子休謫于北斗下其子

休配於河北行雨每至小仙洞恥母淫奔之所輒回故其地少雨也

四七叅兩

春秋緯諸侯上象四七三公寅亮叅兩四七二十八宿也叅兩天地也

錦織夫人

馮寶妻洗氏封石龍夫人戰則錦織寶幰至老未嘗敗年八十而終智勇福三者全矣古今女將第一人也○繡旗女將與李全戰者見金史

傳一廖二

吾蜀解元王孝忠鄉試賀平西蜀表中有云川圖巴三收彈丸黑子之地傳一廖二成大統函夏之天○傳一廖二乃太祖御製平西蜀頌中謂傅友德之功第一廖永忠之功第二也人咸服其慱洽

雙鳳二龍

蔡邕崔寔號雙鳳○崔晏許受號二龍

伏鸞隱鵠

鄧艾號伏鸞陸雲號隱鵠王箱雜記

籥口

讒夫昌忠臣籥口

孌童嵬子

北齊許散愁自少不登孌童之床不入季女之室水經注孌童丱女弱年嵬子嵬音宰選詩肆呈窈窕容路曜便娟子皆指孌童之屬也阮籍詩昔日繁華子安陵與龍陽

登三乘六

凉盤艾獻晉帝表登三緯地乘六御天宋人德奉三無功安九有句法祖之

元魏高祖夕宴羣臣

觴情始暢而流景將頹竟不盡適戀戀餘光故重引

卿等

元的點絳

女人有月事以丹注面曰的元的點絳見史記五王世家程姬有所避注縏欽賦點元的之熒熒娥黃星的見北堂書鈔龍的見宮詞王粲神女賦華施的旳結羽儀潘岳芙蓉賦飛須垂的丹輝拂紅又以花比美人也漢律見姅變不得侍祠姅變謂月事也的字作旳

七娥房

東晳元居賦夕宿七娥之房朝亭五鼎之食方言吳有桼娥之臺桼即七字七林有七娥三粲百媚千嬌之語

視聽

視而不見聽而不聞非眞不見不聞也見不超色雖見而似不見聽不出聲雖聞而似不聞必也見超乎色之外始謂之明聽出於聲之外始謂之聰汨沒於聲色之中者謂之聾瞶超脱乎聲色之表者謂之聰明

古聖賢壽

商伊尹壽百二十歲見竹書紀年周太公壽百四十歲見金石錄漢竇公本魏文侯樂官至漢文帝時二百八十歲見懐瓘書斷魏羅結壽百二十歲見北史唐李元爽一百三十六歲見白樂天集蜀范長生先事劉元德至李特時一百三十餘年宋譙定百三十餘歲猶橫經授易見蜀志則彭祖之壽非誣也

耰而不輟

論語耰而不輟賈思勰曰古曰耰今曰勞勞郎到切說文耰摩田器諺云耕而不勞不如作暴○今之壓田也○四民月令曰勞雪令地保澤

杜伯度

韓文諱辨漢有杜度按庾肩吾書品杜操字伯度非名也韓公亦誤用不如用魯有眾仲

瑞娥

郭璞燕贊燕燕于飛瑞娥以卯婦女有孕曰瑞王莽傳有子孫瑞

秇林伐山卷十二

桃林伐山卷十三

成都 楊 慎 撰 綿州 李調元 校定

女丁夫壬

韓文公陸渾山火詩女丁夫壬傳世婚董彥遠曰元冥之子曰壬夫娶祝融之女曰丁竽俱學木仙是爲溫泉之神〇按韓詩句奇董彥遠所解又奇但不知所出金星命家以丁壬爲淫合其說亦古矣

物性

狐狼知孤虛虎豹識衝破

金柯

金柯要訣相書名

夅常丈尺

禽經云雖上無夅鶖上無常雉上有丈鷃上有赤〇上言飛而上也雖之上不能夅鶖之上不能常鶖雉子也倍夅曰常雉上能丈故計丈曰雉左傳都城百雉是也鷃之上能赤赤古與尺通莊子云斥鷃斥亦尺也

衙前散從

宋代役夫之名有衙前散從衙前今之內班門子也散從今之外班皁隸也出韓魏公奏

姓偉

漢食貨志臨菑人姓偉注姓其姓也偉其名也〇昔人有以星星令屬對者或對曰字字以爲絕奇若姓姓氏氏子子皆可對也

牝朝

唐人目武后之世爲牝朝

太平

漢書三登曰太平 北史積儲九稔謂之太平

天聰天明

韓非子云寄于天聰以聽乘于天明以視此古之格言而非引之

米元章

米元章之書法人皆知之其詩律之妙人或不盡知也子愛其望海樓一詩云雲間鐵甕近青天縹渺飛樓百尺連三峽江聲流筆底六朝帆影落樽前幾番畫角催紅日無事滄洲起白煙忽憶賞心何處是春風秋月兩茫然又詠潮云怒氣號聲迸海門州人傳是子胥魂天排雲陣千家吼地擁銀山萬馬奔勢與月輪齊朔望信如壺漏報朝昏吳亡越霸成何事一唱漁歌過遠村又垂虹亭一絕云斷雲一葉洞庭帆

玉破鱸魚霜破柑好作新詩繼桑苧垂虹秋色滿東南

趙師羿

趙師羿字從善號壖東趙千里姪也嘗學犬吠以媚侂胄其後韓侂胄敗有贈之詭詞侍郎自號東墻曾學犬吠村莊今日不須搖尾且尋土洞深藏○羿卽古擇字觀其字曰從善葢取擇其善者而從之義也俗士多訛其音趙從善尹京有政聲致杭州姦僧尤奇

舉身是膽

趙子龍一身都是膽三國志王雅舉身悉是膽北史周文帝云

二孝子事相類

支漸蜀之資陽人年七十持母喪廬于墓白蛇素狸擾其傍皓烏鸛雀集于隴○徐仲原望江人親喪廬墓禽採花而插墳獸銜土而壘隴

舂宵秘戲圖

徐陵與周宏讓書歸來天目得肆閒居差有弄玉之俱仙非無孟光之同隱優遊俯仰極素女之經文升降盈虛盡軒皇之圖勢則宋人畫苑舂宵秘戲圖有自來矣張平子樂府素女爲我師天老敎軒皇抑又古矣

婚禮曲顧

儀禮親迎御輪三周下車曲顧卽詩所謂韓侯顧之也葢正其始男先于女者禮體之嚴也止而悅男下于女者禮用之和也是所謂顧者禮也不然則是瞰囊裴之盛橐盻睞御之冶容矣

呂將軍貂蟬

世傳呂布妻貂蟬史傳不載唐李長吉呂將軍歌榼榼銀龜搖白馬傅粉女郎大旗下似有其人也

闖士

李太白詩衡嶽有闖士五峯秀眞骨闖士開士皆僧之稱

勞極勞侊同

本草勞極洗洗極困倦也字本作侊文選邀勸受侊方言作㯈又作㯈

眳藐流盻

西京賦眳藐流盻一顧傾城注眳眉睫之閒藐好視容也○今按詩云猗嗟名兮玉篇引之名作顯眉目之閒也字從冥美人眉目流盻使人冥迷所謂一顧傾城也眳顯字異音義同

獠婢

南史王琨獠婢所生獠音撩今罵獠奴本此

郭磨讖

起兵若流沙死者如亂麻戎馬悠悠會隴頭太白詩白骨相撐如亂麻

要紹修態

張平子西京賦要紹修態麗服飄菁按楚辭招魂云姱容修態絙洞房王逸注修長也此用修態字本楚辭亦當解爲長五臣注修爲也大謬東坡云文選止用李善注五臣注謬當去之良是詩陳風佼人僚兮舒夭紹兮注夭紹舒之姿也神女賦所謂步裔裔兮燿殿堂也

星宿不覆

習鑿齒謂星人曰子知星宿有不覆之義乎此句難解按嵇康集引古諺云知星宿衣不覆言術人多窮也

考槃

詩考槃在澗韓詩作干薛君注地下而黃曰干干與寬叶爲是且澗非考槃之處也一章曰碩人之寬寬以居也二章曰碩人之邁居而安也邁說文草也孟子所謂草莽之臣諺云心安茅屋穩也阿郎後世窩字邵子安樂窩義取于此三章曰碩人之軸軸卷而懷之也

絡耕道

唐隱士絡耕道常言脩養之士當書月令置於座右

碩人之薖

說文薖草也音科俗所謂科座也阿郎窩也言考槃於山之阿郎我之科座也薖字從草　隱於茅茨草莽而安樂之也

考槃在陸

陸如莊子陸沉之陸軸如軸簾之軸

鹵莽滅裂

莊子謂耕之不善曰鹵莽芸之不善曰滅裂鹵剛鹵之地也耕剛鹵之地必加功呂覽耕道篇所謂强土而弱之也莽草莽之地詩所謂載芟載柞乃善耕也不治其剛鹵不芟其草莽是曰鹵莽之耕芸以去草占有鳥耘之說如鳥俯而啄食乃善芸也呂覽善芸者長其兄而去其弟兄嘉禾也弟荼蓼也不善芸者長其弟而去其兄是滅也裂者并其土而拍之

麗色

瓊英膩雪蓮蕋瑩波露濯蕣姿月鮮珠彩鄭德璘奕韋氏

偏髻髻

北齊禮服志八品女官偏髻髻注髻莫交切髮覆眉也玉篇無此字佛經往往有之而誤以為髻字

躪柳

軍中以端午走馬謂之躪柳音札見文昌雅錄

李太白

本事詩言太白筆迹遒利鳳跂龍拏今世傳有二帖

五情六情

五情者天干也甲乙為本情丙丁為合情戊己為刑

情庚辛為沖情壬癸為鉤情六情者地支也申子為貪狼寅午為廉貞亥卯為陰賊巳酉為寬大戌丑為公正辰未為奸邪六情之中分喜怒好惡哀樂喜行寬大怒行陰賊好行貪狼惡行公正樂行奸邪陽主生故天干有合甲乙為中正之合乙庚為仁義之合丙辛為威權之合丁壬為淫泆之合戊癸為無情之合陰主殺故地支有衝此見風角書可補翼奉傳之遺

嬰蕳

論衡云籍孺韓嫣形嬰骨蕳皮媚色稱嬰與麗同蕳與奸同從蕳取其聲更兼香也

心唈

常安民制策重足側目腹誹心唈心唈出爾雅注謂口不敢言而心竊鳴唈也

率更

唐官名有率更歐陽詢嘗任是職率更太子之官屬主干掫夜行以備非常也率按說文作衛將衛也省從率音與帥同率將衛也更番直也

貪殘之吏

李延壽南史循吏傳序云睿哲之后必致清明之臣昬亂之朝多有貪殘之吏蓋有無能之吏無不可御

之人又曰廉平常跡聲實難高搏擊爲能招響必速其言深切仕者可以自省矣

壬盡言

宋直秘閣任盡言字元受眉山人元符諫官伯雨之孫紹興從臣中先之子有詩文集楊誠齋序之謂其詩文孤峭而有風稜雄健而有英骨忠鯁而有義氣集今見傳余於羣公四六中　其賀湯侍御鵬舉啟專言秦檜之惡其畧曰靖言自古之姦臣無若亡秦之巨蠹公攘名器報微時簞食之恩擅立刑誅箝當代縉紳之口制同列如挾兔斥異議如放豚厚薦大

之義而搏吠已憎疏鵷鷺之行而孤危主勢受其順旨提若影從忠臣不用而用臣不忠實事不聞而聞事不實私富貴之龍斷豈止使子弟爲卿奪造化之鑪錘大不許人主除吏忠義扼腕知識寒心上愧漢臣初乏朱雲之請劒下慙唐室未聞林甫之斵棺遂令存沒之間備極哀榮之典云云凡千餘言可謂古之遺直不愧其祖矣誠齋風稜義氣之言良非溢美乎余又因此見高宗之庸懦生旣誤用檜及檜死謂內侍曰朕今日始免靴中置刀矣旣知其惡而死猶以王爵贈之雖三尺痴童不爲也宋之亡也晚矣噫

曼靡

列子鄭衛之處子娥媌靡曼注靡曼柔弱也楚辭蛾眉曼睩靡顏膩理注曼澤也靡緻也言美女顏容脂緻身體柔滑漢書佞幸傳柔曼之傾心非獨女德亦有男色焉注言其質柔而色理光澤也近日有一士夫一日覩佞幸傳不覺色動曰是先得於我心矣一日席上見歌童以手承其頤曰爾何名答曰程嬰乃笑曰爾爲程嬰我即杵臼聞者捧腹

君形

淮南子畫西施之面美而不可悅規孟賁之目大而不可畏君形者亡焉○君形者亡猶莊子云尊足者存也

畫家三靄

沙門元靄蜀中人寫眞染色以一小石研磨取色蓋覆肉色之上後遂如眞又有李靄之居金波亭號金波處士又有王靄謂畫師三靄

沈含馨

水經注後魏中書舍人沈含馨書洛楊宮殿榜今書譜不載其姓名

風伯朝周

顏之推賦宓精仕漢風伯朝周以箕子爲風伯謂箕星好風也

秋林伐山卷十三

秇林伐山卷十四

成都 楊 愼 撰 綿州 李調元 校定

金泥蔟蝶裙

闕 京兆悼妓詩惆悵金泥蔟蝶裙春來猶得伴行雲

麝香鏤金羅

宋徽宗宮人多以麝香色爲鏤金羅爲衣裙元裕之詩北去穹廬千萬里畫羅休鏤麝香金

仙衣

仙女天衣有金鏤單絲錦縠銀泥五暈羅裙見許老翁傳

係臂

係臂海錯之名楊孚嶺南異物贊曰係臂如龜生於海洲欲先捕之必祭以求有不信者風波覆舟

緰襪

王符潛夫論組必文采飭襪必緰

九州被

孔融評邊讓曰邊讓爲九州之被則不足爲單衣襜褕則有餘○九州被蓋錦文織爲九州也

金蓮寶屧

東昏侯潘妃以金蓮花步地曰步步生蓮花其寶屧直千萬

氉氉

氉氉本夷人服名上音兜下音達今人謂性劣者爲氉氉

袿熏綦跡

韓孟城南聯句袿薰霏霏在綦跡微微呈寶唾拾未盡玉啼墜猶鎗窗綃疑閟艷粧燭已銷檠○袿薰綦跡寶唾玉啼語精字選惜周美成姜堯章輩未拈出爲花間蘭畹助也

單練䯀

太平廣記韓晉公在浙西瓦官寺無遮齋會中有一

少年請弄閣乃投蓋而上單練䯀履膜皮猿掛鳥跂捷若鬼神○練䯀蓋以羽衣爲半臂如後漢書所謂諸于繡䮠者䯀與䮠字小不同義則一也字從髟蓋羽衣毰毸之類

五銖衣

博異志天女衣六銖又曰五銖北里志玉肌無軫五銖輕

紫擳

梁書職官志云衿褶之制未詳所起冠黑帽綴紫擳擳以繒爲之長四寸廣一寸腰有絡帶以代鞶中官

紫襴外官綵襴

露卯

齊書舊爲屐者齒皆達楄土名曰露卯

藻衣花綬

漢官儀曰衣裳卿大夫藻衣又曰綬青地桃花

文綦

文綦絲緤綸韈羅縢七林詠美人足飾緤足衣也縢足纏

霞氈

吐蕃貢霞氈今之紅氍毹

綸巾當作䌷巾

綸本經綸之綸而詩人綸巾多音關按說文有䌷字注云青絲綬也後人誤用綸乃假借而迷其音耳凡白綸巾用䌷字乃是䌷从刪省可得其音矣

水田衣

袈裟名水田衣又名稻畦帔王維詩乞飯從香積裁衣學水田王少伯詩手巾花氈淨香帔稻畦成袈裟內典作毠毜蓋西域以毛爲之又名逍遙服又名無塵衣

斑罽青頓毾㲪羊羧

史西域傳冉駹人能作斑罽青頓毾㲪羊羧斑罽今之雜色㲪青頓今名絲頓頓音墩毾㲪今紫㲪也羊羧今實裝羊皮酋長婦女以爲背飾

彭毲

晉載記彭毲毛布也彭與靚同毲與罽同

毭㲘

揚雄蜀記云雲南越毭㲘罽也音豆分今之氍毹

衵衣衵服

裼衵衣葢近身之衣孟子所謂袒裼裸裎也左傳陳靈公與孔寧儀行父淫於夏姬衷其衵服以戲于朝注衵服日日近身之衣然不若袒服之爲順衵與袒字畫相似毫釐之差耳

鬧裝

京師有鬧裝帶其名始于唐白樂天詩貴主冠浮動親王帶鬧裝薛田詩九包綰就佳人髻三鬧裝成子弟鞓詞曲有角帶鬧黃鞓今傲黃鞓非也

粉袍

唐人士子入試皆著白衣故有白袍子何太紛紛之語宋時亦然冉居常詩粉袍切勿笑冬烘且踏燒殘鼠尾蹤

吹綸

漢書注齊服官有吹綸方空之目梁費昶詩金輝起遥步紅彩發吹綸按吹綸不知何物據詩意想是婦女所執之物如煖扇之類沈約詩畫扇迎初暑紅輪映早寒庾肩吾詩粉白映輪紅元歐陽元詞十月都人供煖箑可以互證梁簡文棉詩枝間通粉色葉裏映吹輪

綸巾

說文綸青絲綬也音關仲長統昌言身無半通青綸之綬而竊三辰龍章之服爾雅綸似綸組似組東海有之皆草色也綸鹿角菜組海中苔今之燕窠菜也詩、白綸巾紫綸巾皆合用此字而俗多用綸綸自

綸綸自綸豈可混用也

積絲散繭

沈約文積絲成絲散繭勝花言女工之妙也

青綸碧組

蕭子雲元圃賦漂青綸之蓑折蕩碧組之鬖髿青綸碧組皆草名見爾雅

欹案隱囊

三國志曹公作欹案臥覲書六朝人作隱囊柔軟可倚又便于欹案王維詩隱囊紗帽坐彈棊

阿錫

列子衣阿錫曳齊紈注阿細縠錫細布非也按此文以阿錫對齊紈阿亦地名齊有東阿其地亦出絲帛錫韵書作緆孫愐云祖衣也若以阿爲細縠於字義不通

秇林伐山卷十四

秋林伐山卷十五
成都 楊 愼 撰　綿州 李調元 校定
豐餽
書集謝人謁食曰昨損豐餽又曰芳餁見何曾傳
粉荔
玉燭寶典云洛陽人家正旦造絲雞蠟燕粉荔枝故
宋人賀正啟有瑞霙餞臘粉荔迎年之句
蘆酒
杜詩黃羊飯不羶蘆酒以蘆為筒吸而飲之今之咂
酒也又名鈎藤酒見溪蠻叢笑

瓊糜
楚辭精瓊糜以為糧注糜屑也今之米糊羹
玉餌
出梁元帝雜纂今之餌塊也
白乳頭金蠟面
北苑焙茶之精者名白乳頭金蠟面
郭珎蜜賦
散似甘露凝如割肪氷鮮玉潤髓滑蘭香
茶名
紫笋顧渚黃芽霍山神泉東川碧澗峽山綠昌明劍南明月房闕
茱萸寮峽州
傘子鹽
朐䏰縣鹽井有鹽方寸中央隆起如張傘名曰傘子
鹽朐䏰今之夔州府萬流驛地名
湖目
湖目蓮子也見酉陽雜俎廣知篇
如何隨刀而改味
顧凱之啟蒙記曰如何隨刀而改味神異經曰南方
荒中有如何之樹三百歲作華九百歲作實有核形
如棗子長五尺金刀剖之則餡非此則辛食之得地

仙酉陽雜俎曰祁連山上有仙樹一名四味木其實
如棗以竹刀剖則苦以木刀剖則酸以蘆刀剖則辛
金刀剖則甘卽此物也〇或曰此卽仙經所謂火棗
侯騷蓊薺
廣志云侯騷蔓生子如雞卵旣甘且冷輕身消酒又
名簡子藤蘬子雲賦所謂簡子秋紅也〇魏武帝食
品曰蓊薺子如彈丸〇二物奇品唐人賦中嘗引用
之
凶年減膳
凶年則人君減膳白虎通曰一穀不升徹鶉鴳二穀

不升徹梟鴈三穀不升徹雉兔

碧琳腴

碧琳腴酒名見曾吉甫詩集可對江瑶柱江瑶柱蠣壯也

竹根黃

賈逵曰粱米出於蜀漢香美逾于諸粱號曰竹根黃粱州之名因此

小峴春

小峴山在六安州六安茶號小峴春

天藏

北魏元雍奏云鹽池天藏也〇宋人四六私鹽私茶以天藏月團爲對本此又茶馬表以槁山對歷塊皆工而隱

氷厨

夏日供帳飲食處曰氷厨見越絕書閭廬庖所也

羽觴

東晳說曲水流觴之事始於周公營洛所制引逸詩云羽觴隨波流此一義也班婕妤自悼賦酌羽觴兮銷憂注以玳瑁覆翠羽于下徹上見此義也〇唐詩玳瑁筵本此

茶寮

僧寺茗所曰茶寮寮小窗也

飲食之侈

內典言飲食之侈曰炰鳳烹龍雕蚶鏤蛤

薰風啜茗

杜子美何將軍山莊詩薰風啜茗時今本作春風非此詩十首皆一時作其曰千章夏木清又曰紅綻雨肥梅皆是夏景可證

煮羊

燕山錄曰煮羊以鼈煮鹽以鼓省火

蚶子贊

蚶子蚌屬形如瓦筒橫從其理五味具充又千歲蝙蝠化爲魁陸別名爲蚶形似瓦屋

酢漿

說文漿酢也周禮四飲之物三月漿石氏星經酒醪五齊之屬天文酒旗星主之漿水六清之屬天文天乳星主之內則所謂酒漿當有別也〇酢古音醋言其有酸味也本草玉石下品部漿水味甘酸微溫無毒主調中引氣宣和強力通關開胃調理腑藏粟米新熟白米者佳煎令醋止嘔噦白人膚體如繒帛爲其常用故不齒其功〇按楚辭招魂臑鼈炰羔有柘

漿漢書秦尊柘漿唐宴進士有三勒漿謂訶梨勒菴
摩勒烏欖勒也則漿不止用粟米耳

采醴雀餳

蔣山柏林常多采醴陳後主以爲甘露〇雀餳後人
亦認爲甘露

碧桐杯

唐人碧桐杯詩酒味雜蓮氣香冷勝於氷輪囷如象
鼻瀟洒絕青蠅

韲白韭黃

韲之美在白韭之美在黃〇韲一作虀

鬬飣

食經五色小餠作花卉禽獸珎寶形按抑成之盒中
累積名曰鬬飣今人猶云飣果盒飣春盛是也俗書
作餖飣非也

絲紋螺紅粱醞

煬帝在揚州遊雞臺恍惚與陳後主遇以絲紋螺酌
紅粱醞共飲請張麗華舞玉樹後庭花一曲此白日見鬼也

化益元醴

延篤與李文德書曰吾食赤烏之麰麥飲化益之元
醴拆張騫大宛之蒜歃晉國郇瑕之鹽〇化益即伯
益淮南子曰伯益作井

楊誠齋詠枸杞

翠條紅乳摘盈箱

秋林伐山卷十五

秇林伐山卷十六

成都 楊愼 撰 綿州 李調元 校定

仙家寶玩

仙家三寶有碧瑤杯紅蕤枕紫玉函

玉者猶玉

大戴禮論夏商之季失政而未亡其辭曰疆蕫未虧人民未變鬼神未亡水土未氤糟者猶糟實者猶實玉者猶玉血者猶血酒者猶酒注糟以喻惡實以喻善玉以喻賢人言尙賢其賢血憂色也酒以喻樂言尙憂其可憂而樂其可樂意者政雖已失未至大亂

孟子所謂故家遺俗流風善政猶有存者周禮疏云雖土崩而不瓦解雖板蕩而不瓜分亦是此意但大戴禮文奇之又奇必老于文墨之處士也

留圭復圭

易曰告公用圭古者諸侯朝于天子五玉輯瑞此用圭之制也尙書太傅有留圭復圭留圭如今之奪爵貶秩無過行者復其圭能改過者復其圭如今之復職也

肉好

璧孔曰肉好言其美滿也樂音曰肉好言其圓滑也禮記曲直緐瘠廉肉節奏注或宛轉而曲或徑出而直或豐而緐或殺而瘠或稜隅而廉或圓滑而肉或止而節或作而奏

珍藏寶路

文選陸海珍藏管子山海者財用之寶路

金液銀丸

梁帝勸醫文云更六一於金液改三七於銀丸

玉井金波

梁謝舉淩雲臺詩勢高淩玉井臨迥度金波謝朓詩金波麗鳷鵲玉繩低建章金波月也玉井玉繩皆星

名

瑤毦

巫覡號曰瑤毦見本草不知其解○巫音隙今滇中巫人曰朶覡

擲卦以錢

擲卦以錢自嚴君平始唐詩岸與織女支磯石井有君平擲卦錢

玖鏡

玖黑色玉也可以作鏡今永昌產

玉華相帶如琴弦

玉篇引詩瑤彼玉瓚字一作琗廣蒼云玉華相帶如琴弦今詩作瑟

瓊寢玉簀

劉聰以婢爲后王鑒諫曰不可以汚玉簀而塵瓊寢

萬條寒玉

唐人郊居詩門外晚晴秋色老萬條寒玉一溪烟萬條寒玉言竹也

珊瑚林

徽宗目桯桐花曰珊瑚林

嵐彩飛瓊

劉伯温憶山中篇四時嵐彩飛瓊雪百道泉流湛玉霜上句本种放詩嵐沉玉膏冷之句稚含山居賦滴瀝瀣之膏玉

離瑜

天文志月西三星曰離瑜離與縭同袿衣也傅毅所謂華袿飛髾垂纖羅也瑜玉飾也皆婦人之服也星微則後宮儉明則後宮奢

秇林伐山卷十六

秇林伐山卷十七

成都　楊　慎　撰　綿州　李調元　校定

險諢句

吳均詩秋風瀧白水鴈足印黃沙爲沈約所笑唐人以此句爲險諢句傳奇詩多有之沈青箱夜月琉璃水春風卵色天是也韓退之水作青羅帶山如碧玉篸杜牧詩錢塘鸂鶒綠吳岫鷓鴣斑東坡詩山爲翠浪涌水作玉虹流大家亦時有之也

桓元時童謠

車無軸倚孤木繩縛腹芒籠目上二句桓字下二句言其敗死元之敗果以繩縛至芒籠其首沉之江中

吳元濟將敗之兆

裴度征淮西掘得一碑上有謠云井底一竿竹竹色深深綠鷄未肥酒未熟障車兒郎且須縮有識之者曰鷄未肥肥去月乃巳字酒未熟乃酉字後果以巳酉日擒吳元濟宋人四六有學慙鼠獄智乏雞碑下句正用此事鼠獄張湯傳

芳札良書

出擁良書趙景至　遲還芳札張率

辨大明寺壁上隱語

淮南大明寺壁上有詩謎云一人堂堂二曜同光泉深尺一點去氷傍二人相連不欠一邊三梁四柱烈火烘然除去雙勾兩日不全　班義一見卽能辨之乃八字隱語也大明寺水天下無比

唐人傳奇小說

詩盛於唐其作者往往托於傳奇小說神仙幽怪以傳於後而其詩大有絕妙今古一字千金者試舉一二卜得上峽日秋來風浪多巴陵一夜雨腸斷木蘭歌又雨滴空堦曉無心換夕香井梧花落盡一半在銀床又舊日聞簫處高樓當月宮梨花寒食夜深閉翠微宮又命笑無人笑含嬌何處嬌徘徊花上月空度可憐宵

梁武帝父子詩讖

梁武帝冬日詩雪花無有蒂冰鏡不安臺○梁簡文帝詠月詩飛輪了無轍明鏡不安臺竟成臺城之讖

王暉稱溫子昇

濟陰王暉云江左文人有顏謝任沈我溫子昇足以陵顏轢謝含任吐沈

日學之弊

一傳未終恍已迷其姓氏片文屢過幾不辨其偏傍

李昭玘

春帖

海日啣規忽覺人間之曉宮花翦綵恍疑天上之春元絳

詩文用嬲字

晉書諺云和嶠牛傳咸鞦王戎踢嬲不得休嵇康書嬲之不置王半山詩嬲汝以一句西歸瘦如腊又細浪嬲雪于娉婷嬲音擾

亢倉子古字

𤕟爲臱終孛悖灾害𢍏萬婓共旺聽就孰衷衝臱終

謾誺

以言相欺曰謾以言相誣曰誺佛書空谷傳聲曰赤諱白誺又偈曰掉弄花唇取次謾

舩子和尚四偈

三十年來坐釣臺釣臺往往得黃能金鱗不遇空勞力收拾絲綸歸去來

三十年前海上遊水清魚見不吞鈎釣竿斫盡空栽竹不計功成得便休

本是釣魚船上客偶除須髮着袈裟佛祖位中留不住夜深依舊宿蘆花

百尺絲綸直下垂一波纔動萬波隨夜靜水寒魚不
餌滿船空載月明歸

堠子偈六言詩

烽堠擎空直直煙墩映樹班班聊爾牌標五里從敎
目斷千山

無名偈

羣居閉口獨坐防心

金荃

元好問詩金荃怨曲蘭畹詞金荃溫飛卿詞名金荃
集荃即蘭蓀也音荃蘭畹唐人詞曲集名與花閒集

出入而中有杜牧之詞

顏謝詩評

沈約云延年體裁明密靈運興會標舉

譬喻經

五根之禍劇於毒龍五根如箭意想如弓○愼按五
根者眼耳鼻舌身也心經六根有意此以五根皆起
於意故五根之外以意貫之○孔子四毋始于意佛
氏六根終于意

浮生喻

東逝之長波西垂之淺照擊石之星火驟隙之迅駒
風裏之微燈草頭之懸露臨崖之朽樹灼日之電光
淺或是殘

老萊子語

可食以酒肉者可加以鞭棰可受以官祿者可隨以
斧鉞

梅福語

生爲我酷形爲我辱智爲我毒身爲我桎梏乃棄官
隱洪崖及玉笥山

佛書四六

毒龍懼其威光醉象憚其神力唐睿宗大寶積經序七十二君

皆在陶鈞之內八萬千歲卽爲俄頃之閒○漢日載
其通暉周星彰其降誕鷲頭峯下演金口之微言雞
足山中舒玉毫之瑞色○闢圓明之淨域啓方便之
禪門

暫乘紫機之暇聊題緗帙之前睿宗序○紫機紫極中萬幾也

龍持貝葉函傳摩竭之城象負蓮花遂滿眞丹之境
徐鍔眞丹震旦也○摩竭魚莊飾門柱也

風送妙花結而成蓋月臨淨水印以搖金

眞空無像非像敎無以譯其眞實際無言非言緒無
以筌其實

大乘小乘逗根機而演教半字滿字逐權實而敷文佛以獨體之字爲半字合體之字爲滿字

帔忮則巾小不分擲槐則才木不辨書生傳寫破體者多對讀支離辨正者少蝦篆大藏音序

貝葉靈文北天之訓逾遠貫花微旨西秦之譯更新武則天聖教序

擊大法鼓響振於無間吹大法螺聲通於有項有頂見法華經

馥薝蔔而無異鳴迦陵而不殊如意輪

色是幻色必不礙空空是眞空必不礙色

白雞路出青髓巖開徐孝克天臺寺碑

祇樹息陰元風尙啓莎羅變葉佛性猶彰

易稱天元蓋取幽深之名詩詠彼蒼近在遠望之色

浴心力等之淵悟懷絕冥之肆劉遺民書

陽門餘毫肖之象夜臺圖紺髮之形楊衒之

影由形起響逐聲來弄影勞形不識形爲影本揚聲止響不知聲是響根何居士

前念不生則心後念不滅卽佛法海禪師

靑靑翠竹總是法身鬱鬱黃花無非般若大珠

臺羶繫念三途業因瞥爾生情萬刼羈鎖聖明凡號盡是虛聲殊相分形皆爲幻色宏明

囊無繫蟻之絲廚絕聚蠅之糝〇甯可淸貧自樂不作濁富多憂

夭桃紅杏一時分付東風翠竹黃花從此永爲閑伴懶菴

訓格之言不得暫捨可以鏤于骨書于紳染于神薰于識所以楚莊王輕千乘之國而重申叔一言范獻子賤萬畝之田而貴舟人片說

煩惱正是菩提淨華生於泥糞騰之和尙

練心方外擯影人間　玉氎久灰金言未剖梁武帝慧可碑

傷智幢之欲折悼戒寶之將沈

殷王牛飲而喪朝楚臣虎酣而敗德成都有累月之醉中山困千日之眠戒酒

無人非闚戶之闃無見非面牆之愚無實非鴈足之書無眞非魚目之寶

抗志匪石安仁似山

道照機前思超繫表

東隅纔吐西崦已沈譬逝川之駃流若栖葉之輕露悲泉若水出沒曾不關人顧兔蹲烏升落長自在彼春鶯縈絲而不悟秋蛾拂燄而靡疑

蓼蟲習苦桂蠹喜甘大睡劇於據梧長昬甚于枕麴
陽燧含景還譬日輪甘露入盤足稱天酒　鳴鍾浮
響光燈吐輝
檗太淸而特起接庫樓而上征言宮殿之崇曹植詩承露檗太淸
心燈夜炳意蕊晨飛　金池動月玉樹含風
辨論靑豆之房遺惑赤華之舍　宣銀鼓於寶坊轉
金輪於香地
楊僕有關外之作太史恨周南之滯
作翰湘川樹麈蠡服彭蠡也
乘傳衡臯辭簪泒渚

辨超炙輠辭跨連環　山毫一其小大彭殤均其壽
天筵榼亂其橫豎施厲混其妍媸衍莊子語
玉燭登年金商在律炎涼始貿動靜惟安劉虬書
艮書獨擁善談無枘願言之子實痗我心同上
扇靈崿之流風鏡貞林之絕影
桂薪不斧而丹甑自熟玉臯詎斧而銀甕常盈祥瑞
河光似羃樹彩成車上句榮光羃河下句先主樓桑事
戴日戴斗靡不來王太平太蒙無思不服言土宇之廣
地芝候月天花逆風成奐論人華不逆風薰天華逆風薰
南通舜梧北平堯柳　箴興琴劍銘自盤盂

智察舞雞爻分封蟻下句管輅事
榮辱迅譬石光古今駛過拍毬
邑見聲聞俱能證果花飛馴動盡可棲神
塵網千里密密常籠意地愛繩萬結條條盡係情田
隨他舌似鸚鵡之徒借彼眼如水母之屬以上宏明集
紅綿套索碧玉穿阬空谷傳聲百尺竿頭須進步十方世
界露全身
面上夾竹桃花肚裏侵天荊棘
雀舌初調玉乳分時茶思健龍團槌碎金渠碾處睡
魔降茶榜

舌頭無骨得言句之總持眼裏有筋具游戲之三昧
羣居閉口獨坐防心重出
露浥瓊英春融雪彩臉欺膩玉鬢惹濃雲戒色
瓊英膩雪蓮蕊瑩波露濯蕣姿月艷珠彩戒色
上蔡之犬堪嗟人生到此華亭之鶴虛唳天命如何

無名氏六言詩

蔣疑賦止四韵邵老詩無全章丫頭花鈿滿面不及
徐妃半妝或云李季章作

偶句

隋珠照日羅衣從風王孫子　芳草如積珍木連陰〇文

杯鏤案畫卵雕薪〇鋪象牙牀織犀角簟鞮貂之褥

蛩蟁之氈

顧凱之詩

疾風知勁草嚴霜識貞木晉顧凱之詩也

棗心蘭蕊

筆有棗心蘭蕊之名

漢古詩逸句

庭中有奇樹上有悲鳴蟬

汎汎江漢萍飄蕩永無根

青青陵中草傾葉晞朝日陽春被惠澤枝葉可攬結

餓狼食不多饑豹食有餘

蝴蝶遊西園暮宿桑樹閒

天霜木葉下鴻鴈當南飛〇古詩四十餘首文選收其十九首今其遺句見于類書多有之聊錄其一二

斷珪缺璧猶勝瓦礫如山也

人遠精神近寤寐夢容光 無名氏

初秋北風至吹我章華臺浮雲多暮色似從崦嵫來

石上生菖蒲一寸八九節仙人勸我飡令人好顏色 同上

去婦不顧門萎韭不入園 諸葛孔明

探懷授所歡願醉不顧身 王仲宣

皎月垂素光玄雲為髮鬒 劉公幹

玄景如映璧繁星如散錦 庾闡

金荆持作枕紫荆持作牀 古歌

爭先非吾事靜照在忘求 王右軍

來若迅風散逝如歸雲征 李充

翕如翔雲會忽若驚風散 棗腆

遙看野樹短遠望樵人細 虞騫

黃鳥鳴相追咬咬弄好音 古詩

相思心既勞相望脰亦悄 陸彥聲

迅飈翼華蓋飄颻若鴻飛 石崇

元清渺渺觀浴景出東渟 仙詩

逍遙元律際巒景落滄溟 上

子書傳記語似詩者

美色不同面悲音不共聲 論衡

片玉可以琦奚必待盈尺 抱朴子

兩江珥其市九橋帶其流 揚雄

生無一日歡死有萬世名 列子

善御不忘馬善射不忘弓 韓詩外傳

文繡被臺榭菽粟食鳧鴈 晏子

日日獻玉衣旦旦進玉食 列子
駿馬養外廏美人充下陳 戰國策
操行有常賢仕宦無常遇 王充
觸露不招葵日中不翦韭 古諺
龍爲號其羣鹿鳴求其友 楚辭
膏以肥自焫翠以羽殃身 蘇秦
薰以香自燒膏以明自煎 陳留父老
艮將如收電可見不可追 抱朴子
高不絕山阜跛羊升其顛深不絕涓流孺子浴其淵 牟子

孔子辭廪邱終不盜帶鉤許由讓天下終不利封侯 淮南
急行無善步促柱少和聲 王充
南遊罔㝗野北息沉墨鄉 淮南
日回而月周時不與人遊 淮南
百里不販樵千里不販糴 古諺
兩貴不可同兩勢不可雙 說苑
女愛不敝席男歡不盡輪 鬼谷子
御馬不釋策操弓不反檠 家語
鵲巢知風起獺穴知水生 韓詩外傳

豐屋知名家橋木知舊都 呂覽
井水無大魚薪林無長木 上
餓狼守庖廚饑虎牧牢豚 仲長統昌言
代馬依北風越鳥翔故巢 吳越春秋
荆工不貴玉鮫人不貴珠 韓詩外傳
蠹蝝仆柱梁蚊虻走牛羊 新序
青崖若點黛素湍如委練 羅含湘中記
白沙如霜雪赤雲若朝霞 上
洞庭對岳陽脩眉鑒明鏡 上
神邱有火穴光景照千里崑崙有弱水鴻毛不能起 元中記

日南有野女羣行不見夫其狀晶且白裸袒無衣襦 唐蒙博物記
蟪蛄鳴于朝寒螿鳴于夕 風土記○秋日
蠅成市于朝蚊成市于夕 夏
煦氣成虹蜺輝袖起風塵 劉邵趙都賦
不寶咫尺玉而愛寸陰旬 司馬法
鼓聲不過閶析聲不過閾 上
鐸以聲自毀膏以明自鑠 淮南
大江如索帶舟船如鳧鴈 郡國志

跣跗被商易重譯吟詩書 王充
醴泉有故源嘉禾有舊根
白璧不可爲容容多後福 左雄傳
仲尼長東魯大禹出西羌 晉書戴叔鸞傳
明月不妄映蘭葩豈虛鮮 郭璞
新霽清暘升天光入隙中 佛經上
日從濛汜出照樹初無影
隴坂縈九曲不知高幾里 三秦記
高樹翳朝雲文禽蔽綠水 應璩
平流鼓怒浪靜樹振驚飈

橘木不生危松柏不處卑 國語
遁關不可復亡犴不可再 淮南
一淵不兩蛟 淮南 兩雄不並栖 三國志

諸泉記序

段少卿諸臯記序云聖人定璇璣之式周禮立巫祝之官考乎十煇之祥正乎九黎之亂當有道之日鬼不傷人在觀德之時神無乏主若列子言竈下之駒掇莊叟說戸下之雷霆楚莊爭隨兕而禍移齊桓覩委蛇而病愈

文人誤謬

蔡中郎以反舌爲蝦蟆淮南子以蛩爲蟣蠓詩義以蝨爲螻蛄高誘以乾鵲爲蟋蟀誤謬何啻千里

律詩當句對

王維詩門外靑山如屋裏東家流水入西鄰嚴維詩木奴花映桐廬縣靑雀舟隨白鷺濤謂之當句對

眞如之義

馬祖曰眞如有變易豈不聞善知識能迴三毒爲三昧淨戒能迴六賊爲六神迴煩惱作菩提道無明爲大智錢起贈懷素詩云醉裏得眞如劉禹錫詩心會眞如不讀經

止觀之義

杜詩白首重聞止觀經佛經云止能捨樂觀能離苦又云止能修心能斷貪愛觀能修慧能斷無明止如定而後能靜觀則慮而後能得也

策目毫鋒

白樂天詩策目穿如札毫鋒利似錐札甲也

晚唐絕倡

許渾蓮塘詩爲憶蓮塘秉燭遊葉殘花敗尚維舟煙開翠扇清風曉水泛紅衣白露秋神女暫來雲易散仙娥終去月難留空懷遠道難持贈醉倚西闌盡日

愁此爲許丁卯集中第一詩而選者不知取也他如韋莊昔年曾向五陵遊一首羅隱梅花醉處十餘里一首李郢上裴晉公四朝憂國鬢成絲一首　皆晚唐絕倡可與盛唐崢嶸惟巨眼者知之

陸子

陸子曰三皇垂策五帝繫手唐虞按轡禹湯馳轅五伯叟之駕六國摧輈

華實

後漢書引老子君子處其厚而不處其薄居其實而不居其華虞喜志林曰諸葛恪不納呂岱十思之言

樂春藻之繁華而忘秋實之甘口也又魏書云曹子桓字丕之採庶子之春華忘家丞之秋實庶子劉禎家丞邢顒也選詩春華與秋實庶子及家臣又陳書云總有潘陸之華而無園綺之實

小梁州

賈逵曰粱米出于蜀漢香美愈于諸粱號曰竹根黃梁州得名以此秦地之西燉煌之間亦產粱米土沃類蜀故號小梁州曲名有小梁州爲西音也

軫石

楚辭九章軫石崴嵬蹇吾願兮王逸注軫方也周禮說車制軫之方也以象地也言已雖放棄執履忠信志如方石終不可轉

奇對

誣飾蚯蚓冀招神龍王微與江淹書　刻畫無鹽唐突西子世說

四六奇句

磨丹漬墨有來太乙之青藜正笏垂紳即侍玉皇之香案翰林　聖化齊虞夏方咸五以登三論述本詩書將襲六而爲七丞相　學士象八節不過一歲之少留刺史入三公便在五雲之多處象八節言一歲八遷也　縱橫經庫甲乙丙丁四部之書馳驟詞垣天地風雲八方之陣洪平

齋賀翰林遷兵部侍啟　五鳳樓之巨筆九龍簴之大鍾學士　和叔正冬伯趙司至冬官工部送之禮樂不離尺五之天任以三公即近丈三之日諫議聽六日四分之鳳律又見新陽詠五更三點之駕行已迷舊夢李梅亭

魏收贈裴伯茂詩

臨風想元度對酒思公榮誠秀句也惜不見全篇

悠字單押

文選紛猋悠以容裔注旌旗搖動貌悠字詩中除悠悠外只有猋悠與莊子謬悠內典道性天悠可押○攸所也韓文壺儀之攸左傳湫乎攸乎注垂危貌又

鬱攸火氣也五行傳御於怵攸言人君遇災以憂爲所則可免也怵攸猶言敬作所也前漢書敘傳攸攸外寓（支遁傳嘗遊外國歲數囊悠）

金人詠物詩

中州集金羽士王予可詠西瓜云一片冷沉潭底月半彎斜捲隴頭雲孫鐸詠玉簪花披拂西風如有待徘徊涼月更多情鄭子耼詠酴醾詩云玉斧無人解修月珠襦有意欲留仙皆極體物之工

說文解字

說文解砥字云以石砰繒解熨字云以火申繒皆形

容之妙（砥郎碾字）

六朝七言律（其體不純）

蝶黃花紫燕相追楊低柳合路塵飛已見垂鉤掛綠樹誠知淇水沾羅衣兩重夾車問不已五馬城南猶未歸鶯啼春欲駛無爲空掩扉（右梁簡文春情）

第五六句又作五言

長安城中秋夜長佳人錦石擣流黃香杵紋砧知近遠傳聲遞響何凄涼七夕長河爛中秋明月光蠮螉塞邊絕候鴈鴛鴦樓上望天狼（右後魏溫子昇擣衣）

第七八句作五言

文窗玳瑁影嬋娟香帷翡翠出神仙促柱點唇鶯欲語調弦繫爪鴈相連秦聲本自楊家解吳歈那知謝傅憐祇愁芳夜促蘭膏無那煎（右陳后主聽箏）

舊知山裏作氛埃登高日暮心悠哉子平一去何時返仲叔長遊遂不來幽蘭獨夜清琴曲桂樹凌雲濁酒杯槁項同枯木丹心等死灰（右隋主無功北山詩）

伊字

西天佛書伊字作∴如此方草書下字王維詩三點成伊猶有想〇教乘法數有三伊之文二伊新伊舊伊也新伊如此方言今文舊伊如此方言古文也

陳孚詩

元陳孚遠歸帆絕句云日落牛羊歸渡頭動津鼓煙昏不見人隱隱數聲櫓識者以爲不減王維

蘇子由四絕句

泉流逢石缺脈散成寶綱水神瓔珞看山是如來想（瓔珞巖）

巖花不可攀翔蕊久未墮忽墜幽人前知子觀空坐（雨花巖）

白龍晝飲潭修尾掛石壁幽人欲下看雨雹晴相射（白龍潭）

著壁立積鐵懸泉瀉天紳行山見已久指與未來人陳岐祭○此四詩泉旣奇詩亦稱何異王右丞

秇林伐山卷十八

成都 楊 慎 撰 綿州 李調元 校定

陳摶詠瀑布

琉璃滑處玉花飛

判花詩草

判花人競誦詩草士深藏劉克莊贈洪使君

韋莊贈進士詩

新馬杏花色綠袍春草香

天寶迴紋

范陽盧氏母王氏撰天寶迴紋詩凡八百十二字循

環有數若寒星之遞遷應變無方謂陰陽之莫測與蘇若蘭事相類

鷓鴣天

唐鄭嵎詩春遊雞鹿塞家在鷓鴣天○詞名鷓鴣天本此

齊己詩

僧齊己詩重城不鎖夢每夜自歸山宋人小詞重門不鎖夢隨意繞天涯

杜詩誤字

燕子詩穿花落水益沾巾范德機善本作帖水一笑

正墜雙飛翼黃山谷云一笑俗作一箭非紛紛戲蝶過閑幔張文潛本作開幔

隴西諺

郎樞女樞十馬九駒安陽大用十牛九犢四地名皆在隴西言宜畜牧也

瞿塘行舟諺

灩澦大如襆瞿塘不可觸○太白詩五月不可觸猿鳴天上哀又詩瞿塘五月誰敢過灩澦大如馬瞿塘不可下杜子美詩沉牛答雲雨如馬戒舟航灩澦大如象瞿塘不可上灩澦大如鼈瞿塘行舟絕灩澦大

如龜瞿塘不可窺○南史灩澦如襆本不通瞿塘水退爲庾公

楊柳索春饒

張小山小桃紅詞云一汀煙柳索春饒添得楊花鬧聆殺歸舟木蘭棹水迢迢畫樓明月空相照今番瘦了多情知道寬褪翠裙腰○蔓蒿穿雪動楊柳索春饒山谷詩也此同用之今刻本不知改饒爲愁不惟無韵且無味矣

凹字三音

凹與坳同本古文凹凸字又音與蛙同元吳西逸詞懶雲凹按行松菊訊桑麻此音行於北方又蛙去聲盛宏之荆州記山脅漫衍無垤凹湖面平滿無高下此音行于楚蜀

齼字音

齼字玉篇不載齒怯也音楚去聲今京師語謂怯皆曰齼不獨齒怯也曾茶山和曾宏父餉柑詩云莫向君家樊素口瓠犀微齼遠山顰黃山谷和人送梅子云相如渴病應須此莫與文君蹙遠山茶山之詩全效之方秋崖詠梅詩併與文園消午渴不禁越女蹙春山

僊經

瓊文蘂笈琳篆琅函皆指道書也畫譜

東丹王千角鹿圖

遼太祖阿保機二子長曰突欲遼史名陪次曰堯骨後改名德光唐明宗天成元年丙戌遼主滅渤海渤海北海之地今哈密扶餘也中國之滄州景州名渤海者蓋僑稱以張休盛改爲東丹國以倍爲東丹王其後述律后立次子德光東丹王曰我危哉不如適他國以成泰伯之名遂立石海上刻詩曰小山壓太山太山全無力羞見故鄉人從此投外國遂越海歸中國唐明宗長興六年也明宗賜與甚厚賜李姓

贊華其名也以莊宗妃夏氏妻之拜懷化軍節度使東丹王有文才博古今其帆海歸華載書數千卷尤好畫世傳東丹王千角鹿圖李伯時臨之董北苑有跋宣和畫譜列其目焉東丹王事頗隱合大遼志及宣畫譜董逌書跋陳桱通鑑續編稡之以便覽考

三字姓

代北虜人有三字姓候莫陳阿史那是也中國亦有潛夫論有白巴公氏

隋後主詩

隋後主越王侗楊叛兒歌曰青春上陽月結伴戲京

華龍媒玉珂馬鳳軫繡香車水映臨橋樹風吹夾路花日昏歡宴罷相將歸狹斜越王嗣位史稱其眉目如畫溫厚仁愛風格儼然後爲王世充所弒臨終禮佛曰願自今以往不復生帝王家噫亦可憐矣覩其詞藻如此若不生帝王家豈不爲文人學士邪〇隋越王謚恭帝李淵立代王侑亦謚恭帝二主同謚恭東西不相同也

虞世南織錦曲

寒閨織素錦含怨斂雙蛾綜新交縷澀經脆斷絲多衣香逐舉袖釧動應鳴梭還恐裁縫罷無信往交河此虞世南織錦曲也分明是一幅織錦圖綜音縱經音逕非深知織作者不知此二句之妙

王筠詠邊衣

王筠詠征婦裁衣行路難其略云襧襠雙心共一抹袙腹兩邊作八撮襻帶雖安不忍縫開孔纔穿猶未達胸前却月兩相連本照君心不照天數句敘裁衣曲折纖微如出縫婦之口詩至此可謂細密矣

甄皇后塘上行

蒲生我池中綠葉何離離豈無蒹葭艾與君生別離

念君去我時獨愁常苦悲想見君顏色感結傷心脾念君常苦悲夜夜不能寐莫以豪賢故棄捐素所愛莫以魚肉賤棄捐葱與薤莫以麻枲賤棄捐菅與蒯倍恩者苦枯蹶船常苦沒教君安息定慎莫致倉卒與君一別離何時復相對出亦復苦愁入亦復苦愁邊地多悲風樹木何摻摻從君致獨樂延年壽千秋〇蹶船常苦沒黃河中行舟常有此患俗云著淺說文艘船著沙不行也尚書大傳云三艘國名亦在黃河側甄后此句正北方之語特表出之〇摻音颼古本楚詞風颼颼兮木摻摻今本作蕭而音亦叶颼故此詩一作蕭蕭又作修修總不若摻摻字之古也〇

甄后中山無極人爲魏文帝后其後爲郭嬪譖賜死臨終作此詩魏明帝初爲王時納虞氏爲妃及卽位毛氏有寵而黜虞氏卞太后慰勉之虞氏曰曹氏自好立賤未有能以令終殆必由此亡國矣其後郭夫人有寵毛后愛弛亦賜死魏之兩世家法如此虞氏亡國之言艮是詩可以觀不獨三百篇也○元人傳奇以明帝爲跳槽俗語本此

宋子虛詠史

宋子虛詠史凡百餘首其佳者如詠甘羅云函谷關中富列侯黃童亦借上卿謀當年園綺猶年少甘隱

商山到白頭詠綠珠云紅粉捐軀爲主家明珠六斛委泥沙年來金谷園中燕啣取香泥葬落花詠張果云滄溟幾度見揚塵曾醉堯家丙子春近日喜無天使至蹇驢留得載閑身徐左卿化鶴云化作遼東羽翼回適逢沙苑獵弦開宵知萬里青城客直待他年箭主來詠陸贄云詔下山東感泣來謫歸門巷鎖蒼苔奉天以後誰持筆不用當時陸九才詠宋宮人王婉容云貞烈那堪黠虜求玉顏甘沒塞垣秋孤墳若是隣青塚地下昭君見亦羞王婉容隨徽欽北去粘罕見之求爲子婦婉容自刎車中虜人葬之道旁可謂英烈矣

類字訓

纇說文絲節也又疵也左傳忿纇無欺又刑之頗纇獄之放紛今誤作類注緣事類以成偏頗非也言刑之頗偏而纇戾獄之放縱而紛亂紛與纇對作類誤也唐李遜傳治條疏纇唐韵纇粗絲也玉篇絲節不調也杜預注忿纇無欺亦纇很戾則此頗纇之類當作纇無疑

含笑花謎

施宜生含笑花詩百步清香透玉肌滿堂皓齒轉明

眉褰帷跛客相迎處射雉春風得意時

原田每每

文選注引韓詩周原膴膴堇荼如飴韵正相叶左傳原田每每又與膴膴通

鴻寶

沈佺期詩靜夜思鴻寶清晨朝鳳京鴻寶道書也淮南王有鴻寶秘術

馬戴喻鳧詩句

積靄沉斜月孤燈照落泉喻鳧詩也積翠含微月遙泉韵細風馬戴詩也二詩幽思同而句法亦相似

受欰拙目

陸士衡文賦雖曲盡於巧心反受欰于拙目欰與哄同訶也今刻本誤作歁又作欰並非

白字異訓

日光之白曰皜月光之白曰皎男子之白曰晳女子之白曰皉詩玼兮玼兮老人之白曰皤草華之白曰葩雪霜之白曰皚鳥羽之白曰翯

羊叔子疏語

高山尋雲霓深谷肆無景絕似詩句

皇甫謐言厚葬之禍

剝臂捋金環揶腸求珠玉

文荇如雨

文荇如雨義之疏催迫急星李密

百函十札

劉穆之善尺牘自旦至日中得百函而應對不廢南史

十行細札光武傳

射人意

劉騰姦謀有餘善射人意

苻堅詩

商風隕秋籜苻堅詩也何讓漢魏

文選古今字

嶙峋山厓重深貌張平子西京賦坻崿鱗峋注殿基之形勢也鱗峋無涯也嶙峋即鱗峋今字異耳

千眠

陸機文賦清麗千眠注光色盛貌一作䏰緜望山谷青䏰䏰也見說文轉作芊綿韋莊詩可憐芳草更芊綿

牢落

文賦心牢落而無偶一作遼落又作寥落

略記字義

緇漢書作緇文徵明作緇乃是留字草書謬之又謬祘古筭字漢書引逸書云先其祘命近有程文鄉試錄作先筭其命可笑

埰水埒也一作滕

甠即壞字

宮外垣河邊地皆曰堧

水衝岸甠曰坍俗作坍非

界土為界曰略

緇从甾漢碑及揚雄傳甾作菑法帖介象釣鯔魚亦書作鯔文徵明好以自撰字書甾作畄是留字也其

師心無匠如此

孔子曰推一合十曰士以一貫三曰王

併古文睽〇佰古文夙

孟子母仉氏从反爪

替从扶音伴从白省作日篆文普與替相似並下日爲

普音浦並下白爲普字即替郭知元曰白頭藝苑不知普

替之分青衿小生焉詟商商之別

賤而獲幸曰嬖

婉容曰娉和色曰婷

㗙一作噪篆只用喿〇承奉𢍉奐兵𢍏記卷切持飯也卷字從此

戒具皆从廾音拱

𢍏音挑挑兮達兮丂丈与撲实支

筋肉之力骨肉之褎也

性者稟陽之質涵天理者也情者稟陰之氣思人欲者也性即道心情即人心上智不能無人心陽豈能無陰乎下愚不能無道心陰豈能無陽乎孟子之言性善純以性言荀之言性惡純以情言孔子曰性相近也習相遠也其言非二子之一偏比也然則有儆乎曰大舜人心道心之說也

昅古聿字从日从欠

嘯一作歗唉一作欸咄一作歋唏一作欷嘆一作歎

噓一作歔嘔一作歐

覔俗作覓非〇百古覓字

吽本吼字佛經哄唵本噈字

西古文餂字

齘齒怒也　䶣側家切小兒齒遒

外躇同　躊躇猶豫也踟躕行不進也遲佇容與也

飭正也

恕力本切無廉隅也　悬姦

㞑子攺切江右謂子曰㞑

日語端也　虧從丂與干同

嬰嫛女耕切亂也巽襄字从此解衣而耕曰襄

本丑高切往來見貌又進趣也丰同

𠦪呼勿切音忽賁二切音卉𦿆同

昦俗作昊从夰音傲

㣛大奚切久也稽遲之遲同

夌與夙同夌夌行貌字與麦相似麦即陵也

祏開衣領也今由祏肩

趁俗作趂

㞋儒兗切與耎同

突式林切竈突深也字从此从穴从又从火
穴中曰窠樹上曰巢
檣帆柱也梯木階也
鼺藟與鼺壘同
檶與杦同
欀檖與猗儺同
兩樹交陰曰樾　櫜兵閑也
菝黄茅根也煎汁治消渴
以竹通水曰筧　稕　即卓几之卓
䉜磨粟也舂已復舂曰䉜

斮斷草也
戙船杙木笔玉篇从戈誤
戙从弋
鉢僧盂也　鉋平木器
錮補釜隙也　㠸平帳也承塵也
酒家懸幟曰帘
嶌仕角切遠也从出下从萬説文亦不載此字玉篇有之集韵有遡字从嶌

蒸字訓

説文菆麻蒸也故有薪蒸之説薪柴也蒸麻稭也麻稭亦可燒故以薪蒸並言又訓進火氣上行也蒸又訓衆言衆多麻也詩曰天生蒸民是也東山詩烝在桑野烝在栗薪或訓爲衆或訓爲進皆不通當訓爲麻軍士從征於外而麻無人收或在桑野或在栗薪此於物理人情最叶千載之疑今日始釋然周公有靈亦當撫掌矣

筆經

製筆之法桀者居前毳者居後強者爲刃耎者爲輔參之以檾束之以管固以漆液澤以海藻濡墨而試直中繩勾中鈎方圓中規矩終日握而不敗故曰筆妙此韋誕筆經也又柳公權一帖云近蒙寄筆深慰

遠情但出鋒太短傷於勁硬所要優柔出鋒須長擇毫須細管不在大副切須齊副齊則波掣有憑管小則運動省力毛細則點畫無失鋒長則洪潤自由此帖論筆之妙頗盡故稡書之

繹如

論語子語魯太師樂曰終于繹如也説文繹引絡也即抽絲也如引繒之不斷抽絲之不亂也易曰君子以經綸經引之即今之織牽絲也綸理之即今之織刷絲也牽而引之使之不斷理而刷之使之不亂也

寧或滅之

詩燎之方揚寧或滅之按韵書引此作烕烕說文作𧍢火上从𧍢音悖二或相倒也後人以其字難施於俗書故訛從烕亦如𧍢發之𧍢上亦作𧍢不得已而從烕古篆作𧍢上從兩或相對人亦罕識

莊子馬字新解

侅溺於馮氣若負重行而上也可謂苦矣貪財而取畏貪權而取竭靜居則溺體澤則馮可謂疾矣○舊注飲食至咽爲侅馮音憒憒滿也憒按馮當音如馮河之馮言富人積貲如負重然既已難矣又行而上

尤其難也故曰可謂苦矣下文靜居則溺體澤則馮又自解侅溺於馮一句靜居則溺宴安鴆毒聲色所迷無水則沉也故曰溺體澤則馮言經營外如馮河徒涉陷身九淵故曰馮似不必改作憒音也

解果𧕁倮蠻螺

荀子解果其冠狹隘也左思魏都賦風俗𧕁倮爲𡤨說苑滈于髡言祠田者宜禾汚邪者百車蠻螺高地也今本作傴僂

睪芷

荀子正論篇曼而饋代睪而食注睪當爲澤傳寫遺其水傍耳澤澤蘭也士虞禮菌著用茶實綏澤焉代睪而食謂焚香氣歆歆郎更以新者代之又曰乘大路越席以養安側載睪芷以養鼻注睪芷香草也禮論又曰側載睪芷所以養鼻也凡三見睪字爲香無疑賈誼新書從容澤燕夕時開北房從薰服之樂是也但謂澤即澤蘭恐非按佛書以乳香楓香爲天澤香椒蘭芷蕙爲天末香蓋乳楓皆潤澤也澤字如此解爲通史記羅襦襟解微聞香澤可證

箾字

箾音朔左傳舞象箾南籥蓋執箾以舞也荀子𣏌箾

簡象又蕭箾之箾同字異音爲韶可見文武無異道也

發音旆

荀子引詩武王載發有虔秉鉞如火烈烈則莫我敢遏注詩殷頌武王湯也發讀爲旆虔敬遏止也湯建旆興師本由仁義雖用武持鉞而猶以敬爲先故如火之烈而莫能止之也

罨字義

罨烏荅魚檢二切說文罕也罔从上掩之也然此字多爲借義所專唐張泌詩罨岸春濤打船尾宋喻汝

礪詩冥冥罨岸風涇涇打船雨又罨畫龍色畫也吳
興有罨畫溪皆借罨字罨畫字正作韂

雉噫

揚子言孔子之去魯曰不聽政諫而不用雉噫者注
雉噫猶歌歎之聲梁鴻五噫之類也按家語孔子去
魯歌曰彼婦之口可以出走彼婦之謁可以死敗優
哉游哉聊以卒歲此卽雉噫之歌也唐文聆鳳衰於
接輿歌雉噫於桓子

杜牧弄水亭詩

弄水亭前溪颭艷翠綃舞綺席草芊芊紫峯嵐伍伍

檻前汀鴈栖枕上巴帆去停樽遲晚月咽咽上幽渚
斷霓天帔垂狂燒漢旗怒滕梟落環珮畦苗差纂組
不能自免去但愧來何暮

杜牧池州別孟遲先輩

昔子來陵陽時常若炎熱寺樓最寒軒坐見飛鳥沒
一樽中夜酒半破前峯月烟院松飄蕭風廊竹交戞
好鳥響丁丁小溪光汎汎離袖颭應勞恨粉啼還咽
慵憂長者來病怯長街喝呼兒旋供衫走門空踏襪
手把一枝物桂花香帶雪喜極至無言笑餘翻不悅
人生直作百歲翁亦是萬古一瞬中我欲東召龍伯
翁水盡到底看海空酌君一榼酒與君狂且歌離別
豈足更關意衰老相隨可奈何〇二詩奇崛而用韵
古舊見石刻多磨滅節而書之

登九華樓杜牧

晴江灧灧含淺沙高低遶郭滯秋花牛渚漁村山月
上鷺渚鷲梁漢日斜爲郡異鄉徒泥酒杜陵芳草豈
無家白頭搔屑倚柱遍歸棹何時軋軋鴉

和杜牧之九華樓見寄張祜

孤城高柳鳴曉鴉風簾半鉤清露華九峯聚翠宿危
檻一夜孤光懸冷沙出岸遠暉帆欲落入溪寒影鴈

差斜杜陵歸去春應早莫厭青山謝眺家

多景樓周繇

盤江上幾層峭壁半垂藤殿鎖南朝像龕禪外國僧
海濤春砌檻山雨灑窗燈日暮疎鐘起聲聲徹廣陵

又

每日憐晴眺閒吟只自娛山從平地有水到遠天無
老樹多封楚輕烟暗染吳雖居此廊下入戶亦踟躕
此二詩勝張祜金山詩而人罕稱之

秋林伐山卷十八

秇林伐山卷十九

成都 楊 慎 撰　綿州 李調元 校定

冬日寄庾員外 羅鄴

曾謁僊官最上僊西風許醉桂花前爭歡酒蟻浮金爵從聽歌塵撲翠蟬秋靄捲簾凝錦席夜涼吹笛稱江天却思紫陌觥盂地兔缺烏沉欲半年

曹松中秋警句

華嶽影寒清露掌海門風急白潮頭 曹松中秋詩也松詩名多淺俗此二句差有中唐之意

晚唐兩派詩

晚唐之詩分爲二派一派學張籍則朱慶餘陳標任潘章孝標司空圖項斯其人也一派學賈島則李洞姚合方干喻鳧周賀九僧其人也其間雖多不越此二派學乎其中日趨於下其詩不過五言律更無古體五言律起結皆平平前聯俗語十字一串帶過後聯謂之景聯極其用工又忌用字謂之點鬼簿惟搜眼前景而深刻思之所謂吟成五箇字撚斷數莖鬚余嘗笑之彼之視詩道也狹矣三百篇皆民間士女所作何嘗撚鬚今不讀書而徒事苦吟雖撚斷肋肢骨亦何益哉晚唐惟韓柳爲大家韓柳元白皆自成家餘如李賀孟郊祖騷宗謝李義山杜牧之學杜甫溫庭筠權德輿學六朝馬戴李益不墜盛唐風格不可以晚唐目之數君子眞豪傑之士哉彼學張籍賈島者眞處裩中之蝨也〇二派張洎集序項斯詩非余之臆說也

唐五書僧

唐有詩僧九人今有九僧集復有五僧善書劉涇嘗作書話以懷素比玉詧光比珠高閑比金貫休比玻瓈亞栖比水晶牟子才云惜涇未見文楚故未有定

毉嘘

玉女投壺再投十枝百二十梟設有人不出者天帝爲之毉嘘梟一作嬌楊大年詩書題枉是藏三尺壺矢誰同賽百嬌謝無逸詞雙粲枕百嬌壺

韓衆採藥詩

閶河紫桂實大如棗得而食之後天而老

七平七仄詩句

吐舌萬里唾四海 宋玉大言賦 七變入臼米出甲 緯書 一月普見一切水一切水月一月攝 佛經 離袿飛髾垂纖羅 文選 梨花梅花參差開 崔魯 有客有客字子美 杜甫

揭諦

中美紀聞揭諦神名與龍角力龍不能勝破其山而
去今破山寺是也

蘭訊

謝混贈謝通遠詩目通遠懷情悟采采摽蘭訊

鍾常侍詩品

劉繪字士章○抱玉者聯肩握珠者踵武（言文士之多）
骨氣奇高詞彩華茂情兼雅怨體被文質（曹子建詩）
陶性靈發幽思言在耳目之內情寄八荒之表（平藉）阮
○咀嚼英華厭飫膏澤文章之淵泉也（陸機）詞彩葱蒨
音韻鏗鏘（張協）名章迥句處處間起麗典新聲絡繹奔

會（謝靈運）託諭高遠良有鑒裁（嵇康）鑿音族善爲悽悷之
詞自有清拔之氣（劉越石）得景陽之詭諔含茂先之靡
嫚骨節强於謝混駈邁疾於顏延總四家而擅美跨
兩伐而孤出（鮑照）
奇章秀句往往警遒足使叔源失步明遠變色（謝朓詩）
體總雜善於摹擬筋力於王微成就於謝朓（江淹）范雲
清便宛轉如流風迴雪邱遲點綴映媚似落花依草
○孔稚圭生於封谿而文爲彫飾（封谿今之廣東出猩之處）

同能不如獨勝

孫位畫水張南本畫火吳道士畫楊繪塑○陳簡齋
詩辛稼軒詞同能不如獨勝也○太白見崔顥黃鶴
樓詩去而賦金陵鳳凰臺

華牘

華牘○芳訊○良書○寶札○瓊音○瑶緘○慶削
○蘭訊（宋人四六多用之）

尹式詩

尹式和宋之問詩愁鬢含霜白衰顏寄酒紅○杜子
美云髮短何須白顏衰肯再紅○宋陳后山云短髮
愁催白衰顏酒借紅（皆互相取用各不失爲佳）

水寺鐘

夜入霜林火寒生水寺鐘張祜詩也芳草漁家路斜
陽水寺鐘李國用句也夜靜沙堤月天寒水寺鐘唐
求句也

詩用兒字

古詩有用近俗字而不俗者如孫光憲採蓮詩曰菡
萏香連十頃陂小姑貪戲採蓮遲晚來弄水船頭濕
更脫紅裙裹鴨兒李羣玉釣魚詩曰七尺清竿一丈
絲菰蒲葉裡逐風吹幾回舉手抛芳餌驚起沙灘水
鴨兒又贈琵琶妓詩曰我見鴛鴦飛水去君還望月
苦相思一雙裙帶同心結早寄黃鶯孤鴈兒盧仝新

年詩云新年何事最堪悲病客還聽百舌兒太歲只八
遊桃李徑春風肯換歲寒枝

揎字義

東坡詩玉腕半揎雲碧袖余嘗請喬白巖篆東坡四
時詞喬公言揎字說文所無惟玉篇有之注捋衣也
廣韵揎手擐衣也永嘉林應龍曰左傳擐衣出其臂
擐亦可借但古今音微不同○愼按愽雅作㝵手循
又按他文頭圓曰顱面圓曰圝則㝵字元有揎音也

偃詩

衢州爛柯橋斷碑詩止存二句薄烟鬞遠郊遙峯沒
歸翼傳以為古偃句

五言律八句不對

五言律八句不對惟太白浩然集有之乃是平仄穩
貼古詩也僧皓然有訪陸鴻漸不遇一首云移家雖
帶郭野徑入桑麻近種籬邊菊秋來未著花到門無
犬吠欲去問西家報道山中者歸來每日斜雖不及
李白之雄麗亦淸致可嘉

慧遠畫

王昌齡有詠遠公畫江淮名山圖詩遠公何多能乎
毛詩篇什遠公所訂也可知其經學矣東林寺詩及

二泉記可知其文矣江淮圖又兼丹青矣其隱于禪
者與

墨汁

劉靜修詩老覺胸中無墨汁書譜云李成惜墨如金
是也梁武帝時舉秀才謬者罰飲墨汁一斗近有善
謔者云書士胷中可有酒汁不可有墨汁秀才反是

噢咻

左傳噢咻之孝經鉤命決曰驩欣愼懼嘔嘔喻喻○
嘔音吁喻音愉又作煦愉如母之於孩以口撫之也

何與呵通

賈誼過秦論信臣精卒陳利兵而誰何註誰何問之
也漢書有誰何卒如淳曰何謂何官也按他注解誰
與譙通與高帝譙讓項羽之譙同莊子盛鶴列於麗
譙之間譙謂出入城門而譙呵問之如今之盤詰守
關之例何與呵同

謝靈運逸句

謝靈運詩明月入綺窻髣髴想蕙質消憂非萱草永
懷寧夢寐叶音密○上二句乃杜工部落月屋梁之
所祖

李延平胡仁仲格言

觀喜怒哀樂未發之先可以理性延平探視聽言動無息之際可以正情仁仲

實誌公偈

人言班鳩拙我道班鳩巧一根兩根柴便是家緣了

元和脚

柳宗元詩柳家新樣言宇變新樣而脚則元和也脚蓋懸針垂露之體耳猶后山贈晁補之詩聞道新文能入樣相州紅纈鄂州花言似相州之紅纈鄂州花樣也句法相類

言有匾益

荀子言之信者在乎匾益之間○匾與邸同見漢書儒林傳注○匾藏物處益覆物器也凡言可信者如物在匾益中不流溢也○易曰有孚盈缶亦匾益之義莊子卮言日出正與匾益相反也韓子人主漏言如玉卮無當卽流溢之謂也宋儒語錄云曾子之言盛水不漏義益如此

莊子語暗合中庸

莊子曰尸居而龍見不見而章也淵默而雷聲不動而變也神動而天隨無為而成也○又曰尸居龍見戒愼乎其所不覩也淵默雷聲恐懼乎其所不聞也

子細

北史源思禮傳為政當舉大綱何必太子細也杜詩野橋分子細俗語本此

弦詩想蓬萊

風俗通秦始皇弦詩想蓬萊而不免於沙邱之禍

治字音

治古音遲如治國之治及官名治中之治又諺曰有病不治乃得中醫可證也轉音作稚如蜀刺史治成都揚州刺史治會稽是也又六朝詩話云錢唐杜明師夜夢東南有人來入其館是夕靈運生於會稽其

家以子孫難得送靈運於杜治養之十五方還故名客兒詩家稱謝客是也注治音雉奉道之室靖室也○今按道室稱治猶今之觀也又奉道之室曰化蜀有文昌二十四化又有主簿化化也治也猶今之曰宮曰觀耳然亦罕知之

三蒼解詁

三蒼倉頡篇李斯所作埤蒼賈升郎作廣蒼張楫作晉郭璞作解詁今作解詁

嘔喻嗙喻

王褒聖主賢臣頌賢人君子聖王之所以易海內也

是以嘔喻受之嘔喻音歐由司馬相如凡將篇淮南激楚舞嗙喻乃古曲名亦音嗙由

六筭 計筭音

管子虙羲氏作六筭以迎陰陽周人循六筭以明陰陽見輕重篇筭音計音義亦同葢計筭之義故引之以爲輕重之證也范子有計然其人姓辛名文子因其善計筭而精研故號曰計又作計研又作計倪漢碑亦作筭研

蓮漏六時

唐張喬詩遠公獨刻蓮花漏猶向山中禮六時按佛

藏云遠公弟子惠要患山中無刻漏乃於水上制十二銅葉芙蓉因波隨轉分別旦夕以爲行道之節名蓮花漏何兆詩芙蓉十二池心漏薝蔔三千灌頂香是也六時僧規以六時經行六時燕坐經行六時曰幽谷時寅也高山時卯也日照高山平地時辰也可中時巳也正中時午也鹿苑時未也至申則旦過而退劉長卿詩亦云六時行徑空秋草

遠公文藻

毛詩注疏詩之篇什次第乃晉僧慧遠所訂又李德裕詩云遠公說易長江上龍樹收經龍藏中旣說易又訂詩是有功于經也寺志載其記一篇詩一首皆藻麗警拔與淵明伯仲又王昌齡集有題遠公畫江淮名山圖葢又善丹青之妙乃文儒而隱於染衣者也李頎詩所傳遠公遁跡盧山岑信矣近日學禪士夫乃束書不覩口無雅談手寫訛字寧不愧于僧徒乎此條重出而語異

五色賦記

衡山縣志遺逸門一段云唐寇豹與謝觀同在崔裔孫門下以文藻知名豹謂觀曰君白賦有何佳語對曰曉入梁王之苑雪滿羣山夜登庾亮之樓月明千

里觀謂豹曰君胡不作赤賦豹曰田單破燕之日火燎於原武王伐紂之年血流漂杵文山效之作黑賦曰孫臏銜枚之際半夜失蹤達磨面壁以來九年閉目座中一客賦青曰帝子之望巫陽遠山過雨王孫之別南浦芳草連天一客賦黃曰杜甫柴門之外雨漲春流衛青油幕之前沙含夕照文山評月明千里得白之神曰火曰血不免著跡且燎原事與田單不相干一客改之曰堯時十日並出爍石流金秦宮三月延燒照天燭地余謂曰血曰火及十日並出秦宮延燒皆非佳境或改之曰孫綽賦天台景高城霞起

而建標杜牧詠江南春十里鶯啼而映綠稍有風韵
又賦黃日靈均之歎木葉秋老洞庭淵明之醉落英
霜清彭澤信勝舊矣然賦亦非佳況當別擬一聯

畫刺門牋蕊簡

釋名曰書姓名於刺上作再拜起居字皆畫其體盡
邊如畫刺平交用之下官刺上官中央一行而已謂
之門牋蕊簡瓊文見道經

帆字音梵

左傳去帆旆注使不帆風疏云帆風扇風也帆與扇
並去聲孫綽子動而不乘理若帆舟而無柁杜詩無

因帆江水盃詩嶺北面征帆南史因風帆上連咽並
去聲

庾肩吾燭影詩

垂談垂花比芳樹隨風隨水俱難駐泰娥軟舞隙中
來李吾夜績光中度燭龍潛曜城烏啼陰陰疊鼓朝
天去

鴻篆

謝莊詩義標鴻篆宋詔嘉篆缺文皆謂書也王融詩
金縢開碧篆又云彩標紫毫華垂丹篆文人用往篆
皆同南史靑箱起談素篆從風言焚書也

卷十九終

秇林伐山卷二十

成都　楊　慎　撰　綿州　李調元　校定

上江虹紅牕影

唐人小說寘音錄載曲名有上江虹卽滿江紅紅牕
影卽今紅牕迥也

鵞管笙

李長吉詩王子吹笙鵞管長又步虛詞鳳凰三十六
碧天高太清元君夫人躡雲語唫風颸颸吹鵞笙上以
太平廣記

阿濫堆

張祜詩紅樹蕭蕭閣半開玉皇曾幸此宮來至今風
俗驪山上村笛猶吹阿濫堆賀方回長短句云待月
上潮平波灩灩塞管孤吹新阿濫中朝故事云驪山多
飛禽名阿濫堆明皇採其聲爲曲子

煬帝曲名

玉女行觴神僊留客皆煬帝曲名

點絳唇

江淹詠美人春遊詩白雪凝瓊貌明珠點絳唇後世
詞名本此

薛逢老去也歌

徐山甫詩薛逢休歌老去也陶潛已賦歸來兮○薛逢詩老去也爭奈何擊酒盞唱短歌短歌未竟日已沒月映西南庭樹柯

箏琵琶

顧愷之箏賦斌麗含淸輕縟璘彬孫該琵琶賦抑揚按捻冉嫋摧藏皆極形容之妙

妖浮

羊孚曰吳聲妖而浮

三絃所始

今之三絃始于元時小山詞云三絃玉指雙鈎草字

題贈玉娥兒

牧菴詩

姚牧菴醉高歌詞云十年燕月歌聲幾點吳霜鬢影西風吹起鱸魚興已在桑榆暮景○榮枯枕上三更傀儡場中四并人生幻化如泡影幾箇臨危自省○牧菴一代文章巨公此詞高古不減東坡稼軒也

踏莎行

韓翃詩踏莎行草過春谿詞名踏莎行本此

觱發

豳風一之日觱發二之日栗烈注觱發風寒也栗烈氣寒也今按觱發指風是也凓冽乃氣寒結而爲冰月令十二月水澤腹堅是也凓冽字從冫其義易見觱發之爲風其義隱而難知以字言之觱羌人吹角也其聲悲慘冬日寒風驟發其聲似之莊子所謂地籟宋玉所謂土囊殷仲文詩爽籟警幽律哀壑叩虛牝是也總不若諺云三九二十七籬頭吹觱栗正謂風吹籬落其聲似觱栗與詩意合觱發今俗名頭管樂書名風管又可證焉○林肅翁云萬象惟風難畫莊子地籟一段筆端能畫風掩卷而坐猶覺翏翏之在耳然觀周公七月之詩觱發二字簡妙含蓄又莊

子畫風之祖也如毛萇詩注云漣風行水成文也蘇老泉衍之作文甫字說一篇古人謂六經爲時文之祖信哉

胡騰兒

錢起集有胡騰兒詩胡騰兒今之醉回回舞也

繫爪義甲

妓女以鹿角琢爲爪以彈箏曰繫爪梁簡文箏詩停紘時繫爪息吹治唇朱又曰義甲唐劉言史詩逆却玻瓈義甲聲

阿那紇那曲名

李郢上元日寄胡杭二從事詩曰戀別山登憶水登山光水焰百千層謝公留賞山公喚知入笙歌阿那朋劉禹錫夔州竹枝詞云楚水巴山煙雨多巴人能唱本鄉歌今朝北客思歸去回入紇那披綠蘿阿那紇那皆當時曲名李郢詩言變梵唄爲豔歌劉禹錫詩言翻南調爲北曲也阿那皆叶上聲紇那皆叶平聲此又隨方音而轉也

舞妓着靴

唐舒元輿贈妓女從良詩曰湘江舞罷忽成悲便脫鸞靴出鳳帷誰是蔡邕琴酒客曹公懷舊嫁文姬古者女妓皆着靴按說文鞮四夷舞人所着履也周禮鞮鞻氏掌四夷之舞盧肇柘枝舞賦靴瑞錦以雲匝袍蹙金而鴈欹杜牧之贈妓詩舞腰一任傍人看笑臉還須待我開毛澤民詩錦靴玉帶舞回雪宋時猶有此制其後着靴如良人矣

朝天紫

朝天紫本蜀牡丹花名其色正紫如金紫大夫之服色故名後以爲曲名今以紫作子非也見陸游牡丹譜

泥人嬌

俗謂柔言索物曰泥乃計切諺所謂軟纏也杜子美詩忽忽窮愁泥殺人元微之憶內詩顧我無衣搜畫匣泥他沽酒拔金釵非煙傳詩曰郎心應似琴心怨脉脉春情更泥誰楊乘詩畫泥琴聲夜泥書元鄧文原贈妓詩銀燈影裏泥人嬌柳耆卿詞泥歡邀寵最難禁泥又作誽花間集顧夐黃鶯轉誽芳妍又記得誽人微斂黛字又作妮王通叟詞十三妮子綠窗中今山東目婢曰小泥子其語亦古矣

哀曼

晉鈕滔母孫氏箜篌賦曰樂操則寒條反榮哀曼則晨華朝滅曼與慢通亦曲名如石州慢聲聲慢之類

温飛卿錦鞋賦

段柯古漢上題襟集載温飛卿錦鞋賦云闌裏花春雲邊月新耀粲織女之束足嬿嫁嫦娥之結鄰碧繶緗鉤鸞尾鳳頭鞻稱雅舞履號遠遊若乃金蓮東昏之潘妃寶屧臨川之江姬匍匐非壽陵之步妖蠱實苧蘿之施羅襪紅蕖之艷豐跌蹻錦之奇凌波微步瞥陳王既蹀躞而容與化塵香跡遠石氏倏窈窕而呈姿擎箱回津驚蕭郎之始見李文明練恨漢后之未持重爲系曰瑤池僊子董雙成夜明簾額懸曲瓊

將上雲而埀手顧轉盼而遺情願綢繆於芳趾附周旋於綺楹莫悲更衣床前棄側聽東晞珮玉聲先是柯古寄飛卿詩云知君欲作閑情賦應願將身作錦鞋飛卿作此答之蓋騁才炫博而不知流于淫靡也元人有書此賦者聊一録之

秇林伐山卷二十畢